LANGENSCHEIDTS
TASCHENWÖRTERBÜCHER

لانجنشايت
قواميس للجيب

لانجنشايت

قاموس الجيب

للغتين العربية والالمانية

الجزء الاول

عربى ـ المانى

تأليف

الدكتور جورج كروتكوف

لانجنشايت

برلين · ميونخ · ڤيينا · زيوريخ · نيو يورك

LANGENSCHEIDTS

TASCHENWÖRTERBUCH

DER ARABISCHEN UND DEUTSCHEN SPRACHE

Erster Teil

Arabisch-Deutsch

Von

PROF. DR. GEORG KROTKOFF

LANGENSCHEIDT
BERLIN · MÜNCHEN · WIEN · ZÜRICH · NEW YORK

Die Nennung von Waren erfolgt in diesem Werk, wie in Nachschlagewerken üblich, ohne Erwähnung etwa bestehender Patente, Gebrauchsmuster oder Warenzeichen. Das Fehlen eines solchen Hinweises begründet also nicht die Annahme, eine Ware oder ein Warenname sei frei.

Auflage: 15. 14. 13. 12. | Letzte Zahlen
Jahr: 1994 93 92 91 | maßgeblich

Druck: Graph. Betriebe Langenscheidt, Berchtesgaden/Obb.
Printed in Germany · ISBN 3-468-10060-4

Inhaltsverzeichnis المحتويات

Anhang - ملحق

Cairo d. 25.12.91

Liebe Mervat,

zuerst einmal möchte ich Dir ein frohes und glückliches Weihnachtsfest wünschen. Ich hoffe, dieses Lexikon wird Dir bei deinen weiteren Bemühungen, Deutsch zu lernen, behilflich sein.

Weiterhin würde ich mich freuen, wenn Dich dieses Buch an die tollen Tage, die wir zusammen in Cairo verbracht haben, erinnern würde. Ich jedenfalls werde die Zeit nicht vergessen. Immer werde ich gerne daran zurückdenken, wie wir auf Kamelen und Pferden geritten sind, oder wie wir Cairo mit dem Bus oder der Taxi durchquert haben. Was für tolle Gespräche wir geführt haben u. über Gott und die Welt philosophiert haben.

Ich habe vielleicht noch nicht zuvor mit einem Menschen so offen gesprochen, wie mit Dir. Auch wenn es so manches Mißverständnis gegeben hat.

Ich möchte mich für alles recht herzlich bedanken, insbesondere für dieses Eman-. Schade, daß wir soweit auseinander wohnen und so unterschiedlichen Kulturen angehören.

Ich wünsche ~~daß wir~~ mir, daß wir immer gute Freunde bleiben. Ich habe Dich gern.

Dein Frank.

Vorwort

Das vorliegende Taschenwörterbuch erfaßt den Grundwortschatz der modernen arabischen Schriftsprache, die das einigende Band aller Länder arabischer Zunge von Marokko bis Oman bildet. Obwohl der Unterschied zwischen lokalen Formen der Umgangssprache oft so erheblich ist, daß Sprecher aus entlegenen Gegenden einander nur schwer oder gar nicht verstehen können, hat jeder Araber, der auch nur eine geringe Schulbildung hat, Anteil an der allgemeinen Schriftsprache, deren Einfluß er überdies ständig durch die öffentlichen Medien wie Presse und Rundfunk ausgesetzt ist.

Die moderne Schriftsprache ist eine direkte Fortsetzung der klassischen arabischen Sprache, die bereits zur Zeit der Ausbreitung des Islams im 7. Jahrhundert unserer Zeitrechnung voll ausgebildet war. Der Sprachbau ist praktisch derselbe geblieben, nur die Bedeutungsinhalte der Wörter, sowie die Phraseologie haben sich entsprechend der allgemeinen Kultursituation und den Einflüssen anderer Kultursprachen gewandelt, ohne daß eine genaue Grenzlinie zwischen der klassischen und modernen Schriftsprache gezogen werden könnte.

Um trotz der im Rahmen der Taschenwörterbuchreihe gegebenen Notwendigkeit, die Zahl der Eintragungen auf ca. 18 000 zu beschränken, eine maximale Nützlichkeit des Wörterbuchs zu erreichen, wurde von Frequenzzählungen des Wortschatzes der täglichen Presse ausgegangen. Der typische, sich wiederholende Wortschatz der Zeitungen, der in einer Zeitperiode kaum 3 000 Wörter überschreitet, wurde dann aufgrund der langjährigen Landeserfahrung des Verfassers aus den Bereichen des Amtsverkehrs, des Handels, der Wissenschaften, der schönen Literatur und der Grammatik auf die gewünschte Zahl aufgefüllt. Alle Eintragungen wurden anhand bestehender Wörterbücher überprüft.

Neben der Wortauswahl unterscheidet sich das vorliegende Wörterbuch in zwei wesentlichen Punkten von anderen Wörterbüchern der modernen arabischen Schriftsprache. Es sind dies die Aussprachebezeichnung mit der in den Langenscheidt-Wörterbüchern eingeführten internationalen Lautschrift und die rein alphabetische Anordnung der arabischen Wörter. Die in den meisten arabischen Wörterbüchern angewandte etymologische Anordnung der Wörter (d. h. Anführung unter der Wurzel, von der die Wörter abgeleitet sind) macht deren Benutzung von einer genauen Kenntnis der Grammatik und Wortbildungslehre abhängig. Ohne die Berechtigung und die wissenschaftlichen Vorteile einer solchen Anordnung bestreiten zu wollen, haben Verlag und Verfasser sich entschlossen, die seit dem ausgezeichneten Wörterbuch von Adolf Wahrmund (Gießen 1877) nicht mehr zur Anwendung gekommene alphabetische Anordnung wiederzuerwecken. Auch sie setzt natürlich grundlegende Kenntnisse der Grammatik voraus, aber sie ist für den Anfänger leichter zu gebrauchen und konnte mit einem didaktischen Zweck verbunden werden. Zahlreiche Verweise führen den Benutzer zum Verständnis vieler Formen, deren Auffindung sonst schwierig sein könnte. Das Verfolgen dieser Verweise ist zu Lernzwecken unbedingt zu empfehlen.

Der Abriß der Grammatik im Anhang zum Wörterbuch hat nicht den Zweck, ein Lehrbuch zu ersetzen, sondern faßt nur das Notwendigste in knappster Form zusammen. Er soll vor allem dem Benutzer des Wörterbuchs eine zusätzliche Hilfe und Gedächtnisstütze sein, wird aber auch dem, der ohne Kenntnis der arabischen Schrift einen Überblick über die Formenlehre des Arabischen sucht, dienen können.

In diesem Sinne hoffen Verlag und Verfasser, mit der Herausgabe dieses handlichen Buches nicht nur eine Lücke in der Reihe der Langenscheidtschen Taschenwörterbücher geschlossen, sondern auch einem Bedürfnis der Studierenden und Reisenden entsprochen zu haben.

VERFASSER UND VERLAG

إلى القارىء الكريم

إن المعجم الجيبى العربى الالمانى الذى يضم الآن إلى سلسلة معاجم Langen-scheidt الشهيرة يحتوى على ما يقرب من ١٨٠٠٠ كلمة من أهم كلمات اللغة العربية الفصحى الحديثة وهى اللغة التى تتصل بتراث اللغة العربية منذ نشأتها قبل الإسلام من ناحية والتى تربط بين البلدان العربية في عصرنا هذا من الناحية الأخرى، إذ هى الوسيلة الأدبية لتعبير المفاهيم والأفكار والشعور من شواطىء المحيط الأطلسى الى المحيط الهندى وهذا بما فيها من التجدد نتيجة لتطور الحضارة العالمية، ويستهدف هذا المعجم قبل كل شىء سد حاجات المتعلم والمسافر واعتمد لذلك عند تصنيفه على إحصاء مفردات لغة الصحافة اليومية لإثبات العدد الأدنى من الكلمات الضرورية معرفتها لفهم محتويات الجرائد اليومية والذى لا يكاد يزيد عن ثلاثة آلاف، واضيف إلى هذا ما تيسر من لغة الإدارة والتجارة والأدب والنحو حتى وصل إلى الحد المقتضى بحجم المعاجم الجيبية، ومع ضرورة الاختصار لم يهمل سرد جميع المعانى المستعملة للكلمة الواحدة وإن كانت أقل استعمالاً من المعنى الرئيسى.

واتفق الناشر والمؤلف على أن يكون ترتيب جميع الكلمات فى هذا المعجم ابجديا مهما كان أصلها واشتقاقها بخلاف ما هى العادة فى معظم المعاجم العربية حيث ترتب المفردات حسب أصولها فقط، وحسبنا أن هذا الترتيب سيجد رضى المتعلم الذى لم يتقن بعد قواعد اللغة العربية اتقاناً تاماً ويلقى لذلك صعوبة عند بحثه عن كلمات اعتلت أصولها وحذفت حروفها، وكذلك أوفرنا الاشارات لبيان الصلة بين المفردات واشتقاقها من أصولها، فليهتد بها القارىء.

ونرجو أن يكون هذا الكتاب وسيلة مفيدة فى أيدى المهتمين من الألمان بدراسة اللغة العربية أو المهتمين من العرب بدراسة اللغة الالمانية.

المؤلف والناشر

Erläuterungen zum Gebrauch des Wörterbuchs

1.1 **Die arabischen Stichwörter** sind entsprechend dem arabischen Schriftbild in der Reihenfolge des arabischen Alphabets angeführt. Da dasselbe Schriftbild verschieden ausgesprochen werden kann, deutet zwecks Raumersparnis ein Kreuz (+) vor einer jeweils neuen Aussprachebezeichnung die Wiederholung des Schriftbildes an. Das Kreuz steht auch dort, wo sich die Wortgattung ändert und somit die Endungen verschieden sind, selbst wenn die Aussprache in Pausastellung gleich erscheint (s. 2.5 und Grammatik 2.3).

1.2 **Die Wiederholung eines Schriftbildes** mit gleichbleibender Aussprache ist durch eine **Tilde** (~) angezeigt. Z. B. ال~ bedeutet Stichwort mit Artikel; ~ة (wenn letzter Buchstabe nach links unverbunden), ~ـة (wenn letzter Buchstabe nach links verbunden) bedeutet Stichwort mit Femininendung; ~ى (wenn unverbunden), ~ـى (wenn verbunden) bedeutet ein vom Stichwort abgeleitetes Bezugsadjektiv (s. 2.8).

1.3 Den meisten **Hauptwörtern** folgt die zugehörige **Pluralform**. Die gebrochenen Plurale werden in arabischer Schrift und Umschrift gegeben, die gesunden Plurale nur durch Angabe der Endung in Umschrift angedeutet. Die Pluralangabe fehlt bei selteneren Wörtern, und auch da nur dann, wenn der Plural leicht auf Grund der Regeln zu bilden ist (s. Grammatik 2.5–8). Pluralformen stehen immer nach einem Beistrich, dem die Abkürzung *pl.* folgt. Ein *pl.* unmittelbar nach der Aussprachebezeichnung eines arabischen Wortes kennzeichnet dieses als eine Pluralform.

1.4 **Das Geschlecht der Hauptwörter** ist meist aus der Endung zu erkennen und bleibt dann unbezeichnet. Nur in den wenigen Fällen, wo Wörter ohne weibliche Endung weiblich oder mit weiblicher Endung männlich sind, steht ein *m* oder *f* unmittelbar nach der Aussprachebezeichnung des arabischen Wortes. Sind Femininformen von Haupt- oder Eigenschaftswörtern angegeben, so stehen sie nach einem Beistrich, dem ein *f* und dann die entsprechende Form folgt.

1.5 **Die Verben** werden wie üblich in ihrer einfachsten Form (3. Person *m/sg.* des Perfekts) angeführt. Bei der Umschrift ist in runden Klammern auch die Imperfektform zwecks Bezeichnung des Imperfektvokals angegeben. Der unbezeichneten ersten oder Grundform des Verbs folgen in herkömmlicher Weise die mit römischen Ziffern bezeichneten erweiterten Stämme mit der Umschrift des Perfekts allein, da das Imperfekt hier immer durch das Paradigma gegeben ist.

1.6 **Andere Wortarten** sind entweder durch Abkürzungen kenntlich gemacht oder aus der Übersetzung ohne weiteres zu erkennen. Die wichtigsten Eigen- und Ländernamen sind unter die Stichwörter aufgenommen.

2.1 **Die Aussprache** jedes arabischen Stichwortes ist diesem in eckigen Klammern beigegeben. Bei Zusammensetzungen mit dem Stichwort sind die hinzutretenden Wörter nur dann transkribiert, wenn sie nicht ohne Schwierigkeit an einer anderen Stelle des Wörterbuchs nachgeschlagen werden können. Jedes Wort ist so transkribiert, wie es für sich allein lautet (pausale Aussprache), ohne die Flexionsendungen, die nur im Zusammenhang der Worte lautbar werden (s. 2.5 und Grammatik 2.3).

2.2 Für die **Umschrift** des Arabischen sind die folgenden Zeichen der Association Phonétique Internationale verwendet worden:

Arabischer Buchstabe	Name	Umschrift	Bemerkung
ا	[ʔalif]	ʔ	Stimmabsatz; stimmloser Explosivlaut in der Stimmritze; vgl. im Deutschen die Trennung zwischen *e* u. *o* in *beobachten*. Dehnungsbuchstabe für [a:].
ب	[ba:ʔ]	b	
ت	[ta:ʔ]	t	
ث	[θa:ʔ]	θ	Stimmloser Reibelaut zwischen Zungenspitze und oberen Schneidezähnen. Englisches *th* in *think*, *through*.
ج	[dʒi:m]	dʒ, g	Stimmhafter Affrikat. Englisches *j* in *Jim*. In Ägypten *g*.

Arabischer Buchstabe	Name	Umschrift	Bemerkung
ح	[ħa:ˀ]	ħ	Stark zischendes *h*. Laut bei starkem Hauchen oder dem Versuch auf Distanz zu flüstern.
خ	[xa:ˀ]	x	Stimmloser Gaumensegelreibelaut wie *ch* in *ach*, *Krach*.
د	[da:l]	d	
ذ	[ða:l]		Wie θ, jedoch stimmhaft. Englisches *th* in *this*, *that*.
ر	[ra:ˀ]	r	Gerolltes Zungenspitzen-R.
ز	[za:ˀ]	z	Stimmhaftes *s* wie in *Sonne*.
س	[si:n]	s	
ش	[ʃi:n]	ʃ	Deutsches *sch*.
ص	[ꞩɒ:d]	ꞩ	Velarisiertes *s*. Siehe 2.3.
ض	[đɒ:d]	đ	Velarisiertes *d*. Im Irak velarisiertes ð.
ط	[ŧɒ:ˀ]	ŧ	Velarisiertes *t*.
ظ	[ƶɒ:ˀ]	ƶ	Velarisiertes *z*. Im Irak velarisiertes ð.
ع	[ˤain]	ˤ	Knarrlaut in der Stimmritze.
غ	[ɣain]	ɣ	Stimmhaftes *x*, wie *g* in *Wagen*, *sagen* nach Berliner dialektaler Aussprache.
ف	[fa:ˀ]	f	
ق	[qɒ:f]	q	Am Gaumensegel (Velum) artikuliertes *k*.
ك	[ka:f]	k	
ل	[la:m]	l	Wie deutsches *l*. Nur im Namen Gottes [ałła:h] velarisiert.
م	[mi:m]	m	
ن	[nu:n]	n	
ه	[ha:ˀ]	h	Wie deutsches *h*.
و	[wa:w]	w	Bilabialer Halbkonsonant. Englisches *w*. Dehnungsbuchstabe für [u:].
ى	[ja:ˀ]	j	Wie deutsches *j*. Dehnungsbuchstabe für [i:].

Das arabische Vokalsystem hat nur drei Grundvokale, doch werden sie von den umgebenden Konsonanten beeinflußt, so daß helle und dumpfe Varianten entstehen. Auch ist die Unterscheidung von Kürzen und Längen äußerst wichtig.

Arabisches Vokalzeichen	Name	Umschrift hell	Umschrift dumpf
ـَـ	[fatħa]	a	ɒ
ـَا		a:	ɒ:
ـِـ	[kasra]	i	ɨ
ـِي		i:	ɨ:
ـُـ	[đɒmmɒ]	u	
ـُو		u:	

Die Diphthonge [ai] und [au] bilden jeweils eine Silbe. Gehört der Halbkonsonant zur folgenden Silbe, wird [aja] bzw. [awa] usw. geschrieben. Die langen Vokale [e:] und [o:] kommen als Verschleifungen dieser Diphthonge und in Fremdwörtern vor.

2.3 **Velarisation.** Die Konsonanten s, đ, ŧ, z und ł unterscheiden sich von ihren nicht velarisierten Gegenstücken dadurch, daß bei ihrer Artikulierung die Zungenmasse gegen das Gaumensegel konzentriert wird, also U-Stellung einnimmt. Die „U-Haltigkeit" dieser Konsonanten, ebenso wie die des q, bewirkt eine dumpfe Färbung der umgebenden Vokale.

2.4 **Stimmabsatz.** Grundsätzlich beginnt jede arabische Silbe mit einem Konsonanten. Daher geht jedem Vokal im Anlaut eines Wortes ein Stimmabsatz voran, dem in der arabischen Schrift das Alif entspricht. In der Umschrift ist dieser Stimmabsatz [ʔ] jedoch nur dann bezeichnet, wenn er und der ihm folgende Vokal stabil sind, d. h. auch im Kontext erhalten bleiben, z. B. إحسان [ʔiħ'sa:n], الإحسان [alʔiħ'sa:n]; قال أحمد [qa:la ʔaħmad]. Ist der Stimmabsatz nicht bezeichnet, so bedeutet das, daß er im Kontext zusammen mit dem Vokal verschwindet, und daß der Endvokal eines vorangehenden Wortes direkt an den folgenden Konsonanten anschließt. Dieses Phänomen heißt arabisch وصل [wasl] „Verbindung", z. B. ابتداء [ibti'da:ʔ], الابتداء [alibti'da:ʔ], بالابتداء [bilibti'da:ʔ]; يقول الولد [ja'qu:lu lwalad].

Die arabische Schrift hat ein zusätzliches Zeichen (Hamza ء) für die Bezeichnung des Stimmabsatzes, dessen Träger im Anlaut das

Alif, im In- und Auslaut Alif, *w* oder *j* sind. Nach langem [a:] und im Auslaut, wenn kein Vokal vorangeht, steht es auch allein. Stimmabsatz und langes [a:] im Anlaut schreibt man mit dem Madda آ [ʔa:].

2.5 **Kurze Endvokale** werden in der Pause nicht ausgesprochen (s. Grammatik 2.3) und bleiben in der Regel in der Umschrift unbezeichnet. Ausnahmen wurden bei Verben, deren dritter Wurzelkonsonant ein Stimmabsatz ist [xabaʔa] oder deren zweiter und dritter Wurzelkonsonant identisch sind [farra], gemacht, gelegentlich auch dort, wo es tunlich erschien, den Flexionsvokal zu bezeichnen.

Bei **weiblichen** Substantiven (z. B. [firqa]) repräsentiert das finale [-a] die bereits in Pausastellung verkürzte Femininendung [-atun] und kann nicht mehr abfallen. Manchmal ist die Kontextform in runden Klammern innerhalb der eckigen Klammern angedeutet: [albatta(ta)].

2.6 **Die Betonung** wird durch einen hochgestellten vertikalen Strich **vor** der betonten Silbe angedeutet. Ist die Betonung nicht angegeben, fällt sie auf die erste Silbe. Stoßen zwei verschiedene Konsonanten an der Silbengrenze zusammen, steht der Strich zwischen ihnen, bei zwei identischen Konsonanten (Doppelkonsonanten) jedoch wurde er vor beide gesetzt, z. B. [maˈka:tib], [musˈtaqbal], [baˈllu:ra]. Daß es geringe regionale Unterschiede in der Betonung gibt, sei nur am Rande vermerkt.

2.7 **Die Femininendung** ة ist eine Kombination des Buchstabens ه mit den Punkten des ت. Tritt diese Endung an ein maskulines Wort, so ist die Aussprachebezeichnung sinngemäß zu ergänzen, z. B. سيد [sajjid], ~ة [sajjida] (Pausalform), [sajjidatun] (Kontextform).

2.8 Das Bildungssuffix der **Bezugsadjektive** ى [-i:j(un)] wird in der Pause zu [-i:] abgeschwächt und erscheint nur so in der Aussprachebezeichnung, z. B. مصرى [misri:] ägyptisch. Treten weitere Endungen hinzu, so muß das *j* wieder eingeschoben werden: نسبى [nisbi:], ~ا [nisˈbi:jan], ~ة [nisˈbi:ja(tun)]; حولى [ħauli:], ~ات [ħauli:ˈja:t]; دهرى [dahri:], ~ون [dahri:ˈju:n]. Die feminine Form der Bezugsadjektive ist gleichzeitig eine häufige Form abstrakter Substantive.

2.9 **Mehrdeutigkeit des** ى. Besonders sei auf die Tatsache hingewiesen, daß das ى am Ende eines Wortes für verschiedene Laute stehen kann:

[i:]	wie in	مصري	[misri:]
[a:]	wie in	جرى	[dʒara:]
[ai]	wie in	لكي	[likai]
[an]	wie in	مدى	[madan]
[j]	wie in	جري	[dʒarj]

Am Anfang eines Wortes ist es nur Konsonant [j], in der Mitte [i:], [j] oder zweiter Teil des Diphthongs [ai].

3. **Die deutsche Übersetzung**. Es wurde immer danach getrachtet, den vollen, gegenwärtig aktuellen Bedeutungsumfang eines Wortes zur Geltung zu bringen. Daher sind auch seltenere Bedeutungen aufgenommen worden, die allein die Aufnahme in dieses Wörterbuch nicht gerechtfertigt hätten. Unter den Übersetzungen wurde eine möglichst rationelle Reihenfolge eingehalten. Eng zusammengehörige Bedeutungen sind durch **Beistriche** voneinander getrennt, fernere durch **Strichpunkte**. Sind Wörter verschiedenen Ursprungs und nur lautlich identisch, oder ist der Zusammenhang zwischen Bedeutungen nicht offenkundig, so werden sie innerhalb desselben Absatzes durch arabische Ziffern voneinander getrennt. Ist eine Pluralform nur für eine der Bedeutungen anwendbar, so steht sie nach der betreffenden Ziffer.

Der Benutzer möge die Übersetzungen immer in ihrem Zusammenhang beurteilen, da deutsche Homonyme oft nur so näher bestimmt werden, z. B. *Stärke, Stärkemehl* gegenüber *Stärke, Kraft*; *Sprung, Satz* gegenüber *Sprung, Riß*; *Bank, Sitz* gegenüber *Bank, Kreditinstitut* usw. Zusätzlich werden Wörter durch Abgrenzung des Anwendungsbereichs genauer definiert oder als Fachausdrücke gekennzeichnet: *Chemie*; *Pol.* = *Politik* (s. 4.); gelegentlich durch Angabe einer möglichen Zusammensetzung: (*Gehirn-*)Lappen, Akt *im Theater*. Grundsätzlich ist die Bedeutung der kursiv gesetzten Zusätze im arabischen Ausdruck selbst nicht enthalten.

Bei Verben stehen oft zwecks genauerer Definition des Gebrauchs charakteristische Subjekte und Objekte, z. B.: *Schweiß*: rinnen (Subjekt, wenn Doppelpunkt), *Anzug* zuschneiden (Objekt). Die mit den Verben zu verwendenden **Präpositionen** sind in Klammern beigegeben, wobei zu beachten ist, daß eine arabische Präposition nicht unbedingt einer deutschen gegenüberstehen oder einer solchen wörtlich entsprechen muß, und umgekehrt. Arabische Verben, die den Akkusativ der Person regieren, haben ein (ه) nach sich, solche, die den Akkusativ der Sache regieren, ein (ه). Wenn deutsche Präpositionen verschiedene Fälle regieren können, so ist der Fall durch Abkürzung bezeichnet. Wo sich der arabische und der deutsche Gebrauch decken, wurde auf weitere Erklärungen verzichtet.

Es wird dem Benutzer empfohlen, nie bei der ersten Bedeutung stehenzubleiben, sondern immer alle gegebenen Übersetzungen zu berücksichtigen. Auch die Betrachtung benachbarter Wörter mag oft weitere nützliche Hinweise liefern.

4. Abkürzungen اختصارات

a., *a.*	auch	ايضـا
A	Akkusativ	حالة المفعول به
Abk., *Abk.*	Abkürzung	اختصار
Adv.	Adverb	ظرف
Äg.	Ägypten	مصر
Bot.	Botanik	علم النبـات
ca.	ungefähr, zirka	تقريبـا
coll.	Kollektivwort	اسم جنس او جملة
constr.	status constructus	مضـاف
D	Dativ	حالة المعطى له
du.	Dual, Zweizahl	مثنى
e.	ein	واحد ، اداة النكرة
e-e	eine	واحدة ، اداة النكرة
e-m	einem	اواحد ، اداة النكرة
e-n	einen	واحدا ، اداة النكرة
e-r	einer	لواحدة ، اداة النكرة
e-s	eines	واحد (مضاف اليه) ، اداة النكرة
el.	Elativ	أفعل التفضيل
El.	Elektrizität, Elektrotechnik	كهربـاء
etw.	etwas	شيء او شيئا
f	feminin	مؤنث
fig.	figürlich	مجاز
Flugw.	Flugwesen	طيران
Fot.	Fotografie	تصوير شمسى
G	Genitiv	حالة المضاف إليـه
Gegens.	Gegensatz	ضد

Geo.	Geographie	جغرافيا
Gr.	Grammatik	صرف ونحو
Hdl.	Handel	تجارة
Imp.	Imperativ	أمر
Ir.	Irak	العراق
Isl.	Islamische Religion	دين الاسلام
j-m	jemandem	لأحد
j-n	jemanden	أحدا
Jur.	Jurisprudenz	حقوق
l	Liter	لتر
m	maskulin	مذكر
Math.	Mathematik	رياضيات
Med.	Medizin	طب
Mil.	Militär, Kriegswesen	جيش
n	Neutrum	جماد ، بلا جنس
N	Nominativ	حالة الفاعل
npr.	Eigenname	اسم علم
od.	oder	او
pl.	Plural	جمع
Pol.	Politik	سياسة
pop.	umgangssprachlich	دارج
Präp.	Präposition	حرف جر
s., *s.*	siehe	انظر
sg.	Singular	مفرد
Syr.	Syrien	سوريا
Techn.	Technik	هندسة
Thea.	Theater	مسرح
u., *u.*	und	و
usw.	und so weiter	وهلم جرا ، الخ
vgl.	vergleiche	قارن
vulg.	vulgär, umgangssprachlich	دارج

ا

ا (الف) [ʔalif] *erster Buchstabe des arabischen Alphabets; kann im Anlaut* a, i *oder* u *gelesen werden; Zahlwert 1.*

أ [ʔa] *unübersetzbare Fragepartikel*: أ ليس كذلك ؟ [ʔa laisa kaˈđa:lik] Ist es nicht so ?; s. ام.

أب [ʔab], *pl.* آباء [ʔa:ˈba:ʔ] Vater *m*; *vor G und Suffixen*: *N* أبو [ʔabu:], *G* أبي [ʔabi:], *A* أبا [ʔaba:]; *s.* أبو, أبوان.

آب [ʔa:b] August *m* (*Monat, Syr., Ir.*); *s. a.* اوب.

اباء [ʔiˈba:ʔ] *u.* ~ة Ablehnung *f*, Widerwillen *m*.

اباحة [ʔiˈba:ħa] Enthüllung *f*; Erlaubnis *f*, Freigabe *f*.

اباحى [ʔiˈba:ħi:] zügellos; Freidenker *m*; ~ية [ʔiba:ˈħi:ja] Freigeisterei *f*, Anarchismus *m*, Nihilismus *m*.

ابادة [ʔiˈba:da] Vernichtung *f*, Ausrottung *f*.

آبار *s.* بئر.

ابان [ʔiˈbba:n] Zeit *f*; ~ [-a] u. ~ في [fi:] während.

ابتداء [ibtiˈda:ʔ] Anfang *m*, Beginn *m*.

ابتدائى [ibtiˈda:ʔi:] Anfangs-, primär; الـ~ية [alibtida:ˈʔi:ja] Volksschule *f*, Elementarschule *f*.

ابتذال [ibtiˈđa:l] Abgeschmacktheit *f*, Banalität *f*; Erniedrigung *f*.

أبتر [ʔabtar] gestutzt, schwanzlos.

ابتزاز [ibtiˈza:z] Raub *m*; Entlocken *n*.

ابتسام [ibtiˈsa:m] *u.* ~ة Lächeln *n*.

ابتعاد [ibtiˈʕa:d] Weggehen *n*, Sichentfernen *n*.

ابتغاء [ibtiˈɣɒ:ʔ] Begehren *n*, Verlangen *n*.

ابتكار [ibtiˈka:r] Schöpfung *f*, Kreation *f*.

ابتلاء [ibtiˈla:ʔ] Heimsuchung *f*, Prüfung *f*.

ابتهاج [ibtiˈha:dʒ] Jubel *m*, Frohlocken *n*.

ابتهال [ibtiˈha:l] Flehen *n*.

ابتياع [ibti'ja:ʕ] Kauf *m.*

ابجدى [abdʒadi:] alphabetisch; ~ة [abdʒa'di:ja] Alphabet *n.*

ابحر s. بحر.

أبد [ʔabad (jaʔbid)] verweilen; II [ʔabbad] dauernd, ewig machen; V [ta'ʔabbad] verwildern;

+ [ʔabad] Ewigkeit *f* (*ohne Ende, vgl.* ازل); ا~ [ʔabadan] immer; *mit Negation*: niemals.

ابداء [ʔib'da:ʔ] Äußerung *f.*

ابداع [ʔib'da:ʕ] Schaffung *f*, schöpferische Leistung *f.*

ابدال [ʔib'da:l] Vertauschung *f*, Wechsel *m.*

ابدى [ʔabadi:] ewig, dauernd.

ابر [ʔabar (jaʔbir)] stechen.

ابراز [ʔib'ra:z] Hervorbringen *n*, Vorweisen *n e-s Dokuments.*

ابرام [ʔib'ra:m] Bestätigung *f*, Ratifizierung *f e-s Vertrages.*

ابرص [ʔɒbrɒs] aussätzig, leprös.

ابرة [ʔibra], *pl.* ابر [ʔibar] Nadel *f*; Injektion *f.*

ابرهيم [ʔibra:'hi:m] Abraham *npr. m.*

ابريق [ʔib'ri:q], *pl.* أباريق [ʔaba:'ri:q] Kanne *f*, Krug *m.*

أبريل [ʔab'ri:l] April *m.*

ابزيم [ʔib'zi:m], *pl.* ابازيم [ʔaba:'zi:m] Schnalle *f.*

أبصارى [ʔab'sɒ:ri:] optisch.

ابض [ʔubđ], *pl.* آباض [ʔa:'bɒ:đ] Kniekehle *f.*

ابط [ʔibŧ], *pl.* آباط [ʔa:'bɒ:ŧ] Achselhöhle *f.*

+ V [ta'ʔabbɒŧ] unter den Arm nehmen, *dort* tragen.

ابطاء [ʔib'ŧɒ:ʔ] Verlangsamung *f*, Verzögerung *f.*

ابطال [ʔib'ŧɒ:l] Abschaffung *f*; Entkräftung *f.*

ابعاد [ʔib'ʕa:d] Entfernung *f*, Beseitigung *f.*

ابقاء [ʔib'qɒ:ʔ] Erhaltung *f*, Beibehaltung *f.*

ابكم [ʔabkam], *f* بكماء [bak'ma:ʔ], *pl.* بكم [bukm] stumm.

ابل [ʔibil] *coll.* Kamele *n/pl.*

ابلاغ [ʔib'la:ɣ] Benachrichtigung *f*, Übermittlung *f.*

ابلال [ʔib'la:l] Genesung *f.*

ابله [ʔablah] dumm, blöd.

ابليس [ʔib'li:s] Satan *m*, Teufel *m.*

ابن [ibn], *bei vorangehendem Namen nur* بن [bnu], *pl.* ابناء [ʔab'na:ʔ] *u.* بنون [ba'nu:n] Sohn *m.*

ابنة [ibna], *pl.* بنات [ba'na:t] Tochter *f*; *s.* بنت.

ابنية [ib'ni:ja] Mädchen *n.*

ابه [ʔabah (jaʔbah)] beachten (*etw.* ل).

ابهام [ʔib'ha:m] 1. Unklarheit *f*, Dunkelheit *f*; 2. *pl.* اباهيم [ʔaba:'hi:m] Daumen *m.*

ابو [abu:] (*s.* اب) Vater *m*; *zur Charakteristik*: ابو النظارة [abu: nnɒˈzzɒ:rɒ] der mit der Brille; ابو لحية [abu: liħja] der Bärtige.

ابواب *s.* باب.

ابوان [abaˈwa:n] Eltern *pl.*; *s.* اب.

ابوبة *s.* باب.

ابوة [ˀuˈbu:wa] Vaterschaft *f*.

ابوى [ˀabawi:] väterlich.

ابى [ˀaba: (jaˀba:)] sich weigern; ablehnen, verweigern (*j-m etw.* ه على).

\+ [abi:] 1. mein Vater; 2. *G von* ابو.

\+ [ˀaˈbi:j] stolz, abweisend.

ابيض [ˀabjɒđ], *f* بيضاء [bajˈđa:ˀ], *pl.* بيض [bi:đ] weiß; glänzend; rein; blank (*Waffe*); unbeschrieben; unbebaut; durchwacht (*Nacht*); plötzlich (*Tod*).

آت [ˀa:tin], *constr.* آتى [ˀa:ti:] kommend, bevorstehend; folgend.

اتباع [ittiˈba:ˁ] Befolgung *f*, Beachtung *f*; Verfolgung *f e-r Politik*; ~ى *Kunst*: klassisch.

اتجاه [ittiˈdʒa:h] Richtung *f*, Tendenz *f*; *s.* وجه.

اتحاد [ittiˈħa:d] Vereinigung *f*, Union *f*, Bund *m*; الـ~ السوفييتى [assowˈje:ti:] Sowjetunion *f*; ~ى Bundes-.

اتحد *s.* وحد.

اتخاذ [ittiˈxa:ð] Annahme *f e-r Form, Haltung*.

اتخذ *s.* اخذ.

أتراك *s.* ترك.

اتربة *s.* تراب.

اتزان [ittiˈza:n] Gleichgewicht *n*, Ausgewogenheit *f*; *s.* وزن.

اتساع [ittiˈsa:ˁ] Ausdehnung *f*, Weite *f*, Amplitude *f*; *s.* وسع.

اتساق [ittiˈsa:q] Harmonie *f*; *s.* وسق.

اتصال [ittiˈsɒ:l] Verbindung *f*, Kontakt *m*, Anschluß *m*, Kontinuität *f*; *s.* وصل.

اتضاح [ittiˈđɒ:ħ] Aufklärung *f*; Deutlichkeit *f*; *s.* وضح.

اتضاع [ittiˈđɒ:ˁ] Demut *f*; *s.* وضع.

اتفاق [ittiˈfa:q] Abkommen *n*, Übereinkommen *n*; *s.* وفق; ~ى zufällig; ~ية [ittifa:ˈqi:ja] Abkommen *n*, Konvention *f*; Vertrag *m*.

اتقان [ˀitˈqa:n] Vollendung *f*; Gründlichkeit *f*; genaues Wissen *n*, Beherrschung *f e-r Wissenschaft*.

اتكاء [ittiˈka:ˀ] Aufstützen *n*, Anlehnung *f*; *s.* وكأ.

اتكال [ittiˈka:l] Vertrauen *n*, Sichverlassen *n*; *s.* وكل.

اتلاف [ˀitˈla:f] Zerstörung *f*, Beschädigung *f*.

اتم *el. von* تام; *s. a.* تم.

اتمام [ʔitˈmaːm] Vollendung *f*, Vervollständigung *f*.

اتهام [ittiˈhaːm] Verdächtigung *f*; Anklage *f*, Beschuldigung *f*; *s.* وهم.

أتى [ʔataː (jaʔtiː)] kommen (zu *j-m* ه *od.* الى); bringen (*j-m etw.* ب ه), dar-bringen, -legen; كما يأتى [kaˈmaː jaʔtiː] wie folgt; III آتى, يواتى [ʔaːtaː (juˈʔaːtiː *od.* juˈwaːtiː)] passen, günstig sein; IV [ʔaːtaː (juʔtiː)] geben; Früchte tragen; V [taˈʔattaː] zustandekommen.

أث [ʔaθθa (jaˈʔiθθu)] dicht sein; II [ʔaθθaθa] einrichten, möblieren; V [taˈʔaθθaθ] ausgestattet werden.

أثاث [ʔaˈθaːθ] Einrichtung *f*, Möbel *pl.*

آثار [ʔaːˈθaːr] *s.* أثر; علم الـ~ [ʕilmuˌl-] Archäologie *f*.

اثارة [ʔiˈθaːra] Erregung *f*, Reizung *f*, Hervorrufung *f*.

اثبات [ʔiθˈbaːt] Feststellung *f*; Nachweis *m*, Bestätigung *f*; ~ى positiv, bejahend.

أثر [ʔaθar (jaʔθur)] überliefern, zitieren; II [ʔaθθar] (ein-) wirken (auf فى), Einfluß haben; *El.* induzieren; IV [ʔaːθar] vorziehen (*etw. e-r Sache* ه على); V [taˈʔaθθar] beeindruckt, beeinflußt werden (von ب); X [isˈtaʔθar] sich aneignen (*etw.* ب).

+ [ʔaθar], *pl.* آثار [ʔaːˈθaːr] Spur *f*; Eindruck *m*; Zeichen *n*; Tradition *f*; Werk *n e-s Dichters*; Baudenkmal *n*; *pl.*: الـ~ القديمة Altertümer *pl.*, Antiquitäten *pl.*

+ [ʔiθra] (unmittelbar) nach, als Folge von.

+ ~ة [ʔaθara] Selbstsucht *f*; Gewinnsucht *f*.

+ ~ى [ʔaθariː] antik; archäologisch; Archäologe *m*.

اثقاب [ʔiθˈqaːb] Anzündung *f*; *s. a.* ثقب.

أثم [ʔaθim (jaʔθam)] sündigen; V [taˈʔaθθam] sich der Sünde enthalten.

+ [ʔiθm] Sünde *f*, Frevel *m*.

آثم [ʔaːθim] verbrecherisch; Frevler *m*.

أثناء [ʔaθˈnaːʔa] *u.* ~ فى [fiː ʔaθˈnaːʔi] während, im Laufe von.

اثنا عشر [iθnaː ʕaʃara], *f* اثنتا عشرة [iθnataː ʕaʃarata] zwölf.

اثنان [iθˈnaːni], *f* اثنتان [iθnaˈtaːni] zwei.

اثنية *s.* ثناء.

اثير [ʔaˈθiːr] 1. bevorzugt; 2. Äther *m*.

آثم = اثيم

اج [ʔaddʒa (jaˈʔuddʒu)] brennen, lodern.

اجابة [ʔiˈdʒa:ba] Beantwortung *f*; Erfüllung *f*, Gewährung *f*.

اجارة [ʔiˈdʒa:ra] 1. Vermietung *f*; 2. Schutzgewährung *f*.

اجازة [ʔiˈdʒa:za] Erlaubnis *f*, Genehmigung *f*, Lizenz *f*; Urlaub *m*.

اجانب *s.* اجنبي.

اجبار [ʔidʒˈba:r] Nötigung *f*, Zwang *m*; ~ى Zwangs-, obligatorisch.

اجبنة *s.* جبين.

اجتذاب [idʒtiˈða:b] Anziehung *f*.

اجتلاء [idʒtiˈla:ʔ] Enthüllung *f*; Beobachtung *f*.

اجتماع [idʒtiˈma:ʕ] Versammlung *f*, Treffen *n*; Gesellschaft *f*; علم الـ~ Soziologie *f*; ~ى gesellschaftlich, sozial; soziologisch.

اجتناب [idʒtiˈna:b] Vermeidung *f*.

اجتهاد [idʒtiˈha:d] Anstrengung *f*, Fleiß *m*, Eifer *m*; selbständige Forschung *f*.

اجتياز [idʒtiˈja:z] Durchquerung *f*, Zurücklegung *f e-r Strecke*.

اجحاف [ʔidʒˈħa:f] Schädigung *f*.

اجداد *s.* جد.

أجر [ʔadʒar (jaʔdʒur)] belohnen; II [ʔaddʒar] *u.* IV [ʔa:dʒar] vermieten, verpachten; X [isˈtaʔdʒar] mieten, pachten.

+ [ʔadʒr], *pl.* أجور [ʔuˈdʒu:r] Lohn *m*; Gebühr *f*, Preis *m*.

اجراء [ʔidʒˈra:ʔ] Durchführung *f*; *pl.* اجراءات Maßnahmen *f/pl.*

اجرام [ʔidʒˈra:m] Verbrechen *n*; ~ى verbrecherisch.

اجرب [ʔadʒrab], *f* جرباء [dʒarˈba:ʔ], *pl.* جرب [dʒurb] räudig, krätzig.

اجرد [ʔadʒrad], *f* جرداء [dʒarˈda:ʔ], *pl.* جرد [dʒurd] öde; kahl.

أجرة [ʔudʒra] Miete *f*, Gebühr *f*, Porto *n*; (Auto-)Taxi *n*.

أجزاء *s.* جزء.

أجزاخانة [ʔadʒza:ˈxa:na] Apotheke *f*.

أجل [ʔadʒal (jaʔdʒal)] zögern; II [ʔaddʒal] verzögern, hinausschieben; vertagen; V [taˈʔaddʒal] vertagt werden; X [isˈtaʔdʒal] um Aufschub bitten.

+ [ʔadʒl]: لاجل [liʔadʒl] *u.* من ~ [min ~] wegen *G*; um – willen.

+ [ʔadʒal] 1. jawohl!, gewiß!; 2. *pl.* آجال [ʔa:ˈdʒa:l] Frist *f*, Termin *m*, Zeit *f*; قصير الاجل kurzfristig.

آجل [ʔa:dʒil] zögernd; عاجلا او اجلا [ʕa:dʒilan ʔau ʔa:dʒilan] früher oder später.

اجلال [ʔidʒˈlaːl] Verehrung *f*, Hochachtung *f*.

اجماع [ʔidʒˈmaːʕ] Übereinstimmung *f*, Einstimmigkeit *f*; ~ى gemeinsam, kollektiv.

اجمال [ʔidʒˈmaːl] Zusammenfassung *f*; ~ى zusammenfassend, summarisch; Pauschal-, Gesamt-.

اجمع [ʔadʒmaʕ], *pl.* [-uːn], *f* جمعاء [dʒamˈʕaːʔ] gesamt, ganz, all; *nachgestellt*: العالم ~ die gesamte Welt; باجمعهم [biˈʔadmaʕihim] sie alle (insgesamt).

اجنبى [ʔadʒnabiː], *pl.* اجانب [ʔaˈdʒaːnib] Ausländer *m*.

اجهاد [ʔidʒˈhaːd] Beanspruchung *f*; Anstrengung *f*.

اجهاض [ʔidʒˈhɒːđ] *Med.* Abortus *m*, Abtreibung *f*.

اجوبة *s.* جواب.

اجود [ʔadʒwad] besser (*el. von* جيد).

اجوف [ʔadʒwaf], *f* جوفاء [dʒauˈfaːʔ], *pl.* جوف [dʒuːf] hohl.

اجير [ʔaˈdʒiːr], *pl.* اجراء [ʔudʒaˈraːʔ] Lohndiener *m*; Mietling *m*.

احاطة [ʔiˈħɒːtɒ] Einfassung *f*; Kenntnis *f*; Mitteilung *f* (*e-r Sache* ب).

احالة [ʔiˈħaːla] Zuweisung *f*, Überweisung *f*; Versetzung *f*.

احب [ʔaˈħabb] lieber (*j-m* الى).

احباء *s.* حبيب.

احباط [ʔiˈħbɒːŧ] Vereitelung *f*.

احتباس [iħtiˈbaːs] Hemmung *f*; Verhaltung *f des Harnes*.

احتجاب [iħtiˈdʒaːb] Verhüllung *f*, Verschleierung *f*.

احتجاج [iħtiˈdʒaːdʒ] Einspruch *m*, Protest *m*.

احتذاء [iħtiˈðaːʔ] Nachahmung *f*.

احتذار [iħtiˈðaːr] Vorsicht *f*.

احتراز [iħtiˈraːz] Vorsicht *f*.

احتراس [iħtiˈraːs] Vorsicht *f*.

احتراق [iħtiˈraːq] Verbrennung *f*, Verbrennungsprozeß *m*.

احترام [iħtiˈraːm] Hochachtung *f*, Ehrerbietung *f*.

احتساب [iħtiˈsaːb] Berechnung *f*; Nachdenken *n*.

احتشاد [iħtiˈʃaːd] Zusammenziehung *f von Truppen*; Versammlung *f*.

احتشام [iħtiˈʃaːm] Scham *f*, Scheu *f*.

احتضار [iħtiˈđɒːr] Hinscheiden *n*, Tod *m*.

احتضان [iħtiˈđɒːn] Umarmung *f*.

احتفاء [iħtiˈfaːʔ] freundlicher Empfang *m*.

احتفاظ [iħtiˈfɒːz] (Be-)Wahrung *f*, Erhaltung *f* (*e-r Sache* ب).

احتفال [iħtiˈfaːl] Feier *f*, Festlichkeit *f*.

احتقار [iħtiˈqaːr] Verachtung *f*.

احتقان [iħtiˈqa:n] (*Blut-*)Stauung *f*.

احتكار [iħtiˈka:r] Monopol *n*.

احتكاك [iħtiˈka:k] Reibung *f* (*a. fig.*).

احتلال [iħtiˈla:l] Besetzung *f*; ~ى Besatzungs-, Okkupations-.

احتماء [iħtiˈma:ʔ] Deckung *f*; Zuflucht *f*.

احتمال [iħtiˈma:l] Wahrscheinlichkeit *f*; Duldung *f*.

احتياج [iħtiˈja:dʒ] Bedürfnis *n*; Bedürftigkeit *f*.

احتياط [iħtiˈjɒ:t] Reserve *f*; Vorsicht *f*; *pl.* [-a:t] Vorsichtsmaßnahmen *f/pl.*; ~ى Reserve-, Ersatz-; präventiv.

احتيال [iħtiˈja:l] List *f*, Täuschungsmanöver *n*.

احجام [ʔiħˈdʒa:m] Enthaltung *f*, Abstandnehmen *n*.

أحد [ʔaħad], *f* احدى [ʔiħda:] eine(r); jemand; احدهم [ʔaħaduhum] einer von ihnen; (يوم) الاحد Sonntag *m*; *pl.* آحاد [ʔa:ˈħa:d] Einer(zahlen) *pl*.

احداث [ʔiħˈda:θ] Bewirkung *f*, Verursachung *f*; *s. a.* حدث; ~ى *Math.* Koordinate *f*.

احداق [ʔiħˈda:q] Einkreisung *f*.

احدب [ʔaħdab], *f* حدباء [ħadˈba:ʔ], *pl.* حدب [ħudb] bucklig.

احدوثة [ʔuħˈdu:θa] Kurzgeschichte *f*, Fabel *f*; Thema *n*.

احدى *s.* احد.

احذية *s.* حذاء.

احرار *s.* حر.

احراز [ʔiħˈra:z] Erringung *f* *e-s Sieges*; Erwerbung *f*.

احراق [ʔiħˈra:q] Verbrennung *f* (*als Handlung*).

احرام [ʔiħˈra:m] *Isl.* Weihezustand des Mekkapilgers.

احرى *el. von* حرى; بالاحرى [bilˈʔaħra:] vielmehr; richtiger gesagt.

احساس [iħˈsa:s] Empfindung *f*, Wahrnehmung *f* (*e-r Sache* ب).

احسان [ʔiħsa:n] Wohltun *n*; *a. npr*.

احسن [ʔaħsan] besser, schöner.

احصاء [ʔiħˈsɒ:ʔ] Zählung *f*; Statistik *f*.

احصان [ʔiħˈsɒ:n] Keuschheit *f*.

احصائى [ʔiħˈsɒ:ʔi:] statistisch; ~ة *u. pl.* [-ˈja:t] Statistik *f*.

احضار [ʔiħˈđɒ:r] Herbeischaffung *f*, Beibringung *f*.

احق [ʔaˈħaqq] würdiger (*e-r Sache* ب); ~ية [ʔaħaˈqqi:ja] Vorrecht *n*; Berechtigung *f*.

احكام [ʔiħˈka:m] Genauigkeit *f*; Vollkommenheit *f*; *s. a.* حكم.

احمر [ʔaħmar], *f* حمراء [ħam-

ˈraːʔ], *pl.* حمر [ħumr] rot; تحت الـ~ infrarot.

احمرار [iħmiˈraːr] Rötung *f*.

أحمق [ʔaħmaq], *f* حمقاء [ħamˈqaːʔ], *pl.* حمق [ħumq] dumm, närrisch.

احوال *s.* حال.

احول [ʔaħwal], *f* حولاء [ħauˈlaːʔ], *pl.* حول [ħuːl] schielend.

احياء [ʔiħˈjaːʔ] (Wieder-)Belebung *f*.

+ [ʔaħˈjaːʔ] *pl. von* حى; علم الاحياء Biologie *f*.

أحيانا *s.* حين.

أخ [ʔax], *pl.* اخوة [ʔixwa] *u.* اخوان [ʔixˈwaːn] Bruder *m*; Freund *m*, Genosse *m*; *vor G u. Suffixen*: *N* أخو [ʔaxuː], *G* أخى [ʔaxiː], *A* أخا [ʔaxaː]; *pl.* اخوان *besonders für Mitglieder von Orden und Bruderschaften*.

اخبار [ʔixˈbaːr] Benachrichtigung *f*; *s. a.* خبر; ~ى Nachrichten-, Informations-.

أخت [ʔuxt], *pl.* اخوات [ʔaxaˈwaːt] Schwester *f*.

اختبار [ixtiˈbaːr] Versuch *m*, Erprobung *f*, Prüfung *f*; Erfahrung *f*; ~ى experimentell; Erfahrungs-.

اختتام [ixtiˈtaːm] Beendigung *f*, Abschluß *m*.

اختراع [ixtiˈraːʕ] Erfindung *f*.

اختراق [ixtiˈraːq] Durchbohrung *f*; Durchfahrt *f*; Überschreitung *f*.

اختزال [ixtiˈzaːl] Stenographie *f*, Kurzschrift *f*; Abkürzung *f*.

اختصار [ixtiˈsɒːr] Abkürzung *f*.

اختصاص [ixtiˈsɒːs] Fachgebiet *n*; Spezialität *f*; Kompetenz *f*; ~ى Spezialist *m*.

اختطاف [ixtiˈtɒːf] Entführung *f*, Raub *m*.

اختفاء [ixtiˈfaːʔ] Verschwinden *n*; Sichverstecken *n*.

اختلاء [ixtiˈlaːʔ] Alleinsein *n*.

اختلاس [ixtiˈlaːs] Unterschlagung *f*, Veruntreuung *f*.

اختلاط [ixtiˈlɒːt] (Ver-)Mischung *f*; Verkehr *m*, Umgang *m*.

اختلاف [ixtiˈlaːf] Unterschied *m*; Widerspruch *m*; Meinungsverschiedenheit *f*.

اختلال [ixtiˈlaːl] Störung *f*; Mangelhaftigkeit *f*.

اختيار [ixtiˈjaːr] Wahl *f*, Auswahl *f*; ~ى nach Wahl; freiwillig.

اخدود [ʔuxˈduːd], *pl.* اخاديد [ʔaxaːˈdiːd] Graben *m*, Furche *f*.

أخذ [ʔaxað (jaʔxuð)] nehmen, übernehmen; erhalten; fassen, greifen; beginnen zu (*mit folgendem Verb*); *Meinung* einholen; übelnehmen (*j-m* على); III [ʔaːxað] übelnehmen (*j-m etw.* ه على); VIII اتخذ [iˈttaxað] annehmen, *Standpunkt* einnehmen; *Maßnahmen* ergreifen.

\+ [ʔaxð] Nehmen *n*, Annahme *f*, Wegnahme *f*; اخذ و رد [~ wa radd] Erörterung *f*, Disput *m*.

أخر II [ʔaxxar] aufschieben, verzögern, aufhalten; V [taˈʔaxxar] sich verspäten, zurückbleiben.

آخر [ʔa:xar], *pl.* آخرون [ʔa:xaru:n] *u.* أخر [ʔuxar], *f* أخرى [ʔuxra:], *pl.* أخريات [ʔuxraja:t] *u.* أخر andere(r); من وقت الى آخر [min waqtin ila: ~] von Zeit zu Zeit.

\+ [ʔa:xir], *pl.* أواخر [ʔaˈwa:xir] *u.* [-u:n], *f* ة~ *pl.* [-a:t] letzte(r); der letzte *einer bestimmten Reihe* (*vgl.* اخير); Ende *n*, Schluß *m*; الى آخره (*Abk.* الخ) [ʔila: ʔa:xirih(i)] und so weiter, usw., etc.; فى آخره an seinem Ende; من آخره von hinten; أواخر الشهر das letzte Drittel des Monats (*s.* اوسط, اول).

اخراج [ʔixˈra:dʒ] Herausbringen *n*; Beseitigung *f*; Heranbildung *f*; *Thea.* Regie *f*.

أخرس [ʔaxras], *f* خرساء [xarˈsa:ʔ], *pl.* خرس, خرسان [xurs(a:n)] stumm.

الآخرة :آخرة, أخرى [alʔa:xira] *u.* الاخرى [alˈʔuxra:] das Jenseits *n*; *s.* اخر.

اخصاب [ʔixˈsa:b] Fruchtbarkeit *f*.

أخصائى [ʔaxiˈssɒ:ʔi:] Spezialist *m*, Fachmann *m*.

اخضاع [ʔixˈđɒ:ʕ] Unterwerfung *f*.

أخضر [ʔaxđɒr], *f* خضراء [xađra:ʔ], *pl.* خضر [xuðr] grün; frisch.

اخطار [ʔixˈtɒ:r] Warnung *f*; Benachrichtigung *f*.

اخفاء [ʔixˈfa:ʔ] Verstecken *n*, Verbergung *f*.

اخفاق [ʔixˈfa:q] Fehlschlag *m*, Mißerfolg *m*.

اخلاء [ʔixˈla:ʔ] Freimachung *f*, Leerung *f*.

اخلاص [ʔixˈlɒ:s] Treue *f*, Aufrichtigkeit *f*.

اخلاق [ʔaxˈla:q] (*pl. von* خلق) Charakter *m*; Moral *f*; ى~ sittlich, moralisch, ethisch; ية~ Sittlichkeit *f*.

اخلال *s.* خل.

اخماد [ʔixˈma:d] Löschung *f*, Dämpfung *f*.

(اخو) III آخى [ʔa:xa:] sich verbrüdern (mit ه).

\+ [ʔaxu:] (*s.* اخ) Bruder *m*.

اخوات *s.* اخت.

اخوان [ʔaxaˈwa:n(i)] zwei Brüder.

\+ [ʔixˈwa:n] Brüder *pl.*, *s.* اخ.

اخوة [ʔuˈxuːwa] Brüderlichkeit *f*; Bruderschaft *f*.

\+ [ʔixwa] *pl. von* اخ.

أخى [ʔaxiː] 1. mein Bruder; 2. *G von* أخو; + *s.* اخو.

اخيار *s.* خير.

اخير [ʔaˈxiːr] letzte(r), hinterste(r); jüngste(r); ~ا [ʔaˈxiːran] zuletzt, schließlich; neulich.

أداء [ʔaˈdaːʔ] Ausführung *f*, Verrichtung *f*; Leistung *f*.

ادارة [ʔiˈdaːra] Leitung *f*, Verwaltung *f*; Direktion *f*; Umwendung *f*.

ادارى [ʔiˈdaːriː] administrativ; Verwaltungs-.

ادام [ʔiˈdaːm] Zutat *f*, Zukost *f*.

ادانة [ʔiˈdaːna] Schuldspruch *m*.

أداة [ʔaˈdaːt], *pl.* أدوات [ʔadaˈwaːt] Instrument *n*, Werkzeug *n*, Gerät *n*; *Gr.* Partikel *f*; اداة التعريف *Gr.* bestimmter Artikel *m*.

أدب II [ʔaddab] erziehen, bilden, disziplinieren; V [taˈʔaddab] erzogen, gebildet, diszipliniert werden.

\+ [ʔadab], *pl.* آداب [ʔaːˈdaːb] gute Sitte *f*, Anstand *m*; Bildung *f*; (schöne) Literatur *f*; كلية الآداب philosophische Fakultät *f*; بيت الادب Toilette *f*.

ادباء *s.* اديب.

ادبار [ʔidˈbaːr] Rückzug *m*, Entweichen *n*.

أدبى [ʔadabiː] literarisch; moralisch; [-ˈjaːt] Geisteswissenschaften *f/pl.*; Belletristik *f*.

ادخار [iddiˈxaːr] Aufspeicherung *f*, Ansammlung *f*; *s.* ذخر.

ادخال [ʔidˈxaːl] (Hin-)Einführung *f*, Einfügung *f*.

ادراج [ʔidˈraːdʒ] Einsetzung *f*; Eintragung *f* in *e-e Liste* ق.

ادراك [ʔidˈraːk] Erlangung *f*; Wahrnehmung *f*; Verständnis *n*.

ادعاء [iddiˈʕaːʔ] Behauptung *f*; Anmaßung *f*; Forderung *f*; Anklage *f*.

ادعية *s.* دعاء.

ادغام [iddiˈɣaːm] Verschmelzung *f*; *Gr.* Assimilation *f*.

ادل [ʔaˈdall] (*el. von* دليل) besser beweisend; *s. a.* دلو.

ادلاء [ʔidˈlaːʔ] Mitteilung *f*, Abgabe *f e-r Erklärung*.

ادلة s. دليل.

آدم [ʔaːdam] Adam; ابن ~ Mensch *m*.

ادماج [ʔidˈmaːdʒ] Eingliederung *f*, Einbeziehung *f*.

ادمان [ʔidˈmaːn] Hingabe *f*; Sucht *f*.

ادمغة *s.* دماغ.

ادمة [ʔadama] Haut *f*.

آدمی [ʔa:d(a)mi:] menschlich; *pl.* أوادم [ʔa'wa:dim] Mensch *m.*

أدنى [ʔadna:] (*el. von* دنى), *f* دنيا [dunja:] näher; tiefer; niedriger; الحد الادنى [al'ħaddu‿l-] unterste Grenze *f*; Minimum *n*; ~ الشرق ال [a'ʃʃarqu‿l-] *Geogr.* Nahe(r) Osten *m*, Vordere(r) Orient *m*.

أدهم [ʔadham] (tief-)schwarz.

أدواء *s.* داء.

أدوات *s.* أداة.

أدوية *s.* دواء.

أدى II [ʔadda: (ju'ʔaddi:)] gelangen lassen; *Arbeit* verrichten; *Dienst* erweisen; *Aufgabe* erfüllen; leisten; vollziehen; *vulg.* geben.

أديب [ʔa'di:b], *pl.* أدباء [ʔuda'ba:ʔ] gebildet; Literat *m*; Schriftsteller *m*.

أديم [ʔa'di:m] Haut *f*; Oberfläche *f*.

اذ [ʔið] da, da ja; ~ ذاك [ða:ka] damals; ~ ان [~ ʔanna] da ja.

اذا [ʔiða:] 1. als; wenn; *in indirekter Frage*: ob; 2. ~ ب siehe da; da plötzlich ...

اذا *u.* اذن [ʔiðan] also, deshalb, folglich.

آذار [ʔa:'ða:r] März *m Syr., Ir.*

اذاعة [ʔi'ða:ʕa] (Aus-)Sendung *f*; Veröffentlichung *f*; Rundfunk *m*.

أذان [ʔa'ða:n] *Isl.* Gebetsruf *m*.

اذعان [ʔið'ʕa:n] Gehorsam *m*; Unterwürfigkeit *f*.

اذلال [ʔið'la:l] Demütigung *f*, Erniedrigung *f*.

أذن [ʔaðin (jaʔðan)] 1. hören; 2. erlauben, gestatten (*j-m* ل); II [ʔaððan] zum Gebet rufen; krähen; IV [ʔa:ðan] bekanntmachen (*etw.* ب); aufrufen, ankündigen; X [is'taʔðan] um Erlaubnis bitten (einzutreten, zu gehen).

\+ [ʔiðn] Erlaubnis *f*, Genehmigung *f*.

\+ [ʔuðn], *pl.* آذان [ʔa:'ða:n] Ohr *n*; Henkel *m*.

\+ [ʔiðan] *s.* اذا.

أذى [ʔaðija (jaʔða:)] Schaden erleiden; IV [ʔa:ða:] belästigen, peinigen; Unrecht tun; V [ta'ʔaðða:] gekränkt, verletzt werden.

\+ [ʔaðan] *u.* أذية [ʔa'ði:ja] Schaden *m*; Verletzung *f*, Kränkung *f*, Schmerz *m*.

آراء *s.* رأى.

ارادة [ʔi'ra:da] Wille *m*, Wollen *n*; Erlaß *m*; (*königliches*) Dekret *n*.

ارادى [ʔi'ra:di:] willkürlich; Willens-.

اراقة [ʔi'ra:qa] Vergießen *n*.

أرب [ʔarab], *pl.* آراب [ʔa:'ra:b] Wunsch *m*; Ziel *n*.

ارباب *s.* رب.

اربطة *s.* رباط.

أربع *f* [ʔarbaʕ], *m* ~ة [ʔar'baʕa(t)] vier; ~ة عشر [ʔarbaʕata ʕaʃar(a)], *f* ~ عشرة [ʔarbaʕa ʕaʃara(ta)] vierzehn.

أربعاء [ʔarbi'ʕa:ʔ]: (يوم) الـ~ Mittwoch *m*.

أربعون [ʔarba'ʕu:n], *G, A* أربعين [ʔarba'ʕi:n] vierzig.

ارتباط [irti'bɒ:ṭ] (Ver-)Bindung *f*, Verknüpfung *f*; Zusammenhalt *m*.

ارتباك [irti'ba:k] Verwirrung *f*, Verlegenheit *f*.

ارتجاج [irti'dʒa:dʒ] Beben *n*, Erschütterung *f*.

ارتجاع [irti'dʒa:ʕ] Reaktion *f*; ~ى reaktionär.

ارتجال [irti'dʒa:l] Improvisation *f*; ~ى unvorbereitet, improvisiert.

ارتحال [irti'ha:l] Abreise *f*, Aufbruch *m*.

ارتخاء [irti'xa:ʔ] Erschlaffung *f*, Entspannung *f*, Lockerung *f*.

ارتداد [irti'da:d] Abfall *m*, Abtrünnigkeit *f*.

ارتشاح [irti'ʃa:ħ] *Med.* Infiltration *f*.

ارتعاش [ʔirtiʕa:ʃ] Zittern *n*, Beben *n*.

ارتفاع [irti'fa:ʕ] Höhe *f*; Steigen *n*, Zunahme *f*.

ارتفاق [irti'fa:q] Nutznießung *f*.

ارتقاء [irti'qa:ʔ] Aufstieg *m* (*a. fig.*); Besteigung *f*.

ارتكاب [irti'ka:b] Begehung *f e-s Verbrechens*.

ارتكاز [irti'ka:z] Stützung *f*; نقطة الـ~ Stützpunkt *m*.

ارتياب [irti'ja:b] Zweifel *m*, Argwohn *m*.

ارتياح [irti'ja:ħ] Beruhigung *f*; Befriedigung *f*.

ارتياد [irti'ja:d] Erforschung *f*.

ارتياع [irti'ja:ʕ] Entsetzen *n*, Erschrecken *n*.

ارث [ʔirθ] Erbe *n*; *s.* ورث.

أرج [ʔaradʒ] Duft *m*.
+ [ʔaridʒ] duftend.

ارجاء [ʔir'dʒa:ʔ] Aufschub *m*, Verlegung *f*.

ارجاع [ʔir'dʒa:ʕ] Rückgabe *f*, Rückführung *f*.

ارجاف [ʔir'dʒa:f], *pl.* أراجيف [ʔara:'dʒi:f] falsches Gerücht *n*.

أرجح II [ta'ʔardʒaħ] schaukeln.

أرجوان [ʔurdʒu'wa:n] Purpur *m*.

أرجوحة [ʔur'dʒu:ħa] Wiege *f*, Schaukel *f*.

أرخ II [ʔarrax] datieren.

أردب [ʔar'dabb] *Hohlmaß, ca. 198 l.*

أردن [ʔurdunn] *Geo.* Jordan *m*;

pop. Jordanien *n*; ~ى jordanisch; Jordanier *m*.

اردية *s.* رداء.

أرز [ʔarz] *Bot.* Zeder *f*.

+ [ʔaˈruzz] Reis *m*.

ارسال [ʔirˈsa:l] (Ent-, Zu-)Sendung *f*; ~ية (Post-)Sendung *f*.

ارسطو [ʔaˈristu:] Aristoteles *m*.

ارشاد [ʔirˈʃa:d] Führung *f*, Leitung *f*; *pl.* [-a:t] Anweisungen *f/pl*.

أرض [ʔarđ] *f* Erde *f*; Land *n*; *pl.* أراض [ʔaˈrɒ:đɨn], *constr.* اراضى [ʔaˈrɒ:di:] Ländereien *f/pl.*, Gebiete *n/pl*.

ارضاء [ʔirˈđɒ:ʔ] Befriedigung *f*, Zufriedenstellung *f*.

أرضة [ʔarɒðɒ] Termite *f*.

أرضى [ʔarđi:] Erd-, Boden-; ~ة [ʔarˈđi:ja] (Fuß-)Boden *m*.

ارعاب [ʔirˈʕa:b] Einschüchterung *f*.

ارغام [ʔirˈɣa:m] Zwang *m*.

أرق [ʔaraq] Schlaflosigkeit *f*.

اركان [ʔirˈka:n] Vertrauen *n*; *s. a.* ركن.

أرمل [ʔarmal], *pl.* أرامل [ʔaˈra:mil] Witwer *m*; Witwe *f*.

أرناوطى [ʔarˈna:wuti:] albanisch; Albaner *m*.

أرنب [ʔarnab], *pl.* أرانب [ʔaˈra:nib] Hase *m*, Kaninchen *n*.

ارهاب [ʔirˈha:b] Terror *m*; ~ى terroristisch; Terrorist *m*.

ارهاف [ʔirˈha:f] Schärfung *f*.

ارهاق [ʔirˈha:q] Bedrängung *f*, Bedrückung *f*.

أوروبا [ʔuˈru:ba:, ʔuˈruppa:] Europa *n*; أوروبى [ʔuˈru:bi:, ʔuˈruppi:] europäisch; Europäer *m*.

أروح [ʔarwaħ] bequemer; beruhigender.

أرومة [ʔaˈru:ma] Wurzel *f*; Ursprung *m*.

أريب [ʔaˈri:b] geschickt; intelligent.

أريحا [ʔaˈri:ħa:] *Geo.* Jericho *n*.

أريحى [ʔarjaħi:] freigebig.

أريكة [ʔaˈri:ka] Sitzbank *f*; Thron *m*.

ازاء [ʔiˈza:ʔa] *Präp.* vor, gegenüber.

ازاحة [ʔiˈza:ħa] Entfernung *f*, Wegnahme *f*.

ازار [ʔiˈza:r], *pl.* أزر [ʔuzur] Hülle *f*, Überwurf *m*.

ازالة [ʔiˈza:la] Beseitigung *f*, Aufhebung *f*.

ازدحام [izdiˈħa:m] Gedränge *n*.

ازدراء [izdiˈra:ʔ] Verachtung *f*, Mißachtung *f*.

ازدهار [izdiˈha:r] Blüte *f*, Gedeihen *n*.

ازدواج [izdiˈwa:dʒ] Zweiheit *f*, Paarigkeit *f*; Spaltung *f*.

ازدياد [izdiˈja:d] Vermehrung *f*, Zunahme *f*.

أزر II [ʔazzar] bedecken, umhüllen; III آزر [ʔa:zar] stärken, unterstützen.
+ [ʔazr] Stärke *f*.
أزرق [ʔazraq], *f* زرقاء [zar'qa:ʔ], *pl.* زرق [zurq] blau.
ازعاج [ʔiz'ʕa:dʒ] Belästigung *f*, Störung *f*.
أزقة *s.* زقاق.
أزل [ʔazal] Ewigkeit *f* (*ohne Anfang, vgl.* أبد); ~ى (ur-) ewig.
أزمنة *s.* زمان.
أزمة [ʔazma] Not *f*, Krise *f*.
أزهر [ʔazhar] leuchtend, strahlend; ال~ Azhar *f* (*Moschee und religiöse Universität in Kairo*); ~ى Student *m od.* Absolvent *m* der Azhar.
أزور [ʔazwar], *f* زوراء [zau'ra:ʔ], *pl.* زور [zu:r] schief, krumm.
ازورار [izwi'ra:r] Abneigung *f*.
أزيد [ʔazjad] mehr; größer.
أزيز [ʔa'zi:z] Summen *n*.
أس [ʔuss] Basis *f*, Grundlage *f*; *Math.* Potenz *f und deren* Exponent *m*; *s. a.* أسس.
أسا *s.* أسو.
اساءة [ʔi'sa:ʔa] böse Tat *f*; Kränkung *f*; *s.* سوء IV.
أساتذة *s.* أستاذ.
اسار [ʔi'sa:r] Riemen *m*.
أساس [ʔa'sa:s], *pl.* أسس [ʔusus] Fundament *n*, Grundlage *f*; على ~ auf Grund (*G*); ~ى grundlegend, wesentlich.
اسالة [ʔi'sa:la]: ~ الماء Wasserversorgung *f*; *s.* سيل IV.
اسام *s.* اسم.
أسباب *s.* سبب.
اسبانخ [is'ba:nax] Spinat *m*.
أسبق [ʔasbaq] früher; den Vorrang habend; ~ية Vorrang *m*, Priorität *f*.
أسبوع [ʔus'bu:ʕ], *pl.* أسابيع [ʔasa:'bi:ʕ] Woche *f*.
أستاذ [ʔus'ta:ð], *pl.* أساتذة [ʔa'sa:tiða] Professor *m*; (Lehr-) Meister *m*; Bakkalaureus *m*; ~ية Meisterschaft *f*; Professur *f*.
استباحة [isti'ba:ħa] Aneignung *f*.
استبداد [istib'da:d] Willkür *f*.
استبدال [istib'da:l] Umtausch *m*, Eintausch *m*.
استبقاء [istib'qa:ʔ] Erhaltung *f*, Beibehaltung *f*.
استتباب [istit'ba:b] Ordnung *f*, Stabilität *f*.
استتمام [istit'ma:m] Vollendung *f*.
استثناء [istiθ'na:ʔ] Ausnahme *f*; استثنائى Ausnahme-.
استثمار [istiθ'ma:r] Nutzung *f*, Auswertung *f*.
استجابة [isti'dʒa:ba] Gewährung *f*, Erfüllung *f*; *Med.* Reflex *m*.
استجلاء [istidʒ'la:ʔ] Aufhellung *f*.

استدانة [istiˈdaːna] Borgen *n*; Verschuldung *f*.

استدراك [istidˈraːk] Berichtigung *f*, Richtigstellung *f*.

استدعاء [istidˈʕaːʔ] Vorladung *f*; Zurückberufung *f*.

استدلال [istidˈlaːl] Schlußfolgerung *f*, Deduktion *f*.

استذكار [istiðˈkaːr] Auswendiglernen *n*, Merken *n*.

استراحة [istiˈraːħa] Rast *f*, Ruhepause *f*; Rasthaus *n*.

استرجاع [istirˈdʒaːʕ] Zurückforderung *f*; Wiedererlangung *f*.

استرخاء [istirˈxaːʔ] Nachlassen *n*, Erschlaffung *f*.

استرداد [istirˈdaːd] Rücknahme *f*; Rückzahlung *f*.

استرسال [istirˈsaːl] Weitschweifigkeit *f*; Gelöstheit *f*.

استرشاد [istirˈʃaːd] Bitte *f* um Anleitung; Einholung *n* von Rat.

استرضاء [istirˈđɒːʔ] Besänftigung *f*, Versöhnung *f*.

استرواح [istirˈwaːħ] Belüftung *f*.

استسلام [istisˈlaːm] Ergebung *f*, Kapitulation *f*.

استشارة [istiˈʃaːra] Konsultation *f*; Beratung *f*; استشارى konsultativ.

استشراق [istiʃˈraːq] Orientalistik *f*.

استجلاب [istidʒˈlaːb] Beschaffung *f*, Herbeibringung *f*.

استجمام [istidʒˈmaːm] Erholung *f*, (*innere*) Sammlung *f*.

استجواب [istidʒˈwaːb] Befragung *f*; *Jur*. Verhör *n*.

استحالة [istiˈħaːla] 1. Unmöglichkeit *f*; 2. (Um-)Wandlung *f*.

استحداث [istiħˈdaːθ] Schöpfung *f*; Neueinführung *f*.

استحسان [istiħˈsaːn] Billigung *f*; Beifall *m*, Zustimmung *f*.

استحضار [istiħˈđɒːr] Herbeischaffung *f*; Bereitung *f*.

استحقاق [istiħˈqɒːq] Würdigkeit *f*; Verdienst *n*; Fälligkeit *f*.

استحكام [istiħˈkaːm] Befestigung *f*, Verstärkung *f*.

استحمام [istiħˈmaːm] Baden *n*.

استحياء [istiħˈjaːʔ] Scham *f*, Scheu *f*.

استخبار [istixˈbaːr] Erkundigung *f*; *pl*. [-aːt] *Mil*. Nachrichtendienst *m*.

استخدام [istixˈdaːm] Verwendung *f*; Anstellung *f*.

استخراج [istixˈraːdʒ] Entnahme *f*; Gewinnung *f*; Auszug *m*.

استخفاف [istixˈfaːf] Geringschätzung *f*.

استخلاص [istixˈlɒːs] Gewinnung *f*; Freisetzung *f* *von Energie*; Exzerpt *n*.

استدارة [istiˈdaːra] Rundung *f*.

استعطاف [istiˁ'tɒ:f] Flehen *n*; Captatio benevolentiae.

استعفاء [istiˁ'fa:ʔ] Bitte *f* um Verzeihung.

استعلام [istiˁ'la:m] Erkundigung *f*; مكتب الاستعلامات Auskunft *f*, Informationsbüro *n*.

استعمار [istiˁ'ma:r] Kolonisierung *f*, Ausbeutung *f*; ~ى Kolonial-; Kolonisator *m*; ~ية Imperialismus *m*.

استعمال [istiˁ'ma:l] Gebrauch *m*, Verwendung *f*.

استغاثة [isti'ɣa:θa] Hilferuf *m*.

استغراب [istiɣ'rɒ:b] Verwunderung *f*, Befremden *n*.

استغلال [istiɣ'la:l] Ausnutzung *f*, Ausbeutung *f*.

استغناء [istiɣ'na:ʔ] Verzicht *m*.

استفادة [isti'fa:da] Benutzung *f*, Nutzbarmachung *f*.

استفاضة [isti'fɒ:đɒ] Überfluß *m*.

استفتاء [istif'ta:ʔ] Befragung *f*; Einholen *n* e-s Gutachtens.

استفتاح [istif'ta:ħ] (*der gute*) Anfang *m*, Beginn *m*.

استفراغ [istif'rɒ:ɣ] Entleerung *f*; Erbrechen *n*; *Med.* Ejakulation *f*.

استفزاز [istif'za:z] Aufhetzung *f*, Aufstachelung *f*, Provokation *f*.

استفسار [istif'sa:r] Anfrage *f*, Bitte *f* um Erklärung.

استشفاء [istiʃ'fa:ʔ] Heilungsuchen *n*, Kur *f*.

استشهاد [istiʃ'ha:d] Zitierung *f*, Beleg *m*; Märtyrertod *m*.

استصباح [istis'ba:ħ] Beleuchtung *f*.

استصواب [istis'wa:b] Billigung *f*, Gutheißung *f*.

استطاعة [isti'tɒ:ˁa] Können *n*; Macht *f*; Möglichkeit *f*.

استطراد [istit'rɒ:d] Exkurs *m*, Abschweifung *f*.

استطلاع [istit'lɒ:ˁ] Erkundung *f*, Erkundigung *f*; حب الـ~ Neugier *f*.

استعادة [isti'ˁa:da] Wiedergewinnung *f*.

استعارة [isti'ˁa:ra] Entlehnung *f*; *Gr.* Metapher *f*; استعارى figürlich, metaphorisch.

استعاضة [istiˁa:đɒ] Ersatz *m*; Eintausch *m*.

استعانة [isti'ˁa:na] Zuhilfenahme *f*.

استعباد [istiˁ'ba:d] Versklavung *f*, Knechtung *f*.

استعجال [istiˁ'dʒa:l] Eile *f*, Hast *f*.

استعداد [istiˁ'da:d] Bereitschaft *f*, Disposition *f*; ~ى vorbereitend.

استعراض [istiˁ'rɒ:đ] Schau *f*, Parade *f*.

استعصاء [istiˁ'sɒ:ʔ] Versagen *n*.

استلاب [isti'la:b] Plünderung *f*, Beraubung *f*.

استلام [isti'la:m] Übernahme *f*; Empfang *m*.

استلحاق [istil'ħa:q] Annexion *f*, Angliederung *f*.

استلفات [istil'fa:t] Blickfang *m*, Erregung *f* von Aufmerksamkeit.

استمارة [isti'ma:ra] Fragebogen *m*, Formular *n*.

استماع [isti'ma:ʕ] Zuhören *n*, Lauschen *n*.

استمتاع [istim'ta:ʕ] Genuß *m*.

استمرار [istim'ra:r] Fortdauer *f*; Beharrung *f*; ى~ dauernd, ständig.

استمساك [istim'sa:k] Festhalten *n*.

استملاك [istim'la:k] Aneignung *f*, Besitzergreifung *f*.

استناد [isti'na:d] Anlehnung *f* (*an A* الى), Berufung *f* (*auf A* الى).

استنباط [istim'ba:ŧ] Erschließung *f*; Erfindung *f*.

استنتاج [istin'ta:dʒ] Ableitung *f*, Schlußfolgerung *f*.

استنزال [istin'za:l] Abzug *m*; *Hdl.* Diskont *m*.

استنساخ [istin'sa:x] Abschreiben *n*, Kopieren *n*.

استنصاح [istin'sɒ:ħ] Befragung *f* um Rat.

استفهام [istif'ha:m] (Nach-)Frage *f*; ~ علامة Fragezeichen *n*; ى~ *Gr.* interrogativ.

استقالة [isti'qɒ:la] Rücktritt *m*, Demission *f*.

استقامة [isti'qɒ:ma] Geradheit *f*; Richtigkeit *f*.

استقبال [istiq'ba:l] Empfang *m*, Aufnahme *f*; Zukunft *f*.

استقرار [istiq'rɒ:r] Beständigkeit *f*, Stetigkeit *f*; Stabilität *f*; Festigkeit *f*, Konsolidierung *f*.

استقراض [istiq'rɒ:đ] Darlehensaufnahme *f*.

استقصاء [istiq'sɒ:ʔ] gründliche Untersuchung *f*; Durchleuchtung *f e-s Problems.*

استقطاب [istiq'ŧɒ:b] Polarität *f*; *Physik*: Polarisation *f*.

استقطار [istiq'ŧɒ:r] Destillierung *f*, Destillation *f*.

استقطاعات [istiq'ŧɒ:ʕa:t] Abzüge *m/pl vom Gehalt.*

استقلال [istiq'la:l] Unabhängigkeit *f*, Selbständigkeit *f*.

استكانة [isti'ka:na] Demut *f*; Nachgiebigkeit *f*.

استكتاب [istik'ta:b] Diktat *n*.

استكشاف [istik'ʃa:f] Entdeckung *f*; *Mil.* Aufklärung *f*, Erkundung *f*; ى~ Aufklärungs-.

استكمال [istik'ma:l] Abschluß *m*, Beendung *f*.

استنطاق [istinˈtɒ:q] Verhör *n*, Vernehmung *f*.

استنكار [istinˈka:r] (*moralische*) Verurteilung *f*; Abscheu *m*.

استهانة [istiˈha:na] Verachtung *f*.

استهتار [istihˈta:r] Leichtsinn *m*; Zügellosigkeit *f*.

استهزاء [istihˈza:ʔ] Spott *m*, Hohn *m*.

استهلاك [istihˈla:k] Verbrauch *m*, Konsum *m*; Abnutzung *f*; *Hdl.* Amortisation *f*.

استهلال [istihˈla:l] Anfang *m*, Beginn *m*; ~ى einleitend; Anfangs-.

استهواء [istihˈwa:ʔ] Bezauberung *f*, Verführung *f*.

استواء [istiˈwa:ʔ] Gleichheit *f*; Gleichmäßigkeit *f*; Ebenheit *f*; خط الـ~ [xattu‿listiˈwa:ʔ] Äquator *m*; استوائى äquatorial.

استياء [istiˈja:ʔ] Unzufriedenheit *f*, Verdruß *m*; *s.* سوء VIII.

استئثار [istiʔˈθa:r] Anmaßung *f*; *s.* اثر.

استئجار [istiʔˈdʒa:r] Miete *f*, Pacht *f*.

استيداع [isti:ˈda:ʕ] Deponierung *f*, Hinterlegung *f*.

استئذان [istiʔˈða:n] Bitte *f* um Erlaubnis.

استيراد [isti:ˈra:d] Import *m*, Einfuhr *f*.

استئصال [istiʔisɒ:l] Ausrottung *f*, radikale Beseitigung *f*.

استيضاح [isti:ˈđɒ:ħ] Bitte *f* um Aufklärung.

استيطان [isti:ˈtɒ:n] Ansiedlung *f*, Erwählung *f* zur Heimat.

استيعاب [isti:ˈʕa:b] (*geistige*) Aneignung *f*; Erfassung *f*; Kapazität *f*.

استيفاء [isti:ˈfa:ʔ] Erfüllung *f*, Vollziehung *f*; Bezahlung *f*.

استيقاظ [isti:ˈqɒ:z] Erwachen *n*.

استيلاء [isti:ˈla:ʔ] Besitzergreifung *f* (*von* على).

استئمارة = استمارة

استئمان [istiʔˈma:n] Vertrauen *n*.

استئناف [istiʔˈna:f] Wiederaufnahme *f*; *Jur.* Berufung *f*; محكمة الـ~ Appellationsgericht *n*; ~ى Berufungs-.

اسحق [ʔisˈħa:q] Isaak *npr. m*.

أسد [ʔasad], *pl.* [ʔusd] أسود, [ʔuˈsu:d] u. آساد [ʔa:ˈsa:d] Löwe *m*.

أسر [ʔasar (jaʔsir)] binden, fesseln, gefangennehmen.

+ [ʔasr] Riemen *m*; Gefangenschaft *f*; بأسره [bi ʔasrihi] vollständig, insgesamt; *s.* اسرة.

أسراء *s.* أسير.

اسرار *s.* سر.

اسراع [ʔisˈra:ʕ] Schnelligkeit *f*, Eile *f*.

اسراف [ʔisˈraːf] Maßlosigkeit *f*, Verschwendung *f*.

اسرائيل [ʔisraːˈʔiːl] Israel *n*.

أسرب [ʔusrub] Graphit *m*; Blei *n*.

أسرة [ʔusra], *pl.* أسر [ʔusar] Familie *f*, Sippe *f*; Dynastie *f*.

أسس II [ʔassas] gründen; V [taˈʔassas] gegründet werden, begründet sein; *s.* أساس.

اسطبل [isˈtɒbl], *pl.* [-aːt] Stall *m*.

أسطوانة [ʔustuˈwaːna] Rolle *f*, Walze *f*; Säule *f*; *Math.* Zylinder *m*; Schallplatte *f*; اسطوانى zylindrisch.

أسطورة [ʔusˈtuːra], *pl.* أساطير [ʔasaːˈtiːr] Sage *f*, Mythos *m*.

أسطول [ʔusˈtuːl], *pl.* أساطيل [ʔasaːˈtiːl] Flotte *f*.

اسعاف [ʔisˈʕaːf] Hilfe *f*, Rettung *f*; Sanitätswesen *n*, Rettungsdienst *m*.

أسطى [ʔustɒː] *vulg.* Meister *m*.

أسف [ʔasif (jaʔsaf)] traurig sein (*über A* على); IV [ʔaːsaf] kränken, leid tun; يؤسفنى [juʔˈsifuniː] es tut mir leid; V [taˈʔassaf] bedauern.

+ [ʔasaf] Leid *n*; Bedauern *n*; مع الاسف [maʕal ʔasaf] leider!

+ [ʔasif] betrübt.

آسف [ʔaːsif] bedauernd; betrübt.

اسفل [ʔasfal], *f* سفلى [suflaː], *pl.* أسافل [ʔaˈsaːfil] untere(r), unterste(r); niedriger.

اسفنج [isˈfandʒ] Schwamm *m*.

اسفين [ʔisˈfiːn], *pl.* أسافين [ʔasaːˈfiːn] Keil *m*.

اسقاط [ʔisˈqɒːt] Niederwerfung *f*; Abwurf *m*; *Mil.* Abschuß *m*; Fallenlassen *n*; Aberkennung *f e-s Rechts*.

أسقف [ʔusquf], *pl.* أساقفة [ʔaˈsaːqifa] Bischof *m*.

اسكاف [ʔisˈkaːf] Schuster *m*.

اسكان [ʔisˈkaːn] Ansiedlung *f*.

اسكملة [isˈkamla] Sitzbank *f*, Schemel *m*.

اسكندرون [iskandaˈruːn] *Geo.* Alexandrette *n*.

اسكندرية : الـ~ [aliskandaˈriːja] *Geo.* Alexandrien *n*.

اسلام [ʔisˈlaːm] Islam *m* (*Religion*); ~ى islamisch.

أسلحة *s.* سلاح.

أسلوب [ʔusˈluːb], *pl.* أساليب [ʔasaːˈliːb] Methode *f*, Verfahren *n*; Stil *m*.

اسم [ism], *pl.* أسماء [ʔasˈmaːʔ] *u.* أسام [ʔaˈsaːmin] Name *m*; *Gr.* Nomen *n*; ~ا [isman] *Adv.* nominell.

اسمنت [isˈmant] Zement *m*.

أسمر [ʔasmar], *f* سمراء [samˈraːʔ], *pl.* سمر [sumr] braun; dunkel (*Haut*).

اسمی [ismi:] nominell; *Gr.* nominal.

اسناد [ʔis'na:d] Stützung *f*; Beleg *m*; Nachweis *m der Herkunft e-s Berichts*.

أسنان *s.* سن.

اسهاب [ʔis'ha:b] Ausführlichkeit *f*.

اسهال [ʔis'ha:l] *Med.* Durchfall *m*, Diarrhö *f*.

أسهم *s.* سهم; ~ى [ʔashumi:] Aktien-.

أسا (أسو) [ʔasa:] u. II أسى [ʔassa:] pflegen; trösten; III آسى [ʔa:sa:] unterstützen; trösten.

أسوأ [ʔaswaʔ] schlechter; *el. von* سىء.

أسوار [ʔis'wa:r], *pl.* اساوير [ʔasa:'wi:r] Armreif *m*.

أسواق *s.* سوق.

اسوان [ʔas'wa:n] *Geo.* Assuan *n*. حجر ~ Syenit *m* (*Gestein*).

أسود [ʔaswad], *f* سوداء [sau'da:ʔ], سود [su:d] schwarz; *pl.* سودان [su:'da:n] Neger *m/pl.*; *Geo.* Sudan *m*.

أسوة [ʔuswa] Vorbild *n*, Beispiel *n*, Muster *n*.

أسى [ʔasija (jaʔsa:)] traurig sein; *s. a.* أسو.

+ [ʔasan] Trauer *f*, Leid *n*.

آسيا [ʔa:sija:] *Geo.* Asien *n*.

أسير [ʔa'si:r], *pl.* أسراء [ʔusa'ra:] (Kriegs-)Gefangener *m*.

أسئلة *s.* سؤال.

آسيوى [ʔa:s(i)jawi:] asiatisch.

اشادة [ʔi'ʃa:da] Lobpreisung *f*.

اشارة [ʔi'ʃa:ra] Zeichen *n*, Wink *m*, Hinweis *m*, Andeutung *f*; Signal *n*.

اشاعة [ʔi'ʃa:ʕa] Aussendung *f*; *pl.* [-a:t] Gerüchte *n/pl*.

اشباع [ʔiʃ'ba:ʕ] Sättigung *f*; Füllung *f*.

أشتات *s.* شت.

اشتباك [iʃti'ba:k] Verwicklung *f*; Zusammenstoß *m*, Handgemenge *n*.

اشتباه [iʃti'ba:h] Zweifel *m*, Verdacht *m*.

اشتداد [iʃti'da:d] Verschärfung *f*, Verschlimmerung *f*.

اشتراء [iʃti'ra:ʔ] Einkauf *m*, Kauf *m*.

اشتراط [iʃti'rɒ:ŧ] Bedingung *f*, Voraussetzung *f*.

اشتراع [iʃti'ra:ʕ] Gesetzgebung *f*; ~ى legislativ.

اشتراك [iʃti'ra:k] Teilnahme *f*; Abonnement *n e-r Zeitung*; Gemeinsamkeit *f*; ~ى sozialistisch; Sozialist *m*; ~ية Sozialismus *m*.

اشتعال [iʃti'ʕa:l] Entzündung *f*; Auflodern *n*.

اشتغال [iʃti'ɣa:l] Beschäftigung *f*.

اشتقاق [iʃti'qa:q] Ableitung *f*; *Gr.* Etymologie *f*.

اشتهار [iʃti'ha:r] Berühmtheit *f* (= شهرة).

اشتياق [iʃti'ja:q] Sehnsucht *f* (= شوق).

أشجر [ʔaʃdʒar] baumreich.

أشجع [ʔaʃdʒaʕ], *f* شجعاء [ʃadʒ-ʕa:ʔ] kühn, tapfer.

أشد [ʔa'ʃadd] *el. von* شديد.

أشر II [ʔaʃʃar] bezeichnen (*etw.* على), vermerken, abhaken.

اشراف [ʔiʃ'ra:f] Aufsicht *f*, Überwachung *f*; Patronat *n*.

اشراق [ʔiʃ'ra:q] Strahlung *f*, Glanz *m*.

اشراك [ʔiʃ'ra:k] Hinzugesellung *f*; Götzendienst *m*.

أشربة *s.* شراب.

اشعار [ʔiʃ'ʕa:r] Informierung *f*.

اشعاع [ʔiʃ'ʕa:ʕ] (Aus-)Strahlung *f*.

اشعال [ʔiʃ'ʕa:l] Entfachung *f des Feuers*; Anzünden *n*.

أشعة *s.* شعاع.

اشفاق [ʔiʃ'fa:q] Mitleid *n* (mit على), Besorgtheit *f* (um على).

أشقر [ʔaʃqar], *f* شقراء [ʃaq'ra:ʔ], *pl.* شقر [ʃuqr] blond; rothaarig.

اشكال [ʔiʃ'ka:l] Unklarheit *f*; Komplikation *f*.

اشمأز [iʃma'ʔazza (jaʃma'ʔizzu)] schaudern, zurückschrecken, Ekel empfinden.

اشمئزاز [iʃmiʔ'za:z] Ekel *m*, Widerwillen *m*.

اشهاد [ʔiʃ'ha:d] Bescheinigung *f*; *s. a.* شاهد.

أشهب [ʔaʃhab], *f* شهباء [ʃah'ba:ʔ], *pl.* شهب [ʃuhb] (asch)grau.

أشوه [ʔaʃwah] häßlich, entstellt.

أشياء *s.* شيء.

أشيب [ʔaʃjab], *f* شيباء [ʃai'ba:ʔ], *pl.* شيب [ʃi:b] grau-, weißhaarig.

اصابة [ʔi'sɒ:ba] Treffer *m*; Erkrankung *f*; *Sport*: Tor *n*.

أصالة [ʔa'sɒ:la] Echtheit *f*, edle Abstammung *f*; Festigkeit *f*.

اصبع [ʔisbaʕ], *pl.* أصابع [ʔa'sɒ:biʕ] Finger *m*; Zehe *f*.

أصح [ʔa'sɒħħ] *el. von* صحيح.

أصحاب *s.* صاحب.

اصدار [ʔis'dɒ:r] Herausgabe *f*; Ausstellung *f e-s Dokuments*.

أصدقاء *s.* صديق.

اصرار [ʔis'rɒ:r] Beharrlichkeit *f*.

آصرة [ʔa:sɨra], *pl.* أواصر [ʔa'wa:sɨr] Band *n* (*pl.* Bande) *der Freundschaft*, Bindung *f*.

اصطبل = اسطبل.

اصطحاب [istɨ'ħa:b] Begleitung *f*.

اصطخاب [istɨ'xa:b] Rauschen *n*, Lärm *m*, Getöse *n*.

اصطدام [istɨ'da:m] Zusammenstoß *m*.

اصطلاح [istɨ'la:ħ] Konvention *f*; Fachausdruck *m*.

اصطناع [isti'na:ʕ] Herstellung *f*; ~ى künstlich.

اصطياف [isti'ja:f] Sommeraufenthalt *m*, Sommerfrische *f*.

اصغاء [ʔis'ɣa:ʔ] Zuhören *n*, Lauschen *n*.

اصغر [ʔɒsɣɒr] kleiner; *el. von* صغير.

أصفر [ʔɒsfɒr], *f* صفراء [sɒf'rɒ:ʔ], *pl.* صفر [sufr] gelb; bleich.

اصفرار [isfi'rɒ:r] Gelbfärbung *f*, Gelbwerden *n*; Blässe *f*.

أصل [ʔasula (jaʔsulu)] verwurzelt sein; V [ta'ʔɒssɒl] festen Fuß fassen, Wurzeln schlagen; X [is'taʔsɒl] entwurzeln, ausrotten.

\+ [ʔɒsl], *pl.* أصول [ʔu'su:l] Wurzel *f*, Ursprung *m*; Herkunft *f*; Original *n e-s Dokuments*; *pl.* Grundlagen *f/pl.*; Prinzipien *n/pl.*; *Hdl.* Aktiva *n/pl.*; ~ا [ʔaslan] eigentlich.

اصلاح [ʔis'lɒ:ħ] Verbesserung *f*; Wiederherstellung *f*; Reform *f*; ~ى Reform-, Besserungs-; ~ية Reformismus *m*; Besserungsanstalt *f*.

أصلع [ʔɒslɒʕ] kahl(köpfig).

اصم [ʔa'sɒmm], *f* صماء [sɒ'mma:ʔ], *pl.* صم [summ] taub; fest, kompakt, massiv.

أصوب [ʔɒswab] richtiger (*s.* صواب); ~ية Zweckmäßigkeit *f*.

أصولى [ʔu'su:li:] den Regeln entsprechend (*s.* أصل).

أصيل [ʔa'si:l] echt, original; edel (*Pferd*); verwurzelt.

اضاءة [ʔi'đɒ:ʔa] Beleuchtung *f*.

اضاعة [ʔi'đɒ:ʕa] Verlust *m*; Vergeudung *f*.

اضافة [ʔi'đɒ:fa] Zusatz *m*, Hinzufügung *f*; *Gr.* Genitivverbindung *f*; اضافى [ʔi'đɒ:fi:] zusätzlich.

اضبارة [ʔiđ'ba:ra] Akte *f*; Aktenmappe *f*, Ordner *m*.

أضحوكة [ʔuđ'ħu:ka] Witz *m*, Scherz *m*.

أضحى [ʔađħa:] *u.* أضحية [ʔuđ'ħi:ja] Schlachtopfer *n*.

اضراب [ʔiđ'rɒ:b] Streik *m*, Ausstand *m*.

اضطراب [ʔiđti'rɒ:b] Verwirrung *f*, Durcheinander *n*; Störung *f*; *pl.* [-a:t] Unruhen *f/pl.*

اضطرار [iđti'rɒ:r] Notwendigkeit *f*; Zwang *m*; Notfall *m*; ~ى zwangsläufig, Zwangs-.

اضطهاد [iđti'ha:d] Unterdrückung *f*.

اضعاف [ʔiđ'ʕa:f] Schwächung *f*.

اضلال [ʔiđ'la:l] Irreführung *f*.

اضمار [ʔiđ'mɒ:r] Verheimlichung *f*.

أضمن [ʔɒđmɒn] verläßlicher.

اطار [ʔiˈŧɒ:r], *pl.* [-ɒ:t] Rahmen *m*, Einfassung *f*; *Auto*: Reifen *m*.

اطاعة [ʔiˈŧɒ:ʕa] Gehorsam *m*.

اطالة [ʔiˈŧɒ:la] Ausdehnung *f*; Weitschweifigkeit *f*.

أطباء *s.* طبيب.

اطراد [itŧiˈrɒ:d] ununterbrochene Folge *f*, Kontinuität *f*.

أطرش [ʔɒtrɒʃ], *f* طرشاء [ŧɒrˈʃa:ʔ], *pl.* طرش [ŧurʃ] taub.

أطروحة [ʔuŧˈru:ħa] Dissertation *f*.

اطعام [ʔiŧˈʕa:m] Speisung *f*.

أطعمة *s.* طعام.

اطفاء [ʔiŧˈfa:ʔ] Löschung *f e-s Feuers*; اطفائي Feuerwehrmann *m*; ~ية Feuerwehr *f*.

اطلاع [itŧiˈla:ʕ] Einblick *m*, Einsichtnahme *f*; Studium *n*.

اطلاق [ʔiŧˈłɒ:q] Loslassung *f*; ~ الرصاص *u.* النار Schießen *n*, Beschuß *m*; ~ السراح Freilassung *f e-s Gefangenen*; ~ا [ʔiŧˈłɒ:qan] ganz und gar, überhaupt.

أطلس [ʔɒŧłɒs] Atlas *m* (*Stoff u. Kartenwerk*); ~ى *Geo.* atlantisch.

اطمئنان [ʔitmiʔˈna:n] Beruhigung *f*; Zuversicht *f*.

اطناب [ʔiŧˈnɒ:b] Übertreibung *f*.

أطنان *s.* طن.

أطول [ʔɒŧwal] *el. von* طويل.

اظهار [ʔiʐˈhɒ:r] Bekundung *f*; Aufdeckung *f*.

اعادة [ʔiˈʕa:da] Rückgabe *f*; Rückstellung *f*; Wiederholung *f*.

اعارة [ʔiˈʕa:ra] Verleihung *f*, Verleih *m*.

اعاشة [ʔiˈʕa:ʃa] Versorgung *f*, Ernährung *f*.

اعالة [ʔiˈʕa:la] Verpflegung *f*, Unterhalt *m der Familie*.

اعانة [ʔiˈʕa:na] Hilfe *f*, Unterstützung *f*.

اعتبار [iʕtiˈbɒ:r] Betrachtung *f*; Berücksichtigung *f*; Achtung *f*, Hochschätzung *f*; ~ا من [-an min] von – an; beginnend mit; ~ى relativ, der Anschauung nach.

اعتداء [iʕtiˈda:ʔ] Angriff *m*, Überfall *m*; feindselige Handlung *f*.

اعتدال [iʕtiˈda:l] Geradheit *f*; Mäßigkeit *f*; *Astronomie*: Tagundnachtgleiche *f*.

اعتذار [iʕtiˈða:r] Entschuldigung *f*.

اعتراض [iʕtiˈrɒ:đ] Einwand *m*, Einspruch *m*, Protest *m*, Widerstand *m*.

اعتراف [iʕtiˈrɒ:f] Anerkennung *f*; Eingeständnis *n*; Beichte *f*.

اعتزال [iʕtiˈza:l] Absonderung *f*, Zurückgezogenheit *f*.

اعتزام [iʕtiˈza:m] Entschluß *m*.

اعتساف [iʕtiˈsa:f] Verirrung *f*.

اعتصاب [iʕtiˈsɒ:b] Zusammenrottung *f*; Streik *m*.

اعتصام [iʕtiˈsɒ:m] Festhalten *n*; Bewahrung *f*.

اعتقاد [iʕtiˈqɒ:d] Glaube *m*, Überzeugung *f*; *pl*. [-a:t] Glaubenssätze *m/pl*.; ~ى Glaubens-, dogmatisch.

اعتقال [iʕtiˈqɒ:l] Verhaftung *f*, Internierung *f*; معسكر الـ~ Konzentrationslager *n*.

اعتلاء [iʕtiˈla:ʔ] Besteigung *f e-s Thrones*; Amtsantritt *m*.

اعتلال [iʕtiˈla:l] Schwäche *f*; Krankheit *f*.

اعتماد [iʕtiˈma:d] Vertrauen *n*, Verlaß *m*; Beglaubigung *f e-s offiziellen Vertreters*; *Hdl*. Akkreditiv *n*; أوراق الـ~ Beglaubigungsschreiben *n*.

اعتناء [iʕtiˈna:ʔ] Betreuung *f* (von ب), Sorge *f* (um ب).

اعتناق [iʕtiˈna:q] Umarmung *f*; Annahme *f e-r Religion etc*.

اعتياد [iʕtiˈja:d] Gewohnheit *f*; ~ى gewöhnlich, üblich, normal.

اعجاب [ʔiʕˈdʒa:b] (Wohl-)Gefallen *n*; Bewunderung *f* (für ب).

اعجاز [ʔiʕˈdʒa:z] Unnachahmlichkeit *f*.

أعجمى [ʔaʕdʒami:] Nichtaraber *m*; Perser *m*.

أعجوبة [ʔuʕˈdʒu:ba] Wunderding *n*.

أعداء *s*. عدو.

اعداد [ʔiʕˈda:d] Vorbereitung *f*; Herstellung *f*; ~ى vorbereitend; ~ية Vorbereitungsschule *f*.

اعدام [ʔiʕˈda:m] Vernichtung *f*; Hinrichtung *f*; الحكم بالـ~ Todesurteil *n*.

اعراب [ʔiʕˈrɒ:b] Äußerung *f*; Bekundung *f*; *Gr*. Flexion *f*.

أعرابى [ʔaʕˈrɒ:bi:] Beduine *m*, Wüstenaraber *m*.

اعراض [ʔiʕˈrɒ:đ] Vermeidung *f* (*e-r Sache* عن).

أعرج [ʔaʕradʒ], *f* عرجاء [ʕarˈdʒa:ʔ], *pl*. عرج [ʕurdʒ] lahm, hinkend.

أعزب [ʔaʕzab] ledig (= عزب).

أعزل [ʔaʕzal] unbewaffnet.

اعسار [ʔiʕˈsa:r] Armut *f*; Zahlungsunfähigkeit *f*.

أعسر [ʔaʕsar], *f* عسراء [ʕasˈra:ʔ], *pl*. عسر [ʕusr] linkshändig.

أعشارى [ʔaʕˈʃa:ri:] Dezimal-.

اعصار [ʔiʕˈsɒ:r], *pl*. اعاصير [aʕa:ˈsi:r] Orkan *m*, Wirbelsturm *m*.

أعضاء *s*. عضو.

اعطاء [ʔiʕˈtɒ:ʔ] Geben *n*; Schenkung *f*; Überreichung *f*.

أعظم [ʔaʕzɒm] *el. von* عظيم.

اعفاء [ʔiʕˈfa:ʔ] Befreiung *f von e-r Gebühr*; Dispensation *f*; Erlassung *f e-r Strafe*.

أعوز [ʔaʕwaz] arm, bedürftig, mittellos.

اغاثة [ʔiˈɣa:θa] Hilfe *f*, Beistand *m*.

اغارة [ʔiˈɣɒ:ra] Angriff *m*.

أغان *s.* اغنية.

أغبر [ʔaɣbar] staubfarben.

اغتباط [iɣtiˈbɒ:ŧ] Freude *f*, Genugtuung *f*.

اغتصاب [iɣtiˈsɒ:b] Raub *m*, Usurpation *f*; Nötigung *f*.

اغتنام [iɣtiˈna:m] Ausnutzung *f* *e-r Gelegenheit*.

اغتياب [iɣtiˈja:b] Verleumdung *f*.

اغتيال [iɣtiˈja:l] Ermordung *f*.

أغر [ʔaˈɣarr], *f* غراء [ɣaˈrra:ʔ], *pl.* غر [ɣurr] edel; geschätzt; denkwürdig.

اغراء [ʔiɣˈrɒ:ʔ] Anreiz *m*, Verlockung *f*, Verführung *f*.

اغراق [ʔiɣˈrɒ:q] Versenkung *f e-s Schiffes*; Überflutung *f*; *Hdl.* Dumping *n*; Übertreibung *f*.

أغسطس [ʔaˈɣustus] August *m* (*Monat*).

اغضاء [ʔiɣˈđɒ:ʔ] Nichtbeachtung *f*.

اغضاب [ʔiɣˈđɒ:b] Verärgerung *f*, Reizung *f zum Zorn*.

اغفال [ʔiɣˈfa:l] Vernachlässigung *f*, Auslassung *f*.

اغلاق [ʔiɣˈla:q] Schließung *f*.

أغلب [ʔaɣlab] der überwiegende Teil *von etw.*; das meiste *von*;

أعفر [ʔaʕfar] staubgrau.

أعقف [ʔaʕqaf] krumm.

اعلاء [ʔiʕˈla:ʔ] Hebung *f*, Erhöhung *f*.

اعلام [ʔiʕˈla:m] Benachrichtigung *f*, Unterrichtung *f*.

اعلان [ʔiʕˈla:n] Bekanntmachung *f*; Verkündung *f*; (*Zeitungs-*)Anzeige *f*; (*Kriegs-*)Erklärung *f*.

أعلاه: المذكور ~ [almaðˈku:r ʔaʕˈla:h] der Obenerwähnte.

أعلم: الله ~ [aˈłłɒ:hu ʔaʕlam] Gott weiß es besser!

أعلى [ʔaʕla:], *f* عليا [ʕulja:], *pl.* على [ʕulan] höher; obere(r); Ober-; höchste(r); oberste(r).

أعم [ʔaˈʕamm] *el. von* عام.

اعمار [ʔiʕˈma:r] Aufbau *m*; Kultivierung *f*; مجلس الـ~ *im Irak*: Development Board.

أعمدة *s.* عمود.

أعمى [ʔaʕma:], *f* عمياء [ʕamˈja:ʔ], *pl.* عمى [ʕumj] *od.* عميان [ʕumˈja:n] blind.

اعنات [ʔiʕˈna:t] Quälerei *f*, Belästigung *f*.

اعواز [ʔiʕˈwa:z] Bedürftigkeit *f*; Mangel *m*.

أعوج [ʔaʕwadʒ], *f* عوجاء [ʕauˈdʒa:ʔ], *pl.* عوج [ʕu:dʒ] krumm, schief, gebogen.

أعور [ʔaʕwar], *f* عوراء [ʕauˈra:ʔ], *pl.* عور [ʕu:r] einäugig.

die meisten *von*; في الـ~ [fiˬl-ˈʔaɣlab] meistens; ~ية [ʔaɣlaˈbi:ja] Mehrheit *f*, Majorität *f*.

أغلى [ʔaɣla:] *el. von* غال.

اغماء [ʔiɣˈma:ʔ] Ohnmacht *f*.

أغنياء *s.* غنى.

اغنية [ʔuɣˈni:ja], *pl.* أغان [ʔaˈɣa:nin] (*constr.* أغانى [-ni:]) Gesang *m*, Lied *n*.

اغواء [ʔiɣˈwa:ʔ] Verführung *f*, Verleitung *f*.

افادة [ʔiˈfa:da] Nutzen *m*; Mitteilung *f*, Meldung *f*; Aussage *f*.

افاضة [ʔiˈfɒ:đɒ] Ausführlichkeit *f*.

افاقة [ʔiˈfɒ:qɒ] Erwachen *n*; Genesung *f*.

افتاء [ʔifˈta:ʔ] Erteilung *f* von Gutachten.

افتتاح [iftiˈta:ħ] Eröffnung *f*; Beginn *m*; ~ى Eröffnungs-; ~ية *Presse*: Leitartikel *m*.

افتخار [iftiˈxɒ:r] Prahlerei *f*; Stolz *m*.

افتراء [iftiˈrɒ:ʔ] Lüge *f*, Erfindung *f*; Verleumdung *f*.

افتراض [iftiˈrɒ:đ] Annahme *f* (*Voraussetzung*), Hypothese *f*; ~ى hypothetisch.

افتراق [iftiˈrɒ:q] Teilung *f*, Trennung *f*.

افتضاح [iftiˈđɒ:h] Kompromittierung *f*, Schande *f*.

افتقار [iftiˈqɒ:r] Bedürftigkeit *f*.

افراج [ʔifˈra:dʒ] Freilassung *f*.

افراط [ʔifˈrɒ:ŧ] Übertreibung *f*, Übermaß *n*.

افراغ [ʔifˈrɒ:ɣ] (Ent-)Leerung *f*.

افرنج: الـ~ [alifˈrang/dʒ] die Europäer *m/pl.*; die Franken *m/pl.*

افريقيا [ifˈri:qija:] Afrika *n*.

افساح [ʔifˈsa:ħ] Erweiterung *f*; Beschaffung *f* von Raum.

افصاح [ʔifˈsɒ:ħ] Erklärung *f*; deutliche Rede *f*.

أفضل [ʔafđɒl] besser, vorzüglicher; vorzuziehen (*e-m* من); ~ية [ʔafđɒˈli:ja] Vorrang *m*; Vorzug *m*.

افطار [ʔifˈŧɒ:r] Fastenbrechen *n*; Abendessen *n im Fastenmonat*.

أفعى [ʔafˁan], *pl.* أفاع (*constr.* أفاعى) [ʔaˈfa:ˁin] Schlange *f*, Natter *f*.

أفق [ʔufq *u.* ʔufuq], *pl.* آفاق [ʔa:ˈfa:q] Horizont *m*; *pl. a.* Gegenden *f/pl.*; ~ى [ʔufuqi:] horizontal.

افلاح [ʔifˈla:ħ] Gedeihen *n*, Erfolg *m*.

افلاس [ʔifˈla:s] Zusammenbruch *m*; *Hdl.* Bankrott *m*.

افناء [ʔifˈna:ʔ] Vernichtung *f*.

افندى [ʔaˈfandi:], *pl.* ~ية [ʔafanˈdi:ja] Herr *m* (*in europäischer*

Kleidung); *pl. Bezeichnung für die europäisierten Orientalen.*

آفة [ʔa:fa] Schaden *m*; Unglück *n*; (*Pflanzen*-)Krankheit *f*.

افهام [ʔif'ha:m] Unterweisung *f*.

افواه *s.* فو, فم.

افئدة *s.* فؤاد.

أفيون [ʔaf'ju:n] Opium *n*.

اقالة [ʔi'qa:la] Absetzung *f*, (Amts-)Enthebung *f*.

اقامة [ʔi'qa:ma] Aufenthalt *m*; Aufstellung *f*, Errichtung *f*; Abhaltung *f*, Verrichtung *f*.

أقاويل *s.* قول.

اقبال [ʔiq'ba:l] Annäherung *f*; Anteilnahme *f* (an *D* على); Zuspruch *m*.

أقبية *s.* قبو.

اقتباس [iqti'ba:s] Entlehnung *f*; Anführung *f*, Zitierung *f*.

اقتحام [iqti'ħa:m] Einbruch *m*, Einfall *m*.

اقتداء [iqti'da:ʔ] Nachahmung *f*.

اقتدار [iqti'da:r] Macht *f*; Fähigkeit *f*, Vermögen *n*.

اقتراب [iqti'rɒ:b] Annäherung *f* (an *A* من).

اقتراح [iqti'rɒ:h] Vorschlag *m*.

اقتراع [iqti'ra:ʕ] Abstimmung *f*; Auslosung *f*.

اقتراف [iqti'ra:f] Verübung *f e-r Tat*.

اقتران [iqti'ra:n] Verbindung *f*, Vereinigung *f*.

اقتسار [iqti'sa:r] Bezwingung *f*.

اقتصاد [iqti'sɒ:d] Wirtschaft *f*; Ökonomie *f*; Wirtschaftlichkeit *f*, Sparsamkeit *f*; ~ى wirtschaftlich, ökonomisch; ~يات wirtschaftliche Probleme *n/pl*.

اقتضاء [iqti'đɒ:ʔ] Erfordernis *n*, Notwendigkeit *f*.

اقتضاب [iqti'đɒ:b] Abkürzung *f*; Kürze *f*; Improvisation *f*.

اقتفاء [iqti'fa:ʔ] Verfolgung *f*; Nachahmung *f*.

اقتناء [iqti'na:ʔ] Erwerbung *f*, Erstehung *f*.

اقتناع [iqti'na:ʕ] Zufriedenheit *f* (mit etw. ب); Überzeugung *f*.

اقدام [ʔiq'da:m] Kühnheit *f*, Unternehmungslust *f*.

أقدم [ʔaqdam] (*el. von* قديم); ~ية [-'mi:ja] Vorrang *m*; Dienstalter *n*.

اقرار [ʔiq'ra:r] Begründung *f*, Festigung *f*; Bestätigung *f*; (Ein-)Geständnis *n*.

اقراض [ʔiq'rɒ:đ] Belehnung *f*, Kreditgewährung *f*.

اقرباء *s.* قريب.

اقرع [ʔaqraʕ] kahl; glatzig.

اقصر: الاقصر [a'luqsur] Luxor (*Stadt in Ägypten*).

اقصوصة [ʔuq'su:sɒ] Erzählung *f*, Kurzgeschichte *f*.

اقصى [ʔaqsɒː], *f* قصوى [quswaː], *pl.* اقاص [ʔaˈqaːsin] fern; entfernteste(r); äußerste(r); الشرق الـ~ [aˈʃʃarquˌlˈʔaqsɒː] der Ferne Osten.

اقطاع [ʔiqˈtɒːʕ] Lehen *n*; ~ى feudal, Lehns-; ~ية Lehnswesen *n*, Feudalismus *m*.

اقفال [ʔiqˈfaːl] Schließung *f*, Absperrung *f*.

اقل [ʔaˈqall] *el. von* قليل.

اقليم [ʔiqˈliːm], *pl.* اقاليم [ʔaqaːˈliːm] Gegend *f*, Provinz *f*, Region *f*; الـ~ الجنوبى Ägypten, الـ~ الشمالى Syrien *als Teile der Vereinigten Arabischen Republik*; ~ى regional, territorial.

اقلية [ʔaqaˈlliːja] Minderheit *f*, Minorität *f*.

اقناع [ʔiqˈnaːʕ] Überredung *f*, Überzeugung *f*.

اقنية *s.* قناة.

اقة [ʔuqqa], *pl.* [-aːt] Okka *f* (*Gewichtseinheit, ca. 1250 g*).

اقوياء *s.* قوى.

اكاذيب *s.* اكذوبة.

أكال [ʔaˈkkaːl] gefräßig.

اكباب [ʔikˈbaːb] Hingabe *f* (an *A* على).

اكبار [ʔikˈbaːr] Bewunderung *f*, Achtung *f*.

أكبر [ʔakbar] (*el. von* كبير), *f* كبرى [kubraː], *m/pl.* أكابر [ʔaˈkaːbir], *f* كبر [kubar] (sehr) groß; größer; älter; Groß-; الله ~ [aˈłłaːhu ʔakbar] Gott ist groß!; الاكابر die Mächtigen, die Großen.

اكتتاب [iktiˈtaːb] Eintragung *f*; Zeichnung *f e-r Liste*.

اكتتام [iktiˈtaːm] Verheimlichung *f*.

اكتراء [iktiˈraːʔ] Miete *f*; Pachtung *f*.

اكتراث [iktiˈraːθ] Beachtung *f*, Sorgfalt *f*.

اكتساب [iktiˈsaːb] Erwerbung *f*, Gewinn *m*.

اكتساح [iktiˈsaːħ] Beseitigung *f*, Verdrängung *f*.

اكتشاف [iktiˈʃaːf] Entdeckung *f*, Auffindung *f*.

اكتفاء [iktiˈfaːʔ] Sichbegnügen *n*, Genügsamkeit *f*.

أكتوبر [ʔokˈtoːbar] Oktober *m* (*Monat*).

أكثر [ʔakθar] (*el. von* كثير) mehr; ~ية [ʔakθaˈriːja] Mehrheit *f*, Majorität *f*.

أكد II [ʔakkad (juˈʔakkid)] versichern (*j-m etw.* ل ه); V [taˈʔakkad] sich überzeugen (von من), sich vergewissern; eindeutig werden.

أكذوبة [ʔukˈðuːba], *pl.* أكاذيب [ʔakaːˈðiːb] Lüge *f*.

أكر [ʔakar (jaʔkir)] pflügen.

اكراء [ʔikˈraːʔ] Vermietung *f*, Verpachtung *f*.

اكرام [ikˈraːm] Ehrung *f*, Gunstbezeigung *f*; ~ا له [ikˈraːman lahu] ihm zu Ehren; ~ية Trinkgeld *n*, Geschenk *n*.

اكراه [ʔikˈraːh] Zwang *m*, Gewalt *f*; ~ى Zwangs-.

أكرة [ʔukra], *pl.* أكر [ʔukar] Kugel *f*, Ball *m*; Türklinke *f*.

أكسيجين [ʔoksiˈdʒiːn] *Chemie*: Sauerstoff *m*, Oxygen *n*.

أكل [ʔakal (jaʔkul)] essen, verzehren; zerfressen; *Haut*: jukken; *Recht* verletzen; *Hunger*: nagen, quälen; II [ʔakkal] *u.* IV [ʔaːkal] zu essen geben, füttern; V [taˈʔakkal] zerfressen werden, verwittern.

+ [ʔakl] Essen *n*, Mahl *n*; Futter *n*; ~ة [ʔakla] Speise *f*; Mahlzeit *f*.

آكلة [ʔaːkila] *Med.* Brand *m*; Geschwür *n*.

اكليل [ʔikˈliːl], *pl.* أكاليل [ʔakaːˈliːl] *u.* اكلة [ʔaˈkilla] Kranz *m*; Krone *f*, Diadem *n*.

اكمال [ʔikˈmaːl] Vervollkommnung *f*, Vollendung *f*, Abschluß *m*.

أكمل [ʔakmal] (*el. von* كامل); باكمله [biˈʔakmalihi] vollständig, gänzlich.

أكمة [ʔakama], *pl.* اكام [ʔiˈkaːm] Hügel *m*, Haufen *m*.

أكيد [ʔaˈkiːd] gewiß, sicher; entschieden.

ال [al] der, die, das (*bestimmter Artikel*).

آل [ʔaːl] 1. Familie *f*, Sippe *f*, Dynastie *f*; 2. Luftspiegelung *f*; *s. a.* اول.

الا [ʔa laː] 1. ist nicht ...?; 2. ja doch; wahrhaftig.

+ [ʔaˈllaː] (= ان لا [ʔan laː]) daß nicht, damit nicht.

+ [ʔiˈllaː] (= ان لا [ʔin laː]) wenn nicht; außer; ~ اذا außer wenn; *nach Negation*: nur, erst (*s. a.* الو).

آلاء *s.* الى.

آلات *s.* آلة.

آلاف *s.* الف.

الآن *s.* آن.

الاه = اله; الاهة [ʔiˈlaːha] Göttin *f*; الاهى [ʔiˈlaːhiː] göttlich; theologisch.

ألاى [ʔaˈlaːj], *pl.* [-aːt] Regiment *n*.

ألب V [taˈʔallab] sich zusammenrotten.

الباس [ʔilˈbaːs] Bekleidung *f*, Umhüllung *f*.

البتة *s.* بتة.

ألبسة *s.* لباس.

التباس [iltiˈbaːs] Verwirrung *f*; Unklarheit *f*.

التجاء [ilti'dʒa:ʔ] Zuflucht *f* (zu الى).

التحاق [ilti'ħa:q] Anschluß *m* (an ب), Beitritt *m* (zu ب).

التحام [ilti'ħa:m] Verbindung *f*; Zusammenwachsen *n*; *Physik*: Adhäsion *f*.

التزام [ilti'za:m] Verpflichtung *f*, Notwendigkeit *f*; *pl.* [-a:t] *Jur.* Obligationen *f/pl.*

التفات [ilti'fa:t] Wendung *f*; Beachtung *f*, Rücksicht *f*.

التفاف [ilti'fa:f] Verschlingung *f*, Umfassung *f*; Wendung *f*.

التقاء [ilti'qɒ:ʔ] Zusammentreffen *n*, Begegnung *f*, Vereinigung *f*.

التقاط [ilti'qɒ:ṭ] *Radio*: Empfang *m*; Aufnahme *f*; Sammeln *n*.

التماس [ilti'ma:s] Bitte *f*, Ersuchen *n*.

التهاب [ilti'ha:b] Entzündung *f*; ~ى entzündlich.

التواء [ilti'wa:ʔ] Windung *f*, Krümmung *f*.

التى *s.* الذى.

التياع [ilti'ja:ʕ] Erregung *f*; Entflammtsein *n von Liebe etc.*

الحاح [ʔil'ħa:ħ] Beharrlichkeit *f*, Nachdruck *m*.

الحاد [ʔil'ħa:d] Ketzerei *f*, Gottlosigkeit *f*.

الحاق [ʔil'ħa:q] Anfügung *f*, Zuordnung *f*; Anschluß *m*, Annexion *f*.

الخ *s.* آخر.

ألذ [ʔa'laðð] *el. von* لذيذ.

الذى [a'llaði:], *f* التى [a'llati:]; *Dual* اللذان [alla'ða:n(i)], *f* اللتان [alla'ta:n(i)]; *pl.* الذين [alla'ði:n(a)], *f* اللاتى [a'lla:ti:] *Relativpronomen*: der, die, das; welcher, welche, welches.

الزام [ʔil'za:m] Zwang *m*; ~ى obligatorisch, Pflicht-.

ألسن *s.* لسان.

الصاق [ʔil'sɒ:q] Beiheftung *f*, Anheftung *f*.

ألعوبة [ʔul'ʕu:ba] Spielzeug *n*; Spaß *m*; Trick *m*.

الغاء [ʔil'ɣa:ʔ] Abschaffung *f*, Aufhebung *f*; Außerkraftsetzung *f*; Annullierung *f*.

الغام [ʔil'ɣa:m] Amalgamation *f*.

ألف [ʔalif (jaʔlaf)] vertraut sein (mit ه); zahm werden; II [ʔallaf] gewöhnen; zusammensetzen, bilden (*e-e Körperschaft*); *Schrift* verfassen; V [ta'ʔallaf] gebildet werden, zusammengesetzt sein; VI [ta'ʔa:laf] harmonieren; VIII [iʔ'talaf] passen, übereinstimmen (mit مع); vereinigt sein; eine Koalition bilden.
+ [ʔalf], *pl.* آلاف [ʔa:'la:f] *u.*

الوف [ʔu'lu:f] tausend; Tausend *n.*

\+ [ʔalif] *Name des ersten Buchstabens.*

\+ [ʔilf], *pl.* آلاف [ʔu'lla:f] Freund *m*, Vertraute(r) *m.*

ألفت [ʔalfat] linkshändig.

ألفة [ʔulfa] Vertrautheit *f*; Zuneigung *f*; *Chemie*: Affinität *f.*

ألق [ʔalaq] Glanz *m*, Leuchten *n.*

القاء [ʔil'qa:ʔ] Werfen *n*, Wurf *m*, Abwurf *m*; Halten *n e-r Rede*; Vortrag *m.*

اللاتى, اللتان, اللذان *s.* الذى.

الله [a'llɒ:h] Gott *m.*

اللهم [allɒ'humma] o Gott!; ~ الا [ʔilla:] es sei denn, daß.

ألم [ʔalim (jaʔlam)] Schmerz empfinden, leiden; IV آلم (يؤلم) [ʔa:lam (juʔlim)] schmerzen, weh tun; leid tun; V [ta'ʔallam] leiden.

\+ [ʔalam], *pl.* آلام [ʔa:'la:m] Schmerz *m*, Leid *n*, Weh *n.*

\+ [ʔa lam] *Verneinte Frage*: Hat nicht ...?, Ist nicht ...?

ألماس [ʔal'ma:s] Diamant *m.*

المعة [ʔil'ma:ʕa] Wink *m*, Anspielung *f.*

المام [ʔil'ma:m] Kenntnis *f*, Vertrautheit *f* (mit ب).

ألمان: ~ال [alʔal'ma:n] die Deutschen *m/pl.*; ~ى deutsch; Deutsche(r); ألمانيا [ʔal'ma:nija:] Deutschland *n.*

ألمع [ʔalmaʕ] *u.* ~ى klug, intelligent; ~ية Scharfsinn *m.*

اله [ʔi'la:h], *pl.* آلهة [ʔa:liha] Gott *m* (*pl.* Götter).

آلة [ʔa:la], *pl.* [-a:t] Werkzeug *n*, Instrument *n*, Apparat *m*, Gerät *n*; ~ التصوير Fotoapparat *m*; ~ الخياطة Nähmaschine *f*; ~ كاتبة Schreibmaschine *f.*

الهاب [ʔil'ha:b] Anzünden *n*, Entzündung *f.*

الهام [ʔil'ha:m] Inspiration *f*, Eingebung *f.*

ألا (ألو) [ʔala: (jaʔlu:)] nicht tun, unterlassen (*etw.* فى); IV [ʔa:la:] schwören.

ألوف [ʔa'lu:f] zahm; vertraut; *s. a.* ألف.

ألوية *s.* لواء.

الى [ʔila:] *präp.* zu, nach (*e-m Ort*); bis (zu); ~ أن [ʔan] bis daß; ~ جانب zusätzlich zu, außer; وما اليه und dergleichen; und was es noch gibt ...

\+ [ʔilan], *pl.* آلاء [ʔa:'la:ʔ] Wohltat *f.*

آلى [ʔa:li:] mechanisch, maschinell; motorisiert.

أليف [ʔa'li:f] vertraut, zahm.

أليم [ʔa'li:m] schmerzlich.

أم [ʔam] oder (*in Doppelfragen*): حار أم بارد heiß oder kalt?

\+ [ʔamma (jaʔummu)] sich (hin)begeben, *e-n Ort* aufsuchen (ه); anführen; vorbeten; II [ʔammam] verstaatlichen, nationalisieren; VIII ائتم [iʔ'tamma] *dem Beispiel* folgen.

\+ [ʔumm], *pl.* أمهات [ʔumma'ha:t] Mutter *f*; Ursprung *m*; Grundlage *f*; Original *n*, Prototyp *m*; Hauptsache *f*.

اما [ʔamma:] *einleitendes*: Was betrifft ...

\+ [ʔimma:]: اما – اما *u.* اما – او entweder – oder.

اماتة [ʔi'ma:ta] Tötung *f*.

أمار [ʔa'mma:r] gebietend; anregend.

امارة [ʔa'ma:ra], *pl.* [-a:t] *u.* أمائر [ʔa'ma:ʔir] Zeichen *n*, Merkmal *n*.

\+ [ʔi'ma:ra] Emirat *n*, Fürstentum *n*; Herrschaft *f*.

اماعة [ʔi'ma:ʕa] Schmelzen *n*, Verflüssigung *f*.

أماكن *s.* مكان.

امالة [ʔi'ma:la] *Gr.* Umlaut *m* (*Verschiebung von* a *zu* e).

امام [ʔa'ma:m] vor, gegenüber; الى الـ~ vorwärts.

\+ [ʔi'ma:m], *pl.* أئمة [ʔa'ʔimma] Imam *m*, Vorbeter *m*, Führer *m*; ~ة Imamat *n*; Stellung *f od.* Würde *f* des Imams.

أمامى [ʔa'ma:mi:] vorn befindlich, vorderst.

أمان [ʔa'ma:n] Sicherheit *f*, Ruhe *f*; Schutz *m*; *s. a.* امنية; ~ة Treue *f*, Zuverlässigkeit *f*; Treuhänderamt *n*; Stadtverwaltung *f*; Depot *n*; anvertrautes Gut *n*.

امبراطور [ʔimbara:'tu:r] Kaiser *m*, Imperator *m*; ~ية Imperium *n*.

امتاع [ʔim'ta:ʕ] Genuß *m*.

امتثال [imti'θa:l] Befolgung *f*; Gehorsam *m*.

امتحان [imti'ħa:n] Prüfung *f*, Examen *n*; Probe *f*.

امتداد [imti'da:d] Ausdehnung *f*, Weite *f*; Verlängerung *f*.

امتزاج [imti'za:dʒ] Vermischung *f*.

امتصاص [imti'sɒ:s] Aufsaugung *f*, Absorption *f*.

امتعاض [imti'ʕa:đ] Ärger *m*, Aufregung *f*.

امتلاء [imti'la:ʔ] Vollsein *n*, Fülle *f*.

امتناع [imti'na:ʕ] Weigerung *f*; Enthaltung *f* (von عن).

امتنان [imti'na:n] Dankbarkeit *f*.

امتهان [imti'ha:n] Erniedrigung *f*, Verachtung *f*.

امتياز [imti'ja:z] Auszeichnung *f*;

Vorzug *m*; Privileg *n*; Konzession *f*, Patent *n*.

أمثل [ʔamθal], *f* مثلى [muθla:], *pl.* أماثل [ʔaˈma:θil] vorbildlich, musterhaft; ideal.

أمثلة *s.* مثال.

امحاء [immiˈħa:ʔ] Auslöschung *f*, Tilgung *f*.

أمد [ʔamad], *pl.* آماد [ʔa:ˈma:d] Frist *f*, Zeit *f*, Spanne *f*.

امداد [ʔimˈda:d] Versorgung *f*, Verstärkung *f*, Hilfe *f*; *pl.* [-a:t] *Mil.* Nachschub *m*.

أمر [ʔamar (jaʔmur)] befehlen; bestellen; III [ʔa:mar] zu Rate ziehen; VI [taˈʔa:mar] sich verschwören (gegen على); VIII ائتمر [iʔˈtamar] sich beraten; sich verabreden; *Befehl ausführen* بامره [biʔamrihi].

\+ [ʔamr] 1. *pl.* أوامر [ʔaˈwa:mir] Befehl *m*, Auftrag *m*, Anordnung *f*; *Gr.* Imperativ *m*; 2. *pl.* أمور [ʔuˈmu:r] Angelegenheit *f*, Sache *f*; فى اول الامر *u.* فى بادىء الامر zuerst, anfangs.

آمر [ʔa:mir] Befehlshaber *m*, Gebieter *m*.

امرء [imraʔ] Mann *m*, Mensch *m* (*s.* مرء).

أمراء *s.* أمير.

امرار [ʔimˈra:r] Hindurchführen *n*.

امرأة [imˈraʔa] Frau *f*, Weib *n* (*s.* مرأة).

امرة [ʔimraʔ] Machtstellung *f*, Befehlsgewalt *f*.

امريكا [ʔamˈri:ka] Amerika *n*.

أمس [ʔams(i)] *u.* بالامس [bilˈʔams] gestern; ~ الاول vorgestern.

امساك [ʔimˈsa:k] Ergreifung *f*; Zurückhaltung *f*; *Med.* Verstopfung *f*, Konstipation *f*.

امضاء [ʔimˈđɒ:ʔ] Unterschrift *f*; Durchführung *f*.

امعاء *s.* معى.

امعان [ʔimˈʕa:n] Aufmerksamkeit *f*, Sorgfalt *f*.

امكان [ʔimˈka:n] Möglichkeit *f*, Fähigkeit *f*, Vermögen *n*; ~ية Möglichkeit *f*.

امكنة *s.* مكان.

أمل [ʔamal (jaʔmul)] hoffen; V [taˈʔammal] betrachten, anschauen; meditieren.

\+ [ʔamal], *pl.* آمال [ʔa:ˈma:l] Hoffnung *f*.

آمل [ʔa:mil] hoffnungsvoll.

املاء [ʔimˈla:ʔ] 1. Diktat *n*; 2. (Aus-)Füllung *f*; Besetzung *f* *e-r Stelle*.

أملس [ʔamlas] glatt.

أمم *s.* أمة.

أمن [ʔamuna (jaʔmun)] treu, zuverlässig sein; [ʔamina (jaʔman)] sicher, in Sicherheit sein; II [ʔamman] sichern; versichern; garantieren, verbürgen; IV [ʔa:man (juʔmin)] glauben (an *A* ب); VIII ائتمن [iʔ'taman] vertrauen (auf *A* ه), anvertrauen (*j-m etw.* ه على); X [is'taʔman] um Schutz bitten.

+ [ʔamn] Sicherheit *f*, Friede *m*; الامن العام öffentliche Sicherheit *f*.

آمن [ʔa:min] friedlich (*Stadt, Bevölkerung*).

أمناء *s.* امين.

أمنية [ʔum'ni:ja], *pl.* أمانٍ [ʔa'ma:nin] Wunsch *m*, Begehren *n*.

أمة [ʔama], *pl.* اماء [ʔi'ma:ʔ] *u.* أموات [ʔama'wa:t] Magd *f*.

+ [ʔumma], *pl.* أمم [ʔumam] Nation *f*, Volk *n*; Religionsgemeinschaft *f*; الامم المتحدة die Vereinten Nationen.

أمهات *s.* ام.

امهال [ʔim'ha:l] Fristgewährung *f*.

أموال *s.* مال.

أمومة [ʔu'mu:ma] Mutterschaft *f*.

أموى [ʔumawi:] *Geschichte*: omajjadisch, aus der Zeit der Omajjaden.

أمى [ʔummi:] 1. mütterlich; 2. Analphabet *m*; 3. meine Mutter.

أمير [ʔa'mi:r], *pl.* أمراء [ʔuma'ra:ʔ] Emir *m*, Prinz *m*, Fürst *m*; ~ البحر Admiral *m*; ~ة Prinzessin *f*, Fürstin *f*; ~ى fürstlich; staatlich, Staats-.

أمين [ʔa'mi:n] zuverlässig, treu, redlich; sicher; *pl.* امناء [ʔuma'na:ʔ] Kustos *m e-s Museums*; Treuhänder *m*; Verwalter *m*; ~ الصندوق Kassierer *m*; *a. npr.*

آمين [ʔa:'mi:n] Amen!

أمية: بنو ~ [banu: ʔu'majja] *Geschichte*: die Omajjaden.

ان [ʔan] (*vor Verben*), [ʔanna] (*vor Nomina u. Pronomina*) daß.

+ [ʔin] wenn ; و~ wenn auch.

+ [ʔinna] siehe! (*Meist nicht übersetzte Einleitung der direkten Rede*).

+ [ʔanna (jaʔinnu)] stöhnen, ächzen.

آن [ʔa:n] Zeit *f*; الآن [al'ʔa:n] jetzt; فى آن واحد zugleich, gleichzeitig.

انا [ʔana:] ich.

+ [ʔinna: (= ʔinnana:)] (siehe) wir; *s. a.* انى.

اناء [ʔi'na:ʔ], *pl.* آنية [ʔa:nija] *u.* أوانٍ [ʔa'wa:nin] (*constr.* أوانى) Gefäß *n*.

انابة [ʔi'na:ba] Delegierung *f*, Bevollmächtigung *f*.

أنبوب *s.* أنابيب.

انارة [ʔi'na:ra] Beleuchtung *f*.

اناس [ʔuˈnaːs] = ناس.

أناقة [ʔaˈnaːqa] Eleganz *f*.

انام: الانام [alʔaˈnaːm] die Menschen *m/pl.*

أنانية [ʔanaːˈniːja] Egoismus *m*.

أناة [ʔaˈnaːt] Ausdauer *f*, Geduld *f*.

أنب II [ʔannab] tadeln.

انباء *s.* نبأ.

أنبار [ʔamˈbaːr], *pl.* أنابير [ʔanaːˈbiːr] Speicher *m*, Magazin *n*.

انباشي [onˈbaːʃiː] *Mil.* Unteroffizier *m*, Korporal *m*.

انبثاق [imbiˈθaːq] Hervorbrechen *n*, Ausströmen *n*.

انبساط [imbiˈsaːṭ] Vergnügen *n*, Freude *f*, Heiterkeit *f*.

أنبوب [ʔumˈbuːb] *u.* ~ة, *pl.* أنابيب [ʔanaːˈbiːb] Rohr *n*, Röhre *f*; ~ى röhrenförmig.

أنبيق [ʔanˈbiːq], *pl.* أنابيق [ʔanaːbiːq] Destillierkolben *m*.

أنت [ʔanta], *f* [ʔanti] du.

انتاج [ʔinˈtaːdʒ] Produktion *f*, Erzeugung *f*, Förderung *f*; Leistung *f*; Züchtung *f*, Erzeugnisse *n/pl.*; Werke *n/pl.*

انتباه [intiˈbaːh] Aufmerksamkeit *f*, Vorsicht *f*, Beachtung *f*.

انتثار [intiˈθaːr] Zerstreuung *f*.

انتحار [intiˈħaːr] Selbstmord *m*.

انتحال [intiˈħaːl] Anmaßung *f*; Plagiat *n*.

انتخاب [intiˈxaːb] Wahl *f*; *pl.* [-aːt] *Pol.* Wahlen *f/pl.*; ~ى Wahl-.

انتداب [intiˈdaːb] Abordnung *f*, Delegierung *f*, Abkommandierung *f*; *Pol.* Mandat *n*; ~ى Mandats-.

انتزاع [intiˈzaːʕ] Enteignung *f*, Wegnahme *f*.

انتساب [intiˈsaːb] Zugehörigkeit *f*, Verwandtschaft *f*.

انتشار [intiˈʃaːr] Verbreitung *f*, Ausbreitung *f*.

انتصاب [intiˈsɒːb] Aufrichtung *f*, Errichtung *f*.

انتصار [intiˈsɒːr] Sieg *m*, Triumph *m*.

انتظار [intiˈzɒːr] Warten *n*, Erwartung *f*.

انتظام [intiˈzɒːm] Ordnung *f*, Regelmäßigkeit *f*, Planmäßigkeit *f*.

انتعاش [intiʕaːʃ] Erholung *f*, Wiederaufleben *n*.

انتفاخ [intiˈfaːx] (Auf-)Blähung *f*, Schwellung *f*.

انتفاض [intiˈfɒːđ] Beben *n*, Erzittern *n*.

انتفاع [intiˈfaːʕ] Benutzung *f*; Nutzen *m*, Gewinn *m*.

انتقاء [intiˈqaːʔ] Auslese *f*, Auswahl *f*.

انتقاد [intiˈqaːd] Kritik *f*, Tadel *m*.

انتقاص [intiˈqɒːs] Abnahme *f*, Verminderung *f*.

انتقاض [inti'qɒ:đ] Aufruhr *m*, Rebellion *f*; Zerfall *m*.

انتقال [inti'qa:l] Ortsveränderung *f*, Fortbewegung *f*; Transport *m*; Übersiedlung *f*, Verlegung *f*; Versetzung *f*; ~ى Übergangs-.

انتقام [inti'qa:m] Rache *f*, Vergeltung *f*.

انتكاس [inti'ka:s] Rückfall *m e-r Krankheit*; Entartung *f*.

أنتم [ʔantum] ihr (*2. Pers. m/pl.*); أنتما [ʔantuma:] ihr beide.

انتماء [inti'ma:ʔ] Zugehörigkeit *f*; Beziehung *f*.

أنتن [ʔan'tunna] ihr (*2. Pers. f/pl.*).

انتهاء [inti'ha:ʔ] Ende *n*; Vollendung *f*.

انتهار [inti'ha:r] Schelte *f*; Zuruf *m*.

انتهاز [inti'ha:z] Ergreifen *n e-r Gelegenheit*.

انتهاك [inti'ha:k] Mißbrauch *m*; Vergewaltigung *f*.

أنث [ʔanuθa (jaʔnuθ)] weiblich *od.* verweichlicht sein; II [ʔannaθ] weiblich machen; *Gr.* ins Feminin setzen; V [ta'ʔannaθ] weiblich werden.

انثناء [inθi'na:ʔ] Faltung *f*, Biegung *f*.

أنثى [ʔunθa:], *pl.* اناث [ʔi'na:θ] Weib *n*; Weibchen *n der Tiere*.

انجاز [ʔin'dʒa:z] Ausführung *f*, Durchführung *f*; Erfüllung *f e-r Pflicht*.

انجاص [ʔin'dʒa:s] *Syr.* Birne *f*.

أنجل [ʔandʒal], *f* نجلاء [nadʒ'la:ʔ] groß (*Auge*); klaffend (*Wunde*).

انجلترا [ingil'tera:] England *n*.

انجليز [ingi'li:z] die Engländer *m/pl.*; ~ى englisch; Engländer *m*.

انجيل [ʔin'dʒi:l] Evangelium *n*.

أنحاء *s.* نحو.

انحباس [inħi'ba:s] Stockung *f*, Hemmung *f*; Einschließung *f*.

انحدار [inħi'da:r] Neigung *f*, Gefälle *n*, Abschüssigkeit *f*.

انحراف [inħi'ra:f] Abweichung *f*; Abwegigkeit *f*, Anomalie *f*.

انحصار [inħi'sɒ:r] Eingeengtheit *f*, Beschränkung *f*; Monopol *n*.

انحطاط [inħi'tɒ:t] Abstieg *m*, Verfall *m*; Dekadenz *f*; ~ى *Kunst*: dekadent, nachklassisch.

انحلال [inħi'la:l] Auflösung *f*, Zerfall *m*; Schwäche *f*.

انحناء [inħi'na:ʔ] Biegung *f*, Kurve *f*; Neigung *f*; Verbeugung *f*.

انحياز [inħi'ja:z] 1. Absonderung *f*; 2. Parteilichkeit *f*, Voreingenommenheit *f*.

انخرام [inxiˈraːm] Durchlöcherung *f*; Zerrüttung *f*.

انخساف [inxiˈsaːf] Untergang *m*; Verfinsterung *f des Mondes*.

انخفاض [inxiˈfɒːđ] Sinken *n*; Verminderung *f*.

اندثار [indiˈθaːr] Verlöschen *n*, Verschwinden *n*; Vergessenwerden *n*.

اندحار [indiˈħaːr] Niederlage *f*, Untergang *m*.

اندفاع [indiˈfaːʕ] Elan *m*, Schwung *m*; Antrieb *m*; Spontaneität *f*.

اندماج [indiˈmaːdʒ] Eingliederung *f*, Fusionierung *f*.

اندهاش [indiˈhaːʃ] Erstaunen *n*.

أندية *s.* ناد.

انذار [ʔinˈðaːr] Warnung *f*; Mahnung *f*; Ultimatum *n*; Kündigung *f*.

آنذاك [ʔaːnaˈðaːk] damals, zu jener Zeit.

انزال [ʔinˈzaːl] Herabbringen *n*, Herablassung *f*; *Mil.* Landung *f*; *Isl.* Offenbarung *f des Korans*.

انزعاج [inziˈʕaːdʒ] Belästigung *f durch j-n*.

انزلاق [inziˈlaːq] Gleiten *n*; (*Schi-*)Lauf *m*.

انزواء [inziˈwaːʔ] Zurückgezogenheit *f*.

أنس [ʔanis (jaʔnas)] freundlich, nett sein; II [ʔannas] zähmen; III [ʔaːnas (juʔaːnis)] unterhalten; IV [ʔaːnas (juʔnis)] erheitern, Gesellschaft leisten (*j-m* ه); VIII [iʔˈtanas] sich anfreunden; X [isˈtaʔnas] sich einleben; zahm werden; hinhören (auf *A* ل).

\+ [ʔins] Menschen *m/pl.*, Menschengeschlecht *n*.

\+ [ʔuns] Geselligkeit *f*, Freundlichkeit *f*, Liebenswürdigkeit *f*.

انسال [ʔinˈsaːl] Zeugung *f*.

انسان [ʔinˈsaːn], *pl.* ناس [naːs] Mensch *m*; ~ى menschlich, human; ~ية Menschheit *f*; Menschlichkeit *f*, Humanität *f*.

انسجام [insiˈdʒaːm] Harmonie *f*, Zusammenpassen *n*; Flüssigkeit *f der Rede*.

انسحاب [insiˈħaːb] Zurückziehung *f*; *Mil.* Rückzug *m*.

آنسة [ʔaːnisa], *pl.* [-aːt] *u.* أوانس [ʔaˈwaːnis] Fräulein *n*.

انسياب [insiˈjaːb] Strömung *f*, Strömen *n*, Fluß *m*; ~ى stromlinienförmig.

انشاء [ʔinˈʃaːʔ] Erschaffung *f*, Errichtung *f*, Erbauung *f*; Anlage *f*; Abfassung *f e-s Textes*; (*Schul-*)Aufsatz *m*; (*sprachlicher*) Stil *m*.

انشاد [ʔinˈʃa:d] Rezitation *f*, Vortrag *m e-s Gedichts*.

انشائى [ʔinˈʃa:ʔi:] schöpferisch; stilistisch; *Presse*: redaktionell.

انشراح [inʃiˈra:ħ] Entspannung *f*; Heiterkeit *f*.

انشغال [inʃiˈɣa:l] Beschäftigung *f*; Belastung *f durch Arbeit*.

انشقاق [inʃiˈqa:q] Spaltung *f*, Trennung *f*; Schisma *n*.

أنشوطة [ʔunˈʃu:tɒ], *pl*. أناشيط [ʔana:ˈʃi:t] Schlinge *f*, Schleife *f*.

أنصار *s*. ناصر.

انصاف [ʔinˈsɒ:f] Gerechtigkeit *f*, Billigkeit *f*.

انصراف [insiˈrɒ:f] Aufbruch *m*, Weggang *m*.

انضباط [inđiˈbɒ:t] Regelung *f*; Disziplin *f*; الجيش ~ *Ir*. Militärpolizei *f*.

انضغاط [indiˈɣɒ:t] Komprimierung *f*; Zusammendrückbarkeit *f*.

انضمام [inđiˈma:m] Anschluß *m* (an *A* الى), Beitritt *m* (zu الى).

انطباع [intiˈba:ʕ] Abdruck *m*; Eindruck *m*; *pl*. [-a:t] Eindrücke *pl*., Impressionen *f/pl*.; ~ى impressionistisch.

انطلاق [intiˈla:q] Freiwerden *n* (*a. Chemie*); *Sport*: Start *m*; Ungebundenheit *f*.

أنظمة *s*. نظام.

انعاش [ʔinˈʕa:ʃ] Belebung *f*, Erfrischung *f*; Aufbau *m*.

انعام [ʔinˈʕa:m] Wohltat *f*, Gunsterweisung *f*.

انعدام [inʕiˈda:m] Schwund *m*, Mangel *m*.

انعطاف [inʕiˈtɒ:f] Neigung *f*; Sympathie *f*, Mitgefühl *n*.

انعقاد [inʕiˈqa:d] Zusammentritt *m*, Abhaltung *f e-r Sitzung*.

انعكاس [inʕiˈka:s] Reflektierung *f*, Rückstrahlung *f*; Reflex *m*; ~ى Reflex-.

أنف [ʔanif (jaʔnaf)] verschmähen; X [isˈtaʔnaf] wieder aufnehmen; von neuem beginnen; *Jur*. Berufung einlegen (gegen das Urteil الحكم).

+ [ʔanf], *pl*. آناف [ʔa:ˈna:f] Nase *f*; Vorsprung *m*.

آنف: الذكر ~ [ˈʔa:nifu‿ˈððikr(i)] obenerwähnt.

انفاذ [ʔinˈfa:ð] Übermittlung *f*; Durchführung *f*, Vollzug *m*.

انفاق [ʔinˈfa:q] Verbrauch *m*; Ausgabe *f von Geld*.

انفجار [infiˈdʒa:r] Explosion *f*, Detonation *f*; ~ى explosiv.

انفراج [infiˈra:dʒ] Entspannung *f*, Gelöstheit *f*.

انفراد [infiˈra:d] Alleinsein *n*, Abgesondertheit *f*.

انفساح [infiˈsa:ħ] Ausdehnung *f*, Weite *f*.

انفصال [infiˈsɒ:l] Abtrennung *f*, Loslösung *f*; Sezession *f*; ~ى separatistisch; ~ية Separatismus *m*.

انفصام [infiˈsɒ:m] Abtrennung *f*, Bruch *m*.

انفضاض [infiˈđɒ:đ] Auflösung *f*; Schließung *f*.

انفعال [infiˈʕa:l] Erregtheit *f*; ~ية Reizbarkeit *f*.

أنق [ʔaniq (jaʔnaq)] hübsch, elegant sein; V [taˈʔannaq] wählerisch sein; elegant sein.

انقاذ [ʔinˈqa:ð] Rettung *f*, Befreiung *f aus der Not*.

انقاص [ʔinˈqɒ:s] Verminderung *f*, Kürzung *f*.

أنقاض [ʔanˈqɒ:đ] *pl.* Trümmer *pl.*, Schutt *m*.

انقباض [inqiˈbɒ:đ] Zusammenziehung *f*; Beklemmung *f*.

انقراض [inqiˈrɒ:đ] Aussterben *n*.

انقسام [inqiˈsa:m] Teilung *f*, Spaltung *f*.

انقضاء [inqiˈđɒ:ʔ] Ablauf *m e-r Zeit*; Aufhören *n*.

انقضاض [inqiˈđɒ:đ] Herabstürzen *n*; *Flugw.* Sturzflug *m*.

انقطاع [inqiˈtɒ:ʕ] Unterbrechung *f*, Trennung *f*; Aufhören *n*; بدون ~ ununterbrochen, ohne Unterlaß.

انقلاب [inqiˈla:b] Umsturz *m*, Umwälzung *f*, Revolution *f*; Wechsel *m*.

انقياد [inqiˈja:d] Gehorsam *m*; Nachgiebigkeit *f*.

انكار [ʔinˈka:r] Verleugnung *f*, Verneinung *f*.

أنكر [ʔankar], *f* نكراء [nakˈra:ʔ] verwerflich, abscheulich.

انكسار [inkiˈsa:r] Gebrochensein *n*; Brechung *f*, Zerschlagung *f*.

انجليز ,انجلترا = انكليز ,انكلترا.

انكماش [inkiˈma:ʃ] Versunkenheit *f*.

انما [ʔinnama:] nur; doch, vielmehr.

انماء [ʔinˈma:ʔ] (Ver-)Mehrung *f*, Züchtung *f*.

أنمش [ʔanmaʃ] sommersprossig.

أنملة [ʔunˈmula], *pl.* أنامل [ʔaˈna:mil] Fingerspitze *f*.

نموذج = انموذج.

أنه [ʔannahu] daß er; [ʔinnahu] (siehe) er; *s.* ان.

انهاء [ʔinˈha:ʔ] Abschluß *m*, Beendigung *f*.

انهاض [ʔinˈhɒ:đ] Erweckung *f*, Förderung *f*.

انهاك [ʔinˈha:k] Bemühung *f*; Erschöpfung *f*.

أنهر *s.* نهر *u.* نهار.

انهزام [inhiˈza:m] Niederlage *f*; Flucht *f*; ~ى Defätist *m*; ~ية Defätismus *m*.

انهضام [inhi'đɒ:m] Verdauung *f*; Verdaulichkeit *f*.

انهماك [inhi'ma:k] Hingabe *f*, Versunkenheit *f*.

انهيار [inhi'ja:r] Einsturz *m*, Zusammenbruch *m*.

أنواء *s.* نوء.

أنى [ʔana: (jaʔni:)] *Zeit*: herankommen; reifen; V [ta'ʔanna:] *u.* X [is'taʔna:] zögern, sich Zeit lassen.

\+ [ʔanan], *pl.* آناء [ʔa:'na:ʔ] Zeit *f*, Zeitraum *m*.

\+ [ʔanna:] wie?, wo?, woher?, wohin?; ~ له ان wie soll er ...?

آنئذ [ʔa:naʔiðin] damals, zu der Zeit.

أنيس [ʔa'ni:s] freundlich, höflich, vertraut; *a. npr.*

أنيق [ʔa'ni:q] gefällig, hübsch, elegant.

اهاب [ʔi'ha:b] Haut *f*.

أهالى *s.* أهل.

اهانة [ʔi'ha:na] Beleidigung *f*.

أهب II [ʔahhab (يؤهب ju'ʔahhib)] rüsten, bereiten; V [ta'ʔahhab] sich rüsten, sich bereit machen.

أهبل [ʔahbal] schwachsinnig, blöd.

أهبة [ʔuhba], *pl.* أهب [ʔuhab] Vorbereitung *f*; Ausrüstung *f*, Ausstattung *f*.

اهتزاز [ihti'za:z] Erschütterung *f*, Vibration *f*.

اهتمام [ihti'ma:m] Aufmerksamkeit *f*, Sorgfalt *f*; Interesse *n*; Sorge *f*.

اهداء [ʔih'da:ʔ] Schenkung *f*, Zueignung *f*.

اهراق [ʔih'ra:q] Vergießung *f des Blutes*.

أهل II [ʔahhal (يؤهل ju'ʔahhil)] geeignet machen, befähigen, qualifizieren; bewillkommnen; V [ta'ʔahhal] geeignet, tauglich sein *od.* werden; eine Frau nehmen; X [is'taʔhal] würdig sein, verdienen.

\+ [ʔahl], *pl.* [-u:n] *u.* أهال [ʔa'ha:lin] (*constr.* أهالى) Familie *f*; Bewohner *pl.*; Angehörige *pl.*; Leute *pl.*; أهلا و سهلا [ʔahlan wa sahlan] Willkommen!; أهلا بك [bik(a)] Sei willkommen!

أهلى [ʔahli:] heimisch, inländisch, national.

اهليلج [ʔih'li:ladʒ] *Math.* Ellipse *f*; ~ى elliptisch.

أهلية [ʔah'li:ja] Eignung *f*, Befähigung *f*, Qualifikation *f*; *Jur.* Rechtsfähigkeit *f*.

أهم [ʔa'hamm] wichtiger (*el. zu* مهم).

اهمال [ʔih'ma:l] Vernachlässigung *f*, Unachtsamkeit *f*.

أهمية [ʔahaˈmmi:ja] Wichtigkeit *f*, Bedeutung *f*.

أواخر *s.* آخر.

أوادم *s.* آدمى.

أواسط *s.* أوسط.

أوامر *s.* أمر.

أوان [ʔaˈwa:n], *pl.* آونة [ʔa:wina] Zeit *f*.

أوان, أوانى *s.* اناء.

أوائل *s.* أول.

(اوب) آب [ʔa:b (jaˈʔu:b)] zurückkehren.

اوبرا [o:pera] Oper *f*.

أوبة [ʔauba] Rückkehr *f*.

اوتوبيس [o:to:ˈbi:s] Autobus *m*.

اوتوماتيكى [o:to:maˈti:ki:] automatisch.

اوتيل [o:ˈte:l] Hotel *n*.

أوج [ʔaudʒ] Höhepunkt *m*, Gipfel *m*; Kulmination *f*.

أوحد [ʔauħad] einzig.

أودة [ʔauda] Bürde *f*, Last *f*.

أودية *s.* واد.

اوربا [ʔuˈruppa:] Europa *n*.

أورطة [ʔurtɒ *u.* ʔortɒ] *Mil.* Bataillon *n*.

اوروبا [uˈru:pa:] Europa *n*.

اوز [ʔiˈwazz] Gans *f* (*als Art*); ~ة (*eine*) Gans *f*.

أوسط [ʔausat], *pl.* أواسط [ʔaˈwa:sit], *f* وسطى [wustɒ:] mittlerer, Mittel-; أواسط الشهر Mitte *f* des Monats, das zweite Drittel des Monats (*s.* آخر).

أوضة [ʔo:đɒ], *pl.* أوض [ʔuwɒđ] *Äg.* Zimmer *n*.

اوع, اوعى [iwʕa: *u.* u:ʕa:] Achtung!, Paß auf!, Vorsicht!

أوعية *s.* وعاء.

أوفى [ʔaufa:] *el. zu* واف.

أوقية [ʔu:ˈqi:ja] Okija *f* (*Gewichtseinheit*: *Äg. ca. 37 g, Ir., Syr. ca. 214 g*).

(اول) آل [ʔa:l (jaˈʔu:l)] zurückkehren; übergehen (*Besitz*); gelangen; II [ʔawwal (يؤول juˈʔawwil)] interpretieren.

أول [ʔawwal], *f* أولى [ʔu:la:], *pl.* أوائل [ʔaˈwa:ʔil] erster; Haupt-, Ober-; Anfang *m*; أوائل الشهر Anfang des Monats, das erste Drittel des Monats (*s.* آخر); من الاول von Anfang an, von vorne; اول الامر [ʔawwalaˈlʔamri] zuerst, anfangs.

أولا [ʔawwalan] erstens; zuerst, anfangs.

اولاء, اولائك *s.* ذلك, ذاك.

أولو *s.* ذو.

أولون: ~الـ [alˈʔawwalu:n] *pl.* die Alten *pl.*, die Altvordern *pl.*

أولوية [ʔaulaˈwi:ja] Vorrang *m*, Priorität *f*.

أولى [ʔawwali:] primär, ursprünglich; Grund-.

+ [ʔaula:] würdiger, mehr Anspruch habend (auf *A* ب); angemessener (*j-m* ب). *s. a.* أول.

أولياء s. ولى.

أولية [ˀawwaˈli:ja] Vorrang *m*, Priorität *f*; Grundwahrheit *f*, Axiom *n*.

انباشى = اونباشى.

آونة s. أوان.

أوى [ˀawa: (jaˀwi:)] Zuflucht suchen (bei الى); *Ort* aufsuchen (الى); II [ˀawwa:] *u.* IV [ˀa:wa:] beherbergen, Unterkunft geben.

اى [ˀaj] das heißt; also; nämlich.
+ [ˀajj], *f* ~ة [ˀajja] welcher?, was für ein?; wer auch immer, irgendein; jeder; ايما [ˀajjuma:] was auch immer; اى من [ˀajju man] wer auch immer.

آى s. آية.

ايا: *mit Suffix, z. B.*: اياك [ˀiˈjja:ka] dich, اياه [ˀiˈjja:hu] ihn; *zum Ausdruck (und zur Hervorhebung) des Akkusativs der Pronomina.*

اياب [ˀiˈja:b] Rückfahrt *f*; *s.* ذهاب.

اياد s. يد.

أيار [ˀaˈjja:r] Mai *m* (*Monat, Ir., Syr.*).

اياس [ˀiˈja:s] Verzweiflung *f*.

اياك s. ايا.

ايالة [ˀiˈja:la] Distrikt *m*, Provinz *f*.

أيام s. يوم.

أيان [ˀaˈjja:na] wann?; wo?

أيعام s. يتيم.

ائتلاف [iˀtiˈla:f] Eintracht *f*, Vereinigung *f*; *Pol.* Koalition *f*; ~ى Koalitions-.

ائتمار [iˀtiˈma:r] Beratung *f*.

ائتناس [iˀtiˈna:s] Geselligkeit *f*.

أيتها s. أيها.

ايثار [ˀi:ˈθa:r] Vorliebe *f*, Bevorzugung *f*; Nächstenliebe *f*.

ايجاب [ˀi:ˈdʒa:b] Verbindlichmachung *f*, Bestätigung *f*; Einwilligung *f*; Einverständnis *n*; ~ى positiv; bejahend, affirmativ; ~ية Positivismus *m*.

ايجاد [ˀi:ˈdʒa:d] Schaffung *f*, Zustandebringung *f*; Auffindung *f*; *Math.* Bestimmung *f e-r Zahl, Größe.*

ايجار [ˀi:ˈdʒa:r] Vermietung *f*; للايجار Zu vermieten!

ايجاز [ˀi:ˈdʒa:z] Kürze *f*, Prägnanz *f*, Lakonismus *m*.

ايحاء [ˀi:ˈħa:ˀ] Eingebung *f*; Suggestion *f*; ~ ذاتى Autosuggestion *f*.

أيد II [ˀajjad (juˈˀajjid)] (be-)stärken, (unter-)stützen; bestätigen, befürworten (*s. a.* يد).

ايداع [ˀi:ˈda:ˁ] Hinterlegung *f*, Deponierung *f*.

ايدروجين [i:dru:ˈdʒi:n *u.* aidru:ˈdʒi:n] *Chemie*: Wasserstoff *m*.

أيدى *s.* يد.

ايذاء [ʔiːˈðaːʔ] Belästigung *f*, Störung *f*, Schädigung *f*.

ايذان [ʔiːˈðaːn] Verkündung *f*.

ايراد [ʔiːˈraːd], *pl.* [-aːt] Ertrag *m*; Einfuhr *f*; Zitierung *f*, Anführung *f*.

ايران [ʔiːˈraːn] Iran *m*, Persien *n*.

أيسر [ʔaisar], *f* يسرى [jusraː] 1. link(s), linksseitig; 2. *el. zu* يسير.

ايصال [ʔiːˈsɒːl] Weitergabe *f*, Übermittlung *f*, Beförderung *f*; Verbindung *f*, Anschluß *m*; *Hdl.* Quittung *f*.

أيضا [ʔaiđɒn] auch; noch.

ايضاح [ʔiːˈđɒːħ] Erklärung *f*, Verdeutlichung *f*; ~ى aufklärend, erklärend; وسائل الـ~ Lehrmittel *n/pl.*

ايطالى [ʔiːˈtɒːliː] italienisch; Italiener *m*; ~ا Italien *n*.

ايعاز [ʔiːˈʕaːz] Anraten *n*; Wink *m*; ~ى inspirierend.

ايفاء [ʔiːˈfaːʔ] Erfüllung *f*; Begleichung *f e-r Rechnung.*

ايفاد [ʔiːˈfaːd] Abordnung *f*, Entsendung *f*.

ايقاظ [ʔiːˈqɒːẓ] Wecken *n*.

ايقاع [ʔiːˈqaːʕ] Rhythmus *m*.

ايقاف [ʔiːˈqaːf] Anhalten *n*, Arretierung *f*, Stoppung *f*; Aussetzung *f*, Unterbrechung *f*; ~ التنفيذ *Jur.* Vollstreckungsaufschub *m*, bedingte Verurteilung *f*.

أيلول [ʔaiˈluːl] September *m* (*Monat, Ir., Syr.*).

ايماء [ʔiːˈmaːʔ] *u.* ~ة Gebärde *f*; Hinweis *m*.

ايمان [ʔiːˈmaːn] Glaube *m* (an *A* ب); *s. a.* يمين.

أيمن [ʔaiman], *f* يمنى [jumnaː] recht(s), rechtsseitig.

أئمة *s.* امام.

آن (اين) [ʔaːn (jaˈʔiːn)] *Zeit*: (heran-)kommen, (heran-)nahen.

أين [ʔaina] wo?, wohin?

ايناس [ʔiːˈnaːs] Aufheiterung *f*, Gesellschaftleisten *n*.

ايناع [ʔiːˈnaːʕ] Reife *f*.

آية [ʔaːja], *pl.* [-aːt] *u.* آى [ʔaːj] Zeichen *n*, Wunder *n*; *Isl.* Koranvers *m*.

أيها [ʔajjuhaː], *f* أيتها [ʔajjatuhaː] o ...! (*Rufpartikel, nur vor bestimmtem Artikel*; *vgl.* يا).

ايهام [ʔiːˈhaːm] Irreführung *f*, Täuschung *f*.

ايواء [ʔiːˈwaːʔ] Aufnahme *f*, Gewährung *f* von Zuflucht, Beherbergung *f*.

ايوان [ʔiːˈwaːn], *pl.* [-aːt] (Säulen-)Halle *f*, Galerie *f*; Palast *m*.

ب

ب (باء) [ba:ʔ] *zweiter Buchstabe; Zahlwert 2.*

ب [bi] *Präp.* (*drückt räumliche und zeitliche Unmittelbarkeit aus*) in (*Ort, Tag*), an, bei (*Nacht*); mit, mittels, durch; um (*Preis*), für (*Geld*).

باء *s.* بوء.

باب [ba:b], *pl.* أبواب [ʔabˈwa:b] *u.* بيبان [bi:ˈba:n] Tür *f*, Tor *n*; Kapitel *n*, Klasse *f*, Rubrik *f*, Kategorie *f*.

بابا [ba:ba:] Papst *m*.

بابة [ba:ba] Art *f*, Klasse *f*, Kategorie *f*.

بابوج [ba:ˈbu:dʒ], *pl.* بوابيج [bawa:ˈbi:dʒ] Pantoffel *m*.

بابور [ba:ˈbu:r] (= وابور), *pl.* [-a:t] *u.* بوابير [bawa:ˈbi:r] Dampfmaschine *f*; Lokomotive *f*; Dampfschiff *n*; *pop.* Primus *m*, Petroleumkocher *m*.

بابونج [ba:ˈbu:nadʒ] *Bot.* Kamille *f*.

بات [ba:t] *s.* بيت.

+ [ba:tt] entschieden, definitiv.

باتر [ba:tir] schneidend.

باح *s.* بوح.

باحث [ba:ħiθ], *pl.* [-u:n] Forscher *m*, Gelehrter *m*.

باحة [ba:ħa] Raum *m*, Halle *f*; *fig.* Wände *f/pl*.

باخرة [ba:xira], *pl.* بواخر [baˈwa:xir] Dampfschiff *n*, Dampfer *m*.

باخس [ba:xis] gering.

باد [ba:din], *constr.* بادى [ba:di:] sichtbar, offenbar.

بادرة [ba:dira], *pl.* بوادر [baˈwa:dir] erstes Anzeichen *n*, Vorbote *m*; (*plötzliche*) Regung *f*, Anfall *m*.

بادن [ba:din] beleibt.

بادئ [ba:diʔ] anfangend, anfänglich; في بادىء الامر anfangs.

بادية [ba:dija] Steppe *f*, Wüste *f*.

باذخ [ba:ðix] hochmütig.

باذنجان [ba:ðinˈdʒa:n] *Bot.* Eierfrucht *f*, Melanzani *pl*.

بار [ba:rr], *pl.* بررة [barara] fromm, rechtschaffen.

\+ [ba:r], *pl.* [-a:t] Bar *f*, Weinausschank *m*; *s. a.* بور.

\+ [baʔar (jabʔar)] Brunnen graben.

بارجة [ba:ridʒa], *pl.* بوارج [baˈwa:ridʒ] Barke *f*; Kriegsschiff *n*.

بارحة: ~ال [alˈba:riħa] gestern; ~ اول [ʔawwala] vorgestern.

بارد [ba:rid] kalt, kühl; mild, schwach; fad.

بارز [ba:riz] vorspringend, vorstehend; hervorragend.

بارع [ba:riʕ] vortrefflich, tüchtig.

بارة [ba:ra *u.* pa:ra] Para *n*, Geldstück *n*.

بارود [ba:ˈru:d] Schießpulver *n*.

بارئ [ba:riʔ] Schöpfer *m*, Gott *m*.

باز [ba:z], *pl.* بيزان [bi:ˈza:n] Falke *m*.

بازار [ba:ˈza:r] Markt *m*, Bazar *m*.

بأس [baʔs] 1. Mut *m*, Kraft *f*; 2. Schaden *m*, Schlechte(s) *n*, Böse(s) *n*; لا ~به [la: baʔsa bih(i)] es ist nicht schlecht, ganz gut, nett; *s. a.* بؤس.

باسق [ba:siq] hoch(ragend).

باسل [ba:sil] tapfer (*schmückendes Beiwort für das Heer*).

باسور [ba:ˈsu:r], *pl.* بواسير [bawa:ˈsi:r] *Med.* Hämorrhoide *f*, Geschwulst *f*.

باش [ba:ʃ] (*türkisch: Kopf*) Chef-, Ober-, Haupt-; باش مهندس Chefingenieur *m*.

\+ [ba:ʃʃ] lächelnd, freundlich.

باشا [ba:ʃa:] Pascha *m* (*Titel*).

باص [bɒ:s], *pl.* [-ɒ:t] Autobus *m* (*Ir.*).

باصرة [bɒ:sira], *pl.* بواصر [baˈwa:sir] Auge *n*.

باض *s.* بيض.

باطل [bɒ:til] nichtig, unwahr, wertlos; ungültig; Falsche(s) *n*, Nichtigkeit *f*; *Gegens.* حق.

باطن [bɒ:tin] innerlich, verborgen, geheim; ~ى innerlich, innere (*Krankheit*).

باطية [bɒ:tija], *pl.* بواط [baˈwɒ:tin] Kanne *f*, Krug *m*.

باع [ba:ʕ], *pl.* أبواع [ʔabˈwa:ʕ] Klafter *m*, Spannweite *f der Arme*; *fig.* Macht *f*, *s. a.* بيع.

باعث [ba:ʕiθ], *pl.* بواعث [baˈwa:ʕiθ] Veranlassung *f*; Triebkraft *f*, Motiv *n*.

باعة *s.* بائع.

باغ [ba:ɣin], *constr.* باغى [ba:ɣi:], *pl.* بغاة [buˈɣa:t] begehrend, wünschend; Tyrann *m*.

باغة [ba:ɣa] Schildpatt *n*; Kunststoff *m*.

باق [ba:qin], *constr.* باقى [ba:qi:] bleibend, dauernd; ewig (*Beiname Gottes*); übrig; Rest *m*.

باقلاء [ba:'qilla:] *e. Art* Bohnen *f/pl.*

باقة [ba:qa] Bündel *n*; Bukett *n*, (*Blumen-*)Strauß *m.*

باكر [ba:kir] früh, frühzeitig; ~ة, *pl.* بواكر [ba'wa:kir] erste *od.* frühe Frucht *f*; Vorbote *m.*

باكورة [ba:'ku:ra] = باكرة; Anfang *m.*

بال [ba:l] Sinn *m*, Geist *m*, Aufmerksamkeit *f*; طول بالك [tɒwwil ba:lak] gedulde dich!; خلى بالك [xalli:] paß auf!; *s. a.* بول.

+ [ba:lin], *constr.* بالى [ba:li:] abgetragen, schäbig, durchgewetzt, alt.

بالطو [ba:lṭo] (*europäischer*) Mantel *m.*

بالغ [ba:liγ] *das Ziel* erreichend; weitgehend, tief; schwer (*Verwundung*); intensiv; *Jur.* mündig, volljährig.

بالة [ba:la] Ballen *m*, Bündel *n.*

بالوعة [ba:'lu:ʕa] ,*pl.* بواليع [bawa:li:ʕ] Abfluß *m*, Ausguß *m*, Kanalloch *n.*

باميا *u.* بامية [ba:mija] Bamia *f* (*e. Art Gemüse*).

بان *s.* بين; [bi'ʔan(na)] damit, daß; *s.* ان.

+ [ba:nin], *constr.* بانى [ba:ni:], *pl.* بناة [bu'na:t] Erbauer *m.*

باهت [ba:hit] blaß, verblaßt.

باهر [ba:hir] glänzend, prächtig.

باهظ [ba:hiẓ] schwer, drückend; hoch (*Preis*), enorm.

باهل [ba:hil], *pl.* بهل [buhhal] ungebunden, arbeitslos.

باون : ~ استرليني [ba:un istir'li:ni:] Pfund Sterling *n.*

بائت [ba:ʔit] abgestanden, alt, vom vorigen Tag.

بايخ [ba:jix] fade, abgeschmackt; verdorben.

بائد [ba:ʔid] vergangen, abgelaufen; *Pol.* فى العهد البائد unter dem vorigen Regime.

بائر [ba:ʔir] brach (*Land*), unbebaut.

بائس [ba:ʔis] elend, unglücklich.

بائع [ba:ʔiʕ], *pl.* باعة [ba:ʕa] Verkäufer *m.*

بائقة [ba:ʔiqa], *pl.* بوائق [ba'wa:ʔiq] Unglück *n.*

بائن [ba:ʔin] klar, deutlich.

ببغاء [babba'γa:ʔ] *u.* ببغان [babba'γa:n], *pl.* ببغاوات [babbaγa:'wa:t] Papagei *m.*

بت [batta (ja'buttu, ja'bittu)] abschneiden; entscheiden, erledigen; VII [in'batta] erledigt werden.

+ [batt] Entscheidung *f.*

بتا [battan] *u.* بتاتا [ba'ta:tan] definitiv, endgültig.

بتاع [beˈtaːʕ] *Äg. vulg.* Besitz *m* (***Hilfswort zum Ausdruck der Zugehörigkeit***: [elˈbeːt beˈtaːʕiː] mein Haus).

بتر [batar (jabtur)] abschneiden, abtrennen.

\+ [batr] Abtrennung *f*; *Med.* Amputation *f*.

بترول [batˈroːl] Petroleum *n*, Erdöl *n*.

بتل [batal (jabtul)] *u.* II [battal] abtrennen, abschneiden; V [taˈbattal] sich abschließen, sich zurückziehen.

بتة [batta] Entscheidung *f*; ~ال [alˈbatta(ta)] entschieden, bestimmt, definitiv, absolut.

بتول [baˈtuːl] Jungfrau *f*.

بتى [battiː] definitiv.

بث [baθθa (jaˈbuθθu)] ausbreiten; verbreiten; *Radio*: senden; *Minen* legen; VII [inˈbaθθa] verstreut werden, sich ausbreiten.

\+ [baθθ] Verbreitung *f*.

بثر [baθr], *pl.* بثور [buˈθuːr] Pustel *f*, Eiterbläschen *n*.

\+ [baθir] mit Pusteln bedeckt (*Haut*).

بثق [baθaq (jabθuq)] *Damm* durchstechen; VII [inˈbaθaq] sich ergießen, hervorbrechen.

بجح [badʒiħ (jabdʒaħ)] sich freuen; V [taˈbaddʒaħ] prahlen.

بجدة [badʒda] Boden *m* (*Erde*); Wesen *n e-r Sache*.

بجع [badʒaʕ] Pelikan *m*.

بجل II [baddʒal] ehren, verehren.

بجن II [baddʒan] einschlagen; vernieten.

بح [baħħa (jaˈbaħħu)] heiser sein.

بحاثة [baˈħħaːθa] Forscher *m*.

بحار [baˈħħaːr], *pl.* [-uːn] *u.* ة~ [baˈħħaːra] Seemann *m*; *s. a.* بحر.

بحت [baħt] rein, unvermischt.

بحث [baħaθ (jabħaθ)] suchen (*etw.* عن); untersuchen, erforschen (*etw.* في); III [baːħaθ] diskutieren (mit ه); VI [taˈbaːħaθ] sich besprechen, miteinander diskutieren.

\+ [bahθ], *pl.* بحوث [buˈħuːθ] *u.* أبحاث [ʔabˈħaːθ] Untersuchung *f*, Forschung *f*, (*wissenschaftliche*) Abhandlung *f* (über *A* في); Suche *f* (nach عن).

بحر [baħir (jabħar)] verblüfft sein; IV [ʔabħar] *Schiff*: abfahren, in See stechen; V [taˈbaħħar] tief eindringen (in *A* في), gründlich erforschen.

\+ [baħr], *pl.* بحار [biˈħaːr], أبحر [ʔabħur], بحور [buˈħuːr]

Meer *n*, See *f*; Strom *m*, großer Fluß *m*; *Äg.* Nil *m*; *pl.* [ʔabħur] Versmaß *n*, Metrum *n*; Zeitdauer *f*: فى بحر أسبوع im Laufe einer Woche; البحر الابيض المتوسط [alˈʔabjɒđ almutaˈwassit] Mittelmeer *n*; ~ا [baħran] zur See; ~ى [baħri:] See-, Meer-; Marine-; *Äg.* nördlich.

بحرين: ال~ [albaħˈrain] *Geo.* Bahrain(inseln) *f/pl.*

بحرية [baħˈri:ja] Marine *f*.

بحيرة [buˈħaira], *pl.* [-a:t] See *m*.

بخ [baxxa (jaˈbuxxu)] 1. schnarchen; 2. spritzen.

+ ~ ~ [bax bax] bravo!

بخار [buˈxa:r], *pl.* [-a:t] *u.* أبخرة [ʔabxira] Dampf *m*; ~ى Dampf-; Motor-.

بخت [baxt] Glück *n*.

بخر II [baxxar] verdampfen lassen; (be-)räuchern; V [taˈbaxxar] verdampfen, verdunsten; sich verflüchtigen.

بخس [baxas (jabxas)] vermindern; *Preis* herabsetzen.

+ [baxs] gering, niedrig (*Preis*); ~ بسعر [biˈsiʕr] spottbillig.

بخشيش [baxˈʃi:ʃ] Trinkgeld *n*, Geldgeschenk *n*.

بخل [baxil (jabxal) *u.* baxul (jabxul)] geizen (mit ب), geizig sein.

+ [buxl] Geiz *m*.

بخلاء *s.* بخيل.

بخور [baˈxu:r] Räucherwerk *n*, Weihrauch *m*.

بخيت [baˈxi:t] glücklich.

بخيل [baˈxi:l], *pl.* بخلاء [buxaˈla:ʔ] geizig; Geizhals *m*.

بد [badda (jaˈbuddu)] teilen; II [baddad] zerteilen, zerstreuen; X [istaˈbadd] willkürlich, despotisch sein; unterdrücken.

+ [budd] Ausweg *m*; لا بد منه [la: budda minhu] es ist unausweichlich, unabwendbar, sicher, bestimmt.

بدء [badʔ] Anfang *m*, Beginn *m*.

بدا *s.* بدو.

بدأ [badaʔ (jabdaʔ)] *v/i. u. v/t.* beginnen, anfangen (*etw.* ه, mit ب *u.* فى); II [baddaʔ] zuerst tun, den Vorrang geben; III [ba:daʔ] als erster tun; VIII [ibˈtadaʔ] = I *v/i.*

بداءة [baˈda:ʔa] = بدء.

بدار [baˈda:ri] schnell!

بدال [baˈda:la] *Präp.* anstatt.

+ ~ة [baˈdda:la] 1. Telefonzentrale *f*; 2. Abzugskanal *m*.

بدانة [baˈda:na] Beleibtheit *f*, Leibesfülle *f*.

بدأة [badʔa] = بدء.

بداهة [ba'da:ha] Spontaneität *f*; Eingebung *f*.

بداوة [ba'da:wa] Beduinentum *n*.

بداية [bi'da:ja] = بدء.

بدائى [bi'da:ʔi:] anfänglich; primitiv; ursprünglich; ~ة Primitivität *f*.

بدر [badar (jabdur)] unerwartet kommen; *Wort* entschlüpfen; III [ba:dar] zuvorkommen (*j-m* ه); eilen (zu, nach الى); bestürmen; VI [ta'ba:dar] (er-)scheinen, *in den Sinn* kommen; VIII [ib'tadar] eilen; zuvorkommen.

+ [badr], *pl.* بدور [bu'du:r] (Voll-)Mond *m*; ~ى *Äg. vulg.* früh.

بدروم [bad'ru:m] Keller *m*.

بدع [badaʕ (jabdaʕ)] erfinden, neu schaffen, hervorbringen; IV [ʔabdaʕ] = I *u.* Hervorragendes leisten (in *D* فى); VIII [ib'tadaʕ] = I.

+ [bidʕ], *pl.* أبداع [ʔab'da:ʕ] Neuerung *f*, Unerhörte(s) *n*; ~ة [bidʕa], *pl.* بدع [bidaʕ] Neuerung *f*; Ketzerei *f*; Modeneuheit *f*.

بدل [badal (jabdal)] tauschen; ersetzen (durch بـ); II [baddal] wechseln; III [ba:dal] einen Tausch machen (mit *j-m* ه); IV [ʔabdal] eintauschen, ersetzen; V [ta'baddal] sich (ver-)ändern, vertauscht werden; VI [ta'ba:dal] miteinander austauschen; X [is'tabdal] eintauschen, umtauschen.

+ [badal], *pl.* أبدال [ʔab'da:l] Ersatz *m*, Gegenwert *m*; *Gr.* Apposition *f*; ~ [badal(a)] *u.* بدلا من [badalan min] *Präp.* anstatt, anstelle (von).

بدلة [badla], *pl.* [bada'la:t] *u.* بدل [bidal] Anzug *m*, Kostüm *n*; ~ رسمية Uniform *f*.

بدن [badun (jabdun)] dick sein.

+ [badan], *pl.* أبدان [ʔab'da:n] Körper *m*, Rumpf *m*; ~ى körperlich, physisch.

بده [badah (jabdah)] unerwartet kommen; VIII [ib'tadah] improvisieren.

بدا (بدو) [bada: (jabdu:)] erscheinen, sich zeigen, offenbar werden; IV [ʔabda:] offenbaren; zum Ausdruck bringen, äußern; V [ta'badda:] = I.

بدو [badŭ] Beduinen *m/pl.*; ~ى [badawi:] beduinisch, nomadisch.

بديع [ba'di:ʕ] herrlich, wundervoll, einzigartig; *a. npr.*; ~ة, *pl.* بدائع [ba'da:ʔiʕ] Wunderding *n*, Erstaunliche(s) *n*.

بديل [baˈdiːl], *pl.* بدلاء [budaˈlaːʔ] Ersatz *m*, Ersatzmann *m*.

بدين [baˈdiːn] = بادن.

بديهة [baˈdiːha] 1. Unerwartete(s) *n*; 2. Intuition *f*, Eingebung *f*; Findigkeit *f*.

بديهى [baˈdiːhiː] selbstverständlich; apriorisch; ة~ Selbstverständlichkeit *f*, Axiom *n*.

بذ [baððа (jaˈbuððu)] überwinden; – [baðða (jaˈbaððu)] schäbig werden.

+ [baðð] schäbig, schlampig, schmutzig.

بذأ [baðaʔ (jabðaʔ)] beschimpfen.

بذاءة [baˈðaːʔa] Schamlosigkeit *f*, Zotigkeit *f*.

بذخ [baðax] Hochmut *m*; Luxus *m*.

بذر [baðar (jabður)] säen, ausstreuen; II [baððar] verschwenden.

+ [baðr], *pl.* بذور [buˈðuːr] Saat *f*, Samen *m/pl.*; ة~ [baðra] Same *m*, Kern *m e-r Frucht*.

بذل [baðal (jabðil, jabðul)] ausgeben, spenden; *Mühe* aufwenden; opfern; V [taˈbaððal] sorglos sein; unanständig sein; VIII [ibˈtaðal] abnutzen, mißbrauchen; herabwürdigen.

+ [baðl], *pl.* بذول [buˈðuːl] (Aus-)Gabe *f*, Hingabe *f*; Darbringung *f*; ة~ [baðla] Anzug *m*.

بذىء [baˈðiːʔ] widerlich, unrein.

بر [barra (jabarru)] gehorsam, gütig, pietätvoll sein; II [barrar] rechtfertigen, entlasten, freisprechen.

+ [barr] 1. *pl.* أبرار [ʔabˈraːr] fromm, rechtschaffen, gütig; 2. Festland *n*, Land *n* (*Gegens. zu: Wasser*); ا~ [barran] zu Lande (*s.* بحر); *vulg.* [barraː] hinaus!

+ [birr] Güte *f*, Frömmigkeit *f*.

+ [burr] Weizen *m*.

برء [barʔ] Schöpfung *f*, Erschaffung *f*.

+ [burʔ] Genesung *f*, Heilung *f*.

برأ [baraʔ (jabraʔ)] *Gott*: erschaffen; *s. a.* برئ.

براء [baˈraːʔ] frei (von من); ة~ [baˈraːʔa] Unschuld *f*, Schuldlosigkeit *f*; Freisein *n von etw.*; *Hdl.* Lizenz *f*, Patent *n*; الذمة ~ Unbedenklichkeit (-sbescheinigung) *f*.

براح [baˈraːħ] 1. Weggang *m*; 2. Öde *f*; Weite *f*.

براد [baˈrraːd] 1. Teekanne *f*; 2. Metallarbeiter *m*; ة~ [ba-

ˈrra:da] Kühlanlage *f*; [buˈra:da] Feilspäne *m/pl*.

براز [biˈra:z] 1. Exkrement *n*; 2. Zweikampf *m*.

براعة [baˈra:ʕa] Tüchtigkeit *f*, Geschicklichkeit *f*.

براق [baˈrra:q] glänzend, leuchtend.

+ [buˈra:q] *Isl*. (*sagenhaftes*) Reittier Muhammeds.

برامج *s*. برنامج.

براني [baˈrra:ni:] Außen-, außen befindlich.

بربخ [barbax], *pl*. برابخ [baˈra:bix] Rohrleitung *f*.

بربري [barbari:] 1. berberisch; *pl*. برابرة [baˈra:bira] Berber *m*; 2. barbarisch.

برتقال [burtuˈqa:l] Orange *f*, Apfelsine *f*.

برج [burdʒ], *pl*. بروج [buˈru:dʒ] *u*. أبراج [ʔabˈra:dʒ] Turm *m*, Burg *f*; *Astronomie*: Tierkreiszeichen *n*; عاجي ~ (*er lebt auf dem*) Mond *m*.

برجل [bardʒal], *pl*. براجل [baˈra:dʒil] Zirkel *m*.

برجمة [burdʒuma], *pl*. براجم [baˈra:dʒim] Fingergelenk *n*, Knöchel *m*.

برح [bariħ (jabraħ)] verlassen; aufhören; II [barraħ] quälen; III [ba:raħ] abreisen.

برد [barud (jabrud)] erkalten; – [barad (jabrud)] 1. kalt sein, frieren; 2. feilen; II [barrad] kühlen; lindern; IV [ʔabrad] 1. mit der Post schicken; 2. hageln; V [taˈbarrad] sich abkühlen.

+ [bard] Kälte *f*, Kühle *f*; Erkältung *f*.

+ [barad] Hagel *m*.

بردان [barˈda:n] fröstelnd, erkältet.

بردایة [burˈda:ja] Vorhang *m*.

بردخ [bardax (juˈbardix)] polieren.

بردة [burda] Obergewand *n*; *Isl*. Mantel *m* des Propheten.

بردي [bardi:] Papyrus *m*; [-ˈja:t] Papyrusurkunden *f/pl*.

برذعة [barðaʕa], *pl*. براذع [baˈra:ðiʕ] Eselsattel *m*, Packsattel *m*.

برة *s*. بار.

برز [baraz (jabruz)] hervortreten, vorspringen, hervorragen; II [barraz] erscheinen lassen, sich auszeichnen; III [ba:raz] fechten, sich duellieren (mit ه); IV [ʔabraz] hervorbringen; vorzeigen, vorweisen; V [taˈbarraz] Stuhlgang haben.

برزخ [barzax], *pl*. برازخ [baˈra:zix] Zwischenraum *m*; Landenge *f*.

برسام [bir'saːm] *Med.* Pleuritis *f*, Rippenfellentzündung *f*.

برسيم [bar'siːm] Klee *m*.

برش [baraʃ (jabruʃ)] (zer-)reiben.

+ [burʃ], *pl.* أبراش [ʔab'raːʃ] grobe Matte *f*, Packsack *m*.

برشام [bur'ʃaːm] Oblate *f*; ~ة Niete *f*.

برشم [barʃam (ju'barʃim)] (ver-) nieten.

برص [barɒs] Lepra *f*, Aussatz *m*; *s.* أبرص.

+ [burs] Mauergecko *m*; ~ة [bursɒ] *Hdl.* Börse *f*.

برطيل [bar'tiːl] Bestechung *f*, Schmiergeld *n*.

برع [baraʕ (jabraʕ)] sich auszeichnen, übertreffen; V [ta'barraʕ] spenden, beisteuern.

برعم [barʕam (ju'barʕim)] knospen.

+ [burʕum], *pl.* براعم [ba'raːʕim] Knospe *f*.

برغل [burɣul] aufgeweichter, dann zerstoßener Weizen *m*.

برغوث [bur'ɣuːθ], *pl.* براغيث [baraː'ɣiːθ] Floh *m*.

برغى [burɣiː], *pl.* براغى [ba'raːɣiː] Schraube *f*, Bolzen *m*.

برق [baraq (jabruq)] leuchten, funkeln; IV [ʔabraq] blitzen, wetterleuchten; telegraphieren.

+ [barq], *pl.* بروق [bu'ruːq] Blitz *m*; Telegraph *m*; ~ى telegraphisch; ~ية Telegramm *n*.

برقشة [bar'qaʃa] Buntheit *f*.

برقع [burquʕ], *pl.* براقع [ba'raːqiʕ] Frauenschleier *m*.

برقوق [bar'quːq] *coll.* Pflaumen *f/pl.*; ~ة Pflaume *f*.

برك [barak (jabruk)] *Kamel*: niederknien; II [barrak] 1. niederknien lassen; 2. Segenswunsch aussprechen; III *Gott*: segnen; VI [ta'baːrak] gesegnet werden.

بركار [bir'kaːr] Zirkel *m*.

بركان [bur'kaːn], *pl.* براكين [baraː'kiːn] Vulkan *m*; ~ى vulkanisch.

بركة [baraka], *pl.* [-aːt] Segen *m*, Gottesgabe *f*.

+ [birka], *pl.* برك [birak] Teich *m*, Tümpel *m*.

برلمان [barla'maːn] Parlament *n*; ~ى parlamentarisch.

برم [baram (jabrum)] *Strick* drehen, winden; IV [ʔabram] *Vertrag* schließen, ratifizieren; V [ta'barram] verdrossen, ungeduldig sein.

برمائى [bar'maːʔiː] amphibisch.

برمة [barma], *pl.* [bara'maːt] Drehung *f*, Windung *f*; Drall *m*.

\+ [burma], *pl.* برم [buram] (*irdener*) Kochtopf *m.*

برميل [bar'mi:l], *pl.* براميل [ba-ra:'mi:l] Faß *n*, Tonne *f.*

برنامج [bar'na:madʒ], *pl.* برامج [ba'ra:midʒ] Programm *n*; (Lehr-)Plan *m.*

برنس [burnus], *pl.* برانس [ba'ra:-nis] Kapuzenmantel *m*; Bademantel *m.*

برنيطة [bur'ne:tɒ], *pl.* برانيط [ba-ra:'ni:t] *Äg.* Hut *m.*

برهان [bur'ha:n], *pl.* براهين [bara:-'hi:n] Beweis *m.*

برهن [barhan (ju'barhin)] beweisen.

برهة [burha], *pl.* [bura'ha:t] *u.* بره [burah] Weile *f*, Moment *m.*

برواز [bir'wa:z], *pl.* براويز [bara:-'wi:z] (*Bilder-*)Rahmen *m.*

برودة [bu'ru:da] Kälte *f*, Abkühlung *f.*

بروز [bu'ru:z] Hervorragen *n.*

\+ [barwaz] rahmen.

بروفة [bru:va, pro:va] Probe *f* (*a. Theater*); Korrekturbogen *m.*

برى [bara: (jabri:)] zuschneiden; *Bleistift* spitzen; abreiben; III [ba:ra:] wetteifern (mit ه); VI [ta'ba:ra:] konkurrieren; VII [in'bara:] auftreten (gegen *j-n* ل).

\+ [baran] Erde *f*, Staub *m.*

\+ [barri:] Land-; wild (*Tier, Pflanze*).

برئ [bariʔa (jabraʔ)] frei sein *od.* werden (*von Schuld, Krankheit*); II [barraʔ] freisprechen, befreien; IV [ʔabraʔ] *Schuld* nachlassen; heilen; V [ta'barraʔ] freigesprochen werden; sich lossagen (von من).

برىء [ba'ri:ʔ] unschuldig; ledig, frei (von *etw.* من).

بريد [ba'ri:d] Post *f*; *Sport*: Stafettenlauf *m.*

بريطانى [bri:'tɒ:ni:] britisch.

بريطانيا [bri:'tɒ:nija:] Britannien *n*; ~ العظمى Großbritannien *n.*

بريق [ba'ri:q] Glanz *m*, Schimmer *m.*

بريم [ba'ri:m] Schnur *f*, Strick *m.*

\+ ~ة [ba'rri:ma] Bohrer *m*, Korkenzieher *m.*

برية [ba'ri:ja], *pl.* برايا [ba'ra:ja:] Geschöpf *n*, Kreatur *f.*

بز [bazza (jabuzzu)] entreißen, rauben; überwinden; VIII [ib'tazza] wegnehmen, herauslocken.

\+ [bazz], *pl.* بزوز [bu'zu:z] Stoff *m*, (*leinenes od. baumwollenes*) Zeug *n.*

\+ [buzz], *pl.* بزاز [bi'za:z] Brustwarze *f*, Zitze *f.*

بزاز [ba'zza:z] Stoffhändler *m*.

بزبوز [baz'bu:z] Schnabel *m e-s Gefäßes*; Ausfluß *m*.

بزر [bazar (jabzir)] säen.

+ [bizr], *pl.* بزور [bu'zu:r] Same *m*; ة~ Samenkorn *n*.

بزغ [bazaγ (jabzuγ)] *Sonne*: aufgehen, *Tag*: anbrechen.

بزق [bazaq (jabzuq)] spucken.

بزل [bazal (jabzul)] anstechen, anbohren; *Faß* anzapfen.

بزة [bizza] Kleidung *f*, Uniform *f*.

بس [bass] 1. Katze *f*; 2. *vulg.* nur.

بساط [bi'sa:t], *pl.* أبسطة [ʔab'sitɒ] *u.* بسط [busut] Teppich *m*, Decke *f*.

+ ة~ [ba'sa:tɒ] Einfachheit *f*, Schlichtheit *f*.

بسالة [ba'sa:la] Mut *m*, Tapferkeit *f*.

بسائط *s.* بسيطة.

بستان [bus'ta:n], *pl.* بساتين [basa:'ti:n] Garten *m*; ى~ Gärtner *m*.

بستم [bistim] *u.* بستون [bis'tu:n] *Techn.* Kolben *m*.

بستونى [bas'tu:ni:] *Spielkarten*: Pik *n*.

بسط [basat (jabsut)] ausbreiten, entfalten; *Äg.* erfreuen; *Ir.* schlagen, peitschen; II [bassat] vereinfachen; ausbreiten; III [ba:sat] einfach behandeln; V [ta'bassat] sich ausbreiten (*a. fig.*: *über e. Thema*); VII [in'basat] 1. sich entfalten; 2. erfreut werden.

+ [bast] Ausbreitung *f*, Darlegung *f*; *Math.* Zähler *m*; ة~ Ausdehnung *f*; Fähigkeit *f*; Fülle *f*; Treppenabsatz *m*; *Ir.* Prügel *pl.*

بسق [basaq (jabsuq)] hoch sein, überragen.

بسل [basul (jabsul)] tapfer sein.

بسلة [bi'silla] Erbsen *f/pl.*

بسم [basam (jabsim)] *u.* V [ta'bassam] *u.* VIII [ib'tasam] lächeln.

+ [bism(i)] im Namen; *s.* اسم.

بسملة [bas'mala] *die Formel*: بسم الله الرحمن الرحيم [bismi‿lla:hi‿rraħ'ma:ni‿rra'ħi:m] Im Namen Gottes, des Gnädigen, des Barmherzigen.

بسمة [basma], *pl.* [basa'ma:t] Lächeln *n*.

بسيط [ba'si:t], *pl.* بسطاء [busa'tɒ:ʔ] einfach, schlicht, bescheiden; ة~, *pl.* بسائط [ba'sa:ʔit] Grundfragen *f/pl.*, Grundstoffe *m/pl.*; ة~ال Erde *f*, Welt *f*.

بش [baʃʃa (jabaʃʃu)] freundlich behandeln.

بشارة [bi'ʃa:ra], *pl.* بشائر [ba-

ˈʃaːʔir] frohe Botschaft *f*, günstiges Vorzeichen *n*.

بشاشة [baˈʃaːʃa] Freundlichkeit *f*, Lächeln *n*.

بشاعة [baˈʃaːʕa] Häßlichkeit *f*.

بشر II [baʃʃar] *Gutes* verkünden, *frohe* Botschaft bringen; III [baːʃar] *Stelle* antreten, *Arbeit* beginnen, durchführen; X [isˈtabʃar] sich freuen (über *A* ب), freudig begrüßen, als gutes Vorzeichen deuten.

+ [baʃar] Menschen *m/pl.*; Menschheit *f*.

+ [biʃr] Freude *f*, Heiterkeit *f*; *a. npr.*

+ ~ة [baʃara] Haut *f*.

بشرى [buʃraː] frohe Botschaft *f*.

+ [baʃariː] menschlich; ~ة [-ja] Menschheit *f*.

بشع [baʃiʕ (jabʃaʕ)] häßlich sein; II [baʃʃaʕ] entstellen; X [isˈtabʃaʕ] häßlich finden.

+ [baʃiʕ] häßlich, abstoßend.

بشم [baʃim (jabʃam)] sich überessen (an *D* من), Ekel empfinden; IV [ʔabʃam] anekeln, anwidern.

+ [baʃam] Ekel *m*, Überdruß *m*.

بشمق [baʃmaq] Lederpantoffel *m*.

بشير [baˈʃiːr], *pl.* بشراء [buʃaˈraːʔ] (Freuden-)Bote *m*; Evangelist *m*; *a. npr.*

بشيع [baˈʃiːʕ] häßlich.

بص [bassɒ (jaˈbissu)] glänzen, strahlen; [jaˈbussu] blicken, schauen.

بصارة [baˈsɒːra] gute Kenntnis *f*, Scharfsinn *m*.

بصاق [buˈsɒːq] Speichel *m*.

بصبص [bɒsbɒs (juˈbɒsbis)] kokettieren, zublinzeln.

بصر [bɒsir (jabsɒr)] schauen; sehen, verstehen; II [bɒssɒr] belehren, erleuchten; IV [ʔabsɒr] sehen, verstehen; V [taˈbɒssɒr] überlegen, nachdenken; X [isˈtabsɒr] genau erkennen; überlegen.

+ [bɒsɒr], *pl.* أبصار [ʔabˈsɒːr] Blick *m*; Sehkraft *f*; Gesichtssinn *m*; لمح الـ~ Augenblick *m*; مدى الـ~ Sichtweite *f*; أبصارى [ʔabˈsɒːriː] optisch.

بصرة: الـ~ [alˈbɒsrɒ] Basra (*Stadt im Ir.*).

بصرى [bɒsriː] basrisch, aus Basra.

+ [bɒsɒriː] optisch, Seh-.

بصق [bɒsɒq (jabsuq)] spucken.

+ [bɒsq] (Aus-)Spucken *n*; ~ة (*eine*) Spucke *f*.

بصل [bɒsɒl] *coll.* Zwiebel *f*; ~ة (*eine*) Zwiebel *f*.

بصم [bɒsɒm (jabsum)] stempeln, bedrucken.

+ ة~ [bɒsma], *pl.* [bɒsɒ'ma:t] (*Siegel-*, *Finger-*)Abdruck *m.*

بصوة [bɒswa] Glut *f.*

بصير [ba'si:r], *pl.* بصراء [busɒ'rɒ:ʔ] verständig, einsichtig; ة~, *pl.* بصائر [ba'sɒ:ʔir] Verständnis *n*, Tiefblick *m.*

بصيص [ba'si:s] Glanz *m*; *fig.* Lichtblick *m.*

بضاعة [bi'đɒ:ʕa], *pl.* بضائع [ba'đɒ:ʔiʕ] Ware *f*; *pl.* Güter *n/pl.*

بضع [bɒđɒʕ (jabđɒʕ)] aufschneiden; sezieren; amputieren; V [ta'bađđɒʕ] *u.* X [is'tabđɒʕ] einkaufen.

+ [bɒđʕ] Amputation *f.*

+ [biđʕ] *u.* ة~ einige, ein paar (*zwischen 3 u. 10*).

بط [bɒtt] *coll.*, ة~ Ente *f*; بطة الساق Wade *f.*

بطء [butʔ] Langsamkeit *f*; ~ب [bi-] *Adv.* langsam.

بطارية [battɒ:'ri:ja], *pl.* [-a:t] *El. u. Mil.* Batterie *f.*

بطاطا [ba'tɒ:tɒ] *u.* بطاطس [ba'tɒ:tis] *coll.* Kartoffel *f.*

بطاقة [bi'tɒ:qa], *pl.* [-a:t] (*Post-*, *Eintritts-*)Karte *f*, Fahrschein *m*; Etikett *n.*

بطال [ba'ttɒ:l] untätig, arbeitslos; schlecht, übel.

بطالسة [ba'tɒ:lisa] *u.* بطالمة [ba'tɒ:lima] *Geschichte*: Ptolemäer *pl.*

بطالة [ba'tɒ:la] Heldentum *n*, Tapferkeit *f.*

+ [bi'tɒ:la] Untätigkeit *f*, Arbeitslosigkeit *f.*

بطانة [bi'tɒ:na], *pl.* بطائن [ba'tɒ:ʔin] 1. (*Kleider-*)Futter *n*; 2. Gefolge *n*, Gruppe *f e-s Artisten.*

بطانية [battɒ:'ni:ja], *pl.* [-a:t] (Woll-)Decke *f.*

بطح [bɒtɒħ (jabtɒħ)] niederwerfen; VII [in'bɒtɒħ] darniederliegen.

بطر [bɒtɒr] Undankbarkeit *f*; Stolz *m*, Übermut *m.*

بطرخ [bɒtrɒx], *pl.* بطارخ [ba'tɒ:rix] Fischrogen *m.*

بطرس [butrus] *npr.* Peter *m.*

بطريك [bɒt'ri:k], *pl.* بطاركة [bɒ'tɒ:rika] Patriarch *m.*

بطش [bɒtɒʃ (jabtuʃ)] überfallen, angreifen.

+ [bɒtʃ] Heftigkeit *f*; ة~ Aufprall *m.*

بطل [bɒtɒl (jabtul)] hinfällig, nichtig, falsch sein; aufhören, eingestellt werden; – [bɒtul (jabtul)] tapfer, heldenmütig sein; II [bɒttɒl] *u.* IV [ʔabtɒl] *Tätigkeit* einstellen, *Maschine* abstellen; abschaffen, zunichte machen.

+ [bɒtɒl], *pl.* أبطال [ʔab'tɒ:l] Held *m*; *Sport*: Champion *m*, Meister *m*.

+ [butl] *u.* ~ان [but'la:n] Hinfälligkeit *f*, Nichtigkeit *f*, Falschheit *f*.

+ ~ة [bɒtɒla] Heldin *f*; Meisterin *f*.

بطن [bɒtɒn (jabtun)] verborgen sein; II [bɒttɒn] *Kleid* füttern, auslegen (mit ب); IV [ʔabtɒn] verbergen; V [ta'bɒttɒn] *u.* X [is'tabtɒn] sich vertiefen, eindringen.

+ [bɒtn], *pl.* بطون [bu'tu:n] Bauch *m*; Innere(s) *n*; Mutterleib *m*; Tiefe *f*; ~ى Bauch-.

بطة [bɒttɒ] Ente *f*.

بطؤ [bɒtuʔ (jabtuʔ)] langsam sein, zögern; IV [ʔabtɒʔ] verlangsamen, verzögern, aufhalten; VI [ta'bɒ:tɒʔ] sich verlangsamen.

بطولة [bu'tu:la] Heldentum *n*; *Sport*: Meisterschaft *f*.

بطیء [ba'ti:ʔ] langsam, träge.

بطيخ [ba'tti:x] *coll.*, ~ة *Äg.* Wassermelone *f*; *Ir.* (*Zucker-*) Melone *f*.

بطين [ba'ti:n] dickbäuchig.

+ [bu'tain] Herzkammer *f*.

بعاد [bi'ʕa:d] Trennung *f*.

بعث [baʕaθ (jabʕaθ)] schicken, senden, entsenden; erregen, hervorrufen, veranlassen; *Tote* erwecken; VII [in'baʕaθ] ausgesandt werden; ausströmen; ausgelöst werden.

+ [baʕθ] Entsendung *f*; Auferweckung *f*, Auferstehung *f*; Erneuerung *f*, Renaissance *f*; ~ة Mission *f*, Expedition *f*.

بعثر [baʕθar (jubaʕθir)] aufrühren, durcheinanderbringen.

بعد [baʕud (jabʕud)] weit, fern sein (von عن); unwahrscheinlich sein; IV [ʔabʕad] entfernen, beseitigen; ausschließen; VI [ta'ba:ʕad] sich voneinander entfernen; VIII [ib'taʕad] sich entfernen; X [is'tabʕad] disqualifizieren; für unwahrscheinlich halten.

+ [baʕd(a)] *Präp.* nach (*zeitlich*); außer; ~ان nachdem.

+ [baʕd(u)] *Adv.* noch; später, darauf; لم يات ~ [lam jaʔti baʕd] er ist noch nicht gekommen.

+ [buʕd], *pl.* أبعاد [ʔab'ʕa:d] Ferne *f*; Entfernung *f*, Distanz *f*, Abstand *m*.

بعدئذ [baʕda'ʔiðin] *Adv.* hernach, nachher, danach.

بعدين [baʕ'de:n] *vulg.* dann, später.

بعض [baʕđ] (*ein*) Teil *m* (*von*), eine(r); einige; etwas; ~ الشيء

[baʕđɒ-ʃʃaiʔ(i)] einigermaßen; بعضهم بعضا [baʕđuhum baʕđɒn] einander, gegenseitig.

بعل [baʕl] Herr *m*, Gebieter *m*; Gatte *m*; ~ى ohne künstliche Bewässerung (*Land*).

بعوض [ba'ʕu:đ] *coll.* Mücken *f/pl.*, Moskitos *m/pl.*

بعيد [ba'ʕi:d] entfernt, weit, fern, entlegen, unwahrscheinlich.

+ [bu'ʕaid(a)] *Präp.* kurz nach.

بعير [ba'ʕi:r], *pl.* أباعر [ʔa'ba:ʕir] *u.* بعران [buʕ'ra:n] Kamel *n.*

بغاء [bi'γa:ʔ] Prostitution *f.*

+ [bu'γa:ʔ] Begehren *n*, Wünschen *n*.

بغال [ba'γγa:l] Maultiertreiber *m*; *s. a.* بغل.

بغاة *s.* باغ.

بغت [baγat (jabγat)] unerwartet kommen; III [ba:γat] überraschen.

بغتة [baγta] Überraschung *f*; ~ [baγtatan] *Adv.* überraschend, plötzlich.

بغداد [baγ'da:d] Bagdad *n* (*Hauptstadt des Irak*).

بغشة [baγʃa] feiner Regen *m*.

بغض [baγiđ (jabγađ)] hassen, verabscheuen.

+ [buγđ] Haß *m*.

بغل [baγl], *pl.* بغال [bi'γa:l] Maultier *n*; Brückenpfeiler *m*; *Turnen*: Pferd *n*.

بغى [baγa: (jabγi:)] 1. begehren, wünschen; 2. unterdrücken, Unrecht tun; VII [in'baγa:]: ينبغى [jan'baγi:] es geziemt sich, es soll sein, es müßte; VIII [ib'taγa:] wünschen, erstreben.

+ [baγj] Ungerechtigkeit *f*.

+ [ba'γi:j], *pl.* بغايا [ba'γa:ja:] Prostituierte *f*.

بغيض [ba'γi:đ] verhaßt (*j-m* الى), abscheulich.

بغية [buγja] Wunsch *m*; Wunschziel *n*, Erstrebte(s) *n*; [buγjata] *Adv.* zwecks, im Bestreben nach.

بفتة [bafta] Kattun *m*, Kaliko *m*.

بق [baqq] *coll.*, ~ة Wanze *f*.

+ [buqq] *vulg.* Mund *m*.

بقاء [ba'qa:ʔ] Bleiben *n*, Verweilen *n*; Existenz *f*; Fortdauer *f*; دار ال~ Jenseits *n*.

بقال [ba'qqa:l] Gemüse-, Grünwarenhändler *m*.

+ ~ة [bi'qa:la] Viktualienhandel *m*.

بقية *s.* بقايا

بقبوقة [baq'bu:qa] Blase *f der Haut.*

بقجة [buqdʒa, buqtʃa] Bündel *n*, Paket *n*.

بقدونس [baqˈduːnis] Petersilie *f.*

بقر [baqar (jabqur)] spalten, aufschneiden.

+ [baqar] *coll.* Rinder *n/pl.*; ~ة Kuh *f*; ~ى Rinder-, Kuh-.

بقسمات [buqsuˈmaːt] Zwieback *m.*

بقشيش [baqˈʃiːʃ] = بخشيش.

بقع II [baqqaʕ] fleckig machen, beflecken.

بقعة [buqʕa], *pl.* بقع [buqaʕ] Fleck *m*, Flecken *m*; *pl.* بقاع [biˈqaːʕ] Ort *m*, Stelle *f*, Stück Land *n.*

بقل [baqal (jabqul)] *Gras*: sprießen.

بقلاوة [baqˈlaːwa] Honigkuchen *m* aus Blätterteig.

بقى [baqija (jabqaː)] bleiben, verweilen, verharren; übrigbleiben; IV [ʔabqaː] belassen, bewahren; übriglassen; verschonen; X [isˈtabqaː] beibehalten.

بقية [baˈqiːja] Rest *m*, Rückstand *m*, Überbleibsel *n.*

بك [baj, beː], *pl.* بكوات [bakaˈwaːt] Bey *m*, Bek *m* (*Titel*).

+ [bi-ka] mit dir.

بكاء [buˈkaːʔ] Weinen *n*; دار الـ~ Diesseits *n* (*vgl.* بقاء).

بكارة [baˈkaːra] Jungfräulichkeit *f.*

بكباشى [bimˈbaːʃiː, bigˈbaːʃiː] *Mil.* Major *m.*

بكت II [bakkat] tadeln.

بكتيريا [bakˈtiːrijaː] *coll.* Bakterien *f/pl.*

بكر [bakar (jabkur)] *u.* II [bakkar] früh aufstehen; frühzeitig *od.* verfrüht tun (*etw.* فى); VIII [ibˈtakar] ausdenken, erfinden, schaffen.

+ [bakr] junges Kamel *n*; *a. npr.*

+ [bikr], *pl.* أبكار [ʔabˈkaːr] 1. jungfräulich; 2. Erstgeborene(r) *m.*

بكرة [bakara], *pl.* [-aːt] Rolle *f*, Spule *f*; Winde *f*, Flaschenzug *m.*

+ [bukra] früher Morgen *m*; *Adv.* morgen.

بكل II [bakkal] (zu-)schnallen, knöpfen; verschlingen.

بكلة [bukla], *pl.* بكل [bukal] Schnalle *f.*

بكم [bakam] Stummheit *f*; *s.* أبكم.

بكورة [buˈkuːra] Erstgeburtsrecht *n.*

بكى [bakaː (jabkiː)] weinen, klagen; beklagen; IV [ʔabkaː] zum Weinen bringen; X [isˈtabkaː] zu Tränen rühren.

بكير [baˈkiːr] früh(reif); *a. npr.*

بل [bal] sondern; ja sogar, vielmehr.

+ [balla (ja'bullu)] *u.* II [ballal] befeuchten, naß machen; IV [ʔa'balla] genesen; V [ta'ballal] *u.* VIII [ib'talla] feucht, naß werden.

+ [ball] Befeuchtung *f.*

+ [bill] Genesung *f.*

بلا [bi'la:] *Präp.* ohne; *s.a.* بلو.

بلاء [ba'la:ʔ] Heimsuchung *f*, Plage *f*, Geißel *f*; Unglück *n*; Seuche *f.*

بلاج [b(i)'la:ʒ] (Bade-)Strand *m.*

بلاد [bi'la:d] (= *pl. von* بلد), *pl.* بلدان [bul'da:n] Land *n.*

+ ~ة [ba'la:da] Einfältigkeit *f*, Dummheit *f.*

بلاش [ba'la:ʃ] *vulg.* ohne; umsonst.

بلاط [ba'lɒ:ṭ] 1. (*Königs-*)Palast *m*; 2. (*Stein-*)Pflaster *n*; Pflasterstein *m*, Fliese *f.*

بلاعة [ba'lla:ʕa] Abflußloch *n.*

بلاغ [ba'la:ɣ], *pl.* [-a:t] Mitteilung *f*, Bericht *m*; *Pol.* Kommuniqué *n*; ~ة Beredsamkeit *f*, Redekunst *f.*

بلاهة [ba'la:ha] Dummheit *f*, Einfalt *f.*

بلبل [balbal (ju'balbil)] verwirren, durcheinanderbringen.

+ [bulbul], *pl.* بلابل [ba'la:bil] Nachtigall *f.*

+ ~ة [balbala], *pl.* بلابل [ba'la:bil] Unruhe *f*, Verwirrung *f.*

بلج [baladʒ (jabludʒ)] leuchten; *Morgen*: anbrechen.

بلجيكا [bal'dʒi:ka:] Belgien *n.*

بلح [balaħ] *coll.*, ~ة Dattel *f.*

بلد II [ballad] akklimatisieren; V [ta'ballad] sich akklimatisieren.

+ [balad], *pl.* بلاد [bi'la:d] Ortschaft *f*, Stadt *f*; Land *n.*

+ ~ة [balda] Ortschaft *f.*

بلدى [baladi:] lokal, einheimisch; städtisch; ~ة [bala'di:ja] Gemeinde *f*, Stadtverwaltung *f.*

بلسان [bala'sa:n] Balsam *m.*

بلشفة [bal'ʃafa] Bolschewismus *m.*

بلص [balɒs (jablus)] wegnehmen, erpressen.

بلط II [ballɒt] *Boden, Straße* pflastern.

بلطجى [balṭɒdʒi:] 1. *Mil.* Pionier *m*; 2. Gauner *m.*

بلطة [balṭɒ], *pl.* بلط [bulɒt] Beil *n.*

بلع [balaʕ (jablaʕ)] schlucken, verschlingen; II [ballaʕ] *u.* IV [ʔablaʕ] schlucken lassen; VIII [ib'talaʕ] = I.

بلعم [bulʕum], *pl.* بلاعم [ba'la:ʕim] Schlund *m.*

بلعة [balʕa] Schluck *m*, Bissen *m.*

بلغ [balaγ (jabluγ)] erreichen (etw. ه), gelangen (zu ه); *Preis*: betragen, sich belaufen (auf ه); reif, volljährig werden; II [ballaγ] gelangen lassen, übermitteln; in Kenntnis setzen; III [ba:laγ] übertreiben; IV [ʔablaγ] informieren, benachrichtigen, anzeigen; V [taˈballaγ] sich begnügen.

بلغم [balγam] Schleim *m*; Phlegma *n*; ~ى Schleim-.

بلغة [bulγa] Genüge *f*.

بلف [balaf (jabluf)] blüffen; ~ة [balfa] Bluff *m*.

بلكى [balki] *Syr.*, *Ir.* vielleicht.

بلل [balal] Feuchtigkeit *f*.

بلم [balam], *pl.* أبلام [ʔabˈla:m] *Ir.* (Fähr-)Boot *n*.

بله [balah] Dummheit *f*, Idiotie *f*; *s.* أبله.

+ [balha] geschweige denn.

بلة [billa] Feuchtigkeit *f*.

بلا (بلو) [bala: (jablu:)] erproben, prüfen; heimsuchen; *s. a.* بلى. III [ba:la:] sich kümmern (um ه *od.* ب), beachten; IV [ʔabla:] erproben; abnützen; VIII [ibˈtala:] heimsuchen, plagen; auf die Probe stellen.

بلور II [taˈbalwar] (heraus-)kristallisieren.

+ [baˈllu:r] Kristall *m*; Glas *n*; ~ة Stück Glas *n*; Lampe *f*; ~ية (optische) Linse *f*.

بلوز [blu:z] Bluse *f*.

بلوط [baˈllu:t] 1. Eiche *f*; 2. Eichel *f*.

بلوغ [buˈlu:γ] Erreichen *n*; Reife *f*, Volljährigkeit *f*.

بلوك [buˈlu:k], *pl.* [-a:t] *Mil.* Kompanie *f*.

بلوى [balwa:] Heimsuchung *f*, Unglück *n*, Not *f*.

بلى [balija (jabla:)] *Kleid* abgetragen werden; verfallen, verderben; verwesen; *s.a.* بلو.

+ [bala:] jawohl, gewiß.

+ [baˈli:j] abgenutzt, abgetragen, morsch, verfallen.

+ [bilan] Verfall *m*.

بليد [baˈli:d] dumm, blöde.

بليغ [baˈli:γ], *pl.* بلغاء [bulaˈγa:ʔ] beredt; wirkungsvoll.

بلية [baˈli:ja], *pl.* بلايا [baˈla:ja:] Prüfung *f*, Heimsuchung *f*.

بم *u.* بما [bima:] womit; بما ان [ʔanna] weil; in Anbetracht dessen, daß; بما فيه [fi:hi] einschließlich, inklusive.

بن *s.* ابن *u.* بنى V.

+ [bunn] Kaffeebohnen *f/pl.*

بنا [bi-na:] mit uns; *s.a.* بنى.

بناء [baˈnna:ʔ] Erbauer *m*, Baumeister *m*; Maurer *n*.

+ [biˈna:ʔ] Erbauung *f*, Errichtung *f*; Aufbau *m*, Struktur *f*; *pl.* أبنية [ʔab'nija] Gebäude *n.*

بنائى [bi'na:ʔi:] baulich, Bau-; Struktur-.

بنات *s.* بنت.

بنادورة [bana:'du:ra] Tomate *f.*

بنان [ba'na:n] *coll.* Finger *m/pl.*, Fingerspitzen *f/pl.*

بناية [bi'na:ja] Gebäude *n.*

بنت [bint], *pl.* بنات [ba'na:t] Tochter *f*, Mädchen *n.*

بنج II [bannadʒ] betäuben, narkotisieren.

+ [bandʒ] Narkosemittel *n*, Narkotikum *n.*

بنج بنج [b/ping b/pong] Tischtennis *n.*

بنجر [bandʒar] Rübe *f.*

بند [band], *pl.* بنود [bu'nu:d] 1. Artikel *m*, Absatz *m e-s Vertrages*; 2. *Mil.* Banner *n.*

بندر [bandar] Hafen *n*, Hafenstadt *f.*

بندق [bunduq] *coll.* Haselnuß *f*; ~ى venezianisch.

بندقية [bundu'qi:ja], *pl.* بنادِق [ba'na:diq] Gewehr *n*, Flinte *f*; الـ~ Venedig *n.*

بندول [ban'du:l] Pendel *n.*

بنزين [ban'zi:n] Benzin *n.*

بنصر [binsir], *pl.* بناصر [ba'na:sir] Ringfinger *m.*

بنطلون [bantɒ'lu:n] Hose *f.*

بنفسج [ba'nafsadʒ] *coll.* Veilchen *n/pl.*; ~ى violett; فوق الـ~ى [fauq ~] ultraviolett.

بنك [bank], *pl.* بنوك [bu'nu:k] Bank *f* (*Kreditinstitut*).

+ [bunk] bester Teil *m*, Blüte *f des Lebens.*

بنو, بنون *s.* ابن.

بنوى [banawi:] Sohnes-.

بنى [bana: (jabni:)] bauen, errichten, erbauen; V [ta'banna:] adoptieren, an Sohnes Statt annehmen; *Vorschlag* annehmen; VII [in'bana:] sich gründen (auf على); VIII [ib'tana:] = I.

+ [bu'najja] mein Söhnchen.

+ [bunni:] (kaffee)braun.

بنيان [bun'ja:n] Bau *m*, Bauen *n.*

بنية [binja], *pl.* بنى [binan] Bau *m*, Struktur *f*, Konstitution *f.*

به, بها [bi-hi, bi-ha:] mit ihm, mit ihr; *s.* ب.

بهاء [ba'ha:ʔ] Pracht *f*, Schönheit *f*; *s.* بهو.

بهار [ba'ha:r], *pl.* ~ات [baha:'ra:t] Gewürz *n.*

بهت [bahat (jabhat)] verblüffen; verleumden; – [bahit (jabhat)] verwirrt sein.

+ [baht] *u.* بهتان [buh'ta:n] Lüge *f*, Verleumdung *f.*

بهج [bahidʒ (jabhadʒ)] *u.* VIII [ib'tahadʒ] sich freuen, frohlocken.

بهيج [ba'hi:dʒ] 1. prächtig; 2. froh, freudig; ~ة npr. f.

بهيم [ba'hi:m], pl. بهم [buhum] 1. schwarz (*Nacht*); 2. coll. Tiere n/pl.; ~ة, pl. بهائم [ba'ha:ʔim] Tier n, Vieh n; ~ى tierisch, bestialisch; ~ية Bestialität f, Vertiertheit f.

بو = ابو.

(بوء) باء [ba:ʔa (ja'bu:ʔu)] wiederkommen, zurückkehren; bringen (etw. ب), *Fehlschlag* erleiden; II [bawwaʔa] u. IV [ʔa'ba:ʔa] einsetzen; ansiedeln; V [ta'bawwaʔa] sich niederlassen, *Platz* einnehmen, *Thron* besteigen.

بواب [ba'wwa:b], pl. [-u:n] Portier m, Torwächter m; ~ة Tor n, Einfahrt f.

بوار [ba'wa:r] Ruin m; Erfolglosigkeit f; Hdl. Unverkäuflichkeit f.

بواق [ba'wwa:q] Trompeter m.

بوب II [bawwab] klassifizieren, in Kapitel einteilen; s. باب.

بؤبؤ: ~ العين [buʔbuʔuˡʕain] Pupille f.

بوتقة [bu:taqa] = بودقة.

(بوح) باح [ba:ħ (ja'bu:ħ)] offenkundig werden; IV [ʔa'ba:ħ] enthüllen; preisgeben, gestatten, freigeben; X [ista'ba:ħ]

+ [bahidʒ] 1. prächtig; 2. freudig.

بهجة [bahdʒa] 1. Pracht f; 2. Freude f, Entzücken n.

بهدل [bahdal (jubahdil)] beleidigen, gemein behandeln.

بهر [bahar (jabhar)] u. IV [ʔabhar] strahlen; blenden; VII [in'bahar] geblendet sein; VIII [ib'tahar] aufschneiden.

+ [bahr] Blendung f.

+ [buhr] Atemnot f.

بهرج [bahradʒ] eitel; falsch; schreiend (*Farbe*), kitschig; falscher Schmuck m.

بهظ [bahɒẓ (jabhɒẓ)] bedrücken, belasten.

بهل [bahal (jabhal)] verfluchen; VIII [ib'tahal] flehen.

بهلوان [bahla'wa:n] Gaukler m, Akrobat m.

بهم IV [ʔabham] dunkel, unverständlich machen.

+ [baham] coll. junges Vieh n, coll.; ~ة Lamm n.

(بهو) بها [baha: (jabhu:)] schön sein; s. بهى.

بهو [bahŭ, bahw] Saal m, Halle f.

بهى [bahija (jabha:)] schön sein; III [ba:ha:] wetteifern, sich rühmen; VI [ta'ba:ha:] miteinander wetteifern.

+ [ba'hi:j] prächtig, glänzend.

für erlaubt halten; sich aneignen.

(بوخ) باخ [ba:x (ja'bu:x)] nachlassen; den Geschmack verlieren; verderben.

(بور) بار [ba:r (ja'bu:r)] zugrunde gehen; ertraglos sein; *Ware*: unverkäuflich sein; II [bawwar] *Erde* brach liegen lassen.

+ [bu:r] brach, unbebaut (*Erde*); سعيد ~ Port Said.

بورصة [bu:rsɒ] *Hdl.* Börse *f.*

بؤرة [buʔra] *Optik*: Fokus *m*; *Med.* Herd *m e-r Infektion.*

بورى [bu:ri:] Rohr *n*; Trompete *f.*

بوز II [bawwaz] schmollen.

+ [bu:z], *pl.* أبواز [ʔab'wa:z] Schnauze *f*, Maul *n*; Schnabel *m e-r Kanne*; Spitze *f e-s Schuhs.*

(بوس) باس [ba:s (ja'bu:s)] küssen.

بؤس [buʔs] Leid *n*, Elend *n*, Unglück *n.*

بوستة [bu:sta] *u.* بوسطة [bu:stɒ] Post *f.*

بوش [bauʃ] Pöbel *m*, Gesindel *n.*

بوص [bu:s] *coll.* Schilf *n*; ~ة 1. Schilfrohr *n*; 2. Zoll *m* (*Längenmaß*).

بوصلة [bu:sla, bausɒla] Kompaß *m*, Bussole *f.*

بوق [bu:q], *pl.* أبواق [ʔab'wa:q] Trompete *f*, Horn *n*; Hupe *f.*

(بول) بال [ba:l (ja'bu:l)] *u.* V [ta'bawwal] urinieren, pissen.

+ [baul] Urin *m*, Harn *m*; ~ى Harn-.

بوليس [bu:'li:s] Polizei *f.*

بوليسة [bu:'li:sa] *u.* بوليصة [bu:'li:sɒ], *pl.* بوالص [ba'wa:lis] (Versicherungs-)Police *f.*

بومة [bu:ma] Eule *f.*

بون [baun] Zwischenraum *m*, Entfernung *f*; Unterschied *m.*

بويجى [bu:jagi:] *Äg.* Schuhputzer *m.*

بويضة [bu'waiđɒ] Eizelle *f.*

بوية [bu:ja] Farbe *f*, Tünche *f*; Schuhkreme *f.*

بى [bi:] mit mir; *s.* ب.

بيادة [bi'ja:da] Infanterie *f.*

بياض [ba'jɒ:đ] Weiß *n*, Weiße *f*; leere, unbeschriebene Stelle *f*; البيض ~ Eiweiß *n*; النهار ~ Tageslicht *n*; على ~ blanko.

بياع [ba'jja:ʕ] Händler *m*, Verkäufer *m.*

بيان [ba'ja:n], *pl.* [-a:t] Deutlichkeit *f*; Erklärung *f*, Bekanntgabe *f*; Verzeichnis *n*, Aufstellung *f*; علم الـ~ Rhetorik *f.*

بيانو [b/p(i)ja:no] Klavier *n.*

بيانى [ba'ja:ni:] erklärend; rhetorisch.

(بيت) بات [ba:t (ja'bi:t)] übernachten, die Nacht zubringen; II [bajjat] *Böses* aushekken; *Schüler*: Klasse wiederholen; IV nächtigen lassen.

بيت [bait, be:t], *pl.* بيوت [bu'ju:t] Haus *n*, (*Beduinen*-)Zelt *n*, Wohnung *f*; Gehäuse *n*; *pl.* أبيات [ʔab'ja:t] Vers *m*; بيوتات [buju:'ta:t] (Handels-)Häuser *n/pl.*, angesehene Familien *f/pl.*; بيتى [baiti:] häuslich, Haus-.

(يبيد) باد [ba:d (ja'bi:d)] zugrunde gehen; IV [ʔa'ba:d] vernichten, ausrotten.

بيد: ~ أن [baida ʔanna] aber, allerdings; obgleich.

بيداء [bai'da:ʔ], *pl.* بيد [bi:d] Steppe *f*, Wüste *f*.

بيدر [baidar] Tenne *f*, Dreschboden *m*.

بيدق [baidaq], *pl.* بيادق [ba'ja:diq] Bauer *m im Schachspiel.*

بئر [biʔr], *pl.* آبار [ʔa:'ba:r] *u.* بئار [bi'a:r] Brunnen *m*, Wasserstelle *f*.

بيرا *u.* بيرة [bi:ra] Bier *n*.

بيروت [bai'ru:t] Beirut *n*.

بئس [baʔis (jabʔas)] unglücklich, elend sein.

(بيض) باض [bɒ:đ (ja'bi:đ)] Eier legen; II [bajjɒđ] weißen; verzinnen; bleichen; ins Reine schreiben; IX [ib'jɒđđa] weiß werden; *s.a.* ابيض.

+ [baiđ, be:đ] *coll.* Eier *n/pl.*; ة~, *pl.* [-a:t] Ei *n*.

بيضوى [baiđɒwi:] *u.* بيضى [baiđi:] eiförmig, oval.

بيطار [bai'tɒ:r] Veterinär *m*, Tierarzt *m*.

بيطرة [baitɒra] Tierheilkunde *f*.

بيطرى [baitɒri:] tierärztlich.

(بيع) باع [ba:ʕa (ja'bi:ʕu)] verkaufen; III [ba:jaʕa] huldigen (*j-m* ه); Handel abschließen (mit ه); VII [in'ba:ʕa] verkauft werden; VIII [ib'ta:ʕa] kaufen.

بيع [baiʕ, be:ʕ], *pl.* بيوع [bu'ju:ʕ] Verkauf *m*; للبيع [lil'be:ʕ] zu verkaufen; ة~ Abmachung *f*, Geschäft *n*; Huldigung *f*.

بيك, بيكوات *s.* بك.

بيكار [bi:'ka:r] Zirkel *m*.

(بين) بان [ba:n (ja'bi:n)] deutlich, klar sein *od.* werden; sich trennen (von عن); II [bajjan] erklären, aufzeigen, darlegen; III [ba:jan] verlassen; widersprechen (*e-r Sache* ه); IV [ʔa'ba:n] erklären, erläutern; sondern; V [ta'bajjan] sich zeigen, sich herausstellen; hervorgehen (aus من); deutlich erkennen; VI [ta'ba:jan] differieren, sich voneinander unterscheiden; X [ista'ba:n] klar werden; wahrnehmen.

+ [bain, be:n] Zwischenraum *m*; Trennung *f*.

+ [baina] *Präp.* zwischen; inmitten, unter; ~~ mittelmäßig; ~ ساعة و أخرى [baina sa:ʕatin wa ʔuxra:] von Zeit zu Zeit; ~ يديه [baina ja'daihi] vor ihm; من ~ [min ~] inmitten, aus der Mitte; ~ فيما [fi:-ma: ~] dazwischen, während; و – بين teils – teils.

بينما [bainama:] während.

بينة [bajjina], *pl.* [-a:t] Beweis *m*; على ~ من auf dem laufenden über.

بيوت *s.* بيت.

بئيس [ba'ʔi:s], *pl.* بؤساء [buʔa'sa:ʔ] elend, unglücklich.

بيئة [bi:ʔa] Lebensart *f*, Zustand *m*; Milieu *n*; Wohnsitz *m*.

ت

ت (تاء) [ta:ˀ] *dritter Buchstabe; Zahlwert 400; Abk. für* تلفون.

ت [ta] *Schwurpartikel*: تالله [ta'łłɒ:hi] bei Gott!

تاب *s.* توب.

تابع [ta:biˁ] folgend; untergeordnet, gehörend (zu ل), abhängig; *pl.* تبعة [tabaˁa] *u.* تباع [tu'bba:ˁ] (*s.a.* تبع, *pl.* أتباع) Anhänger *m*, Gefolgsmann *m*; ~ة, *pl.* توابع [ta'wa:biˁ] Folge *f*, Konsequenz *f*; Dazugehörige(s) *n*; ~ية [ta:bi'ˁi:ja] Abhängigkeit *f*, Staatsbürgerschaft *f*.

تابل [ta:bil], *pl.* توابل [ta'wa:bil] Gewürz *n*.

تابوت [ta:'bu:t], *pl.* توابيت [tawa:'bi:t] Schrein *m*, Sarg *m*, Sarkophag *m*.

تأثر [ta'ˀaθθur] (*passive*) Beeinflussung *f*, Erregung *f*, Ergriffenheit *f*.

تأثيث [taˀ'θi:θ] Möblierung *f*, Einrichtung *f*.

تأثير [taˀ'θi:r] Einfluß *m*, Einwirkung *f*; Eindruck *m*; *El.* Induktion *f*.

تاج [ta:dʒ], *pl.* تيجان [ti:'dʒa:n] Krone *f* (*s.* توج).

تاجر [ta:dʒir], *pl.* تجار [tu'ddʒa:r] Kaufmann *m*, Händler *m*.

تأجير [taˀ'dʒi:r] Vermietung *f*, Verpachtung *f*.

تأجيل [taˀ'dʒi:l] Aufschub *m*, Verlegung *f* *e-s Termins*; Vertagung *f* *e-r Sitzung*.

تآخ [ta'ˀa:xin], *constr.* تآخى [ta'ˀa:xi:] Verbrüderung *f*.

تأخر [ta'ˀaxxur] Verspätung *f*, Zuspätkommen *n*; Rückständigkeit *f*.

تأخير [taˀ'xi:r] Verzögerung *f*.

تأدب [ta'ˀaddub] Anstand *m*; Diszipliniertheit *f*.

تأديب [taˀ'di:b] Disziplin *f*, Zucht *f*; ~ى disziplinarisch, Disziplinar-.

تأدية [taˀ'di:ja] Ausführung *f* *e-r Arbeit*, Verrichtung *f*, Erledigung *f*; Erfüllung *f* *e-r Pflicht*; Leistung *f*.

تأذ [taˈʔaððin], *constr.* تأذى [taˈʔaððiː] Gekränktsein *n*, Kränkung *f*.

تارة [taːratan] einmal; manchmal; ~ – ~ bald – bald.

تاريخ [taːˈriːx], *pl.* تواريخ [tawaːˈriːx] 1. Datum *n*; 2. Geschichte *f*; ~ى historisch, geschichtlich.

تآزر [taˈʔaːzur] gegenseitige Hilfe *f*.

تاسع [taːsiʕ] neunte(r); ~ عشر [taːsiʕa ʕaʃara] neunzehnte(r).

تأسف [taˈʔassuf] Bedauern *n*.

تأسيس [taʔˈsiːs] Gründung *f*, Errichtung *f*.

تأشير [taʔˈʃiːr] Beglaubigung *f*; ~ة (Reise-)Visum *n*, Sichtvermerk *m*.

تافه [taːfih] gering, unbedeutend, nichtig; ~ة, *pl.* توافه [taˈwaːfih] Kleinigkeit *f*, Nichtigkeit *f*.

تاك *s.* ذاك.

تأكل [taˈʔakkul] *u.* تآكل [taˈʔaːkul] Korrosion *f*; Verwitterung *f*, Erosion *f*.

تأكيد [taʔˈkiːd] Versicherung *f*; Nachdruck *m*, Gewißheit *f*.

تال [taːlin], *constr.* تالى [taːliː] folgend, nachstehend.

تالف [taːlif] beschädigt, verdorben.

تآلف [taˈʔaːluf] Eintracht *f*, Kameradschaft *f*; Harmonie *f*.

تألم [taˈʔallum] Schmerzempfindung *f*.

تأليف [taʔˈliːf] Abfassung *f e–s Buches*; Schriftstellerei *f*; Bildung *f e-r Regierung etc.*

تأليه [taʔˈliːh] Vergöttlichung *f*.

تام [taːmm] vollständig, vollkommen.

تآمر [taˈʔaːmur] Verschwörung *f*.

تأمل [taˈʔammul] Betrachtung *f*; Überlegung *f*.

تأمور [taʔˈmuːr] *Med.* Herzbeutel *m*, Pericardium *n*.

تأميم [taʔˈmiːm] Nationalisierung *f*, Verstaatlichung *f*.

تأمين [taʔˈmiːn] Versicherung *f*; Gewährleistung *f*; *pl.* [-aːt] Garantie *f*; Pfand *n*, Einsatz *m*.

تأن [taˈʔannin], *constr.* تأنى [taˈʔanniː] Bedächtigkeit *f*.

تأنس [taˈʔannus] Menschwerdung *f*.

تأنيب [taʔˈniːb] Tadel *m*.

تأنيث [taʔˈniːθ] *Gr.* Gebrauch *m* im Feminin.

تأهب [taˈʔahhub] Vorbereitung *f*; Bereitschaft *f*.

تأويل [taʔˈwiːl] Auslegung *f*, Interpretation *f*.

تائب [taːʔib] reumütig.

تائه [taːʔih] herumirrend, verloren; hochmütig.

تأييد [taʔˈjiːd] **Bekräftigung** *f*, **Bestätigung** *f*; **Befürwortung** *f*, **Unterstützung** *f*.

تأيين [taʔˈjiːn] *Chemie* **Ionisierung** *f*.

تب [tabba (jatibbu)] **zugrunde gehen**; X [istaˈtabba] **stabil, geordnet sein**.

تبا له [tabban lahu] **Verderben über ihn!**

تبادل [taˈbaːdul] **Austausch** *m*.

تباطؤ [taˈbaːṭuʔ] **Verlangsamung** *f*, **Abnahme** *f* **der Geschwindigkeit**.

تباع *s.* تابع, تبيع.

تباعا [tiˈbaːʕan] **nacheinander**.

تباعد [taˈbaːʕud] **gegenseitige Entfremdung** *f*.

تباين [taˈbaːjun] **Gegensatz** *m*, **Kontrast** *m*; ~ى **gegensätzlich**.

تبجيل [tabˈdʒiːl] **Ehrerbietung** *f*.

تبحر [taˈbaḥḥur] **gründliches Studium** *n*, **Vertiefung** *f*.

تبخر [taˈbaxxur] **Verdunstung** *f*, **Verdampfung** *f*.

تبخير [tabˈxiːr] **Ausräucherung** *f*; **Verdampfung** *f*.

تبدل [taˈbaddul] **Veränderung** *f*.

تبديد [tabˈdiːd] **Verstreuung** *f*; **Verschwendung** *f*.

تبديل [tabˈdiːl] **Abänderung** *f*, **Auswechslung** *f*.

تبذير [tabˈðiːr] **Verschwendung** *f*.

تبر [tibr] **Gold** *n*; **Rohmetall** *n*.

تبرع [taˈbarruʕ], *pl.* [-aːt] **Spende** *f*, **Beitrag** *m*.

تبريد [tabˈriːd] **Kühlung** *f*.

تبرير [tabˈriːr] **Rechtfertigung** *f*.

تبريك [tabˈriːk] **Segenswunsch** *m*.

تبسيط [tabˈsiːṭ] **Vereinfachung** *f*.

تبشير [tabˈʃiːr] **Verkündung** *f* **froher Botschaft, Missionierung** *f*.

تبصر [tabˈɒssur] **Nachdenken** *n*, **Überlegung** *f*.

\+ ~ة [tabˈsira] **Belehrung** *f*, **Aufklärung** *f*.

تبع [tabiʕa (jatbaʕu)] **folgen** (*j-m* ه), **nachgehen**; *Weg* **verfolgen**; **unterstehen, gehören** (zu ه); III [taːbaʕ] **folgen**; **übereinstimmen** (mit ه), **fortsetzen**; IV [ʔatbaʕ] **nachfolgen lassen, unterordnen**; V [taˈtabbaʕ] **verfolgen, beobachten, studieren**; VI [taˈtaːbaʕ] **aufeinander folgen**; VIII [iˈttabaʕ] **folgen**; **beachten, sich halten** (an A ه); *Politik* **verfolgen**; X [isˈtatbaʕ] **nach sich ziehen, zur Folge haben**.

\+ [tabaʕ] 1. **Folge** *f*; **Gefolge** *n*; تبعا ل [tabaʕan li] **entsprechend, gemäß**; 2. *pl.* أتباع [ʔatˈbaːʕ] **Anhänger** *m*, **Begleiter** *m*.

تبعة [tabiˁa] Folge *f*, Konsequenz *f*; Verantwortung *f*.

تبعية [taba'ˁi:ja] Abhängigkeit *f*, Staatsangehörigkeit *f*.

تبغ [tabɣ] Tabak *m*.

تبلبل [ta'balbul] Verwirrung *f*.

تبلد [ta'ballud] Verblödung *f*.

تبلل [ta'ballul] Durchnässung *f*, Feuchtigkeit *f e-r Sache*.

تبليط [tab'li:ṭ] Pflasterung *f*, Straßenpflaster *n*.

تبليغ [tab'li:ɣ] Benachrichtigung *f*, Mitteilung *f*; Übermittlung *f*.

تبلور [ta'balwur] Kristallisation *f*.

تبن [tibn] Stroh *n*.

+ [ta'bannin], *constr.* تبنى [ta'banni:] Adoption *f*.

تبوء [ta'bawwuʔ] Einnahme *f e-s Platzes*, Besteigung *f des Thrones*.

تبويب [tab'wi:b] Kapiteleinteilung *f*; Klassifizierung *f*.

تبيان [tib'ja:n] Erklärung *f*, Darlegung *f*.

تبيع [ta'bi:ˁ], *pl.* تباع [ti'ba:ˁ] Anhänger *m*, Helfer *m*.

تبييض [tab'ji:ḍ] Weißfärbung *f*; Verzinnung *f*; Reinschrift *f*.

تبيين [tab'ji:n] Darlegung *f*, Erklärung *f*.

تتابع [ta'ta:buˁ] Aufeinanderfolge *f*, Folgerichtigkeit *f*.

تتبع [ta'tabbuˁ] Verfolgung *f*, Beobachtung *f e-s Vorganges*.

تتمة [ta'timma] Schluß *m e-s Buches*; Ergänzung *f*.

تتميم [tat'mi:m] Vollendung *f*, Vervollständigung *f*.

تتن [tutun] Tabak *m*.

تتويج [tat'wi:dʒ] Krönung *f*.

تثبت [ta'θabbut] Vergewisserung *f*.

تثبيت [ta'θbi:t] Festigung *f*, Bekräftigung *f*; Stabilisierung *f*.

تثقف [ta'θaqquf] (*Geistes*-)Bildung *f*.

تثقيف [taθ'qi:f] Belehrung *f*, Bildung *f*, Erziehung *f*.

تثقيل [taθ'qi:l] Beschwerung *f*, Belastung *f*.

تثمين [taθ'mi:n] Schätzung *f*, Preisfestsetzung *f*.

تثنية [taθ'ni:ja] Wiederholung *f*; *Gr*. Dual *m*; Lob *n*.

تجار *s.* تاجر; ~ة [ti'dʒa:ra] Handel *m*; ~ى kaufmännisch, kommerziell, Handels-.

تجاسر [ta'dʒa:sur] Kühnheit *f*, Wagemut *m*.

تجاه [tu'dʒa:h(a)] vor, gegenüber (*s.* وجه).

تجاهل [ta'dʒa:hul] Ignorierung *f*, Vortäuschung *f* von Unwissen.

تجاوب [ta'dʒa:wub] Übereinstimmung *f*.

تجاوز [taˈdʒa:wuz] Überschreitung *f e-r Grenze, des Maßes.*

تجدد [taˈdʒaddud] Erneuerung *f* (*von selbst*).

تجديد [tadʒˈdi:d] Erneuerung *f*, Neugestaltung *f*; Auffrischung *f*.

تجذير [tadʒˈði:r] *Math.* Wurzelziehen *n*.

تجر [tadʒar (jatdʒur)] Handel treiben (mit *etw.* ب); III [ta:dʒar] Handel treiben (mit *j-m.* ه).

تجربة [tadʒˈriba], *pl.* تجارب [taˈdʒa:rub] Versuch *m*, Experiment *n*; Probe *f*; Erfahrung *f*.

تجرد [taˈdʒarrud] Freisein *n* (von *etw.* من *od.* عن), Unparteilichkeit *f*.

تجريب [tadʒˈri:b] Versuch *m*, Erprobung *f*; ~ى experimentell, Probe-, Versuchs-.

تجريد [tadʒˈri:d] Entblößung *f*, Freimachung *f*; Isolierung *f*; Abstraktion *f*; *Mil.* Entsendung *f von Truppen*; ~ة *Mil.* Expeditionskorps *n*.

تجزئة [tadʒˈziʔa] Zerteilung *f*, Zerstückelung *f*.

تجزية [tadʒˈzija] Belohnung *f*.

تجسد [taˈdʒassud] Inkarnation *f*.

تجسس [taˈdʒassus] Spionage *f*.

تجسيم [tadʒˈsi:m] Verkörperung *f*; Relief *n*; Aufbauschung *f*.

تجفيف [tadʒˈfi:f] Trocknung *f*.

تجلد [taˈdʒallud] Ausdauer *f*.

تجلة [taˈdʒilla] Ehrung *f*.

تجليد [tadʒˈli:d] Buchbinden *n*.

تجمد [taˈdʒammud] Gefrieren *n*, Erstarren *n*.

تجمع [taˈdʒammuʕ] Ansammlung *f*, Zusammenballung *f*; Agglutination *f*.

تجميد [tadʒˈmi:d] Einfrierung *f*; Sperrung *f von Geldern.*

تجميل [tadʒˈmi:l] Verschönerung *f*.

تجن [taˈdʒannin], *constr.* تجنى [taˈdʒanni:] Beschuldigung *f*.

تجنب [taˈdʒannub] Vermeidung *f*.

تجند [taˈdʒannud] Militärdienst *m*.

تجنس [taˈdʒannus] Einbürgerung *f*, Naturalisation *f*.

تجنيد [tadʒˈni:d] Einberufung *f*, Rekrutierung *f*.

تجنيس [tadʒˈni:s] Naturalisierung *f*.

تجه *s.* وجه.

تجهيز [tadʒˈhi:z] Ausrüstung *f*, Ausstattung *f*, Bereitstellung *f*.

تجول [taˈdʒawwul] Umhergehen *n*; Patroullieren *n*; منع الـ~ [manʕ] Ausgehverbot *n*.

تجويع [tadʒˈwi:ʕ] Aushungerung *f*.

تجويف [tadʒˈwiːf], *pl.* تجاويف [tadʒaːˈwiːf] Höhlung *f.*

تحاش [taˈħaːʃin], *constr.* تحاشى [taˈħaːʃiː] Vermeidung *f.*

تحاك [taˈħaːkk] gegenseitige Reibung *f.*

تحالف [taˈħaːluf] Bündnis *n*, Allianz *f.*

تحبيذ [taħˈbiːð] Beifall *m.*

تحت [taħt(a)] *Präp.* unter; التصرف ~ zur Verfügung; الطبع ~ im Druck; عنوان ~ unter dem Titel; ~ من unter; unter – hervor.

\+ [taħt(u)] *Adv.* unten; darunter.

تحتانى [taħˈtaːniː] untere(r), Unter-.

تحجج [taˈħaddʒudʒ] Argumentierung *f.*

تحجر [taˈħaddʒur] Versteinerung *f.*

تحجير [taħˈdʒiːr] 1. Gesteinsabbau *m*; 2. Verbot *n*, Absperrung *f.*

تحد [taˈħaddin], *pl.* تحديات [taħaddiˈjaːt] Herausforderung *f*, Provokation *f.*

تحدث [taˈħadduθ] Gespräch *n*, Plauderei *f.*

تحدر [taˈħaddur] Schrägheit *f*, Abdachung *f.*

تحديد [taħˈdiːd] Begrenzung *f*, Beschränkung *f*, Definition *f.*

تحذير [taħˈðiːr] Warnung *f.*

تحر [taˈħarrin], *pl.* تحريات [taħarriˈjaːt] Nachforschung *f.*

تحرج [taˈħarrudʒ] Beengung *f*, kritische Lage *f.*

تحرر [taˈħarrur] Befreiung *f* (*von selbst*); ~ى Freiheits-.

تحرك [taˈħarruk] Bewegung *f*; Abfahrt *f.*

تحريج [taħˈriːdʒ] 1. Einengung *f*; 2. Aufforstung *f.*

تحرير [taħˈriːr] 1. Befreiung *f*; Emanzipation *f*; 2. Redaktion *f*, Schriftleitung *f*; ~ى 1. Befreiungs-; 2. schriftlich.

تحريض [taħˈriːđ] Aufreizung *f*, Aufwiegelung *f*, Hetze *f*; *El.* Induktion *f.*

تحريف [taħˈriːf] Entstellung *f*; Verdrehung *f des Sinnes.*

تحريم [taħˈriːm] Verbot *n.*

تحزب [taˈħazzub] Parteilichkeit *f*, Voreingenommenheit *f.*

تحسر [taˈħassur] Bedauern *n.*

تحسن [taˈħassun] Besserung *f.*

تحسين [taħˈsiːn] Verbesserung *f*, Verschönerung *f.*

تحشية [taħˈʃiːja] Einschaltung *f*, Einschiebung *f.*

تخصيص [taħˈsiːs] Zuteilung *f*, Kontingentierung *f.*

تحصيل [taħˈsiːl] Erwerbung *f*, Aneignung *f*; Lehre *f*; Erhebung *f von Gebühren.*

تحصين [taħ'si:n] Befestigung *f*; Immunisierung *f*.

تحضير [taħ'đi:r] Vorbereitung *f*, Bereitung *f*, Herstellung *f*; ~ى vorbereitend, Vorbereitungs-.

تحطم [ta'ħɒttum] Zusammenbruch *m*; Schiffbruch *m*.

تحطيم [taħ'ti:m] Zertrümmerung *f*, Vernichtung *f*.

تحف IV [ʔatħaf] beschenken.

تحفز [ta'ħaffuz] Bereitschaft *f* (*bes. zum Sprung*).

تحفظ [ta'ħaffuẓ] Vorsicht *f*, Zurückhaltung *f*, Reserve *f*; ~ى Vorsichts-, Präventiv-.

تحفة [tuħfa], *pl.* تحف [tuħaf] Rarität *f*, Kostbarkeit *f*, musealer Gegenstand *m*.

تحقق [ta'ħaqquq] Nachprüfung *f*; Vergewisserung *f*.

تحقير [taħ'qi:r] Verachtung *f*.

تحقيق [taħ'qi:q] 1. Verwirklichung *f*, Realisierung *f*; Durchführung *f*; Feststellung *f*; 2. *pl.* [-a:t] Ermittlung *f*, Nachforschung *f*, (*gerichtliche*) Untersuchung *f*.

تحكم [ta'ħakkum] Herrschaft *f*, Willkür *f*; ~ى willkürlich.

تحكيم [taħ'ki:m] Schiedsspruch *m*; لجنة الـ~ Schiedsgericht *n*.

تحلل [ta'ħallul] Auflösung *f*.

تحليف [taħ'li:f] Vereidigung *f*.

تحليق [taħ'li:q] *Flugw.* Tiefflug *m*, Überfliegen *n e-s Landes*.

تحليل [taħ'li:l] Analyse *f*, Zerlegung *f*; ~ى analytisch.

تحمس [ta'ħammus] Begeisterung *f*, Fanatismus *m*.

تحمل [ta'ħammul] Übernahme *f von Kosten*; Erduldung *f*.

تحميض [taħ'mi:đ] *Phot.* Entwicklung *f*.

تحميل [taħ'mi:l] Belastung *f*, Verladung *f*; ~ة *Med.* Zäpfchen *n*.

تحنيط [taħ'ni:ṭ] Einbalsamierung *f*.

تحوط [ta'ħawwuṭ] Vorsorge *f*, Vorsicht *f*.

تحول [ta'ħawwul] Änderung *f*, Wandel *m*, Wechsel *m*, Übergang *m*.

تحوير [taħ'wi:r] Umbildung *f*, Modifizierung *f*.

تحويط [taħ'wi:ṭ] Umzingelung *f*.

تحويل [taħ'wi:l] Umwandlung *f*; *El.* Umformung *f*; *Hdl.* Überweisung *f von Geld*, Transfer *m*; ~ة Ableitung *f*, Abzweigung *f*.

تحير [ta'ħajjur] Verlegenheit *f*, Ratlosigkeit *f*.

تحيز [ta'ħajjuz] Voreingenommenheit *f*, Parteilichkeit *f*.

تحيل [ta'ħajjul] Listanwendung *f*.

تحية [taˈħi:ja], *pl.* [-a:t] Gruß *m*, Begrüßung *f*.

تخابر [taˈxa:bur] gegenseitige Verständigung *f*, Korrespondenz *f*.

تخاذل [taˈxa:ðul] Erschlaffung *f*.

تخارج [taˈxa:rudʒ] Trennung *f*, Loslösung *f*.

تخاطب [taˈxa:tub] Unterredung *f*, Konversation *f*.

تخت [taxt], *pl.* تخوت [tuˈxu:t] Bank *f*, Sitz *m*, Sofa *n*; Podium *n*; ة~ Schreibpult *n*, Lesepult *n*.

تخثر [taˈxaθθur] Eindickung *f*, Gerinnung *f*; *Med.* Thrombose *f*.

تخدير [taxˈdi:r] Betäubung *f*; *Med.* Narkose *f*.

تخرج [taˈxarrudʒ] Absolvierung *f e-r Schule* (من).

تخريب [taxˈri:b] Zerstörung *f*, Verwüstung *f*.

تخريج [taxˈri:dʒ] Heranbildung *f*, Erziehung *f*.

تخريم [taxˈri:m] Durchlöcherung *f*, Perforierung *f*.

تخزين [taxˈzi:n] Einlagerung *f*, Aufspeicherung *f*.

تخشب [taˈxaʃʃub] Erstarrung *f*; *Med.* Totenstarre *f*.

تخشيب [taxˈʃi:b] Täfelung *f mit Holz*.

تخصص [taˈxɒssus] Spezialisierung *f*.

تخصيب [taxˈsi:b] Fruchtbarmachung *f*.

تخصيص [taxˈsi:s] Hervorhebung *f*, Spezifizierung *f*; Zuteilung *f*, Bestimmung *f*.

تخطيط [taxˈti:t] Planung *f*, Entwurf *m*; Linierung *f*.

تخف [taˈxaffin], *constr.* تخفي [taˈxaffi:] Verkleidung *f*.

تخفيض [taxˈfi:đ] Verminderung *f*; Senkung *f*, Herabsetzung *f*.

تخفيف [taxˈfi:f] Erleichterung *f*, Milderung *f*, Verringerung *f*.

تخل [taˈxallin], *constr.* تخلي [taˈxalli:] Verzicht *m* (auf عن), Abtretung *f*.

تخلص [taˈxallus] Loskommen *n* (von من), Freiwerden *n*, Errettung *f*.

تخلف [taˈxalluf] Zurückbleiben *n*; Rückständigkeit *f*.

تخليد [taxˈli:d] Verewigung *f*.

تخليص [taxˈli:s] Freimachung *f*, Befreiung *f*; *Hdl.* Bezahlung *f*, Verzollung *f*.

تخلية [taxˈli:ja] Räumung *f*, Evakuierung *f*.

تخم [taxam (jatxim)] begrenzen; – [taxim (jatxam)] Magenbeschwerden haben; III [ta:xam] angrenzen (an ه); IV [ˀatxam] übersättigen, Übelkeit verursachen.

+ [tuxm], *pl.* تخوم [tu'xu:m] Grenze *f*; ~ة Magenbeschwerden *f/pl.*, Übelkeit *f*.

تخمير [tax'mi:r] Vergärung *f*, Fermentierung *f*; Säuerung *f des Brotes*.

تخمين [tax'mi:n] Schätzung *f*.

تخويف [tax'wi:f] Einschüchterung *f*.

تخيل [ta'xajjul] Einbildung *f*, Phantasie *f*; ~ى imaginär.

تداخل [ta'da:xul] Ineinandergreifen *n*, Durchdringung *f*.

تداع [ta'da:ʕin] gegenseitige Hervorrufung *f*; تداعى الافكار [ta'da:ʕi:lʔaf'ka:r] Gedankenassoziation *f*.

تداو [ta'da:win], *constr.* تداوى [ta'da:wi:] Heilung *f*.

تداول [ta'da:wul] Verbreitung *f*; (*Geld-*)Umlauf *m*.

تدبر [ta'dabbur] Nachdenken *n*, Erwägung *f*.

تدبيج [tad'bi:dʒ] Ausschmükkung *f*; Formulierung *f*.

تدبير [tad'bi:r], *pl.* تدابير [tada:'bi:r] *u.* [-a:t] Maßnahme *f*; Disposition *f*; Führung *f*, Leitung *f*.

تدخل [ta'daxxul] Einschreiten *n*; Einmischung *f*, Intervention *f*.

تدخين [tad'xi:n] (*Tabak-*)Rauchen *n*.

تدرج [ta'darrudʒ] Abstufung *f*, Allmählichkeit *f*.

تدرن [ta'darrun] Tuberkulose *f*.

تدريب [tad'ri:b] Übung *f*, Ausbildung *f*, Training *n*; Exerzieren *n*.

تدريج [tad'ri:dʒ] Abstufung *f*, Einteilung *f*; ~ى allmählich; ~يا [tadri:'dʒi:jan] *Adv.* allmählich, stufenweise.

تدريس [tad'ri:s] Unterricht *m*, Lehre *f*.

تدشين [tad'ʃi:n] Einweihung *f*, Eröffnung *f*.

تدعيم [tad'ʕi:m] Stützung *f*, Untermauerung *f*.

تدفق [ta'daffuq] Hervorbrechen *n*, Zustrom *m*.

تدفئة [tad'fiʔa] Heizung *f*, Beheizung *f*.

تدقيق [tad'qi:q] Genauigkeit *f*, Exaktheit *f*.

تدلل [ta'dallul] Koketterie *f*; Verwöhntheit *f*.

تدليس [tad'li:s] Betrug *m*, Schwindel *m*.

تدليك [tad'li:k] Massage *f*; Einreibung *f*.

تدليل [tad'li:l] 1. Beweisführung *f*, Argumentation *f*; 2. Verwöhnung *f*.

تدمر [tadmur] Palmyra *n* (*Stadt in der syrischen Wüste*).

+ [taˈdammur] Einsturz *m*, Zusammenbruch *m*.

تدمير [tadˈmiːr] Vernichtung *f*, Zerstörung *f*.

تدن [taˈdannin], *constr.* تدنى [taˈdanniː] Sinken *n*; Tiefstand *m der Moral*.

تدهور [taˈdahwur] Sturz *m*, Niedergang *m*.

تدويل [tadˈwiːl] Internationalisierung *f*.

تدوين [tadˈwiːn] Eintragung *f*, Registrierung *f*, Aufzeichnung *f*.

تدين [taˈdajjun] Religiosität *f*, Frömmigkeit *f*.

تذبذب [taˈðabðub] Schwingung *f*, Oszillation *f*.

تذكار [taðˈkaːr] Andenken *n*, Erinnerung *f*; ~ى Gedenk-, Erinnerungs-.

تذكرة [taðˈkira] 1. Erinnerung *f*, Mahnung *f*; 2. (*vulg.* [taðˈkara]) *pl.* تذاكر [taˈðaːkir] (*Eintritts-, Fahr-, Post-*)Karte *f*, Schein *m*, Billet *n*; Ausweis *m*.

تذكير [taðˈkiːr] Erinnerung *f*, Mahnung *f*.

تذلل [taˈðallul] Selbsterniedrigung *f*.

تذليل [taðˈliːl] Überwindung *f*, Bewältigung *f*.

تذويب [taðˈwiːb] Auflösung *f*, Schmelzung *f*.

تراب [tuˈrɒːb], *pl.* أتربة [ʔatˈriba] Staub *m*; Erde *f*, Erdboden *m*; ~ى staubig; erdig; Erd-.

تراث [tuˈraːθ] Erbe *n*, Erbschaft *f*.

تراجع [taˈraːdʒuʕ] Rückzug *m*, Rückgang *m*.

تراخ [taˈraːxin], *constr.* تراخى [taˈraːxiː] Erschlaffung *f*, Lockerung *f*, Nachlassen *n*.

ترادف [taˈraːduf] Aufeinanderfolge *f*; Bedeutungsgleichheit *f*.

تراض [taˈrɒːđin], *constr.* تراضى [taˈrɒːđiː] gegenseitiges Einverständnis *n*.

تراكز [taˈraːkuz] Konzentrizität *f*.

تراكم [taˈraːkum] Häufung *f*, Zusammenballung *f*.

ترام [taˈraːmin] weite Ausdehnung *f*.

+ [traːm] Straßenbahn *f*.

ترب [tarib] staubig.

+ [tirb], *pl.* أتراب [ʔatˈrɒːb] Altersgenosse *m*, Gefährte *m*.

ترباس [tirˈbaːs], *pl.* ترابيس [taraːˈbiːs] (*Tür-*)Riegel *m*.

تربس [tarbas (juˈtarbis)] verriegeln.

تربة [turba], *pl.* ترب [turab] Erde *f*, Boden *m*; Grab *n*.

تربوى [tarbawiː] pädagogisch, Erziehungs-.

تربيزة [tara'be:za] *Äg.* Tisch *m.*

تربيع [tar'bi:ʕ] Vervierfachung *f*; *Math.* Quadrierung *f*; ~ة viereckige Platte *f od.* Füllung *f*; ~ى quadratisch.

تربية [tar'bija] Erziehung *f*; Zucht *f*, Züchtung *f*; علم الـ~ Pädagogik *f.*

ترتيب [tar'ti:b] Reihenfolge *f*, Anordnung *f*; Einrichtung *f*; Maßnahme *f*, Vorkehrung *f*; ~ى Ordnungs-, Ordinal-.

ترتيل [tar'ti:l] Rezitation *f*, Psalmodieren *n.*

ترجم [tardʒam (ju'tardʒim)] übersetzen, interpretieren.

ترجمان [turdʒu'ma:n], *pl.* تراجمة [ta'ra:dʒima] Übersetzer *m*, Dolmetscher *m*, Dragoman *m.*

ترجمة [tar'dʒama] Übersetzung *f*, Interpretation *f*; Biographie *f.*

ترح [tarah], *pl.* اتراح [ʔat'ra:ħ] Kummer *m*, Betrübnis *f.*

ترحاب [tar'ħa:b] Willkommensgruß *m.*

ترحال [tar'ħa:l] Abreise *f*, Aufbruch *m.*

ترحيب [tarħi:b] Bewillkommnung *f*, Begrüßung *f.*

ترحيل [tar'ħi:l] Entsendung *f*, Abfertigung *f*, Beförderung *f.*

ترخيص [tar'xi:s] Erlaubnis *f*, Genehmigung *f.*

ترخيم [tar'xi:m] 1. Abschwächung *f*; 2. Marmorverkleidung *f.*

تردد [ta'raddud] Schwanken *n*; Zögern *n*, Unschlüssigkeit *f.*

ترديد [tar'di:d] (*ständige*) Wiederholung *f.*

ترزى [tarzi:] *Äg.* Schneider *m.*

ترس [tirs], *pl.* تروس [tu'ru:s] Zahnrad *n*; *pl.* Getriebe *n*; صندوق التروس Getriebekasten *m.*

+ [turs], *pl.* [tu'ru:s] Schild *m.*

ترسانة [tar'sa:na] *u.* ترسخانة [tars'xa:na] Arsenal *n*; Schiffswerft *f.*

ترسيب [tar'si:b] Ablagerung *f von Schwebestoffen*; *Chemie*: Ausfällung *f.*

ترشيح [tar'ʃi:ħ] Kandidatur *f*, Bewerbung *f*; Aufstellung *f* als Kandidat *m.*

ترضية [tar'đija] Zufriedenstellung *f.*

ترعة [turʕa], *pl.* ترع [turaʕ] (*Wasser-*)Kanal *m.*

ترف [taraf] Luxus *m*, Wohlstand *m.*

+ [tarif] luxuriös, üppig.

ترفع [ta'raffuʕ] Überheblichkeit *f*; Dünkel *m.*

ترفة [turfa] Wohlleben *n*, Verweichlichung *f*; = [taraf].

ترفيه [tarˈfi:h] Herbeiführung *f* von Wohlstand.

ترق [taˈraqqin], *constr.* ترقي [taˈraqqi:] Aufstieg *m*, Fortschritt *m*.

ترقب [taˈraqqub] Erwartung *f*.

ترقيم [tarˈqi:m] Numerierung *f*; Interpunktion *f*.

ترقية [tarqija] Hebung *f*, Erhöhung *f*; Verbesserung *f*; Beförderung *f e-s Beamten*.

ترك [tarak (jatruk)] lassen; ver-, zurück-, hinter-, unterlassen; aufgeben; III [ta:rak] in Ruhe lassen.

\+ [tark] Auslassung *f*, Unterlassung *f*; Aufgabe *f e-r Sache*.

\+ [turk] coll., *pl.* أتراك [ʔatˈra:k] Türken *m/pl.*

تركة [tarika] Nachlaß *m*, Hinterlassenschaft *f*.

تركي [turki:] türkisch; ~ا [turkija:] Türkei *f*; ~ة [turˈki:ja] türkische Sprache *f*.

تركيب [tarˈki:b] Zusammensetzung *f*; Montage *f*, Installation *f*; Konstruktion *f*; *Chemie*: Verbindung *f*; ~ى konstruktiv.

تركيز [tarˈki:z] Einpflanzung *f*; Zusammenziehung *f*; Konzentration *f*.

ترمس [turmus] Lupine *f* (*Hülsenfrucht*).

ترميم [tarˈmi:m] Reparatur *f*, Ausbesserung *f*.

ترنيمة [tarˈni:ma] Lied *n*, Hymne *f*.

ترهة [turraha] Nichtigkeit *f*; Unsinn *m*; Schwindel *m*.

ترهيب [tarˈhi:b] Einschüchterung *f*.

ترؤس [taˈraʔʔus] Leitung *f*; Vorsitz *m*; *s.* رأس.

ترويج [tarˈwi:dʒ] Verbreitung *f*, Propagierung *f*; *Hdl.* Vertrieb *m*.

ترويح [tarˈwi:ħ] Lüftung *f*, Ventilation *f*; Erholung *f*.

ترويسة [tarˈwi:sa] Überschrift *f*, Titel *m*.

ترويق [tarˈwi:q] Klärung *f*, Filterung *f*; ~ة Frühstück *n*.

ترى *s.* رأى.

ترياق [tirˈja:q] Gegengift *n*.

تزاحم [taˈza:ħum] Gedränge *n*, (*gegenseitige*) Konkurrenz *f*.

تزايد [taˈza:jud] Anwachsen *n*, Zunahme *f*, Vermehrung *f*.

تزحلق [taˈzaħluq] Gleiten *n*; ~ على الثلج Skilauf *m*; Eislauf *m*.

تزكية [tazˈkija] Reinigung *f*, Läuterung *f*; Rechtfertigung *f*.

تزهد [taˈzahhud] Askese *f*, Weltentsagung *f*.

تزوج [taˈzawwudʒ] Heirat *f*.

تزويج [tazˈwi:dʒ] Verheiratung *f*.

تزويد [tazˈwi:d] Versorgung *f*,

Ausrüstung *f*, Verproviantierung *f*.

تزوير [taz'wi:r] Fälschung *f*.

تزييف [taz'ji:f] Fälschung *f*.

تزيين [taz'ji:n] Schmückung *f*, Verzierung *f*.

تسابق [ta'sa:buq] Wetteifer *m*, Konkurrenz *f*.

تسامح [ta'sa:muħ] Nachsicht *f*, Toleranz *f*.

تساهل [ta'sa:hul] Entgegenkommen *n*, Nachsicht *f*, Nachgiebigkeit *f*.

تساو [ta'sa:win], *constr.* تساوى [ta'sa:wi:] Gleichheit *f*, Gleichwertigkeit *f*.

تساوق [ta'sa:wuq] Zusammenhang *m*; Harmonie *f*.

تساؤل [ta'sa:ʔul] (*gegenseitige*) Befragung *f*; Frage *f an sich selbst*.

تسبيب [tas'bi:b] Verursachung *f*, Auslösung *f*.

تسبيح [tas'bi:ħ] Lobpreisung *f Gottes* (*s.* سبحان).

تسبيع [tas'bi:ʕ] Versiebenfachung *f*.

تسجيل [tas'dʒi:l] Eintragung *f*, Registrierung *f*; *Hdl.* Buchung *f*.

تسديد [tas'di:d] Bezahlung *f*, Begleichung *f e-r Schuld*.

تسرع [ta'sarruʕ] Eile *f*, Hast *f*, Überstürzung *f*.

تسريح [tas'ri:ħ] Entlassung *f*; *Mil.* Demobilisierung *f*; ~ة Frisur *f*; Toilettentisch *m*.

تسرية [tas'rija] Zerstreuung *f*, Erheiterung *f*.

تسع [tisʕ], *m* ~ة [tisʕa(t)] neun; ~ة عشر [tisʕata ʕaʃar(a)], *f* ~ عشرة [tisʕa ʕaʃara(ta)] neunzehn.

تسعون [tis'ʕu:n], *G*, *A* تسعين [tis'ʕi:n] neunzig.

تسعير [tas'ʕi:r] Preisfestsetzung *f*, Preisbildung *f*.

تسقيف [tas'qi:f] Eindachung *f*.

تسكين [tas'ki:n] Beruhigung *f*, Besänftigung *f*.

تسلح [ta'salluħ] Bewaffnung *f*, Aufrüstung *f*.

تسلسل [ta'salsul] fortlaufende Folge *f*.

تسلط [ta'salluṭ] Beherrschung *f*, Kontrolle *f*.

تسلق [ta'salluq] Klettern *n*; Ersteigung *f*.

تسلم [ta'sallum] Übernahme *f*, Empfang *m*.

تسليح [tas'li:ħ] Bewaffnung *f*.

تسليف [tas'li:f] Vorschuß *m*, Kredit *m*.

تسليك [tas'li:k] Säuberung *f*; Entwirrung *f*.

تسليم [tas'li:m] Übergabe *f*, Auslieferung *f*; *Mil.* Kapitulation *f*.

تسلية [tas'lija] Tröstung *f*; Zeitvertreib *m*, Unterhaltung *f*.

تسمم [ta'sammum] Vergiftung *f*; *Med*. Sepsis *f*.

تسميد [tas'mi:d] Düngung *f*.

تسمية [tas'mija] Benennung *f*, Bezeichnung *f*.

تسهيل [tas'hi:l] Erleichterung *f*.

تسوس [ta'sawwus] (*Motten*-)Fraß *m*; Fäule *f*; *Med*. Karies *f*.

تسول [ta'sawwul] Bettelei *f*.

تسويد [tas'wi:d] Konzept *n*, Entwurf *m e-s Briefes*.

تسويغ [tas'wi:ɣ] 1. Schmackhaftmachung *f*; 2. Verpachtung *f*.

تسويق [tas'wi:q] *Hdl*. Absatz *m*, Vertrieb *m*.

تسوية [tas'wija] Gleichmachung *f*, Ebnung *f*, Nivellierung *f*; Regelung *f*; Schlichtung *f*, Ausgleich *m*; خط الـ~ *Geo*. Höhenlinie *f*.

تسيير [tas'ji:r] Inbetriebnahme *f*; Lenkung *f*; Entsendung *f*.

تشابه [ta'ʃa:buh] Ähnlichkeit *f*.

تشاكل [ta'ʃa:kul] Ähnlichkeit *f*.

تشامخ [ta'ʃa:mux] Stolz *m*, Hochmut *m*.

تشاور [ta'ʃa:wur] Beratung *f* (mit مع).

تشاؤم [ta'ʃa:ʔum] Schwarzseherei *f*, Pessimismus *m*.

تشبيه [taʃ'bi:h] Vergleich *m*; Gleichnis *n*.

تشتيت [taʃ'ti:t] Zerstreuung *f*, Zersplitterung *f*.

تشجير [taʃ'dʒi:r] Aufforstung *f*.

تشجيع [taʃ'dʒi:ʕ] Ermutigung *f*; Förderung *f e-s Unternehmens*.

تشحيم [taʃ'ħi:m] Einfettung *f*, Schmierung *f*; *Auto*: Abschmierung *f*.

تشخيص [taʃ'xi:s] Personifizierung *f*; Identifizierung *f*; *Med*. Diagnose *f*.

تشديد [taʃ'di:d] Verstärkung *f*, Intensivierung *f*; *Gr*. Verdopp(e)lung *f*.

تشرب [ta'ʃarrub] Einsaugung *f*, Absorption *f*.

تشريح [taʃri:ħ] Zerlegung *f*; Anatomie *f*.

تشريد [taʃ'ri:d] Vertreibung *f*.

تشريع [taʃ'ri:ʕ] Gesetzgebung *f*, Legislatur *f*; ~ى legislativ.

تشريف [taʃ'ri:f] Ehrung *f*; ~ة feierlicher Empfang *m*; *pl*. [-a:t] Zeremoniell *n*, Protokoll *n*.

تشرين [tiʃ'ri:n] *Syr*., *Ir*. ~ الاول [al'ʔawwal] Oktober *m*; ~ الثانى [a'θθa:ni:] November *m*.

تشعب [ta'ʃaʕʕub] Verzweigung *f*, Aufteilung *f*.

تشعع [ta'ʃaʕʕuʕ] (Aus-)Strahlung *f*.

تشغيل [taʃ'ɣi:l] Beschäftigung *f*,

Inbetriebnahme *f*; *Hdl.* Investition *f*.

تشقق [taˈʃaqquq] Aufspaltung *f*.

تشكيل [taʃˈkiːl] Gestaltung *f*, Bildung *f*, Formung *f*; ة~ *Hdl.* Auswahl *f*, Sortiment *n*; *Mil.* Formation *f*.

تشنج [taˈʃannudʒ] Schrumpfung *f*; Zusammenziehung *f*; *Med.* Krampf *m*, Konvulsion *f*.

تشهير [taʃˈhiːr] Verbreitung *f* des guten *od.* schlechten Rufes.

تشوق [taˈʃawwuq] Sehnsucht *f*, Verlangen *n*.

تشويش [taʃˈwiːʃ] Verwirrung *f*; *Radio*: Störung *f*.

تشويق [taʃˈwiːq] Erweckung *f* von Sehnsucht *od.* Interesse.

تشويه [taʃˈwiːh] Entstellung *f*, Verunstaltung *f*.

تشيع [taˈʃajjuˁ] Parteinahme *f*; *Isl.* schiitisches Bekenntnis *n*.

تشييد [taʃˈjiːd] Errichtung *f*, Erbauung *f*.

تشييع [taʃˈjiːˁ] letztes Geleit *n*.

تصاعد [taˈsɒːˁud] Anstieg *m*.

تصبيرة [tasˈbiːra] Imbiß *m*; Gabelfrühstück *n*.

تصحيح [tasˈħiːħ] Verbesserung *f*, Berichtigung *f*, Korrektur *f*.

تصحيف [tasˈħiːf] Schreibfehler *m*; Entstellung *f*.

تصدع [taˈsɒdduˁ] Spaltung *f*, Bersten *n*.

تصدير [tasˈdiːr] *Hdl.* Ausfuhr *f*, Export *m*; Vorwort *n e-s Buches.*

تصديق [tasˈdiːq] Beglaubigung *f*; Genehmigung *f*, Billigung *f*.

تصرف [taˈsɒrruf] Verfügung(sgewalt) *f*; ~ تحت zur Verfügung; *pl.* [-aːt] Verhalten *n*, Benehmen *n*, Handlungsweise *f*; Durchfluß *m des Wassers.*

تصريح [tasˈriːħ], *pl.* [-aːt] Erlaubnis *f*, Lizenz *f*; *Pol.* Erklärung *f*.

تصريف [tasˈriːf] Veränderung *f*; Ableitung *f des Wassers*; *Gr.* Flexion *f*.

تصغير [tasˈɣiːr] Verkleinerung *f*; *Gr.* Diminutiv *n*.

تصفيح [tasˈfiːħ] Plattierung *f*, Panzerung *f*.

تصفيق [tasˈfiːq] Applaus *m*, Händeklatschen *n*.

تصفية [tasˈfija] Klärung *f*; Ausscheidung *f*; *Hdl.* Räumungsverkauf *m*.

تصلب [taˈsɒllub] Verhärtung *f*.

تصليح [tasˈliːħ] Reparatur *f*, Ausbesserung *f*.

تصميم [tasˈmiːm] Entschluß *m*; Plan *m*, Entwurf *m*, Skizze *f*.

تصنع [taˈsɒnnuˁ] Verstellung *f*, Künstelei *f*.

تصنيف [tas'ni:f] Sortierung *f*; Kompilation *f*; *pl.* تصانيف [tasɒ:'ni:f] literarisches Werk *n*; ة~ Auswahl *f*.

تصور [ta'sɒwwur] Vorstellung *f*, Idee *f*; ى~ imaginär.

تصوف [ta'sɒwwuf] Mystik *f*.

تصويب [taswi:b] 1. Zielen *n*; 2. Richtigstellung *f*, Berichtigung *f*.

تصويت [tas'wi:t] Abstimmung *f bei der Wahl*.

تصوير [tas'wi:r] Darstellung *f*; Illustrierung *f*; Photographie *f*; شمسى ~ [ʃamsi:] Photographie *f*.

تضاد [ta'đɒ:dd] Gegensatz *m*, Kontrast *m*.

تضارب [ta'đɒ:rub] Widerspruch *m*, Konflikt *m*; Kollision *f*.

تضاعف [ta'đɒ:ʕuf] Verdopp(e)lung *f*, Vermehrung *f*.

تضاعيف [tađɒ:'ʕi:f] *pl.* Inhalt *m*.

تضامن [ta'đɒ:mun] gegenseitige Sicherung *f*, Solidarität *f*.

تضحية [tađ'ħija] Aufopferung *f*.

تضخم [ta'đɒxxum] Ausdehnung *f*, Anschwellung *f*; Inflation *f*.

تضخيم [tađ'xi:m] Aufblähung *f*.

تضعيف [tađ'ʕi:f] Verdopp(e)lung *f*.

تضليل [tađ'li:l] Irreführung *f*.

تضييع [tađ'ji:ʕ] Verlust *m*; Verschwendung *f*.

تضييق [tađ'ji:q] Einengung *f*, Beschränkung *f*.

تطابق [ta'ŧɒ:buq] Kongruenz *f*.

تطبيق [taŧ'bi:q] Anwendung *f*; ى~ angewandt, praktisch.

تطرف [ta'ŧɒrruf] Extremismus *m*; Übermaß *n*, Maßlosigkeit *f*.

تطريز [taŧ'ri:z] Stickerei *f*.

تطعيم [taŧ'ʕi:m] Pfropfung *f*; Impfung *f*; Einlegearbeit *f*.

تطلع [ta'ŧɒlluʕ] aufmerksames Betrachten *n*, Neugier *f*.

تطهير [taŧ'hi:r] Säuberung *f*, Reinigung *f*; Desinfektion *f*; *Isl.* Beschneidung *f*.

تطور [ta'ŧɒwwur] Entwicklung *f*, Evolution *f*; ى~ Entwicklungs-, Evolutions-

تطوع [ta'ŧɒwwuʕ] freiwillige Meldung *f*; Volontärdienst *m*.

تطويق [taŧ'wi:q] Einschließung *f*, Einkreisung *f*.

تطويل [taŧ'wi:l] Ausdehnung *f*, Verlängerung *f*; Verzögerung *f*.

تظاهر [ta'zɒ:hur] Vortäuschung *f*; Demonstration *f*.

تظهير [taz'hi:r] *Hdl.* Indossament *n e-s Wechsels*.

تعادل [ta'ʕa:dul] Gleichgewicht *n*; *Spiel*: Unentschieden *n*.

تعارض [ta'ʕa:ruđ] Gegensätzlichkeit *f*, Widerstreit *m*.

تعاضد [taˈʕa:đud] gegenseitiger Beistand *m*.

تعاط [taˈʕa:ṭin], *constr.* تعاطى [taˈʕa:ṭi:] Einnahme *f von Speise, Arznei*; Übernahme *f von Arbeit*.

تعاقب [taˈʕa:qub] Aufeinanderfolge *f*.

تعال [taˈʕa:l] *Imp.* komm!

تعالى [taˈʕa:la:] *Gott*: erhaben ist Er!

تعام [taˈʕa:min], *constr.* تعامى [taˈʕa:mi:] Sichblindstellen *n*, Ignorierung *f e-r Sache* (عن).

تعامل [taˈʕa:mul] Zusammenarbeit *f*; *Hdl.* Geschäftsverkehr *m*.

تعاون [taˈʕa:wun] Zusammenarbeit *f*, Kooperation *f*; ~ى kooperativ, genossenschaftlich.

تعايش: الـ~ السلمى [attaˈʕa:juʃ aˈssilmi:] *Pol.* Koexistenz *f*.

تعب [taʕib (jatʕab)] sich plagen; müde werden; genug haben (von من); IV [ʔatʕab] anstrengen, ermüden.

+ [taʕab], *pl.* أتعاب [ʔatˈʕa:b] Mühe *f*, Plage *f*, Anstrengung *f*; Ermüdung *f*; *pl.* Mühewaltung *f*.

+ [taʕib] ermüdet, ermattet.

تعبان [taʕˈba:n] müde, ermüdet, ermattet.

تعبيد [taʕˈbi:d] Versklavung *f*, Unterjochung *f*; ~ الطرق [aˈṭṭuruq] Straßenbau *m*.

تعبير [taʕˈbi:r], *pl.* تعابير [taʕa:ˈbi:r] Ausdruck *m*, Äußerung *f*; Deutung *f*; بـ~ آخر mit anderen Worten.

تعبئة [taʕˈbiʔa] Einfüllung *f*, Verpackung *f*; *Mil.* Mobilmachung *f*.

تعتيم [taʕˈti:m] Verdunkelung *f*.

تعجب [taˈʕaddʒub] Erstaunen *n*, Verwunderung *f*.

تعجيل [taʕˈdʒi:l] Beschleunigung *f*.

تعد [taˈʕaddin], *constr.* تعدى [taˈʕaddi:] Überschreitung *f*; Übertretung *f*, Übergriff *m*, Verletzung *f*.

تعداد [taʕˈda:d] Zählung *f*, Berechnung *f*.

تعدد [taˈʕaddud] Vielzahl *f*, Vielfalt *f*.

تعديل [taʕˈdi:l] Einrichtung *f*, Adjustierung *f*, Modifizierung *f*, Regelung *f*; *Jur.* (*Gesetzes-*) Abänderung *f*.

تعدين [taʕˈdi:n] Bergbau *m*, Förderung *f*, Abbau *m von Mineralien*.

تعدية [taʕˈdija] Überfuhr *f*, Übersetzung *f über e-n Fluß*; *Gr.* Transitivität *f*.

تعذر [taˈʕaðður] Schwierigkeit *f*, Unmöglichkeit *f*.

تعذيب [taˁ'ðiːb] Bestrafung *f*; Quälerei *f*, Folterung *f*.

تعرج [ta'ˁarrudʒ] Gewundenheit *f*, Zickzack *m*.

تعرف [ta'ˁarruf] Bekanntwerden *n* (mit ب), Bekanntschaft *f*.

تعريب [taˁ'riːb] Übersetzung *f* ins Arabische.

تعريج [taˁ'riːdʒ], *pl.* تعاريج [taˁaː'riːdʒ] Krümmung *f*; Schwankung *f*; *fig.* Ausflucht *f*.

تعريض [taˁ'riːđ] Andeutung *f*, Anspielung *f*.

تعريف [taˁ'riːf], *pl.* تعاريف [taˁaː'riːf] Bekanntmachung *f*, Kennzeichnung *f*, Definition *f*; Preisliste *f*; *Gr.* Determination *f*; ة~ *Äg.* Münze zu 5 Milliemes, halber Piaster *m*.

تعزيز [tɛ.ˁ'ziːz] Festigung *f*, Stärkung *f*.

تعزية [taˁ'zija], *pl.* تعاز [ta'ˁaːzin] Tröstung *f*, Trost *m*.

تعس [taˁs] Unglück *n*, Elend *n*. + [taˁis] unglücklich, elend.

تعسر [ta'ˁassur] Schwierigkeit *f*.

تعسف [ta'ˁassuf] Willkür *f*; Unüberlegtheit *f*.

تعشيق [taˁ'ʃiːq] Verzahnung *f*; *Tischlerei*: Verzapfung *f*.

تعصب [ta'ˁassub] Fanatismus *m*, Parteigeist *m*.

تعضيد [taˁ'điːd] Hilfe *f*, Beistand *m*.

تعطل [ta'ˁattul] Stillstand *m*; Arbeitslosigkeit *f*.

تعطيب [taˁ'tiːb] Zerstörung *f*.

تعطيل [taˁ'tiːl] Stillegung *f*; Behinderung *f*; Abstellung *f* *e-r Maschine*; Einstellung *f* *der Arbeit*.

تعظيم [taˁ'ziːm] Verherrlichung *f*; *Mil.* Ehrenbezeigung *f*.

تعفف [ta'ˁaffuf] Enthaltsamkeit *f*, Keuschheit *f*.

تعفن [ta'ˁaffun] Fäulnis *f*, Schimmelbildung *f*.

تعقب [ta'ˁaqqub] Verfolgung *f*.

تعقد [ta'ˁaqqud] Kompliziertheit *f*.

تعقل [ta'ˁaqqul] Verstand *m*, Vernunft *f*, Überlegung *f*.

تعقيب [taˁ'qiːb] Verfolgung *f*; Revision *f*.

تعقيد [taˁ'qiːd] Verknüpfung *f*, Verwicklung *f*, Komplikation *f*.

تعقيم [taˁ'qiːm] Sterilisierung *f*; Pasteurisierung *f*; Entkeimung *f*, Desinfektion *f*.

تعلق [ta'ˁalluq] Abhängigkeit *f*; Verbundenheit *f*.

تعلم [ta'ˁallum] Lernen *n*, Studium *n*.

تعلة [ta'ˁilla] Vorwand *m*, Ausrede *f*.

تعليق [taˁ'liːq], *pl.* [-aːt] Aufhängung *f*; Kommentar *m*,

Randbemerkung *f*; ة~ Glosse *f*, Randbemerkung *f*.

تعليل [taʕ'li:l] Begründung *f*, Motivierung *f*.

تعليم [taʕ'li:m] Unterricht *m*, Lehre *f*, Belehrung *f*; ~ات [-a:t] *pl.* Anweisungen *f/pl.*, Instruktionen *f/pl.*; ~ى erzieherisch, Unterrichts-.

تعليه [taʕ'lija] Erhebung *f*, Erhöhung *f*.

تعمد [ta'ʕammud] Absicht *f*, Vorsatz *m*; ~ى vorsätzlich.

تعمل [ta'ʕammul] Geziertheit *f*, Unnatürlichkeit *f*.

تعميد [taʕ'mi:d] Taufe *f*.

تعمير [taʕ'mi:r] Erbauung *f*; Reparatur *f*; ة~ Füllung *f*; Patrone *f*.

تعميم [taʕ'mi:m] Verallgemeinerung *f*; Popularisierung *f*.

تعن [ta'ʕannin], *constr.* تعنى [ta'ʕanni:] Mühe *f*, Plage *f*.

تعنت [ta'ʕannut] Starrköpfigkeit *f*; Nörgelei *f*.

تعنيف [taʕ'ni:f] Verweis *m*, Tadel *m*.

تعهد [ta'ʕahhud], *pl.* [-a:t] Verpflichtung *f*; Fürsorge *f*.

تعود [ta'ʕawwud] Gewöhnung *f*.

تعويد [taʕ'wi:d] Gewöhnung *f e-s anderen*.

تعويذ [taʕ'wi:ð] Amulett *n*; Zauberspruch *m*.

تعويض [taʕ'wi:đ] Ersatz *m*; Entschädigung *f*; ~ات [-a:t] *pl.* Ersatzleistungen *f/pl.*, Reparationen *f/pl.*; ~ى Ersatz-.

تعويق [taʕ'wi:q] Behinderung *f*.

تعيين [taʕ'ji:n] Bestimmung *f*, Spezifizierung *f*; Ernennung *f e-s Funktionärs*; Zuweisung *f*, Zuteilung *f*.

تغافل [ta'ɣa:ful] Nichtbeachtung *f*, Vernachlässigung *f*.

تغذية [taɣ'ðija] Ernährung *f*, Speisung *f*.

تغرب [ta'ɣarrub] Auswanderung *f*; Verwestlichung *f*.

تغرض [ta'ɣarruđ] Vorurteil *n*, Voreingenommenheit *f*.

تغريب [taɣ'ri:b] Verbannung *f*, Landesverweisung *f*.

تغريد [taɣ'ri:d] Zwitschern *n*, Vogelgesang *m*.

تغريق [taɣ'ri:q] Ertränkung *f*; Überflutung *f*.

تغطيس [taɣ'ṭi:s] Eintauchen *n*, Versenkung *f*.

تغطية [taɣ'ṭija] Bedeckung *f*, Verhüllung *f*; Deckung *f der Währung*.

تغلب [ta'ɣallub] Überwindung *f*, Überwältigung *f* (*j-s* على).

تغلغل [ta'ɣalɣul] Eindringen *n*.

تغيب [ta'ɣajjub] Abwesenheit *f*, Fernbleiben *n*.

تغير [taˈɣajjur], *pl.* [-a:t] Veränderung *f*, Wechsel *m*.

تغيير [taɣˈji:r] Änderung *f*, Auswechslung *f*.

تفاح [tuˈffa:ħ] *coll.*, ~ة Apfel *m*.

تفاخر [taˈfa:xur] Prahlerei *f*.

تفاضل [taˈfa:đul] Vorzüglichkeit *f*; *Math.* حساب الـ~ Differentialrechnung *f*.

تفاعل [taˈfa:ʕul] gegenseitige Wirkung *f*; *Chemie*: Prozeß *m*, Reaktion *f*; ~ متسلسل Kettenreaktion *f*.

تفاهم [taˈfa:hum] Verständigung *f*, Einvernehmen *n*; سوء الـ~ Mißverständnis *n*.

تفاهة [taˈfa:ha] Bedeutungslosigkeit *f*; Fadheit *f*.

تفاوت [taˈfa:wut] Verschiedenheit *f*, Differenziertheit *f*.

تفاؤل [taˈfa:ʔul] Optimismus *m*.

تفتيش [tafˈti:ʃ] Inspektion *f*, Besichtigung *f*; Untersuchung *f*; ~ى Untersuchungs-.

تفجع [taˈfaddʒuʕ] Qual *f*, Leid *n*.

تفجير [tafˈdʒi:r] Sprengung *f*.

تفخيم [tafˈxi:m] Verstärkung *f*; Emphase *f*.

تفرج [taˈfarrudʒ] Betrachtung *f*, Besichtigung *f*.

تفرع [taˈfarruʕ], *pl.* [-a:t] Abzweigung *f*; Verzweigung *f*.

تفرق [taˈfarruq] Auseinandergehen *n*, Zerstreuung *f*.

تفرقة [tafˈriqa] Unterscheidung *f*; Trennung *f*.

تفريج [tafˈri:dʒ] Erleichterung *f*; Aufheiterung *f*.

تفريخ [tafˈri:x] Ausbrütung *f*; آلة الـ~ Brutapparat *m*.

تفريغ [tafˈri:ɣ] Entleerung *f*, Entladung *f*.

تفريق [tafˈri:q] Trennung *f*, Teilung *f*.

تفسير [tafˈsi:r] Erläuterung *f*, Deutung *f*, Interpretation *f*; ~ى erklärend, erläuternd.

تفش [taˈfaʃʃin], *constr.* تفشى [taˈfaʃʃi:] Ausbreitung *f*, Verbreitung *f*.

تفصيل [tafˈsi:l] Zuschneiden *n* *e-s Kleidungsstücks*, Anfertigung *f* nach Maß; *pl.* [-a:t] *u.* تفاصيل [tafa:ˈsi:l] Einzelheit *f*, Detail *n*; بالتفصيل ausführlich; ~ى detailliert, ausführlich.

تفضل [taˈfɒđđul] Geruhen *n*, Bereitwilligkeit *f*, Gefälligkeit *f*.

تفضيل [tafˈđi:l] Bevorzugung *f*; *Gr.* Steigerung *f*, Komparation *f*.

تفقد [taˈfaqqud] Nachforschung *f*, Untersuchung *f*.

تفكه [taˈfakkuh] Belustigung *f*.

تفكه [tufga] *Ir.* Gewehr *n*, Schießeisen *n*.

تفكير [tafˈki:r] Denken *n*, Nachdenken *n*, Sinnen *n*.

تقديس [taqˈdiːs] Heiligung *f*, Weihung *f*.

تقديم [taqˈdiːm] Vorausschikkung *f*; Voranstellung *f*; Unterbreitung *f*; Überreichung *f*; Einreichung *f* *e-s Gesuches*.

تقذيف [taqˈðiːf] Rudern *n*.

تقرب [taˈqarrub] Annäherung *f* (an *A* من).

تقريب [taqˈriːb] Näherbringung *f*; ~ا [taqˈriːban] *Adv.* ungefähr, beiläufig, annähernd; ~ى beiläufig.

تقرير [taqˈriːr], *pl.* تقارير [taqaːˈriːr] Feststellung *f*, Entscheidung *f*; Bericht *m*; ~ المصير *Pol.* Selbstbestimmung *f*.

تقريظ [taqˈriːẓ] Lobrede *f*.

تقسيط [taqˈsiːṭ] *Hdl.* Ratenzahlung *f*; بالـ~ in Raten.

تقسيم [taqˈsiːm] Teilung *f*, Einteilung *f*, Aufteilung *f*.

تقشف [taˈqaʃʃuf] Askese *f*, Kasteiung *f*.

تقشير [taqˈʃiːr] Abschälung *f*, Entrindung *f*.

تقص [taˈqɒssin], *constr.* تقصى [taˈqɒssiː] Erforschung *f*, tiefes Eindringen *n*.

تقصير [taqˈsiːr] Verkürzung *f*; Unzulänglichkeit *f*; Fehler *m*.

تقضية [taqˈḍija] Ausführung *f*, Verrichtung *f*.

تفل [tafal (jatfil)] spucken.

تفليس [tafˈliːs] *Hdl.* Insolvenz *f*, Bankrotterklärung *f*.

تفنن [taˈfannun] Meisterschaft *f*, Kunstfertigkeit *f*; Vielseitigkeit *f*.

تفه [tafah] Geringfügigkeit *f*, Bedeutungslosigkeit *f*.

\+ [tafih] gering, unbedeutend; fade; banal.

تفهم [taˈfahhum] Verständnis *n*, Erfassen *n*.

تفهيم [tafˈhiːm] Erklärung *f*, Unterweisung *f*.

تفوق [taˈfawwuq] Überlegenheit *f*.

تقارب [taˈqaːrub] gegenseitige Annäherung *f*.

تقاطع [taˈqaːṭuʕ] (*Straßen-*)Kreuzung *f*; Schnittpunkt *m*.

تقاعد [taˈqaːʕud] Ruhestand *m*, Pension *f*.

تقانة [taˈqaːna] Festigkeit *f*; Vollendung *f*.

تقاوى [taˈqaːwiː] Saatgut *n*.

تقدم [taˈqaddum] Vorgehen *n*, Vormarsch *m*; Fortschritt *m*; ~ى fortschrittlich, progressiv.

تقدمة [taqˈdima] Darbringung *f*; Angebot *n*; Einleitung *f*.

تقدير [taqˈdiːr] Schätzung *f*, Bewertung *f*; Würdigung *f*; Annahme *f*, Vermutung *f*; على أقل الـ~ [ʔaqall] mindestens.

تقطع [taˈqattuʕ] Unterbrechung *f*.

تقطير [taqˈtiːr] Destillation *f*.

تقطيع [taqˈtiːʕ] Zerstückelung *f*; *pl*. تقاطيع [taqaːˈtiːʕ] Gestalt *f*, Form *f*; تقاطيع الوجه Gesichtszüge *m/pl*.

تقلب [taˈqallub], *pl*. [-aːt] Wechsel *m*, Schwankung *f*; Fluktuieren *n*; Unbeständigkeit *f*.

تقلص [taˈqallus] Zusammenschrumpfung *f*; Eingehen *n* *e-s Stoffes*.

تقليد [taqˈliːd], *pl*. تقاليد [taqaˈliːd] Nachahmung *f*, Imitation *f*; *pl*. Tradition *f*, Überlieferung *f*; ~ى traditionell, herkömmlich.

تقليل [taqˈliːl] Verringerung *f*, Reduzierung *f*.

تقليم [taqˈliːm] Stutzen *n*, Beschneiden *n*.

تقن IV [ʔatqan] *Sprache* beherrschen, vollendet können.

تقنين [taqˈniːn] Gesetzgebung *f*; *Jur*. Kodifikation *f*.

تقوت [taˈqawwut] Ernährung *f*.

تقول [taˈqawwul] Gerede *n*.

تقوى [taqwaː] Gottesfurcht *f* (*s*. وق).

تقوير [taqˈwiːr] Höhlung *f*; ~ة Halsausschnitt *m e-s Kleids*.

تقويم [taqˈwiːm] Aufstellung *f*; Verbesserung *f*; *El*. Gleichrichtung *f*; Bestandaufnahme *f*; Landesvermessung *f*; Kalender *m*, Jahrbuch *n*.

تقوية [taqˈwija] Stärkung *f*, Festigung *f*.

تقى [taqaː (jatqiː)] *Gott* fürchten; *s*. وق.

\+ [taˈqiːj], *pl*. أتقياء [ʔatqiˈjaːʔ] fromm, gottesfürchtig.

تقيد [taˈqajjud] Gebundensein *n*, Beschränkung *f*.

تقية [taˈqiːja] Vorsicht *f*; Geheimhaltung *f*.

تقييد [taqˈjiːd] Bindung *f*; Beschränkung *f*; Eintragung *f*, Verbuchung *f*.

تكاتف [taˈkaːtuf] Geschlossenheit *f*, Solidarität *f*.

تكاثر [taˈkaːθur] Zunahme *f*, Vermehrung *f*.

تكاسل [taˈkaːsul] Faulheit *f*, Trägheit *f*.

تكافل [taˈkaːful] gegenseitige Bürgschaft *f*, Solidarität *f*.

تكافؤ [taˈkaːfuʔ] Gleichartigkeit *f*, Gleichwertigkeit *f*.

تكاليف *s*. تكليف.

تكامل [taˈkaːmul] Vollzähligkeit *f*; Integration *f*; حساب الـ~ *Math*. Integralrechnung *f*.

تكأة [tukʔa] Stab *m*; Stütze *f* (*s*. وكأ).

تكبر [taˈkabbur] Stolz *m*, Hochmut *m*.

تكبير [tak'bi:r] Vergrößerung *f*; Verherrlichung *f*.

تكتم [ta'kattum] Verschwiegenheit *f*, Diskretion *f*.

تكثير [tak'θi:r] Vermehrung *f*, Vervielfachung *f*.

تكثيف [tak'θi:f] Verdichtung *f*, Kondensierung *f*.

تكدير [tak'di:r] Trübung *f*; Kränkung *f*.

تكذيب [tak'ði:b] Leugnung *f*; *Pol*. Dementi *n*.

تكرار [tak'ra:r] Wiederholung *f*; ~ا [-an] *Adv*. wiederholt.

تكرم [ta'karrum] Geruhen *n*, freundliche Gewährung *f*.

تكرير [tak'ri:r] 1. Wiederholung *f*; 2. Raffinierung *f*.

تكريس [tak'ri:s] Weihe *f*, Einweihung *f*.

تكريم [tak'ri:m] Ehrung *f*; ~ا له [-an lahu] ihm zu Ehren.

تكسب [ta'kassub] Verdienst *m*, Erwerb *m*.

تكسر [ta'kassur] Brechung *f*.

تكسير [tak'si:r] Zerbrechung *f*; *Gr*. جمع الـ~ gebrochener Plural *m*.

تكسية [tak'sija] Verkleidung *f*, Bekleidung *f*.

تكعيب [tak'ʕi:b] *Math*. Kubierung *f*, Kubatur *f*; ~ة Gitterwerk *n*, Spalier *n*; ~ى kubisch.

تكفير [tak'fi:r] 1. Sühnung *f*; 2. Bezichtigung *f* des Unglaubens.

تكلف [ta'kalluf] Umständlichkeit *f*; Affektiertheit *f*.

تكلم [ta'kallum] Sprechen *n*, Reden *n*.

تكليف [tak'li:f], *pl*. تكاليف [taka:'li:f] Bemühung *f*; Beauftragung *f*; Aufwand *m*; Umstände *m*/*pl*.; Förmlichkeit *f*; *pl*. Kosten *pl*., Ausgaben *f*/*pl*.; بلا ~ ohne Umstände!

تكملة [tak'mila] Ergänzung *f*.

تكميل [tak'mi:l] Vervollständigung *f*; ~ى ergänzend.

تكهن [ta'kahhun] Voraussage *f*, Prophezeiung *f*.

تكوين [tak'wi:n] Formung *f*, Bildung *f*, Erschaffung *f*; *Bibel*: Genesis *f*.

تكيف [ta'kajjuf] Anpassung *f*, Akklimatisierung *f*.

تكية [ta'ki:ja], *pl*. تكايا [ta'ka:ja:] Derwischkloster *n*.

تكييف [tak'ji:f] Formgebung *f*; Anpassung *f*; Regulierung *f*; Konditionierung *f*; ~ الهواء Regelung der Lufttemperatur und Feuchtigkeit.

تل [tall], *pl*. تلول [tu'lu:l] *u*. تلال [ti'la:l] Hügel *m*, Anhöhe *f*; *Archäologie*: Tell *m* (*Stadthügel*).

تلا *s.* تلو.

تلاش [taˈlaːʃin], *constr.* تلاشي [taˈlaːʃiː] Schwinden *n der Kräfte*; Zunichtewerden *n*.

تلاصق [taˈlasːuq] Aneinanderhaften *n*.

تلاعب [taˈlaːʕub] *Techn.* Spiel *n*; مجال الـ~ Spielraum *m*.

تلاف [taˈlaːfin], *constr.* تلافي [taˈlaːfiː] Ausbesserung *f*; Abhilfe *f*.

تلألؤ [taˈlaʔluʔ] Glänzen *n*, Schillern *n*.

تلامذة *s.* تلميذ.

تلاوة [tiˈlaːwa] Verlesung *f*, Rezitation *f*.

تلبيب [talˈbiːb], *pl.* تلابيب [talaːˈbiːb] Kragen *m*.

تلبيس [talˈbiːs] Verkleidung *f*; Überzug *m*; Verputz *m*; ~ة *Med.* Zäpfchen *n*.

تلبية [talˈbija] Folgeleistung *f*, Annahme *f e-r Einladung*.

تلحين [talˈħiːn] Vertonung *f e-s Liedes*, Komposition *f*.

تلخيص [talˈxiːs] Zusammenfassung *f*, Auszug *m*, Resümee *n*.

تلطف [taˈlattuf] Freundlichkeit *f*, Liebenswürdigkeit *f*.

تلطيف [talˈtiːf] Milderung *f*, Abschwächung *f*.

تلغراف [tiliɣˈraːf] Telegraph *m*; ~ى telegraphisch.

تلف [talif (jatlaf)] verderben, beschädigt werden; IV [ʔatlaf] ruinieren, beschädigen, verderben.

\+ [talaf] Ruin *m*, Schaden *m*, Verlust *m*.

تلفان [talˈfaːn] verdorben.

تلفزة [talˈfaza] Fernsehen *n*.

تلفظ [taˈlaffuz] Aussprache *f*.

تلفون [tiliˈfuːn], *pl.* [-aːt] Telefon *n*.

تلفيف [talˈfiːf] Wicklung *f*.

تلفيق [talˈfiːq] Erdichtung *f*, Verfälschung *f*; Flunkerei *f*.

تلقاء [tilˈqaːʔ(a)] *Präp.* gegenüber, vor; من ~ نفسه [min tilˈqaːʔi nafsihi] von selbst, aus eigenem Antrieb.

تلق [taˈlaqqin], *constr.* تلقي [taˈlaqqiː] Empfang *m*; Erwerbung *f*, Aneignung *f*.

تلقيح [talˈqiːħ] Befruchtung *f*; Impfung *f*.

تلقين [talˈqiːn] Belehrung *f*, Unterweisung *f*, Suggerierung *f*.

تلك [tilka] diese *f*; *s.* ذلك.

تلمذ [talmað (juˈtalmið)] als Schüler annehmen; II [taˈtalmað] in die Lehre gehen.

\+ ~ة [talˈmaða] Lehre *f*, Lehrzeit *f*.

تلمس [taˈlammus] Herumtasten *n*, Suche *f*.

تلميح [talˈmiːħ], *pl.* تلاميح [talaː-

ˈmi:ħ] Andeutung *f*, Hinweis *m*.

تلميذ [tilmi:ð], *pl.* تلاميذ [tala:ˈmi:ð] *u.* تلامذة [taˈla:miða] Schüler *m*, Lehrling *m*; Jünger *m*; ة~, *pl.* [-a:t] Schülerin *f*.

تلميع [talˈmi:ʕ] Polieren *n*, Glätten *n*.

تله [talih (jatlah)] erstaunt, bestürzt sein.

تلهية [talˈhija] Zerstreuung *f*; Ablenkung *f*.

تلا (تلو) [tala: (jatlu:)] 1. (nach-) folgen; 2. vorlesen, rezitieren; VI [taˈta:la:] aufeinander folgen.

تلو [tilwa] *Präp.* nach, hinter.

تلويح [talˈwi:ħ], *pl.* [-a:t] Winken *n*, Wink *m*; Andeutung *f*, Anspielung *f*; ة~ Anmerkung *f*, Bemerkung *f*.

تلوين [talˈwi:n] Färbung *f*, Bemalung *f*.

تليد [taˈli:d] ererbt, überkommen.

تلفزة = تليفزيون.

تلفون = تليفون.

تم [tamma (jaˈtimmu)] vollständig, vollendet sein; beendet werden; zustande kommen; II [tammam] *u.* IV [ʔaˈtamma] vollenden, abschließen; vervollständigen.

تماس [taˈma:ss] Kontakt *m*, Fühlung *f*.

تماش [taˈma:ʃin], *constr.* تماشي [taˈma:ʃi:] Einklang *m*, Übereinstimmung *f*.

تمام [taˈma:m] Vollendung *f*, Vollkommenheit *f*; في ~ الساعة ... um Punkt ... Uhr, genau um ... Uhr; تماما [taˈma:man] *Adv.* ganz, völlig; genau.

تمتع [taˈmattuʕ] Genuß *m*.

تمثال [timˈθa:l], *pl.* تماثيل [tama:ˈθi:l] Statue *f*, Denkmal *n*; Relief *n*, Abbild *n*.

تمثيل [tamˈθi:l] *Theater*: Aufführung *f*, Darstellung *f*, Spiel *n*; Vertretung *f*, Repräsentation *f*; Vergleich *m*; ى~ dramatisch, Schauspiel-; ية~ Schauspiel *n*, Drama *n*, Theaterstück *n*.

تمجيد [tamˈdʒi:d] Verherrlichung *f*.

تمحيص [tamˈħi:s] Prüfung *f*, Untersuchung *f*.

تمدد [taˈmaddud] Ausdehnung *f*, Expansion *f*, Ausbreitung *f*.

تمدن [taˈmaddun] Zivilisation *f*; ى~ Zivilisations-.

تمديد [tamˈdi:d] Verlängerung *f* (*a. e-r Frist*), Erweiterung *f*.

تمر [tamr] *coll.*, ة~ Dattel *f*.

تمرد [taˈmarrud] Ungehorsam *m*; Empörung *f*, Meuterei *f*.

تمرن [taˈmarrun] Geübtheit *f*; Erfahrung *f*.

تمرين [tamˈriːn], *pl.* تمارين [tamaːˈriːn] *u.* [-aːt] Übung *f*, Training *n*, Ausbildung *f*, Praxis *f*.

تمزيق [tamˈziːq] Zerreißung *f*.

تمساح [timˈsaːħ], *pl.* تماسيح [tamaːˈsiːħ] Krokodil *n*.

تمسك [taˈmassuk] Festhalten *n*, Stabilität *f*.

تمش [taˈmaʃʃin], *constr.* تمشى [taˈmaʃʃiː] Entsprechung *f*, Übereinstimmung *f* (mit مع).

تمغة [tamɣa] Stempel *m*; Stempelmarke *f*.

تمكن [taˈmakkun] Imstandesein *n*, Vermögen *n*; Selbstbeherrschung *f*.

تمكين [tamˈkiːn] Stärkung *f*, Festigung *f*; Ermöglichung *f*.

تملق [taˈmalluq] Schmeichelei *f*.

تملك [taˈmalluk] Besitzergreifung *f*.

تملى [taˈmalliː] *Äg., vulg.* immer.

تمن [taˈmannin], *pl.* تمنيات [tamanniˈjaːt] Wunsch *m*.
+ [timman] *Ir.* Reis *m*.

تمهل [taˈmahhul] Langsamkeit *f*, Bedächtigkeit *f*.

تمهيد [tamˈhiːd] Ebnung *f*; Einleitung *f*, Vorbereitung *f*; ~ى vorbereitend, vorläufig, einstweilig.

تموج [taˈmawwudʒ] Wellenbewegung *f*; Gewelltheit *f*.

تموز [taˈmmuːz] *Syr., Ir.* Juli *m*.

تمويج [tamˈwiːdʒ] Wellung *f*, Ondulation *f*.

تمويل [tamˈwiːl] *Hdl.* Finanzierung.

تموين [tamˈwiːn] Versorgung *f*, Verproviantierung *f*.

تمويه [tamˈwiːh] 1. Überzug *m mit Metall, Farbe etc.*, Plattierung *f*; 2. Ausschmückung *f*; Entstellung *f der Wahrheit*; ~ى Schein-, trügerisch.

تمييز [tamˈjiːz] Auszeichnung *f*, Hervorhebung *f*; Unterscheidung *f*; Privilegierung *f*; *Jur.* Revision *f*.

تناحر [taˈnaːħur] Kampf *m*, Antagonismus *m*.

تنازع [taˈnaːzuʕ] Streit *m*, Kampf *m*.

تنازل [taˈnaːzul] Verzicht *m* (auf عن), Abtretung *f*; Rücktritt *m*; Nachgiebigkeit *f*.

تناسب [taˈnaːsub] gegenseitige Beziehung *f*, Verhältnis *n*; Proportion *f*; Symmetrie *f*; Gleichmäßigkeit *f*.

تناسخ [taˈnaːsux] Ablösung *f*; Seelenwanderung *f*.

تناسق [ta'na:suq] Ordnung *f*, Ebenmäßigkeit *f*.

تناسل [ta'na:sul] Fortpflanzung *f*, Zeugung *f*; ~ى geschlechtlich, sexuell; ~يات Geschlechtsorgane *n/pl*.

تناظر [ta'nɒ:zur] Disput *m*, Meinungsverschiedenheit *f*.

تنافس [ta'na:fus] Rivalität *f*, Wettstreit *m*.

تناقص [ta'na:qus] Verringerung *f*, Abnahme *f*.

تناقض [ta'na:quđ] Widerspruch *m*, Unvereinbarkeit *f*.

تناه [ta'na:hin], *constr.* تناهى [ta'na:hi:] Begrenztheit *f*; Endlichkeit *f*; Ablauf *m e-r Zeit*.

تناوب [ta'na:wub] Abwechslung *f*, Periodizität *f*; بالـ~ abwechselnd, nacheinander.

تناول [ta'na:wul] Einnahme *f von Speisen*; Behandlung *f e-s Gegenstandes in der Rede*.

تنبؤ [ta'nabbuʔ] Vorhersage *f*, Prophezeiung *f*.

تنبيت [tam'bi:t] Anpflanzung *f*.

تنبيه [tam'bi:h] Aufmerksammachung *f*, Warnung *f*; Hinweis *m*; آلة الـ~ Autohupe *f*, Signalhorn *n*.

تنجيز [tan'dʒi:z] Ausführung *f*, Durchführung *f*, Vollzug *m*.

تنجية [tan'dʒija] Rettung *f*.

تنديد [tan'di:d] Kritik *f*, Bemängelung *f*.

تنزه [ta'nazzuh] Spaziergang *m*.

تنزيل [tan'zi:l], *pl.* [-a:t] Herabsetzung *f des Preises*; Abzug *m vom Gehalt*; Herabsendung *f*; Herablassung *f*.

تنس [tennis] Tennis *m*.

تنسق [ta'nassuq] richtige Anordnung *f*.

تنسيق [tan'si:q] Einrichtung *f*, Einordnung *f*; Retusche *f*.

تنشيط [tan'ʃi:t] Anregung *f*, Belebung *f*, Aktivierung *f*.

تنشيف [tan'ʃi:f] Abtrocknung *f*, Trockenlegung *f*.

تنشين [tan'ʃi:n] Zielen *n*; Etikettierung *f*.

تنشئة [tan'ʃiʔa] Erziehung *f*; Begründung *f*.

تنصيب [tan'si:b] Einsetzung *f in ein Amt*; Ernennung *f*.

تنصير [tan'si:r] Christianisierung *f*.

تنصيف [tan'si:f] Halbierung *f*.

تنظيف [tan'zi:f] Reinigung *f*; ~ جاف [dʒa:ff] chemische Reinigung *f*.

تنظيم [tan'zi:m] Anordnung *f*, Regelung *f*, Organisation *f*; اعادة الـ~ Reorganisation *f*.

تنفس [ta'naffus] Atmung *f*; ~ى Atmungs-.

تنفيذ [tan'fi:ð] Ausführung *f*,

Verwirklichung *f*; Vollstreckung *f e-s Urteils*; Exekution *f*.

تنفير [tanˈfiːr] Entfremdung *f*; Abschreckung *f*.

تنقل [taˈnaqqul] Fortbewegung *f*, Ortswechsel *m*; Transport *m*.

تنقيب [tanˈqiːb] Untersuchung *f*; Grabung *f*; Bohrung *f nach Öl*; *pl.* [-aːt] *Archäologie*: Ausgrabungen *f/pl*.

تنقيح [tanˈqiːħ] Durchsicht *f*, Korrektur *f*.

تنقيص [tanˈqiːs] Kürzung *f*, Herabsetzung *f*.

تنقية [tanˈqija] Säuberung *f*; Enthülsung *f*.

تنك [tanak] *Syr.*, *Ir.* Blech *n*, Weißblech *n*; جى ~ [tanakdʒiː, tanaktʃiː] Klempner *m*; ة~ Kanister *m*, Blechkanne *f*.

تنكر [taˈnakkur] Verleugnung *f*; Maskerade *f*.

تنكس [taˈnakkus] Entartung *f*, Degeneration *f*.

تنكير [tanˈkiːr] Unkenntlichmachung *f*, Maskierung *f*.

تنكيل [tanˈkiːl] exemplarische Bestrafung *f*.

تنمير [tanˈmiːr] Numerierung *f*.

تنميق [tanˈmiːq] Verzierung *f*, Ausschmückung *f*.

تنمية [tanˈmija] Mehrung *f*; Züchtung *f von Pflanzen*.

تنهد [taˈnahhud], *pl.* [-aːt] Seufzer *m*.

تنور [taˈnawwur] Erleuchtung *f*. + [taˈnnuːr], *pl.* تنانير [tanaːˈniːr] Backgrube *f*, Backofen *m für Fladenbrot*; ة~ Damenrock *m*.

تنوع [taˈnawwuʕ] Vielfalt *f*, Mannigfaltigkeit *f*.

تنوير [tanˈwiːr] Beleuchtung *f*; Blüte *f*.

تنويع [tanˈwiːʕ] Abänderung *f*, Variation *f*.

تنويم [tanˈwiːm] Einschläferung *f*; مغنطيسى ~ Hypnose *f*.

تنويه [tanˈwiːh] Erwähnung *f*; Lob *n*.

تنين [tiˈnniːn] Drache *m*, Ungeheuer *n*.

تهافت [taˈhaːfut] Zusammenbruch *m*, Ruin *m*.

تهانى *s.* تهنية.

تهاون [taˈhaːwun] Geringschätzung *f*, Gleichgültigkeit *f*.

تهايؤ [taˈhaːjuʔ] gegenseitige Anpassung *f*.

تهتك [taˈhattuk] Schamlosigkeit *f*.

تهجية [tahˈdʒija] Buchstabieren *n*.

تهدم [taˈhaddum] Einsturz *m*, Zusammenbruch *m*.

تهديد [tahˈdiːd] Drohung *f*, Einschüchterung *f*.

تهديف [tahˈdi:f] Zielen *n.*

تهديم [tahˈdi:m] Zerstörung *f.*

تهدئة [tahˈdiʔa] Beruhigung *f,* Befriedung *f.*

تهذيب [tahˈði:b] Verbesserung *f*; Verfeinerung *f*; Revision *f*; Erziehung *f.*

تهريب [tahˈri:b] Schmuggel *m.*

تهكم [taˈhakkum] Spott *m,* Hohn *m*; ~ى spöttisch, höhnisch.

تهلكة [tahˈluka] Verderben *n.*

تهلل [taˈhallul] Jubel *m,* Frohlocken *n.*

تهمة [tuhma], *pl.* تهم [tuham] Anklage *f,* Verdacht *m.*

تهنئة [tahˈniʔa], *pl.* تهانئ [taˈha:niʔ] Glückwunsch *m.*

تهور [taˈhawwur] Leichtsinn *m*; Unbesonnenheit *f*; Überstürzung *f.*

تهويد [tahˈwi:d] Judaisierung *f.*

تهويش [tahˈwi:ʃ] Aufhetzung *f,* Aufwiegelung *f.*

تهويل [tahˈwi:l] Verängstigung *f,* Einschüchterung *f.*

تهوية [tahˈwija] Lüftung *f,* Ventilation *f.*

تهيج [taˈhajjudʒ] Aufregung *f,* Erregung *f,* Affekt *m.*

تهيؤ [taˈhajjuʔ] Bereitschaft *f*; Rüstung *f.*

تهييج [tahˈji:dʒ] Erregung *f,* Aufreizung *f*; *El.* Induktion *f.*

تهيئة [tahˈjiʔa] Vorbereitung *f,* Herrichtung *f.*

توا [tawwan] *Adv.* soeben; sogleich.

تواتر [taˈwa:tur] ständige Wiederholung *f,* Beharrlichkeit *f,* Folgerichtigkeit *f.*

تواد [taˈwa:dd] freundschaftliches Verhältnis *n.*

توارث [taˈwa:ruθ] Vererbung *f.*

توارد [taˈwa:rud] Zusammentreffen *n*; Eintreffen *n mehrerer Personen.*

توازن [taˈwa:zun] Gleichgewicht *n.*

تواصل [taˈwa:sul] Fortdauer *f,* Kontinuität *f.*

تواضع [taˈwa:ḍuʕ] Bescheidenheit *f,* Demut *f.*

تواطؤ [taˈwa:ṭuʔ] Verabredung *f,* Einverständnis *n.*

توافق [taˈwa:fuq] Übereinstimmung *f.*

تواكل [taˈwa:kul] gegenseitiges Vertrauen *n*; Gleichgültigkeit *f.*

توال [taˈwa:lin], *constr.* توالى [taˈwa:li:] ununterbrochene Folge *f.*

توأم [tauʔam], *Dual* توأمان [tauʔaˈma:n], *pl.* توائم [taˈwa:ʔim] Zwilling *m.*

توان [taˈwa:nin], *constr.* توانى [taˈwa:ni:] Erschlaffung *f*; Langsamkeit *f.*

تاب (توب) [ta:b (ja'tu:b)] bereuen, sich bekehren; *Gott*: verzeihen.

توبال [tu:'ba:l] Schlacke *f*.

توبة [tauba] Reue *f*, Buße *f*.

توبيخ [tau'bi:x] Tadel *m*, Verweis *m*.

توت [tu:t] *coll.*, ة~ Maulbeerbaum *m*; Maulbeere *f*.

توتّر [ta'wattur] Spannung *f*, Anspannung *f*.

توثقة [tau'θiqa] Sicherheit *f*, Garantie *f*.

توثيق [tau'θi:q] Festigung *f*, Konsolidierung *f*; Ausstellung *f e-r Urkunde*.

توج II [tawwadʒ] krönen.

توجه [ta'waddʒuh] Hinwendung *f*; Aufmerksamkeit *f*.

توجيه [tau'dʒi:h] Ausrichtung *f*, Orientierung *f*; Anleitung *f*, Direktive *f*; ى~ richtunggebend; شهادة التوجيهية Schlußzeugnis *n* der Oberschule, Reifezeugnis *n*.

توحد [ta'waħħud] Einsamkeit *f*.

توحش [ta'waħħuʃ] Verwilderung *f*, Verrohung *f*.

توحيد [tau'ħi:d] Vereinheitlichung *f*, Zusammenfassung *f*; Monotheismus *m*.

توخ [ta'waxxin], *constr.* توخى [ta'waxxi:] Absicht *f*, Bestreben *n*.

توديع [tau'di:ʕ] Abschied *m*, Verabschiedung *f*.

تورد [ta'warrud] Rötung *f*.

تورط [ta'warrut̶] Verstrickung *f*, Verwicklung *f* (in *A* في).

تورم [ta'warrum] Schwellung *f*.

توريد [tau'ri:d] Lieferung *f von Waren*, Zufuhr *f*.

تورية [tau'rija] Anspielung *f*; Zweideutigkeit *f*, Wortspiel *n*.

توزيع [tau'zi:ʕ] Verteilung *f*, Ausgabe *f*.

توسط [ta'wassut̶] Vermittlung *f*; Mittelstellung *f*.

توسع [ta'wassuʕ] Erweiterung *f*, Ausdehnung *f*, Expansion *f*.

توسل [ta'wassul] Flehen *n*, inständige Bitte *f*.

توسيع [tau'si:ʕ] Erweiterung *f*, Vergrößerung *f*.

توشية [tau'ʃija] Verschönerung *f*, Verzierung *f*.

توصل [ta'wassul] Erreichung *f* (*e-s Zieles* الى).

توصيل [tau'si:l] Verbindung *f*, Anschluß *m*; Zufuhr *f*, Zuleitung *f*; Übermittlung *f*; Quittung *f*.

توصية [tau'sija], *pl.* [-a:t] *u.* تواص [ta'wa:sin] Empfehlung *f*; Vermächtnis *n*; Auftrag *m*, Bestellung *f*.

توضؤ [ta'waddu?] rituelle Waschung *f*.

توضيب [tau'đi:b] Ordnungmachen *n*, Herrichten *n*; Prügel *pl.*

توضيح [tau'đi:ħ] Erklärung *f*, Verdeutlichung *f*.

توطن [ta'waṭṭun] Niederlassung *f*, Aufschlagen *n* des Wohnsitzes.

توطيد [tau'ṭi:d] Festigung *f*, Stärkung *f*, Konsolidierung *f*.

توطئة [tau'ṭiʔa] Senkung *f*; Verständlichmachung *f*; Einleitung *f*, Vorbereitung *f*.

توظف [ta'waẓẓuf] Annahme *f e-s Amtes.*

توظيف [tau'ẓi:f] Anstellung *f*, Beamtung *f*.

توعد [ta'waʕʕud] Drohung *f*.

توغل [ta'waɣɣul] Eindringen *n*.

توفر [ta'waffur] Fülle *f*, Überfluß *m*; Vermehrung *f*.

توفير [tau'fi:r] Sparen *n*, Ersparnis *f*; Vermehrung *f*; صندوق ال~ Sparkasse *f*.

توفيق [tau'fi:q] Anpassung *f*; Versöhnung *f*; Gelingen *n*, Erfolg *m von Gottes Hand*; *a. npr.*

توفية [tau'fija] Befriedigung *f*; Erfüllung *f*.

توق [tauq] Sehnsucht *f*.

توقد [ta'waqqud] Brennen *n*, Verbrennung *f*.

توقع [ta'waqquʕ] Erwartung *f*, Gefaßtheit *f*.

توقف [ta'waqquf] Aufenthalt *m*, Stillstand *m*; Pause *f*.

توقيت [tau'qi:t] Zeitbestimmung *f*; ال~ المحلي Ortszeit *f*.

توقيع [tau'qi:ʕ] Unterschrift *f*; Unterzeichnung *f*, Unterfertigung *f*; Erledigung *f*, Vollzug *m*.

توقيف [tau'qi:f] Aufstellung *f*; Anhalten *n*, Festnahme *f*.

توكل [ta'wakkul] Vertrauen *n* (auf *A* على).

توكؤ [ta'wakkuʔ] Anlehnung *f*, Aufstützung *f*.

توكيد [tau'ki:d] Bestätigung *f*; Nachdruck *m*.

توكيل [tau'ki:l] Bevollmächtigung *f*, Vollmacht *f*; Ernennung *f* zum Vertreter.

تول [ta'wallin], *constr.* تولي [ta'walli:] Übernahme *f e-s Amtes, der Regierung.*

تولد [ta'wallud] Erzeugtwerden *n*, Entstehung *f*.

توليد [tau'li:d] Erzeugung *f von Elektrizität*; Hervorbringung *f*; Geburtshilfe *f*, Entbindung *f*.

تونس [tu:nis] Tunis *n*; ~ى Tunesier *m*; tunesisch.

توهم [ta'wahhum] Einbildung *f*; Argwohn *m*, Vermutung *f*.

تيار [ta'jja:r], *pl.* [-a:t] Strom *m* (*a. El.*); Strömung *f* (*a. geistige*); ~ مباشر *od.* ~ مستمر

Gleichstrom *m*; متغير ~ *od.* متقطع ~ *od.* متناوب ~ Wechselstrom *m*.

تيجان *s.* تاج.

تاح (تيح) [ta:ḥ (ja'ti:ḥ)] *vom Schicksal* bestimmt sein; geboten, vergönnt werden; IV [ʔa'ta:ḥ] bestimmen, verhängen; bieten; *Passiv* أتيح لى [ʔu'ti:ḥa li:] es war mir beschieden *od.* vergönnt, es gelang mir.

تيس [tais, te:s], *pl.* تيوس [tu'ju:s] (Ziegen-)Bock *m*.

تيسر [ta'jassur] Leichtigkeit *f*; Möglichkeit *f*.

تيسير [tai'si:r] Erleichterung *f*; Ermöglichung *f*.

تيك *s.* ذاك.

تيل [ti:l] Hanf *m*; ~ة Faser *f*.

تم II [tajjam] *durch Liebe* versklaven; hörig, verrückt machen.

تيمم [ta'jammum] rituelle Waschung *f* mit Sand (*bei Wassermangel*).

تين [ti:n] *coll.*, ~ة Feige *f*; شوكى ~ Kaktusfeige *f*.

تاه (تيه) [ta:h (ja'ti:h)] herumirren; II [tajjah] *u.* IV [ʔa'ta:h] ablenken; irreleiten.

تيه [ti:h] Wüste *f*, Wildnis *f*.

ث

ث (ثاء) [θa:ˀ] *vierter Buchstabe; Zahlwert 500; Abk. für* ثانية Sekunde *f*.

ثاب *s.* ثوب.

ثأب [θaˀb] Gähnen *n*; *s.* ثئب.

ثابت [θa:bit] fest, beständig, stabil; ~ة, *pl.* ثوابت [θa'wa:bit] Fixstern *m*.

ثار *s.* ثور.

ثأر [θaˀar (jaθˀar)] sich rächen (an *j-m* ه, für *etw.* ب).
  + [θaˀr], *pl.* أثآر [ˀaθˀa:r] Rache *f*, Blutrache *f*; أخذ ثأره Rache nehmen.

ثاقب [θa:qib] bohrend, scharf (*Blick*).

ثالب [θa:lib] Verleumder *m*.

ثالث [θa:liθ] dritte(r); ~ا [θa:liθan] drittens; ~ عشر [θa:liθa ˁaʃar(a)] dreizehnte(r).

ثالم [θa:lim] stumpf.

ثالوث [θa:'lu:θ] Dreieinigkeit *f*, Trinität *f*.

ثامن [θa:min] achte(r); ~ عشر [θa:mina ˁaʃar(a)] achtzehnte(r).

ثان [θa:nin], *constr.* ثانى [θa:ni:], *f* ثانية [θa:nija] zweite(r); ثانيا [θa:nijan] *u.* ثانية [θa:nijatan] zweitens; nochmals, wieder; ثانى عشر [θa:nija ˁaʃar(a)], *f* ثانية عشرة [θa:nijata ˁaʃara(ta)] zwölf.

ثانوى [θa:nawi:] sekundär; Neben-; ~ة (مدرسة) [θa:na'wi:ja] Mittelschule *f*, Oberschule *f*.

ثانية [θa:nija], *pl.* ثوان [θa'wa:nin], *constr.* ثوانى [θa'wa:ni:] Sekunde *f*.

ثائر [θa:ˀir] 1. Rächer *m*; 2. aufgeregt; tätig (*Vulkan*); *pl.* ثوار [θu'wwa:r] Rebell *m*, Revolutionär *m*.

ثبات [θa'ba:t] Festigkeit *f*, Beständigkeit *f*, Stabilität *f*; Gewißheit *f*.

ثبت [θabat (jaθbut)] feststehen, standhalten; *Tatsache*: erwiesen sein; widerstehen; II [θabbat] befestigen; bekräftigen, bestätigen; feststellen, beweisen; IV [ˀaθbat] feststellen, nachweisen, beweisen; bestätigen; eintragen, verzeichnen; V [ta'θabbat] sich vergewissern; X [is'taθbat] Bestätigung suchen (für *etw.* ه); als richtig erkennen.

+ [θabt *u.* θabit] fest, feststehend.

+ [θabat], *pl.* أثبات [ʔaθ'ba:t] 1. glaubwürdig, zuverlässig; 2. Liste *f*, Verzeichnis *n*.

ثبر [θabar (jaθbur)] vertreiben; vernichten; zugrunde gehen; III [θa:bar] beharrlich sein.

ثبوت [θu'bu:t] Unveränderlichkeit *f*, Feststehen *n*, Gewißheit *f*; Dauerhaftigkeit *f*.

ثبور [θu'bu:r] Untergang *m*.

ثخانة [θa'xa:na] Dicke *f*, Dichte *f*.

ثخن [θaxun (jaθxun)] dick, fest sein; IV [ʔaθxan] etw. heftig tun.

+ [θaxin] = ثخين.

+ [θixan] = ثخانة.

ثخونة [θu'xu:na] = ثخانة.

ثخين [θa'xi:n] dick, dicht, fest.

ثدى [θadj *u.* θadan], *pl.* أثداء [ʔaθ'da:ʔ] (*weibliche*) Brust *f*; Euter *n*.

ثراء [θa'ra:ʔ] Reichtum *m*, Fülle *f*.

ثرثرة [θarθ'ara] Geschwätz *n*.

ثرد [θarad (jaθrud)] *Brot* einbrocken.

ثروة [θarwa] Reichtum *m*, Vermögen *n*.

ثرى [θarija (jaθra:)] *u.* IV [ʔaθra:] reich, wohlhabend sein *od.* werden.

+ [θaran] Erde *f*, Humus *m*.

+ [θa'ri:j], *pl.* أثرياء [ʔaθri'ja:ʔ] reich, wohlhabend.

ثريا [θu'rajja:] 1. Plejaden *pl.* (*Sterngruppe*); *a. npr. f*; 2. Lüster *m*, Kronleuchter *m*.

ثريد [θa'ri:d] Brotsuppe *f*.

ثعبان [θuʕ'ba:n], *pl.* ثعابين [θaʕa:'bi:n] Schlange *f*.

ثعلب [θaʕlab], *pl.* ثعالب [θa'ʕa:lib] Fuchs *m*.

ثغاء [θuɣa:ʔ] Blöken *n der Schafe*.

ثغر [θaɣr], *pl.* ثغور [θu'ɣu:r] 1. Schneidezahn *m*; Mund *m*; 2. Grenzfestung *f*, Hafenstadt *f*.

ثغرة [θuɣra], *pl.* ثغر [θuɣar] Bresche *f*, Lücke *f*.

ثغا (ثغو) [θaɣa: (jaθɣu:)] *Schaf*: blöken.

ثقافة [θa'qa:fa] Bildung *f*; Kultur *f*; ثقافى [θa'qa:fi:] kulturell, Kultur-, Bildungs-.

ثقالة [θa'qa:la] Schwere *f*, Schwerfälligkeit *f*.

ثقب [θaqab (jaθqub)] durchbohren, durchlöchern.

\+ [θaqb] Durchlöcherung *f*.

\+ [θuqb], *pl*. أثقاب [ʔaθˈqa:b] *u*. ثقوب [θuˈqu:b] Loch *n*, Bohrung *f*, Öffnung *f*; ة~, *pl*. ثقب [θuqab] Loch *n*.

ثقف [θaqif (jaθqaf)] klug sein; II [θaqqaf] schärfen; berichtigen; bilden, erziehen; III [θa:qaf] fechten; V [taˈθaqqaf] ausgebildet, erzogen werden.

ثقل [θaqul (jaθqul)] schwer sein; bedrücken (*j-n* على); II [θaqqal] belasten; beschwerlich werden (*j-m* على); IV [ʔaθqal] belasten, beschweren, bedrücken; VI [taˈθa:qal] schwerfällig, lästig sein, verdrossen sein; X [isˈtaθqal] lästig finden.

\+ [θaqal], *pl*. أثقال [ʔaθˈqa:l] Last *f*, Gepäck *n*, Wertvolles *n*.

\+ [θiql], *pl*. أثقال [ʔaθˈqa:l] Gewicht *n*; Schwere *f*; Last *f*.

\+ [θiqal] Schwere *f*; Schwerfälligkeit *f*.

ثقلة [θaqla] Mühe *f*, Beschwerlichkeit *f*.

ثقيل [θaˈqi:l] schwer, gewichtig; beschwerlich, lästig; widerwärtig, unsympathisch.

ثكنة [θukna], *pl*. ثكن [θukan] Kaserne *f*.

ثل [θalla (jaˈθullu)] zerstören; *Thron* stürzen.

ثلاث [θaˈla:θ] *f*, *m* ة~ drei; ا~ [θaˈla:θan] dreimal; ة~ عشر [θaˈla:θata ʕaʃar(a)], *f* ~ عشرة [θaˈla:θa ʕaʃara(ta)] dreizehn.

ثلاثاء [θala:ˈθa:ʔ] *u*. [θula:ˈθa:ʔ]: ~ال (يوم) Dienstag *m*.

ثلاثمائة = ثلاث مائة [θaˈla:θu miʔa (-tin)] dreihundert.

ثلاثون [θala:ˈθu:n], *G*, *A* ثلاثين [θala:ˈθi:n] dreißig.

ثلاثى [θuˈla:θi:] dreiteilig, drei-.

ثلاجة [θaˈlla:dʒa] Eisschrank *m*, Kühlschrank *m*; Eisberg *m*.

ثلب [θalab (jaθlib)] verleumden, schlechtmachen.

ثلث II [θallaθ] verdreifachen.

\+ [θulθ], *pl*. أثلاث [ʔaθˈla:θ] Drittel *n*.

ثلج [θaladʒ (jaθludʒ)] schneien; II [θalladʒ] kühlen, gefrieren lassen; IV [ʔaθladʒ] schneien; kühlen; erquicken; V [taˈθalladʒ] gefrieren.

\+ [θaldʒ], *pl*. ثلوج [θuˈlu:dʒ] Schnee *m*, Eis *n*; *pl*. Eis- *od*. Schneemassen *f/pl*.

\+ [θalidʒ] eisig.

ثلم [θalim (jaθlam)] stumpf, schartig sein *od*. werden; – [θalam (jaθlim)] u. II [θallam] schartig machen, Bresche schlagen; verunglimpfen.

+ [θalm] Scharte *f*, Kerbe *f*, Riß *m*.

ثلة [θulla], *pl.* ثلل [θulal] Truppe *f*, Gruppe *f*, Zug *m von Menschen*.

ثم [θamma] *u.* ~ة [θammat(a)] da, dort; es gibt; ~ من [min] deshalb.

+ [θumma] *u.* ~ من [min] dann, darauf, ferner.

ثمالة [θu'ma:la] Rest *m*, Rückstand *m*; Neige *f des Weines*.

ثمان [θa'ma:nin], *constr.* ثمانى [θa'ma:ni:] *f*, *m* ثمانية [θa'ma:nija] acht; ثمانية عشر [θa'ma:nijata ʕaʃar(a)], *f* ثمانى عشرة [θa'ma:nija ʕaʃara(ta)] achtzehn.

ثمانون [θama:'nu:n], *G*, *A* ثمانين [θama:'ni:n] achtzig.

ثمر [θamar (jaθmur)] *u.* IV [ʔaθmar] Früchte tragen, Frucht bringen; X [is'taθmar] Nutzen ziehen (aus ه), auswerten.

+ [θamar], *pl.* ثمار [θi'ma:r] *u.* أثمار [ʔaθ'ma:r] *coll.* Frucht *f*; Ertrag *m*, Ergebnis *n*, Gewinn *m*; ~ة, *pl.* [-a:t] Frucht *f*.

ثمل [θamil (jaθmal)] berauscht werden; IV [ʔaθmal] berauschen, trunken machen.

+ [θamal] *u.* ~ة Rausch *m*, Trunkenheit *f*.

+ [θamil] betrunken, berauscht.

ثمن II [θamman] schätzen, Preis festsetzen.

+ [θaman], *pl.* أثمان [ʔaθ'ma:n] *u.* أثمنة [ʔaθmina] Preis *m*, Wert *m*.

+ [θumn], *pl.* أثمان [ʔaθ'ma:n] Achtel *n*.

ثمين [θa'mi:n] kostbar, wertvoll.

ثناء [θa'na:ʔ] Lob *n*, Preis *m*.

+ [θu'na:ʔ(a)] zu zweien; ~ ~ zwei und zwei.

ثنائى [θu'na:ʔi:] zweifach, doppelt, zwei-.

ثنوى [θanawi:] Dualist *m*.

ثنى [θana: (jaθni:)] zusammenlegen, falten; biegen; ablenken, abwenden; II [θanna:] verdoppeln, wiederholen; IV [ʔaθna:] loben, preisen; VII [in'θana:] sich (um-)biegen, umgeklappt werden; sich abwenden; beginnen zu; X [is'taθna:] ausschließen, ausnehmen.

+ [θanj] Biegung *f*, Faltung *f*, Abwendung *f*.

+ [θinj], *pl.* أثناء [ʔaθ'na:ʔ] Falte *f*; Biegung *f*.

ثنية [θa'ni:ja], *pl.* ثنايا [θa'na:ja:]

1. Schneidezahn *m*; 2. Berghang *m*, Engpaß *m*; *pl.* Innere(s) *n*, Tiefe *f*.

ثواب [θaˈwa:b] Lohn *m*, Belohnung *f*.

ثوار *s.* ثائر.

ثوان *s.* ثانية.

ثاب (ثوب) [θa:b (jaˈθu:b)] zurückkommen, wiederkehren; zu sich kommen; sich einstellen; II [θawwab] *u.* IV [ʔaˈθa:b] belohnen, vergelten.

ثوب [θaub], *pl.* ثياب [θiˈja:b] *u.* أثواب [ʔaθˈwa:b] Kleid *n*, Gewand *n*; *Ir.* Hemd *n*; Tuch *n*.

ثار (ثور) [θa:r (jaˈθu:r)] sich regen, erregt werden; *Problem*: sich erheben; aufbrausen; sich empören; IV [ʔaˈθa:r] erregen, hervorrufen; reizen; *Frage* aufwerfen; X [istaˈθa:r] erregen, veranlassen, aufhetzen; *Schrei* entlocken.

ثور [θaur], *pl.* ثيران [θi:ˈra:n] Stier *m*, Bulle *m*.

ثوران [θawaˈra:n] Erregung *f*, Aufwallung *f*.

ثورة [θaura] Ausbruch *m*; Umbruch *m*, Revolution *f*, Aufstand *m*; Umwälzung *f*.

ثوروى [θaurawi:] *u.* ثورى [θauri:] revolutionär.

ثوم [θu:m] Knoblauch *m*.

ثوى [θawa: (jaθwi:)] sich aufhalten, wohnen; *Toter*: ruhen; IV [ʔaθwa:] 1. wohnen; 2. beherbergen.

\+ [θaˈwi:j] Gastzimmer *n*.

ثياب *s.* ثوب.

ثئب [θaʔib (jaθʔab)] gähnen.

ثيران *s.* ثور.

ج

ج (جيم) [dʒi:m], *Äg.* [gi:m] *fünfter Buchstabe*; *Zahlwert 3*; *Abk. für* جواب Antwort *f u.* جمع Plural *m.*

جاء *s.* جيء.

جاب *s.* جوب, جيب.

جاب [dʒa:bin], *constr.* جابى [dʒa:bi:], *pl.* جباة [dʒu'ba:t] Steuereinnehmer *m*; *Ir.* (*Autobus-*) Schaffner *m.*

جاد [dʒa:dd] wichtig, ernsthaft; ~ة, *pl.* جواد [dʒa'wa:dd] Straße *f*, breiter Weg *m.*

جاذب [dʒa:ðib] anziehend, gewinnend, reizvoll.

جاذبية [dʒa:ði'bi:ja] Anziehung *f*, Anziehungskraft *f*; Reiz *m*, Charme *m.*

جار [dʒa:r], *pl.* جيران [dʒi:'ra:n] Nachbar *m*, Schützling *m*; *s. a.* جور.

+ [dʒa:rr] ziehend; *Gr.* den Genitiv regierend.

+ [dʒa:rin], *constr.* جارى [dʒa:ri:] fließend, laufend (*a. Monat*); gebräuchlich; gegenwärtig.

جأر [dʒaʔar (jadʒʔar)] *Rind*: brüllen.

جارح [dʒa:riħ] verletzend; reißend (*Tier*); ~ة, *pl.* جوارح [dʒa'wa:riħ] Raubtier *n.*

جارف [dʒa:rif] reißend (*Strom*).

جارور [dʒa:'ru:r], *pl.* جوارير [dʒawa:'ri:r] Schublade *f.*

جارية [dʒa:rija] 1. *f zu* جار [dʒa:rin]; 2. *pl.* جوار [dʒa'wa:rin], *constr.* جوارى [dʒa'wa:ri:] Sklavin *f*, Mädchen *n.*

جاز [ga:z] *Äg.* Gas *n*; Petroleum *n*; *s. a.* جوز.

جازم [dʒa:zim] entscheidend; endgültig.

جاسوس [dʒa:'su:s], *pl.* جواسيس [dʒawa:'si:s] Spion *m.*

جأش [dʒaʔʃ] Erregung *f*; Inneres *n*, Seele *f*; *s. a.* جيش.

جاع *s.* جوع.

جاف [dʒa:ff] trocken.

+ [dʒa:fin], *constr.* جافى [dʒa:-

fi:], *pl.* جفاة [dʒuˈfa:t] hart, rauh, grob.

جالس [dʒa:lis], *pl.* جلوس [dʒuˈlu:s] *u.* جلاس [dʒuˈlla:s] sitzend; Sitzende(r) *m.*

جالون [ga:ˈlu:n], *pl.* [-a:t] *Äg.* Gallone *f* (*engl. Hohlmaß, ca.* $4^1/_2$ *l*).

جالية [dʒa:lija], *pl.* جوال [dʒaˈwa:lin] *u.* [-a:t] Kolonie *f von Ausländern in e-m Land.*

جام [dʒa:m], *pl.* [-a:t] Glas *n*; Glasgefäß *n*, Pokal *m.*

جامد [dʒa:mid] hart, fest, steif, starr; unbelebt; *pl.* جوامد [dʒaˈwa:mid] Mineral *n.*

جامع [dʒa:miˁ] umfassend; Sammler *m*; *pl.* جوامع [dʒaˈwa:miˁ] Moschee *f*; ~ة, *pl.* [-a:t] Gemeinschaft *f*, Vereinigung *f*, Liga *f*; Universität *f*; الجامعة العربية Arabische Liga *f*; ~ى akademisch, Universitäts-.

جاموس [dʒa:ˈmu:s], *pl.* جواميس [dʒawa:ˈmi:s] Büffel *m*; ~ة Büffelkuh *f.*

جان [dʒa:nin], *constr.* جانى [dʒa:ni:], *pl.* جناة [dʒuˈna:t] Täter *m*, Verbrecher *m.*

جانب [dʒa:nib], *pl.* جوانب [dʒaˈwa:nib] Seite *f*, Flanke *f*; Teil *m*; ~ا [dʒa:niban] beiseite; بجانبه [biˈdʒa:nibihi] neben ihm; من ~ [min] einerseits – من ~ آخر andererseits; الى ~ zur Seite, zugunsten, für; ~ى seitlich, Seiten-, Neben-.

جانح [dʒa:niħ] geneigt; Seite *f*; ~ة, *pl.* جوانح [dʒaˈwa:niħ] Rippe *f.*

جاه [dʒa:h] Rang *m*, Würde *f*, Einfluß *m.*

جاهز [dʒa:hiz] fertig, bereit.

جاهل [dʒa:hil], *pl.* جهال [dʒuˈhha:l] *u.* جهلة [dʒahala] *u.* جهلاء [dʒuhaˈla:ˀ] unwissend, ungebildet, töricht; *Ir.* Kind *n*; ~ى vorislamisch.

جاويش [dʒa:ˈwi:ʃ] = شاويش.

جائبة [dʒa:ˀiba], *pl.* جوائب [dʒaˈwa:ˀib] Neuigkeit *f.*

جائر [dʒa:ˀir], *pl.* جورة [dʒawara] ungerecht; Tyrann *m.*

جائز [dʒa:ˀiz] erlaubt, zulässig; möglich; ~ة, *pl.* جوائز [dʒaˈwa:ˀiz] Preis *m*, Prämie *f.*

جائع [dʒa:ˀiˁ], *pl.* جياع [dʒiˈja:ˁ] hungrig; Hungernde(r) *m.*

جب [dʒubb], *pl.* أجباب [ˀadʒˈba:b] Grube *f*; Brunnen *m.*

جبار [dʒaˈbba:r] 1. mächtig, gewaltig; Beiname Gottes; 2. *pl.* جبابرة [dʒaˈba:bira] Riese *m*, Gigant *m.*

جبال *s.* جبل.

جبان [dʒaˈba:n], *pl.* جبناء [dʒubaˈna:ˀ] feige; Feigling *m.*

جبانة [dʒa'bba:na] Friedhof *m.*

جباية [dʒi'ba:ja] Erhebung *f von Steuern.*

جبر [dʒabar (jadʒbur)] einrenken, *Knochen* einrichten; wieder herstellen; zwingen; trösten; IV [ʔadʒbar] zwingen, nötigen; V [ta'dʒabbar] sich stark gebärden.

+ [dʒabr] Einrenkung *f*; Zwang *m*; Gewalt *f*; *Math.* Algebra *f*; ~ى algebraisch; Zwangs-.

جبس [dʒabas] *Syr.* Wassermelone *f.*

+ [dʒibs] Gips *m.*

جبل [dʒabal (jadʒbil)] formen, gestalten.

+ [dʒabal], *pl.* جبال [dʒi'ba:l] Berg *m*, Gebirge *n.*

جبلة [dʒibla] *u.* [dʒi'billa] natürliche Anlage *f.*

جبلى [dʒabali:] bergig, gebirgig; Gebirgs-.

جبن [dʒabun (jadʒbun)] feige sein; II *Milch* gerinnen lassen; V [ta'dʒabban] käsig werden, gerinnen.

+ [dʒubn] 1. Feigheit *f*; 2. *u.* ~ة Käse *m.*

جبه [dʒabah (jadʒbah)] begegnen; III (dʒa:bah) entgegentreten, trotzen.

جبة [dʒubba], *pl.* جبب [dʒubab] Obergewand *n mit weiten Ärmeln.*

جبهة [dʒabha], *pl.* جباه [dʒi'ba:h] *u.* [-a:t] Stirn *f*, Vorderseite *f*; *Mil.* Front *f.*

جبى [dʒaba: (jadʒbi:)] einsammeln; *Steuer* einnehmen, erheben; VIII [idʒ'taba:] auswählen.

جبيرة [dʒa'bi:ra], *pl.* جبائر [dʒa'ba:ʔir] Schiene *f für gebrochenes Glied.*

جبين [dʒa'bi:n], *pl.* جبن [dʒubun] *u.* أجبنة [ʔadʒbina] Stirn *f.*

جث [dʒaθθa (ja'dʒuθθu)] *u.* VIII [idʒ'taθθa] ausreißen.

جثم [dʒaθam (jadʒθum)] *Tier*: sitzen, hocken; herabstürzen; bedrängen, bedrücken.

جثمان [dʒuθ'ma:n] Leib *m*, Körper *m*; ~ى körperlich.

جثة [dʒuθθa], *pl.* جثث [dʒuθaθ] Leiche *f*, Leichnam *m.*

جثا (جثو) [dʒaθa: (jadʒθu:)] knien, niederfallen.

جثو [dʒu'θu:w] Knien *n*, Kniefall *m.*

جحد [dʒaħad (jadʒħad)] verneinen, leugnen; verweigern.

جحر [dʒuħr], *pl.* أجحار [ʔadʒ'ħa:r] Höhle *f e-s Tieres*, (*Mause*-)Loch *n.*

جحش [dʒaħʃ], *pl.* جحاش [dʒi-

ˈħa:ʃ] junger Esel *m*; Holzbock *m*.

جحف [dʒaħaf (jadʒħaf)] hinwegfegen; sich hinneigen (zu مع); IV [ʔadʒħaf] schädigen.

جحفل [dʒaħfal] gewaltiges Heer *n*.

جحود [dʒuˈħu:d] Leugnung *f*; Ablehnung *f*.

جحيم [dʒaˈħi:m] Höllenfeuer *n*.

جد [dʒadda (jaˈdʒiddu)] neu sein; ernst, bedeutend sein; sich bemühen, streben; II [dʒaddad] erneuern, renovieren, restaurieren, modernisieren; *Dokument* verlängern; IV [ʔaˈdʒadda] sich bemühen; erneuern; V [taˈdʒaddad] sich erneuern; X [istaˈdʒadda] neu entstehen; erstmalig machen.

+ [dʒadd] 1. *pl.* أجداد [ʔadʒˈda:d] Großvater *m*; Vorfahre *m*, Ahne *m*; 2. *pl.* جدود [dʒuˈdu:d] Glück *n*, Geschick *n*.

+ [dʒidd] Ernst *m*, Eifer *m*; ا~ [dʒiddan] sehr.

جداء [dʒaˈda:ʔ] Nutzen *m*, Gewinn *m*.

جدار [dʒiˈda:r], *pl.* جدر [dʒudur] *u.* جدران [dʒudˈra:n] Mauer *f*, Wand *f*.

جدارة [dʒaˈda:ra] Würdigkeit *f*, Eignung *f*.

جدال [dʒiˈda:l] Streit *m*, Disput *m*, Debatte *f*.

جدب [dʒadb] Dürre *f*, Unfruchtbarkeit *f*.

جدر [dʒadur (jadʒdur)] passen, angemessen sein; obliegen; verdienen (*etw.* ب).

+ [dʒadr] = جدار.

جدران *s.* جدار.

جدرى [dʒudari:] Pocken *f/pl.*

جدع [dʒadaʕ (jadʒdaʕ)] *Glied* abschneiden; *s. a.* جذع.

جدف II [dʒaddaf] 1. rudern; 2. schmähen, lästern.

جدل [dʒadal (jadʒdul)] *u.* II [dʒaddal] drehen, flechten; III [dʒa:dal] streiten, disputieren, debattieren (mit ه).

+ [dʒadal] = جدال; ~ى Streit-.

جدة [dʒadda] Großmutter *f*.

+ [dʒidda] Neuheit *f*; *Geo.* Dschidda *n*.

جدا (جدو) [dʒada: (jadʒdu:)] schenken, verleihen; IV [ʔadʒda:] schenken; *Nutzen* bringen.

جدول [dʒadwal], *pl.* جداول [dʒaˈda:wil] 1. Liste *f*, Verzeichnis *n*, Tabelle *f*, Index *m*; Plan *m*; 2. Bach *m*.

جدوى [dʒadwa:] Gabe *f*; Nutzen *m*.

جدى [dʒadj], *pl.* جداء [dʒiˈda:ʔ] *u.*

جديان [dʒid'ja:n] Zicklein *n*, junger Ziegenbock *m*; *Astronomie*: Steinbock *m*.

+ [dʒiddi:] ernst, ernsthaft.

جديد [dʒa'di:d], *pl.* جدد [dʒudud] neu.

جدير [dʒa'di:r] wert, würdig, geeignet.

جديلة [dʒa'di:la], *pl.* جدائل [dʒa'da:ʔil] Zopf *m*, Haarflechte *f*.

جذاب [dʒa'ðða:b] anziehend, gewinnend, reizvoll; fesselnd.

جذب [dʒaðab (jadʒðib)] ziehen, anziehen; VI [ta'dʒa:ðab] sich gegenseitig anziehen; VIII [idʒ'taðab] anziehen, anlocken.

+ [dʒaðb] Anziehung *f* (*a. Physik*); Reizung *f*, Verlockung *f*.

جذر [dʒaðar (jadʒður)] entwurzeln; II [dʒaððar] entwurzeln; *Math.* Wurzel ziehen.

+ [dʒiðr], *pl.* جذور [dʒu'ðu:r] Wurzel *f* (*a. Math.*); Stamm *m*, Basis *f*; تربيعى ~ Quadratwurzel *f*; ى~ Wurzel-.

جذع [dʒaðaʕ] (*Äg.* جدع [gadaʕ]), *pl.* جذعان [dʒuð'ʕa:n] Bursche *m*; junger Mann *m*.

+ [dʒiðʕ], *pl.* جذوع [dʒu'ðu:ʕ] Stamm *m*; Baumstumpf *m*; Rumpf *m*.

جذف II [dʒaððaf] rudern.

جذل [dʒaðil (jadʒðal)] fröhlich sein; IV [ʔadʒðal] erheitern.

+ [dʒaðal] Fröhlichkeit *f*.

+ [dʒiðl], *pl.* أجذال [ʔadʒ'ða:l] Stamm *m*, Stumpf *m*.

جذم [dʒaðam (jadʒðim)] abschneiden.

+ [dʒiðm], *pl.* جذوم [dʒu'ðu:m] Wurzel *f*, Stamm *m*.

جذوة [dʒaðwa] Feuerbrand *m*, Glut *f*.

جر [dʒarra (ja'dʒurru)] ziehen, schleppen; herbeiführen; VII [in'dʒarra] treiben, hingerissen werden; VIII [idʒ'tarra] *Kuh*: wiederkäuen.

+ [dʒarr] Ziehen *n*, Zug *m*; *Gr.* Genitiv *m*; حرف الـ~ Präposition *f*.

جرا *s.* جرؤ.

جرا *u.* جراء: من ~ [min dʒa'ra:] wegen, um – willen.

جراءة [dʒa'ra:ʔa] Kühnheit *f*.

جراب [dʒi'ra:b], *pl.* أجربة [ʔadʒriba] Sack *m*; Ranzen *m*; Futteral *n*.

+ [dʒu'ra:b], *pl.* [-a:t] Strumpf *m*, Socke *f*.

جراثيم *s.* جرثوم.

جراج [ga'ra:ʒ] *Äg.* Garage *f*.

جراح [dʒa'rra:ħ], *pl.* [-u:n] Chirurg *m*.

جراحة [dʒi'ra:ħa] Chirurgie *f*.

جراحى [dʒi'ra:ħi:] chirurgisch.

جراد [dʒaˈra:d] *coll.*, ~ة Heuschrecke *f*.

جرار [dʒaˈrra:r] gewaltig; ~ة 1. Traktor *m*; 2. Skorpion *m*.

جرافة [dʒaˈrra:fa] Rechen *m*, Egge *f*; Bagger *m*.

جرام [gra:m] *Äg.* Gramm *n*.

جرائد *s.* جريدة.

جراية [dʒiˈra:ja] Ration *f*, Zuteilung *f*.

جرب II [dʒarrab] versuchen, erproben, probieren, auf die Probe stellen.

+ [dʒarab] Räude *f*, Krätze *f*; *s.* أجرب.

جربوع [dʒarˈbu:ʕ] = يربوع.

جرثومة [dʒurˈθu:ma], *pl.* جراثيم [dʒara:ˈθi:m] Keim *m*; Mikrobe *f*, Bakterie *f*.

جرح [dʒarah (jadʒrah)] verletzen, verwunden; II [dʒarrah] für unglaubhaft erklären; VIII [idʒˈtarah] *Sünde* begehen.

+ [dʒurh], *pl.* جروح [dʒuˈru:h] *u.* جراح [dʒiˈra:h] Wunde *f*, Verletzung *f*.

جرحى *s.* جريح.

جرد [dʒarad (jadʒrud)] 1. schälen, entrinden; entblößen, entkleiden; 2. *Hdl.* inventarisieren; II [dʒarrad] = I,1.; *Schwert* ziehen; entwaffnen (من السلاح); abstrahieren; berauben (*e-r Sache* من), aberkennen; *Truppen* entsenden.

+ [dʒard] *Hdl.* Inventur *f*, Bestandsaufnahme *f*.

+ [dʒarid] kahl; *s.* أجرد.

جردل [dʒardal], *pl.* جرادل [dʒaˈra:dil] Eimer *m*, Kübel *m*.

جرذ [dʒurað], *pl.* جرذان [dʒurˈða:n] Ratte *f*.

جرس [dʒaras (jadʒris)] tönen, klingen; II [dʒarras] 1. entehren, blamieren; 2. erfahren machen.

+ [dʒaras], *pl.* أجراس [ʔadʒˈra:s] Glocke *f*, Klingel *f*.

جرسة [dʒursa] Schande *f*, Bloßstellung *f*; Skandal *m*.

جرش [dʒaraʃ (jadʒruʃ)] zerreiben, zermahlen.

جرع [dʒaraʕ (jadʒraʕ)] schlukken, verschlingen; VIII [idʒˈtaraʕ] = I.

جرعة [dʒurʕa], *pl.* جرع [dʒuraʕ] Schluck *m*; Dosis *f e-r Arznei*.

جرف [dʒaraf (jadʒruf)] wegfegen, wegspülen; fortreißen; VII [inˈdʒaraf] *im Wasser* treiben; VIII [idʒˈtaraf] = I.

+ [dʒurf] Steilufer *n*, Böschung *f*, Abhang *m*.

جرم [dʒaram (jadʒrim)] *Verbrechen* begehen; II [dʒarram] *e-s Verbrechens* beschuldigen;

IV [ʔadʒram] *u.* VIII [idʒˈtaram] = I.

\+ [dʒarm], *pl.* جروم [dʒuˈru:m] Barke *f*, Lastkahn *m.*

\+ [dʒirm], *pl.* اجرام [ʔadʒˈra:m] (*Himmels-*)Körper *m.*

\+ [dʒurm] *u.* [dʒaram], *pl.* أجرام [ʔadʒˈra:m] Verbrechen *n*, Sünde *f*; ~ لا [la: dʒaram(a)] sicherlich, gewiß.

جرن [dʒurn], *pl.* أجران [ʔadʒˈra:n] (*Stein-*)Mörser *m*; (*Tauf-*)Becken *n*; Tenne *f.*

جرنال [dʒurˈna:l] Zeitung *f.*

جرة [dʒarra], *pl.* جرار [dʒiˈra:r] (*Ton-*)Krug *m.*

\+ [dʒurra] Furche *f*, Spur *f*; (*Feder-*)Zug *m.*

جرؤ [dʒaruʔa (jadʒraʔu)] *u.* V [taˈdʒarraʔa] *u.* VIII [idʒˈtaraʔa] wagen, sich erkühnen.

جرى [dʒara: (jadʒri:)] fließen, laufen; eilen; geschehen, stattfinden, sich ereignen; verlaufen; in Umlauf sein; III [dʒa:ra:] zusammengehen (mit ه), übereinstimmen; IV [ʔadʒra:] fließen lassen; durchführen, *Handlung* vornehmen.

\+ [dʒarj] Lauf *m.*

جرىء [dʒaˈri:ʔ], *pl.* أجرياء [ʔadʒriˈja:ʔ] kühn, mutig; dreist.

جريان [dʒaraˈja:n] Fließen *n*, Fluß *m*, Strömen *n*; Lauf *m.*

جريح [dʒaˈri:ħ], *pl.* جرحى [dʒarha:] Verwundeter *m*, Verletzter *m.*

جريد [dʒaˈri:d] 1. *coll.* Palmblattrippen *f/pl.*; 2. Stange *f*, Speer *m*; ة~, *pl.* جرائد [dʒaˈra:ʔid] Zeitung *f.*

جريرة [dʒaˈri:ra], *pl.* جرائر [dʒaˈra:ʔir] Frevel *m*, Verbrechen *n.*

جريش [dʒaˈri:ʃ] Getreideschrot *n*, grobgemahlenes Getreide *n.*

جريم [dʒaˈri:m] groß, stark; ة~, *pl.* جرائم [dʒaˈra:ʔim] Verbrechen *n*, Sünde *f.*

جز [dʒazza (jaˈdʒuzzu)] abschneiden, scheren.

جزء [dʒuzʔ], *pl.* اجزاء [ʔadʒˈza:ʔ] Teil *m*, Bestandteil *m*, Bruchteil *m*; Abschnitt *m.*

جزأ [dʒazaʔa (jadʒzaʔu)] sich begnügen (mit ب); II [dʒazzaʔa] zerteilen; V [taˈdʒazzaʔa] sich teilen; VIII [idʒˈtazaʔa] = I.

جزاء [dʒaˈza:ʔ] Vergeltung *f*, Strafe *f*; Ausgleich *m.*

جزار [dʒaˈzza:r] Metzger *m*, Fleischhauer *m*, Schlächter *m.*

جزالة [dʒaˈza:la] Fülle *f*, Reichlichkeit *f.*

الـ~ جزائر: [aldʒa'za:ʔir] Algerien *n*; ~ى algerisch; *s.* جزيرة.

جزائى [dʒa'za:ʔi:] Straf-.

جزر [dʒazar (jadʒzur)] 1. schlachten; 2. *Wasser*: zurückgehen, ebben.

+ [dʒazr] 1. Abschlachtung *f*; 2. Ebbe *f* (*Gegens.* مد).

+ [dʒazar] *coll.* Karotten *f/pl.*, Möhren *f/pl.*; *s. a.* جزيرة.

جزرى [dʒazari:] Insel-, insular.

جزع [dʒaziʕa (jadʒzaʕu)] besorgt sein, bedauern (*etw.* على); II [dʒazzaʕa] zerteilen.

+ [dʒazʕ] Onyx *m* (*Mineral*).

+ [dʒazaʕ] Unruhe *f*, Besorgnis *f*, Angst *f*.

جزف III [dʒa:zaf] riskieren, spekulieren.

جزل [dʒazul (jadʒzul)] reichlich vorhanden sein.

جزلة [dʒizla] Stück *n*.

جزم [dʒazam (jadʒzim)] abschneiden; entscheiden; beschließen; urteilen.

+ [dʒazm] Abtrennung *f*; Entschluß *m*, Beschluß *m*; ~ة, *pl.* جزم [dʒizam] Schuh *m*, Stiefel *m*.

جزى [dʒaza: (jadʒzi:)] vergelten; belohnen; bestrafen; ausgleichen; III [dʒa:za:] = I; IV [ʔadʒza:] ersetzen (*j-n* عن).

جزىء [dʒu'zaiʔ], *pl.* جزيآت [dʒuzai'ʔa:t] Teilchen *n*, Molekül *n*.

جزيرة [dʒa'zi:ra], *pl.* جزائر [dʒa'za:ʔir] *u.* جزر [dʒuzur] Insel *f*; ~ شبه [ʃibh] Halbinsel *f*; *s.* جزائر.

جزيل [dʒa'zi:l] reichlich, viel; شكرا جزيلا [ʃukran dʒa'zi:lan] vielen Dank!

جزية [dʒizja] Kopfsteuer *f*, Tribut *m*.

جزئى [dʒuzʔi:] Teil-; geringfügig; ~ا [dʒuz'ʔi:jan] teilweise; ~ات *pl.* Kleinigkeiten *f/pl.*; Einzelheiten *f/pl.*

جس [dʒassa (ja'dʒussu)] befühlen, betasten; prüfen, erkunden; V [ta'dʒassas] auskundschaften, spionieren; VIII [idʒ'tassa] befühlen, ausspionieren.

جسارة [dʒa'sa:ra] Kühnheit *f*, Wagemut *m*.

جسامة [dʒa'sa:ma] Größe *f*, Umfang *m*; Bedeutung *f*.

جسد [dʒasad], *pl.* أجساد [ʔadʒ'sa:d] Körper *m*, Leib *m*; ~ى körperlich, leiblich.

جسر [dʒasar (jadʒsur)] 1. überqueren; 2. kühn sein; II [dʒassar] 1. e-n Damm bauen; 2.

ermutigen; VI [taˈdʒa:sar] wagen, sich erkühnen; VIII [idʒˈtasar] durchqueren.

+ [dʒisr], *pl.* جسور [dʒuˈsu:r] Damm *m*; Brücke *f*.

جسم [dʒasum (jadʒsum)] dick, groß sein; II [dʒassam] körperhaft machen; vergrößern; übertreiben; V [taˈdʒassam] sich verkörpern, Gestalt annehmen, konkret werden.

+ [dʒism], *pl.* أجسام [ˀadʒˈsa:m] Körper *m*, Leib *m*; Gestalt *f*; Substanz *f*; ~ى Körper-, körperlich, substanziell.

جسمان [dʒusˈma:n] Körper *m*, Leib *m*; Masse *f*.

جسور [dʒaˈsu:r] kühn, wagemutig; frech.

جسيم [dʒaˈsi:m] dick, beleibt, umfangreich.

جش [dʒaʃʃa (jaˈdʒuʃʃu)] zermahlen, zerreiben.

جشع [dʒaʃaˤ] Gier *f*, Begierde *f*.

جشم [dʒaʃim (jadʒʃam)] auf sich nehmen; II [dʒaʃʃam] aufbürden.

جشة [dʒuʃʃa] Heiserkeit *f*.

جص [dʒiss] Gips *m*.

جعالة [dʒuˈˤa:la] Bezahlung *f*, Belohnung *f*.

جعبة [dʒaˤba], *pl.* جعاب [dʒiˈˤa:b] Köcher *m*; Tasche *f*.

جعد II [dʒaˤˤad] kräuseln, lockig machen, wellen, fälteln; V [taˈdʒaˤˤad] sich kräuseln, gewellt sein.

جعدة [dʒaˤda] Locke *f*.

جعران [dʒuˤˈra:n], *pl.* جعارين [dʒaˤa:ˈri:n] Mistkäfer *m*, Skarabäus *m*.

جعل [dʒaˤal (jadʒˤal)] setzen, legen; machen (zu *etw.* ه); bewirken; festsetzen; beginnen *zu tun*.

+ [dʒuˤl] Bezahlung *f*, Belohnung *f*.

+ [dʒuˤal] = جعران.

جغرافى [dʒuɣˈra:fi:] geographisch; ~ا [dʒuɣˈra:fija:] Geographie *f*.

جف [dʒaffa (jaˈdʒiffu)] (aus-) trocknen, trocken werden; II [dʒaffaf] *etw.* trocknen.

جفاء [dʒaˈfa:ˀ] Rauheit *f*, Grobheit *f*; Abneigung *f*; *s.* جفو.

جفاف [dʒaˈfa:f] Trockenheit *f*, Vertrocknung *f*.

جفل [dʒafal (jadʒfil)] erschrecken; *Pferd*: scheuen; II [dʒaffal] aufschrecken; IV [ˀadʒfal] = I.

+ [dʒafl] Scheuwerden *n*, Erschrecken *n*.

جفن [dʒafn], *pl.* جفون [dʒuˈfu:n] *u.* أجفان [ˀadʒˈfa:n] Augenlid n; ـة~, pl. جفان [dʒiˈfa:n] 1. Schüssel f; 2. Weinrebe f.

جفا (جفو) [dʒafa: (jadʒfu:)] grob, rauh sein; meiden; III [dʒa:fa:] grob behandeln; verstoßen (gegen ه).

جفو [dʒafw] Grobheit f, Härte f.

جل [dʒalla (jaˈdʒillu)] groß sein, erhaben sein; II [dʒallal] 1. ehren; 2. bedecken, umˈkleiden; IV [ʔaˈdʒalla] ehren, hochachten.

+ [dʒall] groß, gewaltig, erhaben.

+ [dʒull] 1. Hauptteil m, Majorität f; 2. Rose f; 3. Pferdedecke f.

جلا s. جلو.

جلاء [dʒaˈla:ʔ] 1. Klarheit f, Deutlichkeit f; 2. Abzug m, Evakuierung f, Räumung f.

جلاب [dʒaˈlla:b] Händler m; ـية~ [galla:ˈbi:ja] Äg. langes, hemdartiges Gewand n, Gallabije f.

جلاد [dʒaˈlla:d] Henker m.

جلادة [dʒaˈla:da] Geduld f, Ausdauer f.

جلال [dʒaˈla:l] Erhabenheit f; Pracht f; a. npr.; ـة~ Majestät f.

جلب [dʒalab (jadʒlib)] heranschaffen, herbeiholen, bringen; importieren; gewinnen; *Wunde*: heilen; IV [ʔadʒlab] 1. erwerben; 2. lärmen; VIII [idʒˈtalab] holen, verschaffen, importieren; X [isˈtadʒlab] = VIII.

+ [dʒalb] Beschaffung f, Gewinnung f, Einfuhr f.

+ [dʒalab] 1. Importware f; 2. Lärm m.

جلخ [dʒalax (jadʒlax)] u. II [dʒallax] *Messer* schleifen, schärfen; *Eisen* walzen.

+ [dʒalx] 1. Auswalzung f; 2. Schleifstein m.

جلد [dʒalad (jadʒlid)] peitschen; – [dʒalid (jadʒlad)] gefrieren; – [dʒalud (jadʒlud)] geduldig, ausdauernd sein; II [dʒallad] 1. gefrieren lassen; 2. *Buch* einbinden; III [dʒa:lad] bekämpfen; IV [ʔadʒlad] gefrieren; V [taˈdʒallad] ausdauernd sein, ertragen.

+ [dʒald] 1. hart, standhaft; 2. Auspeitschung f.

+ [dʒalad] Geduld f, Ausdauer f.

+ [dʒild], pl. جلود [dʒuˈlu:d] Haut f, Leder n; ـة~ Haut f; Rasse f, Abstammung f; ـى~ Haut-; ledern.

جلس [dʒalas (jadʒlis)] sich setzen (auf *etw.* على, zu *j-m* الى); sitzen; III [dʒa:las] zusammen sitzen (mit *j-m* ه); IV [ʔadʒlas] setzen, sitzen lassen.

جلسة [dʒalsa], *pl.* [dʒala'sa:t] Sitzung *f*, Session *f*; *s.* عقد.

جلطة: دموية ~ [dʒultɒ dama'wi:ja] *Med.* Embolie *f*.

جلة [dʒulla] 1. Gewand *n*, Bekleidung *f*; 2. Bombe *f*; *Sport*: Kugel *f*.

جلا (جلو) [dʒala: (jadʒlu:)] 1. klar sein; weggehen, *Ort* räumen; 2. reinigen, putzen, polieren; vertreiben, entfernen; IV [ʔadʒla:] 1. sich entfernen; 2. entfernen, evakuieren; V [ta'dʒalla:] sich zeigen, klar werden; VII [in'dʒala:] sich herausstellen; *Passiv zu* I; VIII [idʒ'tala:] enthüllen; betrachten; X [is'tadʒla:] klären, aufhellen, enthüllen.

جلوس [dʒu'lu:s] Sitzen *n*; Thronbesteigung *f*; *s.* جالس.

جلي [dʒa'li:j] klar, offenbar, deutlich; *s. a.* جلو.

\+ [dʒulla:] wichtige Sache *f*.

جليد [dʒa'li:d] 1. hart, ausdauernd; 2. Eis *n*.

جليس [dʒa'li:s], *pl.* جلساء [dʒula'sa:ʔ] (Tisch-)Genosse *m*.

جليل [dʒa'li:l], *pl.* أجلاء [ʔadʒil'la:ʔ] *u.* أجلة [ʔa'dʒilla] erhaben; wichtig; glorreich, prächtig, achtbar.

جم [dʒamma (ja'dʒummu)] sich sammeln; X [ista'dʒamma] sich erholen, sich sammeln, sich konzentrieren.

\+ [dʒamm] reichlich, zahlreich, vielfältig; voll.

جماح [dʒi'ma:ħ] Trotz *m*, Eigenwilligkeit *f*.

جماد [dʒa'ma:d] fester, lebloser Körper *m*.

جمادى [dʒu'ma:da:]: الاولى ~ [u:la:] *u.* الاخرة ~ [ʔa:xira] *5. u. 6. islamischer Mondmonat.*

جماع [dʒi'ma:ʕ] Vereinigung *f*; Koitus *m*.

جماعة [dʒa'ma:ʕa], *pl.* [-a:t] Gruppe *f*, Gesellschaft *f*, Gemeinschaft *f*.

جماعي [dʒa'ma:ʕi:] kollektiv.

جمال [dʒa'ma:l] Schönheit *f*; *a. npr.*

\+ [dʒa'mma:l] Kameltreiber *m*; *s. a.* جمل.

جمان [dʒu'ma:n] *coll.*, ة~ Perle *f*.

جمجمة [dʒumdʒuma], *pl.* جماجم [dʒa'ma:dʒim] Schädel *m*.

جمح [dʒamaħ (jadʒmaħ)] widerspenstig, launenhaft sein; *Pferd*: durchgehen.

جمد [dʒamad (jadʒmud)] gefrieren, erstarren, hart werden; gerinnen; stagnieren; II [dʒammad] einfrieren, erstarren lassen; *Geldbeträge* sperren; V [taˈdʒammad] fest werden, gefrieren, erstarren, gerinnen.

+ [dʒamd] Gefrieren *n*, Erstarrung *f*.

+ [dʒamad] Eis *n*.

جمر II [dʒammar] rösten.

+ [dʒamr] Kohlenglut *f*; ة~ glühende Kohle *f*.

جمرك [gumruk], *pl.* جمارك [gaˈma:rik] *Äg.* Zoll *m* (*Abgabe*); ى~ Zoll-.

جمع [dʒamaˁa (jadʒmaˁu)] sammeln, vereinen, zusammenfügen; zusammenfassen, einschließen; II [dʒammaˁa] ansammeln; III [dʒa:maˁa] koitieren, beschlafen; IV [ˀadʒmaˁa] einer Meinung sein, einmütig beschließen; V [taˈdʒammaˁa] sich ansammeln, sich zusammenballen; VIII [idʒˈtamaˁa] sich vereinigen, sich verbinden, sich versammeln, zusammentreten (mit مع); X [isˈtadʒmaˁa] bei sich sammeln.

+ [dʒamˁ] Sammlung *f*; Verbindung *f*; Vereinigung *f*, Zusammenschluß *m*; *Math.* Addition *f*; *pl.* جموع [dʒuˈmu:ˁ] Menge *f*; *Gr.* Plural *m*; *s. a.* أجمع.

جمعة [dʒumˁa], *pl.* جمع [dʒumaˁ] Woche *f*; ~ال (يوم) Freitag *m*.

جمعية [dʒamˈˁi:ja], *pl.* [-a:t] Verein *m*, Vereinigung *f*, Gesellschaft *f*; عمومية ~ *u.* عامة ~ Generalversammlung *f*; ~ تعاونية Genossenschaft *f*.

جمل [dʒamal (jadʒmul)] zusammenfassen; – [dʒamul (jadʒmul)] schön, hübsch sein, passen; II [dʒammal] verschönern; III [dʒa:mal] höflich sein (zu ه); IV [ˀadʒmal] zusammenfassen, summieren, pauschalieren; V [taˈdʒammal] sich schön machen.

+ [dʒamal], *pl.* جمال [dʒiˈma:l] Kamel *n*.

جملة [dʒumla], *pl.* جمل [dʒumal] Gesamtheit *f*, Ganze(s) *n*; Summe *f*; Menge *f*; *Gr.* Satz *m*; بالجملة [bilˈdʒumla] im ganzen; *Hdl.* en gros; ~ال تاجر Großhändler *m*.

جمهر II [taˈdʒamhar] sich versammeln, sich zusammenrotten.

جمهور [dʒumˈhu:r], *pl.* جماهير [dʒama:ˈhi:r] Volksmenge *f*, Allgemeinheit *f*; Publikum *n*; *pl.* Volksmassen *f/pl.*; ى~ republikanisch; ية~ [dʒumhu:ˈri:ja] Republik *f*.

جمود [dʒuˈmu:d] Erstarrung *f*,

Starrheit *f*, Verhärtung *f*; Stockung *f*, Stagnation *f*; ~ة Festigkeit *f*, Härte *f*.

جميع [dʒaˈmiːˁ] alle, ganz, gesamt; ~ا [dʒaˈmiːˁan] insgesamt.

جميل [dʒaˈmiːl] schön, hübsch; gute Tat *f*; *a. npr.*

جن [dʒanna (jaˈdʒunnu)] verhüllen; *Nacht*: hereinbrechen; *Passiv*: [dʒunna] wahnsinnig, besessen sein; II [dʒannan] verrückt machen.

+ [dʒinn] *coll.* Dschinnen *m/pl.*, Dämonen *m/pl.*, Geister *m/pl.*

جناب [dʒaˈnaːb] Seite *f*; *Ehrentitel*: جنابكم Euer Gnaden!

+ [dʒuˈnaːb] *Med.* Rippenfellentzündung *f*.

جناح [dʒaˈnaːħ], *pl.* أجنحة [ˀadʒniħa] Flügel *m*.

+ [dʒuˈnaːħ] Vergehen *n*, Sünde *f*.

جنازة [dʒaˈnaːza] Begräbnis *n*, Leichenbegängnis *n*.

جنان [dʒaˈnaːn], *pl.* أجنان [ˀadʒnaːn] Innere(s) *n*, Seele *f*, Herz *n*.

+ [dʒaˈnnaːn] Gärtner *m*.

جناة *s.* جان.

جنائني [dʒaˈnaːˀiniː] Gärtner *m*.

جناية [dʒiˈnaːja] Verbrechen *n*.

جنائي [dʒiˈnaːˀiː] Straf-, kriminell; القانون الـ~ Strafgesetz *n*.

جنب [dʒanab (jadʒnub)] *u.* II [dʒannab] abwenden, fernhalten; V [taˈdʒannab] *u.* VIII [idʒˈtanab] sich fernhalten, meiden, vermeiden.

+ [dʒamb], *pl.* جنوب [dʒuˈnuːb] *u.* أجناب [ˀadʒˈnaːb] Seite *f*; ~ [dʒamba] *Präp.* bei, neben; ~ جنبا الى [-an] Seite an Seite; ذات الـ~ *Med.* Rippenfellentzündung *f*; ~ة, *pl.* [dʒanaˈbaːt] Seite *f*, Gegend *f*; Packkorb *m*; ~ى [dʒambiː] seitlich, Seiten-.

جنباز [dʒumˈbaːz] Turnen *n*, Gymnastik *f*.

جنح [dʒanaħ (jadʒnaħ)] sich neigen, abweichen; *Schiff*: stranden; II [dʒannaħ] Flügel verleihen; IV [ˀadʒnaħ] = I.

+ [dʒinħ] Seite *f*.

جنحة [dʒunħa], *pl.* جنح [dʒunaħ] *Jur.* Vergehen *n*.

جند II [dʒannad] *zum Heer* einziehen, einberufen; V [taˈdʒannad] einberufen werden, Soldat werden.

+ [dʒund], *pl.* جنود [dʒuˈnuːd] Heer *n*; ~ى, *pl.* جنود [dʒuˈnuːd] Soldat *m*; ~ية Heeresdienst *m*.

جنس II [dʒannas] assimilieren; einbürgern; III [dʒa:nas] ähnlich sein (*j-m* ه); V [taˈdʒannas] sich assimilieren; Staatsbürger werden; VI [taˈdʒa:nas] einander gleich *od.* ähnlich sein.

+ [dʒins], *pl.* أجناس [ʔadʒˈna:s] Art *f*, Gattung *f*, Geschlecht *n*; *Gr.* Genus *n*; ~ى Geschlechts-, geschlechtlich, sexuell; لا ~ى [la:ˈdʒinsi:] ungeschlechtlich; ~ية [dʒinˈsi:ja] Nationalität *f*.

جنة [dʒanna], *pl.* جنان [dʒiˈna:n] *u.* [-a:t] Garten *m*; Paradies *n*.

+ [dʒinna] Wahnsinn *m*, Besessenheit *f*.

+ [dʒunna], *pl.* جنن [dʒunan] Schutz *m*, Schild *m*.

جنوب [dʒaˈnu:b] Süden *m*; ~ا [dʒaˈnu:ban] nach Süden; ~ى südlich.

جنوح [dʒuˈnu:ħ] Neigen *n*, Neigung *f*.

جنون [dʒuˈnu:n] Wahnsinn *m*, Besessenheit *f*, Verrücktheit *f*.

جنى [dʒana: (jadʒni:)] 1. pflücken, ernten; *Nutzen* ziehen; verursachen; 2. *Verbrechen* begehen; *Schaden* zufügen; V [taˈdʒanna:] beschuldigen; VIII [idʒˈtana:] ernten, einheimsen.

+ [dʒanj] Lese *f*, Ernte *f*.

+ [dʒanan] geerntete Früchte *f/pl*.

+ [dʒinni:] Geist *m*, Dämon *m*; dämonisch.

جنين [dʒaˈni:n], *pl.* أجنة [ʔaˈdʒinna] Embryo *m*, Leibesfrucht *f*.

جنينة [dʒuˈnaina] Garten *m*.

جنيه [giˈne:], *pl.* ~ات [gine:ˈha:t] *Äg.* Pfund *n* (*Währungseinheit*).

جنية [dʒiˈnni:ja] weiblicher Dämon *m*, Fee *f*, Elfe *f*.

جهات *s.* جهة.

جهاد [dʒiˈha:d] *Isl.* heilige(r) Krieg *m* (*gegen Ungläubige*).

جهاز [dʒiˈha:z], *pl.* أجهزة [ʔadʒhiza] Gerät *n*, Apparat *m*, Vorrichtung *f*, (*technische*) Anlage *f*; (*Nerven*-)System *n*; Ausstattung *f der Braut*.

جهد [dʒahad (jadʒhad)] sich anstrengen, sich bemühen; III [dʒa:had] sich anstrengen; kämpfen; IV [ʔadʒhad] *j-n* bemühen, anstrengen; VIII [idʒˈtahad] sich bemühen, fleißig sein; selbständig forschen.

+ [dʒahd], *pl.* جهود [dʒuˈhu:d] Anspannung *f*, Anstrengung *f*, Mühe *f*; *El.* Spannung *f*.

+ [dʒuhd] (*letzte*) Kraft *f*, Anstrengung *f*; ~ [dʒuhda] nach Maßgabe von.

جهر [dʒahar (jadʒhar)] *Stimme*: laut sein; *Stimme* erheben; bekanntgeben, proklamieren (*etw.* ب); III [dʒa:har] offen sagen, äußern.

جهر [dʒahr] Offenkundigkeit *f*; ~ا [dʒahran] *u.* ~ة [dʒahratan] *adv.* laut, offen, öffentlich; ~ى deutlich, offen, öffentlich.

جهز II [dʒahhaz] bereiten; einrichten, ausstatten, ausrüsten; IV [ʔadʒhaz] den Gnadenstoß geben, erledigen; V [taˈdʒahhaz] sich bereiten, sich ausrüsten.

جهض [dʒihđ] Frühgeburt *f*, Fehlgeburt *f*.

جهل [dʒahal (jadʒhal)] nicht wissen, unwissend sein; VI [taˈdʒa:hal] sich unwissend stellen, ignorieren.

+ [dʒahl] Unwissenheit *f*; Dummheit *f*.

جهم [dʒahum (jadʒhum)] mürrisch sein, finster blicken.

جهنم [dʒaˈhannam] Hölle *f*.

جهة [dʒiha], *pl.* [-a:t] Seite *f*, Richtung *f*; Gegend *f*; Stelle *f*; الجهات المختصة die zuständigen Stellen *f/pl.*

جو [dʒaww], *pl.* أجواء [ʔadʒˈwa:ʔ] Luft *f*; Atmosphäre *f* (a. *fig.*); Wetter *n*.

جوا [dʒuwwa] *vulg.* innen; unten.

جواب [dʒaˈwa:b], *pl.* أجوبة [ʔadʒwiba] Antwort *f*; *Äg. pop.* [gaˈwa:b] Brief *m*.

جواد [dʒaˈwa:d] 1. *pl.* أجواد [ʔadʒˈwa:d] freigebig, gütig; *a. npr.* 2. *pl.* جياد [dʒiˈja:d] edles Pferd *n*.

جوار [dʒiˈwa:r] Nachbarschaft *f*, Nähe *f*.

جواز [dʒaˈwa:z] Zulässigkeit *f*; Erlaubnis *f*, Genehmigung *f*; *pl.* [-a:t] ~ السفر Reisepaß *m*.

جوال [dʒaˈwwa:l] wandernd, ambulant; Reisende(r) *m*.

جوانتى [guˈwanti] *Äg.* Handschuh *m*.

جوانى [dʒuˈwwa:ni:] *vulg.* innere(r); untere(r).

جاب (جوب) [dʒa:b (jaˈdʒu:b)] (durch-)wandern, durchqueren; III [dʒa:wab] antworten, erwidern; IV [ʔaˈdʒa:b] antworten, beantworten; willfahren; *e-r Bitte* entsprechen; einverstanden sein (mit الى); VI [taˈdʒa:wab] einander entsprechen; widerhallen; X [istaˈdʒa:b] *Bitte* gewähren; Folge leisten (*j-m* ل); – استجوب

[isˈtadʒwab] ausfragen, verhören.

(جوح) جاح [dʒa:ħ (jaˈdʒu:ħ)] *u.* VIII [idʒˈta:ħ] vernichten, verheeren.

جوخ [dʒu:x], *pl.* أجواخ [ʔadʒˈwa:x] Tuch *n.*

(جود) جاد [dʒa:d (jaˈdʒu:d)] gut sein; freigebig sein; spenden, opfern (*etw.* ب); II [dʒawwad] gut machen; IV [ʔaˈdʒa:d] gut machen, gut können, Vorzügliches leisten; *Sprache* beherrschen.

جود [dʒu:d] Freigebigkeit *f.*

جودة [dʒauda] Güte *f*, gute Qualität *f*, Vorzüglichkeit *f.*

(جور) جار [dʒa:r (jaˈdʒu:r)] abirren; übergreifen; tyrannisieren; III [dʒa:war] angrenzen, benachbart sein; IV [ʔaˈdʒa:r] Schutz gewähren (*j-m* ه); VI [taˈdʒa:war] aneinander angrenzen; X [istaˈdʒa:r] um Schutz bitten (*j-n* ب).

جور [dʒaur] Ungerechtigkeit *f*, Unterdrückung *f.*

جورة [dʒu:ra], *pl.* جور [dʒuwar] Grube *f.*

جورب [dʒaurab], *pl.* جوارب [dʒaˈwa:rib] Socke *f*, Strumpf *m.*

(جوز) جاز [dʒa:z (jaˈdʒu:z)] (hin-)durchkommen; erlaubt, möglich sein; II [dʒawwaz] gutheißen; erlauben; III [dʒa:waz] überschreiten, hinausgehen (über *A* ه); IV [ʔaˈdʒa:z] erlauben, gestatten, genehmigen; bestätigen; VI [taˈdʒa:waz] = III; VIII [idʒˈta:z] hindurchgehen, durchqueren, passieren, durchdringen.

جوز [dʒauz] 1. *coll.*, ة~ Nuß *f*, Walnuß *f*; هندى ~ Kokosnuß *f*; 2. *pl.* أجواز [ʔadʒˈwa:z] Raum *m*; Innere(s) *n*; 3. = زوج.

(جوع) جاع [dʒa:ʕ (jaˈdʒu:ʕ)] hungern, hungrig sein; II [dʒawwaʕ] *u.* IV [ʔaˈdʒa:ʕ] aushungern, hungern lassen.

جوع [dʒu:ʕ] Hunger *m.*

جوعان [dʒauˈʕa:n], *f* جوعى [dʒauʕa:], *pl.* جياع [dʒiˈja:ʕ] hungrig.

جوف II [dʒawwaf] aushöhlen, hohl machen.

+ [dʒauf], *pl.* أجواف [ʔadʒˈwa:f] Hohlraum *m*, Höhlung *f*; Mulde *f*, Senke *f*; Innere(s) *n.*

جوقة [dʒauqa], *pl.* [-a:t] Gruppe *f*, Truppe *f*; Orchester *n*, Chor *m.*

(جول) جال [dʒa:l (jaˈdʒu:l)] umherziehen, herumstreifen; IV

[ʔaˈdʒa:l] herumgehen lassen; *Blicke* schweifen lassen; V [taˈdʒawwal] herumziehen, umhergehen, wandern.

جولة [dʒaula] Rundgang *m*, Rundfahrt *f*; Ausflug *m*; Runde *f*.

جوهر II تجوهر [taˈdʒauhar] sich konkretisieren, Substanz werden.

+ [dʒauhar], *pl.* جواهر [dʒaˈwa:hir] Materie *f*, Substanz *f*; Inhalt *m*, Wesen *n*; Edelstein *m*; ة~ Juwel *n*, Edelstein *m*; ى~ wesentlich, substantiell.

جوى [dʒawwi:] Luft-; Wetter-, meteorologisch; البريد الـ~ Luftpost *f*, Flugpost *f*.

(جىء) جاء [dʒa:ʔa (jaˈdʒi:ʔu)] kommen, gelangen; bringen (*etw.* ب); geschrieben stehen.

جيار [dʒaˈjja:r] ungelöschter Kalk *m*; ة~ Kalkofen *m*.

جياش [dʒaˈjja:ʃ] erregt.

(جيب) جاب [dʒa:b (jaˈdʒi:b)] *pop.* bringen; *Kind* gebären.

جيب [dʒaib, dʒe:b], *pl.* جيوب [dʒuˈju:b] Tasche *f bei Kleidungsstücken*; *Math.* Sinus *m*; التمام ~ Kosinus *m*; ى~ Taschen-.

جئت [dʒiʔtu] ich kam, *s.* جىء.

جيد [dʒi:d], *pl.* أجياد [ʔadʒˈja:d] (*schöner, langer*) Hals *m*.

+ [dʒajjid], *pl.* جياد [dʒiˈja:d] gut, vorzüglich; جدا ~ [dʒiddan] sehr gut.

جير [dʒi:r] Kalk *m*; ى~ Kalk-, kalkig.

جيران *s.* جار.

جيرة [dʒi:ra] Nachbarschaft *f*.

جيزة [gi:za] Giza, Gizeh (*Vorort von Kairo*).

(جيش) جاش [dʒa:ʃ (jaˈdʒi:ʃ)] erregt sein, toben; sieden; II [dʒajjaʃ] *Armee* sammeln, mobilisieren.

جيش [dʒaiʃ, dʒe:ʃ], *pl.* جيوش [dʒuˈju:ʃ] Heer *n*, Armee *f*.

(جيف) جاف [dʒa:f (jaˈdʒi:f)] *u.* II [dʒajjaf] *u.* V [taˈdʒajjaf] stinken, verwesen.

جيفة [dʒi:fa], *pl.* جيف [dʒijaf] Aas *n*, Kadaver *m*.

جيل [dʒi:l], *pl.* أجيال [ʔadʒˈja:l] Generation *f*; Epoche *f*.

جيم [dʒi:m] *Name des Buchstabens* ج.

جيولوجيا [dʒiju:ˈlu:dʒija:] Geologie *f*.

جيئة [dʒi:ʔa] Kommen *n*.

ح

ح (حاء) [ħaːʔ] *sechster Buchstabe*; *Zahlwert 8*.

حاثة [ħaːθθa] Hormon *n*.

حاج [ħaːddʒ], *pl.* حجاج [ħuˈddʒaːdʒ] Pilger *m*, Mekkapilger *m*.

حاجب [ħaːdʒib] 1. *pl.* حجاب [ħuˈddʒaːb] Türhüter *m*; *Phot.* Verschluß *m*; 2. *pl.* حواجب [ħaˈwaːdʒib] Augenbraue *f*.

حاجز [ħaːdʒiz], *pl.* حواجز [ħaˈwaːdʒiz] Schranke *f*, Barriere *f*, Hindernis *n*, Geländer *n*; Scheidewand *f*.

حاجة [ħaːdʒa], *pl.* [-aːt] Bedürfnis *n*, Notwendigkeit *f*; Anliegen *n*; Verrichtung *f*, Geschäft *n*; Sache *f*.

حاخام [ħaːˈxaːm] Rabbiner *m*.

حاد [ħaːdd] scharf; heftig; *Med.* akut; *s.a.* حود, حيد.

+ [ħaːdin], *constr.* حادى [ħaːdiː], *pl.* حداة [ħuˈdaːt] Kameltreiber *m*.

حادث [ħaːdiθ] *u.* ~ة, *pl.* حوادث [ħaˈwaːdiθ] Ereignis *n*, Vorfall *m*; Zwischenfall *m*; Unfall *m*.

حادر [ħaːdir] dick.

حادى عشر [ħaːdija ʕaʃar(a)], *f* حادية عشرة [ħaːdijata ʕaʃara(ta)] elfter.

حار [ħaːrr] heiß; warm; *s.a.* حور, حير.

حارث [ħaːriθ] Pflüger *m*; *a. npr.*

حارس [ħaːris], *pl.* حراس [ħuˈrraːs] Wächter *m*, Wachtposten *m*; Aufseher *m*; *Sport*: Tormann *m*.

حارض [ħaːriđ] schlecht, böse.

حارق [ħaːriq] Brandstifter *m*.

حارة [ħaːra] Gasse *f*; Stadtviertel *n*.

حاز *s.* حوز.

حازم [ħaːzim] entschlossen; klug; *a. npr.*

حاسب [ħaːsib] 1. zählend; Rechner *m*; 2. *Imp.* gib Acht!, Vorsicht!

حاسد [ħaːsid] neidisch; Neider *m*.

حاسر [ħaːsir] entblößt; ~ البصر kurzsichtig.

حاسم [ħa:sim] entscheidend; endgültig.

حاسة [ħa:ssa], *pl.* حواس [ħa'wa:ss] Sinn *m*, Sinnesorgan *n*.

حاشا *u.* حاشى [ħa:ʃa:] außer, ausgenommen; الله ~ verhüte Gott!

حاشد [ħa:ʃid] zahlreich, dicht (*Menschenmenge*).

حاشية [ħa:ʃija], *pl.* حواش [ħa'wa:ʃin] Rand *m*, Saum *m*, Kante *f*; Glosse *f*; Gefolge *n*.

حاصبة [ħa:sɨba], *pl.* حواصب [ħa'wa:sɨb] Sturm *m*.

حاصد [ħa:sɨd] Schnitter *m*.

حاصل [ħa:sɨl], *pl.* حواصل [ħa'wa:sɨl] Ereignis *n*, Resultat *n*; Ertrag *m*; Sinn *m der Rede*; *Math.* Summe *f*, Produkt *n*.

حاضر [ħa:đɨr] 1. *pl.* حضور [ħu'đu:r] anwesend; bereit, fertig; Anwesende(r) *m*; ال~ Gegenwart *f*; 2. *pl.* حضار [ħu'đđɒ:r] ansässig; Stadtbewohner *m*.

حاضنة [ħa:đɨna] Amme *f*, Kinderfrau *f*.

حاف [ħa:fin], *constr.* حافى [ħa:fi:], *pl.* حفاة [ħu'fa:t] barfuß.

حافر [ħa:fir], *pl.* حوافر [ħa'wa:fir] Huf *m des Pferdes*.

حافز [ħa:fiz], *pl.* حوافز [ħa'wa:fiz] Antrieb *m*; Initiative *f*.

حافظ [ħa:fiẓ], *pl.* حفاظ [ħu'ffɒ:ẓ] Behüter *m*; e-r, der den Koran auswendig kann; *a. npr.*; ~ة Gedächtnis *n*.

حافل [ħa:fil] voll, stark besucht (*Feierlichkeit*); feierlich; ~ة, *pl.* حوافل [ħa'wa:fil] Omnibus *m*.

حافة [ħa:ffa] Rand *m*, Kante *f*, Saum *m*.

حاك *s.* حوك.

حاك [ħa:kin], *constr.* حاكى [ħa:ki:] Erzähler *m*; Grammophon *n*.

حاكم [ħa:kim], *pl.* حكام [ħu'kka:m] *u.* [-u:n] herrschend; Herrscher *m*; Gouverneur *m*; Richter *m*.

حاكة *s.* حائك.

حال [ħa:l], *pl.* أحوال [ʔaħ'wa:l] (*s.a.* حول, حيل) Zustand *m*, Lage *f*, Stand *m*; Fall *m*; Befinden *n*; حالا [ħa:lan] *Adv.* sofort, jetzt; على كل ~ [ʕala: kulli ħa:l] auf jeden Fall; كيف حالك؟ [kaifa ħa:luka (*vulg.* ki:f ħa:lak)] wie geht es dir?; ~ [ħa:la] *Präp.* während, sofort bei; الاحوال الشخصية *Jur.* Personalstatut *n*.

حالم [ħa:lim] Träumer *m*.

حالما [ħa:lama:] sobald als.

حالة [ħa:la], *pl.* [-a:t] Zustand *m*, Lage *f*, Situation *f*; ~ في im Falle (*des*).

حالى [ħa:li:] gegenwärtig, jetzig; ~ا [ħa:ˈli:jan] *Adv.* zur Zeit.

حام [ħa:min], *constr.* حامى [ħa:mi:] 1. *pl.* حماة [ħuˈma:t] Beschützer *m*, Protektor *m*; 2. heiß; feurig; heftig.

حامض [ħa:miđ] sauer; *Ir.* Zitronenaufguß *m*; *pl.* حوامض [ħaˈwa:miđ] Säure *f*.

حامل [ħa:mil] 1. *pl.* حملة [ħamala] Träger *m*, Überbringer *m*, Inhaber *m e-s Dokuments*; Haltevorrichtung *f*; 2. *f*, *pl.* حوامل [ħaˈwa:mil] schwanger; ~ة طائرات Flugzeugträger *m*.

حامية [ħa:mija] Beschützerin *f*; *Mil.* Garnison *f*.

حان *s.* حين.

حانة [ħa:na] Weinschenke *f*.

حانوت [ħa:ˈnu:t], *pl.* حوانيت [ħawa:ˈni:t] Kaufladen *m*.

حائد [ħa:ʔid] neutral.

حائر [ħa:ʔir] verlegen, ratlos, verwirrt.

حائز [ħa:ʔiz], *pl.* [-u:n] Besitzer *m*, Gewinner *m*, Preisträger *m*.

حائض [ħa:ʔiđ] *f* menstruierend.

حائط [ħa:ʔit], *pl.* حيطان [ħi:ˈtɒ:n] Wand *f*, Mauer *f*.

حائك [ħa:ʔik], *pl.* حاكة [ħa:ka] Weber *m*.

حائل [ħa:ʔil] 1. verändert (*Farbe*); 2. *pl.* حوائل [ħaˈwa:ʔil] Hindernis *n*, Sperre *f*.

حب [ħabba (jaˈħibbu)] lieben, gern haben, mögen; II [ħabbab] 1. lieb, angenehm machen (*j-m* الى); 2. Samen hervorbringen; IV [ʔaˈħabba] = I; V [taˈħabbab] Zuneigung zeigen; sich beliebt machen (bei الى); X [istaˈħabba] als wünschenswert ansehen.

+ [ħabb] *coll.*, ~ة, *pl.* حبوب [ħuˈbu:b] Korn *n*, Samen *m*; Kügelchen *n*; Pille *f*.

+ [ħibb], *pl.* أحباب [ʔaħˈba:b] Liebling *m*, Geliebte(r) *m*.

+ [ħubb] Liebe *f*, Zuneigung *f*; ~ الاستطلاع Neugierde *f*.

حباء [ħiˈba:ʔ] Geschenk *n*; *s.* حبو.

حبار [ħiˈba:r] Spur *f*, Strieme *f*, Schramme *f*.

حباكة [ħiˈba:ka] Weberei *f*.

حبذا [ħabbaða:] wie trefflich!; bravo!

حبر [ħabir (jaħbar)] froh sein; II [ħabbar] verschönern; verfassen.

+ [ħibr] Tinte *f*, Farbe *f*.

حبس [ħabas (jaħbis)] zurückhalten, einsperren, gefangensetzen; VII [inˈħabas] festgehalten werden; stocken; VIII [iħˈtabas] = I, gehemmt werden; *Atem*: stocken.

+ [ħabs] Absperrung *f*; Anhalten *n*; Haft *f*, Gefängnis *n*.

+ [ħibs], *pl.* أحباس [ʔaħˈbaːs] Damm *m.*

حبش [ħabaʃ] *coll.* Abessinier *m/pl.*; الحبشة Abessinien *n*; ~ى abessinisch, äthiopisch; Abessinier *m.*

حبط [ħabat (jaħbit)] zunichte werden, scheitern; IV [ʔaħbat] zunichte machen, vereiteln.

حبك [ħabak (jaħbik)] drehen, flechten, stricken, weben.

حبل: ~ت [ħabilat (taħbal)] schwanger werden; II [ħabbal] *u.* IV [ʔaħbal] schwängern.

+ [ħabal] Schwangerschaft *f.*

+ [ħabl], *pl.* حبال [ħiˈbaːl] *u.* أحبال [ʔaħˈbaːl] Seil *n*, Strick *m*, Tau *n*; Sehne *f.*

حبلى [ħublaː], *pl.* حبالى [ħaˈbaːlaː] schwanger.

حبن [ħaban] *Med.* Wassersucht *f.*

حبة [ħabba], *pl.* [-aːt] Korn *n*, Körnchen *n*, Samenkorn *n*; Pille *f*; Pickel *m*, Pustel *f.*

(حبو) حبا [ħabaː (jaħbuː)] 1. kriechen; 2. schenken; III [ħaːbaː] entgegenkommend sein.

حبيب [ħaˈbiːb], *pl.* أحباء [ʔaħibˈbaːʔ] *u.* أحباب [ʔaħˈbaːb] Liebling *m*, Geliebte(r) *m*, Freund *m*; lieb, teuer; ~ة, *pl.* حبائب [ħaˈbaːʔib] Geliebte *f.*

حت [ħatta (jaˈħuttu)] abkratzen.

حتات [ħuˈtaːt] Stückchen *n/pl.*, Abfälle *m/pl.*

حتار [ħiˈtaːr], *pl.* حتر [ħutur] Rand *m*, Saum *m.*

حتف [ħatf], *pl.* حتوف [ħuˈtuːf] Tod *m*, Verderben *n.*

حتم [ħatam (jaħtim]) bestimmen, auferlegen, vorschreiben (*j-m* على); II [ħattam] zur Pflicht machen; V [taˈħattam] notwendig sein, obliegen.

+ [ħatm], *pl.* حتوم [ħuˈtuːm] Bestimmung *f*, Entscheid *m*; ~ا [ħatman] *Adv.* bestimmt, entschieden; ~ى entschieden, endgültig; ~ية Notwendigkeit *f*; Unabänderlichkeit *f.*

حتة [ħitta], *pl.* حتت [ħitat] Stück *n*, Teilchen *n.*

حتى [ħattaː] 1. *Präp.* bis, bis zu; 2. *conj.* bis daß; so daß, damit; 3. sogar, selbst.

حث [ħaθθa (jaˈħuθθu)] *u.* VIII [iħˈtaθθa] antreiben, drängen, reizen.

حثالة [ħuˈθaːla] Bodensatz *m.*

حج [ħaddʒa (jaˈħuddʒu)] 1. überzeugen; 2. wallfahren; III [ħaːddʒa] disputieren, argumentieren; VIII [iħˈtaddʒa] als Argument anführen (*etw.* ب); protestieren, Einspruch erheben (gegen على).

+ [ħaddʒ] Wallfahrt *f*, Pilgerfahrt *f* (*nach Mekka*).

حجا = حجى.

حجاب [ħi'dʒa:b], *pl.* حجب [ħudʒub] *u.* أحجبة [ʔaħ'dʒiba] Schleier *m*, Vorhang *m*; Scheidewand *f*; Amulett *n*.

حجاج [ħi'dʒa:dʒ] Streit *m*, Disput *m*.

حجاز: الـ~ [alħi'dʒa:z] Hedschas *m* (*Landschaft in Saudi-Arabien*).

حجب [ħadʒab (jaħdʒub)] verhüllen, abschirmen (vor *D* عن); II [ħaddʒab] verhüllen, verbergen; V [ta'ħaddʒab] sich verhüllen; VIII [iħ'tadʒab] sich verbergen, verschwinden.

+ [ħadʒb] Abschirmung *f*, Abschließung *f*.

حجج *s.* حجة.

حجر [ħadʒar (jaħdʒur)] aufhalten, hindern; verbieten (*j-m* على); entmündigen; V [ta'ħaddʒar] versteinern.

+ [ħadʒr] Beschränkung *f*, Hemmung *f*; Verbot *n*.

+ [ħadʒar], *pl.* أحجار [ʔaħ'dʒa:r] *u.* حجارة [ħi'dʒa:ra] Stein *m*.

+ [ħadʒir] steinig.

+ [ħidʒr] verboten, untersagt.

حجرة [ħudʒra], *pl.* حجر [ħudʒar] Zimmer *n*, Kammer *f*; Zelle *f*.

حجرى [ħadʒari:] steinern, Stein-; العصر الـ~ Steinzeit *f*.

حجز [ħadʒaz (jaħdʒiz)] zurückhalten; abschließen, sondern, trennen, isolieren; reservieren, *Platz* belegen; beschlagnahmen.

+ [ħadʒz] Reservierung *f*, Belegung *f*; Beschlagnahme *f*.

حجل [ħidʒl], *pl.* أحجال [ʔaħ'dʒa:l] Fußring *m* (*Frauenschmuck*).

حجم [ħadʒam (jaħdʒum)] schröpfen; IV [ʔaħdʒam] zurückschrecken; abstehen, absehen (von عن).

+ [ħadʒm], *pl.* حجوم [ħu'dʒu:m] *u.* أحجام [ʔaħ'dʒa:m] Größe *f*, Umfang *m*, Volumen *n*.

حجن [ħadʒan (jaħdʒin)] biegen, krümmen; VIII [iħ'tadʒan] zurückhalten; an sich reißen.

حجة [ħuddʒa], *pl.* حجج [ħudʒadʒ] Vorwand *m*, Argument *n*; Beweis *m*; Urkunde *f*; Autorität *f*.

حجى [ħidʒan], *pl.* أحجاء [ʔaħ'dʒa:ʔ] Verstand *m*, Klugheit *f*.

+ [ħadʒi:j] geeignet, passend.

حد [ħadda (jaˈħuddu)] 1. begrenzen, abgrenzen; 2. schärfen; II [ħaddad] 1. schärfen; 2. begrenzen, beschränken; bestimmen, definieren; IV [ʔaˈħadda] scharf machen; V [taˈħaddad] begrenzt, bestimmt werden; VIII [iħˈtadda] wütend sein.

+ [ħadd], *pl.* حدود [ħuˈdu:d] Rand *m*, Kante *f*; Schneide *f*; Grenze *f*, Ende *n*; لحد [liˈħadd] *u.* ~ الى bis, bis zu; الى ~ كبير in hohem Maße.

حداثة [ħaˈda:θa] Neuheit *f*; Jugend *f*.

حداد [ħaˈdda:d] Schmied *m*; ة+ [ħiˈda:da] Schmiedehandwerk *n*.

حدب [ħadib (jaħdab)] gewölbt, bucklig sein; beistehen (*j-m* على); II [ħaddab] wölben; V [taˈħaddab] gewölbt sein.

+ [ħadab] 1. Neigung *f*; Zuneigung *f*; 2. *pl.* أحداب [ʔaħˈda:b] Anhöhe *f*.

+ [ħadib] gewölbt, bucklig, konvex; freundlich; *s.a.* أحدب.

حدبة [ħadaba] Buckel *m*, Höcker *m*.

حدث [ħadaθ (jaħduθ)] geschehen, sich ereignen; – [ħaduθ (jaħduθ)] neu sein; II [ħaddaθ] erzählen, berichten; III [ħa:daθ] sprechen, sich unterhalten (mit ه); IV [ʔaħdaθ] hervorrufen, bewirken, verursachen; Exkremente lassen; V [taˈħaddaθ] sprechen, reden, plaudern; VI [taˈħa:daθ] miteinander reden; X [isˈtaħdaθ] neu schaffen, erneuern.

+ [ħadaθ], *pl.* أحداث [ʔaħˈda:θ] neue Sache *f*; Jugendliche(r) *m*, Jüngling *m*; Ereignis *n*, Vorfall *m*; *Isl.* rituelle Unreinheit *f*.

حدر [ħadar (jaħdur)] 1. hinablassen, herabfallen lassen; 2. herabsteigen; II [ħaddar] senken; V [taˈħaddar] herabsteigen; abstammen; VII [inˈħadar] hinabgehen; gelangen; sich senken.

حدس [ħads] Vermutung *f*.

حدق [ħadaq (jaħdiq] umgeben, einkreisen; II [ħaddaq] anblicken, anstarren; IV [ʔaħdaq] umringen, einschließen; ansehen.

حدقة [ħadaqa], *pl.* حدق [ħadaq] *u.* [-a:t] Pupille *f*.

حدل [ħadal (jaħdil)] ebnen, walzen.

حدة [ħida] Alleinsein *n*, Absonderung *f* (*s.* وحد).

+ [ħidda] Schärfe *f*; Heftigkeit *f*; Wut *f*, Ärger *m*.

حدا (حدو) [ħada: (jaħdu:)] *Kamel* antreiben; anspornen, veranlassen; V [taˈħadda:] wetteifern; herausfordern, trotzen; anspornen, anregen.

حدوث [ħuˈdu:θ] Geschehen *n*, Eintreten *n e-s Zustandes.*

حدود [ħuˈdu:d] Landesgrenze *f* (= *pl. von* حد).

حدور [ħaˈdu:r] Abhang *m*.

حدوة [ħidwa] Hufeisen *n*.

حديث [ħaˈdi:θ] 1. *pl.* حداث [ħiˈda:θ] neu, modern, jung; ـا~ [ħaˈdi:θan] neulich, jüngst; 2. *pl.* أحاديث [ʔaħa:ˈdi:θ] Rede *f*, Gespräch *n*, Erzählung *f*, Bericht *m*; *Isl.* Tradition *f*, Überlieferung *f* (*über den Propheten*).

حديد [ħaˈdi:d] Eisen *n*; ة~ Stück *n* Eisen; ى~ eisern, Eisen-.

حديقة [ħaˈdi:qa], *pl.* حدائق [ħaˈda:ʔiq] Garten *m*; ~ الحيوان zoologischer Garten *m*, Tiergarten *m*.

حذاء [ħiˈða:ʔ], *pl.* أحذية [ʔaħˈðija] Schuh *m*; + [ħiˈða:ʔa] *Präp.* gegenüber; *s.a.* حذو.

حذار [ħaˈða:ri] hüte dich!

حذاقة [ħaˈða:qa] Geschick *n*, Scharfsinn *m*.

حذر [ħaðir (jaħðar)] sich in Acht nehmen, sich hüten; II [ħaððar] warnen (vor *D* من); V [taˈħaððar] *u.* VIII [iħˈtaðar] = I.

+ [ħaðar *u.* ħiðr] Vorsicht *f*, Wachsamkeit *f*.

+ [ħaðir] vorsichtig, wachsam.

حذف [ħaðaf (jaħðif)] abschneiden, wegnehmen; streichen, auslassen, weglassen; *Gr.* elidieren.

+ [ħaðf] Wegstreichung *f*, Auslassung *f*, Weglassung *f*.

حذق [ħaðiq (jaħðaq)] geschickt sein, *etw.* gut können.

+ [ħiðq] = حذاقة.

حذلقة [ħaðlaqa] Geschicklichkeit *f*.

حذا (حذو) [ħaða: (jaħðu:)] folgen, nachahmen; III [ħa:ða:] gegenüber sein, parallel laufen (mit ه); VIII [iħˈtaða:] 1. nachahmen, sich zum Beispiel nehmen (*etw.* ب); 2. als Fußbekleidung anziehen.

حذو [ħaðwa] *Präp.* gegenüber.

حر [ħarra (jaˈħurru)] heiß sein; II [ħarrar] 1. befreien, freilassen; 2. abfassen, niederschreiben, redigieren; revidieren; V [taˈħarrar] sich befreien; VIII [iħˈtarra] erhitzt werden.

+ [ħarr] Hitze *f*, Wärme *f*.

\+ [ħurr], *pl.* أحرار [ʔaħ'ra:r] frei, ungebunden; liberal; edel, echt.

حراث [ħa'rra:θ] Pflüger *m*; ة+ [ħi'ra:θa] Ackerbau *m*.

حراج [ħa'ra:dʒ] Auktion *f*; *s.a.* حرج; ة~ Schwierigkeit *f*.

حرارة [ħa'ra:ra] Wärme *f*, Hitze *f*; Temperatur *f*; Leidenschaft *f*.

حرارى [ħa'ra:ri:] Wärme-, Kalorien-.

حراس *s.* حارس; حراسة [ħi'ra:sa] Bewachung *f*, Wachdienst *m*, Aufsicht *f*.

حراق [ħa'rra:q] brennend; scharf; ة~ Torpedoboot *n*.

حراك [ħa'ra:k] Bewegung *f*.

حرام [ħa'ra:m], *pl.* حرم [ħurum] verboten; Verbotene(s) *n*, Sünde *f*; (*Gegensatz*: حلال); ungesetzlich; fluchbeladen; unverletzlich, geheiligt; ى~, *pl.* ية~ [ħara:'mi:ja] Verbrecher *m*, Dieb *m*, Räuber *m*.

حرب III [ħa:rab] bekämpfen, bekriegen; VI [ta'ħa:rab] miteinander Krieg führen.

\+ [ħarb] *f*, *pl.* حروب [ħu'ru:b] Krieg *m*; أهلية ~ Bürgerkrieg *m*; ة~, *pl.* حراب [ħi'ra:b] Lanze *f*, Speer *m*, Bajonett *n*; ى~ Kriegs-; militärisch.

حرث [ħaraθ (jaħruθ)] pflügen, bebauen.

\+ [ħarθ] Pflügen *n*; Ackerland *n*.

حرج [ħaridʒ (jaħradʒ)] eng sein; beengt, bedrückt sein; II [ħarradʒ] *u.* IV [ʔaħradʒ] beengen; kompliziert machen; verbieten; V [ta'ħarradʒ] kritisch, schwierig werden; vermeiden (*etw.* من).

\+ [ħaradʒ] 1. Enge *f*, Beengung *f*; Schwierigkeit *f*, kritische Lage *f*; 2. *pl.* أحراج [ʔaħ'ra:dʒ] Wald *m*, Dickicht *n*.

\+ [ħaridʒ] eng; schwierig, kritisch.

حرز [ħaraz (jaħruz)] hüten, bewachen; IV [ʔaħraz] hüten; bergen; erlangen; *Sieg* erringen.

\+ [ħirz], *pl.* أحراز [ʔaħ'ra:z] Zufluchtsort *m*.

حرس [ħaras (jaħrus)] bewachen, beaufsichtigen, bewahren, hüten; VIII [iħ'taras] sich hüten (vor من).

\+ [ħaras] Wache *f*, Leibwache *f*, Garde *f*.

حرش [ħaraʃ (jaħriʃ)] kratzen; II [ħarraʃ] aufreizen, aufhetzen.

\+ [ħaraʃ] Rauheit *f*.

+ [ħariʃ] rauh.

+ [ħirʃ *u.* ħurʃ], *pl.* أحراش [ʔaħˈraːʃ] Wald *m.*

حرص [ħarɒs (jaħris)] begehren (*etw.* على), streben (nach على).

+ [ħirs] Begierde *f*, Verlangen *n*; Aufmerksamkeit *f*.

حرض II [ħarrɒđ] anstacheln, aufreizen, aufhetzen.

حرف II [ħarraf] schief machen, umbiegen; entstellen; *Sinn* verdrehen; V [taˈħarraf] abweichen (von عن); VII [inˈħaraf] abweichen, sich abwenden; anormal sein, verdreht sein; VIII [iħˈtaraf] als Beruf ausüben.

+ [ħarf] 1. *pl.* حرف [ħiraf] Rand *m*, Kante *f*, Schneide *f*; 2. *pl.* حروف [ħuˈruːf] *u.* أحرف [ʔaħruf] Buchstabe *m*, Konsonant *m*; *Gr.* Partikel *f*; ~ الجر *Gr.* Präposition *f*.

حرفة [ħirfa], *pl.* حرف [ħiraf] Gewerbe *n*, Beruf *m*.

حرفي [ħarfiː] buchstäblich, wörtlich; ~ا [ħarˈfiːjan] *Adv. zu Vorigem.*

حرق [ħaraq (jaħriq)] verbrennen (*etw.* ه); *Ziegel* brennen; II [ħarraq] verbrennen, ausbrennen; *mit den Zähnen* knirschen; IV [ʔaħraq] entzünden, versengen; V [taˈħarraq] *u.* VIII [iħˈtaraq] brennen, verbrannt werden.

+ [ħarq] Verbrennung *f*, Brandstiftung *f*.

حرقة [ħarqa *u.* ħurqa] Verbrennung *f*; Qual *f*; Wut *f*.

حرك II [ħarrak] bewegen, in Gang setzen; rühren; anregen, erwecken; V [taˈħarrak] sich bewegen; abfahren, aufbrechen.

+ [ħarik] beweglich, lebhaft.

حركة [ħaraka], *pl.* [-aːt] Bewegung *f*, Regung *f*; Aktion *f*; Verkehr *m*; Belebtheit *f des Marktes*; *Gr.* Vokal *m*.

حرم [ħarum (jaħrum)] verboten sein; – [ħaram (jaħrim)] berauben (*j-n e-r Sache* ه من), wegnehmen, entziehen; ausschließen (von من); II [ħarram] verbieten, für unverletzlich *od.* heilig erklären; VIII [iħˈtaram] ehren, verehren, schätzen, achten.

+ [ħaram], *pl.* أحرام [ʔaħˈraːm] verboten, unverletzlich, heilig; Heiligtum *n*; Ehefrau *f*; الحرمان [alħaraˈmaːn] Mekka und Medina.

حرمان [ħirˈmaːn] Beraubung *f*; Ausschließung *f*; Entbehrung *f*.

حرمة [ħurma] Unverletzlichkeit

f; Ehrfurcht *f*, Respekt *m*; Gattin *f*, Ehefrau *f*.

حرى V [taˈħarraː] anstreben; sich befleißigen (*e-r Sache* ه); untersuchen, erforschen.

+ [ħariːj], *pl.* أحرياء [ʔahriˈjaːʔ] passend, würdig.

حرير [ħaˈriːr] Seide *f*; *pl.* حرائر [ħaˈraːʔir] Seidenstoffe *m/pl.*; ~ى seiden, aus Seide.

حريص [ħaˈriːs] begierig.

حريف [ħaˈriːf], *pl.* حرفاء [ħuraˈfaːʔ] Kunde *m*; Partner *m*.

+ [ħiˈrriːf] scharf (*Gewürz*).

حريق [ħaˈriːq] *u.* ~ة Brand *m*, Feuersbrunst *f*.

حريم [ħaˈriːm] unverletzlicher Ort *m*; Frauengemach *n*; Frauen *f/pl.*

حرية [ħuˈrriːja] Freiheit *f*.

حز [ħazza (jaˈħuzzu)] schneiden, einschneiden.

+ [ħazz], *pl.* حزوز [ħuˈzuːz] Einschnitt *m*, Kerbe *f*.

حزاز [ħaˈzaːz] Flechte *f* (*Pflanze u. Hautkrankheit*).

حزام [ħiˈzaːm], *pl.* أحزمة [ʔaħˈzima] *u.* [-aːt] Gürtel *m*, Leibbinde *f*.

حزب V [taˈħazzab] Partei ergreifen; Partei bilden.

+ [ħizb], *pl.* أحزاب [ʔaħˈzaːb] Schar *f*; (*politische*) Partei *f*; ~ى Partei-; ~ية Parteiwesen *n*; Parteigeist *m*.

حزر [ħazar (jaħzur)] erraten, abschätzen.

+ [ħazr] Vermutung *f*.

حزم [ħazam (jaħzim)] zubinden, zuschnüren; gürten; – [ħazum (jaħzum)] entschlossen sein; V [taˈħazzam] *u.* VIII [iħˈtazam] sich gürten.

+ [ħazm] Verpackung *f*, Verschnürung *f*; Entschlossenheit *f*; Klugheit *f*.

حزمة [ħuzma], *pl.* حزم [ħuzam] Bündel *n*, Paket *n*; Garbe *f*.

حزن [ħazin (jaħzan)] traurig sein, trauern; II [ħazzan] *u.* IV [ʔaħzan] traurig machen, betrüben.

+ [ħazin] traurig, betrübt.

+ [ħuzn], *pl.* أحزان [ʔaħˈzaːn] Trauer *f*, Kummer *m*.

حزورة [ħaˈzzuːra] Rätsel *n*.

حزيران [ħaziːˈraːn] *Syr.*, *Ir.* Juni *m*.

حزيم [ħaˈziːm] entschlossen, energisch.

حزين [ħaˈziːn], *pl.* حزان [ħiˈzaːn] traurig, betrübt.

حس [ħassa (jaˈħissu)] fühlen, empfinden; II [ħassas] tasten; IV [ʔaˈħassa] merken, wahrnehmen, fühlen; V [ta-

ˈħassas] betasten; Erkundigungen einziehen.

\+ [ħiss] 1. *u.* [ħass] Empfindung *f*, Gefühl *n*; 2. Geräusch *n*, Laut *m*.

حساء [ħaˈsaːʔ] Suppe *f*.

حساب [ħiˈsaːb] Rechnen *n*, Kalkulation *f*; Arithmetik *f*; Abrechnung *f*; Erwägung *f*, Rücksichtnahme *f*; *pl.* [-aːt] Rechnung *f*; Konto *n bei e-r Bank*; ~ات Buchhaltung *f*; ~ى rechnerisch.

حساس [ħaˈssaːs] empfindlich, empfindsam, sensibel; ~ة Fühler *m*; ~ية [ħassaːˈsiːja] Empfindlichkeit *f*, Sensibilität *f*.

حسام [ħuˈsaːm] Schwert *n*.

حسب [ħasab (jaħsub)] rechnen, zählen, berechnen, kalkulieren; – [ħasib (jaħsab)] denken, meinen, glauben; III [ħaːsab] 1. abrechnen, Rechnung begleichen; 2. achtgeben, aufpassen; V [taˈħassab] erkunden; VI [taˈħaːsab] miteinander abrechnen; VIII [iħˈtasab] berechnen; in Betracht ziehen.

\+ [ħasb] Rechnen *n*; Meinung *f*, Ansicht *f*; Genüge *f*; حسبك ان [ħasbuka ʔan] es genügt dir, daß; du brauchst nur; فحسب [faˈħasb/p] (*nachgestellt*): nur, weiter nichts.

\+ [ħasab], *pl.* أحساب [ʔaħˈsaːb] Betrag *m*, Wert *m*; Verdienst *n*; Adel *m*; ~ [ħasaba] *Präp.* gemäß.

حسبان [ħusˈbaːn] Berechnung *f*, Kalkulation *f*.

حسبما [ħasabamaː] je nachdem wie.

حسبة [ħisba] Rechnung *f*; Aufgabe *f*; Aufsicht *f*.

حسبي [ħasbiː] Vormundschafts-.

حسد [ħasad (jaħsud)] neiden, beneiden.

\+ [ħasad] Neid *m*.

حسر [ħasar (jaħsur)] *Hülle* entfernen, entblößen; *Blick*: trübe werden; II [ħassar] ermüden; betrüben; entblößen.

\+ [ħasir] *u.* حسران [ħasˈraːn] betrübt; matt.

حسرة [ħasra] Kummer *m*, Jammer *m*; واحسرتاه [waːħasraˈtaːh] o Jammer!, wehe!

حسك [ħasak] *coll.*, ~ة Dorn *m*, Stachel *m*; Fischgräte *f*.

حسم [ħasam (jaħsim)] abschneiden; beenden; *Streit* beilegen, schlichten; *Betrag* abziehen.

\+ [ħasm] Schlichtung *f*, Beilegung *f*.

حسن [ħasun (jaħsun)] schön sein; gut sein; II [ħassan]

verschönern, verbessern; III [ħa:san] gut behandeln; IV [ˀaħsan] *etw.* gut tun; Gutes tun; *Sprache* beherrschen; أحسنت [ˀaħˈsant(a)] bravo!; V [taˈħassan] sich bessern; X [isˈtaħsan] *etw.* gut, richtig finden.

\+ [ħasan] schön, gut, vortrefflich; *a.npr.*; ~ا *Adv.* gut.

\+ [ħusn] Schönheit *f*; (من) لحسن حظه [min *od.* liħusni ħɒzzihi] zu seinem Glück; ~ الظن [zɒnn] gute Meinung *f*.

حسناء [ħasˈna:ˀ] schöne Frau *f*.

حسنة [ħasana] gute Tat *f*, Wohltat *f*.

حسنى [ħusna:] gute Weise *f*, gute(s) Ende *n*.

حسا (حسو) [ħasa: (jaħsu:)] trinken, schlucken.

حسود [ħaˈsu:d] neidisch.

حسور [ħuˈsu:r] Kurzsichtigkeit *f*.

حسى [ħissi:] sinnlich; fühlbar; Sinnes-.

حسيب [ħaˈsi:b], *pl.* حسباء [ħusaˈba:ˀ] geachtet, vornehm.

حسير [ħaˈsi:r], *pl.* حسرى [ħasra:] matt, kraftlos; trübe.

حسين [ħuˈsain] Husain *m npr*.

حش [ħaʃʃa (jaˈħuʃʃu)] mähen.

حشا *s.* حشو.

حشا [ħaʃan], *pl.* أحشاء [ˀaħˈʃa:ˀ] Gedärme *pl.*, Eingeweide *pl.*

حشاش [ħaˈʃʃa:ʃ] Haschischraucher *m*.

حشد [ħaʃad (jaħʃud)] *Truppen* sammeln, zusammenziehen; mobilisieren; II [ħaʃʃad] anhäufen, konzentrieren; V [taˈħaʃʃad] sich versammeln.

\+ [ħaʃd] Ansammlung *f*, Zusammenziehung *f*.

\+ [ħaʃad], *pl.* حشود [ħuˈʃu:d] Menschenmenge *f*, Schar *f*.

حشر [ħaʃar (jaħʃur)] versammeln; zusammenpressen.

\+ [ħaʃr] Versammlung *f* (*bes. der Toten am jüngsten Tag*).

حشرة [ħaʃara], *pl.* [-a:t] Insekt *n*, Kerbtier *n*; علم الحشرات Entomologie *f*.

حشم [ħaʃam (jaħʃim)] beschämen; VIII [iħˈtaʃam] sich schämen, schüchtern sein.

\+ [ħaʃm] Bußgeld *n*.

\+ [ħaʃam] Gefolge *n*, Dienerschaft *f*.

حشمة [ħiʃma] Scham *f*, Bescheidenheit *f*, Anstand *m*.

حشا (حشو) [ħaʃa: (jaħʃu:)] ausstopfen, füllen; *Gewehr* laden; II [ħaʃʃa:] einschieben; säumen; mit Randnoten versehen; III [ħa:ʃa:] ausschließen; V [taˈħaʃʃa:] sich enthalten (*e-r Sache* من).

حشو [ħaʃw] Füllung *f*, Füllsel *n*; Einschiebung *f*; ة~ Füllung *f*.

حشيش [ħa'ʃi:ʃ], *pl.* حشائش [ħa'ʃa:ʔiʃ] Gras *n*, Kraut *n*; Haschisch *m* (*Rauschgift*).

حشيم [ħa'ʃi:m] bescheiden, schüchtern.

حص [ħassɒ (jaħussu)] als Anteil zukommen; III [ħa:ssɒ] teilen (*etw. mit j-m* ه ‚ ه); IV [ʔa'ħass] zuteilen.

حصاد [ħa'sɒ:d] Ernte *f*.

حصار [ħi'sɒ:r] Belagerung *f*, Blockade *f*.

حصافة [ħa'sɒ:fa] Umsichtigkeit *f*, gesundes Urteil *n*.

حصان [ħi'sɒ:n], *pl.* حصن [ħusun] Hengst *m*, Pferd *n*.

حصانة [ħa'sɒ:na] Festigkeit *f*; Uneinnehmbarkeit *f*; (*diplomatische*) Immunität *f*; Keuschheit *f*.

حصاة [ħa'sɒ:t], *pl.* حصيات [ħasɒ'ja:t] Kiesel *m*, Steinchen *n*.

حصب [ħasɒb] Schotter *m*, Kies *m*.

حصبة [ħasba] *Med.* Masern *pl.*

حصد [ħasɒd (jaħsud)] ernten, mähen; *Korn* schneiden.

حصر [ħasɒr (jaħsur)] umgeben, einschließen; ein-, beschränken; zurückhalten; blockieren; belagern; enthalten; III [ħa:sɒr] einschließen, belagern; VII [in'ħasɒr] sich beschränken (auf في), sich zurückführen lassen (auf في).

\+ [ħasr] Umschließung *f*, Einklammerung *f*, Einengung *f*, Beschränkung *f*, Blockierung *f*; Aufstellung *f*, Zählung *f*; بحصر المعنى im strengen Sinne.

\+ [ħusr] *Med.* Verstopfung *f*, (*Urin-*)Verhaltung *f*.

حصف [ħasif] klug, vernünftig.

حصل [ħasɒl (jaħsul)] entstehen, sich ergeben, resultieren; eintreten, sich ereignen, stattfinden, passieren; geschehen, zustoßen (*j-m* ل); erlangen, erhalten (*etw.* على); II [ħassɒl] erreichen, sich aneignen; eintreiben, *Gebühr* erheben; verdienen; V [ta'ħassɒl] sich ergeben, resultieren; erwerben; X [is'taħsɒl] sich verschaffen (*etw.* على).

حصن [ħasun (jaħsun)] befestigt, unzugänglich sein; II [ħassɒn] befestigen, immunisieren; V [ta'ħassɒn] sich festigen, gesichert sein.

\+ [ħisn], *pl.* حصون [ħu'su:n] Festung *f*, Burg *f*; Schutz *m*.

حصة [ħissɒ], *pl.* حصص [ħisɒs] Anteil *m*, Ration *f*; Aktie *f*,

Dividende *f*; Kontingent *n*; Lehrstunde *f*.

حصول [ħu'su:l] Eintritt *m*, Stattfinden *n e-s Ereignisses*; Erlangung *f*, Erwerb *m* (*e-r Sache* على).

حصو [ħasw] *coll.* Kies *m*; ة~ Kieselstein *m*; ى~ [ħasɒwi:] steinig.

حصى IV [ʔaħsɒ:] zählen, aufzählen.

\+ [ħasɒn] *coll.* Kies *m*, Steinchen *n/pl*.

حصيد [ħa'si:d] Ernteertrag *m*.

حصير [ħa'si:r], *pl.* حصر [ħusur] *u.* ة~, *pl.* حصائر [ħa'sɒ:ʔir] Matte *f*.

حصيلة [ħa'si:la], *pl.* حصائل [ħa'sɒ:ʔil] Erlös *m*, Ertrag *m*.

حصين [ħa'si:n] fest, unzugänglich; immun.

حض [ħɒđđɒ (ja'ħuđđu)] *u.* II [ħɒđđɒđ] anspornen, antreiben.

حضارة [ħa'đɒ:ra] Kultur *f*; seßhaftes Leben *n*.

حضانة [ħi'đɒ:na] Bebrütung *f*; (Kinder-)Pflege *f*; *Med.* Inkubation *f*.

حضر [ħađɒr (jaħđur)] zugegen, anwesend sein; kommen (zu الى), erscheinen, teilnehmen (an *e-r Veranstaltung* ه); II [ħađđɒr] bereiten, zubereiten, herstellen; herbeischaffen; III [ħa:đɒr] vortragen, Vorlesung halten; IV [ʔaħđɒr] herbeischaffen, holen, bringen; V [ta'ħađđɒr] sich bereitmachen; seßhaft werden; VIII [iħ'tađɒr] sich einstellen; *Passiv*: [uħ'tuđir] verscheiden, sterben; X [is'taħđɒr] kommen lassen, vorladen; zitieren; sich vergegenwärtigen.

\+ [ħađɒr] ansässige Bevölkerung *f*.

حضرة [ħađra] Anwesenheit *f*, Gegenwart *f*; *Titel*: *pl.* [ħađɒ'ra:t] حضرتكم [ħađratukum] Euer Hochwohlgeboren.

حضرى [ħađɒri:] ansässig, zivilisiert.

حضن [ħađɒn (jaħđun)] umarmen; *Kind* pflegen, aufziehen; *Ei* ausbrüten; VIII [iħ'tadɒn] in die Arme nehmen.

\+ [ħiđn], *pl.* أحضان [ʔaħ'đɒ:n] Brust *f*, Busen *m*; Armvoll *m*.

حضور [ħu'đu:r] Anwesenheit *f*, Teilnahme *f*, Besuch *m*; *s.* حاضر.

حضيض [ħa'đi:đ] Fuß *m e-s Berges*; Grund *m*, Tiefe *f*.

حط [ħattɒ (ja'ħuttu)] niedersetzen, absetzen; sich niederlassen, landen; II [ħattɒt] herunternehmen; VII [in'ħatt] sinken, sich verringern.

+ [ħatt] Niedersetzung *f*, Herabsetzung *f*.

حطاب [ħa'ttɒ:b] Holzfäller *m*; Brennholzverkäufer *m*.

حطام [ħu'tɒ:m] Trümmer *n/pl.*, Bruchstücke *n/pl.*

حطب [ħatɒb] Brennholz *n*.

حطم [ħatɒm (jaħtim)] *u.* II [ħattɒm] zerbrechen, zerschlagen; V [ta'ħattɒm] zertrümmert werden, in Stücke gehen.

حطمة [ħitma], *pl.* حطم [ħitɒm] Stückchen *n*, Bruchstück *n*.

حطة [ħittɒ] Erniedrigung *f*, Degradierung *f*.

حطيم [ħa'ti:m] zerschmettert.

حظ [ħazz], *pl.* حظوظ [ħu'zu:z] Anteil *m*, Los *n*, Geschick *n*; Glück *n*; سوء الحظ Unglück *n*.

حظار [ħi'zɒ:r] Trennwand *f*, Zaun *m*.

حظر [ħazɒr (jaħzur)] einzäunen; verbieten.

+ [ħazr] Verbot *n*.

حظوة [ħuzwa] Gunst *f*, Wohlwollen *n*, Ansehen *n*.

حظى [ħazija (jaħzɒ:)] in Gunst stehen (bei عند).

حظيره [ħa'zi:ra], *pl.* حظاير [ħa'zɒ:ʔir] Einfriedung *f*, Gehege *n*, Hürde *f*, Pferch *m*; Halle *f*.

حظيظ [ħa'zi:z] glücklich.

حظية [ħa'zi:ja], *pl.* حظايا [ħa'zɒ:ja:] Favoritin *f*, Mätresse *f*.

حف [ħaffa (ja'ħuffu)] umgeben, einfassen; *Haar* scheren; – [ħaffa (ja'ħiffu)] rauschen, rascheln.

حفار [ħa'ffa:r] Gräber *m*; Graveur *m*.

حفاظ [ħi'fa:z] Schutz *m*; *pl.* [-a:t] Binde *f*, Verband *m*.

حفاة *s.* حاف.

حفاوة [ħa'fa:wa] freundlicher Empfang *m*, Bewillkommnung *f*.

حفر [ħafar (jaħfir)] graben; einritzen, gravieren; schnitzen.

+ [ħafr] Graben *n*, Grabung *f*; Gravierung *f*.

حفرة [ħufra], *pl.* حفر [ħufar] Grube *f*.

حفرية [ħaf'ri:ja] Grabung *f*; *pl.* [ħafri:'ja:t] Ausgrabungen *f/pl.*

حفز [ħafaz (jaħfiz)] stoßen, drängen; durchstoßen; V [ta'ħaffaz] *u.* VIII [iħ'tafaz] sich bereitmachen, sich anschikken; *zum Sprung* ansetzen.

حفظ [ħafiz (jaħfɒz)] bewahren, behüten, verwahren; behalten; auswendig lernen *od.*

können; II [ħaffɒz] auswendig lernen lassen; III [ħa:fɒz] beschützen, bewahren; achten (auf على), befolgen, einhalten; V [taˈħaffɒz] beobachten; vorsichtig sein; VIII [iħˈtafɒz] behalten, aufbewahren; aufrechterhalten; sich vorbehalten.

+ [ħifz] Wahrung *f*, Erhaltung *f*; Schutz *m Gottes*; Gedächtnis *n*; ة~ Zorn *m*.

حفل [ħafal (jaħfil)] sich versammeln; voll sein; VIII [iħˈtafal] feierlich begehen (*etw.* ب).

+ [ħafl] (Fest-)Versammlung *f*; ة~, *pl.* [ħafaˈla:t] Feier *f*, Veranstaltung *f*, Gesellschaft *f*.

حفنة [ħafna] Handvoll *f* (*mit beiden Händen*).

حفى [ħafija (jaħfa:)] 1. freundlich empfangen, willkommen heißen; 2. barfuß gehen; VIII [iħˈtafa:] feiern, bewirten (*j-n* ب).

حفيد [ħaˈfi:d], *pl.* أحفاد [ʔaħˈfa:d] Enkel *m*, Nachkomme *m*; ة~ Enkelin *f*.

حفيظ [ħaˈfi:z] achtsam, bewahrend; ة~ Groll *m*.

حفيف [ħaˈfi:f] Rauschen *n des Windes*, Rascheln *n*.

حق [ħaqqa (jaˈħiqqu)] wahr, recht sein; angemessen sein, obliegen (*j-m* على); zustehen (*j-m* ل); II [ħaqqaq] wahr machen, verwirklichen, realisieren; untersuchen, nachprüfen; feststellen, ermitteln; bestätigen; IV [ʔaˈħaqqa] recht haben; V [taˈħaqqaq] sich bewahrheiten; verwirklicht werden; sich vergewissern (*e-r Sache* ه *u.* من); X [istaˈħaqqa] Anspruch haben; wert sein, verdienen.

+ [ħaqq] 1. wahr, recht, richtig; Wahrheit *f*, Richtigkeit *f*; 2. *pl.* حقوق [ħuˈqu:q] Recht *n*, Anspruch *m*; ا~ [ħaqqan] *Adv.* wirklich, wahrlich; بحق [biˈħaqq(i)] hinsichtlich; كلية الحقوق rechtswissenschaftliche (juristische) Fakultät *f*.

+ [ħuqq] = حقة.

حقارة [ħaˈqa:ra] Niedrigkeit *f*, Gemeinheit *f*.

حقانى [ħaˈqqa:ni:] richtig, rechtlich; ة~ Justiz *f*.

حقب [ħuqb], *pl.* أحقاب [ʔaħˈqa:b] *u.* ة~ [ħiqba], *pl.* حقب [ħiqab] Zeitraum *m*, Periode *f*.

حقد [ħaqad (jaħqid)] hassen.

+ [ħiqd] Haß *m*, Groll *m*.

حقر [ħaqar (jaħqir)] verachten;

– [ħaqur (jaħqur)] niedrig, verächtlich, gemein sein; II [ħaqqar] herabsetzen, erniedrigen, demütigen; VIII [iħ'taqar] *u.* X [is'taħqar] verachten, geringschätzen.

حقل [ħaql], *pl.* حقول [ħu'qu:l] Feld *n*, Acker *m*; (*wissenschaftliches*) Gebiet *n*.

حقن [ħaqan (jaħqun)] 1. einspritzen, injizieren; 2. zurückhalten; VIII [iħ'taqan] *Blut*: sich stauen.

حقنة [ħuqna], *pl.* حقن [ħuqan] *Med.* Injektion *f*, Einspritzung *f*, Klistier *n*.

حقة [ħuqqa], *pl.* حقق [ħuqaq] Dose *f*, Büchse *f*; Gelenkpfanne *f*.

حقو [ħaqw], *pl.* حقاء [ħi'qa:ʔ] Lende *f*.

حقوق *s.* حق.

حقيبة [ħa'qi:ba], *pl.* حقائب [ħa'qa:ʔib] Koffer *m*, Tasche *f*.

حقير [ħa'qi:r] niedrig, gemein, verachtet, gering.

حقيق [ħa'qi:q], *pl.* أحقاء [ʔaħi'qqa:ʔ] würdig, geeignet.

حقيقة [ħa'qi:qa], *pl.* حقائق [ħa'qa:ʔiq] Wahrheit *f*, Tatsache *f*, Realität *f*; ~ [ħa'qi:qatan] *Adv.* wirklich, in der Tat.

حقيقي [ħa'qi:qi:] wirklich, wahr, echt, tatsächlich, authentisch.

حك [ħakka (ja'ħukku)] reiben, kratzen; II [ħakkak] schleifen, polieren; IV [ʔa'ħakka] jucken; V [ta'ħakkak] sich reiben; Streit suchen; VIII [iħ'takka] sich reiben.

+ [ħakk] Reiben *n*, Reibung *f*.

حكام *s.* حاكم.

حكاية [ħi'ka:ja], *pl.* [-a:t] Erzählung *f*, Geschichte *f*.

حكر VIII [iħ'takar] aufkaufen, monopolisieren.

+ [ħikr], *pl.* أحكار [ʔaħ'ka:r] Pachtgrund *m*; Pachtzins *m*.

حكرة [ħukra] Monopol *n*.

حكم [ħakam (jaħkum)] urteilen, entscheiden, richten; herrschen, regieren; verurteilen (*j-n* على, zu ب); III [ħa:kam] gerichtlich verfolgen; IV [ʔaħkam] befestigen, stärken; *Arbeit* gut machen; V [ta'ħakkam] herrschen, willkürlich verfahren; X [is'taħkam] stark sein, sich festigen.

+ [ħakam] Schiedsrichter *m*.

+ [ħukm], *pl.* أحكام [ʔaħ'ka:m] Urteil *n*, Entscheidung *f*; Beurteilung *f*; Vorschrift *f*, Anordnung *f*; Rechtsprechung *f*, Verurteilung *f*; Richteramt *n*; Regime *n*; Herrschaft *f*, Regierung *f*; Urteilskraft *f*; ~ا [ħukman] *Adv.* der Idee nach; rechtlich; بحكم auf Grund von; الحكم الذاتي *Pol.* Selbstbestimmung *f*, Autonomie *f*.

حكمدار [ħikimˈda:r] *Äg.* Polizeipräsident *m*.

حكمة [ħikma], *pl.* حكم [ħikam] Weisheit *f*, Klugheit *f*; Maxime *f*.

حكة [ħikka] Jucken *n*; *Med.* Krätze *f*.

حكومة [ħuˈku:ma], *pl.* [-a:t] Regierung *f*.

حكومى [ħuˈku:mi:] Regierungs-, staatlich.

حكى [ħaka: (jaħki:)] erzählen, sprechen; ähneln; III [ħa:ka:] ähneln; nachahmen, imitieren.

حكيم [ħaˈki:m], *pl.* حكماء [ħukaˈma:ʔ] weise; Weise(r) *m*, Philosoph *m*; Arzt *m*.

حل [ħalla (jaˈħullu)] 1. lösen, auflösen (*Salz, Bindung, Problem*); aufbinden; lockern; zersetzen; entziffern; 2. absteigen, sich niederlassen, hereinbrechen; *Platz* einnehmen; *Zeit* eintreten; – [ħalla (jaˈħillu)] erlaubt, statthaft sein; II [ħallal] auflösen, analysieren; entlasten, entbinden; IV [ʔaˈħalla] erlauben, freigeben; *Platz* einnehmen lassen; V [taˈħallal] sich auflösen; VII [inˈħalla] gelöst, gelockert werden; sich auflösen, zerfallen; VIII [iħˈtalla] *Ort* einnehmen, besetzen; *Amt* bekleiden; X [istaˈħalla] für erlaubt halten.

\+ [ħall], *pl.* حلول [ħuˈlu:l] Lösung *f*, Auflösung *f*; Aufknüpfung *f*; Freilassung *f*; Entzifferung *f*.

\+ [ħill] Erlaubtsein *n*, Statthaftigkeit *f*.

حلا *s.* حلو.

حلاب [ħaˈlla:b] Melker *m*.

حلاج [ħaˈlla:dʒ] Baumwollentkörner *m*.

حلاق [ħaˈlla:q] Barbier *m*, Friseur *m*; ة+ [ħiˈla:qa] Rasieren *n*.

حلال [ħaˈla:l] Erlaubte(s) *n*, rechtmäßiger Besitz *m*; (*Gegens.* حرام).

حلاوة [ħaˈla:wa] Süßigkeit *f*, Konfekt *n*; Anmut *f*.

حلب [ħalab (jaħlib)] melken; V [taˈħallab] fließen, tropfen.

\+ [ħalb] Melken *n*.

\+ [ħalab] Aleppo (*Stadt in Syrien*).

حلج [ħaladʒ (jaħlidʒ)] *Baumwolle* entkörnen.

حلزون [ħalaˈzuːn] *u.* ة~ Schnecke *f*, Spirale *f*; ى~ spiralförmig.

حلف [ħalaf (jaħlif)] schwören; II [ħallaf] schwören lassen, vereidigen; VI [taˈħaːlaf] sich miteinander verbünden.

+ [ħilf] Schwur *m*; Bund *m*, Pakt *m*, Allianz *f*; الحلف الاطلسى *Pol.* Atlantikpakt *m*.

حلفاء *s.* حليف.

حلق [ħalaq (jaħliq)] rasieren; II [ħallaq] in der Luft kreisen, *Gelände* überfliegen; einkreisen.

+ [ħalq], *pl.* حلوق [ħuˈluːq] Schlund *m*, Kehle *f*, Gaumen *m*.

حلقة [ħalqa *u.* ħalaqa], *pl.* حلق [ħalq] *u.* [-aːt] Ring *m*; Kettenglied *n*; Zirkel *m*, Kreis *m von Menschen.*

حلقوم [ħulˈquːm] Kehle *f*.

حلقى [ħalqiː] guttural, Kehl-.

حلك [ħalik] pechschwarz, tiefschwarz.

حلم [ħalam (jaħlum)] 1. träumen; 2. mannbar werden.

+ [ħilm] Einsicht *f*, Verstand *m*; Großzügigkeit *f*.

+ [ħulm], *pl.* أحلام [ʔaħˈlaːm] 1. Traum *m*; 2. Mannbarkeit *f*.

حلة [ħilla] Lagerplatz *m*.

+ [ħulla], *pl.* حلل [ħulal] Kleidung *f*, Gewand *n*.

حلا (حلو) [ħalaː (jaħluː)] süß, angenehm sein; II [ħallaː] süßen; schmücken; V [taˈħallaː] sich schmücken.

حلو [ħulw] süß; hübsch; angenehm.

حلوانى [ħalˈwaːniː] Zuckerbäcker *m*, Konditor *m*.

حلول [ħuˈluːl] Absteigen *n*; Hereinbrechen *n*, Eintritt *m e-r Zeit.*

حلوى [ħalwaː] *u.* حلويات [ħalawiːˈjaːt] Süßigkeiten *f/pl*.

حلى [ħalija (jaħlaː)] geschmückt sein; II [ħallaː] schmücken.

+ [ħalj], *pl.* حلى [ħuˈliːj] Schmuck *m*, Pretiosen *pl*.

حليب [ħaˈliːb] (*süße*) Milch *f*.

حليف [ħaˈliːf], *pl.* حلفاء [ħulaˈfaːʔ] Bundesgenosse *m*, Alliierter *m*.

حليل [ħaˈliːl], *pl.* أحلاء [ʔaħiˈllaːʔ] Gatte *m*; ة~ Gattin *f*.

حليم [ħaˈliːm] milde, sanftmütig.

حلية [ħilja], *pl.* حلى [ħilan] Schmuck *m*, Zierat *m*.

حم [ħam], *constr.* حمو [ħamuː] (*vgl.* أب), *pl.* أحماء [ʔaħˈmaːʔ] Schwiegervater *m*; Schwager *m*.

+ [ħamma (jaˈħummu)] 1. heiß sein od. machen; 2. *Zeitpunkt*: eintreten; II [ħammam] heiß machen; baden; X [ista'ħamma] baden, ein Bad nehmen.

حمّار [ħa'mma:r] Eseltreiber *m*.

\+ [ħi'ma:r], *pl.* حمير [ħa'mi:r] Esel *m*.

حماس [ħa'ma:s] *u.* ة~ Begeisterung *f*, Enthusiasmus *m*, Eifer *m*; ى~ begeistert, fanatisch.

حماقة [ħa'ma:qa] Dummheit *f*, Narrheit *f*.

حمّال [ħa'mma:l], *pl.* ة~ *u.* [-u:n] Lastträger *m*; ة~ *Techn.* Träger *m*, Stütze *f*; ة+ [ħi'ma:la] Beruf *m* des Trägers.

حمام [ħa'ma:m] *coll.*, ة~ Taube *f*.

\+ [ħa'mma:m], *pl.* [-a:t] Bad *n*, Badeplatz *m*.

حماة [ħa'ma:t], *pl.* حموات [ħama'wa:t] Schwiegermutter *f*.

حماية [ħi'ma:ja] Schutz *m*, Protektorat *n*.

حمد [ħamid (jaħmad)] loben, preisen (*bes. Gott*).

\+ [ħamd] Lob *n*, Preis *m*; الحمد لله [al'ħamdu li'lla:h] Gott sei gelobt!, Gott sei Dank!

حمر II [ħammar] röten, rot färben; rösten; IX [iħ'marra] rot werden, sich röten.

\+ [ħumar] Erdpech *n*, Asphalt *m*; *s.a.* أحمر.

حمرة [ħumra] Röte *f*, Rotfärbung *f*.

حمس V [ta'ħammas] sich ereifern, begeistert sein.

\+ [ħamis] eifrig, begeistert.

حمص II [ħammɒs] rösten.

\+ [ħimmis] *u.* [ħummus] *coll.* Kichererbse *f*.

\+ [ħims] Homs (*Stadt in Syrien*).

حمض [ħamuđ (jaħmuđ)] sauer sein; II [ħammɒđ] säuern; *Phot.* entwickeln.

\+ [ħamđ], *pl.* أحماض [ʔaħ'mɒ:đ] Säure *f*.

حمق [ħamiq (jaħmaq)] dumm sein; zornig werden.

\+ [ħumq] Dummheit *f*, Torheit *f*; *s.a.* أحمق.

حمل [ħamal (jaħmil)] tragen, mit sich führen, befördern, transportieren; *Gefühl* hegen; anspornen, veranlassen (*j-n* zu ه على); angreifen (*j-n* على); in Beziehung setzen (mit على); schwanger werden; II [ħammal] beladen, aufbürden; V [ta'ħammal] auf sich nehmen, ertragen; VI [ta'ħa:mal] voreingenommen sein (gegen على); VIII [iħ'tamal] tragen; ertragen; möglich, wahrscheinlich sein.

\+ [ħaml] 1. Tragen *n*,

Transport *m*; 2. Schwangerschaft *f*.

\+ [ħamal], *pl.* حملان [ħimˈla:n] Lamm *n*; *Sternbild*: Widder *m*.

\+ [ħiml], *pl.* أحمال [ʔaħˈma:l] Last *f*, Bürde *f*.

حملة [ħamla], *pl.* [ħamaˈla:t] Angriff *m*, Feldzug *m*.

حمة [ħuma] Insektenstachel *m*.

\+ [ħumma] 1. Schwärze *f*; 2. Fieber *n*.

حمو [ħamw *u.* ħuˈmu:w] Hitze *f*; *s.a.* حم.

حمود [ħaˈmu:d] lobenswert, gepriesen.

حمور [ħuˈmu:r] Röte *f*, Rotfärbung *f*.

حموضة [ħuˈmu:đɒ] Säure *f*; saurer Geschmack *m*.

حمولة [ħuˈmu:la] Tragfähigkeit *f*; Trägergebühr *f*, Transportgebühr *f*.

حمى [ħama: (jaħmi:)] schirmen, beschützen; [ħamija (jaħma:)] heiß sein; wütend werden; III [ħa:ma:] vor Gericht verteidigen; VIII [iħˈtama:] sich schützen, sich decken.

\+ [ħaˈmi:j] beschützt; unzugänglich.

\+ [ħiman] Schutz *m*, Verteidigung *f*.

\+ [ħumma:] Fieber *n*.

\+ [ħummi:] Fieber-, fiebrig; *s.a.* حم.

حميد [ħaˈmi:d] lobenswert; *Med.* gutartig.

حمير *s.* حمار.

حميم [ħaˈmi:m], *pl.* أحماء [ʔaħiˈmma:ʔ] Vertraute(r) *m*, Freund *m*.

حمية [ħaˈmi:ja] Eifer *m*, Hitzigkeit *f*.

\+ [ħimja] *Med.* Diät *f*.

حن [ħanna (jaˈħinnu)] sich sehnen, verlangen (nach الى); Mitleid haben (mit على); II [ħannan] rühren; V [taˈħannan] Mitleid haben (mit على).

حنا *s.* حنو.

حناء [ħiˈnna:ʔ] Henna *f* (*roter Pflanzenfarbstoff*).

حنان [ħaˈna:n] Mitleid *n*, Sympathie *f*, Zärtlichkeit *f*.

\+ [ħaˈnna:n] liebevoll, mitleidig.

حناية [ħiˈna:ja] Krümmung *f*, Biegung *f*.

حنث [ħaniθ (jaħnaθ)] *Eid* brechen (ب *u.* في).

\+ [ħinθ], *pl.* أحناث [ʔaħˈna:θ] Meineid *m*.

حنجرة [ħandʒara], *pl.* حناجر [ħaˈna:dʒir] Kehle *f*, Kehlkopf *m*.

حنط II [ħannaṭ] einbalsamieren, präparieren.

حنطة [ħintɒ] Weizen *m*.

حنطور [ħan'ṫu:r] Pferdekutsche *f*.

حنظل [ħanzɒl] *coll.*, ة~ Kolloquinte *f* (*bittere Pflanze*).

حنفية [ħana'fi:ja] 1. (Wasser-) Hahn *m*; 2. *Name einer islamischen Rechtsschule nach dem Begründer* Abu: Ha'ni:fa.

حنق [ħaniq (jaħnaq)] wütend sein; IV [ʔaħnaq] in Wut versetzen.

+ [ħanaq] Wut *f*, Groll *m*.

+ [ħaniq] wütend, ärgerlich.

حنك [ħanak (jaħnik)] *u.* II [ħannak] *u.* IV [ʔaħnak] erfahren machen; *Leben*: lehren.

+ [ħanak], *pl.* أحناك [ʔaħ'na:k] Gaumen *m*.

+ [ħunk] *u.* ة~ Erfahrenheit *f*, Lebenserfahrung *f*.

حنة [ħanna] Sympathie *f*, Mitleid *n*.

حنا (حنو) [ħana: (jaħnu:)] biegen, krümmen, neigen; IV [ʔaħna:] neigen, beugen; mitfühlen (mit على); VII [in'ħana:] sich krümmen, sich winden; sich verneigen, sich beugen.

حنو [ħanw] Biegung *f*, Beugung *f*.

+ [ħu'nu:w] Mitleid *n*.

حنون [ħa'nu:n] liebevoll, zärtlich, mitleidig.

حنى [ħana: (jaħni:)] sich biegen, sich neigen; *s.* حنو.

+ [ħanj] Biegung *f*, Krümmung *f*.

حنيف [ħa'ni:f] rechtgläubig.

حنين [ħa'ni:n] Sehnsucht *f*; الوطن ~ Heimweh *n*.

حنية [ħa'ni:ja], *pl.* حنايا [ħa'na:ja:] Biegung *f*; Wölbung *f*.

حواء [ħa'wwa:ʔ] Eva *f npr.*; ابنة ~ Weib *n*.

حوادث *s.* حادث.

حوار [ħi'wa:r] Gespräch *n*, Dialog *m*.

حوارة [ħa'wa:ra] Kreide *f*.

حوارى [ħa'wa:ri:], *pl.* [-ju:n] Jünger *m*; Apostel *m*.

حواس *s.* حاسة.

حوال [ħi'wa:l] Hindernis *n*, Scheidewand *f*.

حوالة [ħa'wa:la], *pl.* [-a:t] Wechsel *m*; Zahlungsanweisung *f*.

حوالى [ħa'wa:laj] zirka, ungefähr, um – herum.

حوت [ħu:t], *pl.* حيتان [ħi:'ta:n] großer Fisch *m*, Wal *m*.

حوج IV [ʔaħwadʒ] 1. bedürfen; 2. bedürftig machen; VIII [iħ'ta:dʒ] bedürfen, benötigen, brauchen.

+ [ħaudʒ] Bedürfnis *n*; Bedürftigkeit *f*.

حوذى [ħu:ði:] Kutscher *m*.

حار (حور) [ħa:r (ja'ħu:r)] zurückkehren; II [ħawwar] ändern, umbilden; *Teig* walken; bleichen; III [ħa:war] disputieren; V [taˈħawwar] abgeändert, modifiziert werden.

حور [ħaur] Pappel *f*.

حورية [ħu:ˈri:ja] Paradiesjungfrau *f*; Nymphe *f*.

(حوز) حاز [ħa:z (jaˈħu:z)] gewinnen, erlangen; VII [inˈħa:z] sich fernhalten (von عن); Partei ergreifen (für ل); VIII [iħˈta:z] in Besitz nehmen.

حوز [ħauz], ة~ *Jur*. Besitz *m*; *pl*. أحواز [ʔaħˈwa:z] Bannmeile *f e-r Stadt*; Territorium *n*.

(حوش) حاش [ħa:ʃ (jaˈħu:ʃ)] umstellen, aufhalten; II [ħawwaʃ] sammeln, aufhäufen.

حوش [ħauʃ, ħo:ʃ], *pl*. أحواش [ʔaħˈwa:ʃ] Hof *m*; *Ir*. Haus *n*.

حوض [ħauđ, ħo:đ], *pl*. أحواض [ʔaħˈwa:đ] *u*. حياض [ħiˈja:đ] Becken *n*, Behälter *m*, Bassin *n*.

(حوط) حاط [ħa:ŧ (jaˈħu:ŧ)] hüten; umgeben; II [ħawwaŧ] ummauern; IV [ʔaˈħa:ŧ] umfassen, umzingeln (*etw*. ب); erfassen, verstehen; أحاط به علما [bihi ʕilman] gründlich kennen; أحاطه علما ب in Kenntnis setzen; V [taˈħawwaŧ] sich vorsehen; VIII [iħˈta:ŧ] vorsorgen, sich vorsehen.

حوط [ħauŧ] Vorsorge *f*, Vorsicht *f*.

(حوك) حاك [ħa:k (jaˈħu:k)] weben, stricken; ersinnen, ausdenken.

(حول) حال [ħa:l (jaˈħu:l)] sich wandeln; verhindern (*etw*. دون); dazwischentreten (بين); II [ħawwal] verwandeln, umwandeln; übertragen; umschalten; *Geld* überweisen; ablenken, abwenden; III [ħa:wal] versuchen; IV [ʔaˈħa:l] verwandeln; überführen, übertragen; weiterleiten, verweisen, abtreten; versetzen; V [taˈħawwal] sich verändern, verwandelt werden; abweichen; VIII [iħˈta:l] List anwenden, täuschen; X [istaˈħa:l] sich verwandeln; unmöglich sein.

حول [ħaul] 1. Veränderung *f*; 2. *pl*. أحوال [ʔaħˈwa:l] Macht *f*, Kraft *f*; Jahr *n* (*s. a*. حال *u*. أحول).

\+ [ħaul(a)] *Präp*. um, um – herum; ungefähr.

حولة [ħaula] Veränderung *f*, Mutation *f*.

حولى [ħauli:] einjährig; periodisch; ~ات [-ˈja:t] Annalen *pl*.

حام (حوم) [ħa:m (jaˈħu:m)] kreisen, schweben.

حوى [ħawa: (jaħwi:)] vereinen, umfassen; VIII [iħˈtawa:] umfassen, enthalten, in sich schließen (*etw*. على).

حى [ħajj], *pl*. أحياء [ʔaħˈja:ʔ] 1. lebend, lebendig; aktiv; Lebewesen *n*; علم الاحياء Biologie *f*; 2. Stadtviertel *n*; *s*. حي.
+ [ħajja]: حى على الصلاة auf zum Gebet!

حياء [ħaˈja:ʔ] Scham *f*, Scheu *f*.

حيات *s*. حية; حياتى [ħaˈja:ti:] Lebens-.

حياد [ħiˈja:d] 1. Neutralität *f*; الـ~ الايجابى positive Neutralität; على الـ~ neutral; 2. (*Zug*-) Entgleisung *f*; ~ى neutral.

حيارى *s*. حيران.

حيازة [ħiˈja:za] Besitzergreifung *f*; Besitz *m*.

حياض *s*. حوض.

حياط *pl*. *zu* حائط.

حياطة [ħiˈja:ta] Wahrung *f*; Obhut *f*.

حياكة [ħiˈja:ka] Weberei *f*; Weben *n*, Stricken *n*; Flechtwerk *n*.

حيال [ħiˈja:l(a)] *Präp*. gegenüber, angesichts.

حياة [ħaˈja:t] Leben *n*.

حيث [ħaiθ(u)] *conj*. wo, wo doch, wohin; da, während, insofern als; ~ أن [ʔanna] da doch; in Anbetracht dessen, daß; من ~ woher; hinsichtlich.

حيثما [ħaiθuma:] wo(hin) auch immer.

حيثية [ħaiˈθi:ja] Standpunkt *m*; Hinsicht *f*.

حاد (حيد) [ħa:d (jaˈħi:d)] abweichen; entgleisen; *Meinung* aufgeben (عن); sich entfernen; II [ħajjad] beiseite stellen; III [ħa:jad] sich abseits halten, meiden, neutral sein; VII [inˈħa:d] abweichen.

حيد [ħaid] *u*. حيدان [ħajaˈda:n] Abweichung *f*; على حيدة :~ة [ʕala: ħaida(tin)] abseits, beiseite.

حار (حير) [ħa:r (jaˈħa:r)] verlegen, bestürzt, ratlos sein; II [ħajjar] verwirren, verlegen machen; V [taˈhajjar] *u*. VIII [iħˈta:r] = I.

حيران [ħaiˈra:n], *f* حيرى [ħaira:], *pl*. حيارى [ħaˈja:ra:] verwirrt, verlegen, bestürzt, perplex, ratlos.

حيرة [ħaira] Verwirrung *f*, Bestürzung *f*.

حيز [ħajjiz], *pl*. أحياز [ʔaħˈja:z] Bereich *m*, Gebiet *n*, Sphäre *f*.

(حيص) حاص [ħaːs (jaˈħiːs)] entfliehen, entkommen.

حيض [ħaiđ] Menstruation *f*.

حيضان *pl. zu* حوض.

حيطان *s.* حائط.

حيطة [ħiːtɒ] Vorsicht *f*, Vorsorge *f*.

(حيف) حاف [ħaːf (jaˈħiːf)] ungerecht handeln; V [taˈħajjaf] beeinträchtigen, schädigen.

حيف [ħaif] Unrecht *n*, Schädigung *f*.

حيفا [ħaifaː] Haifa (*Stadt*).

(حيق) حاق [ħaːq (jaˈħiːq)] umgeben; befallen, treffen; IV [ʔaˈħaːq] umgeben.

حيق [ħaiq] Folge *f*, Wirkung *f*, Effekt *m*.

حيل V [taˈħajjal] List anwenden; *s.* حول.

\+ [ħail] Kraft *f*, Stärke *f*.

حيلة [ħiːla], *pl.* حيل [ħijal] List *f*, Trick *m*; Kniff *m*, Behelf *m*; Ausweg *m*.

حيلولة [ħaiˈluːla] Trennung *f*; Verhinderung *f* (*e-r Sache* دون).

حيلى [ħijaliː] listig, schlau.

(حين) حان [ħaːn (jaˈħiːn)] *Zeit*: kommen, *Moment*: eintreten; II [ħajjan] *Zeit* festsetzen; V [taˈħajjan] *u.* X [isˈtaħjan] *Gelegenheit* abwarten.

حين [ħain] Verderben *n*, Ende *n*, Tod *m*.

\+ [ħiːn], *pl.* أحيان [ʔaħˈjaːn] (*rechte*) Zeit *f*, Gelegenheit *f*; ~ [ħiːna] *Präp.* während, bei; *conj.* als, zur Zeit da; أحيانا [ʔaħˈjaːnan] *u.* بعض الأحيان manchmal, bisweilen, zuweilen; في حينه zu seiner Zeit, rechtzeitig; من ~ الى ~ von Zeit zu Zeit.

حينذاك [ħiːnaˈðaːk] damals, zu jener Zeit.

حينما [ħiːnamaː] während, als.

حينئذ [ħiːnaˈʔiðin] damals.

حية [ħajja], *pl.* [-aːt] Schlange *f*.

حيوان [ħajaˈwaːn], *pl.* [-aːt] Tier *n*; Lebewesen *n*; علم الـ~ Zoologie *f*; ~ى tierisch, animalisch.

حيوى [ħajawiː] vital, lebenswichtig; ~ة [ħajaˈwiːja] Lebenskraft *f*, Vitalität *f*.

حي [ħajija (يحيا jaħjaː)] 1. leben; durchleben; 2. sich schämen; II حيا [ħajjaː] *Gott*: lange leben lassen; grüßen; IV أحيا [ʔaħjaː] beleben, wiederbeleben; feiern, veranstalten; X استحيا [isˈtaħjaː] 1. am Leben lassen; 2. *u.* استحى [isˈtaħaː] sich schämen.

حيي [ħaˈjiːj] schamvoll, schüchtern.

خ

خ (خاء) [xa:ʔ] *siebenter Buchstabe*; *Zahlwert 600.*

خاب *s.* خوب, خيب.

خابية [xa:bija], *pl.* خواب [xaˈwa:bin] großer Krug *m.*

خاتم [xa:tam *u.* xa:tim], *pl.* خواتم [xaˈwa:tim] Siegel *n*, Siegelring *m*; ~ة [xa:tima], *pl.* خواتم [xaˈwa:tim] Ende *n*, Abschluß *m*; Schlußwort *n.*

خاتون [xa:ˈtu:n], *pl.* خواتين [xawa:ˈti:n] Dame *f.*

خاتر [xa:tir] verräterisch.

خاثر [xa:θir] geronnen (*Milch*); dickflüssig, eingedickt.

خادر [xa:dir] matt, betäubt; versteckt.

خادم [xa:dim], *pl.* خدام [xuˈdda:m] Diener *m*; ~ة Dienerin *f.*

خار *s.* خور, خير.

خارب [xa:rib] vernichtend; Zerstörer *m.*

خارج [xa:ridʒ] außen befindlich, auswärtig; Ausland *n*; ~ [xa:ridʒ (a)] *Präp.* außerhalb; في الـ~ draußen, im Ausland; ~ى auswärtig, äußerlich, extern, Außen-; وزارة الخارجية Außenministerium *n*, Ministerium für auswärtige Angelegenheiten.

خارصينى [xa:rˈsi:ni:] Zink *m.*

خارطة [xa:ritɒ] (Land-)Karte *f*, Plan *m.*

خارق [xa:riq] durchbrechend; außergewöhnlich, unerhört; ~ة, *pl.* خوارق [xaˈwa:riq] Wunder *n.*

خازن [xa:zin] Schatzmeister *m.*

خازوق [xa:ˈzu:q], *pl.* خوازيق [xawa:ˈzi:q] Pfahl *m*; *fig.* unangenehme Sache *f.*

خاس *s.* خيس.

خاص [xɒ:ss] speziell, Spezial-, besonder; privat; betreffend (*etw.* ب), bezüglich (*Gen.* ب), eigentümlich (*j-m* ب).

خاصرة [xɒ:sira], *pl.* خواصر [xaˈwɑ:sir] Hüfte *f.*

خاصة [xɒ:ssɒ], *pl.* خواص [xaˈwɒ:ss] Besonderheit *f*, Eigenheit *f*, Eigentümlichkeit *f*, Charakteristikum *n*; ~ [xɒːs-sɒtan] *Adv.* besonders, insbesondere; الخاصة die Gebildeten *pl.*, Aristokraten *pl.*; الخاصة و العامة Fachleute und Laien.

خاصية [xɒːˈssiːja], *pl.* خصائص [xaˈsɒːʔis] Besonderheit *f*, Charakteristikum *n*; Zuständigkeit *f*.

خاض *s.* خوض.

خاضع [xɒːđiʕ] unterworfen (*e-r Sache* ل); unterwürfig, demütig.

خاط *s.* خيط.

خاطب [xɒːtib] Sprecher *m*, Brautwerber *m*.

خاطر [xɒːtir] 1. *pl.* خواطر [xaˈwɒːtir] Einfall *m*, Idee *f*; Gemüt *n*; Belieben *n*; على خاطرك dir zuliebe; 2. *pl.* خطار [xuˈttɒːr] Besucher *m*.

خاطف [xɒːtif], *pl.* خواطف [xaˈwɒːtif] reißend (*Raubtier*); schnell, rasch.

خاطىء [xɒːtiʔ] falsch, irrtümlich; Sünder *m*.

خاف [xaːfin], *constr.* خافى [xaːfiː] verborgen, geheim, unsichtbar; *s.a.* خوف.

خافت [xaːfit] schwach, gedämpft (*Stimme, Licht*).

خافق [xaːfiq] klopfend (*Herz*), flatternd (*Fahne*); الخافقان Ost und West; *pl.* الخوافق [alxaˈwaːfiq] die vier Weltgegenden.

خافية [xaːfija] Geheimnis *n*.

خاكى [xaːkiː] khakifarben, erdfarben.

خال [xaːl], *pl.* أخوال [ʔaxˈwaːl] *u.* خؤولة [xuˈʔuːla] Onkel *m mütterlicherseits*, Mutterbruder *m*.
+ [xaːlin], *constr.* خالى [xaːliː], *f* خالية [xaːlija] leer; vakant; frei; *pl.* خوال [xaˈwaːlin] verflossen (*Zeit*); الربع الخالى das Leere Viertel (*Südostarabien*).

خالجة [xaːlidʒa], *pl.* خوالج [xaˈwaːlidʒ] innere Regung *f*; Erleben *n*.

خالد [xaːlid] ewig, dauernd; *a. npr.*

خالص [xaːlis] rein, lauter; aufrichtig; freigemacht, bezahlt (*Zoll, Porto*).

خالق [xaːliq] Schöpfer *m* (*Gott*).

خالة [xaːla] Tante *f mütterlicherseits*.

خالى *s.* خال.

خام [xaːm] 1. roh, unbearbeitet; *pl.* [-aːt] Rohstoff *m*, Erz *n*; 2. (*ungebleichtes*) Gewebe *n*, Kaliko *m*.

خامس [xaːmis] fünfte(r); ~ عشر fünfzehnte(r).

خامل [xa:mil] unbedeutend; schwach; träge.

خان [xa:n], *pl.* [-a:t] Karawanserei *f*, Herberge *f*; Kneipe *f*.

خانق [xa:niq] erstickend, drosselnd.

خانة [xa:na] Fach *n*; Spalte *f e-r Tabelle*; Feld *n im Schachbrett*.

خانوق [xa:ˈnu:q] *Med.* Diphtherie *f*.

خاو [xa:win], *constr.* خاوى [xa:wi:] leer, öde.

خائب [xa:ʔib] enttäuscht; erfolglos, gescheitert.

خائف [xa:ʔif] ängstlich, erschrocken.

خائن [xa:ʔin], *pl.* خونة [xawana] Verräter *m*.

خبء [xabʔ] Verborgene(s) *n*.

خبأ [xabaʔa (jaxbaʔu)] *u.* II [xabbaʔ] verbergen, verstekken; V [taˈxabbaʔ] *u.* VIII [ixˈtabaʔ] sich verbergen.

خباء [xiˈba:ʔ], *pl.* أخبئة [ʔaxˈbiʔa] Zelt *n*; Hülse *f*.

خباثة [xaˈba:θa] Bosheit *f*, Bösartigkeit *f*.

خباز [xaˈbba:z], *pl.* [-u:n] *u.* ة~ Bäcker *m*; ة+ [xiˈba:za] Bäckereigewerbe *n*.

خباط [xuˈbɒ:ṭ] Wahnsinn *m*.

خبايا *s.* خبيئة.

خبث [xabuθ (jaxbuθ)] schlecht' bösartig sein.

\+ [xubθ] Schlechtigkeit *f*, Bösartigkeit *f*.

خبر [xabar (jaxbur)] erproben, erleben, erfahren; II [xabbar] benachrichtigen; III [xa:bar] sich wenden (an ه), in Verbindung treten (mit ه); IV [ʔaxbar] benachrichtigen, unterrichten (von ب), berichten, melden; V [taˈxabbar] sich erkundigen; VI [taˈxa:bar] korrespondieren, verhandeln; VIII [ixˈtabar] prüfen, versuchen, erproben; X [isˈtaxbar] sich erkundigen, ausforschen.

\+ [xabar], *pl.* أخبار [ʔaxˈba:r] Nachricht *f*, Kunde *f*; Meldung *f*, Mitteilung *f*; Neuigkeit *f*.

خبره [xibra] Erfahrung *f*.

خبراء *s.* خبير.

خبز [xabaz (jaxbiz)] *Brot* bakken.

\+ [xubz], *pl.* أخباز [ʔaxˈba:z] Brot *n*; ة~ Brotlaib *m*.

خبص [xabɒṣ (jaxbiṣ)] mischen, vermengen.

خبط [xabɒṭ (jaxbiṭ)] schlagen, klopfen, stampfen; V [taˈxabbɒṭ] *u.* VIII [ixˈtabɒṭ] sich stoßen, herumtappen.

خبطة [xabtɒ] Schlag *m*; Stoßen *n*; Lärm *m*.

خبل [xabal (jaxbul)] verwirren, verwickeln; VIII [ixˈtabal] *Verstand*: verwirrt werden.

+ [xabl *u.* xabal] Verwirrung *f*, Wahnsinn *m*.

خبيث [xaˈbi:θ], *pl.* خبثاء [xubaˈθa:ʔ] schlecht, böse, boshaft, bösartig.

خبير [xaˈbi:r], *pl.* خبراء [xubaˈra:ʔ] erfahren, kundig (*e·r Sache* ب); Fachmann *m*, Spezialist *m*, Sachverständige(r) *m*.

خبيئة [xaˈbi:ʔa], *pl.* خبايا [xaˈba:ja:] Verborgene(s) *n*, geheime Sache *f*.

ختام [xiˈta:m] Ende *n*, Schluß *m*, Abschluß *m*; ~ى Schluß-.

ختان [xiˈta:n] *u.* ~ة Beschneidung *f*.

ختر [xatar (jaxtir)] treulos handeln, betrügen.

ختل [xatal (jaxtil)] täuschen, betrügen; auflauern.

ختم [xatam (jaxtim)] siegeln, versiegeln, verschließen; besiegeln, beenden; stempeln; VIII [ixˈtatam] abschließen, beenden.

+ [xatm] Versiegelung *f*, Verschließung *f*; *pl.* أختام [ʔaxˈta:m] Siegel *n*, Stempel *m*.

ختن [xatan (jaxtin)] beschneiden.

+ [xatan], *pl.* أختان [ʔaxˈta:n] Schwiegersohn *m*, Schwager *m*.

خثارة [xuˈθa:ra] Bodensatz *m*.

خثر [xaθar (jaxθur)] *u.* V [taˈxaθθar] dickflüssig werden, *Milch*: gerinnen.

خجل [xadʒil (jaxdʒal)] sich schämen, verlegen sein; IV [ʔaxdʒal] beschämen, in Verlegenheit versetzen.

+ [xadʒal] Scham *f*, Scheu *f*.

خجلان [xadʒˈla:n] beschämt, verwirrt.

خجول [xaˈdʒu:l] schamhaft, schüchtern.

خد [xadda (jaˈxuddu)] furchen, Furchen ziehen.

+ [xadd] 1. *pl.* خدود [xuˈdu:d] Wange *f*, Backe *f*; 2. *pl.* خداد [xiˈda:d] *u.* ~ة, *pl.* خدد [xudad] Furche *f*.

خداع [xaˈdda:ʕ] trügerisch; Betrüger *m*.

+ [xiˈda:ʕ] Betrug *m*, Tücke *f*, Gaunerei *f*.

خدام [xaˈdda:m] Diener *m*; *s.a.* خادم; ~ة Dienerin *f*.

خدر [xadir (jaxdar)] eingeschlafen, betäubt sein; II [xaddar] einschläfern, betäuben, narkotisieren; *Frau* von der Außenwelt abschließen.

+ [xadar] Benommenheit *f*, Erstarrung *f*; Gefühllosigkeit *f e-s Gliedes.*

+ [xadir] gefühllos, betäubt; eingeschlafen (*Glied*).

+ [xidr], *pl.* خدور [xu'du:r] Vorhang *m*; Frauengemach *n*.

خدش [xadaʃ (jaxdiʃ)] *u.* II [xaddaʃ] zerkratzen, zerreißen; *Ruf* herabsetzen.

خدع [xadaʕ (jaxdaʕ)] betrügen, täuschen, irreführen; III [xa:daʕ] zu täuschen suchen; VII [in'xadaʕ] sich täuschen, betrogen werden.

خدعة [xudʕa], *pl.* خدع [xudaʕ] Betrug *m*.

+ [xudaʕa] Betrüger *m*.

خدم [xadam (jaxdim)] dienen, bedienen, Dienst erweisen; II [xaddam] in Dienst stellen; X [is'taxdam] anstellen, in Dienst nehmen; gebrauchen, benützen; sich bedienen (*e-r Sache* ه).

+ [xadam] Dienerschaft *f*.

خدمة [xidma], *pl.* خدم [xidam] Dienst *m*, Dienstleistung *f*.

خدن [xidn], *pl.* أخدان [ʔax'da:n] Freund *m*, Vertraute(r) *m*.

خديعة [xa'di:ʕa], *pl.* خدائع [xa'da:ʔiʕ] Betrug *m*, Verrat *m*.

خديو [xi'di:w] Khedive *m Titel des ägypt. Herrschers* (*1867–1914*).

خذل [xaðal (jaxðul)] verlassen; enttäuschen; II [xaððal] entmutigen; III [xa:ðal] im Stich lassen; VI [ta'xa:ðal] nachlassen, erschlaffen.

خذلان [xið'la:n] Enttäuschung *f*.

خذو X [is'taxða:] sich unterwerfen.

خر [xarra (ja'xurru)] fließen, rieseln; schnarchen; niederfallen.

خرء [xurʔ] *u.* خراء [xa'ra:ʔ] Scheiße *f*.

خراب [xa'ra:b] Ruin *m*, Zerstörung *f*; ة~, *pl.* خرائب [xa'ra:ʔib] *u.* [-a:t] Ruine *f*, Trümmerstätte *f*.

خراج [xa'ra:dʒ] *Isl.* Grundsteuer *f*.

+ [xu'ra:dʒ] *Med.* Geschwür *n*, Abszeß *m*.

خراص [xa'rrɒ:s] Lügner *m*, Verleumder *m*.

خراط [xa'rrɒ:t] Drechsler *m*.

خرافة [xu'ra:fa], *pl.* [-a:t] Fabel *f*, Märchen *n*.

خرافي [xu'ra:fi:] sagenhaft, legendär; abergläubisch.

خرامة [xa'rra:ma] Bohrer *m*, Locher *m*.

خرب [xarab (jaxrib)] zerstören,

verwüsten; – [xarib (jaxrab)] zerstört werden, in Trümmer gehen; II [xarrab] *u.* IV [ʔaxrab] verwüsten, in Trümmer legen; V [taˈxarrab] verwüstet werden.

+ [xarb] Verwüstung *f*, Zerstörung *f*.

+ [xarib] ruiniert, zerstört, zerfallen.

+ [xurb] Loch *n*, Nadelöhr *n*.

خربان [xarˈbaːn] zerstört, ruiniert, kaputt.

خربط [xarbɒṭ (juˈxarbiṭ)] verwirren, in Unordnung bringen.

خربة [xirba], *pl.* خرب [xirab] Ruine *f*, Ruinenstätte *f*.

+ [xurba], *pl.* خرب [xurab] Loch *n*, Nadelöhr *n*.

خرت [xarat (jaxrut)] durchbohren.

+ [xart *u.* xurt], *pl.* خروت [xuˈruːt] Loch *n*; Bohrung *f*.

خرج [xaradʒ (jaxrudʒ)] hinaus-, herausgehen, herauskommen; hervortreten; hervorgehen; sich außerhalb befinden (von عن); herausbringen (*etw.* ب); II [xarradʒ] herausbringen; ausbilden, erziehen; entnehmen; extrahieren; IV [ʔaxradʒ] herausbringen; hervorholen, hervortreten lassen; aussenden; produzieren; ausbilden; *Regisseur*: inszenieren; V [taˈxarradʒ] ausgebildet werden, Schule absolvieren; X [isˈtaxradʒ] herausholen, entnehmen; gewinnen; extrahieren, ausziehen; ableiten; Abschrift herstellen.

+ [xardʒ] Ausgabe *f* (*Geld*), Kosten *pl.*; Ration *f*, Zuteilung *f*.

+ [xurdʒ], *pl.* أخراج [ʔaxˈraːdʒ] Packtasche *f*, Satteltasche *f*.

خرخر [xarxar] schnarchen.

خردل [xardal] Senf *m*.

خردة [xurda], *pl.* خردوات [xurdaˈwaːt] Kleinkram *m*; Eisenwaren *f/pl.*; Schrot *m*; ***Ir.*** Kleingeld *n*.

خرز [xaraz (jaxriz)] durchbohren.

+ [xaraz] *coll.*, ~ة Perle *f*, Glasperle *f*.

خرس [xaris (jaxras)] stumm sein; schweigen; IV [ʔaxras] zum Verstummen bringen.

+ [xaras] Stummheit *f*; *s.* أخرس.

خرسان [xaraˈsaːn] *u.* ~ة Beton *m*.

خرشوف [xurˈʃuːf] Artischocke *f*.

خرص [xarɒs (jaxrus)] schätzen, raten; lügen.

+ [xurs], *pl.* خرصان [xirˈsɒːn] Ohrring *m.*

خرط [xarɒt (jaxrut)] drechseln; *Blätter* abstreifen; *fig.* aufschneiden; II [xarrɒt] zerstückeln; VII [inˈxarɒt] gedrechselt werden; sich einlassen (in *e. Sache* في), beitreten.

خرطوش [xarˈtuːʃ] *coll.*, ة~ Patrone *f*; Bleistiftmine *f.*

خرطوم [xurˈtuːm], *pl.* خراطيم [xaraːˈtiːm] Rüssel *m*; Schlauch *m.*

خرع [xaruʕ (jaxruʕ)] schlaff sein; VIII [ixˈtaraʕ] erfinden, ausdenken.

+ [xariʕ] weich, schlaff, nachgiebig.

خرف [xarif (jaxraf)] altersschwach sein; faseln.

+ [xarif] schwachsinnig, kindisch.

خرق [xaraq (jaxriq)] zerreißen, durchlöchern; durchbrechen; ungewöhnlich sein; VIII [ixˈtaraq] durchdringen, durchbrechen, durchqueren; *Grenze* überschreiten.

+ [xarq] Zerreißung *f*, Durchbohrung *f*; Durchquerung *f*; Verletzung *f.*

+ [xurq] Dummheit *f*; Ungeschicklichkeit *f.*

خرقة [xirqa], *pl.* خرق [xiraq] Lumpen *m*, Fetzen *m.*

خرم [xaram (jaxrim)] *u.* II [xarram] durchlöchern, perforieren; VII [inˈxaram] zerstört werden; VIII [ixˈtaram] unterhöhlen, vernichten; wegraffen.

+ [xurm], *pl.* خروم [xuˈruːm] Loch *n*, Nadelöhr *n.*

خرنوب [xurˈnuːb] *u.* خروب [xaˈrruːb] Johannisbrot *n.*

خروج [xuˈruːdʒ] Hinausgehen *n*, Ausgang *m*, Weggang *m*, Austritt *m.*

خروع [xirwaʕ] Rizinus *m.*

خروف [xaˈruːf], *pl.* خرفان [xirˈfaːn] *u.* خراف [xiˈraːf] Hammel *m*, Lamm *n.*

خرئ [xariʔa (jaxraʔ)] scheißen.

خريج [xiˈrriːdʒ], *pl.* [-uːn] Absolvent *m e-r Schule.*

خريدة [xaˈriːda], *pl.* خرائد [xaˈraːʔid] (*undurchbohrte*) Perle *f*; Jungfrau *f.*

خرير [xaˈriːr] Murmeln *n*, Plätschern *n des Wassers.*

خريطة [xaˈriːtɒ], *pl.* خرائط [xaˈraːʔit] (Land-)Karte *f*, Plan *m.*

خريف [xaˈriːf] Herbst *m*; ~ى herbstlich.

خزاف [xaˈzzaːf] Töpfer *m*; ة+ [xiˈzaːfa] Töpferhandwerk *n.*

خزام [xiˈza:m] Nasenring *m*.

خزان [xaˈzza:n], *pl.* [-a:t] *u.* خزازين [xaza:ˈzi:n] Behälter *m*, Reservoir *n*, Staubecken *n*.

خزانة [xiˈza:na], *pl.* [-a:t] *u.* خزائن [xaˈza:ʔin] Geldschrank *m*, Kasse *f*, Tresor *m*, Schatzkammer *f*; كتب ~ Bibliothek *f*.

خزف [xazaf] Steingut *n*, Porzellan *n*; ى~ Porzellan-.

خرق [xazaq (jaxziq)] durchbohren, zerreißen.

+ [xazq] Riß *m*, Loch *n*.

خزل [xazal (jaxzil)] abschneiden; fernhalten; VIII [ixˈtazal] abkürzen.

خزم [xazam (jaxzim)] *Perlen* aufreihen; durchbohren.

خزن [xazan (jaxzun)] *u.* II [xazzan] *u.* VIII [ixˈtazan] aufspeichern, anhäufen, verwahren, aufbewahren.

+ [xazn] Aufspeicherung *f*, Lagerung *f*.

خزندار [xazanˈda:r] Schatzmeister *m*.

خزنة [xazna] Schatzkammer *f*, Tresor *m*; Schrank *m*.

خزى [xazija (jaxza:)] verächtlich sein; sich schämen; IV [ʔaxza:] beschämen.

+ [xizj *u.* xazan] Schande *f*, Ehrlosigkeit *f*.

خزيان [xazˈja:n], *f* خزيا [xazja:], *pl.* خزايا [xaˈza:ja:] beschämt; schändlich.

خزينة [xaˈzi:na], *pl.* خزائن [xaˈza:ʔin] Kasse *f*; Tresor *m*, Staatsschatz *m*.

خس [xassa (jaˈxassu)] gemein, niedrig sein; abnehmen.

+ [xass] Salat *m*, Lattich *m*.

خسارة [xaˈsa:ra], *pl.* خسائر [xaˈsa:ʔir] Verlust *m*, Schaden *m*.

خساسة [xaˈsa:sa] Gemeinheit *f*, Niedrigkeit *f*.

خسر [xasar (jaxsar)] verlieren, Verlust erleiden; II [xassar] *u.* IV [ʔaxsar] schädigen, Verlust zufügen; X [isˈtaxsar] mißgönnen.

خسران [xasˈra:n] geschädigt; Verlierer *m*.

+ [xusˈra:n] Verlust *m*, Schaden *m*.

خسف [xasaf (jaxsif)] versinken, verschwinden; *Mond*: sich verfinstern.

+ [xasf] Erniedrigung *f*, Schande *f*.

خسوف [xuˈsu:f] Mondfinsternis *f*.

خش [xaʃʃa (jaˈxuʃʃu)] eintreten.

خشاب [xaˈʃʃa:b] Holzhändler *m*.

خشارة [xuˈʃa:ra] Abfall *m*, Überrest *m*.

خشاف [xuˈʃʃa:f] = خفاش.

خشب V [taˈxaʃʃab] hölzern, steif werden; erstarren.

+ [xaʃab], *pl.* أخشاب [ʔaxˈʃa:b] Holz *n*; ~ة, *pl.* [-a:t] Stück *n* Holz, Brett *n*, Planke *f*; ~ى aus Holz, hölzern.

خشخاش [xaʃˈxa:ʃ] Mohn *m*.

خشخش [xaʃxaʃ (juˈxaʃxiʃ)] rasseln, rascheln, klirren.

خشع [xaʃaʕ (jaxʃaʕ)] unterwürfig sein, sich demütigen.

خشم II [xaʃʃam] betäuben.

+ [xaʃm] Nase *f*.

خشن [xaʃun (jaxʃun)] rauh, grob sein; II [xaʃʃan] grob machen, aufrauhen; III [xa:ʃan] grob behandeln; V [taˈxaʃʃan] grob, rauh werden.

+ [xaʃin] grob, rauh, derb; roh, ungeschliffen; holprig (*Stil*).

خشوع [xuˈʃu:ʕ] Unterwürfigkeit *f*, Demut *f*.

خشونة [xuˈʃu:na] Rauheit *f*, Derbheit *f*.

خشى [xaʃija (jaxʃa:)] fürchten, befürchten (für *j-n* على); II [xaʃʃa:] erschrecken.

خشيان [xaʃˈja:n], *f* خشيا [xaʃja:], *pl.* خشايا [xaˈʃa:ja:] ängstlich, furchtsam.

خشية [xaʃja] Furcht *f*, Befürchtung *f*.

خص [xassɒ (jaˈxussu)] eigen, eigentümlich sein (*j-m* ه); zugehören; angehen, betreffen; verleihen; II [xassɒs] bestimmen, zuteilen, zuweisen; spezialisieren; widmen; V [taˈxassɒs] sich spezialisieren (auf في *u.* ب); VIII [ixˈtass] betreffen, angehen, zugehören (zu ب); *Gericht*: zuständig sein (für ب).

+ [xass] Salat *m*, Lattich *m*.

+ [xuss], *pl.* أخصاص [ʔaxˈsɒ:s] Hütte *f*, Bude *f*.

خصاص [xaˈsɒ:s] Spalt *m*, Lücke *f*; ~ة Armut *f*, Not *f*.

خصام [xiˈsɒ:m] Streit *m*, Zwist *m*; Prozeß *m*.

خصائص *s.* خاصية.

خصب [xasib (jaxsɒb)] fruchtbar sein; II [xassɒb] fruchtbar machen.

+ [xasib] fruchtbar.

+ [xisb] Fruchtbarkeit *f*; Überfluß *m*.

خصر [xasir (jaxsɒr)] kalt werden, frieren; VIII [ixˈtasɒr] abkürzen, zusammenfassen.

+ [xasr], *pl.* خصور [xuˈsu:r] Hüfte *f*, Taille *f*.

خصفة [xasfa], *pl.* خصاف [xiˈsɒ:f] Korb *m aus Palmblättern*.

خصلة [xasla], *pl.* خصال [xiˈsɒ:l] Eigenschaft *f*, Eigentümlichkeit *f*.

+ [xusla], *pl.* خصل [xusɒl] Haarlocke *f*; Traube *f*.

خصم [xasɒm (jaxsɨm)] 1. im Streit besiegen; 2. abziehen, subtrahieren; *Hdl.* diskontieren; III [xa:sɒm] streiten, prozessieren (gegen ه); VI [ta'xa:sɒm] prozessieren (mit مع); VIII [ix'tasɒm] streiten.

+ [xasm] 1. Abzug *m*; *Hdl.* Rabatt *m*, Diskont *m*; 2. *pl.*

خصوم [xu'su:m] Gegner *m*, Widersacher *m*, Opponent *m*.

خصوبة [xu'su:ba] Fruchtbarkeit *f*.

خصوص [xu'su:s] Sonderheit *f*; ~ا [xu'su:sɒn] *Adv.* insbesondere, speziell; بخصوص hinsichtlich, betreffs; ~ى speziell, privat; Sonder-, Spezial-.

خصومة [xu'su:ma] Streit *m*, Gegnerschaft *f*.

خصى [xasɒ: (jaxsi:)] kastrieren, verschneiden.

+ [xa'si:j], *pl.* خصيان [xis'ja:n] Eunuch *m*.

خصيص [xa'si:s] eigen, besonder; ~ا [xa'si:sɒn] *Adv.* eigens, speziell.

خصيم [xa'si:m], *pl.* خصماء [xusɒ'ma:ʔ] *u.* خصمان [xus'ma:n] Gegner *m*, Widersacher *m*.

خض [xađđɒ (ja'xuđđu)] schütteln; buttern.

خضاب [xi'đɒ:b] Farbe *f*, Färbemittel *n*.

خضار [xa'đɒ:r] Grünfärbung *f*; Grünzeug *n*.

+ [xu'đɒ:r] Gemüse *n*, Grünzeug *n*.

خضب [xađɒb (jaxđɨb)] *u.* II [xađđɒb] färben.

خضر [xađɨr (jaxđɒr)] grünen, grün sein; II [xađđɒr] grün machen, grün färben; IX [ix'đɒrra] grün werden.

+ [xađɨr] grün; grünend; *s. a.* أخضر.

خضروات [xađra'wa:t] Gemüse *n*, Grünzeug *n*.

خضرة [xuđrɒ] Grün *n*, Grüne(s) *n*, Grünfärbung *f*.

خضرى [xuđɒri:] Grünwarenhändler *m*.

خضع [xađɒˁ (jaxđɒˁ)] sich beugen, sich unterwerfen, gehorchen; II [xađđɒˁ] *u.* IV [ʔaxđɒˁ] unterwerfen.

خضل [xađɨl] feucht.

خضوع [xa'đu:ˁ] unterwürfig, demütig.

+ [xu'đu:ˁ] Unterwürfigkeit *f*, Demut *f*.

خط [xattɒ (ja'xuttu)] *e-e* Linie ziehen, einritzen; zeichnen, schreiben; II [xattɒt] linieren, furchen, gestreift machen; markieren; planen, projektieren; VIII [ix'tattɒ] vorzeichnen, vermessen, planen.

\+ [xatt], *pl.* خطوط [xu'tu:t] Linie *f*, Strich *m*; Streifen *m*; (*Eisenbahn-*)Strecke *f*; (*Telefon-*)Leitung *f*; Schrift *f*, Duktus *m*.

\+ [xutt], *pl.* أخطاط [ʔax'tɒ:t] Stadtviertel *n*.

خطا *s.* خطو.

خطأ [xatɒʔ] *u.* خطاء [xa'tɒ:ʔ] Fehler *m*, Irrtum *m*; Vergehen *n*, Sünde *f*; *s.* خطئ.

خطاب [xi'tɒ:b], *pl.* [-a:t] Ansprache *f*, Rede *f*; Brief *m*, Schreiben *n*.

خطابة [xa'tɒ:ba] Predigen *n*.

\+ [xi'tɒ:ba] Redekunst *f*.

خطابى [xi'tɒ:bi:] Rede-, Vortrags-.

خطار *s.* خاطر 2.

خطاط [xa'ttɒ:t] Kalligraph *m*, Schreiber *m*.

خطاف [xa'ttɒ:f] Räuber *m*.

\+ [xu'ttɒ:f], *pl.* خطاطيف [xatɒ:'ti:f] 1. Haken *m*; 2. Schwalbe *f*.

خطايا *s.* خطيئة.

خطب [xatɒb (jaxtub)] *e-e* Rede halten, predigen; *um e. Mädchen* anhalten, werben; III [xa:tɒb] ansprechen, anreden; VI [ta'xa:tɒb] zueinander reden; VIII [ix'tatɒb] *um e. Mädchen* werben.

\+ [xatb], *pl.* خطوب [xu'tu:b] Angelegenheit *f*; Unglück *n*, Mißgeschick *n*.

خطبة [xitba] Verlobung *f*, Brautwerbung *f*.

\+ [xutba], *pl.* خطب [xutɒb] Rede *f*, Predigt *f*.

خطر [xatɒr (jaxtur)] 1. **schwingen**, beben, vibrieren; stolzieren; 2. *in den Sinn* kommen (فى باله *u.* بباله), einfallen; – [xatur (jaxtur)] wichtig, ernst sein; schwer wiegen; III [xa:tɒr] wetten, riskieren; IV [ʔaxtɒr] verständigen, informieren, warnen; V [ta'xattɒr] einherstolzieren.

\+ [xatɒr] Wichtigkeit *f*, Bedeutung *f*, Ernst *m*; *pl.* أخطار [ʔax'tɒ:r] Gefahr *f*, Gefährlichkeit *f*.

\+ [xatir] gefährlich, ernst; bedeutend, wichtig.

خطران [xatɒ'ra:n] Schwingung *f*, Vibration *f*.

خطط *s.* خطة.

خطف [xatɒf (jaxtif)] *u.* VIII [ix'tatɒf] entreißen, rauben, entführen.

\+ [xatf] Entreißen *n*, Entführung *f*; ~ا [xatfan] *Adv.* schnell, flink.

خطل [xatɒl] dummes Gerede *n*, Geschwätz *n*.

خطة [xittɒ], *pl.* خطط [xitɒt] Gegend *f*, Grundstück *n*.

\+ [xuttɒ], *pl.* خطط [xutɒt] Plan *m*, Vorhaben *n*, Richtlinie *f*; Taktik *f*.

(خطو) خطا [xatɒ: (jaxtu:)] schreiten, vorwärts gehen; V [ta'xattɒ:] überschreiten, durchqueren, durchfahren; VIII [ix'tatɒ:] = I.

خطوبة [xu'tu:ba] Verlobung *f*, Brautwerbung *f*.

خطورة [xu'tu:ra] Gewichtigkeit *f*, Bedeutung *f*, Ernst *m*.

خطوة [xatwa *u.* xutwa], *pl.* [xatɒ'wa:t] *u.* خطى [xutɒn] Schritt *m*, Fußstapfe *f*.

خطى [xatti:] handschriftlich.

خطئ [xatiʔa (jaxtɒʔu)] irren, *e-n* Fehler begehen; II [xattɒʔa] *e-s* Fehlers beschuldigen; IV [ʔaxtɒʔa] irren, fehlgehen, sich täuschen; *Ziel* verfehlen; falsch machen.

خطيب [xa'ti:b], *pl.* خطباء [xutɒ'ba:ʔ] 1. Redner *m*, Prediger *m*; 2. Freier *m*, Bräutigam *m*, Verlobte(r) *m*; ~ة Verlobte *f*, Braut *f*.

خطير [xa'ti:r] gewichtig, schwerwiegend, ernst, bedeutend.

خطيئة [xa'ti:ʔa] *u.* خطية [xa'ti:ja], *pl.* خطايا [xa'tɒ:ja:] Fehler *m*, Vergehen *n*, Sünde *f*; Schaden *m*.

خف [xaffa (ja'xiffu)] leicht sein (*Gewicht*); leichter werden, abnehmen, sich mildern; II [xaffaf] leichter machen, erleichtern; herabmindern, verringern; X [ista'xaffa] geringschätzen, verachten.

\+ [xuff], *pl.* أخفاف [ʔax'fa:f] Pantoffel *m*; Kamelfuß *m*.

خفاء [xa'fa:ʔ] Verborgenheit *f*.

خفارة [xi'fa:ra] Bewachung *f*, Wachdienst *m*.

خفاش [xu'ffa:ʃ], *pl.* خفافيش [xafa:'fi:ʃ] Fledermaus *f*.

خفاف [xa'fa:f] *u.* خفان [xu'ffa:n] Bimsstein *m*.

خفايا *s.* خفية.

خفت [xafat (jaxfut)] verstummen, still werden; IV [ʔaxfat] verstummen machen.

خفر [xafar (jaxfur)] bewachen, schützen.

\+ [xafar] 1. Bewachung *f*, Eskorte *f*, Wache *f*, Wachmannschaft *f*; 2. Scheu *f*, Schüchternheit *f*.

خفش [xafaʃ] Tagblindheit *f*.

خفض [xafɒđ (jaxfiđ)] herabsetzen, senken; *Stimme* dämpfen; II [xaffɒđ] senken, ermäßigen, herabsetzen; IV [ʔaxfɒđ] *Stimme* dämpfen; V [ta-

ˈxaffɒđ] *u.* VII [inˈxafɒđ] ermäßigt werden; sich verringern.

+ [xafđ] Herabsetzung *f*, Senkung *f*, Ermäßigung *f*, Dämpfung *f*.

خفق [xafaq (jaxfiq)] beben; *Herz*: schlagen, klopfen; *Fahne*: flattern; zucken; II [xaffaq] *Wand* verputzen; IV [ʔaxfaq] untergehen, scheitern, versagen.

+ [xafq] Klopfen *n*, Getrampel *n*.

خفقان [xafaˈqa:n] Herzklopfen *n*; Flattern *n e-r Fahne*.

خفة [xiffa] Leichtigkeit *f*, Behendigkeit *f*, Beweglichkeit *f*.

خفى [xafija (jaxfa:)] verborgen, versteckt, unbekannt sein; IV [ʔaxfa:] verbergen, verheimlichen; V [taˈxaffa:] *u.* VIII [ixˈtafa:] sich verbergen, sich verstecken; entschwinden.

+ [xaˈfi:j] verborgen, geheim, unbekannt.

خفير [xaˈfi:r], *pl.* خفراء [xufaˈra:ʔ] Wächter *m*.

خفيض [xaˈfi:đ] leise, gedämpft.

خفيف [xaˈfi:f], *pl.* خفاف [xiˈfa:f] leicht (*an Gewicht*); gering, unbedeutend; spärlich; flink, beweglich; الدم ~ angenehm (*Mensch*), sympathisch.

خفية [xaˈfi:ja], *pl.* خفايا [xaˈfa:ja:] Geheimnis *n*.

خل [xalla (jaˈxullu)] durchbohren; II [xallal] 1. säuern, in Essig einlegen; 2. stochern; IV [ʔaˈxalla] verletzen, verstoßen (gegen ب); stören, schädigen; V [taˈxallal] dazwischentreten; durchsetzen; VIII [ixˈtalla] schadhaft sein, gestört werden, in Unordnung geraten.

+ [xall] Essig *m*.

+ [xill], *pl.* أخلال [ʔaxˈla:l] Freund *m*.

خلا [xala:] (*mit A*) außer, ausgenommen; *s.a.* خلو.

خلاء [xaˈla:ʔ] Leere *f*, leerer Raum *m*, offenes Land *n*.

خلاب [xaˈlla:b] trügerisch; anziehend, faszinierend, packend; ة+ [xiˈla:ba] Reiz *m*, Zauber *m*.

خلاسى [xiˈla:si:] Mulatte *m*.

خلاص [xaˈla:s] Befreiung *f*, Erlösung *f*; Bezahlung *f*; Schluß *m*.

خلاصة [xuˈla:sɒ] Auszug *m*, Extrakt *m*; Zusammenfassung *f*; Quintessenz *f*.

خلاعة [xaˈla:ʕa] Verkommenheit *f*, Verworfenheit *f*.

خلاف [xiˈla:f] Abweichung *f*; Gegensatz *m*, Widerspruch *m*, Meinungsverschiedenheit *f*;

ة~ Stellvertretung *f*, Kalifat *n*, Kalifenamt *n*.

خلاق [xaˈllaːq] Schöpfer *m* (*Gott*).

خلال [xiˈlaːl], *pl.* أخلة [ʔaˈxilla] 1. Zwischenraum *m*, Intervall *n*; 2. Zahnstocher *m*, Spieß *m*.

\+ [xiˈlaːl(a)] *Präp.* zwischen; im Laufe von, während, binnen; *s. a.* خلل *u.* خلة.

خلايا *s.* خلية.

خلب [xalab (jaxlub)] *u.* VIII [ixˈtalab] mit den Krallen packen; faszinieren.

\+ [xilb], *pl.* أخلاب [ʔaxˈlaːb] Klaue *f*, Kralle *f*.

خلج [xaladʒ (jaxlidʒ)] *u.* III [xaːladʒ] beunruhigen, *den Sinn* beschäftigen; VIII [ixˈtaladʒ] zittern; zusammenziehen; *die Seele* bewegen.

خلجة [xaldʒa] innere Regung *f*.

خلخال [xalˈxaːl] Fußring *m* (*Frauenschmuck*).

خلد [xalad (jaxlud)] ewig sein, dauern, unsterblich sein; II [xallad] *u.* IV [ʔaxlad] verewigen, unsterblich machen; V [taˈxallad] sich verewigen.

\+ [xalad] Geist *m*, Gemüt *n*.

\+ [xuld] 1. Ewigkeit *f*, Dauer *f*; 2. Maulwurf *m*.

خلس [xalas (jaxlis)] stehlen; VIII [ixˈtalas] stehlen, unterschlagen, veruntreuen.

خلسة [xulsatan] *Adv.* verstohlen, heimlich.

خلص [xalɒs (jaxlus)] rein, lauter sein; frei sein, befreit, erlöst werden; *pop.* zu Ende sein; II [xallɒs] läutern; erlösen; freimachen; *Ware* verzollen; *pop.* beenden; III [xaːlɒs] aufrichtig handeln; IV [ʔaxlɒs] treu sein; V [taˈxallɒs] loswerden (*etw.* من); X [isˈtaxlɒs] ausziehen, extrahieren; exzerpieren.

خلط [xalɒt (jaxlit)] mischen, vermengen; III [xaːlɒt] sich mischen (in *etw.* ه); verkehren (mit ه); *Gefühl*: überkommen; VIII [ixˈtalɒt] sich vermischen; verkehren (mit مع).

\+ [xalt] Mischung *f*; Verwechslung *f*.

\+ [xilt], *pl.* أخلاط [ʔaxˈlaːt] Bestandteil *m e-r Mischung*; Gemisch *n*.

خلطة [xultɒ] Verkehr *m mit Menschen*; Gesellschaft *f*.

خلع [xalaʕ (jaxlaʕ)] ablegen, abnehmen; *Kleid* ausziehen; *Zahn* ziehen; II [xallaʕ] aus den Fugen bringen; V [taˈxallaʕ] entzweigehen, ausgerenkt werden.

\+ [xalʕ] Ablegung *f der Kleider*; Extraktion *f e-s Zahnes*.

خلعة [xilˁa], *pl.* خلع [xilaˁ] Ehrenkleid *n.*

خلف [xalaf (jaxluf)] nachfolgen (*j-m* ه), an die Stelle treten; zurückbleiben; II [xallaf] zurücklassen, hinterlassen; III [xa:laf] widersprechen; zuwiderhandeln, *Gebot* übertreten; IV [ʔaxlaf] enttäuschen; Ersatz geben; V [ta'xallaf] zurückbleiben (hinter عن); nicht erscheinen; nicht tun (*etw.* عن); VI [ta'xa:laf] verschiedener Meinung sein; VIII [ix'talaf] abweichen, verschieden sein, sich unterscheiden (von عن); schwanken (zwischen بين); frequentieren, besuchen (*j-n* الى); X [is'taxlaf] zum Nachfolger bestimmen.

\+ [xalf] hinterer Teil *m*; Nachfolger *m*; [xalf(a)] *Präp.* hinter.

\+ [xalaf], *pl.* أخلاف [ʔax'la:f] Ersatz *m*; Nachfolger *m*.

خلفة [xilfa] Verschiedenheit *f*, Unterschied *m*.

خلفى [xalfi:] hintere(r), hinten befindlich, Hinter-.

خلق [xalaq (jaxluq)] schaffen, erschaffen; IV [ʔaxlaq] *Kleid* abtragen; V [ta'xallaq] sich formen, Charakter annehmen; zornig werden; VIII [ix'talaq] ersinnen, erdichten, erfinden.

\+ [xalq] Schaffung *f*, Schöpfung *f*; Menschheit *f*.

\+ [xulq], *pl.* أخلاق [ʔax'la:q] Eigenart *f*, Naturell *n*, Charaktereigenschaft *f*; *s.* أخلاق.

خلقة [xilqa], *pl.* خلق [xilaq] Schöpfung *f*, Natur *f*, Konstitution *f*.

خلقى [xulqi:] moralisch.

\+ [xilqi:] natürlich, angeboren.

خلل [xalal], *pl.* خلال [xi'la:l] Bruch *m*, Riß *m*; Fehler *m*, Mangel *m*, Störung *f*.

خلة [xalla], *pl.* خلال [xi'la:l] 1. Eigenschaft *f*, Eigenheit *f*; 2. Mangel *m*, Not *f*.

\+ [xulla] Freundschaft *f*.

خلا (خلو) [xala: (jaxlu:)] leer sein; frei sein (von من); entbehren, ermangeln; allein sein; sich zurückziehen; *Zeit*: verfließen; II [xalla:] freimachen, leer machen; lassen; ablassen (von عن); IV [ʔaxla:] leeren, räumen, freigeben; V [ta'xalla:] aufgeben (*etw.* عن), zurücktreten (von عن); VIII [ix'tala:] sich zurückziehen.

خلو [xu'lu:w] Leere *f*, Freisein *n* (von من).

خلود [xu'lu:d] ewige Dauer *f*, Unsterblichkeit *f*.

خلوص [xu'lu:s] Reinheit *f*, Lauterkeit *f*.

خلوة [xalwa] Alleinsein *n*, Zurückgezogenheit *f*.

خلوى [xalawi:] einsam, zurückgezogen; ländlich.

خلى [xa'li:j], *pl.* أخلياء [ʔaxli'ja:ʔ] leer, frei, ledig.

خليج [xa'li:dʒ], *pl.* خلج [xuludʒ] Meerbusen *m*, Golf *m*; Kanal *m*.

خليط [xa'li:ṭ] 1. gemischt; Gemisch *n*, Mischung *f*; 2. *pl.* خلطاء [xula'ṭɒ:ʔ] Gefährte *m*, Kamerad *m*.

خليع [xa'li:ʕ] abgesetzt, verstoßen; liederlich.

خليفة [xa'li:fa] *m*, *pl.* خلفاء [xula'fa:ʔ] Kalif *m*; Stellvertreter *m*.

خليق [xa'li:q] tauglich, geeignet; würdig; ة~, *pl.* خلائق [xa'la:ʔiq] Schöpfung *f*, Natur *f*; Kreatur *f*.

خليل [xa'li:l], *pl.* خلان [xu'lla:n] Freund *m*.

خلية [xa'li:ja], *pl.* خلايا [xa'la:ja:] Zelle *f*.

خم [xamma (ja'xummu)] 1. fegen; 2. faulen; stinken.

+ [xumm] Korb *m für Geflügel*.

خمار [xa'mma:r] Weinhändler *m*; ة~ Weinschenke *f*.

خماسى [xu'ma:si:] fünffach, fünffältig; Fünf-.

خماشة [xu'ma:ʃa] Kratzer *m*, Riß *m*.

خمد [xamad (jaxmud)] ausgehen, erlöschen; nachlassen; IV [ʔaxmad] auslöschen, dämpfen; beruhigen.

خمر [xamar (jaxmur)] *u.* II [xammar] 1. bedecken, verstecken; 2. fermentieren, *Teig* säuern; III [xa:mar] durchdringen; IV [ʔaxmar] gären lassen; *Groll* hegen; V [ta'xammar] 1. gären; 2. Gesicht verschleiern; VI [ta'xa:mar] konspirieren; VIII [ix'tamar] gären; reifen.

+ [xamr] *u.* ة~, *pl.* خمور [xu'mu:r] Wein *m*; berauschendes Getränk *n*.

خمس [xams] *f*, *m* ة~ fünf; ة~ عشر, *f* عشرة ~ fünfzehn.

+ [xums], *pl.* أخماس [ʔax'ma:s] Fünftel *n*.

خمسون [xam'su:n], *G*, *A* خمسين [xam'si:n] fünfzig; الخمسين Chamsin *m* (*heißer Frühjahrswind in Ägypten*).

خمش [xamaʃ (jaxmiʃ)] *u.* II [xammaʃ] zerkratzen.

خمص [xamas (jaxmus)] hohl, leer sein.

خمل [xamal (jaxmul)] unbekannt, schwach sein.

+ [xamil] matt, träge.

خمن II [xamman] raten; abschätzen, taxieren.

خمود [xu'mu:d] Erlöschen *n*; Niedergang *m*; Stille *f*.

خمول [xu'mu:l] Trägheit *f*, Apathie *f*; Schwäche *f*.

خمير [xa'mi:r] gesäuert; ausgereift; ة~, *pl.* خمائر [xa'ma:ʔir] Hefe *f*, Sauerteig *m*; Ferment *n*, Enzym *n*.

خميس: ال~ (يوم) [alxa'mi:s] Donnerstag *m*.

خن [xanna (ja'xinnu)] näseln.

+ [xunn] Geflügelkorb *m*.

خناق [xi'na:q] 1. Streit *m*; 2. Würgestrick *m*.

+ [xu'na:q] Erstickung *f*; Diphtherie *f*.

خنث [xaniθ (jaxnaθ)] *u.* V [ta'xannaθ] weibisch, effeminiert sein.

+ [xaniθ] weichlich, effeminiert.

خنثى [xunθa:], *pl.* خناث [xi'na:θ] Hermaphrodit *m*.

خنجر [xandʒar], *pl.* خناجر [xa'na:dʒɪr] Dolch *m*.

خندق [xandaq], *pl.* خنادق [xa'na:diq] Stadtgraben *m*; Schützengraben *m*.

خنزير [xin'zi:r], *pl.* خنازير [xana:'zi:r] Schwein *n*.

خنصر [xinsɨr], *pl.* خناصر [xa'na:sɨr] kleiner Finger *m*.

خنع [xanaʕ (jaxnaʕ)] sich unterwerfen, sich demütigen.

خنفس [xunfus] *u.* خنفساء [xunfu'sa:ʔ] Mistkäfer *m*, Skarabäus *m*.

خنق [xanaq (jaxnuq)] drosseln, würgen, erwürgen; III [xa:naq] streiten; VIII [ix'tanaq] erwürgt werden, ersticken.

+ [xanq] Erwürgung *f*; Drosselung *f*, Abdrosselung *f*.

خواء [xa'wa:ʔ] Leere *f*; Hunger *m*.

خواجة [xa'wa:dʒa] Herr *m* (*Anrede für Christen u. Europäer*).

خوار [xu'wa:r] Gebrüll *n der Rinder*.

خواف [xa'wwa:f] ängstlich, furchtsam.

خوان [xa'wwa:n] treulos, verräterisch.

+ [xu'wa:n], *pl.* أخونة [ʔaxwina] Tisch *m*.

خوخ [xaux, xo:x] *coll.*, ة~ Pfirsich *m*; *Syr.* Pflaume *f*; ة~ Luke *f*, kleines Fenster *n*.

خوذة [xu:ða], *pl.* خوذ [xuwað] Helm *m*.

(خور) خار [xa:r(ja'xu:r)] *Rind*: brüllen; – [xawir (jaxwar)] schwach werden, ermatten.

خور [xaur], *pl.* أخوار [ʔax'wa:r] Tal *n*; Bucht *f*.

+ [xawar] Schwäche *f*, Ermattung *f*.

خورى [xu:ri:], *pl.* خوارنة [xa-'wa:rina] Pfarrer *m*.

خوص [xu:s] *coll.* Palmblätter *n/pl.*

(خوض) خاض [xɒ:đ (ja'xu:đ)] waten; eindringen, sich hineinstürzen; *Thema* behandeln (فى).

خوض [xauđ] Eindringen *n*, Eintritt *m*; Erörterung *f*.

(خوف) خاف [xa:f, *1. P.* xiftu (ja'xa:f)] sich fürchten (vor من), *etw.* fürchten (ه). befürchten; II [xawwaf] *u.* IV [ʔa-'xa:f] erschrecken, in Furcht versetzen.

خوف [xauf] Angst *f*, Furcht *f*; خوفا من [xaufan min] aus Angst vor.

خول II [xawwal] gewähren, bewilligen; ermächtigen.

(خون) خان [xa:n (ja'xu:n)] verraten, betrügen; im Stich lassen; *Organ*: versagen; II [xawwa] verdächtigen, mißtrauen (*j-m*).

خوة [xu:wa] Brüderlichkeit *f*.

خؤون [xa'ʔu:n] verräterisch, trügerisch.

خوى [xawa: (jaxwi:)] leer sein; hungrig sein.

خيار [xi'ja:r] 1. (*freie*) Wahl *f*; Option *f*; Auswahl *f*, das Beste *n*; 2. *coll.*, ة~ Gurke *f*.

خياط [xa'jja:ṭ], *pl.* [-u:n] Schneider *m*; ة~ Schneiderin *f*.

+ [xi'ja:ṭ] Nadel *f*; ة~ Näherei *f*, Näharbeit *f*.

خيال [xa'ja:l], *pl.* أخيلة [ʔax'jila] Gespenst *n*; Einbildung *f*, Phantasie *f*; Einbildungskraft *f*.

+ [xa'jja:l], *pl.* ة~ Reiter *m*; *pl.* Kavallerie *f*.

خيالى [xa'ja:li:] imaginär, eingebildet.

خيام [xa'jja:m] Zeltmacher *m*.

خيانة [xi'ja:na] Verrat *m*, Treubruch *m*.

(خيب) خاب [xa:b (ja'xi:b)] scheitern, fehlgehen; erfolglos sein; II [xajjab] *u.* IV [ʔa-'xa:b] vereiteln; enttäuschen.

خيبة [xaiba] Fehlschlag *m*, Mißerfolg *m*, Enttäuschung *f*.

خير II [xajjar] 1. wählen lassen; 2. bevorzugen; V [ta'xajjar] *u.* VIII [ix'ta:r] wählen, auswählen, erwählen.

+ [xair] 1. *pl.* أخيار [ʔax'ja:r]

u. خيار [xiˈja:r] gut, trefflich, vorzüglich; besser, beste(r); هو خير منك [huwa xairun min-ka] er ist besser als du; خير لك es ist besser für dich; لخيره [li xairihi] zu seinem Besten; 2. *pl.* خيور [xuˈju:r] Gut *n*, Gute(s) *n*; Wohl *n*.

+ [xajjir] gut, wohltätig, freundlich.

خيرة [xaira], *pl.* [-a:t] Gute(s) *n*, gute Tat *f*; *pl.* Güter *n/pl.*, Schätze *m/pl.*

+ [xi:ra] Auslese *f*, Beste(s) *n*.

خيرى [xairi:] wohltätig; ~ة [xai-ˈri:ja] Wohltätigkeit *f*.

خيزران [xaizuˈra:n] *coll.* (Schilf-) Rohr *n*, Bambus *m*; ~ة Rohrstock *m*.

خاس (خيس) [xa:s (jaˈxi:s)] *Wort* brechen.

خيش [xaiʃ] Sackleinwand *f*.

خاط (خيط) [xa:ŧ (jaˈxi:ŧ)] *u.* II [xajjaŧ] nähen.

خيط [xaiŧ, xe:ŧ], *pl.* خيوط [xu-ˈju:ŧ] *u.* خيطان [xi:ˈŧɒ:n] Faden *m*, Zwirn *m*; Bindfaden *m*; ~ى fadenartig.

خيفة [xi:fa] Angst *f*, Furcht *f*.

خال (خيل) [xa:l (jaˈxa:l)] sich einbilden, denken; II [xajjal] 1. glauben machen, eingeben; *Passiv*: خيل اليه [xujjila ilaihi] es schien ihm; 2. galoppieren; V [taˈxajjal] sich vorstellen, sich einbilden; scheinen; VI [taˈxa:jal] *u.* VIII [ixˈta:l] eingebildet sein.

خيل [xail, xe:l], *pl.* خيول [xuˈju:l] *coll.* Pferde *n/pl.*

خيلة [xi:la] *u.* خيلولة [xaiˈlu:la] Einbildung *f*, Hochmut *m*.

خيم II [xajjam] Zelt aufschlagen, zelten, lagern.

+ [xi:m] natürliche Anlage *f*, Neigung *f*.

خيمة [xaima, xe:ma], *pl.* خيم [xijam] *u.* خيام [xiˈja:m] Zelt *n*.

خية [xajja], *pl.* [-a:t] Schlinge *f*, Falle *f*.

د

د (دال) [da:l] *achter Buchstabe*; *Zahlwert 4*.

داء [da:ʔ], *pl.* أدواء [ʔadˈwa:ʔ] Krankheit *f*.

دأب [daʔab (يدأب jadʔub)] beharren (auf على *u.* في), unermüdlich sein.

\+ [daʔb] Gewohnheit *f*; Beharrung *f*, Ausdauer *f*.

دابر [da:bir] verflossen (Zeit); Letzte(s) *n*, Ende *n*.

دابة [da:bba], *pl.* دواب [daˈwa:bb] Tier *n*; Reittier *n*.

داجن [da:dʒin] zahm, gezähmt, Haus- (*Tier*).

داخل [da:xil] innen befindlich, innere(r), Innere(s) *n*; beteiligt (an في), einbezogen; [da:xil(a)] *Präp.* innerhalb; ة~, *pl.* دواخل [daˈwa:xil] Innere(s) *n*; ى~ innerlich, Innen-; inländisch; intern; وزارة الداخلية Innenministerium *n*.

دادة [da:da] Kinderfrau *f*, Gouvernante *f*.

دار [da:r] *f*, *pl.* دور [du:r] *u.* ديار [diˈja:r] Haus *n*, Gebäude *n*; Wohnung *f*; ديار Gebiet *n*, Land *n*; *s.a.* دور.

\+ [da:rr] ergiebig; reichlich.

\+ [da:rin], *constr.* دارى [da:ri:] kundig, wissend (*etw.* ب).

دارج [da:ridʒ] in Umlauf befindlich, verbreitet; Umgangs- (*Sprache*).

دارع [da:riʕ] gepanzert; ة~, *pl.* دوارع [daˈwa:riʕ] Panzerschiff *n*.

دارة [da:ra], *pl.* [-a:t] Kreis *m*; Hof *m des Mondes*.

داسر [da:sir] Propeller *m*, Schiffsschraube *f*.

داع [da:ʕin], *constr.* داعى [da:ʕi:] 1. *pl.* دواع [daˈwa:ʕin] Anlaß *m*, Ursache *f*, Motiv *n*; لا داعى [la: da:ʕi(ja)] es ist nicht nötig (zu ل); 2. *pl.* دعاة [duˈʕa:t] Propagandist *m*, Emissär *m*.

داعر [da:ʕir] unsittlich, ausschweifend.

داعية [da:ʕija] = داع.

داغ [da:ɣ] Brandmal *n*.

دافع [da:fiʕ] abstoßend; antreibend; zahlend; *pl.* دوافع [da'wa:fiʕ] Antrieb *m*, Triebkraft *f*; Ansporn *m*, Beweggrund *m*.

دال [da:ll] bezeichnend; ة~ *Math.* Funktion *f*.

دام *s.* دوم; [da:min], *constr.* دامى [da:mi:] blutend, blutig.

دان *s.* دين; [da:nin], *constr.* دانى [da:ni:] niedrig; nahe.

داه [da:hin], *constr.* داهى [da:hi:], *pl.* دهاة [du'ha:t] schlau, listig, verschlagen.

داهية [da:hija] 1. Schlaukopf *m*; 2. *pl.* دواه [da'wa:hin] Unglück *n*, Katastrophe *f*.

داود [da:wud] David *npr. m*.

دائخ [da:ʔix] schwindlig, betäubt.

دائر [da:ʔir] sich drehend, kreisend; laufend (*Maschine*); ة~, *pl.* دوائر [da'wa:ʔir] Kreis *m*; Umkreis *m*; Sphäre *f*, Bereich *m*; Amt *n*, Behörde *f*; المعارف ~ Enzyklopädie *f*; الدوائر الحكومية Regierungskreise *m/pl.*; ى~ kreisförmig, ringförmig.

دائم [da:ʔim] dauernd, ständig, fortgesetzt; دائما [da:ʔiman] *Adv.* immer, ständig; ى~ = دائم.

دائن [da:ʔin] Gläubiger *m* (*Gegens.* مدين).

داية [da:ja] Amme *f*.

دب [dabba (ja'dibbu)] kriechen; auf allen Vieren gehen; eindringen, sich ausbreiten, einströmen; II [dabbab] spitzen.

+ [dubb], *pl.* أدباب [ʔad'ba:b] *u.* دببة [dibaba] Bär *m*.

دبابة [da'bba:ba] Tank *m*, Panzerwagen *m*.

دبارة [du'ba:ra] Schnur *f*, Bindfaden *m*.

دباغ [da'bba:ɣ] Gerber *m*; ة+ [di'ba:ɣa] Gerberei *f*, Gerben *n*.

دبج II [dabbadʒ] verzieren; schön formulieren (*Brief*).

دبر [dabar (jadbur)] den Rücken kehren; *Zeit*: verstreichen; II [dabbar] anordnen, vorbereiten; disponieren, arrangieren; einrichten, regeln, leiten; *Plan* schmieden; IV [ʔadbar] den Rücken kehren; entfliehen, entweichen; V [ta'dabbar] nachdenken, erwägen; geplant werden; VI [ta'da:bar] unvereinbar sein.

+ [dubr], *pl.* أدبار [ʔad'ba:r] Hinterteil *m*, Rückseite *f*.

دبرى [dabari:] verspätet, letzter.

دبس [dibs] Dattelsirup *m*.

دبغ [dabaɣ (jadbaɣ)] gerben.

دبق [dabiq (jadbaq)] kleben, haften; II [dabbaq] mit Leim fangen.

\+ [dabiq] klebrig.

دبل [dabl] 1. Düngung *f*; 2. Bach *m*; 3. *Med.* Geschwür *n*, Beule *f*; ة + [dibla] Ring *m*.

دبلان [dabu'la:n] Webe *f*.

دبلوم [dib'lu:m] *u.* ة~ Diplom *n*.

دبلوماسى [diblu:'ma:si:] diplomatisch; Diplomat *m*; ة~ Diplomatie *f*.

دبور [da'bbu:r], *pl.* دبابير [daba:'bi:r] Hornisse *f*.

دبوس [da'bbu:s], *pl.* دبابيس [daba:'bi:s] Stecknadel *f*, Heftklammer *f*, Sicherheitsnadel *f*.

دثار [di'θa:r] Decke *f*, Obergewand *n*.

دثر [daθar (jadθur)] alt, verwischt, vergessen werden; II [daθθar] bedecken, einhüllen.

دجاج [da'dʒa:dʒ] *coll.*, ة~ Huhn *n*, Henne *f*.

دجال [da'ddʒa:l] Betrüger *m*, Schwindler *m*; Antichrist *m*.

دجج II [daddʒadʒ]: بالسلاح ~ von Kopf bis Fuß bewaffnen.

دجر [dadʒir (jaddʒar)] verwirrt sein.

دجل [dadʒal (jaddʒul)] lügen, betrügen; II [daddʒal] 1. vergolden; lackieren; 2. betrügen.

\+ [dadʒl] Betrug *m*, Schwindel *m*.

دجلة [didʒla] Tigris *m* (*Fluß*).

دجن [dadʒan (jaddʒun)] zahm werden; II [daddʒan] zähmen; III [da:dʒan] umschmeicheln.

(دجو) دجا [dadʒa: (jaddʒu:)] finster sein; überschatten; III [da:dʒa:] heucheln; schmeicheln.

دجى [dudʒan] Finsternis *f*.

دحر [daħar (jadħar)] vertreiben; *Heer* schlagen; VII [in'daħar] geschlagen werden; zusammenbrechen.

دحرج [daħradʒ (ju'daħridʒ)] rollen, wälzen; II [ta'daħradʒ] rollen (*intrans.*).

دحض [daħđ] Widerlegung *f*, Entkräftung *f e-s Arguments*.

دخان [du'xa:n *u.* du'xxa:n], *pl.* أدخنة [ʔad'xina] Rauch *m*; Tabak *m*.

دخر : ادخر *s.* ذخر.

دخل [daxal (jadxul)] hineingehen, hereinkommen (in .ه); einfahren; eintreten (zu *j-m* على); beitreten, teilnehmen; beiwohnen; einbegriffen sein; II [daxxal] hineinbringen, einfügen; III [da:xal] *Gefühl*: überkommen; IV [ʔadxal] hineinbringen; einführen, einfügen; eintreten lassen; V [taˈdaxxal] sich einmischen, intervenieren; dazwischenkommen, stören; VI [taˈda:xal] sich einmischen; eingreifen; ineinandergreifen, sich überlagern.

+ [daxl] Einkommen *n*, Einkünfte *f/pl.*; Eintritt *m*, Beteiligung *f*; لا دخل له في ذلك [la: daxla lahu fi: ða:lik] er hat damit nichts zu schaffen.

+ [daxal] Störung *f*; Trübung *f des Verstandes.*

دخلة [dixla] Gewissen *n*, geheime Gedanken *m/pl.*

+ [duxla] Eintreten *n*; ليلة الـ~ Hochzeitsnacht *f*.

دخن [daxan (jadxan)] rauchen, qualmen; II [daxxan] räuchern, Zigaretten rauchen; IV [ʔadxan] = I.

+ [daxan] Rauch *m*.

+ [duxn] Hirse *f*.

دخول [duˈxu:l] Eintritt *m*, Zutritt *m*, Betreten *n*; Stadtzoll *m*.

دخيل [daˈxi:l], *pl.* دخلاء [duxaˈla:ʔ] fremd, eingedrungen; Fremde(r) *m*, Neuankömmling *m*; ~ة, *pl.* دخائل [daˈxa:ʔil] Innere(s) *n*, innerstes Wesen *n*.

در [darra (jaˈdurru)] fließen, strömen; reichlich sein; IV [ʔaˈdarra] fließen lassen; überschütten.

+ [darr] Milch *f*; Ergebnis *n*, Leistung *f*.

+ [durr] *coll.* Perlen *f/pl.*

درأ [daraʔa (jadraʔu)] zurückweisen, abwenden.

درابزين [dara:baˈzi:n] Geländer *n*.

دراجة [daˈrra:dʒa] Fahrrad *n*.

دراسة [darra:sa] Dreschmaschine *f*.

+ [diˈra:sa] Studium *n*; Studie *f*.

دراسى [diˈra:si:] Lehr-, Schul-, Studien-.

دراعة [daˈrra:ʕa] Panzerschiff *n*.

دراية [diˈra:ja] Kenntnis *f*, Wissen *n*.

درب [darib (jadrab)] gewöhnt, geübt sein; II [darrab] üben, trainieren, schulen, ausbilden; V [taˈdarrab] gewöhnt, geübt sein; geschult werden.

+ [darb], *pl.* دروب [duˈru:b] Weg *m*, Pfad *m*; Gasse *f*, Straße *f*.

درباس [dirˈba:s], *pl.* درابيس [dara:ˈbi:s] (*Tür-*)Riegel *m*.

دربكة [daraˈbukka] kleine Handtrommel *f*.

دربة [durba] Gewohnheit *f*, Übung *f*.

درج [daradʒ (jadrudʒ)] 1. langsam gehen, schreiten; kursieren; vergehen, verschwinden; 2. einrollen, einschließen; II [darradʒ] einteilen, abstufen; gradweise vorrücken lassen, heranbringen; nähern; einfügen; IV [ʔadradʒ] (schriftlich) anführen, eintragen; einfügen, einsetzen; V [taˈdarradʒ] allmählich voranschreiten; abgestuft sein; VII [inˈdaradʒ] eingestuft werden; X [isˈtadradʒ] vorschreiten lassen; verlocken.

+ [dardʒ] Eintragung *f*, Aufzeichnung *f*; Rolle *f*.

+ [daradʒ], *pl.* أدراج [ʔadˈra:dʒ] Weg *m*; Treppe *f*.

+ [durdʒ], *pl.* أدراج [ʔadˈra:dʒ] Schublade *f*.

درجة [daradʒa], *pl.* [-a:t] Stufe *f*, Stiege *f*, Treppe *f*; Grad *m* (*a. Temperatur, Winkel*), Rang *m*; Stadium *n*.

دردشة [darˈdaʃa] *Äg.* Gerede *n*, Geschwätz *n*.

درز [daraz (jadruz)] nähen, steppen.

درس [daras (jadrus)] 1. lernen, studieren; 2. dreschen; 3. auslöschen, tilgen; II [darras] lehren, unterrichten; VII [inˈdaras] getilgt werden.

+ [dars] 1. Tilgung *f*; 2. *pl.* دروس [duˈru:s] Lehre *f*, Lektion *f*, Unterrichtsstunde *f*.

درع II [darraʕ] panzern, wappnen; V [taˈdarraʕ] sich wappnen.

+ [dirʕ], *pl.* دروع [duˈru:ʕ] *u.* أدرع [ʔadruʕ] Panzer *m*, Rüstung *f*.

درف [darf] Seite *f*, Flanke *f*; ة~ Tür-, Fensterflügel *m*.

درقة [daraqa] Schild *m aus Leder od. der Schildkröte*.

درك III [da:rak] erreichen, erjagen; IV [ʔadrak] erreichen, erlangen; *Tod*: ereilen; erfassen, erkennen, wahrnehmen, begreifen; reif werden; VI [taˈda:rak] vorbeugen; verbessern, in Ordnung bringen; Ersatz schaffen; X [isˈtadrak] berichtigen, wieder gut machen.

+ [darak] 1. Erreichung *f*; 2. Gendarmerie *f*; 3. *pl.* أدراك [ʔadˈra:k] Grund *m*, Äußerste(s) *n*; ة~, *pl.* [-a:t] Stufe *f nach abwärts*, tiefste Stufe *f*.

درن [daran], *pl.* أدران [ʔadˈra:n] Schmutz *m*; Tuberkulose *f*; ة~ Tuberkel *m*, Knolle *f*; Tumor *m*.

درة [dirra] Euter *n*.

+ [durra] Perle *f*.

درهم [dirham], *pl.* دراهم [da-

ˈra:him] Dirham *m* (*e-e Münze*); *Gewichtseinheit 3,12 g.*

دروز [dru:z] die Drusen *pl.*

درويش [darˈwi:ʃ], *pl.* دراويش [dara:ˈwi:ʃ] Derwisch *m.*

درى [dara: (jadri:)] wissen; III [da:ra:] schmeicheln; verheimlichen; IV [ʔadra:] wissen lassen, belehren; VI [taˈda:ra:] sich verbergen.

دس [dassa (jaˈdussu)] hineintun; eingeben, einflößen; intrigieren; II [dassas] hineinstekken; V [taˈdassas] *u.* VII [inˈdassa] sich einschleichen.

دساس [daˈssa:s] Intrigant *m*, Verschwörer *m.*

دسامة [daˈsa:ma] Fettigkeit *f*; Schmutzigkeit *f.*

دست [dast], *pl.* دسوت [duˈsu:t] 1. Sitz *m*; Posten *m*, Amt *n*; 2. Kessel *m*; ة~ Dutzend *n*; Paket *n*, Bündel *n.*

دستور [dusˈtu:r], *pl.* دساتير [dasa:ˈti:r] Verfassung *f*, Statut *n*; ى~ konstitutionell.

دسر [dasar (jadsur)] stoßen, antreiben.

دسم [dasam] Fett *n*, Fettheit *f.* + [dasim] fett.

دسمبر [diˈsambar] Dezember *m.*

دسى II [dassa:] einführen; V [taˈdassa:] sich einschleichen.

دسيسة [daˈsi:sa], *pl.* دسائس [daˈsa:ʔis] Intrige *f*, Ränkespiel *n.*

دشن II [daʃʃan] eröffnen, einweihen.

دع [daʕ] *Imp.* laß! (*s.* ودع).

دعاء [duˈʕa:], *pl.* أدعية [ʔadˈʕija] Ruf *m*; Gebet *n*; *s.a.* دعو.

دعابة [duˈʕa:ba] Scherz *m*, Spaß *m.*

دعارة [daˈʕa:ra] Unsittlichkeit *f.*

دعامة [diˈʕa:ma], *pl.* دعائم [daˈʕa:ʔim] Stütze *f*, Stützpfeiler *m.*

دعاة *s.* داع.

دعاوة [daˈʕa:wa] *u.* دعاية [diˈʕa:ja] Propaganda *f*, Werbung *f*, Reklame *f.*

دعب [daʕab (jadʕab)] *u.* III [da:ʕab] spaßen, scherzen. + [daʕib] scherzend, lustig.

دعر [daʕar] Unsittlichkeit *f.*

دعس [daʕas (jadʕas)] niederstoßen; *Auto*: überfahren.

دعك [daʕak (jadʕak)] reiben; zerquetschen; *Papier* zerknüllen.

دعم [daʕam (jadʕam)] *u.* II [daʕʕam] stützen, stärken, unterbauen.

دعمة [diʕma], *pl.* دعم [diʕam] Stütze *f.*

دعة [daʕa] Milde *f*; Ruhe *f*; Annehmlichkeit *f*; *s.* ودع.

دعا (دعو) [daʕa: (jadʕu:)] rufen; nennen; herbeirufen, einberufen, einladen, auffordern; hervorrufen (*etw.* الى); propagieren (*etw.* ل); III [da:ʕa:] gerichtlich belangen; VI [ta'da:ʕa:] einander herausfordern; *Gedanken*: assoziiert werden; zusammenbrechen; VIII ادعى [i'ddaʕa:] behaupten; für sich in Anspruch nehmen; X [is'tadʕa:] herbeirufen; erfordern, nötig machen.

دعوة [daʕwa] Ruf *m*, Aufruf *m*, Aufforderung *f*; Vorladung *f*; Einladung *f*; Anspruch *m*; Mission *f*; Propaganda *f*.

دعوى [daʕwa:], *pl.* دعاو [da'ʕa:win] Behauptung *f*; Anspruch *m*; *Jur.* Prozeß *m*, Klage *f*.

دعى [da'ʕi:j], *pl.* أدعياء [ʔadʕi'ja:ʔ] Betrüger *m*, Prätendent *m*.

دغر [daɣr] Angriff *m*, Überfall *m*.

دغرى [duɣri:] *vulg.* geradeaus, direkt.

دغش [daɣaʃ] Dunkelheit *f*, Dämmerung *f*.

دغل [daɣal], *pl.* أدغال [ʔad'ɣa:l] 1. Wald *m*, Dickicht *n*, Dschungel *m*; 2. Mangel *m*, Fehler *m*. IV [ʔadɣam] *u.* VIII ادغم [i'ddaɣam] einfügen, einverleiben, inkorporieren; *Gr.* assimilieren.

دف [daff], *pl.* دفوف [du'fu:f] 1. Seite *f*, Seitenfläche *f*; 2. Tamburin *m*.

دفء [difʔ] *u.* دفاءة [da'fa:ʔa] Wärme *f*; *s.* دفئ.

دفاع [di'fa:ʕ] Verteidigung *f*, Abwehr *f*; ~ى Verteidigungs-.

دفتر [daftar], *pl.* دفاتر [da'fa:tir] Heft *n*; Register *n*; *Hdl.* (*Konto-*)Buch *n*.

دفع [dafaʕ (jadfaʕ)] stoßen; ab-, wegstoßen; entfernen; antreiben, drängen, veranlassen; zahlen, bezahlen; III [da:faʕ] verteidigen (*etw.* عن); VI [ta'da:faʕ] einander stoßen; hervorbrechen; VII [in'dafaʕ] losstürzen, hervorbrechen; eilen, stürmisch sein; sich fortreißen lassen.

\+ [dafʕ] Stoßen *n*; Wegstoßen *n*; Zahlung *f*, Bezahlung *f*; ~ة, *pl.* [dafa'ʕa:t] Stoß *m*; Schub *m*; Zahlung *f*; Mal *n*.

دفق [dafaq (jadfuq)] 1. herausfließen; 2. ausgießen, ausschütten; V [ta'daffaq] *u.* VII [in'dafaq] sich ergießen, hervorströmen; losbrechen; sich hineinstürzen.

دفقة [dufqa] Ausstoß *m*; Mal *n*.

دفن [dafan (jadfin)] begraben, beerdigen.

\+ [dafn] Begräbnis *n*, Beerdigung *f*.

دفة [daffa] Seite *f*; (*Tür-*)Flügel *m*; (*Buch-*)Deckel *m*; Steuerruder *n*.

دفئ [dafiʔa (jadfaʔu)] warm sein; II [daffaʔa] *u.* IV [ʔadfaʔa] wärmen, heizen.

دفين [da'fi:n] begraben; verborgen.

دق [daqqa (ja'diqqu)] dünn, fein, zart sein; – [daqqa (ja'duqqu)] klopfen, schlagen; zerstoßen, zermalmen, pulverisieren; *Instrument* spielen; läuten; II [daqqaq] 1. *etw.* genau machen, exakt sein (*bei der Arbeit* في); feststellen, sorgfältig prüfen; 2. fein zermahlen; VII [in'daqqa] gebrochen werden.

\+ [daqq] Klopfen *n*; Läuten *n*; Zerstoßen *n*.

\+ [diqq] fein, dünn, zart.

دقاق [da'qqa:q] schlagend; ~ة Klopfer *m*.

\+ [du'qa:q] Pulver *n*.

دقة [daqqa] Schlag *m*.

\+ [diqqa] Feinheit *f*; Subtilität *f*; Genauigkeit *f*, Präzision *f*, Exaktheit *f*.

\+ [duqqa] Pulver *n*.

دقيق [da'qi:q] 1. *pl.* دقاق [di'qa:q] fein, dünn, zart; subtil; genau, exakt, präzis; heikel, delikat; 2. Mehl *n*; ~ة, *pl.* دقائق [da'qa:ʔiq] Minute *f*; Teilchen *n*; Feinheit *f*.

دك [dakka (ja'dukku)] ebnen, glätten, planieren; zerstören; II [dakkak] vermischen.

دكاترة *s.* دكتور.

دكان [du'kka:n], *pl.* دكاكين [daka:'ki:n] Laden *m*, Geschäft *n*.

دكتاتور [dita:'tu:r] Diktator *m*; ~ى diktatorisch; ~ية Diktatur *f*.

دكتور [duk'tu:r], *pl.* دكاترة [da'ka:tira] Doktor *m*.

دكتوراة [duktu:'ra:(t)] Doktorat *n*.

دكن *s.* أدكن.

دكة [dikka], *pl.* دكك [dikak] Sitzbank *f*.

دل [dalla (ja'dullu)] führen, leiten; zeigen, anzeigen, bezeichnen (*etw.* على); hinweisen (auf على); II [dallal] 1. beweisen, erhärten; 2. versteigern; 3. verwöhnen, verzärteln; V [ta'dallal] kokettieren; X [ista'dalla] Aufschluß erhalten; folgern, schließen (aus ب *u.* من).

دلال [da'la:l] Koketterie *f*; Verzärtelung *f*.

\+ [da'lla:l] Vermittler *m*, Makler *m*; Ausrufer *m*.

دلالة [da'la:la] Leitung *f*; Hinweis *m*; Bedeutung *f*.

\+ [diˈla:la] Vermittlergewerbe *n*; Maklergebühr *f*.

دلتا [dalta:] Delta *n des Nils*.

دلس II [dallas] betrügen; fälschen.

دلع [dalaʕ (jadlaʕ)] *Zunge* herausstrecken; II [dallaʕ] verwöhnen, verziehen; VII [inˈdalaʕ] heraushängen; *Flamme*: emporlodern, züngeln.

دلك [dalak (jadluk)] reiben, streichen; II [dallak] einreiben; kneten; massieren.

دلهم [dalham] dunkel, finster.

دلو II دلى [dalla:] (*in den Brunnen*) hinablassen; herabsenken; IV [ʔadla:] herablassen; äußern, mitteilen, darbieten; أدلى برأيه [biˈraʔjihi] seine Meinung abgeben; V [taˈdalla:] herabhängen; herabsinken.

\+ [dalw] *f*, *pl.* دلاء [diˈla:ʔ] *u.* أدل [ʔadlin] Ledereimer *m zum Wasserschöpfen*.

دليل [daˈli:l] 1. *pl.* أدلاء [ʔadiˈlla:ʔ] Führer *m* (*a. Buch*), Lotse *m*; Index *m*; 2. *pl.* أدلة [ʔaˈdilla] *u.* دلائل [daˈla:ʔil] Anzeichen *n*, Beweis *m*, Hinweis *m*, Indiz *n*.

دم [dam], *pl.* دماء [diˈma:ʔ] Blut *n*.

\+ [damma (jaˈdummu)] beschmieren, bemalen; II [dammam] einreiben, salben.

\+ [damm] Salbe *f*; Färbemittel *n*.

دمار [daˈma:r] Vernichtung *f*, Untergang *m*, Ruin *m*.

دماسة [daˈma:sa] Finsternis *f*.

دماغ [diˈma:ɣ], *pl.* أدمغة [ʔadˈmiɣa] Gehirn *n*.

دمام [diˈma:m] Salbe *f*; Färbemittel *n*.

دمامة [daˈma:ma] Häßlichkeit *f*.

دمان [daˈma:n] Dünger *m*.

دمث [damiθ] sanft, milde.

دمج [damadʒ (jadmudʒ)] hineinkommen; IV [ʔadmadʒ] einfügen, eingliedern, einverleiben; VII [inˈdamadʒ] eingefügt, eingegliedert werden; verschmelzen; absorbiert werden.

دمر [damar (jadmur)] zugrunde gehen; II [dammar] vernichten, zerstören; V [taˈdammar] zerstört werden.

دمس [damas (jadmus)] *u.* II [dammas] verbergen; begraben.

دمشق [diˈmaʃq] Damaskus *n*.

دمع [damaʕ (jadmaʕ)] tränen; IV [ʔadmaʕ] zum Weinen bringen.

\+ [damʕ] *coll.*, ة~, *pl.* دموع [duˈmu:ʕ] Träne *f*.

دمغ [damaɣ (jadmuɣ)] 1. stempeln, punzieren; 2. entkräften, zunichte machen.

+ [damɣ] Stempelung *f*; ~ة Stempel *m*, Stempelmarke *f*.

دمقراطى [dimuqˈra:ti:] demokratisch; ~ة Demokratie *f*.

دمل [damal (jadmul)] düngen; – [damil (jadmal)] verheilen, vernarben.

+ [dummal], *pl.* دمامل [daˈma:mil] Beule *f*, Geschwür *n*, Abszeß *m*, Furunkel *m*.

دمن [daman (jadmun)] düngen; IV [ʔadman] sich hingeben; ergeben, süchtig sein (*e-r Sache* على).

+ [dimn] Dünger *m*, Mist *m*.

دموى [damawi:] Blut-.

دمى [damija (jadma:)] bluten II [damma:] *u.* IV [ʔadma:] blutig machen, zum Bluten bringen.

+ [dami:] Blut-.

دميم [daˈmi:m], *pl.* دمام [diˈma:m] häßlich.

دمية [dumja], *pl.* دمى [duman] Statue *f*; Puppe *f*.

دن [danna (jaˈdunnu)] summen, brummen.

+ [dann] 1. Gesumm *n*; 2. *pl.* دنان [diˈna:n] irdener Weinkrug *m*.

دنا *s.* دنو.

دنأ [danaʔa (jadnaʔu)] *u.* دنؤ [danuʔa (jadnuʔu)] niedrig, gemein sein.

دناءة [daˈna:ʔa] Niedrigkeit *f*, Gemeinheit *f*.

دنانير *s.* دينار.

دناوة [daˈna:wa] Nahesein *n*, Nähe *f*; Niedrigkeit *f*, Schlechtigkeit *f*.

دندرمة [dunˈdurma] Speiseeis *n*.

دندى [dindi:] Truthahn *m*.

دنس [danis (jadnas)] besudelt sein; II [dannas] besudeln, entehren.

+ [danas] Schmutz *m*; Makel *m*.

دنف [danif] schwer krank.

دنا (دنو) [dana: (jadnu:)] nahesein; sich nähern; herankommen; (*s.a.* دنى); II [danna:] *u.* IV [ʔadna:] nähern, näherbringen; V [taˈdanna:] allmählich herankommen; VI [taˈda:na:] einander nahekommen.

دنو [duˈnu:w] Herannahen *n*.

دنؤ *s.* دنأ.

دنى [danija (jadna:)] niedrig, gemein sein; V [taˈdanna:] sinken, sich erniedrigen.

+ [daˈni:j] *u.* دنىء [daˈni:ʔ], *pl.* أدنياء [ʔadniˈja:ʔ] niedrig, gemein, verachtet.

دنيا [dunja:] *f* Welt *f*; Diesseits *n*; *s.* أدنى.

دنية [da'ni:ja], *pl.* دنايا [da'na:ja:] niedrige Eigenschaft *f*.

دنيوى [dunjawi:] weltlich, irdisch; vergänglich.

دهاء [da'ha:ʔ] Schlauheit *f*, List *f*; Klugheit *f*.

دهان [da'hha:n] Anstreicher *m*, Maler *m*.

دهر [dahr], *pl.* دهور [du'hu:r] Zeit *f*, Epoche *f*; Ewigkeit *f*; Schicksal *n*.

دهرى [dahri:] Freidenker *m*, Atheist *m*, Materialist *m*.

\+ [duhri:] sehr alt, steinalt.

دهش [dahiʃ (jadhaʃ)] staunen, sich wundern, verblüfft sein; II [dahhaʃ] *u.* IV [ʔadhaʃ] verblüffen, in Erstaunen versetzen; VII [in'dahaʃ] = I.

دهشة [dahʃa] Staunen *n*, Verwunderung *f*; Bestürzung *f*.

دهليز [dih'li:z], *pl.* دهاليز [daha:'li:z] Wandelhalle *f*, Korridor *m*; *Bergbau*: Stollen *m*.

دهم [daham (jadham)] unerwartet kommen, überraschen; II [dahham] schwärzen; III [da:ham] *Krankheit*: befallen; überfallen; überkommen; überraschen.

دهمة [duhma] Schwärze *f*; *s.a.* أدهم.

دهن [dahan (jadhun)] *u.* II [dahhan] salben, einfetten, einölen; anstreichen; III [da:han] umschmeicheln, anschmieren.

\+ [dahn] Einfettung *f*; Bemalung *f*.

\+ [duhn, dihn], *pl.* أدهان [ʔad'ha:n] Fett *n*, Öl *n*.

دهناء [dah'na:ʔ] Wüste *f*.

دهنى [duhni:] ölig, fettig; Fett-; ~ات [duhni:'ja:t] Fettstoffe *m/pl*.

دهور [dahwar (ju'dahwir)] stürzen, hinabschleudern; II [ta'dahwar] stürzen, sinken.

دهى [daha: (jadha:)] *Unglück*: treffen, zustoßen; – [dahija (jadha:)] schlau sein.

دهينة [da'hi:na] Pomade *f*.

دواء [da'wa:ʔ], *pl.* أدوية [ʔad'wija] Arznei *f*, Medikament *n*, Heilmittel *n*.

\+ [di'wa:ʔ] Behandlung *f e-r Krankheit*.

دواب *s.* دابة.

دوار [da'wa:r *u.* du'wa:r] Schwindel *m im Kopf*.

\+ [da'wwa:r] sich drehend, kreisend; drehbar; ~ة Wirbel *m*, Strudel *m*.

دواسة [da'wwa:sa] Pedal *n*.

دوام [da'wa:m] Dauer *f*; Verbleib *m*; Dienstzeit *f*; Schulbesuch *m*.

دوامة [du'wwa:ma] Kreisel *m*; Wasserwirbel *m*.

دواة [da'wa:t], *pl.* دوى [du'wi:j] Tintenfaß *n*.

دواوين *s.* ديوان.

(دوخ) داخ [da:x (ja'du:x)] schwindlig sein, Übelkeit empfinden; sich demütigen; II [dawwax] unterwerfen, demütigen; belästigen; schwindlig machen.

دوخة [dauxa, do:xa] Schwindel *m*, Übelkeit *f*; Mühe *f*, Belästigung *f*.

دود [du:d] *coll.*, ة~ Wurm *m*, Made *f*, Raupe *f*; ى~ wurmförmig.

(دور) دار [da:r (ja'du:r)] sich drehen, kreisen; zirkulieren; umlaufen, umgehen; handeln (von *etw.* حول); II [dawwar] in Drehung versetzen; umdrehen; laufen lassen; IV [ʔa'da:r] kreisen lassen, in Gang bringen; umdrehen, wenden; hinwenden, richten; lenken, dirigieren, leiten; V [ta'dawwar] rund sein; X [ista'da:r] rund sein; kreisen.

دور [daur], *pl.* أدوار [ʔad'wa:r] Runde *f*; Phase *f*, Etappe *f*, Stadium *n*; Reihe *f an die man kommt*; (*Bühnen-*)Rolle *f*, Bedeutung *f*; *Äg.* Stockwerk *n*; *s.a.* دار.

دوران [dawa'ra:n] Drehung *f*, Umdrehung *f*, Rotation *f*, Zirkulation *f*; Biegung *f*.

دورة [daura], *pl.* [-a:t] Umdrehung *f*; Umlauf *m*, (*Blut-*) Kreislauf *f*; Rundgang *m*, Patrouille *f*; Periode *f*; Kursus *m*; Sitzungsperiode *f*.

دوری [dauri:] periodisch, zyklisch; ة~ [dau'ri:ja] Streife *f*, Patrouille *f*.

دوزن [dauzan (ju'dauzin)] *Instrument* stimmen.

(دوس) داس [da:s (ja'du:s)] treten, stampfen, zertreten; überfahren.

دوسى *u.* دوسية [dos'je] Akte *f*, Aktenordner *m*.

دوشة [dauʃa] *Äg.* Lärm *m*, Radau *m*.

دوق [du:q] Herzog *m*.

دوكة [dauka] Lärm *m*, Verwirrung *f*.

(دول) دال [da:l (ja'du:l)] sich ändern, wechseln; ablaufen; III [da:wal] 1. wechseln lassen; 2. besprechen, diskutieren, konferieren; IV [ʔa'da:l] siegreich machen; *Existenz* beenden; VI [ta'da:wal] sich abwechseln; miteinander austauschen; in Umlauf sein;

diskutieren, verhandeln, unterhandeln.

دولاب [du:ˈla:b], *pl.* دواليب [dawa:ˈli:b] 1. Schrank *m*; 2. Rad *n*, Schöpfrad *n*; Maschine *f*.

دولار [du:ˈla:r], *pl.* [-a:t] Dollar *m*.

دولة [daula], *pl.* دول [duwal] Staat *m*, Reich *n*; Dynastie *f*; صاحب الدولة *früherer Titel des Ministerpräsidenten*.

دولى [dauli:] staatlich; *u.* [duwali:] international.

(دوم) دام [da:m (jaˈdu:m)] dauern; fort-, an-, ausdauern; ما دام solange als; II [dawwam] kreisen, sich drehen; III [da:wam] ausharren, beharren; die Dienststunden einhalten; IV [ʔaˈda:m] dauern lassen.

دوم [daum] Dauer *f*, Fortdauer *f*; دوما [dauman] *Adv.* ständig, immer.

دومان [du:ˈma:n] Steuerruder *n*.

دون II [dawwan] aufschreiben, eintragen, verzeichnen, registrieren.

+ [du:n] niedrig, schlecht, minderwertig.

+ [du:n(a)] *Präp.* unter; vor, diesseits; ohne; دون أن ohne zu; بدون *u.* من دون ohne; دونك gib Acht!, nimm!

دونم [du:num] Dönum *n* (*e. Flächenmaß*).

دوى [dawa: (jadwi:)] *u.* II [dawwa:] hallen, dröhnen; III [da:wa:] *Krankheit* behandeln, kurieren.

+ [dawan], *pl.* أدواء [ʔadˈwa:ʔ] Krankheit *f*.

+ [daˈwi:j] Dröhnen *n*, Widerhall *m*, Schall *m*.

ديار *s.* دار.

ديان [daˈjja:n] fromm, religiös.

ديانة [diˈja:na] Religion *f*, Bekenntnis *n*.

ديباج [di:ˈba:dʒ] Seidenbrokat *m*; ~ة Vorrede *f*, Präambel *f*; schöner Stil *m*; Gesicht *n*.

دير [dair], *pl.* أديرة [ʔadˈjira] *u.* أديار [ʔadˈja:r] Kloster *n*.

ديرة [di:ra] Gebiet *n*, Wohngebiet *n*, Heimat *f*.

ديك [di:k], *pl.* ديوك [duˈju:k] Hahn *m*; ~ رومى Truthahn *m*.

ديموقراطى = دمقراطى.

ديمومة [daiˈmu:ma] Dauer *f*.

(دين) دان [da:n (jaˈdi:n)] 1. borgen; schulden, verdanken (*j-m* ل *etw.* ب); 2. leihen, Darlehen geben; 3. richten, verurteilen; 4. *Religion* bekennen (ب); III [da:jan] leihen, *e-e* Schuldforderung haben (an *A* ه); IV [ʔaˈda:n] Geld leihen (*j-m* ه); *Jur.* schuldig sprechen; V [taˈdajjan] 1. verschuldet sein; 2. fromm sein; X [istaˈdaːn] Schulden machen.

دين [dain], *pl.* ديون [duˈjuːn] Schuld *f*, Verpflichtung *f*; Obligation *f*; Kredit *m*; Forderung *f*.

+ [dajjin] religiös, fromm.

+ [diːn], *pl.* أديان [ʔadˈjaːn] Religion *f*, Glaube *m*; ~ى religiös, geistlich.

دينار [diːˈnaːr], *pl.* دنانير [danaː-ˈniːr] Dinar *m* (*Währungseinheit im Irak und in Jordanien*); ~ى Karo *n im Kartenspiel*.

ديوان [diːˈwaːn], *pl.* دواوين [dawaː-ˈwiːn] Büro *n*, Kanzlei *f*, Amt *n*; Sekretariat *n*; Gerichtshof *m*; Empfangsraum *m*, Halle *f*; Abteil *n*; Diwan *m* (*Gedichtsammlung*).

دية [dija] Blutgeld *n für e-n Getöteten*, Wergeld *n*; *s.* ودى.

ذ

ذ (ذال) [ða:l] *neunter Buchstabe; Zahlwert 700.*

ذا [ða:], *f* ذى [ði:] *u.* تا [ta:], *pl.* أولاء [ʔuˈla:ʔ] dies, dieser; لذا [liða:] darum; كذا [kaða:] so; ها هو ذا [ha: huwa ða:] da ist er!; *als Bestandteil in* ذاك, ذلك, هذا, ماذا; *s. a.* ذو.

ذاب *s.* ذوب.

ذابل [ða:bil], *pl.* ذبل [ðubul] welk, verwelkt; verbleicht; matt, trübe.

ذات [ða:t] (*f zu* ذو), *pl.* ذوات [ðaˈwa:t] Selbst *n*; Wesen *n*; Person *f*; selbst; habend, besitzend; الجنب ~ Rippenfellentzündung *f*; البين ~ Zwist *m*; هو بالذات er selbst, der Nämliche, Eigentliche; يوم~ [ða:ta jaumin] eines Tages; بذات المكان am selben Ort.

ذاتى [ða:ti:] eigen; persönlich; subjektiv; selbsttätig, automatisch; ~ا [ða:ˈti:jan] *Adv.* persönlich, in eigener Person; الحكم الـ~ Selbstbestimmung *f*, Autonomie *f*; ~ة [ða:ˈti:ja] Persönlichkeit *f*, Identität *f*; Subjektivismus *m*; Personalbüro *n*, Personalabteilung *f*; لاذاتية Unpersönlichkeit *f*.

ذاق *s.* ذوق.

ذاك [ða:ka], *f* تاك [ta:ka] *u.* تيك [ti:ka] jener.

ذاكرة [ða:kira] Gedächtnis *n*, Merkvermögen *n*.

ذاهل [ða:hil] verwirrt, zerstreut, vergeßlich.

ذاو [ða:win], *constr.* ذاوى [ða:wi:] verwelkt, dürr.

ذائد [ða:ʔid], *pl.* ذادة [ða:da] Verteidiger *m*.

ذائع [ða:ʔiʕ] verbreitet, weithin bekannt.

ذائقة [ða:ʔiqa] Geschmackssinn *m*.

ذب [ðabba (jaˈðubbu)] wegjagen; verteidigen (*j-n* عن).

ذباب [ðuˈba:b] *coll.*, ~ة, *pl.* ذبان [ðiˈbba:n] *u.* أذبة [ʔaˈðibba] 1. Fliege *f*; 2. Spitze *f des Schwertes.*

ذباح [ða'bba:ħ] Schlächter *m*.

ذبالة [ðu'ba:la] Docht *m*.

ذبان *s.* ذباب; ~ة [ði'bba:na] Fliege *f*; Korn *n des Visiers*.

ذبح [ðabaħ (jaðbaħ)] schlachten; hinmetzeln, morden.

+ [ðabħ] Schlachtung *f*.

ذبحة [ðibħa] *Med.* Angina *f*.

ذبذب [ðabðab (ju'ðabðib)] in Schwingung versetzen; II [ta'ðabðab] schwingen, pendeln; vibrieren; oszillieren.

ذبذبة [ðab'ðaba], *pl.* [-a:t] Schwingung *f*; Vibration *f*.

ذبل [ðabul (jaðbul)] welken, verwelken; matt werden.

ذحل [ðaħl] Haß *m*; Rache *f*.

ذخر [ðaxar (jaðxar)] *u.* II [ðaxxar] aufbewahren; sparen; aufspeichern; VIII ادخر [i'ddaxar] aufbewahren, speichern; sammeln, anhäufen; sparen; *Gefühl* hegen.

+ [ðuxr], *pl.* أذخار [ʔað'xa:r] Verwahrte(s) *n*; Vorrat *m*; *fig.* Beitrag *m zur Wissenschaft.*

ذر [ðarra (ja'ðurru)] 1. streuen; bestreuen; 2. sich zeigen, hervorkommen; *s.* ذرة, ذرى.

+ [ðar] *Imp.* laß!

ذراع [ði'ra:ʕ], *pl.* أذرع [ʔaðruʕ] Arm *m*, Unterarm *m*; Elle *f* (*Maß*).

ذرب [ðarab] *Med.* Diarrhoe *f*; schwere Krankheit *f*.

+ [ðarib] scharf.

ذرع [ðaraʕ (jaðraʕ)] messen, abmessen; durchmessen, durchqueren; V [ta'ðarraʕ] anwenden (*etw.* ب), gebrauchen.

+ [ðarʕ] Macht *f*, Vermögen *n*, Kraft *f*; ضيق الـ~ schwach; nicht gewachsen (*e-r Sache* ب).

ذرة [ðura] Hirse *f*; Mais *m*.

+ [ðarra], *pl.* [-a:t] Atom *n*; Teilchen *n*, Stäubchen *n*.

ذرا (ذرو) [ðara: (jaðru:)] *u.* II [ðarra:] *u.* IV [ʔaðra:] verstreuen; *Wind*: davontragen; worfeln; V [ta'ðarra:] besteigen, erklimmen; X [is'taðra:] Schutz suchen.

ذروة [ðurwa], *pl.* ذرى [ðuran] Gipfel *m*, Spitze *f*; Höhepunkt *m*.

ذرى [ðara: (jaðri:)] = ذرا (ذرو).

+ [ðaran] Schutz *m*.

+ [ðarri:] atomar, Atom-; الطاقة الذرية Atomenergie *f*.

ذريع [ða'ri:ʕ] 1. rasch, reißend; 2. Vermittler *m*; ~ة, *pl.* ذرائع [ða'ra:ʔiʕ] Mittel *n*; Vorwand *m*.

ذرية [ðu'rri:ja] Nachkommenschaft *f*.

ذعر [ðaʕar *u.* ðuʕr] Schreck *m*, Angst *f*, Panik *f*.

ذعن [ðaʕin (jaðʕan)] *u.* IV [ʔaðʕan] sich unterwerfen, gehorchen.

ذفر [ðafar] Gestank *m*, scharfer Geruch *m*.

ذقن [ðaqn *u.* ðaqan], *pl.* ذقون [ðuˈqu:n] *u.* أذقان [ʔaðˈqa:n] Kinn *n*; Bart *m*.

ذكاء [ðaˈka:ʔ] Intelligenz *f*, Verstandesschärfe *f*; *s.* ذكي.

ذكر [ðakar (jaðkur)] sich erinnern (an *A* ه), gedenken (*j-s* ه); erwähnen, nennen, anführen, bemerken; شيء يذكر [juðkar] *e-e* erwähnenswerte Sache; II [ðakkar] 1. erinnern (*j-n* ه an *A* ب); 2. *Gr.* ins Maskulinum setzen; III [ða:kar] 1. memorieren, lernen; 2. verhandeln, konferieren; IV [ʔaðkar] erinnern; V [taˈðakkar] sich erinnern (an *A* ه); VI [taˈða:kar] miteinander beraten; VIII اذكر [iˈddakar] = V; X [isˈtaðkar] im Gedächtnis behalten.

+ [ðakar], *pl.* ذكور [ðuˈku:r] männlich; Männchen *n e-s Tieres*; Mann *m*; männliches Glied *n*.

+ [ðikr] Gedenken *n*, Erinnerung *f*; Erwähnung *f*, Nennung *f*; mystisch-religiöse Übung *f*, Anrufung *f Gottes*; سالف الذكر vorerwähnt, obenerwähnt.

ذكرة [ðikra *u.* ðukra] Erinnerung *f*; Ruf *m*, Berühmtheit *f*.

ذكرى [ðikra:], *pl.* ذكريات [ðikraˈja:t] Erinnerung *f*; Jubiläum *n*; الذكرى المئوية hundertste Wiederkehr *f*, Hundertjahrfeier *f*.

ذكا (ذكو) [ðaka: (jaðku:)] aufflammen; II [ðakka:] *u.* IV [ʔaðka:] entzünden, anfachen.

ذكي [ðakija (jaðka:)] scharfsinnig, intelligent sein.

+ [ðaˈki:j], *pl.* أذكياء [ʔaðkiˈja:ʔ] intelligent, klug, gescheit; wohlriechend; schmackhaft.

ذل [ðalla (jaˈðillu)] niedrig, gering, verächtlich sein; II [ðallal] erniedrigen, demütigen; überwinden, bezwingen; IV [ʔaˈðalla] erniedrigen; V [taˈðallal] sich erniedrigen, sich demütigen; X [istaˈðalla] gering achten.

+ [ðull] Niedrigkeit *f*; Schmach *f*, Erniedrigung *f*.

ذلاقة [ðaˈla:qa] Beredtheit *f*.

ذلق [ðalq] Zungenspitze *f*.

+ [ðaliq] beredt, schlagfertig.

ذلك [ða:lik(a)], *f* تلك [tilka], *pl.*

أولائك [ʔuˈla:ʔik(a)] jener; لذلك [liˈða:lik] deshalb, darum; كذلك [kaˈða:lik] ebenso, auch; مع ذلك dennoch, trotzdem.

ذلة [ðilla] Niedrigkeit *f*, Verworfenheit *f*; Schmach *f*.

ذلول [ðaˈlu:l] 1. fügsam, folgsam; 2. Reitkamel *n*.

ذليل [ðaˈli:l], *pl.* أذلاء [ʔaðiˈlla:ʔ] niedrig; verachtet; unterwürfig.

ذم [ðamma (jaˈðummu)] tadeln, mißbilligen.

\+ [ðamm] Tadel *m*.

ذمام [ðiˈma:m] Pflicht *f*; Recht *n*; Schutz *m*.

ذمة [ðimma], *pl.* ذمم [ðimam] Verpflichtung *f*, Verantwortlichkeit *f*; Schuld *f*; Sicherheit *f*, Garantie *f*; Schutz *m*, Obhut *f*; Gewissen *n*; بذمته [biˈðimmatihi] in seiner Schuld.

ذمى [ðimmi:] Schutzgenosse *m*.

ذميم [ðaˈmi:m] tadelnswert; schändlich; unangenehm; ~ة, *pl.* ذمائم [ðaˈma:ʔim] Tadel *m*.

ذنب IV [ʔaðnab] *e.* Verbrechen begehen, schuldig sein; X [isˈtaðnab] für schuldig erklären.

\+ [ðamb], *pl.* ذنوب [ðuˈnu:b] Sünde *f*, Verbrechen *n*, Schuld *f*.

\+ [ðanab], *pl.* أذناب [ʔaðˈna:b] Schwanz *m*.

ذهاب [ðaˈha:b] Gehen *n*, Weggang *m*, Fahrt *f*; Hinfahrt *f*; ذهابا وايابا [ðaˈha:ban waʔiˈja:ban] hin und zurück.

ذهب [ðahab (jaðhab)] gehen, sich begeben; reisen; fortgehen, weggehen, verschwinden; *mit* ب: mitnehmen, forttragen, entführen; der Meinung sein (daß الى ان); ~ مذهبه [maðˈhabahu] seiner Anschauung *od.* Lehre folgen; II [ðahhab] vergolden; IV [ʔaðhab] verschwinden lassen, wegnehmen.

\+ [ðahab] Gold *n*; ~ أبيض Platin *n*; ~ى golden, aus Gold; ~ية *Äg.* Hausboot *n am Nil*.

ذهول [ðuˈhu:l] Bestürzung *f*, Überraschung *f*, Schreck *m*.

ذو [ðu:], *G* ذى [ði:], *A* ذا [ða:], *f* ذات [ða:t] (*s.a. alphabetisch*), *m/pl.* ذوو [ðawu:] *u.* أولو [ʔulu:], *f/pl.* ذوات [ðaˈwa:t] der *mit etw.* Versehene; Besitzer *m*, Inhaber *m von etw.*; ذو شأن wichtig, bedeutend; ذو القرنين [ðu:lqarˈnain] *wörtl.*: der mit den zwei Hörnern, *Beiname*

Alexanders des Großen; ~ القعدة [ðu:lqaˁda] *u.* ~ الحجة [ðu:lħiddʒa] *11. u. 12. islamischer Mondmonat* (*letzterer Monat der Pilgerfahrt*).

ذوات *s.* ذات.

ذواق [ða'wa:q] Geschmack *m.*

+ [ða'wwa:q] *u.* ~ة Genießer *m*, Feinschmecker *m.*

(ذوب) ذاب [ða:b (ja'ðu:b)] schmelzen, zergehen, sich auflösen, zerfließen; II [ðawwab] *u.* IV [ˀa'ða:b] *Eis etc.* schmelzen; *Salz etc.* auflösen; zerfließen lassen.

ذوبان [ðawa'ba:n] Auflösung *f*, Schmelze *f*, Zerfließen *n.*

(ذود) ذاد [ða:d (ja'ðu:d)] vertreiben, entfernen; verteidigen, schützen (*etw.* عن).

(ذوق) ذاق [ða:q (ja'ðu:q)] *Speise* kosten, probieren, versuchen; IV [ˀa'ða:q] kosten lassen; V [ta'ðawwaq] kosten, zu schmecken bekommen, genießen.

ذوق [ðauq], *pl.* أذواق [ˀað'wa:q] Geschmack *m*, Geschmackssinn *m*; Lebensart *f*, Takt *m*; ~ى geschmacklich.

ذوى [ðawija (jaðwa:)] welken, trocknen, dürr sein; IV [ˀaðwa:] welken lassen, trocknen; *G von* ذوو, *s.* ذو.

ذى *s.* ذو.

ذئب [ðiˀb], *pl.* ذئاب [ði'ˀa:b] Wolf *m.*

(ذيع) ذاع [ða:ˁ (ja'ði:ˁ)] sich ausbreiten; allgemein bekannt werden; IV [ˀa'ða:ˁ] verbreiten, ausbreiten; bekanntmachen, verkünden, aussenden; *Rundfunk*: senden, übertragen.

ذيل II [ðajjal] *Buch* mit e-m Anhang *od.* Nachtrag versehen.

+ [ðail], *pl.* ذيول [ðu'ju:l] *u.* أذيال [ˀað'ja:l] Schwanz *m*; Schleppe *f e-s Kleides*; Saum *m*; Rockzipfel *m*; Ende *n*; Anhang *m*, Nachtrag *m*, Supplement *n*; Gefolge *n*; Konsequenz *f.*

ذيوع [ðu'ju:ˁ] Ausbreitung *f*, Verbreitung *f*; Bekanntwerden *n.*

ر

ر (راء) [ra:ʔ] *zehnter Buchstabe*; *Zahlwert 200*.

راب *s.* روب, ريب.

+ [ra:bb] Stiefvater *m*.

رأب [raʔab (jarʔab)] reparieren, ausbessern.

رابح [ra:biħ] 1. gewinnbringend (*Handel*), einträglich; 2. Gewinner *m*.

رابطة [ra:bitɒ], *pl*. روابط [raˈwa:bit] Band *n*; Verbindung *f*; Vereinigung *f*, Bund *m*, Liga *f*.

رابع [ra:biʕ] vierte(r); ~ عشر vierzehnte(r).

رابة [ra:bba] Stiefmutter *f*.

رابية [ra:bija], *pl*. رواب [raˈwa:bin] Hügel *m*.

راتب [ra:tib], *pl*. رواتب [raˈwa:tib] Gehalt *n*, Besoldung *f*.

راج [ra:dʒin], *constr*. راجى [ra:dʒi:] hoffend, hoffnungsvoll.

راجح [ra:dʒiħ] überwiegend; vorzuziehen; wahrscheinlich.

راجع [ra:dʒiʕ] zurückkommend; zurückgehend (auf الى); unterstellt (*j-m* ل), abhängig (von ل).

راجل [ra:dʒil], *pl*. رجالة [raˈddʒa:la] Fußgänger *m*.

راح [ra:ħ] Wein *m*; *s. a.* روح.

راحل [ra:ħil], *pl*. رحل [ruħħal] reisend, wandernd, nomadisierend; aufbrechend, scheidend; Verstorbene(r) *m*; ~ة (weibliches) Reitkamel *n*.

راحة [ra:ħa] 1. Ruhe *f*, Erholung *f*; Bequemlichkeit *f*; 2. Handfläche *f*.

راد *s.* رود.

راديو [ra:dijo:] Radio *n*, Rundfunk *m*.

راس [ra:sin], *constr*. راسى [ra:si:], *pl*. رواس [raˈwa:sin] fest, unbeweglich; verankert.

رأس [raʔas (jarʔas)] an der Spitze stehen (von ه), führen, leiten; den Vorsitz führen (bei *e-r Sitzung* ه); II [raʔʔas] zum Leiter machen; V [taˈraʔʔas] = I; VIII [irˈtaʔas] Führer *od*. Leiter sein *od*. werden.

+ [raʔs], *pl.* رؤوس [ruˈʔu:s] Kopf *m*, Haupt *n*; Oberhaupt *n*, Häuptling *m*; Ende *n*, Spitze *f*, Gipfel *m*; Kap *n*; رأسا [raʔsan] direkt, unmittelbar; الجسر ~ Brückenkopf *m*; رأس المال, *pl.* رؤوس الاموال Kapital *n*; على الـ~ والعين zu Befehl!; السنة ~ Neujahr *n*.

راسب [ra:sib] 1. durchgefallen (*in e-r Prüfung*); 2. *pl.* رواسب [raˈwa:sib] Niederschlag *m* (*a. Chemie*); Sediment *n*, Bodensatz *m*; *pl.* (*Erz-*)Lager *n/pl.*

راسخ [ra:six] fest gegründet, verwurzelt.

راسمالى [ra:sˈma:li:] kapitalistisch; Kapitalist *m*; ة~ Kapitalismus *m*.

راشد [ra:ʃid] rechtgeleitet; besonnen, vernünftig; volljährig, mündig.

راصد [ra:sɨd], *pl.* رصاد [ruˈssɒ:d] Beobachter *m*, Aufpasser *m*; ة~ Teleskop *n*.

راض [ra:đin], *constr.* راضى [ra:đi:], *pl.* رضاة [ruˈđɒ:t] zufrieden, einverstanden; *s. a.* روض.

راضع [ra:điʕ] Säugling *m*.

راع [ra:ʕin], *constr.* راعى [ra:ʕi:], *pl.* رعاة [ruˈʕa:t] Hirt *m*, Hüter *m*; *s. a.* ريع, روع.

راغب [ra:ɣib] begehrend; Interessent *m*; *a. npr.*

رأف [raʔaf (jarʔaf)] *u.* رؤف [raʔuf (jarʔuf)] gütig sein, sich erbarmen.

رافد [ra:fid], *pl.* روافد [raˈwa:fid] Nebenfluß *m*; الرافدان *Ir.* Euphrat und Tigris; ة~ Stütze *f*; Dachsparren *m*.

رافضى [ra:fiđi:] Renegat *m*, Abtrünnige(r) *m*.

رافعة [ra:fiʕa], *pl.* روافع [raˈwa:fiʕ] Hebel *m*, Hebegerät *n*.

رأفة [raʔfa] Mitleid *n*, Güte *f*.

راق [ra:q] Lage *f*, Schicht *f*; *s. a.* روق, ريق.

+ [ra:qin], *constr.* راقى [ra:qi:] 1. aufsteigend; hochstehend, gebildet, fortgeschritten; 2. *pl.* رقاة [ruˈqa:t] Zauberer *m*.

راقد [ra:qid] schlafend, liegend; flau.

راقص [ra:qɨs] Tänzer *m*; Tanz-; ة~ Tänzerin *f*.

راكب [ra:kib] reitend, fahrend; *pl.* ركاب [ruˈkka:b] *u.* ركبان [rukˈba:n] Reiter *m*; *pl.* ركاب Fahrgast *m*, Passagier *m*.

رام [ra:min], *constr.* رامى [ra:mi:], *pl.* رماة [ruˈma:t] Schütze *m*; Werfer *m*; *s. a.* روم, ريم.

راموز [ra:ˈmu:z], *pl.* رواميز [rawa:ˈmi:z] Muster *n*; Faksimile *n*.

راهب [ra:hib], *pl.* رهبان [ruhˈba:n] Mönch *m*.

راهن [ra:hin] feststehend, dauernd, andauernd, gegenwärtig, jetzig.

راو [ra:win], *constr.* راوى [ra:wi:], *pl.* رواة [ruˈwa:t] Erzähler *m*, Überlieferer *m*.

راوند [ra:wand] Rhabarber *m*.

راوية [ra:wija] = راو.

رأى [raʔa: (يرى jara:)] sehen, erblicken; meinen, glauben, dafürhalten; beschließen; III [ra:ʔa:] heucheln, sich verstellen; IV أرى [ʔara: (يرى juri:)] zeigen; *Passiv*: meinen *im Ausdruck*: يا ترى [ja: tura:] was meinst du wohl?; أين هو يا ترى wo ist er denn wohl?; V [taˈraʔʔa:] dafür halten, meinen, glauben; VI [taˈra:ʔa:] scheinen; heucheln; sich verstellen; VIII [irˈtaʔa:] erwägen; der Ansicht sein, beschließen.

+ [raʔj], *pl.* آراء [ʔa:ˈra:ʔ] Meinung *f*, Ansicht *f*; الرأى العام öffentliche Meinung *f*.

رائب [ra:ʔib] geronnen (*Milch*).

رائج [ra:ʔidʒ] kursierend, verbreitet; gangbar, gängig; gut absetzbar (*Ware*).

رائح [ra:ʔiħ] (fort-)gehend; ة~, *pl.* روائح [raˈwa:ʔiħ] Geruch *m*, Duft *m*.

رائد [ra:ʔid], *pl.* رواد [ruˈwwa:d] Kundschafter *m*; Forscher *m*; Besucher *m*; Führer *m*; Richtschnur *f*.

رائع [ra:ʔiʕ] glänzend, prächtig, wunderbar, großartig; ة~, *pl.* روائع [raˈwa:ʔiʕ] Meisterwerk *n*, wundervolle Sache *f*.

رائق [ra:ʔiq] klar, rein.

راية [ra:ja] Banner *n*, Flagge *f*.

رب [rabba (jaˈrubbu)] *u.* II [rabbab] *Kind* aufziehen.

+ [rabb], *pl.* أرباب [ʔarˈba:b] Herr *m*, Gebieter *m*; Familienvater *m*; الرب der Herr *m*, Gott *m*.

+ [rubb], *pl.* ربوب [ruˈbu:b] Sirup *m*, Dicksaft *m*.

+ [rubba] (*mit G*) manch; ~ رجل [rubba radʒulin] mancher Mann; *s.* ربما.

ربا [riban] *u.* رباء [riˈba:ʔ] Zins *m*; Wucher *m*; *s.* ربو.

رباب [raˈba:b] *u.* ة~ Rebab *n* (*orientalisches Streichinstrument*).

رباط [riˈba:t], *pl.* أربطة [ʔarˈbitɒ] *u.* ربط [rubut] Band *n*, Binde *f*; Krawatte *f*; (*Schuh-*)Riemen *m*; Heerlager *n*, Garnison *f*; Rabat (*Stadt in Marokko*).

رباعى [ruˈba:ʕi:] vierfach, viergeteilt; aus vier Teilen bestehend; *pl.* [-a:t] Vierzeiler *m* (*Gedicht*).

ربالة [ra'ba:la] Körperfülle *f*.

ربان [ru'bba:n] Kapitän *m e-s Schiffes*.

ربانى [ra'bba:ni:] göttlich; الصلاة الربانية Vaterunser *n*.

رباية *s*. ربيئة.

ربت [rabat (jarbit)] *u*. II [rabbat] streicheln, *auf die Schulter* klopfen.

ربح [rabiħ (jarbaħ)] gewinnen, profitieren (aus من); II [rabbaħ] *u*. IV [ʔarbaħ] gewinnen lassen.

\+ [ribħ], *pl*. أرباح [ʔar'ba:ħ] Nutzen *m*, Gewinn *m*, Profit *m*; Zins *m*; ~ مركب [mu'rakkab] Zinseszins *m*.

ربد V [ta'rabbad] finster werden; sich bewölken.

ربص [rabɒs (jarbus)] *u*. V [ta'rabbɒs] warten, lauern (auf *A* ب), auflauern (*j-m* ب).

ربض [rabɒđ (jarbiđ)] *Tier*: lagern, liegen.

ربط [rabɒt (jarbut)] binden, anbinden, befestigen; verbinden; festsetzen; III [ra:bɒt] *Mil*. postiert, stationiert sein; VIII [ir'tabɒt] sich binden, gebunden sein (an *e-e Verpflichtung* ب); abhängig sein (von ب).

\+ [rɒbt] Binden *n*, Verknüpfung *f*; Festsetzung *f*; ة~ Bündel *n*, Paket *n*; Binde *f*.

ربع [rabaʕ (jarbaʕ)] galoppieren; II [rabbaʕ] vervierfachen; *Math*. quadrieren; V [ta'rabbaʕ] mit gekreuzten Beinen sitzen.

\+ [rabʕ], *pl*. ربوع [ru'bu:ʕ] Wohnsitz *m*; Gebiet *n*, Territorium *n*.

\+ [rubʕ], *pl*. أرباع [ʔar'ba:ʕ] Viertel *n*; *s*. أربع.

ربعة [rabʕa] *m u. f* mittelgroß (*Mensch*).

ربعى [rubʕi:] vierteljährlich, Quartal-.

ربق [ribq] *u*. ة~ Lasso *m*, Schlinge *f*.

ربك [rabak (jarbuk)] verwirren, durcheinanderbringen; VIII [ir'tabak] verwirrt sein.

\+ [rabik] verwirrt, verlegen.

ربل [rabil] dick, fleischig.

ربما [rubbama:] vielleicht; manchmal.

ربة [rabba] Herrin *f*, Gebieterin *f*; ~ البيت Hauswirtin *f*.

ربا (ربو) [raba: (jarbu:)] wachsen, zunehmen; mehr sein (als على); übersteigen; II [rabba:] wachsen lassen, züchten, aufziehen; erziehen; III [ra:ba:] Wucher treiben; IV [ʔarba:] mehren, vermehren; *Zahl* überschreiten; V [ta'rabba:] erzogen werden, gezüchtet werden.

ربو [rabw] Atemnot *f*; *Med.* Asthma *n*.

ربوبية [rubu:'bi:ja] Göttlichkeit *f*.

ربوة [rabwa *u.* rubwa], *pl.* ربى [ruban] Hügel *m*, Anhöhe *f*.

\+ [ribwa] Myriade *f*; zehntausend.

ربوى [ribawi:] wucherisch, Wucher-.

ربى [rabbi:] mein Herr!, mein Gott!; *s. a.* ربوة.

ربيب [ra'bi:b], *pl.* أرباء [ʔari'bba:ʔ] Pflegling *m*, Zögling *m*; Stiefsohn *m*.

ربيع [ra'bi:ʕ] Frühling *m*, Frühjahr *n*; ~ الاول *u.* ~ الثانى 3. *u.* 4. islamischer Mondmonat; ~ى Frühlings-.

ربيئة [ra'bi:ʔa], *pl.* ربايا [ra'ba:ja:] Wachtposten *m*.

رتابة [ra'ta:ba] Eintönigkeit *f*, Monotonie *f*; Routine *f*.

رتاج [ri'ta:dʒ], *pl.* رتج [rutudʒ] Tor *n*, Einfahrt *f*.

رتب II [rattab] ordnen, einrichten, regeln; anordnen, bereitstellen; zuweisen; V [ta'rattab] angeordnet, eingerichtet werden; sich anordnen, sich ergeben, resultieren.

رتبة [rutba], *pl.* رتب [rutab] Rang *m*, Grad *m*, Stufe *f*; Klasse *f*.

رتج [ratadʒ (jartudʒ)] verschließen, verriegeln.

رتع [rataʕ (jartaʕ)] weiden, grasen; schwelgen.

رتق [rataq (jartuq)] flicken, ausbessern, zusammennähen.

رتل II [rattal] rezitieren, psalmodieren.

\+ [ratl], *pl.* أرتال [ʔar'ta:l] Zug *m*, Kolonne *f*.

رتيب [ra'ti:b] monoton, eintönig; routinemäßig.

رث [raθθ], *pl.* رثاث [ri'θa:θ] alt, schäbig, abgetragen.

رثاء [ri'θa:ʔ] Totenklage *f*, Beweinung *f*.

رثاثة [ra'θa:θa] Schäbigkeit *f*, Zerlumptheit *f*.

(رثو) رثا [raθa: (jarθu:)] *u.* رثى [raθa: (jarθi:)] *e-n Toten* beklagen; *e.* Trauergedicht verfassen (auf *j-n* ه).

رثيث [ra'θi:θ] schäbig, abgetragen.

رج [raddʒa (ja'ruddʒu)] schütteln, rütteln; VIII [ir'taddʒa] erbeben, erzittern.

\+ [raddʒ] Schütteln *n*.

رجا [radʒan], *pl.* أرجاء [ʔar'dʒa:ʔ] Gegend *f*, Gebiet *n*; Weite *f* *des Landes*; فى أرجاء innerhalb, im Inneren; *s.* رجو.

أرجأ IV [ʔardʒaʔa] aufschieben, vertagen.

رجاء [raˈdʒa:ʔ] Bitte *f*, Ersuchen *n*; Hoffnung *f*.

رجاحة [raˈdʒa:ħa] Milde *f*; Gelassenheit *f*.

رجاسة [raˈdʒa:sa] Schmutz *m*.

رجال *s.* راجل *u.* رجل; ~ى [riˈdʒa:li:] Männer-.

رجاة [raˈdʒa:t] Hoffnung *f*; Erwartungen *f/pl*.

رجب [radʒab] 7. islamischer Mondmonat.

رجح [radʒaħ (jardʒaħ)] *Waagschale*: sich senken; überwiegen; wahrscheinlich sein; II [raddʒaħ] bevorzugen; für wahrscheinlich halten; V [taˈraddʒaħ] überwiegen; hin- und herschwingen, schaukeln; VIII [irˈtadʒaħ] pendeln, schaukeln.

رجحان [rudʒˈħa:n] Überwiegen *n*, Übergewicht *n*.

رجس [radʒas *u.* ridʒs], *pl.* أرجاس [ʔarˈdʒa:s] Schmutz *m*, Dreck *m*.

رجع [radʒaʕ (jardʒiʕ)] zurückkehren, zurückkommen, wiederkehren; zurückgehen (auf الى), sich ableiten (von الى); gehören, zukommen (*j-m* الى); abstehen (von عن); *Wort* zurücknehmen (فى); II [raddʒaʕ] zurückgeben, zurücksenden; III [ra:dʒaʕ] wiederholen, repetieren; konsultieren, befragen; nachprüfen, revidieren; *in e-m Buch* nachschlagen, einsehen; IV [ʔardʒaʕ] zurückbringen, zurückführen; VI [taˈra:dʒaʕ] zurückweichen, zurückgehen; X [isˈtardʒaʕ] zurückverlangen, zurückfordern; zurücknehmen, zurückbekommen; widerrufen.

+ [radʒʕ] Rückkehr *f*; ~ الصوت Widerhall *m*.

رجعة [radʒʕa] Rückkehr *f*, Wiederkehr *f*; Rückzug *m*.

رجعى [radʒʕi:] rückschrittlich, reaktionär; ~ة Rückschrittlichkeit *f*; *Pol.* Reaktion *f*.

رجف [radʒaf (jardʒuf)] 1. erschüttert werden, zittern; 2. erschüttern; IV [ʔardʒaf] erschüttern; Unruhe stiften (*durch Gerüchte*); VIII [irˈtadʒaf] zittern, beben.

رجفة [radʒfa] Zittern *n*; Schauer *m*.

رجل [radʒil (jardʒal)] zu Fuß gehen; V [taˈraddʒal] *Reiter*: absteigen; sich wie ein Mann gebärden; VIII [irˈtadʒal] improvisieren, aus dem Stegreif darbringen; X [isˈtardʒal] erwachsen werden.

+ [radʒul], *pl.* رجال [riˈdʒa:l] Mann *m*; رجالات Persönlichkeiten *f/pl*.

+ [ridʒl], *pl.* أرجل [ʔardʒul] Fuß *m*.

رجم [radʒam (jardʒum)] steinigen; verfluchen; ~ بالغيب mutmaßen, vermuten.

+ [radʒm], *pl.* رجوم [ruˈdʒu:m] Steinigung *f*; Wurfgeschoß *n*, Meteor *m*.

+ [ridʒm] *u.* ~ة [rudʒma] Steinhaufen *m in der Wüste*.

(رجو) رجا [radʒa: (jardʒu:)] hoffen, erhoffen; bitten, ersuchen; wünschen; V [taˈraddʒa:] hoffen, erwarten; bitten; VIII [irˈtadʒa:] erwarten, befürchten.

رجوع [ruˈdʒu:ʕ] Rückkehr *f*, Zurückkommen *n*; Rücktritt *m* (von عن).

رجولة [ruˈdʒu:la] *u.* رجولية [rudʒu:ˈli:ja] Männlichkeit *f*, Mannhaftigkeit *f*.

رجيم [raˈdʒi:m] gesteinigt, verflucht (*Beiname des Teufels*).

رحا = رحى.

رحابة [raˈħa:ba] Weite *f*, Geräumigkeit *f*.

رحال [raˈħħa:l] reisend, herumziehend, nomadisierend; ~ة großer Reisende(r) *m*, Forschungsreisende(r) *m*.

رحب [raħib (jarħab)] weit, geräumig sein; II [raħħab] *u.* V [taˈraħħab] bewillkommnen, willkommen heißen (*j-n* ب).

+ [raħb] geräumig, unbeengt.

+ [raħab *u.* ruħb] Weite *f*, Geräumigkeit *f*.

رحبة [raħba] freier Platz *m*, weite Flur *f*.

رحض [raħɒđ (jarħɒđ)] spülen, waschen.

رحل [raħal (jarħal)] aufbrechen, abreisen, ausziehen; II [raħħal] reisen lassen; befördern, entsenden, expedieren; *Summe* vortragen, übertragen; V [taˈraħħal] wandern, nomadisieren; VIII [irˈtaħal] aufbrechen, sich begeben (nach إلى), abreisen, wegziehen.

+ [raħl], *pl.* رحال [riˈħa:l] (*Kamel-*)Sattel *m*; Reisegepäck *n*.

رحلة [riħla], *pl.* [-a:t] Reise *f*, Fahrt *f*.

رحم [raħim (jarħam)] sich erbarmen (*j-s* ه), gnädig sein; V [taˈraħħam] bemitleiden (*j-n* على); X [isˈtarħam] um Mitleid anflehen.

+ [raħm *u.* raħim], *pl.* أرحام [ʔarˈħa:m] Mutterleib *m*, Gebärmutter *f*.

رحمان *u.* رحمن [raħˈmaːn] barmherzig (*Beiname Gottes*); *s.* بسملة.

رحمة [raħma] Erbarmen *n*, Mitleid *n*, Gnade *f*.

رحوى [raħawiː] rotierend.

رحى [raħan], *pl.* أرحية [ʔarˈħija] (*Hand-*)Mühle *f*.

رحيل [raˈħiːl] Abreise *f*, Abfahrt *f*; Auszug *m*; Verscheiden *n*.

رحيم [raˈħiːm] barmherzig (*Beiname Gottes*); *s.* بسملة.

رخ [ruxx] 1. Turm *m im Schachspiel*; 2. Riesenvogel *in 1001-Nacht*.

رخاء [raˈxaːʔ] Überfluß *m*, Wohlstand *m*; Glück *n*.

رخام [ruˈxaːm] Marmor *m*.

رخاوة [raˈxaːwa] Weichheit *f*, Schlaffheit *f*.

رخص [raxus (jarxus)] 1. billig sein; 2. weich sein; II [raxxɒs] 1. erlauben; 2. verbilligen; IV [ʔarxɒs] verbilligen, *Preis* herabsetzen; X [isˈtarxɒs] 1. um Erlaubnis bitten; 2. für billig halten.

+ [rɒxs] zart, weich.

+ [ruxs] Billigkeit *f*; ة~, *pl.* رخص [ruxɒs] Erlaubnis *f*, Lizenz *f*, Genehmigung *f*, Zulassung *f*.

رخم [raxum (jarxum)] weich, sanft sein; II [raxxam] 1. weich machen, abschwächen; 2. mit Marmor auslegen.

رخو [raxuwa (jarxuː)] weich, locker, schlaff sein; IV [ʔarxaː] lockern, loslassen; VI [taˈraːxaː] schlaff werden, *Kraft*: nachlassen; VIII [irˈtaxaː] schlaff werden, sich lockern; sich entspannen; ermatten.

+ [raxw] weich, locker; sanft.

رخى [raxija (jarxaː)] = رخو.

+ [raˈxiːj] schwach, schlaff.

رخيص [raˈxiːs] billig, preiswert; von geringer Güte; weich.

رخيم [raˈxiːm] sanft, weich, angenehm.

رد [radda (jaˈruddu)] zurückgeben; erwidern, antworten; zurückführen; zurückschicken; zurückwerfen, vertreiben; abwehren; widerlegen; II [raddad] zurückweisen; öfters wiederholen; V [taˈraddad] wiederkehren; verkehren (bei *j-m* على); zögern, schwanken; *Stimme*: widerhallen; VIII [irˈtadda] sich zurückziehen; ablassen (von عن); abfallen, abtrünnig werden (von عن); X [istaˈradda] zurückfordern, zurückverlangen.

+ [radd], *pl.* ردود [ru'du:d] Rückgabe *f*; Erwiderung *f*, Antwort *f*; Zurückführung *f*; Reflektierung *f*; Abwehr *f*; Widerlegung *f*; الفعل ~ [fiˁl] Rückwirkung *f*, Reaktion *f*.

رداء [ri'da:ʔ], *pl.* أردية [ʔar'dija] Gewand *n*, Überwurf *m*, Mantel *m*.

رداءة [ra'da:ʔa] Schlechtigkeit *f*; *s.* ردو.

ردع [radaˁ (jardaˁ)] zurückhalten, abhalten.

ردف [radaf (jarduf)] (nach)folgen; III [ra:daf] hinter j-m auf demselben Reittier reiten; gleichbedeutend sein; IV [ʔardaf] hinter sich setzen (*aufs Reittier*); ergänzen, hinzufügen; VI [ta'ra:daf] aufeinanderfolgen; miteinander gleichbedeutend sein.

+ [ridf], *pl.* أرداف [ʔar'da:f] Hintermann *m*; Hinterteil *n*.

ردم [radam (jardim)] *Grube* zuschütten; II [raddam] flicken, ausbessern.

ردن [rudn], *pl.* أردان [ʔar'da:n] Ärmel *m*.

ردة [ridda] Abfall *m von e-r Religion*.

ردهة [radha], *pl.* [rada'ha:t] Halle *f*, Saal *m*.

ردؤ [raduʔa (jarduʔu)] schlecht sein; V [ta'raddaʔa] schlechter werden, sich verschlimmern.

ردى [radija (jarda:)] zugrunde gehen; II [radda:] *u.* IV [ʔarda:] zu Fall bringen; V [ta'radda:] fallen; *Kleid* anziehen; VIII [ir'tada:] *Kleid* anziehen, anlegen; bekleidet sein (mit ه).

+ [radan] Verderben *n*, Untergang *m*.

ردىء [ra'di:ʔ], *pl.* أردياء [ʔardi'ja:ʔ] schlecht, übel.

رديف [ra'di:f] Hintermann *m*; e-r, der hinterdreinkommt; Reserve *f*.

رديم [ra'di:m] abgenutzt, schäbig.

رذالة [raðala] Gemeinheit *f*, Niedrigkeit *f*.

رذل [raðal (jarðul)] verwerfen, verstoßen, verachten; — [raðil (jarðal)] niedrig, gemein sein; II [raððal] zurechtweisen; tadeln, schmähen.

رذيل [ra'ði:l] niedrig, gemein, verachtet.

رز [razza (ja'ruzzu)] hineinstecken, hineintreiben.

+ [ruzz] Reis *m*.

رزء [ruzʔ], *pl.* أرزاء [ʔar'za:ʔ] Verlust *m*, Schaden *m*, Unglück *n*.

رزأ [raza?a (jarza?u)] berauben.

رزاق [ra'zza:q] Ernährer *m* (*Beiname Gottes*); عبد الرزاق *npr.*

رزانة [ra'za:na] Ernst *m*, Gesetztheit *f*, Gelassenheit *f*.

رزح [razaħ (jarzaħ)] zu Boden sinken, erschöpft sein.

رزق [razaq (jarzuq)] *Gott*: schenken, bescheren; VIII [ir'tazaq] den Lebensunterhalt verdienen; X [is'tarzaq] den Lebensunterhalt suchen.

\+ [rizq], *pl.* أرزاق [?ar'za:q] Lebensunterhalt *m*, Nahrung *f*, tägliches Brot *n*.

رزم [razam (jarzum)] zusammenbinden, packen.

رزمة [rizma *u.* ruzma], *pl.* رزم [rizam] Paket *n*, Bündel *n*.

رزن [razun (jarzun)] ernst, gesetzt sein; V [ta'razzan] ernst werden, sich gelassen zeigen.

رزة [razza] Eisenband *n* (*Türbeschlag*), Scharnier *n*.

رزين [ra'zi:n] ernst, ruhig, gelassen.

رزيئة [ra'zi:?a] = رزء.

رسا *s.* رسو.

رسالة [ri'sa:la], *pl.* رسائل [ra'sa:?il] Sendung *f*, Mission *f*; Sendschreiben *n*, Botschaft *f*; Brief *m*; Abhandlung *f*.

رسام [ra'ssa:m] Zeichner *m*, Maler *m*.

رسب [rasab (jarsub)] niedersinken; *in e-r Prüfung* durchfallen; II [rassab] *Chemie*: ausfällen; sich ablagern lassen; durchfallen lassen; V [ta'rassab] sich absetzen, sich niederschlagen; *Chemie*: ausfallen.

رسخ [rasax (jarsux)] fest gegründet, verwurzelt sein; Bescheid wissen (über في); II [rassax] *u.* IV [?arsax] festigen, einpflanzen.

رسغ [rusγ], *pl.* أرساغ [?ar'sa:γ] Handwurzel *f*.

رسل [rasil (jarsal)] *Haar*: herabhängen; III [ra:sal] korrespondieren (mit ه), IV [?arsal] schicken, senden; herauslassen, hervorbringen, herabhängen lassen; freien Lauf lassen (*e-r Sache* ه); V [ta'rassal] vorsichtig, gemächlich verfahren; VI [ta'ra:sal] miteinander korrespondieren; X [is'tarsal] ausführlich, intensiv tun (*etw.* في); sich ungezwungen benehmen; *Haar*: herabhängen, herabwallen.

\+ [rasl] langsam, gemächlich; leicht, lose, gelöst.

\+ [risl] Gemächlichkeit *f*, Mäßigung *f*.

رسم [rasam (jarsum)] zeichnen,

malen, skizzieren, entwerfen, darstellen, beschreiben, schildern; V [taˈrassam] *Spuren* verfolgen; VIII [irˈtasam] gezeichnet sein, sich abzeichnen.

+ [rasm], *pl.* رسوم [ruˈsu:m] 1. Zeichnung *f*, Abbildung *f*, Bild *n*, Skizze *f*; Musterung *f*; Beschriftung *f*; Diagramm *n*; شمسى ~ [ʃamsi:] Fotografie *f*; هزلى ~ [hazli:] Karikatur *f*; 2. Vorschrift *f*, Formalität *f*, Zeremonie *f*; 3. Gebühr *f*, Abgabe *f*, Taxe *f*.

رسمى [rasmi:] formell, offiziell, amtlich.

رسن [rasan], *pl.* أرسان [ʔarˈsa:n] Halfter *m u. n.*

رسا (رسو) [rasa: (jarsu:)] fest stehen; ankern, vor Anker liegen; zuteil werden; IV [ʔarsa:] festmachen, verankern.

رسوب [ruˈsu:b] Niederschlag *m*, Bodensatz *m*; Durchfall *m bei e-r Prüfung.*

رسول [raˈsu:l], *pl.* رسل [rusul] Bote *m*, Gesandte(r) *m*; Abgesandte(r) *m Gottes*; Apostel *m*; ~ى apostolisch, päpstlich.

رسوم [ruˈsu:m] Gebühren *f/pl.*; *s.* رسم.

رش [raʃʃa (jaˈruʃʃu)] verspritzen, zerstäuben; besprengen; streuen.

+ [raʃʃ] Zerstäubung *f*; Besprengung *f*.

رشاد [raˈʃa:d] 1. richtiges Handeln *n*, Vernunft *f*; *a. npr.*; 2. Gartenkresse *f*.

رشاشة [raˈʃʃa:ʃa] Maschinengewehr *n*; Zerstäuber *m*; Spritze *f*.

رشاقة [raˈʃa:qa] Eleganz *f*; Grazie *f*; Behendigkeit *f*.

رشح [raʃaħ (jarʃaħ)] durchsickern, schwitzen; durchlässig sein; II [raʃʃaħ] filtrieren, durchseihen; heranbilden; als Kandidat aufstellen; نفسه ~ kandidieren; V [taˈraʃʃaħ] herangebildet werden; kandidieren.

+ [raʃħ] Durchsickern *n*; Filtrierung *f*.

رشد [raʃad (jarʃud)] recht geleitet sein; reif, mündig werden; IV [ʔarʃad] richtig leiten, anleiten, unterweisen, belehren (über الى); X [isˈtarʃad] um Auskunft bitten.

+ [ruʃd] richtiges Handeln *n*, Vernunft *f*, Besinnung *f*; Reife *f*, Volljährigkeit *f*.

رشق [raʃaq (jarʃuq)] bewerfen; verletzen; – [raʃuq (jarʃuq)] elegant, graziös sein; VI [ta'ra:ʃaq] einander bewerfen.

رشم [raʃam (jarʃum)] bezeichnen; das Kreuzzeichen machen.

رشا (رشو) [raʃa: (jarʃu:)] bestechen; VIII [ir'taʃa:] sich bestechen lassen, Geschenke annehmen.

رشو [raʃw] Bestechung *f*; ة~ Bestechungsgeschenk *n*.

رشيد [ra'ʃi:d] recht geleitet, vernünftig, klug; mündig.

رشيق [ra'ʃi:q] elegant; graziös, schlank.

رص [rɒssɒ (ja'russu)] zusammenpressen; aufstapeln; II [rɒssɒs] fest aneinanderpassen, zusammenpressen; mit Blei überziehen; VI [ta'rɒ:ss] festgefügt sein.

رصاد *s.* راصد.

رصاص [rɒ'sɒ:s] Blei *n*; ة~ (*Gewehr-*)Kugel *f*; ى~ bleiern.

رصافة [rɒ'sɒ:fa] Festigkeit *f*.

رصانة [rɒ'sɒ:na] Gesetztheit *f*, Gelassenheit *f*.

رصد [rɒsɒd (jarsud)] aufpassen, auflauern; beobachten; II [rɒssɒd] bereitstellen, *Betrag* eintragen; *Hdl.* saldieren; IV [ʔarsɒd] *Geld* zuteilen, bereitstellen; V [ta'rɒssɒd] auflauern (*j-m* ل).

\+ [rɒsd], *pl.* أرصاد [ʔar'sɒ:d] Beobachtung *f*; أرصاد جوية Meteorologie *f*, Wetterbeobachtung *f*.

رصف [rɒsɒf (jarsuf)] *u.* II [rɒssɒf] pflastern, mit Steinplatten belegen.

رصن [rɒsun (jarsun)] fest sein; ruhig, gelassen sein.

رصيد [rɒ'si:d], *pl.* أرصدة [ʔar'sida] Bestand *m*; Saldo *m*; Bankkonto *n*.

رصيص [rɒ'si:s] zusammengepreßt, kompakt.

رصيف [rɒ'si:f] 1. *pl.* أرصفة [ʔar'sifa] (*Straßen-*)Pflaster *n*, Gehsteig *m*, Bahnsteig *m*; Kai *m*; 2. *pl.* رصفاء [rusɒ'fa:ʔ] Kollege *m*; 3. fest, solid.

رصين [rɒ'si:n] fest, unerschütterlich, gelassen.

رض [rɒđđɒ (ja'ruđđu)] quetschen, zermalmen.

\+ [rɒđđ], *pl.* رضوض [ru'đu:đ] Quetschung *f*.

رضاء [ri'đɒ:ʔ] Zufriedenheit *f*; Einwilligung *f*, Zustimmung *f*.

رضاع [ri'đɒ:ʕ] *u.* ة~ Säugen *n e-s Kindes*; Milchverwandtschaft *f*.

رضع [rɒđiʕ (jarđɒʕ)] *Kind*: saugen; II [rɒđđɒʕ] *u.* IV [ʔarđɒʕ] *Kind* säugen.

رضوان [riđ'wa:n] Einwilligung *f*; Wohlgefallen *n*; *a. npr.*

رضى [rɒđija (jarđɒ:)] zufrieden sein (mit ب); Wohlgefallen finden (an عن); einverstanden sein, gutheißen; II [rɒđđɒ:] zufriedenstellen; III [rɒ:đɒ:] zu befriedigen suchen, begütigen, versöhnen; IV [ˀarđɒ:] befriedigen, zufriedenstellen; VI [ta'rɒ:đɒ:] zu gegenseitigem Einverständnis kommen; sich versöhnen; VIII [ir'tađɒ:] zufrieden sein, zustimmen, billigen; X [is'tarđɒ:] zu versöhnen suchen, besänftigen.

+ [riđɒn] Zufriedenheit *f*; Einverständnis *n*; Wohlgefallen *n*.

+ [rɒ'đi:j], *pl.* أرضياء [ˀarđi'ja:ˀ] zufrieden; angenehm, beliebt.

رضيع [rɒ'đi:ˁ], *pl.* رضائع [rɒ'đɒ:ˀiˁ] Säugling *m*; Milchbruder *m*.

رطانة [rɒ'tɒ:na] Kauderwelsch *n*.

رطب [rɒtib (jartɒb)] feucht sein; II [rɒttɒb] befeuchten; kühlen, erfrischen; IV [ˀartɒb] befeuchten; saftig werden.

+ [rɒtb] feucht; frisch; saftig; zart.

+ [rutɒb] *coll.*, ة~ frische Dattel *f*.

رطل [rɒtl], *pl.* أرطال [ˀar'tɒ:l] Pfund *n* (*Gewicht*).

رطم [rɒtɒm (jartum)] hineinziehen (*in etw. Unangenehmes*); VIII [ir'tatɒm] hineinstürzen; verwickelt sein (in *A* في); festsitzen; *Schiff*: stranden.

رطوبة [ru'tu:ba] Feuchtigkeit *f*.

رعاع [ra'ˁa:ˁ] Pöbel *m*, Gesindel *n*.

رعاف [ru'ˁa:f] Nasenbluten *n*.

رعاة *s.* راع.

رعايا *s.* رعية.

رعاية [ri'ˁa:ja] Behütung *f*, Betreuung *f*; Obhut *f*, Fürsorge *f*; Schirmherrschaft *f*, Patronat *n*.

رعب [raˁab (jarˁub)] erschrocken sein; II [raˁˁab] *u.* IV [ˀarˁab] erschrecken (*j-n* ه); VIII [ir'taˁab] erschrecken, sich fürchten.

+ [ruˁb] Schrecken *m*, Angst *f*.

رعد [raˁad (jarˁad)] donnern; IV [ˀarˁad] beben machen; VIII [ir'taˁad] erbeben, erzittern.

+ [raˁd], *pl.* رعود [ru'ˁu:d] Donner *m*; ة~ Zittern *n*, Erschauern *n*.

رعرع II [ta'raˁraˁ] aufblühen, gedeihen.

رعش [raʕaʃ (jarʕaʃ)] zittern, beben; IV [ʔarʕaʃ] erschauern lassen; VIII [irˈtaʕaʃ] = I.

رعف [raʕaf (jarʕaf)] Nasenbluten haben.

رعلة [ruʕla] Kranz *m*, Girlande *f*.

رعن [raʕn] Sonnenstich *m*.

رعونة [ruˈʕu:na] Leichtsinn *m*, Gedankenlosigkeit *f*.

رعوية [raʕaˈwi:ja] Staatsangehörigkeit *f*.

رعى [raʕa: (jarʕa:)] *Vieh*: weiden; *Tiere* hüten, weiden; sorgen (für ه); wahren, beachten; *Regeln* einhalten; III [ra:ʕa:] beaufsichtigen; beobachten, befolgen, berücksichtigen, respektieren; VIII [irˈtaʕa:] *Vieh*: weiden, grasen.

+ [raʕj] Viehweiden *n*; Beobachtung *f*, Einhaltung *f von Regeln*.

رعية [raˈʕi:ja], *pl.* رعايا [raˈʕa:ja:] Herde *f*; Untertanen *m/pl.*; Pfarrgemeinde *f*.

رغامى [ruˈγa:ma:] Luftröhre *f*, Trachea *f*.

رغب [raγib (jarγab)] wünschen, begehren (*etw.* فى); mögen; *mit* عن: verabscheuen; II [raγγab] *u.* IV [ʔarγab] begierig machen, Verlangen erwecken.

رغبة [raγba], *pl.* [raγaˈba:t] Wunsch *m*, Begehren *n*, Verlangen *n*.

رغد [raγad] Komfort *m*, Wohlstand *m*.

رغم IV [ʔarγam] zwingen, nötigen.

+ [raγm] Zwang *m*; Abneigung *f*; [raγma] *Präp. u.* بالرغم من [biˈrraγmi min] trotz.

رغا (رغو) [raγa: (jarγu:)] *u.* II [raγγa:] *u.* IV [ʔarγa:] schäumen.

رغوة [raγwa] Schaum *m*.

رغيب [raˈγi:b] begehrt; ة~, *pl.* رغائب [raˈγa:ʔib] Gewünschte(s) *n*, Desiderat *n*.

رغيف [raˈγi:f], *pl.* أرغفة [ʔarˈγifa] Brotlaib *m*, Fladen *m*.

رف [raffa (jaˈriffu)] schimmern, blinken; zucken; flattern, schweben, wehen.

+ [raff], *pl.* رفوف [ruˈfu:f] Wandbrett *n*, Fensterbrett *n*, Gepäcknetz *n*.

رفأ [rafaʔa (jarfaʔu)] ausbessern, flicken, stopfen.

رفاء [raˈffa:ʔ] Stopfer *m*, Kunststopfer *m*.

+ [riˈfa:ʔ] Eintracht *f*.

رفات [ruˈfa:t] sterbliche Reste *m/pl.*

رفادة [riˈfa:da] Verband *m*, Bandage *f*.

رفاس [ra'ffa:s] Propeller *m*, Schiffsschraube *f*.

رفاق *s.* رفيق.

رفاهة [ra'fa:ha] *u.* رفاهية [ra'fa:hija] Luxus *m*, Komfort *m*, bequemes Leben *n*.

رفت [rafat (jarfut)] 1. zertrümmern, zerkleinern; 2. abweisen; *aus dem Dienst* entlassen.

رفتية [raf'ti:ja] Zollbescheinigung *f*.

رفد [rafad (jarfid)] *u.* IV [ʔarfad] unterstützen; beschenken.

+ [rifd], *pl.* أرفاد [ʔar'fa:d] Geschenk *n*, Unterstützung *f*.

رفرف [rafraf], *pl.* رفارف [ra'fa:rif] Schirm *m e-r Mütze*; *Auto*: Kotflügel *m*.

رفس [rafas (jarfis)] treten; *Pferd*: ausschlagen.

رفسة [rafsa] Fußtritt *m*; Rückstoß *m e-s Gewehres*.

رفض [rɒfɒđ (jarfiđ, jarfuđ)] ablehnen, abweisen, verwerfen; IX [ir'fɒđđɒ] sich zerstreuen, auseinandergehen.

+ [rɒfđ] Ablehnung *f*, Verwerfung *f*.

رفع [rafaʕ (jarfaʕ)] heben, erheben, erhöhen; aufheben (*Gegenstand, Sitzung u. Verbot*); *Jur. Prozeß* anstrengen; *Angelegenheit* vorbringen; II [raffaʕ] erhöhen; III [ra:faʕ] *Jur.* plädieren (für عن); V [ta'raffaʕ] sich erhaben dünken (über عن); VIII [ir'tafaʕ] sich heben, steigen, ansteigen; zunehmen, sich vermehren.

+ [rafʕ] Hebung *f*, Erhöhung *f*, Aufrichtung *f*; Aufhebung *f*; Einreichung *f*, Unterbreitung *f*; *Gr.* Nominativ *m*; *Sport*: الاثقال ~ Stemmen *n*.

رفعة [rifʕa] Höhe *f*; Exzellenz *f* (*früherer Titel des ägyptischen Ministerpräsidenten*).

رفق [rafaq (jarfuq)] freundlich, gefällig sein; III [ra:faq] begleiten, Gesellschaft leisten; IV [ʔarfaq] beigeben, hinzufügen (*etw.* ب *e-r Sache* ه); V [ta'raffaq] gütig, freundlich behandeln (*j-n* ب); VI [ta'ra:faq] einander begleiten; VIII [ir'tafaq] sich bedienen (*e-r Sache* ب), Nutzen ziehen (aus ب).

+ [rifq] Güte *f*, Freundlichkeit *f*; ة~ Gesellschaft *f*, Begleitung *f*.

رفه [rafuh (jarfuh)] *Leben*: angenehm, luxuriös sein; II [raffah] angenehm machen; erleichtern.

+ [rifh] Wohlstand *m*, Lebensgenuß *m*.

(رفو) رفا [rafa: (jarfu:)] flicken, stopfen.

رفيض [raˈfi:đ] verlassen; verworfen.

رفيع [raˈfi:ʕ] 1. hoch, hochgestellt, erhaben; laut (*Stimme*); 2. fein, zart; erlesen.

رفيق [raˈfi:q], *pl.* رفقاء [rufaˈqa:ʔ] *u.* رفاق [riˈfa:q] Gefährte *m*, Kamerad *m*, Kollege *m*, Genosse *m*; ة~ Gefährtin *f*.

رق [raqqa (jaˈriqqu)] dünn, fein sein; zart, weich, mitfühlend sein; II [raqqaq] dünn, zart machen; V [taˈraqqaq] weich werden; sich erbarmen.

+ [raqq], *pl.* رقوق [ruˈqu:q] 1. Schildkröte *f*; 2. *a.* [riqq] Pergament *n*; Film *m*.

+ [riqq] Sklaverei *f*.

رقابة [raˈqa:ba] Aufsicht *f*, Überwachung *f*, Kontrolle *f*, Zensur *f*.

رقاد [ruˈqa:d] Liegen *n*, Schlaf *m*.

رقاص [raˈqqɒ:s] Tänzer *m*; Pendel *n*.

رقاعة [raˈqa:ʕa] Dummheit *f*, Torheit *f*.

رقاق [ruˈqa:q] dünnes Brot *n*; Waffeln *f/pl*.

رقب [raqab (jarqub)] warten; beobachten, überwachen; III [ra:qab] beobachten, überwachen, kontrollieren, zensieren; V [taˈraqqab] *u.* VIII [irˈtaqab] erwarten, abwarten.

رقبة [raqaba] Hals *m*.

+ [riqba] Aufmerksamkeit *f*; Kontrolle *f*.

رقد [raqad (jarqud)] liegen, ruhen, schlafen; sich niederlegen; II [raqqad] *u.* IV [ʔarqad] schlafen legen.

رقدة [raqda] Liegen *n*; Lage *f*; Schlaf *m*.

رقرق [raqraq (juˈraqriq)] vermischen, *Wein* verdünnen.

رقص [raqɒs (jarqus)] tanzen; II [raqqɒs] *u.* IV [ʔarqɒs] tanzen lassen, erbeben machen.

+ [rɒqs] Tanz *m*, Tanzen *n*; ة~ (*ein einzelner*) Tanz *m*.

رقع [raqaʕ (jarqaʕ)] flicken, ausbessern.

رقعة [riqʕa] *Name der flüchtigen Form der arabischen Schreibschrift*.

+ [ruqʕa], *pl.* رقع [ruqaʕ] *u.* رقاع [riˈqa:ʕ] Flicklappen *m*, Stück *n* Tuch; Zettel *m*; Flecken *m* Erde.

رقم [raqam (jarqum)] *u.* II [raqqam] bezeichnen; punktieren, numerieren.

+ [raqm], *pl.* أرقام [ʔarˈqa:m] Ziffer *f*, Nummer *f*; قياسى ~ [qiˈja:si:] *Sport*: Rekord *m*.

رقة [riqqa] Dünnheit *f*, Feinheit *f*; Sanftheit *f*.

رقوب [ru'qu:b] Erwartung *f*.

رقود [ru'qu:d] Liegen *n*, Schlaf *m*.

رقى [raqija (jarqa:)] emporsteigen, aufsteigen, aufrücken; II [raqqa:] erhöhen, heben; fördern; befördern (*in der Dienststellung*); V [ta'raqqa:] emporsteigen; vorrücken, befördert werden; VIII [ir'taqa:] hinaufsteigen, besteigen; sich erhöhen; aufrücken.

+ [raqj *u.* ru'qi:j] Aufstieg *m*, Fortschritt *m*.

رقيب [ra'qi:b], *pl.* رقباء [ruqa'ba:ˀ] Beobachter *m*, Aufseher *m*; Zensor *m*.

رقيع [ra'qi:ʕ] 1. dumm, töricht; 2. Firmament *n*.

رقيق [ra'qi:q] 1. *pl.* رقاق [ri'qa:q] dünn, fein; zart, weich; 2. *pl.* أرقاء [ˀari'qqa:ˀ] Sklave *m*.

رقيم [ra'qi:m] Inschrift *f*; Brief *m*; datiert.

رقية [ruqja], *pl.* رقى [ruqan] Amulett *n*; Zauber *m*.

رك [rakka (ja'rikku)] schwach, dünn, unrichtig sein.

ركاب [ri'ka:b] 1. Zug *m*, Gefolge *n*, Prozession *f*; 2. *pl.* ركب [rukub] Steigbügel *m*; *s.a.* راكب.

ركاز [ri'ka:z] edle Erze *n/pl.*

ركاض [ra'kka:đ] Läufer *m*.

ركاك [ru'ka:k] schwach; ة+ [ra'ka:ka] Schwäche *f*; Dürftigkeit *f* (*bes. des Stils*).

ركام [ru'ka:m] Anhäufung *f*, Klumpen *m*.

ركانة [ra'ka:na] Festigkeit *f*, Solidität *f*.

ركائب *s.* ركوبة.

ركب [rakib (jarkab)] reiten, fahren; *Reittier*, *Fahrzeug* besteigen; *Sünde* begehen; *Gefahr* laufen; II [rakkab] reiten lassen, aufsitzen lassen; einfügen, einsetzen, einbauen, montieren, installieren; zusammensetzen; IV [ˀarkab] aufsitzen lassen; V [ta'rakkab] sich zusammensetzen, bestehen (aus من); VIII [ir'takab] *Sünde* begehen, verüben.

+ [rakb] Reiterzug *m*, Berittene *m/pl.*

ركبان *s.* راكب.

ركبة [rukba], *pl.* ركب [rukab] Knie *n*.

ركد [rakad (jarkud)] bewegungslos sein; stagnieren, stocken.

ركز [rakaz (jarkuz)] in den Boden stecken; befestigen; II [rakkaz] aufpflanzen, befestigen; heimisch machen; konzentrieren; V [ta'rakkaz] sich konzentrieren; VIII [ir'takaz] eingepflanzt sein; sich stützen (auf على), beruhen (auf على), sich konzentrieren (auf في).

+ [rakz] Festigkeit *f*, Ruhe *f*.

+ [rikz] Geräusch *n*, Ton *m*.

ركزة [rakza] Pause *f*.

ركض [rakađ (jarkuđ)] laufen, rennen; galoppieren.

ركعة [rakˁa] *Isl.* Rumpfbeugung *f im Gebet*; Teil *m des Gebets*.

ركلة [rakla] Fußtritt *m*.

ركم [rakam (jarkum)] aufhäufen; VI [ta'ra:kam] sich anhäufen, sich aufeinandertürmen.

+ [rakam] Haufen *m*.

ركن [rakan (jarkun)] sich stützen; vertrauen, sich verlassen (auf الى); ruhig werden; IV [ʔarkan] sich verlassen, vertrauen (auf الى); VIII [ir'takan] sich anlehnen, sich stützen.

+ [rukn], *pl.* أركان [ʔar'ka:n] Stütze *f*, Pfeiler *m*; Basis *f*, Grundlage *f*; Ecke *f*; *Mil.* Stab *m*; أركان الحرب *Mil.* Generalstab *m*.

ركة [rikka] Schwäche *f*.

ركوب [ru'ku:b] Reiten *n*, Fahren *n*.

+ [ra'ku:b] *u.* ة~, *pl.* ركائب [ra'ka:ʔib] Reittier *n*.

ركود [ru'ku:d] Stockung *f*, Stagnation *f*.

ركون [ru'ku:n] Vertrauen *n* (auf *etw.* الى).

ركيزة [ra'ki:za], *pl.* ركائز [ra'ka:ʔiz] 1. Stütze *f*, Pfosten *m*; 2. (*Erz-*)Ader *f*.

ركيك [ra'ki:k] schwach, kraftlos; dürftig; schlecht (*Stil*), gebrochen (*Sprache*).

رم [ramma (ja'rummu)] reparieren, ausbessern; – [ramma (ja'rimmu)] verwesen, verfaulen; II [rammam] reparieren.

+ [ramm] Reparatur *f*.

رماد [ra'ma:d] Asche *f*; ى~ aschfarben, grau.

رمان [ru'mma:n] *coll.*, ة~ Granatapfel *m*; ة~ Knauf *m*, Knopf *m*; Laufgewicht *n*; *Mil.* Eierhandgranate *f*.

رماة *s.* رام.

رماية [ri'ma:ja] Schießen *n*.

رمح [ramaħ (jarmaħ)] 1. durchbohren; 2. galoppieren.

+ [rumħ], *pl.* رماح [ri'ma:ħ] Speer *m*, Lanze *f*.

رمد [ramid (jarmad)] *Auge*: entzündet sein; II [rammad] einäschern; V [ta'rammad] zu Asche werden.

+ [ramad] Augenentzündung *f*, Ophthalmie *f*.

رمز [ramaz (jarmuz)] Zeichen, Wink geben; hinweisen (auf الى); symbolisieren.

+ [ramz], *pl.* رموز [ruˈmu:z] Zeichen *n*, Wink *m*; Symbol *n*; Chiffre *f*; ~ى symbolisch; ~ية Symbolismus *m*.

رمس [rams], *pl.* رموس [ruˈmu:s] Grab *n*.

رمش [ramaʃ] Entzündung *f der Augenlider*.

+ [rimʃ], *pl.* رموش [ruˈmu:ʃ] Wimper *f*.

رمشة [ramʃa] Blinzeln *n*.

رمضان [ramaˈđɒ:n] Ramadan *m* (*9. islamischer Mondmonat, Fastenmonat*).

رمق [ramaq (jarmuq)] *u.* II [rammaq] anblicken, anstarren.

+ [ramaq], *pl.* أرماق [ʔarˈma:q] Lebensfunke *m*.

رمل [raml], *pl.* رمال [riˈma:l] Sand *m*; ~ى sandig.

رمة [rimma], *pl.* رمام [riˈma:m] Leiche *f*, Kadaver *m*.

+ [rumma] Gesamtheit *f*; برمته [biˈrummatihi] ganz, insgesamt.

رمى [rama: (jarmi:)] werfen, schleudern; schießen; treffen (*j-n* ه mit *etw.* ب); hinzielen, abzielen (auf الى), bezwecken (*etw.* الى); VI [taˈra:ma:] einander bewerfen; weit auseinander liegen; *Nachricht*: gelangen (zu الى); VIII [irˈtama:] sich werfen, sich stürzen.

+ [ramj] Werfen *n*, Schießen *n*.

رميم [raˈmi:m] morsch, zerfallen.

رمية [ramja] Wurf *m*, Schuß *m*.

رن [ranna (jaˈrinnu)] hallen, klingen; läuten.

رنان [raˈnna:n] schallend, klangvoll.

رنح II [rannaħ] schwindlig machen; V [taˈrannaħ] taumeln, schwanken.

رنق II [rannaq] *Wasser* trüben; *Blick* heften; verweilen.

+ [ranq] trüb.

رنم II [rannam] *u.* V [taˈrannam] singen, trällern.

رنة [ranna] *u.* رنين [raˈni:n] Klang *m*, Hall *m*, Ton *m*.

رهان [riˈha:n] Wette *f*.

رهب [rahib (jarhab)] fürchten (*j-n* ه); II [rahhab] erschrecken, einschüchtern; IV [ʔarhab] terrorisieren; V [taˈrahhab] Mönch werden.

رهبان *s.* راهب.

رهبنة [rahˈbana] Mönchstum *n*.

رهبة [rahba] *u.* رهبى [rahba:] Furcht *f*, Schrecken *m*.

رهط [raht], *pl.* أرهاط [ʔarˈhɒ:t] Schar *f*, Trupp *m*, Gruppe *f*.

رهف [rahuf (jarhuf)] dünn, scharf sein; – [rahaf (jarhaf)] *u.* IV [ʔarhaf] schärfen (*bes. Sinne*); *Ohren* spitzen.

رهق III [ra:haq] *Alter* erreichen, volljährig werden; IV [ʔarhaq] anstrengen, belasten, bedrücken.

رهل [rahil] schlaff, locker, weich.

رهن [rahan (jarhan)] verpfänden; III [ra:han] wetten (mit *j-m* ه über على); IV [ʔarhan] verpfänden; VI [taˈra:han] miteinander wetten, *e-e* Wette abschließen; VIII [irˈtahan] als Pfand erhalten; sich verpflichten (zu ب).

\+ [rahn], *pl.* رهون [ruˈhu:n] Pfand *n*, Unterpfand *n*; Hypothek *f*; Geisel *f*; [rahna] *Präp.* unterliegend, abhängig; ~ية [rahˈni:ja] Pfandbrief *m*.

رهو [rahw] still, ruhig; Stille *f*.

رهيب [raˈhi:b] furchtbar, schrecklich; feierlich.

رهيف [raˈhi:f] dünn, scharf, geschärft.

رهين [raˈhi:n] verpfändet, abhängig; verantwortlich (für ب);

~ة, *pl.* رهائن [raˈha:ʔin] Pfand *n*, Geisel *f*.

رواء [raˈwa:ʔ] süß (*Wasser*).

\+ [ruˈwa:ʔ] schönes Äußere(s) *n*.

رواج [raˈwa:dʒ] Verkäuflichkeit *f*, Absatz *m von Waren*, Umsatz *m*.

رواح [raˈwa:ħ] Weggang *m*, Rückkehr *f*.

رواغ [raˈwa:ɣ] Kniff *m*, Trick *m*.

رواق [riˈwa:q], *pl.* أروقة [ʔarˈwiqa] Säulenhalle *f*, Säulengang *m*; ~ى stoisch.

رواة *s.* راو (*Philosophie*).

رواية [riˈwa:ja], *pl.* [-a:t] Bericht *m*, Erzählung *f*; Roman *m*, Drama *n*.

روائى [riˈwa:ʔi:] Romanschriftsteller *m*.

راب (روب) [ra:b (jaˈru:b)] *Milch*: gerinnen; II [rawwab] gerinnen lassen.

روب [ro:b] Morgenrock *m* (*Frz. robe*).

راج (روج) [ra:dʒ (jaˈru:dʒ)] kursieren, in Umlauf sein; Absatz haben; *Markt*: florieren; II [rawwadʒ] in Umlauf setzen, absetzen, vertreiben; fördern, propagieren.

راح (روح) [ra:ħ (jaˈru:ħ)] gehen, weggehen; sich anschicken zu; II [rawwaħ] ruhen lassen, erfrischen, beleben; III [ra:waħ] wechseln, abwechselnd tun, schwanken (zwischen بين); IV 1. [ʔaˈra:ħ (juˈri:ħ)] ruhen lassen, beruhigen, erleichtern; 2. [ʔarwaħ] stinken; VI [taˈra:waħ] schwanken, wechseln, variieren; VIII [irˈta:ħ] sich ausruhen; zufrieden, einverstanden sein (mit إلى); X [istaˈra:ħ] sich ausruhen, Ruhe finden, sich beruhigen.

روح [ru:ħ], *pl.* أرواح [ʔarˈwa:ħ] Geist *m*, Seele *f*; Sinn *m*, Wesen *n*.

روحانى [ru:ˈħa:ni:] geistig; geistlich; ~ة Geistigkeit *f*.

روحى [ru:ħi:] geistig, Geistes-; ~ة Geistesart *f*.

(رود) راد [ra:d (jaˈru:d)] umhergehen; suchen; III [ra:wad] verlocken, zu verführen suchen; IV [ʔaˈra:d (juˈri:d)] wollen; wünschen, beabsichtigen; VIII [irˈta:d] aufsuchen; erforschen.

رود [raud] Erforschung *f*.

روزنامة [ru:zˈna:ma] Jahrbuch *n*, Almanach *m*.

روس: الـ~ [aˈrru:s] die Russen *m/pl.*; ~ى Russe *m*; russisch.

رؤساء *s.* رئيس.

(روض) راض [rɒ:đ (jaˈru:đ)] *u.* II [rɒwwɒđ] bändigen; abrichten; trainieren; III [rɒ:wɒđ] schmeicheln; VIII [irˈta:đ] sich üben; spazierengehen.

روضة [rauđɒ], *pl.* روض [rauđ] *u.* رياض [riˈjɒ:d] Garten *m*; Wiese *f*; ~ الاطفال Kindergarten *m*.

(روع) راع [ra:ʕ (jaˈru:ʕ)] erschrecken, überraschen; begeistern; II [rawwaʕ] *u.* IV [ʔaˈra:ʕ] erschrecken, ängstigen; VIII [irˈta:ʕ] erschrecken (vor *etw.* من).

روع [rauʕ] Schreck *m*, Furcht *f*.

+ [rawaʕ] (*überraschende*) Schönheit *f*.

+ [ru:ʕ] Gemüt *n*, Seele *f*.

(روغ) راغ [ra:γ (jaˈru:γ)] abweichen, sich abwenden; III [ra:waγ] List anwenden; hintergehen.

رؤف [raʔuf (jarʔuf)] = رأف.

(روق) راق [ra:q (jaˈru:q)] rein, klar sein; gefallen (*j-m* ل); II [rawwaq] klären, reinigen; IV [ʔaˈra:q] ausgießen, vergießen; V [taˈrawwaq] frühstücken.

(روم) رام [ra:m (jaˈru:m)] wünschen, begehren, verlangen; على ما يرام [ʕala: ma: juˈra:m] in bester Ordnung.

روم [raum] Wunsch *m*, Begehren *n*.

+ ~الـ [aˈrru:m] Ostrom *n*, die Byzantiner *m/pl.*

روما [ro:ma] Rom *n*.

رومان: ~الـ [arru:ˈma:n] die Römer *m/pl.*; ~ى römisch, romanisch.

رومى [ru:mi:] oströmisch, byzantinisch; ~ة Rom *n*.

رونق [raunaq] Glanz *m*, Schönheit *f*.

رؤوس *s.* رأس.

رؤوف [raˈʔu:f] gütig, barmherzig.

روى [rawa: (jarwi:)] 1. erzählen, berichten, tradieren; 2. tränken, bewässern; – [rawija (jarwa:)] bewässert werden; IV [ʔarwa:] tränken; bewässern, begießen; VIII [irˈtawa:] getränkt, bewässert werden; *fig. Wissen* schöpfen.

رؤيا [ruʔˈja:], *pl.* رؤى [ruʔan] Vision *f*, Traumgesicht *n*.

رويدا [ruˈwaidan] *Adv.* sanft, gemächlich; ~ ~ nach und nach, allmählich.

روية [raˈwi:ja] Erwägung *f*, Überlegung *f*, Vorbedacht *m*.

رؤية [ruʔja] Sehen *n*, Schauen *n*; Ansicht *f*, Einblick *m*.

رى [rajj] Bewässerung *f*; Irrigation *f*.

رئاء [riˈʔa:ʔ] *u.* رياء [riˈja:ʔ] Heuchelei *f*, Verstellung *f*.

رئات *s.* رئة.

رياح [raˈjja:ħ] Hauptbewässerungskanal *m*; *s. a.* ريح.

ريادة [riˈja:da] Erforschung *f*.

رئاسة [riˈʔa:sa] *u.* رياسة [riˈja:sa] Führung *f*, Leitung *f*; Vorsitz *m*; Präsidentschaft *f*, Führerschaft *f*.

رياش [riˈja:ʃ] Einrichtung *f*, Ausstattung *f*.

رياض: ~الـ [arriˈjɒ:đ] Riad (*Hauptstadt Saudi-Arabiens*); *s.* روضة.

رياضة [riˈjɒ:đɒ] Übung *f*; Sport *m*, Gymnastik *f*, Turnen *n*; Mathematik *f*.

رياضى [riˈjɒ:đɨ:] sportlich, Sport-; ~ات [rijɒ:đɨˈja:t] Mathematik *f*.

ريال [riˈja:l] Rial *m* (*saudiarabische Währungseinheit*); Dollar *m*; *Äg.* 20 Piaster.

ريان [raˈjja:n], *f* ريا [raˈjja:] vollgetrunken, wohlbewässert; saftig.

راب (ريب) [ra:b (jaˈri:b)] *u.* IV [ʔaˈra:b] beunruhigen, Verdacht erregen (bei *j-m* ه); V [taˈrajjab] *u.* VIII [irˈta:b] zweifeln (an فى), Verdacht hegen; verdächtigen (*j-n* فى).

ريب [raib] Ungewißheit *f*, Zweifel *m*; ~ بلا ohne Zweifel, zweifellos.

ريبة [riːba], *pl.* ريب [rijab] Zweifel *m*, Verdacht *m*.

(ريث) راث [raːθ (jaˈriːθ)] *u.* V [taˈrajjaθ] zögern, zaudern.

ريثما [raiθamaː] so lange als; während.

ريح II [rajjaħ] ruhen lassen, beruhigen; *s.* روح II.

+ [rajjiħ] windig.

+ [riːħ], *pl.* رياح [riˈjaːħ] Wind *m*; Hauch *m*; Duft *m*.

ريحة [riːħa] Duft *m*, Geruch *m*.

ريس [rajjis] Bootsmann *m*, Maat *m*; *s.* رئيس.

ريش [riːʃ] *coll.* Gefieder *n*; ~ة, *pl.* [-aːt] Feder *f*; Schreibfeder *f*; Pinsel *m des Malers*; Lanzette *f*.

(ريع) راع [raːʕ (jaˈriːʕ)] sich mehren, zunehmen; II [rajjaʕ] vermehren; *Geld* anlegen.

ريع [raiʕ] Ertrag *m*, Gewinn *m*; Zinsen *pl*.

ريعان [raiˈʕaːn] bester Teil *m*; Blüte *f der Jugend*.

ريف [riːf], *pl.* أرياف [ʔarˈjaːf] Land *n* (*Gegens. Stadt*); Dorf *n*; Ufer *n*, Strand *m*; ~ى ländlich.

(ريق) راق [raːq (jaˈriːq)] leuchten, glänzen; ausfließen; IV [ʔaˈraːq] vergießen; V [taˈrajjaq] frühstücken (*s.* روق V).

ريق [riːq] Speichel *m*; على الريق auf nüchternen Magen.

(ريم) رام [raːm (jaˈriːm)] weggehen; *Ort* verlassen; II [rajjam] 1. bleiben, verweilen; 2. schwindeln.

(رين) ران [raːn (jaˈriːn)] überwältigen (*etw.* على), sich bemächtigen (*e-r Sache* على).

رئة [riʔa], *Dual* رئتان [riʔaˈtaːn], *pl.* رئات [riˈʔaːt] *u.* رئون [riˈʔuːn] Lunge *f*; ذات الـ~ Lungenentzündung *f*.

رئوى [riʔawiː] Lungen-.

رئيس [raˈʔiːs], *pl.* رؤساء [ruʔaˈsaːʔ] Oberhaupt *n*; Führer *m*; Leiter *m*, Vorstand *m*, Chef *m*; Vorsitzende(r) *m*, Präsident *m*; *Ir. Mil.* Hauptmann *m*; Anführer *m*, Häuptling *m*; ~ التحرير Chefredakteur *m*; ~ الوزراء Ministerpräsident *m*, Premierminister *m*.

رئيسة [raˈʔiːsa] Leiterin *f*, Direktorin *f*.

رئيسى [raˈʔiːsiː] Haupt-, hauptsächlich.

ز

ز (زاء) [za:ʔ] *u.* زاى [za:j] *elfter Buchstabe*; *Zahlwert* 7.

زاج [za:dʒ] Vitriol *n.*

زاجرة [za:dʒira], *pl.* زواجر [za'wa:dʒir] Beschränkung *f*, Hindernis *n.*

زاح *s.* زيح.

زاحف [za:ħif], *pl.* زواحف [za'wa:ħif] kriechend; Kriechtier *n.*

زاد [za:d], *pl.* أزواد [ʔaz'wa:d] Proviant *m*, Wegzehrung *f*; *s.a.* زود *u.* زيد.

زار [za:r] *Äg.* Geisterbeschwörung *f*; *s.a.* زور.

زأر [zaʔar (jazʔar)] brüllen; dröhnen.

زارع [za:riʕ], *pl.* زراع [zu'rra:ʕ] Ackerbauer *m*, Pflanzer *m.*

زاغ [za:ɣ], *pl.* زيغان [zi:'ɣa:n] Krähe *f*; *s.a.* زوغ, زيغ.

زال *s.* زول.

زان [za:n] Buche *f*; *s.a.* زين.

\+ [za:nin], *constr.* زانى [za:ni:], *pl.* زناة [zu'na:t] Ehebrecher *m.*

زانة [za:na] Stange *f*, Stab *m*; *Sport*: Stabhochsprung *m.*

زانية [za:nija], *pl.* زوان [za'wa:nin] Ehebrecherin *f*, Hure *f.*

زاه [za:hin], *constr.* زاهى [za:hi:] glänzend, strahlend; prächtig.

زاهد [za:hid], *pl.* زهاد [zu'hha:d] entsagend; Asket *m.*

زاهر [za:hir] leuchtend, strahlend.

زاؤوق [za:'ʔu:q] Quecksilber *n.*

زاوية [za:wija], *pl.* زوايا [za'wa:ja:] Winkel *m* (*a. Math.*), Ecke *f*; kleines Bethaus *n*; قائمة ~ rechter Winkel; حادة ~ spitzer Winkel; منفرجة ~ stumpfer Winkel.

زائد [za:ʔid] sich mehrend; übermäßig; zusätzlich, überzählig, überflüssig; hinausgehend (über عن).

زائر [za:ʔir], *pl.* زوار [zu'wwa:r] *u.* [-u:n] Besucher *m.*

زائغ [za:ʔiɣ] abweichend, schief.

زائل [za:ʔil] vorübergehend, vergänglich.

زبادى: لبن ~ [laban zu'ba:di:] saure Milch *f*.

زبال [za'bba:l] Straßenkehrer *m*, Mistbauer *m*.

زبالة [zu'ba:la] Kehricht *m*.

زبان [za'ba:n] Stachel *m e-s Insekts*.

زبائن *s.* زبون.

زبد [zabad (jazbud)] schütteln; buttern; II [zabbad] *u.* IV [ʔazbad] schäumen.

+ [zabad], *pl.* أزباد [ʔaz'ba:d] Schaum *m*; Schlacke *f*.

زبدة [zubda] Rahm *m*, Butter *f*; Auslese *f*; Extrakt *m*; Quintessenz *f*.

زبل [zibl] Mist *m*, Dung *m*.

زبور [za'bu:r] Psalter *m*.

زبون [za'bu:n] 1. dumm; heftig (*Kampf*), grausam; 2. *pl.* زبائن [za'ba:ʔin] Kunde *m*, Käufer *m*.

+ [zu'bu:n] *Ir.* hemdartiges Gewand *n*.

زبيب [za'bi:b] *coll.* getrocknete Weinbeeren *f/pl.*; Rosinenschnaps *m*; ة~ Rosine *f*.

زج [zaddʒa (ja'zuddʒu)] werfen; stoßen, drängen; II [zaddʒadʒ] emaillieren.

+ [zuddʒ] Eisenspitze *f*.

زجاج [za'ddʒa:dʒ] Glaser *m*.

+ [zu'dʒa:dʒ] Glas *n*; ة~ Stück Glas *n*; Fläschchen *n*; Lampenglas *n*; ى~ gläsern, Glas-.

زجر [zadʒar (jazdʒur)] zurückhalten, abhalten; tadeln.

+ [zadʒr] Hinderung *f*; Tadel *m*; Drohung *f*; ى~ Zwangs-.

زجل [zadʒal (jazdʒul)] *Vogel* loslassen, fliegen lassen.

+ [zadʒal] Dichtung *f im Dialekt*.

زجا (زجو) [zadʒa: (jazdʒu:)] treiben, antreiben; II [zaddʒa:] *Zeit* verbringen.

زحار [zu'ha:r] 1. Stöhnen *n*; 2. *Med.* Durchfall *m*, Ruhr *f*.

زحافة [za'ħħa:fa] Kriechtier *n*; Planiergerät *n*.

زحام [zi'ħa:m] Gedränge *n*.

زحر [zaħar (jazħar)] stöhnen.

زحزح [zaħzaħ (ju'zaħziħ)] verschieben, entfernen.

زحف [zaħaf (jazħaf)] kriechen; *Heer*: vorrücken.

+ [zaħf] Vormarsch *m*; *pl.* زحوف [zu'ħu:f] Heereszug *m*.

زحل [zuħal] Saturn *m* (*Planet*).

زحلاوى [zaħ'la:wi:] Zahlawi (*libanesischer Anisschnaps*).

زحلق [zaħlaq (ju'zaħliq)] wälzen, gleiten lassen; II [ta'zaħlaq] gleiten, rutschen; Schlittschuh laufen.

زحم [zaħam (jazħam)] drücken,

drängen; III [za:ħam] bedrängen; konkurrieren (mit ه), rivalisieren; VI [taˈza:ħam] einander bedrängen; miteinander konkurrieren; VIII ازدحم [izˈdaħam] sich drängen; *Ort*: gedrängt voll sein (von ب).

زحمة [zaħma] Gedränge *n*; Beschwerlichkeit *f*, Ungelegenheit *f*.

زحير [zaˈħi:r] Stöhnen *n*.

زخر [zaxar (jazxar)] *u.* V [taˈzaxxar] anschwellen; übervoll sein; *Gefühl*: überströmen.

زخرف [zaxraf (juˈzaxrif)] schmücken, dekorieren.

زخرفة [zaxˈrafa], *pl.* زخارف [zaˈxa:rif] Ornament *n*, Dekoration *f*.

زخرفي [zuxrufi:] ornamental, Dekorations-.

زخم [zaxm] Heftigkeit *f*, Energie *f*.

زخمة [zaxama] Gestank *m*.

زخة [zaxxa], *pl.* [-a:t] Regenschauer *m*.

زر [zarra (jaˈzurru)] *u.* II [zarrar] zuknöpfen.

+ [zirr], *pl.* أزرار [ʔazˈra:r] Knopf *m*; Knospe *f*.

زراع [zaˈrra:ʕ] Ackerbauer *m*, Landwirt *m*.

زراعة [ziˈra:ʕa] Landwirtschaft *f*, Ackerbau *m*.

زراعي [ziˈra:ʕi:] landwirtschaftlich, Landwirtschafts-.

زرافة [zaˈra:fa] 1. Giraffe *f*; 2. Schar *f*, Gruppe *f*.

زراية [ziˈra:ja] Mißachtung *f*; Lästerung *f*.

زرد [zarad (jazrud)] würgen; – [zarid (jazrad)] verschlingen.

زرع [zaraʕ (jazraʕ)] säen, pflanzen, anbauen; *Boden* bebauen.

+ [zarʕ] Saatgut *n*; Saat *f*, Pflanzung *f*.

زرقة [zurqa] Bläue *f*, Blaufärbung *f*; *s.* أزرق.

زرنيخ [zirˈni:x] Arsenik *n*.

زرى [zara: (jazri:)] tadeln, mißbilligen; VIII ازدرى [izˈdara:] verachten, geringschätzen.

+ [zaˈri:j] verächtlich, miserabel.

زريبة [zaˈri:ba], *pl.* زرائب [zaˈra:ʔib] Pferch *m*, Stall *m*.

زريعة [zaˈri:ʕa] Saat *f*.

زعارة [zaˈʕa:ra] Bosheit *f*, Gemeinheit *f*.

زعامة [zaˈʕa:ma] Führung *f*, Führerschaft *f*.

زعج [zaʕadʒ (jazʕadʒ)] *u.* IV [ʔazʕadʒ] stören, belästigen; VII [inˈzaʕadʒ] belästigt werden; ärgerlich sein.

+ [zaʕadʒ] Unruhe *f*, Beunruhigung *f*.

زعزع [zaʕzaʕ (juˈzaʕziʕ)] erschüttern.

زعف [zaʕaf (jazʕaf)] sofort töten.

زعفران [zaʕfaˈraːn] Safran *m*.

زعق [zaʕaq (jazʕaq)] schreien.

زعل [zaʕil (jazʕal)] verdrossen, ärgerlich sein; II [zaʕʕal] *u*. IV [ʔazʕal] ärgern.

+ [zaʕal] Verdruß *m*, Ärger *m*.

زعلان [zaʕˈlaːn] ärgerlich, böse (über من).

زعم [zaʕam (jazʕum)] behaupten, erklären (daß أن); ~ لنفسه [liˈnafsihi] für sich in Anspruch nehmen; V [taˈzaʕʕam] sich zum Führer machen.

+ [zaʕm] Behauptung *f*, Meinung *f*.

زعنفة [ziʕˈnafa], *pl*. زعانف [zaˈʕaːnif] Fischflosse *f*.

زعيم [zaˈʕiːm], *pl*. زعماء [zuʕaˈmaːʔ] Führer *m*; *Ir. Mil*. Oberst *m*.

زغب [zaɣab] Flaum *m*.

زغل [zaɣal] Fälschung *f*; Falschgeld *n*.

زف [zaffa (jaˈzuffu)] *die Braut dem Bräutigam* zuführen.

زفاف [ziˈfaːf] Hochzeit *f*.

زفت [zift] Pech *n*; Asphalt *m*; *fig*. schlecht, unangenehm.

زفر [zafar] Fett *n*.

+ [zafir] fett, schmierig; unrein.

زفة [zaffa] Hochzeitszug *m*, Vermählungsfeier *f*.

زق [zaqqa (jaˈzuqqu)] *Junge* füttern (*Vogel*).

+ [ziqq], *pl*. زقاق [ziˈqaːq] (*Wasser*-)Schlauch *m*.

زقاء [zuˈqaːʔ] Krähen *n des Hahnes*.

زقاق [zuˈqaːq], *pl*. أزقة [ʔaˈziqqa] Gasse *f*.

زقلة [zuqla] Keule *f*, Knüppel *m*.

زقم [zaqam (jazqum)] verschlingen; II [zaqqam] *u*. IV [ʔazqam] schlucken lassen.

زقا (زقو) [zaqaː (jazquː)] krähen, schreien.

زكاء [zaˈkaːʔ] Reinheit *f*, Rechtschaffenheit *f*; *s*. زكو.

زكام [zuˈkaːm] *Med*. Katarrh *m*; Schnupfen *m*.

زكاة [zaˈkaːt] Reinheit *f*; *Isl*. Almosen *n*, Armensteuer *f*.

زكا (زكو) [zakaː (jazkuː)] wachsen, zunehmen; taugen; – زكى [zakija (jazkaː)] rein, gerecht sein; II [zakkaː] 1. vermehren; 2. reinigen, läutern; rechtfertigen; V [taˈzakkaː] geläutert werden.

زكي [zaˈkiːj], *pl*. أزكياء [ʔazkiˈjaːʔ] rein; schuldlos.

زكيبة [za'ki:ba], *pl.* زكائب [za'ka:ʔib] (*Korn-*)Sack *m.*

زل [zalla (ja'zillu)] ausgleiten; *e-n* Fehler begehen; IV [ʔa'zalla] ausgleiten, straucheln lassen; *s.a.* زيل.

زلاقة [za'la:qa] Glätte *f*, Schlüpfrigkeit *f*.

+ [za'lla:qa] Schlitten *m*.

زلال : البيض ~ [zu'la:lul'be:đ] Eiweiß *n*; زلالى [zu'la:li:] Eiweiß-; زلاليات [zula:li:'ja:t] Eiweißstoffe *m/pl*.

زلج [zalidʒ (jazladʒ)] *u.* V [ta'zalladʒ] *u.* VII [in'zaladʒ] gleiten; eislaufen.

+ [zaldʒ *u.* zalidʒ] glatt, schlüpfrig.

زلزل [zalzal (ju'zalzil)] erschüttern; II [ta'zalzal] *Erde*: beben.

زلزلة [zal'zala], *pl.* زلازل [za'la:zil] Erdbeben *n*.

زلط [zalaṭ] *coll.* Kies *m*, Schotter [*m*.

+ [zulṭ] Nacktheit *f*.

زلف [zalaf] Schmeichelei *f*, Kriecherei *f*.

زلق [zaliq (jazlaq)] gleiten, ausgleiten; V [ta'zallaq] *u.* VII [in'zalaq] gleiten, rutschen; eislaufen, Ski laufen.

+ [zaliq] glatt, schlüpfrig.

زلقة [zalqa] (*einmaliges*) Ausgleiten *n*, Fall *m*.

زلة [zalla] Ausgleiten *n*; Fehler *m*, Lapsus *m*.

زم [zamma (ja'zummu)] festbinden; II [zammam] zäumen; registrieren.

زمار [za'mma:r] Pfeifer *m*, Flötenspieler *m*; ة~ Doppelflöte *f*.

زمالة [za'ma:la] Kameradschaft *f*; Stipendium *n*.

زمام [zi'ma:m], *pl.* أزمة [ʔa'zimma] Zügel *m* (*a. fig.*), Halfter *n*; Register *n*.

زمان [za'ma:n], *pl.* أزمنة [ʔaz'mina] Zeit *f*; Epoche *f*, Zeitalter *n*; ى~ zeitlich; vergänglich; weltlich.

زمت V [ta'zammat] ernst, streng sein.

زمر [zamar (jazmur)] *u.* II [zammar] *Flöte* blasen.

زمرد [zu'murrud] Smaragd *m*.

زمرة [zumra], *pl.* زمر [zumar] Gruppe *f*; Clique *f*.

زمزم [zamzam] Brunnen in Mekka; ية~ Feldflasche *f*.

زمع II [zammaʕ] *u.* IV [ʔazmaʕ] entschlossen sein (zu على).

زمل III [za:mal] Gesellschaft leisten, begleiten.

زمن [zamin (jazman)] chronisch erkrankt sein; IV [ʔazman] lange dauern; chronisch sein.

+ [zaman], *pl.* أزمان [ʔaz-

'ma:n] Zeit *f*; Dauer *f*; ~ة Zeitspanne *f*; ~ى zeitlich; weltlich.

زمهرير [zamha'ri:r] Frost *m*, Eiseskälte *f*.

زميل [za'mi:l], *pl.* زملاء [zuma'la:ʔ] Kollege *m*, Gefährte *m*, Kamerad *m*; ~ة Kollegin *f*.

زناء [zi'na:ʔ] Ehebruch *m*.

زناد [zi'na:d] Feuerstahl *m*.

زناق [zi'na:q] Halsband *n*.

زنبرك [zam'barak] (*Metall-*) Feder *f*.

زنبق [zambaq] Lilie *f*.

زنبور [zum'bu:r], *pl.* زنابير [zana:'bi:r] Wespe *f*, Hornisse *f*.

زنبيل [zam'bi:l] Tragkorb *m aus Palmblättern*.

زنج [zandʒ] *coll.*, ~ى [zandʒi:], *pl.* زنوج [zu'nu:dʒ] Neger *m*.

زنجار [zin'dʒa:r] Grünspan *m*; Rost *m*.

زنجير [zin'dʒi:r] Kette *f*; حساب ال~ doppelte Buchhaltung *f*.

زند [zand], *pl.* زناد [zi'na:d] (*primitives*) Feuerzeug *n*.

زندقة [zandaqa] Ketzerei *f*, Freidenkerei *f*.

زنك [zink] Zink *n*.

زنكين [zan'gi:n] *Ir.* reich.

زنة [zina] Gewicht *n*; *s.* وزن.

زهاء [za'ha:ʔ] Leuchten *n*, Glanz *m*.

\+ [zu'ha:ʔ] Ausmaß *n*, Betrag *m*; [zu'ha:ʔa] ungefähr.

زهد [zahad (jazhad)] sich enthalten, asketisch leben.

\+ [zuhd] Weltentsagung *f*, Askese *f*.

زهر [zahar (jazhar)] strahlen, leuchten; IV [ʔazhar] glänzen; blühen; VIII ازدهر [iz'dahar] blühen; florieren.

\+ [zahr] *coll.* Blüte *f*, Blumen *f/pl.*

زهرة [zahra], *pl.* أزهار [ʔaz'ha:r] *u.* زهور [zu'hu:r] Blume *f*, Blüte *f* (*a. fig.*, *z. B. des Lebens*); Schönheit *f*.

\+ [zuhara]: ال~ Venus *f* (*Planet*).

زهرى [zuhari:] *Med.* venerisch (*Krankheit*).

زهق [zahaq (jazhaq)] zugrunde gehen, sterben.

زهم [zahim] stinkend, übelriechend.

زها (زهو) [zaha: (jazhu:)] blühen, gedeihen; leuchten, glänzen; stolz sein.

زهو [zahw *u.* zu'hu:w] Blüte *f*, Glanz *m*; Stolz *m*.

زهى [za'hi:j] glänzend, prächtig.

زهيد [za'hi:d] gering, unbedeutend, mäßig.

زواج [za'wa:dʒ] Verheiratung *f*, Eheschließung *f*.

زواد [za'wa:d] *u.* ة + [zu'wwa:da] Reiseproviant *m.*

زوار *s.* زائر.

زواق [zi'wa:q] Schmuck *m*, Putz *m.*

زوال [za'wa:l] 1. Aufhören *n*, Verschwinden *n*; (*Sonnen-*) Untergang *m*; 2. Mittag *m*; خط الـ~ Meridian *m.*

زوبعة [zau'baʕa], *pl.* زوابع [za'wa:biʕ] Sturm *m.*

زوج II [zawwadʒ] paaren; *e-e Frau* verheiraten (mit من, ب); III [za:wadʒ] vereinen (mit بين); V [ta'zawwadʒ] heiraten, sich verheiraten; VIII ازدوج [iz'dawadʒ] doppelt sein, sich spalten; sich paaren.

+ [zaudʒ], *pl.* أزواج [ʔaz'wa:dʒ] Paar *n*; Teil *m* e-s Paares; Gatte *m*, Gattin *f*; ة~ Gattin *f*, Ehefrau *f*; ى~ paarig; ehelich, Ehe-; ية~ Ehestand *m.*

زود II [zawwad] versorgen, ausrüsten, versehen (mit ب); V [ta'zawwad] sich versorgen; Proviant mitnehmen.

زار (زور) [za:r (ja'zu:r)] besuchen, aufsuchen; II [zawwar] fälschen.

زور [zaur] Hals *m*, Kehle *f*, oberer Teil *m* der Brust.

+ [zawar] Krummheit *f*; Falschheit *f.*

+ [zu:r] 1. Lüge *f*, Falschheit *f*; 2. Gewalt *f.*

زورق [zauraq], *pl.* زوارق [za'wa:riq] Boot *n.*

زورة [zaura] Besuch *m*, Visite *f.*

زوق II [zawwaq] verzieren, schmücken.

زال (زول) [za:l (ja'zu:l)] sich entfernen, verschwinden, zu Ende gehen; II [zawwal] beseitigen; III [za:wal] *Arbeit* ausführen, betreiben; IV [ʔa'za:l] entfernen, beseitigen; *s.a.* زيل.

زول [zaul], *pl.* أزوال [ʔaz'wa:l] Gestalt *f*, Erscheinung *f.*

زولوجيا [zu:'lu:dʒija:] Zoologie *f.*

زوى [zawa: (jazwi:)] *u.* II [zawwa:] verstecken, in e-e Ecke legen; V [ta'zawwa:] *u.* VII [in'zawa:] sich verbergen, sich zurückziehen.

زى [zijj], *pl.* أزياء [ʔaz'ja:ʔ] Kleidung *f*, Tracht *f*, Uniform *f*; Mode *f*; *Äg. pop.* [zajj] wie; wie?; ~ بعضه [zajj baʕđu] gleichgültig, einerlei.

زيا *s.* زي.

زياح [za'jja:ħ] Prozession *f.*

زيادة [zi'ja:da] Zunahme *f*, Vermehrung *f*, Steigerung *f*; Überschuß *m*, Plus *n*; Zulage *f*; [-tan] *Adv.* zusätzlich (zu على).

زيارة [ziˈja:ra], *pl.* [-a:t] Besuch *m.*

زيان [ziˈja:n] Schmuck *m*, Zier *f.*

زئبق [ziˀbaq] Quecksilber *n.*

زيت II [zajjat] ölen, schmieren. + [zait, ze:t], *pl.* زيوت [zuˈju:t] (*Speise- u. Mineral-*) Öl *n.*

زيتون [zaiˈtu:n] *coll.*, ~ة Ölbaum *m*; Olive *f.*

زيتى [zaiti:] ölig, Öl-.

زيج [zi:dʒ] astronomische Tafeln *f/pl.*; Richtschnur *f des Maurers*; ~ة [zi:dʒa] Heirat *f.*

زيجى [zi:dʒi:] ehelich; Heirats-.

(زيح) زاح [za:ħ (jaˈzi:ħ)] sich entfernen, weggehen; IV [ˀaˈza:ħ] entfernen, vertreiben, wegnehmen; VII [inˈza:ħ] = I.

زيح [zi:ħ], *pl.* أزياح [ˀazˈja:ħ] Linie *f*, Strich *m.*

(زيد) زاد [za:d (jaˈzi:d)] 1. zunehmen, wachsen, mehr werden; mehr sein (als عن), übersteigen, überschreiten (*etw.* عن, على); 2. hinzufügen (zu على); vermehren, steigern, erweitern; II [zajjad] vermehren; III [za:jad] überbieten (*bei Versteigerung*); V [taˈzajjad] zunehmen, steigen; VI [taˈza:jad] anwachsen, immer mehr werden; VIII ازداد [izˈda:d] zunehmen, sich mehren.

زيد [zaid, ze:d] Zeid *npr. m.*

زير [zi:r], *pl.* أزيار [ˀazˈja:r] großer Tonkrug *m.*

(زيغ) زاغ [za:ɣ (jaˈzi:ɣ)] abbiegen, abweichen; IV [ˀaˈza:ɣ] abweichen lassen.

زيغ [zaiɣ] *u.* زيغان [zajaˈɣa:n] Abweichung *f*; *s.* زاغ.

(زيف) زاف [za:f (jaˈzi:f)] falsch sein; II [zajjaf] fälschen, verfälschen.

زيق [zi:q], *pl.* أزياق [ˀazˈja:q] Kragen *m*; Kante *f.*

(زيل) زال [za:l (jaˈza:l)] aufhören; *mit Negation*: noch, noch immer (*etw. tun*); ما زال قائما [ma: za:la qa:ˀiman] er steht noch immer; لا يزال يعمل [la: jaˈza:lu jaˁmal] *u.* لم يزل يعمل [lam jazal] er arbeitet noch immer; II [zajjal] trennen, zerstreuen; III [za:jal] verlassen, sich trennen (von ه); VI [taˈza:jal] schwinden, sich zerstreuen; *s.a.* زول.

(زين) زان [za:n (jaˈzi:n)] schmükken; II [zajjan] verschönern, dekorieren; rasieren; anpreisen; V [taˈzajjan] sich putzen, sich schön machen; sich rasieren; VIII ازدان [izˈdaːn] geschmückt werden.

زين [zain] Schönheit *f*; Schmuck *m*; *Ir. pop.* [zeːn] *Adv.* gut, schön.

زينة [ziːna] Schmuck *m*, Zier *f*, Dekoration *f*, Putz *m*.

زي *u.* زيا II [zajjaː] kleiden, kostümieren; V تزي *u.* تزيا [taˈzajjaː] sich bekleiden, sich kostümieren.

س

س (سين) [si:n] *zwölfter Buchstabe*; *Zahlwert 60*; *Abk. für* سؤال [su?a:l] Frage.

ﺳـ [sa] *Futurpartikel vor der Gegenwartsform*: سيفعل [sa'jafˁalu] er wird tun; *s.* سوف.

ساء *s.* سوء ; ساب *s.* سيب.

سابع [sa:biˁ] siebente(r); سابعا [sa:biˁan] siebentens; سابع عشر [sa:biˁa ˁaʃara] siebzehnte(r).

سابق [sa:biq] vorhergehend, früher, ehemalig; سابقا [sa:biqan] *Adv.* früher, ehemals.

سابقة [sa:biqa], *pl.* سوابق [sawa:biq] Präzedenzfall *m*; Vorstrafe *f*; *Gr.* Präfix *n*.

ساحب [sa:ħib] *Hdl.* Trassant *m*.

ساح *s.* سيح.

ساحر [sa:ħir] bezaubernd; *pl.* سحرة [saħara] Zauberer *m*.

ساحق [sa:ħiq] überwältigend (*Mehrheit*).

ساحل [sa:ħil], *pl.* سواحل [sa'wa:ħil] Küste *f*.

ساحة [sa:ħa], *pl.* [-a:t] Hof *m*; Platz *m*; (*Schau-*)Platz *m*.

ساخن [sa:xin] heiß.

ساد [sa:dd] verstopfend; hinderlich; *s.a.* سود.

سادس [sa:dis] sechste(r); سادسا [sa:disan] sechstens; سادس عشر [sa:disa ˁaʃara] sechzehnte(r).

ساده [sa:da] einfach; ungezukkert (*Kaffee*).

سادة *s.* سيد.

ساذج [sa:ðadʒ] einfach; schlicht.

سار [sa:rr] erfreulich; *s.a.* سور *u.* سير.

+ [sa:rin], *constr.* سارى [sa:ri:], *f* سارية [sa:rija] zirkulierend, in Umlauf; سارى المفعول [sa:ri:lmaf'ˁu:l] gültig.

سارق [sa:riq], *pl.* سراق [su'rra:q] Dieb *m*.

ساروخ [sa:'ru:x], *pl.* سواريخ [sawa:'ri:x] Rakete *f*.

سارية [sa:rija], *pl.* سوار [sawa:rin] Mast *m*; Säule *f*.

ساس *s.* سوس.

ساسة *s.* سائس *u.* سياسى.

ساطع [sa:tɨʕ] strahlend; klar; *a. npr. m.*

ساطور [sa:ˈtu:r], *pl.* سواطير [sawa:ˈtɨ:r] großes Messer *n.*

ساع [sa:ʕin], *constr.* ساعى [sa:ʕi:], *pl.* سعاة [suˈʕa:t] Läufer *m*; Bote *m*; ساعى البريد [sa:ʕi:lba-ˈri:d] Briefträger *m.*

ساعد [sa:ʕid], *pl.* سواعد [saˈwa:ʕid] Unterarm *m.*

ساعة [sa:ʕa], *pl.* ساعات [sa:ˈʕa:t] Stunde *f*; Augenblick *m*; Uhr *f*; الساعة [assa:ʕa(ta)] jetzt; للساعة [lissa:ʕa(ti)] noch immer.

ساغ *s.* سوغ.

سافر [sa:fir] unverschleiert (*Frau*); offenkundig.

سافل [sa:fil] niedrig; gemein.

ساق *s.* سوق.

ساق [sa:q] *f*, *pl.* سيقان [si:ˈqa:n] *u.* سوق [su:q] Bein *n*; (Unter-) Schenkel *m* (*a. Math.*); Stamm *m*; Stengel *m.*

ساقية [sa:qija], *pl.* سواق [saˈwa:qin] Bewässerungskanal *m*; Schöpfrad *n.*

ساك *s.* سوك.

ساكت [sa:kit] schweigend, stumm.

ساكن [sa:kin] ruhend; *Gr.* vokallos; *pl.* سكان [suˈkka:n] Einwohner *m*; *s.* كثافة.

سال *s.* سيل.

سأل [saʔal (jasʔal)], *Imp.* اسأل [isʔal] *u.* سل [sal] fragen, bitten; V [taˈsaʔʔal] *u.* تسول [tasawwal] betteln; VI [tasa:ʔal] sich fragen; einander fragen.

سالب [sa:lib] negativ.

سالف [sa:lif] vergangen, früher; سالف الذكر [sa:lifuððikr] vorher erwähnt.

سالم [sa:lim] heil, gesund; *Gr.* regelmäßig; *a. npr. m.*

سام *s.* سوم.

سأم [saʔm] *u.* سآمة [saˈʔa:ma] Überdruß *m*; Langeweile *f.*

سام [sa:mm] giftig.

+ [sa:min], *constr.* سامى [sa:mi:] hoch, erhaben; erlaucht.

سامع [sa:miʕ] (Zu-)Hörer *m*; ~ة Ohr *n.*

سامق [sa:miq] hoch(ragend).

سامى [sa:mi:] semitisch; *s.* سام.

ساه [sa:hin], *constr.* ساهى [sa:hi:] nachlässig, zerstreut.

ساهر [sa:hir] wach, schlaflos.

سائح [sa:ʔiħ], *pl.* سواح [suˈwwa:ħ] Reisender *m*; Tourist *m.*

سائد [sa:ʔid] (vor-)herrschend.

سائر [sa:ʔir] (*von* سير) gehend; gebräuchlich; (*von* سئر) übrig; سائر الاشياء [sa:ʔirulʔaʃˈja:ʔ] die übrigen Dinge.

سائس [sa:ʔis], *pl.* ساسة [sa:sa]

Leiter *m*; Verwalter *m*; Stallknecht *m*.

سائق [sa:ʔiq], *pl.* سواق [su'wwa:q], ساقة [sa:qa] Fahrer *m*; Chauffeur *m*; Treiber *m*.

سائل [sa:ʔil] (*von* سأل) Frager *m*; Bittsteller *m*; (*von* سيل) *pl.* سوائل [sa'wa:ʔil] Flüssigkeit *f*.

سب [sabba (jasubbu)] schmähen, beleidigen; II [sabbab] verursachen, herbeiführen; V [tasabbab] Ursache sein (von في); verursacht werden, erfolgen (durch, aus عن); Kleinhandel treiben (mit ب).

سبابة [sa'bba:ba] Zeigefinger *m*.

سبات [su'ba:t] Lethargie *f*; Winterschlaf *m*.

سباح [sa'bba:ħ] Schwimmer *m*; +ة [siba:ħa] Schwimmen *n*.

سباخ [siba:x], *pl.* أسبخة [ʔas'bixa] Dünger *m*.

سباعى [su'ba:ʕi:] siebenfach, siebenteilig.

سباق [si'ba:q] Wettkampf *m*; (Pferde-)Rennen *n*.

سباك [sa'bba:k] Gießer *m*.

سبانخ [sa'ba:nax] Spinat *m*.

سبب [sabab], *pl.* أسباب [ʔas'ba:b] Grund *m*, Ursache *f*; Strick *m*; *pl.* Habseligkeiten *f/pl.*; بسبب [bi'sabab] auf Grund (*G*), wegen.

سببية [saba'bi:ja] Kausalität *f*.

سبت [sabat (jasbut)] (aus)ruhen; + يوم السبت [jaumussabt] Sonnabend *m*, Samstag *m*.

سبح [sabaħ (jasbaħ)] schwimmen; schweben; II [sabbaħ] *Gott* preisen; *folgende Formel sagen*: سبحان الله [sub'ħa:nałła:h] gepriesen sei Gott!

سبحة [subħa], *pl.* سبح [subaħ] Rosenkranz *m*, *oder dessen* Kügelchen *n*.

سبخ [sabax (jasbux)] fest schlafen; II [sabbax] düngen.

سبخة [sabxa] Salzboden *m*.

سبر [sabar (jasbur)] sondieren, untersuchen.

سبورة [sa'bbu:ra] Schultafel *f*.

سبط [sabŧ] schlicht (*Haar*); schlank.

+ [sibŧ] Enkel *m*, Nachkomme *m*; ابو السبطين [abu:ssibŧɒin] *Beiname Ali's*.

سبع [sabuʕ], *pl.* سباع [siba:ʕ] Löwe *m*.

+ [subʕ], *pl.* أسباع [ʔasba:ʕ] Siebentel *n*.

سبعة [sabʕa] *m*, سبع [sabʕ] *f* sieben; سبعة عشر [sabʕata ʕaʃar(a)] *m*, سبع عسرة [sabʕa ʕaʃara(ta)] *f* siebzehn.

سبعون [sab'ʕu:n], *A*, *G* سبعين [sab'ʕi:n] siebzig.

سبق [sabaq (jasbuq, jasbiq)] vorangehen, überholen; zuvorkommen; سبق له أن [sabaqa lahu ʔan] er hatte bereits . . .; III [sa:baq] wetteifern (mit ه); VI [tasa:baq] miteinander wetteifern.

+ [sabq] Vorrang *m*.

سبك [sabak (jasbik)] schmelzen; *Metall* gießen; formen; II [sabbak] = I.

+ [sabk] (*Metall-*)Guß *m*; Formulierung *f*.

سبى [saba: (jasbi:)] gefangennehmen; fesseln.

سبيكة [saˈbi:ka], *pl.* سبائك [saˈba:ʔik] (*Metall-*)Barren *m*.

سبيل [saˈbi:l], *pl.* سبل [subul], أسبلة [ʔasˈbila] Weg *m*, Pfad *m*; Weise *f*; öffentlicher Brunnen *m*; في سبيل [fi: sabi:l] um . . . willen.

ست [sitt], *pl.* ستات [sitta:t] Frau *f*; Herrin *f*; *s.* ستة.

ستار [siˈta:r], *pl.* ستر [sutur] Vorhang *m*; Schleier *m*; ~ فضى [fiđđi:] Kinoleinwand *f*; + الستار [assaˈtta:r] der Verhüller (*Beiname Gottes*).

ستر [satar (jastur)] bedecken, verhüllen, schützen; V [taˈsattar] *u.* VIII [isˈtatar] sich verhüllen.

ستر [sitr], *pl.* ستور [suˈtu:r] Vorhang *m*; (Be-)Deckung *f*.

سترة [sutra], *pl.* ستر [sutar] Rock *m*, Jacke *f*.

ستة [sitta] *m*, ست [sitt] *f* sechs; ستة عشر [sittata ʕaʃar(a)] *m*, ست عشرة [sitta ʕaʃara(ta)] *f* sechzehn.

ستون [siˈttu:n], *A*, *G* ستين [sitti:n] sechzig.

سجاد [saˈddʒa:d] *coll.*, ~ة, *pl.* سجاجيد [sadʒa:ˈdʒi:d] Teppich *m*.

سجارة *Äg.* [siˈga:ra], *pl.* سجائر [saˈga:ʔir] Zigarette *f*.

سجد [sadʒad (jasdʒud)] sich niederwerfen (*im Gebet*).

سجع [sadʒʕ] Reimprosa *f*.

سجف [sadʒf, sidʒf], *pl.* سجوف [suˈdʒu:f] Vorhang *m*.

سجق [sudʒuq] *u.* سجوق [suˈdʒu:q] Wurst *f*.

سجل II [saddʒal] eintragen, buchen, registrieren.

سجل [siˈdʒill], *pl.* سجلات [sidʒiˈlla:t] Register *n*, Verzeichnis *n*.

سجم [sadʒam (jasdʒum)] *u.* VII [inˈsadʒam] fließen, strömen.

سجن [sadʒan (jasdʒun)] gefangensetzen, einkerkern.

سجن [sidʒn], *pl.* سجون [suˈdʒu:n] Gefängnis *n*, Kerker *m*.

سجود [sudʒu:d] Prosternation *f* *im Gebet*.

سجين [saˈdʒiːn], *pl.* سجناء [sudʒaˈnaːʔ] (*Straf-*)Gefangener *m.*

سجية [saˈdʒiːja], *pl.* سجايا [saˈdʒaːjaː] Charakter *m*; Natur (-anlage) *f.*

سحاب [saˈħaːb] *coll.*, ة~, *pl.* سحب [suħub] Wolke *f.*

سحار [saħħaːr] Zauberer *m.*

سحب [saħab (jasħab)] ziehen (*a. Schwert*); ent-, zurückziehen; *Truppen* abziehen; VII [insaħab] sich zurückziehen.

\+ [saħb] Ziehung *f e-r Lotterie*; Entzug *m*; *Hdl.* Abhebung *f.*

سحج [saħadʒ (jasħadʒ)] abschaben; abziehen.

سحر [saħar (jasħar)] (be-)zaubern.

\+ [siħr] Zauber *m*; Magie *f.*

\+ [saħr], *pl.* سحور [suħuːr] Lunge *f.*

\+ [saħar], *pl.* اسحار [ʔasħaːr] Morgendämmerung *f.*

سحرى [siħriː] magisch; *s.* فانوس.

سحق [saħaq (jasħaq)] zerdrükken, zerreiben.

\+ [saħq] Zerstoßen *n.*

سحل [saħal (jasħal)] glätten; entrinden.

سحلب [saħlab] *Bot.* Orchis *f*; *a. Getränk aus deren Knollen.*

سحم [saħam] Schwärze *f.*

سحن [saħan (jasħan)] zerstoßen, zerreiben.

سحنة [saħna], *pl.* سحن [suħan] Äußeres *n*; Erscheinung *f.*

سحيق [saˈħiːq] fern; tief.

سخا *s.* سخو.

سخاء [saˈxaːʔ] *u.* سخاوة [saˈxaːwa] Freigebigkeit *f.*

سخافة [saˈxaːfa] Schwachsinn *m*; Dummheit *f.*

سخام [suˈxaːm] Ruß *m*; Schwärze *f.*

سخان [saˈxxaːn] Heizkessel *m*; ة+ [saˈxaːna] Hitze *f.*

سخر [saxir (jasxar)] (ver)spotten, verlachen (من *j-n*); II [saxxar] zum Frondienst zwingen.

سخرة [suxra] Zwangsarbeit *f*; Gegenstand *m* des Spottes.

سخرية [suxˈriːja] Spott *m*; Ironie *f.*

سخط [saxiṭ (jasxaṭ)] zürnen (على *j-m*).

\+ [suxuṭ] Unwille *m*, Groll *m.*

سخف [saxuf (jasxuf)] schwachsinnig sein.

\+ [saxf] Blödsinn *m.*

سخلة [saxla], *pl.* سخال [sixaːl] Lamm *n.*

سخم II [saxxam] schwärzen.

\+ [saxam] Schwärze *f.*

سخن [saxun (jasxun)] heiß sein;

sich erwärmen; II [saxxan] erhitzen.

+ [suxn] warm, heiß.

سخى [sa'xi:j] freigebig.

سخيف [sa'xi:f] dumm, einfältig, albern.

سخين [sa'xi:n] erhitzt; entzündet.

سد [sadda (ja'suddu)] verstopfen, verschließen; *Rechnung* begleichen; *Bedarf* decken; II [saddad] zielen; richtig leiten; VII [insadda] verschlossen, verstopft werden.

+ [sadd] Verstopfung *f*, Blockierung *f*; Begleichung *f e-r Rechnung*; *pl.* سدود [su'du:d] Sperre *f*; Damm *m*; Schranke *f*.

سداد [sa'da:d] Bezahlung *f*, Tilgung *f*; Richtigkeit *f*.

+ [si'da:d] *u.* ة~, *pl.* أسدة [ʔa'sidda] Verschluß *m*, Stöpsel *m*, Pfropfen *m*.

سدارة [si'da:ra] *Ir.* Filzmütze *f in Schiffchenform.*

سداسى [su'da:si:] sechsteilig, sechsfältig.

سداة [sa'da:t], *pl.* أسدية [ʔasdija] Kettenfaden *m im Gewebe.*

سدس [suds], *pl.* أسداس [ʔas'da:s] Sechstel *n*, sechster Teil *m*.

سدل [sadal (jasdul)] *u.* IV [ʔasdal] herablassen, herabhängen lassen.

سدم [sadam] Kummer *m*, Trauer *f*.

سدى II [sadda:] *u.* IV [ʔasda:] *Dienst* erweisen, gewähren, zuteil werden lassen.

+ [sadan] = سداة.

+ [sudan] vergeblich, umsonst.

سديد [sa'di:d] treffend, passend, richtig.

سديم [sa'di:m] Nebel *m*, Dunst *m*.

سذاجة [sa'ða:dʒa] Einfachheit *f*, Schlichtheit *f*, Naivität *f*.

سر [sarra (ja'surru)] freuen, erfreuen; III [sa:rra] *e.* Geheimnis anvertrauen; IV [ʔa'sarra] 1. erfreuen, erheitern; 2. geheimhalten; heimlich mitteilen; X [ista'sarra] sich verbergen.

+ [sirr], *pl.* أسرار [ʔas'ra:r] Geheimnis *n*; Mysterium *n*; geheimer Sinn *m*; wahre Absicht *f*; ا~ [sirran] *Adv.* insgeheim, heimlich.

سراب [sa'ra:b] Luftspiegelung *f*, Mirage *f*.

سراج [sa'rra:dʒ] Sattler *m*.

+ [si'ra:dʒ], *pl.* سرج [surudʒ] Lampe *f*, Leuchte *f*.

سراح [sa'ra:ħ] Freilassung *f*, Entlassung *f*; *s.* طلق IV.

سرادق [su'ra:diq] Pavillon *m*, Zelt *n*.

سراق *s.* سارق.

سراة [sa'ra:t], *pl.* سروات [sara'wa:t] Hügel *m*, Rücken *m*, Gipfel *m*.

سراى [sa'ra:j] Palast *m*, Schloß *n*.

سرب [sarib (jasrab)] fließen; V [ta'sarrab] abfließen, einströmen; durchsickern; sich verbreiten.

+ [sarab], *pl.* أسراب [ʔas'ra:b] Tunnel *m*, Stollen *m*.

+ [sirb], *pl.* أسراب [ʔas'ra:b] Schar *f*, Schwarm *m*; Staffel *f*, Geschwader *n von Flugzeugen.*

سرج [saradʒ (jasrudʒ)] flechten; II [sarradʒ] 1. flechten; 2. satteln; 3. steppen.

+ [sardʒ], *pl.* سروج [su'ru:dʒ] Sattel *m*.

سرح [saraħ (jasraħ)] weiden; schweifen; sich zerstreuen; II [sarraħ] freilassen, schweifen lassen, entlassen; *Haar* kämmen.

سرد [sarad (jasrud)] durchbohren; aneinanderreihen; aufzählen, anführen, zitieren; II [sarrad] durchlöchern.

+ [sard] Aufzählung *f*, Darstellung *f*.

سرداب [sir'da:b], *pl.* سراديب [sara:'di:b] Keller *m*; Ablageraum *m*.

سردار [sir'da:r] *Äg. Mil.* Oberkommandierende(r) *m*.

سرطان [sara'tɒ:n] Krebs *m* (*Tier u. Krankheit*).

سرع [saruʕ (jasruʕ)] schnell sein; II [sarraʕ] beschleunigen; III [sa:raʕ] eilen, laufen; IV [ʔasraʕ] eilen, rennen; sich beeilen, schnell tun; V [ta'sarraʕ] eilen, sich beeilen.

سرعان ما [sur'ʕa:na ma:] bald, alsbald.

سرعة [surʕa] Schnelligkeit *f*, Geschwindigkeit *f*, Eile *f*.

سرف IV [ʔasraf] übertreiben (bei في), ausschweifen; verschwenden.

+ [saraf] Maßlosigkeit *f*, Übertreibung *f*; Verschwendung *f*.

سرق [saraq (jasriq)] stehlen (*etw.* ه), rauben; bestehlen (*j-n* ه); VIII [is'taraq] stehlen, heimlich entwenden; sich einschleichen; استرق السمع heimlich lauschen.

سرقة [sariqa] Diebstahl *m*, Entwendung *f*.

سرة [surra], *pl.* [-a:t] *u.* سرر [surar] Nabel *m*, Mittelpunkt *m*; أبو سرة Abu Surra (*e-e Art Orangen, Nabelorangen*).

سرو [sarw] *coll.*, ~ة Zypresse *f*.

سروال [sirˈwa:l], *pl.* سراويل [sara:ˈwi:l] Hose *f* (*bes. e-e Art Pluderhose*); Unterhose *f*.

سرور [suˈru:r] Freude *f*; Vergnügen *n*.

سرى [sara: (jasri:)] nachts reisen; fließen, zirkulieren; sich ausbreiten; gelten, in Geltung sein, wirksam sein; ~ مفعوله gelten, in Kraft sein.

\+ [saˈri:j] 1. *pl.* أسرياء [ʔasriˈja:ʔ] hochstehend, edel; 2. *pl.* أسرية [ʔasˈrija] Bewässerungsgraben *m*, Bächlein *n*.

\+ [sirri:] geheim, vertraulich; mysteriös.

سريان [saraˈja:n] Ausbreitung *f*; Geltung *f*, Gültigkeit *f*.

\+ [surˈja:n] *coll.* Syrer *pl.*; ~ى Syrer *m*; syrisch.

سرير [saˈri:r], *pl.* أسرة [ʔaˈsirra] Bett *n*; Thron *m*, Sitz *m*; ~ة, *pl.* سرائر [saˈra:ʔir] Geheimnis *n*; Gesinnung *f*.

سريع [saˈri:ʕ], *pl.* سراع [siˈra:ʕ] schnell, rasch, geschwind, eilig; ~ا [saˈri:ʕan] *Adv.* schnell.

سرية [saˈri:ja], *pl.* سرايا [saˈra:ja:] *Mil.* Kompanie *f*, Schwadron *f*.

\+ [siˈrri:ja] Geheimtuerei *f*.

سطا *s.* سطو.

سطام [siˈtɒ:m] Stöpsel *m*, Pfropfen *m*.

سطح [satɒħ (jastɒħ)] ausbreiten; ebnen, planieren; zu Boden werfen; II [sattɒħ] ausbreiten; ebnen, planieren; V [taˈsattɒħ] ausgebreitet, geglättet werden.

\+ [satħ], *pl.* سطوح [suˈtu:ħ] Fläche *f*, Oberfläche *f*, Ebene *f*; Dach *n*, Terrasse *f*; ~ البحر Meeresspiegel *m*; ~ى oberflächlich; äußerlich.

سطر [satɒr (jastur)] *u.* II [sattɒr] Linien ziehen, linieren; schreiben.

\+ [satr], *pl.* سطور [suˈtu:r] *u.* أسطر [ʔastur] Linie *f*; Zeile *f*.

سطع [satɒʕ (jastɒʕ)] *Staub*: aufsteigen; *Duft*: sich verbreiten; leuchten; klar sein.

\+ [satʕ] Glanz *m*, Helligkeit *f*.

سطل [satɒl (jastul)] *Rauschgift*: berauschen.

\+ [satl], *pl.* سطول [suˈtu:l] Eimer *m*, Kübel *m*.

سطا (سطو) [satɒ: (jastu:)] angreifen, überfallen (*j-n* على).

سطو [satw] Angriff *m*, Überfall

m; Einbruch m; ة~ Angriff m; Übermut m; Macht f, Autorität f.

سطيح [sa'ṭi:ħ] flach, eben, ausgebreitet.

سعاد [su'ʕa:d] Suad *npr. f.*

سعادة [sa'ʕa:da] Glück n, Glückseligkeit f; Exzellenz f (*als Anrede für Pascha, Generaldirektor, Dekan etc.*).

سعار [su'ʕa:r] Hitze f; Heißhunger m.

سعال [su'ʕa:l] Husten m.

سعاة *s.* ساع.

سعد [saʕid (jasʕad)] glücklich, erfolgreich sein; III [sa:ʕad] helfen (*j-m* ه), unterstützen; IV [ʔasʕad] glücklich machen; helfen.

+ [saʕd], *pl.* سعود [su'ʕu:d] Glück n, Erfolg m; *a. npr.*

سعر [saʕar (jasʕar)] entzünden, entfachen; II [saʕʕar] = I; Preis festsetzen; III [sa:ʕar] feilschen; IV [ʔasʕar] entzünden; V [ta'saʕʕar] *u.* VIII [is'taʕar] brennen, lodern.

+ [siʕr], *pl.* أسعار [ʔas'ʕa:r] Preis m; (*Valuten-*)Kurs m; الفائدة ~ Zinsfuß m.

+ [suʕr] Tollwut f, Raserei f; Heißhunger m; Hitze f.

سعف III [sa:ʕaf] helfen; IV [ʔasʕaf] beistehen (*j-m* ه), erste Hilfe leisten.

+ [saʕaf] *coll.* Palmzweige *m/pl.*, Palmblätter *n/pl.*

سعل [saʕal (jasʕul)] husten.

سعة [saʕa] Weite f, Geräumigkeit f; Kapazität f; Fülle f; Fähigkeit f, Vermögen n; *s.* وسع.

سعود [sa'ʕu:d] Saud *npr. m*; ى~ saudisch; المملكة العربية السعودية Saudi-Arabien n.

سعى [saʕa: (jasʕa:)] eilen, laufen; streben, sich bemühen, sich anstrengen.

+ [saʕj] Lauf m; Anstrengung f, Bemühung f.

سعيد [sa'ʕi:d] glücklich *a. npr.*

سعير [sa'ʕi:r] lodernde Flamme f; Hölle f.

سغب [saɣab] Hunger m.

سف [saffa (ja'saffu)] *Pulver* schlucken; IV [ʔa'saffa] *moralisch* absinken; tief fliegen; VIII [is'taffa] = I.

سفاح [sa'ffa:ħ] Blutvergießer m.

سفارة [sa'fa:ra *u.* si'fa:ra] Botschaft f (*Vertretungsbehörde*).

سفالة [sa'fa:la] Niedrigkeit f, Gemeinheit f.

سفان [sa'ffa:n] Schiffbauer m;

ة+ [si'fa:na] Schiffbau m.

سفاهة [sa'fa:ha] Dummheit f; Frechheit f.

سفتجة [suftadʒa] *Hdl.* Wechsel *m.*

سفح [safaħ (jasfaħ)] ausgießen, vergießen.

\+ [safħ] 1. (*Blut-*)Vergießen *n*; 2. *pl.* سفوح [suˈfu:ħ] Fuß *m e-s Berges.*

سفر [safar (jasfir)] 1. abreisen; 2. *Morgenröte*: leuchten; *Frau*: sich entschleiern; II [saffar] absenden, aufdie Reise schicken, abfertigen; III [sa:far] reisen, verreisen; IV [ʔasfar] 1. leuchten; 2. ergeben (*etw.* عن), als Resultat erbringen (*etw.* عن), enden (mit عن).

\+ [safr] *coll.* Reisende *m/pl.*, Fahrgäste *m/pl.*

\+ [safar], *pl.* أسفار [ʔasˈfa:r] Abreise *f*; Reise *f*, Fahrt *f.*

\+ [sifr], *pl.* أسفار [ʔasˈfa:r] Buch *n*, Schrift *f.*

سفرة [safra], *pl.* [safaˈra:t] Reise *f*, Fahrt *f.*

\+ [sufra], *pl.* سفر [sufar] (*Eß-*)Tisch *m.*

سفرجل [saˈfardʒal] *coll.* Quitte *f.*

سفرجى [sufˈragi:], *pl.* سفرجية [sufraˈgi:ja] *Äg.* Kellner *m.*

سفق [safaq (jasfuq)] *Tür* zuschlagen.

سفك [safak (jasfik)] *Blut* vergießen.

سفل [safil (jasfal)] niedrig sein (*a. fig.*); V [taˈsaffal] herabsinken, herunterkommen; gemein handeln.

\+ [sufl] unterster Teil *m*, Boden *m*; ~ى unten befindlich; niedrig; *s.a.* أسفل.

سفن *s.* سفينة.

سفنج [saˈfandʒ] Schwamm *m.*

سفه [safih (jasfah)] dumm, frech sein; II [saffah] für dumm erklären.

\+ [safah] Dummheit *f*; Frechheit *f.*

سفور [suˈfu:r] Entschleierung *f der Frau.*

سفوف [saˈfu:f] Pulver *n* (*Arznei*).

سفير [saˈfi:r], *pl.* سفراء [sufaˈra:ʔ] Botschafter *m.*

سفين [saˈfi:n] 1. *coll.* Schiffe *n/pl.*; 2. Keil *m*; ~ة, *pl.* سفن [sufun] *u.* سفائن [saˈfa:ʔin] Schiff *n.*

سفيه [saˈfi:h], *pl.* سفهاء [sufaˈha:ʔ] dumm, töricht; frech.

سقاء [saˈqqa:ʔ] Wasserträger *m.*

\+ [siˈqa:ʔ], *pl.* أسقية [ʔasˈqija] (*Wasser-*)Schlauch *m.*

سقاط [suˈqqɒ:ŧ] Türklinke *f.*

سقاية [siˈqa:ja] Tränkung *f*; Bewässerung *f.*

سقط [saqɒŧ (jasqut)] fallen, herabfallen; absinken, niedersinken; hinfällig werden; durchfallen (*bei e-r Prüfung*); IV

[ʔasqɒt] stürzen, fallen lassen, zu Fall bringen; *e-e Zahl* abziehen; *Flugzeug* abschießen; VI [taˈsa:qɒt] zerfallen; *Haare* ausfallen; tropfen.

+ [saqt] Tau *m*, Niederschlag *m*; Funke *m des Feuerzeugs*.

+ [saqɒt], *pl.* أسقاط [ʔasˈqɒ:t] Abfall *m*, Ausschuß *m*; Kram *m*, Plunder *m*.

سقطة [saqtɒ], *pl.* [saqɒˈtɒ:t] Sturz *m*; Fehler *m*, Versehen *n*.

سقف II [saqqaf] überdachen, mit *e-m* Dach versehen.

+ [saqf], *pl.* سقوف [suˈqu:f] Dach *n*, (*Zimmer-*)Decke *f*; الحلق ~ Gaumen *m*.

سقلبي [saqlabi:], *pl.* سقالبة [saˈqa:liba] Slawe *m*; slawisch.

سقم [saqam *u.* suqm], *pl.* أسقام [ʔasˈqa:m] Krankheit *f*, Siechtum *n*.

سقوط [suˈqu:t] Fall *m*, Absturz *m*; Zusammenbruch *m*, Niedergang *m*.

سقى [saqa: (jasqi:)] *u.* IV [ʔasqa:] zu trinken geben, tränken; bewässern; VIII [isˈtaqa:] schöpfen, entnehmen.

سقيم [saˈqi:m] krank, siech, mager; dürftig.

سك [sakka (jaˈsukku)] 1. verschließen; 2. *Münzen* prägen; *s.a.* أسك.

سكاف [saˈkka:f] Schuhmacher *m*.

سكاكين *s.* سكين.

سكان [saˈkka:n] Messerschmied *m*.

+ [suˈkka:n] Steuerruder *n*; *s.a.* ساكن.

سكب [sakab (jaskub)] ausgießen, vergießen.

سكت [sakat (jaskut)] schweigen, verstummen; II [sakkat] *u.* IV [ʔaskat] zum Schweigen bringen; beruhigen.

سكر [sakar (jaskur)] schließen, versperren; – [sakir (jaskar)] sich betrinken, berauscht sein; II [sakkar] 1. schließen; 2. zuckern, kandieren; IV [ʔaskar] berauschen, trunken machen; VI [taˈsa:kar] sich trunken stellen.

+ [sukr] Rausch *m*, Trunkenheit *f*.

+ [sukkar] Zucker *m*.

سكران [sakˈra:n], *f* سكرى [sakra:], *pl.* سكارى [saˈka:ra:] trunken, berauscht, betrunken.

سكرتاه [sigurˈta:] Versicherung *f*.

سكرتير [sekreˈte:r] Sekretär *m*; عام ~ Generalsekretär *m*.

سكرى [sukkari:] Zucker-, zuckrig.

سكك *s.* سكة.

سكن [sakan (jaskun)] ruhig, still sein; sich beruhigen, nachlassen, sich legen; wohnen; *Gr. Konsonant*: vokallos sein; II [sakkan] beruhigen, lindern, mildern; III [sa:kan] zusammenwohnen; IV [ʔaskan] ansiedeln, wohnen lassen.

+ [sakan] Wohnung *f*, Behausung *f*.

سكنى [sukna:] Wohnung *f*; Wohnen *n*, Aufenthalt *m*.

سكة [sikka], *pl.* سكك [sikak] 1. Münze *f*, Münzstempel *m*; 2. Weg *m*, Straße *f*; ~ الحديد *u.* الـ~ الحديدية Eisenbahn *f*.

سكوت [su'ku:t] Schweigen *n*.

سكون [su'ku:n] Ruhe *f*, Stille *f*, Schweigen *n*; *Gr.* Vokallosigkeit *f*.

سكين [si'kki:n] *u.* ~ة, *pl.* سكاكين [saka:'ki:n] Messer *n*.

سكينة [sa'ki:na] Ruhe *f*, Stille *f*; Gegenwart *f* Gottes.

سل [sal] frag!; *Imp. von* سأل.

سل [salla (ja'sullu)] herausziehen; V [ta'sallal] *u.* VII [in'salla] durchschlüpfen, sich hindurchschleichen; entschlüpfen, sich fortstehlen; sich einschleichen; VIII [is'talla] herausziehen.

+ [sall] Korb *m*.

+ [sull] Tuberkulose *f*, Schwindsucht *f*.

سلاح [si'la:ħ], *pl.* أسلحة [ʔas'liħa] Waffe *f*; Rüstung *f*, Waffen *pl.*; Pflugschar *f*; ~ أبيض blanke Waffe *f*; ~ نارى Feuerwaffe *f*.

سلاسة [sa'la:sa] Gefügigkeit *f*, Lenksamkeit *f*; Glätte *f des Stils.*

سلاطة [sa'la:tɒ] 1. Salat *m*; 2. Schlagfertigkeit *f in der Rede*; Unverschämtheit *f*.

سلالة [su'la:la] Nachkommenschaft *f*, Familie *f*.

سلام [sa'la:m] Friede *m*, Heil *n*, Sicherheit *f*; *pl.* [-a:t] Gruß *m*, Salut *m*; الـ~ عليكم [assa'la:mu ʕa'laikum] *Grußformel*: Friede sei mit euch!; يا ~ *Ausruf des Erstaunens*: Mein Gott!; مدينة الـ~ *Beiname der Stadt Bagdad.*

سلامة [sa'la:ma] Sicherheit *f*, Unversehrtheit *f*; Wohlergehen *n*; Gesundheit *f des Verstandes*; Güte *f des Geschmackes*; مع الـ~ *Abschiedsgruß*: leb wohl!

سلب [salab (jaslub)] *u.* VIII [is'talab] rauben, plündern; berauben (*j-n* ه *e-r Sache* ه *u.* من).

+ [salb] Plünderung *f*, Beraubung *f*; Negation *f*, Verneinung *f*; ~ال علامة *Math.* Minuszeichen *n*.

+ [salab], *pl.* أسلاب [ʔasˈla:b] 1. Beute *f*; 2. Stricke *m/pl*.

سلبى [salbi:] negativ; passiv; مقاومة ~ة passiver Widerstand *m*; ~ة [salˈbi:ja] Negativismus *m*; *Phot.* Negativ *n*.

سلح II [sallaħ] bewaffnen, ausrüsten; V [taˈsallaħ] sich rüsten, sich bewaffnen.

+ [salħ] Exkremente *n/pl*.

سلحفاة [sulaħˈfa:t], *pl.* سلاحف [saˈla:ħif] Schildkröte *f*.

سلخ [salax (jaslax)] abhäuten, abschinden, abziehen; beenden; V [taˈsallax] sich schälen.

+ [salx] Abhäutung *f*, Abtrennung *f*; Monatsende *n*.

سلس [salis] gefügig, folgsam; geschmeidig; glatt (*Stil*).

سلسل [salsal (juˈsalsil)] zusammenketten; verknüpfen; II [taˈsalsal] verkettet sein, ununterbrochen fortlaufen; tropfen, rieseln.

سلسلة [silsila], *pl.* سلاسل [saˈla:sil] Kette *f*; Reihe *f*, Serie *f*; ~ فقرية [fiqˈri:ja] Wirbelsäule *f*.

سلط II [sallɒt] Macht geben (über على), als Herrscher einsetzen; V [taˈsallɒt] überwinden (*etw.* على), die Oberhand gewinnen (über على); herrschen (über على); kontrollieren, beherrschen (*etw.* على).

سلطان [sulˈtɒ:n] Gewalt *f*, Herrschaft *f*; Regierung *f*; *pl.* سلاطين [sala:ti:n] Herrscher *m*, Sultan *m*; ~ى Herrscher-; souverän; ~ية Suppenschüssel *f*.

سلطنة [saltɒna] Sultanat *n*.

سلطة [sultɒ], *pl.* سلط [sulat] *u.* [suluˈtɒ:t] Macht *f*, Gewalt *f*, Herrschaft *f*; Autorität *f*, Vollmacht *f*; Behörde *f*.

سلع [salʕ], *pl.* سلوع [suˈlu:ʕ] Spalt *m*.

سلعة [silʕa], *pl.* سلع [silaʕ] Ware *f*, Handelsartikel *m*.

سلف [salaf (jasluf)] vorangehen; vorüber sein; II [sallaf] *Geld* vorschießen, leihen; IV [ʔaslaf] vorschießen, leihen; vorangehen lassen; V [taˈsallaf] *u.* VIII [isˈtalaf] borgen, ein Darlehen nehmen.

+ [salaf], *pl.* أسلاف [ʔasˈla:f] Ahnen *pl.*, Vorfahren *pl.*; Vorgänger *pl.*

+ [silf], *pl.* أسلاف [ʔasˈla:f] Schwager *m*.

سلفة [silfa] Schwägerin *f*.

+ [sulfa], *pl.* سلف [sulaf] Vorschuß *m*, Darlehen *n*, Kredit *m*.

سلفى [salafi:] traditionsgebunden; ~ة Kredit *m*, Darlehen *n*.

سلق [salaq (jasluq)] sieden, kochen; abbrühen, versengen; verletzen; V [ta'sallaq] (hinauf)klettern, erklimmen; *Pflanze*: sich emporranken.

سلك [salak (jasluk)] 1. *e-n Weg* einschlagen, beschreiten, verfolgen; handeln, sich benehmen; 2. hineinstecken, einfädeln; II [sallak] abspulen; *Rohr*, *Kanal* reinigen, durchputzen; *Angelegenheit* klären; IV [ʔaslak] einfädeln.

+ [silk], *pl.* أسلاك [ʔas'la:k] Faden *m*; Saite *f*; Draht *m*; Körperschaft *f*; سياسى ~ diplomatisches Korps *n*; شائك ~ Stacheldraht *m*; ~ى Draht-; لا سلكى [la:-silki:] drahtlos, Funk-; Radio *n*.

سلم [salim (jaslam)] unversehrt, wohlbehalten sein; entrinnen (*e-r Gefahr* من); II [sallam] 1. übergeben, aushändigen, ausliefern; 2. grüßen (*j-n* على); 3. retten, unversehrt erhalten; III [sa:lam] sich versöhnen, Frieden schließen (mit ه); IV [ʔaslam] 1. übergeben; verlassen, verraten; 2. Muslim werden; V [ta'sallam] *u.* VIII [is'talam] empfangen, erhalten, übernehmen; X [is'taslam] sich ergeben, kapitulieren.

+ [silm *u.* salm] Friede *m*.

+ [sullam], *pl.* سلالم [sa'la:lim] Leiter *f*, Treppe *f*, Stiege *f*.

سلمان [sal'ma:n] Salman *npr. m.*

سلمى [silmi:] friedlich; Friedens-; + [salma:] *npr. f.*

سلة [salla], *pl.* سلال [si'la:l] Korb *m*.

سلا (سلو) [sala: (jaslu:)] vergessen; II [salla:] vergessen machen; trösten, zerstreuen, unterhalten; V [ta'salla:] sich erfreuen, sich belustigen, Ablenkung suchen.

سلوق [su'lu:qi:] arabischer Windhund *m*.

سلوك [su'lu:k] Führung *f*, Benehmen *n*, Betragen *n*, Verhalten *n*.

سلوة [salwa] Trost *m*; Vergnügen *n*, Zeitvertreib *m*.

سليط [sa'li:ṭ] stark, fest; redefertig; unverschämt.

سليقة [sa'li:qa] Veranlagung *f*, Instinkt *m*.

سليم [sa'li:m], *pl.* سلماء [sula'ma:ʔ] unversehrt, vollständig, fehlerfrei; heil, gesund; normal; sicher; *a. npr.*

سليمان [sulaiˈma:n] Salomo, Soliman *npr. m.*

سم [samma (jaˈsummu)] *u.* II [sammam] vergiften; V [taˈsammam] vergiftet werden; sich vergiften.

+ [samm], *pl.* سموم [suˈmu:m] *u.* سمام [siˈma:m] 1. Gift *n*; 2. (*Nadel-*)Öhr *n*, Loch *n*, Öffnung *f*.

سماء [saˈma:ʔ], *pl.* سماوات [sama:ˈwa:t] Himmel *m*.

سمات *s.* سمة.

سماح [saˈma:ħ] Erlaubnis *f*, Gewährung *f*; Nachsicht *f*, Großmut *f*; Freibetrag *m*; ~ة Großmut *f*, Toleranz *f*; Eminenz *f* (*Titel e-s islamischen religiösen Würdenträgers*).

سماد [saˈma:d], *pl.* أسمدة [ʔasˈmida] Dünger *m*, Düngemittel *n*.

سماط [siˈma:ṭ] Speisentuch *n*, Tischtuch *n*.

سماع [saˈma:ʕ] Hören *n*, Anhören *n*; Sprachgebrauch *m*; ~ى akustisch; gemäß dem Sprachgebrauch.

سماعة [saˈmma:ʕa] (*Telefon-*) Hörer *m*; Hörrohr *n*.

سماكة [saˈma:ka] Dicke *f*.

سماوات *s.* سماء.

سماوى [saˈma:wi:] *u.* سمائى [saˈma:ʔi:] himmlisch; Himmel-.

سمت III [sa:mat] gegenüberstehen.

+ [samt], *pl.* سموت [suˈmu:t] Weg *m*, Art und Weise *f*; Richtung *f*; *Astronomie*: Azimut *m*; ~ الرأس Zenit *m*.

سمج [samdʒ *u.* samidʒ] häßlich, widerwärtig.

سمح [samaħ (jasmaħ)] erlauben, gestatten, gewähren; – [samuħ (jasmuħ)] großmütig sein; III [sa:maħ] gütig, nachsichtig behandeln; verzeihen; VI [taˈsa:maħ] nachsichtig, tolerant sein; entgegenkommend sein; X [isˈtasmaħ] um Erlaubnis bitten; sich entschuldigen.

سمد II [sammad] düngen.

سمر [samar (jasmur)] die Nacht im Gespräch verbringen; – [samur (jasmur)] braun sein *od.* werden; II [sammar] annageln, festnageln; III plaudern, sich unterhalten (mit ه); VI [taˈsa:mar] sich miteinander unterhalten, plaudern.

+ [samar], *pl.* أسمار [ʔasˈma:r] Abendunterhaltung *f*.

سمرة [sumra] Bräune *f*; Dunkelheit *f der Haut*.

سمسار [sim'sa:r], *pl.* سماسرة [sa'ma:sira] Makler *m*, Agent *m*.

سمسر [samsar (ju'samsir)] vermitteln, makeln.

سمسم [simsim] Sesam *m*.

سمط [simṭ], *pl.* سموط [su'mu:ṭ] Perlenschnur *f*.

سمع [samiʕ (jasmaʕ)] hören (*etw.* ه, von *etw.* ب); II [sammaʕ] hören lassen, aufsagen; IV [ʔasmaʕ] hören lassen; mitteilen; V [ta'sammaʕ] horchen, abhören, lauschen; VIII [is'tamaʕ] zuhören, anhören, lauschen, horchen.

+ [samʕ], *pl.* أسماع [ʔas'ma:ʕ] Gehör *n*, Ohr *n*; *s.* سرق VIII.

سمعة [sumʕa] Ruf *m*, Ansehen *n*.

سمعى [samʕi:] akustisch, Gehörs-; überliefert.

سمك [sumk] Dicke *f*, Stärke *f e-r Platte*.

+ [samak] *coll.*, ة~, *pl.* أسماك [ʔas'ma:k] Fisch *m*.

سمكرى [samkari:] Klempner *m*, Blechschmied *m*.

سمل [samal (jasmul)] 1. *Auge* ausstechen, ausreißen; 2. zerlumpt sein.

سمن [samin (jasman)] fett sein; beleibt werden; II [samman] *u.* IV [ʔasman] fett machen, mästen.

+ [samn], *pl.* سمون [su'mu:n] Fett *n*, Butterschmalz *n*.

+ [siman] Fettheit *f*, Korpulenz *f*.

سمنجونى [saman'dʒu:ni:] himmelblau.

سمة [sima] Zeichen *n*, Marke *f*; *Ir.* Visum *n*; *s.* وسم.

سما (سمو) [sama: (jasmu:)] hoch sein, emporragen; sich erheben, erhaben sein (über عن); übersteigen (*etw.* عن); II *s.* سمى; III [sa:ma:] wetteifern (mit ه); IV [ʔasma:] hochheben; *s.a.* سمى; VI [ta'sa:ma:] emporragen; miteinander wetteifern.

سمو [su'mu:w] Höhe *f*, Erhabenheit *f*; *Titel*: Hoheit *f*.

سموات *s.* سماء.

سموم [sa'mu:m] heißer Sandsturm *m*, Samum *m*; *s.a.* سم.

سمى II [samma:] (*s.* اسم) nennen, benennen, betiteln; IV [ʔasma:] benennen, *e-n* Namen geben; V [ta'samma:] genannt werden.

+ [sa'mi:j] hoch, erhaben.

سميح [sa'mi:ħ] großmütig, gütig.

سمير [sa'mi:r] Gesprächspartner *m*; *a. npr.*

سميع [sa'mi:ʕ] hörend, erhörend (*Gott*).

سميك [sa'mi:k] dick.

سمين [saˈmi:n], *pl.* سمان [siˈma:n] fett, korpulent.

سن [sanna (jaˈsunnu)] schärfen, schleifen; gestalten; vorschreiben; II [sannan] schleifen; spitzen; auszacken; IV [ʔaˈsanna] 1. Zähne bekommen; 2. alt werden; VIII [isˈtanna] *Gesetz* einführen, vorschreiben; *Weg* verfolgen.

+ [sann] Vorschreiben *n*, Einführung *f von Regeln*.

+ [sinn], *pl.* أسنان [ʔasˈna:n] 1. Alter *n*; 2. *f* Zahn *m* (*a. bei Kamm, Säge etc.*); سن الفيل Elfenbein *n*.

سناء [saˈna:ʔ] Glanz *m*, Leuchten *n*; Erhabenheit *f*.

سنارة [siˈnna:ra] Angel *f*, Angelhaken *m*.

سنام [saˈna:m], *pl.* أسنمة [ʔasˈnima] (*Kamel*-)Höcker *m*.

سنان [saˈna:n], *pl.* أسنة [ʔaˈsinna] Speerspitze *f*.

سنبلة [sumbula], *pl.* سنابل [saˈna:bil] Ähre *f*; *Sternbild*: Jungfrau *f*.

سنجق [sandʒaq], *pl.* سناجق [saˈna:dʒiq] Banner *n*, Standarte *f*.

سنجة [sandʒa], *pl.* سنج [sinadʒ] 1. Bajonett *n*; 2. Gewicht *n der Waage*.

سنح [sanaħ (jasnaħ)] *Gedanke*: kommen; einfallen.

سنخ [sinx], *pl.* أسناخ [ʔasˈna:x] Wurzel *f*, Ursprung *m*.

سند [sanad (jasnud)] sich stützen (auf الى); II [sannad] stützen, anlehnen; III [sa:nad] unterstützen, helfen; IV [ʔasnad] stützen, aufstützen, anlehnen; zuschreiben (*j-m* الى); VIII [isˈtanad] sich anlehnen, sich stützen (auf الى, على); sich gründen; sich verlassen, vertrauen.

+ [sanad], *pl.* أسناد [ʔasˈna:d] Stütze *f*, Lehne *f*; Rückhalt *m*; *pl.* [-a:t] Urkunde *f*, Dokument *n*, Beleg *m*.

سندان [sinˈda:n], *pl.* سنادين [sana:ˈdi:n] Amboß *m*.

سنفرة [sanfara] Schmirgel *m*.

سنكرى [sankari:] = سمكرى.

سنم V [taˈsannam] besteigen, (*etw.* ه), hinaufsteigen (auf *A* ه).

سنة [sana], *pl.* سنوات [sanaˈwa:t] *u.* سنون [siˈnu:n] Jahr *n*; كبيسة ~ Schaltjahr *n*; مالية ~ Finanzjahr *n*.

+ [sina] Schlummer *m*; *s.* وسن.

+ [sunna], *pl.* سنن [sunan] Brauch *m*, Tradition *f*; Gesetz *n*, Satzung *f*; ~ال

Sunna *f*, islamische Orthodoxie *f*.

سنا (سنو) [sana: (jasnu:)] glänzen, strahlen; II [sanna:] erleichtern; V [ta'sanna:] leicht, möglich sein (für ل); sich erheben.

سنوات *s.* سنة.

سنور [si'nnaur] Katze *f*.

سنوى [sanawi:] jährlich (*zu* سنة).

سنى [sa'ni:j] herrlich, erhaben.

+ [sunni:] sunnitisch, islamisch orthodox.

سنين *G von* سنون, *s.* سنة.

سهار [su'ha:r] Schlaflosigkeit *f*.

سهب IV [ʔashab] weitschweifig, ausführlich reden.

سهر [sahir (jashar)] (*nachts*) wachen, schlaflos sein, wach sein; IV [ʔashar] wach halten.

سهران [sah'ra:n] wach, schlaflos.

سهرة [sahra], *pl.* [saha'ra:t] Abendgesellschaft *f*, Soirée *f*.

سهل [sahul (jashul)] eben sein; leicht (*nicht schwierig*) sein; II [sahhal] ebnen, glätten; erleichtern; III [sa:hal] nachsichtig, entgegenkommend sein; IV [ʔashal] abführen, Durchfall verursachen; V [ta'sahhal] leicht sein; VI [ta'sa:hal] nachsichtig, tolerant sein; entgegenkommen; X [is'tashal] für leicht halten.

+ [sahl] 1. *u.* [sahil] glatt, eben; leicht (*nicht schwierig*), bequem; flüssig (*Stil*); 2. *pl.* سهول [su'hu:l] Ebene *f*.

سهم III [sa:ham] teilnehmen, sich beteiligen, *e-n* Anteil haben; IV [ʔasham] Anteil geben, teilnehmen lassen.

+ [sahm], *pl.* أسهم [ʔashum] *u.* سهام [si'ha:m] Pfeil *m*, Lospfeil *m*; Los *n*, Anteil *m*; Aktie *f*; *Math.* Kosinus *m*.

سها (سهو) [saha: (jashu:)] unaufmerksam sein; übersehen.

سهو [sahw] Unaufmerksamkeit *f*, Zerstreutheit *f*; Auslassung *f*.

سهوان [sah'wa:n] zerstreut, vergeßlich.

سهولة [su'hu:la] Leichtigkeit *f*.

ساء (سوء) [sa:ʔa (ja'su:ʔu)] schlecht, böse sein; kränken, verletzen, schmerzen; II [sawwaʔa] schlecht machen; tadeln (*j-n* على, wegen ه); IV [ʔa'sa:ʔa] verderben, schlecht machen; schlecht handeln, Böses tun; أساء الفهم mißverstehen; أساء الاستعمال mißbrauchen; VIII [is'ta:ʔa] beleidigt, gekränkt sein; ungehalten sein (über من); übelnehmen (*etw.* من).

سوء [su:ʔ], *pl.* أسواء [ʔas'wa:ʔ]

Böse(s) *n*, Übel *n*, Unheil *n*; الحظ ~ Unglück *n*; التفاهم ~ Mißverständnis *n*, schlechtes Einvernehmen *n*; النية ~ böse Absicht *f*.

سواء [sa'wa:ʔ] Gleichheit *f*; gleich, gleichgültig (für على); + [sa'wa:ʔa] außer; على السواء einerlei, in gleicher Weise.

سوابق *s.* سابقة.

سواح [sa'wwa:ħ] Reisender *m*; *s.a.* سائح.

سواد [sa'wa:d] Schwärze *f*, schwarze Farbe *f*; fruchtbares Land *n*; Masse *f*, Mehrheit *f*.

سوار [si'wa:r], *pl.* أسورة [ʔas'wira] Armreif *m*.

سوارى [sa'wa:ri:] Berittene(r) *m*, Kavallerist *m*.

سواسية [sa'wa:sija] *pl.* gleich.

سواق [sa'wwa:q] Fahrer *m*, Chauffeur *m*; Treiber *m*; *s.a.* سائق.

سواك [si'wa:k] Zahnstocher *m*.

سؤال [su'ʔa:l], *pl.* أسئلة [ʔas'ʔila] Frage *f* (nach عن), Erkundigung *f*; Bitte *f*.

سواه [si'wa:hu] außer ihm; *s.* سوى.

سوأة [sauʔa] Schande *f*; schimpfliche Tat *f*.

ساد (سود) [sa:d (ja'su:d)] herrschen, beherrschen, vorherrschen; II [sawwad] 1. zum Herrn machen, als Oberhaupt einsetzen; 2. schwärzen, schwarz machen; *Brief* entwerfen; IX [is'wadda] schwarz sein *od.* werden.

سود *s.* أسود.

سوداء [sau'da:ʔ] Galle *f*; Melancholie *f*, Trübsinn *m*; *s.* أسود.

سودان [su:'da:n] Neger *pl.*; *Geo.* Sudan *m*; *s.* أسود; ~ى sudanisch, Sudanese *m*.

سور II [sawwar] mit e-r Mauer umgeben, einzäunen; III [sa:war] anfallen, angreifen; V [ta'sawwar] *e-e Mauer* ersteigen.

+ [su:r], *pl.* أسوار [ʔas'wa:r] Mauer *f*, Wall *m*.

سورة [su:ra], *pl.* سور [suwar] Sure *f* (*Kapitel des Korans*).

سورى [su:ri:] syrisch, Syrier *m*;

سوريا [su:rija:] Syrien *n*.

ساس (سوس) [sa:s (ja'su:s)] regieren, verwalten; ordnen; lenken.

سوس [sawis (jaswas)] *u.* II [sawwas] *u.* V [ta'sawwas] wurmstichig sein; *Zahn*: faulen, kariös werden.

+ [su:s] 1. *coll.* Wurm *m*; Motte *f*; 2. Süßholz *n*.

سوسن [sausan] Lilie *f*; *a. npr. f.*

ساط (سوط) [sa:t̩ (ja'su:t̩)] peitschen, geißeln.

سوط [saut], *pl.* سياط [si'ja:t] *u.* أسواط [ʔas'wa:t] Peitsche *f.*

(سوغ) ساغ [sa:ɣ (ja'su:ɣ)] sich leicht schlucken lassen; zulässig sein; II [sawwaɣ] erlauben, zulassen, rechtfertigen; annehmbar machen; verpachten; IV [ʔa'sa:ɣ] leicht hinunterschlucken; X [ista'sa:ɣ] angenehm finden; genießen.

سوف II [sawwaf] aufschieben; vertrösten.

+ [saufa] *Futurpartikel*: ~ يعمل er wird machen.

سوفياتى [su:f'ja:ti:] sowjetisch; الاتحاد الـ~ Sowjetunion *f.*

(سوق) ساق [sa:q (ja'su:q)] *Vieh* treiben; führen, lenken; *Auto* fahren; anführen, zitieren; II [sawwaq] *Waren* vertreiben; V [ta'sawwaq] einkaufen; VI [ta'sa:waq] nebeneinander gehen; harmonieren.

سوق [sauq] Antreiben *n*; Aushebung *f zum Militär*.

+ [su:q], *pl.* أسواق [ʔas'wa:q] *f* Markt *m*; الـ~ السوداء der schwarze Markt; ~ة Untertanen *m/pl.*; Pöbel *m*; ~ى plebejisch, gemein.

(سوك) ساك [sa:k (ja'su:k)] *u.* II [sawwak] reiben, putzen.

سوكر [saukar (ju'saukir)] versichern; *Brief* einschreiben.

سول V [ta'sawwal] betteln; *s.* سأل.

(سوم) سام [sa:m (ja'su:m)] 1. *Leid* zufügen; *Strafe* auferlegen; 2. weihen, *Priester* ordinieren; II [sawwam] auferlegen, *Preis* festlegen, bezeichnen; III [sa:wam] feilschen, handeln.

سوى [sawija (jaswa:)] gleich sein, wert sein, dafürstehen; II [sawwa:] ebnen, gleichmachen; (*bes. Ir.*) machen, herstellen; gut machen; ordnen, regeln, schlichten; III [sa:wa:] gleich sein, entsprechen; gleichmachen; in Ordnung bringen; VI [ta'sa:wa:] einander gleichen; VIII [is'tawa:] gleich, gleichmäßig sein; gerade, aufrecht sein; gleiches Niveau haben.

+ [sa'wi:j], *pl.* أسوياء [ʔaswi'ja:ʔ] gerade, gleichmäßig, ebenmäßig; richtig.

+ [siwan] Gleichheit *f*; [siwa] *Präp.* außer.

سويا [sa'wi:jan] zusammen, gemeinsam.

سويد: الـ~ [assu'we:d] Schweden *n.*

سويس: الـ~ [assu'we:s] Suez *n*; قناة الـ~ Suezkanal *m.*

سويسرا [swi:sra:] Schweiz *f.*

سوية [sa'wi:ja], *pl.* سوايا [sa-'wa:ja:] Gleichheit *f*.

سى [sijj], *pl.* أسواء [ʔas'wa:ʔ] gleich, ähnlich; سيان عندى [si-'jja:ni indi:] es ist mir gleich.

سيء [sajjiʔ] schlecht, böse, schlimm; *comp.* أسوأ [ʔaswaʔ]; *s.* سوء.

سياج [si'ja:dʒ], *pl.* [-a:t] *u.* أسوجة [ʔas'widʒa] Hecke *f*, Zaun *m*; Einfriedung *f*.

سياحة [si'ja:ħa] Reise *f*; Tourismus *m*.

سيادة [si'ja:da] Herrschaft *f*, Souveränität *f*; *allgem. Titel u. Anrede*: Hochwohlgeboren.

سيار [sa'jja:r] beweglich; zirkulierend.

سيارة [sa'jja:ra], *pl.* [-a:t] Auto (-mobil) *n*, Kraftwagen *m*; Planet *m*; أجرة ~ [ʔudʒra] Taxi *n*.

سياسة [si'ja:sa] Politik *f*.

سياسى [si'ja:si:] politisch; diplomatisch (*s.* سلك); *pl.* ساسة [sa:sa] *u.* [-ju:n] Politiker *m*.

سياق [si'ja:q] Aufeinanderfolge *f*, Zusammenhang *m der Rede*; ة~ Chauffieren *n*, Lenken *n e-s Fahrzeuges*.

سيال [sa'jja:l] fließend, strömend.

سيان *s.* سى.

ساب (سيب) [sa:b (ja'si:b)] 1. fließen; dahingleiten, eilen; 2. (los-)lassen, frei lassen; II [sajjab] (los-)lassen; vernachlässigen; VII [in'sa:b] strömen, fließen; dahineilen.

ساح (سيح) [sa:ħ (ja'si:ħ)] 1. fließen, schmelzen, zergehen; 2. reisen, umherziehen; II [sajjaħ] schmelzen, verflüssigen.

سيخ [si:x], *pl.* أسياخ [ʔas'ja:x] Bratspieß *m*; Degen *m*.

سيد [sajjid], *pl.* سادة [sa:da] *u.* أسياد [ʔas'ja:d] Herr *m*, Gebieter *m*; *Isl.* Nachkomme *m* des Propheten.

سيدة [sajjida], *pl.* [-a:t] Dame *f*; Herrin *f*; *Anrede*: Frau *f*.

سار (سير) [sa:r (ja'si:r)] gehen, sich fortbewegen; fahren, reisen; ziehen, marschieren; im Gange sein, funktionieren, laufen; handeln, verfahren; führen (*j-n* ب); II [sajjar] laufen lassen, entsenden; in Gang setzen, betreiben, antreiben; III [sa:jar] mitgehen, sich anpassen (an *A* ه), übereinstimmen (mit ه); gefällig sein.

سير [sair] 1. (Fort-)Bewegung *f*, Fahrt *f*, Gang *m* (*a. Maschine, Arbeit*); Verlauf *m*; Benehmen *n*; 2. *pl.* سيور [su'ju:r] Gurt *m*, Lederriemen *m*.

سيرة [si:ra], *pl.* سير [sijar] Verhalten *n*, Lebensweise *f*; Lebenslauf *m*, Biographie *f*.

سيطر [saitɒr (ju'saitɨr)] *u.* II [ta'saitɒr] kontrollieren (*etw.* على), beherrschen.

سيطرة [sai'tɒra] Kontrolle *f*, Herrschaft *f*, Autorität *f*.

سيف [saif], *pl.* سيوف [su'ju:f] Schwert *n*, Säbel *m*.

+ [si:f], *pl.* أسياف [ʔas'ja:f] Rand *m*, Ufer *n*.

سيكولوجى [si:ku:'lu:dʒi:] psychologisch.

سيقان *s.* ساق.

سال (سيل) [sa:l (ja'si:l)] fließen, strömen; II [sajjal] *u.* IV [ʔa'sa:l] fließen lassen, flüssig machen.

سيل [sail], *pl.* سيول [su'ju:l] Strom *m*, Sturzbach *m*, Flut *f*.

سيلان [saja'la:n] Fließen *n*, Rinnen *n*.

سيما : ~ لا [la: sijjama:] insbesondere, hauptsächlich.

سيمة [si:ma] Zeichen *n*, Marke *f*.

سينا [si:na:] *Geo.* Sinai *m*.

سينما [si:nema:] Kino *n*.

سيئة [sajjiʔa] Missetat *f*, Sünde *f*.

ش

ش (شين) [ʃi:n] *dreizehnter Buchstabe; Zahlwert 300.*

شاء [ʃa:ʔ] *coll.* Schafe *n/pl.*; *s. a.* شيأ.

شاب [ʃa:bb], *pl.* شبان [ʃuˈbba:n] *u.* شباب [ʃaˈba:b] jugendlich; Jüngling *m*, junger Mann *m*; *s. a.* شوب, شيب.

شابة [ʃa:bba] Mädchen *n*, junge Frau *f*.

شات [ʃa:tin], *constr.* شاتى [ʃa:ti:] winterlich.

شاحب [ʃa:ħib] blaß, bleich.

شاحن [ʃa:ħin] beladen.

شادوف [ʃa:ˈdu:f] *Äg.* Wasserschöpfer *m* (*Bewässerungsgerät bestehend aus e-m beweglichen Balken mit Eimer und Gegengewicht*).

شادية [ʃa:dija] Sängerin *f*.

شاذ [ʃa:ðð], *pl.* شواذ [ʃaˈwa:ðð] ungewöhnlich, ausgefallen; unregelmäßig, anormal; abwegig, idiotisch.

شار [ʃa:rin], *constr.* شارى [ʃa:ri:], *pl.* شراة [ʃuˈra:t] Käufer *m*.

شارب [ʃa:rib] trinkend; Trinker *m*; *pl.* شوارب [ʃaˈwa:rib] Schnurrbart *m*.

شارح [ʃa:riħ], *pl.* شراح [ʃuˈrra:ħ] Erklärer *m*, Kommentator *m*.

شارد [ʃa:rid], *pl.* شرد [ʃurud] flüchtig, vertrieben; Flüchtling *m*; الفكر ~ zerstreut; ~ة, *pl.* شوارد [ʃaˈwa:rid] Absonderlichkeit *f*, flüchtiger Gedanke *m*.

شارع [ʃa:riʕ] 1. *pl.* شوارع [ʃaˈwa:riʕ] Straße *f*; 2. *pl.* [-u:n] Gesetzgeber *m*.

شارة [ʃa:ra] Zeichen *n*, Abzeichen *n*.

شاسع [ʃa:siʕ] weit, fern; gewaltig (*Unterschied*).

شاش [ʃa:ʃ] Musselin *m*; ~ة Filmleinwand *f*.

شاطر [ʃa:ʈɨr], *pl.* شطار [ʃuˈʈʈɒ:r] schlau, klug, geschickt.

شاطئ [ʃa:ʈɨʔ], *pl.* شواطئ [ʃaˈwa:ʈɨʔ] Küste *f*, Ufer *n*, Strand *m*.

شاع *s.* شيع.

شاعر [ʃa:ʕir], *pl.* شعراء [ʃuʕaˈra:ʔ] Dichter *m*, Poet *m*.

شاغر [ʃa:ɣir] frei, vakant, unbesetzt (*Stellung*).

شاغل [ʃa:ɣil], *pl.* شواغل [ʃaˈwa:ɣil] Beschäftigung *f*, Gegenstand *m* der Sorge.

شاف *s.* شوف.

شاف [ʃa:fin], *constr.* شافى [ʃa:fi:] heilend, heilsam.

شافع [ʃa:fiʕ] Vermittler *m*, Fürsprecher *m*.

شافعى [ʃa:fiʕi:] *Isl.* schafiitisch (*der schafiitischen Rechtsschule angehörend*).

شأفة [ʃaʔfa] Wurzel *f*.

شاق [ʃa:qq] beschwerlich, mühsam, hart; اعمال شاقة Zwangsarbeit *f*; *s. a.* شوق.

شاقول [ʃa:ˈqu:l] Lot *n*, Senkblei *n*.

شاك [ʃa:kk] zweifelnd; *s. a.* شوك.

شاكوش [ʃa:ˈku:ʃ] Hammer *m*.

شال [ʃa:l] Schal *m*; *s. a.* شيل ,شول.

شام: ~ال [aˈʃʃa:m] Syrien *n*; Damaskus *n*.

شأم VI [taˈʃa:ʔam] als böses Vorzeichen betrachten, Unheil prophezeien, pessimistisch sein.

شامل [ʃa:mil] umfassend, einschließend.

شامة [ʃa:ma] Muttermal *n*. + [ʃa:mma] Geruchssinn *m*.

شامى [ʃa:mi:] syrisch, damaszenisch; Syrer *m*.

شان *s.* شين.

شأن [ʃaʔn], *pl.* شؤون [ʃuˈʔu:n] Angelegenheit *f*, Sache *f*; Bewandtnis *f*; Lage *f*, Zustand *m*; Bedeutung *f*, Stellung *f*, Ansehen *n*; ~ [ʃaʔna] wie, nach Art von; بشأن [biˈʃaʔn] betreffs, hinsichtlich; ذو ~ bedeutend, wichtig, maßgebend; صاحب ال~ der Betreffende; لا شأن له فى ذلك [la: ʃaʔna lahu fi: ða:lik] er hat damit nichts zu schaffen; من شأنه أن es liegt in seinem Wesen, daß ..., es ist seine Aufgabe, daß ...

شاه [ʃa:h] Schah *m von Persien*; König *m im Schachspiel*.

شاة [ʃa:t], *pl.* شياه [ʃiˈja:h] Schaf *n*.

شاهد [ʃa:hid] 1. *pl.* شهود [ʃuˈhu:d] Zeuge *m*; ~ الاثبات Belastungszeuge *m*; ~ النفى Entlastungszeuge *m*; 2. *u.* ~ة, *pl.* شواهد [ʃaˈwa:hid] Grabstein *m*; Zitat *n*, Beleg *m*, Belegvers *m*.

شاهق [ʃa:hiq], *pl.* شواهق [ʃaˈwa:hiq] hochragend; gewaltig (*Höhe*).

شاويش [ʃa:ˈwi:ʃ] *Äg. Mil.* Feldwebel *m*, Wachtmeister *m*; *pop.* Wachmann *m*.

شاى [ʃa:j] Tee *m*.

شائب [ʃa:ʔib] ergraut, grauhaarig; weiß (*Haar*).

شائع [ʃa:ʔiʕ] verbreitet, bekannt, offenkundig; ة~ Gerücht *n*.

شائف [ʃa:ʔif] *vulg*. sehend.

شائك [ʃa:ʔik] dornig, stachelig; *von Waffen* strotzend; schwierig; *s*. سلك.

شائل [ʃa:ʔil] *vulg*. tragend, wegnehmend.

شب [ʃabba (jaˈʃibbu)] 1. zum Jüngling heranwachsen; 2. *Feuer*: ausbrechen, lodern.

+ [ʃabb] 1. Jüngling *m* (= شاب); 2. Alaun *m*.

شباب [ʃaˈba:b] Jugend *f*; *s*. شاب.

شباط [ʃuˈbɒ:ṭ] *Syr*., *Ir*. Februar *m*.

شباك [ʃuˈbba:k], *pl*. شبابيك [ʃaba:ˈbi:k] Fenster *n*; Schalter *m der Post etc.*; Holzgitter *n*; Rost *m*.

شباة [ʃaˈba:t], *pl*. شبوات [ʃabaˈwa:t] Spitze *f*, Stachel *m*.

شبح [ʃabaħ], *pl*. أشباح [ʔaʃˈba:ħ] Gestalt *f*, Körper *m*; Phantom *n*, Gespenst *n*.

شبر [ʃibr], *pl*. أشبار [ʔaʃˈba:r] Spanne *f der Hand*.

شبشب [ʃibʃib], *pl*. شباشب [ʃaˈba:ʃib] Pantoffel *m*.

شبع [ʃabiʕ (jaʃbaʕ)] sich sättigen; satt, gesättigt, voll werden; II [ʃabbaʕ] sättigen, befriedigen; IV [ʔaʃbaʕ] sättigen; durchtränken; gründlich, ausführlich machen; V [taˈʃabbaʕ] gesättigt, erfüllt, geladen sein.

شبعان [ʃabˈʕa:n], *f* شبعى [ʃabʕa:], *pl*. شباع [ʃiˈba:ʕ] satt, gesättigt, voll.

شبك [ʃabak (jaʃbik)] *u*. II [ʃabbak] verflechten, verwickeln, ineinanderfügen; V [taˈʃabbak] verwickelt, verflochten werden; VI [taˈʃa:bak] ineinander verflochten, verworren sein; VIII [iʃˈtabak] verwickelt, verflochten werden; sich verwickeln; kompliziert, verworren sein; handgemein werden.

شبكة [ʃabaka], *pl*. شباك [ʃiˈba:k] *u*. شبك [ʃabak] Netz *n*; Gitter *n*.

شبكية [ʃabaˈki:ja] Netzhaut *f des Auges*.

شبل [ʃibl], *pl*. أشبال [ʔaʃˈba:l] Löwenjunge(s) *n*.

شبه [ʃabih (jaʃbah)] gleichen, ähnlich sein (*j-m* ه); II [ʃabbah] gleichmachen, vergleichen; *Passiv*: [ʃubbih] zweifelhaft sein (*j-m* على); III [ʃa:bah] *u*. IV [ʔaʃbah] = I; V [taˈʃabbah] sich verglei-

chen (mit ب), nachahmen (*j-n* ب); VI [ta'ʃa:bah] einander ähnlich sein; doppeldeutig sein; VIII [iʃ'tabah] bezweifeln, verdächtigen (*j-n* في, *etw.* في).
+ [ʃabah] 1. Ähnlichkeit *f*; Ebenbild *n*; 2. Messing *n*.
+ [ʃibh], *pl.* أشباه [ʔaʃ'ba:h] Ähnlichkeit *f*; Gleiche(s) *n*, Ebenbild *n*; -ähnlich, -gleich; halb-, Halb-; جزيرة ~ [ʃibhu dʒa'zi:ra(tin)] Halbinsel *f*; رسمى ~ halbamtlich, halboffiziell.

شبهان [ʃaba'ha:n] Messing *n*.

شبهة [ʃubha], *pl.* شبه [ʃubah] *u.* [-a:t] Unklarheit *f*, Zweifel *m*, Verdacht *m*.

شبيبة [ʃa'bi:ba] Jugend *f*.

شبين [ʃa'bi:n], *pl.* شباين [ʃa'ba:jin] Pate *m*; Brautführer *m*.

شبيه [ʃa'bi:h], *pl.* شباه [ʃi'ba:h] ähnlich, gleich (*e-r Sache* ب).

شت [ʃatta (ja'ʃittu)] zerstreut, aufgelöst werden; II [ʃattat] zerstreuen, zersprengen; V [ta'ʃattat] sich zerstreuen, aufgelöst werden.
+ [ʃatt], *pl.* أشتات [ʔaʃ'ta:t] zerstreut, aufgelöst; verschieden, mannigfaltig.

شتاء [ʃi'ta:ʔ], *pl.* أشتية [ʔaʃ'tija] Winter *m*; Regenzeit *f*.

شتل [ʃatal (jaʃtil)] pflanzen.

شتلة [ʃatla], *pl.* شتول [ʃu'tu:l] Setzling *m*.

شتم [ʃatam (jaʃtim)] *u.* III [ʃa:tam] beschimpfen, schelten; VI [ta'ʃa:tam] einander beschimpfen.
+ [ʃatm] Beschimpfung *f*, Schmähung *f*.

شتا (شتو) [ʃata: (jaʃtu:)] überwintern; II [ʃatta:] 1. überwintern; 2. regnen; V [ta'ʃatta:] überwintern.

شتوى [ʃatwi:] winterlich, Winter-.

شتيت [ʃa'ti:t], *pl.* شتّى [ʃatta:] zerstreut, mannigfaltig; *pl. nachgestellt*: أشياء شتّى verschiedene Dinge, alle Arten von Sachen.

شتيمة [ʃa'ti:ma], *pl.* شتائم [ʃa'ta:ʔim] Beschimpfung *f*.

شج [ʃaddʒa (ja'ʃuddʒu)] zerbrechen, spalten.

شجار [ʃi'dʒa:r] Streit *m*.

شجاع [ʃu'dʒa:ʕ], *pl.* شجعان [ʃudʒ'ʕa:n] tapfer, mutig, kühn.

شجاعة [ʃa'dʒa:ʕa] Mut *m*, Kühnheit *f*, Tapferkeit *f*.

شجب [ʃadʒb] Vernichtung *f*.
+ [ʃadʒab] Kummer *m*, Sorge *f*, Not *f*.

شجر [ʃadʒar (jaʃdʒur)] vorfallen, sich ereignen; III [ʃa:dʒar] sich streiten; VI [ta'ʃa:dʒar] *u.* VIII [iʃˈtadʒar] miteinander streiten.

+ [ʃadʒar] *coll.*, ة~, *pl.* أشجار [ʔaʃdʒaːr] Baum *m*, Strauch *m*.

شجع [ʃadʒuʕ (jaʃdʒuʕ)] mutig sein; II [ʃaddʒaʕ] ermutigen, aufmuntern (zu *etw.* على); begünstigen; V [taˈʃaddʒaʕ] Mut fassen.

شجن [ʃadʒan], *pl.* شجون [ʃuˈdʒuːn] 1. Kummer *m*, Sorge *f*; 2. Seitenweg *m*; Verzweigung *f*.

شجو [ʃadʒw] Kummer *m*, Sorge *f*; Beklemmung *f*, Ergriffenheit *f*.

شجيرة [ʃuˈdʒaira] Strauch *m*, Busch *m*, kleiner Baum *m*.

شح [ʃaħħa (jaˈʃuħħu)] geizig *od.* gierig sein.

+ [ʃuħħ] Geiz *m*, Gier *f*, Habsucht *f*; Knappheit *f*.

شحات [ʃaˈħħaːt] *u.* شحاذ [ʃaˈħħaːð] Bettler *m*.

شحاذة [ʃiˈħaːða] Bettelei *f*.

شحاطة [ʃaˈħħaːtɒ] *Syr.* Zündholz *n*.

شحذ [ʃaħað (jaʃħað)] 1. schärfen, schleifen; 2. betteln.

شحط [ʃaħat (jaʃħat)] 1. fern sein; 2. *Schiff*: auf Grund laufen, stranden; *Zündholz* anreiben.

شحم [ʃaħum (jaʃħum)] fett sein; II [ʃaħħam] schmieren, einfetten.

+ [ʃaħm], *pl.* شحوم [ʃuˈħuːm] Fett *n*, Talg *m*; Schmierfett *n*; ة~ Stück Fett *n*; ة~ الاذن Ohrläppchen *n*.

شحن [ʃaħan (jaʃħan)] laden (*a. El.*), *Schiff* beladen; *Ware* verladen, verfrachten; III [ʃaːħan] hassen; streiten; IV [ʔaʃħan] anfüllen, beladen.

+ [ʃaħn] Beladung *f*, Verfrachtung *f*; *El.* Aufladung *f*; ة~, *pl.* [ʃaħaˈnaːt] Ladung *f* (*a. El.*), Fracht *f*.

شحنة [ʃiħna] Polizei *f*.

شحيح [ʃaˈħiːħ], *pl.* شحاح [ʃiˈħaːħ] geizig; knapp, spärlich.

شحيم [ʃaˈħiːm] fett.

شخ [ʃaxxa (jaˈʃuxxu)] urinieren.

شخشخ [ʃaxʃax (juˈʃaxʃix)] klirren, rasseln.

شخص [ʃaxɒs (jaʃxɒs)] aufragen, erscheinen; *Auge*: starren (auf الى); weggehen, übergehen (aus *e-m Zustand* in *e-n anderen* من الى); II [ʃaxxɒs] darstellen, personifizieren; identifizieren, Diagnose stellen; V [taˈʃaxxɒs] erscheinen, sich zeigen.

+ [ʃaxs], *pl.* أشخاص [ʔaʃˈxɒːs] Person *f*, Individuum *n*;

~ى persönlich, privat; ~يا [ʃaxˈsiːjan] *Adv.* persönlich; ~ية [ʃaxˈsiːja] Persönlichkeit *f.*

شد [ʃadda (jaˈʃiddu)] 1. fest, stark, heftig sein; 2. stärken; festmachen, befestigen; ziehen, spannen; schnüren, binden; drücken; II [ʃaddad] verstärken, intensivieren; mit Nachdruck tun (*etw.* ق); *Gr. Buchstaben* verdoppeln; V [taˈʃaddad] heftig werden, sich verstärken; VIII [iʃˈtadda] sich verstärken, heftiger werden, sich verschärfen.

+ [ʃadd] Ziehen *n*; ~ة Verstärkung *f*, Anspannung *f*; *Gr.* Verdoppelungszeichen *n.*

شدة [ʃidda] Stärke *f*, Heftigkeit *f*, Intensität *f*; Not *f*, Unglück *n.*

شديد [ʃaˈdiːd], *pl.* شداد [ʃiˈdaːd] *u.* أشداء [ʔaʃiˈddaːʔ] stark, heftig, intensiv; streng, schlimm; ~ة, *pl.* شدائد [ʃaˈdaːʔid] Unglück *n*, Elend *n*, Not *f.*

شذ [ʃaðða (jaˈʃuððu)] sich absondern, isoliert sein; abweichen (von عن), unregelmäßig sein.

شذرة [ʃaðra], *pl.* شذور [ʃuˈðuːr] *u.* [ʃaðaˈraːt] Teilchen *n*, Bruchstück *n*, Splitter *m.*

شذوذ [ʃuˈðuːð] Unregelmäßigkeit *f*, Seltsamkeit *f*, Exzentrizität *f.*

شر [ʃarra (jaˈʃarru)] schlecht, schlimm, böse sein.

+ [ʃarr] 1. *pl.* شرور [ʃuˈruːr] Übel *n*, Böse(s) *n*; Unheil *n*, Unrecht *n*; 2. *pl.* أشرار [ʔaʃˈraːr] schlecht, schlimm, böse.

شراء [ʃiˈraːʔ] Kauf *m*, Ankauf *m.*

شراب [ʃaˈraːb], *pl.* أشربة [ʔaʃˈriba] Getränk *n*; Wein *m.*

+ [ʃuˈrraːb], *pl.* [-aːt] Strumpf *m*, Socke *f*; ~ة Quaste *f.*

شرارة [ʃaˈraːra], *pl.* [-aːt] Funke *m.*

شراع [ʃiˈraːʕ], *pl.* أشرعة [ʔaʃˈriʕa] *u.* شروع [ʃuruːʕ] Segel *n*; ~ى Segel-; الطيران الشراعى Segelflug *m.*

شرانى [ʃaˈrraːniː] böse, boshaft.

شراهة [ʃaˈraːha] Gier *f*, Gefräßigkeit *f.*

شرب [ʃarib (jaʃrab)] trinken; *Tabak* rauchen; II [ʃarrab] *u.* IV [ʔaʃrab] zu trinken geben; sättigen; imprägnieren; V [taˈʃarrab] aufsaugen, einsaugen; angefüllt sein.

+ [ʃurb] Trinken *n*, Trunk *m*; ~ة Trunk *m*, Trank *m*, Schluck *m*; *s.a.* شوربة.

شرج [ʃaradʒ], *pl.* أشراج [ʔaʃˈraːdʒ] Schlinge *f*, Öse *f*.

شرح [ʃaraħ (jaʃraħ)] zerschneiden, aufschneiden, öffnen; erklären, erläutern, kommentieren; II [ʃarrah] zerschneiden, sezieren; VII [inˈʃaraħ] geöffnet werden; gelöst, entspannt sein; sich freuen.

+ [ʃarħ], *pl.* شروح [ʃuˈruːħ] Erklärung *f*, Erläuterung *f*, Kommentar *m*; ـة~ dünne Scheibe *f*, Schnitte *f*.

شرد [ʃarad (jaʃrud)] fliehen, flüchten, davonlaufen; umherirren; II [ʃarrad] davonjagen, vertreiben; V [taˈʃarrad] vagabundieren.

شرس [ʃaris] bösartig, boshaft, zanksüchtig.

شرش [ʃirʃ], *pl.* شروش [ʃuˈruːʃ] Wurzel *f*.

شرشف [ʃarʃaf], *pl.* شراشف [ʃaˈraːʃif] Bettuch *n*, Laken *n*.

شرط [ʃarɒt (jaʃrut)] Einschnitte machen; ausbedingen, zur Bedingung machen; II [ʃarrɒt] in Stücke reißen; III [ʃaːrɒt] *e-e* Abmachung treffen (mit ه); VIII [iʃˈtarɒt] Bedingungen stellen, zur Bedingung machen.

+ [ʃɒrt], *pl.* شروط [ʃuˈruːt] Einschnitt *m*; Bedingung *f*, Voraussetzung *f*, Klausel *f im Vertrag*; بلا شرط او قيد bedingungslos.

+ [ʃarɒt], *pl.* أشراط [ʔaʃˈrɒːt] Zeichen *n*.

شرطة [ʃɒrtɒ], *pl.* شرط [ʃurɒt] Strich *m*, Bindestrich *m*.

+ [ʃurtɒ] Polizei *f*.

شرطى [ʃɒrtiː] bedingt, Bedingungs-.

+ [ʃurtiː] Polizist *m*.

شرع [ʃaraʕ (jaʃraʕ)] *Waffe* richten (gegen على), aufpflanzen; *Gesetz* erlassen, geben; anfangen, beginnen (*mit folgender Gegenwartsform*; mit *etw.* في); *Plan* entwerfen; II [ʃarraʕ] Gesetze geben; IV [ʔaʃraʕ] *Waffe* zücken, richten; VIII [iʃˈtaraʕ] = II.

+ [ʃarʕ] *Isl.* Scharia *f*, religiöses Recht *n*; ا~ *Adv.* legal, rechtmäßig; ـة~ Gesetz *n*; Deklaration *f*.

شرعى [ʃarʕiː] gesetzlich, legitim, legal, rechtmäßig; الطب الـ~ Gerichtsmedizin *f*; ا~ [ʃarˈʕiːjan] *Adv.* gesetzlich, de jure; ـة~ Gesetzlichkeit *f*, Legalität *f*.

شرف [ʃarif (jaʃraf)] hoch sein, überragen; – [ʃaruf (jaʃruf)] adelig, vornehm sein; II [ʃarraf] ehren, beehren; auszeichnen; adeln; III [ʃa:raf] sich nähern; um den Vorrang wetteifern; IV [ʔaʃraf] emporragen; überragen, überblicken (*etw.* على); beherrschen; beaufsichtigen, kontrollieren, überwachen (*etw.* على); nahe daran sein; V [ta'ʃarraf] geehrt werden; sich beehren, die Ehre haben.

+ [ʃaraf] Ehre *f*, Würde *f*; Adel *m*; ~ى Ehren-.

شرفاء *s.* شريف.

شرفة [ʃurfa] Zinne *f*; Balkon *m*, Loge *f*.

شرق [ʃaraq (jaʃruq)] *Sonne*: aufgehen; leuchten; – [ʃariq (jaʃraq)] würgen, sich verschlucken; II [ʃarraq] nach Osten gehen; IV [ʔaʃraq] *Sonne*: aufgehen; strahlen; V [ta'ʃarraq] zum Orientalen werden; X [is'taʃraq] sich mit dem Orient befassen, Orientalistik betreiben.

+ [ʃarq] Sonnenaufgang *m*; Osten *m*, Orient *m*; الـ~ الادنى [al'ʔadna:] der Nahe Osten; الـ~ الاقصى [al'ʔaqsɒ:] der Ferne Osten; ~ا [ʃarqan] *Adv.* ostwärts; ~ى östlich, orientalisch; Orientale *m*.

شرك [ʃarik (jaʃrak)] teilnehmen, Anteil haben (an *D* في); III [ʃa:rak] teilnehmen, Partner sein (*j-s* ه); *Meinung* teilen; IV [ʔaʃrak] teilnehmen lassen (an *D* في), beigesellen (*e-r Sache* ب); Götzendiener sein; VIII [iʃ'tarak] teilnehmen (an *D* في), mitwirken; abonnieren, *Zeitschrift* subskribieren.

+ [ʃarak], *pl.* أشراك [ʔaʃ'ra:k] Schlinge *f*, Falle *f*, Netz *n*.

+ [ʃirk] Götzendienerei *f*, Polytheismus *m*.

شركاء *s.* شريك.

شركة [ʃarika *u.* ʃirka], *pl.* [-a:t] Gesellschaft *f*, Genossenschaft *f*; Firma *f*, Betrieb *m*; ~ المساهمة Aktiengesellschaft *f*.

شرم [ʃarm], *pl.* شروم [ʃu'ru:m] Spalt *m*, Schlitz *m*.

شرموطة [ʃar'mu:tɒ], *pl.* شراميط [ʃara:'mi:ŧ] Fetzen *m*, Lumpen *m*; Hure *f*.

شره [ʃarah] Gier *f*, Gefräßigkeit *f*.

+ [ʃarih] gierig, gefräßig.

شروال [ʃir'wa:l] = سروال.

شرود [ʃu'ru:d] Umherschweifen *n*, Umherirren *n*.

شروع [ʃu'ru:ʕ] Beginn *m*, Anfang *m*; Plan *m*.

شروق [ʃu'ru:q] (*Sonnen-*)Aufgang *m*.

شرى [ʃara: (jaʃri:)] kaufen; verkaufen; VIII [iʃ'tara:] kaufen, erwerben; X [is'taʃra:] *Lage*: sich verschlimmern.

+ [ʃaran] *Med.* Ausschlag *m.*

+ [ʃiran], *pl.* أشرية [ʔaʃ'rija] Kauf *m.*

شريان [ʃir'ja:n], *pl.* شرايين [ʃara:'ji:n] Arterie *f*; تصلب الشرايين Arterienverkalkung *f*; ~ى Arterien-.

شريب [ʃa'ri:b] trinkbar.

شريحة [ʃa'ri:ħa] Schnitte *f*, Scheibe *f*.

شريد [ʃa'ri:d] flüchtig; verjagt; Landstreicher *m.*

شرير [ʃa'ri:r], *pl.* أشراء [ʔaʃi'rra:ʔ] schlecht, böse.

+ [ʃi'rri:r] Bösewicht *m*, Schurke *m.*

شريط [ʃa'ri:ŧ], *pl.* أشرطة [ʔaʃ'riŧɒ] Band *n*, Borte *f*, Streifen *m*; (*Kino-*)Film *m*; (*Eisenbahn-*) Strecke *f*; ~ة, *pl.* شرائط [ʃa'ra:ʔiŧ] 1. Bedingung *f*; 2. Band *n.*

شريعة [ʃa'ri:ʕa], *pl.* شرائع [ʃa'ra:ʔiʕ] Gesetz *n*; islamisches Recht *n.*

شريف [ʃa'ri:f], *pl.* أشراف [ʔaʃ'ra:f] *u.* شرفاء [ʃura'fa:ʔ] edel, vornehm, achtbar, ehrenhaft; Scherif *m* (*Titel der Nachkommen des Propheten*).

شريك [ʃa'ri:k], *pl.* شركاء [ʃura'ka:ʔ] Teilhaber *m*, Partner *m*, Kompagnon *m*; Genosse *m*; Komplize *m.*

شص [ʃiss], *pl.* شصوص [ʃu'su:s] Angelhaken *m.*

شط [ʃɒŧŧɒ (ja'ʃiŧŧu)] *u.* VIII [iʃ'taŧŧɒ] zu weit gehen, das Maß überschreiten.

+ [ʃɒŧŧ], *pl.* شطوط [ʃu'ŧu:ŧ] Ufer *n*, Küste *f*, Strand *m*; شط العرب *Geo.* Schatt el-Arab (*gemeinsamer Unterlauf des Euphrat und Tigris*).

شطارة [ʃa'ŧɒ:ra] Schlauheit *f*, Klugheit *f*, Geschicklichkeit *f*.

شطب [ʃaŧɒb (jaʃŧub)] (durch-) streichen, ausstreichen, tilgen; II [ʃaŧŧɒb] buchen, eintragen; = I.

+ [ʃɒŧb] 1. Einschnitt *m*; Streichung *f*; 2. hochgewachsen.

شطر [ʃaŧɒr (jaʃŧur)] durchschneiden, halbieren; sich trennen; – [ʃaŧur (jaʃŧur)] schlau, geschickt sein; III [ʃa:ŧɒr] teilen (mit *j-m* ه), halbpart machen; V [ta'ʃaŧŧɒr] sich geschickt anstellen; VII [in'ʃaŧɒr] sich spalten.

+ [ʃɒŧr] Teilung *f*, Halbierung *f*; *pl.* شطور [ʃu'ŧu:r] Hälfte *f*; Anteil *m.*

شطرنج [ʃɒŧ'randʒ] Schachspiel *n.*

شطف [ʃatɒf (jaʃtuf)] waschen, spülen.

شطة [ʃɒttɒ] roter Schotenpfeffer *m*.

شظف [ʃazɒf] Entbehrung *f*, Härte *f des Lebens*.

شظية [ʃa'zi:ja], *pl.* شظايا [ʃa'zɒ:ja:] Splitter *m*.

شع [ʃaʕʕa (ja'ʃiʕʕu)] sich ausbreiten; IV [ʔa'ʃaʕʕa] verbreiten, ausstrahlen, strahlen; V [ta'ʃaʕʕaʕ] strahlen.

شعار [ʃi'ʕa:r], *pl.* أشعرة [ʔaʃ'ʕira] Abzeichen *n*, Kennzeichen *n*; Devise *f*, Losung *f*, Kennwort *n*, Motto *n*.

شعاع [ʃu'ʕa:ʕ], *pl.* أشعة [ʔa'ʃiʕʕa] Strahl *m*; Radspeiche *f*; أشعة اكس X-Strahlen *m/pl*.

شعب II [ʃaʕʕab] verzweigen; abteilen; V [ta'ʃaʕʕab] sich verzweigen; in Unterabteilungen zerfallen.

+ [ʃaʕb], *pl.* شعوب [ʃu'ʕu:b] Volk *n*, Volksstamm *m*.

+ [ʃiʕb], *pl.* شعاب [ʃi'ʕa:b] Schlucht *f*; Bergpaß *m*; Riff *n*.

شعبان [ʃaʕ'ba:n] 8. islamischer Mondmonat.

شعبذة [ʃaʕ'baða] Gaukelei *f*, Taschenspielerei *f*.

شعبة [ʃuʕba], *pl.* شعب [ʃuʕab] Zweig *m*; Abteilung *f*, Sektion *f*; Filiale *f*.

شعبي [ʃaʕbi:] völkisch, Volks-, national; populär; volkstümlich; ـة~ Popularität *f*.

شعث [ʃaʕiθ] zottig, zerzaust.

شعر [ʃaʕar (jaʃʕur)] wissen; begreifen; fühlen, spüren, empfinden, wahrnehmen; IV [ʔaʃʕar] wissen lassen, informieren; X [is'taʃʕar] fühlen, merken.

+ [ʃaʕr], *pl.* شعور [ʃu'ʕu:r] *coll.* Haar *n*.

+ [ʃiʕr], *pl.* أشعار [ʔaʃ'ʕa:r] Gedicht *n*; Dichtung *f*, Poesie *f*; Wissen *n*.

شعراء *s.* شاعر.

شعرة [ʃaʕra] (*e. einzelnes*) Haar *n*.

شعرى [ʃaʕri:] hären, haarig, aus Haar.

+ [ʃiʕri:] dichterisch, poetisch.

شعرية [ʃaʕ'ri:ja] 1. Drahtnetz *n*, Gitter *n*; 2. *u.* [ʃiʕ'ri:ja] Fadennudeln *f/pl*.

شعل [ʃaʕal (jaʃʕal)] *u.* II [ʃaʕʕal] *u.* IV [ʔaʃʕal] anzünden, in Brand setzen; VIII [iʃ'taʕal] brennen, flammen, sich entzünden.

شعلة [ʃuʕla], *pl.* شعل [ʃuʕal] Fackel *f*, Feuerbrand *m*.

شعوذة [ʃaʕ'waða] = شعبذة.

شعور [ʃuˈʕuːr] Wissen *n*, Bewußtsein *n*; Gefühl *n*, Empfindung *f*; Stimmung *f*; اللاشعور [allaːʃuˈʕuːr] das Unterbewußtsein *n*; ~ى gefühlsmäßig, bewußt; لاشعورى unbewußt.

شعير [ʃaˈʕiːr] *coll.* Gerste *f*; ~ة 1. Gerstenkorn *n*; 2. Zeremonie *f*.

شغال [ʃaˈɣɣaːl] beschäftigt, in Betrieb befindlich; emsig, arbeitsam.

شغب [ʃaɣab (jaʃɣab)] Unruhe stiften, Streit hervorrufen; III [ʃaːɣab] Unruhe stiften; meutern, sich auflehnen.

+ [ʃaɣab] Unruhe *f*, Aufruhr *m*, Streit *m*.

شغر [ʃaɣar (jaʃɣur)] frei, unbesetzt, vakant sein.

شغف [ʃaɣaf] 1. Herzbeutel *m*; 2. Verliebtheit *f*, Leidenschaft *f*.

شغل [ʃaɣal (jaʃɣal)] beschäftigen, zu schaffen machen (*j-m* ه); *Kräfte* binden; ausfüllen, besetzen, einnehmen; ablenken (von عن); II [ʃaɣɣal] beschäftigen, arbeiten lassen; in Gang setzen; *Geld* investieren; III [ʃaːɣal] beschäftigen, ablenken; IV [ʔaʃɣal] beschäftigen; ausfüllen, *Amt* einnehmen; *Zeit* beanspruchen; VII [inˈʃaɣal] beschäftigt sein, sich sorgen; VIII [iʃˈtaɣal] arbeiten, tätig sein; sich beschäftigen, sich befassen (mit ب).

+ [ʃuɣl], *pl.* أشغال [ʔaʃˈɣaːl] Arbeit *f*, Beschäftigung *f*; Geschäft *n*; أشغال شاقة Zwangsarbeit *f*; ~ة Arbeit *f*.

شغور [ʃuˈɣuːr] Vakanz *f e-r Stelle*.

شف [ʃaffa (jaˈʃiffu)] dünn, durchsichtig sein; X [istaˈʃaffa] hindurchsehen, durchschauen; durchschimmern.

+ [ʃaff], *pl.* شفوف [ʃuˈfuːf] durchsichtiger Stoff *m*.

شفا [ʃafan], *pl.* أشفاء [ʔaʃˈfaːʔ] Rand *m*; *s.* شفو.

شفاء [ʃiˈfaːʔ] Heilung *f*, Genesung *f*; *pl.* أشفية [ʔaʃˈfija] Arznei *f*, Heilmittel *n*.

شفاطة [ʃaˈffaːtɒ] Saugapparat *m*.

شفاعة [ʃaˈfaːʕa] Fürbitte *f*, Fürsprache *f*.

شفاف [ʃaˈffaːf] durchsichtig, durchscheinend.

شفاه *s.* شفة; ~ا [ʃiˈfaːhan] *Adv.* mündlich; ~ى [ʃiˈfaːhiː] mündlich.

شفت [ʃift] Zange *f*, Pinzette *f*.

شفرة [ʃafra], *pl.* شفار [ʃiˈfaːr] *u.* [ʃafaˈraːt] Klinge *f*, Rasierklinge *f*.

+ [ʃifra] Chiffre *f*.

شفع [ʃafaʕ (jaʃfaʕ)] 1. Fürsprache einlegen, bitten (für *j-n* ل); 2. beifügen; V [taˈʃaffaʕ] = I, 1.

+ [ʃafʕ], *pl.* أشفاع [ʔaʃˈfa:ʕ] Teil *m* eines Paares.

شفعة [ʃufʕa] Vorkaufsrecht *n*.

شفعى [ʃafʕi:] paarig, gerade (*Zahl*).

شفق IV [ʔaʃfaq] bemitleiden (*j-n* على), besorgt sein (um على); sich hüten (vor من).

+ [ʃafaq] Dämmerung *f*, Abendröte *f*; القطبي ∼ال Polarlicht *n*; ∼ة Mitleid *n*, Erbarmen *n*.

شفه III [ʃa:fah] sich mündlich (mit *j-m* ه) unterhalten.

شفة [ʃafa], *pl.* شفوات [ʃafaˈwa:t] *u.* شفاه [ʃiˈfa:h] Lippe *f*; Rand *m*; بنت ∼ال Wort *n*.

شفو IV أشفى [ʔaʃfa:] nahe daran sein, nahe sein (*e-r Sache* على).

شفوف [ʃuˈfu:f] Durchsichtigkeit *f*.

شفوق [ʃaˈfu:q] = شفيق.

شفى [ʃafa: (jaʃfi:)] heilen, kurieren; befriedigen; V [taˈʃaffa:] *u.* VIII [iʃˈtafa:] geheilt werden; X [isˈtaʃfa:] Heilung suchen.

شفيع [ʃaˈfi:ʕ], *pl.* شفعاء [ʃufaˈʕa:ʔ] Vermittler *m*, Fürsprecher *m*, Schutzpatron *m*; Vorkaufsberechtigte(r) *m*.

شفيف [ʃaˈfi:f] durchscheinend, durchsichtig.

شفيق [ʃaˈfi:q] mitleidig, gütig; *a. npr. m.*

شق [ʃaqqa (jaˈʃuqqu)] 1. spalten, zerbrechen, durchfurchen; hindurchgehen, hervorbrechen; *Weg* bahnen; *Straße* anlegen; *Morgen*: anbrechen; 2. schwierig, unerträglich sein, belästigen (*j-n* على); II [ʃaqqaq] aufreißen; V [taˈʃaqqaq] sich spalten, bersten; VII [inˈʃaqqa] gespalten werden, sich spalten; sich trennen, sich abspalten; VIII [iʃˈtaqqa] *e. Wort* ableiten.

+ [ʃaqq], *pl.* شقوق [ʃuˈqu:q] Spalt *m*, Riß *m*, Schlitz *m*; Spaltung *f*.

+ [ʃiqq] 1. Hälfte *f*, (ergänzender) Teil *m*; 2. Mühe *f*.

شقا [ʃaqan] *u.* شقاء [ʃaˈqa:ʔ] Elend *n*, Not *f*, Leid *n*; *s.* شقى.

شقافة [ʃuˈqa:fa] Tonscherben *f/pl.*

شقاق [ʃiˈqa:q] Zwist *m*, Uneinigkeit *f*.

شقاوة [ʃaˈqa:wa] 1. Unglück *n*, Elend *n*; 2. Ungezogenheit *f*, Bosheit *f*; Räuberei *f*.

شقر [ʃaqar] Blondheit *f*; *s.* أشقر.

شقف [ʃaqaf] *coll.*, ~ة Tonscherbe *f*.

شقة [ʃaqqa *u.* ʃiqqa], *pl.* شقق [ʃiqaq] Wohnung *f*; Abteil *n*.

\+ [ʃiqqa], *pl.* شقق [ʃiqaq] *u.* شقاق [ʃiˈqa:q] 1. Stück *n*, Teil *m*; Parzelle *f*; Spalt *m*; 2. Mühe *f*, Beschwerlichkeit *f*.

\+ [ʃuqqa], *pl.* شقق [ʃuqaq] Mühe *f*, Beschwerlichkeit *f*; weite Entfernung *f*.

شقي [ʃaqija (jaʃqa:)] elend, unglücklich sein; IV [ʔaʃqa:] elend machen, ins Unglück stürzen.

شقيق [ʃaˈqi:q], *pl.* أشقاء [ʔaʃiqˈqa:ʔ] (*leiblicher*) Bruder *m*; Bruder-; ~ة, *pl.* شقائق [ʃaˈqa:ʔiq] Schwester *f*.

شك [ʃakka (jaˈʃukku)] 1. stechen, durchbohren; 2. zweifeln (an في), Bedenken haben; beargwöhnen (*j-n* في); II [ʃakkak] Zweifel erregen; V [taˈʃakkak] zweifeln, Bedenken haben.

\+ [ʃakk], *pl.* شكوك [ʃuˈku:k] Zweifel *m*, Bedenken *n*, Ungewißheit *f*, Verdacht *m*; بلا ~ zweifellos, ohne Zweifel.

شكا *s.* شكو.

شكاسة [ʃaˈka:sa] Unfreundlichkeit *f*, Bösartigkeit *f*.

شكاية [ʃiˈka:ja] Klage *f*, Beschwerde *f*.

شكر [ʃakar (jaʃkur)] danken (*j-m* ه, für ل, على); loben; V [taˈʃakkar] dankbar sein.

\+ [ʃukr], *pl.* شكور [ʃuˈku:r] Dank *m*, Dankbarkeit *f*; Lob *n*; شكرا [ʃukran] danke!; *s.* جزيل.

شكس [ʃakis] bösartig, unverträglich, mürrisch.

شكل [ʃakal (jaʃkul)] 1. zweifelhaft, unklar sein; 2. *Weidetier* koppeln; zusammenbinden; *Text* vokalisieren; II [ʃakkal] formen, bilden, gestalten; variieren, verschieden machen; unklar sein; III [ʃa:kal] ähnlich sein (*j-m* ه); IV [ʔaʃkal] schwierig sein (für على), verwickelt, unklar sein; V [taˈʃakkal] sich gestalten; geformt, gebildet werden; die Gestalt (*e-r Sache* ب) annehmen.

\+ [ʃakl], *pl.* أشكال [ʔaʃˈka:l] Gestalt *f*, Form *f*, Figur *f*; Typ *m*; Sorte *f*; Manier *f*, Art und Weise *f*; Vokalisierung *f*; ~ى formal, formell; ~يات [ʃakli:ˈja:t] Formalitäten *f/pl*.

شكا (شكو) [ʃaka: (jaʃku:)] klagen (über ه, من), sich beklagen, sich beschweren (bei الى); leiden (unter ه); V [taˈʃakka:] *u.* VIII [iʃˈtaka:] = I.

شكور [ʃaˈku:r] sehr dankbar.

شكوة [ʃakwa] *u.* شكوى [ʃakwa:], *pl.* شكاوى [ʃaˈka:wa:] Klage *f*, Beschwerde *f*; Anschuldigung *f*.

شكيمة [ʃaˈki:ma], *pl.* شكائم [ʃaˈka:ʔim] Trense *f*, Gebiß *n des Pferdezaumes*; Kraft *f*, Stolz *m*; Unbeugsamkeit *f*.

شل [ʃalla (jaˈʃallu)] verdorren; verkrüppelt, gelähmt sein; IV [ʔaˈʃalla] verdorren lassen; lähmen.

شلال [ʃaˈlla:l], *pl.* [-a:t] Wasserfall *m*, Stromschnelle *f*, (*Nil*-) Katarakt *m*.

شلح [ʃalaħ (jaʃlaħ)] *Kleid* ausziehen, ablegen; II [ʃallaħ] entkleiden, ausziehen; berauben.

شلغم [ʃalɣam] *Ir.* (*weiße*) Rübe *f*.

شلل [ʃalal] Lähmung *f*.

شلة [ʃilla], *pl.* شلل [ʃilal] Knäuel *n*, (*Woll*-)Strähne *f*.

شم [ʃamma (jaˈʃammu)] stolz, hochmütig sein; – [ʃamma (jaˈʃummu, jaˈʃimmu)] riechen, einatmen, schnuppern; II [ʃammam] *u.* IV [ʔaˈʃamma] riechen lassen; V [taˈʃammam] schnüffeln; VIII [iʃˈtamma] riechen, *Geruch* wahrnehmen.

+ [ʃamm] Riechen *n*, Geruchssinn *m*; شم النسيم ägyptisches Frühlingsfest am koptischen Ostermontag.

شماتة [ʃaˈma:ta] Schadenfreude *f*, Bosheit *f*.

شمأز *s.* اشمأز.

شماس [ʃaˈmma:s], *pl.* شمامسة [ʃaˈma:misa] Küster *m*, Diakon *m*.

شماع [ʃaˈmma:ʕ] Kerzenhändler *m*; ~ة Kleiderhaken *m*.

شمال [ʃiˈma:l] 1. Norden *m*; 2. linke Seite *f*, linke Hand *f*; شمالا [ʃiˈma:lan] *Adv.* nordwärts; nach links; ~ى nördlich, Nord-; link, links befindlich.

شمام [ʃaˈmma:m] *Äg.* Zuckermelone *f*.

شمت [ʃamit (jaʃmat)] Schadenfreude empfinden (über ب).

شمخ [ʃamax (jaʃmax)] hoch sein, aufragen; hochmütig sein.

شمر II [ʃammar] *Ärmel* aufkrempeln; schürzen; *fig.* sich bereit machen.

+ [ʃamar] *u.* ~ة [ʃamra] Fenchel *m*.

شمس II [ʃammas] der Sonne aussetzen; V [taˈʃammas] sich sonnen.

\+ [ʃams], *pl.* شموس [ʃuˈmu:s] Sonne *f*; ~ى Sonnen-, solar; ~ية Sonnenschirm *m*.

شمع II [ʃammaʕ] wachsen, mit Wachs einreiben.

\+ [ʃamʕ] Wachs *n*; ~ أحمر Siegellack *m*.

شمعدان [ʃamʕaˈda:n] Leuchter *m*, Kerzenständer *m*.

شمعة [ʃamʕa], *pl.* [ʃamaˈʕa:t] Kerze *f*; ~ الشرارة Zündkerze *f*.

شمل [ʃamal (jaʃmul)] umfassen, umschließen, enthalten; erfüllen; VIII [iʃˈtamal] enthalten (*etw.* على), umfassen, einschließen.

\+ [ʃaml] Sammlung *f*, Zusammenfassung *f*, Vereinigung *f*.

شمندر [ʃaˈmandar] Rübe *f*.

شميلة [ʃaˈmi:la], *pl.* شمائل [ʃaˈma:ʔil] Eigenschaft *f*, Charakter *m*.

شن [ʃanna (jaˈʃunnu)] *u.* IV [ʔaˈʃanna] *e-n Angriff* (غارة) machen.

شناعة [ʃaˈna:ʕa] Abscheulichkeit *f*, Häßlichkeit *f*.

شنب [ʃanab], *pl.* أشناب [ʔaʃˈna:b] Schnurrbart *m*.

شنج [ʃanidʒ (jaʃnadʒ)] *u.* V [taˈʃannadʒ] schrumpfen, sich zusammenziehen; zucken.

شنطة [ʃantɒ], *pl.* شنط [ʃunɒt] Tasche *f*, Koffer *m*.

شنع [ʃanuʕ (jaʃnuʕ)] abscheulich, schändlich sein; II [ʃanaʕ] schmähen, entehren.

شنعة [ʃunʕa] = شناعة.

شنق [ʃanaq (jaʃnuq)] *am Galgen aufhängen*.

\+ [ʃanq] Erhängen *n*; ~ا [ʃanqan] *Adv.* durch Erhängen.

شنيع [ʃaˈni:ʕ] abscheulich, schändlich, widerwärtig, schrecklich.

شنين [ʃaˈni:n] *u.* ~ة gewässerte Sauermilch *f*.

شها *s.* شهو.

شهاب [ʃiˈha:b], *pl.* شهب [ʃuhub] Sternschnuppe *f*, Meteor *m*; Feuerbrand *m*.

شهادة [ʃaˈha:da], *pl.* [-a:t] Zeugnis *n*, Bescheinigung *f*; Zeugenaussage *f*; Glaubensbekenntnis *n* (لا اله الا الله محمد رسول الله).

شهامة [ʃaˈha:ma] Kühnheit *f*; Edelmut *m*; Scharfsinn *m*.

شهب [ʃahab] graue Farbe *f*; *s.* أشهب.

شهد [ʃahid (jaʃhad)] Zeuge sein, zugegen sein, sehen; bezeugen, bescheinigen, aussagen (für *j-n* ل, gegen *j-n* على); III [ʃa:had] sehen, betrachten, zusehen; IV [ʔaʃhad] als Zeugen anrufen; V [taˈʃahhad] das Glaubensbekenntnis (شهادة) aussprechen; X [isˈtaʃhad] als Zeugen anführen; zitieren (*etw.* ب); *Passiv*: [usˈtuʃhid] den Märtyrertod erleiden.

+ [ʃahd *u.* ʃuhd] Honig *m*, Honigwabe *f*.

شهداء *s.* شهيد.

شهر [ʃahar (jaʃhar)] bekannt, berühmt machen; verbreiten; *Schwert* ziehen; II [ʃahhar] *u.* IV [ʔaʃhar] bekannt, berühmt machen, verbreiten; VIII [iʃˈtahar] bekannt, berühmt werden.

+ [ʃahr], *pl.* أشهر [ʔaʃhur] *u.* شهور [ʃuˈhu:r] Monat *m*.

شهرة [ʃuhra] Berühmtheit *f*, Ansehen *n*, Ruf *m*.

شهرى [ʃahri:] monatlich, Monats-; ~ا [ʃahˈri:jan] *Adv.* monatlich; ~ة Monatsgehalt *n*.

شهق [ʃahaq (jaʃhaq)] ächzen, seufzen; *Esel*: schreien.

شهل II [ʃahhal] beschleunigen, eilig absenden.

+ [ʃahil] flink, behende.

شهم [ʃahm] kühn, edel, klug.

(شهو) شها [ʃaha: (jaʃhu:)] begehren, verlangen, wünschen; II [ʃahha:] begierig machen, anlocken, reizen; VIII [iʃˈtaha:] begierig sein, begehren; Appetit haben (auf *A* ه).

شهوان [ʃahˈwa:n], *f* شهوى [ʃahwa:], *pl.* شهاوى [ʃaˈha:wa:] gierig, lüstern.

شهوة [ʃahwa], *pl.* [ʃahaˈwa:t] Verlangen *n*, Begierde *f*, Lust *f*, Appetit *m*.

شهى [ʃahija (jaʃha:)] = شها (شهو).

+ [ʃaˈhi:j] angenehm, wünschenswert; appetitlich; ~ة Appetit *m*.

شهيد [ʃaˈhi:d], *pl.* شهداء [ʃuhaˈda:ʔ] (Blut-)Zeuge *m*, Märtyrer *m*, Gefallene(r) *m im Krieg*.

شهير [ʃaˈhi:r] bekannt, berühmt; berüchtigt.

شهيق [ʃaˈhi:q] Einatmung *f*, Seufzen *n*; Eselsgeschrei *n*.

شو [ʃu:] *Syr.*, *vulg.* was?

شواء [ʃiˈwa:ʔ] gebratenes Fleisch *n*, Braten *m*; *s.* شوى.

شواذ *s.* شاذ.

شوارع *s.* شارع.

شوال [ʃaˈwwa:l] 10. islamischer Mondmonat.

+ [ʃuˈwa:l] Sack *m*.

شواهد *s.* شاهد.

شواية [ʃaˈwwa:ja] Bratpfanne *f*.

(شوب) شاب [ʃa:b (jaˈʃu:b)] (dazu-)mischen, trüben, verfälschen.

شوق [ʃauq], *pl.* أشواق [ʔaʃ'wa:q] Sehnsucht *f*, Verlangen *n*.

(شوك) شاك [ʃa:k (ja'ʃu:k)] *u*. II [ʃawwak] dornig, stachelig sein, stechen, verletzen.

شوك [ʃauk] *coll.*, ~ة, *pl.* أشواك [ʔaʃwa:k] Stachel *m*, Dorn *m*; Spitze *f*, Zinke *f*; Gräte *f*; ~ة Gabel *f*; ~ى dornig, stachelig.

(شول) شال [ʃa:l (ja'ʃu:l)] aufheben, hochheben.

شول [ʃawil] flink.

شؤم [ʃuʔm] böses Vorzeichen *n*; Unheil *n*.

شون II [ʃawwan] *Äg.* aufspeichern.

شونة [ʃu:na], *pl.* شون [ʃuwan] *Äg.* Speicher *m*, Kornlager *n*.

شوه [ʃawih (jaʃwah)] *u*. شاه [ʃa:h (ja'ʃu:h)] häßlich, entstellt sein; II [ʃawwah] entstellen, verunstalten; schmähen.

+ [ʃawah] Häßlichkeit *f*, Entstelltheit *f*.

شؤون *s*. شأن.

شوى [ʃawa: (jaʃwi:)] braten, rösten.

+ [ʃa'wi:j] gebraten, geröstet.

شوية [ʃ(u)wajja] (*Diminutiv von* شىء) etwas, ein wenig.

(شيأ) شاء [ʃa:ʔa (ja'ʃa:ʔu)] wollen, wünschen (*bes. Gott*); ان شاء الله [ʔin ʃa:ʔałła:h] wenn Gott

شوب [ʃaub] Mischung *f*, Trübung *f*; *Syr*. [ʃo:b] Hitze *f*.

شور II [ʃawwar] hinweisen, Wink geben; III [ʃa:war] um Rat fragen, sich beraten (mit ه); IV [ʔa'ʃa:r] zeigen, deuten, hinweisen (auf الى); zuwinken, *e*. Zeichen machen; VI [ta'ʃa:war] sich beraten (mit مع); X [ista'ʃa:r] um Rat fragen, sich beraten (mit ه).

شوربا *u*. شوربة [ʃurba] Suppe *f*.

شورى [ʃu:ra:] Rat *m*, Beratung *f*.

شوش II [ʃawwaʃ] stören, verwirren; V [ta'ʃawwaʃ] gestört, verwirrt sein.

شوشة [ʃu:ʃa] Haarbüschel *n*; Kamm *m der Vögel*.

شوط [ʃaut, ʃo:t], *pl.* أشواط [ʔaʃ'wa:t] Etappe *f*; *Sport*: Runde *f*, Halbzeit *f*.

(شوف) شاف [ʃa:f (ja'ʃu:f)] *pop.* sehen, schauen; II [ʃawwaf] 1. schmücken; 2. *pop.* zeigen; V [ta'ʃawwaf] erwarten; anstreben.

شوفان [ʃu:'fa:n] Hafer *m*.

شوفة [ʃaufa] *pop.* Anblick *m*.

(شوق) شاق [ʃa:q (ja'ʃu:q)] *u*. II [ʃawwaq] Sehnsucht, Verlangen erwecken (in *j-m* ه); V [ta'ʃawwaq] *u*. VIII [iʃ'ta:q] sich sehnen, verlangen (nach الى).

will; ما شاء الله *Ausdruck der Bewunderung.*

شيء [ʃaiʔ], *pl.* أشياء [ʔaʃˈjaːʔ] Ding *n*, Sache *f*; etwas; بعض الـ~ [baʕđɒʃʃaiʔ(i)] einigermaßen, ein wenig, etwas; لا ~ nichts; Nichts *n*.

شياخة [ʃiˈjaːxa] Würde *f e-s Scheichs.*

شياع [ʃiˈjaːʕ] Gemeinschaft *f* des Besitzes.

شيال [ʃaˈjjaːl], *pl.* [-uːn] *u.* ~ة Gepäckträger *m*, Träger *m*; ~ة Hosenträger *m*.

شيالة [ʃiˈjaːla] Trägerlohn *m*; Transport *m durch Tragen.*

شاب (شيب) [ʃaːb (jaˈʃiːb)] *Haar*: grau, weiß werden; grauhaarig werden; II [ʃajjab] weißhaarig machen.

شيب [ʃaib] Grauheit *f* der Haare; Alter *n*.

شيت [ʃiːt] Kattun *m*.

شاخ (شيخ) [ʃaːx (jaˈʃiːx)] alt werden.

شيخ [ʃaix], *pl.* شيوخ [ʃuˈjuːx] *u.* مشايخ [maˈʃaːjix] *u.* أشياخ [ʔaʃˈjaːx] Greis *m*, Alte(r) *m*; Scheich *m*, Älteste(r) *m e-s Stammes*, Oberhaupt *n*, Patriarch *m*; geistlicher Würdenträger *m*; Meister *m*; Dorfschulze *m*; *Pol.* Senator *m*, Mitglied *n* des Oberhauses.

شيخة [ʃaixa] Greisin *f*, Matrone *f*.

شيخوخة [ʃaiˈxuːxa] Greisenalter *n*.

شاد (شيد) [ʃaːd (jaˈʃiːd)] *u.* II [ʃajjad] errichten, erbauen; IV [ʔaˈʃaːd] errichten; rühmen, preisen.

شيد [ʃiːd] Verputz *m*, Mörtel *m*.

شيش [ʃiːʃ] Degen *m*; Bratspieß *m*; Jalousie *f*.

شيشة [ʃiːʃa], *pl.* شيش [ʃijaʃ] Pfeife *f*, Wasserpfeife *f*; Fläschchen *n*, Phiole *f*.

شيطان [ʃaiˈtɒːn], *pl.* شياطين [ʃajaːˈtiːn] Teufel *m*, Satan *m*.

شيطنة [ʃaiˈtɒna] Teufelei *f*, Schurkerei *f*.

شاع (شيع) [ʃaːʕ (jaˈʃiːʕ)] sich verbreiten, sich ausbreiten; allgemein sein; bekannt werden; II [ʃajjaʕ] das Geleit geben; zu Grabe tragen; III [ʃaːjaʕ] folgen, sich anschließen (*j-m* ه); Partei ergreifen (für ه); IV [ʔaˈʃaːʕ] verbreiten, veröffentlichen, bekanntmachen; V [taˈʃajjaʕ] Partei ergreifen; *Isl.* Schiit werden.

شيعة [ʃiːʕa], *pl.* شيع [ʃijaʕ] Partei *f*, Sekte *f*; Schia *f* (*islamische Sekte*).

شيعي [ʃiːʕiː] schiitisch; Schiit *m*.

شيك [ʃeːk], *pl.* [-aːt] Scheck *m*.

شال (شيل) [ʃa:l (ja'ʃi:l)] tragen, befördern; wegtragen.

شيلة [ʃaila] Last *f*.

شام (شيم) [ʃa:m (ja'ʃi:m)] beobachten; fühlen, erwarten.

شيمة [ʃi:ma], *pl.* شيم [ʃijam] Charakter *m*, Naturanlage *f*.

شان (شين) [ʃa:n (ja'ʃi:n)] *u.* II [ʃajjan] entstellen; schänden.

شين [ʃain] Entstellung *f*, Entehrung *f*, Schändung *f*.

شية [ʃija] Zeichen *n*; Fleck *m*; Farbe *f*; *s.* وشى.

شيوع [ʃu'ju:ʕ] Offenkundigkeit *f*; allgemeine Verbreitung *f*; ~ى kommunistisch; Kommunist *m*; ~ية Kommunismus *m*.

شيئى [ʃaiʔi:] sachlich, objektiv.

ص

ص (صاد) [sɒ:d] *vierzehnter Buchstabe*; *Zahlwert 90*; *Abk. für* صفحة Seite; ص ب *Abk. für* صندوق البريد Postfach.

صاب *s.* صوب.

صابر [sɒ:bir] geduldig, standhaft, ausdauernd.

صابون [sɒ:ˈbu:n] Seife *f.*

صاح [sɒ:ħin], *constr.* صاحى [sɒ:ħi:] heiter, klar; wach, bei Bewußtsein; nüchtern; *s.a.* صيح.

صاحب [sɒ:ħib], *pl.* أصحاب [ʔasˈħa:b] *u.* صحابة [sɒˈħa:ba] Begleiter *m*, Gefährte *m*, Freund *m*; Herr *m*, Besitzer *m*, Inhaber *m*; Urheber *m*, Verfasser *m*; ~ الامر Gebieter *m*; ~ الجلالة Seine Majestät (*der König*); ~ العمل Arbeitgeber *m*; ~ الفكرة der geistige Urheber *m.*

صاد *s.* صيد.

صادر [sɒ:dir] herausgegeben, erlassen (*Befehl*); الصادرات Ausfuhr *f*, Exportgüter *n/pl.*

صادق [sɒ:diq] wahr, wahrhaft, aufrichtig; *a. npr. m.*

صار [sɒ:rin], *constr.* صارى [sɒ:ri:] Mast *m*; *s.a.* صير.

صارم [sɒ:rim] scharf, hart, streng.

صاروخ [sɒ:ˈru:x], *pl.* صواريخ [sɒwa:ˈri:x] Rakete *f.*

صارية [sɒ:rija], *pl.* صوار [sɒˈwa:rin] Mast *m*, Stange *f.*

صاعد [sɒ:ʕid] aufsteigend; من الآن فصاعدا [min alˈʔa:n fa sɒ:ʕidan] von jetzt an.

صاعقة [sɒ:ʕiqa], *pl.* صواعق [sɒˈwa:ʕiq] (*einschlagender*) Blitz *m.*

صاغ [sɒ:ɣ] 1. richtig, regulär; echt; vollwichtig; *s.* قرش; 2. *Äg. Mil.* Majorleutnant *m*; *s.a.* صوغ; ~ة *s.* صائغ.

صاف [sɒ:fin], *constr.* صافى [sɒ:fi:] rein, klar, ungetrübt; lauter; netto (*Gewicht, Verdienst*).

صالح [sɒ:liħ] richtig, gut; fromm; brauchbar, geeignet; *pl.* صوالح [sɒˈwa:liħ] Vorteil *m*, Nutzen *m*, Interesse *n*; لصالح [li-] *u.* ~ في zugunsten, im Interesse.

صالة [sɒ:la] Saal *m*, Halle *f*.

صالون [sɒ:ˈlu:n] Salon *m*.

صامت [sɒ:mit] schweigend, stumm.

صان *s.* صون.

صانع [sɒ:niˤ], *pl.* صناع [suˈnna:ˤ] Hersteller *m*, Schöpfer *m*; Handwerker *m*, Arbeiter *m*.

صائب [sɒ:ʔib] treffend; zweckmäßig; *s.* صوب.

صائت [sɒ:ʔit] tönend, Ton-; *s.* صوت.

صائر [sɒ:ʔir] werdend, geworden; *s.* صير.

صائغ [sɒ:ʔiɣ], *pl.* صاغة [sɒ:ɣa] *u.* صياغ [suˈjja:ɣ] Goldschmied *m*.

صائم [sɒ:ʔim] fastend; *s.* صوم.

صب [sɒbba (jaˈsubbu)] gießen; V [taˈsɒbbab] sich ergießen, fließen; triefen; VII [inˈsɒbba] ausgegossen werden; sich ergießen, strömen; bedacht, erpicht sein (auf على).

\+ [sɒbb] Gießen *n*, Guß *m*.

صبا [siban] *u.* صباء [sɒˈba:ʔ] Kindheit *f*, Knabenalter *n*, Jugend *f*.

صباح [sɒˈba:ħ] Morgen *m*; ~ا [sɒˈba:ħan] *Adv.* morgens; ~ الخير [alˈxe:r] guten Morgen!

صباغ [sɒˈbba:ɣ] Färber *m*.

\+ [siˈba:ɣ], *pl.* أصبغة [ʔasˈbiɣa] Farbe *f*, Färbemittel *n*; ~ة Färberhandwerk *n*.

صبب [sɒbab], *pl.* أصباب [ʔasˈba:b] Abhang *m*, Böschung *f*.

صبح [sɒbuħ (jasbuħ)] hübsch sein; strahlen; II [sɒbbaħ] *e-n* Morgentrunk reichen; *e-n* guten Morgen wünschen (*j-m* على); IV [ʔasbaħ] am Morgen sein; erwachen; werden, in *e-n* Zustand kommen; VIII اصطبح [isˈtɒbaħ] *e-n* Morgentrunk nehmen; *Lampe* anzünden.

\+ [subħ], *pl.* أصباح [ʔasˈba:ħ] Morgen *m*, Tagesanbruch *m*; ~ة früher Morgen *m*; Frühstück *n*.

صبر [sɒbar (jasbur)] geduldig sein, Geduld haben; ausharren, standhaft sein; sich enthalten (*e-r Sache* عن), verzichten (auf عن); II [sɒbbar] um Geduld bitten; trösten; konservieren, dauerhaft machen; V [taˈsɒbbar] *u.* VIII اصطبر [isˈtɒbar] sich gedulden, ausharren.

\+ [sɒbr] Geduld *f*, Ausdauer *f*, Standhaftigkeit *f*.

صبع [sɒbaˤ (jasbaˤ)] mit dem Finger zeigen; *s.* اصبع.

صبغ [sɒbaɣ (jasbuɣ)] färben, anstreichen; eintauchen; VIII اصطبغ [is'tɒbaɣ] gefärbt werden.

\+ [sibɣ], *pl.* أصباغ [ʔas'ba:ɣ] Farbstoff *m*; ة~ Farbe *f*; Färbemittel *n*; *Med.* Tinktur *f*; Anstrich *m*, Färbung *f*; Charakter *m*, Art *f*.

صبن II [sɒbban] einseifen.

صبا (صبو) [sɒba: (jasbu:)] 1. ein Kind sein; 2. sich neigen; streben (nach الى); II [sɒbba:] verjüngen; V [ta'sɒbba:] 1. sich verjüngen; 2. *e-r Frau* den Hof machen (ها).

صبور [sɒ'bu:r] geduldig, ausdauernd.

صبوة [sɒbwa] Jugend *f*; Leidenschaft *f*, Verlangen *n*.

\+ [su'bu:wa] Kindheit *f*, Jugend *f*.

صبى [sɒbija (jasba:)] sich wie e. Kind benehmen; *s.* صبو.

\+ [sɒ'bi:j], *pl.* صبية [sibja] *u.* صبيان [sib'ja:n] Knabe *m*, Junge *m*; Lehrjunge *m*.

صبيح [sɒ'bi:ħ], *pl.* صباح [si'ba:ħ] hübsch, anmutig.

صح [sɒħħa (ja'siħħu)] gesund sein; richtig, in Ordnung, wahr, sicher sein; zutreffen, sich bewahrheiten; gelingen (*j-m* ل), sich ergeben; feststehen; II [sɒħħaħ] verbessern, korrigieren, berichtigen; V [ta'sɒħħaħ] berichtigt, verbessert werden; X [ista'sɒħħa] gesund werden.

صحا *s.* صحو.

صحابة *s.* صاحب.

صحاح *s.* صحيح.

صحافة [si'ħa:fa] Presse *f*, Journalistik *f*.

صحافى [si'ħa:fi:] journalistisch; Journalist *m*.

صحب [sɒħib (jasħab)] begleiten; verkehren (mit ه); befreundet sein; III [sɒ:ħab] begleiten, Gesellschaft leisten; IV [ʔasħab] als Begleiter mitgeben; beifügen; VIII اصطحب [is'tɒħab] begleiten; als Begleiter mitnehmen; X [is'tasħab] mitnehmen.

صحبة [suħba] Begleitung *f*; Freundschaft *f*; Gefährten *m/pl.*, Kameraden *m/pl.*; *s.a.* صاحب.

صحراء [sɒħ'ra:ʔ], *pl.* صحارى [sɒ'ħa:ra:] Wüste *f*.

صحراوى [sɒħ'ra:wi:] Wüsten-.

صحف II [sɒħħaf] falsch schreiben, entstellen.

صحفة [sɒħfa], *pl.* صحاف [si'ħa:f] Schüssel *f*.

صحفى [suħufi:] Journalist *m*, Pressemann *m*.

صحن [sɒħn], *pl.* صحون [su'ħu:n] 1. Schüssel *f*, Teller *m*; 2. Hof *m des Hauses*.

صحا (صحو) [sɒħa: (jasħu:)] 1. klar, heiter sein; 2. das Bewußtsein wiedererlangen; II [sɒħħa:] *u.* IV [ˀasħa:] aufwecken, erwecken.

صحو [sɒħw] Klarheit *f*, Heiterkeit *f*; Wolkenlosigkeit *f*; Wachheit *f*.

صحيح [sɒ'ħi:ħ], *pl.* صحاح [si'ħa:ħ] *u.* أصحاء [ˀasi'ħħa:ˀ] gesund; vollkommen; richtig, echt, wahr, gültig, authentisch.

صحيفة [sɒ'ħi:fa], *pl.* صحف [suħuf] *u.* صحائف [sɒ'ħa:ˀif] Blatt *n e-s Buches*, Seite *f*; Zeitung *f*.

صخب [sɒxib (jasxab)] *u.* VIII اصطخب [is'tɒxab] tosen, lärmen.

+ [sɒxab] Lärm *m*; Geschrei *n*, Brüllen *n*.

+ [sɒxib] lärmend.

صخر [sɒxr] *coll.*, ة~, *pl.* صخور [su'xu:r] Felsen *m*; Gestein *n*; ى~ felsig, steinig.

صد [sɒdda (ja'suddu)] zurücktreiben, abwenden; abweisen; hindern, hemmen.

+ [sɒdd] Zurückweisung *f*, Hinderung *f*, Widerstand *m*.

صدا *s.* صدى.

صدأ [sɒdaˀ] Rost *m* (*Eisenoxyd*); *s.* صدى.

صدار [sɨ'da:r] Mieder *n*.

صدارة [sɒ'da:ra] Vorrang *m*, erster Platz *m*.

صداع [su'da:ˁ] Kopfschmerz *m*.

صداقة [sɒ'da:qa] Freundschaft *f*.

صدام [sɨ'da:m] Zusammenstoß *m*.

صدد [sɒdad] Nähe *f*; Hinsicht *f*, Beziehung *f*, Betreff *m*; في هذا الصدد in dieser Hinsicht.

صدر [sɒdar (jasdur)] herauskommen, hervortreten; *Buch*: erscheinen; *Befehl*: ergehen; *Post*: abgehen; II [sɒddar] absenden, ausführen, exportieren; veröffentlichen; *Buch* einleiten; III [sɒ:dar] beschlagnahmen, konfiszieren; IV [ˀasdar] ausgeben, ausführen; *Befehl* erteilen; *Urteil* fällen; äußern; V [ta'sɒddar] vorangehen.

+ [sɒdr], *pl.* صدور [su'du:r] Brust *f*, Busen *m*; Vorderteil *m*; Anfang *m*; Frühzeit *f*.

صدرة [sudra] Weste *f*, Leibchen *n*.

صدرى [sɒdri:] Brust-.

صدع [sɒdaˁ (jasdaˁ)] 1. spalten; 2. *Befehl* ausführen (ب); *Passiv*: [sudiˁ] Kopfschmerzen haben; V [ta'sɒddaˁ] *u.* VII [in'sɒdaˁ] gespalten werden, zerbrechen.

+ [sɒdˁ], *pl.* صدوع [su'du:ˁ] Riß *m*, Spalte *f*.

صدغ [sudɣ], *pl.* أصداغ [ˀas'da:ɣ] Schläfe *f*.

صدف [sɒdaf (jasdif)] 1. abwenden (von عن); 2. geschehen, sich ereignen; III [sɒ:daf] antreffen, begegnen, zufällig treffen; VI [ta'sɒ:daf] sich zufällig ereignen.

+ [sɒdaf] *coll.*, ة~, *pl.* أصداف [ˀas'da:f] Muschel *f*, Perlmuschel *f*.

صدفة [sudfa], *pl.* صدف [sudaf] Zufall *m*; [sudfatan] *Adv.* zufällig.

صدفى [sɒdafi:] Muschel-, aus Perlmutter.

صدق [sɒdaq (jasduq)] aufrichtig sein, die Wahrheit sprechen; recht haben; sich bewahrheiten, sich als richtig erweisen; II [sɒddaq] für wahr halten; glauben (*j-m* ه), trauen; *mit* على: zustimmen (*e-r Sache*), billigen, genehmigen, beglaubigen, bestätigen; III [sɒ:daq] als Freund behandeln; bestätigen (*etw.* على), genehmigen; V [ta'sɒddaq] Almosen geben (*j-m* على).

+ [sidq] Wahrheit *f*, Richtigkeit *f*; Aufrichtigkeit *f*.

صدقة [sɒdaqa] Almosen *n*, Armensteuer *f*.

صدم [sɒdam (jasdim)] stoßen, anprallen, zusammenstoßen (mit ب); III [sɒ:dam] anstoßen (an, gegen ه), anprallen; VI [ta'sɒ:dam] miteinander zusammenstoßen, kollidieren; VIII اصطدم [is'tɒdam] zusammenstoßen (mit ب *u.* مع).

صدمة [sɒdma], *pl.* [sɒda'ma:t] Stoß *m*, Erschütterung *f*; Schock *m*.

صدور [su'du:r] Herauskommen *n*, Erscheinen *n e-s Buches*.

صدوق [sɒ'du:q] wahrhaft, aufrichtig.

صدى [sɒdija (jasda:)] sehr durstig sein; IV [ˀasda:] widerhallen; V [ta'sɒdda:] unternehmen (*etw.* ل), sich befassen (mit ل); sich einmischen (in ل).

+ *u.* صدا [sɒdan], *pl.* أصداء [ˀas'da:ˀ] Echo *n*, Widerhall *m*.

صدئ [sɒdiˀa (jasdaˀu)] rosten, rostig werden.

صديد [sɒ'di:d] Eiter *m*.

صديق [sɒ'di:q], *pl.* أصدقاء [ˀasdi'qa:ˀ] Freund *m*.

+ [si'ddi:q] rechtschaffen.

صر [sɒrra (ja'sirru)] quietschen,

knarren, knirschen; *Grille*: zirpen; – [sɒrra (ja'surru)] schnüren, zusammenbinden; IV [ʔa'sɒrra] bestehen (auf على), beharren (auf على).

صراحة [sɒ'ra:ħa] Klarheit *f*, Deutlichkeit *f*; Offenheit *f*, Aufrichtigkeit *f*; [sɒ'ra:ħatan] *Adv.* offen, freimütig.

صرار [sɒ'rra:r] Grille *f*.

صراط [sɨ'rɒ:t] Weg *m*.

صراع [sɨ'ra:ʕ] Kampf *m*, Ringen *n*.

صراف [sɒ'rra:f] Geldwechsler *m*; Kassierer *m*.

صرامة [sɒ'ra:ma] Schärfe *f*, Strenge *f*, Härte *f*.

صرح [sɒraħ (jasraħ)] klar machen; – [sɒruħ (jasruħ)] klar sein; II [sɒrraħ] erklären, kundtun, bekanntgeben (*etw.* ب); erlauben, gestatten (*j-m* ل *etw.* ب); III [sɒ:raħ] offen reden, erklären; IV [ʔasraħ] klar machen; VII [in'sɒraħ] klar werden.

+ [sɒrħ], *pl.* صروح [su'ru:ħ] Gebäude *n*, Schloß *n*.

صرخ [sɒrax (jasrux)] schreien, laut rufen; anbrüllen (*j-n* في).

صرخة [sɒrxa] Schrei *m*, Hilferuf *m*.

صرصار [sir'sɒ:r], *pl.* صراصير [sɒrɒ:'si:r] Schabe *f* (*Insekt*).

صرع [sɒraʕ (jasraʕ)] niederwerfen, niederschlagen; III [sɒ:raʕ] ringen, kämpfen (mit ه).

+ [sɒrʕ] Epilepsie *f*.

صرف [sɒraf (jasrif)] abwenden (*a. Blick*), abbringen; *Geld* ausgeben; *Geld* wechseln; verwenden, *Mühe* aufwenden, *Zeit* zubringen; *Gr.* flektieren; النظر عن ~ nicht berücksichtigen; II [sɒrraf] *Wasser* ableiten, entwässern; erledigen, abwickeln; *Ware* absetzen; *Geld* wechseln; *Gr.* flektieren, abwandeln; V [ta'sɒrraf] selbständig handeln, frei verfügen (über في); verwalten (*etw.* في); VII [in'sɒraf] sich abwenden, sich entfernen, weggehen, sich zurückziehen; abfließen.

+ [sɒrf] Abwendung *f*; Ausgabe *f*; Ausstellung *f*; Auszahlung *f*; Geldwechsel *m*; Entwässerung *f*; *Gr.* Flexion *f*.

+ [sirf] rein, unvermischt.

صرم [sɒram (jasrim)] abschneiden, abtrennen; – [sɒrum (jasrum)] streng, hart sein; II [sɒrram] zerschneiden; V [ta'sɒrram] *u.* VII [in'sɒram] *Zeit*: vergehen, ablaufen.

+ [sɒrm] Trennung *f*; ة~ *Äg. pop.* Schuh *m*.

صرة [surra], *pl.* صرر [surar] Beutel *m*, Geldbörse *f*; Bündel *n*.

صريح [sɒ'ri:ħ], *pl.* صرحاء [sura'ħa:ʔ] offen, aufrichtig, freimütig; klar, eindeutig; rein.

صريخ [sɒ'ri:x] Geschrei *n*.

صريع [sɒ'ri:ʕ], *pl.* صرعى [sɒrʕa:] niedergestreckt, gefällt; epileptisch, verrückt.

صريفة [sɒ'ri:fa], *pl.* صرائف [sɒ'ra:ʔif] Schilfhütte *f*.

صعب [sɒʕub (jasʕub)] schwer, schwierig sein (für على); II [sɒʕʕab] schwierig machen; V [ta'sɒʕʕab] Schwierigkeiten machen; X [is'tasʕab] schwierig finden.

+ [sɒʕb], *pl.* صعاب [si'ʕa:b] schwer, schwierig.

صعد [sɒʕid (jasʕad)] steigen, aufsteigen; sich erheben, ansteigen; ersteigen, erklettern; II [sɒʕʕad] *u.* IV [ʔasʕad] auf steigen lassen; V [ta'sɒʕʕad] sich verflüchtigen; VI [ta'sɒ:ʕad] ansteigen.

صعداء [suʕa'da:ʔ] Seufzer *m*.

صعدة [sɒʕda] Steigung *f*, Anhöhe *f*.

صعق [sɒʕaq (jasʕaq)] *Blitz*: treffen, niederschmettern.

صعلوك [suʕ'lu:k], *pl.* صعاليك [sɒʕa:'li:k] Strolch *m*.

صعوبة [su'ʕu:ba] Schwierigkeit *f*.

صعود [su'ʕu:d] Aufsteigen *n*, Aufstieg *m*.

صعيد [sɒ'ʕi:d] Hochland *n*; *Äg.* Oberägypten *n*.

صغار *s.* صغير.

صغر [sɒɣur (jasɣur)] klein, gering sein; II [sɒɣɣar] verkleinern, verringern; X [is'tasɣar] geringachten.

+ [siɣar] Kleinheit *f*; Jugend *f*.

صغا (صغو) [sɒɣa: (jasɣu:)] sich neigen; IV [ʔasɣa:] zuhören, lauschen.

صغير [sɒ'ɣi:r], *pl.* صغار [si'ɣa:r] klein, gering; jung.

صف [sɒffa (ja'suffu)] anreihen, anordnen; *Lettern* setzen; II [sɒffaf] in *e-r* Reihe aufstellen, anordnen; VI [ta'sɒ:ffa] *u.* VIII اصطف [is:tɒffa] sich in *e-r* Reihe aufstellen.

+ [sɒff], *pl.* صفوف [su'fu:f] Reihe *f*, Linie *f*; Klasse *f* (*a. Schul-*), Gruppe *f*; Anordnung *f*.

صفا *s.* صفو.

صفاء [sɒ'fa:ʔ] Klarheit *f*, Reinheit *f*, Lauterkeit *f*; Heiterkeit *f*.

صفات *s.* صفة.

صفاد [si'fa:d] Kette *f*, Fessel *f*.

صفار [sɒ'fa:r] gelbe Farbe *f*.

+ [sɒ'ffa:r] Kupferschmied *m*; ة~ Pfeife *f*, Sirene *f*.

صفاف [sɒ'ffa:f] Schriftsetzer *m*.

صفاقة [sɒ'fa:qa] Unverschämtheit *f*.

صفح [sɒfaħ (jasfaħ)] flach, platt machen; verzeihen (*j-m* عن); II [sɒffaħ] platt machen, auswalzen; plattieren, panzern; III [sɒ:faħ] die Hand schütteln; leicht berühren; V [ta'sɒffaħ] *Buch* durchblättern, studieren, prüfen; VI [ta'sɒ:faħ] einander die Hand schütteln; X [is'tasfaħ] um Verzeihung bitten.

+ [sɒfħ] 1. Verzeihung *f*; 2. *pl.* صفاح [si'fa:ħ] Seite *f*, Oberfläche *f*; ضرب عنه صفحا [đɒraba ʕanhu sɒfħan] sich von *j-m* abwenden, ihn außer acht lassen; ة~, *pl.* [sɒfa'ħa:t] Oberfläche *f*; Seite *f e-s Buches*.

صفد [sɒfad (jasfid)] *u.* II [sɒffad] *u.* IV [ʔasfad] binden, fesseln.

+ [sɒfad], *pl.* أصفاد [ʔas'fa:d] Fessel *f*.

صفر [sɒfar (jasfir)] pfeifen, zischen; *Sirene*: heulen; – [sɒfir (jasfar)] leer sein; II [sɒffar] 1. pfeifen, zischen; 2. gelb färben; 3. entleeren; IV [ʔasfar] entleeren; IX [is'farra] gelb werden, erbleichen.

+ [sɒfr *u.* sɒfir] leer.

+ [sɒfar] 1. Gelbsucht *f*; 2. zweiter islamischer Mondmonat.

+ [sifr], *pl.* أصفار [ʔas'fa:r] Null *f*.

+ [sufr] Messing *n*; *s.a.* أصفر.

صفراء [sɒf'ra:ʔ] Galle *f*; *s.a.* أصفر.

صفرة [sufra] gelbe Farbe *f*, Blässe *f*.

صفصاف [sɒf'sɒ:f] Weide *f* (*Baum*).

صفع [sɒfaʕ (jasfaʕ)] ohrfeigen.

صفعة [sɒfʕa] Klaps *m*, Ohrfeige *f*.

صفق [sɒfaq (jasfiq)] schlagen, klatschen; II [sɒffaq] Beifall klatschen, applaudieren.

صفقة [sɒfqa], *pl.* [sɒfa'qa:t] Handschlag *m*, Kaufabschluß *m*, Geschäft *n*.

صفة [sifa], *pl.* [-a:t] Eigenschaft *f*, Attribut *n*; *Gr.* Adjektiv *n*; بصفة خاصة [bi'sifatin xɒ:ssɒ] speziell, insbesondere; *s.* وصف.

صفا (صفو) [sɒfa: (jasfu:)] klar, ungetrübt sein; II [sɒffa:] klären, reinigen, filtrieren, durchseihen; *Rechnung* begleichen; *Hdl.* *Ware* ausverkaufen; III [sɒ:fa:] *u.* IV [ʔasfa:] aufrichtig sein; VIII اصطفى [isˈtɒfa:] auserwählen.

صفو [sɒfw] Klarheit *f*, Reinheit *f*; Glück *n*; ة~ bester Teil *m*, Auslese *f*.

صفوح [sɒˈfu:ħ] verzeihend.

صفي [sɒˈfi:j] klar, rein, lauter; Freund *m*.

صفيح [sɒˈfi:ħ] Weißblech *n*; Zinn *n*; ة~, *pl.* صفائح [sɒˈfa:ʔiħ] Platte *f*; Kanister *m*, Blechkanne *f*.

صفير [sɒˈfi:r] Pfeifen *n*; Gesang *m der Nachtigall*.

صفيق [sɒˈfi:q], *pl.* صفاق [siˈfa:q] dicht, dick; unverschämt.

صقال [sɒˈqqa:l] Polierer *m*; ة+ [sɒˈqa:la] (*Bau-*)Gerüst *n*.

صقر [sɒqr], *pl.* صقور [suˈqu:r] Falke *m*.

صقع [sɒqaʕ (jasqaʕ)] *Hahn*: krähen; II [sɒqqaʕ] gefroren sein.

\+ [suqʕ], *pl.* أصقاع [ʔasˈqa:ʕ] Gegend *f*, Region *f*, Landstrich *m*.

صقعة [sɒqʕa] Frost *m*.

صقل [sɒqal (jasqul)] polieren, glätten, schleifen.

\+ [sɒql] Polieren *n*, Politur *f*.

صقلبي [sɒqlabi:], *pl.* صقالبة [sɒˈqa:liba] Slawe *m*.

صقلية [siqiˈlli:ja] Sizilien *n*.

صقيع [sɒˈqi:ʕ] Frost *m*, eisige Kälte *f*.

صقيل [sɒˈqi:l] glatt, poliert.

صك [sɒkka (jaˈsukku)] schlagen; *Tür* schließen; VIII اصطك [isˈtɒkka] *Knie*: schlottern; *Zähne*: klappern.

\+ [sɒkk], *pl.* صكوك [suˈku:k] Urkunde *f*; Scheck *m*.

صل [sɒlla (jaˈsillu)] klirren, rasseln.

\+ [sill], *pl.* أصلال [ʔasˈla:l] Schlange *f*.

صلابة [sɒˈla:ba] Härte *f*, Starrheit *f*, Festigkeit *f*.

صلاح [sɒˈla:ħ] Güte *f*, Rechtschaffenheit *f*; Brauchbarkeit *f*; *a. npr. m*; ية~ [sɒla:ˈħi:ja] Tauglichkeit *f*, Brauchbarkeit *f*; Gültigkeit *f*; Zuständigkeit *f*; Vollmacht *f*.

صلاة [sɒˈla:t], *pl.* صلوات [sɒlaˈwa:t] *Isl.* (*rituelles*) Gebet *n*; Segen *m Gottes*.

صلب [sɒlab (jaslib)] kreuzigen; – [sɒlub (jaslub)] hart sein; II [sɒllab] 1. hart machen, härten, steifen; 2. das Kreuzzeichen machen; V [taˈsɒllab] hart werden; sich streng gebärden.

\+ [sɒlb] Kreuzigung *f*.

\+ [sɒlab] Rückgrat *n*.

+ [sulb] 1. hart, fest, steif; 2. Stahl *m*; 3. *pl.* أصلاب [ʔas'la:b] Rückgrat *n*, Lende *f*; Innere(s) *n*; Text *m e-s Buches*; ة~ Sklera *f*, Sehnenhaut *f des Auges*; ى~ stählern, aus Stahl.

صلح [sɒlaħ (jasluħ)] richtig, tauglich, brauchbar sein; passen; gültig sein; II [sɒllaħ] verbessern, reparieren, in Ordnung bringen; III [sɒ:laħ] sich versöhnen (mit ه), Frieden schließen; Frieden stiften (zwischen بين); IV [ʔaslaħ] wiederherstellen, verbessern, reformieren; Frieden stiften; VI [ta'sɒ:laħ] sich miteinander versöhnen; VII [in'sɒlaħ] verbessert werden; VIII اصطلح [is'tɒlaħ] sich versöhnen (mit مع); sich einigen (auf على); X [is'taslaħ] brauchbar machen; passend, brauchbar finden.

+ [sulħ] Friede *m*, Versöhnung *f*; حاكم الـ~ Friedensrichter *m*.

صلد [sɒld] hart, fest; dürr (*Boden*).

صلصة [sɒlsɒ] Sauce *f*.

صلع [sɒlaʕ] Kahlheit *f*; *s.a.* أصلع.

صلف [sɒlif (jaslaf)] prahlen.

صلة [sila], *pl.* [-a:t] Verbindung *f*, Beziehung *f*, Zusammenhang *m*; *s.* وصل.

(صلو) II صلى [sɒlla:] beten, das Gebet verrichten; *Gott*: segnen.

صلوة = صلاة.

صلى [sɒla: (jasli:)] braten, rösten; – [sɒlija (jasla:)] brennen, schmoren; II [sɒlla:] erhitzen; *s.a.* صلو.

صليب [sɒ'li:b], *pl.* صلبان [sul'ba:n] Kreuz *n*; ى~: الصليبيون die Kreuzfahrer *m/pl.*

صم [sɒmma (ja'summu)] verstöpseln; II [sɒmmam] beschließen (*etw.* على), sich entschließen (zu على).

صماخ [si'ma:x] Gehörgang *m*.

صمام [si'ma:m], *pl.* [-a:t] Pfropfen *m*, Stöpsel *m*; Ventil *n*, (*Herz-*)Klappe *f*; (*Radio-*) Röhre *f*.

صمت [sɒmat (jasmut)] schweigen; II [sɒmmat] zum Schweigen bringen.

+ [sɒmt] Schweigen *n*.

صمد [sɒmad (jasmud)] sich begeben (zu ه *u.* الى); standhalten; II [sɒmmad] verschließen, verstöpseln; *Geld* sparen.

+ [sɒmad] ewig, unvergänglich (*Gott*).

صمغ II [sɒmmaɣ] kleben, gummieren.

+ [sɒmɣ], *pl.* صموغ [su'mu:ɣ] Gummi *m*, Harz *n*; ~ى klebrig, gummiartig.

صمم [sɒmam] Taubheit *f*.

صمة [simma] Pfropfen *m*, Stöpsel *m*.

صموت [su'mu:t] Schweigen *n*.

صمولة [sɒ'mu:la], *pl.* صواميل [sɒwa:'mi:l] Schraubenmutter *f*.

صميم [sɒ'mi:m] 1. Innerste(s) *n*, Kern *m*; 2. wahr, echt.

صنارة [sɨ'nna:ra], *pl.* صنانير [sɒna:'ni:r] Angelhaken *m*.

صناع *s.* صانع.

صناعة [sɨ'na:ʕa], *pl.* [-a:t] *u.* صنائع [sɒ'na:ʔiʕ] Handwerk *n*, Gewerbe *n*, Industrie *f*; Erzeugung *f*; Kunst *f*.

صناعى [sɨ'na:ʕi:] künstlich; industriell, Industrie-.

صنبور [sum'bu:r], *pl.* صنابير [sɒna:'bi:r] (*Wasser-*)Hahn *m*, Schnabel *m der Kanne*.

صندوق [sun'du:q], *pl.* صناديق [sɒna:'di:q] Kiste *f*, (*Holz-*)Koffer *m*; (*Post-*)Fach *n*; ~ التوفير Sparkasse *f*.

صندل [sɒndal] 1. Barke *f*; 2. Sandale *f*; 3. Sandelholz *n*.

صنع [sɒnaʕ (jasnaʕ)] tun, machen; herstellen, erzeugen, verfertigen; II [sɒnnaʕ] industrialisieren; III [sɒ:naʕ] schmeicheln (*j-m* ه); V [ta'sɒnnaʕ] vortäuschen, heucheln; gekünstelt reden, affektiert sein; VIII اصطنع [is'tɒnaʕ] künstlich schaffen, fabrizieren, erfinden; bestellen.

+ [sɒnʕ *u.* sunʕ] Herstellung *f*, Erzeugung *f*.

صنعاء [sɒn'ʕa:ʔ] Sana (*Hauptstadt des Jemen*).

صنعة [sɒnʕa] Kunst *f*, Fertigkeit *f*, Handwerk *n*; Unechtheit *f*.

صنف II [sɒnnaf] sortieren, klassifizieren; *Buch* verfassen.

+ [sinf], *pl.* أصناف [ʔas'na:f] Art *f*, Klasse *f*, Kategorie *f*, Sorte *f*.

صنفرة [sɒn'fara] Schmirgel *m*.

صنم [sɒnam], *pl.* أصنام [ʔas'na:m] Götzenbild *n*.

صنوبر [sɒ'naubar] Pinie *f*; ~ى: الغدة الصنوبرية Zirbeldrüse *f*.

صنيع [sɒ'ni:ʕ] Handeln *n*, Handlung *f*, Tat *f*; Schützling *m*; Kreatur *f*; ~ة, *pl.* صنائع [sɒ'na:ʔiʕ] Handlung *f*, gute Tat *f*.

صه [sɒh!] pst!, still!

صهر [sɒhar (jashar)] *Metall* schmelzen; III [sɒ:har] verschwägert werden (mit ه).

+ [sihr] 1. Verschwägerung *f*;

2. *pl.* أصهار [ʔas'ha:r] Schwager *m*; Schwiegersohn *m*.

صهل [sɒhal (jashal)] *Pferd*: wiehern.

صهير [sɒ'hi:r] geschmolzen.

صهيونى [sih'ju:ni:], *pl.* صهاينة [sɒ'ha:jina] Zionist *m*; ~ة [sihju:'ni:ja] Zionismus *m*.

صواب [sɒ'wa:b] Richtige(s) *n*, Richtigkeit *f*; Vernunft *f*.

صوان [sɒ'wwa:n] Feuerstein *m*, Granit *m*; *s.a.* صينية.

+ [si'wa:n], *pl.* أصونة [ʔas'wina] Schrank *m*.

(صوب) صاب [sɒ:b (ja'su:b)] treffen; II [sɒwwab] richten, zielen (auf الى); billigen; IV [ʔa'sɒ:b] *Ziel* treffen, erreichen; recht haben; erwerben; *Krankheit*: befallen; *Fußball*: *Tor* schießen; X استصوب [is'taswab] billigen.

صوب [sɒub, so:b] Richtung *f*, Seite *f*; *Ir.* Seite *f e-r Stadt in bezug auf e-n Fluß*.

(صوت) صات [sɒ:t (ja'su:t)] tönen; schreien; II [sɒwwat] schreien; (ab-)stimmen.

صوت [sɒut], *pl.* أصوات [ʔas'wa:t] Stimme *f (a. bei Wahl)*; Laut *m*, Klang *m*, Geräusch *n*; ~ى lautlich, Stimm-, Schall-.

صودا [so:da:] Soda *f*.

صور II [sɒwwar] formen, gestalten, zeichnen; fotografieren; illustrieren; V [ta'sɒwwar] sich vorstellen.

+ [su:r], *pl.* أصوار [ʔas'wa:r] Horn *n*, Trompete *f*.

صورة [su:ra], *pl.* صور [suwar] Bild *n*, Figur *f*, Form *f*, Gestalt *f*; Abbild *n*, Kopie *f*; Art und Weise *f*; Maß *n*; ~ شمسية Fotografie *f*.

صورى [su:ri:] formell, förmlich, fiktiv.

(صوغ) صاغ [sɒ:ɣ (ja'su:ɣ)] formen, gestalten, bilden, prägen, formulieren.

صوغ [sɒuɣ] Formung *f*, Gestaltung *f*.

صوف [su:f], *pl.* أصواف [ʔas'wa:f] Wolle *f*; ~ى 1. wollen; 2. Sufi *m*, Mystiker *m* (*s.* تصوف).

(صول) صال [sɒ:l (ja'su:l)] springen, angreifen.

صول [so:l] *Äg. Mil.* Feldwebel *m*.

صولة [sɒula] Gewalt *f*, Macht *f*.

(صوم) صام [sɒ:m (ja'su:m)] fasten.

صوم [sɒum] Fasten *n*.

(صون) صان [sɒ:n (ja'su:n)] bewahren, erhalten, pflegen, instand halten.

صون [sɒun] Wahrung *f*, Erhaltung *f*, Pflege *f*, Schutz *m*.

صياح [si'ja:ħ] Schreien *n*, Geschrei *n*.

صياد [sɒˈjjaːd], *pl.* [-uːn] Jäger *m*; Fischer *m*.

صياغة [siˈjaːɣa] Fassung *f*, Formung *f*; Goldschmiedehandwerk *n*.

صيانة [siˈjaːna] Instandhaltung *f*, Pflege *f*, Erhaltung *f*.

صيت [siːt] Ansehen *n*, Berühmtheit *f*, Ruhm *m*.

صاح (صيح) [sɒːħ (jaˈsiːħ)] schreien, rufen; *Hahn*: krähen; II [sɒjjaħ] laut schreien; VI [taˈsɒːjaħ] mehrmals aufschreien; einander zurufen.

صيح [sɒiħ] Geschrei *n*; ة~ Schrei *m*.

صاد (صيد) [sɒːd (jaˈsiːd)] *u.* VIII اصطاد [isˈtɒːd] jagen, fangen, fischen.

صيد [sɒid] Jagd *f*; Jagdbeute *f*; ~ السمك Fischfang *m*.

صيداء [sɒidaːʔ] Sidon (*Stadt im Libanon*).

صيدلة [sɒidala] Pharmazie *f*, Pharmakologie *f*.

صيدلي [sɒidaliː] Pharmazeut *m*, Apotheker *m*; ة~ Apotheke *f*.

صار (صير) [sɒːr (jaˈsiːr)] werden; geschehen, sich ereignen; *vor Imperfekt*: beginnen zu; enden (mit الى); II [sɒjjar] machen (*j-n* ه zu *etw.* ه).

صيرورة [sɒiˈruːra] Werden *n*, Ende *n e-r Entwicklung*.

صيغة [siːɣa], *pl.* صيغ [sijaɣ] Gestalt *f*, Form *f* (*a. Gr.*).

صاف (صيف) [sɒːf (jaˈsiːf)] sommerlich sein; II [sɒjjaf] *u.* V [taˈsɒjjaf] *u.* VIII اصطاف [isˈtɒːf] den Sommer verbringen.

صيف [sɒif], *pl.* أصياف [ʔasˈjaːf] Sommer *m*; ى~ sommerlich.

صين: ال~ [aˈssiːn] China *n*; Chinesen *m/pl.*; ى~ [siːniː] chinesisch; Chinese *m*; Porzellan *n*.

صينية [siːˈniːja], *pl.* صوان [sɒˈwaːnin] Servierbrett *n*, (*metallene*) Tischplatte *f*.

ض

ض (ضاد) [đɒ:d] *fünfzehnter Buchstabe*; *Zahlwert 800*.

ضاء *s.* ضوء.

ضابط [đɒ:biŧ] 1. *pl.* ضباط [đu'bbɒ:ŧ] Offizier *m*; ~ الصف Unteroffizier *m*; 2. *pl.* ضوابط [đɒ'wa:biŧ] Ordnung *f*, Regel *f*, Norm *f*; ~ة, *pl.* ضوابط [đɒ'wa:biŧ] Polizei *f*; Ordnung *f*; *Techn.* Regler *m*.

ضاحية [đɒ:ħija], *pl.* ضواح [đɒ'wa:ħin] Vorstadt *f*, Umgebung *f e-r Stadt*.

ضار [đɒ:rr] schädlich.

+ [đɒ:rin], *constr.* ضاري [đɒ:ri:] reißend (*Tier*), wild.

ضاع *s.* ضيع; ضاف *s.* ضيف; ضاق *s.* ضيق.

ضال [đɒ:ll] verirrt, verloren; ~ة verirrtes Weidetier *n*; verlorener Gegenstand *m*.

ضآلة [đɒ'ʔa:la] Kleinheit *f*, Schwachheit *f*, Nichtigkeit *f*.

ضامر [đɒ:mir] mager, dünn.

ضامن [đɒ:min] haftend, Bürge *m*, Garant *m*.

ضأن [đɒʔn] *coll.* Schafe *n/pl.*; ~ى *u.* ضاني [đɒ:ni:] Hammelfleisch *n*.

ضائع [đɒ:ʔiʕ] verloren; elend.

ضائقة [đɒ:ʔiqa] schwierige Lage *f*, Krise *f*.

ضب [đɒbba (ja'đibbu)] *u.* II [đɒbbab] packen, zurückhalten, versperren.

+ [đɒbb], *pl.* ضباب [đi'ba:b] Eidechse *f*.

ضباب [đɒ'ba:b] Nebel *m*.

ضبارة [đu'ba:ra] = أضبارة.

ضبط [đɒbɒŧ (jađbuŧ)] ergreifen, packen, festnehmen; zurückhalten; kontrollieren, einstellen, regulieren; präzisieren; registrieren; konfiszieren; VII [in'đɒbɒŧ] festgehalten werden; geregelt, diszipliniert werden.

+ [đɒbŧ] Festnahme *f*, Verhaftung *f*; Konfiskation *f*; Einstellung *f*, Regulierung *f*; Exaktheit *f*, Präzision *f*; Protokoll *n*, Eintragung *f*; ضبطا

[đɒbtɒn] *u.* بالضبط [bi'đđɒbt] *Adv.* genau, exakt, pünktlich.

ضبطية [đɒb'ti:ja] Polizei *f.*

ضبع [đɒbuˁ], *pl.* ضباع [đi'ba:ˁ] Hyäne *f.*

ضج [đɒddʒa (ja'điddʒu)] lärmen, schreien.

ضجر [đɒdʒir (jađdʒar)] ärgerlich sein; IV [ʔađdʒar] ärgern, beunruhigen.

+ [đɒdʒar] Ärger *m*, Verdruß *m.*

+ [đɒdʒir] ärgerlich, unruhig, bekümmert.

ضجع [đɒdʒaˁ (jađdʒaˁ)] *u.* VIII اضطجع *u.* اضجع [i'đđɒdʒaˁ] sich legen; liegen, schlafen.

ضجة [đɒddʒa] *u.* ضجيج [đɒ'dʒi:dʒ] Lärm *m*, Tumult *m.*

ضحك [đɒħik (jađħak)] lachen (über من); II [đɒħħak] *u.* IV [ʔađħak] zum Lachen bringen.

+ [đɒħik *u.* điħk] Lachen *n*, Gelächter *n*; ة~ [điħka] (*einmaliges*) Lachen *n*, Auflachen *n.*

ضحل [đɒħl] seicht.

ضحا (ضحو) [đɒħa: (jađħu:)] *u.* ضحى [đɒħija (jađħa:)] erscheinen, sichtbar werden; II [đɒħħa:] opfern (*etw.* ب); IV [ʔađħa:] werden; *vor Imperfekt*: beginnen zu; V [ta'đɒħħa:] sich aufopfern.

ضحى [đuħan] Morgen *m*, Vormittag *m.*

ضحية [đɒ'ħi:ja], *pl.* ضحايا [đɒ'ħa:ja:] Opfer *n.*

ضخ [đɒxxa (ja'đuxxu)] spritzen, begießen.

ضخامة [đɒ'xa:ma] Größe *f*, Dikke *f*, Beleibtheit *f.*

ضخم [đɒxum (jađxum)] groß, dick sein; II [đɒxxam] aufblähen, verstärken; V [ta'đɒxxam] sich aufblähen, anschwellen.

+ [đɒxm], *pl.* ضخام [đi'xa:m] groß, gewaltig, kolossal; prächtig.

ضد [đɒdda (ja'đuddu)] besiegen; III [đɒ:dda] entgegengesetzt sein; zuwiderhandeln; VI [ta'đɒ:dda] einander widersprechen.

+ [đidd], *pl.* أضداد [ʔađ'da:d] Gegenteil *n*; Gegensatz *m*; Gegner *m*; ية~ Feindseligkeit *f.*

ضر [đɒrra (ja'đurru)] *u.* II [đɒrrar] *u.* III [đɒ:rra] *u.* IV [ʔa'đɒrra] schaden (*j-m* ه), schädigen (*j-n* ه), verletzen; V [ta'đɒrrar] *u.* VII [in'đɒrra] geschädigt, verletzt werden, Schaden erleiden;

VIII اضطر [iđ'tɒrra] zwingen, nötigen (zu الى).

+ [đɒrr *u.* đurr] Schaden *m*, Nachteil *m*.

ضراعة [đɒ'ra:ʕa] Unterwürfigkeit *f*; Flehen *n*.

ضرب [đɒrɒb (jađrib)] schlagen, klopfen, pulsieren; beschießen (mit ب); *Münze* prägen; *Instrument* spielen; *Zelt* aufschlagen; *Glocke* läuten; *Beispiel* anführen (مثلا); neigen (zu *e-r Farbe* الى); *Wunde*: schmerzen; umherziehen, *Schiff*: kreuzen; *Math.* multiplizieren (mit فى); ~ التلفون telefonieren; ~ بالرصاص beschießen, erschießen; *s.a.* صفح; II [đɒrrɒb] Zwietracht säen (zwischen بين); III [đɒ:rɒb] spekulieren, wetteifern; IV [ʔɒđrɒb] verlassen, aufgeben (*etw.* عن); ~ عن العمل streiken; VI [ta'đɒ:rɒb] sich gegenseitig schlagen; einander widersprechen; kollidieren; VIII اصطرب [iđ'tɒrɒb] aneinanderschlagen; unruhig, verwirrt, erregt sein, schwanken.

ضرب [đɒrb] 1. Schlagen *n*; Bombardement *n*; Prägung *f von Münzen*; *Math.* Multiplikation *f*; 2. *pl.* ضروب [đu'ru:b] Art *f*, Gattung *f*; ة~, *pl.* [đɒrɒ'ba:t] Schlag *m*, Stoß *m*, Schuß *m*.

ضرس [đɨrs], *pl.* أضراس [ʔɒđ'ra:s] *u.* ضروس [đu'ru:s] Backenzahn *m*.

ضرع [đɒraʕ (jađraʕ)] demütig, unterwürfig sein; III [đɒ:raʕ] ähnlich sein, gleichen (*j-m* ه); V [ta'đɒrraʕ] sich demütigen.

+ [đɒrʕ], *pl.* ضروع [đu'ru:ʕ] Euter *n*, Zitze *f*.

ضرم [đɒrim (jađram)] brennen, lodern.

ضرورة [đɒ'ru:ra] Not *f*, Zwang *m*, Bedürfnis *n*, Notwendigkeit *f*; [-tan] *Adv.* notwendigerweise.

ضرورى [đɒ'ru:ri:] notwendig, nötig, erforderlich.

ضريب [đɒ'ri:b] ähnlich; ة~, *pl.* ضرائب [đɒ'ra:ʔib] Steuer *f*; ة~ الدخل [daxl] Einkommensteuer *f*.

ضريح [đɒ'ri:ħ], *pl.* ضرائح [đɒ'ra:ʔiħ] Grabstätte *f*, Mausoleum *n*.

ضرير [đɒ'ri:r] blind.

ضعاف *s.* ضعيف.

ضعضع [đɒʕđɒʕ (ju'đɒʕđiʕ)] niederreißen.

ضعف [đɒʕuf (jađʕuf)] schwach sein, schwächer werden; II [đɒʕʕaf] *u.* III [đɒ:ʕaf] verdoppeln, vervielfachen; IV [ʔɒđʕaf] schwächen, schwach machen; VI [taˈđɒːʔaf] verdoppelt werden; X [isˈtađʕaf] für schwach halten.

+ [điʕf], *pl.* أضعاف [ʔɒđˈʕaːf] Doppelte(s) *n*, Vielfache(s) *n*.

+ [đuʕf] Schwäche *f*.

ضعة [đɒʕa] Erniedrigung *f*; Niedrigkeit *f*; *s.* وضع.

ضعيف [đɒˈʕiːf], *pl.* ضعفاء [đuʕaˈfaːʔ] *u.* ضعاف [điˈʕaːf] schwach, schwächlich, kraftlos.

ضغط [đɒɣɒŧ (jađɣɒŧ)] drücken, pressen, komprimieren; VII [inˈđɒɣɒŧ] komprimiert werden.

+ [đɒɣŧ] Druck *m*.

ضغن [điɣn] *u.* ضغينة [đɒˈɣiːna] Haß *m*, Groll *m*.

ضفدع [đifdiʕ], *pl.* ضفادع [đɒˈfaːdiʕ] Frosch *m*.

ضفر [đɒfar (jađfir)] *u.* II [đɒffar] flechten, *Strick* drehen; III [đɒːfar] helfen, beistehen (*j-m* ه); VI [taˈđɒːfar] miteinander verflochten sein; einander beistehen.

ضفف [đɒfaf] Armut *f*.

ضفة [điffa], *pl.* ضفاف [đifaːf] Ufer *n*.

ضفا (ضفو) [đɒfaː (jađfuː)] in Fülle vorhanden sein.

ضفيرة [đɒˈfiːra], *pl.* ضفائر [đɒˈfaːʔir] Zopf *m*, Flechte *f*.

ضل [đɒlla (jaˈđillu)] sich verirren, irregehen; II [đɒllal] irreführen, täuschen; IV [ʔaˈđɒlla] fehlleiten; verlorengehen lassen.

ضلال [đɒˈlaːl] Irrtum *m*, Abweichen *n vom Wege*; ~ة Irrtum *m*.

ضلع [đɒlaʕ (jađlaʕ)] auf *j-s* Seite stehen (مع); – [đɒliʕ (jađlaʕ)] gekrümmt sein; II [đɒllaʕ] krümmen; gestreift machen; V [taˈđɒllaʕ] Fachmann sein (in من, ب *u.* في), gründliche Kenntnisse haben; voll sein; VIII اضطلع [iđˈŧɒlaʕ] gründlich vertraut sein (mit ب), *Last* auf sich nehmen (ب).

+ [đɒlʕ] Zuneigung *f*.

+ [đilʕ], *pl.* ضلوع [đuˈluːʕ] *u.* أضلاع [ʔɒđˈlaːʕ] Rippe *f*; Seite *f e-s Dreiecks, Polygons*; متوازي الأضلاع Parallelogramm *n*.

ضلفة [đɒlfa], *pl.* ضلف [đulaf] Fensterladen *m*.

ضلمة [đolma] gefülltes Gemüse *n* (*Paprika, Weinblätter etc.*).

ضليع [đɒˈliːʕ] stark, kräftig; bewandert, erfahren.

ضم [đamma (jaˈđummu)] zusammenbringen, sammeln, umfassen; hinzufügen (zu إلى);

VI [ta'đɒ:mm] sich miteinander vereinigen; VII [in'đɒmma] sich anschließen; vereinigt werden (mit الى), hinzugefügt werden.

\+ [đɒmm] Hinzufügung *f*, Vereinigung *f*; *Gr.* Vokal U.

ضماد [đi'ma:d] (*Wund-*)Verband *m*, Binde *f*, Bandage *f*.

ضمان [đɒ'ma:n] Sicherung *f*, Garantie *f*, Haftung *f*, Bürgschaft *f*; ~ة Kaution *f*, Garantie *f*.

ضمد [đɒmad (jađmud)] *u.* II [đɒmmad] *Wunde* verbinden.

ضمر [đɒmar (jađmur)] schlank, mager sein; schrumpfen; II [đɒmmar] dünn machen; IV [ʔɒđmar] verbergen; *Gefühl* hegen, empfinden; V [ta'đɒmmar] abmagern; VII [in'đɒmar] verwelken.

\+ [đumr] Magerkeit *f*, Dünnheit *f*.

ضمن [đɒmin (jađman)] bürgen; verbürgen, garantieren; II [đɒmman] einschließen, einfügen; V [ta'đɒmman] enthalten, in sich schließen; VI [ta'đɒ:man] füreinander haften, solidarisch sein.

\+ [đimn] Innere(s) *n*, Inhalt *m*; [đimna] *Präp.* innerhalb, in, unter (*Menschen*); ~ى darin enthalten, mit einbegriffen.

ضمير [đɒ'mi:r], *pl.* ضمائر [đɒ'ma:ʔir] Innere(s) *n*, Gewissen *n*; *Gr.* (*Personal-*)Pronomen *n*.

ضميمة [đɒ'mi:ma], *pl.* ضمائم [đɒ'ma:ʔim] (*Gehalts-*)Zulage *f*.

ضمين [đɒ'mi:n], *pl.* ضمناء [đuma'na:ʔ] Garant *m*, Bürge *m*; verantwortlich.

ضن [đɒnna (ja'đinnu)] geizen (mit ب), zurückhalten.

ضنك [đɒnk] Armut *f*, Not *f*, Elend *n*.

ضنى [đɒnija (jađna:)] schwach, mager, abgezehrt sein; IV [ʔɒđna:] schwächen, erschöpfen.

ضهد [đɒhad (jađhad)] *u.* VIII اضطهد [iđ'tɒhad] knechten, unterdrücken.

ضهى III [đɒ:ha:] entsprechen, ähnlich sein (*j-m* ه).

\+ [đɒ'hi:j] ähnlich, entsprechend.

(ضوء) ضاء [đɒ:ʔa (ja'đu:ʔu)] leuchten, strahlen; II [đɒwwaʔa] *Lampe* anzünden; IV [ʔɒ'đɒ:ʔa] beleuchten, erleuchten, erhellen; X [ista'đɒ:ʔa] Erleuchtung, Aufklärung erlangen (durch ب).

ضوء [đɒuʔ], *pl.* أضواء [ʔɒđ'wa:ʔ] Licht *n*, Glanz *m*, Schein *m*.

ضوضاء [đɒuˈđɒ:ˀ] Lärm *m*, Getöse *n*, Tumult *m*.

ضؤل [đɒˀul (jađˁul)] klein, schwach, dünn sein.

ضوى VII [inˈđɒwa:] sich anschließen (an الى); sich versammeln.

ضوئى [đɒuˀi:] Licht-.

ضياء [điˈja:ˀ] Glanz *m*, Licht *n*.

ضياع [đɒˈja:ˁ] Verlust *m*.

ضيافة [điˈja:fa] Bewirtung *f*, Gastfreundschaft *f*.

ضير [đɒir] Schaden *m*, Schädigung *f*.

ضاع (ضيع) [đɒ:ˁ (jaˈđɨ:ˁ)] verlorengehen; II [đɒjjaˁ] *u.* IV [ˀɒˈđɒ:ˁ] verlieren, *Zeit* vergeuden; *Gelegenheit* versäumen; verderben, zugrunde gehen lassen.

ضيع [đɒiˁ] Verlust *m*; ة~, *pl.* ضياع [điˈja:ˁ] Landgut *n*, Dorf *n*.

ضاف (ضيف) [đɒ:f (jaˈđɨ:f)] als Gast einkehren; II [đɒjjaf] als Gast aufnehmen; IV [ˀɒˈđɒ:f] 1. *den Gast* bewirten; 2. hinzufügen (zu الى), beimengen; VII [inˈđɒ:f] hinzugefügt werden; X [istaˈđɒ:f] als Gast einladen.

ضيف [đɒif], *pl.* ضيوف [đuˈju:f] Gast *m*.

ضاق (ضيق) [đɒ:q (jaˈđɨ:q)] eng sein *od.* werden; ungenügend sein (für عن); bedrängt sein (durch ب); ضاق الوقت die Zeit drängte; ضاقت يده عن [đɒ:qat jaduhu ˁan] er war unfähig zu; II [đɒjjaq] beengen, beschränken; III [đɒ:jaq] bedrücken, stören, belästigen, ärgern; VI [taˈđɒ:jaq] sich verengern; sich ärgern (über من).

ضيق [đi:q] Enge *f*, Beschränktheit *f*, Knappheit *f*, Mangel *m*; Bedrücktheit *f*, Sorge *f*, Ärger *m*; Armut *f*.

\+ [đɒjjiq] eng, schmal, beschränkt, knapp; verstimmt, ärgerlich.

ضيم [đɒim], *pl.* ضيوم [đuˈju:m] Unrecht *n*.

ضئيل [đɒˈˀi:l], *pl.* ضئال [điˈˀa:l] *u.* ضؤلاء [đuˀaˈla:ˀ] dünn, mager, schwach, gering.

ط

ط (طاء) [tɒːʔ] *sechzehnter Buchstabe; Zahlwert 9.*

طاب *s.* طيب.

طابع [tɒːbiʕ] 1. Drucker *m*; 2. Charakter *m*, Gepräge *n*; 3. *pl.* طوابع [tɒˈwaːbiʕ] Stempel *m*, Abdruck *m*; (*Brief-*)Marke *f*; ة~ *Ir.* Schreibmaschine *f*.

طابق [tɒːbiq], *pl.* طوابق [tɒˈwaːbiq] Stockwerk *n*, Geschoß *n*.

طابو [tɒːpu] *Ir.* Grundbuch *n*, Katasteramt *n*.

طابور [tɒːˈbuːr], *pl.* طوابير [tɒwaːˈbiːr] *Mil.* Kolonne *f*.

طابوق [tɒːˈbuːq] *coll.*, ة~ Ziegel *m*.

طابية [tɒːbija], *pl.* طواب [tɒˈwaːbin] Festung *f*; *Schach*: Turm *m*.

طاجن [tɒːdʒin], *pl.* طواجن [tɒˈwaːdʒin] Bratpfanne *f*.

طاحنة [tɒːħina], *pl.* طواحن [tɒˈwaːħin] Backenzahn *m*.

طاحونة [tɒːˈħuːna], *pl.* طواحين [tɒwaːˈħiːn] Mühle *f*.

طار [tɒːr] 1. Tamburin *n*; 2. = اطار; *s.a.* طير.

طارق *npr. m*: ~ جبل [dʒabal tɒːriq] Gibraltar.

طارمة [tɒːrima] Veranda *f*, Terrasse *f*; Kiosk *m*.

طارئ [tɒːriʔ] unerwartet, plötzlich, zufällig.

طارئة [tɒːriʔa], *pl.* طوارئ [tɒˈwaːriʔ] unvorhergesehenes Ereignis *n*, Unglücksfall *m*.

طازج [tɒːzadʒ] *u.* طازه [tɒːza] frisch.

طاس [tɒːs] *u.* ة~ Tasse *f*, Schale *f*; طاسة التصادم *Eisenbahn*: Puffer *m*.

طأطأ [tɒʔtɒʔ (juˈtɒʔtiʔ)] *den Kopf* neigen.

طاعن [tɒːʕin] durchbohrend; ~ فى السن [sinn] alt, bejahrt.

طاعة [tɒːʕa] Gehorsam *m*; *s.* طوع.

طاعون [tɒːˈʕuːn] Pest *f*.

طاغية [tɒːɣija], *pl.* طغاة [tuˈɣaːt] Tyrann *m*, Unterdrücker *m*.

طاف *s.* طوف.

طاق [tɒːq], *pl.* طيقان [tiːˈqaːn]

Gewölbe *n*, Bogen *m*; Schicht *f*; *s.a.* طوق.

طاقم [tɒ:qim] = طقم [tɒqm].

طاقة [tɒ:qa], *pl.* [-a:t] 1. Fenster *n*; 2. Kraft *f*, Vermögen *n*, Fähigkeit *f*; Energie *f*; ~ ذرية Atomenergie *f*.

طاقية [tɒ:ˈqi:ja] (*eng anliegende*) Mütze *f*.

طال *s.* طول *u.* طالما.

طالب [tɒ:lib], *pl.* طلبة [tɒlaba] *u.* طلاب [tuˈlla:b] Student *m*, Schüler *m*; Antragsteller *m*, Bewerber *m*; ~ة Studentin *f*.

طالع [tɒ:liʕ] aufsteigend; Stern *m* (*Schicksal*) *des Menschen.*

طالما [tɒ:lama:] schon lange, schon oft; *s.* طول.

طاه [tɒ:hin], *constr.* طاهى [tɒ:hi:], *pl.* طهاة [tuˈha:t] Koch *m*.

طاهر [tɒ:hir], *pl.* أطهار [ʔɒtˈhɒ:r] rein (*bes. rituell*); *a. npr. m.*

طاولة [tɒ:ula] Tisch *m*; Würfelspiel *n*.

طاؤوس [tɒ:ˈʔu:s], *pl.* طواويس [tɒwa:ˈwi:s] Pfau *m*.

طائر [tɒ:ʔir] fliegend; Flieger *m*; Vogel *m*; ~ة, *pl.* [-a:t] Flugzeug *n*; طائرة نفاثة [naˈffa:θa] Düsenflugzeug *n*.

طائع [tɒ:ʔiʕ] gehorsam, unterwürfig; *s.* طوع.

طائف [tɒ:ʔif] herumgehend, umherziehend; ~ة, *pl.* طوائف [tɒˈwa:ʔif] Schar *f*, Gruppe *f*, Sekte *f*; *s.* طوف.

طائل [tɒ:ʔil] 1. enorm, gewaltig; 2. Nutzen *m*; ~ة Macht *f*, Fähigkeit *f*; *s.* طول.

طب [tɒbba (jaˈtɨbbu)] *u.* II [tɒbbab] ärztlich behandeln; V [taˈtɒbbab] sich mit Medizin beschäftigen; in ärztlicher Behandlung sein; X [istaˈtɒbba] *e-n* Arzt konsultieren.

\+ [tɨbb] Medizin *f*, Heilkunde *f*; ~ شرعى Gerichtsmedizin *f*.

طبابة [tɨˈba:ba] ärztliche Tätigkeit *f*.

طباخ [tɒˈbba:x] Koch *m*; ~ة+ [tɨˈba:xa] Kochkunst *f*.

طباشير [tɒba:ˈʃi:r] Kreide *f*.

طباع [tɒˈbba:ʕ] Drucker *m*; ~ة+ [tɨˈba:ʕa] Drucken *n*, Buchdruck *m*.

طباق [tɨˈba:q] Entsprechende(s) *n*, Passende(s) *n*.

طبخ [tɒbax (jatbux)] *Speisen* kochen, zubereiten.

\+ [tɒbx] 1. Kochen *n*; 2. Zelluloid *n*.

طبر [tɒbɒr] Axt *f*, Beil *n*.

طبع [tɒbɒʕ (jatbɒʕ)] aufdrükken, stempeln, drucken, prägen; II [tɒbbaʕ] Tier abrichten; V [taˈtɒbbaʕ] das Gepräge (*e-r Sache* ب) annehmen;

VII [inˈtɒbɒʕ] aufgedrückt, gestempelt werden; sich einprägen.

+ [tɒbʕ] 1. Druck *m e-s Buches*; تحت الطبع im Druck; 2. *pl.* أطباع [ʔɒtˈbaːʕ] Gepräge *n*, Charakter *m*, Wesen *n*, Natur *f*, Eigenart *f*; طبعا [tɒbʕan] *u.* بالطبع [biˈttɒbʕ] *Adv.* natürlich!, selbstverständlich!

طبعة [tɒbʕa] Auflage *f e-s Buches*, Edition *f*.

طبق II [tɒbbɒq] bedecken; zusammenlegen, zur Deckung bringen; anwenden; sich verbreiten; III [tɒːbɒq] passen, entsprechen, übereinstimmen; vergleichen (zwischen بين); IV [ʔɒtbɒq] schließen, bedecken; V [taˈtɒbbɒq] *u.* VII [inˈtɒbɒq] angewendet werden, anwendbar sein, passen (zu على).

+ [tɒbɒq], *pl.* أطباق [ʔɒtˈbɒːq] Deckel *m*; Teller *m*, Schüssel *f*.

+ [tibqa] *Präp.* gemäß.

طبقة [tɒbɒqa], *pl.* [-aːt] Schicht *f*, Lage *f*, Klasse *f*, Generation *f*.

طبل [tɒbl], *pl.* طبول [tuˈbuːl] Trommel *f*; ~ة = طبل.

طبنجة [tɒˈbandʒa] Pistole *f*.

طبة [tɒbba] Polster *n*.

طبي [tibbiː] medizinisch, ärztlich, Sanitäts-.

طبيب [tɒˈbiːb], *pl.* أطباء [ʔatiˈbbaːʔ] Arzt *m*; ~ بيطرى Tierarzt *m*; ~ الاسنان Zahnarzt *m* (*s.* سن); ~ة Ärztin *f*.

طبيخ [tɒˈbiːx] Gekochte(s) *n*.

طبيعة [tɒˈbiːʕa], *pl.* طبائع [tɒˈbaːʔiʕ] Natur *f*, Veranlagung *f*, Eigenart *f*, Wesen *n*; علم الـ~ Physik *f*; ما بعد الـ~ Metaphysik *f*; بـ~ الحال naturgemäß.

طبيعى [tɒˈbiːʕiː] natürlich, Natur-; normal; physikalisch.

طحال [tiˈħaːl] Milz *f*.

طحان [tɒˈħħaːn] Müller *m*.

طحن [tɒħan (jatħan)] mahlen, zerreiben.

+ [tiħn] *u.* طحين [tɒˈħiːn] Mehl *n*.

طحينة [tɒˈħiːna] *würzige Sauce aus Sesammehl*.

طخروری: الطبقة الطخرورية [aˈttɒbɒqa attuxruːˈriːja] Stratosphäre *f*.

طرأ [tɒraʔa (jatrɒʔu)] plötzlich kommen, hereinbrechen (über على).

طرابلس [tɒˈrɒːbulus] Tripolis (*im Libanon*); ~ الغرب Tripolis (*in Libyen*).

طراحة [tɒˈrraːħa], *pl.* طراريح [tɒraːˈriːħ] Matratze *f*.

طراد [tɒˈrraːd] *u.* ة~ Kreuzer *m* (*Kriegsschiff*).

طراز [tiˈraːz], *pl.* طرز [turuz] *u.* أطرزة [ʔɒtˈriza] Muster *n*, Modell *n*, Type *f*; Mode *f*, Stil *m*.

طرافة [tɒˈraːfa] Neuheit *f*, Kuriosität *f*, Originalität *f*.

طراوة [tɒˈraːwa] Frische *f*, Zartheit *f*, Weichheit *f*.

طرب [tɒrib (jatrab)] innerlich bewegt sein; II [tɒrrab] entzücken, ergötzen; IV [ʔɒtrab] erfreuen, in Entzücken versetzen; musizieren, singen.

+ [tɒrab], *pl.* أطراب [ʔɒtˈraːb] Freude *f*, Unterhaltung *f*.

+ [tɒrib] gerührt, erfreut, entzückt.

طربوش [tɒrˈbuːʃ], *pl.* طرابيش [tɒraːˈbiːʃ] Fez *m* (*Kopfbedekkung aus rotem Filz*).

طرح [tɒraħ (jatraħ)] (weg-)werfen, schleudern; vertreiben; *Frage* vorlegen (*j-m* على); *Math.* abziehen, subtrahieren; e-e Fehlgeburt haben; II [tɒrraħ] e-e Frühgeburt hervorrufen; III [tɒːraħ] austauschen (*etw.* ه mit ه); VI [taˈtɒːraħ] einander zuwerfen, miteinander austauschen; VII [inˈtɒraħ] sich werfen (auf *A* على); VIII اطرح [itˈtɒrah] wegschleudern.

+ [tɒrħ] Vertreibung *f*; Frühgeburt *f*; Subtraktion *f*; ة~ Kopftuch *n*; Tara *f*.

طرد [tɒrad (jatrud)] *u.* II [tɒrrad] vertreiben, verjagen, wegstoßen; III [tɒːrad] verfolgen, nachlaufen; angreifen; VIII اطرد [iˈttɒrad] sich hinziehen, ununterbrochen vorwärtsgehen; X [isˈtatrad] fortfahren (*in der Rede*), abschweifen.

+ [tɒrd] 1. Vertreibung *f*, Ausweisung *f*; Verfolgung *f*; 2. *Äg. pl.* طرود [tuˈruːd] Paket *n*.

طرز II [tɒrraz] sticken.

+ [tɒrz], *pl.* طروز [tuˈruːz] Muster *n*, Modell *n*; Mode *f*.

طرس [tirs], *pl.* طروس [tuˈruːs] Blatt *n* (*Papier*).

طرش [tɒraʃ] Taubheit *f*; *s.* أطرش.

طرشى [turʃiː] Essiggemüse *n*.

طرطر [tɒrtɒr (juˈtɒrtir)] prahlen, aufschneiden.

طرطش [tɒrtɒʃ (juˈtɒrtiʃ)] spritzen.

طرف [tɒruf (jatruf)] neu sein; IV [ʔɒtraf] etw. Neues bringen, schenken (*j-m* ه *etw.* ب); V [taˈtɒrraf] extrem, radikal sein.

+ [tɒrf] Auge *n*, Blick *m*.

+ [tɒraf], *pl.* أطراف [ʔɒtˈraːf]

Ende *n*, Spitze *f*, Rand *m*; Extremität *f*, Glied *n* *des Körpers*; Seite *f*, Partei *f* *bei Vertragsabschluß*; من طرفى meinerseits.

طرفة [tɒrfa] Augenblick *m*.

\+ [turfa], *pl.* طرف [turaf] Neuheit *f*, Kuriosität *f*.

طرق [tɒrɒq (jatruq)] klopfen (an *e-e Tür* ه), hämmern; eindringen, kommen; *Weg* begehen; *Thema* behandeln; II [tɒrrɒq] hämmern, schmieden; IV [ʔɒtrɒq] den Kopf senken; verstummen; V [taˈtɒrrɒq] eindringen (in *A* الى), Zugang finden (zu الى); *Thema* berühren (الى).

طرق *u.* طرقات *s.* طريق.

طرقة [tɒrqa] Schlag *m*; Mal *n*.

طرمبة [tuˈrumba] Pumpe *f*.

طرو [tɒruwa (jatru:)] *u.* طرى [tɒrija (jatra:)] frisch, zart, feucht sein; IV [ʔɒtrɒ:] loben, preisen.

طرى [tɒˈri:j] *u.* طرىء [tɒˈri:ʔ] frisch, zart.

طريح [tɒˈri:ħ], *pl.* طرحى [tɒrħa:] hingeworfen, ausgestreckt; ~ الفراش bettlägerig.

طريد [tɒˈri:d] vertrieben, ausgestoßen, flüchtig; ة~ Wild *n*.

طريف [tɒˈri:f] originell, kurios; ة~, *pl.* طرائف [tɒˈra:ʔif] Rarität *f*, kuriose Sache *f*.

طريق [tɒˈri:q], *pl.* طرق [turuq] *u.* طرقات [turuˈqɒ:t] Weg *m*, Pfad *m*; Landstraße *f*; ة~, *pl.* طرائق [tɒˈra:ʔiq] *u.* طرق [turuq] Methode *f*, Weg *m*, Art und Weise *f*; *Isl.* religiöser Orden *m*.

طست [tɒst], *pl.* طسوت [tuˈsu:t] Becken *n*, Schüssel *f*.

طش [tɒʃʃa (jaˈtuʃʃu)] spritzen.

طعام [tɒˈʕa:m], *pl.* أطعمة [ʔatˈʕima] Speise *f*, Nahrung *f*.

طعم [tɒʕim (jatʕam)] essen; schmecken, kosten; II [tɒʕʕam] impfen; *Baum* pfropfen; einlegen, inkrustieren; IV [ʔɒtʕam] zu essen geben, füttern.

\+ [tɒʕm] Geschmack *m*.

\+ [tɒʕim] schmackhaft.

\+ [tuʕm], *pl.* طعوم [tuˈʕu:m] Köder *m*; Impfstoff *m*; ة~, *pl.* طعم [tuʕam] Speise *f*, Futter *n*.

طعمية [tɒʕˈmi:ja] *Äg.* Speise aus zerriebenen Bohnen = فلافل.

طعن [tɒʕan (jatʕan)] stechen, durchbohren; schmähen, verunglimpfen; *Urteil* anfechten (فى); eindringen (in *A* فى); ~ فى السن bejahrt sein.

\+ [tɒʕn] Durchbohrung *f*;

Jur. Protest *m*, Berufung *f*; ة~ Stich *m*, Stoß *m*; Schmähung *f*.

طغا (طغو) [tɒɣɒː (jatɣuː)] *u.* طغى [tɒɣija (jatɣɒː)] *Fluß*: über die Ufer treten; überfluten (*etw.* على); unterdrücken, tyrannisch sein.

طغيان [tuɣ'jaːn] Überschwemmung *f*; Tyrannei *f*, Unterdrückung *f*.

طفاية [tɒ'ffaːja] Feuerlöscher *m*, Löschgerät *n*; *s.* طفئ.

طفح [tɒfaħ (jatfaħ)] überfließen; II [tɒffaħ] überfüllen.

+ [tɒfħ] 1. Fülle *f*; 2. *Med.* (Haut-)Ausschlag *m*.

طفر [tɒfar (jatfir)] springen.

طفرة [tɒfra] Sprung *m*; Aufschwung *m*; Ungestüm *n*.

طفق [tɒfiq (jatfaq)] anheben, anfangen (*etw. zu tun*).

طفل II [tɒffal] *u.* V [ta'tɒffal] schmarotzen (bei على).

+ [tifl], *pl.* أطفال [ʔɒt'faːl] Kind *n*, Baby *n*; ة~ (*kleines*) Mädchen *n*.

طفلة [tɒfla] Tonerde *f*, Lehm *m*.

طفلى [tifliː] kindlich, Kinder-, Kindes-.

طفا (طفو) [tɒfaː (jatfuː)] *an der Oberfläche* schwimmen, treiben.

طفولة [tu'fuːla] Kindheit *f*.

طفئ [tɒfiʔa (jatfaʔu)] erlöschen, *Feuer*: ausgehen; IV [ʔɒtfaʔa] löschen, auslöschen, *Licht* ausschalten, *Lampe* abdrehen.

طفيف [tɒ'fiːf] mangelhaft, unvollständig, gering.

طفيلى [tu'failiː], *pl.* ~ات [-'jaːt] Parasit *m*, Schmarotzer *m*.

طق [tɒqqa (ja'tuqqu)] knallen, platzen.

طقس [tɒqs] 1. Wetter *n*, Klima *n*; 2. *pl.* طقوس [tu'quːs] Ritus *m*, religiöser Brauch *m*.

طقطوقة [tɒq'tuːqa] *Äg.* Aschenbecher *m*.

طقم [tɒqm], *pl.* طقوم [tu'quːm] Garnitur *f*, (*kompletter*) Satz *m*, Service *n*; Geschirr *n e-s Pferdes*; Gebiß *n*.

طل [tɒlla (ja'tullu)] besprühen, beregnen; IV [ʔɒ'tɒlla] herabschauen (auf *A* على), überblicken; *Gegend* beherrschen; *Fenster*: hinausgehen (auf *A* على).

+ [tɒll] Tau *m*, Sprühregen *m*.

طلاء [ti'laːʔ] Überzug *m*, Anstrich *m*, Lackierung *f*.

طلاب *s.* طالب.

طلاق [tɒ'lɒːq] Scheidung *f der Ehe*; ة~ Ungebundenheit *f*;

Flüssigkeit *f der Rede*, Redegewandtheit *f*.

طلاوة [tɒˈlaːwa] Anmut *f*, Eleganz *f*.

طلب [tɒlab (jatlub)] suchen, erstreben, verlangen, fordern; erbitten (von *j-m* من *od.* الى); studieren; III [tɒːlab] fordern, beanspruchen (*etw.* ب von *j-m* ه); V [taˈtɒllab] erfordern, nötig machen.

\+ [tɒlab], *pl.* [-aːt] Suche *f*; Forderung *f*; Bitte *f*, Ersuchen *n*; Antrag *m*, Gesuch *n*; *Hdl.* Bestellung *f*; Nachfrage *f* (*Gegens.* عرض); العلم ~ Studium *n*; تحت الـ~ zur Verfügung; عند الـ~ auf Wunsch.

طلبة [tɒliba *u.* tilba] Gewünschte(s) *n*, Begehren *n*; *s.a.* طالب.

طلبية [tɒlaˈbiːja] *Hdl.* Auftrag *m*, Bestellung *f*.

طلس [tɒlas (jatlis)] *Schrift* auslöschen, abwischen.

طلع [tɒlaʕ *u.* tɒliʕ (jatlaʕ)] emporsteigen, *Gestirn*: aufgehen; hinaufgehen; erscheinen; hervorkommen; besteigen, erklettern; einsteigen; II [tɒllaʕ] hervorkommen lassen, herausbringen, herausnehmen; III [tɒːlaʕ] besehen, studieren, lesen; informieren (*j-n* ه über *A* ب), in Kenntnis setzen (von ب); IV [ʔɒtlaʕ] informieren (über *A* على), bekanntmachen (mit على); V [taˈtɒllaʕ] ausschauen (nach الى), warten (auf *A* الى), zu erreichen suchen (*etw.* الى); VIII اطلع [iˈttɒlaʕ] blicken (auf *A* على), Einsicht nehmen (in *A* على), kennenlernen (*etw.* على); informiert sein (über *A* على); X [isˈtatlaʕ] sich erkundigen (nach ه), erkunden.

\+ [tɒlʕ] Blütenstand *m der Palme*.

طلعة [tɒlʕa] Äußere(s) *n*, Anblick *m*.

\+ [tulaʕa] neugierig.

طلق II [tɒllɒq] freilassen; *Frau* verstoßen, sich scheiden (von ihr ها); IV [ʔɒtlɒq] freilassen, loslassen, lösen; *Pfeil* abschießen (auf *A* على); النار ~ *u.* الرصاص ~ schießen, feuern (auf *A* على); سراحه ~ j-n freilassen, auf freien Fuß setzen; VII [inˈtɒlɒq] losgelassen werden, frei werden; losgehen, abgefeuert werden; dahineilen; losbrechen, losstürzen.

\+ [tɒlq] 1. frei, offen; في الهواء الـ~ im Freien, unter freiem Himmel; اللسان ~ beredt; 2. Talk *m*.

+ [tɒlaq] Schuß *m*; ة~, *pl.* [-a:t] (*Gewehr-*)Schuß *m*; Patrone *f*.

طلمبة [tu'lumba] = طرمبة.

طلوع [tu'lu:ʕ] Aufsteigen *n*, Aufstieg *m*; Aufgang *m der Sonne*.

طلى [tɒla: (jatli:)] bestreichen, lackieren; belegen, überziehen; galvanisieren, verzinnen.

طليان: الـ~ [attul'ja:n] die Italiener *m/pl.*

طليعة [tɒ'li:ʕa], *pl.* طلائع [tɒ'la:ʔiʕ] *Mil.* Spitze *f*, Vorhut *f*; Avantgarde *f*; *pl.* Anfänge *m/pl.*

طليق [tɒ'li:q], *pl.* طلقاء [tula'qɒ:ʔ] frei, freigelassen.

طم [tɒmma (ja'tummu)] bedekken, überfluten.

طماطم [tɒ'mɒ:tim] *coll. u.* طماطة [tu'mɒ:tɒ] Tomate *f*.

طماع [tɒ'mma:ʕ] gierig, habgierig.

طمان [tɒ'ma:n] Ruhe *f*, Sicherheit *f*, Vertrauen *n*.

طمأن [tɒmʔan (ju'tɒmʔin)] beruhigen, Vertrauen einflößen; IV اطمأن [itma'ʔanna] beruhigt sein, sich sicher fühlen, vertrauen (auf *A* الى).

طمح [tɒmaħ (jatmaħ)] trachten, streben (nach الى).

طمر [tɒmar (jatmur)] begraben, verscharren.

طمس [tɒmas (jatmis)] auslöschen, verwischen.

طمع [tɒmiʕ (jatmaʕ)] begehren, wünschen (*etw.* فى *u.* ب), verlangen (nach فى *u.* ب); II [tɒmmaʕ] begierig machen, verlocken.

+ [tɒmaʕ], *pl.* أطماع [ʔɒt'ma:ʕ] Gier *f*, Begierde *f*; Ehrgeiz *m*.

طما (طمو) [tɒma: (jatmu:)] überfluten.

طموح [tɒ'mu:ħ] begierig; strebsam, ehrgeizig.

طمى [tɒmj] *Äg.* Nilschlamm *m*.

طن [tɒnna (ja'tinnu)] klingen, summen.

+ [tunn], *pl.* أطنان [ʔɒt'na:n] Tonne *f* (*Gewicht*); ~ مسجل Bruttoregistertonne *f*.

طنب II [tɒnnab] zelten, wohnen; IV [ʔɒtnab] übertreiben.

+ [tunub], *pl.* أطناب [ʔɒt'na:b] Zeltstrick *m*; Sehne *f*.

طنبور [tum'bu:r] 1. Archimedische Schraube *f* (*Wasserhebegerät*); 2. *e. Saiteninstrument.*

طنجة [tɒndʒa] Tanger (*Stadt in Marokko*).

طنطن [tɒntɒn (ju'tɒntin)] klingeln, summen.

طنين [tɒ'ni:n] Klingeln *n*, Gesumm *n*, Brummen *n*.

طه [tɒ:ha:] Taha *npr. m.*

طهارة [tɒ'ha:ra] Sauberkeit *f*; *Isl.* rituelle Reinheit *f*.

طهاة *s.* طاه.

طهر [tɒhar (jathur)] rein sein; II [tɒhhar] reinigen, säubern, läutern; desinfizieren; *Isl.* beschneiden; III [tɒ:har] beschneiden; V [ta'tɒhhar] sich reinigen.

+ [tuhr] Reinheit *f*, Keuschheit *f*.

(طهو) طها [tɒha: (jathu:)] kochen, *Speise* zubereiten.

طهور [tɒ'hu:r] Reinigung *f*; *Isl.* Beschneidung *f*.

طهى [tu'hi:j] Kochen *n*, Kochkunst *f*, Zubereitung *f*.

طوابع *s.* طابع.

طوارئ *s.* طارئ.

طواف [tɒ'wa:f] Rundgang *m*.

+ [tɒ'wwa:f] herumgehend; ة~ Patrouillenboot *n*.

طوال [tɒ'wa:la] *Präp.* während; entlang; *s.a.* طويل.

طواية [tɒ'wwa:ja] Bratpfanne *f*.

طوب [tu:b] *coll.*, ة~ Ziegel *m*.

طوبجى [to:ptʃi:] Artillerist *m*; ة~ Artillerie *f*.

(طوح) طاح [tɒ:ħ (ja'tu:ħ)] sich verirren, zugrunde gehen; II [tɒwwaħ] wegwerfen; der Gefahr aussetzen.

طود VII انطاد [in'tɒ:d] sich in die Luft erheben.

طور II [tɒwwar] entwickeln, fördern; V [ta'tɒwwar] sich entwickeln.

+ [tɒur], *pl.* أطوار [ʔɒt'wa:r] Mal *n*, Phase *f*, Stadium *n*.

+ [tu:r], *pl.* أطوار [ʔɒt'wa:r] Berg *m* (*bes. der Sinai*).

(طوع) طاع [tɒ:ʕ (ja'tu:ʕ)] gehorchen; II [tɒwwaʕ] gehorsam machen, unterwerfen; III [tɒ:waʕ] gehorchen; sich fügen (in *A* في); IV [ʔɒ'tɒ:ʕ] gehorchen, gehorsam sein; V [ta'tɒwwaʕ] freiwillig tun (*etw.* ب *u.* ل); X [ista'tɒ:ʕ] können, vermögen, imstande sein.

طوع [tɒuʕ] Gehorsam *m*; Unterwerfung *f*; Gutwilligkeit *f*.

طوعيا [tɒu'ʕi:jan] *Adv.* freiwillig.

(طوف) طاف [tɒ:f (ja'tu:f)] umhergehen, umherstreifen, herumlaufen; umkreisen (*etw.* حول); auf dem Wasser treiben; II [tɒwwaf] oft herumgehen; herumführen; IV [ʔɒ'tɒ:f] umgeben (*etw.* ب).

طوف [tɒuf] Runde *f*, Rundgang *m*; *Mil.* Streife *f*.

طوفان [tɒwa'fa:n] Rundgang *m*, Umkreisung *f*.

+ [tu:'fa:n] Überschwemmung *f*, Sintflut *f*.

(طوق) طاق [tɒ:q (ja'tu:q)] vermögen; aushalten, ertragen können; II [ŧɒwwaq] umgeben, umringen, einschließen; mit Reifen, Ringen *od.* Halskette versehen; IV [ʔɒˈŧɒ:q] imstande sein; ertragen.

طوق [ŧɒuq] 1. Kraft *f*, Fähigkeit *f*, Vermögen *n*; 2. *pl.* أطواق [ʔɒŧˈwa:q] Halsband *n*, Halskette *f*; Reifen *m*.

(طول) طال [ŧɒ:l (jaˈŧu:l)] lang sein; dauern; II [ŧɒwwal] lang machen, verlängern; ~ باله [ba:lahu] Geduld haben; IV [ʔɒˈŧɒ:l] verlängern, ausdehnen, in die Länge ziehen; VI [taˈŧɒ:wal] sich strecken; übergreifen (auf *A* على); sich anmaßen (*etw.* الى).

طول [ŧɒul] Macht *f*.

+ [ŧu:l], *pl.* أطوال [ʔɒŧˈwa:l] Länge *f*; Größe *f*, Höhe *f*; ~ النظر Weitsichtigkeit *f*; خط الـ~ *Geo.* Längengrad *m*; على ~ längs, entlang; *pop.* geradeaus, ständig; [ŧu:la] *Präp.* während; ~ى Längen-, Längs-.

طوى [ŧɒwa: (jaŧwi:)] falten, zusammenlegen; verbergen; *Entfernung* zurücklegen, durcheilen; VII [inˈŧɒwa:] zusammengefaltet werden; sich abschließen; *Zeit*: verfließen.

طويل [ŧɒˈwi:l], *pl.* طوال [ŧiˈwa:l] lang; ~ الباع mächtig; ~ القامة hochgewachsen.

طوية [ŧɒˈwi:ja], *pl.* طوايا [ŧɒˈwa:ja:] Absicht *f*, Gesinnung *f*; Gewissen *n*.

طى [ŧɒjj], *pl.* أطواء [ʔɒŧˈwa:ʔ] Falte *f*, Einschluß *m*; طيه [ŧɒjjahu] beiliegend, anliegend (*im Brief*).

طيار [ŧɒˈjja:r] fliegend, flüchtig; *pl.* [-u:n] Flieger *m*; ~ة, *pl.* [-a:t] Flugzeug *n*; Fliegerin *f*; *s.* طائرة.

(طيب) طاب [ŧɒ:b (jaˈŧi:b)] gut, angenehm, köstlich sein; gesund werden, genesen; II [ŧɒjjab] gut machen; würzen, parfümieren; IV [ʔɒˈŧɒ:b] angenehm, süß machen.

طيب [ŧi:b] Güte *f*; Wohlgeruch *m*.

+ [ŧɒjjib] gut; angenehm; bei guter Gesundheit; ~ات [-a:t] angenehme Dinge *n/pl.*, Genüsse *m/pl.*

طيبة [ŧi:ba] Güte *f des Menschen.*

(طير) طار [ŧɒ:r (jaˈŧi:r)] fliegen; eilen; II [ŧɒjjar] fliegen lassen; abschicken; hinauswerfen; IV [ʔɒˈŧɒ:r] fortwehen; V [taˈŧɒjjar] pessimistisch sein; VI [taˈŧɒ:jar] zerstreut werden, sich ausbreiten, sich verflüchtigen.

طير [tɒir, te:r], *pl.* طيور [tu'ju:r] *u.* أطيار [ʔɒt'ja:r] Vogel *m.*

طيران [tɒja'ra:n] Flug *m*; Fliegen *n*, Flugwesen *n*, Luftfahrt *f.*

طيش [tɒiʃ] Leichtsinn *m*, Gedankenlosigkeit *f.*

طيف [tɒif, te:f], *pl.* أطياف [ʔɒt'ja:f] Traum *m*, Trugbild *n*, Phantom *n*; *Physik*: Spektrum *n*; ~ى spektral.

طيقان *s.* طاق.

طيلة [ti:lata] *Präp.* während.

طين [ti:n], *pl.* أطيان [ʔɒt'ja:n] Lehm *m*, Ton *m*; Boden *m*; ~ة Lehm *m*; Art *f*, Beschaffenheit *f.*

طية [tɒjja] Falte *f.*

+ [ti:ja] Absicht *f.*

ظ

ظ (ظاء) [zɒːʔ] *siebzehnter Buchstabe; Zahlwert 900.*

ظافر [zɒːfir] siegreich, triumphierend; Sieger *m.*

ظالم [zɒːlim], *pl.* ظلام [zuˈllaːm] *u.* ظلمة [zɒlama] Unterdrücker *m*, Tyrann *m*; ungerecht.

ظامئ [zɒːmiʔ] durstig.

ظاهر [zɒːhir] sichtbar, offenbar, klar, augenscheinlich; äußerlich; scheinbar; Außenseite *f*; wörtliche Bedeutung *f*; ة~, *pl.* ظواهر [zɒˈwaːhir] Erscheinung *f*, Phänomen *n*, äußeres Zeichen *n*; ى~ äußerlich, Außen-.

ظبي [zɒbj], *f* ة~, *pl.* ظباء [ziˈbaːʔ] Gazelle *f*, Antilope *f*.

ظرافة [zɒˈraːfa] Eleganz *f*, Charme *m*, geistreiche Art *f*.

ظرف [zɒruf (jazruf)] charmant, klug sein; II [zɒrraf] 1. hübsch machen; 2. in *e-e* Hülle stecken; V [taˈzɒrraf] sich elegant zeigen.

+ [zɒrf] 1. Eleganz *f*, Charme *m*; 2. *pl.* ظروف [zuˈruːf] Hülle *f*, Umschlag *m*, Behälter *m*; *Gr.* Umstand *m*; ~ في innerhalb von; ى~ adverbial.

ظريف [zɒˈriːf], *pl.* ظرفاء [zuraˈfaːʔ] elegant, geistreich, witzig; fein.

ظفر [zɒfir (jazfar)] siegen (über *A* على), besiegen (*j-n* على), überwinden; gewinnen (*etw.* على); II [zɒffar] den Sieg verleihen.

+ [zɒfar] Sieg *m*.

+ [zɒfir] siegreich, erfolgreich.

+ [zufr], *pl.* أظفار [ʔɒzˈfaːr] *u.* أظافير [ʔɒzɒːˈfiːr] (Finger-)Nagel *m*, Kralle *f*.

ظل [zɒlla (jaˈzɒllu)] sein; bleiben, verharren; fortfahren; II [zɒllal] *u.* IV [ʔɒˈzɒlla] beschatten; schützen, beschirmen; X [istaˈzɒlla] Schatten suchen; sich unter den Schutz (*j-s* ب) stellen.

+ [zill], *pl.* ظلال [ziˈlaːl] Schatten *m*; Schattierung *f*;

Schutz *m*; *Math.* Tangens *m*; ~ تمام الزاوية Kotangens *m*; خفيف الـ~ angenehm, sympathisch.

ظلام [zɒ'la:m] Dunkelheit *f*, Finsternis *f*.

ظلع [zɒlaʕ (jazlaʕ)] hinken.

ظلف [zilf], *pl.* أظلاف [ʔɒz'la:f] (*gespaltener*) Huf *m*.

ظلم [zɒlam (jazlim)] ungerecht sein, unterdrücken, tyrannisieren; – [zɒlim (jazlam)] *u.* IV [ʔɒzlam] finster, dunkel werden; V [ta'zɒllam] sich beklagen (über *A* من); VIII اظلم [i'zzɒlam] Unrecht erdulden.

+ [zulm] Unrecht *n*, Ungerechtigkeit *f*, Tyrannei *f*; ~ة Finsternis *f*, Dunkelheit *f*.

ظليل [zɒ'li:l] schattig.

ظمئ [zɒmiʔa (jazmaʔu)] durstig sein.

ظن [zɒnna (ja'zunnu)] glauben, meinen, denken, vermuten; أظنه يكتب [ʔɒ'zunnuhu jaktub] ich glaube, daß er schreibt; IV [ʔɒ'zɒnna] verdächtigen; V [ta'zɒnnan] erwägen, nachdenken.

+ [zɒnn], *pl.* ظنون [zu'nu:n] Meinung *f*, Vermutung *f*, Ansicht *f*; Zweifel *m*; أكبر الظن ان es ist sehr wahrscheinlich, daß; *s.a.* حسن.

ظنة [zinna], *pl.* ظنن [zinan] Verdacht *m*.

ظنين [zɒ'ni:n] verdächtig, unzuverlässig.

ظهر [zɒhar (jazhar)] sichtbar, deutlich werden, erscheinen, sich zeigen; sich ergeben (aus من); sich herausstellen; II [zɒhhar] *Hdl.* indossieren; III [zɒ:har] unterstützen; IV [ʔɒzhar] zeigen, enthüllen, sichtbar machen; VI [ta'zɒ:har] zur Schau tragen (*etw.* ب), vorgeben, heucheln; demonstrieren (gegen ضد), *e-e* Kundgebung veranstalten; X [is'tazhar] 1. auswendig lernen; 2. Hilfe suchen.

+ [zɒhr], *pl.* ظهور [zu'hu:r] *u.* أظهر [ʔɒzhur] 1. Rücken *m*, Rückseite *f*; Deck *n* *e-s Schiffes*; عن ~ القلب auswendig; 2. Gußeisen *n*.

+ [zuhr] Mittag *m*; قبل الـ~ vormittags; بعد الـ~ nachmittags.

ظهور [zu'hu:r] Erscheinen *n*, Erscheinung *f*.

ظهير [zɒ'hi:r] Helfer *m*; *Sport*: Verteidiger *m*; ~ة Mittagszeit *f*.

ع

ع (عين) [ʕain] *achtzehnter Buchstabe*; *Zahlwert 70*; *Abk. für* عدد Zahl.

عابد [ʕa:bid], *pl.* عباد [ʕu'bba:d] Verehrer *m*, Anbeter *m*.

عابر [ʕa:bir] vorübergehend; vergangen.

عابس [ʕa:bis] düster, mürrisch.

عات [ʕa:tin], *constr.* عاتى [ʕa:ti:], *pl.* عتاة [ʕu'ta:t] unverschämt, arrogant.

عاتق [ʕa:tiq], *pl.* عواتق [ʕa'wa:tiq] Schulter *f*.

عاج [ʕa:dʒ] Elfenbein *n*; ~ى elfenbeinern, Elfenbein-.

عاجز [ʕa:dʒiz] unfähig (zu عن), außerstande; *pl.* عجزة [ʕadʒaza] altersschwach, körperbehindert.

عاجل [ʕa:dʒil] eilig, sofortig, baldig; *s.* آجل.

عاد *s.* عود.

عاد [ʕa:din], *constr.* عادى [ʕa:di:], *pl.* عداة [ʕu'da:t] laufend; angreifend; Feind *m*.

عادل [ʕa:dil], *pl.* عدول [ʕu'du:l] gerecht, billig.

عادم [ʕa:dim], *pl.* عوادم [ʕa'wa:dim] verloren, nicht vorhanden; Abfall-.

عادة [ʕa:da], *pl.* عادات [ʕa:'da:t] Gewohnheit *f*, Sitte *f*, Brauch *m*; Regel *f der Frauen*; فوق الـ~ außergewöhnlich; [ʕa:datan] *Adv.* gewöhnlich.

عادى [ʕa:di:] gewöhnlich, üblich, regulär, normal; غير ~ ungewöhnlich.

عادية [ʕa:dija], *pl.* [-a:t] *u.* عواد [ʕa'wa:din] Unglück *n*, Schicksalsschlag *m*.

عار [ʕa:r], *pl.* أعيار [ʔaʕ'ja:r] Schande *f*, Schmach *f*.

+ [ʕa:rin], *constr.* عارى [ʕa:ri:], *pl.* عراة [ʕu'ra:t] nackt, entblößt; *s.a.* عور, عير.

عارض [ʕa:rið], *pl.* عوارض [ʕa'wa:rið] Hindernis *n*; zufällige Erscheinung *f*, Akzidens *n*; *Med.* Anfall *m*; ~ة Querbalken *m*.

عارف [ʕa:rif] Kenner *m*; *a. npr.*

عارية [ʕa:rija *u.* ʕa:ˈri:ja], *pl.* عوار [ʕaˈwa:rin] Darlehen *n*.

عازلة [ʕa:zil] *u.* ~ة, *pl.* عوازل [ʕaˈwa:zil] *El.* Isolator *m*.

عاشر [ʕa:ʃir] zehnte(r).

عاشق [ʕa:ʃiq], *pl.* عشاق [ʕuˈʃʃa:q] Liebende(r) *m*, Liebhaber *m*.

عاص [ʕa:sin], *constr.* عاصى [ʕa:si:], *pl.* عصاة [ʕuˈsɒ:t] ungehorsam; Rebell *m*, Aufrührer *m*.

عاصف [ʕa:sif] stürmisch; ~ة, *pl.* عواصف [ʕaˈwa:sif] Sturm *m*.

عاصم [ʕa:sim] Beschützer *m*; ~ة, *pl.* عواصم [ʕaˈwa:sim] Hauptstadt *f*, Metropole *f*.

عاطر [ʕa:tir] wohlriechend, aromatisch.

عاطف [ʕa:tif] geneigt; mitleidig, gütig; ~ة, *pl.* عواطف [ʕaˈwa:tif] Gefühl *n*, Zuneigung *f*, Emotion *f*; ~ى empfindsam, sentimental; ~ية Sentimentalität *f*.

عاطل [ʕa:til] untätig, arbeitslos, funktionslos.

عافية [ʕa:fija] Gesundheit *f*, Wohlbefinden *n*.

عاقبة [ʕa:qiba], *pl.* عواقب [ʕaˈwa:qib] Folge *f*, Ergebnis *n*, Ausgang *m e-r Sache*.

عاقل [ʕa:qil], *pl.* عقلاء [ʕuqɒˈla:ʔ] verständig, vernünftig, klug, intelligent.

عاكس [ʕa:kis] Reflektor *m*.

عاكف [ʕa:kif], *pl.* عكوف [ʕuˈku:f] ergeben (*e-r* Sache على), erpicht (auf *A* على).

عال [ʕa:lin], *constr.* عالى [ʕa:li:] hoch, erhaben; laut (*Stimme*); erstklassig, ausgezeichnet.

عالم [ʕa:lam], *pl.* [-u:n] *u.* عوالم [ʕaˈwa:lim] Welt *f*, Universum *n*; (*Tier-*, *Pflanzen-*) Reich *n*.

+ [ʕa:lim] wissend (um ب), bewußt (*e-r* Sache ب); *pl.* علماء [ʕulaˈma:ʔ] Gelehrte(r) *m*.

عالمى [ʕa:lami:] international, Welt-.

عالمية [ʕa:laˈmi:ja] Internationalität *f*.

+ [ʕa:liˈmi:ja] Gelehrtenrang *m*.

عام [ʕa:m], *pl.* أعوام [ʔaʕˈwa:m] Jahr *n*; *s.a.* عوم.

+ [ʕa:mm] allgemein, generell; öffentlich; الرأى الـ~ öffentliche Meinung *f*; *Gegens.* خاص.

عامر [ʕa:mir] kultiviert (*Land*), bebaut, blühend; bewohnt, bevölkert; *a. npr. m*.

عامل [ʕa:mil] 1. arbeitend, aktiv, wirksam; 2. *pl.* عمال [ʕumˈma:l] *u.* عملة [ʕamala] Arbeiter *m*, Werktätiger *m*; Agent *m*, Statthalter *m*; 3. *pl.*

عوامل [ʕaˈwa:mil] Faktor *m*; Triebkraft *f*; *Gr.* Regens *m*.

عامة [ʕa:mma], *pl.* عوام [ʕaˈwa:mm] Allgemeinheit *f*, Volk *n*; *s.* خاصة.

عاعود [ʕa:ˈmu:d], *pl.* عواميد [ʕawa:ˈmi:d] = عمود.

عامى [ʕa:mmi:] gemein, vulgär; العامية Umgangssprache *f*.

عان [ʕa:nin], *constr.* عانى [ʕa:ni:] elend, leidend.

عاهل [ʕa:hil], *pl.* عواهل [ʕaˈwa:hil] Herrscher *m*, Souverän *m*.

عاهن [ʕa:hin], *pl.* عواهن [ʕaˈwa:hin] Zweig *m*; Glied *n*.

عاهة [ʕa:ha], *pl.* [-a:t] Gebrechen *n*, Krankheit *f*.

عاوز [ʕa:wiz] = عائز.

عائد [ʕa:ʔid] zurückkehrend; gehörend (*j-m* ل), eigen (*j-m* ل); ة~, *pl.* عوائد [ʕaˈwa:ʔid] Nutzen *m*, Gewinn *m*; Aida *npr. f*; *pl.* Gebühren *f/pl.*; Abgaben *f/pl.*

عائز [ʕa:ʔiz] bedürftig, notleidend; *Äg. vulg.* wollend.

عائش [ʕa:ʔiʃ] lebend, lebendig.

عائق [ʕa:ʔiq] *u.* ة~, *pl.* عوائق [ʕaˈwa:ʔiq] Hindernis *n*, Schranke *f*.

عائل [ʕa:ʔil] Ernährer *m e-r Familie*; ة~, *pl.* [-a:t] *u.* عوائل [ʕaˈwa:ʔil] Familie *f*; ى~ Familien-.

عب [ʕubb], *pl.* عباب [ʕiˈba:b] Busen *m des Kleides*.

عبء [ʕibʔ], *pl.* أعباء [ʔaʕˈba:ʔ] Last *f*, Bürde *f*.

عبأ [ʕabaʔa (jaʕbaʔu)] *mit Negation*: sich nicht kümmern (um ب); II [ʕabbaʔa] vorbereiten; ausrüsten; *Behälter* füllen; *Mil.* mobil machen, mobilisieren.

عباء [ʕaˈba:ʔ] *u.* ة~ (*Beduinen-*) Mantel *m*, Überwurf *m*.

عبادة [ʕiˈba:da] Verehrung *f*, Anbetung *f*, Gottesdienst *m*.

عبارة [ʕiˈba:ra] Ausdruck *m*, Phrase *f*, Wort *n*; Erklärung *f*.

عباس [ʕaˈbba:s] mürrisch, finster; Abbas *npr. m*; ى~ abbassidisch; العباسيون die Abbasiden (*islamische Dynastie*).

عباية [ʕaˈba:ja] = عباء.

عبث [ʕabiθ (jaʕbaθ)] spielen, scherzen; Unfug treiben (mit ب); mißbrauchen (*etw.* ب).
+ [ʕabaθ] Scherz *m*, (*böses*) Spiel *n*, Mißbrauch *m*.

عبد [ʕabad (jaʕbud)] anbeten, verehren; II [ʕabbad] versklaven, unterjochen; *Straße* ausbauen; V [taˈʕabbad] fromm sein; X [isˈtaʕbad] versklaven, unterjochen.
+ [ʕabd] 1. *pl.* عبيد [ʕaˈbi:d]

Sklave *m*, Knecht *m*; 2. *pl.* عباد [ʕiˈba:d] Diener *m Gottes*; ة~ Sklavin *f*, Dienerin *f*.

عبر [ʕabar (jaʕbur)] durchqueren, überqueren, überschreiten, *Fluß* durchschwimmen; II [ʕabbar] erklären; ausdrücken (*etw.* عن), zum Ausdruck bringen (*etw.* عن); VIII [iʕˈtabar] berücksichtigen, achten, respektieren; halten (*j-n* ه für *etw.* ه), betrachten (*j-n* ه als *etw.* ه); *e-e* Lehre ziehen (aus ب).

\+ [ʕabr] Überquerung *f*, Durchquerung *f*; [ʕabra] *Präp.* quer durch; über.

عبرانى [ʕibˈra:ni:] hebräisch; Hebräer *m*.

عبرة [ʕabra] Träne *f*.

\+ [ʕibra], *pl.* عبر [ʕibar] Lehre *f*, Ermahnung *f*, Beispiel *n*.

عبرى [ʕibri:] hebräisch; Hebräer *m*.

عبس [ʕabas (jaʕbis)] finster blikken; mürrisch sein.

عبقرى [ʕabqari:] genial; Genie *n*; ة~ Genialität *f*; Genie *n*.

عبودة [ʕuˈbu:da] *u.* عبودية [ʕubu:ˈdi:ja] Anbetung *f*; Knechtschaft *f*.

عبور [ʕuˈbu:r] Überquerung *f*, Überschreitung *f*, Überfahrt *f*.

عبوس [ʕaˈbu:s] finster blickend.

عبى II [ʕabba:] füllen; *Gewehr* laden; *s.* عبأ.

عبيد *s.* عبد; [ʕuˈbaid] *Diminutiv zu* عبد.

عبيط [ʕaˈbi:t] dumm, blöd.

عتاب [ʕiˈta:b] Tadel *m*, Vorwurf *m*; ة~ *Ir. e-e Art Volkslied.*

عتاد [ʕaˈta:d], *pl.* أعتدة [ʔaʕˈtida] *u.* عتد [ʕutud] Ausrüstung *f*; *Mil.* Gerät *n*, Munition *f*.

عتامة [ʕaˈta:ma] Undurchsichtigkeit *f*; Dunkelheit *f*.

عتاهة [ʕaˈta:ha] Schwachsinn *m*.

عتب [ʕatab (jaʕtib)] tadeln, Vorwürfe machen (*j-m* على); II [ʕattab] zögern; III [ʕa:tab] schelten (*j-n* ه wegen على).

عتبة [ʕataba], *pl.* عتب [ʕatab] *u.* [-a:t] Schwelle *f*, Stufe *f*.

عتد [ʕatud (jaʕtud)] fertig, gerüstet sein; IV [ʔaʕtad] bereiten.

عتق [ʕataq (jaʕtiq) *u.* ʕatuq (jaʕtuq)] alt werden; *Wein*: ablagern; IV [ʔaʕtaq] *e-n Sklaven* freilassen.

\+ [ʕitq] 1. Alter *n*; 2. Freilassung *f*.

عتل [ʕatal (jaʕtul)] tragen.

عتم [ʕatam (jaʕtim)] *u.* IV [ʔaʕtam] zögern, lange dauern; II [ʕattam] verdunkeln.

عتمة [ʕatma] Dunkel *n*, Dunkelheit *f*.

عته [ʕatah *u.* ʕuth] Schwachsinn *m*, Idiotie *f*.

عتو [ʕuˈtuːw] Anmaßung *f*, Hochmut *m*, Arroganz *f*.

عتي [ʕaˈtiːj] hochmütig, arrogant.

عتيد [ʕaˈtiːd] beständig, ewig; bereit; zukünftig.

عتيق [ʕaˈtiːq] alt, veraltet; abgelagert (*Wein*).

عث [ʕuθθ] *coll.*, ة~, *pl.* عثث [ʕuθaθ] Motte *f*.

عثر [ʕaθar (jaʕθur)] stolpern, straucheln; stoßen (auf *A* على), finden (*etw.* على); II [ʕaθθar] zu Fall bringen; IV [ʔaʕθar] stolpern lassen; führen (*j-n* ه auf *etw.* على); V [taˈʕaθθar] stolpern; stottern.

عثرة [ʕaθra] Anstoß *m*, Fehltritt *m*, Fall *m*.

عثمان [ʕuθˈmaːn] Osman *npr. m*; ى~ osmanisch.

عثور [ʕuˈθuːr] Auffindung *f* (von *etw.* على).

عج [ʕaddʒa (jaˈʕiddʒu)] tosen, dröhnen; II [ʕaddʒadʒ] *Staub*: aufwirbeln.

عجاج [ʕaˈdʒaːdʒ] Staub *m in der Luft*; ة~ Staubwolke *f*.

عجائن *s.* عجينة.

عجب [ʕadʒib (jaʕdʒab)] sich wundern (über *A* من); II [ʕaddʒab] überraschen; IV [ʔaʕdʒab] in Erstaunen setzen; gefallen (*j-m* ه); *Passiv*: [ʔuʕdʒib] bewundern (*etw.* ب); V [taˈʕaddʒab] *u.* X [isˈtaʕdʒab] sich wundern (über *A* من).

+ [ʕadʒab] Wunder *n*; Verwunderung *f*, Erstaunen *n*; ا~ [ʕadʒaban] o Wunder!

عجر [ʕadʒar] Vorsprung *m*, Auswuchs *m*.

عجرة [ʕudʒra], *pl.* عجر [ʕudʒar] *Med.* Knoten *m*, Auswuchs *m*.

عجز [ʕadʒaz (jaʕdʒiz) *u.* ʕadʒiz (jaʕdʒaz)] schwach, kraftlos sein; unfähig sein (zu عن); II [ʕaddʒaz] *u.* IV [ʔaʕdʒaz] unfähig machen, lähmen; IV unmöglich sein (für ه).

+ [ʕadʒz] Schwäche *f*, Unfähigkeit *f*; Defizit *n*.

+ [ʕudʒz], *pl.* أعجاز [ʔaʕˈdʒaːz] Hinterteil *n*; Baumstumpf *m*.

عجل [ʕadʒil (jaʕdʒal)] sich beeilen; II [ʕaddʒal] beschleunigen; vorausbezahlen; III [ʕaːdʒal] zuvorkommen (*j-m* ه); IV [ʔaʕdʒal] antreiben, drängen; V [taˈʕaddʒal] sich beeilen, vorauseilen; X [isˈtaʕdʒal] in Eile sein, sich beeilen.

+ [ʕadʒal] Eile *f*, Hast *f*.

+ [ʕadʒil] eilig, schnell.

+ [ʕidʒl], *pl.* عجول [ʕuˈdʒu:l] Kalb *n*, junger Stier *m*.

عجلة [ʕadʒala] 1. Eile *f*, Hast *f*; 2. *pl.* [-a:t] Rad *n*; Fahrrad *n*.

عجم [ʕadʒam (jaʕdʒum)] probieren, prüfen; IV [ʔaʕdʒam] *Gr.* *e-n Buchstaben* mit diakritischen Punkten versehen.

+ [ʕadʒam] *coll.* 1. Perser *m/pl.*, Nichtaraber *m/pl.*; 2. (*Obst-*)Kerne *m/pl.*; ~ى persisch, unarabisch; *s.a.* أعجمى.

عجن [ʕadʒan (jaʕdʒin)] *Teig* kneten.

عجة [ʕuddʒa], *pl.* عجج [ʕudʒadʒ] Omelett *n*, Eierspeise *f*.

عجوز [ʕaˈdʒu:z], *pl.* عجائز [ʕaˈdʒa:ʔiz] sehr alt; alte Frau *f*, alter Mann *m*.

عجوة [ʕadʒwa] *Äg.* gepreßte Datteln *f/pl.*

عجيب [ʕaˈdʒi:b] wunderbar, merkwürdig, erstaunlich; ~ة, *pl.* عجائب [ʕaˈdʒa:ʔib] Wunder *n*, Wunderding *n*.

عجيج [ʕaˈdʒi:dʒ] Geschrei *n*, Gebrüll *n*.

عجيل [ʕaˈdʒi:l], *pl.* عجال [ʕiˈdʒa:l] eilig, schnell.

عجين [ʕaˈdʒi:n] *u.* ~ة, *pl.* عجائن [ʕaˈdʒa:ʔin] Teig *m*; Paste *f*, Masse *f*; *pl.* Kunststoffe *m/pl.*

عد [ʕadda (jaˈʕuddu)] zählen, aufzählen, berechnen; halten (für ه); *Passiv*: [ʕudda (juˈʕaddu)] gelten (als ه), gezählt werden (zu من); II [ʕaddad] aufzählen; IV [ʔaˈʕadda] (vor-)bereiten, herrichten, präparieren; V [taˈʕaddad] zahlreich sein; sich vermehren; VIII [iʕˈtadda] halten (für ه), betrachten (als ه); rechnen (mit ب); X [istaˈʕadda] sich vorbereiten, sich fertig machen (zu, für ل).

+ [ʕadd] Zählung *f*, Berechnung *f*.

عدا [ʕada:] *u.* ما عدا [ma: ʕada:] *Präp.* (*mit A od. G*) außer, mit Ausnahme von; *s.a.* عدو.

عداء [ʕaˈda:ʔ] Feindschaft *f*.

+ [ʕaˈdda:ʔ] Läufer *m*.

عداد [ʕaˈdda:d] Zähler *m*, Zählgerät *n*, Messer *m*.

+ [ʕiˈda:d] Zahl *f*, Anzahl *f*.

عدالة [ʕaˈda:la] Gerechtigkeit *f*, Geradheit *f*, Redlichkeit *f*.

عداوة [ʕaˈda:wa] Feindschaft *f*, Feindseligkeit *f*.

عدائى [ʕaˈda:ʔi:] feindlich, feindselig.

عدد [ʕadad], *pl.* أعداد [ʔaʕˈda:d] Zahl *f*, Ziffer *f*, Nummer *f*; Menge *f*, Anzahl *f*; ~ى zahlenmäßig, numerisch.

عدس [ʕadas] *coll.*, ـة~ Linse *f* (*Hülsenfrucht*); ـة~ *u.* ـية~ (*optische*) Linse *f*; *Phot.* Objektiv *n*.

عدل [ʕadal (jaʕdil)] gerecht sein; gleichwertig, ebenbürtig sein, gleichkommen (*e-r Sache* ه); abweichen (von عن), sich abwenden (von عن); II [ʕaddal] gerademachen, ordnen, richten; anpassen; abändern, modifizieren; III [ʕa:dal] gleichwertig, ebenbürtig sein (*e-r Sache* ه); aufwiegen (*etw.* ه); IV [ʔaʕdal] gerademachen, richten; V [taˈʕaddal] abgeändert, modifiziert werden; VI [taˈʕa:dal] sich ausgleichen, im Gleichgewicht sein; VIII [iʕˈtadal] sich aufrichten, sich zurechtsetzen; gemäßigt sein.

+ [ʕadl] Gerechtigkeit *f*, Billigkeit *f*, Geradheit *f*; *pl.* عدول [ʕuˈdu:l] gerecht; unbescholten; وزير العدل Justizminister *m*.

+ [ʕadil] gerecht; gerade.

+ [ʕidl], *pl.* أعدال [ʔaʕˈda:l] gleich, entsprechend; Packsack *m* (*Hälfte der Last beim Lasttier*).

عدلى [ʕadli:] Justiz-, Gerichts-; ـة~ Justiz *f*, Rechtswesen *n*.

عدم [ʕadim (jaʕdam)] ermangeln (*e-r Sache* ه), vermissen (*etw.* ه); *Passiv*: [ʕudim (juʕdam)] nicht existieren, fehlen; IV [ʔaʕdam] berauben (*j-n* ه *e-r Sache* ه); vernichten; hinrichten; VII [inˈʕadam] nicht existieren; verschwinden.

+ [ʕadam] Mangel *m*, Fehlen *n*, Nichtexistenz *f*, Nichtsein *n*; *Pol.* التدخل ~ Nichteinmischung *f*.

عدن II [ʕaddan] Mineralien gewinnen, Bergbau betreiben.

+ [ʕadan] Aden (*Stadt in Südarabien*).

عدنان [ʕadˈna:n] Adnan *npr. m.*

عدة [ʕida] Versprechen *n*; *s.* وعد.

+ [ʕidda] Anzahl *f*; einige, mehrere.

+ [ʕudda], *pl.* عدد [ʕudad] Ausrüstung *f*, Ausstattung *f*, Gerät *n*.

عدا (عدو) [ʕada: (jaʕdu:)] laufen; vorübergehen; überschreiten, hinausgehen (über *A* ه); übergehen, ausnehmen; angreifen (*j-n* على), überfallen, feindselig sein (gegen على); II [ʕadda:] überqueren; übersetzen (*über e-n Fluß*); *Gr.* transitiv machen; III [ʕa:da:] feindselig sein (gegen ه); IV [ʔaʕda:] *Med.* infizieren, anstecken (mit من); V [ta'ʕadda:] überschreiten, übertreten; hinausgehen (über *A* ه); überholen; überwinden; angreifen (*j-n* على), ungerecht, feindselig handeln (gegen على); VII [in'ʕada:] *Med.* sich anstecken; VIII [iʕ'tada:] überschreiten (*etw.* ه); ungerecht, feindselig handeln (gegen على), *e-e* Aggression verüben (gegen على); *e.* Attentat verüben (auf *A* على); sich vergehen (an *D* على).

عدو [ʕadw] Lauf *m*, Laufen *n*.

\+ [ʕa'du:w], *pl.* أعداء [ʔaʕ'da:ʔ] Feind *m*.

عدوان [ʕud'wa:n] Aggression *f*; Feindschaft *f*.

عدول [ʕu'du:l] Verzicht *m* (auf *A* عن), Aufgabe *f* (*e-r Sache* عن).

عدوى [ʕadwa:] *Med.* Infektion *f*, Ansteckung *f*.

عديد [ʕa'di:d] zahlreich.

عديل [ʕa'di:l] gleich, entsprechend; Schwager *m* (*Mann der Schwester der Ehefrau*).

عديم [ʕa'di:m] beraubt, ermangelnd, verlustig (*e-r Sache*).

عذاب [ʕa'ða:b], *pl.* أعذبة [ʔaʕ'ðiba] Bestrafung *f*; Folter *f*, Qual *f*.

عذار [ʕi'ða:r], *pl.* عذر [ʕuður] Wange *f*; Zügel *m*; Scham *f*.

عذب [ʕaðub (jaʕðub)] süß, angenehm sein; II [ʕaððab] quälen, foltern, bestrafen; V [ta'ʕaððab] Pein empfinden, leiden.

\+ [ʕaðb] süß (*a. Wasser*), angenehm.

عذر [ʕaðar (jaʕðir)] 1. *u.* IV [ʔaʕðar] entschuldigen (*j-n* ه); verzeihen (*j-m* ه); 2. beschneiden; V [ta'ʕaððar] schwierig, unmöglich sein (für على); VIII [iʕ'taðar] sich entschuldigen (bei *j-m* الى wegen من), als Entschuldigung angeben (*etw.* ب); X [is'taʕðar] sich entschuldigen.

\+ [ʕuðr], *pl.* أعذار [ʔaʕ'ða:r] Entschuldigung *f*, Rechtfertigung *f*; Vorwand *m*.

عذراء [ʕað'ra:ʔ] Jungfrau *f*; الـ~ die Heilige Jungfrau.

عذرة [ʕuðra] Jungfräulichkeit *f*.

عذل [ʕaðl] Tadel *m*, Vorwurf *m*.

عر [ʕarra (ja'ʕurru)] entehren; zur Schande gereichen (*j-m* ه).

عراء [ʕa'ra:ʔ] Nacktheit *f*; freies Land *n*, freier Himmel *m*.

عراف [ʕa'rra:f] Wahrsager *m*.

عراق: الـ~ [ʕi'ra:q] Irak *m*; ~ى irakisch; Iraker *m*.

عراك [ʕi'ra:k] Kampf *m*, Streit *m*.

عرب II [ʕarrab] arabisieren, ins Arabische übersetzen; IV

[ʔaʕrab] aussprechen, zum Ausdruck bringen, äußern (*etw* عن); *Gr.* flektieren; V [taˈʕarrab] *u.* X [isˈtaʕrab] zum Araber werden.

\+ [ʕarab] *u.* عربان [ʕurˈba:n] *coll.* Araber *m/pl.*; *s.a.* أعرابى.

عربانة [ʕaraˈba:na] (*kleiner*) Wagen *m*, Karren *m*.

عربجى [ʕarbadʒi:], *pl.* ~ة [ʕarbaˈdʒi:ja] Kutscher *m*.

عربة [ʕaraba], *pl.* [-a:t] Wagen *m*, Kutsche *f*; Waggon *m*.

عربون [ʕaraˈbu:n] Anzahlung *f*; Handgeld *n*.

عربى [ʕarabi:] arabisch; Araber *m*; العربية die arabische Sprache.

عربية [ʕaraˈbi:ja] Wagen *m*; *Äg.* Automobil *n*.

عرج [ʕaradʒ (jaʕrudʒ)] aufsteigen; – [ʕaridʒ (jaʕradʒ)] lahm sein, hinken; II [ʕarradʒ] *u.* V [taˈʕarradʒ] *Straße*: abbiegen, sich winden.

\+ [ʕaradʒ] Lahmheit *f*; *s.* أعرج.

عرس [ʕirs], *pl.* أعراس [ʔaʕˈra:s] Ehepartner *m*; Gatte *m*, Gattin *f*.

\+ [ʕurs] Heirat *f*, Hochzeitsfest *n*.

عرش [ʕarʃ], *pl.* عروش [ʕuˈru:ʃ] Thron *m*.

عرصة [ʕarsɒ], *pl.* [ʕaraˈsɒ:t] Hof *m*, Platz *m*.

عرض [ʕarɒđ (jaʕriđ)] sich zeigen, erscheinen, sich einstellen; entgegentreten (*j-m* ل); zustoßen, widerfahren (*j-m* ل); einfallen (*j-m* ل); ausstellen, darbieten, vorführen, zeigen; *Film* vorführen; vorlegen; *Gesuch* einreichen (*j-m* على), vorschlagen (*j-m* على *etw.* ه); – [ʕaruđ (jaʕruđ)] breit *od.* weit sein; II [ʕarrɒđ] verbreitern, erweitern; aussetzen (*e-r Gefahr* ل); anspielen (auf *A* ل *od.* ب); III [ʕa:rɒđ] sich widersetzen, Widerstand leisten (*j-m* ه), opponieren; IV [ʔaʕrɒđ] vermeiden (*etw.* عن), sich abwenden (von عن); V [taˈʕarrɒđ] entgegentreten (*j-m* ل), sich widersetzen, opponieren; seine Aufmerksamkeit richten (auf *A* ل); sich aussetzen (*e-r Gefahr* ل); VI [taˈʕa:rɒđ] zueinander im Widerspruch stehen; VIII [iʕˈtarɒđ] den Weg verstellen, sich entgegenstellen (*j-m* ل), hindern (*j-n* ل); protestieren (gegen على); zustoßen (*j-m* ه); sich begeben (zu ه); X [isˈtaʕrɒđ] besichtigen; sich vor Augen führen; *Mil.* Parade abnehmen.

+ [ʕarđ], *pl.* عروض [ʕuˈru:đ] Breite *f*, Weite *f*; Darbietung *f*, Vorführung *f*; Ausstellung *f*; Unterbreitung *f*; Vorschlag *m*, Angebot *n* (*Gegens.* طلب); *Hdl.* Offerte *f*; حال ~ Gesuch *n*; *Äg.* Stempelpapier *n*; خط ~ال *Geo.* Breitengrad *m*; ~ا [ʕarđɒn] *u.* ~بال *Adv.* quer, der Breite nach.

+ [ʕarɒđ], *pl.* أعراض [ʔaʕˈrɒ:đ] zufällige Erscheinung *f*; *Med.* Symptom *n*; *Philosophie*: Akzidens *n*; ~ا [ʕarɒdɒn] *Adv.* zufällig.

+ [ʕirđ], *pl.* أعراض [ʔaʕˈrɒ:đ] Ehre *f*, Ruf *m*.

+ [ʕurđ], *pl.* عراض [ʕiˈrɒ:đ] Seite *f*, Flanke *f*; Mitte *f des Meeres*.

عرضة [ʕurđɒ] Zielscheibe *f*, Objekt *n* (*für etw.*).

عرضى [ʕarđi:] quer; Quer-, Breiten-.

+ [ʕarɒdi:] zufällig, unwesentlich, akzidentiell.

عرف [ʕaraf (jaʕrif)] kennen (*etw.* ه *u.*ب), wissen; erkennen, erfahren; II [ʕarraf] bekanntgeben, mitteilen; bekanntmachen (mit ب), vorstellen (*j-m* ب); bestimmen, definieren; *Gr.* determinieren; V [taˈʕarraf] kennenlernen (*j-n* ب *od.* الى), bekannt werden (mit ب); erforschen (*etw.* ه); VI [taˈʕa:raf] miteinander bekannt werden; VIII [iʕˈtaraf] zugeben, gestehen, anerkennen (*etw.* ب); beichten; ~ بالجميل dankbar sein.

+ [ʕurf] 1. Brauch *m*, Gewohnheit *f*; Gewohnheitsrecht *n*; 2. Wohltat *f*; 3. *pl.* أعراف [ʔaʕˈra:f] Kamm *m des Hahnes*; Mähne *f des Pferdes*.

عرفان [ʕirˈfa:n] Kenntnis *f*, Erkenntnis *f*.

عرفى [ʕurfi:] üblich, gebräuchlich; الاحكام العرفية Ausnahmezustand *m*, Kriegsrecht *n*.

عرق [ʕariq (jaʕraq)] schwitzen; II [ʕarraq] 1. schwitzen lassen; 2. Wurzeln schlagen; 3. mit Adern durchziehen; IV [ʔaʕraq] *u.* V [taˈʕarraq] Wurzeln schlagen.

+ [ʕaraq] Schweiß *m*; Branntwein *m*, Schnaps *m*.

+ [ʕirq], *pl.* عروق [ʕuˈru:q] Wurzel *f*; Ader *f*; Abstammung *f*, Veranlagung *f*; *Med.* Ischias *f*.

عرقل [ʕarqal (juˈʕarqil)] hindern, hemmen, vereiteln.

عرقلة [ʕarˈqala], *pl.* عراقل [ʕaˈra:qil] Hemmnis *n*, Hindernis *n*, Erschwerung *f*.

عرقية [ʕaraˈqi:ja] (*eng anliegendes*) Käppchen *n.*

عرك [ʕarak (jaʕruk)] reiben; III [ʕa:rak] kämpfen (mit ه); VI [taˈʕa:rak] *u.* VIII [iʕˈtarak] miteinander kämpfen.

عركة [ʕarka] Kampf *m*, Streit *m*.

عرم II [ʕarram] aufhäufen, aufstapeln; V [taˈʕarram] bösartig sein.

عرمة [ʕurma], *pl.* عرم [ʕuram] Haufen *m*; Menge *f*.

عرة [ʕurra] Räude *f*, Krätze *f*.

عرا (عرو) [ʕara: (jaʕru:)] *u.* VIII [iʕˈtara:] befallen, heimsuchen (*j-n* ه), zustoßen (*j-m* ه).

عروبة [ʕuˈru:ba] Arabertum *n*; arabische Welt *f*.

عروس [ʕaˈru:s], *pl.* عرس [ʕurus] Bräutigam *m*; ~ *u.* ~ة, *pl.* عرائس [ʕaˈra:ʔis] Braut *f*; ~ة *Äg.* Puppe *f.*

عروض: علم الـ~ [ʕilmulʕaˈru:đ] Metrik *f*, Verslehre *f*.

عرى [ʕarija (jaʕra:)] nackt, entblößt sein; II [ʕarra:] entblößen, entkleiden.

+ [ʕurj] Nacktheit *f*.

عريان [ʕurˈja:n], *pl.* عرايا [ʕaˈra:ja:] nackt, entblößt.

عريس [ʕaˈri:s], *pl.* عرس [ʕurus] Bräutigam *m*.

عريض [ʕaˈri:đ], *pl.* عراض [ʕiˈrɒ:đ] breit, weit (*ausgedehnt*); ~ة, *pl.* عرائض [ʕaˈra:ʔiđ] Gesuch *n*, Eingabe *f*, Antrag *m*.

عريف [ʕaˈri:f], *pl.* عرفاء [ʕuraˈfa:ʔ] Fachmann *m*, Sachverständiger *m*; *Mil.* Wachtmeister *m*.

عريق [ʕaˈri:q] verwurzelt; uralt.

عز [ʕazza (jaˈʕizzu)] stark, mächtig, angesehen sein; lieb, teuer sein (*j-m* على); selten, schwierig, schmerzlich sein; II [ʕazzaz] stärken, festigen, kräftigen; fördern; ehren, erhöhen; lieb machen; IV [ʔaˈʕazza] stärken, kräftigen; ehren, hochschätzen; V [taˈʕazzaz] stark, gestärkt, gefestigt werden; stolz sein (auf *A* ب); VIII [iʕˈtazza] stolz sein (auf *A* ب), sich rühmen (mit ب).

+ [ʕizz] Kraft *f*, Stärke *f*; Macht *f*, Ansehen *n*.

عزاء [ʕaˈza:ʔ] Tröstung *f*, Trost *m*, Fassung *f*.

عزب [ʕazab (jaʕzib)] fern sein (von عن); entgehen (*j-m* عن); – [ʕazab (jaʕzub)] unverheiratet sein.

+ [ʕazab], *pl.* أعزاب [ʔaʕˈza:b] *u.* عزاب [ʕuˈzza:b] ledig, unverheiratet; Junggeselle *m*.

عزبة [ʕizba], *pl.* عزب [ʕizab] *Äg.* Landgut *n*, Gutshof *m*.

+ [ʕuzba] Junggesellenleben *n.*

عزر [ʕazar (jaʕzir)] *u.* II [ʕazzar] tadeln, zurechtweisen.

عزف [ʕazaf (jaʕzif)] 1. *Musikstück* spielen (auf *e-m Instrument* على); 2. sich abwenden (von عن).

عزل [ʕazal (jaʕzil)] absondern, trennen, entfernen (von عن); *e-n Beamten* absetzen, entheben; IV [ʔaʕzal] *Stellung* aufgeben; VII [inˈʕazal] abgetrennt, isoliert werden; VIII [iʕˈtazal] sich zurückziehen, sich entfernen, sich absondern (von عن).

+ [ʕazl] Entfernung *f*, Abtrennung *f*; Absetzung *f*; Isolierung *f*.

+ [ʕazal] Wehrlosigkeit *f*.

عزل [ʕuzul], *pl.* أعزال [ʔaʕˈza:l] wehrlos, unbewaffnet.

عزلة [ʕuzla] Abgeschiedenheit *f*, Zurückgezogenheit *f*, Isoliertheit *f*.

عزم [ʕazam (jaʕzim)] sich entschließen (zu على), beschließen (*etw.* على); VIII [iʕˈtazam] sich entschließen, entschlossen sein (zu على).

+ [ʕazm] *u.* ة~ Entschluß *m*, Entschlossenheit *f*.

عزة [ʕizza] Stärke *f*, Macht *f*; Ansehen *n*; ~صاحب الـ *Anrede für einen Bey.*

عزا (عزو) [ʕaza: (jaʕzu:)] zuschreiben (*j-m* الى *etw.* ه), beilegen; zurückführen (auf *A* الى); VIII [iʕˈtaza:] seine Abstammung zurückführen (auf *A* الى); *s.a.* عزى.

عزو [ʕazw] Zuschreibung *f*, Zurückführung *f*; Beschuldigung *f*.

عزوبة [ʕuˈzu:ba] Ehelosigkeit *f*.

عزوم [ʕaˈzu:m] entschlossen, entschlußkräftig.

عزومة [ʕuˈzu:ma] Gastmahl *n*, Einladung *f*.

عزى [ʕaza: (jaʕzi:)] = عزا (عزو); – [ʕazija (jaʕza:)] gefaßt sein; II [ʕazza:] trösten; Beileid aussprechen; V [taˈʕazza:] sich gedulden, sich trösten.

عزيز [ʕaˈzi:z], *pl.* أعزاء [ʔaʕiˈzza:ʔ] stark, mächtig; edel, angesehen; kostbar, teuer; *in Briefanrede*: lieb.

عزيمة [ʕaˈzi:ma], *pl.* عزائم [ʕaˈza:ʔim] Entschluß *m*, feste Absicht *f*; Einladung *f*.

عسر [ʕasar (jaʕsur)] bedrängen; – [ʕasur (jaʕsur)] schwer, schwierig sein; II [ʕassar] beengen (*j-n* على); erschweren, schwierig machen; IV [ʔaʕsar] in Not sein, verarmen; V [taˈʕassar] *u.* X [isˈtaʕsar] schwierig sein (für على).

\+ [ʕasir] schwierig, mißlich.

\+ [ʕusr] *u.* ة~ Schwierigkeit *f*, Bedrängnis *f*, Not *f*.

عسس [ʕasas] Patrouille *f*.

عسف [ʕasaf (jaʕsif)] ungerecht behandeln; unüberlegt tun; II [ʕassaf] *u.* IV [ʔaʕsaf] belasten, überbürden; V [taˈʕassaf] *u.* VIII [iʕˈtasaf] unbesonnen handeln, irregehen.

\+ [ʕasf] Unterdrückung *f*, Tyrannei *f*.

عسكر [ʕaskar] Heer *n*, Armee *f*, Truppen *pl.*; ى~ militärisch, Militär-, Kriegs-; *pl.* عساكر [ʕaˈsa:kir] Soldat *m*; *Äg.* Polizist *m*; ية~ [ʕaskaˈri:ja] Militärdienst *m*.

عسل [ʕasal] Honig *m*; ى~ honigfarben.

عسى : أن ~ [ʕasa: ʔan] es könnte sein, daß; vielleicht, möglicherweise; wohl (*in der Frage*).

عسير [ʕaˈsi:r] schwierig, hart.

عش [ʕuʃʃ], *pl.* عشاش [ʕiˈʃa:ʃ] Nest *n*.

عشاء [ʕaˈʃa:ʔ], *pl.* أعشية [ʔaʕˈʃija] Abendessen *n*, Nachtmahl *n*.

\+ [ʕiˈʃa:ʔ] Abend *m*; *Isl.* Abendgebet *n*.

عشائر [ʕaˈʃa:ʔir] Beduinen *pl.*; *s.* عشيرة.

عشب [ʕuʃb], *coll.*, ة~, *pl.* أعشاب [ʔaʕˈʃa:b] Pflanze *f*, Kraut *n*, Gras *n*; ى~ Pflanzen-.

عشر II [ʕaʃʃar] in zehn Teile teilen; III [ʕa:ʃar] verkehren (mit ه), Umgang haben.

\+ [ʕaʃr] *f*, *m* ة~ [ʕaʃara] zehn.

\+ [ʕuʃr], *pl.* أعشار [ʔaʕˈʃa:r] Zehntel *n*.

عشرات [ʕaʃaˈra:t] Zehner *m/pl.* (*Zahlen*); Dutzende *n/pl.*

عشرة [ʕiʃra] Umgang *m*, Verkehr *m mit j-m.*

عشرون [ʕiʃˈru:n], *G*, *A* عشرين [ʕiʃˈri:n] zwanzig.

عشرى [ʕuʃri:] Dezimal-.

عشق [ʕaʃiq (jaʕʃaq)] leidenschaftlich lieben; II [ʕaʃʃaq] ineinanderfügen; verzapfen.

\+ [ʕiʃq] Liebe *f*.

عشم [ʕaʃam] Gier *f*, Erwartung *f*.

عشا (عشو) [ʕaʃa: (jaʕʃu:)] nachtblind sein; II [ʕaʃʃa:] am Abend zu essen geben; V [taˈʕaʃʃa:] zu Abend essen.

عشوة [ʕaʃwa] Dunkelheit *f*; Abendessen *n*.

عشى [ʕaʃija (jaʕʃa:)] = عشا (عشو).

عشير [ʕaˈʃi:r], *pl.* عشراء [ʕuʃaˈra:ʔ] Gefährte *m*, Genosse *m*; ة~,

pl. عشائر [ʕaˈʃaːʔir] Sippe *f*, (Volks-)Stamm *m*.

عشيق [ʕaˈʃiːq] Geliebte(r) *m*; ~ة Geliebte *f*.

عشية [ʕaˈʃiːja] Abend *m*, Vorabend *m*.

عصا [ʕasɒn] *f*, *pl.* عصى [ʕiˈsiːj] *u.* أعص [ʔaʕsin] Stab *m*, Stock *m*.

عصاب [ʕiˈsɒːb] Binde *f*, Verband *m*; ~ة, *pl.* [-aːt] Trupp *m*, Schar *f*, Bande *f*.

عصارة [ʕaˈssɒːra] Presse *f* (*zum Auspressen*).

+ [ʕuˈsɒːra] Saft *m*.

عصافة [ʕuˈsɒːfa] Spreu *f*.

عصام [ʕiˈsɒːm], *pl.* عصم [ʕusum] Schnürriemen *m*; ~ى edel; durch Tüchtigkeit hochgekommen.

عصاة [ʕaˈsɒːt] *u. Äg.* عصاية [ʕaˈsɒːja] = عصا.

عصب [ʕasɒb (jaʕsib)] wickeln, binden, herumwinden; II [ʕassɒb] umwickeln, verbinden; V [taˈʕassɒb] fanatisch sein; Partei ergreifen (für ل); VIII [iʕˈtasɒb] *e-n* Bund bilden, sich verschwören.

+ [ʕasɒb], *pl.* أعصاب [ʔaʕˈsɒːb] Nerv *m*; ~ة, *pl.* [-aːt] Bund *m*, Liga *f*; Bande *f*, Clique *f*; ~ى sehnig, nervig; nervös, Nerven-; ~ية [ʕasɒˈbiːja] 1. Nervosität *f*; Jähzorn *m*; 2. Fanatismus *m*, Parteigeist *m*; Stammesbewußtsein *n*, Nationalgefühl *n*.

عصر [ʕasɒr (jaʕsir)] auspressen, auswinden; III [ʕaːsɒr] gleichzeitig sein (mit ه), j-s Zeitgenosse sein (ه); VIII [iʕˈtasɒr] auspressen.

+ [ʕasr] 1. Auspressen *n*; 2. *pl.* عصور [ʕuˈsuːr] Nachmittag *m*; *Isl.* صلاة ال~ Nachmittagsgebet *n*; 3. *pl.* عصور [ʕuˈsuːr] Epoche *f*, Zeitalter *n*, Periode *f*; ال~ الحجرى Steinzeit *f*; العصور الوسطى Mittelalter *n*.

عصرى [ʕasriː] modern; ~ة Modernismus *m*.

عصف [ʕasɒf (jaʕsif)] stürmen, heftig wehen.

عصفة [ʕasfa] Windstoß *m*.

عصفور [ʕusˈfuːr], *pl.* عصافير [ʕasɒːˈfiːr] Sperling *m*, Spatz *m*; ~ة (*hölzerner*) Zapfen *m*, Pflock *m*.

عصم [ʕasɒm (jaʕsim)] hindern, abhalten; schützen, bewahren; VIII [iʕˈtasɒm] Zuflucht suchen (bei ب); festhalten (an *D* ب), *Schweigen* bewahren.

عصمة [ʕisma] Schutz *m*, Bewachung *f*; Keuschheit *f*, Sündlosigkeit *f*, Unfehlbarkeit *f*.

عصى [ʕasɒː (jaʕsiː)] *u.* III [ʕaːsɒː]

sich auflehnen, rebellieren (gegen ه); V [taˈʕassɒː] u. VI [taˈʕaːsɒː] u. VIII [iʕˈtasɒː] schwierig sein; X [isˈtaʕsɒː] sich auflehnen, sich widersetzen; bösartig, schwierig sein.
+ [ʕaˈsiːj] widerspenstig, unzugänglich.

عصيان [ʕisˈjaːn] Rebellion *f*, Empörung *f*; Ungehorsam *m*.

عصيب [ʕaˈsiːb] schwierig, kritisch; heiß.

عصير [ʕaˈsiːr] *u.* ة~, *pl.* عصائر [ʕaˈsɒːʔir] Saft *m*, Extrakt *m*.

عصية [ʕuˈsɒjja] Stäbchen *n* (*a. Bazillus*).

عض [ʕađđɒ (jaˈʕađđu)] beißen; *Hunger*: quälen.

عضد [ʕađɒd (jaʕđud)] *u.* II [ʕađđɒd] *u.* III [ʕaːđɒd] helfen (*j-m* ه), unterstützen (*j-n* ه).
+ [ʕađd] Hilfe *f*, Unterstützung *f*.
+ [ʕađud], *pl.* أعضاد [ʔaʕˈđɒːd] Oberarm *m*; Stärke *f*.

عضل [ʕađil (jaʕđɒl)] muskulös sein; IV [ʔaʕđɒl] schwierig sein (für ه), ratlos machen.
+ [ʕađil] muskulös.

عضلة [ʕađɒla], *pl.* [-aːt] Muskel *m*.

عضلى [ʕađɒliː] muskulös; Muskel-.

عضة [ʕađđɒ] Biß *m*.

عضو [ʕuđw], *pl.* أعضاء [ʔaʕˈđɒːʔ] Glied *n*, Organ *n*; Mitglied *n*; فخرى ~ Ehrenmitglied *n*; الاعضاء الدقيقة Geschlechtsteile *m/pl.*; ى~ organisch; غير عضوى anorganisch; ية~ Mitgliedschaft *f*.

عطا [ʕatɒn] Gabe *f*; *s.a.* عطو.

عطاء [ʕaˈtɒːʔ], *pl.* أعطية [ʔaʕˈtija] Gabe *f*, Geschenk *n*; *Hdl.* Angebot *n*.

عطار [ʕattɒːr] Drogenhändler *m*, Gewürzhändler *m*.

عطارد [ʕuˈtɒːrid] Merkur *m* (*Planet*).

عطاف [ʕiˈtɒːf], *pl.* عطف [ʕutuf] *u.* أعطفة [ʔaʕˈtifa] Mantel *m*.

عطالة [ʕaˈtɒːla] Arbeitslosigkeit *f*.

عطب [ʕatib (jaʕtɒb)] zugrunde gehen; II [ʕattɒb] 1. zerstören, verderben; 2. würzen; IV [ʔaʕtɒb] zugrunde richten.
+ [ʕatɒb] Verderben *n*, Untergang *m*, Ruin *m*.

عطر II [ʕattɒr] parfümieren.
+ [ʕitr], *pl.* عطور [ʕuˈtuːr] Parfüm *n*, Wohlgeruch *m*; ى~ wohlriechend, aromatisch.

عطس [ʕatɒs (jaʕtis)] niesen.

عطش [ʕatiʃ (jaʕtɒʃ)] durstig sein.
+ [ʕatʃ] Durst *m*.

عطشان [ʕatˈʃaːn], *f* عطشى [ʕatʃaː], *pl.* عطاش [ʕiˈtɒːʃ] durstig.

عطف [ʕatɒf (jaʕtɨf)] sich neigen (zu الى); geneigt sein (*j-m* على); sympathisieren, Mitleid haben (mit على); neigen, beugen; II [ʕattɒf] biegen; geneigt machen (für على); V [taˈʕattɒf] mitfühlen, sympathisieren (mit على); VII [inˈʕatɒf] geneigt, gekrümmt sein; X [isˈtaʕtɒf] um Mitleid bitten, zu versöhnen suchen.

+ [ʕatf] Neigung *f*, Krümmung *f*; Zuneigung *f*, Mitgefühl *n*; حرف الـ~ *Gr.* Konjunktion *f*.

+ [ʕitf], *pl.* أعطاف [ʔaʕˈtɒ:f] Seite *f des Körpers*.

عطفة [ʕatfa] Windung *f*, Krümmung *f*.

عطل [ʕatɨl (jaʕtɒl)] untätig sein, feiern; entblößt sein (von من); II [ʕattɒl] stillegen, *Motor* abstellen, außer Betrieb setzen; *Tätigkeit* einstellen, unterbrechen, behindern; kampfunfähig machen; V [taˈʕattɒl] arbeitslos sein; unterbrochen sein; *Maschine*: aussetzen, zum Stehen kommen.

+ [ʕatɒl] Arbeitslosigkeit *f*; Untätigkeit *f*.

+ [ʕutl] 1. Schaden *m*, Verlust *m*; 2. entblößt (von من); ة~ Urlaub *m*, Ferien *pl.*, Feiertag *m*.

عطا (عطو) [ʕatɒ: (jaʕtu:)] empfangen, nehmen; III [ʕa:tɒ:] geben (*j-m* ه); IV [ʔaʕtɒ:] geben, gewähren, schenken (*j-m* ه); VI [taˈʕa:tɒ:] sich beschäftigen (mit ه); *Aufgabe* übernehmen; *Medizin* einnehmen.

عطوف [ʕaˈtu:f] mitleidig, gütig.

عطية [ʕaˈtɨ:ja], *pl.* عطايا [ʕaˈtɒ:ja:] Gabe *f*, Geschenk *n*.

عظام *s.* عظم; عظامى [ʕiˈzɒ:mi:] adlig, aristokratisch.

عظم [ʕazum (jaʕzum)] groß, gewaltig, mächtig sein; II [ʕazzɒm] vergrößern; verherrlichen, preisen; IV [ʔaʕzɒm] groß machen; für wichtig halten; V [taˈʕazzɒm] stolz, hochmütig sein; VI [taˈʕa:zɒm] gewaltig, schwerwiegend sein.

+ [ʕazm], *pl.* عظام [ʕiˈzɒ:m] *u.* أعظم [ʔaʕzum] Knochen *m*, Bein *n*.

+ [ʕizɒm] Größe *f*, Mächtigkeit *f*.

عظمى [ʕazmi:] knochig, Knochen-.

+ [ʕuzma:] *f zu* أعظم: الحرب العظمى der Weltkrieg; *s.a.* بريطانيا.

عظة [ʕizɒ] Ermahnung *f*, Predigt *f*; *s.* وعظ.

عظيم [ʕaˈziːm], *pl.* عظام [ʕiˈzɒːm] *u.* عظماء [ʕuzɒˈmaːʔ] groß, gewaltig, mächtig, stark; wichtig, bedeutend; prächtig, herrlich; ~ة, *pl.* عظائم [ʕaˈzɒːʔim] gewaltiges *od.* schreckliches Ding *n.*

عف [ʕaffa (jaˈʕiffu)] sich enthalten (*e-r Sache* عن); sittsam, züchtig, keusch sein.

+ [ʕaff] tugendhaft, keusch, züchtig.

عفاء [ʕaˈfaːʔ] Untergang *m*, Verschwinden *n*; *s.* عفو.

عفارم [ʕaˈfaːrim] *Äg.* bravo!

عفارة [ʕaˈffaːra] Zerstäuber *m.*

عفر [ʕafar (jaʕfir)] *u.* II [ʕaffar] mit Staub bedecken.

+ [ʕafar] Staub *m.*

عفريت [ʕifˈriːt], *pl.* عفاريت [ʔafaːˈriːt] Dämon *m*, Teufel *m*; schlimmes Kind *n.*

عفش [ʕafʃ] *Äg.* Gepäck *n*, Sachen *f/pl.*

عفص [ʕafs] *coll.* Galläpfel *m/pl.*

+ [ʕafis] herb, bitter.

عفن [ʕafin (jaʕfan)] *u.* V [taˈʕaffan] faulen, schimmeln, verderben.

+ [ʕafan] Fäulnis *f.*

+ [ʕafin] faul, verfault, schimmlig.

عفة [ʕiffa] Tugendhaftigkeit *f*, Anständigkeit *f*, Züchtigkeit *f.*

عفا (عفو) [ʕafaː (jaʕfuː)] tilgen, auslöschen; verzeihen (*j-m* عن); nachlassen (*j-m* ل *etw.* عن); abstehen (von عن); II [ʕaffaː] verwischen, beseitigen; III [ʕaːfaː] bewahren, gesund erhalten; IV [ʔaʕfaː] befreien, ausnehmen, dispensieren (von عن, من); X [isˈtaʕfaː] um Verzeihung bitten; *Amt* niederlegen (من).

عفو [ʕafw] Tilgung *f*, Auslöschung *f*; Verzeihung *f*; Amnestie *f*; ~ا [ʕafwan] *u.* ~ال Verzeihung!; bitte! (*als Antwort auf*: danke!).

عفوصة [ʕuˈfuːs] Herbheit *f.*

عفونة [ʕuˈfuːna] Fäulnis *f.*

عفوى [ʕafawiː] instinktiv, spontan; ~ة Spontaneität *f.*

عفى [ʕaˈfiːj] gesund, kräftig.

عفيف [ʕaˈfiːf] tugendhaft, keusch, züchtig.

عق [ʕaqq] ungehorsam, widerspenstig.

عقاب [ʕiˈqaːb], *pl.* [-aːt] Strafe *f.*

+ [ʕuˈqaːb], *pl.* عقبان [ʕiqˈbaːn] Adler *m.*

عقار [ʕaˈqaːr], *pl.* [-aːt] Grundstück *n*; Grundbesitz *m.*

+ [ʕaˈqqaːr], *pl.* عقاقير [ʕaqaːˈqiːr] Droge *f.*

عقارة [ʕaˈqa:ra] Sterilität *f*, Unfruchtbarkeit *f*.

عقارى [ʕaˈqa:ri:] Grundbesitz-, Immobilien-.

عقال [ʕiˈqa:l], *pl.* عقل [ʕuqul] Kopfband *n zum Festhalten des Kopftuches* كوفية; Fessel *f*.

عقب [ʕaqab (jaʕqub)] folgen, nachfolgen; II [ʕaqqab] folgen, verfolgen; revidieren; kommentieren; III [ʕa:qab] bestrafen; abwechseln (mit *j-m* ه); IV [ʔaʕqab] folgen; folgen lassen; hervorrufen; V [taˈʕaqqab] verfolgen; VI [taˈʕa:qab] einander folgen, abwechseln.

+ [ʕaqb *u.* ʕaqib], *pl.* أعقاب [ʔaʕˈqa:b] Ferse *f*; Ende *n*; Nachkomme *m*; [ʕaqiba] *Präp.* nach, folgend auf.

+ [ʕuqb], *pl.* أعقاب [ʔaʕˈqa:b] Ende *n*, Ausgang *m*, Folge *f*; Resultat *n*; Rest *m*.

عقبة [ʕaqaba], *pl.* عقاب [ʕiˈqa:b] Hindernis *n*; steiler Weg *m*.

عقبى [ʕuqba:] Folge *f*, Ergebnis *n*; Ausgang *m*.

عقد [ʕaqad (jaʕqid)] knüpfen, knoten, binden; *Vertrag* schließen; *Versammlung* abhalten; II [ʕaqqad] fest verknoten; kompliziert, schwierig, verwickelt machen; V [taˈʕaqqad] verknotet sein; kompliziert sein; VI [taˈʕa:qad] miteinander *e-n* Vertrag schließen; VII [inˈʕaqad] geknüpft werden; *Vertrag*: abgeschlossen werden; *Körperschaft*: sich versammeln; VIII [iʕˈtaqad] glauben (*etw.* ه, an *A* ب).

+ [ʕaqd] 1. Knüpfen *n*; Abhaltung *f e-r Sitzung*; Abschluß *m e-s Vertrages*; 2. *pl.* عقود [ʕuˈqu:d] Vertrag *m*, Kontrakt *m*; 3. Jahrzehnt *n*; 4. Wölbung *f*.

+ [ʕiqd], *pl.* عقود [ʕuˈqu:d] Halsband *n*.

عقدة [ʕuqda], *pl.* عقد [ʕuqad] Knoten *m* (*a. Seemeile*); Gelenk *n*; Verdickung *f*; Problem *n*; *Psychologie*: Komplex *m*.

عقر [ʕuqr] 1. Unfruchtbarkeit *f*; 2. Mitte *f*, Innere(s) *n*.

عقرب [ʕaqrab], *pl.* عقارب [ʕaˈqa:rib] Skorpion *m*; 2. Zeiger *m der Uhr*.

عقف [ʕaqaf (jaʕqif)] *u.* II [ʕaqqaf] krümmen, biegen.

عقل [ʕaqal (jaʕqil)] 1. binden, fesseln; 2. vernünftig sein, Verstand haben; begreifen, verstehen; V [taˈʕaqqal] vernünftig, einsichtig sein; VIII [iʕ'taqal] verhaften, internieren.

+ [ʕaql], *pl.* عقول [ʕu'qu:l] Verstand *m*, Vernunft *f*, Geist *m*, Intellekt *m*.

عقلة [ʕuqla], *pl.* عقل [ʕuqal] Gelenk *n*; Knoten *m des Halmes*; Knöchel *m des Fingers*; Steckreis *n*; *Sport*: Trapez *n*.

عقلى [ʕaqli:] vernunftgemäß, rational, intellektuell; ~ة Mentalität *f*, geistige Haltung *f*.

عقم [ʕaqam (jaʕqum)] unfruchtbar sein; II [ʕaqqam] sterilisieren, entkeimen, desinfizieren.

+ [ʕaqam] Sterilität *f*.

عقوبة [ʕu'qu:ba], *pl.* [-a:t] Strafe *f*, Bestrafung *f*, Sanktion *f*.

عقور [ʕa'qu:r] bissig.

عقول [ʕa'qu:l] verständig, einsichtig; *Med.* stopfend.

عقيب [ʕa'qi:b] nachfolgend, anschließend.

عقيد [ʕa'qi:d] Oberhaupt *n*, Häuptling *m*; *Ir. Mil.* Oberstleutnant *m*; Vertragspartner *m*; ~ة, *pl.* عقائد [ʕa'qa:ʔid] Glaube *m*, Bekenntnis *n*, Doktrin *f*, Dogma *n*; Überzeugung *f*.

عقيرة [ʕa'qi:ra] Stimme *f*.

عقيق [ʕa'qi:q] Achat *m*, Karneol *m*.

عقيلة [ʕa'qi:la], *pl.* عقائل [ʕa'qa:ʔil] Gattin *f*, Gemahlin *f*.

عقيم [ʕa'qi:m] steril, unproduktiv.

عك [ʕakk] schwül, heiß.

عكاز [ʕu'kka:z], *pl.* عكاكيز [ʕaka:'ki:z] Stab *m*, Krücke *f*.

عكر [ʕakir (jaʕkar)] trübe sein; II [ʕakkar] trüben; stören; V [ta'ʕakkar] trübe werden, sich trüben.

+ [ʕakar] Trübheit *f*.

+ [ʕakir] trübe.

عكس [ʕakas (jaʕkis)] umkehren; reflektieren, zurückwerfen; III [ʕa:kas] entgegenarbeiten (*j-m* ه); belästigen, necken; VI [ta'ʕa:kas] umgekehrt, reflektiert werden; VII [in'ʕakas] umgekehrt, reflektiert werden, sich spiegeln (in *D* عن).

+ [ʕaks] Umkehrung *f*, Reflexion *f*; Gegenteil *n*, Gegensatz *m*; بالعكس [bil-'ʕaks] im Gegenteil, umgekehrt; ~ى gegensätzlich.

عكش [ʕakiʃ] zerzaust, unordentlich.

عكف [ʕakaf (jaʕkif)] sich eifrig beschäftigen (mit على), sich hingeben (*e-r Sache* على); verweilen, haften; V [ta'ʕakkaf] *u.* VII [in'ʕakaf] sich zurückziehen; VIII [iʕ'takaf] sich eifrig beschäftigen (mit الى).

عكم [ʕikm], *pl.* أعكام [ʔaʕ'ka:m] Bündel *n*.

عكيس [ʕa'ki:s] Ableger *m* *e-r Pflanze*.

عل [ʕalla (ja'ʕillu)] krank sein; II [ʕallal] unterhalten, beschäftigen; motivieren, begründen; hinhalten (*j-n* ه mit ب); علل نفسه ب sich der Hoffnung hingeben, daß; V [ta'ʕallal] sich zerstreuen (mit ب); Entschuldigung vorbringen; VIII [iʕ'talla] krank, schwach, defekt sein; als Grund angeben (*etw.* ب), *Vorwand* vorbringen; *s.* لعل.

علاء [ʕa'la:ʔ] Höhe *f*, hoher Rang *m*; *s.* علو.

علاج [ʕi'la:dʒ] Behandlung *f* (*a. Med.*), Kur *f*; Heilmittel *n*; تحت ~ in Behandlung.

علاف [ʕa'lla:f] Futterhändler *m*.

علاقة [ʕa'la:qa], *pl.* [-a:t] *u.* علائق [ʕa'la:ʔiq] Beziehung *f*, Verbindung *f*, Zusammenhang *m*.
+ [ʕa'lla:qa] Kleiderbügel *m*.
+ [ʕi'la:qa] Gurt *m*, Aufhängeriemen *m*.

علامة [ʕa'la:ma], *pl.* [-a:t] *u.* علائم [ʕa'la:ʔim] Zeichen *n*, Merkmal *n*, Symptom *n*; Marke *f*.
+ [ʕa'lla:ma] hochgelehrt; Gelehrte(r) *m*.

علانية [ʕa'la:nija] Offenheit *f*, Offenkundigkeit *f*.

علاوة [ʕi'la:wa] Hinzufügung *f*, Zuschuß *m*, Zulage *f* *zum Gehalt*; ~ على [ʕi'la:watan ʕala:] zusätzlich zu.

علب II [ʕallab] konservieren, in Dosen einlegen.

علبة [ʕulba], *pl.* علب [ʕulab] Schachtel *f*, Dose *f*, Büchse *f*.

علج III [ʕa:ladʒ] *e-n Kranken, e. Thema* behandeln, pflegen; bearbeiten; sich befassen (mit ه); VI [ta'ʕa:ladʒ] in Behandlung stehen; VIII [iʕ'taladʒ] wogen, erregt sein.

علف [ʕalaf (jaʕlif)] *Vieh* füttern.
+ [ʕalaf], *pl.* أعلاف [ʔaʕ'la:f] Futter *n fürs Vieh*.

علق [ʕaliq (jaʕlaq)] hängen, hängenbleiben, haften; II [ʕallaq] hängen, aufhängen, anknüpfen, festmachen; kommentieren (*etw.* على), Bemerkungen machen (zu على); IV [ʔaʕlaq] anhängen, festmachen; V [ta'ʕallaq] hängen, aufgehängt sein; zusammenhängen (mit ب); abhängen, abhängig sein (von ب).
+ [ʕilq] Kostbarkeit *f*.
+ [ʕalaq] geronnenes Blut *n*; *coll.* Blutegel *m/pl.*; ة~ Blutegel *m*.

علك [ʕilk] Mastix *m*.

علم [ˤalim (jaˤlam)] wissen, kennen, Kenntnis haben (von ب); II [ˤallam] lehren, unterrichten; bezeichnen, markieren; IV [ʔaˤlam] informieren, benachrichtigen, wissen lassen; V [taˈˤallam] lernen, studieren; X [isˈtaˤlam] sich erkundigen (über *A* عن).

\+ [ˤalam], *pl.* أعلام [ʔaˤˈla:m] Zeichen *n*, Kennzeichen *n*; Wegweiser *m*; Fahne *f*, Flagge *f*; Eigenname *m*.

\+ [ˤilm] Wissen *n*, Kenntnis *f*; *pl.* علوم [ˤuˈlu:m] Wissenschaft *f*; ~ طالب Student *m*; كلية العلوم naturwissenschaftliche Fakultät *f*; ~ى wissenschaftlich.

علن [ˤalun (jaˤlun)] bekannt, offenbar sein; IV [ʔaˤlan] bekanntmachen, verkünden, proklamieren, veröffentlichen, offenbaren.

علنا [ˤalanan] *Adv.* offen, öffentlich.

علنى [ˤalani:] offen, öffentlich.

علة [ˤilla], *pl.* علل [ˤilal] 1. Krankheit *f*, Schwäche *f*; Mangel *m*; Fehler *m*; 2. Ursache *f*; Vorwand *m*, Ausrede *f*.

علا (علو) [ˤala: (jaˤlu:)] hoch sein, sich erheben, steigen; besteigen; höher sein (als عن), überragen, übertreffen (*etw.* عن); *Gefühl*: überkommen; II [ˤalla:] erheben, erhöhen; III [ˤa:la:] höher machen, überhöhen; IV [ʔaˤla:] erhöhen; V [taˈˤalla:] sich erhöhen; VI [taˈˤa:la:] *Gott*: erhaben sein; sich erheben; تعال [taˈˤa:l(a)] *Imp.* komm!; VIII [iˤˈtala:] aufsteigen; besteigen, erklettern; X [isˈtaˤla:] sich erheben (über *A* على).

علو [ˤuˈlu:w] Höhe *f*; Größe *f*, Erhabenheit *f*.

علوان [ˤulˈwa:n] = عنوان.

علوى [ˤalawi: *u.* ˤulwi:] obere(r); erhaben, himmlisch.

على [ˤala:] *Präp.* auf, über; an; gemäß; gegen; zuungunsten von (*Gegens.* ل); ~ أن [ʔan *od.* ʔanna] unter der Voraussetzung, daß; obwohl; allerdings; ~ ضوء [đɒuˤ(i)] im Lichte von; ~ الاطلاق überhaupt, absolut; عليك ان [ˤaˈlaika] du mußt; عليه لى [ˤaˈlaihi li:] er schuldet mir; ما علينا [ˤaˈlaina:] was liegt uns daran, was kümmert es uns; ما هو عليه der Zustand, in dem er ist; على ما يقال [juˈqa:l] wie man sagt, wie es heißt; ~ يده [jadihi] durch ihn (*wörtl.* seine Hand).

+ [ʕaˈliːj] hoch, erhaben; Ali *npr. m.*

+ [ʕulan] Hoheit *f*, Erhabenheit *f.*

عليا *s.* أعلى.

علياء [ʕalˈjaːʔ] Höhe *f*; Himmel *m.*

عليف [ʕaˈliːf] gefüttert, gemästet.

عليق [ʕaˈliːq] (*Vieh*-)Futter *n.*

+ [ʕuˈllaiq] *u.* ~ة Busch *m*, Dornstrauch *m.*

عليل [ʕaˈliːl], *pl.* أعلاء [ʔaʕiˈllaːʔ] 1. krank; 2. angenehm, lind.

عليم [ʕaˈliːm] wissend (um *etw.* ب).

عليه [ʕaˈlaihi] auf ihm, darauf.

علية [ʕilja] das Beste, die Besten.

+ [ʕuˈlliːja] Mansarde *f*, Oberzimmer *n.*

عم [ʕamma (jaˈʕummu)] allgemein sein; verbreitet sein; umfassen; II [ʕammam] 1. verallgemeinern; popularisieren; 2. mit *e-m* Turban bekleiden; V [taˈʕammam] *e-n* Turban anlegen.

+ [ʕamm], *pl.* أعمام [ʔaʕˈmaːm] Onkel *m* (*Vatersbruder*); ابن ~ Vetter *m*, Cousin *m väterlicherseits*; بنت ~ Base *f*, Cousine *f väterlicherseits.*

عما [ʕammaː] = عن ما.

عماد [ʕiˈmaːd] 1. Stütze *f*, Pfeiler *m*; 2. Taufe *f.*

عمارة [ʕaˈmaːra] Flotte *f.*

+ [ʕiˈmaːra], *pl.* [-aːt] Bau *m*, Gebäude *n*; Wohnblock *m.*

عمال *s.* عامل.

عمالة [ʕaˈmaːla] 1. Verwaltungsbezirk *m*; 2. Arbeitslohn *m.*

عمامة [ʕiˈmaːma], *pl.* عمائم [ʕaˈmaːʔim] Turban *m.*

عمان [ʕaˈmmaːn] Amman (*Hauptstadt Jordaniens*).

+ [ʕuˈmaːn] Oman (*Staat in Arabien*).

عماية [ʕaˈmaːja] Unwissenheit *f.*

عمد [ʕamad (jaʕmid)] stützen; beabsichtigen (*etw.* ه, *od.* الى); sich begeben (zu الى), herantreten (an *A* الى); II [ʕammad] taufen; IV [ʔaʕmad] stützen, unterstützen, abstützen; V [taˈʕammad] planen, beabsichtigen; getauft werden; VIII [iʕˈtamad] sich stützen, sich verlassen, vertrauen (auf *A* على); auf Kredit geben (*j-m* ل).

+ [ʕamd] Absicht *f*, Vorsatz *m*; ~ا [ʕamdan] *Adv.* absichtlich, vorsätzlich.

عمدة [ʕumda] 1. Stütze *f*; 2. *Äg.* Dorfschulze *m.*

عمدى [ʕamdiː] absichtlich, vorsätzlich.

عمر [ʕamar (jaʕmur)] gedeihen, blühen; bevölkert, kultiviert sein; lange leben; bewohnen; bauen; II [ʕammar] *Gott*: e. langes Leben geben; bevölkern, kultivieren, bebauen; herstellen, reparieren; versorgen, füllen, *Pfeife* stopfen, *Gewehr* laden; IV [ʔaʕmar] bevölkern; X [isˈtaʕmar] besiedeln, kolonisieren; *Pol.* ausbeuten.

عمر [ʕumr (*a.* ʕamr)], *pl.* أعمار [ʔaʕˈma:r] Leben *n*, Lebensdauer *f*, Alter *n*; لعمرى [laˈʕamri:] bei meinem Leben!; ذات العمرين [ða:tulʕamˈrain] Amphibie *f*.

+ [ʕumar] Omar *npr. m.*

عمران [ʕumˈra:n] Besiedlung *f*, Gedeihen *n e-s Landes*; Kultur *f*, Zivilisation *f*; ~ى kulturell, zivilisatorisch; Siedlungs-.

عمرة [ʕamra] Kopfbedeckung *f*.

عمرو [ʕamr] Amr *npr. m.*

عمق [ʕamuq (jaʕmuq)] tief sein; II [ʕammaq] *u.* IV [ʔaʕmaq] vertiefen; V [taˈʕammaq] tief eindringen, sich vertiefen.

+ [ʕumq], *pl.* أعماق [ʔaʕˈma:q] Tiefe *f*.

عمل [ʕamil (jaʕmal)] tun, machen; arbeiten; handeln, wirken; hinarbeiten (auf *A* على), betreiben (*etw.* على); einwirken (auf *A* في); III [ʕa:mal] behandeln, umgehen (mit ه); in Geschäftsverbindung stehen (mit ه); IV [ʔaʕmal] betätigen, gebrauchen; VI [taˈʕa:mal] Geschäfte machen (mit مع); VIII [iʕˈtamal] wirken; X [isˈtaʕmal] verwenden, gebrauchen, benützen.

+ [ʕamal], *pl.* أعمال [ʔaʕˈma:l] Arbeit *f*, Tätigkeit *f*; Tun *n*, Handeln *n*; Tat *f*, Handlung *f*, Aktion *f*, Operation *f*; Leistung *f*; Herstellung *f*; Geschäft *n*; عملا ب [ʕamalan bi] in Durchführung *e-r Sache*, gemäß; صاحب العمل Arbeitgeber *m*, Unternehmer *m*; ادارة الاعمال Betriebswirtschaft *f*.

عملاق [ʕimˈla:q], *pl.* عمالقة [ʕaˈma:liqa] Riese *m*.

عملة [ʕamla] böse Tat *f*.

+ [ʕumla] Geld *n*, Währung *f*.

عملى [ʕamali:] sachlich, praktisch; Arbeits-.

عملية [ʕamaˈli:ja] Tätigkeit *f*; Verfahren *n*; Operation *f* (*a. Med.*).

عمن [ʕamman] = عن من.

عمة [ʕamma], *pl.* [-a:t] Tante *f* *väterlicherseits*.

+ [ʕimma] Turban *m*.

عمود [ʕaˈmu:d], *pl.* أعمدة [ʔaʕˈmida] Säule *f*, Pfeiler *m*; Pfahl *m*; Stiel *m*, Schaft *m*; Spalte *f e-r Zeitung*; ~ فقري [fiqri:] Wirbelsäule *f*; ~ى lotrecht, vertikal.

عمولة [ʕuˈmu:la] Provision *f*, Vermittlungsgebühr *f*.

عموم [ʕuˈmu:m] Allgemeinheit *f*, Gesamtheit *f*; Öffentlichkeit *f*; ~ا [ʕuˈmu:man] *u.* على الـ~ *Adv.* im allgemeinen; ~ى öffentlich, allgemein; General-; Staats-.

عمى [ʕamija (jaʕma:)] blind sein, erblinden; II [ʕamma:] *u.* IV [ʔaʕma:] blind machen, blenden; V [taˈʕamma:] blind werden; VI [taˈʕa:ma:] sich blind stellen (gegenüber عن).

+ [ʕaman] Blindheit *f*; *s.a.* أعمى.

عميان *s.* أعمى.

عميد [ʕaˈmi:d], *pl.* عمداء [ʕumaˈda:ʔ] Oberhaupt *n*, Chef *m*; Dekan *m e-r Fakultät*; Doyen *m des diplomatischen Korps*.

عميق [ʕaˈmi:q] tief.

عميل [ʕaˈmi:l], *pl.* عملاء [ʕumaˈla:ʔ] Agent *m*, Vertreter *m*; Kunde *m*, Klient *m*.

عميم [ʕaˈmi:m] allgemein.

عمية [ʕaˈmi:ja] Unwissenheit *f*.

عن [ʕan] *Präp.* von, von – weg; auf Grund von; als Ersatz für; ~ طريق mittels, via, auf dem Wege über; ~ قريب bald; عن ما von dem, was; عن من von dem, wer.

عن [ʕanna (jaˈʕinnu)] entstehen, sich bilden, erscheinen.

عناء [ʕaˈna:ʔ] Mühe *f*, Plage *f*.

عناد [ʕiˈna:d] Widerstand *m*; Eigensinn *m*, Hartnäckigkeit *f*.

عناق [ʕaˈna:q], *pl.* عنوق [ʕuˈnu:q] Zicklein *n*.

+ [ʕiˈna:q] Umarmung *f*.

عنان [ʕaˈna:n] *coll.* Wolken *f/pl.*

+ [ʕiˈna:n], *pl.* أعنة [ʔaˈʕinna] Zaum *m*, Zügel *m*.

عناية [ʕiˈna:ja] Sorgfalt *f*, Aufmerksamkeit *f*; Fürsorge *f*.

عنب [ʕinab] *coll.*, ~ة Weinbeere *f*, Weintraube *f*.

عنبر [ʕambar] 1. Ambra *n*; 2. *pl.* عنابر [ʕaˈna:bir] Speicher *m*, Magazin *n*, Schuppen *m*, Baracke *f*.

عنت [ʕanit (jaʕnat)] in Bedrängnis sein; IV [ʔaʕnat] hart behandeln; V [taˈʕannat] bedrängen.

+ [ʕanat] Bedrängnis *f*, Not *f*, Zwang *m*.

عنتر [ʕantar] Antar (*sagenhafter Held*); ~ى Leibchen *n*.

عنجهية [ʕundʒuˈhi:ja] Hochmut *m*, Stolz *m*.

عند [ʕanad (jaʕnid)] hartnäckig sein; sich widersetzen; abweichen (von عن); III [ʕa:nad] Widerstand leisten.

عند [ʕinda] *Präp.* bei; neben; zur Zeit, während; من عنده [min ʕindihi] von ihm, aus seinem Haus; عندى [ʕindi:] bei mir; ich habe; عندك [ʕindak] *pop.* halt!

عندما [ʕindama:] sobald als, wenn.

عندئذ [ʕindaˈʔiðin] damals, dazumal.

عنز [ʕanz] *coll.*, ~ة, *pl.* [-a:t] Ziege *f*.

عنصر [ʕunsur], *pl.* عناصر [ʕaˈna:sir] Element *n*, Grundstoff *m*; Rasse *f*.

عنصرة: الـ~ [alˈʕansɒra] Pfingsten *n*.

عنصرى [ʕunsuri:] rassisch, Rassen-; ~ة Rassentheorie *f*; Rassenzugehörigkeit *f*.

عنف II [ʕannaf] *u.* IV [ʔaʕnaf] streng behandeln.

\+ [ʕanf *u.* ʕunf] Gewalt *f*; Strenge *f*, Härte *f*, Heftigkeit *f*.

عنفوان [ʕunfuˈwa:n] Blüte *f der Jugend*, Vollkraft *f*.

عنق II [ʕannaq] am Hals packen; VIII [iʕˈtanaq] umarmen; übernehmen, *Religion* annehmen.

\+ [ʕunuq], *pl.* أعناق [ʔaʕˈna:q] Hals *m*, Nacken *m*.

عنقود [ʕunˈqu:d], *pl.* عناقيد [ʕana:ˈqi:d] Traube *f*, Büschel *n*.

عنكبوت [ʕankaˈbu:t], *pl.* عناكب [ʕaˈna:kib] Spinne *f*; بيت ~ Spinngewebe *n*, Spinnennetz *n*.

عنة [ʕunna] Impotenz *f*.

عنا (عنو) [ʕana: (jaʕnu:)] 1. demütig sein, sich unterwerfen; 2. mit Gewalt nehmen.

عنوان [ʕunˈwa:n], *pl.* عناوين [ʕana:ˈwi:n] Titel *m*, Überschrift *f*; Adresse *f*, Anschrift *f*.

عنون [ʕanwan (juˈʕanwin)] adressieren, betiteln.

عنوة [ʕanwa] Gewalt *f*; [ʕanwatan] *Adv.* gewaltsam.

عنى [ʕana: (jaʕni:)] bedeuten; meinen; im Sinne haben; betreffen, beschäftigen, interessieren; – [ʕanija (jaʕna:)] sich sorgen, bekümmert sein; II [ʕanna:] quälen; III [ʕa:na:] erdulden, erleiden, durchmachen; V [taˈʕanna:] sich abmühen; VIII [iʕˈtana:] sich sorgen (um ب); pflegen, betreuen (*j-n* ب).

عنيد [ʕaˈni:d], *pl.* عند [ʕunud] eigensinnig, hartnäckig.

عنيف [ʕaˈni:f] heftig, hart, rauh; erbittert (*Kampf*).

عهارة [ʕaˈha:ra] Unzucht *f*.

عهد [ʕahid (jaʕhad)] kennen, bekannt sein (mit ه *u.* ب); beobachten, *Versprechen* halten; anvertrauen (*j-m* الى *etw.* ب *od.* في), auferlegen; III [ʕa:had] versprechen (*j-m* ه *etw.* على), sich verpflichten; *e-n* Vertrag schließen (mit *j-m* ه über *A* على); V [taˈʕahhad] auf sich nehmen (*etw.* ب), sich verpflichten (zu ب); sorgen (für ه), pflegen, instand halten; X [isˈtaʕhad] e-e Verpflichtung unterzeichnen lassen (von من).

\+ [ʕahd], *pl.* عهود [ʕuˈhu:d] 1. Bekanntschaft *f* (mit ب), Kenntnis *f*; Erfüllung *f e-s Versprechens*; Einhaltung *f*; Beauftragung *f* (*j-s* الى); Vertrag *m*, Vereinbarung *f*, Kontrakt *m*, Bund *m*, Versprechen *n*; 2. Epoche *f*, Zeitalter *n*; حديث الـ~ neu, jung, jüngeren Datums; قديم الـ~ alt; lange vertraut (mit ب); الـ~ القديم Alte(s) Testament *n*; الـ~ الجديد Neue(s) Testament *n*; ولى الـ~ [waˈli:j] Thronfolger *m*.

عهدة [ʕuhda] Verpflichtung *f*, Garantie *f*.

عهدئذ [ʕahdaˈʔidin] zu jener Zeit.

عهر [ʕihr] Unzucht *f*.

عهن [ʕihn] Wolle *f*.

عهيد [ʕaˈhi:d] 1. Verbündete(r) *m*; 2. sehr alt.

عواء [ʕuˈwa:ʔ] Geheul *n*.

عوار [ʕaˈwa:r] Fehler *m*, Defekt *m*.

عوام [ʕaˈwwa:m] Schwimmer *m*; ~ة Boje *f*, Schwimmkörper *m*, Schwimmblase *f*.

عوامل *s.* عامل.

عواميد *s.* عامود.

عوج [ʕawidʒ (jaʕwadʒ)] krumm, gebogen sein; II [ʕawwadʒ] biegen, krümmen; V [taˈʕawwadʒ] *u.* IX [iʕˈwaddʒa] sich krümmen; krumm, gebogen sein.

\+ [ʕawadʒ *u.* ʕiwadʒ] Krümmung *f*, Gekrümmtheit *f*.

عاد (عود) [ʕa:d (jaˈʕu:d)] zurückkehren, zurückkommen; zurückgehen (auf *A* الى); (zu-) gehören (*j-m od. e-r Sache* ل *od.* الى); gebühren, zukommen (*j-m* الى); bringen (*Nutzen* ب); werden zu, sich verwandeln in; *e-n Kranken* besuchen; *mit folgendem Verb*: wieder *tun*, fortfahren zu; عاد يقول er fuhr fort in der Rede; *mit Negation*: nicht mehr *tun*; لا يعود يتكلم [jataˈkallam] er spricht nicht mehr; لم يعد يشعر [lam jaʕud jaʃʕur] er spürte nicht mehr; II [ʕawwad] gewöhnen (an *A* على); III [ʕa:wad] wiederaufnehmen; IV [ʔaˈʕa:d] zurückgeben, zurückbringen, zurücksenden; wiederholen; wiederherstellen; أعاد النظر في *etw.* revidieren, überprüfen; V [taˈʕawwad] sich gewöhnen (an *A* ه *od.* على); VIII [iʕˈta:d] gewohnt sein, sich gewöhnen; X [istaˈʕa:d] zurückverlangen; wiedererlangen, wiedergewinnen.

عود [ʕaud] Rückkehr *f.*

\+ [ʕu:d], *pl.* أعواد [ʔaʕˈwa:d] *u.* عيدان [ʕi:ˈda:n] Stange *f*, Gerte *f*, Stengel *m*, Halm *m*; Laute *f* (*Saiteninstrument*); Stärke *f*; عود كبريت Zündholz *n.*

عودة [ʕauda] Rückkehr *f.*

(عوذ) عاذ [ʕa:ð (jaˈʕu:ð)] Schutz suchen, Zuflucht nehmen (bei Gott بالله [biˈlla:h(i)], vor من); II [ʕawwað] durch ein Amulett schützen; V [taˈʕawwað] = I.

عوذ [ʕauð] Zufluchtnahme *f.*

عوذة [ʕu:ða], *pl.* عوذ [ʕuwað] Amulett *n*, Talisman *m.*

(عور) عار [ʕa:r (jaˈʕu:r)] beschädigen; – [ʕawir (jaʕwar)] einäugig sein; II [ʕawwar] *e-s* Auges berauben; beschädigen; IV [ʔaˈʕa:r] leihen; VIII اعتور [iʕˈtawar] überkommen, überfallen; X [istaˈʕa:r] borgen, entleihen; *s.a.* أعور.

عورة [ʕaura] Scham *f*, Blöße *f*; Schwäche *f*, Mangelhaftigkeit *f.*

عوز [ʕawiz (jaʕwaz)] bedürftig sein; IV [ʔaʕwaz] bedürftig machen; fehlen (*j-m* ه).

\+ [ʕawaz] Mangel *m*, Bedürfnis *n.*

\+ [ʕawiz] bedürftig, mittellos.

عويص [ʕaˈwi:s] schwierig (*Problem*), dunkel.

(عوض) عاض [ʕa:đ (jaˈʕu:đ)] *u.* II [ʕawwɒđ] ersetzen (*etw.* عن), entschädigen (für عن); V [taˈʕawwɒđ] *u.* VIII [iʕˈta:đ] als Ersatz nehmen; X [istaˈʕa:đ] eintauschen, als Ersatz nehmen.

عوض [ʕiwɒđ] Ersatz *m*; عوضا عن [ʕiwɒđɒn ʕan] anstatt, als Ersatz für.

(عوق) عاق [ʕa:q (jaˈʕu:q)] *u.* II [ʕawwaq] *u.* IV [ʔaˈʕa:q] hindern (an *D* عن), zurückhalten (von عن); verzögern; V [taˈʕawwaq] zurückgehalten werden.

عوق [ʕauq] Hinderung *f*, Abhaltung *f*, Verzögerung *f*.

(عول) عال [ʕa:l (jaˈʕu:l)] versorgen, ernähren, *Familie* erhalten; II [ʕawwal] sich verlassen (auf *A* على); sich entschließen (zu على); IV [ʔaˈʕa:l] ernähren, unterstützen.

عول [ʕaul] 1. Lebensunterhalt *m*; 2. Wehklagen *n*, Geheul *n*.

+ [ʕiwal] Vertrauen *n*, Zuversicht *f*.

(عوم) عام [ʕa:m (jaˈʕu:m)] schwimmen; II [ʕawwam] schwimmen machen, wegschwemmen, überschwemmen.

عوم [ʕaum] Schwimmen *n*.

(عون) III [ʕa:wan] *u.* IV [ʔaˈʕa:n] helfen, beistehen (*j-m* ه); unterstützen (*j-n* ه bei في); VI [taˈʕa:wan] einander helfen; zusammenarbeiten; X [istaˈʕa:n] um Hilfe bitten (*j-n* ه); zu Hilfe nehmen (*etw.* ب).

عون [ʕaun] Hilfe *f*, Unterstützung *f*; *pl.* أعوان [ʔaʕˈwa:n] Gehilfe *m*, Helfer *m*, Beistand *m*; ~ة Zwangsarbeit *f*.

عوى [ʕawa: (jaʕwi:)] heulen.

+ [ʕaˈwi:j] Geheul *n*.

عوينات [ʕuwaiˈna:t] Brille *f*.

عى [ʕajja (jaˈʕajju)] schwach, unfähig sein; stammeln; IV [ʔaʕja:] müde, unfähig machen, ermüden.

+ [ʕajj], *pl.* أعياء [ʔaʕˈja:ʔ] unfähig; erschöpft.

+ [ʕijj] Stammeln *n*; Erschöpfung *f*.

عياء [ʕaˈja:ʔ] Erschöpfung *f*, Müdigkeit *f*.

عيادة [ʕiˈja:da] Besuch *m*, Krankenbesuch *m*, Visite *f*; Sprechstunde *f*, Sprechzimmer *n des Arztes*; Klinik *f*.

عيار [ʕiˈja:r] 1. *pl.* [-a:t] Eichmaß *n*, Standardgewicht *n*; Feingehalt *m des Goldes*; Kaliber *n*; 2. *pl.* أعيرة [ʔaʕˈjira] Schuß *m*.

عياط [ʕiˈja:ṭ] Geschrei *n*, Weinen *n*.

عيال *s.* عيل; عيالة [ʕiˈja:la] Versorgung *f*, Unterhalt *m e-r Familie*.

عيان [ʕaˈjja:n] *Äg. pop.* krank.

+ [ʕiˈja:n] Augenschein *m*, Sehen *n mit eigenen Augen*; شاهد عيانى :~ى Augenzeuge *m*.

(عيب) عاب [ʕa:b (jaˈʕi:b)] fehlerhaft, mangelhaft sein; verderben; tadeln; II [ʕajjab] verderben, entstellen; *e-s* Fehlers beschuldigen, tadeln.

عيب [ʕaib, ʕe:b], *pl.* عيوب [ʕuˈju:b] Fehler *m*, Makel *m*,

Schande *f*; ~ة [ʕaiba], *pl.* عياب [ʕiˈja:b] Ledertasche *f*.

(عيث) عاث [ʕa:θ (jaˈʕi:θ)] wüten, Unheil anrichten, verheeren.

عيد II [ʕajjad] *e.* Fest feiern; *e.* frohes Fest wünschen; III [ʕa:jad] *e.* frohes Fest wünschen (*j-m* على).

+ [ʕi:d], *pl.* أعياد [ʔaʕˈja:d] Fest *n*, Feiertag *m*; ~ية Festgabe *f*, Festgeschenk *n*.

(عير) عار [ʕa:r (jaˈʕi:r)] umherwandern; II [ʕajjar] tadeln, beschimpfen; III [ʕa:jar] messen, eichen.

عيرة [ʕi:ra] entlehnt, falsch (*Haar, Zähne*).

عيسى [ʕi:sa:] Jesus *npr. m.*

(عيش) عاش [ʕa:ʃ (jaˈʕi:ʃ)] leben; ... عاش es lebe ...!; II [ʕajjaʃ] leben lassen, ernähren; III [ʕa:jaʃ] zusammenleben (mit ه); IV [ʔaˈʕa:ʃ] am Leben erhalten; verproviantieren; = II; V [taˈʕajjaʃ] sich ernähren, vegetieren (von من); VI [taˈʕa:jaʃ] zusammenleben, koexistieren.

عيش [ʕaiʃ] Leben *n*; *Äg.* [ʕe:ʃ] Brot *n*.

عيشة [ʕi:ʃa] Lebensweise *f*.

عيط II [ʕajjat] schreien, weinen.

(عيف) عاف [ʕa:f (jaˈʕi:f)] Ekel empfinden (gegen ه).

عيف [ʕaif] Ekel *m*, Abscheu *m*, Widerwillen *m*.

(عيل) عال [ʕa:l (jaˈʕi:l)] arm sein; II [ʕajjal] *u.* IV [ʔaʕjal] *e-e* zahlreiche Familie haben; *s.a.* عول.

عيل [ʕajjil], *pl.* عيال [ʕiˈja:l] (*abhängiges*) Familienmitglied *n*, Kind *n*.

عين II [ʕajjan] bestimmen, ernennen; festsetzen, kennzeichnen, bezeichnen; zuteilen (*j-m* ل); III [ʕa:jan] besichtigen, mit eigenen Augen ansehen; V [taˈʕajjan] bestimmt, ernannt werden.

+ [ʕain, ʕe:n] *f*, *pl.* عيون [ʕuˈju:n] *u.* أعين [ʔaʕjun] Auge *n*; böser Blick *m*; Masche *f im Netz*; Quelle *f*; Beste(s) *n*; *Jur.* Sachwert *m*; Substanz *f*; Selbst *n*, eigene Person *f*; Gleiche(s) *n*; *pl.* أعيان [ʔaʕˈja:n] bedeutende Persönlichkeiten *f/pl.*; *s.a.* رأس; ~ا [ʕainan] *Adv.* genau so, ebenso, gleich.

عينة [ʕajjina], *pl.* [-a:t] Muster *n*, Probe *f*.

عيني [ʕaini:] 1. Augen-; 2. dinglich, real; in natura.

عينية [ʕaiˈni:ja] Identität *f*.

غ

غ (غين) [γain] *neunzehnter Buchstabe; Zahlwert 1000.*

غاب *s.* غيب.

غابر [γa:bir], *pl.* غبر [γubbar] vergangen, verflossen.

غابة [γa:ba], *pl.* [-a:t] Wald *m*, Dickicht *n*.

غادر [γa:dir] falsch, treulos.

غادة [γa:da] junges Mädchen *n*.

غار [γa:r] 1. *coll.* Lorbeer *m*; 2. *pl.* أغوار [ˀaγ'wa:r] Höhle *f*; *s.a.* غير, غور.

غارة [γa:ra], *pl.* [-a:t] Überfall *m*, Angriff *m*; جوية ~ Luftangriff *m*.

غاز [γa:z] Gas *n*; Petroleum *n*.

\+ [γa:zin], *constr.* غازى [γa:zi:], *pl.* غزاة [γu'za:t] Angreifer *m*; Eroberer *m*; *a. npr.*

غازوزة [γa:'zu:za] Sodawasser *n*, moussierendes Getränk *n*.

غاشم [γa:ʃim] tyrannisch, ungerecht.

غاشية [γa:ʃija], *pl.* غواش [γa'wa:ʃin] Hülle *f*; Herzbeutel *m*; Anfall *m von Wut*; Unglück *n*.

غاص [γɒ:ss] angefüllt, vollgestopft; *s.a.* غوص.

غاضب [γɒ:đib] zornig, wütend.

غاطس [γɒ:tɨs] Tiefgang *m e-s Schiffes.*

غافل [γa:fil], *pl.* [-u:n] *u.* غفول [γu'fu:l] nachlässig, unachtsam.

غال [γa:l], *pl.* [-a:t] Vorlegeschloß *n*.

\+ [γa:lin], *constr.* غالى [γa:li:] 1. teuer, kostbar; 2. *pl.* غلاة [γu'la:t] Extremist *m*, Fanatiker *m*.

غام [γa:mm] bedrückend, schmerzlich.

غامر [γa:mir] 1. reichlich; 2. wüst, leer (*Land*).

غامض [γa:miđ] dunkel, undurchsichtig, rätselhaft; ة~, *pl.* غوامض [γa'wa:miđ] Rätsel *n*, Geheimnis *n*.

غامق [γa:miq] dunkel (*Farbe*).

غانم [γa:nim] erfolgreich.

غانية [γa:nija], *pl.* غوان [γa'wa:nin] schöne Frau *f*.

غاو [γa:win], *constr.* غاوى [γa:wi:], *pl.* غواة [γu'wa:t] Amateur *m*; Verführer *m*.

غائب [γa:ʔib] abwesend, verborgen; *Gr.* dritte Person *f*.

غائر [γa:ʔir] versunken, tiefliegend (*Auge*).

غائط [γa:ʔit] Kot *m*, Exkremente *n/pl*.

غائم [γa:ʔim] wolkig, bewölkt.

غاية [γa:ja], *pl.* [-a:t] höchster Grad *m*; äußerste Grenze *f*; Ziel *n*, Zweck *m*, Absicht *f*; للغاية [lil'γa:ja] äußerst.

غب [γibb] Ende *n*; Resultat *n*; [γibba] *Präp.* nach.

غباء [γa'ba:ʔ] Dummheit *f*, Unwissenheit *f*.

غبار [γu'ba:r] Staub *m*.

غبر [γabar (jaγbur)] vergehen, vorübergehen; II [γabbar] Staub aufwirbeln; mit Staub bedecken; V [ta'γabbar] staubig werden.

غبرة [γabara] Staub *m*.

+ [γubra] Staubfarbe *f*.

غبشة [γubʃa] Morgengrauen *n*.

غبط VIII [iγ'tabɒt] froh sein, frohlocken, jubeln.

غبطة [γibtɒ] Glückseligkeit *f*; صاحب الـ~ *Titel des Patriarchen*.

غبن [γaban (jaγbin)] betrügen, übervorteilen.

+ [γabn] Betrug *m*, Schädigung *f*, Benachteiligung *f*.

غبي [γabija (jaγba:)] dumm sein; nicht verstehen (*etw.* عن).

+ [γa'bi:j], *pl.* أغبياء [ʔaγbi'ja:ʔ] dumm, unwissend.

غت [γatta (ja'γuttu)] pressen; *Lachen* unterdrücken; eintauchen.

غث [γaθθ] mager; dürftig.

غثاء [γu'θa:ʔ] Verunreinigung *f des Wassers*, Schaum *m*.

غثاثة [γa'θa:θa] Magerkeit *f*.

غثيث [γa'θi:θ] 1. mager; 2. Eiter *m*.

غجر [γadʒar] *coll.*, ~ى Zigeuner *m*.

غد [γad] folgender Tag *m*; بعد الـ~ übermorgen.

غدا [γadan] *Adv.* morgen; *s.a.* غدو.

غداء [γa'da:ʔ], *pl.* أغدية [ʔaγ'dija] Frühstück *n*, Mittagessen *n*.

غدار [γa'dda:r] treulos, verräterisch; ~ة Pistole *f*.

غداة [γa'da:t], *pl.* غدوات [γada'wa:t] früher Morgen *m*.

غددى [γudadi:] Drüsen-; *s.* غدة.

غدر [γadar (jaγdir)] betrügen, verraten, treulos sein; III [γa:dar] verlassen (*e-n Ort* ه,

in Richtung nach (الى); abreisen.

+ [γadr] Betrug *m*, Verrat *m*, Treulosigkeit *f*.

غدفة [γudfa], *pl.* غدف [γudaf] Kopftuch *n*.

غدق [γadiq] reichlich.

غدن [γadan] Schlaffheit *f*.

غدة [γudda], *pl.* غدد [γudad] Drüse *f*; ~ درقية [dara'qi:ja] Schilddrüse *f*; ~ صماء [sɒ'mma:ʔ] endokrine Drüse *f*.

غدا (غدو) [γada: (jaγdu:)] am Morgen sein; werden; weggehen; II [γadda:] am Morgen zu essen geben (*j-m* ه); V [ta'γadda:] frühstücken.

غدوة [γadwa] 1. Gang *m od.* Weg *m* am Morgen; 2. Frühstück *n*.

غدير [γa'di:r], *pl.* غدر [γudur] *u.* غدران [γud'ra:n] Tümpel *m*, Teich *m*; ~ة, *pl.* غدائر [γa'da:ʔir] Zopf *m*.

غذاء [γi'ða:ʔ], *pl.* أغذية [ʔaγ'ðija] Nahrung *f*, Speise *f*.

غذائى [γi'ða:ʔi:] Nahrungs-, Nähr-.

غذا (غذو) [γaða: (jaγðu:)] *u.* II [γaðða:] ernähren, füttern, speisen; V [ta'γaðða:] sich nähren, gespeist werden.

غذو [γaðw] Fütterung *f*, Ernährung *f*.

غر [γarra (ja'γurru)] täuschen, verblenden; II [γarrar] täuschen, verführen; gefährden, aufs Spiel setzen (*etw.* ب); VIII [iγ'tarra] sich täuschen; verblendet, eingebildet sein; X [ista'γarra] überraschen.

+ [γirr], *pl.* أغرار [ʔaγ'ra:r] unerfahren, jung.

غرا [γaran] *u.* غراء [γi'ra:ʔ] Leim *m*.

غراب [γu'ra:b], *pl.* غربان [γir'ba:n] Rabe *m*, Krähe *f*.

غرابة [γa'ra:ba] Merkwürdigkeit *f*, Seltsamkeit *f*.

غرار [γa'rra:r] trügerisch.

+ [γi'ra:r] Wenige(s) *n*; Hast *f*, Eile *f*; Art und Weise *f*.

غرارة [γa'ra:ra] 1. Unerfahrenheit *f*; 2. Art und Weise *f*.

غراسة [γa'ra:sa] Pflanzung *f*, Kultur *f*.

غرام [γa'ra:m] Leidenschaft *f* (für ب), Liebe *f*.

+ [γi'ra:m] Gramm *n*.

غرامة [γa'ra:ma] Buße *f*, Geldstrafe *f*.

غرامى [γa'ra:mi:] leidenschaftlich, Liebes-.

غرائى [γi'ra:ʔi:] leimig.

غرب [γarab (jaγrub)] fortgehen, sich entfernen; *Sonne*: untergehen; – [γarub (jaγrub)] fremd, seltsam, sonderbar sein; II [γarrab] 1. nach Westen gehen; westlich, europäisch machen; 2. des Landes verweisen, verbannen; V [ta'γarrab] 1. auswandern; 2. verwestlichen; VIII [iγ'tarab] auswandern; X [is'taγrab] erstaunen; seltsam, ungewöhnlich finden.

+ [γarb] Westen *m*; ـاً~ [γarban] *Adv.* westwärts.

غربال [γir'ba:l], *pl.* غرابيل [γara:'bi:l] Sieb *n*.

غربل [γarbal (ju'γarbil)] sieben.

غربة [γurba] Fremde *f*; Exil *n*.

غربى [γarbi:] westlich, okzidental.

غرد [γarid (jaγrad)] *u.* II [γarrad] *u.* V [ta'γarrad] *Vogel*: singen, zwitschern.

+ [γarad] Vogelgesang *m*.

+ [γurd], *pl.* غرود [γu'ru:d] Sanddüne *f*.

غرر [γarar] Gefahr *f*, Risiko *n*.

غرز [γaraz (jaγriz)] stechen; *Pflanze* einsetzen, einpflanzen; II [γarraz] *u.* IV [ʔaγraz] hineinstecken, einbohren; V [ta'γarraz] tief eindringen.

غرزة [γurza], *pl.* غرز [γuraz] Stich *m*.

غرس [γaras (jaγris)] *u.* IV [ʔaγras] pflanzen, einpflanzen.

+ [γars *u.* γirs], *pl.* أغراس [ʔaγ'ra:s] Pflanze *f*, Setzling *m*.

غرش [γirʃ], *pl.* غروش [γu'ru:ʃ] Piaster *m* (*Münze*); *s.* قرش.

غرض IV [ʔaγrɒđ] Ziel verfolgen; V [ta'γarrɒđ] Partei ergreifen (für ل), eingenommen sein (für ل).

+ [γarɒđ], *pl.* أغراض [ʔaγ'rɒ:đ] Ziel *n*, Zweck *m*, Absicht *f*; Tendenz *f*; Vorurteil *n*; ~ى tendenziös.

غرغر [γarγar (ju'γarγir)] gurgeln; brodeln.

غرف [γaraf (jaγrif)] *u.* VIII [iγ'taraf] schöpfen.

غرفة [γurfa], *pl.* غرف [γuraf] Zimmer *n*, Kammer *f*, Stube *f*; ~ التجارة Handelskammer *f*.

غرق [γariq (jaγraq)] versinken, eintauchen, untergehen; ertrinken; II [γarraq] versenken, ertränken; überfluten; IV [ʔaγraq] versenken; überfluten; maßlos sein (in *D* فى), übertreiben (*etw.* فى); V [ta'γarraq] versenkt werden; X [is'taγraq] *in Schlaf* versinken; *Zeitraum* ausfüllen, beanspruchen, dauern.

+ [γaraq] Untergehen *n*, Versinken *n*.

غرقان [γar'qa:n] versunken; ertrunken.

غرم [ɣarim (jaɣram)] *Strafe* bezahlen; II [ɣarram] *u.* IV [ˀaɣram] *e-e* Geldstrafe auferlegen; IV *Passiv*: [ˀuɣrim] verliebt, vernarrt sein (in *A* ب), leidenschaftlich gern haben (*etw.* ب).

+ [ɣurm] Schaden *m*, Verlust *m*.

غرة [ɣirra] Unachtsamkeit *f*.

+ [ɣurra], *pl.* غرر [ɣurar] Blesse *f* (*weißer Stirnfleck*) *des Pferdes*; Schönste(s) *n e-r Sache*.

غرا (غرو) [ɣara: (jaɣru:)] *u.* II [ɣarra:] leimen, kleben; IV [ˀaɣra:] begierig machen, verlocken, anreizen; herbeiführen.

غرو [ɣarw] Erstaunen *n*; لا ~ [la: ɣarwa] kein Wunder!

غروب [ɣu'ru:b] (Sonnen-) Untergang *m*.

غرور [ɣa'ru:r] trügerisch.

+ [ɣu'ru:r] Täuschung *f*; Einbildung *f*, Dünkel *m*; Illusion *f*, Verblendung *f*.

غروى [ɣirawi:] leimig, klebrig; *Chemie*: kolloidal.

غريب [ɣa'ri:b], *pl.* غرباء [ɣura'ba:ˀ] fremd, seltsam, sonderbar, ungewöhnlich, merkwürdig; unverständlich; Fremde(r) *m*, Fremdling *m*; ة~, *pl.* غرائب [ɣa'ra:ˀib] Merkwürdigkeit *f*.

غرير [ɣa'ri:r] getäuscht; naiv, unerfahren.

غريزة [ɣa'ri:za], *pl.* غرائز [ɣa'ra:ˀiz] Instinkt *m*, Naturtrieb *m*.

غريزى [ɣa'ri:zi:] angeboren, instinktiv.

غريسة [ɣa'ri:sa], *pl.* غرائس [ɣa'ra:ˀis] Setzling *m*.

غريض [ɣa'ri:đ] frisch (*Fleisch, Obst*).

غريق [ɣa'ri:q], *pl.* غرقى [ɣarqa:] ertrunken; versunken.

غريم [ɣa'ri:m], *pl.* غرماء [ɣura'ma:ˀ] Gegner *m*, Widersacher *m*, Schuldner *m*.

غزال [ɣa'za:l], *pl.* غزلان [ɣiz'la:n] Gazelle *f*.

+ [ɣa'zza:l] (*Garn-*)Spinner *m*.

غزاة [ɣa'za:t] = غزوة; *s. a.* غاز.

غزر [ɣazr] Fülle *f*, Überfluß *m*.

غزل [ɣazal (jaɣzil)] spinnen; – [ɣazil (jaɣzal)] den Hof machen (*e-r Frau* ب); III [ɣa:zal] flirten (mit *e-r Frau* ها); VIII [iɣ'tazal] spinnen.

+ [ɣazl] Spinnen *n*; Garn *n*.

+ [ɣazal] Liebespoesie *f*; ى~ Liebes-, erotisch.

غزا (غزو) [ɣaza: (jaɣzu:)] erstreben; überfallen, *e-n* Beutezug unternehmen; erobern.

غزو [γazw] Überfall *m*, Angriff *m*; ة~, *pl.* غزوات [γaza'wa:t] Überfall *m*, Invasion *f*; Kriegszug *m*; Eroberung *f*.

غزير [γa'zi:r] reichlich, viel.

غس [γuss] wertlos.

غسالة [γa'ssa:la] Wäscherin *f*; Waschmaschine *f*.

غسق [γasaq] Dämmerung *f*.

غسل [γasal (jaγsil)] waschen, spülen; II [γassal] gründlich waschen; VIII [iγ'tasal] sich waschen, baden.

+ [γasl] Waschen *n*, Waschung *f*.

+ [γusl] Waschung *f*; *Isl.* große rituelle Waschung *f*.

غسيل [γa'si:l] gewaschen; Wäsche *f*.

غش [γaʃʃa (ja'γuʃʃu)] betrügen, schwindeln; verfälschen; II [γaʃʃaʃ] betrügen; VIII [iγ'taʃʃa] sich täuschen lassen, betrogen werden.

+ [γaʃʃ] Verfälschung *f*.

+ [γiʃʃ] Täuschung *f*, Schwindel *m*, Betrug *m*.

غشاء [γi'ʃa:ʔ], *pl.* أغشية [ʔaγ'ʃija] Decke *f*, Hülle *f*, Überzug *m*; Häutchen *n*; مخاطي ~ [mu'xɒ:ti:] Schleimhaut *f*.

غشاش [γa'ʃʃa:ʃ] Schwindler *m*, Betrüger *m*.

غشم [γaʃam (jaγʃim)] ungerecht, tyrannisch sein; unterdrükken; VI [ta'γa:ʃam] sich dumm stellen.

+ [γaʃm] Unterdrückung *f*.

(غشو) غشا [γaʃa: (jaγʃu:)] kommen (zu ه), besuchen.

غشوة [γaʃwa] Schleier *m*, Hülle *f*.

غشوم [γa'ʃu:m] ungerecht, tyrannisch.

غشي [γaʃija (jaγʃa:)] 1. kommen (zu ه); 2. decken, bedecken, verhüllen; *Passiv*: عليه ~ [γuʃija (juγʃa:) ʕa'laihi] bewußtlos, ohnmächtig werden; II [γaʃʃa:] bedecken, einhüllen; IV [ʔaγʃa:] *Nacht*: dunkel sein; V [ta'γaʃʃa:] sich bedecken.

+ [γaʃj] Ohnmacht *f*.

غشيان [γaʃa'ja:n] Ohnmacht *f*.

غشيم [γa'ʃi:m], *pl.* غشماء [γuʃa'ma:ʔ] dumm, ungebildet, ungeschickt, unerfahren.

غشية [γaʃja] Ohnmacht *f*.

غص [γɒssɒ (ja'γɒssu)] ersticken, vollgestopft sein; VIII [iγ'tɒssɒ] überfüllt, vollgestopft sein.

غصب [γɒsɒb (jaγsib)] *u.* VIII [iγ'tasɒb] gewaltsam nehmen, rauben; zwingen; vergewaltigen.

+ [γɒsb] gewaltsame Wegnahme *f*, Usurpation *f*; Nötigung *f*.

غصن [ɣusn], *pl.* غصون [ɣu'su:n] *u.* أغصان [ʔaɣ'sɒ:n] Zweig *m.*

غصة [ɣuss] Beklemmung *f*, Qual *f*, Agonie *f*.

غض [ɣɒđđɒ (ja'ɣuđđu)] *Augen* niederschlagen, *Blick* senken, abwenden.

\+ [ɣɒđđ] frisch, saftig, zart.

غضارة [ɣa'đɒ:ra] Üppigkeit *f*; Wohlstand *m.*

غضاضة [ɣa'đɒ:đɒ] 1. Frische *f*, Zartheit *f*; 2. Mangel *m*, Fehler *m.*

غضب [ɣađib (jaɣđɒb)] zornig, ärgerlich sein (über *A* من *od.* على), zürnen (*j-m* من *od.* على); sich ereifern (für من); IV [ʔaɣđɒb] ärgern, erzürnen, wütend machen.

\+ [ɣɒđɒb] Ärger *m*, Unwille *m*, Zorn *m.*

\+ [ɣɒđib] ärgerlich, zornig.

غضبان [ɣɒđ'bɒ:n], *f* غضبى [ɣɒđba:], *pl.* غضاب [ɣi'đɒ:b] zornig, wütend.

غضبة [ɣɒđba] Wutanfall *m.*

غضر [ɣɒđir] reichlich, üppig.

غضروف [ɣuđ'ru:f], *pl.* غضاريف [ɣɒđɒ:'ri:f] Knorpel *m.*

غضن II [ɣɒđđɒn] runzeln, in Falten ziehen.

\+ [ɣɒđn], *pl.* غضون [ɣu'đu:n] Runzel *f*, Falte *f*; während.

غضة [ɣuđđɒ] Mangel *m*, Fehler *m.*

غضوب [ɣɒ'đu:b] jähzornig; reizbar.

غضوض [ɣu'đu:đ] Frische *f*, Saftigkeit *f*.

(غضى) IV أغضى [ʔaɣđɒ:] die Augen schließen; übersehen (*etw.* عن), hinwegsehen (über *A* عن); VI [ta'ɣɒ:đɒ:] so tun, als ob man nicht sähe (*etw.* عن).

غضير [ɣɒ'đi:r] frisch, üppig (*Vegetation*).

غط [ɣɒttɒ (ja'ɣittu)] schnarchen; – [ɣɒttɒ (ja'ɣuttu)] *u.* IV [ʔa'ɣɒttɒ] eintauchen.

غطاء [ɣi'tɒ:ʔ], *pl.* أغطية [ʔaɣ'tija] Decke *f*, Bedeckung *f*, Hülle *f*; Deckel *m.*

غطاس [ɣɒ'ttɒ:s] Taucher *m.*

\+ [ɣi'tɒ:s] Taufe *f*.

غطرسة [ɣɒt'rɒsa] Hochmut *m*, Arroganz *f*.

غطريف [ɣit'ri:f] edler Mann *m.*

غطس [ɣɒtɒs (jaɣtis)] tauchen, versinken; II [ɣɒttɒs] versenken, eintauchen.

\+ [ɣɒts] Tauchen *n.*

(غطو) غطا [ɣatɒ: (jaɣtu:)] bedekken; II [ɣɒttɒ:] bedecken, verhüllen; *Kosten* decken; V [ta'ɣɒttɒ:] *u.* VIII [iɣ'tatɒ:] bedeckt werden; sich verhüllen.

غطيط [ɣɒ'ti:t] Schnarchen *n.*

غفار [ɣa'ffa:r] verzeihend (*Gott*).

غفر [ɣafar (jaɣfir)] verzeihen, vergeben; II [ɣaffar] bewachen; VIII [iɣ'tafar] = I; X [is'taɣfar] um Verzeihung bitten; استغفر الله [ʔas'taɣfirullɒ:h] *Formel zur Abwehr von Lob.*

+ [ɣafr] Verzeihung *f.*

غفران [ɣuf'ra:n] Verzeihung *f*, Vergebung *f.*

غفرة [ɣufra] Deckel *m*; Decke *f.*

غفل [ɣafal (jaɣful)] nachlässig, achtlos sein; vernachlässigen (*etw.* عن); III [ɣa:fal] überrumpeln; IV [ʔaɣfal] vernachlässigen, übergehen; VI [ta'ɣa:fal] nicht beachten (*etw.* عن).

+ [ɣafal] Unachtsamkeit *f.*

+[ɣufl] anonym; ~ من التاريخ undatiert.

غفلان [ɣaf'la:n], *f* غفلى [ɣafla:] nachlässig, sorglos.

غفلة [ɣafla] Unachtsamkeit *f*, Sorglosigkeit *f*; ~ على unerwartet, unvermutet.

غفوة [ɣafwa] Schlummer *m*, Halbschlaf *m.*

غفور [ɣa'fu:r] verzeihend (*Gott*).

غفير [ɣa'fi:r] 1. reichlich, zahlreich; 2. *pl.* غفراء [ɣufa'ra:ʔ] Wächter *m*, Wache *f.*

غل [ɣalla (ja'ɣullu)] 1. fesseln, binden; 2. *Erde*: Ertrag bringen; II [ɣallal] fesseln; IV [ʔa'ɣalla] Ertrag bringen, Ernte geben; V [ta'ɣallal] *u.* VII [in'ɣalla] eindringen, eintreten; X [ista'ɣalla] ernten, gewinnen; Nutzen ziehen (aus ه); ausnutzen, ausbeuten.

+ [ɣill] Haß *m*, Groll *m.*

+ [ɣull] 1. starker Durst *m*; 2. *pl.* أغلال [ʔaɣ'la:l] Handschelle *f*, Fessel *f.*

غلاء [ɣa'la:ʔ] Teuerung *f*, Preisanstieg *m.*

غلاب [ɣa'lla:b] siegreich.

غلاظة [ɣi'la:zɒ] Dicke *f*; Grobheit *f.*

غلاف [ɣi'la:f], *pl.* [-a:t] *u.* غلف [ɣuluf] *u.* أغلفة [ʔaɣ'lifa] Umschlag *m*, Hülle *f*, Futteral *n.*

غلاقة [ɣi'la:qa] Saldo *m*, Bilanz *f.*

غلال *s.* غلة.

غلام [ɣu'la:m], *pl.* غلمان [ɣil'ma:n] Jüngling *m*, Bursche *m*; Diener *m.*

غلاة *s.* غال.

غلاية [ɣa'lla:ja] Wasserkessel *m.*

غلب [ɣalab (jaɣlib)] besiegen, überwinden, überwältigen (*j-n* ه *u.* على); meistern; überwiegen, dominieren; يغلب على الظن [jaγlibu ʕala:zzɒnn] es ist wahrscheinlich; II [γallab] überwiegen lassen; III [γa:lab] bekämpfen; ringen (mit ه); V [taˈγallab] siegen (über *A* على), überwältigen, meistern (*etw.* على).

\+ [γalab] *u.* ة~ Besiegung *f*, Überwindung *f*.

غلباوى [γalaˈba:wi:] *Äg.* Schwätzer *m*, Aufschneider *m*.

غلط [γalit (jaγlat)] irren, *e-n* Fehler machen; II [γallat] *e-s* Fehlers beschuldigen; III [γa:lat] beschwindeln; IV [ʔaγlat] irreführen.

\+ [γalat], *pl.* أغلاط [ʔaγˈla:t] Fehler *m*, Irrtum *m*.

غلطان [γalˈtɒ:n] im Irrtum befindlich, falscher Meinung.

غلطة [γaltɒ] Fehler *m*, Irrtum *m*.

غلظ [γaluz (jaγluz)] dick, grob, rauh sein; II [γallaz] dick, grob machen, vergröbern.

غلظة [γilzɒ] Dicke *f*; Grobheit *f*; Roheit *f*; Unhöflichkeit *f*.

غلغل [γalγal (juˈγalγil)] *u.* II [taˈγalγal] eindringen, vordringen.

غلف II [γallaf] einwickeln, in *e-e* Hülle stecken.

غلق [γalaq (jaγliq)] *u.* II [γallaq] *u.* IV [ʔaγlaq] (ver-)schließen, zumachen; X [isˈtaγlaq] schwierig sein.

\+ [γalaq], *pl.* أغلاق [ʔaγˈla:q] Verschluß *m*, Schloß *n*.

\+ [γaliq] verschlossen; dunkel; schwierig.

غلم [γalim (jaγlam)] *u.* VIII [iγˈtalam] sinnlich erregt sein.

غلة [γalla], *pl.* [-a:t] *u.* غلال [γiˈla:l] Ernte *f*, Ertrag *m*, Gewinn *m*; Feldfrüchte *f/pl*.

غلا (غلو) [γala: (jaγlu:)] teuer sein; übertreiben, das Maß überschreiten; II [γalla:] verteuern, *s.a.* غلى; III [γa:la:] übertreiben (*etw.* فى), zu weit gehen (in *D* فى); IV [ʔaγla:] = II; X [isˈtaγla:] teuer finden.

غلو [γuˈlu:w] Übertreibung *f*; Übermaß *n*; Teuerung *f*.

غلومة [γuˈlu:ma] Jugendlichkeit *f*.

غلى [γala: (jaγli:)] sieden, kochen; II [γalla:] zum Sieden bringen, kochen; *s.a.* غلو.

\+ [γalj] *u.* غليان [γalaˈja:n] Sieden *n*, Kochen *n*.

غليظ [γaˈli:z], *pl.* غلاظ [γiˈla:z] dick; grob; rauh, roh; rücksichtslos.

غليل [γaˈli:l] heftiger Durst *m*; Haß *m*, Groll *m*.

غليون [γalˈju:n], *pl.* غلايين [γala:ˈji:n] 1. Wasserpfeife *f*; 2. Galione *f* (*Schiff*).

غم [ɣamma (ja'ɣummu)] bedekken; schmerzen, bekümmern; II [ɣammam] verhüllen; IV [ʔa'ɣamma] *Himmel*: bewölkt sein; bekümmern; VII [in'ɣamma] *u.* VIII [iɣ'tamma] traurig, bekümmert sein.

+ [ɣamm], *pl.* غموم [ɣu'mu:m] Kummer *m*, Sorge *f*, Gram *m*.

غمار [ɣi'ma:r] Risiko *n*.

غماز [ɣa'mma:z] Abzugshahn *m des Gewehrs*.

غمام [ɣa'ma:m] *coll.*, ~ة, *pl.* غمائم [ɣa'ma:ʔim] Wolke *f*.

غمد [ɣamad (jaɣmid)] in die Scheide stecken; einhüllen.

+ [ɣimd], *pl.* أغماد [ʔaɣ'ma:d] Scheide *f*.

غمر [ɣamar (jaɣmur)] überschwemmen, überschütten; erfüllen; III [ɣa:mar] wagen, riskieren.

+ [ɣamr] Flut *f*, Überflutung *f*.

+ [ɣumr], *pl.* أغمار [ʔaɣ'ma:r] Armvoll *m*.

غمرة [ɣamra], *pl.* [ɣama'ra:t] *u.* غمار [ɣi'ma:r] Flut *f*; Tiefe *f des Meeres*; Hitze *f des Kampfes*; Überschwang *m des Gefühls*.

غمز [ɣamaz (jaɣmiz)] betasten; mit den Augen zwinkern, zublinzeln; verleumden (*j-n* على); VI [ta'ɣa:maz] einander zublinzeln.

غمزة [ɣamza] Blinzeln *n*, Wink *m mit den Augen*.

غمس [ɣamas (jaɣmis)] *u.* II [ɣammas] eintauchen, eintunken.

غمض [ɣamɒđ (jaɣmuđ)] verborgen, dunkel, schwerverständlich sein; II [ɣammɒđ] *u.* IV [ʔaɣmɒđ] *Augen* schließen, verschließen (vor عن); unverständlich machen; VII [in'ɣamɒđ] *u.* VIII [iɣ'tamɒđ] *Auge*: sich schließen; schlafen.

غمضة [ɣumđɒ] Zwinkern *n*; Schließen *n der Augen*.

غمط [ɣamɒt (jaɣmit)] verachten.

غمغم [ɣamɣam (ju'ɣamɣim)] murmeln.

غمق [ɣamiq (jaɣmaq)] feucht sein; tief sein; *Farbe*: dunkel sein.

غمة [ɣumma] Traurigkeit *f*, Kummer *m*, Sorge *f*.

غموض [ɣu'mu:đ] *u.* ~ة Dunkelheit *f*, Unklarheit *f*.

غموم *s.* غم.

غمى [ɣama: (jaɣmi:)] decken, überdachen; *Passiv*: غمي عليه [ɣumija ʕa'laihi] ohnmächtig werden; IV *Passiv*: أغمي عليه

[ʔuɣmija] bewußtlos, ohnmächtig werden.

+ [ɣamj] Ohnmacht *f*, Bewußtlosigkeit *f*.

غميزة [ɣaˈmi:za] Makel *m*, Charakterfehler *m*.

غن [ɣanna (jaˈɣannu)] näseln.

غناء [ɣaˈna:ʔ] Reichtum *m*; Genüge *f*; Können *n*, Fähigkeit *f*.

+ [ɣiˈna:ʔ] Gesang *m*, Singen *n*.

غنام [ɣaˈnna:m] Schafhirt *m*.

غنائى [ɣiˈna:ʔi:] Gesangs-; lyrisch.

غنج [ɣundʒ] Koketterie *f*.

غنجو [ɣandʒu:] Haken *m*; Kupplung *f*.

غنداق [ɣunˈda:q] (*Gewehr*-)Kolben *m*; Lafette *f*.

غنم [ɣanim (jaɣnam)] Beute machen; erbeuten; II [ɣannam] beschenken; gewähren; VIII [iɣˈtanam] erbeuten; *Gelegenheit* benützen.

+ [ɣanam], *pl.* أغنام [ʔaɣˈna:m] *coll.* Schafe *n/pl.*, Kleinvieh *n*, *coll.*

+ [ɣunm] Beute *f*; Gewinn *m*.

غنمة [ɣanama] Schaf *n*.

غنة [ɣunna] näselnde Aussprache *f*, Nasalierung *f*; Ton *m*.

غنى [ɣanija (jaɣna:)] reich sein; entbehren können (*etw.* عن); II [ɣanna:] singen; besingen (*etw.* ب); IV [ʔaɣna:] reich machen; genügen, nützen (*j-m* عن); entbehrlich, überflüssig machen (*j-m* ه *etw.* عن), ersparen (*j-m* ه *etw.* عن); V [taˈɣanna:] singen (*etw.* ب); VIII [iɣˈtana:] reich werden; X [isˈtaɣna:] entbehren können (*etw.* عن), nicht brauchen (*etw.* عن), verzichten (auf *A* عن).

+ [ɣaˈni:j], *pl.* أغنياء [ʔaɣniˈja:ʔ] reich, wohlhabend.

+ [ɣinan] Reichtum *m*.

غنيمة [ɣaˈni:ma], *pl.* غنائم [ɣaˈna:ʔim] Beute *f*.

غنية [ɣunja] Genüge *f*, Reichtum *m*.

غواص [ɣaˈwwɒ:s] Taucher *m*; ة~ Unterseeboot *n*.

غواية [ɣaˈwa:ja] Verlockung *f*; Verfehlung *f*, Sünde *f*.

(غوث) IV أغاث [ʔaˈɣa:θ] zu Hilfe kommen (*j-m* ه); X [istaˈɣa:θ] um Hilfe rufen; zu Hilfe rufen (*j-n* ه).

غوث [ɣauθ] Hilfe *f*.

(غور) غار [ɣa:r (jaˈɣu:r)] versinken; *Auge*: einfallen; *Wasser*: versickern; IV [ʔaˈɣa:r] überfallen (*j-n* على), *e-n* Angriff machen (auf *A* على).

غور [γaur], *pl.* أغوار [ˀaγˈwa:r] Grund *m*; Bodensenkung *f*; Tiefe *f*.

(غوص) غاص [γɒ:s (jaˈγu:s)] tauchen, untertauchen; II [γawwɒs] tauchen lassen, *j-n* untertauchen.

غوص [γaus] Tauchen *n*.

غوط II [γawwɒt] vertiefen; V [taˈγawwɒt] den Darm entleeren.

+ [γaut] Tiefe *f*, Vertiefung *f*, Höhlung *f*.

غوطى [γu:ti:] gotisch.

غوغاء [γauˈγa:ˀ] Menschenmenge *f*; Pöbel *m*; Lärm *m*, Tumult *m*.

(غول) غال [γa:l (jaˈγu:l)] wegraffen, packen; vernichten; VIII [iγˈta:l] ermorden.

غول [γu:l], *pl.* أغوال [ˀaγˈwa:l] Wüstendämon *m*, Kobold *m*.

غوى [γawa: (jaγwi:)] *u.* II [γawwa:] irreleiten, verführen.

غويص [γaˈwi:s] tief; verwickelt.

(غى) غيا II [γajja:] *Fahne* hissen.

غى [γajj] Irrtum *m*, Verfehlung *f*; Verführung *f*.

غياب [γiˈja:b] Abwesenheit *f*; ~ى in Abwesenheit (*gefälltes Urteil*).

غياث [γiˈja:θ] Hilfe *f*, Rettung *f*.

غيار [γiˈja:r] Austausch *m*, Ersatz *m*; (*Wund-*)Verband *m*.

(غيب) غاب [γa:b (jaˈγi:b)] abwesend sein; fernbleiben (*e-r Sache* عن); sich entfernen; *Sonne*: untergehen; II [γajˈjab] entfernen, verbergen, verschwinden lassen; V [taˈγajjab] fernbleiben (*e-r Sache* عن), abwesend sein (von عن); VIII [iγˈta:b] *u.* X [istaˈγa:b] verleumden.

غيب [γaib] Abwesenheit *f*; Verborgene(s) *n*, Übersinnliche(s) *n*; ~ة Abwesenheit *f*, Verborgenheit *f*.

غيبوبة [γaiˈbu:ba] Abwesenheit *f*; Bewußtlosigkeit *f*.

غيث [γaiθ] starker Regen *m*.

غيد [γajad] Zartheit *f*, Frische *f* (*e-s Mädchens*).

(غير) غار [γa:r (jaˈγa:r)] eifersüchtig sein (auf *A* من); II [γajjar] ändern, verändern, wechseln; III [γa:jar] sich unterscheiden (von ه), im Gegensatz stehen (zu ه); wechseln, vertauschen; wetteifern (mit ه); IV [ˀaˈγa:r] eifersüchtig machen; V [taˈγajjar] sich verändern, wechseln; VI [taˈγa:jar] voneinander verschieden sein.

غير [γair] (*mit folgendem G*) andere(r), andere(r) als, verschieden von; *zur Verneinung von Adjektiven*: nicht, un-; فى غير هذا المكان [fi: ɣairi hɑ:ðɑ:lmaˈka:n] an anderer Stelle; غيرهم [ɣairuhum] andere als sie; ~ رسمى inoffiziell; ~ مفيد nutzlos; ~ واحد mehr als einer; وغيره [wa ɣairuhu] *u.* وغير ذلك und anderes; und so weiter; ~ أن [ʔanna] aber, jedoch, indessen; بغير *u.* ~ من ohne.

غيران [ɣaiˈra:n], *f* غيرى [ɣaira:] eifersüchtig.

غيرة [ɣaira] Eifer *m*; Eifersucht *f*; Ehrgefühl *n*.

غيرى [ɣairi:] Altruist *m*; ~ة Altruismus *m*.

(غيض) غاض [ɣɒ:đ (jaˈɣi:đ)] weniger werden, verschwinden.

غيضة [ɣaiđ], *pl.* غياض [ɣiˈja:đ] Dickicht *n*.

غيط [ɣait, ɣe:ŧ], *pl.* غيطان [ɣi:ˈŧɒ:n] Feld *n*, Acker *m*.

(غيظ) غاظ [ɣɒ:z (jaˈɣi:z)] *u.* II [ɣajjɒz] *u.* IV [ʔaˈɣɒ:z] wütend machen, erzürnen, reizen; V [taˈɣajjɒz] *u.* VIII [iɣˈta:z] wütend, zornig werden.

غيظ [ɣaiz] Zorn *m*, Wut *f*, Ärger *m*.

غيل [ɣi:l], *pl.* أغيال [ʔaɣˈja:l] Dickicht *n*.

غيلة [ɣi:la] Meuchelmord *m*.

(غيم) غام [ɣa:m (jaˈɣi:m)] *u.* II [ɣajjam] *u.* IV [ʔaˈɣa:m] *u.* [ʔaɣjam] *Himmel*: sich bewölken, sich verfinstern.

غيم [ɣaim, ɣe:m] *coll.*, ~ة, *pl.* غيوم [ɣuˈju:m] Wolke *f*.

غيور [ɣaˈju:r], *pl.* غير [ɣujur] eifersüchtig; eifrig bedacht (auf *A* على); fanatisch.

ف

ف (فاء) [faːʔ] *zwanzigster Buchstabe; Zahlwert 80.*

ف [fa] (*mit folgendem Wort zusammengeschrieben*) und, und da; dann, sodann.

فا *s.* فم.

فات *s.* فوت.

فاتح [faːtiħ] 1. Öffner *m*; Eroberer *m*, Sieger *m*; 2. hell (*Farbe*); ~ة, *pl.* فواتح [faˈwaːtiħ] Anfang *m*, Beginn *m*; Einleitung *f*; الفاتحة *Name der ersten Sure des Korans.*

فاتر [faːtir] matt; schlaff; lau (*Wasser*).

فاتك [faːtik], *pl.* فتاك [fuˈttaːk] Mörder *m*.

فاتن [faːtin], *pl.* فواتن [faˈwaːtin] bezaubernd, faszinierend; verführerisch.

فاتورة [faːˈtuːra], *pl.* فواتير [fawaːˈtiːr] Rechnung *f*, Faktura *f*.

فاجع [faːdʒiʕ] betrüblich, schmerzlich; ~ة, *pl.* فواجع [faˈwaːdʒiʕ] Unglück *n*, Unheil *n*.

فاجئ [faːdʒiʔ] plötzlich, überraschend, unerwartet.

فاحش [faːħiʃ] abscheulich, ungeheuerlich; schamlos, unanständig; ~ة, *pl.* فواحش [faˈwaːħiʃ] Abscheulichkeit *f*, Schandtat *f*.

فاحم [faːħim] kohlschwarz.

فاخر [faːxir] prächtig, herrlich, vorzüglich, ausgezeichnet; stolz.

فاخورة [faːˈxuːra] Töpferei *f*; فاخوري [faːˈxuːriː] Töpfer *m*.

فاد [faːdin], *constr.* فادى [faːdiː] Erlöser *m*.

فار [faːrr] flüchtig; *s.a.* فور.

فأر [faʔr (*a.* faːr)], *pl.* فئران [fiʔˈraːn] *u.* فيران [fiːˈraːn] Maus *f*; Ratte *f*.

فارزة [faːriza] Beistrich *m*, Komma *n*.

فارس [faːris] 1. *pl.* فرسان [furˈsaːn] *u.* فوارس [faˈwaːris] Reiter *m*; Ritter *m*; 2. Persien *n*; ~ى persisch; Perser *m*.

فارض [faːriđ] alt.

فارط [faːrit] vergangen, verflossen.

فارع [faːriˁ] hoch, gut gewachsen.

فارغ [faːriγ] leer; frei, vakant, unbeschäftigt; sinnlos (*Rede*).

فارق [faːriq], *pl.* فوارق [faˈwaːriq] Unterschied *m*.

فارة [faːra] *u.* فأرة [faʔra] (*eine*) Maus *f*; Hobel *m*.

فاس [faːs] Fes (*Stadt in Marokko*).

فأس [faʔs], *pl.* فؤوس [fuˈʔuːs] Beil *n*, Axt *f*.

فاسد [faːsid], *pl.* فسدى [fasdaː] verdorben, schlecht, korrupt.

فاسق [faːsiq], *pl.* فساق [fuˈssaːq] *u.* فسقة [fasaqa] Frevler *m*, Sünder *m*; ausschweifend.

فاصل [fɒːsil] 1. trennend; entscheidend; 2. *pl.* فواصل [faˈwɒːsil] Unterbrechung *f*, Intervall *n*; Unterschied *m*; ة~, *pl.* فواصل [faˈwɒːsil] Trennung *f*; Bindestrich *m*.

فاض [fɒːđin], *constr.* فاضى [fɒːđiː] leer; frei, unbeschäftigt.

فاضح [fɒːđiħ] schändlich.

فاضل [fɒːđil] 1. *pl.* فواضل [faˈwɒːđil] übrig; Rest *m*, Überschuß *m*; 2. *pl.* فضلاء [fuđɒˈlaːʔ] trefflich, vorzüglich, hervorragend, ausgezeichnet; verdienstvoll.

فاطر [fɒːtir] 1. nicht fastend; 2. Schöpfer *m* (*Gott*).

فاطمة [fɒːtima] Fatima *npr. f*.

فاعل [faːˁil] 1. tätig, wirkend, wirksam; Täter *m*; *Gr.* Subjekt *n*; ~ اسم aktives Partizip *n*; 2. *pl.* فعلة [faˁala] Arbeiter *m*.

فاعلية [faːˁiˈliːja] Wirksamkeit *f*.

فاق *s.* فوق.

فاقد [faːqid] entbehrend, vermissend; -los: ~ الشعور bewußtlos.

فاقع [faːqiˁ] leuchtend gelb, hell.

فاقة [faːqa] Armut *f*, Bedürftigkeit *f*.

فاكه [faːkih] heiter, lustig; ة~, *pl.* فواكه [faˈwaːkih] Obst *n*, Früchte *f/pl*.

فأل VI تفاءل [taˈfaːʔal] als gutes Vorzeichen betrachten (*etw.* ب), optimistisch sein.

+ [faʔl], *pl.* فؤول [fuˈʔuːl] gutes Vorzeichen *n*, Omen *n*.

فالج [faːlidʒ] (*einseitige*) Lähmung *f*.

فالح [faːliħ] erfolgreich, glücklich.

فإن [faˈʔinna] denn (*s.* ف *u.* ان).

فان [faːnin], *constr.* فانى [faːniː] vergänglich, nichtig.

فانلا [faːˈnilla] *Äg.* Unterhemd *n*, Leibchen *n*.

فانوس [faːˈnuːs], *pl.* فوانيس [fawaː-

'ni:s] Laterne *f*; سحرى ~ [siħri:] Projektionsapparat *m* (*laterna magica*).

فاهم [fa:him] verständig, klug.

فائت [fa:ʔit] vorübergehend, vergangen.

فائدة [fa:ʔida], *pl.* فوائد [fa'wa:ʔid] Nutzen *m*, Vorteil *m*; Mitteilung *f*, Meldung *f*.

فائز [fa:ʔiz] erfolgreich; Gewinner *m*, Sieger *m*.

فائض [fa:ʔiđ] 1. überfließend, reichlich; 2. *pl.* فوائض [fa'wa:ʔiđ] Zinsen *pl.*

فائق [fa:ʔiq] überragend, hervorragend, vorzüglich, ausgezeichnet.

فت [fatta (ja'futtu)] *u.* II [fattat] zerbröseln, zerkrümeln; V [ta'fattat] zerfallen, zerkrümelt werden.

فتأ [fataʔa (jaftaʔu)] aufhören (mit عن), ablassen (von عن); *mit Negation*: nicht aufhören zu; ما فتأ يفعل unaufhörlich tun.

فتاء [fa'ta:ʔ] Jugend *f*, Jünglingsalter *n*.

فتات [fu'ta:t] (*Brot-*)Krumen *f/pl.*, Bröckchen *n/pl.*, Brösel *n/pl.*

فتاح [fa'tta:ħ] Eröffner *m* (*Beiname Gottes*); ة~ Büchsenöffner *m*.

فتاق [fi'ta:q] *Med.* Bruch *m*, Hernie *f*.

فتال [fa'tta:l] Seiler *m*.

فتان [fa'tta:n] verführerisch, faszinierend, bezaubernd.

فتاة [fa'ta:t], *pl.* فتيات [fata'ja:t] Mädchen *n*, junge Frau *f*.

فتح [fataħ (jaftaħ)] öffnen, aufmachen; *Hahn* aufdrehen; *Gerät* einschalten; enthüllen, eröffnen; *Land* erobern, einnehmen; II [fattaħ] öffnen; *Blüte*: sich öffnen; III [fa:taħ] eröffnen (*j-m* ه *etw.* ب); sich wenden (an *A* ه), herantreten (an *A* ه); V [ta'fattaħ] *u.* VII [in'fataħ] sich öffnen, geöffnet werden; VIII [if'tataħ] eröffnen; einleiten, beginnen; erobern; X [is'taftaħ] beginnen, den Anfang machen.

+ [fatħ] Öffnung *f*, Eröffnung *f*, Beginn *m*; *pl.* فتوح [fu'tu:ħ] Eroberung *f*, Sieg *m*; ة~ Öffnung *f*, Loch *n*; *Gr.* Vokalzeichen für *a*, der Vokal *a*.

فتر [fatar (jaftur)] erschlaffen, sich legen, nachlassen; matt werden; *Wasser*: lau werden; II [fattar] mildern, schwächen; lau machen.

+ [fitr], *pl.* أفتار [ʔaf'ta:r]

Spanne *f zwischen Daumen und Zeigefinger.*

فترة [fatra] 1. Schlaffheit *f*, Mattigkeit *f*; 2. *pl.* [fata'ra:t] Zeitraum *m*, Periode *f*, Weile *f*.

فتش II [fattaʃ] untersuchen, prüfen; inspizieren, beaufsichtigen.

فتفوتة [fat'fu:ta], *pl.* فتافيت [fata:'fi:t] Krume *f*, Krümchen *n*.

فتق [fataq (jaftuq)] trennen, zerreißen, aufschlitzen; II [fattaq] auftrennen, aufreißen; V [ta'fattaq] *u.* VII [in'fataq] aufgetrennt, aufgeschlitzt werden.

+ [fatq], *pl.* فتوق [fu'tu:q] Riß *m*, Schlitz *m*; *Med.* Bruch *m*, Hernie *f*.

فتك [fatak (jaftik)] ermorden, umbringen; vernichten.

+ [fatk] Mord *m*; Vernichtung *f*; ة~ Verwüstung *f*.

فتل [fatal (jaftil)] *u.* II [fattal] flechten, winden, drehen; V [ta'fattal] *u.* VII [in'fatal] geflochten werden.

فتلة [fatla] Windung *f*; Zwirn *m*, Faden *m*.

فتن [fatan (jaftin)] 1. verführen, verlocken, versuchen; bezaubern, faszinieren; 2. peinigen; denunzieren; Zwietracht säen; II [fattan] *u.* IV [ʔaftan] bezaubern; VIII [if'tatan] bezaubert, betört werden.

فتنة [fitna], *pl.* فتن [fitan] Versuchung *f*, Bezauberung *f*; Zwietracht *f*; Bürgerkrieg *m*.

فتور [fu'tu:r] Mattheit *f*, Schlaffheit *f*; Lauheit *f*.

فتوة [fu'tu:wa] Jugend *f*, Jünglingsalter *n*; Ritterlichkeit *f*; Jugendverband *m*.

فتوى [fatwa:], *pl.* فتاو [fa'ta:win] *u.* فتاوى [fa'ta:wa:] *Isl.* Rechtsgutachten *n*, Fetwa *n*.

فتي [fatija (jafta:)] jung sein; IV [ʔafta:] ein Rechtsgutachten abgeben (betreffs في); X [is'tafta:] um ein Gutachten bitten (*j-n* ه über *A* في), nach seiner Meinung befragen (*j-n* ه über *A* في).

+ [fatan], *pl.* فتيان [fit'ja:n] *u.* فتية [fitja] Jüngling *m*, junger Mann *m*; Held *m*.

+ [fa'ti:j] jung, jugendlich.

فتئ [fatiʔa] = فتأ.

فتيا [futja:] = فتوى. فتيات *s.* فتاة.

فتيت [fa'ti:t] zerbröckelt, zerkrümelt.

فتيق [fa'ti:q] aufgetrennt, zerrissen.

فتيل [fa'ti:l] gedreht, geflochten;

Docht *m*; ة~, *pl.* فتائل [fa'ta:ʔil] Docht *m*.

فتية [fa'ti:ja] Jugendlichkeit *f*; *s.a.* فتى [fatan].

فج [faddʒa (ja'fuddʒu)] *die Beine* spreizen.

+ [faddʒ], *pl.* فجاج [fi'dʒa:dʒ] Weg *m*; Schlucht *f*, Enge *f*.

+ [fiddʒ] unreif; derb.

فجأ [fadʒaʔa (jafdʒaʔu)] *u.* III [fa:dʒaʔa] plötzlich *od.* unerwartet kommen, überraschen (*j-n* ه).

فجاءة [fu'dʒa:ʔatan] *Adv.* plötzlich, unerwartet.

فجاعة [fa'dʒa:ʕa] Gefräßigkeit *f*.

فجأة [fadʒʔatan] *Adv.* plötzlich, unerwartet.

فجائى [fu'dʒa:ʔi:] überraschend, plötzlich.

فجر [fadʒar (jafdʒur)] sündigen, ausschweifend leben; II [faddʒar] spalten, sprengen; V [ta'faddʒar] hervorbrechen, hervorsprudeln; VII [in'fadʒar] überströmen; platzen, explodieren, detonieren.

+ [fadʒr] Morgendämmerung *f*; Anbruch *m*, Anfang *m*.

فجع [fadʒaʕ (jafdʒaʕ)] heimsuchen; II [faddʒaʕ] quälen, peinigen.

فجل [fudʒl, fidʒl] Rettich *m*.

فجا (فجو) [fadʒa: (jafdʒu:)] öffnen.

فجور [fu'dʒu:r] Unsittlichkeit *f*, Unzucht *f*.

فجوة [fadʒwa] Öffnung *f*; Zwischenraum *m*.

فجئ [fadʒiʔa (jafdʒaʔu)] = فجأ.

فح [faħħa (ja'fuħħu)] zischen (*Schlange*).

فحام [fa'ħħa:m] Kohlenhändler *m*, Köhler *m*.

فحش [faħuʃ (jafħuʃ)] ungeheuerlich, abscheulich sein; unanständig sein.

+ [fuħʃ] Ungeheuerlichkeit *f*, Abscheulichkeit *f*; Unanständigkeit *f*.

فحص [faħas (jafħas)] untersuchen, prüfen, nachforschen; V [ta'faħħas] forschen, untersuchen; sich erkundigen (nach عن).

+ [faħs], *pl.* فحوص [fu'ħu:s] Untersuchung *f*, Prüfung *f*, Nachforschung *f*; طبى ~ ärztliche Untersuchung *f*.

فحل X [is'tafħal] schwierig, schlimm werden.

+ [faħl], *pl.* فحول [fu'ħu:l] Hengst *m*; hervorragende Persönlichkeit *f*, großer Dichter *m*.

فحم [faħam (jafħam)] nicht antworten können; – [faħum

(jafħum)] schwarz sein; II [faħħam] schwärzen; verkohlen; IV [ʔafħam] zum Schweigen bringen.

+ [faħm] Kohle *f*; حجرى ~ Steinkohle *f*; ة~ Stück Kohle; Schwärze *f*.

فحولة [fu'ħu:la] Vortrefflichkeit *f*.

فحواء [faħ'wa:ʔ] *u.* فحوى [faħwa:] Sinn *m*, Bedeutung *f*, Inhalt *m*.

فحيم [fa'ħi:m] schwarz.

فخ [faxx], *pl.* فخاخ [fi'xa:x] Falle *f*, Schlinge *f*.

فخار [fa'xa:r] Ruhm *m*, Stolz *m*.

+ [fa'xxa:r] Tonware *f*; ى~ Töpfer *m*.

فخامة [fa'xa:ma] Herrlichkeit *f*, Prächtigkeit *f*; *als Ehrentitel ungefähr*: Exzellenz *f*.

فخذ [faxð], *pl.* أفخاذ [ʔaf'xa:ð] *f* Oberschenkel *m*; *m* Unterabteilung *f e-s* Stammes.

فخر [faxar (jafxar)] sich rühmen, prahlen (mit ب), stolz sein (auf *A* ب); V [ta'faxxar] stolz, hochmütig sein; VI [ta'fa:xar] *u.* VIII [if'taxar] = I.

+ [faxr] Ruhm *m*, Ehre *f*; Stolz *m*; ى~ Ehren-; Prunk-.

فخم [faxum (jafxum)] stattlich, prächtig, herrlich sein; II [faxxam] ehren; verstärken; mit Emphase aussprechen.

+ [faxm] stattlich, prächtig.

فخور [fa'xu:r] *u.* فخير [fa'xi:r] prahlerisch.

فداء [fi'da:ʔ] Loskauf *m*, Erlösung *f*; Lösegeld *n*; Opfer *n*.

فداحة [fa'da:ħa] Schwere *f*, Last *f*, Bürde *f*.

فدان [fa'dda:n], *pl.* أفدنة [ʔaf'dina] *u.* فدادين [fada:'di:n] Joch *n*, Ochsengespann *n*; *Äg.* Feddan *m* (*Flächenmaß, 4200,833 qm*).

فدائى [fi'da:ʔi:] *e-r*, der sich opfert; Partisane *m*, Kämpfer *m im Feindesland*; ة~ Opfergeist *m*.

فدح [fadaħ (jafdaħ)] bedrücken.

فدخ [fadax (jafdax)] zerbrechen.

فدن II [faddan] mästen.

فدى [fada: (jafdi:)] loskaufen, auslösen; فداه بنفسه sich für *j-n* aufopfern; VI [ta'fa:da:] sich hüten (vor من), vermeiden; VIII [if'tada:] = I.

+ [fidan] Loskauf *m*, Erlösung *f*; Opfer *n*.

فدية [fidja] = فداء.

فذ [faðð], *pl.* أفذاذ [ʔaf'ða:ð] *u.* فذوذ [fu'ðu:ð] allein; einzig, einmalig.

فذلكة [faðlaka] Zusammenfassung *f*, Übersicht *f*, Resümee *n*.

فر [farra (ja'firru)] fliehen, ausreißen, entrinnen, entkommen; IV [ʔaˈfarra] in die Flucht jagen; VIII [ifˈtarra] entblößen, enthüllen (*etw.* عن); lächeln; leuchten.

فرأ [faraʔ], *pl.* أفراء [ʔafˈraːʔ] Wildesel *m.*

فراء [faˈrraːʔ] Pelzhändler *m*, Kürschner *m.*

فرات: الـ~ [alfuˈraːt] der Euphrat.

فراخ [fiˈraːx] *coll.* Geflügel *n*; *s.* فرخة.

فرادا [fuˈraːdan] *u.* فرادى [fuˈraːdaː] einzeln, einer nach dem anderen.

فرار [faˈrraːr] flüchtig; Flüchtling *m*; Quecksilber *n.*

+ [fiˈraːr] Flucht *f.*

فرازة [faˈrraːza] Sortiermaschine *f.*

فراسة [faˈraːsa] Reitkunst *f.*

+ [fiˈraːsa] Scharfsinn *m*; علم الـ~ Physiognomik *f.*

فراش [faˈrraːʃ] Diener *m*, Bürodiener *m*, Bote *m.*

+ [fiˈraːʃ], *pl.* فرش [furuʃ] *u.* أفرشة [ʔafˈriʃa] Bett *n*, Bettzeug *n.*

فراشة [faˈraːʃa] Schmetterling *m*; Motte *f.*

فراطة [fuˈraːtɒ] Kleingeld *n.*

فراعنة *s.* فرعون.

فراغ [faˈraːɣ] Leere *f*, Vakuum *n*; Muße *f*, Freizeit *f*; ~ى Vakuum-.

فراق [fiˈraːq] Trennung *f*, Abschied *m.*

فراهة [faˈraːha] Lebhaftigkeit *f*, Flinkheit *f.*

فراولة [fiˈraːwla] *Äg.* Erdbeere *f.*

فرج [faradʒ (jafridʒ)] öffnen, spalten; zerstreuen; trösten; II [farradʒ] zerstreuen, erleichtern; zeigen (*j-m* ه *etw.* على); IV [ʔafradʒ] loslassen, freilassen (*j-n* عن); V [taˈfarradʒ] gespalten werden; betrachten, anschauen, besichtigen (*etw.* على); VII [inˈfaradʒ] gespalten werden; zerstreut werden; auseinanderklaffen; heiter werden.

+ [fardʒ], *pl.* فروج [fuˈruːdʒ] Spalt *m*; Vulva *f.*

+ [faradʒ] Freude *f*; Erleichterung *f*, Trost *m.*

فرجار [firˈdʒaːr] Zirkel *m.*

فرجة [furdʒa], *pl.* فرج [furadʒ] 1. Spalt *m*, Riß *m*; 2. Anblick *m*; Schauspiel *n*; Erheiterung *f.*

فرح [fariħ (jafraħ)] sich freuen (über *A* ب); froh, heiter sein; II [farraħ] erfreuen, erheitern.

+ [faraħ] Freude *f*, Heiterkeit *f*; *pl.* أفراح [ʔafˈraːħ] Hochzeitsfeier *f.*

\+ [fariħ] *u.* فرحان [farˈħa:n] froh, fröhlich, heiter.

فرحة [farħa] Freude *f*.

فرخ II [farrax] *u.* IV [ʔafrax] *Vogel*: Junge haben; *Baum*: Schößlinge treiben.

\+ [farx], *pl.* أفراخ [ʔafˈra:x] *u.* فروخ [fuˈru:x] Kücken *n*, Vogeljunge(s) *n*; Pflanzenschößling *m*; *Äg.* Bogen *m* Papier, Blatt *n*; ~ة, *pl.* فراخ [fiˈra:x] Henne *f*.

فرد [farad *u.* farud (jafrud)] allein, einzig sein; II [farrad] isolieren, herausheben; IV [ʔafrad] absondern; bestimmen (für ل), widmen (*e-m Zweck* ل); V [taˈfarrad] allein, einzigartig sein; VII [inˈfarad] allein sein; einzig dastehen (mit ب); sich absondern (von عن); X [isˈtafrad] isolieren, trennen.

\+ [fard] 1. *pl.* أفراد [ʔafˈra:d] ein, einzeln, allein; ungerade (*Zahl*); Einer *m*; Einzelperson *f*, Individuum *n*; 2. *pl.* فرود [fuˈru:d] Pistole *f*.

فردة [farda] einzelnes Stück *n*, Hälfte *f e-s Paares*.

فردوس [firˈdaus] Paradies *n*; ~ى paradiesisch.

فردى [fardi:] einzeln; persönlich, individuell; ungerade (*Zahl*); Einzel-; Individualist *m*; ~ة Individualität *f*, Individualismus *m*.

فرز [faraz (jafriz)] *u.* IV [ʔafraz] trennen, absondern, ausscheiden; mustern, sortieren, aussuchen.

\+ [farz] Absonderung *f*, Ausscheidung *f*; Prüfung *f*; Auswahl *f*; Musterung *f* (*a. Mil.*).

فرس [faras (jafris)] *Raubtier*: *Beute* zerreißen; V [taˈfarras] beobachten, genau mustern; VIII [ifˈtaras] = I.

\+ [faras], *pl.* أفراس [ʔafˈra:s] Pferd *n*, Stute *f*; *Schachspiel*: Springer *m*; ~ البحر Flußpferd *n*.

\+ [furs]: الـ~ die Perser *m/pl.*; Persien *n*.

فرسان *s.* فارس.

فرسخ [farsax], *pl.* فراسخ [faˈra:six] Parasange *f* (*Längenmaß, 2250 m*).

فرش [faraʃ (jafruʃ)] ausbreiten; II [farraʃ] bedecken; möblieren; VIII [ifˈtaraʃ] ausbreiten; sich hinlegen (auf *A* ه).

\+ [farʃ], *pl.* فروش [fuˈru:ʃ] Teppich *m*, Matte *f*; Hausrat *m*, Möbel *n*.

فرشاة [furˈʃa:t] *u.* فرشة [furʃa] Bürste *f*; Pinsel *m*.

فرصة [fursɒ], *pl.* فرص [furɒs]

Gelegenheit *f*, günstiger Augenblick *m*; Pause *f*; Ferien *pl*.

فرض [farɒđ (jafriđ)] anordnen, bestimmen; zur Pflicht machen, auferlegen; verhängen (über *A* على); voraussetzen, annehmen; einkerben; II [farrɒđ] Einschnitte machen; IV [ʔafrɒđ] *u*. VIII [ifˈtarɒđ] auferlegen, vorschreiben, anordnen.

\+ [farđ], *pl*. فروض [fuˈru:đ] Kerbe *f*, Einschnitt *m*; Pflicht *f*; Vorschrift *f*; Annahme *f*, Hypothese *f*; *Isl*. individuelle Pflicht *f*.

فرضة [furđɒ], *pl*. فرض [furɒđ] Einschnitt *m*, Spalte *f*; Hafen *m*.

فرضى [farđi:] hypothetisch; ة~ Hypothese *f*.

فرط [farɒt (jafrut)] vorangehen, überholen; *Wort*: entschlüpfen; entgehen (*j-m* من), verlorengehen; II [farrɒt] verlassen, auslassen, vernachlässigen; vergeuden; IV [ʔafrɒt] das Maß überschreiten, übertreiben (*etw*. فى), unmäßig sein (in *D* فى); VII [inˈfarɒt] abgestreift werden; sich lösen.

\+ [fart] Übermaß *n*, Übertreibung *f*.

\+ [farɒt] Zinsen *pl*.

فرع II [farraʕ] Zweige treiben; ableiten, deduzieren; V [taˈfarraʕ] sich verzweigen, sich teilen, sich gabeln.

\+ [farʕ], *pl*. فروع [fuˈru:ʕ] Zweig *m*, Ast *m*; Abteilung *f*, Zweigstelle *f*, Filiale *f*; abgeleitete, sekundäre Sache *f* (*Gegens*. أصل).

فرعون [firˈʕaun], *pl*. فراعنة [faˈra:ʕina] Pharao *m*; Tyrann *m*.

فرعى [farʕi:] Zweig-, Neben-, Unter-; sekundär.

فرغ [faraɣ (jafraɣ)] leer, vakant sein; fertig sein (mit من), beendigen (*etw*. من); sich widmen (*e-r Sache* الى); II [farraɣ] leeren, ausgießen; entladen; IV [ʔafraɣ] entleeren, ausgießen; leer, frei machen; V [taˈfarraɣ] frei, unbeschäftigt sein; sich widmen (*e-r Sache* الى); X [isˈtafraɣ] entleeren; erschöpfen; sich erbrechen.

\+ [fariɣ] leer; frei, vakant.

فرفورى [farˈfu:ri:] Porzellan *n*.

فرق [faraq (jafruq)] teilen, trennen; unterscheiden (zwischen بين); – [fariq (jafraq)] sich fürchten; II [farraq] trennen, teilen, verteilen, verstreuen;

unterscheiden; erschrecken; فرق تسد [farriq tasud] teile und herrsche!; III [fa:raq] verlassen (*j-n* ه), sich trennen (von ه), scheiden (von ه); V [taˈfarraq] *u.* VIII [ifˈtaraq] geteilt, zerstreut werden; sich zerstreuen.

+ [farq], *pl.* فروق [fuˈru:q] Trennung *f*; Unterschied *m*, Differenz *f*; Scheitel *m*.

+ [faraq] Furcht *f*.

+ [fariq] ängstlich, furchtsam.

+ [firq] Abteilung *f*, Gruppe *f*.

فرقان [furˈqa:n] Unterscheidung *f*; Offenbarung *f* (*Epitheton des Korans*).

فرقع [farqaˁ (juˈfarqiˁ)] knallen, platzen, krachen.

فرقة [firqa], *pl.* فرق [firaq] Abteilung *f*; Schar *f*, Gruppe *f*; Truppe *f*, Mannschaft *f*; Sekte *f*; *Mil.* Division *f*; ~ موسيقية Orchester *n*; الـ~ الخامسة die fünfte Kolonne *f*.

+ [furqa] Trennung *f*, Spaltung *f*.

فرك [farak (jafruk)] *u.* II [farrak] reiben, zerreiben.

فرم [faram (jafrim)] fein zerschneiden, *Fleisch* hacken.

فرملة [farˈmala], *pl.* فرامل [faˈra:mil] Bremse *f am Wagen*.

فرن [furn], *pl.* أفران [ʔafˈra:n] Backofen *m*; Hochofen *m*.

فرنج II [taˈfarnadʒ] sich europäisieren.

فرنجي [faˈrandʒi:] europäisch (= افرنجي).

فرنسا [faˈransa:] Frankreich *n*.

فرنساوي [faranˈsa:wi:] *u.* فرنسي [faˈransi:] französisch; Franzose *m*.

فرنك [fiˈrank] Franken *m* (*Münze*); ~ نص [nuss] (= نصف) *Äg. pop. Bezeichnung für 2 Piaster*.

فره [farih] lebhaft, flink.

فرو [farw], *pl.* فراء [fiˈra:ʔ] Pelz *m*, Fell *n*.

فروسة [fuˈru:sa] *u.* فروسية [furu:ˈsi:ja] Reitkunst *f*; Rittertum *n*.

فروغ [fuˈru:ɣ] Leere *f*; Beendung *f* (*e-r Sache* من); Aufhören *n*.

فرى [fara: (jafri:)] 1. zerschneiden, spalten; 2. lügen, verleumden (*j-n* على); VIII [ifˈtara:] lügen, ersinnen, verleumden (*j-n* على).

فريد [faˈri:d] allein, einzig; einzigartig; ة~, *pl.* فرائد [faˈra:ʔid] kostbare Perle *f*, Solitär *m*.

فريسة [fa'ri:sa], *pl.* فرائس [fa'ra:ʔis] Beute *f*, Opfer *n*.

فريضة [fa'ri:đɒ], *pl.* فرائض [fa'ra:ʔiđ] *Isl.* religiöse Pflicht *f*.

فريق [fa'ri:q] 1. *pl.* فروق [fu'ru:q] *u.* أفرقة [ʔaf'riqa] Abteilung *f*, Gruppe *f*; *Jur.* (*vertragschließende*) Partei *f*; *Sport*: Mannschaft *f*, Team *n*; 2. *pl.* فرقاء [fura'qa:ʔ] *Mil.* Divisionskommandeur *m*, Generalleutnant *m*.

فريك [fa'ri:k] zerrieben.

فرية [firja], *pl.* فرى [firan] Lüge *f*, Verleumdung *f*.

فز [fazza (ja'fizzu)] aufspringen, erschrecken; II [fazzaz] *u.* IV [ʔa'fazza] aufschrecken, verscheuchen; X [ista'fazza] aufschrecken, aufstacheln, erregen; provozieren.

فزر [fazar (jafzur)] zerreißen; V [ta'fazzar] bersten.

فزع [faziʕ (jafzaʕ)] sich fürchten, erschrecken; II [fazzaʕ] schrecken, ängstigen.

+ [fazaʕ], *pl.* أفزاع [ʔaf'za:ʕ] Furcht *f*, Schrecken *m*.

+ [faziʕ] furchtsam, ängstlich.

فزة [fazza] Sprung *m aus Angst*; Erschrecken *n*.

فساد [fa'sa:d] Verdorbenheit *f*, Verderbtheit *f*, Korruptheit *f*, Schlechtigkeit *f*.

فستان [fus'ta:n], *pl.* فساتين [fasa:'ti:n] Frauenkleid *n*.

فستق [fustuq] Pistazie *f*.

فسح [fasuħ (jafsuħ)] weit, geräumig sein; II [fassaħ] *u.* IV [ʔafsaħ] erweitern, Platz machen (für ل), *Weg* freimachen; V [ta'fassaħ] 1. geräumig sein *od.* werden; 2. spazierengehen; VII [in'fasaħ] sich ausdehnen.

فسحة [fasaħa] Vorraum *m*, Halle *f*, Foyer *n*.

+ [fusħa], *pl.* فسح [fusaħ] 1. Weite *f*; freier Raum *m*; 2. Spaziergang *m*; Pause *f*.

فسخ [fasax (jafsax)] ausrenken, zerreißen; abschaffen, annullieren, aufheben; – [fasix (jafsax)] *Farbe*: verblassen, ausgehen; II [fassax] zerreißen, zerfetzen; *Äg. Fische* einsalzen; V [ta'fassax] zerfetzt sein, zerfallen; VII [in'fasax] abgeschafft, aufgehoben werden.

+ [fasx] Abschaffung *f*, Annullierung *f*, Aufhebung *f*.

فسد [fasad (jafsud)] schlecht werden, faulen, verdorben sein; korrupt sein; II [fassad] verderben, demoralisieren; IV

[ʔafsad] schwächen, demoralisieren, verderben, zugrunde richten.

فسر II [fassar] erklären, deuten, kommentieren, auslegen, interpretieren; X [isˈtafsar] um eine Erklärung bitten (*j-n* ه für عن), sich erkundigen (bei ه nach عن).

فسطان [fusˈtɒːn] = فستان.

فسفس [fasfas] *coll.* Wanzen *f/pl.*

فسق [fasaq (jafsuq)] abirren, unmoralisch leben.

+ [fisq] Lasterhaftigkeit *f.*

فسقية [fisˈqiːja] Springbrunnen *m.*

فسل [fasl] niedrig, gering, verächtlich.

فسوق [fuˈsuːq] Frevel *m.*

فسولة [fuˈsuːla] Niedrigkeit *f.*

فسيح [faˈsiːħ], *pl.* فساح [fiˈsaːħ] geräumig, weit.

فسيخ [faˈsiːx] *Äg.* gesalzener Fisch *m.*

فسيفساء [fusaifiˈsaːʔ] Mosaik *n.*

فسيلة [faˈsiːla], *pl.* فسائل [faˈsaːʔil] Palmschößling *m.*

فش [faʃʃa (jaˈfuʃʃu)] *Geschwulst*: abnehmen, zurückgehen.

فشاشة [faˈʃʃaːʃa] Sperrhaken *m.*

فشر [faʃar (jafʃur)] aufschneiden, prahlen.

فشك [faʃak] *coll.*, ة~ Patrone *f.*

فشل [faʃil (jafʃal)] scheitern, Mißerfolg haben (bei في); verzagen; II [faʃʃal] *u.* IV [ʔafʃal] zum Scheitern bringen.

+ [faʃal] Mißerfolg *m*, Fehlschlag *m*; Zusammenbruch *m*, Fiasko *n.*

+ [faʃil] verzagt, feige.

فشا (فشو) [faʃaː (jafʃuː)] sich ausbreiten, sich verbreiten, zirkulieren; enthüllt werden; IV [ʔafʃaː] verbreiten, enthüllen; V [taˈfaʃʃaː] sich verbreiten, um sich greifen.

فصص II [fɒssɒs] schälen, enthülsen.

+ [fɒss], *pl.* فصوص [fuˈsuːs] (*gefaßter*) Edelstein *m*; Teil *m e-r Frucht*; (*Gehirn-*)Lappen *m*; Grundbedeutung *f.*

فصاحة [faˈsɒːħa] Reinheit *f der Sprache*; Beredtsamkeit *f.*

فصح [fasuħ (jafsuħ)] beredt sein; IV [ʔafsɒħ] deutlich aussprechen, klar ausdrücken, zum Ausdruck bringen (*etw.* عن).

+ [fisħ] *u.* عيد ال~ Osterfest *n.*

فصحى: ال~ [alˈfusħaː] Hocharabisch *n*, die klassische Sprache *f.*

فصد [fɒsɒd (jafsid)] zur Ader lassen; V [taˈfɒssɒd] *Schweiß*: rinnen, perlen.

فصفور [fusˈfuːr] Phosphor *m.*

فصل [fɒsɒl (jafsil)] abschneiden;

trennen, scheiden, unterbrechen; entheben (*e-s Amtes* عن), entlassen; *Streit* entscheiden, eine Entscheidung fällen (über *A* في); *Säugling* entwöhnen; II [fɒssɒl] einteilen, gliedern; detaillieren; *Anzug* zuschneiden; III [fɒ:sɒl] 1. sich trennen (von ه); 2. feilschen, handeln; VII [inˈfɒsɒl] abgetrennt werden, sich trennen, sich lösen; entlassen werden, ausscheiden, austreten.

+ [fɒsl] 1. Abtrennung *f*, Scheidung *f*; Entlassung *f*; Entscheidung *f*; 2. *pl.* فصول [fuˈsu:l] Abschnitt *m*, Abteilung *f*, Klasse *f*; Kapitel *n*, Akt *m im Theater*; Saison *f*, Jahreszeit *f*; 3. entscheidend, endgültig.

فصم [fɒsɒm (jafsim)] abtrennen; zertrümmern.

فصوليا [faˈsu:lija:] Bohne *f*, Fisole *f*.

فصى [fɒsɒ: (jafsi:)] abtrennen; V [taˈfɒssɒ:] sich losmachen (von من *u.* عن).

فصيح [faˈsi:ħ] hochsprachlich, stilrein; *pl.* فصحاء [fusɒˈħa:] beredt.

فصيلة [faˈsi:la], *pl.* فصائل [faˈsɒ:ʔil] Abteilung *f*, Gruppe *f*; Gattung *f*; دم ~ Blutgruppe *f*.

فض [fɒđđɒ (jaˈfuđđu)] *Siegel* aufbrechen; durchbohren, zerbrechen; zerstreuen; auflösen; beenden; II [fɒđđɒđ] versilbern; VII [inˈfɒđđɒ] aufgebrochen werden; zersprengt werden, sich zerstreuen, sich auflösen; beendet werden; VIII [ifˈtađđɒ] entjungfern.

+ [fɒđđ] Aufbrechen *n*; Zerstreuung *f*; Beendigung *f*.

فضاء [faˈđɒ:ʔ] Leere *f*, leerer Raum *m*; Weltraum *m*; Hof *m*.

فضالة [fuˈđɒ:la] Rest *m*, Überbleibsel *n*.

فضح [fɒđɒħ (jafđɒħ)] enthüllen, bloßstellen, beschämen, schänden, entehren; VII [inˈfɒđɒħ] *u.* VIII [ifˈtađɒħ] bloßgestellt, beschämt, entehrt, kompromittiert werden.

+ [fɒđħ] Bloßstellung *f*, Kompromittierung *f*, Beschämung *f*.

فضل [fɒđɒl (jafđul)] 1. übrigbleiben; 2. vorzüglich sein; übertreffen, überragen; II [fɒđđɒl] vorziehen (*etw.* ه *e-r Sache* على); III [fɒ:đɒl] um den Vorrang streiten (mit ه); IV [ʔafđɒl] überlassen; *e-n* Gefallen erweisen (*j-m* على), gewähren (*j-m* على *etw.* ب); V [ta'fɒđđɒl] geruhen (zu ب), die Güte haben.

+ [fɒđl], *pl.* فضول [fu'đu:l] *u.* أفضال [ʔaf'đɒ:l] Rest *m*, Überschuß *m*; Überfluß *m*; Wohltat *f*, Güte *f*, Gnade *f*; Verdienst *n* (um في); Vorzug *m*, Vorrang *m* (vor على); بفضل [bi'fɒđl] *Präp.* dank, infolge; من فضلك [min fɒđlak] bitte! (nur bittend, *vgl.* عفو); فضلا عن [fɒđlan ʕan] abgesehen von, außer.

فضلة [fɒđla], *pl.* [fɒđɒ'la:t] Rest *m*, Überbleibsel *n*, Abfall *m*.

فضة [fiđđɒ] Silber *n*.

فضا (فضو) [fɒđɒ: (jafđu:)] geräumig sein; leer sein; II [fɒđđɒ:] leeren, ausräumen; IV [ʔafđɒ:] führen (zu *etw.* الى), gelangen (zu الى); mitteilen (*j-m* الى *etw.* ب); V [ta'fɒđđɒ:] unbeschäftigt sein, Muße haben.

فضول [fu'đu:l] Neugier *f*, Zudringlichkeit *f*; ~ى neugierig, zudringlich.

فضى [fiđđi:] silbern, Silber-.

فضيح [fa'đi:ħ] bloßgestellt, entehrt; ~ة, *pl.* فضائح [fa'đɒ:ʔiħ] Schande *f*, Blamage *f*, Skandal *m*.

فضيل [fa'đi:l], *pl.* فضلاء [fuđɒ'la:ʔ] trefflich, vorzüglich, verdienstlich; ~ة, *pl.* فضائل [fa'đɒ:ʔil] Tugend *f*, Vorzüglichkeit *f*; *Titel e-s religiösen Würdenträgers.*

فطام [fi'tɒ:m] Entwöhnung *f e-s Säuglings.*

فطح [fɒtɒħ (jaftɒħ)] ausbreiten, flach machen.

فطر [fɒtɒr (jaftur)] spalten, brechen; das Fasten brechen, frühstücken; *Gott*: schaffen, erschaffen; IV [ʔaftɒr] das Fasten brechen; V [ta'fɒttɒr] *u.* VII [in'fɒtɒr] gespalten werden, aufbrechen.

+ [fɒtr], *pl.* فطور [fu'tu:r] Riß *m*, Spalt *m*.

+ [fitr]: عيد ال~ das Fest des Fastenbrechens *nach dem* رمضان.

+ [futr *u.* fitr] Pilz *m*, Schwamm *m*.

فطرة [fitra] Schöpfung *f*; natürliche Anlage *f*, Veranlagung *f*.

فطرى [fitri:] angeboren, natürlich, urtümlich.

فطس [fɒtɒs (jaftis)] sterben; ersticken; II [fɒttɒs] erwürgen.

فطم [fɒtɒm (jaftim)] *Säugling* entwöhnen; VII [in'fɒtɒm] entwöhnt sein.

فطن [fɒtun (jaftun)] klug, verständig sein; verstehen (*etw.*

(الى), erfassen; II [fɒttɒn] begreiflich machen (*j-m* ه *etw.* ل *u.* (الى); V [ta'fɒttɒn] begreifen, verstehen (*etw.* ل).

\+ [fɒtin] gescheit, intelligent, klug.

فطنة [fitna] Klugheit *f*, Intelligenz *f*.

فطور [fu'tu:r] Frühstück *n*.

فطير [fa'ti:r] ungesäuert (*Brot*); unreif; ~ة ungesäuertes Brot *n*; Feingebäck *n*.

فطيسة [fa'ti:sa], *pl.* فطائس [fa'tɒ:ʔis] Aas *n*, Kadaver *m*.

فطين [fa'ti:n], *pl.* فطناء [futɒ'na:ʔ] gescheit, intelligent, klug.

فظ [fɒzz], *pl.* أفظاظ [ʔaf'zɒ:z] grob, roh, ungebildet.

فظاظة [fa'zɒ:zɒ] Grobheit *f*, Roheit *f*.

فظاعة [fa'zɒ:ʕa], *pl.* فظائع [fa'zɒ:ʔiʕ] Abscheulichkeit *f*, Greueltat *f*.

فظع [fɒzuʕ (jafzuʕ)] abscheulich, greulich, widerwärtig sein.

\+ [fɒziʕ] abscheulich, gräßlich, greulich, widerwärtig.

فعال [fa'ʕʕa:l] tätig, aktiv; wirksam, wirkungsvoll.

فعل [faʕal (jafʕal)] tun, machen; wirken (auf *A* فى *u.* ب); VI [ta'fa:ʕal] aufeinander wirken; reagieren; VII [in'faʕal] beeinflußt werden; erregt sein, sich aufregen; VIII [if'taʕal] erfinden, ersinnen, fabrizieren.

\+ [fiʕl], *pl.* أفعال [ʔaf'ʕa:l] Tätigkeit *f*, Handlung *f*, Tat *f*; Funktion *f*; Wirkung *f*; *Gr.* Verb *n*, Zeitwort *n*; بالفعل [bil'fiʕl] *u.* فعلا [fiʕlan] *Adv.* tatsächlich, wirklich, in der Tat.

فعلة [faʕla] Tat *f*, Handlung *f*.

فعلى [fiʕli:] tatsächlich, wirklich, faktisch; *Gr.* verbal; ~ا [fiʕ'li:jan] *Adv.* de facto.

فعم IV [ʔafʕam] anstopfen, anfüllen.

فغرة [fuɣra] Mündung *f*, Talöffnung *f*.

فقار [fa'qa:r] *coll.* Rückenwirbel *m/pl.*; Wirbelsäule *f*; ~ى Wirbel-; سلسلة فقارية Wirbelsäule *f*, Rückgrat *n*.

فقاعة [fu'qqa:ʕa], *pl.* فقاقيع [faqa:'qi:ʕ] (*Wasser*-)Blase *f*.

فقد [faqad (jafqid)] verlieren; vermissen; beraubt sein (*e-r Sache* ه); IV [ʔafqad] verlieren lassen, berauben; V [ta'faqqad] *u.* VIII [if'taqad] suchen (*etw.* ه); untersuchen, inspizieren, besichtigen; X [is'tafqad] vermissen.

\+ [faqd] *u.* فقدان [fuq'da:n] Verlust *m*, Schwund *m*.

فقر [faqar (jafqur)] durchbohren; – [faqur (jafqur)] arm, bedürftig sein; IV [ʔafqar] arm machen; VIII [ifˈtaqar] bedürfen (*e-r Sache* الى), ermangeln (*e-r Sache* الى).

\+ [faqr] Armut *f*; Mangel *m*.

فقراء *s.* فقير.

فقرة [faqra *u.* fiqra], *pl.* فقر [fiqar] *u.* [fiqaˈra:t] Wirbel *m*; Absatz *m e-s Textes*, Paragraph *m*.

فقرى [fiqri:] = فقارى.

فقس [faqas (jafqis)] *Eier* ausbrüten.

فقش [faqaʃ (jafqiʃ)] zerbrechen, zerdrücken.

فقط [faqɒt] nur.

فقع [faqaʕ (jafqaʕ)] platzen, bersten; II [faqqaʕ] knallen.

فقم [faqim (jafqam)] *u.* VI [taˈfa:qam] ernst, gefährlich werden; *Lage*: sich zuspitzen.

فقه [faqih (jafqah)] verstehen, begreifen; im Recht bewandert sein; II [faqqah] *u.* IV [ʔafqah] lehren, unterweisen; V [taˈfaqqah] begreifen; sich beschäftigen (mit فى); Recht studieren.

\+ [fiqh] Kenntnis *f*; (*islamische*) Rechtswissenschaft *f*; ~ اللغة Philologie *f*; ~ى juristisch.

فقيد [faˈqi:d] verloren, vermißt; verstorben, verschieden.

فقير [faˈqi:r], *pl.* فقراء [fuqaˈra:ʔ] arm; Arme(r) *m*.

فقيه [faˈqi:h], *pl.* فقهاء [fuqaˈha:ʔ] Rechtsgelehrte(r) *m*; Koranleser *m*.

فك [fakka (jaˈfukku)] lösen (*Knoten, Problem*), aufmachen, öffnen, aufbinden, aufknöpfen; zerlegen, auseinandernehmen; aufschrauben; *Äg. Geld* wechseln; II [fakkak] auseinandernehmen, in Stücke zerlegen; V [taˈfakkak] sich auflösen, zerfallen; VII [inˈfakka] gelöst, aufgebunden, aufgeschraubt werden; sich loslösen; VIII [ifˈtakka] *Pfand* einlösen.

\+ [fakk] 1. Auflösung *f*, Loslösung *f*; 2. *pl.* فكوك [fuˈku:k] Kiefer *m*; Kinnlade *f*; الـ~ الاسفل Unterkiefer *m*; الـ~ الاعلى Oberkiefer *m*.

فكاك [faˈka:k] Befreiung *f*, Erlösung *f*.

فكاهة [fuˈka:ha] Scherzen *n*; Humor *m*; Spaß *m*.

فكر [fakar (jafkir)] denken; II [fakkar] denken, nachdenken; erinnern; V [taˈfakkar] denken, nachdenken; VIII [if'takar] denken; sich erinnern.

+ [fikr], *pl.* أفكار [ʔaf'ka:r] Denken *n*; Gedanke *m*, Idee *f*; Gedankenwelt *f*; ة~, *pl.* فكر [fikar] Gedanke *m*, Idee *f*; ي~ gedanklich.

فكه [fakih (jafkah)] heiter, fröhlich sein; II [fakkah] erheitern; III [fa:kah] scherzen (mit ه); V [ta'fakkah] sich amüsieren.

+ [fakih] heiter, fröhlich, lustig.

فكة [fakka] *Äg.* Kleingeld *n*.

فل [falla (ja'fillu)] fliehen; – [falla (ja'fullu)] *u.* II [fallal] schartig machen.

+ [fall], *pl.* فلول [fu'lu:l] Scharte *f*; Splitter *m*.

+ [fill] Kork *m*.

+ [full] (*arabischer*) Jasmin *m*.

فلا [falan] Wüste *f*.

فلاح [fa'la:ħ] Gedeihen *n*; Erfolg *m*.

+ [fa'lla:ħ], *pl.* [-u:n] Bauer *m*; ة~ Bäuerin *f*.

فلاحة [fi'la:ħa] Bebauung *f*, Akkerbau *m*.

فلاذ [fu'la:ð] Stahl *m*.

فلاسفة *s.* فيلسوف.

فلافل [fa'la:fil] Falafil *pl.* (*gebakkene Kugeln aus zerstoßenen Bohnen; in Äg.* طعمية).

فلان [fu'la:n], *f* ة~ N.N. (*statt e-s Namens*), Soundso *m*.

فلاة [fa'la:t] Wüste *f*, leerer Raum *m*.

فلائك *s.* فلوكة.

فلت [falat (jaflit)] *u.* IV [ʔaflat] entkommen, entschlüpfen.

+ [falat] Flucht *f*.

فلتة [falta] Fehler *m*, Versehen *n*; Unerwartete(s) *n*.

فلج [faladʒ (jaflidʒ)] *u.* II [falladʒ] spalten; VII [in'faladʒ] gelähmt werden.

+ [faldʒ], *pl.* فلوج [fu'lu:dʒ] Riß *m*, Spalte *f*.

فلح [falaħ (jaflaħ)] pflügen, ackern; IV [ʔaflaħ] *u.* X [is'taflaħ] erfolgreich sein, gedeihen.

فلز [fi'lizz] Metall *n*; Bronze *f*.

فلس II [fallas] für bankrott erklären; bankrott werden; IV [ʔaflas] bankrott werden.

+ [fals *u.* fils], *pl.* فلوس [fu'lu:s] kleine Münze *f*; *Ir.* Fils *m* (*1/1000 Dinar*); Fischschuppe *f*.

فلسطين [filas'ti:n] Palästina *n*.

فلسفة [fal'safa] Philosophie *f*; فلسفي [falsafi:] philosophisch.

فلع [falʕ], *pl.* فلوع [fu'lu:ʕ] Spalt *m*, Riß *m*.

فلفل [filfil] Pfeffer *m*.

فلق [falaq (jafliq)] spalten, zerreißen; VII [inˈfalaq] gespalten werden; *Morgen*: anbrechen.

+ [falq], *pl.* فلوق [fuˈlu:q] Spalte *f*, Riß *m*.

+ [falaq] Tagesanbruch *m*.

فلك [falak], *pl.* أفلاك [ʔafˈla:k] Himmelssphäre *f*; Gestirn *n*; Bahn *f e-s Gestirns*; علم الـ~ Astronomie *f*.

+ [fulk] Schiff *n*.

فلكة [filka] Rolle *f*; *Ir.* runder Platz *m*; Kreisverkehr *m*.

فلكى [falaki:] astronomisch; Astronom *m*.

فلم [film], *pl.* أفلام [ʔafˈla:m] Film *m*.

فلنكة [faˈlanka] (*Eisenbahn*-) Schwelle *f*.

فلوس [fuˈlu:s] Geld *n*.

فلوكة [faˈlu:ka], *pl.* فلائك [faˈla:ʔik] Boot *n*, Feluke *f*.

فلى [fala: (jafli:)] *u.* II [falla:] lausen, entlausen.

فلين [faˈlli:n] *u.* ~ة Kork *m*.

فم [fam], *pl.* أفواه [ʔafˈwa:h]; – *od.* [fumm], *pl.* أفمام [ʔafˈma:m] Mund *m*; Mündung *f*; Öffnung *f*; *vor G und Suffixen auch*: *N* فو [fu:], *G* فى [fi:], *A* فا [fa:].

فن [fann] 1. *pl.* فنون [fuˈnu:n] wissenschaftliches Fach *n*; Kunst *f*; الفنون الجميلة die schönen Künste; 2. *pl.* أفنان [ʔafˈna:n] *u.* أفانين [ʔafa:ˈni:n] *u.* فنون [fuˈnu:n] Art *f*, Klasse *f*, Sorte *f*; *s.a.* فنن.

فناء [faˈna:ʔ] Untergang *m*; Schwinden *n*, Erlöschen *n*.

+ [fiˈna:ʔ], *pl.* أفنية [ʔafˈnija] Hof *m*, freier Platz *m*.

فنار [faˈna:r] Leuchtturm *m*.

فنان [faˈnna:n], *pl.* [-u:n] Künstler *m*; ~ة Künstlerin *f*.

فنجان [finˈdʒa:n], *pl.* فناجين [fana:ˈdʒi:n] Tasse *f*, Kaffeeschale *f*.

فند II [fannad] 1. widerlegen; bemängeln; 2. klassifizieren.

فندق [funduq], *pl.* فنادق [faˈna:diq] Gasthof *m*, Hotel *n*.

فنط II [fannɒṭ] *Karten* mischen.

فنن II [fannan] variieren, mannigfaltig machen; klassifizieren; V [taˈfannan] mannigfaltig, verschiedenartig sein; ideenreich, spezialisiert, sehr bewandert sein (in *D* فى), meisterhaft beherrschen (*etw.* فى).

+ [fanan], *pl.* أفنان [ʔafˈna:n] Zweig *m*.

فنى [fanija (jafna:)] vergehen, untergehen, erlöschen, schwinden; IV [ʔafna:] vernichten, zerstören; verbrauchen; VI [taˈfa:na:] sich gegenseitig vernichten; sich hingeben (*e-r Sache* في).

فنّى [fanni:] künstlerisch; technisch; fachlich, fachmännisch; Techniker *m*.

فنيقىّ [fiˈni:qi:] phönizisch.

فنيك [fiˈni:k] Karbolsäure *f*.

فهد [fahd], *pl.* فهود [fuˈhu:d] Luchs *m*; Panther *m*.

فهرس [fahras (juˈfahris)] *e-e* Liste, *e*. Inhaltsverzeichnis anfertigen; verzetteln, katalogisieren.

\+ [fihris] *u.* فهرست [fihrist], *pl.* فهارس [faˈha:ris] Inhaltsverzeichnis *n*, Index *m*, Katalog *m*.

فهم [fahim (jafham)] verstehen, begreifen, einsehen; II [fahham] *u.* IV [ʔafham] zu verstehen geben, auseinandersetzen, erklären; V [taˈfahham] zu verstehen suchen; verstehen; VI [taˈfa:ham] einander verstehen, sich miteinander verständigen; VIII [ifˈtaham] verstehen, begreifen; X [isˈtafham] fragen, sich erkundigen (bei *j-m* ه nach عن).

\+ [fahm], *pl.* أفهام [ʔafˈha:m] Verständnis *n*, Verstand *m*; سوء الـ~ Mißverständnis *n*.

\+ [fahim] *u.* فهيم [faˈhi:m] verständig, einsichtsvoll.

فو *s.* فم.

فوات [faˈwa:t] Vorübergehen *n*, Verstreichen *n e-r Zeit*; الـ~ بالمدة *Jur*. Verjährung *f*.

فؤاد [fuˈʔa:d], *pl.* أفئدة [ʔafˈʔida] Herz *n*; *a. npr. m.*

فوار [faˈwwa:r] aufwallend, schäumend; ~ة Quelle *f*, Sprudel *m*.

فات (فوت) [fa:t (jaˈfu:t)] vorübergehen, vorbeigehen; entgehen (*j-m* ه), entschwinden; II [fawwat] *u.* IV [ʔaˈfa:t] vorbeigehen, entgehen lassen; versäumen, verfehlen lassen; VI [taˈfa:wat] ungleich, verschieden sein; VIII [ifˈta:t] verstoßen (gegen على).

فوت [faut], *pl.* أفوات [ʔafˈwa:t] Zwischenraum *m*, Abstand *m*.

فوتوغرافيا [fu:tu:ɣˈra:fija:] Fotografie *f*.

فوج [faudʒ], *pl.* أفواج [ʔafˈwa:dʒ] Gruppe *f*, Schar *f*; Schicht *f von Arbeitern*.

فاح (فوح) [fa:ħ (jaˈfu:ħ)] *Duft*: ausströmen, sich verbreiten.

فوحة [fauħa] Dufthauch *m*.

فود [faud], *pl.* أفواد [ʔafˈwa:d] Schläfe *f*.

فار (فور) [fa:r (jaˈfu:r)] sieden, kochen, wallen; hervorquellen; aufbrausen; II [fawwar] in Wallung bringen.

فور [faur] Sieden *n*, Aufwallung *f*; ~ًا [fauran] *u.* من الـ~ [min al'faur] *Adv.* sofort, sogleich, unverzüglich; ~ة Aufwallung *f*; ~ى augenblicklich, unverzüglich.

فوران [fawa'ra:n] = فور.

(فوز) فاز [fa:z (ja'fu:z)] Erfolg haben; erreichen, gewinnen (*etw.* ب); *Sport*: besiegen (*j-n* على).

فوز [fauz] Erfolg *m*, Sieg *m*, Triumph *m*.

فوض II [fawwɒđ] anvertrauen (*j-m* ل *etw.* ه); bevollmächtigen, betrauen; III [fa:wɒđ] verhandeln, unterhandeln; VI [ta'fa:wɒđ] miteinander verhandeln, Besprechungen führen (mit مع).

فوضوى [fauđɒwi:] Anarchist *m*.

فوضى [fauđɒ:] Unordnung Anarchie *f*, Chaos *n*.

فوطة [fu:tɒ], *pl.* فوط [fuwɒt] Handtuch *n*, Mundtuch *n*, Serviette *f*.

فوف [fu:f] *u.* ~ة Häutchen *n*.

(فوق) فاق [fa:q (ja'fu:q)] überragen, übertreffen; übersteigen; II [fawwaq] wecken, nüchtern machen; erinnern; *Waffe* richten; IV [ʔa'fa:q] aufwachen, wieder zu sich kommen; sich erholen, genesen; V [ta'fawwaq] übertreffen (*j-n* على), überlegen sein (*j-m* على); X [ista'fa:q] erwachen, aufstehen; sich erholen.

فوق [fauq(a)] *Präp.* über, oberhalb; ~ العادة außergewöhnlich, außerordentlich; – [fauq(u)] *Adv.* oben, darüber.

فوقانى [fau'qa:ni:] obere(r), höher gelegen.

فول [fu:l] *coll.* (Sau-)Bohne *f*; ~ سودانى Erdnuß *f*.

فولاذ [fu:'la:ð] Stahl *m*; ~ى stählern, aus Stahl.

فوم [fu:m] Knoblauch *m*.

(فوه) فاه [fa:h (ja'fu:h)] *u.* V [ta'fawwah] aussprechen, äußern.

فوهة [fu:ha], *pl.* [-a:t] *u.* أفواه [ʔaf'wa:h] Mündung *f*, Öffnung *f*, Loch *n*; Krater *m*; *s.a.* فم.

فى [fi:] *Präp.* in; an; bei, während; ~ الشارع auf der Straße; ~ يوم الاحد am Sonntag; فيهم [fi:him] unter ihnen; ثلاثة ~ أربعة drei mal vier; فيه [fi:h(i)] es gibt; فيما بعد [fi:ma: baʕd] im Folgenden; *s.a.* فم.
+ [fijja] in mir.

(فيء) فاء [fa:ʔa (ja'fi:ʔu)] zurückkehren; V [ta'fajjaʔa] Schatten suchen.

فىء [fai?], *pl.* أفياء [?af'ja:?] Schatten *m.*

فئاط *s.* فئة.

فياض [fa'jjɒ:đ] überströmend; freigebig; ausführlich.

فيتو [vi:tu] *Pol.* Veto *n*; حق الـ~ Vetorecht *n.*

فيد IV أفاد [?a'fa:d] nützen (*j-m* ه), nützlich sein, Nutzen bringen; benachrichtigen, informieren, melden; X [ista'fa:d] Nutzen ziehen, profitieren (aus من); erfahren; gewinnen.

فيران *s.* فأر.

فيروز [fai'ru:z] Türkis *m.*

فيزياء [fi:zi'ja:?] Physik *f.*

فيشة [fi:ʃa], *pl.* [-a:t] Karteiblatt *n*; Schildchen *n*; *El.* Stecker *m.*

فيصل [faisɒl] Faisal *npr. m.*

فاض (فيض) [fɒ:đ (ja'fi:đ)] überfließen, überströmen; überfluten, überschwemmen (*etw.* على); reichlich vorhanden sein; IV [?a'fɒ:đ] ausgießen, verschütten; ausführlich reden, weitschweifig sein; X [ista'fɒ:đ] sich ausbreiten.

فيض [faiđ] Überflutung *f*; Fülle *f*, Überfluß *m.*

فيضان [faja'đɒ:n] Überschwemmung *f.*

فيل [fi:l], *pl.* أفيال [?af'ja:l] Elefant *m*; Läufer *m im Schachspiel*; سن الـ~ Elfenbein *n*; داء الـ~ *Med.* Elefantiasis *f.*

فيلسوف [faila'su:f], *pl.* فلاسفة [fa'la:sifa] Philosoph *m.*

فيلق [failaq], *pl.* فيالق [fa'ja:liq] *Mil.* Armeekorps *n.*

فيما [fi:ma:] indem, während; *s.* فى.

فينة [faina] Zeit *f*, Moment *m.*

فينيق [fi:'ni:qi:] phönizisch.

فيه [fi:hi] es gibt; *s.* فى.

فئة [fi?a], *pl.* فئات [fi'?a:t] Gruppe *f*, Schar *f*; *Radio*: Meterband *n*; Preis *m*, Taxe *f.*

ق

ق (قاف) [qa:f] *einundzwanzigster Buchstabe; Zahlwert 100*; Abk. für دقيقة Minute.

قاب [qa:b] (*geringer*) Abstand *m*; *s.a.* قوب.

قابض [qa:biđ] haltend; *Med.* stopfend; Empfänger *m von Geld*.

قابل [qa:bil] empfangend; künftig; geeignet (für ل), fähig (zu ل); للأكل ~ eßbar; للشفاء ~ heilbar; للكسر ~ zerbrechlich.

قابلة [qa:bila], *pl.* قوابل [qaˈwa:bil] Hebamme *f*.

قابلية [qa:biˈli:ja] Fähigkeit *f*, Tauglichkeit *f*; Begabung *f*.

قابوس [qa:ˈbu:s] Alpdrücken *n*, Alptraum *m*.

قاتل [qa:til] tötend; Mörder *m*.

قاتم [qa:tim] dunkel.

قاحل [qa:ħil] trocken, dürr.

قاد *s.* قود.

قادر [qa:dir] mächtig, vermögend; fähig (zu على), imstande.

قادم [qa:dim] kommend, künftig, nächste(r).

قادة *s.* قائد.

قاذفة [qa:ðifa] Werfer *m*, Wurfmaschine *f*; القنابل ~ Bombenflugzeug *n*, Bomber *m*.

قار [qa:r] Teer *n*, Pech *n*.

\+ [qa:rr] 1. fest, ständig, ansässig; 2. kalt, kühl.

قارب [qa:rib], *pl.* قوارب [qaˈwa:rib] Boot *n*.

قارس [qa:ris] streng (*Kälte*), bitter kalt.

قارعة [qa:riʕa], *pl.* قوارع [qaˈwa:riʕ] Unglück *n*, Katastrophe *f*; Fahrbahn *f*, Mitte *f der Straße*.

قارة [qa:ra] Hügel *m*.

\+ [qa:rra] Festland *n*, Kontinent *m*.

قارورة [qa:ˈru:ra], *pl.* قوارير [qawa:ˈri:r] Flasche *f*.

قارئ [qa:riʔ], *pl.* قراء [quˈrra:ʔ] *u.* [-u:n] Leser *m*; Vorleser *m*.

قاس *s.* قيس.

قاس [qa:sin], *constr.* قاسى [qa:si:], *pl.* قساة [quˈsa:t] hart, grausam, unbarmherzig.

قاسم [qa:sim] Teiler *m*; *Math.* Nenner *m e-s Bruches*; *npr. m.*

قاص [qɒ:sin], *constr.* قاصى [qɒ:si:] weit, entfernt.

قاصد [qɒ:sid] 1. *pl.* قصاد [qu'ssɒ:d] Abgesandter *m*; strebend; 2. ökonomisch, kurz, direkt.

قاصر [qɒ:sir] beschränkt; unfähig (zu عن); minderjährig, unmündig.

قاض [qɒ:đin], *constr.* قاضى [qɒ:đi:], *pl.* قضاة [qu'đɒ:t] Richter *m*, Kadi *m*.

قاطبة [qɒ:tiba] Gesamtheit *f*; [qɒ:tibatan] *Adv.* insgesamt.

قاطرة [qɒ:tira] Lokomotive *f*; Zugmaschine *f*.

قاطع [qɒ:tiʕ] 1. schneidend, scharf; schlagend (*Beweis*); 2. الطريق ~, *pl.* قطاع الطرق [qu'ttɒ:ʕutturuq] Straßenräuber *m*.

قاطن [qɒ:tin], *pl.* قطان [qu'ttɒ:n] Einwohner *m*, Bewohner *m*.

قاع [qa:ʕ], *pl.* قيعان [qi:'ʕa:n] Ebene *f*; Grund *m*, Boden *m*.

قاعد [qa:ʕid] sitzend; untätig.

قاعدة [qa:ʕida], *pl.* قواعد [qa'wa:ʕid] Grundlage *f*, Basis *f*, Fundament *n*; Sockel *m*; *Mil.* Stützpunkt *m*; *Geometrie*: Grundlinie *f*; Grundsatz *m*, Prinzip *n*; Regel *f*.

قاعة [qa:ʕa], *pl.* [-a:t] Saal *m*, Halle *f*.

قافلة [qa:fila], *pl.* قوافل [qa'wa:fil] Karawane *f*, Kolonne *f*; *Flotte*: Geleitzug *m*.

قافية [qa:fija], *pl.* قواف [qa'wa:fin] Reim *m*.

قاق [qa:q], *pl.* قيقان [qi:'qa:n] Rabe *m*.

قال *s.* قول, قيل; قال و قيل [qa:l wa qi:l] Gerede *n*.

قالب [qa:lib], *pl.* قوالب [qa'wa:lib] (*Guß-*)Form *f*, Modell *n*; Matritze *f*; Kokille *f*; (*gegossenes*) Stück *n* (*z. B. Seife, Zuckerhut*).

قام *s.* قوم.

قامة [qa:ma] Statur *f*; Körpergröße *f*; Stativ *n*.

قاموس [qa:'mu:s], *pl.* قواميس [qawa:'mi:s] Ozean *m*; Wörterbuch *n*.

قان [qa:nin], *constr.* قانى [qa:ni:], *pl.* قانية [qa:nija] Besitzer *m*; أحمر قان tiefrot.

قانص [qa:nis], *pl.* قناص [qu'nna:s] Jäger *m*.

قانع [qa:niʕ] zufrieden (mit ب).

قانون [qa:'nu:n] 1. *pl.* قوانين [qawa:'ni:n] Gesetz *n*, Satzung *f*, Statut *n*; Regel *f*, Norm *f*; الـ~ الاساسى Verfassung *f*, Konstitution *f*; الـ~ الجنائى Strafgesetz *n*; الـ~ المدنى

Zivilrecht *n*; 2. Zither *f*; ~ى gesetzlich, legal, gesetzmäßig.

قاهر [qa:hir] zwingend; Sieger *m*, Eroberer *m*; القاهرة Kairo.

قائد [qa:ʔid], *pl.* قادة [qa:da] *u.* قواد [quˈwwa:d] Führer *m*, Leiter *m*, Chef *m*, Oberhaupt *n*; ~ عام Oberbefehlshaber *m*.

قايش [qa:jiʃ], *pl.* قوايش [qaˈwa:jiʃ] Riemen *m*, Gurt *m*.

قائل [qa:ʔil] sagend; Sprecher *m*.

قائم [qa:ʔim], *pl.* قوم [quwwam] *u.* قوام [quˈwwa:m] stehend, aufrecht, fest; الزاوية ~ rechtwinkelig; الزاوية القائمة rechter Winkel *m*.

قائمقام [qa:ʔimmaˈqa:m] Kaimakam *m* (*hoher Verwaltungsbeamter*), Bezirksvorsteher *m*; *Mil.* Oberstleutnant *m*.

قائمة [qa:ʔima], *pl.* قوائم [qaˈwa:ʔim] 1. Pfahl *m*, Pfosten *m*, Ständer *m*, Bein *n* *e-s Möbels*; 2. Liste *f*, Verzeichnis *n*, Register *n*; Rechnung *f*.

قب [qabba (jaˈqubbu)] abhauen, abschneiden.

\+ [qabb] Nabe *f*, Achse *f*; Waagbalken *m*.

قباء [qaˈba:ʔ] Obergewand *n*.

\+ [qiˈba:ʔ] Abstand *m*, Zwischenraum *m*.

قباب *s.* قبة.

قباحة [qaˈba:ħa] Häßlichkeit *f*.

قبالة [qaˈba:la] Bürgschaft *f*; Vertrag *m*.

\+ [qiˈba:la] Geburtshilfe *f*.

قبان [qaˈbba:n] Schnellwaage *f*.

قبائل *s.* قبيلة.

قبح [qabuħ (jaqbuħ)] häßlich sein; schlecht, schändlich sein; II [qabbaħ] *u.* X [isˈtaqbaħ] häßlich finden, mißbilligen.

\+ [qubħ] Häßlichkeit *f*, Schlechtigkeit *f*.

قبر [qabar (jaqbur)] begraben.

\+ [qabr], *pl.* قبور [quˈbu:r] Grab *n*.

قبرص [qubrus] Zypern *n*.

قبس VIII اقتبس [iqˈtabas] *Feuer* entnehmen; entlehnen; zitieren, anführen.

\+ [qabas] Feuerbrand *m*, glühende Kohle *f*.

قبصة [qubsɒ] Prise *f*.

قبض [qabɒđ (jaqbiđ)] fassen, packen, ergreifen, festhalten; verhaften, festnehmen (*j-n* على); *Geld* empfangen; zusammenziehen; bedrücken; *Med.* stopfen; II [qabbɒđ] zusammenziehen; bedrücken; *Geld* einhändigen; V [taˈqabbɒđ] sich zusammenziehen, einschrumpfen; *Bauch*: verstopft sein; VII [inˈqabɒđ] sich zusammenziehen; sich verschließen; niedergedrückt sein; erhalten werden.

+ [qabđ] Ergreifung *f*, Festnahme *f*; Erhalt *m*; ة~ Ergreifung *f*; Griff *m*; Handgriff *m*, Stiel *m*, Henkel *m*; Handvoll *f*.

قبط [qibt] *coll.*, *pl.* أقباط [ʔaqˈbɒ:t] Kopten *pl.*

قبطان [qubˈtɒ:n] Kapitän *m*.

قبطى [qibti:] koptisch; Kopte *m*.

قبعة [qubbaʕa] Hut *m*.

قبل [qabil (jaqbal)] empfangen; annehmen, akzeptieren; zulassen; zustimmen (*e-r Sache* ه), einverstanden sein (mit ه); II [qabbal] küssen; III [qa:bal] gegenüber sein *od.* stehen (*e-r Sache* ه), entgegentreten, treffen, begegnen; empfangen; vergelten (mit ب); vergleichen (mit ب); IV [ʔaqbal] sich nähern (*j-m* على), herankommen, herantreten (an *A* على); sich nach vorn wenden; sich zuwenden (*e-r Sache* على), sich beschäftigen (mit على), sich interessieren (für على); V [taˈqabbal] annehmen, empfangen; VI [taˈqa:bal] einander gegenüberliegen, einander treffen, begegnen; VIII [iqˈtabal] empfangen; X [isˈtaqbal] empfangen, *e-n* Empfang bereiten (*j-m* ه), entgegengehen (*j-m* ه).

+ [qabl(a)] *Präp.* vor (*zeitlich*); ~ أن [ʔan] bevor; ما قبل التاريخ [ma: qablatta:ˈri:x] Urgeschichte *f*, Vorgeschichte *f*.

+ [qabl(u)] *u.* ~ من *Adv.* vorher, zuvor, früher.

+ [qibal] Macht *f*, Vermögen *n*; [qibal(a)] *Präp.* vor, bei; in Richtung auf; ~ من [min qibal(i)] seitens, von, von . . . her.

+ [qubul] Vorderseite *f*, Vorderteil *m*.

قبلة [qibla] *Isl.* Gebetsrichtung *f nach Mekka*.

+ [qubla], *pl.* قبل [qubal] *u.* [qubuˈla:t] Kuß *m*.

قبلى [qibli:] südlich; الوجه الـ~ *Äg.* Oberägypten *n*.

قبة [qubba], *pl.* قبب [qubab] *u.* قباب [qiˈba:b] Kuppel *f*.

قبو [qabw] *u.* ة~, *pl.* أقبية [ʔaqˈbija] Gewölbe *n*, Keller *m*.

قبول [quˈbu:l] Empfang *m*, Aufnahme *f*; Annahme *f*, Zustimmung *f*; Zulassung *f zum Studium*.

قبيح [qaˈbi:ħ], *pl.* قباح [qiˈba:ħ] häßlich, abstoßend; gemein, schändlich.

قبيل [qa'bi:l] 1.Bürge *m*; 2. Seite *f*; Art *f*, Gattung *f*; من هذا الـ~ in dieser Hinsicht.

+ [qu'bail(a)] *Präp.* kurz vor.

قبيلة [qa'bi:la], *pl.* قبائل [qa'ba:ʔil] (Volks-)Stamm *m*.

قتال [qa'tta:l] tödlich, mörderisch.

+ [qɨ'ta:l] Kampf *m*, Schlacht *f*.

قتب [qatab], *pl.* أقتاب [ʔaq'ta:b] Buckel *m*, Höcker *m*.

قتر [qatr] Geiz *m*.

قتل [qatal (jaqtul)] töten, umbringen, ermorden; gründlich tun; II [qattal] niedermetzeln; III [qa:tal] bekämpfen (*j-n* ه), kämpfen (mit ه); VI [ta'qa:tal] *u.* VIII [iq'tatal] einander bekämpfen.

+ [qatl] Tötung *f*, Totschlag *m*, Mord *m*.

+ [qɨtl], *pl.* أقتال [ʔaq'ta:l] Feind *m*.

قتم [qatam (jaqtum)] *Staub*: sich erheben.

قتيل [qa'ti:l], *pl.* قتلى [qatla:] Getötete(r) *m*, Gefallene(r) *m*.

قح [quħħ], *pl.* أقحاح [ʔaq'ħa:ħ] rein, echt.

قحط [qaħt] Dürre *f*, Trockenheit *f*; Hungersnot *f*.

قحطان [qaħ'tɒ:n] Qahtan *npr. m.*

قحف [qɨħf], *pl.* قحوف [qu'ħu:f] Schädeldecke *f*.

قحل [qaħal] Dürre *f*, Trockenheit *f*.

قحم II [qaħħam] *u.* IV [ʔaqħam] hineinstoßen; einführen; VIII [iq'taħam] sich hineinstürzen, eindringen.

قحمة [quħma], *pl.* قحم [quħam] Gefahr *f*, gefahrvolles Unternehmen *n*.

قحة [quħħa] Husten *m*.

+ [qiħa] Frechheit *f*, Unverschämtheit *f*; *s.* وقح.

قد [qad] *vor dem Perfekt*: schon, bereits; *vor dem Imperfekt*: vielleicht, manchmal, bisweilen.

قد [qadda (ja'quddu)] *u.* II [qaddad] in Streifen schneiden; behauen; zerreißen.

+ [qadd], *pl.* قدود [qu'du:d] Gestalt *f*, Statur *f*, Wuchs *m*; Größe *f*, Umfang *m*.

+ [qɨdd], *pl.* أقد [ʔa'qudd] Riemen *m*, Streifen *m*.

قداح [qa'dda:ħ] Feuerstein *m*; ~ة Feuerzeug *n*.

قداس [qu'dda:s] (*christliche*) Messe *f*.

قداسة [qa'da:sa] Heiligkeit *f* (*a. Titel des Papstes*).

قدام [qu'dda:m] Vorderteil *m*,

Vorderseite *f*; [quˈdda:m(a)] *Präp.* vor (*örtlich*).

قدح [qadaħ (jaqdaħ)] anbohren; *Funken* schlagen; beeinträchtigen, schmälern (*etw.* في); tadeln (*j-n* في), Vorwürfe machen (*j-m* في); VIII [iqˈtadaħ] Feuer schlagen.

+ [qadħ] Tadel *m*, Vorwurf *m*; Schmälerung *f*.

+ [qadaħ], *pl.* أقداح [ʔaqˈda:ħ] Becher *m*, Trinkglas *n*.

قدر [qadar (jaqdir)] können, vermögen (*etw.* على), imstande sein (zu على); Macht haben (über *A* على); *Gott*: bestimmen; II [qaddar] bestimmen, festsetzen; bewerten, abschätzen; würdigen, wertschätzen; vermuten, meinen; annehmen (daß أن); IV [ʔaqdar] befähigen, in den Stand setzen (zu على); V [taˈqaddar] bestimmt, festgesetzt werden; VIII [iqˈtadar] = I.

+ [qadr], *pl.* أقدار [ʔaqˈda:r] Ausmaß *n*, Menge *f*, Anzahl *f*, Betrag *m*; Wert *m*; بقدر [bi-] *u.* على قدر gemäß, entsprechend, nach Maßgabe von.

+ [qadar], *pl.* أقدار [ʔaqˈda:r] Bestimmung *f*, Schicksal *n*.

+ [qidr], *pl.* قدور [quˈdu:r] Kessel *m*, Kochtopf *m*.

قدرة [qudra] Macht *f*, Kraft *f*, Fähigkeit *f* (zu على); Vermögen *n*, Leistungsfähigkeit *f*.

قدس [qadus (jaqdus)] heilig sein; II [qaddas] heiligen, weihen; heiligsprechen.

+ [quds], *pl.* أقداس [ʔaqˈda:s] Heiligtum *n*; Heiligkeit *f*; القدس Jerusalem; قدس الأقداس das Allerheiligste; ~ى heilig; aus Jerusalem.

قدم [qadam (jaqdum)] vorangehen (*j-m* ه); – [qadim (jaqdam)] kommen (zu ه, الى *u.* على), eintreffen, ankommen (an *D* ه); – [qadum (jaqdum)] alt sein; II [qaddam] vorangehen lassen, voranstellen, vorausschicken; *Uhr* vorstellen; überreichen, vorlegen, *Gesuch* einreichen; anbieten, darbieten, vorführen; bereitstellen; *Dienst* erweisen; *Geld* vorschießen; IV [ʔaqdam] herangehen (an *A* على), in Angriff nehmen (*etw.* على); V [taˈqaddam] vorangehen (*j-m* عن); vortreten, vorwärtsgehen; fortschreiten, Fortschritte machen; herankommen (zu الى), herantreten (an *A* الى); vorbringen, unterbreiten (*etw.*

ب); VI [ta'qa:dam] alt werden; X [is'taqdam] kommen lassen.

+ [qadam], *pl.* أقدام [ʔaq'da:m] Fuß *m*; Schritt *m*.

+ [qidam] alte Zeit *f*, Vergangenheit *f*, Vorzeit *f*; Priorität *f*; من الـ~ von alters her.

قدما [quduman] *Adv.* vorwärts, geradeaus.

قدا (قدو) [qada: (jaqdu:)] ankommen; gut schmecken; VIII [iq'tada:] nachahmen (*j-n* ب), nacheifern (*j-m* ب), sich zum Vorbild nehmen (*j-n* ب).

قدوم [qa'du:m] mutig, kühn, unerschrocken.

+ [qu'du:m] Ankunft *f*; Kommen *n*.

قدوة [qudwa] Vorbild *n*, Beispiel *n*, Muster *n*.

قدى [qa'di:j] schmackhaft.

قدير [qa'di:r] mächtig, fähig (zu على).

قديس [qiddi:s] heilig; Heilige(r) *m*.

قديم [qa'di:m], *pl.* قدماء [quda'ma:ʔ] *u.* قدامى [qu'da:ma:] alt, antik; veraltet; *s.a.* عهد.

قذارة [qa'ða:ra] Schmutzigkeit *f*, Unreinheit *f*.

قذافة [qa'ðða:fa] = قاذفة.

قذر [qaðir (jaqðar)] schmutzig, unrein sein; II [qaððar] schmutzig machen, verunreinigen.

+ [qaðar], *pl.* أقذار [ʔaq'ða:r] Schmutz *m*, Unreinheit *f*.

+ [qaðir] schmutzig, unsauber, unrein.

قذع [qaðaʕ (jaqðaʕ)] beschimpfen, schmähen.

قذف [qaðaf (jaqðif)] werfen, schleudern; bewerfen, bombardieren; schmähen; II [qaððaf] rudern.

+ [qaðf] Schleudern *n*; Bewerfen *n*, Bombardierung *f*; Schmähung *f*, Verleumdung *f*.

قذى [qaðan] Stäubchen *n*, Verunreinigung *f*.

قذيفة [qa'ði:fa], *pl.* قذائف [qa'ða:ʔif] Wurfgeschoß *n*, Bombe *f*.

قر [qarra (ja'qirru)] verweilen (an *e-m Ort* ب), bleiben, sich niederlassen, wohnen; ~ رأيه [raʔjuhu] beschließen (*etw.* على), sich entschließen (zu على); – [qarra (ja'qarru)] kalt sein; قرت عينه [qarrat ʕainuhu] froh sein; II [qarrar] festsetzen, bestimmen; beschließen, entscheiden; bestätigen; berichten; feststellen; IV [ʔa'qarra] festsetzen, begründen; *in e. Amt* einsetzen; bestätigen; anerkennen; bekennen; V [ta-

ˈqarrar] festgelegt, bestimmt, entschieden werden; X [istaˈqarra] sich niederlassen, bleiben, verweilen, verharren, zur Ruhe kommen; sich festigen, stabil werden, feststehen.

+ [qarr] kalt, kühl.

+ [qurr] Kälte *f*, Kühle *f*.

قرأ [qaraʔa (jaqraʔu)] lesen, rezitieren, deklamieren; studieren (bei على); II [qarraʔa] *u.* IV [ʔaqraʔa] lesen lassen, lesen lehren; X [isˈtaqraʔa] zu lesen bitten; untersuchen, erforschen.

قراء *s.* قارى.

قراءة [qiˈraːʔa] Lesung *f*, Lektüre *f*, Rezitation *f*.

قراب [qiˈraːb], *pl.* قرب [qurub] Behälter *m*, Futteral *n*, Scheide *f*.

قرابة [qaˈraːba] Nähe *f*; Verwandtschaft *f*.

+ [quˈraːba(ta)] *Adv.* ungefähr, fast.

قراح [qaˈraːħ] rein, klar (*Wasser*).

قراد [quˈraːd] *coll.*, ة~, *pl.* قردان [qirˈdaːn] Zecke *f*.

قرار [qaˈraːr] Beständigkeit *f*, Stabilität *f*, Ruhe *f*, Dauer *f*; Wohnsitz *m*; Grund *m*, Tiefe *f*; tiefer Ton *m*; *Techn.* Wellental *n*; *pl.* [-aːt] Beschluß *m*, Entscheidung *f*; ة~ Tiefe *f*, Grund *m*, Boden *m*.

قراصة [qaˈrrɒːsɒ] Kneifzange *f*.

قران [qiˈraːn] Verbindung *f*, Vermählung *f*; *Astronomie*: Konjunktion *f*.

قرآن: ال~ [alqurˈʔaːn] der Koran *m*; ى~ Koran-.

قرب [qarub (jaqrub)] nahe sein (von من); sich nähern, nahe kommen (*j-m* من); II [qarrab] nähern, nahebringen; verständlich machen; *Opfer* darbringen; III [qaːrab] sich nähern, nahe kommen (*j-m* ه); V [taˈqarrab] sich nähern (*j-m* من, الى), herankommen (an *A* من *u.* الى); VI [taˈqaːrab] einander nahe sein, sich einander nähern; VIII [iqˈtarab] sich nähern (*j-m* من), herankommen (an *A* من).

+ [qurb] Nähe *f*; [qurba] *Adv.* nahe bei, in der Nähe von.

قربان [qurˈbaːn], *pl.* قرابين [qaraːˈbiːn] Opfer *n*; Meßopfer *n*.

قربة [qirba], *pl.* قرب [qirab] Wasserschlauch *m*.

قربى [qurbaː] Verwandtschaft *f*.

قرح [qariħ (jaqraħ)] schwären, mit Geschwüren bedeckt sein; II [qarraħ] verwunden; V [taˈqarraħ] = I; VIII [iq-

ˈtarah] vorschlagen (*j-m* على *etw.* ه), anregen; erfinden.

+ [qarħ], *pl.* قروح [quˈruːħ] Wunde *f*, Geschwür *n*.

قرحة [qurħa], *pl.* قرح [qurah] Geschwür *n*.

قرد [qird], *pl.* قرود [quˈruːd] Affe *m*.

قرس [qaris (jaqras)] *Frost:* streng, heftig sein.

قرش [qaraʃ (jaqruʃ)] knabbern, zerbeißen; VIII [iqˈtaraʃ] *Geld* verdienen.

+ [qirʃ] 1. *pl.* قروش [quˈruːʃ] Piaster *m*; *Äg.* صاغ ~ [sɒːɣ] voller, großer Piaster *m* (= *10 Milliemes*); *s.a.* تعريفة; 2. Haifisch *m*.

قرص [qɒrɒs (jaqrus)] kneifen, zwicken, beißen, stechen.

+ [qurs], *pl.* أقراص [ʔaqˈrɒːs] Scheibe *f*, runde Platte *f*, Diskus *m*; Tablette *f*, Pille *f*.

قرصان [qurˈsɒːn], *pl.* قراصين [qarɒːˈsiːn] Seeräuber *m*, Pirat *m*.

قرصنة [qɒrˈsɒna] Seeräuberei *f*.

قرض [qɒrɒđ (jaqriđ)] nagen, zerfressen; abschneiden; IV [ʔaqrɒđ] leihen, Kredit geben (*j-m* ه); VII [inˈqɒrɒđ] aussterben, erlöschen, aufhören; VIII [iqˈtarɒđ] borgen, *e-e* Anleihe *od.* *e-n* Kredit aufnehmen.

+ [qɒrđ], *pl.* قروض [quˈruːđ] Anleihe *f*, Darlehen *n*, Kredit *m*.

قرط [qɒrɒt (jaqrut)] zerstückeln, zerhacken.

+ [qurt], *pl.* أقراط [ʔaqˈrɒːt] Ohrring *m*.

قرطاس [qirˈtɒːs], *pl.* قراطيس [qɒrɒːˈtiːs] Papier *n*, Blatt *n* Papier; ~ية Papierwaren *pl*.

قرظ II [qɒrrɒz] loben, rühmen.

قرع [qaraʕ (jaqraʕ)] schlagen, stoßen; klopfen (an *A* ه); *Glocke* läuten; *mit den Zähnen* knirschen (ه); ~ الاعصاب auf die Nerven gehen; II [qarraʕ] tadeln, schelten; III [qaːraʕ] kämpfen (mit ه); VIII [iqˈtaraʕ] auslosen; abstimmen (über *A* على).

+ [qarʕ] 1. Pochen *n*, Klopfen *n*; Klingeln *n*; 2. Kürbis *m*.

+ [qaraʕ] Kahlköpfigkeit *f*; *s.* أقرع.

قرعة [qarʕa] 1. Schlag *m*, Klopfen *n*; 2. Kürbis *m*.

+ [qurʕa], *pl.* قرع [quraʕ] Los *n*, Auslosung *f*.

قرف [qaraf (jaqrif)] schälen; — [qarif (jaqraf)] Ekel empfinden; VIII [iqˈtaraf] *Verbrechen* begehen, verüben.

+ [qaraf] Ekel *m*, Widerwillen *m*.

قرفصاء [qurfuˈsɒːʔ] Hocken *n*, Hockstellung *f*.

قرفة [qirfa], *pl.* قرف [qiraf] Rinde *f*, Kruste *f*; Zimt *m*.

قرقع [qarqaʕ (juˈqarqiʕ)] lärmen, knarren, knallen.

قرم [qaram (jaqrim)] nagen, beißen.

قرمة [qurma], *pl.* قرم [quram] Baumstumpf *m*, Holzklotz *m*.

قرمزى [qirmiziː] karmesinrot, scharlachrot.

قرن [qaran (jaqrin)] vereinen, verbinden, verknüpfen; III [qaːran] sich verbinden (mit ه); gleichzeitig sein (mit ه); vergleichen (*etw.* ه mit ب; zwischen بين); IV [ʔaqran] verbinden (*miteinander* بين); VIII [iqˈtaran] vereint, verbunden werden; sich verbinden (mit ب); sich verheiraten (mit ب).

+ [qarn], *pl.* قرون [quˈruːn] Horn *n*; Gipfel *m e-s Berges*; Schote *f*; Jahrhundert *n*; القرون الوسطى [wustɒː] Mittelalter *n*.

قرنبيط [qarnaˈbiːt] Blumenkohl *m*.

قرنفل [qaˈranful] Nelke *f*, Gewürznelke *f*.

قرنة [qurna], *pl.* قرى [quran] Ecke *f*, Vorsprung *m*.

قرنى [qarniː] aus Horn, hörnern; ة~ Hornhaut *f des Auges*.

قره قول [qaraˈqɔːl] Wache *f*, Polizeistation *f*.

(قرو) V تقرى [taˈqarraː] *u.* X [isˈtaqraː] prüfen, untersuchen.

قرو [qarw] Wassertrog *m*; ة~ Schüssel *f*.

قروى [qarawiː] ländlich, dörflich, Dorf-.

قرى [qaraː (jaqriː)] *u.* VIII [iqˈtaraː] bewirten, gastlich aufnehmen; *s.a.* قرو, قرية.

قريب [qaˈriːb] 1. nahe; ~ عن *u.* قريبا [qaˈriːban] bald, demnächst; 2. *pl.* أقرباء [ʔaqriˈbaːʔ] Verwandte(r) *m*.

قريح [qaˈriːħ] rein, klar; ة~, *pl.* قرائح [qaˈraːʔiħ] Talent *n*, Begabung *f*, Anlage *f*.

قرين [qaˈriːn], *pl.* قرناء [quraˈnaːʔ] verbunden; Gefährte *m*, Genosse *m*; Gatte *m*, Gemahl *m*; ة~, *pl.* قرائن [qaˈraːʔin] Gattin *f*, Gemahlin *f*; Verbindung *f*, Zusammenhang *m*.

قرية [qarja], *pl.* قرى [quran] Dorf *n*, kleine Stadt *f*.

قز [qazz] (Roh-)Seide *f*.

قزاز [qi'za:z] Glas *n*; ~ة, *pl.* قزائز [qa'za:ʔiz] *u.* [-a:t] Flasche *f*.

قزح: ~ قوس [qausu quzaħ(in)] Regenbogen *m*.

قزحية [quza'ħi:ja] Iris *f*, Regenbogenhaut *f des Auges*.

قزم [qazam], *pl.* أقزام [ʔaq'za:m] Zwerg *m*.

قزمة [qazma], *pl.* قزم [qizam] Beil *n*, Hacke *f*.

قس [qassa (ja'qussu)] *u.* V [ta'qassas] suchen, verfolgen.

\+ [qass *u.* qiss], *pl.* قسوس [qu'su:s] Priester *m*.

قسام [qa'sa:m] *u.* ~ة Schönheit *f*, Eleganz *f*.

قساة *s.* قاس.

قساوة [qa'sa:wa] Grausamkeit *f*, Härte *f*, Strenge *f*.

قسر [qasar (jaqsir)] *u.* VIII [iq'tasar] zwingen, nötigen (zu على).

قسط [qasat (jaqsit)] gerecht handeln; II [qassat] aufteilen; IV [ʔaqsat] = I.

\+ [qist], *pl.* أقساط [ʔaq'sa:t] Teil *m*, Portion *f*, Betrag *m*; Rate *f*, Teilzahlung *f*.

قسطر [qastɒr (ju'qastir)] eichen, prüfen.

قسطاس [qus'tɒ:s] Waage *f*; Kriterium *n*.

قسم [qasam (jaqsim)] teilen, abteilen, einteilen; zuteilen (*j-m* ل *od.* على), bestimmen; dividieren (durch على); II [qassam] teilen, einteilen, aufteilen; III [qa:sam] teilen (mit *j-m* ه); IV [ʔaqsam] schwören (bei ب), *e-n* Eid leisten; V [ta'qassam] geteilt, verteilt werden; VI [ta'qa:sam] unter sich teilen; VII [in'qasam] geteilt werden, sich teilen; VIII [iq'tasam] = VI.

\+ [qasam], *pl.* أقسام [ʔaq'sa:m] Schwur *m*, Eid *m*.

\+ [qism], *pl.* أقسام [ʔaq'sa:m] Teil *m*, Abteilung *f*, Sektion *f*; Klasse *f*, Gruppe *f*; Anteil *m*, Portion *f*; *Äg.* Polizeirevier *n*.

قسمات [qasa'ma:t] Gesichtszüge *m/pl.*

قسمة [qisma], *pl.* قسم [qisam] Teilung *f*; Division *f*; Anteil *m*, Los *n*, Schicksal *n*.

قسا (قسو) [qasa: (jaqsu:)] hart, streng, grausam sein; II [qassa:] verhärten; III [qa:sa:] erleiden, erdulden, ertragen.

قسوسة [qu'su:sa] Priesterwürde *f*, Priestertum *n*.

قسوة [qaswa] Strenge *f*, Härte *f*, Grausamkeit *f*.

قسى [qa'si:j] hart, streng.

قسيس [qi'ssi:s], *pl.* قساوسة [qa-

ˈsa:wisa] Priester *m*, Geistlicher *m*.

قسيم [qaˈsi:m], *pl.* أقسماء [ʔaqsiˈma:ʔ] Partner *m*, Teilhaber *m*; Gegenstück *n*; ة~, *pl.* قسائم [qaˈsa:ʔim] Abschnitt *m*, Coupon *m*, Bon *m*, Gutschein *m*, Quittung *f*.

قش [qaʃʃa (jaˈquʃʃu)] sammeln, auflesen.

+ [qaʃʃ] Stroh *n*.

قشاط [qɨˈʃa:ṭ] Riemen *m*, Treibriemen *m*.

قشب [qaʃab], *pl.* أقشاب [ʔaqˈʃa:b] Gift *n*.

قشدة [qɨʃda] Rahm *m*, Sahne *f*.

قشر [qaʃar (jaqʃir)] *u.* II [qaʃʃar] schälen, abhäuten, enthülsen; V [taˈqaʃʃar] *u.* VII [inˈqaʃar] geschält, enthülst werden; *Haut*: sich schälen, sich abschuppen.

+ [qɨʃr] *u.* ة~, *pl.* قشور [quˈʃu:r] Schale *f*, Hülle *f*, Hülse *f*, Rinde *f*, Haut *f*; (*Fisch-*)Schuppen *f/pl*.

قشط [qaʃaṭ (jaqʃuṭ)] abnehmen, abschöpfen, abschaben.

قشطة [qɨʃṭɒ] Rahm *m*, Sahne *f*; *Äg.* Zimtapfel *m* (*Frucht*).

قشع [qaʃaˁ (jaqʃaˁ)] vertreiben, zerstreuen; VII [inˈqaʃaˁ] verjagt, zerstreut werden.

قشف [qaʃif (jaqʃaf)] im Elend leben; V [taˈqaʃʃaf] 1. asketisch leben; 2. *Haut*: rissig werden.

قشفة [qɨʃfa], *pl.* قشف [qɨʃaf] (*Brot-*)Kruste *f*.

قشلاق [quʃˈla:q] *u.* قشلة [qɨʃla] Kaserne *f*.

قشمش [qɨʃmiʃ] Rosinen *f/pl.*, Korinthen *f/pl*.

قشيب [qaˈʃi:b] neu, blank.

قص [qɒssɒ (jaˈqussu)] schneiden, abschneiden, stutzen, scheren; erzählen (*j-m* على); II [qɒssɒs] scheren, stutzen; III [qɒ:ssɒ] vergelten (*j-m* ه), sich rächen (an *D* ه); kompensieren, abrechnen; quitt sein (mit ه); VIII [iqˈtɒssɒ] vergelten, sich rächen (an *D* من), bestrafen (*j-n* من); erzählen.

قصاب [qaˈssɒ:b] Fleischer *m*, Metzger *m*.

قصاد [quˈsɒ:d(a)] *Präp.* vor, gegenüber.

قصار [quˈsɒ:r] *u.* قصارى [quˈsɒ:ra:] Höchste(s) *n*, Äußerste(s) *n*; *s.a.* قصير.

قصاص [qaˈssɒ:s] 1. Scherer *m*; Erzähler *m*.

+ [qiˈsɒ:s] Vergeltung *f*, Bestrafung *f*; Abrechnung *f*.

قصاصة [quˈsɒ:sɒ] Ausschnitt *m*, Schnitzel *n*, Fetzen *m*.

قصب [qɒsɒb (jaqsɨb)] zerschneiden; II [qɒssɒb] *Haar* kräuseln; mit Metallfäden besticken.

+ [qɒsɒb] Rohr *n*, Schilf *n*, Zuckerrohr *n*; Gold- und Silberfäden *m/pl*. ة~ Rohr *n*, Röhre *f*; Pfeife *f*, Flöte *f*; Röhrenknochen *m*; Zitadelle *f*; *e. Längenmaß = 3,55 m.*

قصد [qɒsɒd (jaqsid)] streben, sich begeben (zu *j-m*, nach الى); beabsichtigen (*etw.* ه, الى), abzielen (auf *A* ه, الى); meinen; sparsam sein; V [ta'qɒssɒd] streben; böse Absicht haben (gegen ه); zerbrochen werden; VIII [iq'tasɒd] sparsam sein (mit في), haushalten; gemäßigt sein.

+ [qɒsd] Absicht *f*, Vorsatz *m*, Streben *n*, Zweck *m*, Ziel *n*; ا~ [qɒsdan] *Adv.* vorsätzlich, absichtlich; ى~ absichtlich.

قصدير [qɒs'di:r] Zinn *n*.

قصر [qɒsɒr (jaqsir)] verkürzen; *Stoff* bleichen; – [qɒsɒr (jaqsur)] 1. nicht erreichen, verfehlen (*etw.* عن), unfähig sein; 2. zurückhalten, einsperren; – [qɒsur (jaqsur)] kurz sein, kürzer werden; II [qɒssɒr] verkürzen, kürzer machen; unzulänglich sein; nicht vermögen (*etw.* عن), nicht erreichen; vernachlässigen (*etw.* في); IV [ʔaqsɒr] kürzer machen, stutzen; abstehen (von عن); VI [ta'qɒ:sɒr] allmählich kürzer werden; unfähig sein (zu عن), abstehen (von عن); VIII [iq'tasɒr] sich beschränken (auf *A* على); sich begnügen (mit على); X [is'taqsɒr] für kurz *od.* ungenügend halten.

+ [qɒsr] 1. Kürze *f*; Unzulänglichkeit *f*; Unfähigkeit *f*; Verkürzung *f*; Beschränkung *f*; 2. *pl.* قصور [qu'su:r] Burg *f*, Schloß *n*.

+ [qisɒr] Kürze *f*, Kleinheit *f*, Schwäche *f*; النظر ~ Kurzsichtigkeit *f*.

قصرية [qɒs'ri:ja] (*Blumen-*)Topf *m*.

قصص [qɒsɒs] Erzählkunst *f*; *s.a.* قصة; ى~ episch.

قصعة [qɒsʕa], *pl.* قصاع [qisɒ:ʕ] Holzschüssel *f*; Schiffsrumpf *m*.

قصف [qɒsɒf (jaqsif)] zerschmettern; donnern; dröhnen; V [ta'qɒssɒf] zerbrochen, zerschmettert werden.

+ [qɒsf] Donner *m*, Dröhnen *n der Geschütze*; Bombardement *n*.

قصل [qɒsɒl (jaqsil)] abschneiden.

+ [qɒsɒl] Stroh *n*, Halme *m/pl.*; Spreu *f*.

قصم [qɒsɒm (jaqsim)] zerbrechen (*etw.* ه); V [ta'qɒssɒm] *u.* VII [in'qɒsɒm] zerbrochen werden, zerbrechen.

+ [qɒsim] zerbrechlich.

قصة [qissɒ], *pl.* قصص [qisɒs] 1. Schnitt *m*; 2. Erzählung *f*, Geschichte *f*.

+ [qussɒ], *pl.* قصص [qusɒs] Stirnlocke *f*.

قصا (قصو) [qɒsɒ: (jaqsu:)] entfernt sein, sich entfernen (von عن); IV [ʔaqsɒ:] weit entfernen; die äußerste Grenze erreichen; V [ta'qɒssɒ:] *u.* X [is'taqsɒ:] tief eindringen (in *A* ه), genau untersuchen.

قصور [qu'su:r] Verminderung *f*, Mangel *m*; Unfähigkeit *f* (zu عن); Minderjährigkeit *f*; *s.a.* قصر.

قصوى *s.* أقصى.

قصى [qɒsija (jaqsɒ:)] = قصا (قصو).

+ [qɒ'si:j] fern, entfernt.

قصيدة [qa'si:da], *pl.* قصائد [qa'sɒ:ʔid] Qaside *f* (*arabische Gedichtform*).

قصير [qa'si:r], *pl.* قصار [qi'sɒ:r] kurz, klein (*von Wuchs*); النظر ~ kurzsichtig.

قصيف [qa'si:f] *u.* قصيم [qa'si:m] zerbrechlich, schwach.

قض [qɒđđɒ (ja'quđđu)] durchbohren; zermalmen; niederreißen; VII [in'qɒđđɒ] herabstürzen, niederfahren, sich stürzen (auf *A* على); *Blitz*: einschlagen.

+ [qɒđđ] Kies *m*, Kieselsteine *m/pl.*

قضاء [qa'đɒ:ʔ] 1. Vollendung *f*, Erfüllung *f*, Durchführung *f*; Erledigung *f*; Entscheidung *f*; Urteil *n*, Verurteilung *f* (*j-s* على); Richteramt *n*; Gerichtsbarkeit *f*; Justiz *f*, Rechtswesen *n*; Verhängnis *n*, Geschick *n*; 2. *pl.* أقضية [ʔaq'điја] Verwaltungsbezirk *m*.

قضاة *s.* قاض.

قضايا *s.* قضية.

قضائى [qa'đɒ:ʔi:] richterlich, gerichtlich, juristisch.

قضب [qɒđɒb (jaqđib)] *u.* II [qɒđđɒb] abschneiden, stutzen; VIII [iq'tađɒb] abkürzen; improvisieren.

قضبان *s.* قضيب.

قضم [qɒđɒm (jaqđim)] nagen, knabbern.

قضى [qɒdɒ: (jaqđi:)] beenden, vollenden; ausführen, durchführen; erfüllen; *Zeit* verbringen; *Schuld* begleichen; bestimmen, entscheiden; urteilen, richten; *e.* Urteil fällen (zu *j-s* Gunsten ل, gegen على); notwendig machen (für *j-n* على *etw.* ب); Schluß machen (mit على); zunichte machen (*etw.* على); II [qɒđđɒ:] durchführen, verrichten; III [qɒ:đɒ:] vor Gericht stellen (*j-n* ه); V [ta'qɒđđɒ:] *Zeit*: ablaufen, verstreichen; VI [ta'qɒ:đɒ:] miteinander prozessieren; fordern, beanspruchen; erhalten; VII [in'qɒđɒ:] aufhören, zu Ende gehen, beendet werden; VIII [iq'tađɒ:] verlangen; erfordern, notwendig machen; X [is'taqđɒ:] fordern.

+ [qɒđɒn] Urteil *n*, Entscheid *m*.

قضيب [qɒ'đi:b], *pl.* قضبان [quđ'ba:n] Stab *m*, Rute *f*; (*Eisenbahn-*)Schiene *f*; Penis *m*.

قضية [qa'đija], *pl.* قضايا [qa'đɒ:ja:] Angelegenheit *f*, Sache *f*, Frage *f*, Problem *n*; *Jur.* Prozeß *m*, Fall *m*, Klage *f*.

قط [qɒt] genug, allein; *s.* فقط.

+ [qɒtt(u)] *im verneinten Satz*: überhaupt; nie.

+ [qɒttɒ (ja'quttu)] schneiden, schnitzen; *Bleistift* spitzen; II [qɒttɒt] drechseln.

+ [qitt], *pl.* قطط [qitɒt] Katze *f*, Kater *m*.

قطار [qi'tɒ:r], *pl.* قطر [qutur] *u.* [-a:t] Zug *m von Kamelen*, Eisenbahnzug *m*.

قطارة [qa'ttɒ:ra] Pipette *f*, Tropfenzähler *m*.

قطاع [qi'tɒ:ʕ], *pl.* [-a:t] Schnitt *m*; Sektor *m e-s Kreises*; ~ عرضى Querschnitt *m*.

قطاف [qi'tɒ:f] Lese *f*, (*Obst-*)Ernte *f*.

قطان [qɒ'ttɒ:n] Baumwollhändler *m*.

قطب [qɒtɒb (jaqtib)] sammeln; die Stirn runzeln, finster blikken; X [is'taqtɒb] *Physik*: polarisieren.

+ [qutb], *pl.* أقطاب [ʔaq'tɒ:b] Pol *m*, Drehpunkt *m*, Achse *f*; führende Persönlichkeit *f*; ~ى polar.

قطر [qɒtɒr (jaqtur)] tropfen, tröpfeln; II [qɒttɒr] tropfen lassen, träufeln; destillieren; aneinanderkuppeln; V [ta'qɒttɒr] tropfen; VI [ta'qɒ:tɒr] strömen, zusammenströmen; X [is'taqtɒr] destillieren; extrahieren.

+ [qɒtr] 1. Tröpfeln *n*, Tropfen *n*; 2. (*Eisenbahn-*)Zug *m*.

\+ [qutr], *pl.* أقطار [ʔaqˈtɒːr] Land *n*, Gegend *f*, Gebiet *n*, Zone *f*; Durchmesser *m e-s Kreises*; نصف الـ~ Radius *m*, Halbmesser *m*.

قطران [qɒtˈraːn] Teer *m*.

قطرة [qɒtra], *pl.* [qɒtɒˈraːt] Tropfen *m*.

قطرى [qutriː] diametral; regional.

قطع [qɒtɒʕ (jaqtɒʕ)] schneiden, abschneiden, durchschneiden, abtrennen; *Strom* unterbrechen; *Beziehungen* abbrechen; zerreißen; verbrauchen; *Weg* zurücklegen; überqueren; *Zeit* verbringen; fest behaupten, entscheiden; *Preis* festsetzen; *Fahrkarte* lösen; *Vertrag* schließen; *Versprechen* geben; الطريق ~ Straßenraub betreiben; II [qɒttɒʕ] in Stücke schneiden, zerstückeln, zerreißen; III [qɒːtɒʕ] brechen (mit *j-m* ه), schneiden (*j-n* ه), böse sein (mit ه), boykottieren; unterbrechen; IV [ʔaqtɒʕ] gewähren, zuweisen, als Lehen übergeben (*j-m* ه *etw.* ه); brechen (mit *j-m* عن); V [taˈqɒttɒʕ] unterbrochen, zerrissen, zerhackt werden; VI [taˈqɒːtɒʕ] sich voneinander trennen; einander kreuzen, schneiden; VII [inˈqɒtɒʕ] abgeschnitten, getrennt, unterbrochen werden; abreißen, aufhören, enden; fernbleiben (von عن); sich ausschließlich beschäftigen (mit الى), sich konzentrieren (auf *A* الى); VIII [iqˈtatɒʕ] entnehmen, sich aneignen; X [isˈtaqtɒʕ] *vom Gehalt* abziehen.

\+ [qɒtʕ] Abschneiden *n*, Trennung *f*, Zerreißung *f*, Unterbrechung *f*; Abbruch *m von Beziehungen*; Zurücklegung *f e-s Weges*; Zubringung *f e-r Zeit*; الطريق ~ Straßenraub *m*; *pl.* قطوع [quˈtuːʕ] *Geometrie*: Schnitt *m*; ~ زائد [zaːʔid] Hyperbel *f*; ~ مكافئ [muˈkaːfiʔ] Parabel *f*; ~ ناقص [naːqis] Ellipse *f*; *pl.* أقطاع [ʔaqˈtɒːʕ] Format *n e-s Buches*.

قطعا [qɒtʕan] *Adv.* bestimmt, entschieden; *mit Negation*: durchaus nicht.

قطعة [qitʕa], *pl.* قطع [qitɒʕ] Stück *n*, Abschnitt *m*, Teil *m*, Segment *n*.

قطعى [qɒtʕiː] bestimmt, entschieden, definitiv, kategorisch.

قطف [qɒtɒf (jaqtif)] pflücken, sammeln; abreißen; VIII [iq-

ˈtatɒf] pflücken, abreißen; auswählen.

+ [qɒtf] Pflücken *n*, Sammeln *n*.

قطن [qɒtɒn (jaqtun)] wohnen, ansässig sein.

+ [qutn], *pl.* أقطان [ʔaqˈtɒ:n] Baumwolle *f*; Watte *f*; ~ى baumwollen, Baumwoll-; ~ية, *pl.* قطانى [qatɒ:ni:j] Hülsenfrucht *f*.

قطة [qittɒ] Katze *f*.

قطيع [qaˈti:ʕ] Rudel *n*, Herde *f*; ~ة Bruch *m*, Trennung *f*; Lehen *n*.

قطيفة [qaˈti:fa] Samt *m*, Plüsch *m*.

قعد [qaʕad (jaqʕud)] sitzen, hokken, verweilen, bleiben; sich setzen; auflauern (*j-m* ل); sitzen lassen (*j-n* ب); abstehen (von عن); IV [ʔaqʕad] hinsetzen, sitzen lassen; abhalten (von عن); hindern (an *D* عن); VI [taˈqa:ʕad] ablassen, sich zurückziehen (von عن); in Pension gehen; VIII [iqˈtaʕad] sich setzen (auf *A* ه).

قعدة [qaʕda] Sitzen *n*; Lage *f*; Beisammensein *n*.

قعر [qaʕur (jaqʕur)] tief sein; II [qaʕʕar] vertiefen.

+ [qaʕr], *pl.* قعور [quˈʕu:r] Boden *m*, Grund *m*, Tiefe *f*.

قعرة [qaʕra] Grube *f*.

قعس VI تقاعس [taˈqa:ʕas] zögern, sich zurückhalten (von عن); verabsäumen.

قعقع [qaʕqaʕ (juˈqaʕqiʕ)] klappern, rasseln, klirren.

قعود [quˈʕu:d] Sitzen *n*; Verzicht *m* (auf *A* عن).

قعيد [qaˈʕi:d] das Haus hütend; Gefährte *m*; ~ة Gefährtin *f*.

قف [qif] halt!, bleib stehen!; *s.* وقف.

قف [qaffa (jaˈquffu)] austrocknen, verdorren.

قفا [qafan], *pl.* أقفية [ʔaqˈfija] Nacken *m*; Rückseite *f*.

قفاء [qaˈfa:ʔ], *pl.* أقفاء [ʔaqˈfa:ʔ] = قفا; *s.* قفو.

قفاز [quˈffa:z], *pl.* قفافيز [qafa:ˈfi:z] Handschuh *m*.

قفال [qaˈffa:l] Schlosser *m*.

قفر [qafar (jaqfur)] folgen (*den Spuren* ه); IV [ʔaqfar] leer, öde, wüst sein; entblößt sein (von من); verwüsten.

+ [qafr], *pl.* قفار [qiˈfa:r] Wüste *f*, Einöde *f*; leer, entvölkert; trocken (*Brot*); ~ة Wüste *f*.

قفز [qafaz (jaqfiz)] springen; V [taˈqaffaz] Handschuhe anziehen.

+ [qafz] Springen *n*; ~ة Sprung *m*.

قفص [qafɒs], *pl.* أقفاص [ʔaqˈfɒːs] Käfig *m*; Korb *m*; Brustkorb *m*; الاتهام ~ Anklagebank *f*.

قفطان [qufˈtɒːn], *pl.* قفاطين [qafaːˈtiːn] Kaftan *m*, Obergewand *n*.

قفع [qafiʕ (jaqfaʕ)] *u.* V [taˈqaffaʕ] sich zusammenziehen, schrumpfen.

قفل [qafal (jaqfil)] 1. schließen, zusperren, verriegeln; 2. zurückkehren; II [qaffal] *u.* IV [ʔaqfal] verschließen, versperren.

\+ [qufl], *pl.* أقفال [ʔaqˈfaːl] *u.* قفول [quˈfuːl] Schloß *n*, Vorhängeschloß *n*; Riegel *m*.

قفة [quffa], *pl.* قفف [qufaf] *Ir.* Guffa *f* (*rundes, geflochtenes Boot*).

قفا (قفو) [qafaː (jaqfuː)] folgen (*e-r Spur* ه); II [qaffaː] nachschicken (*j-m* ه); reimen; VIII [iqˈtafaː] folgen (*e-r Spur* ه), nachahmen.

قل [qul] sag!, sprich!; *s.* قول.

قل [qalla (jaˈqillu)] 1. wenig, gering, unbedeutend sein; kleiner, weniger werden; abnehmen, sich verringern; selten geschehen; 2. aufheben, tragen; II [qallal] verringern, vermindern, reduzieren; IV [ʔaˈqalla] 1. verringern, vermindern; 2. aufheben, tragen, befördern; X [istaˈqalla] 1. selbständig, unabhängig sein; 2. gering finden, verachten; 3. tragen, befördern; 4. *Fahrzeug* besteigen.

قلاب [qaˈllaːb] veränderlich, schwankend, unbeständig.

قلادة [qiˈlaːda], *pl.* قلائد [qaˈlaːʔid] Halsband *n*.

قلاع [quˈlaːʕ] Mundfäule *f*; الحمى القلاعية Maul- und Klauenseuche *f*; *s.a.* قلع *u.* قلعة.

قلامة [quˈlaːma] Späne *m/pl.*, Schnitzel *n/pl.*

قلاوظ [qalaːˈwuːz] Schraube *f*.

قلاية [qaˈllaːja] 1. Bratpfanne *f*; 2. Mönchszelle *f*.

قلب [qalab (jaqlib)] wenden, umdrehen, umkehren; einbiegen; umwandeln, verändern; umstürzen, umwälzen; II [qallab] umkehren, umdrehen, umformen; wälzen, durchwühlen, prüfen, untersuchen; *Seiten e-s Buches* durchblättern; V [taˈqallab] umgedreht werden, sich verändern, sich hin- und herbewegen, schwanken, unbeständig sein; VII [inˈqalab] gewendet, umgewälzt, umgeworfen, umgestürzt werden;

sich verwandeln, sich verändern.

+ [qalb] 1. Verdrehung *f*, Umkehrung *f*, Umwandlung *f*, Änderung *f*; Sturz *m e-r Regierung*; 2. *pl.* قلوب [qu'lu:b] Herz *n*; Mitte *f*, Kern *m*, Mark *n*; Gemüt *n*; *s.* ظهر [zɒhr].

قلبي [qalbi:] Herz-; herzlich.

قلد II [qallad] umgürten (*j-n* ه mit *e-m Schwert* ب), bekleiden, *Amt od. Orden* verleihen, *Herrschaft* übertragen, anvertrauen; nachmachen, nachahmen, imitieren; V [ta'qallad] sich umgürten (mit ب), *Gewand, Schmuck* anlegen; *Amt* übernehmen.

قلزم: بحر الـ~ [baħrul-qulzum] das Rote Meer.

قلص [qalas (jaqlis)] *u.* V [ta'qallas] sich zusammenziehen, schrumpfen, *Stoff* eingehen; schwinden.

قلع [qalaʕ (jaqlaʕ)] ausreißen, herausziehen; *Zahn* ziehen; *Kleid* ausziehen; II [qallaʕ] ausreißen, entwurzeln, vernichten; IV [ʔaqlaʕ] *Schiff*: abfahren, absegeln, in See stechen; verzichten (auf *A* عن); VIII [iq'talaʕ] ausreißen, entwurzeln, vernichten.

+ [qilʕ], *pl.* قلاع [qi'la:ʕ] *u.* قلوع [qu'lu:ʕ] Segel *n*.

قلعة [qalʕa], *pl.* قلاع [qi'la:ʕ] Festung *f*, Zitadelle *f*, Burg *f*.

قلف [qalaf (jaqlif)] entrinden; beschneiden; II [qallaf] kalfatern.

+ [qilf] Rinde *f*, Schale *f*.

قلق [qaliq (jaqlaq)] unruhig, ängstlich, besorgt, aufgeregt sein; IV [ʔaqlaq] stören, beunruhigen.

+ [qalaq] Unruhe *f*, Besorgnis *f*, Erregung *f*, Ruhelosigkeit *f*.

+ [qaliq] unruhig, erregt, besorgt, ängstlich.

قلقل [qalqal (ju'qalqil)] bewegen, erschüttern, erregen.

قلم [qalam (jaqlim)] *u.* II [qallam] abschneiden, stutzen, *Fingernägel* beschneiden.

+ [qalam], *pl.* أقلام [ʔaq'la:m] Rohrfeder *f*, Schreibfeder *f*; Schrift *f*; Stil *m*; Amt *n*, Büro *n*; ~ رصاص Bleistift *m*; ~ الحبر الجاف [alħibrildʒa:ff] Kugelschreiber *m*; ~ التحرير Redaktion *f*; ~ المرور Verkehrsamt *n*.

قلما [qallama:] selten.

قلة [qalla] Wiedergenesung *f*.

+ [qilla] Wenigkeit *f*, Geringfügigkeit *f*; Seltenheit *f*; Mangel *m*; الصبر ~ Ungeduld *f*.

+ [qulla], *pl.* قلل [qulal] 1. Gipfel *m*; 2. *Äg. pop.* [ʔulla] Tonkrug *m zum Kühlen des Wassers*.

(قلو) قلا [qala: (jaqlu:)] 1. braten, rösten; 2. hassen.

قلو [qilw] *Chemie*: Base *f*, Lauge *f*, Alkali *n*; ~ى alkalisch, basisch.

على [qala: (jaqli:)] = (قلو) قلا.

قليل [qaˈli:l], *pl.* قلال [qiˈla:l] *u.* قلائل [qaˈla:ʔil] wenig, gering, spärlich, klein (*an Zahl*); ~ الوجود selten.

قليلا [qaˈli:lan] *Adv.* ein wenig, etwas.

قم [qamma (jaˈqummu)] kehren, fegen.

قمار [qiˈma:r] Glücksspiel *n*, Hasardspiel *n*.

قماش [quˈma:ʃ], *pl.* أقمشة [ʔaqˈmiʃa] Tuch *n*, Stoff *m*; Abfall *m*, Plunder *m*.

قماط [qiˈma:t], *pl.* أقمطة [ʔaqˈmitɒ] *u.* [-a:t] Windel *f*.

قمامة [quˈma:ma] Kehricht *m*.

قمح [qamħ] Weizen *m*; ~ة Weizenkorn *n*; ~ى weizenfarben.

قمر II [qammar] rösten; III [qa:mar] hasardieren (mit ه), riskieren (*etw.* ب), *im Spiel*: setzen (auf *A* على).

+ [qamar], *pl.* أقمار [ʔaqˈma:r] Mond *m*; Trabant *m*, Satellit *m*; ~ى Mond-, lunar; mondförmig; ~ية Oberlicht *n*; Laube *f*.

قمش [qamaʃ (jaqmuʃ)] *u.* II [qammaʃ] auflesen, sammeln.

قمص II [qammɒs] mit *e-m* Hemd bekleiden; V [taˈqammɒs] *e.* Hemd anziehen, sich hüllen (in *A* ه).

قمصان *s.* قميص.

قمط [qamɒt (jaqmut)] *u.* II [qammɒt] einwickeln, binden.

قمع [qamaʕ (jaqmaʕ)] *u.* IV [ʔaqmaʕ] unterdrücken, bändigen; hindern (an *D* عن).

+ [qamʕ] 1. Unterdrückung *f*, Unterwerfung *f*, Bändigung *f*; 2. *pl.* أقماع [ʔaqˈma:ʕ] Trichter *m*.

قمقم [qumqum] Flasche *f zum Verspritzen von Rosenwasser*.

قمل [qaml] *coll.*, ~ة Laus *f*.

قمن [qamin] würdig (*e-r Sache* ب).

قمة [qimma], *pl.* قمم [qimam] Spitze *f*, Gipfel *m e-s Berges*; Scheitel *m des Kopfes*; *Physik*: Wellenberg *m*.

قميص [qaˈmi:s], *pl.* قمصان [qumˈsɒ:n] *u.* قمص [qumus] Hemd *n*; Überzug *m*.

قمين [qaˈmi:n] 1. würdig (*e-r*

Sache ب), geeignet (für ب); 2. Ofen *m.*

قن [qinn], *pl.* أقنان [ʔaqˈnaːn] Sklave *m.*

+ [qunn] Hühnerstall *m*; *s.a.* قنن.

قناع [qiˈnaːʕ], *pl.* أقنعة [ʔaqˈniʕa] *u.* [-aːt] Schleier *m*, Maske *f*; واق ~ [waːqin] Gasmaske *f.*

قناعة [qaˈnaːʕa] Genügsamkeit *f*, Mäßigkeit *f*, Zufriedenheit *f.*

قنال [qaˈnaːl] Kanal *m.*

قناة [qaˈnaːt] 1. *pl.* قنوات [qanaˈwaːt] *u.* أقنية [ʔaqˈnija] Kanal *m*, Wasserlauf *m*; 2. *pl.* قنى [qanan] *u.* قناء [qiˈnaːʔ] Lanzenschaft *m*; Speer *m*; Rohr *n.*

قنب [qamb] Blumenkelch *m.*

+ [qinnab] Hanf *m.*

قنبار [qumˈbaːr] *Ir.* Kokosläufer *m*, Kokosgeflecht *n.*

قنبر [qumbur] *coll.*, ~ة, *pl.* قنابر [qaˈnaːbir] Lerche *f* (*Vogel*); *a.* = قنبلة.

قنبلة [qumbula], *pl.* قنابل [qaˈnaːbil] Bombe *f*, Granate *f*; يدوية ~ [jadaˈwiːja] Handgranate *f.*

قنت [qanat (jaqnut)] gehorsam, unterwürfig sein; beten.

قند [qand] Kandiszucker *m.*

قنديل [qinˈdiːl], *pl.* قناديل [qanaːˈdiːl] Leuchter *m*, Lampe *f.*

قنص [qanɒs (jaqnis)] *u.* VIII [iqˈtanɒs] jagen, pirschen; erjagen; *Gelegenheit* benutzen.

+ [qans] Jagd *f.*

+ [qanɒs] Jagdbeute *f.*

قنصل [qunsul], *pl.* قناصل [qaˈnaːsil] Konsul *m*; عام ~ Generalkonsul *m*; ~ية Konsulat *n.*

قنط [qanit (jaqnat)] verzweifeln, verzagen.

+ [qanit] verzweifelt.

قنطار [qinˈtɒːr], *pl.* قناطير [qanaːˈtiːr] Zentner *m* (= *100 Pfund* رطل).

قنطرة [qantɒra], *pl.* قناطر [qaˈnaːtir] Brücke *f*; Damm *m*; Schleuse *f.*

قنع [qaniʕ (jaqnaʕ)] sich begnügen, zufrieden sein (mit ب); überzeugt sein; II [qannaʕ] 1. befriedigen; überzeugen (von ب), überreden; 2. verschleiern, maskieren; IV [ʔaqnaʕ] überzeugen, überreden; V [taˈqannaʕ] sich maskieren; VIII [iqˈtanaʕ] = I.

+ [qanaʕ] Genügsamkeit *f*, Zufriedenheit *f.*

+ [qaniʕ] zufrieden, genügsam.

قنفذ [qunfuð], *pl.* قنافذ [qaˈnaːfið] Igel *m.*

قنن II [qannan] *Gesetz* erlassen; normieren, festlegen.

قنة [qunna], *pl.* قنن [qunan] *u.* قنان [qiˈna:n] Gipfel *m*, Spitze *f*.

(قنو) قنا [qana: (jaqnu:)] erwerben, anschaffen, sich aneignen; II [qanna:] *e-n* Kanal graben; VIII [iqˈtana:] = I.

قنو [qɨnw], *pl.* أقناء [ʔaqˈna:ʔ] Traube *f*, Büschel *n* *Datteln*.

قنوت [quˈnu:t] Gottergebenheit *f*.

قنوط [quˈnu:t] Verzweiflung *f*.

قنوع [qaˈnu:ʕ] genügsam, mäßig, zufrieden.

قنوة [qɨnwa] Erwerbung *f*, Aneignung *f*; Eigentum *n*.

قني [qana: (jaqni:)] erwerben; – [qanija (jaqna:)] *Nase*: gebogen sein; *s.* (قنو) قنا.

قنينة [qiˈnni:na], *pl.* قنانن [qaˈna:nin] Flasche *f*, Fläschchen *n*.

قنية [qɨnja] = قنوة.

قهر [qahar (jaqhar)] zwingen (zu على); unterwerfen, überwinden; erobern.

+ [qahr] Zwang *m*, Gewalt *f*; Unterwerfung *f*; Ärger *m*.

قهرمان [qahraˈma:n], *pl.* قهارمة [qaˈha:rima] Verwalter *m*, Hausintendant *m*.

قهرة [quhra] Zwang *m*, Gewalt *f*.

قهرى [qahri:] zwingend, Zwangs-; gewaltsam.

قهقر [qahqar (juˈqahqir)] *u.* II [taˈqahqar] sich zurückziehen, zurückweichen.

قهقه [qahqah (juˈqahqih)] laut lachen.

قهوجي [qahwadʒi:] Kaffeekoch *m*.

قهوة [qahwa] Kaffee *m*; *pl.* قهاو [qaˈha:win] *u.* [qahaˈwa:t] Kaffeehaus *n*.

قواء [qaˈwa:ʔ] 1. Wüste *f*; 2. Hunger *m*.

قوات *s.* قوة.

قواد [qaˈwwa:d] Kuppler *m*; *s.a.* قائد.

قواس [qaˈwwa:s] Bogenschütze *m*; Konsulatswächter *m*.

قواعد *s.* قاعدة.

قوال [qaˈwwa:l] gesprächig, beredt; Wandersänger *m*.

قوام [qaˈwa:m] Wuchs *m*, Haltung *f*; Geradheit *f*; Stütze *f*.

+ [qaˈwwa:m] fest stehend; Haupt *n*, Leiter *m*.

+ [qiˈwa:m] Stütze *f*, Grundlage *f*; ة~ Vormundschaft *f*.

قوائم *s.* قائمة.

(قوب) قاب [qa:b (jaˈqu:b)] *u.* II [qawwab] graben, aushöhlen.

قوب [qu:b], *pl.* أقواب [ʔaqˈwa:b] Küken *n*, Vogeljunge(s) *n*.

(قوت) قات [qa:t (jaˈqu:t)] *u.* II [qawwat] *u.* IV [ʔaˈqa:t] ernähren, erhalten; V [taˈqawwat] *u.* VIII [iqˈta:t] sich ernähren, leben (von ب).

القوقاس ~ال: قوقاز [al-qau'qa:z] *u.* Kaukasus *m.*

قوقعة [qauqaʕa], *pl.* قواقع [qa'wa:qiʕ] Muschel *f*, Schnecke *f.*

(قول) قال [qa:l (ja'qu:l)] sagen, sprechen; behaupten, aussagen; III [qa:wal] verhandeln (mit ه); disputieren; handeln (mit ه); *e-n* Kontrakt abschließen; V [ta'qawwal] Unsinn reden, Gerüchte verbreiten; *s.a.* قيل.

قول [qaul], *pl.* أقوال [ʔaq'wa:l] *u.* أقاويل [ʔaqa:'wi:l] Ausspruch *m*, Rede *f*, Wort *n*, Äußerung *f*; Bericht *m*, Aussage *f*; Redensart *f*, Spruch *m.*

+ [qo:l] *Mil.* Kolonne *f*, Heeresabteilung *f.*

قولة [qaula] Wort *n*, Äußerung *f.*

+ [quwala] geschwätzig.

(قوم) قام [qa:m (ja'qu:m)] aufstehen, sich erheben (*a.* gegen على); sich aufstellen, sich hinstellen, stehenbleiben; bestehen, existieren; *Zug*: abfahren; *Reisender*: aufbrechen; *mit* ب: durchführen, verrichten; ausüben, übernehmen, auf sich nehmen; *mit Imperfekt*: anfangen zu; kosten, zu stehen kommen (*Betrag* ب); *Religion*: auferstehen; acht-

قوت [qu:t], *pl.* أقوات [ʔaq'wa:t] Nahrung *f*, Lebensmittel *pl.*

(قوح) قاح [qa:ħ (ja'qu:ħ)] 1. eitern; 2. fegen, kehren.

(قود) قاد [qa:d (ja'qu:d)] führen, leiten, lenken (*a. Fahrzeug*); VII [in'qa:d] geführt, geleitet werden; sich fügen (*j-m* ل); VIII [iq'ta:d] führen.

قود [qaud] Führung *f.*

+ [qawad] Wiedervergeltung *f.*

قور II [qawwar] ausschneiden, aushöhlen; V [ta'qawwar] *Schlange*: sich zusammenrollen.

قورمة [qa'wurma] *Speise aus Fleisch und Gemüse.*

قوس [qawis (jaqwas)] gebogen sein; II [qawwas] biegen; V [ta'qawwas] sich krümmen.

+ [qaus], *pl.* أقواس [ʔaq'wa:s] *u.* قسى [qi'si:j] Bogen *m* (*a. Waffe*); Gewölbe *n*; *Schrift*: runde Klammer *f*; *s.a.* قزح;

~ى bogenförmig.

(قوض) قاض [qɒ:đ (ja'qu:đ)] *u.* II [qawwɒđ] niederreißen, zerstören.

قوطة [qu:tɒ, *pop.* ʔu:tɒ] *Äg.* Tomate *f.*

قوطى [qu:ti:] gotisch.

قوطية [qu:'ti:ja], *pl.* قواطى [qa'wa:ti:] *Ir.* Dose *f*, Schachtel *f.*

geben (auf *A* على); قام مقامه [maˈqa:mahu] *j-s* Stelle einnehmen, ihn vertreten; II [qawwam] aufrichten, gerademachen, in Ordnung bringen, richtigstellen, verbessern; *El.* gleichrichten; bewerten, schätzen, vermessen, inventarisieren; III [qa:wam] Widerstand leisten (*j-m* ه), sich widersetzen, standhalten; IV [ʔaˈqa:m] aufstellen, aufrichten, erheben; errichten, gründen; festsetzen; einsetzen, ernennen; *Religion*: auferwecken; *Fest* veranstalten, begehen; *Gebet* verrichten; *Beweis* erbringen; wohnen, verweilen, sich aufhalten (in *D* ب); V [taˈqawwam] gerade werden; X [istaˈqa:m] gerade, richtig sein; aufrecht stehen; gerade werden, sich ausrichten.

قوم [qaum], *pl.* أقوام [ʔaqˈwa:m] Stamm *m*, Volk *n*, Nation *f*, Leute *pl.*; ~ة Erhebung *f*, Aufstand *m*; ~ى [qaumi:] national, völkisch; ~ية [qauˈmi:ja] Nationalismus *m*; Volkstum *n*.

قوة [qu:wa, quwwa], *pl.* قوات [quˈwwa:t] *u.* قوى [quwan] Kraft *f*, Stärke *f*, Macht *f*, Gewalt *f*, Energie *f*, Vermögen *n*; *Mil.* Truppe *f*, *pl.* [quˈwwɒ:t] Streitkräfte *f/pl.*; Potential *n*; *Math.* Potenz *f*; ~ الارادة Willenskraft *f*; ~ ذرية Atomenergie *f*; ~ مركزية جاذبة Zentripetalkraft *f*; ~ مركزية طاردة Zentrifugalkraft *f*; ~ معنوية sittliche Kraft *f*, Moral *f*; بالقوة *Adv.* gewaltsam; *Philosophie*: virtuell, potentiell.

قوى [qawija (jaqwa:)] 1. stark, mächtig sein; stärker werden; überlegen sein (*j-m* على); 2. leer sein; Hunger leiden; II [qawwa:] stärken, kräftigen, verstärken; III [qa:wa:] kämpfen, sich messen (mit ه); V [taˈqawwa:] *u.* X [isˈtaqwa:] stärker werden, sich verstärken.

+ [qaˈwi:j], *pl.* أقوياء [ʔaqwiˈja:ʔ] stark, kräftig; mächtig; fest, solid; *s.a.* قوة.

قويم [qaˈwi:m], *pl.* قيام [qiˈja:m] gerade, aufrecht; wahrhaft, authentisch, richtig; fest.

قىء [qaiʔ] Erbrechen *n*.

(قىء) قاء [qa:ʔa (jaˈqi:ʔu)] erbrechen; II [qajjaʔa] Erbrechen hervorrufen; V [taˈqajjaʔa] = I.

قياد [qiˈja:d] Halfter *m*; Führung

f; ة~ Führung f, Leitung f, Lenkung f e-s Fahrzeuges; Mil. Kommando n.

قياس [qiˈjaːs], pl. أقيسة [ˀaqˈjisa] u. [-aːt] Maß n, Maßstab m; Beispiel n; Vergleich m, Analogie f; Sport: Rekord m; قياسا على [qiˈjaːsan] entsprechend, analog zu; بالقياس الى im Vergleich mit; ى~ analog, entsprechend; regelmäßig; s. رقم.

قياض [qiˈjɒːđ] Tausch m; gleichwertig.

قيافة [qiˈjaːfa] Äußere(s) n, Kostüm n; Aufspürung f.

قيام [qiˈjaːm] Stehen n; Bestehen n, Bestand m; Aufstehen n; Ausbruch m e-s Aufstandes; Abfahrt f, Abreise f; Verrichtung f, Ausführung f (e-r Sache ب), Erfüllung f (e-r Pflicht ب); ة~ Tumult m; Religion: Auferstehung f.

قيتار [qiːˈtaːr] u. قيثار [qiːˈθaːr] u. ة~ Gitarre f; Leier f.

(قيح) قاح [qaːħ (jaˈqiːħ)] u. V [taˈqajjaħ] eitern.

قيح [qaiħ] Eiter m.

قيد II [qajjad] binden, fesseln; beschränken; festlegen; niederschreiben, eintragen, verbuchen, registrieren; V [taˈqajjad] gebunden sein; sich einschreiben.

+ [qaid], pl. قيود [quˈjuːd] Band n, Fessel f; Bindung f, Beschränkung f, Bedingung f; Eintragung f, Buchung f, Registrierung f; Urkunde f; على ~ الحياة noch am Leben; [qaid(a)] Präp. unterliegend, Gegenstand von; ~ البحث im Stadium der Untersuchung; s. شرط.

قير II [qajjar] teeren.

+ [qiːr] Teer m.

قيراط [qiːˈrɒːt], pl. قراريط [qaraːˈriːt] Karat n; Zoll m (Maß).

(قيس) قاس [qaːs (jaˈqiːs)] messen, abmessen; Kleid anprobieren; vergleichen (mit على), beurteilen (etw. ه nach على); Schlüsse ziehen (aus على); III [qaːjas] vergleichen (mit ب); VIII [iqˈtaːs] messen; nachahmen (j-n ب).

قيصر [qaisɒr] Kaiser m; ى~ kaiserlich.

(قيض) قاض [qɒːđ (jaˈqiːđ)] zerbrechen, sprengen; II [qajjɒđ] Gott: vorherbestimmen; zuteilen; III [qaːjɒđ] eintauschen.

قيض [qaiđ] 1. Tausch m; Äquivalent n; 2. Eierschale f.

قيظ [qaiʑ] Sommerhitze f; Trockenheit f.

قيف II [qajjaf] *Spur* verfolgen; untersuchen.

قال (قيل) [qa:l (ja'qi:l)] *u.* II [qajjal] den Mittagschlaf halten, rasten; IV [ʔa'qa:l] rückgängig machen; *des Amtes* entheben, absetzen; X [ista'qa:l] zurücktreten, den Rücktritt einreichen, demissionieren.

قيل [qail], *pl.* أقيال [ʔaq'ja:l] Fürst *m*, (*kleiner*) Herrscher *m*.

قيل [qi:l] es wurde gesagt (*Passiv von* قال - قول); ~ قال و Gerede *n*.

قيلولة [qai'lu:la] Mittagschlaf *m*, Siesta *f*.

قيم [qajjim] 1. wertvoll, echt, richtig; 2. Verwalter *m*.

قيمة [qi:ma], *pl.* قيم [qijam] Wert *m*; Preis *m*, Betrag *m*; لا ~ له [la: qi:mata lahu] wertlos.

قيمى [qi:mi:] wertmäßig.

قين [qain], *pl.* قيون [qu'ju:n] Schmied *m*.

قيوم: ~ال [alqa'jju:m] der Beständige (*Beiname Gottes*).

ك

ك (كاف) [ka:f] *zweiundzwanzigster Buchstabe*; *Zahlwert 20.*

ك [ka] *Präp.* wie, gleich wie; (*in der Eigenschaft*) als.

+ [ka], *f* [ki] 1. *Possessivsuffix*: dein; 2. *Objektssuffix*: dich.

كأب [kaˀb] Kummer *m*, Betrübnis *f*.

كاب [ka:bin], *constr.* كابي [ka:bi:] matt, verblichen (*Farbe*); trübe.

كابسة: ~ آلة [ka:bisa] Kompressor *m*.

كابوس [ka:ˈbu:s], *pl.* كوابيس [kawa:ˈbi:s] Alptraum *m*, Schreckgespenst *n*.

كابولي [ka:ˈbu:li:] *Techn.* Träger *m*, Konsole *f*.

كاتب [ka:tib] 1. *pl.* [-u:n] schreibend; 2. *pl.* كتاب [kuˈtta:b] *u.* كتبة [kataba] Schreiber *m*, Kanzlist *m*, Sekretär *m*; Schriftsteller *m*; السر ~ Sekretär *m*; العدل ~ Notar *m*.

كاثوليكي [ka:θu:ˈli:ki:] katholisch; Katholik *m*.

كاحل [ka:ħil], *pl.* كواحل [kaˈwa:ħil] Fußknöchel *m*.

كاخية [ka:xija], *pl.* كواخ [kaˈwa:xin] Verwalter *m*.

كاد *s.* كود, كيد.

كادح [ka:diħ] Arbeiter *m*, Werktätige(r) *m*.

كادر [ka:dr] Kader *m*, Stammpersonal *n*.

كاذب [ka:ðib] lügnerisch; unecht, falsch.

كار [ka:r] Arbeit *f*; Gewerbe *n*, Beruf *m*.

كارثة [ka:riθa], *pl.* كوارث [kaˈwa:riθ] Katastrophe *f*, Unglück *n*.

كاز [ga:z] Gas *n*; Petroleum *n*.

كازوزة [ga:ˈzu:za] Sodawasser *n*, Getränk *n* mit Kohlensäure.

كأس [kaˀs], *pl.* كؤوس [kuˈˀu:s] Becher *m*, Trinkglas *n*, Pokal *m*.

كاسب [ka:sib] Verdiener *m*, Gewinner *m*.

كاسد [ka:sid] schlecht verkäuflich (*Ware*), flau (*Markt*).

كاسر [ka:sir] zerbrechend; reißend, wild (*Tier*).

كاسف [ka:sif] betrübt, niedergeschlagen; finster.

كاشف [ka:ʃif], *pl.* كشفة [kaʃafa] Entdecker *m*; Untersucher *m*.

كاظم [ka:ẓim] *npr. m*; ة~ Thermosflasche *f*.

كاغد [ka:γid] Papier *n*.

كاف [ka:fin], *constr.* كافى [ka:fi:], *pl.* كفاة [ku'fa:t] genug, genügend, ausreichend; geeignet, tüchtig.

كافر [ka:fir], *pl.* كفار [ku'ffa:r] *u.* [-u:n] Ungläubige(r) *m*.

كافل [ka:fil], *pl.* كفار [kuffal] Bürge *m*; Vormund *m*.

كافة [ka:ffa] Gesamtheit *f*; alle; [ka:ffatan] *Adv.* insgesamt.

كافور [ka:'fu:r] Kampfer *m*.

كال [ka:ll] matt, ermüdet; *s.a.* كيل.

كالو [ka:llo] Hühnerauge *n*.

كالون [ka:'lu:n], *pl.* كوالين [kawa:'li:n] Türschloß *n*.

\+ [ga:'lu:n] Gallone *f* (*Hohlmaß*).

كامبيو [kambijo] Geldwechsel *m*, Wechselkurs *m*.

كامخ [ka:mix] Essiggemüse *n*.

كامل [ka:mil] ganz, vollkommen, vollständig, vollzählig; *a. npr. m*.

كامن [ka:min] verborgen, geheim.

كان *s.* كون.

كأن [ka'ʔanna] als ob.

كانون [ka:'nu:n] 1. *pl.* كوانين [kawa:'ni:n] Ofen *m*; 2. ~ الاول *Syr., Ir.* Dezember *m*; ~ الثانى *Syr., Ir.* Januar *m*.

كاهل [ka:hil], *pl.* كواهل [ka'wa:hil] Rücken *m*, Schultern *f/pl*.

كاهن [ka:hin], *pl.* كهنة [kahana] Priester *m*; Wahrsager *m*.

كائن [ka:ʔin] seiend, existierend; *pl.* [-a:t] Geschöpf *n*, Wesen *n*; Ding *n*.

كب [kabba (ja'kubbu)] umwerfen, umstürzen; ausgießen; II [kabbab] zusammenballen, Klumpen formen; IV [ʔa'kabba] niederwerfen; sich beugen (über *A* على); sich widmen (*e-r Sache* على); VII [in'kabba] niederstürzen, sich niederwerfen; sich beugen (über *A* على); sich hingeben (*e-r Sache* على).

\+ [kabb] Niederwerfung *f*, Umstürzung *f*.

كباب [ka'ba:b] Kebab *m* (*am Spieß gebratene Fleischstücke*).

كبار [ku'ba:r] sehr groß; *s.a.* كبير.

كباس [ka'bba:s] Presse *f*; Kolben *m*; Ladestock *m*.

كباية [ku'bba:ja] Trinkglas *n*.

كبت [kabat (jakbit)] unterwerfen, unterdrücken.

+ [kabt] Unterdrückung *f*; *Psychologie*: Verdrängung *f*.

كبح [kabaħ (jakbaħ)] *Pferd* zügeln; zurückhalten, hemmen; bändigen.

+ [kabħ] Unterdrückung *f*, Bändigung *f*.

كبد [kabad (jakbid)] bedrücken, hart treffen; II [kabbad] *Verlust* zufügen; den Höhepunkt erreichen; III [ka:bad] ertragen, erdulden, aushalten; V [taˈkabbad] aushalten, ertragen; *Kosten* tragen; in der Mitte *od.* im Zenit stehen.

+ [kabd *u.* kabid], *pl.* أكباد [ʔakˈba:d] Leber *f*; Innere(s) *n*, Mitte *f*, Zentrum *n*.

كبر [kabur (jakbur)] groß *od.* alt werden; größer *od.* älter werden; zunehmen; bedeutend, wichtig werden; zu groß werden (für عن); II [kabbar] vergrößern, erweitern, verstärken, vermehren; rühmen, verherrlichen; III [ka:bar] hochmütig behandeln; widersprechen (*j-m* ه), zuwiderhandeln (*e-r Sache* ه); IV [ʔakbar] für groß halten, rühmen; V [taˈkabbar] *u.* VI [taˈka:bar] stolz sein, überheblich sein (*j-m* gegenüber على); X [isˈtakbar] für groß *od.* wichtig halten; stolz sein.

+ [kibr] Größe *f*, Bedeutung *f*; Stolz *m*.

+ [kibar] hohes Alter *n*.

+ [kubr] Größe *f*, Ausdehnung *f*; Macht *f*, Ansehen *n*.

كبرى [kubri:] *Äg.* Brücke *f*; Schiffsdeck *n*; *s.a.* أكبر.

كبرياء [kibriˈja:ʔ] Stolz *m*, Hochmut *m*; Herrlichkeit *f*.

كبريت [kibˈri:t] Schwefel *m*; Zündhölzer *n/pl.*

كبريتات [kibri:ˈta:t] *Chemie*: Sulfat *n*.

كبريتور [kibri:ˈtu:r] *Chemie*: Sulfid *n*.

كبريتي [kibˈri:ti:] schwefelig, Schwefel-.

كبس [kabas (jakbis)] drücken, pressen; *Stadt* belagern; *Obst* einmachen, konservieren; II [kabbas] stark pressen; massieren.

+ [kabs] Pressung *f*; Konservierung *f*; Einschaltung *f e-s Tages im Schaltjahr*; ~ة Überfall *m*, Überrumpelung *f*.

كبش [kabaʃ (jakbiʃ)] *e-e* Handvoll nehmen (von ه).

+ [kabʃ], *pl.* كباش [kiˈba:ʃ] Widder *m*; Ramme *f*, Puffer *m*; ~ة Handvoll *f*.

كبشة [kubʃa] Haken *m*, Häkchen *n*, Spange *f*.

كبل [kabal (jakbil)] *u.* II [kabbal] fesseln, in Ketten legen; III [ka:bal] hinhalten, hinausschieben.

كبة [kubba], *pl.* كبب [kubab] Knäuel *n*, Kugel *f*; Fleischklößchen *n*.

(كبو) كبا [kaba: (jakbu:)] stolpern, niederfallen; ausgießen; *Farbe*: matt werden; IV [ʔakba:] *Feuerzeug*: versagen; VII [inˈkaba:] straucheln, niederfallen.

كبوت [kaˈbbu:t] Kapuze *f*, Umhang *m*; *Auto*: Verdeck *n*, Motorhaube *f*.

كبوة [kabwa] Fehltritt *m*; Versager *m*.

كبير [kaˈbi:r], *pl.* كبار [kiˈba:r] *u.* كبراء [kubaˈra:ʔ] groß, bedeutend; alt, bejahrt; ~ السن [sinn] alt; ~ المهندسين; Chefingenieur *m*; ~ة, *pl.* كبائر [kaˈba:ʔir] schwere Sünde *f*.

كبيس [kaˈbi:s] eingemacht, konserviert; *s.* سنة.

كتاب [kiˈta:b], *pl.* كتب [kutub] Buch *n*, Schreiben *n*, Schriftstück *n*, Brief *m*; أهل ال~ Christen *u.* Juden (*als Besitzer e-r hl. Schrift*).

\+ [kuˈttab], *pl.* كتاتيب [kata:ˈti:b] Koran- *od.* Elementarschule *f*; *s.a.* كاتب.

كتابة [kiˈta:ba] Schreiben *n*, Schreibkunst *f*; Schrift *f*; Aufschrift *f*, Inschrift *f*; [kiˈta:batan] *Adv.* schriftlich.

كتابى [kiˈta:bi:] schriftlich, Schreib-; literarisch.

كتاف [kiˈta:f], *pl.* كتف [kutuf] Handschelle *f*, Fessel *f*.

كتام [kiˈta:m] Verstopfung *f*, Konstipation *f*.

كتان [kaˈtta:n] Lein *m*, Flachs *m*; ~ى leinen, aus Leinwand.

كتب [katab (jaktub)] schreiben, aufschreiben; verfassen; *Gott*: bestimmen, verhängen (*j-m* ل, على); III [ka:tab] korrespondieren (mit ه); IV [ʔaktab] schreiben lassen; diktieren (*j-m* ه); VI [taˈka:tab] miteinander in Briefwechsel stehen; VIII [ikˈtatab] abschreiben; sich einschreiben; zeichnen, subskribieren; X [isˈtaktab] schreiben *od.* abschreiben lassen; diktieren [(*j-m* ه).

كتبة *s.* كاتب.

كتبى [kutubi:] Buchhändler *m*.

كتف [kataf (jaktif)] fesseln; V [taˈkattaf] die Arme verschränken; VI [taˈka:taf] einander stützen, solidarisch sein.

\+ [katf *u.* katif], *pl.* أكتاف

[ʔakˈta:f] Schulter *f*; Berghang *m*; Stützpfeiler *m*.

كتكوت [katˈku:t], *pl.* كتاكيت [kata:ˈki:t] Küken *n*.

كتل [katal (jaktul)] *u.* II [kattal] zusammenballen; V [taˈkattal] sich zusammenballen, aneinanderkleben; *Pol.* e-n Block bilden.

كتلة [kutla], *pl.* كتل [kutal] Klumpen *m*, Masse *f* (*a. Physik*); *Pol.* Block *m*.

كتم [katam (jaktum)] verbergen, verheimlichen; *Stimme* dämpfen; zurückhalten, unterdrücken; III [ka:tam] verschweigen (*j-m* ه *etw.* ه); V [taˈkattam] Stillschweigen bewahren.

\+ [katm] *u.* كتمان [kitˈma:n] Geheimhaltung *f*, Verschweigung *f*, Verheimlichung *f*.

كتن [katan] Schmutz *m*, Ruß *m*.

كتوم [kaˈtu:m] verschwiegen, schweigsam, diskret.

كتيب [kuˈtajjib] Büchlein *n*.

كتيبة [kaˈti:ba], *pl.* كتائب [kaˈta:ʔib] *Mil.* Abteilung *f*, Schwadron *f*, Bataillon *n*.

كتيت [kaˈti:t] Summen *n*, Brodeln *n des Kessels*.

كتيم [kaˈti:m] verschlossen, undurchdringlich.

كتينة [kaˈti:na] (*Uhr-*)Kette *f*.

كث [kaθθa (jaˈkiθθu)] dicht, dick [sein.

كثار *s.* كثير.

كثافة [kaˈθa:fa] Dichte *f*, Fülle *f*; Festigkeit *f*; *El.* Kapazität *f*; ~ السكان Bevölkerungsdichte *f*.

كثب [kaθab] Nähe *f*; عن ~ aus der Nähe.

كثر [kaθur (jakθur)] viel, zahlreich sein; sich vermehren; II [kaθθar] vermehren, vervielfältigen; كثر خيرك [kaθθar (*pop.* kattar) xe:rak] *Äg.* danke! (= *Gott vermehre dein Wohl*); III [ka:θar] an Zahl übertreffen (*j-n* ه); IV [ʔakθar] viel tun; vermehren; V [taˈkaθθar] sich vermehren; sich ausbreiten (*in der Rede*); VI [taˈka:θar] sich vermehren; sich zusammenrotten (gegen على); X [isˈtakθar] viel tun; für viel *od.* übermäßig halten.

\+ [kuθr] Fülle *f*, Menge *f*.

كثرة [kaθra] Menge *f*, Fülle *f*, Vielheit *f*, große Zahl *f*.

كثف [kaθuf (jakθuf)] dicht, dick sein, sich verdichten; II [kaθθaf] verdichten, kondensieren; V [taˈkaθθaf] *u.* VI [taˈka:θaf] sich verdichten, sich verdicken.

كثيب [kaˈθi:b], *pl.* كثب [kuθub] Sandhügel *m*.

كثير [ka'θi:r], *pl.* كثار [ki'θa:r] viel, zahlreich, reichlich; الحدوث ~ häufig; ~ًا [ka'θi:ran], *vor Verben:* ~ًا ما *Adv.* oft, häufig.

كثيف [ka'θi:f] dicht, dick, kompakt; grob.

كح [kaħħa (ja'kuħħu)] husten.

كحال [ka'ħħa:l] Augenarzt *m.*

كحكحة [kaħ'kaħa] Husten *m,* Hüsteln *n.*

كحل [kuħl] Antimon *n*; Kollyrium *n zum Schwärzen der Augenlider*; ~ي dunkelblau.

كحول [ku'ħu:l] Alkohol *m*, Spiritus *m*; ~ي alkoholisch, Alkohol-.

كد [kadda (ja'kuddu)] sich anstrengen, fleißig arbeiten.

\+ [kadd] Anstrengung *f*, Mühe *f.*

كداس [ku'dda:s] *u.* كداسة [ku'da:sa] Haufen *m*, Stapel *m.*

كدح [kadaħ (jakdaħ)] sich abmühen, sich anstrengen; VIII [ik'tadaħ] den Unterhalt erwerben.

\+ [kadħ] Mühe *f*, Plackerei *f.*

كدر [kadir (jakdar)] trübe, schmutzig sein; unglücklich sein; II [kaddar] trüben; betrüben, ärgern, stören; V [ta'kaddar] getrübt werden; gekränkt sein, sich ärgern (über *A* من).

\+ [kadar] Getrübtheit *f*; Kummer *m*, Betrübtheit *f.*

\+ [kadir] trübe, getrübt; bekümmert.

كدس [kadas (jakdis)] *u.* II [kaddas] anhäufen, aufhäufen; V [ta'kaddas] aufgehäuft werden; sich anhäufen.

\+ [kuds], *pl.* أكداس [ʔak'da:s] Haufen *m*, Stapel *m.*

كدمة [kadma] blauer Fleck *m*; Bißwunde *f.*

كدود [ka'du:d] fleißig, arbeitsam.

كدى II [kadda:] betteln.

كديش [ka'di:ʃ], *pl.* كدش [kuduʃ] Gaul *m*, Arbeitspferd *n.*

كذا [kaða:] so, auf diese Weise; ~ و ~ so und so (*viel*).

كذاب [ka'ðða:b] Lügner *m*; lügnerisch.

كذب [kaðab (jakðib)] lügen; belügen (*j-n* على); II [kaððab] der Lüge beschuldigen; leugnen, dementieren.

\+ [kiðb] *u.* ~ة Lüge *f*, Unwahrheit *f*, Trug *m.*

كذلك [ka'ða:lik(a)] ebenso, desgleichen, ebenfalls.

كذوب [ka'ðu:b] Lügner *m.*

كر [karra (ja'kurru)] kehrtmachen, zurückkehren; wieder angreifen (*j-n* على); II [karrar] 1. wiederholen; 2. reinigen, klären; raffinieren; V [ta-

ˈkarrar] sich wiederholen; raffiniert werden.

\+ [karr] Angriff *m*, Attacke *f*; Wandel *m der Zeiten*.

كراء [kiˈraːʔ] Miete *f*, Pacht *f*; Arbeitslohn *m*.

كراث [kuˈrraːθ] Lauch *m*.

كراج [gaˈraːdʒ] *Ir.* Garage *f*.

كرار [kaˈraːr] Vorratskammer *f*.

كرارية [kurraːˈriːja] Spule *f*, Haspel *f*, Rolle *f*.

كرازة [kiˈraːza] Predigt *f*, Mission *f*.

كراسة [kuˈrraːsa], *pl.* كراريس [karaːˈriːs] *u.* [-aːt] Heft *n*, Bogen *m e-s Buches*.

كراع [kuˈraːʕ], *pl.* أكرع [ʔakruʕ] (*Hammel-*)Fuß *m*; Extremität *f*.

كراكة [kaˈrraːka] 1. Bagger *m*; 2. Zuchthaus *n*.

كرام [kaˈrraːm] Weinbauer *m*; *s.a.* كريم.

كرامة [kaˈraːma] Großzügigkeit *f*, Freigebigkeit *f*, Edelmut *m*; Adel *m*, Würde *f*, Ansehen *n*, Prestige *n*; Wundertat *f*.

كراهة [kaˈraːha] *u.* كراهية [karaːˈhiːja] Haß *m*, Abneigung *f*, Widerwille *m*.

كرب [karab (jakrub)] bedrükken, betrüben; belasten; IV [ʔakrab] eilen, hasten.

\+ [karb], *pl.* كروب [kuˈruːb] Kummer *m*, Sorge *f*; Not *f*, Qual *f*.

كرباج [kurˈbaːdʒ] Peitsche *f*.

كربة [kurba] = كرب [karb].

كربون [karˈbuːn] Kohlenstoff *m*; ~ ورق Kohlepapier *n*.

كرث [karaθ (jakruθ)] betrüben, bekümmern; VIII [ikˈtaraθ] beachten (*etw.* ل), sich kümmern (um ل).

كرخانة [karaˈxaːna] Fabrik *f*; *vulg.* Bordell *n*.

كرد : الـ~ [alˈkurd] die Kurden *pl.*; ~ى, *pl.* أكراد [ʔakˈraːd] Kurde *m*; kurdisch.

كرز [karaz (jakriz)] 1. predigen; 2. sich verbergen.

\+ [karz] Predigt *f*, Mission *f*.

\+ [karaz] *coll.*, ~ة Kirsche *f*.

كرس II [karras] 1. das Fundament legen; aufeinanderlegen; 2. weihen, einweihen.

كرسى [kursiː], *pl.* كراسى [kaˈraːsiː] Stuhl *m*, Sessel *m*; Lehrstuhl *m*; Sitz *m im Parlament*; Thron *m*; *Techn.* Lager *n*; ~ بيل [biːl] Kugellager *n*.

كرش [kariʃ (jakraʃ)] faltig, runzlig sein.

\+ [kirʃ], *pl.* كروش [kuˈruːʃ] Bauch *m*, Wanst *m*.

كرع [karaʕ (jakraʕ)] schlürfen.

كرفس [kaˈrafs *u.* krafus] Sellerie *f*.

كركة [karaka] Destillierkolben *m*, Retorte *f*.

كركدن [karka'dann] Nashorn *n*, Rhinozeros *n*.

كرم [karum (jakrum)] edelmütig, großzügig, freigebig, wohltätig sein; II [karram] ehren, verehren; III [ka:ram] ehrend, höflich behandeln (*j-n* ه); IV [ʔakram] ehren; ehrenvoll behandeln; beschenken (mit ب); V [ta'karram] edel, freundlich sein; verehren (*j-m* على *etw.* ب); die Güte haben, geruhen (zu ب).

+ [karm], *pl.* كروم [ku'ru:m] Weinrebe *f*; Weingarten *m*.

+ [karam] Edelmut *m*, Freigebigkeit *f*, Güte *f*.

كرمشة [karmaʃa] Falte *f*, Runzel *f*.

كرنب [ku'rumb] Kohl *m*, Kraut *n*.

كره [karih (jakrah)] hassen, verabscheuen; – [karuh (jakruh)] widerwärtig, verhaßt sein; II [karrah] verhaßt machen; IV [ʔakrah] zwingen (zu على).

+ [karih] widerwärtig.

+ [kurh] Haß *m*, Abscheu *m*, Widerwille *m*.

كرة [karra] Mal *n*; Wiederkehr *f*.

+ [kura], *pl.* كرى [kuran] *u.* [-a:t] Kugel *f*, Ball *m*; ~ القدم Fußball *m*; ~ نصف Halbkugel *f*.

كرا (كرو) [kara: (jakru:)] graben.

كروى [kurawi:] kugelförmig, sphärisch; ~ة Kugelgestalt *f der Erde*.

كرى [kara: (jakri:)] graben (*s.* كرو); – [karija (jakra:)] schlummern; III [ka:ra:] *u.* IV [ʔakra:] vermieten, verpachten; VIII [is'takra:] mieten, pachten.

+ [karan] Schlummer *m*; *s.a.* كرة.

+ [ku'ri:j] kugelförmig.

كريك [ku're:k] Schaufel *f*; Autoheber *m*.

كريم [ka'ri:m], *pl.* كرام [ki'ra:m] *u.* كرماء [kura'ma:ʔ] edel, vornehm; freigebig, freundlich, gütig, wohltätig; kostbar, wertvoll; ~ة, *pl.* كرائم [ka'ra:ʔim] Kostbarkeit *f*; Tochter *f*.

كريه [ka'ri:h] häßlich, widerlich, übel, unangenehm; ~ة, *pl.* كرائه [ka'ra:ʔih] Unglück *n*, Widerwärtigkeit *f*.

كرية [ku'rajja] Kügelchen *n*; Blutkörperchen *n*.

كز [kazz] trocken, zusammengeschrumpft; zäh, steif.

كزاز [ku'za:z] Wundstarrkrampf *m*, Tetanus *m*.

كزبرة [kuzˈbara] Koriander *m*.

كس [kuss] *vulg*. Vulva *f*.

كساء [kiˈsa:ʔ], *pl*. أكسية [ʔakˈsija] Gewand *n*, Kleid *n*; *s*. كسو.

كساح [kuˈsa:ħ] *Med*. Rachitis *f*; ~ة Kehricht *m*.

كساد [kaˈsa:d] Unverkäuflichkeit *f der Ware*; Flaute *f des Marktes*.

كسب [kasab (jaksib)] erwerben, gewinnen, verdienen; *Beifall* ernten; II [kassab] zu verdienen geben; IV [ʔaksab] gewinnen lassen; verleihen (*j-m* ه *etw*. ه); VIII [ikˈtasab] erwerben, verdienen; *Eigenschaft* annehmen.

+ [kasb] Erwerb *m*, Verdienst *m*, Gewinn *m*.

+ [kusb] Ölkuchen *m*.

كستبان [kustuˈba:n] Fingerhut *m*.

كسح [kasaħ (jaksaħ)] kehren, fegen; – [kasiħ (jaksaħ)] verkrüppelt sein; VIII [ikˈtasaħ] wegfegen, wegschwemmen; überfluten; plündern, an sich raffen.

كسد [kasad (jaksud)] stagnieren; *Ware*: keinen Absatz haben; *Markt*: flau sein.

كسر [kasar (jaksir)] brechen, zerbrechen, aufbrechen; *Durst* löschen; II [kassar] zerschlagen, in Stücke zerbrechen; V [taˈkassar] zerbrochen werden; VII [inˈkasar] zerbrochen werden; *Licht*: sich brechen.

+ [kasr] Brechen *n*, Brechung *f*; *pl*. كسور [kuˈsu:r] Bruch *m* (*a. Math.*); ~ة 1. Zusammenbruch *m*, Niederlage *f*; 2. *Gr*. Vokalzeichen für *i*.

كسرى [kisra:] Chosroes *m*; persischer (*sassanidischer*) König *m*.

كسف [kasaf (jaksif)] 1. *Sonne*: sich verfinstern; 2. beschämen; VII [inˈkasaf] verfinstert werden; beschämt werden.

كسكسي [kusˈkusi:] Kuskus *m* (*Gericht aus Hirse od. Grieß in Nordafrika*).

كسل [kasil (jaksal)] faul, träge sein; VI [taˈka:sal] faul sein *od*. sich stellen.

+ [kasal] Faulheit *f*, Trägheit *f*.

+ [kasil] *u*. كسلان [kasˈla:n], *f* كسلى [kasla:], *pl*. كسالى [kaˈsa:la:] faul, träge, müßig.

كسم [kasam] Form *f*, Fasson *f*, Schnitt *m e-s Kleides*.

كسا (كسو) [kasa: (jaksu:)] kleiden, bekleiden, bedecken; IV [ʔaksa:] bekleiden; V [ta-

ˈkassa:] *u.* VIII [ikˈtasa:] sich kleiden, sich bedecken.

كسوف [kuˈsu:f] Verfinsterung *f*; Sonnenfinsternis *f*.

كسول [kaˈsu:l] träge, faul.

كسوة [kiswa], *pl.* كسى [kisan] *u.* كساو [kaˈsa:win] Gewand *n*, Kleidung *f*; Hülle *f der Kaaba in Mekka*; Uniform *f*.

كسيح [kaˈsi:ħ] lahm, verkrüppelt.

كسير [kaˈsi:r], *pl.* كسرى [kasra:] gebrochen, zerbrochen.

كش [kaʃʃa (jaˈkiʃʃu)] 1. *Fliegen* verjagen; 2. zurückweichen.

كشاف [kaˈʃʃa:f], *pl.* كشافة [kaˈʃʃa:fa] Kundschafter *m*, Späher *m*; Pfadfinder *m*; Scheinwerfer *m*.

كشاف [kiˈʃa:fa] Aufklärung *f*; Pfadfinderbewegung *f*.

كشح [kaʃaħ (jakʃaħ)] 1. hassen; feindlich gesinnt sein (*j-m* ل); 2. zerstreuen, fortjagen.

+ [kaʃħ], *pl.* كشوح [kuˈʃu:ħ] Seite *f*, Flanke *f*.

كشر [kaʃar (jakʃir)] *u.* II [kaʃʃar] die Zähne fletschen; *e-e* Grimasse schneiden.

كشرة [kiʃra] Grimasse *f*.

كشط [kaʃaṭ (jakʃiṭ)] entfernen, abziehen, wegreiben.

كشف [kaʃaf (jakʃif)] *Hülle* wegnehmen, zurückschlagen; enthüllen, aufdecken (*etw.* عن); prüfen, *ärztlich* untersuchen; III [ka:ʃaf] enthüllen, eröffnen, mitteilen (*j-m* ه *etw.* ب); V [taˈkaʃʃaf] *u.* VII [inˈkaʃaf] aufgedeckt, enthüllt werden; sich zeigen; VIII [ikˈtaʃaf] entdecken, ausfindig machen; X [isˈtakʃaf] auskundschaften, erforschen, aufklären.

+ [kaʃf] 1. Aufdeckung *f*, Enthüllung *f*, Untersuchung *f*; 2. *pl.* كشوف [kuˈʃu:f] Liste *f*, Aufstellung *f*, Verzeichnis *n*; Bericht *m*.

كشك [kuʃk], *pl.* أكشاك [ʔakˈʃa:k] Kiosk *m*, Verkaufsbude *f*; Kabine *f*, Pavillon *m*.

كشكول [kaʃˈku:l] Bettelschale *f*; Sammelsurium *n*.

كشمش [kiʃmiʃ] Rosinen *f/pl*.

كشيف [kaˈʃi:f] unbedeckt, offen.

كظ [kaẓẓɒ (jaˈkuẓẓu)] überfüllen, überladen; VIII [ikˈtaẓẓɒ] überladen, überfüllt sein.

كظم [kaẓɒm (jakẓim)] *den Zorn* unterdrücken, verbeißen.

كظيظ [kaˈẓi:ẓ] überladen, übersättigt.

كظيمة [kaˈẓi:ma] Thermosflasche *f*.

كعب II [kaˁˁab] kubisch machen; *Math.* kubieren.

+ [kaˁb], *pl.* كعوب [kuˈˁu:b] *u.* كعاب [kiˈˁa:b] Knöchel *m*, Ferse *f*; (*Schuh-*)Absatz *m*; (*Buch-*)Rücken *m*; Knoten *m e-s Halmes*; Kubus *m*, Würfel *m*; ة~ Würfel *m*; ال~ die Kaaba *in Mekka*.

كعك [kaˁk] *u.* ة~ Biskuit *n*, Keks *n*, Kuchen *m*.

كف [kaffa (jaˈkuffu)] aufhören (mit عن), einstellen (*etw.* عن); verzichten (auf *A* عن); zurückhalten (von عن), hindern (an *D* عن); *Kleid* säumen; II [kaffaf] säumen; VIII [ikˈtaffa] sich enthalten (*e-r Sache* عن).

+ [kaff], *pl.* كفوف [kuˈfu:f] *u.* أكف [ʔakuff] Hand *f*, Handfläche *f*; Pfote *f*; Handvoll *f*; Handschuh *m*.

كفء [kafʔ *u.* kufʔ], *pl.* أكفاء [ʔakˈfa:ʔ] gleich, ebenbürtig (*j-m* ل); passend, geeignet (für ل); fähig (zu ل).

كفأ [kafaʔa (jakfaʔu)] umdrehen; sich abwenden (von عن); III [ka:faʔa] belohnen, entlohnen; vergelten; gleichen (*e-r Sache* عن); VI [taˈka:faʔa] einander gleich sein; VII [inˈkafaʔa] weichen, zurückweichen, sich zurückziehen; umgestürzt werden.

كفاء [kiˈfa:ʔ] Gleiche(s) *n*, Entsprechende(s) *n*.

كفاءة [kaˈfa:ʔa] Gleichheit *f*; Tauglichkeit *f*, Leistungsfähigkeit *f*.

كفاح [kiˈfa:ħ] Kampf *m*, Streit *m*.

كفار *s.* كافر.

كفارة [kaˈffa:ra] Buße *f*, Sühne *f*.

كفاف [kaˈfa:f] Genüge *f*, Lebensunterhalt *m*.

+ [kiˈfa:f] Saum *m*, Rand *m*, Borte *f*.

كفالة [kaˈfa:la] Bürgschaft *f*, Garantie *f*; Pfand *n*, Kaution *f*.

كفاة *s.* كاف.

كفاية [kiˈfa:ja] Genüge *f*; Fähigkeit *f*, Eignung *f*; !~ genug!

كفت [kafat (jakfit)] zurückhalten, abwenden (von عن); II [kaffat] plattieren, mit Einlegearbeit versehen.

كفتة [kufta] Rolle *f* aus gehacktem Fleisch.

كفح [kafaħ (jakfaħ)] entgegentreten (*j-m* ه); III [ka:faħ] bekämpfen (*etw.* ه), kämpfen (gegen ه; für عن).

كفر [kafar (jakfir)] bedecken, verbergen; – [kafar (jakfur)] leugnen (بالله [biˈlla:hi] Gott), ungläubig sein; II [kaffar] 1. bedecken; büßen (für عن), sühnen (*etw.* عن); verzeihen (*j-m* عن); 2. zum Unglauben verführen; des Unglaubens bezichtigen.

+ [kafr], *pl.* كفور [ku'fu:r] Dorf *n.*

+ [kufr] *u.* كفران [kuf'ra:n] Unglaube *m*; Undankbarkeit *f*; بالله ~ Gotteslästerung *f.*

كفل [kafal (jakful)] 1. ernähren; 2. bürgen (für ب); verbürgen, gewährleisten, garantieren, sichern; II [kaffal] 1. ernähren, erhalten; 2. verantwortlich machen, zum Bürgen machen; III [ka:fal] *e-n* Vertrag schließen (mit ه); IV [ʔakfal] als Bürgen stellen; V [ta'kaffal] sich verbürgen, Bürgschaft leisten (für ب); sich verpflichten (zu ب), auf sich nehmen (*etw.* ب); VI [ta'ka:fal] für einander bürgen.

+ [kafl] Garantie *f.*

+ [kafal], *pl.* أكفال [ʔak'fa:l] Kruppe *f des Pferdes.*

كفن II [kaffan] ins Leichentuch hüllen.

+ [kafan], *pl.* أكفان [ʔak'fa:n] Leichentuch *n.*

كفة [kiffa], *pl.* كفف [kifaf] Handfläche *f*; Waagschale *f.*

كفؤ [kufuʔ] *u.* كفوء [ku'fu:ʔ] ebenbürtig, gleich.

كفى [kafa: (jakfi:)] genügen, genug sein (*j-m* ه); *Mühe* ersparen (*j-m* ه); schützen (*j-n* ه vor ه); III [ka:fa:] belohnen (*j-n* ه mit ب), vergelten; VIII [ik'tafa:] sich begnügen (mit ب), zufrieden sein.

+ [ka'fi:j] genügend; fähig.

كفيل [ka'fi:l], *pl.* كفلاء [kufa'la:ʔ] verantwortlich (für ب); Bürge *m*, Garant *m*; Vormund *m.*

كل [kalla (ja'killu)] müde, schwach werden; stumpf werden; II [kallal] krönen; trauen; IV [ʔa'kalla] matt, müde machen, erschöpfen; V [ta'kallal] gekrönt werden.

+ [kall] Müdigkeit *f*, Erschöpfung *f*, Stumpfheit *f.*

+ [kull] Gesamtheit *f*; Ganze(s) *n*; alle; jeder; ganz; ~ بيت [kullu baitin] jedes Haus *n*; ~ البيت [kullu lbaiti] *u.* البيت كله [al-baitu kulluhu] das ganze Haus; ~ من [kullu man] jeder, der; ~ ما alles, was.

كلا [kalla:] nein!, keineswegs!

كلا [kila:], *f* كلتا [kilta:]; *G, A* كلى [ki'laj], *f* كلتى [kil'taj] beide; كلاهما [ki'la:huma:] sie beide.

كلأ [kalaʔa (jaklaʔu)] behüten, bewahren.

كلاب [ku'lla:b], *pl.* كلاليب [kala:-

ˈli:b] Haken *m*; *s.a.* كلب; ~ة Zange *f*.

كلاسكى [kla:siki:] klassisch.

كلاكس [kla:ks] Autohupe *f*, Horn *n*.

كلال [kaˈla:l] *u.* ~ة Mattheit *f*, Müdigkeit *f*, Erschöpfung *f*.

كلام [kaˈla:m] Sprechen *n*, Rede *f*, Sprache *f*; Gespräch *n*, Unterhaltung *f*; Äußerung *f*, Worte *n/pl.*; فارغ ~ leeres Geschwätz *n*; علم ال~ scholastische Theologie *f*; ~ى Rede-; scholastisch, dogmatisch.

كلاوى *s.* كلية.

كلب [kalib (jaklab)] tollwütig sein; II [kallab] einhaken, festhalten (an *D* ب); VI [taˈka:lab] aufeinander losstürzen.

+ [kalb], *pl.* كلاب [kiˈla:b] Hund *m*; البحر ~ Hai *m*.

+ [kalab] Tollwut *f*.

+ [kalib] tollwütig.

كلبش [kalabʃ] Handschellen *f/pl.*

كلبة [kalba] Hündin *f*; كلبى [kalbi:] hündisch; Hunde-.

كلتا, كلتى, *s.* كلا.

كلحة [kalaħa] Gesichtsausdruck *m*; Mundpartie *f*.

كلدانى [kalˈda:ni:] chaldäisch; Chaldäer *m*.

كلس II [kallas] kalken, tünchen; kalzinieren.

+ [kils] Kalk *m*; ~ى Kalk-, kalkig.

كلف [kalif (jaklaf)] gern haben (*etw.* ب), verliebt sein (in *A* ب); II [kallaf] beauftragen (mit ب); kosten (*j-n* ه *etw.* ه), (*teuer*) zu stehen kommen (*j-m* ه); نفسه ~ sich die Mühe machen; V [taˈkallaf] sich belasten (mit ه *u.* ب); *Kosten* tragen, auf sich nehmen; sich Mühe machen; *etw.* gekünstelt *od.* gezwungen tun; sich zieren.

+ [kalaf] 1. Kosten *pl.*; 2. Sommersprossen *f/pl.*; Sonnenflecken *m/pl.*; 3. Verliebtheit *f*.

كلفة [kulfa], *pl.* كلف [kulaf] Mühe *f*, Beschwerde *f*; Förmlichkeit *f*, Geziertheit *f*; Aufwand *m*, Ausgaben *f/pl.*, Kosten *pl.*

كلكلة [kalkala] Schwiele *f*.

كلل [kalal] = كلال.

كلم [kalam (jaklim)] verwunden; II [kallam] ansprechen (*j-n* ه), sprechen (mit ه); III [ka:lam] sich unterhalten (mit ه); V [taˈkallam] sprechen, reden (mit مع); sprechen (*e-e Sprache* بالـ).

+ [kalm], *pl.* كلوم [kuˈlu:m] Wunde *f*.

+ [kalim] *coll.* Äußerung *f*, Wort *n*.

كلما [kullama:] jedesmal wenn; immer wenn; so oft . . .; *s.* كل.

كلمة [kalima], *pl.* [-a:t] Wort *n*, Äußerung *f*, Rede *f*, Ansprache *f*.

كلنا [kulluna:] wir alle; كلها, كله, كلهم *s.* كل.

كلوة [kulwa] Niere *f*; *s.* كلية.

كلوى [kulwi:] Nieren-.

كلى [kulli:] gesamt, Gesamt-, umfassend, absolut, total.

كليب [ka'li:b] tollwütig.

+ [ku'laib] Hündchen *n*.

كليشة [kli:ʃe], *pl.* كلايش [ka'la:jiʃ] Klischee *n*, Druckstock *m*.

كليم [ka'li:m] 1. verwundet; 2. Sprecher *m*; Angesprochene(r) *m*; 3. Kelim *m* (*Teppich ohne Flor*).

كلية [kulja], *pl.* كلى [kulan] *u.* كلاوى [ka'la:wi:] Niere *f*.

+ [ku'lli:ja] Gesamtheit *f*; Fakultät *f* *e-r Universität*, Hochschule *f*.

كم [kam] wieviel (mit *A sg.*); ~ رجلا [radʒulan] wieviele Männer?; *od.*: ~ من مرة wie oft?; بكم [bikam] um wieviel?; ~ الساعة wie spät ist es?

كم [kum] 1. *Possessivsuffix*: euer, Ihr; 2. *Objektssuffix*: euch, Sie.

كم [kamma (ja'kummu)] bedekken; verbergen; II [kammam] 1. *e-n* Maulkorb anlegen (*j-m* ه), mundtot machen; 2. mit Ärmeln versehen.

+ [kamm] Quantität *f*, Menge *f*; نظرية الـ~ Quantentheorie *f*.

+ [kimm], *pl.* كمام [ki'ma:m] Blütenkelch *m*.

+ [kumm], *pl.* أكمام [ʔak'ma:m] Ärmel *m*.

كمء [kamʔ], *pl.* أكمؤ [ʔakmuʔ] Trüffel *f*.

كما [kama:] so wie.

+ [kuma:] 1. *Possessivsuffix*: euer beider; 2. *Objektssuffix*: euch beide.

كماخ [ku'ma:x] Stolz *m*, Überheblichkeit *f*.

كماد [ki'ma:d] *u.* ~ة Umschlag *m*, Kompresse *f*.

كماشة [ka'mma:ʃa] Zange *f*.

كمال [ka'ma:l] Vollkommenheit *f*, Vollständigkeit *f*; Vollendung *f*; *a. npr. m*; ~ة Ergänzung *f*, Zugabe *f*; ~ى Luxus-, luxuriös.

كمامة [ki'ma:ma], *pl.* كمائم [ka'ma:ʔim] Maulkorb *m*; (*Gas-*) Maske *f*; Blütenkelch *m*.

كمان [ka'ma:n] 1. Geige *f*; 2. *Äg. pop.* noch, auch.

كمبيالة [kam'pja:la] *Hdl.* Wechsel *m*.

كمبيو [kambjo:] Geldwechsel *m*, Wechselstube *f*.

كمثرى [kuˈmmaθra:] Birne *f*.

كمد [kamid (jakmad)] traurig, bekümmert sein; trüb sein; II [kammad] *e-n* Umschlag machen (um *A* ه).

+ [kamad] Kummer *m*; Trübheit *f*.

كمر [kamar] Gürtel *m*; ة~ Tragbalken *m*, Träger *m*.

كمرك [gumruk], *pl.* كمارك [gaˈma:rik] Zoll *m* (*Abgabe*); ى~ Zoll-.

كمسارى [kumˈsa:ri:] *Äg. pop.* (*Autobus-*)Schaffner *m*.

كمش [kamaʃ (jakmuʃ)] ergreifen, packen; V [taˈkammaʃ] schrumpfen, sich zusammenziehen; *Tuch*: eingehen; runzelig werden; VII [inˈkamaʃ] in sich versinken.

كمشة [kamʃa] Handvoll *f*.

كمل [kamul (jakmul)] ganz, vollkommen, fertig sein *od*. werden; II [kammal] *u*. IV [ʔakmal] vollenden, fertig machen; vervollkommnen; VI [taˈka:mal] *u*. VIII [ikˈtamal] vollkommen, vollendet werden; Vollkommenheit erreichen; X [isˈtakmal] vollenden, vervollkommnen; ausführen.

كمن [kamin (jakman)] verborgen sein, sich verbergen; auflauern (*j-m* ل); IV [ʔakman] verbergen; V [taˈkamman] auflauern (*j-m* ل); im Hinterhalt liegen.

+ [ka-man] wie jemand, der .

كمنجة [kaˈmandʒa] Geige *f*.

كمه [kamah] Blindheit *f*.

كمون [kaˈmmu:n] Kümmel *m*.

كمى [kammi:] quantitativ, mengenmäßig.

كمين [kaˈmi:n], *pl.* كمناء [kumaˈna:ʔ] verborgen, versteckt; Hinterhalt *m*.

كمية [kaˈmmi:ja] Qantität *f*, Menge *f*.

كميون [kamˈju:n] Lastwagen *m*.

كن [kanna (jaˈkunnu)] verbergen; *Gefühl* hegen; *Wind*: sich legen; II [kannan] *u*. IV [ʔaˈkanna] verbergen, verheimlichen.

+ [kinn], *pl.* أكنان [ʔakˈna:n] Zuflucht *f*, Obdach *n*; Heim *n*; Schutz *m*; Nest *n*.

+ [kunna] 1. *Possessivsuffix*: euer (*weiblich*); 2. *Objektssuffix*: euch (*Frauen*).

كنا [kunna:] wir waren; *s*. (كون).

كنار [kaˈna:r] Rand *m*, Saum *m*.

كناس [kaˈnna:s] Straßenkehrer *m*; ة~ [kuˈna:sa] Kehricht *m*.

كنافة [kuˈna:fa] *Süßigkeit aus*

Teigfäden mit Honig und Nüssen.

كناية [ki'na:ja] Anspielung *f*, Metonymie *f*.

كنب [kanab] Schwiele *f*; ~ة Kanapee *n*, Sofa *n*.

كنت [kuntu] ich war, كنتم [kuntum] ihr wart; *s.* (كون).

كندرة [kundura], *pl.* كنادر [ka'na:dir] *Syr.*, *Ir.* Schuh *m*.

كنز [kanaz (jakniz)] vergraben; aufspeichern, horten; VIII [ik'tanaz] sammeln, aufhäufen, horten; zunehmen; voller, stärker werden.

+ [kanz], *pl.* كنوز [ku'nu:z] Schatz *m*, Hort *m*.

كنس [kanas (jaknus)] kehren, fegen.

كنسى [kanasi:] kirchlich.

كنف [kanaf (jaknuf)] schützen; einfrieden, umgeben; III [ka:naf] *u.* IV [ʔaknaf] beschirmen; beistehen (*j-m* ه); VIII [ik'tanaf] umgeben, einschließen.

+ [kanaf], *pl.* أكناف [ʔak'na:f] Flügel *m*, Flanke *f*, Seite *f*; Schoß *m*, Schutz *m*.

(كنه) VIII اكتنه [ik'tanah] genau verstehen, ergründen; X [is'taknah] untersuchen, zu ergründen suchen.

كنه [kunh] Kern *m*, Wesen *n e-r Sache*, wahre Beschaffenheit *f*.

كنة [kanna], *pl.* كنائن [ka'na:ʔin] Schwiegertochter *f*; Schwägerin *f*.

+ [kunna] Schutzdach *n*.

كنود [ku'nu:d] Undankbarkeit *f*.

كنى [kana: (jakni:)] anspielen (auf *A* عن); metonymisch gebrauchen; mit *e-m* Beinamen nennen; II [kanna:] *e-n* Beinamen geben (*j-m* ه); V [ta'kanna:] *u.* VIII [ik'tana:] unter *e-m* Beinamen bekannt sein, sich nennen.

كنيسة [ka'ni:sa], *pl.* كنائس [ka'na:ʔis] Kirche *f*; Synagoge *f*.

كنيف [ka'ni:f], *pl.* كنف [kunuf] Klosett *n*.

كنين [ka'ni:n] verborgen.

كنية [kunja], *pl.* كنى [kunan] Beiname *m* (*mit* أبو [abu:] *zusammengesetzt*).

كهانة [ka'ha:na] Wahrsagung *f*, Prophezeiung *f*.

كهرب [kahrab (ju'kahrib)] elektrisieren, ionisieren; elektrifizieren.

+ [kahrab], *pl.* كهارب [ka'ha:rib] Elektron *n*.

كهرباء [kahra'ba:ʔ] Bernstein *m*; Elektrizität *f*.

كهربائى [kahra'ba:ʔi:] elektrisch;

Elektriker *m*; ~ة Elektrizität *f*.

كهربة [kah'raba] Elektrisierung *f*; Elektrifizierung *f*.

كهرمان [kahra'ma:n] Bernstein *m*.

كهف [kahf], *pl.* كهوف [ku'hu:f] Höhle *f*.

كهل [kahul (jakhul)] *u.* VIII [ik'tahal] im besten Alter sein, in das reife Alter kommen.

+ [kahl], *pl.* كهول [ku'hu:l] *u.* كهل [kuhhal] Mann *m* im reifen Alter.

كهن [kahan (jakhan)] weissagen, wahrsagen; V [ta'kahhan] vorhersagen, prophezeien (*etw.* ب).

كهنة [kuhna] alt, zerlumpt; Fetzen *m*; *s.a.* كاهن.

كهنوت [kaha'nu:t] Priestertum *n*; ~ى priesterlich, geistlich.

كهولة [ku'hu:la] reifes Alter *n*.

كواء [ka'wwa:ʔ] 1. Bügler *m*; 2. Verleumder *m*.

كوارة [ku'wa:ra], *pl.* كوائر [ka'wa:ʔir] Bienenstock *m*.

كواليني [kawa:'li:ni:] Schlosser *m* (*s.* كالون).

كوب [ku:b], *pl.* أكواب [ʔak'wa:b] Trinkglas *n*.

كو برى = كبرى.

كوبة [ku:ba] 1. Trinkglas *n*; 2. Herz *im Kartenspiel*.

كوبيا [ko:pija] Kopie *f*; Kopier-; *Ir.* Mogelzettel *m*.

كوتشينة [ku:'tʃe:na] *Äg. pop.* Spielkarten *f/pl*.

كوثر [kauθar] 1. reichlich; 2. ال~ *Name e-s Flusses im Paradies.*

كوخ [ku:x], *pl.* أكواخ [ʔak'wa:x] Hütte *f*.

(كود) كاد [ka:da (ja'ka:du)] nahe daran sein; fast, beinahe tun; كاد يموت beinahe wäre er gestorben; ما كاد يخرج حتى kaum war er hinausgegangen, als; لم يكد يراها [lam jakad ja'ra:ha:] er sah sie kaum; II [kawwad] aufhäufen.

كودة [kauda], *pl.* أكواد [ʔak'wa:d] Haufen *m*.

كور II [kawwar] zusammenrollen, aufwickeln; ballen.

+ [ku:r], *pl.* أكوار [ʔak'wa:r] *u.* كيران [ki:'ra:n] Esse *f*, Schmelzofen *m*; Kamelsattel *m*; ~ة 1. Bezirk *m*, Distrikt *m*; 2. Ball *m*.

كوز [ku:z], *pl.* أكواز [ʔak'wa:z] Kanne *f*, Krug *m*; Maiskolben *m*.

كوسا *u.* كوسى [ku:sa:] Spargelkürbis *m*.

كوع [ku:ʕ], *pl.* أكواع [ʔak'wa:ʕ] Ellbogen *m*; Knie *n e-s Rohres.*

كوفى [ku:fi:] kufisch (*aus der Stadt*

Kufa الكوفة); *Name e-r monumentalen Schriftart*; ة~ Kopftuch *n* (*s.* عقال).

كوكب [kaukab] *u.* ة~, *pl.* كواكب [kaˈwa:kib] Stern *m*; (*Film-*) Star *m*; ى~ sternförmig; Stern-.

كوم II [kawwam] anhäufen, aufstapeln; V [taˈkawwam] sich anhäufen.

+ [kaum, ko:m], *u.* ة~, *pl.* أكوام [ʔakˈwa:m] *u.* كيمان [ki:ˈma:n] Haufen *m*; Schutthaufen *m*.

كان (كون) [ka:n (jaˈku:n)] sein; existieren; geschehen; كان له er hatte; كان منهم er gehörte zu ihnen; II [kawwan] bilden, formen, gestalten, schaffen; V [taˈkawwan] entstehen, sich bilden; X [istaˈka:n] sich unterwerfen.

كون [kaun] Sein *n*, Dasein *n*, Existenz *f*; ال~ das Weltall; مع كونه ... obwohl er ... ist; ى~ Welt-, Weltall-.

كوة [ku:wa, kuwwa], *pl.* كوى [kuwan] *u.* كواء [kiˈwa:ʔ] kleines Fenster *n*, Luke *f*; Schießscharte *f*.

كوى [kawa: (jakwi:)] brennen, kauterisieren (*als Heilbehandlung*); ätzen; bügeln, plätten.

كويت: ال~ [al-kuˈwait, al-kuˈwe:t] Kuwait.

كويس [kuˈwajjis] *pop.* gut; hübsch.

كى [kaj] *Konj.* damit.

كى [kajj] Kauterisation *f*; Ätzung *f*; Bügeln *n*.

كياسة [kiˈja:sa] Feinheit *f*, Subtilität *f*; Eleganz *f*; Gewandtheit *f*; Schlauheit *f*, Klugheit *f*.

كيان [kiˈja:n] Sein *n*, Existenz *f*; Wesen *n*, Natur *f*.

كاد (كيد) [ka:d (jaˈki:d)] täuschen, überlisten; Ränke schmieden (gegen ل); III [ka:jad] zu überlisten suchen.

كيد [kaid], *pl.* كياد [kiˈja:d] List *f*; Betrug *m*; Kniff *m*.

كير [ki:r], *pl.* أكيار [ʔakˈja:r] Blasebalg *m*.

كاس (كيس) [ka:s (jaˈki:s)] fein, schlau, klug sein; hübsch sein.

كيس [kais] = كياسة.

+ [kajjis] fein, hübsch; schlau, intelligent.

+ [ki:s], *pl.* أكياس [ʔakˈja:s] Sack *m*, Beutel *m*.

كيف [kaifa, *pop.* ke:f] wie?; *s.a.* حال.

كيف II [kajjaf] formen, gestalten; anpassen, regeln; akklimatisieren, *Luft* konditionieren; *Reflex* bedingen; erheitern, leicht berauschen; V [taˈkajjaf] geformt, angepaßt werden; vergnügt sein, sich amüsieren.

+ [kaif, ke:f] Zustand *m*, Befinden *n*; Laune *f*, Stimmung *f*, Belieben *n*; على كيفك wie es dir beliebt.

كيفما [kaifama:] wie auch immer.

كيفى [kaifi:] qualitativ; beliebig, willkürlich.

كيفية [kaiˈfi:ja] Beschaffenheit *f*, Qualität *f*, Eigenschaft *f*.

كيكة [kaika], *pl.* كياكى [kaˈja:ki:] Ei *n*.

كال (كيل) [ka:l (jaˈki:l)] messen, wägen; zumessen, zuteilen; II [kajjal] messen; III [ka:jal] Gleiches mit Gleichem vergelten (*j-m* ه).

كيل [kail], *pl.* أكيال [ʔakˈja:l] Maß *n* (*bes. für Schüttgut*).

كيلا [kai-la:] damit nicht.

كيلو [ki:lu:] Kilogramm *n*; Kilometer *m*; جرام ~ [ki:loˈgra:m] Kilogramm *n*; سيكل ~ [ki:loˈsaikl] Kilohertz *n*; غرام ~ [ki:loˈɣra:m] Kilogramm *n*; متر ~ [ki:lomitr] Kilometer *m*.

كيلون [ke:ˈlu:n] = كالون.

كيماوى [ki:ˈma:wi:] chemisch; Chemiker *m*.

كيمياء [ki:miˈja:ʔ] Chemie *f*.

كيمياوى [ki:miˈja:wi:] chemisch.

كان (كين) [ka:n (jaˈki:n)] *u.* X [istaˈka:n] sich unterwerfen.

كينونة [kaiˈnu:na] Sein *n*, Existenz *f*.

كية [kajja] Brandmal *n*, Brandwunde *f*.

كئيب [kaˈʔi:b] traurig, schwermütig, düster.

ل

ل (لام) [la:m] *dreiundzwanzigster Buchstabe; Zahlwert 30.*

لـ [la] *Bekräftigungs- und Schwurpartikel.*

+ [li] 1. *Präp.* zu, für; wegen; zugunsten; *dient zum Ausdruck des Dativs*; von (*bei Verfassernamen*); ليس لى أن [laisa li: ʔan] es steht mir nicht zu, daß; ... لى عليه er schuldet mir ...; 2. *Konj. mit folg. Konjunktiv*: damit; um zu.

لا [la:] nein!, nicht; kein.

لاأدرية [la:-ʔadˈri:ja] Agnostizismus *m*, Skeptizismus *m*.

لابد *s.* بد.

لابس [la:bis] bekleidet (mit ه), angezogen.

لأجل *s.* أجل.

لاجنسى [la:-dʒinsi:] staatenlos.

لاجئ [la:dʒiʔ], *pl.* [-u:n] Flüchtling *m*, Emigrant *m*.

لاح [la:ħħ] eng; *s.a.* لوح.

لاحب [la:ħib] offen, begehbar (*Weg*).

لاحظة [la:ħizɒ], *pl.* لواحظ [laˈwa:ħiz] Auge *n*, Blick *m*.

لاحق [la:ħiq] erreichend; folgend, anschließend; ة~, *pl.* لواحق [laˈwa:ħiq] Anhang *m*, Nebensache *f*; *Gr.* Suffix *n*.

لاذع [la:ðiʕ] brennend, beißend, stechend.

لاذقية: ~ال [al-la:ðiˈqi:ja] Lattakija (*Hafenstadt in Syrien*).

لازب [la:zib] anhaftend, fest; unerläßlich.

لازم [la:zim] notwendig, nötig, erforderlich, unerläßlich; verbindlich; fest anhaftend; *Gr.* intransitiv; ة~, *pl.* لوازم [laˈwa:zim] dauerndes Attribut *n*; (*notwendiger*) Bestandteil *m*; *pl.* Zubehör *n*, *m*.

لاسع [la:siʕ] scharf, beißend, brennend.

لاسلكى [la:-silki:] drahtlos, Funk-; Radio *n*, Rundfunk *m*.

لاسيما *s.* سيما.

لاشعور [la:-ʃuˈʕu:r] Unterbewußtsein *n*, Unbewußte(s) *n*.

لاشيء [la:-ʃaiʔ] Nichts *n*.

لاصق [la:siq] anhaftend; *Med.* Tampon *m*.

لاعب [la:ʕib] spielend; Spieler *m*.

لاغ [la:ɣin], *constr.* لاغی [la:ɣi:] ungültig, unwirksam, nichtig.

لاغب [la:ɣib] matt, müde.

لافتة [la:fita], *pl.* لوافت [laˈwa:fit] (*Hinweis-*)Tafel *f*, Schild *n*.

لاق *s.* ليق.

لاقط [la:qit] aufnehmend, empfangend; آلة لاقطة Empfangsgerät *n* (*Radio*).

لاكن [la:kin] aber, jedoch; *s.* لكن.

لألأ [laʔlaʔa (juˈlaʔliʔu)] *u.* II [taˈlaʔlaʔa] glitzern, leuchten, schimmern.

لآلی *s.* لؤلؤ.

لام *s.* لوم.

لأم [laʔam (jalʔam)] *Wunde* verbinden; flicken, ausbessern; löten; III [la:ʔam] passen (*j-m* ه; zu ه); übereinstimmen (mit ه); angemessen, bekömmlich, zuträglich sein (für ه); versöhnen (*j-n* mit *j-m* بين); VIII [ilˈtaʔam] ausgebessert, geflickt, gelötet werden; zueinander passen, harmonieren; sich verbinden, zusammenhängen; zusammentreten, sich gruppieren; *Wunde*: heilen.

\+ [laʔm] Ausbesserung *f*, Verbindung *f*.

لامركزية [la:-markaˈzi:ja] Dezentralisation *f*.

لامع [la:miʕ] glänzend, leuchtend; ~ة Fontanelle *f*.

لأمة [laʔma] Ringpanzer *m*.

لأن [li-ʔan] *Konj. mit folg. Konjunktiv*: damit.

\+ [liˈʔanna] *Konj. mit folg. A*: denn; weil.

لانهاية [la:-niˈha:ja] Unendlichkeit *f*.

لانهائی [la:-niˈha:ʔi:] unendlich.

لاه [la:hin], *constr.* لاهی [la:hi:] unaufmerksam, achtlos.

لاهف [la:hif] bekümmert, betrübt.

لاهوت [la:ˈhu:t] Gottheit *f*; علم الـ~ Theologie *f*; ~ی theologisch.

لاو [la:win], *constr.* لاوی [la:wi:], *pl.* لواة [luˈwa:t] sich wendend; beachtend (*etw.* على).

لائحة [la:ʔiħa], *pl.* لوائح [laˈwa:ʔiħ] *u.* [-a:t] Liste *f*; Programm *n*, Entwurf *m*; Antrag *m*; (*Gesetzes-*)Vorlage *f*; Verordnung *f*, Dekret *n*; (*Fahr-*)Plan *m*.

لائذ [la:ʔið] Schutzsuchende(r) *m*.

لائق [la:ʔiq] tauglich; passend, geziemend; würdig.

لائم [la:ʔim] Tadler *m*; ~ة, *pl.* لوائم [laˈwa:ʔim] Tadel *m*, Vorwurf *m*.

لب [lubb] 1. *pl.* لبوب [luˈbu:b] Innerste(s) *n*, Mark *n*, Kern *m*; 2. *pl.* ألباب [ʔalˈba:b] Herz *n*; Geist *m*, Verstand *m*.

لباب [luˈba:b] Innere(s) *n*; Seele *f*; Quintessenz *f*.

لباد [luˈbba:d] Filz *m*; ~ة Filzdecke *f*; Filzkappe *f*.

لباس [liˈba:s], *pl.* ألبسة [ʔalˈbisa] Gewand *n*, Kleid *n*; *Äg.* Unterhose *f*.

لباقة [laˈba:qa] Anstand *m*; Geschicklichkeit *f*; Eleganz *f*.

لبان [laˈba:n] Brust *f*.

\+ [laˈbba:n] 1. Milchhändler *m*; 2. Ziegelmacher *m*.

\+ [luˈba:n] Weihrauch *m*.

لبانة [liˈba:na] Milchwirtschaft *f*.

\+ [luˈba:na] 1. Angelegenheit *f*; Verlangen *n*, Wunsch *m*; 2. Kaugummi *m*.

لبث [labiθ (jalbaθ)] verweilen, bleiben; zögern; *mit Verb*: fortgesetzt tun; لم يلبث أن [lam jalbaθ ʔan] es dauerte nicht lange, so . . .; V [taˈlabbaθ] verweilen; zögern.

\+ [labθ] Zögern *n*; Aufenthalt *m*.

لبثة [lubθa] Pause *f*; Aufschub *m*.

لبخة [labxa] Breiumschlag *m*; Brei *m*.

لبد [labad (jalbud)] haften, kleben (an *D* ب); II [labbad] verfilzen, *Filz* walken; *Gras* niederdrücken; V [taˈlabbad] aneinander kleben, verfilzt sein; *Himmel*: sich bewölken.

\+ [labad] Wolle *f*; Filz *m*; Torf *m*.

\+ [libd], *pl.* لبود [luˈbu:d] Filz *m*.

لبدة [libda] Mähne *f des Löwen*; Filzmütze *f*.

لبس [labis (jalbas)] *Kleid* anziehen, tragen; sich anziehen; II [labbas] anziehen, bekleiden; umhüllen, überziehen, belegen; verworren machen; III [la:bas] umgeben; verkehren, Umgang haben (mit ه); IV [ʔalbas] bekleiden, bedecken, überziehen; V [taˈlabbas] sich anziehen, sich kleiden; verwickelt werden (in *A* ب); sich einlassen (auf *A* ب); dunkel, unverständlich sein (für على); VIII [ilˈtabas] zweifelhaft sein; vermischt werden (mit ب).

\+ [labs] Verwirrung *f*, Unklarheit *f*.

+ [libs], *pl.* لبوس [lu'bu:s] Kleidung *f*, Anzug *m*.

+ [lubs] Anziehen *n*, Tragen *n e-s Kleides*.

لبط [labɒt (jalbut)] zu Boden werfen; mit dem Fuß treten.

لبق [labiq (jalbaq)] passen; gewandt, elegant sein; II [labbaq] anpassen.

+ [labaq] Gewandtheit *f*, Anstand *m*.

لبك [labak (jalbuk)] *u.* II [labbak] mischen, verwirren, in Unordnung bringen.

+ [labk] *u.* ~ة Verwirrung *f*.

لبلاب [lab'la:b] Efeu *m*.

لبن II [labban] Ziegel machen; VIII [il'taban] Milch saugen.

+ [laban], *pl.* ألبان [ʔal'ba:n] Milch *f*; *Ir.* saure Milch *f*, Joghurt *m,n*; *pl.* Molkereiprodukte *n/pl*.

+ [libn] *coll.* ungebrannte Ziegel *m/pl*.

لبنات [laba'na:t] *Chemie*: Laktat *n*.

لبنان [lub'na:n] Libanon *m*; ~ى libanesisch; Libanese *m*.

لبنى [labani:] milchig; Milch-.

لبوس [la'bu:s] Kleidung *f*.

لبون [la'bu:n] milchgebend; حيوان ~ Säugetier *n*.

لبوة [labwa], *pl.* [laba'wa:t] Löwin *f*.

لبى II [labba:] befolgen; Folge leisten (*e-r Aufforderung* ه), *Einladung* annehmen.

لبيب [la'bi:b], *pl.* ألباء [ʔali'bba:ʔ] klug, verständig, einsichtig; *a. npr. m*.

لبيخ [la'bi:x] fleischig, korpulent.

لبيس [la'bi:s] getragen (*Kleid*).

لبيق [la'bi:q] geschickt; elegant.

لبيك [la'bbaika] zu deinen Diensten!; *s.* لبى.

لت [latta (ja'luttu)] zerstoßen; *Teig* kneten.

+ [latt] *Äg.* Geschwätz *n*.

لتر [litr], *pl.* [-a:t] Liter *m*.

لثام [li'θa:m] Schleier *m*, Hülle *f*.

لثغة [luθɣa] Lispeln *n*, fehlerhafte Aussprache *f*.

لثم [laθam (jalθim)] 1. küssen; 2. schlagen; II [laθθam] verhüllen.

لثمة [laθma] Kuß *m*.

لثة [liθa], *pl.* لثى [liθan] Zahnfleisch *n*.

لج [laddʒa (ja'laddʒu)] hartnäkkig sein; beharren (auf *D* فى); VIII [il'taddʒa] lärmen, brausen.

+ [luddʒ] = لجة.

لجأ [ladʒaʔa (jaldʒaʔu)] Zuflucht suchen (bei الى), seine Zuflucht nehmen (zu الى); IV [ʔaldʒaʔa] beschützen; nötigen (zu الى); VIII [il'tadʒaʔa] seine Zuflucht nehmen (zu الى).

لجاجة [la'dʒa:dʒa] Hartnäckigkeit *f*.

لجام [li'dʒa:m], *pl.* ألجمة [ʔal'dʒima] Zügel *m*; Zaum *m*.

لجان *s.* لجنة.

لجب [ladʒib] lärmend, tosend.

لجلج [ladʒladʒ (ju'ladʒlidʒ)] stottern, stammeln.

لجم [ladʒam (jaldʒum)] nähen; II [laddʒam] *u.* IV [ʔaldʒam] zügeln, im Zaum halten, zurückhalten.

لجن [ladʒin (jaldʒan)] haften, hängen, kleben (an *D* ب).

لجنة [ladʒna], *pl.* لجان [li'dʒa:n] Ausschuß *m*, Komitee *n*, Kommission *f*.

لجة [laddʒa] Geschrei *n*, Lärm *m*.

+ [luddʒa], *pl.* لجج [ludʒadʒ] Tiefe *f des Meeres*; Abgrund *m*.

لجوج [la'dʒu:dʒ] hartnäckig, zudringlich, lästig.

لح [laħħa (ja'liħħu)] *Verwandtschaft*: eng, nahe sein; IV [ʔa'laħħa] drängen (zu على), beharren, bestehen (auf *D* في).

لحاء [li'ħa:ʔ] Bast *m*, Rinde *f*.

لحاف [li'ħa:f], *pl.* لحف [luħuf] *u.* ألحفة [ʔal'ħifa] Steppdecke *f*.

لحاق [la'ħa:q] Einholung *f*; Anschluß *m* (an *A* ب), Beitritt *m* (zu ب).

لحام [la'ħħa:m] 1. Fleischer *m*; 2. Löter *m*, Schweißer *m*.

+ [li'ħa:m] Schweißen *n*; Verschweißung *f*, Verlötung *f*.

لحامة [la'ħa:ma] Fleischigkeit *f*, Korpulenz *f*.

لحد [laħad (jalħad)] *u.* IV [ʔalħad] 1. beerdigen; *e.* Grab graben; 2. vom Glauben abfallen, Ketzer werden; VIII [il'taħad] abweichen (von عن); sich zuneigen (zu الى).

+ [laħd], *pl.* لحود [lu'ħu:d] *u.* ألحاد [ʔal'ħa:d] Grab *n*, Gruft *f*.

لحس [lahas (jalhas)] zerfressen; – [lahis (jalhas)] lecken.

لحظ [laħɒz (jalħɒz)] anblicken, betrachten, beobachten; III [la:ħɒz] anblicken, beobachten; beachten, berücksichtigen; bemerken; *e-e* Bemerkung machen.

+ [laħz], *pl.* ألحاظ [ʔal'ħɒ:z] Blick *m*; ة~, *pl.* [laħa'zɒ:t] Blick *m*; Augenblick *m*, Moment *m*.

لحف [laħaf (jalħaf)] bedecken, einhüllen.

+ [liħf] Fuß *n e-s Berges*.

لحق [laħiq (jalħaq)] einholen, erreichen (*etw.* ب *u.* ه); folgen (*j-m* ب); sich anschließen (an *A* ب); antreten (*e-n Dienst* ب), eintreten (in *e-e Schule*

ب); befallen, heimsuchen (*j-n* ب); III [la:ħaq] folgen (*j-m* ه), verfolgen (*j-n* ه); IV [ʔalħaq] anfügen, hinzufügen, anhängen, anschließen, beigeben (*e-r Sache* ب); *Schaden* zufügen; aufnehmen (in *e-n Verband* ب); zuteilen, abkommandieren (zu ب); VI [ta'la:ħaq] dicht aufeinander folgen; VIII [il'taħaq] erreichen, einholen (*etw.* ب); eintreten, beitreten, sich anschließen.

لحم [laħam (jalħum)] verbinden, flicken, löten, schweißen; *Wunde*: verheilen; – [laħim (jalħam)] haften bleiben (an *D* ب); II [laħħam] *u.* III [la:ħam] *u.* IV [ʔalħam] löten, schweißen; VI [ta'la:ħam] miteinander kämpfen; VIII [il'taħam] haften (an *D* ب), sich anschmiegen; *Wunde*: heilen, vernarben; miteinander kämpfen.

+ [laħm], *pl.* لحوم [lu'ħu:m] Fleisch *n*.

+ [laħim] fleischig; korpulent.

لحمة [laħma] Stück Fleisch *n*.

+ [luħma] 1. Schußfaden *m des Gewebes*; 2. Verwandtschaft *f*.

لحمية [laħ'mi:ja] *Med.* Granulation *f*, wildes Fleisch *n*; ~ العين Bindehaut *f*.

لحن [laħan (jalħan)] fehlerhaft sprechen; – [laħin (jalħan)] verstehen; II [laħħan] vertonen, komponieren; intonieren.

+ [laħn], *pl.* ألحان [ʔal'ħa:n] 1. Melodie *f*, Weise *f*; 2. Sprachfehler *m*.

+ [laħin] intelligent, verständig.

لحا (لحو) [laħa: (jalħu:)] beschimpfen, schmähen; VIII [il'taħa:] sich den Bart wachsen lassen.

لحوح [la'ħu:ħ] hartnäckig, beharrlich.

لحى [laħa: (jalħa:)] = لحا (لحو).

+ [laħj], *pl.* لحى [lu'ħi:j] Kinn *n*, Kinnbacke *f*.

لحية [liħja], *pl.* لحى [liħan] Bart *m*.

لخبط [laxbɒt (ju'laxbit)] *Äg.* durcheinanderbringen, verwirren.

لخص II [laxxɒs] abkürzen, zusammenfassen, *e-n* Auszug machen (aus ه); V [ta'laxxɒs] zusammengefaßt werden.

لد [ladda (ja'luddu)] streiten (mit ه); II [laddad] verleumden, verunglimpfen.

لدانة [la'da:na] Weichheit *f*, Biegsamkeit *f*.

لدائن [la'da:ʔin] *pl.* Kunststoffe *m/pl.*

لدد [ladad] Feindschaft *f*, Zwist *m*, heftiger Streit *m*.

لدغ [ladaγ (jalduγ)] *Insekt*: stechen; *Schlange*: beißen.

لدغة [ladγa] Stich *m*, Biß *m*.

لدن [ladun (jaldun)] weich, biegsam, geschmeidig sein; II [laddan] erweichen; mildern.

+ [ladn] weich, biegsam, elastisch, knetbar.

+ [ladun] *Präp.* bei, nahe bei, in Gegenwart von; من ~ von, seitens; ~ى [laduni:] mystisch.

لدة [lida] Geburt *f*; *s.* ولد.

لدود [la'du:d] erbittert (*Feind*); verbissen.

لدى [lada:] *Präp.* bei, in Gegenwart von; *mit Suffix*: [ladai-]: لديه [la'daihi] bei ihm (= er hat).

لذ [laðða (ja'laððu)] angenehm, köstlich sein; II [laððað] *u.* IV [ʔa'laðða] erfreuen, ergötzen; V [ta'laððað] *u.* VIII [il'taðða] erfreut werden, sich ergötzen (an *D* ب); genießen (*etw.* ه); X [ista'laðða] angenehm finden.

لذاذة [la'ða:ða] Annehmlichkeit *f*, Reiz *m*, Genuß *m*.

لذاع [la'ða:ʕ] brennend, beißend, scharf.

لذع [laðaʕ (jalðaʕ)] brennen; verletzen, beleidigen.

+ [laðʕ] Brennen *n*; Brand *m*.

لذلك [li'ða:lik(a)] deshalb, darum.

لذة [laðða] Freude *f*, Vergnügen *n*, Genuß *m*, Wonne *f*, Lust *f*.

لذيذ [la'ði:ð], *pl.* لذاذ [li'ða:ð] angenehm, köstlich, genußreich, süß.

لزاق [li'za:q] Leim *m*, Kitt *m*, Kleister *m*.

لزام [li'za:m] notwendig; Notwendigkeit *f*, Verpflichtung *f*.

لز [lazza (ja'luzzu)] verbinden, festmachen, zusammendrükken; nötigen (zu الى).

لزب [lazab (jalzub)] fest sein; anhaften.

+ [lazib] wenig, gering.

لزبة [lazba] Unglück *n*.

لزج [lazidʒ] klebrig.

لزق [laziq (jalzaq)] haften, kleben (an *D* ب); II [lazzaq] *u.* IV [ʔalzaq] ankleben, anheften; VIII [il'tazaq] = I.

+ [laziq] klebrig, leimig.

+ [lizq] angrenzend, anschließend.

لزقة [lazqa], *pl.* لزق [luzaq] Pflaster *n*, Umschlag *m*.

لزم [lazim (jalzam)] hängen, haften (an *D* ه), unzertrennlich sein (von ه), bleiben (bei, in *D* ه); *Bett* hüten; *Schweigen* bewahren; notwendig sein (für ه), obliegen (*j-m* ه); III [la:zam] anhaften (*e-r Sache* ه), bleiben, beharren; dauernd bei *j-m od.* um *j-n* sein (ه); IV [ˀalzam] zwingen, nötigen; zur Pflicht machen (*j-m* ه *etw.* ه); VI [ta'la:zam] unzertrennlich sein; VIII [il'tazam] bleiben, verharren (bei ه); auf sich nehmen; sich verpflichten (zu ه *od.* ب); X [is'talzam] erfordern; für nötig halten.

لزمة [lazma] behördliche Konzession *f*.

لزوجة [lu'zu:dʒa] Klebrigkeit *f*.

لزوم [lu'zu:m] Notwendigkeit *f*, Bedürfnis *n*, Bedarf *m*.

لسان [li'sa:n], *pl.* ألسنة [ˀal'sina] *u.* ألسن [ˀalsun] Zunge *f*; Sprache *f*; Organ *n* (*Zeitung*); Riegel *m*; ~ الحال stummer Ausdruck *m*.

لست [lasta] du bist nicht; [lastu] ich bin nicht; *s.* ليس.

لستيك [las'ti:k] Gummi *m*.

لسع [lasaˁ (jalsaˁ)] stechen, beißen; brennen; verletzen.

لسعة [lasˁa] Stich *m*, Biß *m*.

لسن [lasin (jalsan)] beredt sein; II [lassan] zuspitzen.

+ [lasin] beredt.

(لشى) III لاشى [la:ʃa:] vernichten; VI [ta'la:ʃa:] schwinden, verschwinden, zunichte werden; zerstört werden.

لص [lassɒ (ja'lussu)] verstohlen tun; stehlen, rauben.

+ [liss], *pl.* لصوص [lu'su:s] Dieb *m*, Räuber *m*.

لصق [lasiq (jalsɒq)] haften, kleben (an *D* ب); II [lassɒq] ankleben, zusammenheften; III [la:sɒq] angrenzen; in Berührung sein (mit ه); IV [ˀalsɒq] ankleben, anheften (an *A* ب); VI [ta'la:sɒq] aneinander kleben; VIII [il'tasɒq] sich anheften, sich anhängen (an *A* ب); klebenbleiben (an *D* ب).

+ [lasiq] klebrig.

+ [lisq] anhaftend, unzertrennlich.

لصوصية [lusu:'si:ja] Dieberei *f*, Räuberei *f*; *s.* لص.

لصوق [la'su:q] Pflaster *n*, Umschlag *m*.

لصيق [la'si:q] anklebend, anliegend, angrenzend.

لضم [lađɒm (jalđim)] *Faden* einfädeln; *Perlen* auffädeln.

لط [lattɒ (ja'luttu)] schlagen, prügeln.

لطافة [la'tɒ:fa] Zartheit *f*, Dünnheit *f*, Feinheit *f*; Anmut *f*; Freundlichkeit *f*, Höflichkeit *f*, Güte *f*.

لطخ [latɒx (jaltɒx)] beflecken, beschmutzen.

لطخة [latxa] Fleck *m*.

لطف [latɒf (jaltuf)] gütig, freundlich sein; – [latuf (jaltuf)] fein, zart, anmutig, elegant sein; II [lattɒf] mäßigen, abschwächen; lindern, besänftigen; III [la:tɒf] freundlich, wohlwollend behandeln; liebkosen, streicheln; V [ta'lattɒf] gemildert werden; freundlich, gütig sein (*etw. zu tun* ب); VI [ta'la:tɒf] zueinander freundlich sein.

+ [lutf], *pl.* ألطاف [ʔal'tɒ:f] Milde *f*, Sanftheit *f*; Freundlichkeit *f*, Güte *f*; Höflichkeit *f*.

لطم [latɒm (jaltim)] mit der Hand schlagen, ohrfeigen; VI [ta'la:tɒm] *u*. VIII [il'tatɒm] zusammenstoßen, aneinanderprallen.

لطمة [latma] Schlag *m*, Ohrfeige *f*.

لطيف [la'ti:f], *pl*. لطاف [li'tɒ:f] *u*. لطفاء [lutɒ'fa:ʔ] fein, zart, sanft, mild; angenehm, freundlich, gütig, höflich; anmutig, elegant; الجنس الـ~ das schöne Geschlecht; ~ة, *pl.* لطائف [la'tɒ:ʔif] Witz *m*, geistvoller Ausspruch *m*.

لطيم [la'ti:m] elternlos.

لظى [laziја (jalzɒ:)] flammen, lodern.

لعاب [lu'ʕa:b] Speichel *m*, Geifer *m*.

لعب [laʕib (jalʕab)] spielen (mit *etw.* ب; Karten الورق; *e-e* Rolle دورا [dauran]); scherzen; *e-n* Spielraum haben; II [laʕʕab] spielen lassen; *mit dem Schwanz* wedeln; III spielen, scherzen (mit *j-m* ه); V [ta'laʕʕab] spielen; VI [ta'la:ʕab] spielen; zum besten halten, betrügen (*j-n* ب).

+ [laʕb *u*. liʕb], *pl.* ألعاب [ʔal'ʕa:b] Spiel *n*, Scherz *m*; Sport *m*; Spielraum *m*; ألعاب رياضية Sport *m*, Leibesübungen *f/pl*.

+ [laʕib] fröhlich, lustig.

لعبة [luʕba], *pl.* لعب [luʕab] Spielzeug *n*, Puppe *f*.

لعثم II [ta'laʕθam] zögern, stokken, stottern.

لعج [laʕadʒ (jalʕadʒ)] schmerzen, weh tun.

لعق [laʕiq (jalʕaq)] lecken, ablecken.

لعل [la'ʕalla] vielleicht, möglicherweise; *s.* عل.

لعلع [laˁlaˁ (juˈlaˁliˁ)] 1. hallen, dröhnen; 2. schimmern.

لعن [laˁan (jalˁan)] verfluchen (*j-n* ه), fluchen (*j-m* ه).

+ [laˁn] Verfluchung *f*; ة~, *pl.* [laˁaˈna:t] Fluch *m*.

لعين [laˈˁi:n] verflucht, verdammt, verwünscht; abscheulich.

لغات *s.* لغة.

لغب [laɣib (jalɣab)] ermüden, erschlaffen.

لغز [laɣaz (jalɣuz)] *u.* IV [ʔalɣaz] in Rätseln sprechen.

+ [luɣz], *pl.* ألغاز [ʔalˈɣa:z] Rätsel *n.*

لغط [laɣt] Lärm *m*, Geschrei *n*, Aufruhr *m*.

لغم [laɣam (jalɣam)] verminen; Minen legen; IV [ʔalɣam] 1. Minen legen; 2. *mit Quecksilber* amalgamieren.

+ [luɣm], *pl.* ألغام [ʔalˈɣa:m] Mine *f*.

لغة [luɣa], *pl.* لغات [luˈɣa:t] Sprache *f*; Ausdruck *m*, Wort *n*; علم ال~ Sprachwissenschaft *f*, Lexikographie *f*; *s.* فقه.

لغا (لغو) [laɣa: (jalɣu:)] Unsinn reden; nichtig, ungültig sein; IV [ʔalɣa:] abschaffen, aufheben; annullieren, ungültig machen.

لغو [laɣw] Gerede *n*, Unsinn *m*; ة~ Mundart *f*, Dialekt *m*.

لغوى [luɣawi:] sprachlich, sprachwissenschaftlich; Philologe *m*, Lexikograph *m*.

لف [laffa (jaˈluffu)] wickeln, zusammen-, einrollen, aufspulen, herumwinden; einwickeln, verbinden, einhüllen; umkreisen, herumgehen (um ه); II [laffaf] fest umwickeln; V [taˈlaffaf] sich einwickeln; VIII [ilˈtaffa] sich einwickeln, sich ineinander schlingen; sich winden; wenden, sich umdrehen; sich versammeln (um حول).

+ [laff] Wickeln *n*, Einrollen *n*; Umweg *m*.

لفافة [liˈfa:fa], *pl.* لفائف [laˈfa:ʔif] Hülle *f*, Decke *f*, Umschlag *m*; Bandage *f*; Wickelgamasche *f*.

لفت [lafat (jalfit)] *u.* IV [ʔalfat] wenden, richten, neigen; *Blicke* fangen, auf sich ziehen; V [taˈlaffat] sich wenden, sich umschauen; VIII [ilˈtafat] sich umdrehen; sich wenden (an *A* الى); beachten, berücksichtigen (*etw.* الى); X [isˈtalfat] *Blicke* auf sich lenken.

+ [lift] weiße Rübe *f*.

لفتة [lafta], *pl.* [lafaˈta:t] Wendung *f*, Seitenblick *m*.

لفح [lafaħ (jalfaħ)] verbrennen, versengen.

لفظ [lafɒẓ (jalfiẓ)] ausstoßen, ausspucken; aussprechen, artikulieren, äußern, sagen; V [taˈlaffɒẓ] aussprechen.

\+ [lafẓ], *pl.* ألفاظ [ʔalˈfɒ:ẓ] Aussprache *f*, Ausdruck *m*, Wort *n*; Wortlaut *m*; ~ا [lafẓɒn] dem Wortlaut nach; ~ة, *pl.* [lafaˈẓɒ:t] Wort *n*; ~ى wörtlich, buchstäblich; mündlich.

لفق II [laffaq] erdichten, erfinden; verfälschen; zusammenflicken.

لفة [laffa] Drehung *f*, Windung *f*, Wicklung *f*; Rolle *f*; Paket *n*.

(لفو) IV ألفى [ʔalfa:] finden; VI [taˈla:fa:] ausbessern, in Ordnung bringen; wiedergutmachen.

لفيظ [laˈfi:ẓ] ausgesprochen; ausgeworfen.

لفيف [laˈfi:f] versammelt, zusammengedrängt; Schar *f*, Menge *f*; ~ة Zigarette *f*.

لقاء [liˈqa:ʔ] Begegnung *f*, Treffen *n*, Zusammenkunft *f*; الى ~ال auf Wiedersehen!; [liˈqa:ʔa] *Präp.* gegen; als Gegenleistung für.

لقاح [laˈqa:ħ] Same *m*, Sperma *n*; Blütenstaub *m*; Virus *m*; Serum *n*.

لقاط [luˈqɒ:ṭ] *u.* ~ة Nachlese *f*; Aufgelesene(s) *n*.

لقانة [laˈqa:na] schnelles Verständnis *n*, Auffassung *f*.

لقب II [laqqab] benennen, betiteln, *e-n* Beinamen geben.

\+ [laqab], *pl.* ألقاب [ʔalˈqa:b] Beiname *m*; Familienname *m*; Titel *m*.

لقح [laqaħ (jalqaħ)] *u.* II [laqqaħ] befruchten; impfen; *Baum* okulieren.

\+ [laqħ] Befruchtung *f*.

لقد [laqad] schon, bereits.

لقط [laqɒṭ (jalquṭ)] sammeln, auflesen; VIII [ilˈtaqɒṭ] auflesen; auffangen; *Radio*: empfangen; *Phot. Bild* aufnehmen.

لقطة [luqṭɒ] Fund *m*, Aufgelesene(s) *n*.

لقف [laqif (jalqaf)] *u.* V [taˈlaqqaf] ergreifen, fangen, schnappen.

لقلق [laqlaq] *u.* أبو ~ Storch *m*.

لقم [laqam (jalqum)] verstopfen; – [laqim (jalqam)] verschlingen, schlucken; II [laqqam] langsam füttern; in kleinen Mengen eingeben; IV [ʔalqam] schlucken lassen.

لقمة [luqma], *pl.* لقم [luqam] Bissen *m*, Mundvoll *m*.

لقن [laqin (jalqan)] schnell auffassen, verstehen; II [laqqan] lehren, unterweisen; beibringen, eingeben, inspirieren; einflüstern; V [taˈlaqqan] erfahren.

لقى [laqija (jalqa:)] begegnen, treffen, finden; erfahren, erleiden; III [la:qa:] begegnen (*D* ه), stoßen (auf *A* ه); erlangen, erreichen; erleiden; IV [ʔalqa:] werfen, wegwerfen; vorlegen, darbieten; *Frage* stellen; *Vortrag* halten; legen, auferlegen; *Waffen* strekken; ألقى القبض verhaften (*j-n* الى); ألقى السمع Gehör schenken (*j-m* الى); V [taˈlaqqa:] empfangen, erhalten; entgegennehmen; erfahren, lernen; VI [taˈla:qa:] zusammentreffen; VIII [ilˈtaqa:] zusammentreffen; treffen (*j-n* ب), begegnen (*j-m* ب); X [isˈtalqa:] sich hinlegen.

لقيا [luqja:] Begegnung *f*.

لقيط [laˈqi:t] Findling *m*, Findelkind *n*.

لقية [luqja] Fund *m*, gefundene Sache *f*.

لك [laka] dir; [laki] dir (*f*).

لك [lakka (jaˈlukku)] mit der Faust schlagen; VIII [ilˈtakka] zusammengedrängt sein.

+ [lakk] 1. hunderttausend; 2. Lack *m*.

لكأ [lakaʔa (jalkaʔu)] schlagen; V [taˈlakkaʔa] zögern, saumselig sein.

لكم [lakam (jalkum)] boxen, mit der Faust schlagen; III [la:kam] boxen (mit ه).

لكم [lakum] euch.

لكمة [lakma] Faustschlag *m*, Boxhieb *m*.

لكن [la:kin] (*vor Nomina und Suffixen*: [la:ˈkinna]) aber, jedoch.

لكن [lakin (jalkan)] fehlerhaft sprechen.

+ [lakan], *pl.* ألكان [ʔalˈka:n] (*Kupfer-*)Becken *n*.

لكنة [lukna] falsche Aussprache *f*, Gestammel *n*.

لكى [liˈkai] *Konj.* damit; لكيلا [likaiˈla:] damit nicht.

لم [lam] nicht (*vor dem Apokopat*).

+ [lima] = لما [lima:].

لم [lamma (jaˈlummu)] sammeln, zusammenbringen, vereinigen; ordnen, ausbessern; IV [ʔaˈlamma] kommen (zu ب), einkehren (bei ب); befallen, überkommen (*j-n* ب);

Thema berühren; kennenlernen (*etw.* ب), sich vertraut machen (mit ب), vertraut sein (mit ب); *Speise* zu sich nehmen; VIII [il'tamma] sich versammeln; besuchen (*j-n* ه).

لما [lamma:] *Konj.* als, da, nachdem.

+ [lima:] warum?

لماح [la'mma:ħ] schimmernd, glänzend.

لماذا [li'ma:ða:] warum?

لماع [la'mma:ʕ] glänzend, leuchtend, strahlend.

لماما [li'ma:man] *Adv.* gelegentlich, selten.

لمبة [lamba] Lampe *f*, Glühbirne *f*; Radioröhre *f*.

لمجة [lumdʒa] Imbiß *m*, Vorspeise *f*.

لمح [lamaħ (jalmaħ)] *e-n* Blick werfen (auf *A* الى); erblicken, bemerken; glänzen; II [lammaħ] andeuten; anspielen (auf *A* الى); III [la:maħ] flüchtig hinblicken (auf *A* ه); IV [ʔalmaħ] flüchtig hinblicken; hinweisen.

+ [lamħ] Blick *m*, Augenblick *m*; ~ة Blick *m*; Augenblick *m*; Überblick *m*; Aufleuchten *n*.

لمس [lamas (jalmis)] berühren, betasten, befühlen; bemerken; suchen; III [la:mas] betasten; in Kontakt sein (mit ه); V [ta'lammas] befühlen, abtasten; suchen; fragen (nach ه); VI [ta'la:mas] einander berühren; VIII [il'tamas] erbitten (*etw.* ه von *j-m* من), ersuchen (*j-n* من um ه).

+ [lams] Tastsinn *m*; Tasten *n*, Berührung *f*; ~ة Berührung *f*; ~ى Gefühls-, Tast-.

لمع [lamaʕ (jalmaʕ)] glänzen, blitzen, blinken, funkeln, leuchten; II [lammaʕ] glätten, polieren, glänzend machen; IV [ʔalmaʕ] hinweisen (auf *A* الى), anspielen (auf *A* الى); winken.

+ [lamʕ] *u.* لمعان [lama'ʕa:n] Glanz *m*, Schimmer *m*.

لمعة [lumʕa], *pl.* لمع [lumaʕ] Glätte *f*, Glanz *m*; Schimmer *m*, Aufleuchten *n*.

لملم [lamlam (ju'lamlim)] aufraffen.

لمن [li-man] wem?, für wen?

لمة [lamma], *pl.* لمام [li'ma:m] Sammlung *f*; Unglücksfall *m*; Anfall *m von Wahnsinn*.

+ [limma], *pl.* لمم [limam] Haarlocke *f*.

+ [lumma] Gruppe *f*, Gesellschaft *f*.

لن [lan] nicht (*mit Konjunktiv*: *Verneinung der Zukunft*).

لنا [lana:] uns; له [lahu] ihm; لها [laha:] ihr; *s. a.* لهاة, لهو.

لهاب [luˈha:b] Flamme *f*; heftiger Durst *m*.

لهاة [laˈha:t], *pl.* لهوات [lahaˈwa:t] *u.* لها [lahan] *u.* لهى [luˈhi:j] Gaumenzäpfchen *n*, Uvula *f*.

لهب [lahib (jalhab)] flammen, lodern; II [lahhab] *u.* IV [ʔalhab] entzünden, in Brand setzen; erregen; V [taˈlahhab] entflammt sein, brennen; VIII [ilˈtahab] sich entzünden, entzündet sein; flammen.

+ [lahab] Flamme *f*.

لهث [lahaθ (jalhaθ)] keuchen, außer Atem sein.

لهج [lahidʒ (jalhadʒ)] beständig tun (*etw.* ب), ergeben sein (*e-r Sache* ب).

لهجة [lahdʒa] Mundart *f*, Dialekt *m*; Aussprache *f*; Zunge *f*.

لهف [lahif (jalhaf)] seufzen; bedauern, beklagen (*etw.* على); V [taˈlahhaf] *u.* VIII [ilˈtahaf] sich grämen (über *A* على); begierig sein (auf *A* على); brennen.

+ [lahf] Bedauern *n*, Kummer *m*; ~ة Ungeduld *f*, Sehnsucht *f*, Verlangen *n*.

لهم [lahim (jalham)] verschlucken, verschlingen, verzehren; IV [ʔalham] eingeben (*j-m* ه *etw.* ه), inspirieren; V [taˈlahham] *u.* VIII [ilˈtaham] = I; X [isˈtalham] um Eingebung *od.* Rat bitten.

+ [lahim] gefräßig, gierig.

لها (لهو) [laha: (jalhu:)] sich vergnügen, sich unterhalten; spielen, tändeln; II [lahha:] belustigen, unterhalten, zerstreuen; ablenken; III [la:ha:] sich nähern; IV [ʔalha:] = II; V [taˈlahha:] *u.* VI [taˈla:ha:] *u.* VIII [ilˈtaha:] sich unterhalten, sich amüsieren.

لهو [lahw] Unterhaltung *f*, Zeitvertreib *m*, Spiel *n*; Ablenkung *f*.

لهوم [laˈhu:m] gefräßig.

لهوى [lahawi:] *Gr.* uvular, velar.

لهى [lahija (jalha:)] verliebt sein (in *A* ب); sich abwenden (von عن).

لهيب [laˈhi:b] Flamme *f*.

لهيف [laˈhi:f] traurig, bekümmert; ungeduldig.

لو [lau] wenn; wenn doch; ولو selbst wenn, wenn auch; لولا wenn nicht.

لواء [li'wa:ʔ], *pl.* ألوية [ʔal'wija] Banner *n*, Standarte *f*; *Mil.* Brigade *f*; Generalmajor *m*; *Ir.* Provinz *f* (*Verwaltungseinheit*).

لوازم *s.* لازمة.

لواط [li'wɒ:ŧ] *u.* ~ة Sodomie *f*, Päderastie *f*.

لوبيا [lu:bija:] 1. Bohne *f*; 2. Libyen *n*.

لوث II [lawwaθ] beflecken, beschmutzen.

لوثة [lauθa] Fleck *m*.

+ [lu:θa] Schlaffheit *f*, Schwäche *f*.

(لوح) لاح [la:ħ (ja'lu:ħ)] scheinen, erscheinen, auftauchen; glänzen, schimmern; II [lawwaħ] 1. winken, Zeichen geben, signalisieren; anspielen (auf *A* ب); schwingen; 2. dörren, bräunen; 3. täfeln; IV [ʔa'la:ħ] erscheinen; schwenken, schwingen.

لوح [lauħ], *pl.* ألواح [ʔal'wa:ħ] Tafel *f*, Platte *f*, Brett *n*, Planke *f*, Schild *n*; Blech *n*; ~ة, *pl.* [ʔal'wa:ħ] *u.* [-a:t] Brett *n*, Schild *n*, Tafel *f*; Bild *n*.

(لوذ) لاذ [la:ð (ja'lu:ð)] Schutz suchen (bei ب), Zuflucht nehmen (zu ب).

لوذع [lauðaʕ] geistreich, witzig, scharfsinnig.

لورى [lo:ri] Lastkraftwagen *m*.

لوز [lauz] *coll.*, ~ة Mandel *f*; Samenkapsel *f der Baumwolle*; دودة اللوز Baumwollkäfer *m*; ~ى mandelförmig.

(لوص) لاص [la:s (ja'lu:s)] verstohlen schauen, spähen.

(لوط) لاط [la:ŧ (ja'lu:ŧ)] haften (an *D* ب); *Wand* verputzen.

لوط [lu:ŧ] Lot *npr. m*; ~ى Päderast *m*.

(لوع) لاع [la:ʕ (ja'lu:ʕ)] unruhig sein, leiden; quälen, krank machen; bräunen, verbrennen; II [lawwaʕ] quälen, peinigen; VIII [il'ta:ʕ] entbrannt, entflammt sein.

لوعة [lauʕa] Schmerz *m*, Kummer *m*, Pein *f*; Liebesglut *f*.

لوف [lauf] schlechtes Essen *n*.

+ [lu:f] Luffa *f* (*pflanzlicher Schwamm*).

(لوك) لاك [la:k (ja'lu:k)] kauen, im Munde hin- und herdrehen.

لوكندة [lu:'kanda] Gasthof *m*, Hotel *n*.

لولا *s.* لو.

لولب [laulab], *pl.* لوالب [la'wa:lib] Schraube *f*, Spirale *f*; Spiralfeder *f*; ~ى schraubenförmig, spiralig; ~ية Spirochäte *f*.

لؤلؤ [luʔluʔ] *coll.*, ~ة, *pl.* لآلى [la'ʔa:li:] Perle *f*.

لام (لوم) [la:m (ja'lu:m)] tadeln, schelten; Vorwürfe machen (*j-m* • wegen على).

لوم [laum] Tadel *m*, Vorwurf *m*.

لؤم [luʔm] Niedrigkeit *f*, Gemeinheit *f*, unedle Gesinnung *f*.

لومان [lu:'ma:n] Zuchthaus *n*.

لومة [lauma] Tadel *m*.

لون II [lawwan] färben, bemalen; V [ta'lawwan] gefärbt, bunt sein; gefärbt werden, sich färben; *j-s* Farbe (بلونه [bi-launihi]) annehmen.

+ [laun], *pl.* ألوان [ʔal'wa:n] Farbe *f*, Färbung *f*; Tönung *f*, Schattierung *f*; Art *f*, Gattung *f*, Sorte *f*; ~ى Farben-.

لوى [lawa: (jalwi:)] drehen, verdrehen, winden, krümmen, biegen; sich kümmern (um على); – [lawija (jalwa:)] sich krümmen, sich winden; II [lawwa:] biegen, krümmen, verdrehen; verwickeln; IV [ʔalwa:] drehen, wenden; abwenden (von عن), beseitigen (*etw.* ب); winken; *Flagge* hissen; V [ta'lawwa:] *u.* VIII [il'tawa:] gekrümmt sein; gedreht, gewunden, gebogen werden; sich winden, krümmen; VIII kompliziert sein; den Rücken kehren (*j-m* عن).

+ [lawan] Kolik *f*, Bauchgrimmen *n*.

+ [liwan], *pl.* ألواء [ʔal'wa:ʔ] Krümmung *f*.

لى [lajj] Biegung *f*, Drehung *f*.

+ [li:] mir.

لياقة [li'ja:qa] Schicklichkeit *f*, Würdigkeit *f*; Tüchtigkeit *f*, Fähigkeit *f*.

ليالى *s.* ليلة.

ليبيا [li:bija:] Libyen *n*.

ليت [laita] *u.* يا ~ o wäre doch . . .!, o daß doch . . .!; ليته كان هنا o wäre er doch hier!; ~ شعرى [ʃiʕri:] wüßte ich doch . . .!

ليث [laiθ] Leu *m*, Löwe *m* (*poetisch*).

ليس [laisa] nicht sein; ليس بكثير es ist nicht viel.

ليف [li:f] *coll.*, ~ة, *pl.* ألياف [ʔal'ja:f] Faser *f*, Bast *m*; Badeschwamm *m*; ~ى faserig, fibrös.

لاق (ليق) [la:q (ja'li:q)] sich gehören, sich schicken, sich geziemen (für *j-n* ب), passen; würdig, geeignet sein.

ليقة [li:qa] Fasern *f/pl. zum Festhalten der Tinte im Tintenfaß*; Kitt *m*, Mörtel *m*.

ليل [lail] Nacht *f*; ليلا [lailan] *Adv.* nachts.

ليلة [laila], *pl.* ليال [la'ja:lin] *u.*

[-a:t] Nacht *f*; Abend *m*; الليلة [al'laila(ta)] *Adv.* heute abend; الدخلة ~ [duxla] Hochzeitsnacht *f*.

ليل [laila:] Laila *npr. f*.

+ [laili:] nächtlich, abendlich; Nacht-.

لئلا [li'ʔalla:] damit nicht.

ليمان [li:'ma:n] 1. Hafen *m*, Bucht *f*; 2. Zuchthaus *n*.

ليمون [lai'mu:n *u*. li:'mu:n] Zitrone *f*.

لان (لين) [la:n (ja'li:n)] weich, zart, sanft, milde sein; sich erweichen, nachgeben; II [lajjan] erweichen, mildern, besänftigen; III [la:jan] freundlich sein (zu *j-m* ه).

لين [lajjin] weich, zart; biegsam, geschmeidig; nachgiebig.

+ [li:n] Weichheit *f*, Zartheit *f*; Nachgiebigkeit *f*.

ليه [le:] *Äg. vulg.* warum?

لية [lajja], *pl.* لوى [liwan] Falte *f*; Biegung *f*, Windung *f*, Kurve *f*.

+ [li:ja] Fettschwanz *m des Schafes*.

ليونة [lu'ju:na] Weichheit *f*, Biegsamkeit *f*, Geschmeidigkeit *f*.

لئيم [la'ʔi:m], *pl.* لئام [li'ʔa:m] niedrig, gemein, verworfen.

م

م (ميم) [mi:m] *vierundzwanzigster Buchstabe*; *Zahlwert 40*.

م 1. *Abk. für* مليم Millième (*ägyptische Münze*); 2. *nach Jahreszahlen Abk. für* ميلادية n. Chr.; بعد الميلاد = بم n. Chr.; قبل الميلاد = ق م v. Chr.

\+ [ma] = ما [ma:] was.

ما [ma:] 1. *Pron.* was? (*fragend u. relativ*); das, was; *s.a.* بما *u.* لما 2. *bes. beim Perfekt*: nicht; 3. *Konj.* solange (als); 4. *nachgestellt*: irgendein; يوما ما [jauman ma:] irgendwann, an irgendeinem Tage; الى حد ما [ʔila: ħaddin ma:] einigermaßen.

ماء [ma:ʔ], *pl.* مياه [miˈja:h] Wasser *n*; *pl.* Gewässer *pl.*; عذب ~ Süßwasser *n*; مياه اقليمية Territorialgewässer *pl.*

ماتى *s.* مأت; مات *s.* موت.

مأتم [maʔtam], *pl.* مآتم [maˈʔa:tim] Trauerfeier *f*.

ماتة [ma:tta] enge Beziehung *f*, Verwandtschaft *f*.

مأتى [maʔta:], *pl.* مآت [maˈʔa:tin] Ankunftsort *m*, Ankunftszeit *f*; Herkunft *f*, Ausgangspunkt *m*.

مأثور [maʔˈθu:r] überliefert.

ماجريات [ma:dʒaraˈja:t] Ereignisse *n/pl.*, Vorkommnisse *n/pl.*; *s.* جرى.

مأخذ [maʔxað], *pl.* مآخذ [maˈʔa:xið] Quelle *f*, Herkunft *f*; Übernahme *f*; Handlungsweise *f*.

ماخرة [ma:xira] Schiff *n*.

مأخوذ [maʔˈxu:ð] genommen; gefesselt (von ب); überrascht; ~ات *Hdl.* Eingänge *pl.*

ماد [ma:dd] sich ausdehnend; kriechend (*Pflanze*).

مادام [ma:ˈda:m] Madame *f*.

\+ [ma: da:m(a)] solange als (*s.* دوم).

مأدبة [maʔduba], *pl.* مآدب [maˈʔa:dib] Gastmahl *n*, Einladung *f*.

مادة [ma:dda], *pl.* مواد [maˈwa:dd] Materie *f*, Substanz *f*, Stoff *m*, Material *n*; Fach *n*, Gegenstand *m*, Thema *n*; Artikel *m*, Paragraph *m e-s Gesetzes*; ~ أولية *u.* خام ~ Rohstoff *m*; مواد اللغة Wortschatz *m*.

مادى [ma:ddi:] materiell; sachlich; materialistisch; Materialist *m*; ة~ Materialismus *m*.

ماذا [ma:ða:] was.

مأذنة [maˀðana], *pl.* مآذن [maˈˀa:ðin] Minarett *n*.

مار [ma:r] (*christlicher*) Heilige(r) *m*.

+ [ma:rr] vorübergehend; vergangen; Passant *m*.

مأرب [maˀrab], *pl.* مآرب [maˈˀa:rib] Wunsch *m*; Ziel *n*.

مارس [ma:rs] *Äg.* März *m*.

مارستان [ma:risˈta:n] Irrenhaus *n*.

ماركة [ma:rka] (Handels-)Marke *f*, Warenzeichen *n*.

مأزق [maˀziq], *pl.* مآزق [maˈˀa:ziq] Enge *f*, Engpaß *m*; schwierige Lage *f*, Dilemma *n*.

مازوت [ma:ˈzu:t] Schweröl *n*, Heizöl *n*.

ماس [ma:ss] berührend, anstoßend; dringend (*Bedarf*); *s.a.* الماس.

مأساة [maˀˈsa:t], *pl.* مآس [maˈˀa:sin] Tragödie *f*, Trauerspiel *n*.

ماسورة [ma:ˈsu:ra], *pl.* مواسير [mawa:ˈsi:r] Rohr *n*, Röhre *f*, Rohrleitung *f*, Abfluß *m*.

ماش [ma:ʃin], *constr.* ماشى [ma:ʃi:], *pl.* مشاة [muˈʃa:t] Fußgänger *m*; *Mil.* Infanterist *m*; *pl.* Infanterie *f*.

ماشية [ma:ʃija], *pl.* مواش [maˈwa:ʃin] Vieh *n*.

ماض [mɒ:đin], *constr.* ماضى [mɒ:đi:] vergangen; scharf, durchdringend; الماضى *Gr.* Vergangenheit *f*, Perfekt *n*.

ماعدا [ma:ˈʕada:] außer.

ماعز [ma:ʕiz], *pl.* مواعز [maˈwa:ʕiz] Ziege *f*.

ماعون [ma:ˈʕu:n], *pl.* مواعين [mawa:ˈʕi:n] Gefäß *n*; Gerät *n*; Geschirr *n*; Utensilien *pl.*; Lastkahn *m*.

ماكر [ma:kir], *pl.* مكرة [makara] schlau, listig, verschlagen.

ماكنة [ma:kina] *u.* ماكينة [ma:ˈki:na] Maschine *f*; *s.* مكنة.

مأكول [maˀˈku:l] eßbar; *pl.* [-a:t] Lebensmittel *pl.*, Nahrungsmittel *pl.*

مال [ma:l], *pl.* أموال [ˀamˈwa:l] Besitz *m*, Vermögen *n*; Hab und Gut *n*; Geld *n*, Mittel *n*/*pl.*; Steuer *f*; Staatsschatz *m*; رأس الـ~ Kapital *n*; بيت الـ~ Staatskasse *f*; *s.a.* ميل, مول.

مالح [ma:liħ] salzig.

مالك [ma:lik], *pl.* ملاك [muˈlla:k] Eigentümer *m*, Besitzer *m*, Herr *m*.

مألوف [maʔˈlu:f] gewohnt, vertraut, üblich.

مالى [ma:li:] finanziell, geldlich; Finanz-; Finanzmann *m*; ~ة [ma:ˈli:ja] Finanzen *pl.*; وزارة المالية Finanzministerium *n*.

مأمور [maʔˈmu:r] Kommissar *m*, Beauftragte(r) *m*, Beamte(r) *m*; ~ية Auftrag *m*, Mission *f*; Kommissariat *n*.

مانجو [ma:ngo:] Mango *f* (*Frucht*).

مانع [ma:niʕ], *pl.* موانع [maˈwa:niʕ] Hindernis *n*; Einwand *m*; ما عندى مانع ich habe nichts dagegen.

ماهر [ma:hir], *pl.* مهرة [mahara] geschickt, kundig, erfahren.

ماهية [ma:ˈhi:ja] 1. (*monatliches*) Gehalt *n*; Sold *m*; 2. Qualität *f*, Beschaffenheit *f*.

ماوى [ma:wi:] *Ir.* blau.

مأوى [maʔwa:], *pl.* مآو [maˈʔa:win] Zufluchtsort *m*, Asyl *n*.

مائت [ma:ʔit] sterbend (*s.* موت).

مائج [ma:ʔidʒ] wogend (*s.* موج).

مائدة [ma:ʔida], *pl.* موائد [maˈwa:ʔid] *u.* [-a:t] Tisch *m*.

مايس [ma:jis] *Ir.* Mai *m*.

مائع [ma:ʔiʕ] schmelzend, zerfließend.

مائل [ma:ʔil] geneigt, schräg; neigend (zu الى).

مائة [miʔa], *pl.* مئات [miˈʔa:t] *u.* مئون [miˈʔu:n] hundert; Hundert *n*; فى المائة Prozent *n*, vom Hundert.

مايو [ma:ju:] 1. *Äg.* Mai *m*; 2. *u.* مايوه Badeanzug *m*.

مائى [ma:ʔi:] wässerig, Wasser-; hydraulisch.

مباح [muˈba:ħ] erlaubt, zulässig, freistehend (*s.* بوح).

مباحثة [muˈba:ħaθa] Erörterung *f*, Diskussion *f*, Besprechung *f*.

مبادرة [muˈba:dara] Unternehmung *f*, Initiative *f*.

مبادلة [muˈba:dala] Austausch *m*.

مبادى *s.* مبدأ.

مباراة [muba:ˈra:t], *pl.* مباريات [muba:raˈja:t] Wettkampf *m*, Wettbewerb *m*, Konkurrenz *f*.

مبارزة [muˈba:raza] Fechten *n*; Duell *n*.

مبارك [muˈba:rak] gesegnet; *a. npr. m.*

مباشر [muˈba:ʃir] direkt, unmittelbar; غير ~ indirekt.

مباشرة [muˈba:ʃara] Ausübung *f* *e-r Tätigkeit*; (*Dienst-*)Antritt *m*.

مباع [muˈba:ʕ] verkauft (*s.* بيع).

مباغتة [muˈba:ɣaθa] Überraschung *f*, Überfall *m*.

مبال [mu'ba:lin] bedacht, Rücksicht nehmend (auf *A* ب).

مبالاة [muba:'la:t] Rücksichtnahme *f*, Beachtung *f*.

مبالغة [mu'ba:laɣa] Übertreibung *f*.

مبان *s.* مبنى.

مبايعة [mu'ba:jaʕa] *Hdl.* Transaktion *f*; Huldigung *f*.

مبتاع [mub'ta:ʕ] Käufer *m*.

مبتدأ [mub'tadaʔ] Anfang *m*; *Gr.* Subjekt *n des Nominalsatzes.*

مبتدئ [mub'tadiʔ] Anfänger *m*; beginnend.

مبتذل [mub'taðal] abgenutzt, alltäglich, banal.

مبتسم [mub'tasim] lächelnd.

مبتغى [mub'taɣan] Ziel *n*, Wunsch *m*, Erstrebte(s) *n*.

مبتكر [mub'takar] neu, originell; Schöpfung *f*.

مبتلى [mub'talan] heimgesucht; leidend (an *D* ب).

مبحث [mabħaθ], *pl.* مباحث [ma'ba:ħiθ] Untersuchung *f*, Gegenstand *m* der Untersuchung, Thema *n*.

مبخرة [mibxara], *pl.* مباخر [ma'ba:xir] Räuchergefäß *n*.

مبدأ [mabdaʔ], *pl.* مبادئ [ma'ba:diʔ] Ausgangspunkt *m*; Grundsatz *m*, Prinzip *n*; *pl.* Elemente *n/pl.*, Grundzüge *m/pl.*

مبدع [mubdiʕ] schöpferisch; Schöpfer *m*.

مبدئى [mabdaʔi:] ursprünglich; prinzipiell, grundsätzlich.

مبراة [mib'ra:t] Taschenmesser *n*.

مبرد [mibrad], *pl.* مبارد [ma'ba:rid] Feile *f*, Raspel *f*.

+ [mu'barrad] gekühlt.

+ [mu'barrid] kühlend, erfrischend.

مبرر [mu'barrir] Rechtfertigung *f*, Entschuldigung *f*.

مبرم [mubram] fest; geschlossen, ratifiziert (*Vertrag*).

مبرة [ma'barra] Wohltat *f*, gutes Werk *n*.

مبروك [mab'ru:k] gesegnet (*als Glückwunsch gebraucht, bes. nach Kauf e-r neuen Sache*).

مبسط [mu'bassat] vereinfacht, erleichtert.

مبسوط [mab'su:t] ausgebreitet; froh, zufrieden; *Ir.* geschlagen.

مبشر [mu'baʃʃir] Verkünder *m*; Prediger *m*, Missionar *m*.

مبصقة [mibsɒqa] Spucknapf *m*.

مبضع [mibđɒʕ], *pl.* مباضع [ma'ba:điʕ] Skalpell *n*, Seziermesser *n*.

مبطن [mu'bɒttɒn] gefüttert (*Kleid*), ausgelegt.

مبطون [mab'tu:n] magenkrank.

مبعث [mabʕaθ], *pl.* مباعث [maˈbaːʕiθ] Ursprung *m*; Ursache *f*; Faktor *m*.

مبعثر [muˈbaʕθar] verstreut, durcheinandergeworfen.

مبعد [mubʕad] verbannt, ausgewiesen.

مبعوث [mabˈʕuːθ] Delegierte(r) *m*, Gesandte(r) *m*.

مبغى [mabɣan] Bordell *n*.

مبك [mubkin], *constr.* مبكى [mubkiː] traurig, zu Tränen rührend.

مبكر [muˈbakkir] früh, frühzeitig.

مبلط [muˈballɒṭ] gepflastert, gefliest.

مبلغ [mablaɣ], *pl.* مبالغ [maˈbaːliɣ] Betrag *m*, Summe *f*; Ausmaß *n*.

\+ [muˈballiɣ] Informant *m*, Denunziant *m*.

مبلول [mabˈluːl] naß.

مبنى [mabnan], *pl.* مبان [maˈbaːnin] Gebäude *n*, Bauwerk *n*; Bau *m*, Aufbau *m*, Form *f*.

\+ [mabˈniːj] gebaut; aufgebaut, begründet (auf *D* على); *Gr.* undeklinierbar.

مبهج [mubhidʒ] erfreulich, erheiternd.

مبهدل [muˈbahdal] unordentlich, schlampig.

مبهم [mubham] unklar, dunkel, zweifelhaft; *Math.* abstrakt (*Zahl*).

مبهوت [mabˈhuːt] verblüfft, bestürzt.

مبوب [muˈbawwab] klassifiziert, in Kapitel eingeteilt.

مبيت [maˈbiːt] Unterkunft *f*, Übernachtung *f*.

مبيد [muˈbiːd] vernichtend; Vertilgungsmittel *n*.

مبيض [mibjɒḍ] Eierstock *m*.

مبيضة [muˈbajjɒḍɒ] Reinschrift *f*.

مبيع [maˈbiːʕ] 1. Verkauf *m*; 2. verkauft.

مبين [muˈbajjan] angeführt, aufgezeigt; erklärt.

\+ [muˈbiːn] klar, deutlich.

مبيونة [mabˈjuːna] Abstand *m*, Entfernung *f*.

مت [matta (jaˈmuttu)] ausbreiten, dehnen; verbunden sein (mit الى), gehören (zu الى).

متابعة [muˈtaːbaʕa] Verfolgung *f*; Fortsetzung *f*, Fortführung *f*.

متأثر [mutaˈʔaθθir] beeindruckt (von ب), beeinflußt.

متأخر [mutaˈʔaxxir] spät, verspätet; zurückgeblieben, rückständig.

متاخم [muˈtaːxim] angrenzend.

متاركة [muˈtaːraka] Waffenstillstand *m*.

متأسف [mutaˈʔassif] betrübt;

!~ ich bedaure!, es tut mir leid!

متأصل [muta'ʔɒssil] eingewurzelt, verwurzelt.

متاع [ma'ta:ʕ], *pl.* أمتعة [ʔamtiʕa] Besitz *m*, Eigentum *n*, Gerät *n*; Güter *n/pl.*; Hausrat *m*; Gepäck *n*; Genuß *m*.

متاعب [ma'ta:ʕib] *pl.* Mühen *f/pl.*, Beschwerden *f/pl.*; Strapazen *f/pl.*

متأكد [muta'ʔakkid] sicher (*e-r Sache* من), überzeugt (von من).

متآمر [muta'ʔa:mir] Verschwörer *m*.

متانة [ma'ta:na] Festigkeit *f*, Stärke *f*, Solidität *f*.

متأهب [muta'ʔahhib] bereit (zu ل).

متبادل [muta'ba:dil] wechselweise, gegenseitig, reziprok.

متبار [muta'ba:rin] Wettbewerber *m*, Konkurrent *m*.

متباين [muta'ba:jin] unterschiedlich, verschiedenartig.

متبرم [muta'barrim] unzufrieden, verdrossen.

متبطل [muta'bɒttil] untätig, müßig.

متبع [mu'ttabaʕ] begangen; befolgt.

+ [mu'ttabiʕ] Anhänger *m*; der, der befolgt.

متبوع [mat'bu:ʕ] Führer *m*.

متتابع [muta'ta:biʕ] fortgesetzt, kontinuierlich, ununterbrochen.

متتال [muta'ta:lin], *constr.* متتالى [muta'ta:li:] aufeinanderfolgend.

متجاوب [muta'dʒa:wib] harmonisch.

متجاور [muta'dʒa:wir] einander benachbart.

متجر [matdʒar], *pl.* متاجر [ma'ta:dʒir] Handel *m*; Ware *f*; Geschäft *n*, Handelsplatz *m*.

متجمد [muta'dʒammid] gefroren, erstarrt.

متجه [mu'ttadʒah] Richtung *f* (*s.* وجه).

+ [mu'ttadʒih] gerichtet, sich wendend.

متجول [muta'dʒawwil] umherziehend, ambulant; reisend.

متحارب [mutaħa:rib] miteinander kriegführend.

متحالف [muta'ħa:lif] miteinander verbündet.

متحجر [muta'ħaddʒir] versteinert; *pl.* [-a:t] Petrefakten *n/pl.*

متحد [mu'ttaħid] vereint, vereinigt (*s.* وحد).

متحدث [muta'ħaddiθ] Sprecher *m*; ... وزارة ~ بلسان ein Sprecher des Ministeriums für ...

متحرر [muta'ħarrir] sich befreiend, sich emanzipierend; *Pol.* freiheitsliebend (*Nation*).

متحرك [muta'ħarrik] beweglich, sich bewegend; *Gr.* vokalisiert.

متحزب [muta'ħazzib] parteiisch; Parteigänger *m*.

متحصل [muta'ħɒssil] Ertrag *m*.

متحضر [muta'ħɒđđir] zivilisiert.

متحف [matħaf], *pl.* متاحف [ma'ta:ħif] Museum *n*.

متحير [muta'ħajjir] verlegen, ratlos.

متحيز [muta'ħajjiz] parteiisch, voreingenommen.

متخرج [muta'xarridʒ] Absolvent *m e-r Schule*.

متخلف [muta'xallif] zurückbleibend; Zurückgebliebene(r) *m*.

متداع [muta'da:ʕin] baufällig.

متداول [muta'da:wil] gängig, gebräuchlich, üblich, kursierend.

متدل [muta'dallin] herabhängend.

متدين [muta'dajjin] religiös, fromm.

متر [mitr], *pl.* أمتار [ʔam'ta:r] Meter *n*; ى~ metrisch.

متراخ [muta'ra:xin], *constr.* متراخى [muta'ra:xi:] schlaff; träge.

مترادف [muta'ra:dif], *pl.* [-a:t] Synonym *n*.

متراكز [muta'ra:kiz] konzentrisch.

مترام [muta'ra:min], *constr.* مترامى [muta'ra:mi:] weit, ausgedehnt.

مترب [mutrab] staubig.

متربة [matraba] Armut *f*, Elend *n*.

متربص [muta'rabbis] Auflauernde(r) *m*; Anwärter *m*.

مترجم [mu'tardʒim] Übersetzer *m*; Biograph *m*.

مترس [matras], *pl.* متارس [ma'ta:ris] Riegel *m*; Verschanzung *f*, Barrikade *f*.

مترف [mutraf] luxuriös.

متروك [mat'ru:k] verlassen, vernachlässigt; Nachlaß *m*.

متزايد [muta'za:jid] zunehmend, sich steigernd, ansteigend.

متزمت [muta'zammit] ernst, streng.

متزن [mu'ttazin] abgewogen, gesetzt, gleichmäßig (*s.* وزن).

متزوج [muta'zawwidʒ] verheiratet.

متسابق [muta'sa:biq] Wettkämpfer *m*, Wettbewerber *m*.

متساهل [muta'sa:hil] nachsichtig, tolerant, kulant.

متساو [muta'sa:win], *constr.* متساوى [muta'sa:wi:] gleichartig, gleichmäßig.

متسع [mu'ttasaʕ] Raum *m*, Platz *m* (*s.* وسع).

+ [mu'ttasiʕ] weit, geräumig, ausgedehnt; ausreichend (für ل).

متسلسل [muta'salsil] fortlaufend (*Nummer*); folgerichtig; *s.* تفاعل.

متسلق [muta'salliq] Kletter-.

متسول [muta'sawwil] Bettler *m*.

متشابه [muta'ʃa:bih] einander ähnlich.

متشائم [muta'ʃa:ʔim] Pessimist *m*.

متشرد [muta'ʃarrid] Vagabund *m*, Landstreicher *m*.

متشرع [muta'ʃarriʕ] Rechtsgelehrter *m*, Jurist *m*.

متصاعد [muta'sɒ:ʕid] (allmählich) ansteigend.

متصرف [muta'sɒrrif] Mutasarrif *m*, Gouverneur *m e-r Provinz*; ~ية Gouvernement *n*, Dienstbereich *m od*. Amt *n* des Mutasarrif.

متصل [mu'ttasil] verbunden, zusammenhängend, fortgesetzt (*s.* وصل).

متضارب [muta'đɒ:rib] widerspruchsvoll, unvereinbar, kollidierend.

متضايق [muta'đɒ:jiq] verärgert, unbehaglich.

متضح [mu'ttađiħ] klar, deutlich, offenbar (*s.* وضح).

متطرف [muta'tɒrrif] extrem; radikal; Extremist *m*.

متطوع [muta'tɒwwiʕ] Freiwillige(r) *m*, Volontär *m*.

متظاهر [muta'zɒ:hir] Demonstrant *m*.

متع [mataʕ (jamtaʕ)] forttragen; II [mattaʕ] *u*. IV [ʔamtaʕ] genießen lassen (*j-n* ه *etw*. ب); V [ta'mattaʕ] *u*. X [is'tamtaʕ] genießen (*etw*. ب).

متعادل [muta'ʕa:dil] im Gleichgewicht befindlich; neutral.

متعاقب [muta'ʕa:qib] aufeinanderfolgend, ununterbrochen.

متعال [muta'ʕa:lin], *constr*. متعالى [muta'ʕa:li:] hoch, erhaben.

متعاهد [muta'ʕa:hid] Kontrahent *m*, vertragschließend(*e Partei*).

متعب [matʕab] *s*. متاعب.

+ [mutʕab] müde, ermüdet.

+ [mutʕib] ermüdend, beschwerlich, lästig.

متعجل [muta'ʕaddʒil] voreilig.

متعد [muta'ʕaddin], *constr*. متعدى [muta'ʕaddi:] Angreifer *m*; *Gr*. transitiv (*Verb*).

متعدد [muta'ʕaddid] zahlreich, vielfach; verschieden.

متعص [muta'ʕɒssin], *constr*. متعصى [muta'ʕɒssi:] schwierig, verwickelt.

متعصب [muta'ʕɒssib] fanatisch; Fanatiker *m*.

متعفن [muta'ʕaffin] verdorben, schimmlig, verfault.

متعلق [muta'ʕalliq] zusammenhängend (mit ب), bezüglich (*G* ب).

متعلم [muta'ʕallim] Lernende(r) *m*; gebildet.

متعنت [muta'ʕannit] hartnäckig, verbohrt.

متعة [mutʕa], *pl.* متع [mutaʕ] Genuß *m*; *Isl.* Zeitehe *f bei den Schiiten.*

متعهد [muta'ʕahhid] Lieferant *m*; (Bau-)Unternehmer *m*.

متعود [muta'ʕawwid] gewöhnt (an *A* على), gewohnt (zu على).

متغلب [muta'ɣallib] siegreich; Bezwinger *m*; Vergewaltiger *m*.

متغير [muta'ɣajjir] wechselnd, veränderlich.

متفائل [muta'faːʔil] Optimist *m*.

متفتر [muta'fattir] aussetzend, ungleichmäßig.

متفجر [muta'faddʒir] explosiv; Spreng-, Explosiv-; *pl.* [-aːt] Explosivstoffe *m/pl.*

متفرج [muta'farridʒ] Zuschauer *m*, Beobachter *m*.

متفرع [muta'farriʕ] verzweigt, verästelt; *pl.* [-aːt] Bestandteile *m/pl.*; Nebenprodukte *n/pl.*

متفرق [muta'farriq] verstreut; *pl.* [-aːt] Diversa *pl.*; Varia *pl.*

متفسخ [muta'fassix] verdorben; degeneriert.

متفق: عليه ~ [mu'ttafaq(un) ʕa'laih] vereinbart, verabredet (*s.* وفق).

+ [mu'ttafiq] übereinstimmend (mit مع).

متفقد [muta'faqqid] Aufseher *m*, Inspektor *m*.

متفنن [muta'fannin] findig; vielseitig.

متفوق [muta'fawwiq] hervorragend; überlegen; Sieger *m*.

متق [mu'ttaqin], *constr.* متقى [mu'ttaqiː] fromm, gottesfürchtig (*s.* وقى).

متقاض [muta'qɒːđin], *constr.* متقاضى [muta'qɒːđiː] prozeßführend(*e Partei*).

متقاعد [muta'qaːʕid] pensioniert, im Ruhestand.

متقد [mu'ttaqid] brennend, entflammt (*s.* وقد).

متقدم [muta'qaddim] vorausgehend, fortgeschritten; vorn befindlich.

متقطع [muta'qɒttiʕ] zerrissen, unterbrochen, zerhackt; abgehackt (*Stimme*); تيار ~ *El.* Wechselstrom *m*.

متقلب [muta'qallib] schwankend, unbeständig, veränderlich.

متقن [mutqan] vollkommen, genau, exakt.

متكأ [muˈttakaʔ] Stütze *f*; Polster *n*, Sofa *n*, Couch *f* (*s.* وكأ).

متكاثر [mutaˈka:θir] zahlreich.

متكافىء [mutaˈka:fiʔ] ebenbürtig, einander gleich.

متكبر [mutaˈkabbir] stolz, hochmütig.

متكتل [mutaˈkattil] klumpig, geballt.

متكدر [mutaˈkaddir] gekränkt, ärgerlich.

متكرر [mutaˈkarrir] wiederholt, häufig.

متكلف [mutaˈkallaf] gekünstelt, gezwungen; förmlich, zeremoniell.

متكلم [mutaˈkallim] Sprecher *m*; *Gr.* erste Person *f*; *Isl.* Theologe *m*, Dogmatiker *m*.

متكهن [mutaˈkahhin] Wahrsager *m*.

متلاش [mutaˈla:ʃin], *constr.* متلاشى [mutaˈla:ʃi:] schwindend, vergehend.

متلألىء [mutaˈlaʔliʔ] glitzernd, schimmernd.

متلبس [mutaˈlabbis] 1. dunkel, zweifelhaft; 2. verwickelt (in *A* ب); متلبسا بالجريمة auf frischer Tat, in flagranti.

متلف [mutlif] schädlich, schädigend; Vernichter *m*.

متلمع [mutaˈlammiʕ] strahlend, glänzend.

متلوف [matˈlu:f] verdorben, schlecht, ruiniert.

متلون [mutaˈlawwin] vielfarbig; veränderlich; launenhaft.

متم [muˈtimm] vollendend.

متماسك [mutaˈma:sik] zusammenhängend, fest verbunden.

متمدن [mutaˈmaddin] zivilisiert.

متمرد [mutaˈmarrid] ungehorsam, widersetzlich; Rebell *m*, Meuterer *m*.

متمرض [mutaˈmɒrriđ] kränklich.

متمسك [mutaˈmassik] festhaltend (an *D* ب); fest, zäh.

متمصر [mutaˈmɒssir] ägyptisiert.

متمكن [mutaˈmakkin] gefestigt, konsolidiert, dauerhaft; *Gr.* deklinierbar; Könner *m*, Meister *m*.

متمم [muˈtammim] vollendend; ergänzend.

متمهل [mutaˈmahhil] langsam, gemächlich.

متموج [mutaˈmawwidʒ] gewellt, wellenförmig; wogend.

متمول [mutaˈmawwil] reich, vermögend; Kapitalist *m*.

متن [matun (jamtun)] fest, stark, solid sein; II [mattan] festigen, stärken.

+ [matn], *pl.* متون [muˈtu:n] Rücken *m*, Oberfläche *f*; Deck *n* *e-s Schiffes*; Text *m*;

~ على an Bord *e-s Schiffes od. Flugzeuges.*

متناسب [muta'na:sib] zueinander passend, proportional.

متناسق [muta'na:siq] wohlgeordnet; symmetrisch.

متناقض [muta'na:qiđ] einander widersprechend, unvereinbar.

متناه [muta'na:hin], *constr.* متناهى [muta'na:hi:] endlich, begrenzt; äußerst, extrem, maximal; ~ غير endlos.

متناوب [muta'na:wib] abwechselnd; ~ تيار *El.* Wechselstrom *m.*

متناول [muta'na:wal] erreichbar; Reichweite *f*, Bereich *m.*

متنفس [muta'naffas] Luftloch *n*; Luftwege *m/pl.*; Erleichterung *f.*

متنقل [muta'naqqil] beweglich; wandernd, unstet; transportabel, tragbar.

متنكر [muta'nakkir] verkleidet, inkognito.

متنوع [muta'nawwiʕ] verschiedenartig, mannigfaltig.

متهم [mu'ttaham] verdächtig; Beschuldigte(r) *m*, Angeklagte(r) *m.*

\+ [mu'ttahim] Ankläger *m* (*s.* وهم).

متهور [muta'hawwir] hastig, überstürzt; leichtsinnig.

متهوس [muta'hawwis] Phantast *m*, Schwärmer *m.*

متواتر [muta'wa:tir] aufeinanderfolgend.

متواز [muta'wa:zin], *constr.* متوازى [muta'wa:zi:] parallel, gleichlaufend; متوازى الاضلاع Parallelogramm *n.*

متواصل [muta'wɒ:sil] fortwährend, ununterbrochen, andauernd.

متواضع [muta'wɒ:điʕ] demütig, bescheiden, gering.

متوال [muta'wa:lin], *constr.* متوالى [muta'wa:li:] aufeinanderfolgend, ununterbrochen.

متوالية [muta'wa:lija] *Math.* Reihe *f*; هندسية ~ geometrische Reihe; عددية ~ *od.* حسابية ~ arithmetische Reihe.

متوتر [muta'wattir] gespannt, straff.

متوج [mu'tawwadʒ] gekrönt.

متوحش [muta'waħħiʃ] wild, barbarisch, roh; Wilde(r) *m.*

متوسط [muta'wassit] mittlere(r), Mittel-; Durchschnitt *m*; Vermittler *m*; مدرسة ~ة Untermittelschule *f.*

متوطن [muta'wɒttin] einheimisch; ansässig.

متوفر [muta'waffir] reichlich.

متوفى [muta'waffan] verstorben.

متوقع [muta'waqqaʕ] erwartet,

wahrscheinlich; من الـ~ أن es wird erwartet, daß; es ist zu erwarten, daß.

متوكد [muta'wakkid] sicher, gewiß, überzeugt.

متول [muta'wallin], *constr.* متولى [muta'walli:] beauftragt, betraut.

متوهم [muta'wahhim] sich Einbildungen hingebend.

متى [mata:] wann?; wenn; ~ ما wann auch immer; so oft als.

+ [matta:] Matthäus *npr. m.*

متئد [mu'tta?id] langsam (s. وأد).

متيسر [muta'jassir] leicht; erreichbar; erfolgreich; wohlhabend.

متيقظ [muta'jaqqiz] wach, aufgeweckt, aufmerksam.

متيقن [muta'jaqqin] überzeugt, sicher.

مثاب [ma'θa:b] *u.* ~ة Treffpunkt *m*, Versammlungsort *m.*

مثار [ma'θa:r] Anlaß *m*, Ursache *f*, Motiv *n*; (*Streit-*)Objekt *n.*

مثاقفة [mu'θa:qafa] Fechten *n*, Fechtsport *m.*

مثال [ma'θθa:l] Bildhauer *m.*

+ [mi'θa:l], *pl.* أمثلة [?amθila] *u.* مثل [muθul] Gleiche(s) *n*; Beispiel *n*, Vorbild *n*, Muster *n*, Exempel *n*, Modell *n*; Gleichnis *n*; Abbild *n*; ~ أعلى, *pl.* مثل عليا Ideal *n.*

مثالة [ma'θa:la] Vorbildlichkeit *f*, Beispielhaftigkeit *f.*

مثالى [mi'θa:li:] vorbildlich, beispielhaft, ideal; allegorisch.

مثانة [ma'θa:na] (Harn-)Blase *f.*

مثبت [mu'θabbat *u.* muθbat] befestigt, fixiert; bestätigt.

مثبوت [maθ'bu:t] feststehend, erwiesen.

مثر [muθrin], *constr.* مثرى [muθri:] reich, wohlhabend.

مثقال [miθ'qa:l], *pl.* مثاقيل [maθa:'qi:l] *Gewichtseinheit* 4,68 *g.*

مثقب [miθqab], *pl.* مثاقب [ma'θa:qib] Bohrer *m.*

مثقف [mu'θaqqaf] gebildet, kultiviert.

مثل [maθal (jamθul)] 1. stehen; erscheinen (vor *j-m* بين يديه), sich zeigen; 2. gleichen, ähneln (*e-r Sache* ه), nachahmen (*j-n* ه); II [maθθal] ähnlich machen, darstellen, abbilden; vertreten, repräsentieren; *Theater*: *Rolle* darstellen, *Stück* aufführen, spielen; vergleichen (*etw.* ه mit ب); ein Exempel statuieren; *Pflanze*: assimilieren; verstümmeln; III [ma:θal] gleichen, ähnlich sein, entsprechen (*e-r Sache* ه); vergleichen (mit ب); V [ta'maθθal] sich vorstellen, sich einbilden; sich ein Vorbild nehmen (an *D* ب), ähnlich werden (*j-m* ب), sich assimilieren, nachahmen, imitieren (*j-n* ب); erscheinen; sich verkörpern (in *D* في); VI [ta'ma:θal] einander ähnlich sein; sich erholen, genesen (von عن); VIII [im'taθal] befolgen (*etw.* ه), sich fügen, sich unterwerfen, gehorchen (*e-m Befehl* ه).

\+ [maθal], *pl.* أمثال [ʔam'θa:l] Gleiche(s) *n*, Bild *n*, Vorbild *n*, Beispiel *n*, Gleichnis *n*, Ideal *n*; مثلا [maθalan] zum Beispiel (z. B.).

\+ [miθl], *pl.* أمثال [ʔam'θa:l] Gleiche(s) *n*; Äquivalent *n*; Gleichheit *f*, Ähnlichkeit *f*; عامله بالمثل er vergalt ihm gleiches mit gleichem; فلان و أمثاله N. N. und seinesgleichen; [miθl(a)] *Präp.* wie, gleich wie; ما ~ ebenso wie.

مثلث [mu'θallaθ] dreifach; dreieckig, Dreieck *n*; المثلثات Trigonometrie *f*; ~ متساوى الساقين gleichschenkliges Dreieck *n*; ~ متساوى الأضلاع gleichseitiges Dreieck *n*.

مثلج [mu'θalladʒ] eisgekühlt.

مثلما [miθlama:] ebenso wie.

مثلى *s.* امثل.

مثمر [muθmir] fruchtbar, ertragreich, nutzbringend.

مثمن [mu'θamman] 1. kostbar; 2. achtfach, achteckig; Oktogon *n*.

\+ [mu'θammin] Schätzmeister *m*, Taxator *m*.

مثنى [maθ'ni:j] gefaltet; verdoppelt.

\+ [mu'θannan] doppelt, zweifach; *Gr.* Dual *m*.

مثول [mu'θu:l] Erscheinen *n*, Sichvorstellen *n*; Audienz *f*.

مثوى [maθwan], *pl.* مثاو [ma'θa:win] Aufenthaltsort *m*, Behausung *f*.

مثير [mu'θi:r] erregend, aufreizend, provozierend; Erreger *m*.

مثيل [ma'θi:l], *pl.* مثل [muθul] gleich, ähnlich; vortrefflich.

مجابهة [mu'dʒa:baha] Entgegentreten *n*, Gegenüberstellung *f*.

مجادلة [mu'dʒa:dala] Streit *m*, Disput *m*, Debatte *f*.

مجاراة [mudʒa:'ra:t] Übereinstimmung *f*, Einklang *m*; Schritthalten *n*.

مجاز [ma'dʒa:z] Durchgang *m*, Übergang *m*; Korridor *m durch ein Staatsgebiet*; Metapher *f*, übertragener Ausdruck *m*.

مجازاة [mudʒa:ˈza:t] Vergeltung *f*, Bestrafung *f*.

مجازف [muˈdʒa:zif] leichtsinnig, abenteuerlustig.

مجازفة [muˈdʒa:zafa] Risiko *n*, Wagnis *n*, Leichtsinn *m*, Verwegenheit *f*.

مجازى [maˈdʒa:zi:] übertragen, figürlich (*Ausdruck*).

مجاعة [maˈdʒa:ʕa] Hungersnot *f*.

مجال [maˈdʒa:l], *pl*. [-a:t] Raum *m*, Platz *m* (für ل), Bereich *m*, Gebiet *n*, Sphäre *f*; Spielraum *m*; Reichweite *f*; *El*. Feld *n e-s Magneten*.

مجالسة [muˈdʒa:lasa] Unterhaltung *f*, Geselligkeit *f*.

مجاملة [muˈdʒa:mala] Höflichkeit *f*; Schmeichelei *f*.

مجان [maˈddʒa:n] schamlos; Spaßvogel *m*, Witzbold *m*; kostenlos; ~ا [maˈddʒa:nan] *Adv*. kostenlos, umsonst.

مجانسة [muˈdʒa:nasa] Ähnlichkeit *f*, Artverwandtschaft *f*.

مجانة [maˈdʒa:na] Posse *f*.

مجانى [maˈddʒa:ni:] kostenlos, unentgeltlich; ~ة Gebührenfreiheit *f*.

مجاهد [muˈdʒa:hid] Kämpfer *m*, Freiheitskämpfer *m*.

مجاهدة [muˈdʒa:hada] Kampf *m*, Bekämpfung *f*.

مجاور [muˈdʒa:wir] benachbart, nahe, angrenzend.

مجاورة [muˈdʒa:wara] Nähe *f*, Nachbarschaft *f*.

مجاوزة [muˈdʒa:waza] Überschreitung *f*.

مجبر [muˈdʒabbir] Orthopäde *m*.
+ [mudʒbir] zwingend.

مجبور [madʒˈbu:r] gezwungen.

مجبى [madʒban], *pl*. مجاب [maˈdʒa:bin] Steuer *f*.

مجترّ [mudʒˈtarr] Wiederkäuer *m*.

مجتمع [mudʒˈtamaʕ] Gesellschaft *f*, Gemeinschaft *f*, Kollektiv *n*.

مجتهد [mudʒˈtahid] fleißig; (*schiitischer*) Rechtsgelehrter *m*.

مجد II [maddʒad] *u*. IV [ʔamdʒad] rühmen, preisen.
+ [madʒd], *pl*. أمجاد [ʔamˈdʒa:d] Ruhm *m*, Ehre *f*, Würde *f*.
+ [muˈdʒidd] fleißig, eifrig, ernsthaft.

مجداف [midʒˈda:f] Ruder *n*.

مجدد [muˈdʒaddid] Erneuerer *m*; Neuerer *m*.

مجذاف [midʒˈða:f], *pl*. مجاذيف [madʒa:ˈði:f] Ruder *n*.

مجذوب [madʒˈðu:b] angezogen; besessen, verrückt.

مجر : ال~ [al-madʒar] Ungarn *n*; ~ى ungarisch; Ungar *m*.

مجراف [midʒ'ra:f], *pl.* مجاريف [madʒa:'ri:f] Schaufel *f*.

مجرب [mu'dʒarrab] erprobt; erfahren.

+ [mu'dʒarrib] Prüfer *m*; Versucher *m*.

مجرد [mu'dʒarrad] entblößt, frei (von عن *od.* من); bloß, lauter; abstrahiert; absolut.

مجرفة [midʒrafa] Schaufel *f*; Harke *f*, Rechen *m*.

مجرم [mudʒrim], *pl.* [-u:n] Verbrecher *m*.

مجرة [ma'dʒarra] Milchstraße *f*.

مجرور [madʒ'ru:r] gezogen; Kanal *m*; *Gr.* Wort im Genitiv *nach e-r Präposition*.

مجرى [madʒran], *pl.* مجار [ma'dʒa:rin] Wasserlauf *m*, Rinne *f*, Kanal *m*; Leitung *f*; Strömung *f*, Lauf *m*; Verlauf *m*; *s.a.* مجر.

مجزأ [mu'dʒazzaʔ] aufgeteilt, portioniert.

مجزر [madʒzir] Schlachthaus *n*.

مجزرة [madʒzara] Gemetzel *n*, Blutbad *n*.

مجزوم [madʒ'zu:m] abgeschnitten; entschieden; *Gr.* apokopiert, endungslos (*Verb*).

مجس [mi'dʒass] Sonde *f*.

مجسم [mu'dʒassam] körperlich, plastisch, dreidimensional; konkret, greifbar; Relief-; wichtig; übertrieben.

مجعد [mu'dʒaʕʕad] gewellt, gekräuselt; faltig, runzelig.

مجفف [mu'dʒaffaf] getrocknet.

مجلبة [madʒlaba], *pl.* مجالب [ma'dʒa:lib] Motiv *n*, Ursache *f*.

مجلد [mu'dʒallad] 1. eingebunden (*Buch*); *pl.* [-a:t] Band *m* (*Buch*); 2. gefroren.

+ [mu'dʒallid] Buchbinder *m*.

مجلس [madʒlis], *pl.* مجالس [ma'dʒa:lis] Sitz *m*, Sitzplatz *m*; Sitzung *f*, Zusammenkunft *f*, Gesellschaft *f*; Rat *m*, Konzil *n*; Kommission *f*, Ausschuß *m*; Gericht *n*; الادارة ~ Verwaltungsrat *m*; الأمن ~ *Pol.* Sicherheitsrat *m*; الأمة ~ Parlament *n*; تأديب ~ Disziplinargericht *n*; تشريعى ~ gesetzgebende Versammlung *f*; الشيوخ ~ Senat *m*; العموم ~ Unterhaus *n* (*England*); النواب ~ Abgeordnetenhaus *n*, Parlament *n*; الوزراء ~ Ministerrat *m*, Kabinett *n*.

مجلى [madʒlan], *pl.* مجال [ma'dʒa:lin] Anzeichen *n*, Manifestation *f*.

+ [mu'dʒallan] glänzend, poliert; erleuchtet, verklärt.

مجمد [mu'dʒammad] eingefroren; blockiert (*Konto*).

مجمرك [mu'gamrak] verzollt.

مجمع [madʒmaʕ], *pl.* مجامع [ma'dʒa:miʕ] Versammlung *f*, Vereinigung *f*; Synode *f*; ~ علمى Akademie *f* der Wissenschaften.

+ [mu'dʒammiʕ] Sammler *m*; Akkumulator *m*.

مجمل [mudʒmal] Zusammenfassung *f*, Summe *f*; Abriß *m*.

مجموع [madʒ'mu:ʕ] Gesamtheit *f*, Ganze(s) *n*; Summe *f*; ~ة, *pl.* [-a:t] *u.* مجاميع [madʒa:'mi:ʕ] Sammlung *f*; Gruppe *f*, Kollektiv *n*; Serie *f*, Reihe *f*, Komplex *m*; Block *m*; System *n*; المجموعة الشمسية Sonnensystem *n*.

مجن [madʒan (jaındʒun)] scherzen, spaßen, spotten.

+ [mi'dʒann] *u.* ~ة Schild *m*.

مجنة [ma'dʒanna] Wahnsinn *m*, Verrücktheit *f*.

مجنون [madʒ'nu:n] verrückt, wahnsinnig; besessen.

مجنى [madʒnan], *pl.* مجان [ma'dʒa:nin] Ort *m* des Pflükkens; Quelle *f*.

+ ~ عليه [madʒ'ni:jun ʕa'laih] Opfer *n* *e-s* Verbrechens; Geschädigte(r) *m*.

مجهار [midʒ'ha:r] Lautsprecher *m*.

مجهر [midʒhar] 1. laut (*Stimme*); 2. *pl.* مجاهر [ma'dʒa:hir] Mikroskop *n*.

+ [mudʒhar] stimmhaft (*Konsonant*).

مجهز [mu'dʒahhaz] ausgerüstet (mit ب); bestückt (*mit Geschützen*).

مجهود [madʒ'hu:d] Anstrengung *f*, Bemühung *f*, Mühe *f*.

مجهول [madʒ'hu:l] unbekannt; anonym; *Gr.* Passiv *n*.

مجوف [mu'dʒawwaf] hohl, ausgehöhlt.

مجوهرات [mu'dʒauha'ra:t] Juwelen *n/pl.*, Schmucksachen *f/pl.*

مجىء [ma'dʒi:ʔ] Ankunft *f*, Kommen *n*.

مجيب [mu'dʒi:b] antwortend, erhörend (*s.* جوب).

مجيد [ma'dʒi:d] ruhmvoll, gepriesen, edel.

محاباة [muħa:'ba:t] Begünstigung *f*, Entgegenkommen *n*.

محادثة [mu'ħa:daθa] Gespräch *n*, Konversation *f*, Unterhaltung *f*.

محاذ [mu'ħa:ðin], *constr.* محاذى [mu'ħa:ði:] parallel; gegenüberliegend.

محاذاة [muħa:'ða:t] Parallelität *f*.

محاذرة [mu'ħa:ðara] Vorsicht *f*.

محارب [mu'ħa:rib] Kämpfer *m*, Krieger *m*.

محاربة [muˈħa:raba] Bekämpfung *f*.

محاسب [muˈħa:sib] Buchhalter *m*, Rechnungsführer *m*.

محاسبة [muˈħa:saba] Abrechnung *f*, Verrechnung *f*, Buchführung *f*.

محاسن [maˈħa:sin] *pl*. Vorzüge *m/pl*., gute Eigenschaften *f/pl*.

محاسنة [muˈħa:sana] freundliche Behandlung *f*.

محاصة [muˈħa:ssɒ] Teilung *f*; Zuteilung *f*.

محاضر [muˈħa:đɨr] Vortragende(r) *m*, Lektor *m*.

محاضرة [muˈħa:đɒra] Vortrag *m*, Vorlesung *f*.

محاط [muˈħa:ŧ] umgeben (von ب), *s*. حوط.

محافظ [muˈħa:fiƶ] Hüter *m*; Gouverneur *m*, Präfekt *m*; *Pol*. konservativ; Konservative(r) [*m*.

محاكم *s*. محكمة.

محاكمة [muˈħa:kama] gerichtliche Verfolgung *f*.

محال [muˈħa:l] unmöglich, undenkbar, absurd; *s.a*. محل.

محالة: ~ لا [la: maˈħa:la(ta)] sicherlich, ganz gewiß; لا ~ منه es ist unvermeidlich.

محام [muˈħa:min], *constr*. محامى [muˈħa:mi:], *pl*. محامون [muħa:ˈmu:n] Advokat *m*, Verteidiger *m*.

محاماة [muħa:ˈma:t] *Jur*. Verteidigung *f*.

محاورة [muˈħa:wara] Gespräch *n*, Dialog *m*; Disput *m*.

محاولة [muˈħa:wala] Versuch *m*; (*Mord*-)Anschlag *m*.

محايد [muˈħa:jid] neutral.

محب [muˈħibb] liebend; Liebhaber *m*, Freund *m*.

محبب [muˈħabbab] lieb (*j-m* الى), angenehm.

محبرة [miħbara], *pl*. محابر [maˈħa:bir] Tintenfaß *n*.

محبس [maħbas], *pl*. محابس [maˈħa:bis] Gefängnis *n*, Kerker *m*.

+ [miħbas] Absperrvorrichtung *f*, Schieber *m*.

محبة [maˈħabba] Liebe *f*, Zuneigung *f*.

محبوب [maħˈbu:b] geliebt, beliebt, populär; Liebling *m*.

محبوس [maħˈbu:s] eingeschlossen, eingesperrt; Gefangene(r) *m*.

محتاج [muħˈta:dʒ] bedürftig (*e-r Sache* الى); *s*. حوج.

محتال [muħˈta:l] listig, betrügerisch; Schwindler *m*; *s*. حول.

محترف [muħˈtaraf] Studio *n*, Atelier *n*.

+ [muħˈtarif] Berufstätige(r) *m*; Berufs-.

محترم [muħˈtaram] geehrt, verehrt, geachtet, angesehen.

محتشم [muħˈtaʃim] bescheiden, schüchtern.

محتل [muħˈtall] besetzend; Besatzungs-; القوات المحتلة Besatzungstruppen *f/pl.*

محتمل [muħˈtamal] wahrscheinlich, möglich; من الـ~ es ist wahrscheinlich.

محتوم [maħˈtu:m] festgesetzt; auferlegt, obligat; unvermeidlich.

محتويات [muħtawaˈja:t] *pl.* Inhalt *m.*

محجر [maħdʒar], *pl.* محاجر [maˈħa:dʒir] Lazarett *n*; Quarantäne *f.*

+ [maħdʒir], *pl.* محاجر [maˈħa:dʒir] 1. Steinbruch *m*; 2. Augenhöhle *f.*

محجم [miħdʒam], *pl.* محاجم [maˈħa:dʒim] Schröpfkopf *m.*

محجوب [maħˈdʒu:b] verhüllt, verborgen; blind.

محدب [muˈħaddab] bucklig, gewölbt, konvex.

محدث [muˈħaddiθ] Sprecher *m*, Erzähler *m*, Überlieferer *m.*

+ [muħdaθ] neu, modern.

محدد [muˈħaddad] 1. geschärft; 2. festgesetzt, bestimmt.

محدود [maħˈdu:d] begrenzt, beschränkt; bestimmt, definitiv.

محراب [miħˈra:b], *pl.* محاريب [maħa:ˈri:b] Gebetsnische *f in der Moschee.*

محراث [miħˈra:θ], *pl.* محاريث [maħa:ˈri:θ] Pflug *m.*

محرر [muˈħarrir] 1. Befreier *m*; 2. Redakteur *m*, Schriftleiter *m*, Herausgeber *m e-r Zeitschrift.*

محرض [muˈħarriđ] Hetzer *m*, Agitator *m*, Provokateur *m.*

محرك [muˈħarrik] Beweger *m*, Erreger *m*; *pl.* [-a:t] Motor *m.*

محرم [maħram], *pl.* محارم [maˈħa:rim] unantastbare Sache *f*; Verwandte(r) *m der nicht geheiratet werden darf.*

+ [muˈħarram] 1. verboten; 2. Muharram *m* (*1. islamischer Mondmonat*).

محرمة [maħrama], *pl.* محارم [maˈħa:rim] Taschentuch *n.*

محروس [maħˈru:s] beschützt; *Umschreibung für* Kind *n*, Sohn *m.*

محروق [maħˈru:q] verbrannt; brennbar; gequält.

محروم [maħˈru:m] beraubt (*e-r Sache* من), ausgeschlossen.

محز [maˈħazz] Kerbe *f.*

محزن [muħzin] traurig, betrüblich, tragisch.

محزون [maħˈzu:n] betrübt, traurig.

محسن [muħsin] wohltätig; *a. npr. m*; *s.a.* محاسن.

محسوب [maħ'sub] Günstling *m*, Protegé *m*; ~ية Protektionswirtschaft *f*.

محسوس [maħ'su:s] merklich, fühlbar, spürbar.

محشر [maħʃar] Menge *f*, Versammlung *f*.

محشو [maħ'ʃu:w] gefüllt, ausgestopft; geladen (*Waffe*).

محشي [maħ'ʃi:j] gefüllt (*z. B. Paprika*).

محص [maħas (jamħas)] klären, reinigen; II [maħħas] klären; prüfen, untersuchen; IV [ʔamħas] *u.* V [ta'maħħas] wieder zum Vorschein kommen.

محصد [miħsɒd], *pl.* محاصد [ma'ħa:sid] Sichel *f*.

محصل [maħsɒl *u.* mu'ħassɒl] Ergebnis *n*, Resultat *n*.

+ [mu'ħassil] (*Steuer-*)Einnehmer *m*, Kassierer *m*, (*Autobus-*)Schaffner *m*.

محصن [mu'ħassɒn] befestigt; immun (gegen ضد).

محصود [maħ'su:d] geerntet; Ernteertrag *m*.

محصور [maħ'su:r] belagert; blockiert; beschränkt (auf *A* في).

محصول [maħ'su:l], *pl.* محاصيل [maħa:'si:l] *u.* [-a:t] Ergebnis *n*, Resultat *n*; Ertrag *m*, Gewinn *m*; Erzeugnis *n*, Produkt *n*.

محض [maħađ (jamħađ)] aufrichtig sein; – [maħuđ (jamħuđ)] rein, echt sein; V [ta'maħħađ] sich ausschließlich widmen (*e-r Sache* ل).

+ [maħđ] rein, lauter, echt.

محضر [maħđɒr], *pl.* محاضر [ma'ħa:đir] Protokoll *n*, Bericht *m*.

محط [ma'ħatt] Halteplatz *m*, Ruhepunkt *m*.

محطمة [mu'ħattima] Brechmaschine *f*; (*Eis-*)Brecher *m*; ~ الذرة Zyklotron *n*.

محطة [ma'ħattɒ], *pl.* [-a:t] Haltestelle *f*, Station *f*, Bahnhof *m*.

محظور [maħ'zu:r] verboten, untersagt.

محظوظ [maħ'zu:z] glücklich, zufrieden.

محفر [miħfar], *pl.* محافر [ma'ħa:fir] Spaten *m*.

محفظة [maħfɒzɒ], *pl.* محافظ [ma'ħa:fiz] Brieftasche *f*, Mappe *f*.

محفل [maħfil], *pl.* محافل [ma'ħa:fil] Versammlung *f*, Gesellschaft *f*.

محفور [maħ'fu:r] gegraben; graviert.

محفوظ [maħ'fu:z] aufbewahrt,

sichergestellt; reserviert; konserviert; *a. npr. m*; *pl.* [-a:t] Archiv *n*; Konserven *f/pl.*

محق [maħaq (jamħaq)] auslöschen, ausradieren; vernichten; VII [in'maħaq *u.* i'mmaħaq] *u.* VIII [im'taħaq] ausgelöscht, vernichtet werden.

+ [maħq] Auslöschung *f*, Vernichtung *f*.

+ [mu'ħiqq] recht habend, die Wahrheit sagend.

محقق [mu'ħaqqaq] sicher, gewiß, gesichert; verwirklicht.

+ [mu'ħaqqiq] Forscher *m*; Untersuchungsrichter *m*.

محك [maħak (jamħak)] streiten, zanken.

+ [maħik] streitsüchtig.

+ [mi'ħakk] Probierstein *m*, Prüfstein *m*.

محكم [mu'ħakkam] Schiedsrichter *m*.

+ [muħkam] fest; genau, exakt; gut gekonnt.

محكمة [maħkama], *pl.* محاكم [ma'ħa:kim] Gericht *n*, Gerichtshof *m*.

محكوك [maħ'ku:k] abgerieben, durchgewetzt, schadhaft.

محكوم: ~ عليه [maħ'ku:m ʕa'laih] verurteilt (zu ب).

محكومية [maħku:'mi:ja] Vorbestraftheit *f*.

محل [maħal (jamħal)] 1. unfruchtbar sein; 2. intrigieren; IV [ʔamħal] *Regen*: ausbleiben; V [ta'maħħal] intrigieren, Ränke schmieden; durch List zu erreichen suchen.

+ [maħl] Dürre *f*, Unfruchtbarkeit *f*, Hungersnot *f*.

+ [ma'ħall], *pl.* محال [ma'ħa:ll] *u.* [-a:t] Ort *m*, Stelle *f*, Platz *m*; Wohnort *m*; Geschäft *n*, Handelshaus *n*, Firma *f*; Anlaß *m*, Gegenstand *m der Bewunderung*; فى غير محله unpassend, am unrechten Platz.

+ [ma'ħill] Fälligkeitstermin *m*.

محلف [mu'ħallaf] vereidigt, beeidet; Geschworene(r) *m*.

محلل [mu'ħallil] Lösungsmittel *n*.

محلة [ma'ħalla] Halteplatz *m* Station *f*; Stadtviertel *n*.

محلول [maħ'lu:l] gelöst, aufgelöst; lose; Lösung *f e-r Substanz*.

محلى [ma'ħalli:] lokal, örtlich; einheimisch.

محمد [mu'ħammad] gepriesen; Muhammad *npr. m*.

محمر [mu'ħammar] geröstet.

+ [muħ'marr] rot, rötlich, gerötet.

محمصة [miħmɒsɒ] Pfanne *f zum Rösten.*

محمل [mu'ħammal] beladen, belastet.

محمود [maħ'mu:d] gelobt, gepriesen; Mahmud *npr. m.*

محمول [maħ'mu:l] getragen; tragbar; Ladegewicht *n*, Tonnage *f.*

محموم [maħ'mu:m] fiebernd.

محمى [maħ'mi:j] geschützt, beschützt; Protegé *m*; ة~ Protektorat *n.*

محن [maħan (jamħan)] *u.* VIII [im'taħan] prüfen, examinieren, erproben, untersuchen.

محنك [mu'ħannak] erfahren.

محنة [miħna], *pl.* محن [miħan] Heimsuchung *f*, Prüfung *f*; Plage *f*, Leiden *n.*

محا (محو) [maħa: (jamħu:)] abwischen, auslöschen, ausradieren, tilgen, beseitigen; VII [in'maħa:] *u.* امحى [i'mmaħa:] ausgelöscht, getilgt werden; verschwinden.

محو [maħw] Tilgung *f*, Streichung *f*, Beseitigung *f.*

محور [miħwar], *pl.* محاور [ma'ħa:wir] Achse *f*, Drehpunkt *m.*

محول [mu'ħawwil] *Hdl.* Indossant *m*; *El.* Transformator *m*, Umformer *m.*

محيا [mu'ħajjan] Gesicht *n*, Antlitz *n.*

محيد [ma'ħi:d] Vermeidung *f* (*e-r Sache* عن).

محيص [ma'ħi:s] Flucht *f*, Ausweg *m*; لا ~ عنه es ist unvermeidlich.

محيط [mu'ħi:t] umgebend (*etw.* ب); vertraut (mit ب); Umfang *m e-s Kreises*; Peripherie *f*; Umgebung *f*, Milieu *n*; Gebiet *n*; Ozean *m.*

مخ [muxx], *pl.* مخاخ [mi'xa:x] Hirn *n*, Mark *n*; Kern *m.*

مخابرة [mu'xa:bara] Mitteilung *f*, Verständigung *f*; (*Telefon-*) Gespräch *n.*

مخاض [ma'xɒ:đ] Geburtswehen *pl.*

مخاضة [ma'xɒ:đɒ], *pl.* مخاوض [ma'xa:wiđ] Furt *f.*

+ [ma'xxɒ:đɒ] Butterfaß *n.*

مخاط [mu'xɒ:t] Schleim *m*, Rotz *m*; Phlegma *n*; ى~ schleimig; Schleim-.

مخاطب [mu'xɒ:tɒb] angeredet; *Gr.* zweite Person *f*; ة~ Anrede *f*; Gespräch *n.*

مخاطرة [mu'xɒ:tɒra] Wagnis *n*, Risiko *n*; Abenteuer *n.*

مخافة [ma'xa:fa] Furcht *f.*

مخالصة [mu'xa:lasɒ] Quittung *f.*

مخالطة [mu'xa:latɒ] Umgang *m*, Verkehr *m.*

مخالف [mu'xa:lif] entgegengesetzt, widersprechend; Übertreter *m*.

مخالفة [mu'xa:lafa] Übertretung *f*, Zuwiderhandlung *f*; (*Geld*-) Strafe *f*.

مخبأ [maxbaʔ], *pl.* مخابئ [ma'xa:biʔ] Versteck *n*, Unterschlupf *m*; Luftschutzkeller *m*.

مخبار [mix'ba:r], *pl.* مخابير [maxa:'bi:r] Reagenzglas *n*.

مخبر [maxbar] 1. Sinn *m*, Bedeutung *f*; 2. Laboratorium *n*.

+ [muxbir] Reporter *m*, Berichterstatter *m*; Detektiv *m*.

مخبز [maxbaz], *pl.* مخابز [ma'xa:biz] Bäckerei *f*.

مخبل [mu'xabbal] *u.* مخبول [max'bu:l] verrückt; Narr *m*.

مختار [mux'ta:r] gewählt; auserlesen; Lieblings-; Dorfschulze *m*; *a. npr. m*; *s.* خير.

مختال [mux'ta:l] eingebildet, hochmütig (*s.* خيل).

مختبر [mux'tabar], *pl.* [-a:t] Laboratorium *n*.

مختبئ [mux'tabiʔ] versteckt, verborgen.

مختتم [mux'tatam] Ende *n*, Abschluß *m*.

مخترع [mux'taraʕ] Erfindung *f*.

+ [mux'tariʕ] Erfinder *m*.

مختزل [mux'tazil] Stenograph *m*.

مختص [mux'tass] bezüglich (*G* ب), zuständig, kompetent (für ب); spezialisiert (auf *A* ب).

مختصر [mux'tasɒr] gekürzt, kurzgefaßt; Auszug *m*, Abriß *m*.

مختف [mux'tafin], *constr.* مختفي [mux'tafi:] verborgen.

مختفى [mux'tafan] Versteck *n*.

مختلس [mux'talis] Defraudant *m*, Veruntreuer *m*.

مختلط [mux'talit] gemischt.

مختلف [mux'talaf]: فيه ~ strittig, umstritten.

+ [mux'talif] verschieden, verschiedenartig, mannigfach; abweichend (von عن).

مختلق [mux'talaq] erdichtet, frei erfunden.

مختمر [mux'tamir] gärend, fermentiert; alkoholisch.

مختوم [max'tu:m] versiegelt; besiegelt, erledigt, beendet.

مخدر [mu'xaddar] betäubt; angeheitert.

+ [mu'xaddir], *pl.* [-a:t] Narkotikum *n*; Anästhetikum *n*; Rauschgift *n*.

مخدع [mixdaʕ], *pl.* مخادع [ma'xa:diʕ] Kammer *f*, Kabinett *n*.

مخدة [mi'xadda], *pl.* مخاد [ma'xa:dd] Kissen *n*, Polster *n*.

مخدوم [max'du:m] Dienstherr *m*.

مخرز [mixraz] Ahle *f.*

مخرج [maxradʒ], *pl.* مخارج [ma-ˈxa:ridʒ] Ausgang *m*, Ausweg *m*; Austrittsstelle *f*; Artikulationsstelle *f e-s Lautes.*

+ [muxridʒ] Regisseur *m*, Spielleiter *m.*

مخرطة [mixrɒtɒ], *pl.* مخارط [ma-ˈxa:rit] Drehbank *f.*

مخرف [muˈxarrif] Schwätzer *m.*

مخرفة [maxrafa] Geschwätz *n*, Faselei *f.*

مخرمات [muxarraˈma:t] (*geklöppelte*) Spitze *f.*

مخروط [maxˈru:t] Kegel *m*, Konus *m*; ~ى konisch, kegelförmig.

مخروم [maxˈru:m] durchlöchert, lückenhaft, defekt.

مخزن [maxzan], *pl*, مخازن [ma-ˈxa:zin] Lager *n*, Speicher *m*, Depot *n*, Magazin *n*; Geschäft *n*, Warenhaus *n*; ~ جى [-dʒi:] Lagerverwalter *m.*

مخزون [maxˈzu:n] gelagert, gespeichert; Vorrat *m.*

مخصب [muxsɒb] gedüngt.

+ [muxsib] fruchtbar.

مخصبات [muxɒssiˈba:t] Düngemittel *n/pl.*

مخصص [muˈxɒssɒs] bestimmt, zugeteilt; Zuteilung *f.*

مخصوص [maxˈsu:s] speziell.

مخض [maxɒđ (jamxɒđ)] buttern; – [maxiđ (jamxɒđ)] Geburtswehen haben, kreißen; V [taˈmaxxɒđ] gebären (*e. Kind* عن).

مخضر [muxˈđɒrr] grün, grünlich.

مخضرة [maxđɒra] Grünfläche *f*, Pflanzenwuchs *m.*

مخطر [muxtir] gefahrvoll.

مخطط [muˈxɒttɒt] gestreift, liniiert; Skizze *f.*

مخطوبة [maxˈtu:ba] Verlobte *f*, Braut *f.*

مخطوط [maxˈtu:t] *u.* ~ة Handschrift *f*, Manuskript *n.*

مخطئ [muxtiʔ] irrend, im Irrtum befindlich.

مخفر [maxfar], *pl.* مخافر [maˈxa:fir] Wache *f*, Wachtposten *m.*

مخفض [muˈxaffɒđ] herabgesetzt (*Preis*), ermäßigt, reduziert.

مخفف [muˈxaffaf] erleichtert, abgeschwächt; verdünnt (*Lösung*).

مخفى [maxˈfi:j] verborgen.

مخل [muxl], *pl.* أمخال [ʔamˈxa:l] Hebel *m*; Brechstange *f.*

+ [muˈxill] störend, schädlich; schändlich.

مخلب [mixlab], *pl.* مخالب [ma-ˈxa:lib] Kralle *f*, Klaue *f.*

مخلص [maxlɒs] Zuflucht *f*, Rettung *f.*

+ [muˈxallis] Befreier *m*, Erlöser *m.*

+ [muxlis] aufrichtig, treu; *im Briefschluß*: ~ال Ihr ergebener.

مخلف [mu'xallaf] zurückgelassen; *pl.* [-a:t] Überbleibsel *n*/*pl.*; Nachlaß *m*, Hinterlassenschaft *f*.

مخلل [mu'xallal] mariniert, in Essig eingelegt.

مخلوط [max'lu:t] Gemisch *n*; Legierung *f von Metallen*.

مخلوع [max'lu:ʕ] hemmungslos; leichtsinnig.

مخلوق [max'lu:q], *pl.* [-a:t] Geschöpf *n*, Kreatur *f*.

مخمس [mu'xammas] fünffach; fünfeckig; Pentagon *n*.

مخمن [mu'xammin] Schätzmeister *m*, Taxator *m*.

مخنث [mu'xannaθ] effeminiert, verweichlicht.

مخوف [ma'xu:f] gefürchtet, gefährlich.

مخول [mu'xawwal] bevollmächtigt, ermächtigt (zu ب).

مخيط [mixjɒt] (Näh-)Nadel *f*.

مخيف [mu'xi:f] furchtbar, schrecklich.

مخيل [mu'xi:l] unklar, zweifelhaft.

مخيلة [ma'xi:la], *pl.* مخايل [ma'xa:jil] Vorstellung *f*, Anzeichen *n*, Merkmal *n*.

+ [mu'xajjila] Einbildung *f*, Phantasie *f*.

مخيم [mu'xajjam] Zeltlager *n*.

مد [madda (ja'muddu)] ausdehnen, spannen, strecken; ausbreiten; verlängern; *Netz* auslegen; unterstützen, versorgen (mit ب); *Wasser*: steigen; II [maddad] verlängern; ausdehnen, ausbreiten; III [ma:dda] hinauszögern; IV [ʔa'madda] helfen (*j-m* ه), unterstützen (*j-n* ه); versorgen, versehen (mit ب); V [ta'maddad] sich ausstrekken; sich ausdehnen, sich erweitern; VIII [im'tadda] sich ausdehnen, sich erstrecken (auf *A* الى); gespannt, ausgelegt werden; X [ista'madda] um Hilfe bitten; entnehmen, erhalten; herleiten.

+ [madd] Ausdehnung *f*, Ausbreitung *f*; Verlängerung *f*; Dehnung *f*; Flut *f des Meeres* (*Gegens.* جزر).

مداخلة [mu'da:xala] Einmischung *f*; Beteiligung *f*.

مداد [mi'da:d] Tinte *f*; Stil *m*, Muster *n*; Dünger *m*.

مدار [ma'da:r], *pl.* [-a:t] Umkreis *m*, Bereich *m*, Sphäre *f*; Angelpunkt *m*, Drehpunkt *m*; Thema *n*, Gegenstand *m*; *Geo.* Wendekreis *m* (*s.* دور).

مداراة [muda:'ra:t] Liebenswürdigkeit *f*, Schmeichelei *f*; Täuschung *f*.

مدارس *s.* مدرسة.

مدارك [ma'da:rik] *pl.* Sinne *m/pl.*; Geisteskräfte *f/pl.*

مداس [ma'da:s] Schuh *m*, Sandale *f*.

مداعبة [mu'da:ʕaba] Scherz *m*, Spiel *n*.

مدافع [mu'da:fiʕ] Verteidiger *m*.

مدافعة [mu'da:faʕa] Verteidigung *f* (*e-r Sache* عن).

مدان [mu'da:n] verurteilt, schuldig (*s.* دين).

مداهن [mu'da:hin] Schmeichler *m*, Heuchler *m*.

مداهنة [muda:hana] Schmeichelei *f*, Heuchelei *f*; Schwindel *m*.

مداواة [muda:'wa:t] *Med.* Behandlung *f*.

مداورة [mu'da:wara] Überlistung *f*; Umgarnung *f*.

مداولة [mu'da:wala] 1. Beratung *f*, Diskussion *f*; 2. Abwechslung *f*.

مداومة [mu'da:wama] Fortsetzung *f*, Fortdauer *f*; Ausdauer *f*.

مدبب [mu'dabbab] spitz, zugespitzt.

مدبر [mu'dabbar] vorbereitet, arrangiert.

\+ [mu'dabbir] Leiter *m*, Lenker *m*, Verwalter *m*.

مدبغة [madbaɣa], *pl.* مدابغ [ma'da:biɣ] Gerberei *f*.

مدح [madaħ (jamdaħ)] *u.* II [maddaħ] loben, preisen, rühmen; V [ta'maddaħ] gelobt werden; sich rühmen; VIII [im'tadaħ] = I.

\+ [madħ] Lob *n*, Beifall *m*.

مدخل [madxal], *pl.* مداخل [ma'da:xil] Eingang *m*, Eintritt *m*, Einfahrt *f*; Einführung *f*.

مدخن [mu'daxxin] Raucher *m*.

مدخنة [madxana], *pl.* مداخن [ma'da:xin] Rauchfang *m*, Schornstein *m*.

مدخول [mad'xu:l] 1. angekränkelt, anormal; فيه ~ verfälscht; 2. (*Geld*-)Einnahmen *f/pl.*

مدد [madad] Hilfe *f*, Unterstützung *f*; Verstärkung *f*; عقل ~ geistiger Rückhalt *m*; *s.a.* مدة.

مدر [mu'dirr] (*schweiß*-, *harn*-) treibend.

مدرب [mu'darrab] geübt, geschult, ausgebildet, trainiert.

\+ [mu'darrib] Ausbilder *m*, Trainer *m*.

مدرج [madradʒ], *pl.* مدارج [ma'da:ridʒ] Weg *m*, Pfad *m*; *Flugw.* Rollfeld *n*; Beginn *m*.

\+ [mu'darradʒ] abgestuft; Hörsaal *m*, Amphitheater *n*; Skala *f*.

+ [mudradʒ] eingetragen, eingefügt; Inhalt *m*.

مدرس [muˈdarris] Lehrer *m*; (*Universitäts-*)Lektor *m*.

مدرسة [madrasa], *pl.* مدارس [maˈda:ris] Schule *f*, Lehranstalt *f*; *Isl.* Medrese *f*; داخلية ~ Internat *n*; عليا ~ [ʕulja:] Hochschule *f*.

مدرسى [madrasi:] Schul-, Unterrichts-.

مدرع [muˈdarraʕ] gepanzert; ة~ Panzerschiff *n*; Panzerwagen *m*.

مدرك [mudrik] vernünftig, intelligent; reif.

مدع [muˈddaʕin], *constr.* مدعى [muˈddaʕi:] Kläger *m*, Ankläger *m*; المدعى العام (العمومى) Staatsanwalt *m*.

مدعبل [muˈdaʕbal] rund, kugelig.

مدعو [madˈʕu:w] Eingeladene(r) *m*, Gast *m*.

مدعى: عليه ~ال [almuˈddaʕa: ʕaˈlaih] Beklagte(r) *m*.

مدغم [muˈddaɣam] kontrahiert, assimiliert (*Sprachlaut*).

مدفأ [midfaʔ] Ofen *m*, Heizgerät *n*.

مدفع [midfaʕ], *pl.* مدافع [maˈda:fiʕ] Kanone *f*, Geschütz *n*; ~ مضاد للطائرات Flugzeugabwehrkanone *f*; ى~ Geschütz-; Artillerist *m*; ية~ Artillerie *f*.

مدفن [madfan] *u.* ة~, *pl.* مدافن [maˈda:fin] Grabstätte *f*, Friedhof *m*.

مدفوع [madˈfu:ʕ] bezahlt; *pl.* [-a:t] Zahlungen *f/pl*.

مدق [miˈdaqq] 1. Schlegel *m*, Stößel *m*; 2. Weg *m*, Pfad *m*.

مدقق [muˈdaqqaq] genau, exakt, präzise (*Arbeit*).

+ [muˈdaqqiq] genau, exakt (*Forscher*).

مدقة [miˈdaqqa], *pl.* مداق [maˈda:qq] Stößel *m*; *Botanik*: Stempel *m*.

مدقوق [madˈqu:q] gestoßen, zerrieben; Pulver *n*.

مدك [miˈdakk] Ladestock *m*; Ramme *f*.

مدل [muˈdill] eingebildet, anmaßend.

مدلل [muˈdallal] verwöhnt, verzärtelt.

مدلول [madˈlu:l] Bedeutung *f*, Sinn *m e-s Wortes*.

مدمج [mudmadʒ] fest, kompakt.

مدمرة [muˈdammira] Zerstörer *m* (*Kriegsschiff*).

مدمس: ~ فول [fu:l muˈdammas] Gericht aus gedünsteten Saubohnen, Bohnengulasch *n*.

مدمك [mudmak] fest, straff, kompakt.

مدمن [mudmin] süchtig, *e-r Leidenschaft* ergeben.

مدن II [maddan] zivilisieren; V [ta'maddan] zivilisiert werden; *s.a.* مدينة.

مدنى [madani:] städtisch; bürgerlich, zivil; weltlich; zivilisiert; قانون ~ Zivilrecht *n*, bürgerliches Recht *n*; ~ة Zivilisation *f*.

مدة [madda] Madda *n* (*Dehnungszeichen über dem Alif*).

+ [midda] Eiter *m*.

+ [mudda], *pl.* مدد [mudad] Weile *f*, Zeitspanne *f*; Dauer *f*; Frist *f*.

مدهش [mudhiʃ] erstaunlich, verblüffend; wunderbar.

مدهن [mudhin] fett, ölig.

مدور [mu'dawwar] rund, kreisförmig.

مدون [mu'dawwan] aufgezeichnet, eingetragen; ~ة Aufzeichnung *f*.

(مدى) III [ma:da:] *u.* IV [ʔamda:] Aufschub geben, Frist gewähren; VI [ta'ma:da:] beharren (auf *D* فى); fortfahren (mit فى).

مدى [madan] Ausdehnung *f*, Entfernung *f*, Reichweite *f*, Grenze *f*; Bereich *m*, Spielraum *m*; Ausmaß *n*; Dauer *f*, Periode *f*; البصر ~ Sehweite *f*; soweit das Auge reicht; ~ الحياة Lebensdauer *f*.

مديح [ma'di:ħ] Lob *n*; Lobgedicht *n*.

مديد [ma'di:d], *pl.* مدد [mudud] ausgedehnt, lang.

مدير [mu'di:r], *pl.* مدراء [muda'ra:ʔ] Direktor *m*, Leiter *m*, Verwalter *m*; Rektor *m e-r Universität*; Bezirksvorsteher *m*; *Äg.* Provinzgouverneur *m*; عام ~ Generaldirektor *m*; ~ة Direktorin *f*, Leiterin *f*; ~ية Direktion *f*, Verwaltung *f*; *Äg.* Provinz *f*.

مدين [ma'di:n] schuldig, verschuldet; Schuldner *m*.

+ [mu'di:n] Gläubiger *m*, Kreditor *m*.

مدينة [ma'di:na], *pl.* مدن [mudun] *u.* مدائن [ma'da:ʔin] Stadt *f*.

مديون [mad'ju:n] verschuldet; ~ية Verschuldung *f*.

مذ [muð] seit (= منذ).

مذاب [mu'ða:b] geschmolzen; aufgelöst (*s.* ذوب).

مذاق [ma'ða:q] Geschmack *m* (*s.* ذوق).

مذاكرة [mu'ða:kara] Verhandlung *f*, Konferenz *f*; (Auswendig-)Lernen *n*.

مذبح [maðbaħ], *pl.* مذابح [ma'ða:biħ] Schlachthaus *n*; Altar *m*; ~ة Gemetzel *n*.

مذبة [mi'ðabba] Fliegenwedel *m*.

مذخر [muˈðaxxar] Vorrat *m.*

مذر [maðir] verdorben, faul.

مذعن [muðʕin] gehorsam, unterwürfig.

مذكر [muˈðakkar] *Gr.* männlich, maskulin.

مذكرة [muˈðakkira], *pl.* [-a:t] Notiz *f,* Note *f,* Memorandum *n,* Denkschrift *f;* Erinnerung *f;* Notizbuch *n*; *pl.* Memoiren *pl.*

مذكور [maðˈku:r] erwähnt, genannt; ال~ أعلاه der obenerwähnte.

مذلة [maˈðalla] Schmach *f,* Demütigung *f;* Demut *f.*

مذمة [maˈðamma] Tadel *m.*

مذنب [muˈðannab] geschweift; Komet *m.*

+ [muðnib] Sünder *m,* Missetäter *m.*

مذهب [maðhab], *pl.* مذاهب [maˈða:hib] Gehen *n,* Weg *m;* Handlungsweise *f;* Meinung *f,* Ansicht *f;* Lehre *f,* Schule *f,* Doktrin *f;* Bekenntnis *n,* Konfession *f;* *Isl.* Ritus *m;* Sekte *f.*

+ [muˈðahhab] vergoldet.

مذهبي [maðhabi:] konfessionell; ~ة Sektierertum *n.*

مذهول [maðˈhu:l] verwirrt, verblüfft, bestürzt.

مذود [miðwad], *pl.* مذاود [maˈða:wid] Krippe *f,* Futtertrog *m.*

مذيع [muˈði:ʕ] Ansager *m,* Rundfunksprecher *m.*

مر [marra (jaˈmurru)] vorbeigehen, vorübergehen, vorbeikommen; passieren, durchqueren, durchreisen; durchfließen, durchlaufen; *Linie*: verlaufen; *Weg*: führen; überschreiten; *Zeit*: vergehen, verfließen; كما مر ذكره [ðikruhu] wie es schon erwähnt wurde; II [marrar] 1. weitergeben; 2. bitter machen; IV [ʔaˈmarra] passieren, durchgehen lassen; hindurchführen; X [istaˈmarra] 1. dauern, fortdauern, fortbestehen, bleiben; 2. als bitter empfinden.

+ [marr] 1. Vorbeigehen *n,* Durchgang *m;* Lauf *m der Zeit,* Verlauf *m;* 2. Spaten *m;* 3. Strick *m.*

+ [murr], *pl.* أمرار [ʔamˈra:r] bitter, scharf; Bitterkeit *f;* Myrrhe *f.*

مرء [marʔ] Mann *m;* *als unbestimmtes Subjekt*: man.

مرأ [maraʔa (jamraʔu)] gesund, bekömmlich sein; X [isˈtamraʔa] genießen, bekömmlich finden.

مراء [miˈraːʔ] Streit *m*; Zweifel *m*; *s.a.* مرآة.
+ [muˈraːʔin], *constr.* مرائى [muˈraːʔiː], *pl.* مراؤون [muraːˈʔuːn] Heuchler *m*.

مراءاة [muraːˈʔaːt] Vortäuschung *f*, Heuchelei *f*.

مرأب [marʔab], *pl.* مرائب [maˈraːʔib] *Syr.* Reparaturwerkstätte *f*.

مراب [muˈraːbin], *constr.* مرابى [muˈraːbiː] Wucherer *m*.

مرابحة [muˈraːbaħa] Wiederverkauf *m*, Agiotage *f*.

مرابط [muˈraːbit] stationiert, in Garnison stehend (*Heer*).

مرات *s.* مرة.

مراجع [muˈraːdʒiʕ] 1. Vorsprechende(r) *m*, Partei *f im Amtsverkehr*; Bittsteller *m*; 2. Revisor *m*, Kontrolleur *m*.

مراجعة [muˈraːdʒaʕa] 1. Vorsprache *f*, Ansuchen *n*, Konsultation *f*; Parteienverkehr *m*; 2. Durchsicht *f*, Einsichtnahme *f*; Überprüfung *f*, Revision *f*.

مراد [maˈraːd] Nacken *m*.
+ [muˈraːd] gewollt, beabsichtigt; Absicht *f*, Wunsch *m*; *a. npr.* (*s.* رود).

مرادف [muˈraːdif] gleichbedeutend; Synonym *n*.

مرارة [maˈraːra] Bitterkeit *f*; Galle *f*.

مراس [miˈraːs] Kraft *f*, Energie *f*.

مراسل [muˈraːsil] Korrespondent *m*, Berichterstatter *m*.

مراسلة [muˈraːsala] Korrespondenz *f*.

مراسم [maˈraːsim] *pl.* Zeremonien *f/pl.*; Etikette *f*, Protokoll *n*.

مراضاة [murɒːˈđɒːt] Zufriedenstellung *f*; بالـ~ in Güte.

مراعاة [muraːˈʕaːt] Rücksicht *f*, Beachtung *f*; Beobachtung *f*, Befolgung *f von Vorschriften*.

مرافع [muˈraːfiʕ] Kläger *m*.

مرافعة [muˈraːfaʕa] Gerichtsverfahren *n*; Plädoyer *n*.

مرافق [muˈraːfiq] Begleiter *m*; *Mil.* Adjudant *m*; *s.a.* مرفق.

مرافقة [muˈraːfaqa] Begleitung *f*, Gesellschaft *f*.

مراقب [muˈraːqib] Beobachter *m*; Aufsichtsorgan *n*; Zensor *m*.

مراقبة [muˈraːqaba] Beobachtung *f*, Überwachung *f*, Kontrolle *f*; Zensur *f*.

مراكش [maˈrraːkuʃ] Marokko *n*.

مراق *s.* مرقاة.

مرام [maˈraːm] Wunsch *m*, Verlangen *n*, Bestreben *n* (*s.* روم).

مران [miˈraːn] Übung *f*, Training *n*, Praxis *f*.

مرانة [maˈraːna] Biegsamkeit *f*, Geschmeidigkeit *f*, Elastizität *f*.

مرأة: ~ال [al'marʔa] (*ohne Artikel*: امرأة) Frau *f*.

مرآة [mir'ʔa:t], *pl.* مرايا [ma'ra:ja:] *u.* مراء [ma'ra:ʔin] Spiegel *m*.

مراهقة [mu'ra:haqa] Pubertät *f*.

مراهنة [mu'ra:hana] Wette *f*.

مراوغة [mu'ra:waɣa] Hinterlist *f*, Verdrehungskunst *f*.

مرأى [mar'ʔan] Anblick *m*, Sicht *f*.

مراياة *s.* مراءاة.

مرب [mu'rabbin], *constr.* مربي [mu'rabbi:], *pl.* مربون [mura'bbu:n] Erzieher *m*, Pädagoge *m*; Züchter *m*.

مربح [murbiħ] gewinnbringend, einträglich.

مربط [mirbɒṭ], *pl.* مرابط [ma'ra:biṭ] Haltetau *n*; *El.* Klemme *f*.

مربع [marbaʕ], *pl.* مرابع [ma'ra:biʕ] Wiese *f*, Sommerweide *f*.

\+ [mu'rabbaʕ] viereckig, quadratisch; Quadrat *n*.

مربة [mu'rabba] Marmelade *f*.

مربوط [mar'bu:ṭ] gebunden, festgesetzt; Fixum *n* (*Gehalt*); Voranschlag *m im Budget*.

مربوع [mar'bu:ʕ] mittelgroß.

مربى [mu'rabban] 1. erzogen; 2. Marmelade *f*; *pl.* مربيات [murabba'ja:t] Eingemachtes *n*.

مربية [mu'rabbija] Erzieherin *f*.

مرتاب [mur'ta:b] zweifelhaft, verdächtig; Zweifler *m*, Skeptiker *m* (*s.* ريب).

مرتاح [mur'ta:ħ] beruhigt, zufrieden (*s.* روح).

مرتاع [mur'ta:ʕ] erschrocken (*s.* روع).

مرتب [mu'rattab] eingeteilt, eingerichtet, geordnet; Gehalt *n*.

مرتبط [mur'tabiṭ] verbunden, verknüpft (mit ب).

مرتبك [mur'tabik] verwirrt, verlegen; verwickelt.

مرتبة [martaba], *pl.* مراتب [ma'ra:tib] Stufe *f*, Rang *m*, Klasse *f*; Matratze *f*.

مرتجل [mur'tadʒal] extemporiert, improvisiert.

مرتد [mur'tadd] Abtrünnige(r) *m*, Apostat *m*.

مرتع [martaʕ], *pl.* مراتع [ma'ra:tiʕ] Weide *f*; fruchtbarer Boden *m*.

مرتفع [mur'tafaʕ] Höhe *f*, Anhöhe *f*.

\+ [mur'tafiʕ] hoch, erhöht, ansteigend.

مرتق [mur'taqin], *constr.* مرتقي [mur'taqi:] hochstehend.

مرتكب [mur'takib] Täter *m*.

مرتل [mu'rattil] (Kirchen-)Sänger *m*.

مرتين [marraˈtain, marraˈte:n] zweimal (*s.* مرة).

مرثية [marθija], *pl.* مراث [maˈra:θin] Trauergedicht *n*, Elegie *f*.

مرج [mardʒ], *pl.* مروج [muˈru:dʒ] Wiese *f*, Weideland *n*.

+ [maradʒ] Unordnung *f*, Wirrwarr *m*.

مرجان [marˈdʒa:n] Korallen *f/pl*.

مرجاة [marˈdʒa:t] Hoffnung *f*.

مرجح [muˈraddʒaħ] wahrscheinlich; überwiegend.

+ [muˈraddʒiħ] ausschlaggebend (*Stimme*).

مرجع [mardʒiʕ], *pl.* مراجع [maˈra:dʒiʕ] zuständige Stelle *f*, maßgebliche Instanz *f*, Autorität *f*, Behörde *f*; (*wissenschaftliche*) Quelle *f*, Nachschlagewerk *n*; Zuflucht *f*.

مرجل [mirdʒal], *pl.* مراجل [maˈra:dʒil] Kessel *m*.

مرجو [marˈdʒu:w] erbeten, erhofft.

مرجوحة [marˈdʒu:ħa] Schaukel *f*.

مرح [mariħ (jamraħ)] heiter, fröhlich, munter sein.

+ [maraħ] Freude *f*, Heiterkeit *f*.

+ [mariħ], *pl.* مرحى [marħa:] fröhlich, munter.

مرحاض [mirˈħa:đ], *pl.* مراحيض [mara:ˈħi:đ] Abort *m*, Toilette *f*.

مرحبا [marħaban] willkommen!; به ~ er ist willkommen.

مرحل [muˈraħħal] Übertrag *m bei der Buchführung*.

مرحلة [marħala], *pl.* مراحل [maˈra:ħil] Etappe *f*; Phase *f*, Stadium *n*.

مرحمة [marħama], *pl.* مراحم [maˈra:ħim] Erbarmen *n*, Mitleid *n*.

مرحوم [marˈħu:m] verstorben.

مرخ [marax (jamrax)] *u.* II [marrax] salben, einölen.

+ [marix] weich, schlaff.

مرخص [muˈraxxɒs] erlaubt, gestattet; ermächtigt.

مرد [marad (jamrud)] sich empören, rebellieren; II [marrad] *Blätter* abstreifen; V [taˈmarrad] widerspenstig sein, rebellieren, sich empören.

+ [maˈradd] Abwendung *f*, Zurückweisung *f*.

مردود [marˈdu:d] Ertrag *m*, Nutzen *m*, Leistung *f*; Ertragfähigkeit *f*.

مرزوق [marˈzu:q] gesegnet, erfolgreich.

(مرس) III [ma:ras] *Beruf* ausüben, betreiben, praktizieren; V [taˈmarras] sich reiben (an

D ب); praktisch zu tun haben (mit ب).

مرس [maris], *pl.* أمراس [ʔamˈra:s] erfahren, geübt; energisch.

مرساة [mirˈsa:t], *pl.* مراس [maˈra:sin] Anker *m.*

مرسل [mursal] (ab-)gesandt; herabwallend (*Haar*); Missionar *m*; اليه ~ Empfänger *m e-s Briefes.*

\+ [mursil] Absender *m*; *Radio*: Sender *m.*

مرسم [marsam] Atelier *n*, Zeichensaal *m.*

مرسوم [marˈsu:m], *pl.* مراسيم [mara:ˈsi:m] Erlaß *m*, Dekret *n*, Verordnung *f*; *pl.* Vorschriften *f/pl.*; Zeremonien *f/pl.*

مرسى [marsan], *pl.* مراس [maˈra:sin] Ankerplatz *m*, Hafen *m.*

مرشح [muˈraʃʃaħ] Bewerber *m*, Kandidat *m.*

\+ [muˈraʃʃiħ] Filter *m*; Kläranlage *f.*

مرشد [murʃid] Leiter *m*, (*geistiger*) Führer *m*; Klassenvorstand *m*; Lotse *m.*

مرصاد [mirˈsɒ:d] Hinterhalt *m*, Lauer *f.*

مرصد [marsɒd], *pl.* مراصد [maˈrɒ:sid] Warte *f*, Observatorium *n.*

\+ [mirsɒd] *u.* ة~ Fernrohr *n*, Teleskop *n.*

مرصوف [marˈsu:f] gepflastert.

مرض [mariđ (jamrɒđ)] krank sein, erkranken; II [marrɒđ] 1. krank machen; 2. *e-n Kranken* pflegen; V [taˈmarrɒđ] kränklich sein; VI [taˈma:rɒđ] sich krank stellen.

\+ [marɒđ], *pl.* أمراض [ʔamˈrɒ:đ] Krankheit *f*; أمراض سرية Geschlechtskrankheiten *f/pl.*; أمراض صدرية Lungenkrankheiten *f/pl.*; مرض عقلى Geisteskrankheit *f.*

مرض [murđin], *constr.* مرضى [murđi:] befriedigend, zufriedenstellend, ausreichend.

مرضع [murđiʕ] *u.* ة~ Amme *f*, Nährmutter *f.*

مرضى [marɒđi:] Krankheits-; krankhaft; *s.a.* مريض.

مرطبات [murɒttiˈba:t] Erfrischungen *f/pl.*, Getränke *n/pl.*

مرعب [murʕib] erschreckend, furchteinflößend.

مرعى [marʕan], *pl.* مراع [maˈra:ʕin] Weide *f*, Weideland *n.*

\+ [marˈʕi:j] befolgt, beobachtet, berücksichtigt; herrschend (*Gesetz*, *Brauch*).

مرغوب [marˈɣu:b] begehrt, erwünscht.

مرفأ [marfaʔ], *pl.* مرافئ [maˈraːfiʔ] Landeplatz *m*, Hafen *m*.

مرفع [marfaʕ] Karneval *m*.

مرفعة [mirfaʕa] Kran *m*, Hebegerät *n*.

مرفق [mirfaq], *pl.* مرافق [maˈraːfiq] 1. Ellbogen *m*; 2. Dependenz *f*, Nebenraum *m* (*Bad, Abort*); zivilisatorische Einrichtung *f*; Annehmlichkeit *f*; *pl.* Komfort *m*, Güter *n/pl.*; Zubehör *n*; (*öffentliche*) Einrichtungen *f/pl.*; Anlagen *f/pl.*

\+ [murfaq] beigelegt, beigegeben (*e-r Sache* ب); *pl.* [-aːt] Beilagen *f/pl.*; Anlagen *f/pl. zu e-m Brief*.

مرفوع [marˈfuːʕ] gehoben; *Gr.* im Nominativ stehend.

مرق [maraq (jamruq)] durchbohren, durchdringen; vorbeieilen; abirren; II [marraq] 1. singen; 2. *Teig* anrühren.

\+ [maraq] Brühe *f*, Sauce *f*.

مرقب [marqab] Wachtturm *m*, Observatorium *n*.

\+ [mirqab] Fernrohr *n*.

مرقد [marqad], *pl.* مراقد [maˈraːqid] Lager *n*, Ruhebett *n*; Ruhestätte *f* (*Grab*).

\+ [muˈraqqid] Schlafmittel *n*.

مركب [markab], *pl.* مراكب [maˈraːkib] Schiff *n*.

\+ [muˈrakkab] zusammengesetzt, komplex; *Chemie*: Verbindung *f*.

\+ [muˈrakkib], *pl.* [-aːt] Bestandteil *m*, Komponente *f*.

مركبة [markaba] Fahrzeug *n*.

مركز [markaz], *pl.* مراكز [maˈraːkiz] Zentrum *n*, Mittelpunkt *m*; Zentrale *f*, Hauptstelle *f*, Sitz *m e-r Firma*; Standort *m*, Stellung *f*, Lage *f*, Position *f*; Ort *m*, Schauplatz *f*; (*Polizei-*)Revier *n*; *Äg.* Bezirk *m*.

\+ [muˈrakkaz] konzentriert, zentralisiert; kondensiert (*Milch*).

مركزى [markaziː] zentral; ~ة zentrale Stellung *f*; Zentralisierung *f*; لا ~ة Dezentralisierung *f*.

مركم [markam] Akkumulator *m*.

مركوب [marˈkuːb], *pl.* مراكيب [maraːˈkiːb] (*orientalischer*) Schuh *m*.

مرمر [marmar] Marmor *m*; ~ى marmorn.

مرمة [maˈramma] Reparatur *f*.

مرمى [marman], *pl.* مرام [maˈraːmin] Ziel *n*, Zweck *m*; Schuß-, Wurfweite *f*; *Sport*: Tor *n*.

\+ [marˈmiːj] weggeworfen.

مرن [maran (jamrun)] 1. biegsam, elastisch sein; 2. sich gewöhnen (an *A* على); II [marran] üben, trainieren; V [ta'marran] sich gewöhnen (an *A* على); sich üben, trainieren, exerzieren.

+ [marin] biegsam, elastisch, dehnbar, geschmeidig.

مرة [marra], *pl.* مرات [ma'rra:t] *u.* مرار [mi'ra:r] Mal *n*; [marra(tan)] *u.* ~ ذات [ða:ta marra(tin)] *Adv.* einmal, einst; مرتين [marra'tain(i), marra'te:n] zweimal; مرات [ma'rra:t(in)] *u.* مرارا [mi'ra:ran] mehrmals, wiederholt; بالمرة [bil'marra] auf einmal; ganz und gar; ~ غير [ɣaira marra(tin)] mehr als einmal, mehrmals; ~ كل jedesmal; ~ كم wie oft.

+ [mirra], *pl.* مرر [mirar] 1. Galle *f*; 2. Kraft *f*.

مرهف [murhaf] fein, geschärft, scharf (*Sinn*).

مرهم [marham], *pl.* مراهم [ma'ra:him] Salbe *f*, Krem *f*.

مرهون [mar'hu:n] verpfändet; gebunden (an *A* ب).

مرؤ [maruʔa (jamruʔu)] = مرأ.

مروءة [mu'ru:ʔa] Männlichkeit *f*, Mannhaftigkeit *f*.

مروحة [mirwaħa], *pl.* مراوح [ma'ra:wiħ] Fächer *m*; Ventilator *m*.

مرور [mu'ru:r] Durchzug *m*, Durchreise *f*, Durchmarsch *m*, Passage *f*, Transit *m*; Verkehr *m*; Vorbeigehen *n*; Ablauf *m e-r Frist*; *s.a.* قلم.

مروق [mu'ru:q] Abirrung *f*, Abfall *m*.

مرونة [mu'ru:na] Geschmeidigkeit *f*, Elastizität *f*, Biegsamkeit *f*; Spannkraft *f*.

مروة [mu'ru:wa] = مروءة.

مرؤوس [mar'ʔu:s] Untergebene(r) *m*.

(مرى) III [ma:ra:] streiten (mit ه); bestreiten (*etw.* في); VIII [im'tara:] zweifeln (an *D* في).

مرىء [ma'ri:ʔ] 1. heilsam, gesund; 2. *pl.* أمرئة [ʔamriʔa] Speiseröhre *f*, Ösophagus *m*.

مريب [mu'ri:b] verdächtig.

مريح [mu'ri:ħ] beruhigend; bequem, behaglich (*s.* روح).

مريخ [mi'rri:x] Mars *m* (*Planet*).

مريد [ma'ri:d] widerspenstig, rebellisch.

+ [mu'ri:d] Aspirant *m*; Jünger *m*; Novize *m*.

مرير [ma'ri:r], *pl.* مرائر [ma'ra:ʔir] fest, zäh, beharrlich, stark (*Gefühl*); ~ة, *pl.* [ma'ra:ʔir] Festigkeit *f*, Zähigkeit *f*, Kraft *f*; Entschlossenheit *f*.

مريض [ma'ri:đ], *pl.* مرضى [mardɒ:] krank, unwohl; Kranke(r) *m*, Patient *m*.

مريع [ma'ri:ʕ] fruchtbar, ertragreich.

+ [mu'ri:ʕ] schrecklich (*s.* روع).

مريم [marjam] Maria *npr. f.*

مرية [mirja] Zweifel *m*; Streit *m*.

مرئى [mar'ʔi:j] gesehen, sichtbar.

مزاج [mi'za:dʒ], *pl.* أمزجة [ʔamzidʒa] Mischung *f*; Temperament *n*, Konstitution *f*; Stimmung *f*, Laune *f*.

مزاح [mi'za:ħ] Spaß *m*, Scherz *m*.

مزاحم [mu'za:ħim] Rivale *m*, Konkurrent *m*.

مزاحمة [mu'za:ħama] Konkurrenz *f*, Wettbewerb *m*.

مزاد [ma'za:d] Versteigerung *f*, Auktion *f*.

مزار [ma'za:r] Wallfahrtsort *m*, Heiligtum *n*.

مزارع [mu'za:riʕ] Landwirt *m*. Farmer *m*.

مزاعم [ma'za:ʕim] *pl.* Behauptungen *f/pl.*; Anmaßungen *f/pl.*

مزاولة [mu'za:wala] Betreiben *n*, Ausübung *f*, Praktizieren *n*.

مزايا *s.* مزية.

مزايدة [mu'za:jada] Versteigerung *f*.

مزبلة [mazbala], *pl.* مزابل [ma'za:bil] Misthaufen *m*.

مزج [mazadʒ (jamzudʒ)] mischen, vermengen; III [ma:zadʒ] sich vermischen, sich verbinden (mit ه); VIII [im'tazadʒ] sich mischen, vermischt werden (mit ب).

مزجى [muzdʒan] gering, unbedeutend.

مزح [mazaħ (jamzaħ)] scherzen, spaßen.

مزخرف [mu'zaxraf] verziert, dekoriert.

مزداد [muz'da:d] zunehmend, vermehrt (*s.* زيد).

مزدحم [muz'daħim] gedrängt, überfüllt (*s.* زحم).

مزدرى [muz'dara:] verachtet (*s.* زرى).

مزدهر [muz'dahir] blühend (*s.* زهر).

مزدوج [muz'dawidʒ] doppelt, zweifach; zwei-.

مزراب [miz'ra:b], *pl.* مزاريب [maza:'ri:b] Abflußrohr *n*.

مزرعة [mazraʕa], *pl.* مزارع [ma'za:riʕ] Pflanzung *f*, Farm *f*, Gut *n*.

مزركش [mu'zarkaʃ] bestickt, verziert, bunt.

مزروع [maz'ru:ʕ] bebaut, bepflanzt.

مزع [mazaʕ (jamzaʕ)] laufen, springen; reißen; II [mazzaʕ] zupfen, abreißen.

مزعج [muzˁidʒ] störend, lästig, unangenehm.

مزعم s. مزاعم.

مزعوم [maz'ˁu:m] angeblich, behauptet.

مزغل [mazɣal] Schießscharte *f*.

مزق [mazaq (jamziq)] *u.* II [mazzaq] zerreißen; V [ta'mazzaq] zerrissen werden.

+ [mazq] Riß *m*; Bruch *m*.

مزلاج [miz'la:dʒ], *pl.* مزاليج [maza:li:dʒ] (*Tür-*)Riegel *m*.

مزلق [mazlaq], *pl.* مزالق [ma'za:liq] schlüpfrige Stelle *f*; *pl.* Gefahren *f/pl.*

مزمار [miz'ma:r], *pl.* مزامير [maza:'mi:r] kleine Oboe *f*; Larynx *m*.

مزمع [muzmiˁ] entschlossen.

مزمن [muzmin] chronisch; eingewurzelt.

مزمور [maz'mu:r], *pl.* مزامير [maza:'mi:r] Psalm *m*.

مزة [mazza] Zuspeise *f zu Getränken*; Vorspeise *f*.

مزهر [muzhir] blühend; glänzend, strahlend.

مزهو [maz'hu:w] stolz, hochmütig.

مزود [mizwad], *pl.* مزاود [ma'za:wid] Proviantttasche *f*.

+ [mu'zawwad] versorgt, ausgerüstet (mit ب).

+ [mu'zawwid] Lieferant *m*.

مزور [mu'zawwar] gefälscht.

+ [mu'zawwir] 1. Fälscher *m*; 2. Führer *m an Wallfahrtsorten*.

مزولة [mizwala], *pl.* مزاول [ma'za:wil] Sonnenuhr *f*.

مزيتة [mazjata] Ölkanne *f*.

مزيج [ma'zi:dʒ] Mischung *f*, Gemisch *n*; Legierung *f*.

مزيد [ma'zi:d] Erhöhung *f*, Zugabe *f*; höchstes Maß *n*, Übermaß *n*; بـ~ الفرح mit höchster Freude.

مزيف [mu'zajjaf] gefälscht, falsifiziert; Pseudo-.

+ [mu'zajjif] Fälscher *m*.

مزين [mu'zajjan] verziert, geschmückt.

+ [mu'zajjin] *pop.* Barbier *m*.

مزية [ma'zi:ja], *pl.* مزايا [ma'za:ja:] Vorzug *m*, Vorzüglichkeit *f*; Vorrecht *n*, Privileg *n*.

مس [massa (ja'massu)] berühren, betasten, antasten; *Unglück*: treffen; *Umstände*: erfordern; VI [ta'ma:ssa] einander berühren, in Kontakt sein.

+ [mass] Berührung *f*, Kontakt *m*; Anfall *m e-r Krankheit*.

مساء [ma'sa:ʔ], *pl.* أمساء [ʔam'sa:ʔ] Abend *m*; [ma'sa:ʔan] *Adv.*

abends, am Abend; ~ الخير guten Abend!

مساءة [ma'sa:ʔa], *pl.* مساوئ [ma'sa:wiʔ] Schlechtigkeit *f*, schlechte Eigenschaft *f*; schlechte Tat *f*.

مسابقة [mu'sa:baqa] Wettlauf *m*, Rennen *n*; Wettkampf *m*, Konkurrenz *f*; Preisausschreiben *n*.

مساح [ma'ssa:ħ] 1. Feldmesser *m*, Geometer *m*; 2. Schuhputzer *m*.

مساحة [mi'sa:ħa] Fläche *f*, Flächeninhalt *m*; Vermessung *f*; مصلحة الـ~ Vermessungsamt *n*.

مسار [ma'sa:r], *pl.* [-a:t] Bahn *f* *von Himmelskörpern* (*s.* سير).

مساس [mi'sa:s] Berührung *f*, Kontakt *m*; Betastung *f*; Antasten *n*.

مساع *s.* مسعى.

مساعد [mu'sa:ʕid] Gehilfe *m*, Assistent *m*, Mitarbeiter *m*; أستاذ ~ außerordentlicher Professor *m*.

مساعدة [mu'sa:ʕada] Hilfe *f*, Beistand *m*, Unterstützung *f*.

مساغ [ma'sa:γ] Möglichkeit *f*; Durchgang *m*.

مسافر [mu'sa:fir] Reisende(r) *m*; Fahrgast *m*.

مسافة [ma'sa:fa] Strecke *f*; Entfernung *f*, Distanz *f*, Abstand *m*.

مساك [mi'sa:k] Einfassung *f*; Damm *m*.

مسالم [mu'sa:lim] friedlich, friedfertig.

مسألة [masʔala], *pl.* مسائل [ma'sa:ʔil] Frage *f*, Problem *n*; Angelegenheit *f*.

مسام [ma'sa:mm] *coll.* Poren *f/pl.*

مسامحة [mu'sa:maħa] Verzeihung *f*, Vergebung *f*.

مسامرة [mu'sa:mara] Unterhaltung *f*, Gespräch *n*.

مسامى [ma'sa:mmi:] porös; ~ة Porosität *f*.

مساندة [mu'sa:nada] Unterstützung *f*.

مساهم [mu'sa:him] Aktionär *m*, Teilhaber *m*.

مساهمة [mu'sa:hama] Teilnahme *f*, Beteiligung *f*; شركة الـ~ Aktiengesellschaft *f*.

مساو [mu'sa:win], *constr.* مساوى [mu'sa:wi:] gleich, gleichwertig.

مساواة [musa:'wa:t] Gleichheit *f*, Gleichberechtigung *f*.

مساومة [mu'sa:wama] Handeln *n*, Feilschen *n*.

مساوى *s.* مساءة.

مسايرة [mu'sa:jara] Willfahren *n*; Anpassung *f*.

مسائل *s.* مسألة.

مسائى [ma'sa:ʔi:] abendlich, Abend-.

مسبب [mu'sabbab] verursacht; Wirkung *f.*

\+ [mu'sabbib] Urheber *m*; Ursache *f.*

مسبح [masbaħ], *pl.* مسابح [ma'sa:biħ] Schwimmbad *n.*

مسبحة [misbaħa], *pl.* مسابح [ma'sa:biħ] Rosenkranz *m.*

\+ [mu'sabbiħa] Zeigefinger *m.*

مسبك [masbak], *pl.* مسابك [ma'sa:bik] (*Metall-*)Gießerei *f.*

مستاء [mus'ta:ʔ] beleidigt, verärgert (*s.* سوء).

مستأجر [mus'taʔdʒir] Mieter *m*, Pächter *m.*

مستأهل [mus'taʔhil] würdig (*e-r Sache* ه), wert.

مستبد [musta'bidd] willkürlich, tyrannisch, despotisch.

مستتر [mus'tatir] verhüllt, verborgen.

مستثنى [mus'taθnan] ausgenommen (von عن).

مستجد [musta'dʒidd] neu; Neuankömmling *m.*

مستجيب [musta'dʒi:b] erhörend; resonanzfähig; beeindruckbar.

مستحب [musta'ħabb] beliebt, erwünscht.

مستحدث [mus'taħdaθ] neu; Neuerung *f*, Neuheit *f.*

مستحسن [mus'taħsan] löblich, gebilligt.

مستحضر [mus'taħđɒr], *pl.* [-a:t] Produkt *n*; (*chemisches*) Präparat *n.*

مستحق [musta'ħaqq] fällig (*Betrag*); Anspruch *m.*

\+ [musta'ħiqq] würdig, verdienend, Anspruch habend.

مستحكم [mus'taħkam] fest, befestigt; *pl.* [-a:t] Befestigung *f.*

مستحلب [mus'taħlab] Emulsion *f.*

مستحيل [musta'ħi:l] unmöglich, absurd.

مستخدم [mus'taxdam] Angestellte(r) *m*, Arbeitnehmer *m.*

\+ [mus'taxdim] Arbeitgeber *m*, Dienstherr *m.*

مستخذ [mus'taxðin], *constr.* مستخذى [mus'taxði:] gehorsam, unterwürfig.

مستخرج [mus'taxradʒ] Abschrift *f*, Auszug *m aus amtlichen Akten.*

مستخلص [mus'taxlɒs] Exzerpt *n*; Extrakt *m.*

مستدع [mus'tadʕin], *constr.* مستدعى [mus'tadʕi:] Antragsteller *m.*

مستدير [musta'di:r] rund, kreisförmig.

مستراب: ~ فيه [musta'ra:bun fi:hi] verdächtig.

مستراح [musta'ra:ħ] Toilette *f.*

مسترسل [mus'tarsil] aufgelöst (*Haar*).

مستريب [musta'ri:b] zweifelnd, mißtrauisch.

مستريح [musta'ri:ħ] ruhend, beruhigt.

مستشار [musta'ʃa:r] Berater *m*, Rat *m*; Kanzler *m*.

مستشرق [mus'taʃriq] Orientalist *m*.

مستشفى [mus'taʃfan], *pl.* مستشفيات [mustaʃfa'ja:t] Spital *n*, Krankenhaus *n*, Lazarett *n*.

مستطاع [musta'tɒ:ʕ] möglich, durchführbar.

مستطرف [mus'tɒtrɒf] interessant; Kuriosität *f*.

مستطيل [musta'ti:l] länglich, langgestreckt; Rechteck *n*.

مستعار [musta'ʕa:r] entlehnt, geborgt; figürlich, metaphorisch; falsch (*Haar*).

مستعجل [mus'taʕdʒil] eilig, dringend.

مستعد [musta'ʕidd] bereit (zu ل), fertig; geneigt.

مستعرب [mus'taʕrib] Arabist *m*.

مستعمر [mus'taʕmir] Kolonist *m*; Kolonialist *m*, Imperialist *m*.

مستعمرة [mus'taʕmara] Kolonie *f*.

مستعمل [mus'taʕmal] gebraucht, gebräuchlich.

+ [mus'taʕmil] Benutzer *m*.

مستغرب [mus'taγrɒb] seltsam.

+ [mus'taγrib] 1. verwundert; 2. verwestlicht, europäisiert.

مستفحل [mus'tafħil] schrecklich; ernst, schwierig.

مستفيض [musta'fi:đ] eingehend, ausführlich.

مستقبل [mus'taqbal] zukünftig; Zukunft *f*.

+ [mus'taqbil] Empfänger *m* (*Radio*).

مستقر [musta'qarr] Wohnsitz *m*, Aufenthaltsort *m*.

+ [musta'qirr] fest, dauerhaft, stabil; ansässig.

مستقطع [mus'taqtɒʕ], *pl.* [-a:t] Abzug *m vom Gehalt*.

مستقل [musta'qill] selbständig, unabhängig.

مستقيل [musta'qi:l] zurückgetreten (*Minister*).

مستقيم [musta'qi:m] gerade, aufrecht; richtig; redlich; *Math.* Gerade *f*; Mastdarm *m*, Rektum *n*.

مستل [mus'tall] Separatabdruck *m*.

مستلزمات [mustalza'ma:t] *pl.* Erfordernisse *n/pl.*

مستلم [mus'talim] Empfänger *m*.

مستمر [musta'mirr] ständig, dauernd, fortgesetzt, ununterbrochen; bleibend; *s.a.* تيار.

مستمسك [mus'tamsak] *Jur.* Beweisstück *n*, Corpus delicti *n*.

مستمع [mus'tamiʕ] Hörer *m*, Zuhörer *m*.

مستميت [musta'mi:t] todesmutig.

مستنبت [mus'tanbat] gezüchtet; Pflanzung *f*, Kultur *f*.

مستنبط [mus'tanbiṭ] Entdecker *m*, Erfinder *m*.

مستند [mus'tanad], *pl.* [-a:t] Urkunde *f*, Dokument *n*, Unterlage *f*, Beleg *m*.

مستنطق [mus'tanṭiq] *Syr.* Untersuchungsrichter *m*.

مستنقع [mus'tanqaʕ], *pl.* [-a:t] Sumpf *m*, Moor *n*.

مستنكر [mus'tankar] verwerflich.

مستنير [musta'ni:r] erleuchtet; gebildet.

مستهتر [mus'tahtir] unbekümmert, leichtsinnig, hemmungslos.

مستهزئ [mus'tahziʔ] Spötter *m*.

مستهل [musta'hall] Anfang *m*, Beginn *m*.

مستهلك [mus'tahlak] Verbrauch *m*, Konsum *m*, Verschleiß *m*.
+ [mus'tahlik] Verbraucher *m*, Konsument *m*.

مستو [mus'tawin], *constr.* مستوى [mus'tawi:] 1. gerade, eben, gleichmäßig, glatt; 2. reif, gar (*gekocht*).

مستوجب [mus'taudʒib] würdig, verdienend; Ursache *f*.

مستوحى [mus'tauḥan] beeinflußt, inspiriert (von من).

مستودع [mus'taudaʕ] hinterlegt, deponiert; Behälter *m*, Depot *n*, Speicher *m*, Niederlage *f*.

مستور [mas'tu:r] verborgen; züchtig, keusch.

مستورد [mus'taurid] Importeur *m*.

مستوصف [mus'tausɒf] Klinik *f*, Ambulatorium *n*.

مستوطن [mus'tauṭin] ansässig, einheimisch.

مستوعب [mus'tauʕib] umfassend; begreifend.

مستوفى [mus'taufan] vollständig; voll bezahlt.

مستوى [mus'tawan] Niveau *n*, Höhe *f*, Stand *m*; المعيشة ~ Lebenstandard *m*.

مسجد [masdʒid], *pl.* مساجد [ma'sa:dʒid] Moschee *f*.

مسجل [mu'saddʒal] registriert, gebucht; eingetragen (*Schutzmarke*); eingeschrieben, rekommandiert (*Brief*).
+ [mu'saddʒil] Registrator *m*; Tonbandgerät *n*.

مسجون [mas'dʒu:n] eingekerkert; Strafgefangene(r) *m*.

مسح [masaħ (jamsaħ)] abwischen, abreiben, putzen, glätten; bestreichen, einreiben, salben; *Grundstück* ausmessen; II [massaħ] abwischen; einreiben; V [taˈmassaħ] sich abwischen.

\+ [masħ] Abwischen *n*; Einreibung *f*, Salbung *f*; Vermessung *f*.

مسحاة [misˈħa:t], *pl.* مساح [maˈsa:ħin] Spaten *m*, Schaufel *f*.

مسحج [misħadʒ], *pl.* مساحج [maˈsa:ħidʒ] Hobel *m*.

مسحنة [misħana] Stößel *m*, Mörserkeule *f*.

مسحة [masħa] Salbung *f*, Ölung *f*; Färbung *f*, Spur *f von etw.*

مسحوق [masˈħu:q] Pulver *n*, Puder *n*.

مسخ [masax (jamsax)] verwandeln, umwandeln, entstellen.

\+ [masx] Verwandlung *f*; Verfälschung *f*; Entstellung *f*, Mißgeburt *f*.

مسخرة [masxara], *pl.* مساخر [maˈsa:xir] Gegenstand *m* des Spottes; Maskerade *f*.

مسخنة [misxana], *pl.* مساخن [maˈsa:xin] Kessel *m*.

مسد II [massad] massieren.

\+ [masad] *coll.* Palmfasern *f/pl.*

مسدس [muˈsaddas] sechsfach; sechseckig; Revolver *m*.

مسدود [masˈdu:d] verstopft; abgesperrt, zugesperrt.

مسر [muˈsirr] erfreulich.

مسرب [masrab], *pl.* مسارب [maˈsa:rib] Flußbett *n*, Wassergraben *m*.

مسرح [masraħ], *pl.* مسارح [maˈsa:riħ] Bühne *f*, Theater *n*; Schauplatz *m*; ~ية [masraˈħi:ja] Schauspiel *n*, Theaterstück *n*.

مسرع [musriʕ] schnell, eilig.

مسرة [maˈsarra] Freude *f*, Vergnügen *n*.

\+ [miˈsarra] Sprachrohr *n*.

مسرور [masˈru:r] erfreut, beglückt.

مسروق [masˈru:q] gestohlen.

مسطبة [mastɒba] Steinbank *f*; Mastaba *f* (*altägyptische Grabform*).

مسطح [muˈsattɒħ] eben, flach; Fläche *f*.

مسطرة [mistɒra], *pl.* مساطر [maˈsa:tɨr] Lineal *n*.

مسطول [masˈtu:l] berauscht (*bes. von Haschisch*).

مسعر [muˈsaʕʕar] preisreguliert (*Ware*).

مسعود [masˈʕu:d] glücklich; *a. npr. m.*

مسعى [masʕan], *pl.* مساع [ma-

ˈsa:ʕin] Anstrengung *f*, Bemühung *f*.

مسقط [masqɒt] 1. Ort *m* des Auffallens; الرأس ~ Heimat *f*, Geburtsort *m*; 2. Maskat (*Stadt in Arabien*).

مسقف [muˈsaqqaf] gedeckt, überdacht.

مسك [masak (jamsik)] fassen, ergreifen, festhalten; haften (an *D* ب); *Buchhaltung* führen; IV [ʔamsak] ergreifen, packen, festhalten; zurückhalten (von عن); sich enthalten (*e-r Sache* عن); *Med.* stopfen; V [taˈmassak] sich festhalten (an *D* ب), haften; verharren (bei ب), beharren (auf *D* ب); VI [taˈma:sak] aneinander haften, zusammenhalten; sich enthalten (*e-r Sache* عن); X [isˈtamsak] packen, ergreifen (*etw.* ب).

+ [mask] Ergreifung *f*; ~ الدفاتر Buchführung *f*.

+ [misk] Moschus *m*.

مسكب [maskab] Schmelztiegel *m*.

مسكت [muskit]: ~ جواب e-e Antwort, die (*den Gegner*) zum Schweigen bringt.

مسكر [muˈsakkar] versperrt, verriegelt.

+ [muskir] berauschend; alkoholisches Getränk *n*.

مسكن [maskan], *pl.* مساكن [maˈsa:kin] Wohnort *m*, Wohnsitz *m*.

+ [muˈsakkin], *pl.* [-a:t] Beruhigungsmittel *n*, Sedativ *n*.

مسكنة [maskana] Armut *f*, Elend *n*.

مسكة [muska] 1. *pl.* مسك [musak] Griff *m*, Henkel *m*; Halt *m*; 2. Geiz *m*.

مسكوكة [masˈku:ka] Münze *f*.

مسكون [masˈku:n] bewohnt, bevölkert; (*von Geistern*) heimgesucht; المسكونة die bewohnte Erde.

مسكين [misˈki:n], *pl.* مساكين [masa:ˈki:n] arm, elend; demütig.

مسل [muˈsallin], *constr.* مسلى [muˈsalli:] tröstend; unterhaltend.

مسلح [muˈsallaħ] bewaffnet; ~ اسمنت Eisenbeton *m*.

مسلخ [maslax], *pl.* مسالخ [maˈsa:lix] Schlachthof *m*.

مسلسل [muˈsalsal] fortlaufend (*Nummer*); in Fortsetzungen (*Roman*).

مسلك [maslak], *pl.* مسالك [maˈsa:lik] Weg *m*; Handlungsweise *f*, Methode *f*.

مسلم [muˈsallam] *u.* به ~ [bihi] zugelassen, unbestritten.

+ [muslim], *pl.* [-u:n] Muslim *m*, Mohammedaner *m*.

مسلة [mi'salla] Sacknadel *f*; Obelisk *m*.

مسلوق [mas'lu:q] gekocht, gesotten.

مسمار [mis'ma:r], *pl.* مسامير [masa:'mi:r] Nagel *m*, Stift *m*.

مسماة *s.* مسمى.

مسمع [masmaʕ] Hörweite *f*.

+ [mismaʕ], *pl.* مسامع [ma'sa:miʕ] Ohr *n*; Hörrohr *n*; *Med.* Stethoskop *n*.

مسموح [mas'mu:ħ] *u.* به ~ erlaubt, gestattet.

مسموم [mas'mu:m] vergiftet.

مسموع [mas'mu:ʕ] hörbar.

مسمى [mu'samman], *f* مسماة [musa'mma:t] genannt, benannt.

مسن [mi'sann] Schleifstein *m*.

+ [mu'sinn] alt, bejahrt.

مسند [misnad], *pl.* مساند [ma'sa:nid] Stütze *f*, Lehne *f*, Polster *n*.

مسنم [mu'sannam] gewölbt, konvex.

مسنن [mu'sannan] gezähnt, zakkig.

مسهل [mu'sahhil] erleichternd.

+ [mushil] *Med.* abführend; Abführmittel *n*.

(مسو) II مسى [massa:] guten Abend wünschen (*j-m* ه); IV أمسى [ʔamsa:] am Abend sein; (*schließlich*) werden.

مسودة [mus'wadda] Konzept *n*, Entwurf *m*.

مسوغ [mu'sawwiɣ], *pl.* [-a:t] Rechtfertigungsgrund *m*.

مسوكر [mu'saukar] versichert; eingeschrieben (*Brief*).

مسؤول [mas'ʔu:l] verantwortlich (für عن); ~ية [masʔu:'li:ja] Verantwortung *f*, Verantwortlichkeit *f*.

مسى *s.* مسو.

مسيء [mu'si:ʔ] nachteilig, schädlich; Übeltäter *m*.

مسيح [ma'si:ħ] gesalbt; Christus *m*; ~ى christlich; ~ية Christentum *n*.

مسير [ma'si:r] Reise *f*, Marsch *m*; Gang *m*, Verlauf *m*; Entfernung *f*.

+ [mu'sajjar] gelenkt, gesteuert; unfrei.

مسيس [ma'si:s] Berührung *f*.

مسيك [ma'si:k] zäh; wasserdicht; geizig.

مسألة = مسئلة.

مشابه [mu'ʃa:bih] ähnlich.

مشابهة [mu'ʃa:baha] Ähnlichkeit *f*.

مشادة [mu'ʃa:dda] Streit *m*, Zank *m*.

مشار: المشار اليه [al-mu'ʃa:r ʔi'laihi] der vorerwähnte ...

مشاركة [muˈʃa:raka] Teilnahme *f*; Mitarbeit *f*.

مشاغب [muˈʃa:ɣib] Aufrührer *m*, Unruhestifter *m*.

مشاغبة [muˈʃa:ɣaba] Aufruhr *m*, Unruhe *f*, Streit *m*.

مشاق *s.* مشقة.

مشال [maˈʃa:l] Transport *m*; Trägerlohn *m*.

مشاة *s.* ماش.

مشاهد [muˈʃa:had] beobachtet; sichtbar; ة~ Sehen *n*, Anblick *m*.

مشاهرة [muˈʃa:hara] monatliches Gehalt *n*.

مشاورة [muˈʃa:wara] Beratung *f*.

مشايخ *s.* شيخ.

مشاية [maˈʃʃa:ja] Gang *m*, Korridor *m*; Läufer *m* (*Teppich*).

مشبع [muˈʃabbaˁ *u.* muʃbaˁ] gesättigt, saturiert; *El.* geladen.

مشبك [miʃbak], *pl.* مشابك [maˈʃa:bik] Klammer *f*, Haarnadel *f*.

مشبوه [maʃˈbu:h] verdächtig, zweifelhaft.

مشتاق [muʃˈta:q] sehnsüchtig, begierig.

مشتبك [muʃˈtabik] verwickelt, kompliziert.

مشتبه : فيه ~ [muʃˈtabah fi:hi] verdächtig.

مشتت [muˈʃattat] verstreut, zerstreut.

مشتد [muʃˈtadd] zunehmend, sich verschärfend.

مشتر [muʃˈtarin], *constr.* مشترى [muʃˈtari:] Käufer *m*; المشترى Jupiter *m* (*Planet*).

مشترط [muʃˈtarɒt] bedingt.

مشترع [muʃtariˁ] Gesetzgeber *m*.

مشترك [muʃˈtarak] gemeinsam, gemeinschaftlich.

+ [muʃˈtarik] Teilnehmer *m*; Abonnent *m*.

مشترى [muʃˈtaran] gekauft, *s.* مشتر.

مشتغل [muʃˈtaɣil] beschäftigt (mit ب); im Gange (*Maschine*).

مشتق [muʃˈtaqq] abgeleitet (*Wort*).

مشتك [muʃˈtakin], *constr.* مشتكى [muʃˈtaki:] Kläger *m*.

مشتكى : عليه ~ [muʃˈtakan ˁaˈlaihi] Beklagte(r) *m*.

مشتل [maʃtal], *pl.* مشاتل [maˈʃa:til] Baumschule *f*.

مشتمل [muʃtamal] *Ir.* kleines Haus (*zum Vermieten*); *pl.* [-a:t] Inhalt *m*.

+ [muʃˈtamil] enthaltend, umfassend.

مشته [muʃˈtahin], *constr.* مشتهى [muʃˈtahi:] begierig.

مشتى [maʃtan], *pl.* مشات [maˈʃa:tin] Winterkurort *m*.

مشجر [muˈʃaddʒar] (mit Fischgrätenmuster) gemustert (*Stoff*).

+ [muʃdʒir] baumreich.

مشجع [muˈʃaddʒiʕ] ermunternd, fördernd; Förderer *m*.

مشحون [maʃˈhu:n] beladen; *El.* geladen.

مشخص [muˈʃaxxis] Darsteller *m*, Schauspieler *m*; ~ة Darstellerin *f*; Charakteristikum *n*.

مشدد [muˈʃaddad] verstärkt; verdoppelt (*Buchstabe*).

مشدود [maʃˈdu:d] gespannt.

مشرب [maʃrab], *pl.* مشارب [maˈʃa:rib] 1. Trank *m*; Tränke *f*; 2. Neigung *f*, Tendenz *f*; Geschmack *m*; ~ة Tränke *f*; ~ية Holzgitter *n vor dem Fenster*.

مشرح [muˈʃarriħ] Anatom *m*.

مشرد [muˈʃarrad] Vertriebene(r) *m*, Flüchtling *m*.

مشرط [miʃrɒṭ], *pl.* مشارط [maˈʃa:riṭ] Lanzette *f*, Skalpell *n*.

مشرع [muˈʃarriʕ] Gesetzgeber *m*.

مشرف [muʃrif] überragend, beherrschend (*etw.* على; *erhöhter Punkt*); Aufseher *m*.

مشرق [maʃriq] Osten *m*, Morgenland *n*.

+ [muʃriq] leuchtend, strahlend.

مشرك [muʃrik] Heide *m*, Polytheist *m*.

مشروب [maʃˈru:b], *pl.* [-a:t] Getränk *n*.

مشروع [maʃˈru:ʕ] 1. gesetzlich, legal; 2. *pl.* مشاريع [maʃa:ˈri:ʕ] Plan *m*, Projekt *n*, Vorhaben *n*, Unternehmen *n*.

مشط [maʃɒṭ (jamʃuṭ)] *u.* II [maʃʃɒṭ] kämmen; V [taˈmaʃʃɒṭ] sich kämmen.

+ [muʃṭ], *pl.* أمشاط [ʔamˈʃɒ:ṭ] Kamm *m*; Rechen *m*; Mittelhand *f*, Mittelfuß *m*; *Mil.* Ladestreifen *m*.

مشعر [maʃʕar], *pl.* مشاعر [maˈʃa:ʕir] Sinn *m*, Gefühl *n*, Empfindung *f*.

مشعل [maʃʕal], *pl.* مشاعل [maˈʃa:ʕil] Leuchte *f*, Fackel *f*.

مشعوذ [muˈʃaʕwið] Taschenspieler *m*; Betrüger *m*.

مشغل [maʃɣal], *pl.* مشاغل [maˈʃa:ɣil] Werkstatt *f*; ~ة, *pl.* مشاغل [maˈʃa:ɣil] Beschäftigung *f*; Sorge *f*.

مشغول [maʃˈɣu:l] beschäftigt; besetzt, belegt.

مشق [maʃaq (jamʃuq)] dehnen, reißen; kämmen; VIII [imˈtaʃaq] entreißen; *Schwert* zücken.

+ [maʃq], *pl.* أمشاق [ʔamˈʃa:q] Vorlage *f*, (*Schrift-*)Muster *n*.

+ [miʃq] schlank.

مشقة [maˈʃaqqa], *pl.* مشاق [maˈʃa:qq] *u.* [-a:t] Mühe *f*, Mühsal *f*, Beschwerlichkeit *f*.

مشكاة [miʃˈka:t] Wandnische *f* *für Beleuchtung*.

مشكل [muˈʃakkal] verschieden; gemischt, assortiert; *Gr.* vokalisiert.

+ [muʃkil] schwierig; unklar, dunkel, problematisch; ة~, *pl.* مشاكل [maˈʃa:kil] Schwierigkeit *f*, Problem *n*.

مشكور [maʃˈku:r] dankenswert.

مشكوك: فيه ~ [maʃˈku:k fi:hi] ungewiß, zweifelhaft.

مشلح [maʃlaħ] (*weiter*) Mantel *m*.

+ [muˈʃallaħ] Auskleideraum [*m*.

مشلول [maʃˈlu:l] gelähmt.

مشمش [miʃmiʃ] Aprikose *f*.

مشمع [muˈʃammaʕ] Wachstuch *n*; Regenmantel *m*.

مشمول [maʃˈmu:l] enthalten, inbegriffen.

مشنقة [maʃnaqa], *pl.* مشانق [maˈʃa:niq] Galgen *m*.

مشنة [miˈʃanna] Korb *m*.

مشهد [maʃhad], *pl.* مشاهد [maˈʃa:hid] Schauplatz *m*, Anblick *m*; *Theater*: Auftritt *m*, Szene *f*; Todesstätte *f* *e-s Märtyrers*; Wallfahrtsstätte *f*; Versammlungsort *m*.

مشهور [maʃˈhu:r], *pl.* مشاهير [maʃa:ˈhi:r] berühmt.

مشوار [miʃˈwa:r], *pl.* مشاوير [maʃa:ˈwi:r] Besorgung *f*, Weg *m*, *den man zu machen hat*.

مشواة [miʃˈwa:t], *pl.* مشاو [maˈʃa:win] Bratrost *m*.

مشورة [maʃwara] Beratung *f*, Rat *m*.

مشوش [muˈʃawwaʃ] verwirrt, konfus; *Radio*: gestört.

مشوق [muˈʃawwiq] anziehend, spannend, interessant.

مشوه [muˈʃawwah] verstümmelt, entstellt, verzerrt.

مشؤوم [maʃˈʔu:m] unheilvoll, unglücklich.

مشوى [maʃˈwi:j] geröstet.

مشى [maʃa: (jamʃi:)] gehen, marschieren; funktionieren; II [maʃʃa:] gehen lassen, in Gang setzen; *Angelegenheit* beschleunigen, erledigen; III [ma:ʃa:] Schritt halten (mit *j-m* ه); gleichgesinnt sein; V [taˈmaʃʃa:] einhergehen, spazierengehen; übereinstimmen (mit مع), entsprechen (*e-r Sache* مع); folgen (*e-r Regel* على).

+ [maʃj] Gehen *n*, Gang *m*.

مشيخة [maʃjaxa] Würde *f* *e-s* Scheichs.

مشيد [muˈʃajjad] errichtet (*Gebäude*); stattlich.

مشير [mu'ʃi:r] Berater *m*, Ratgeber *m*; *Mil.* Feldmarschall *m*.

مشيمة [ma'ʃi:ma] Nachgeburt *f*, Placenta *f*.

مشية [miʃja] Gangart *f*, Schritt *m*.

مشيئة [ma'ʃi:ʔa] Wille *m*, Wunsch *m*.

مص [mɒssɒ (ja'mussu)] saugen, einsaugen; schlürfen; V [ta'mɒssɒs] in kleinen Schlukken trinken; VIII [im'tassɒ] aufsaugen, verschlucken, absorbieren.

+ [mɒss] Saugen *n*; Absorption *f*.

مصاب [mu'sɒ:b] getroffen, verwundet; befallen (von ب), erkrankt (an *D* ب); *s.a.* مصب.

مصاحبة [mu'sɒ:ħaba] Begleitung *f*.

مصادرة [mu'sɒ:dara] Beschlagnahme *f*, Konfiskation *f*.

مصادفة [mu'sɒ:dafa] Begegnung *f*, Zusammentreffen *n*.

مصادقة [mu'sɒ:daqa] Genehmigung *f*, Bestätigung *f* (*e-r Sache* على).

مصارع [mu'sɒ:riʕ] Ringkämpfer *m*.

مصارعة [mu'sɒ:raʕa] Ringen *n*, Ringkampf *m*.

مصاريف *s.* مصروف.

مصاعب [mɒ'sɒ:ʕib] *pl.* Schwierigkeiten *f/pl*.

مصافحة [mu'sɒ:faħa] Handschlag *m*; Herzlichkeit *f*.

مصالحة [mu'sɒ:laħa] Versöhnung *f*, Vergleich *m*, Kompromiß *m*, *n*.

مصاهرة [mu'sɒ:hara] Verschwägerung *f*; *Chemie*: Affinität *f*.

مصب [ma'sɒbb], *pl.* مصاب [ma'sɒ:bb] *u.* [-a:t] Mündung *f*; Abflußrohr *n*.

مصباح [mis'ba:ħ], *pl.* مصابيح [masɒ:'bi:ħ] Lampe *f*, Laterne *f*, Leuchte *f*; Glühbirne *f*.

مصبغة [mɒsbaɣa] Färberei *f*.

مصبوغ [mɒs'bu:ɣ] gefärbt; beeinflußt (durch ب).

مصح [ma'sɒħħ] Sanatorium *n*.

مصحح [mu'sɒħħiħ] Korrektor *m*; Unterfertigte(r) *m*.

مصحف [musħaf], *pl.* مصاحف [ma'sɒ:ħif] Buch *n*, Koranexemplar *n*.

مصحة [ma'sɒħħa] Sanatorium *n*.

مصداق [mis'da:q] Bestätigung *f*, Kriterium *n*, Prüfstein *m*.

مصدر [mɒsdar], *pl.* مصادر [ma'sɒ:dir] Ursprung *m*, Ausgangspunkt *m*; *Gr.* Verbalnomen *n*, Infinitiv *m*.

+ [mu'sɒddir] Exporteur *m*.

مصدق [mu'sɒddaq] glaubwürdig; ~ عليه beglaubigt.

مصر II [mɒssɒr] 1. kolonisieren, besiedeln, zivilisieren; 2. ägyptisieren.

+ [misr] 1. *pl.* أمصار [ʔam'sɒ:r] große Stadt *f*, Hauptstadt *f*; 2. Ägypten *n*; Kairo *n*.

+ [mu'sɪrr] beharrlich, entschlossen.

مصراع [mis'ra:ʕ], *pl.* مصاريع [masɒ:'ri:ʕ] 1. Türflügel *m*; 2. Halbvers *m*.

مصران *s.* مصير.

مصرع [mɒsraʕ], *pl.* مصارع [ma'sɒ:riʕ] Schlachtfeld *n*; Untergang *m*, Tod *m*.

مصرف [mɒsraf], *pl.* مصارف [ma'sɒ:rif] Bank *f* (*Kreditinstitut*).

+ [masrif] Entwässerungsgraben *m*, Abzugskanal *m*.

مصروف [mɒs'ru:f], *pl.* مصاريف [mɒsɒ:'ri:f] *u.* [-a:t] Kosten *pl.*, Ausgaben *f/pl.*

مصرى [misri:] ägyptisch; Ägypter *m*; Kairoer *m*.

مصطبة [mɒstɒba] = مسطبة.

مصطفى [mustɒfan] auserwählt; [mustɒfa:] Mustafa *npr. m.*

مصطلح [mus'tɒlaħ] konventionell; *pl.* [-a:t] Fachausdruck *m*, Terminus technicus *m*.

مصطنع [mus'tɒnaʕ] künstlich, unecht; gekünstelt.

مصطول [mɒs'tu:l] berauscht, verrückt (*s.* مسطول).

مصعد [misʕad], *pl.* مصاعد [mɒ'sɒ:ʕid] Aufzug *m*, Fahrstuhl *m*.

مصغ [musɣin], *constr.* مصغى [musɣi:] aufmerksam; Zuhörer *m*.

مصغر [mu'sɒɣɣɒr] verkleinert.

مصفاة [mis'fa:t], *pl.* مصاف [ma'sɒ:fin] Filter *m*, Seiher *m*, Sieb *n*.

مصفح [mu'sɒffaħ] gepanzert; ~ة Panzerwagen *m*.

مصفر [mus'farr] gelb; bleich, fahl.

مصفى [mɒsfan], *pl.* مصاف [mɒ'sɒ:fin] Raffinerie *f*.

مصل [mɒsl], *pl.* مصول [mu'su:l] Serum *n*; Molke *f*.

مصل [mu'sɒllin], *constr.* مصلى [mu'sɒlli:] Betende(r) *m*.

مصلح [musliħ] Reformator *m*; Friedensstifter *m*.

مصلحة [mɒslaħa], *pl.* مصالح [mɒ'sɒ:liħ] 1. Vorteil *m*, Interesse *n*, Wohl *n*; Angelegenheit *f*; الـ~ العامة das Gemeinwohl; فى مصلحته in seinem Interesse; لمصلحته zu seinen Gunsten; 2. Amt *n*, Behörde *f*, Verwaltung *f*.

مصلى [mu'sɒllan] Bethaus *n*.

مصمم [mu'sɒmmim] entschlossen (zu على); Planer *m*, Konstrukteur *m*.

مصنع [mɒsnaʕ], *pl.* مصانع [ma'sɒ:niʕ] Fabrik *f*, Werk *n*.

مصنف [mu'sɒnnaf], *pl.* [-a:t] (*literarisches*) Werk *n*.

+ [mu'sɒnnif] Verfasser *m*, Autor *m*.

مصنوع [mɒs'nu:ʕ], *pl.* [-a:t] Erzeugnis *n*, Fabrikat *n*, Produkt *n*.

مصهر [mishar] *El.* Sicherung *f*.

مصهرة [mɒshara] Metallgießerei *f*.

مصوت [mu'sɒwwit] Stimmberechtigte(r) *m*, Wähler *m*.

مصور [mu'sɒwwar] 1. Plan *m*, Karte *f*; Illustrierte *f*; 2. Photoatelier *n*.

+ [mu'sɒwwir] Photograph *m*; Zeichner *m*.

مصوغات [mɒsu:'ɣa:t] Goldschmiedearbeiten *f/pl*.

مصون [mɒ'su:n] wohlbehütet; züchtig.

مصيبة [mu'si:ba], *pl.* مصائب [mɒ'sɒ:ʔib] Unglück *n*.

مصيدة [misjada], *pl.* مصايد [mɒ'sɒ:jid] Falle *f*, Schlinge *f*.

مصير [mɒ'si:r] 1. Werden *n*, Fortgang *m*, Ausgang *m*, Schicksal *n*; Weg *m*; حق تقرير الـ~ *Pol.* Selbstbestimmungsrecht *n*; *s.* صير; 2. *pl.* مصران [mus'ra:n] *u.* مصارين [mɒsɒ:'ri:n] Darm *m*; *pl.* Gedärme *n/pl*; Eingeweide *n/pl*.

مصيف [mɒ'si:f], *pl.* مصايف [mɒ'sɒ:jif] Sommerfrische *f*.

مض [mɒđđɒ (ja'muđđu)] schmerzen, brennen, quälen.

+ [mɒđđ] Schmerz *m*, Qual *f*, Pein *f*.

مضاء [mɒ'đɒ:ʔ] Schärfe *f*.

+ [mu'đɒ:ʔ] beleuchtet (von ب).

مضاد [mu'đɒ:dd] entgegengesetzt; Gegen-, Anti-; *s.a.* مدفع; Gegensatz *m*, Kontrast *m*.

مضارب [mu'đɒ:rib] Spekulant *m*.

مضاربة [mu'đɒ:raba] Spekulation *f*; Konkurrenz *f*.

مضارع [mu'đɒ:riʕ] ähnlich; *Gr.* Imperfekt *n*.

مضارعة [mu'đɒ:raʕa] Ähnlichkeit *f*, Gleichheit *f*.

مضاعف [mu'đɒ:ʕaf] verdoppelt, vervielfacht; ~ة Verdoppelung *f*, Vervielfachung *f*.

مضاف [mu'đɒ:f] beigefügt, hinzugefügt; *Gr.* Regens *n* (*Nomen vor e-m Genitiv*); ~ اليه *Gr.* Rektum *n* (*Nomen im Genitiv*).

مضاهاة [muđɒ:'ha:t] Ähnlichkeit *f*, Entsprechung *f*.

مضايق [mu'đɒ:jiq] lästig, störend.

مضايقة [mu'đɒ:jaqa] Belästigung *f*, Behinderung *f*, Störung *f*.

مضبوط [mɒđ'bu:ŧ] genau, exakt, präzis; richtig.

مضجع [mɒđđʒaʕ], *pl.* مضاجع [mɒ'đɒ:dʒiʕ] Lager *n*, Lagerstatt *f*.

مضحك [muđħik] komisch, lächerlich.

مضخم [mu'đɒxxim] Verstärker *m*; الصوت ~ Lautsprecher *m*.

مضخة [mi'đɒxxa] Pumpe *f*; Spritze *f*.

مضر [mu'đirr] schädlich.

مضراب [miđ'ra:b] Schläger *m*, Rakett *n*.

مضرب [mɒđrib], *pl.* مضارب [mɒ'đɒ:rib] Zeltplatz *m*; Ort *m*; Weg *m*.
+ [miđrab], *pl.* [mɒ'đɒ:rib] Schläger *m*, Schlegel *m*.
+ [muđrib] Streikende(r) *m*.

مضرج [mu'đɒrradʒ] blutbefleckt; اليدين ~ [alja'dain] auf frischer Tat.

مضره [mɒ'đɒrra] Schaden *m*, Verlust *m*.

مضروب [mɒđ'ru:b] geschlagen; festgesetzt; multipliziert; *Math.* Multiplikand *m*; فيه ~ Multiplikator *m*.

مضض [mɒđɒđ] Schmerz *m*, Qual *f*.

مضطجع [muđ'ŧɒdʒaʕ] = مضجع.
+ [muđ'ŧɒdʒiʕ] liegend, ausgestreckt.

مضطر [muđ'ŧɒrr] gezwungen, genötigt.

مضطرب [muđ'ŧɒrib] verwirrt, unordentlich; unruhig, aufgeregt.

مضعف [mu'đɒʕʕaf] (ver)doppelt, zweifach, vielfach.

مضغ [mɒđɒɣ (jamđɒɣ)] kauen.

مضغة [muđɣa] Bissen *m*; Wiedergekaute(s) *n*.

مضغوط [mɒđ'ɣu:ŧ] gepreßt, komprimiert; Preß-.

مضل [mu'đill] irreführend, trügerisch.

مضلع [mu'đɒllaʕ] gerippt; vieleckig; Polygon *n*.

مضمار [miđ'ma:r], *pl.* مضامير [mɒđɒ:'mi:r] Rennbahn *f*, Arena *f*; Betätigungsfeld *n*.

مضمدة [mu'đɒmmida] Kompresse *f*; *Ir.* Krankenpflegerin *f*.

مضمر [muđmar] verborgen; impliziert; *Gr.* Pronomen *n*.

مضمن [mu'đɒmman] enthalten, inbegriffen.

مضمون [mɒđ'mu:n] 1. garantiert, verbürgt; 2. Inhalt *m*, Sinn *m*.

مضى [mɒđɒ: (jamđi:)] weggehen;

Zeit: vergehen, verfließen; fortfahren, fortsetzen (*etw.* في); ausführen, durchführen, abschließen (*etw.* على); II [mɒđđɒ:] *Zeit* verbringen, zubringen; IV [ʔamđɒ:] vollenden, durchführen; hinter sich bringen; *Zeit* verbringen; unterschreiben, unterzeichnen.

+ [mu'đi:j] Weggang *m*; Ablauf *m*, Verstreichen *n e-r Zeit*; Fortführung *f* (*e-r Sache* في); (الطويلة) المدة ~ *Jur*. Verjährung *f*.

مضيء [mu'đi:ʔ] leuchtend, hell.

مضيف [mu'đi:f] Gastgeber *m*; *Ir*. Gästehaus *n*; ة~ Stewardeß *f*.

مضيق [ma'đi:q], *pl*. مضايق [mɒ'đɒ:jiq] Enge *f*, Paß *m*.

مط [mɒttɒ (ja'muttu)] strecken, dehnen, spannen; II [mɒttɒt] 1. ausdehnen; hinausziehen; 2. schelten; V [ta'mɒttɒt] sich ausdehnen.

مطابق [mu'tɒ:biq] entsprechend, übereinstimmend.

مطابقة [mu'tɒ:baqa] Entsprechung *f*, Übereinstimmung *f*.

مطار [mɒ'tɒ:r], *pl*. [-a:t] Flugplatz *m*, Flughafen *m*.

مطارد [mu'tɒ:rid] Jäger *m*, Verfolger *m*; طائرة ~ة Jagdflugzeug *n*.

مطاردة [mu'tɒ:rada] Verfolgung *f*.

مطاط [mɒ'ttɒ:t] dehnbar, elastisch; Gummi *m*, *n*.

مطاعن [mɒ'tɒ:ʕin] *pl*. Schmähungen *f*/*pl*.

مطاف [mɒ'tɒ:f] Umgang *m*, Umzug *m*.

مطافىء *s*. مطفاة.

مطالب [mu'tɒ:lib] Prätendent *m*; *s.a*. مطلب.

مطالبة [mu'tɒ:laba] Forderung *f*, Beanspruchung *f*.

مطالعة [mu'tɒ:laʕa] Lektüre *f*, Studium *n*.

مطايب [ma'tɒ:jib] *pl*. Annehmlichkeiten *f*/*pl*.

مطبخ [mɒtbax], *pl*. مطابخ [mɒ'tɒ:bix] Küche *f*.

مطبع [mɒtbaʕ] *u*. ة~, *pl*. مطابع [mɒ'tɒ:biʕ] Druckerei *f*.

مطبعة [mitbaʕa], *pl*. [mɒ'tɒ:biʕ] Druckpresse *f*.

مطبق [mutbiq] vollständig, absolut, total.

مطبوع [mɒt'bu:ʕ] 1. von Natur aus begabt *od*. neigend (zu على); 2. gedruckt, geprägt; stereotyp; *pl*. [-a:t] Drucksache *f*, Druckwerk *n*.

مطثة [mi'tɒθθa] *Sport*: Diskus *m*.

مطحنة [mɒthana *u*. mithana], *pl*. مطاحن [mɒ'tɒ:hin] Mühle *f*.

مطر [mɒtɒr (jamtur)] *u*. IV [ʔamtɒr] *Himmel*: regnen.

+ [mɒtɒr], *pl.* أمطار [ʔam'tɒ:r] Regen *m*.

مطران [mut'ra:n], *pl.* مطارنة [mɒ'tɒ:rina] Erzbischof *m*, Metropolit *m*.

مطرب [mutrib] 1. köstlich, entzückend; 2. Sänger *m*, Musikant *m*; ة~ Sängerin *f*.

مطرح [mɒtrah], *pl.* مطارح [mɒ'tɒ:rih] Stelle *f*, Ort *m*.

مطرد [mu'ttɒrid] unaufhörlich, stet, konstant; monoton; allgemein.

مطرقة [mitraqa], *pl.* مطارق [mɒ'tɒ:riq] Hammer *m*.

مطروح [mɒt'ru:h] hingestreckt; *Math.* Subtrahend *m*; منه ~ Minuend *m*.

مطرود [mɒt'ru:d] verjagt, vertrieben.

مطروق [mɒt'ru:q] begangen, befahren (*Weg*).

مطعم [mɒtʕam], *pl.* مطاعم [mɒ'tɒ:ʕim] Restaurant *n*, Gasthaus *n*, Speisesaal *m*.

مطفأة [mitfaʔa], *pl.* مطافىء [mɒ'ta:fiʔ] Löschgerät *n*, Feuerspritze *f*; فرقة المطافىء Feuerwehr *f*.

مطل [mɒtɒl (jamtul)] dehnen, verlängern; aufschieben, verzögern; *Eisen* schmieden; III [mɒ:tɒl] hinauszögern.

مطلب [mɒtlab], *pl.* مطالب [mɒ'tɒ:lib] Forderung *f*, Anspruch *m*; Wunsch *m*; Problem *n*.

مطلع [mɒtlaʕ], *pl.* مطالع [mɒ'tɒ:liʕ] Aufgang *m*, Anbruch *m des Tages*; Ausgangspunkt *m*; Anfang *m*, Beginn *m*; Einleitung *f*, Vorspiel *n*; Gedichtanfang *m*; Treppe *f*.

+ [mu'ttɒliʕ] informiert, orientiert (über *A* على); Beschauer *m*; Kenner *m*.

مطلق [mutlaq] uneingeschränkt, absolut; ~ا [mutlaqan] *Adv.* absolut, ganz und gar.

مطلوب [mɒt'lu:b] benötigt, gesucht; *pl.* [-a:t] Begehren *n*, Forderung *f*, Schuld *f*.

مطلي [mɒt'li:j] überzogen, bestrichen.

مطمح [mɒtmah], *pl.* مطامح [mɒ'tɒ:mih] Bestrebung *f*, Ziel *n*.

مطمع [mɒtmaʕ], *pl.* مطامع [mɒ'tɒ:miʕ] Bestrebung *f*, Wunsch *m*.

مطمئن [mutma'ʔinn] zuversichtlich, beruhigt, sicher.

مطهر [mɒthar] Fegefeuer *n*.

+ [mu'tɒhhar] gereinigt, geläutert; beschnitten.

+ [mutɒhhir] Desinfektionsmittel *n*.

مطا (مطو) [mɒtɒ: (jamtu:)] sich beeilen; V [ta'mɒttɒ:] sich

strecken, sich recken; VIII [imˈtatɒ:] *Fahrzeug* besteigen; reiten, fahren.

مطول [mɒˈtu:l] saumselig.

+ [muˈtɒwwal] lang, ausführlich.

مطوى [mɒtwan], *pl.* مطاو [mɒˈtɒ:win] Taschenmesser *n*; Falte *f*.

مطيع [muˈti:ʕ] gehorsam.

مطيلة [mɒˈti:la] Schmiedeeisen *n*, Walzware *f*.

مطية [mɒˈti:ja], *pl.* مطايا [mɒˈtɒ:ja:] Reittier *n*.

مظان *s.* مظنة.

مظاهرة [muˈzɒ:hara] Unterstützung *f*; Demonstration *f*.

مظروف [mɒzˈru:f], *pl.* مظاريف [mɒzɒ:ˈri:f] Umschlag *m*, Kuvert *n*.

مظفر [muˈzɒffar] siegreich, triumphierend.

مظل [muˈzill] *u.* مظلل [muˈzɒllil] schattig.

مظلم [muzlim] dunkel, finster.

مظلمة [mɒzlama], *pl.* مظالم [mɒˈzɒ:lim] Unrecht *n*, Ungerechtigkeit *f*.

مظلة [miˈzɒlla], *pl.* مظال [mɒˈzɒ:ll] *u.* [-a:t] Schirm *m*; Schutzdach *n*; واقية ~ Fallschirm *m*.

مظلوم [mɒzˈlu:m] unterdrückt, ungerecht behandelt.

مظلى [miˈzɒlli:] Fallschirmspringer *m*.

مظنة [mɒˈzinna], *pl.* مظان [mɒˈzɒ:nn] Vermutung *f*; Verdacht *m*, Argwohn *m*.

مظهر [mɒzhar], *pl.* مظاهر [mɒˈzɒ:hir] Anblick *m*, Aussehen *n*, Äußere(s) *n*, Erscheinung *f*; Aspekt *m*.

مع [maʕa] *Präp.* mit, zusammen mit, bei; trotz; مع أن obwohl; مع ذلك trotzdem; *s.a.* كون.

معا [maʕan] *Adv.* zusammen, miteinander.

معاء [miˈʕa:ʔ], *pl.* أمعية [ʔamʕija] Darm *m*; *pl.* Eingeweide *n/pl*; *s.a.* معى.

معاب [maˈʕa:b] *u.* ~ة, *pl.* معايب [maˈʕa:jib] Fehler *m*, Makel *m*, Defekt *m*; Schande *f*.

معاد [maˈʕa:d] Rückkehr *f*; Bestimmungsort *m*.

+ [muˈʕa:d] wiederholt; retourniert.

+ [muˈʕa:din], *constr.* معادى [muˈʕa:di:] feindlich; *s.a.* معدية.

معادل [muˈʕa:dil] gleichwertig, ebenbürtig.

معادلة [muˈʕa:dala] Entsprechung *f*, Gleichwertigkeit *f*, Proportionalität *f*; *Math.* Gleichung *f*.

معاذ [maˈʕa:ð] Zuflucht *f*, Zufluchtsort *m*.

معارض [muˈʕa:riđ] Gegner *m*, Opponent *m*.

معارضة [muˈʕa:rɒđɒ] Opposition *f*, Widerstand *m*, Protest *m*.

معارف *s.* معرفة.

معاش [maˈʕa:ʃ] Lebensunterhalt *m*; Pension *f*, Rente *f*.

معاشرة [muˈʕa:ʃara] Verkehr *m mit Menschen*, Umgang *m*.

معاصر [muˈʕa:sir] zeitgenössisch; Zeitgenosse *m*.

معافاة [mua:ˈfa:t] Befreiung *f*, Dispensierung *f*.

معاقبة [muˈʕa:qaba] Bestrafung *f*.

معاقد [muˈʕa:qid] Vertragspartner *m*, Kontrahent *m*.

معاكس [muˈʕa:kis] entgegengesetzt; Gegen-.

معاكسة [muˈʕa:kasa] Belästigung *f*; Widerspruch *m*.

معالجة [muˈʕa:ladʒa] Behandlung *f e-s Kranken*, Pflege *f*; Bearbeitung *f*.

معالى *s.* معلاة.

معاملة [muˈʕa:mala] Behandlung *f*, Verkehr *m mit j-m*, Umgang *m*; *Hdl.* Transaktion *f*.

معان *s.* معنى.

معاناة [muʕa:ˈna:t] Erduldung *f*; Aufwand *m an Mühe usw.*

معاندة [muˈʕa:nada] Hartnäckigkeit *f*, Widerstand *m*.

معانقة [muˈʕa:naqa] Umarmung *f*.

معاهدة [muˈʕa:hada] Vereinbarung *f*, Abkommen *n*, Vertrag *m*.

معاون [muˈʕa:win] Gehilfe *m*, Helfer *m*, Assistent *m*.

معاونة [muˈʕa:wana] Hilfe *f*, Beistand *m*.

معايدة [muˈʕa:jada] Gratulation *f*, Beglückwünschung *f*.

معايرة [muˈʕa:jara] Eichung *f von Gewichten usw.*

معاينة [muˈʕa:jana] Besichtigung *f*, Begutachtung *f*, Inspektion *f*.

معبد [maʕbad], *pl.* معابد [maˈʕa:bid] Tempel *m*, Heiligtum *n*.

\+ [muˈʕabbad] ausgebaut (*Straße*).

معبر [maʕbar], *pl.* معابر [maˈʕa:bir] Furt *f*, Übergang *m*.

\+ [miʕbar], *pl.* [maˈʕa:bir] Fähre *f*.

\+ [muˈʕabbir] ausdrucksvoll.

معتاد [muʕˈta:d] gewohnt, üblich; كالمعتاد wie gewöhnlich; *s.* عود.

معتبر [muʕˈtabar] anerkannt, respektiert.

معتد [muʕˈtadin], *constr.* معتدى [muʕˈtadi:] Angreifer *m*.

معتدل [muˁˈtadil] gemäßigt, mild; gerade.

معترض [muˁˈtarid̄] querliegend; Gegner *m*, Opponent *m*.

معترف: به ~ [muˁˈtaraf bihi] anerkannt; genehmigt.

معتقد [muˁˈtaqad] geglaubt; *pl.* [-a:t] Glaubenssatz *m*, Doktrin *f*.

معتقل [muˁˈtaqal] Internierungslager *n*, Konzentrationslager *n*.

معتل [muˁˈtall] krank, schwach; *Gr.* defektiv (*Verb*).

معتمد [muˁˈtamad] verläßlich; Vertreter *m*, Repräsentant *m*, Beauftragte(r) *m*, Kommissar *m*; تجارى ~ Handelsdelegierte(r) *m*.

معتن [muˁˈtanin], *constr.* معتنى [muˁˈtani:] besorgt, aufmerksam.

معجب [muˁdʒab] beeindruckt (von ب); Bewunderer *m*; ~ بنفسه eingebildet.

\+ [muˁdʒib] erstaunlich, bewunderungswürdig.

معجزة [muˁdʒiza], *pl.* [-a:t] Wunder *n*.

معجل [muˈˁaddʒal] eilig; vorzeitig.

معجم [muˁdʒam] 1. unverständlich; punktiert (*Buchstabe*); 2. *pl.* معاجم [maˈˁa:dʒim] Wörterbuch *n*, Lexikon *n*.

معجون [maˁˈdʒu:n] Paste *f*, Creme *f*; Kitt *m*; الاسنان ~ Zahnpasta *f*.

معد [muˈˁadd] fertig, bereit (zu ل); bestimmt (für ل); *pl.* [-a:t] Ausrüstung *f*, Gerät *n*, Material *n*.

\+ [muˁdin], *constr.* معدى [muˁdi:] ansteckend (*Krankheit*).

معدل [muˈˁaddal] 1. Durchschnitt *m*; 2. modifiziert, abgeändert.

معدن [maˁdin], *pl.* معادن [maˈˁa:din] Metall *n*, Mineral *n*; Bergwerk *n*, Grube *f*.

\+ [muˈˁaddin] Bergmann *m*, Grubenarbeiter *m*.

معدنى [maˁdini:] metallisch, mineralisch, Mineral-.

معدة [maˁida *u.* miˁda], *pl.* معد [miˁad] Magen *m*.

معدود [maˁˈdu:d] gezählt; zählbar; wenig.

معدوم [maˁˈdu:m] fehlend, nicht vorhanden.

معدى [maˁdan] Durchgang *m*; Ausweg *m*.

\+ [maˁidi:] Magen-, gastrisch; *s.a.* معد.

معدية [maˁˈdija], *pl.* معاد [maˈˁa:din] Fähre *f*, Überfuhr *f*.

معذرة [maʕðira], *pl.* معاذر [ma'ʕa:ðir] Entschuldigung *f*, Verzeihung *f*.

معذور [maʕ'ðu:r] entschuldigt; entschuldbar.

معراج [miʕ'ra:dʒ] 1. Leiter *f*; 2. Himmelfahrt *f Muhammeds*.

معرب [mu'ʕarrab] arabisiert; ins Arabische übersetzt.

معرج [miʕradʒ], *pl.* معارج [ma'ʕa:ridʒ] Leiter *f*, Treppe *f*.

معرض [maʕriđ], *pl.* معارض [ma'ʕa:riđ] Ausstellung *f*, Schau *f*.

معرفة [maʕrifa], *pl.* معارف [ma'ʕa:rif] Kenntnis *f*, Wissen *n*; Bekanntschaft *f*; Erkenntnis *f*; Bekannte(r) *m*; *Gr.* determiniertes Nomen *n*; وزارة المعارف Unterrichtsministerium *n*.

معرق [mu'ʕarraq] 1. geädert; 2. verwurzelt.

معركة [maʕraka], *pl.* معارك [ma'ʕa:rik] Schlacht *f*, Kampf *m*.

معروض [maʕ'ru:đ] 1. *pl.* معاريض [maʕa:'ri:đ] Gesuch *n*, Eingabe *f*; Bericht *m*; Angebot *n*; 2. *pl.* [-a:t] Ausstellungsgegenstand *m*.

معروف [maʕ'ru:f] 1. bekannt; *Gr.* Aktiv *n*; 2. Gefälligkeit *f*, Wohltat *f*; Güte *f*.

معز [maʕaz] *coll.* Ziege *f*, Ziegen *pl.*

معزف [miʕzaf] Saiteninstrument *n.*

معزقة [miʕzaqa] Hacke *f*, Haue *f*.

معزة [ma'ʕazza] Sympathie *f*, Liebe *f*.

+ [miʕza], *pl.* معيز [ma'ʕi:z] Ziege *f*.

معزوفة [maʕ'zu:fa] Musikstück *n*.

معزول [maʕ'zu:l] fern (von عن); isoliert.

معزى [miʕza:] Ziege *f*.

معسرة [maʕsara] Not *f*, Armut *f*.

معسكر [mu'ʕaskar], *pl.* [-a:t] Lager *n*, Heerlager *n*.

معسلة [maʕsala] Bienenstock *m*.

معسور [maʕ'su:r] notleidend, verarmt.

معشار [miʕ'ʃa:r] Zehntel *n*.

معشب [maʕʃab] Herbarium *n*.

معشر [maʕʃar], *pl.* معاشر [ma'ʕa:ʃir] Versammlung *f*, Gesellschaft *f*.

معشوق [maʕ'ʃu:q] Geliebte(r) *m*.

معصرة [miʕsɒra], *pl.* معاصر [ma'ʕa:sɨr] (*Öl-*)Presse *f*.

معصم [miʕsɒm] Handgelenk *n*.

معصوم [maʕ'su:m] sündlos, unfehlbar; unverletzlich.

معصية [maʕ'sɨja] Empörung *f*, Rebellion *f*.

مَعِض [maʕiđ (jamʕađ)] *u.* VIII [im'taʕɒđ] sich ärgern.

معضلة [muʕđila] Schwierigkeit *f*, Problem *n*.

معط [muʕtin], *constr.* معطى [muʕti:] Geber *m*, Schenker *m* (*a. Beiname Gottes*).

معطر [mu'ʕattɒr] parfümiert.

معطف [miʕtɒf], *pl.* معاطف [ma'ʕa:tif] Mantel *m*, Überzieher *m*.

معطل [mu'ʕattɒl] untätig; außer Betrieb; geschlossen (*Amt*).

معطوف [maʕ'tu:f] zugetan (*j-m* على); verbunden.

معظم [mu'ʕazzɒm] erhaben, prächtig, majestätisch.

+ [muʕzɒm] Hauptteil *m*; *mit G*: die meisten.

معفن [mu'ʕaffan] verfault, schimmlig.

معقد [mu'ʕaqqad] verknotet; verwickelt, kompliziert.

معقل [maʕqil], *pl.* معاقل [ma'ʕa:qil] Festung *f*, Feste *f*.

معقم [mu'ʕaqqam] entkeimt, sterilisiert, pasteurisiert.

معقود [maʕ'qu:d] geknüpft; geschlossen (*Vertrag*).

معقوف [maʕ'qu:f] gekrümmt; eckige Klammer *f*.

معقول [maʕ'qu:l] verständlich; vernünftig, einleuchtend, rational; غير ~ widersinnig.

معكر [mu'ʕakkar] trübe, getrübt.

معكرونة [maʕka'ru:na] Makkaroni *pl*.

معلاق [miʕ'la:q] Innereien *f/pl*; Leber *f*.

معلاة [maʕ'la:t], *pl.* معال [ma'ʕa:lin], *constr.* معالى [ma'ʕa:li:] Vorzüglichkeit *f*; Würde *f*; صاحب المعالى Exzellenz *f* (*Titel e-s Ministers*).

معلف [miʕlaf], *pl.* معالف [ma'ʕa:lif] Krippe *f*.

معلق [mu'ʕallaq] aufgehängt; abhängig (von على); unentschieden, in Schwebe; ة~ altarabisches Gedicht *n*.

معلم [maʕlam], *pl.* معالم [ma'ʕa:lim] Zeichen *n*, Kennzeichen *n*, Spur *f*; Besonderheit *f*, Wahrzeichen *n*.

+ [mu'ʕallim], *pl.* [-u:n] Lehrer *m*, Meister *m*; ة~ Lehrerin *f*.

معلول [maʕ'lu:l] 1. krank, defekt; 2. bedingt; Wirkung *f*.

معلوم [maʕ'lu:m] bekannt; gewiß!, selbstverständlich!; *Gr.* Aktiv *n*; *pl.* [-a:t] Kenntnisse *f/pl*; Informationen *f/pl*.

معمار [miʕ'ma:r] Baumeister *m*, Architekt *m*; ى~ bautechnisch, architektonisch; مهندس معمارى Architekt *m*.

معمد [mu'ʕammad] getauft; Täufling *m*.

معمدان: يوحنا الـ~ [ju:ˈħanna: lmaʕmaˈda:n] Johannes der Täufer.

معمر [muˈʕammar] langlebig, steinalt; Senior *m*.

معمعة [maʕmaʕa] Durcheinander *n*, Tumult *m*.

معمل [maʕmal], *pl.* معامل [maˈʕa:mil] Werkstätte *f*; Fabrik *f*, Werk *n*.

معمم [muˈʕammam] 1. verallgemeinert; 2. turbantragend.

معمودية [maʕmu:ˈdi:ja] Taufe *f*.

معمور [maʕˈmu:r] bewohnt, bevölkert; المعمورة die Welt *f*.

معمول [maʕˈmu:l] angefertigt; ~ به gültig; gebräuchlich.

(معن) IV أمعن [ʔamʕan] gründlich tun, sich vertiefen (in *A* في), sich eifrig widmen (*e-r Sache* في); أمعن النظر في aufmerksam betrachten; V [taˈmaʕʕan] sich vertiefen (in *A* في).

معنون [muˈʕanwan] adressiert (*Brief*); betitelt, beschriftet.

معنوى [maʕnawi:] den Sinn betreffend, ideell; abstrakt; geistig, seelisch; moralisch; شخص ~ *Jur.* juristische Person *f*; *pl.* [-a:t] ideelle Dinge *n/pl.*

معنى [maʕnan], *pl.* معان [maˈʕa:nin] Sinn *m*, Bedeutung *f*; Begriff *m*, Idee *f*; علم المعانى Rhetorik *f*.

+ [maʕˈni:j] interessiert (an *D* ب), zuständig; الجهات المعنية die zuständigen Stellen.

معهد [maʕhad], *pl.* معاهد [maˈʕa:hid] Institut *n*, Anstalt *f*; Gedenkstätte *f*; المعاهد العليا Hochschulen *f/pl.*

معهود [maʕˈhu:d] bekannt, bewußt.

معوج [muʕˈwaddʒ] gekrümmt, gebogen, schief.

معود [muˈʕawwad] gewöhnt (an *A* على), gewohnt (zu على).

معول [miʕwal], *pl.* معاول [maˈʕa:wil] Spitzhacke *f*.

+ [muˈʕawwil] entschlossen (zu على).

معونة [maˈʕu:na] Hilfe *f*, Unterstützung *f*.

معوى [miʕawi:] intestinal, Eingeweide-.

معى [maʕi:] mit mir (*s.* مع).

+ [maʕj *u.* miʕan], *pl.* أمعاء [ʔamˈʕa:ʔ] Darm *m*; *pl.* Eingeweide *n/pl.*

+ [muʕjin], *constr.* معيى [muʕji:] matt, ermüdet.

معيار [miʕˈja:r] Eichmaß *n*, Standard *m*, Norm *f*.

معيب [maˈʕi:b] fehlerhaft.

معيد [muˈʕi:d] Repetitor *m*, Assistent *m an der Universität*.

معير [mu'ʕi:r] Verleiher *m*.

معيشة [ma'ʕi:ʃa] Leben *n*, Lebensweise *f*; Lebensunterhalt *m*; *s.a.* مستوى.

معيل [mu'ʕi:l] Ernährer *m e-r Familie*.

معين [mu'ʕajjan] 1. bestimmt, festgesetzt; ernannt; 2. Rhombus *m*.

+ [mu'ʕi:n] Gehilfe *m*, Assistent *m*.

معية [ma'ʕi:ja] Begleitung *f*, Gefolge *n*.

معيوب [maʕ'ju:b] mangelhaft, defekt; schändlich.

مغادرة [mu'ɣa:dara] Verlassen *n*, Abreise *f*.

مغار [ma'ɣa:r] *u.* ة~, *pl.* مغاير [ma'ɣa:jir] Höhle *f*, Grotte *f*.

مغازلة [mu'ɣa:zala] Flirt *m*.

مغالاة [muɣa:'la:t] Übermaß *n*, Übertreibung *f*.

مغالبة [mu'ɣa:laba] Bekämpfung *f*, Kampf *m*.

مغالطة [mu'ɣa:latɒ] Verfälschung *f*; Betrug *m*; Trugschluß *m*.

مغامر [mu'ɣa:mir] Abenteurer *m*.

مغامرة [mu'ɣa:mara] Abenteuer *n*; Risiko *n*.

مغاير [mu'ɣa:jir] widrig, entgegengesetzt (*e-r Sache* ل).

مغبة [ma'ɣabba] Ende *n*, Ausgang *m*, Ergebnis *n*.

مغبون [maɣ'bu:n] betrogen, geprellt.

مغتبط [muɣ'tabit] froh, zufrieden, glücklich.

مغترب [muɣ'tarib] Auswanderer *m*; der in der Fremde lebt.

مغتسل [muɣ'tasal] Waschraum *m*.

مغتصب [muɣ'tasib] Usurpator *m*.

مغتم [muɣ'tamm] betrübt, traurig.

مغذ [mu'ɣaððin], *constr.* مغذى [mu'ɣaððiː] nahrhaft.

مغر [muɣrin], *constr.* مغرى [muɣri:] verlockend, verführerisch; Verführer *m*; Anstifter *m*.

مغرب [maɣrib] Sonnenuntergang *m*; Westen *m*, Okzident *m*; ~ال Marokko *n*, Nordwestafrika *n*.

+ [mu'ɣarrab] verbannt.

مغربى [maɣribi:] marokkanisch, maghrebinisch; *pl.* مغاربة [ma'ɣa:riba] Marokkaner *m*, Nordwestafrikaner *m*.

مغرض [muɣriđ] parteiisch, tendenziös, voreingenommen.

مغرفة [miɣrafa], *pl.* مغارف [ma'ɣa:rif] Schöpflöffel *m*.

مغرق [muɣraq] vertieft, versunken (in *A* فى).

مغرم [muɣram] verliebt (in *A* ب).

مغرور [maɣ'ru:r] getäuscht; verblendet; eitel.

مغريات [muɣri'ja:t] Lockmittel *n/pl*; Verlockungen *f/pl*.

مغزل [maɣzil], *pl.* مغازل [ma'ɣa:zil] Spinnerei *f*.

+ [miɣzal], *pl.* [ma'ɣa:zil] Spindel *f*.

مغزى [maɣzan] Bedeutung *f*, Sinn *m*, Moral *f e-r Geschichte*.

مغسل [maɣsal], *pl.* مغاسل [ma'ɣa:sil] Waschraum *m*.

+ [miɣsal] Waschbecken *n*, Waschschüssel *f*.

مغسلة [maɣsala] Waschtisch *m*.

مغشوش [maɣ'ʃu:ʃ] verfälscht.

مغص [maɣs] Kolik *f*, Bauchgrimmen *n*.

مغصوب [maɣ'su:b] usurpiert; erzwungen.

مغضوب: ~ عليه [maɣ'đu:b ʕa'laihi] der, dem gezürnt wird.

مغط [maɣɒt (jamɣɒt)] strecken, dehnen.

مغطس [maɣtɒs (ju'maɣtis)] magnetisieren, magnetisch machen.

+ [miɣtɒs] Badewanne *f*; Taufbecken *n*.

مغطى [mu'ɣɒttɒn] gedeckt, zugedeckt.

مغفر [miɣfar], *pl.* مغافر [ma'ɣa:fir] Helm *m*.

مغفرة [maɣfira] Verzeihung *f*, Vergebung *f*.

مغفل [mu'ɣaffal] unachtsam; dumm, einfältig.

مغفور: الـ~ له [al-maɣ'fu:r lahu] der Verstorbene *m*.

مغلاق [miɣ'la:q], *pl.* مغاليق [maɣa:'li:q] Schloß *n*, Sperre *f*.

مغلف [mu'ɣallaf] (*Brief-*)Umschlag *m*, Hülle *f*.

مغلق [muɣlaq] geschlossen, verschlossen.

مغلوب [maɣ'lu:b] besiegt, unterlegen; *Biologie*: rezessiv.

مغلوط [maɣ'lu:t] irrig, unrichtig.

مغلي [maɣ'li:j] (ab)gekocht; Absud *m*, Dekokt *n*.

مغمور [maɣ'mu:r] überschwemmt; dunkel, obskur.

مغموم [maɣ'mu:m] bekümmert, traurig.

مغمى: ~ عليه [muɣman ʕa'laihi] ohnmächtig, bewußtlos.

مغن [mu'ɣannin], *constr.* مغنى [mu'ɣanni:] Sänger *m*.

مغنط [maɣnɒt (ju'maɣnit)] magnetisieren, magnetisch machen.

مغنطيس [maɣnɒ'ti:s] Magnet *m*; ~ كهربائى Elektromagnet *m*; ~ى magnetisch; ~ية Magnetismus *m*.

مغنم [maɣnam], *pl.* مغانم [ma-

ˈɣa:nim] Beute *f*; Gewinn *m*, Nutzen *m*.

مغنى [maɣnan], *pl.* مغان [maˈɣa:nin] Wohnsitz *m*.

مغنية [muˈɣannija] Sängerin *f*.

مغول: ال~ [al-muˈɣu:l] die Mongolen *m/pl*.

مغيب [maˈɣi:b] Abwesenheit *f*; Sonnenuntergang *m*.

مغيبات [muɣajjiˈba:t] Betäubungsmittel *n/pl*., Narkotika *n/pl*.

مغيث [muˈɣi:θ] Retter *m*, Helfer *m* (*s*. غوث).

مغير [muˈɣi:r] Angreifer *m* (*s*. غور).

مغيوم [maɣˈju:m] bewölkt.

مفاتحة [muˈfa:taħa] Anrede *f*; Herantreten *n an j-n mit e-r Angelegenheit*.

مفاجأة [muˈfa:dʒaʔa] Überraschung *f*.

مفاجىء [muˈfa:dʒiʔ] plötzlich, überraschend.

مفاد [muˈfa:d] Inhalt *m*, Sinn *m e-r Rede* (*s*. فيد).

مفارقة [muˈfa:raqa] Trennung *f*, Abschied *m*.

مفاوضة [muˈfa:wɒđɒ] Verhandlung *f*, Besprechung *f*.

مفتاح [mifˈta:ħ], *pl.* مفاتيح [mafa:ˈti:ħ] Schlüssel *m*; Taste *f*; *El.* Schalter *m*; *Eisenbahn*: Weiche *f*.

مفت [muftin], *constr.* مفتى [mufti:] *Isl.* Mufti *m* (*Jurisconsultus*).

مفتتح [mufˈtataħ] Beginn *m*, Eröffnung *f*.

مفترس [mufˈtaris]: حيوان ~ Raubtier *n*.

مفترق [mufˈtaraq] (*Straßen-*)Gabelung *f*, Scheideweg *m*.

مفتش [muˈfattiʃ] Aufseher *m*, Inspektor *m*; ~ية Inspektorat *n*.

مفتعل [mufˈtaʕal] künstlich, unecht.

مفتوح [mafˈtu:ħ] offen, geöffnet.

مفتوق [mafˈtu:q] zerrissen, aufgetrennt.

مفتول [mafˈtu:l] gedreht; kräftig, muskulös.

مفتون [mafˈtu:n] bezaubert, entzückt, fasziniert.

مفتى *s*. مفت.

مفحشة [mufħiʃa] Prostituierte *f*.

مفخرة [mafxara], *pl.* مفاخر [maˈfa:xir] Ruhmestat *f*, Gegenstand *m* des Stolzes.

مفخم [muˈfaxxam] geehrt; *Phonetik*: emphatisch, velarisiert.

مفر [maˈfarr] Flucht *f*, Entrinnen *n*; لا ~ منه es ist unvermeidlich.

مفرح [mufriħ] erfreulich, erheiternd.

مفرد [mufrad] einzeln, isoliert;

einzelnes Ding *n od.* Wort *n*; *Gr.* Singular *m*, Einzahl *f*.

مفرزات [mufraˈza:t] Ausscheidungen *f/pl.*, Sekrete *n/pl.*

مفرش [mafraʃ], *pl.* مفارش [maˈfa:riʃ] Tischtuch *n*; Bettuch *n*.

مفرط [mufrit] übertrieben, unmäßig.

مفرطح [muˈfartɒħ] breit; platt.

مفرغ [muˈfarraɣ] hohl, luftleer; Vakuum-.

مفرق [mafraq], *pl.* مفارق [maˈfa:riq] Gabelung *f*, Scheideweg *m*.

+ [muˈfarraq] geteilt; Detail-; بالـ~ en détail.

+ [muˈfarriq] Briefträger *m*.

مفرمة [miframa] Fleischwolf *m*.

مفروش [mafˈru:ʃ] bedeckt; möbliert; *pl.* [-a:t] Möbel *n/pl.*

مفروض [mafˈru:đ] auferlegt (*j-m* على); vorausgesetzt; *pl.* [-a:t] Pflicht *f*.

مفروم [mafˈru:m] gehackt (*Fleisch*), geschnitten (*Tabak*).

مفسد [mufsid] verderblich; demoralisierend.

مفسدة [mafsada], *pl.* مفاسد [maˈfa:sid] Gemeinheit *f*, schimpfliche Tat *f*.

مفسر [muˈfassir] Kommentator *m*.

مفصدة [mifsɒda], *pl.* مفاصد [maˈfɒ:sid] Lanzette *f*.

مفصل [mafsil], *pl.* مفاصل [maˈfɒ:sil] Gelenk *n*.

+ [muˈfɒssɒl] ausführlich, detailliert; nach Maß (*Anzug*); ة~ Scharnier *n*.

مفصول [mafˈsu:l] abgetrennt.

مفضل [muˈfɒđđɒl] vorgezogen; Lieblings-.

مفطر [muftir] nicht fastend (*Gegens.* صائم).

مفطور [mafˈtu:r] angeboren, von Natur aus.

مفعم [mufʕamı] übervoll, vollgestopft.

مفعول [mafˈʕu:l] getan; erregt; Wirkung *f*, Wirksamkeit *f*; Geltung *f*, Gültigkeit *f*; ~ به [bihi] *Gr.* Objekt *n*; اسم الـ~ *Gr.* passives Partizip *n*; سارى الـ~ [sa:ri:] gültig, wirksam.

مفعولية [mafʕu:ˈli:ja] Gültigkeit *f*; Erregung *f*.

مفقود [mafˈqu:d] verloren, vermißt; fehlend, nicht existierend.

مفك [miˈfakk] Schraubenzieher *m*.

مفكر [muˈfakkir] denkend; Denker *m*; ة~ Notizbuch *n*.

مفكوك [mafˈku:k] lose, locker; aufgebunden.

مفلح [mufliħ] erfolgreich, glücklich.

مفلس [muflis] bankrott, zahlungsunfähig.

مفلوج [maf'lu:dʒ] gelähmt.

مفهوم [maf'hu:m] verstanden; verständlich, begreiflich; *pl.* مفاهيم [mafa:'hi:m] Begriff *m*, Sinn *m*, Bedeutung *f*.

مفوض [mu'fawwɒđ] bevollmächtigt; وزير ~ Gesandte(r) *m*, bevollmächtigter Minister *m*; ~ية Gesandtschaft *f*.

مفيد [mu'fi:d] nützlich, günstig, vorteilhaft.

مفيق [mu'fi:q] wach.

مقابل [mu'qa:bil] gegenüberliegend, entgegengesetzt; entsprechend; Gegenwert *m*, Entgelt *n*; [mu'qa:bil(a)] *Präp.* als Gegenleistung für.

مقابلة [mu'qa:bala] Begegnung *f*, Treffen *n*, Zusammenkunft *f*; Interview *n*; Empfang *m*; Vergleich *m*; Vergeltung *f*.

مقاتل [mu'qa:til] Krieger *m*, Kämpfer *m*.

مقارب [mu'qa:rib] annähernd, ungefähr.

مقارن [mu'qa:rin] vergleichend.

مقارنة [mu'qa:rana] Vergleich *m*, Vergleichung *f*.

مقاس [ma'qa:s], *pl.* [-a:t] Messung *f*; Ausmaß *n*; Meßwert *m*.

مقاسم [mu'qa:sim] Teilhaber *m*.

مقاسمة [mu'qa:sama] Teilhaberschaft *f*.

مقاصة [mu'qɒ:ssɒ] Ausgleich *m*; *Hdl.* Kompensation *f*, Clearing *m*.

مقاطعة [mu'qɒ:ŧɒʕa] 1. Bruch *m* *mit j-m*; Boykott *m*; 2. Distrikt *m*.

مقال [ma'qa:l] *u.* ~ة Abhandlung *f*, Aufsatz *m*, Artikel *m*.

مقام [ma'qa:m], *pl.* [-a:t] Stellung *f*, Lage *f*, Situation *f*; Ort *m*, Standort *m*; Rang *m*, Würde *f*; Heiligengrab *n*; Thema *n*; *Musik*: Tonart *f*.
+ [mu'qa:m] aufgestellt; *Jur.* anhängig (*Prozeß*); Aufenthalt *m*.

مقامة [ma'qa:ma] Sitzung *f*; Makame *f* (*Literaturgattung*).

مقاول [mu'qa:wil] (*Bau-*)Unternehmer *m*.

مقاولة [mu'qa:wala] Besprechung *f*, Konferenz *f*; Kontrakt *m*, Abmachung *f*.

مقاوم [mu'qa:wim] Widerstand leistend; Gegner *m*.

مقاومة [mu'qa:wama] Widerstand *m*; Bekämpfung *f*.

مقهى *s.* مقاه.

مقايسة [mu'qa:jasa] Schätzung *f*;

Gegenüberstellung *f*, Vergleich *m*; Spezifizierung *f*.

مقايضة [muˈqa:jɒđɒ] Austausch *m*, Kompensation *f*.

مقبب [muˈqabbab] gewölbt, konvex.

مقبرة [maqbara], *pl.* مقابر [maˈqa:bir] Friedhof *m*, Grabstätte *f*.

مقبض [miqbɒđ], *pl.* مقابض [maˈqa:biđ] Griff *m*, Stiel *m*, Heft *n*.

مقبل [muqbil] kommend, zukünftig; nächst.

مقبوض [maqˈbu:đ] Einnahme *f*; عليه ~ Verhaftete(r) *m*.

مقبول [maqˈbu:l] annehmbar, willkommen, angenehm.

مقت [maqt] Haß *m*, Abscheu *m,f*, Abneigung *f*.

مقتبس [muqˈtabas], *pl.* [-a:t] glühende (Holz-)Kohle *f*; Entlehnung *f*, Zitat *n*.

مقترح [muqˈtarah], *pl.* [-a:t] Antrag *m*, Vorschlag *m*.

مقترف [muqˈtarif] Täter *m*.

مقتصر [muqˈtasɒr] kurz, knapp, abgekürzt.

+ [muqˈtasir] beschränkt (auf *A* على).

مقتضب [muqˈtađɒb] 1. kurz, knapp; 2. neu, improvisiert, originell.

مقتضى [muqˈtađɒn] notwendig, erforderlich; *pl.* مقتضيات [muqtađɒˈja:t] Erfordernis *n*.

مقتطف [muqˈtatɒf] Erlesene(s) *n*; Auswahl *f*, Auslese *f*.

مقتل [maqtal], *pl.* مقاتل [maˈqa:til] Tötung *f*, Mord *m*; Tod *m*.

مقتن [muqˈtanin], *constr.* مقتني [muqˈtani:] Erwerber *m*, Käufer *m*.

مقتنع [muqˈtaniʕ] zufrieden (mit ب); überzeugt (von ب).

مقتنى [muqˈtanan] Erworbene(s) *n*, Erwerbung *f*.

مقدار [miqˈda:r], *pl.* مقادير [maqa:ˈdi:r] Ausmaß *n*, Umfang *m*; Betrag *m*, Menge *f*; أدنى ~ Minimum *n*; أقصى ~ Maximum *n*; بمقدار ما in dem Maße, wie.

مقدام [miqˈda:m] kühn, mutig.

مقدحة [miqdaha] Feuerzeug *n*.

مقدر [muˈqaddar] geschätzt; vorausbestimmt; virtuell.

مقدرة [maqdira] Kraft *f*, Fähigkeit *f*; Potential *n*.

مقدس [muˈqaddas] heilig; geweiht.

مقدم [muˈqaddam] vorangestellt; vorausbezahlt; Vorderteil *n*; *Ir. Mil.* Major *m*.

مقدمة [muˈqaddima] Vorderteil *n*; Vorwort *n*, Einleitung *f*, Präambel *f*; Prämisse *f*.

مقدور [maq'du:r] verhängt; Schicksal *n*; Fähigkeit *f*.

مقذاف [miq'ða:f], *pl.* مقاذيف [maqa:'ði:f] Ruder *n*.

مقذوف [maq'ðu:f] *u.* ـة~ Wurfgeschoß *n*.

مقر [ma'qarr], *pl.* مقار [ma'qa:rr] Platz *m*, Ort *m*, Standort *m*, Position *f*; Wohnsitz *m*.

مقرب [mu'qarrab] Vertraute(r) *m*, Günstling *m*.

مقربة [maqraba] Nähe *f*.

مقرر [mu'qarrar] bestimmt, festgesetzt; Lehrplan *m*; *pl.* [-a:t] Entscheidungen *f/pl*.

مقرعة [miqraˤa] Knüppel *m*, Peitsche *f*.

مقرف [muqrif] unangenehm, widerlich, ekelhaft.

مقسوم [maq'su:m] geteilt; *Math.* Dividend *m*; عليه ~ *Math.* Divisor *m*.

مقص [mi'qɒss], *pl.* مقاص [ma'qɒ:ss] Schere *f*.

مقصب [mu'qɒssɒb] mit Metallfäden bestickt.

مقصد [maqsɒd], *pl.* مقاصد [ma'qɒ:sid] Absicht *f*, Ziel *n*, Zweck *m*.

مقصف [maqsɒf] Kantine *f*, Buffet *n*.

مقصلة [miqsɒla] Guillotine *f*.

مقصود [maq'su:d] beabsichtigt; gemeint.

مقصور [maq'su:r] beschränkt (auf *A* على), begrenzt; ة~, *pl.* مقاصير [maqɒ:'si:r] *u.* [-a:t] Abteil *n*, Loge *f*; Kabinett *n*.

مقضى [maq'đi:j] beendigt; abgemacht.

مقطر [mu'qɒttɒr] destilliert; *pl.* [-a:t] Spirituosen *pl*.

مقطع [maqtɒˤ], *pl.* مقاطع [ma'qɒ:tiˤ] Abschnitt *m*; Silbe *f*; Schnittpunkt *m*; Querschnitt *m*; Übergangsstelle *f*; Steinbruch *m*.

\+ [miqtɒˤ] Schneidegerät *n*.

مقطف [maqtɒf] Korb *m*.

مقطوع [maq'tu:ˤ] abgeschnitten; entschieden; سعر ~ Pauschalpreis *m*; ة~ (*Musik*-)Stück *n*; ية~ Verbrauch *m*, Konsum *m*.

مقعد [maqˤad], *pl.* مقاعد [ma'qa:ˤid] Sitz *m*, Stuhl *m*, Bank *f*.

\+ [muqˤad] lahm; invalid.

مقعر [mu'qaˤˤar] vertieft, konkav, hohl.

مقفر [muqfir] leer, öde, entvölkert, wüst.

مقل [mu'qill] arm, dürftig.

مقلاد [miq'la:d], *pl.* مقاليد [maqa:'li:d] Schlüssel *m*; *pl.* Zügel *m/pl. der Herrschaft*; Leitung *f*.

مقلاع [miq'la:ˤ], *pl.* مقاليع [maqa:'li:ˤ] Schleuder *f*, Katapult *n*.

مقلد [miqlad], *pl.* مقالد [maˈqa:lid] Schlüssel *m.*

+ [muˈqallad] nachgemacht, gefälscht.

+ [muˈqallid] Imitator *m*; Fälscher *m.*

مقلع [maqlaˁ] Steinbruch *m.*

مقلم [muˈqallam] 1. gestutzt, beschnitten; 2. gestreift (*Stoff*).

مقلمة [miqlama] Federkasten *m*, Federtasche *f.*

مقلة [muqla], *pl.* مقل [muqal] Augapfel *m.*

مقلوب [maqˈlu:b] umgekehrt, gewendet, verkehrt; reziprok.

مقلى [maqˈli:j] gebraten.

+ [miqlan] Bratpfanne *f.*

مقمر [maqmar] Spielhaus *n*, Spielkasino *n.*

+ [muˈqammar] geröstet; Toast *m.*

مقنطر [muˈqantɒr] gewölbt.

مقنع [muˈqannaˁ] maskiert, verschleiert.

+ [muqniˁ] befriedigend (*Antwort*), überzeugend.

مقنن [muˈqannan] festgelegt; Norm *f.*

+ [muˈqannin] Gesetzgeber *m.*

مقهور [maqˈhu:r] bezwungen; bedrückt, niedergeschlagen.

مقهى [maqhan], *pl.* مقاه [maˈqa:hin] Kaffeehaus *n.*

مقو [muˈqawwin], *constr.* مقوى [muˈqawwi:] stärkend, kräftigend; *Radio*: Verstärker *m*; *pl.* مقويات [muqawwiˈja:t] Stärkungsmittel *n/pl.*

مقود [miqwad], *pl.* مقاود [maˈqa:wid] Leitstrick *m*, Halfter *m, n.*

مقور [muˈqawwar] ausgehöhlt; ausgeschnitten (*Kleid*).

مقوس [muˈqawwas] gebogen, krumm.

مقول [maˈqu:l], *pl.* [-a:t] Gesagte(s) *n*, Wort *n*; *pl.* Kategorien *f/pl.*

+ [miqwal] Grammophon *n.*

مقوم [muˈqawwam] geschätzt; wertvoll.

+ [muˈqawwim] 1. Geometer *m*, Geograph *m*; Schätzmeister *m*; *El.* Gleichrichter *m*; 2. *pl.* [-a:t] Faktor *m*, Bildungselement *n*; Mittel *n.*

مقوى [muˈqawwan] gestärkt, versteift; ~ ورق Karton *m.*

مقياس [miqˈja:s], *pl.* مقاييس [maqa:ˈji:s] Maß *n*; Quantität *f*; Maßstab *m*; Meßgerät *n*; Skala *f*; Maßeinheit *f*; ~ الحرارة Thermometer *n.*

مقيد [muˈqajjad] gefesselt; beschränkt; gebucht, eingetragen.

مقيم [muˈqi:m] wohnhaft, seßhaft; dauernd, beständig; Resident *m*.

مكابر [muˈka:bir] hochmütig, eigensinnig.

مكابرة [muˈka:bara] Hochmut *m*, Überheblichkeit *f*, Eigensinn *m*.

مكاتب [muˈka:tib] Korrespondent *m*.

مكاتبة [muˈka:taba] Korrespondenz *f*, Briefwechsel *m*.

مكار [maˈkka:r] listig, schlau, verschlagen.
+ [muˈk:arin], *constr.* مكارى [muˈka:ri:] Eseltreiber *m*; Vermieter *m*.

مكاسدة [muˈka:sada] *Hdl.* Dumping *n*, Unterbietung *f*.

مكافأة [muˈka:faʔa] Belohnung *f*, Entschädigung *f*, Entgelt *n*.

مكافح [muˈka:fiħ] Kämpfer *m*.

مكافحة [muˈka:faħa] Kampf *m*, Bekämpfung *f*.

مكافئ [muˈka:fiʔ] gleichartig, entsprechend.

مكالمة [muˈka:lama] Gespräch *n*, Unterredung *f*.

مكان [maˈka:n], *pl.* أمكنة [ʔamkina] *u.* أماكن [ʔaˈma:kin] Platz *m*, Ort *m*, Stelle *f*; Lage *f*; [maˈka:n(a)] *Präp.* anstatt; ة~, *pl.* [-a:t] Stellung *f*, Position *f*; Amt *n*; Rang *m*, Würde *f*; ى~ lokal, örtlich.

مكائن *s.* مكنة.

مكب [miˈkabb] Garnrolle *f*, Spule *f*.

مكبر [muˈkabbir] vergrößernd, verstärkend; ~ الصوت Lautsprecher *m*.

مكبس [mikbas], *pl.* مكابس [maˈka:bis] Presse *f*; Kolben *m*.

مكبوس [makˈbu:s] gepreßt; konserviert, eingemacht.

مكتب [maktab], *pl.* مكاتب [maˈka:tib] Schreibtisch *m*; Büro *n*, Kontor *n*; Amt *n*; Elementarschule *f*; ة~, *pl.* [-a:t] Bibliothek *f*; Buchhandlung *f*.

مكتشف [mukˈtaʃif] Entdecker *m*.

مكتشفات [muktaʃaˈfa:t] *pl.* Entdeckungen *f/pl.*

مكتظ [mukˈtaẓẓ] überfüllt (mit ب).

مكتف [mukˈtafin], *constr.* مكتفى [mukˈtafi:] genügsam, zufrieden.

مكتنز [mukˈtaniz] fest, kompakt; zusammengepreßt.

مكتنف [mukˈtanaf] eingeschlossen (von ب).

مكتوب [makˈtu:b] geschrieben; bestimmt (*Schicksal*); *pl.*

مكاتيب [maka:ˈti:b] Brief *m*, Schreiben *n*.

مكتوم [makˈtu:m] verborgen, geheim.

مكث [makaθ (jamkuθ)] bleiben, verweilen.

\+ [makθ] Verweilen *n*, Aufenthalt *m*.

مكثر [mukθir] reich, wohlhabend.

مكثف [muˈkaθθif] Kondensator *m*.

مكذوب [makˈðu:b] falsch, erlogen.

مكر [makar (jamkur)] täuschen, betrügen; III [ma:kar] zu täuschen suchen.

\+ [makr] List *f*, Schlauheit *f*.

\+ [maˈkarr] Rolle *f*, Spule *f*.

\+ [mukrin], *constr.* مكرى [mukri:] Vermieter *m*.

مكرر [muˈkarrar] 1. wiederholt, mehrmalig; 2. raffiniert, gereinigt.

مكرس : ماء ~ [ma:ʔ muˈkarras] Weihwasser *n*.

مكرم [makram] *u.* ~ة, *pl.* مكارم [maˈka:rim] edle Eigenschaft *f*.

\+ [muˈkarram] geehrt, verehrt.

مكرهة [makraha] Abscheu *m*, *f*, Haß *m*; *pl.* مكاره [maˈka:rih] Widerwärtigkeiten *f/pl*.

مكروب [makˈru:b] traurig, betrübt.

\+ [mikˈru:b], *pl.* [-a:t] Mikrobe *f*.

مكروه [makˈru:h] verhaßt, widerwärtig; Unglück *n*, Unfall *m*.

مكس [maks], *pl.* مكوس [muˈku:s] (*Verbrauchs-*)Steuer *f*, Abgabe *f*.

مكسب [maksab], *pl.* مكاسب [maˈka:sib] Gewinn *m*, Profit *m*.

\+ [muksib] gewinnbringend, lukrativ.

مكسح [muˈkassaħ] Krüppel *m*.

مكسحة [miksaħa] Besen *m*.

مكسر [muˈkassar] zerbrochen, zerschlagen; gebrochen (*Sprache*).

مكسم [muˈkassam] wohlgeformt.

مكسوف [makˈsu:f] verfinstert; beschämt.

مكشوف [makˈʃu:f] offen, unbedeckt; ungedeckt.

مكعب [muˈkaʕʕab] kubisch, Kubik-; Würfel *m*, Kubus *m*.

مكفوف [makˈfu:f] blind.

مكفول [makˈfu:l] gesichert, garantiert.

مكلف [muˈkallaf] beauftragt, verpflichtet; rechtsfähig; steuerpflichtig.

مكلل [muˈkallal] bekränzt, gekrönt.

مكمن [makman], *pl.* مكامن [ma-

ˈka:min] Versteck *n*; Hinterhalt *m*.

مكن [makun (jamkun)] fest, stark, mächtig sein; II [makkan] stärken, befestigen; ermöglichen (*j-m* ه *etw.* من); befähigen, in den Stand setzen (*j-n* ه zu من); IV [ʔamkan] in den Stand setzen; möglich sein; يمكن أن [jumkinu ʔan] es ist möglich, daß; V [taˈmakkan] vermögen (*etw.* من), fähig, imstande sein (zu من); beherrschen (*etw.* من); befestigt, konsolidiert sein; X [isˈtamkan] sich befestigen, sich verankern; beherrschen, meistern (*etw.* من).

مكنسة [miknasa], *pl.* مكانس [maˈka:nis] Besen *m*; ~ كهربائية Staubsauger *m*.

مكنة [makina], *pl.* [-a:t] *u.* مكائن [maˈka:ʔin] Maschine *f*.

+ [mukna] Möglichkeit *f*; Fähigkeit *f*, Macht *f*.

مكنون [makˈnu:n] verborgen.

مكنى [muˈkannan] zubenannt.

+ [makani:] mechanisch, maschinell.

مكة [makka] Mekka (*Stadt*).

مكهرب [muˈkahrab] elektrisiert, elektrisch geladen; ionisiert.

مكواة [mikˈwa:t] Bügeleisen *n*; Brenneisen *n*.

مكوث [muˈku:θ] Verweilen *n*, Aufenthalt *m*.

مكوجى [makˈwagi:] *Äg.* Bügler *m*.

مكور [muˈkawwar] kugelförmig, rund.

مكوك [maˈkku:k], *pl.* مكاكيك [maka:ˈki:k] Weberschiffchen *n*.

مكون [muˈkawwin] Schöpfer *m*; ~ات [-a:t] *pl.* Bestandteile *m/pl*; Komponenten *f/pl*.

مكوى [makwan], *pl.* مكاو [maˈka:win] 1. Bügeleisen *n*; 2. Büglerei *f*.

مكى [makki:] mekkanisch; Mekkaner *m*.

مكيال [mikˈja:l], *pl.* مكاييل [maka:ˈji:l] Maß *n*; Hohlmaß *n für Getreide*.

مكيدة [maˈki:da], *pl.* مكايد [maˈka:jid] List *f*; Intrige *f*, Komplott *n*.

مكيف [muˈkajjaf] konditioniert (*Luft*); bedingt (*Reflex*).

مكيفات [muˈkajjiˈfa:t] *pl.* Narkotika *n/pl*; Rauschgifte *n/pl*.

مكين [maˈki:n], *pl.* مكناء [mukaˈna:ʔ] fest, solid; angesehen.

مل [malla (jaˈmallu)] müde, gelangweilt, verdrossen sein; IV [ʔaˈmalla] langweilen, verdrießen; V [taˈmallal] sich langweilen, verdrossen sein.

\+ [mall] verdrossen, gelangweilt.

مِلْء [malʔ] Füllen *n*, Füllung *f*.

\+ [milʔ], *pl.* أملاء [ʔamˈla:ʔ] Fülle *f*, (*voll machende*) Menge *f*; ~ الكف *e-e* Handvoll *f*.

ملا [malan], *pl.* ملاء [maˈla:ʔ] Steppe *f*.

\+ [mulla:] *Isl.* (*schiitischer*) Geistliche(r) *m*.

ملأ [malaʔa (jamlaʔu)] füllen, an-, aus-, erfüllen; vollmachen; *Uhr* aufziehen; III [ma:laʔa] helfen, beistehen (*j-m* ه); IV [ʔamlaʔa] füllen; V [taˈmallaʔa] *u.* VIII [imˈtalaʔa] sich füllen; voll, erfüllt sein (von من *u.* ه).

\+ [malaʔ], *pl.* أملاء [ʔamˈla:ʔ] Versammlung *f*, Schar *f*; Publikum *n*.

ملاءمة [muˈla:ʔama] Angemessenheit *f*, Eignung *f*; Harmonie *f*; Aussöhnung *f*.

ملاءة [muˈla:ʔa] = ملاية.

ملابس *s.* ملبس; ملابسة [muˈla:basa] Umgang *m*, Verkehr *m mit j-m*.

ملاح [maˈlla:ħ] Matrose *m*, Seemann *m*.

ملاحظ [muˈla:ħiẓ] Aufseher *m*, Kontrolleur *m*; Revident *m* (*Beamtenrang*).

ملاحظة [muˈla:ħaẓɒ] Bemerkung *f*, Anmerkung *f*; Beobachtung *f*, Wahrnehmung *f*; Beachtung *f*; Überwachung *f*.

ملاحقة [muˈla:ħaqa] Verfolgung *f*.

ملاحة [maˈla:ħa] Schönheit *f*, Eleganz *f*, Anmut *f*.

\+ [maˈlla:ħa] Saline *f*; Salzfaß *n*.

\+ [miˈla:ħa] Seefahrt *f*, Schiffahrt *f*.

ملاحى [miˈla:ħi:] nautisch; Schiffahrts-.

ملاذ [maˈla:ð] Zuflucht *f*, Asyl *n*; *s.a.* ملاذة.

ملازم [muˈla:zim] festhaltend, anhaftend; Anhänger *m*; *Mil.* Leutnant *m*; ~ أول Oberleutnant *m*.

ملازمة [muˈla:zama] Verweilen *n*; Verbundenheit *f*, Zugehörigkeit *f*; Verfolgung *f e-s Zieles*; Beharrlichkeit *f*.

ملاسة [maˈla:sa] Glätte *f*.

ملاشاة [mula:ˈʃa:t] Vernichtung *f*, Zerstörung *f*.

ملاصق [muˈla:ṣiq] angrenzend, anstoßend.

ملاصقة [muˈla:ṣɒqa] Verbundenheit *f*, Nachbarschaft *f*; Kohäsion *f*.

ملاط [miˈla:ṭ] Mörtel *m*, Verputz *m*.

ملاطفة [mu'la:ŧɒfa] Liebenswürdigkeit *f*, Freundlichkeit *f*.

ملافاة [mula:'fa:t] Ausbesserung *f*, Behebung *f e-s Schadens*.

ملاق [ma'lla:q] Schmeichler *m*.

ملاقاة [mula:'qa:t] Begegnung *f*; Empfang *m*, Aufnahme *f*.

ملاك [ma'lla:k] Eigentümer *m*, Grundbesitzer *m*; *s.a.* مالك.

\+ [mi'la:k] Hauptsache *f*; Grundbestand *m*; Kader *m*.

ملأك [mal'ʔak] *u.* ملك [malak], *pl.* ملائكة [ma'la:ʔika] Engel *m*; Bote *m*.

ملاكم [mu'la:kim] Boxer *m*.

ملاكمة [mu'la:kama] Boxen *n*, Faustkampf *m*.

ملاكى [ma'lla:ki:] privat (*Auto*).

ملال [ma'la:l] Langeweile *f*, Verdruß *m*; Überdruß *m*.

ملام [mu'la:m] tadelnswert (*s.* لوم).

ملامح [ma'la:miħ] *pl.* Gesichtszüge *m/pl.*

ملامسة [mu'la:masa] Berührung *f*, Fühlung *f*.

ملآن [mal'ʔa:n], *f* ملأى [malʔa:], *pl.* ملاء [mi'la:ʔ] voll.

ملاوص [mu'la:wis] *u.* ملاوع [mu'la:wiʕ] listig, schlau.

ملائم [mu'la:ʔim] passend, geeignet (für ل); günstig, angenehm.

ملاينة [mu'la:jana] Freundlichkeit *f*.

ملاية [mi'la:ja] *Äg.* (*schwarzes*) Umschlagtuch *n der Frauen*; Bettuch *n*.

ملايين *s.* مليون.

ملبد [mu'labbad] verfilzt; stark bedeckt (*Himmel*).

ملبس [malbas], *pl.* ملابس [ma'la:bis] Kleidungsstück *n*, Gewand *n*, Anzug *m*; *pl.* Kleider *n/pl*; ملابس رسمية Uniform *f*.

\+ [mu'labbas] verwickelt; eingelegt; (*mit Zucker*) überzogen.

ملبن [malban] 1. Türstock *m*; 2. Rahatlukum (*orientalische Süßigkeit*).

ملبوس [mal'bu:s] 1. Kleidung *f*; getragen (*Kleid*); 2. besessen.

ملتاح [mul'ta:ħ] gebräunt (*von der Sonne*).

ملتح [mul'taħin], *constr.* ملتحى [mul'taħi:] bärtig, mit Bart.

ملتحمة [mul'taħama] Bindehaut *f des Auges*, Konjunktiva *f*.

ملتزم [mul'tazam], *pl.* [-a:t] Erfordernis *n*.

\+ [mul'tazim] Konzessionär *m*, Unternehmer *m*.

ملتصق [mul'tasiq] anhaftend, verbunden; anliegend.

ملتف [mul'taff] zusammengerollt, gewickelt; verschlungen.

ملتفت [mul'tafit] aufmerksam, rücksichtsvoll (zu الى).

ملتقى [mul'taqan], *pl.* ملتقيات [multaqa'ja:t] Treffpunkt *m*, Schnittpunkt *m*, Kreuzung *f*; Zusammenfluß *m*.

ملتمس [mul'tamas] Bitte *f*, Gesuch *n*.

ملتهب [mul'tahib] brennend, lodernd; entzündet (*a. Med.*).

ملتوى [mul'tawan] Windung *f*, Kurve *f*.

ملثم [mu'laθθam] verschleiert.

ملجأ [maldʒaʔ], *pl.* ملاجىء [ma'la:dʒiʔ] Zufluchtsort *m*; Obdach *n*; Asyl *n*, Heim *n*.

ملح [maluħ (jamluħ)] 1. salzig sein; 2. schön, hübsch sein; II [mallaħ] salzen; einsalzen, einpökeln.

+ [milħ] 1. *pl.* أملاح [ʔam'la:ħ] Salz *n*; Witz *m*, Pikanterie *f*; 2. salzig.

+ [mu'liħħ] beharrlich, zudringlich; dringlich.

ملحد [mulħid] Ketzer *m*; Atheist *m*.

ملحف [milħaf] *u.* ~ة, *pl.* ملاحف [ma'la:ħif] Decke *f*, Überwurf *m*.

ملحق [mulħaq] angefügt, beigegeben (*e-r Sache* ب); *pl.* ملاحق [ma'la:ħiq] Anhang *m*, Zusatz *m*, Beilage *f*; Annex *m*; *pl.* [-u:n] Attaché *m*; *pl.* [-a:t] abhängige Gebiete *n/pl.*

ملحمة [malħama], *pl.* ملاحم [ma'la:ħim] Schlacht *f*, Gemetzel *n*.

ملحن [mu'laħħin] Komponist *m*.

ملحة [milħa] Verpflichtung *f*.

+ [mulħa], *pl.* ملح [mulaħ] Anekdote *f*.

ملحوظ [mal'ħu:z] merkbar, beachtlich; ~ة Bemerkung *f*.

ملحى [milħi:] salzig, Salz-.

ملخص [mu'laxxɒs] abgekürzt; Auszug *m*, Exzerpt *n*.

ملذة [ma'laðða], *pl.* ملاذ [ma'la:ðð] *u.* [-a:t] Annehmlichkeit *f*, Genuß *m*, Freude *f*.

ملزم [mulzim] zwingend.

ملزمة [milzama], *pl.* ملازم [ma'la:zim] 1. Schraubstock *m*; 2. Bogen *m e-s Buches*.

ملزوم [mal'zu:m] verpflichtet (zu ب); ~ية Verpflichtung *f*.

ملس [malis (jamlas)] glatt, eben sein; II [mallas] glätten, ebnen; streichen (über *A* على); V [ta'mallas] *u.* VII [in'malas] entschlüpfen; glatt werden.

+ [malis] glatt.

ملص [malis (jamlɒs)] gleiten, entgleiten; V [ta'mallɒs] sich losmachen; entgehen (*e-r Arbeit* من).

+ [malis] glatt, schlüpfrig.

ملط [malɒt (jamlut)] *u.* II [mallɒt] *Mauer* bewerfen, verputzen.

ملطف [mu'lɒttif] lindernd, besänftigend; *pl.* [-a:t] Beruhigungsmittel *n.*

ملعب [malʕab], *pl.* ملاعب [ma'la:ʕib] Spielplatz *m*, Sportplatz *m*, Stadion *n*; Szene *f*; *pl.* (*sportliche*) Wettkämpfe *m/pl.*

ملعقة [milʕaqa], *pl.* ملاعق [ma'la:ʕiq] Löffel *m.*

ملعون [mal'ʕu:n] verdammt, verflucht.

ملغى [mulɣan] ungültig, abgeschafft, aufgehoben.

ملف [mi'laff], *pl.* [-a:t] Rolle *f*, Spule *f*; Bündel *n*, Paket *n*; Mappe *f*, Aktenstück *n*; Personalakte *f.*

ملفق [mu'laffaq] erfunden, fingiert.

ملق [maliq (jamlaq)] *u.* II [mallaq] *u.* III [ma:laq] schmeicheln; IV [ʔamlaq] verarmen.

ملقب [mu'laqqab] betitelt, zubenannt.

ملقح [mu'laqqaħ] geimpft; befruchtet.

ملقط [milqɒt], *pl.* ملاقط [ma'la:qit] Zange *f*; Pinzette *f.*

ملقن [mu'laqqin] Inspirator *m*; Einsager *m*, Souffleur *m.*

ملقى [malqan], *pl.* ملاقى [ma'la:qin] Treffpunkt *m*, Schnittpunkt *m.*

+ [mulqan] hingeworfen, weggeworfen.

ملك [malak (jamlik)] besitzen; beherrschen; in Besitz nehmen, erwerben; vermögen (*etw.* ه), imstande sein (zu ه); II [mallak] *u.* IV [ʔamlak] zum Besitzer machen; übereignen (*j-m* ه *etw.* ه); zum König machen; V [ta'mallak] in Besitz nehmen; sich bemächtigen (*e-r Sache* ه); VI [ta'ma:lak] sich beherrschen; sich enthalten (*e-r Sache* عن); VIII [im'talak] besitzen; erwerben; X [is'tamlak] sich aneignen, in Besitz nehmen.

+ [malik], *pl.* ملوك [mu'lu:k] König *m*; Monarch *m*; *s.a.* ملأك.

+ [milk], *pl.* أملاك [ʔam'la:k] Besitz *m*, Eigentum *n*, Vermögen *n*, Hab und Gut *n*; Grundstück *n.*

+ [mulk] Herrschaft *f*, Macht *f*; Königtum *n*; Eigentumsrecht *m.*

ملكمة [milkama] Boxhandschuh *m*.

ملكة [malaka] Naturanlage *f*, Gabe *f*, Begabung *f*, Talent *n*.
+ [malika], *pl*. [a:t] Königin *f*.

ملكوت [mala'ku:t] Königtum *n*; Reich *n* Gottes, Himmelreich *n*.

ملكى [malaki:] königlich, monarchistisch.
+ [mulki:] zivil, bürgerlich; Eigentums-.

ملكية [mala'ki:ja] Monarchie *f*.
+ [mil'ki:ja] Eigentum(srecht) *n*.

ملل [malal] Langeweile *f*, Verdruß *m*; *s.a.* ملة.

ملم [mu'limm] vertraut (mit ب); Kenner *m* (*e-r Sache* ب).

ملمس [malmas], *pl*. ملامس [ma'la:mis] 1. Berührung *f*, Kontakt *m*; 2. Fühler *m*; ~ى Tast-.

ملمع [mu'lammaʕ] poliert; bemalt.

ململ [malmal (ju'malmil)] eilen; beunruhigen.

ملمة [mu'limma] Unglück *n*, Schicksalsschlag *m*.

ملموس [mal'mu:s] fühlbar, greifbar.

ملموم [mal'mu:m] versammelt; leicht geistesgestört.

مله [mulhin], *constr*. ملهى [mulhi:] unterhaltend.

ملة [milla], *pl*. ملل [milal] Religion *f*, Gemeinde *f*; Volk *n*, Nation *f*.

ملهاة [mal'ha:t] Komödie *f*.

ملهم [mulham] inspiriert.

ملهوف [mal'hu:f] 1. besorgt, betrübt; 2. begierig, ungeduldig.

ملهى [malhan], *pl*. ملاه [ma'la:hin] Belustigung *f*; Vergnügungsstätte *f*.
+ [milhan] Spielzeug *n*.

(ملو) ملا [mala: (jamlu:)] laufen; IV أملى [ʔamla:] diktieren (*j-m* على); V [ta'malla:] genießen; X [is'tamla:] sich diktieren lassen.

ملوث [mu'lawwaθ] befleckt, unrein.

ملوحة [mu'lawwiħa] Signal *n*.
+ [mu'lu:ħa] Salzigkeit *f*.

ملوخية [mulu:'xi:ja] Muskraut *n* (*Gemüseart*).

ملوكية [mulu:'ki:ja] Königtum *n*, Monarchie *f*.

ملوم [ma'lu:m] getadelt; tadelnswert.

ملون [mu'lawwan] gefärbt; bunt.

ملوى [mal'wi:j] gewunden, verdreht; verbogen, gekrümmt.
+ [milwan], *pl*. ملاوى [ma'la:wi:] Schraubenschlüssel *m*; Wirbel *m e-r Geige*.

ملى [milli:] national; Religions-.

ملئ [maliʔa (jamlaʔu)] voll sein; gefüllt werden.

مليء [ma'li:ʔ] voll, gefüllt; beleibt; reich (an *D* ب).

مليا [ma'li:jan] lange Zeit *f*.

مليار [mil'ja:r] Milliarde *f*.

مليح [ma'li:ħ] schön, hübsch, nett, gefällig; salzig.

مليك [ma'li:k], *pl.* ملكاء [mula'ka:ʔ] König *m*; Besitzer *m*.

مليم [ma'lli:m] Millième (*ägyptische Münze*: *1/1000 Pfund*).

ملين [mu'lajjin] erweichend, besänftigend; *Med.* laxierend.

مليون [mal'ju:n] Million *f*.

مم *Abk. für* مليمتر [milli:mitr] Millimeter *m*.

+ [mimma] (= مما = من ما) von dem, was; wovon.

مماثل [mu'ma:θil] ähnlich; gleich, analog.

مماثلة [mu'ma:θala] Ähnlichkeit *f*, Entsprechung *f*, Analogie *f*.

ممارسة [mu'ma:rasa] Ausübung *f* *e-s Berufes*; Anwendung *f*, Praxis *f*.

مماس [mu'ma:ss] *Math.* Tangente *f*; ة~ Berührung *f*, Kontakt *m*.

ممالأة [muma:'laʔa] Parteilichkeit *f*; Voreingenommenheit *f*.

ممالئ [mu'ma:liʔ] parteiisch, voreingenommen.

ممتاز [mum'ta:z] ausgezeichnet, hervorragend, vortrefflich; besonders, privilegiert; Sonder-.

ممتثل [mum'taθil] gehorsam, unterwürfig.

ممتحن [mum'taħan] geprüft; Prüfling *m*.

+ [mum'taħin] Prüfer *m*, Examinator *m*.

ممتد [mum'tadd] ausgestreckt, ausgedehnt; sich erstreckend.

ممتص [mum'tɒss] saugfähig, absorbierend.

ممتع [mu'mattiʕ *u.* mumtiʕ] genußreich, köstlich, angenehm.

ممتلك [mum'talak], *pl.* [-a:t] Besitz *m*, Eigentum *n*; Besitzung *f*.

ممتلئ [mum'taliʔ] gefüllt, voll.

ممتنع [mum'taniʕ] ablehnend; unzugänglich (für *j-n* على); schwer nachzuahmen.

ممثل [mu'maθθil] Vertreter *m*, Repräsentant *m*; Darsteller *m*, Schauspieler *m*; ة~ Schauspielerin *f*; ية~ Vertretung *f*.

ممحاة [mim'ħa:t] Radiergummi *m*.

ممدد [mu'maddad] *u.* ممدود [mam-

ˈdu:d] gespannt; ausgestreckt; verlängert.

ممر [maˈmarr] Verlauf *m*, Ablauf *f der Zeit*; *pl.* [-a:t] Gang *m*, Korridor *m*; Durchgang *m*; Paß *m im Gebirge*.

ممرض [muˈmarriđ] Krankenpfleger *m*, Sanitäter *m*; ~ة Pflegerin *f*.

ممرن [muˈmarran] ausgebildet, geübt, trainiert; erfahren.

+ [muˈmarrin] *Sport*: Trainer *m*; *Mil.* Ausbilder *m*.

ممسحة [mimsaħa], *pl.* مماسح [maˈma:siħ] Wischlappen *m*; Fußmatte *f*.

ممسك [mumsik] zurückhaltend, festhaltend; sparsam; *Med.* stopfend.

ممسوس [mamˈsu:s] berührt; fühlbar; geistesgestört.

ممشى [mamʃan], *pl.* مماش [maˈma:ʃin] Durchgang *m*, Korridor *m*; Fußweg *m*, Promenade *f*; Laufsteg *m*.

ممض [mumđin], *constr.* ممضى [mumđi:] Unterzeichner *m*, Signatar *m*.

ممضى [mumđɒn] unterschrieben, unterfertigt.

ممطر [mimtɒr] Regenmantel *m*.

+ [mumtir] regnerisch.

ممعود [mamˈʕu:d] magenleidend.

ممكن [mumkin] möglich, denkbar; غير ~ unmöglich; من الممكن أن es ist möglich, daß; [-a:t] *pl.* Möglichkeiten *f/pl.*

ممل [muˈmill] langweilig, ermüdend.

مملح [muˈmallaħ] gesalzen; eingesalzen, gepökelt.

مملحة [mimlaħa] Salzfaß *n*.

مملكة [mamlaka], *pl.* ممالك [maˈma:lik] Königreich *n*; Reich *n*, Staat *m*.

مملوء [mamˈlu:ʔ] gefüllt; geladen.

مملوك [mamˈlu:k], *pl.* مماليك [mama:ˈli:k] (*weißer*) Sklave *m*; Mameluk *m*.

ممن [mimman] (= من من) von wem.

ممنوع [mamˈnu:ʕ] verboten, untersagt.

ممنون [mamˈnu:n] dankbar, verbunden, verpflichtet; schwach; ~ية [mamnu:ˈni:ja] Dankbarkeit *f*; بكل ممنونية sehr gerne.

ممهد [muˈmahhad] geebnet, gebahnt (*Weg*); vorbereitet.

مموج [muˈmawwadʒ] wellig, gewellt.

مميت [muˈmi:t] tödlich, todbringend.

مميز [muˈmajjaz] unterschieden; bevorzugt, privilegiert.

+ [muˈmajjiz] unterscheidend, charakteristisch; Oberrevident *m* (*Beamtenrang*); ة~ Unterscheidungsmerkmal *n*, Wesenszug *m*.

من [man] 1. wer?; 2. wer; derjenige, welcher; einer, der; jeder, der.

\+ [min] *Präp.* von, aus; gehörend zu; seit; vor (*nach ‚sich fürchten'*); durch (*die Tür kommen*); als (*nach Komparativ*).

من [manna (ja'munnu)] gnädig, wohlwollend sein; Gnade, Gunst erweisen; gewähren, schenken; IV [ʔa'manna] schwächen; VIII [im'tanna] gewähren, schenken; dankbar, verbunden sein.

\+ [mann] Gunst *f*, Wohltat *f*, Geschenk *n*.

مناب [ma'na:b] Stellvertretung *f*, Ersatz *m*; Anteil *m*.

مناجاة [muna:'dʒa:t] (*geheime*) Unterredung *f*, Zwiesprache *f*.

مناجزة [mu'na:dʒaza] Kampf *m*, Streit *m*.

مناح *s.* منحى.

مناخ [ma'na:x] Klima *n*.

\+ [mu'na:x] Aufenthaltsort *m*.

مناخى [ma'na:xi:] klimatisch.

مناد [mu'na:din], *constr.* منادى [mu'na:di:] Rufer *m*, Ausrufer *m*, Herold *m*.

مناداة [muna:'da:t] Rufen *n*; Ausrufung *f*, Proklamation *f*; Aufruf *m*.

منادم [mu'na:dim] Zechgenosse *m*, Vertraute(r) *m*.

منادمة [mu'na:dama] Zechgenossenschaft *f*, Vertrautheit *f*.

منار [ma'na:r] Leuchtturm *m*; ة~, *pl.* منائر [ma'na:ʔir] Leuchtturm *m*, Minarett *n*.

منازع [mu'na:zaʕ]: عليه ~ strittig; ة~ Streit *m*, Disput *m*, Kampf *m*.

مناسب [mu'na:sib] angemessen, passend, geeignet; entsprechend; *Math.* proportional.

مناسبة [mu'na:saba] Entsprechung *f*, Beziehung *f*, Verhältnis *n*; Zusammenhang *m*, Anlaß *m*, Gelegenheit *f*; ~ب anläßlich.

مناشدة [mu'na:ʃada] Beschwörung *f*, dringende Bitte *f*, Flehen *n*.

مناص [ma'nɒ:s] Ausweg *m*, Entrinnen *n*; منه ~ لا es ist unvermeidlich; *s.a.* منصة.

مناصرة [mu'nɒ:sɒra] Hilfe *f*, Unterstützung *f*, Beistand *m*.

مناضل [mu'nɒ:đil] Kämpfer *m*.

مناظر [mu'nɒ:zir] ähnlich; Konkurrent *m*, Rivale *m*.

مناظرة [mu'nɒ:zɒra] Kontroverse *f*, Disput *m*.

مناعة [maˈnaːʕa] Unzugänglichkeit *f*; Widerstandsfähigkeit *f*; Immunität *f*.

مناف [muˈnaːfin], *constr.* منافى [muˈnaːfiː] unvereinbar.

منافاة [munaːˈfaːt] Widerspruch *m*, Unvereinbarkeit *f*.

منافس [muˈnaːfis] Wettbewerber *m*, Konkurrent *m*.

منافسة [muˈnaːfasa] Wettbewerb *m*, Konkurrenz *f*, Rivalität *f*.

منافق [muˈnaːfiq] Heuchler *m*.

منافقة [muˈnaːfaqa] Heuchelei *f*.

مناقب [maˈnaːqib] *pl.* Tugenden *f/pl*; Ruhmestaten *f/pl*.

مناقشة [muˈnaːqaʃa] Diskussion *f*, Erörterung *f*.

مناقصة [muˈnaːqɒsɒ] (*öffentliche*) Ausschreibung *f*.

مناقض [muˈnaːqiđ] widersprechend, unvereinbar.

مناقضة [muˈnaːqɒđɒ] Gegensatz *m*, Widerspruch *m*.

منال [maˈnaːl] Erreichung *f*, Erlangung *f* (*s.* نيل).

منام [maˈnaːm] Schlaf *m*; Schlafstelle *f*, Schlafsaal *m* (*s.* نوم).

منان [maˈnnaːn] gütig; Wohltäter *m*.

مناهضة [muˈnaːhɒđɒ] Widerstand *m*, Opposition *f*.

مناو [muˈnaːwin], *constr.* مناوى [muˈnaːwiː] feindlich gesinnt.

مناوأة [muˈnaːwaʔa] Streit *m*; Widerstand *m*, Gegenbewegung *f*.

مناوبة [muˈnaːwaba] Abwechslung *f*, Ablösung *f*.

مناورة [muˈnaːwara] Manöver *n*; Kniff *m*, Trick *m*.

مناوشة [muˈnaːwaʃa] Geplänkel *n*, Scharmützel *n*.

مناولة [muˈnaːwala] Darbietung *f*; Kommunion *f*.

منايا *s.* منية.

منبار [mimˈbaːr] Darm *m*; ~ محشى [maħˈʃiːj] Wurst *f*.

منبت [mambat *u.* mambit], *pl.* منابت [maˈnaːbit] Pflanzung *f*; Ursprung *m*; (*Krankheits-*) Herd *m*.

منبر [mimbar], *pl.* منابر [maˈnaːbir] Kanzel *f*, Rednerpult *n*.

منبسط [mumˈbasiŧ] ausgebreitet; heiter, froh.

منبض [mambiđ] Pulsader *f*.

منبطح [mumˈbatiħ] ausgestreckt; Ebene *f*.

منبع [mambaʕ], *pl.* منابع [maˈnaːbiʕ] Quelle *f*, Ursprung *m*.

منبه [muˈnabbih] warnend; Wecker *m* (*Uhr*).

منبوذ [mamˈbuːð] weggeworfen, ausgestoßen, verstoßen.

منتبه [munˈtabih] aufmerksam, wachsam.

منتج [muntadʒ] erzeugt; *pl.* [-aːt]

Erzeugnisse *n/pl.*, Produkte *n/pl.*

+ [muntidʒ] fruchtbringend, produktiv; Erzeuger *m.*

منتحر [munˈtaħir] Selbstmörder *m.*

منتخب [munˈtaxab] gewählt; Gewählte(r) *m*; *Sport*: Auswahlmannschaft *f.*

منتدب [munˈtadab] abgeordnet, delegiert, beauftragt.

منتدح [munˈtadaħ] (*Handlungs-*) Freiheit *f*; Raum *m*, Ausweg *m.*

منتزه [munˈtazah] Promenade *f*, Park *m.*

منتسب [munˈtasib] zugehörig (zu الى); Angehörige(r) *m.*

منتشر [munˈtaʃir] verbreitet, allgemein bekannt.

منتصب [munˈtɒsib] aufgerichtet, aufrecht, gerade.

منتصر [munˈtɒsir] siegreich.

منتصف [munˈtɒsɒf] Mitte *f*, Hälfte *f*; الليل ~ Mitternacht *f.*

منتظر [munˈtɒzɒr] erwartet; غير ~ unerwartet; من المنتظر أن es ist zu erwarten, daß.

منتظم [munˈtɒzim] ordentlich, wohlgeordnet; gleichmäßig, regelmäßig; planmäßig.

منتفخ [munˈtafix] aufgeblasen; geschwollen.

منتفع [munˈtafiʕ] Nutznießer *m.*

منتقد [munˈtaqad] tadelnswert; Gegenstand *m* der Kritik.

+ [munˈtaqid] Kritiker *m.*

منتقل [munˈtaqil] beweglich; übertragbar (*a. Krankheit*).

منتقم [munˈtaqim] rachsüchtig; Rächer *m.*

منتقى [munˈtaqan] ausgewählt, auserlesen.

منتمٍ [munˈtamin], *constr.* منتمى [munˈtamiː] zugehörig (zu الى); Angehörige(r) *m e-r Partei.*

منتهٍ [munˈtahin], *constr.* منتهى [munˈtahiː] endend; beendet, abgelaufen.

منتهى [munˈtahan] Ende *n*; Äußerste(s) *n*, Extrem *n*; ~ في السهولة außerordentlich leicht.

منتوج [manˈtuːdʒ], *pl.* [-aːt] Erzeugnis *n*, Produkt *n.*

منثور [manˈθuːr] zerstreut, verstreut; Prosa *f.*

منجٍ [muˈnaddʒin], *constr.* منجى [muˈnaddʒiː] Retter *m*, Befreier *m.*

منجاة [manˈdʒaːt], *pl.* مناج [maˈnaːdʒin] Rettung *f*; sicherer Ort *m.*

منجر [mindʒar], *pl.* مناجر [maˈnaːdʒir] Hobel *m.*

منجل [mindʒal], *pl.* مناجل [maˈnaːdʒil] Sichel *f*; ~ة Schraubstock *m.*

منجم [mandʒam], *pl.* مناجم [ma'na:dʒim] Bergwerk *n*, Mine *f*; Ursprung *m*.

+ [mu'naddʒim] Astrologe *m*.

منجه [manga] *u.* منجو [mangu] Mango *f* (*Frucht*).

منجى [mandʒan] Sicherheit *f* (vor من).

منح [manaħ (jamnaħ)] gewähren, verleihen; erteilen (*Erlaubnis*).

+ [manħ] Gewährung *f*, Verleihung *f*.

منحت [minħat], *pl.* مناحت [ma'na:ħit] Meißel *m*.

منحدر [mun'ħadar], *pl.* [-a:t] Abhang *m*, Böschung *f*; Gefälle *n* *e-s Flusses*.

+ [mun'ħadir] herabgehend; absteigend, abschüssig.

منحرف [mun'ħarif] schief, abweichend; abwegig, pervers; Trapez *n*.

منحط [mun'ħɒtt] niedrig, tiefliegend; minderwertig.

منحل [mun'ħall] aufgelöst; schlaff; erlaubt.

منحن [mun'ħanin], *constr.* منحنى [mun'ħani:] gebogen, gekrümmt; geneigt, gebeugt.

منحة [minħa], *pl.* منح [minaħ] Vergünstigung *f*, Geschenk *n*; Stipendium *n*; Entschädigung *f*.

منحنى [mun'ħanan], *pl.* [munħana'ja:t] Biegung *f*, Kurve *f* (*a. Math.*).

منحوت [man'ħu:t] behauen; eingemeißelt.

منحوس [man'ħu:s] unglücklich, unglückselig.

منحى [manħan], *pl.* مناح [ma'na:ħin] Ziel *n*, Zweck *m*, Richtung *f*; Bereich *m der Tätigkeit*.

منخار [min'xa:r], *pl.* مناخير [mana:'xi:r] Nüster *f*, Nasenloch *n*; *pl. vulg.* Nase *f*.

منخر [manxar], *pl.* مناخر [ma'na:xir] = منخار.

منخس [minxas], *pl.* مناخس [ma'na:xis] Stachel *m*, Sporn *m*.

منخفض [mun'xafiđ] niedrig (*a. Preis*); gedämpft, leise (*Stimme*).

منخل [munxul], *pl.* مناخل [ma'na:xil] (*Mehl-*)Sieb *n*.

مندب [mandab], *pl.* منادب [ma'na:dib] Totenklage *f*; باب الـ~ *Geo.* Babelmandeb *m*.

مندوب [man'du:b], *pl.* [-u:n] Abgesandte(r) *m*, Delegierte(r) *m*, Beauftragte(r) *m*, Bevollmächtigte(r) *m*; ~ سام [sa:min] Hochkommissar *m*.

مندوحة [man'du:ħa] = متدح.

منديل [man'di:l], *pl.* مناديل [mana:'di:l] Tuch *n*, Taschentuch *n*.

منذ [munðu] *u.* مذ [muð] 1. *Präp.* seit, vor (*zeitlich*); 2. *Konj.* seitdem.

منذر [munðir] Warner *m*; *a. npr. m*; ة~ Warnzeichen *n*, Alarmsignal *n*.

منزع [manzaʕ], *pl.* منازع [ma'na:ziʕ] Ziel *n*, Absicht *f*; Methode *f*.

+ [minzaʕ] Pfeil *m*.

منزل [manzil], *pl.* منازل [ma'na:zil] Lagerplatz *m*, Station *f*; Quartier *n*, Wohnung *f*, Haus *n*; Mondstation *f*.

+ [munzal] herabgesandt, geoffenbart (*Koran*).

منزلة [manzila] Stellung *f*, Rang *m*, Grad *m*.

منزلى [manzili:] häuslich; Haus-, Haushalts-.

منزهة [manzaha], *pl.* منازه [ma'na:zih] Park *m*, Vergnügungsstätte *f*.

منزو [mun'zawin], *constr.* منزوى [mun'zawi:] zurückgezogen; entlegen.

منسج [mansadʒ], *pl.* مناسج [ma'na:sidʒ] Weberei *f*.

+ [minsadʒ], *pl.* [ma'na:sidʒ] Webstuhl *m*.

منسلخ [mun'salax] Monatsende *n*.

منسوب [man'su:b] 1. bezüglich (auf *A* الى), zugehörig (zu الى); zugeschrieben (*j-m* الى); 2. *pl.* مناسيب [mana:'si:b] Niveau *n*, Wasserspiegel *m*.

منسوج [man'su:dʒ] gewebt; Stoff *m*, Gewebe *n*; *pl.* [-a:t] Textilien *pl.*, Webwaren *f/pl.*

منسى [man'si:j] vergessen.

منشأ [manʃaʔ] Ursprung *m*; Geburtsort *m*; Anfang *m*.

منشار [min'ʃa:r], *pl.* مناشير [mana:'ʃi:r] Säge *f*.

منشأة [munʃaʔa], *pl.* منشآت [munʃa'ʔa:t] Gründung *f*, Schöpfung *f*; (*industrielle, militärische*) Anlage *f*; Einrichtung *f*, Institution *f*, Anstalt *f*.

منشفة [minʃafa], *pl.* مناشف [ma'na:ʃif] Handtuch *n*, Serviette *f*.

منشة [mi'naʃʃa] Fliegenwedel *m*.

منشود [man'ʃu:d] gesucht, erstrebt, ersehnt.

منشور [man'ʃu:r], *pl.* مناشير [mana:'ʃi:r] Rundschreiben *n*, Zirkular *n*, Prospekt *m*; Flugschrift *f*; Proklamation *f*; Verordnung *f*, Edikt *n*; *Math.* Prisma *n*.

منشئ [munʃiʔ] Schöpfer *m*; Gründer *m*; Verfasser *m*.

منصب [mansib], *pl.* مناصب [ma'nɒ:sib] Aufstellungsort *m*;

Stellung *f*, Posten *m*, Rang *m*; Amt *n*.

+ [minsɒb] Küchenherd *m*.

منصرف [mun'sɒraf] Fortgang *m*, Ausgang *m*, Ende *n*; Ausweg *m*.

+ [mun'sɒrif] ausgegeben (*Geld*); *Gr*. flektiert.

منصرم [mun'sɒrim] verflossen, vergangen (*Zeit*).

منصف [munsif] gerecht, billig.

منصة [mi'nɒssɒ], *pl*. مناص [ma'nɒ:ss] *u*. [-a:t] Podium *n*, Tribüne *f*.

منصوب [man'su:b] aufgestellt, errichtet; *Gr*. im Akkusativ.

منصور [man'su:r] siegreich; Sieger *m*; *a. npr. m*.

منصوص [man'su:s]: عليه ~ angeführt; wovon die Rede ist (*im Text*).

منضح [minđɒħ] Dusche *f*, Brause *f*; ة~ Gießkanne *f*.

منضدة [minđɒda], *pl*. مناضد [ma'nɒ:đid] Tisch *m*, Pult *n*; Gestell *n*.

منضم [mun'đɒmm] eingeschlossen, enthalten; zusätzlich.

منطاد [mun'tɒ:d], *pl*. مناطيد [manɒ:'ti:d] Ballon *m*, Luftschiff *n*.

منطق [mantiq] Logik *f*; Beredsamkeit *f*, Dialektik *f*.

منطقة [mintɒqa], *pl*. مناطق [ma'nɒ:tiq] Gürtel *m*; Zone *f*, Bereich *m*; Gebiet *n*.

منطقي [mantiqi:] logisch; Logiker *m*.

+ [mintɒqi:] zonal; Zonen-.

منطلق [mun'tɒliq] losgelassen, frei, dahineilend.

منطوق [man'tu:q] ausgesprochen; Wortlaut *m*; wörtliche Bedeutung *f*.

منظار [min'zɒ:r], *pl*. مناظير [mana:'zi:r] Fernglas *n*, Fernrohr *n*; *Med*. Spiegel *m*.

منظر [manzɒr], *pl*. مناظر [ma'nɒ:zir] Anblick *m*, Ansicht *f*, Aussehen *n*, Erscheinung *f*; Schauspiel *n*; Panorama *n*, Landschaft *f*; ة~ Aussichtsplatz *m*; Gästezimmer *n*.

منظم [mu'nɒzzɒm] ordentlich, geordnet, regelmäßig; regulär.

+ [mu'nɒzzim] Ordner *m*, Organisator *m*.

منظمة [mu'nɒzzɒma] Organisation *f* (*Körperschaft*).

منظور [man'zu:r] gesehen, sichtbar; *Administration*: in Bearbeitung (*Fall*).

منظوم [man'zu:m] geordnet; gebunden (*Rede*); ة~ (*Lehr-*) Gedicht *n*.

منع [manaʕ (jamnaʕ)] hindern (*j-n* ه an *D* عن *od*. من), abhalten; verweigern; verbieten, untersagen; *Weg* versperren; schützen (*j-n* ه vor عن); II [mannaʕ] unzugänglich machen, immunisieren; III [ma:naʕ] Widerstand leisten, entgegenarbeiten (*j-m* ه); verweigern; V [taˈmannaʕ] sich weigern; sich enthalten (*e-r Sache* عن); sich befestigen; VIII [imˈtanaʕ] ablehnen (*etw.* عن), sich enthalten (*e-r Sache* عن); unmöglich sein (für على).

+ [manʕ] Verhinderung *f*, Sperre *f*, Verbot *n*; *s.* تجول.

منعزل [munˈʕazil] isoliert, vereinzelt.

منعش [munʕiʃ] erfrischend, belebend.

منعطف [munˈʕatɒf] Biegung *f*, Wendung *f*, Kurve *f*; Gäßchen *n*.

منعقف [munˈʕaqif] eckige Klammer *f*.

منعكس [munˈʕakis] reflektiert; Reflex-, Spiegel-.

منعم [munʕim] Wohltäter *m*, Spender *m*; *a. Beiname Gottes.*

منعة [manʕa] Festigkeit *f*, Unüberwindlichkeit *f*; Widerstand *m*.

منفاخ [minˈfa:x] *u.* منفخ [minfax] Blasebalg *m*; Luftpumpe *f*.

منفذ [manfað], *pl.* منافذ [maˈna:fið] Öffnung *f*, Durchlaß *m*; Ausweg *m*, Ausgang *m*, Zugang *m*; *El.* Elektrode *f*.

+ [muˈnaffið] Vollzieher *m*, Vollstrecker *m*.

منفر [muˈnaffir] abschreckend, abstoßend.

منفرج [munˈfaridʒ] weit geöffnet; stumpf (*Winkel*); heiter, fröhlich.

منفرد [munˈfarid] einsam, allein, isoliert; *Musik*: Solo *n*.

منفس [manfas], *pl.* منافس [maˈna:fis] Atemöffnung *f*, Luftloch *n*; Lüftungsklappe *f*.

منفصل [munˈfɒsil] getrennt, separat.

منفض [minfɒđ] Sieb *n für Getreide*; ~ة Staubwedel *m*; Aschenbecher *m*.

منفعة [manfaʕa], *pl.* منافع [maˈna:fiʕ] Nutzen *m*, Vorteil *m*, Gewinn *m*; Ertrag *m*; nützliche Einrichtung *f*.

منفعل [munˈfaʕil] erregt, bewegt.

منفى [manfan], *pl.* منافٍ [maˈna:fin] Verbannung *f*, Exil *n*.

+ [manˈfi:j] verneint; abgelehnt; ausgewiesen, verbannt.

منقاد [minˈqa:d] *u.* منقار [minˈqa:r] Schnabel *m*.

منقاش [minˈqa:ʃ] Stichel *m des Graveurs*; Meißel *m*.

منقب [manqib], *pl.* مناقب [ma'na:qib] Bergpfad *m*, Paß *m*.
+ [minqab] Bohrer *m*; Grabgerät *n*; *s.a.* مناقب.
+ [mu'naqqib] Forscher *m*, Ausgräber *m*.

منقذ [munqið] Retter *m*.

منقش [minqaʃ] = منقاش.

منقضة [mun'qɒđđɒ]: ~ طائرة Sturzkampfflugzeug *n*.

منقط [mu'naqqɒŧ] punktiert, getupft, gefleckt.

منقطع [mun'qɒŧiʕ] abgeschnitten, getrennt, unterbrochen; *El.* ausgeschaltet (*Strom*); stockend.

منقل [manqal] Kohlenbecken *n*.

منقلب [mun'qalab] Ausgang *m* (*Ende*), Ort *m* der Umkehr; *Geo.* Wendekreis *m*.

منقلة [manqala] Tagesmarsch *m*, Etappe *f*.
+ [minqala] Winkelmesser *m*.

منقوش [man'qu:ʃ] graviert, eingemeißelt; verziert, bemalt.

منقوص [man'qu:s] mangelhaft.

منقوط [man'qu:ŧ] punktiert, getupft.

منقول [man'qu:l] befördert, übertragen; übersetzt (*Schriftstück*); abgeschrieben; beweglich, transportabel, tragbar.

منكب [mankib], *pl.* مناكب [ma'na:kib] Schulter *f*; Seite *f*.

منكر [mu'nakkar] *Gr.* unbestimmt, indeterminiert.
+ [munkar] verleugnet; nicht anerkannt; verwerflich, abscheulich.

منكس [mu'nakkas] umgekehrt; degeneriert.
+ [mu'nakkis]: الرأس ~ den Kopf senkend.

منكمش [mun'kamiʃ] zusammengeschrumpft, in sich versunken, verkrampft.

منكوب [man'ku:b] unglücklich, elend; *pl.* [-u:n] Opfer *n* *e-s Unglücks*.

منكود [man'ku:d] unglücklich.

منمر [mu'nammar] 1. numeriert; 2. getigert, gestreift.

منة [minna] Güte *f*, Wohlwollen *n*, Gnade *f*; Wohltat *f*.
+ [munna] Stärke *f*, Kraft *f*.

منه [minhu] von ihm; منها [minha:] von ihr.

منهاج [min'ha:dʒ], *pl.* مناهيج [mana:'hi:dʒ] *u.* منهج [manhadʒ], *pl.* مناهج [ma'na:hidʒ] Weg *m*, Methode *f*; Programm *n*; منهج التعليم Lehrplan *m*.

منهل [manhal] Tränke *f*, Wasserstelle *f*.

منهمك [mun'hamik] beschäftigt

(mit في), vertieft, versunken (in *A* في).

منهى [manˈhiːj] verboten.

منا (منو) [manaː (jamnuː)] = منى.

منوال [minˈwaːl] 1. Art und Weise *f*; Methode *f*; Form *f*; 2. Webstuhl *m*.

منوب [muˈnawwib] Wähler *m*; *Jur.* Mandant *m*.

منور [manwar] Lichtöffnung *f*.

+ [muˈnawwar] beleuchtet; erleuchtet.

منوط [maˈnuːṭ] gebunden (durch ب), abhängig (von ب).

+ [muˈnawwɒṭ] betraut, beauftragt (mit ب).

منوع [muˈnawwaʕ] verschiedenartig, mannigfaltig.

منول [minwal] Webstuhl *m*.

منوم [muˈnawwim] einschläfernd, narkotisch; Hypnotiseur *m*.

منون [maˈnuːn] Schicksal *n*, Geschick *n*.

منوى [manawiː] Samen-; ~ حيوان Samentierchen *n*.

منى [manaː (jamniː)] versuchen, erproben, auf die Probe stellen; heimsuchen; II [mannaː] Hoffnung machen (*j-m* ه auf *A* ب), den Wunsch erwecken (bei *j-m* ه nach ب); IV [ʔamnaː] vergießen; ausspritzen; V [taˈmannaː] wünschen (*j-m* ل *etw.* ه); begehren; X [isˈtamnaː] onanieren.

+ [manan] Schicksal *n*, Geschick *n*; *s.a.* منية.

+ [maˈniːj *u.* minan] Sperma *n*, Same *m*.

+ [minniː] von mir.

منيب [muˈniːb] zurückkehrend; reuig.

منير [muˈniːr] leuchtend, strahlend; *a. npr. m.*

منيف [muˈniːf] erhaben, hervorragend.

منية [maˈniːja], *pl.* منايا [maˈnaːjaː] Schicksal *n*, Geschick *n*.

+ [munja], *pl.* منى [munan] Wunsch *m*, Begehren *n*.

مهاب [muˈhaːb] geehrt; gefürchtet (*s.* هيب).

مهابة [maˈhaːba] Furcht *f*, Respekt *m*, Ehrerbietung *f*, Würde *f*.

مهاترة [muˈhaːtara] Beschimpfung *f*, Beleidigung *f*.

مهاجر [muˈhaːdʒir] Auswanderer *m*, Emigrant *m*.

مهاجرة [muˈhaːdʒara] Auswanderung *f*.

مهاجم [muˈhaːdʒim] Angreifer *m*; *Fußball*: Stürmer *m*.

مهاجمة [muˈhaːdʒama] Angriff *m*, Überfall *m*; Razzia *f*.

مهادنة [muˈha:dana] Waffenstillstand *m*.

مهارة [maˈha:ra] Geschicklichkeit *f*, Gewandtheit *f*.

مهانة [maˈha:na] Verachtung *f*; Schande *f*.

مهبط [mahbɒt], *pl.* مهابط [maˈha:bit] Landungsplatz *m für Flugzeuge*.

مهبل [mahbil] Scheide *f*, Vagina *f*.

مهتد [muhˈtadin], *constr.* مهتدى [muhˈtadi:] recht geleitet.

مهترئ [muhˈtariʔ] abgenutzt, zerrissen; zerkocht.

مهتز [muhˈtazz] zitternd, bebend.

مهتم [muhˈtamm] besorgt (um ب), interessiert (für ب).

مهجر [mahdʒar] Emigration *f*; Siedlung *f in der Fremde*.

مهجة [muhdʒa] (*tiefste*) Seele *f*; Herzblut *n*.

مهجور [mahˈdʒu:r] verlassen, aufgegeben.

مهد II [mahhad] glätten, ebnen; zugänglich machen, erleichtern; vorbereiten; einleiten; V [taˈmahhad] geebnet werden.

+ [mahd], *pl.* مهود [muˈhu:d] Wiege *f*.

مهدد [muˈhaddid] drohend, bedrohlich.

مهدم [muˈhaddam] zerstört, niedergerissen, zerfallen.

مهدى [mahˈdi:j] recht geleitet; *Isl.* Mahdi *m*; *a. npr. m.*

مهذب [muˈhaððab] wohlerzogen, gesittet, artig.

+ [muˈhaððib] Erzieher *m*.

مهر [mahar (jamhur)] geschickt, gewandt sein; III [ma:har] an Geschicklichkeit wetteifern (mit ه).

+ [mahr], *pl.* مهور [muˈhu:r] Mitgift *f*; Brautgeld *n*.

+ [muhr] 1. Fohlen *n*, Füllen *n*; 2. Siegel *n*, Petschaft *n*.

مهرب [mahrab] Flucht *f*; Zufluchtsort *m*.

+ [muˈharrib] Schmuggler *m*.

مهرج [muˈharridʒ] Spaßmacher *m*.

مهرجان [mahraˈdʒa:n], *pl.* [-a:t] Festspiele *n/pl.*; Sportfest *n*.

مهرق [muhraq] 1. vergossen; 2. Pergament *n*.

مهزلة [mahzala], *pl.* مهازل [maˈha:zil] Komödie *f*.

مهزة [maˈhazza] Erregung *f*.

مهضوم [mahˈđu:m] verdaut; verdaulich.

مهفة [miˈhaffa] Fächer *m*, Wedel *m*.

مهفوت [mahˈfu:t] verblüfft, verwirrt.

مهفوف [mahˈfu:f] leichtsinnig, flatterhaft.

مهل [mahal (jamhal)] langsam sein; II [mahhal] *u.* IV [ʔamhal] Zeit lassen, Aufschub gewähren (*j-m* ه); V [taˈmahhal] langsam, bedächtig sein, sich Zeit lassen.

+ [mahl] Langsamkeit *f*; Muße *f*; على مهلك [ʕala: mahlak] langsam!, sachte!; مهلا [mahlan] *Adv.* langsam, gemächlich.

مهلبية [muhallaˈbi:ja] Milchpudding *m.*

مهلك [muhlik] gefährlich, verderblich, tödlich.

مهلة [muhla] Frist *f*, Aufschub *m.*

مهم [muˈhimm] wichtig, bedeutend; interessant.

مهما [mahma:] was auch immer; wie sehr auch.

مهماز [mihˈma:z] *u.* مهمز [mihmaz] Sporn *m*, Stachel *m.*

مهمل [muhmal] vernachlässigt, unterlassen, unberücksichtigt; nicht versehen (mit *etw. G*).

+ [muhmil] nachlässig, sorglos.

مهمة [maˈhamma], *pl.* مهام [maˈha:mm] Sorge *f*; Pflicht *f*, Auftrag *m.*

+ [muˈhimma], *pl.* [-a:t] Angelegenheit *f*, Geschäft *n*, Bedürfnis *n*; *pl.* Bedarf *m*, Material *n.*

مهموم [mahˈmu:m] besorgt, bekümmert; beansprucht.

مهن [mahan (jamhun)] 1. dienen, *e-r* Beschäftigung nachgehen; 2. erniedrigen; – [mahun (jamhun)] verächtlich sein; III [ma:han] *Beruf* betreiben; VIII [imˈtahan] 1. beruflich ausüben; 2. verachten.

مهندس [muˈhandis], *pl.* [-u:n] Ingenieur *m*, Techniker *m*; Architekt *m.*

مهنة [mihna], *pl.* مهن [mihan] Beruf *m*, Gewerbe *n.*

مهوى [mahwan], *pl.* مهاو [maˈha:win] 1. Abgrund *m*, Kluft *f*; 2. Gegenstand *m* des Wunsches.

مهيب [muˈhi:b] würdevoll, ehrwürdig, feierlich.

مهيج [muˈhajjidʒ] erregend; Aufwiegler *m*, Agitator *m*; Stimulans *n.*

مهين [muˈhi:n] verächtlich; beleidigend.

مواءمة [muˈwa:ʔama] Übereinstimmung *f*, Harmonie *f.*

موات [maˈwa:t] Unbelebte(s) *n*; Ödland *n*; *Jur.* Tote Hand *f.*

+ [muˈwa:tin], *constr.* مواتي

[mu'wa:ti:] günstig, förderlich; passend (*s.* آتى III).

مواج [ma'wwa:dʒ] gewellt; wogend (*See*).

مواجهة [mu'wa:dʒaha] Entgegentreten *n*, Begegnung *f*; (*persönliche*) Aussprache *f*, Konfrontation *f*; Interview *n*.

مؤاخذة [mu'ʔa:xaða] Übelnehmen *n*, Verargen *n*; ~ لا nehmen Sie es mir nicht übel!

مواد *s.* مادة.

مواز [mu'wa:zin], *constr.* موازى [mu'wa:zi:] parallel, gleichlaufend.

موازاة [muwa:'za:t] Parallelität *f*.

مؤازرة [mu'ʔa:zara] Unterstützung *f*, Beistand *m*.

موازنة [mu'wa:zana] Gleichgewicht *n*; Abwägung *f*; Vergleich *m*.

مؤاساة [muʔa:'sa:t] Tröstung *f*, Wohltätigkeit *f*.

مواش *s.* ماشية.

مواصفة [mu'wa:sɒfa] Beschreibung *f*, Spezifikation *f*.

مواصلة [mu'wa:sɒla] Fortsetzung *f*, Fortführung *f*; Kontinuität *f*; *pl.* [-a:t] Verkehrsverbindungen *f*/*pl*; Verkehrswege *m*/*pl*., Verkehrsmittel *n*/*pl*.

مواطأة [mu'wɒ:tɒʔa] Einverständnis *n*, Übereinstimmung *f*.

مواطن [mu'wɒ:tɨn] Mitbürger *m*, Landsmann *m*.

مواظب [mu'wɒ:zɨb] fleißig, ausdauernd.

مواظبة [mu'wɒ:zɒba] Fleiß *m*, Ausdauer *f*.

مواعدة [mu'wa:ʕada] Verabredung *f*.

موافاة [muwa:'fa:t] Ankunft *f*; Übermittlung *f*.

موافق [mu'wa:fiq] einverstanden; übereinstimmend, passend, günstig.

موافقة [mu'wa:faqa] Einverständnis *n*, Zustimmung *f*; Übereinstimmung *f*.

مواقيت *s.* ميقات.

مواكبة [mu'wa:kaba] Geleitschutz *m*.

موالاة [muwa:'la:t] 1. Freundschaft *f*, Klientenverhältnis *n*; 2. Dauer *f*.

موالية [mu'wa:lija] Anhängerschaft *f*, Klientel *f*.

مؤامرة [mu'ʔa:mara] Verschwörung *f*.

موان *s.* ميناء.

مؤانسة [mu'ʔa:nasa] Freundlichkeit *f*, Geselligkeit *f*; Unterhaltung *f*.

مؤبد [mu'abbad] ewig, immerwährend; سجن ~ lebenslängliches Gefängnis *n*.

موبوء [mau'bu:ʔ] verseucht, infiziert.

(موت) مات [maːt (jaˈmuːt)] sterben, absterben; II [mawwat] *u.* IV [ʔaˈmaːt] töten, abtöten, sterben lassen; VI [taˈmaːwat] sich totstellen; X [istaˈmaːt] sich opfern; den Tod suchen.

موت [maut] Tod *m*; Ableben *n*; ~ أبيض natürlicher Tod *m*.

مؤتمر [muʔˈtamar] Kongreß *m*, Konferenz *f*.

موتى *s.* ميت.

مؤثث [muˈʔaθθaθ] eingerichtet, möbliert.

مؤثر [muˈʔaθθir] beeinflussend, wirksam; ergreifend, rührend.

موثوق [mauˈθuːq] fest gebunden; ~به verläßlich, vertrauenswürdig.

(موج) ماج [maːdʒ (jaˈmuːdʒ)] wogen, bewegt sein (*Meer*); II [mawwadʒ] Wellen schlagen; gewellt machen; V [taˈmawwadʒ] wogen; wellig sein; schwanken.

موج [maudʒ] *coll.*, ة~, *pl.* أمواج [ʔamˈwaːdʒ] Welle *f*, Woge *f*; *Physik*: Schwingung *f*.

موجب [muːdʒab] notwendig; positiv; *Gr.* affirmativ; Wirkung *f*.

+ [muːdʒib] notwendig machend; Veranlassung *f*, Ursache *f*; Notwendigkeit *f*; بموجب [bi-] gemäß, kraft, auf Grund; ة~ Anlaß *m*, Motiv *n*.

مؤجر [muˈʔaddʒir] Vermieter *m*, Zinsherr *m*.

مؤجل [muˈʔaddʒal] verzögert; vertagt (*Sitzung*).

موجه [muˈwaddʒah] gerichtet (auf *A* الى, gegen ضد); ferngelenkt (*Geschoß*).

موجة *s.* موج.

موجود [mauˈdʒuːd] vorhanden, existierend; anwesend; Bestand *m*.

موح [muːħin], *constr.* موحى [muːħiː] inspirierend.

موحد [muˈwaħħad] vereint; geeint; vereinheitlicht, genormt.

+ [muˈwaħħid] Monotheist *m*.

موحش [muːħiʃ] öde, wüst; düster, beängstigend.

مؤخر [muˈʔaxxar] verzögert; zurückgestellt; ا~ [-an] *Adv.* neulich, kürzlich; ة~ Schlußteil *n*, Rückseite *f*; Heck *n e-s Schiffes*; Nachhut *f e-s Heeres*.

مؤدب [muˈʔaddab] wohlerzogen.

+ [muˈʔaddib] Erzieher *m*.

مودع [muːdaʕ] hinterlegt, deponiert; Depositum *n*.

موده [moːda] Mode *f*.

مودة [ma'wadda] Liebe *f*, Sympathie *f*.

مؤدى [mu'ʔaddan] Sinn *m*, Bedeutung *f*, Wesen *n*; Funktion *f*.

مؤذ [muʔðin], *constr*. مؤذى [muʔði:] schädlich; schmerzlich.

مؤذن [mu'ʔaððin] Gebetsrufer *m*, Muezzin *m*.

مؤرخ [mu'ʔarrax] datiert.

+ [mu'ʔarrix] Annalist *m*, Geschichtsschreiber *m*.

مورد [maurid], *pl*. موارد [ma'wa:rid] Tränke *f*; Quelle *f*; Ankunftsort *m*; Herkunftsort *m*; Hilfsquelle *f*; Einnahme *f*, Einkommen *n*; Einfuhr *f*.

+ [mu'warrid] Lieferant *m*.

موروث [mau'ru:θ] ererbt; erblich.

موز [mauz, mo:z] *coll*., ~ة Banane *f*.

موزع [mu'wazziʕ] Verteiler *m*.

موزون [mau'zu:n] gewogen; ausbalanciert, gemessen (*Schritt*); rhythmisch.

مؤسس [mu'ʔassis] Gründer *m*.

مؤسسة [mu'ʔassasa] Gründung *f*; Institution *f*; Unternehmung *f*.

مؤسف [muʔsif] bedauerlich, betrüblich, schmerzlich.

موسم [mausim], *pl*. مواسم [ma'wa:sim] Jahreszeit *f*, Saison *f*; Festzeit *f*, Jahrmarkt *m*, Messe *f*.

موسوعة [mau'su:ʕa] Enzyklopädie *f*.

موسى [mu:sa:] 1. *pl*. مواس [ma'wa:sin] Rasiermesser *n*; 2. Moses *npr*. *m*.

موسيقار [mu:si:'qa:r] Musiker *m*.

موسيقى [mu'si:qa:] Musik *f*.

+ [mu'si:qi:] musikalisch; Musiker *m*.

موشح [mu'waʃʃaħ], *pl*. [-a:t] Strophengedicht *n*; *Musik*: Vorspiel *n*.

مؤشر [mu'ʔaʃʃir] Zeiger *m e-s Meßgerätes*.

موشور [mau'ʃu:r] Prisma *n*.

موص [mu'wɒssin *u*. mu:sin], *constr*. موصى Auftraggeber *m*; Testator *m*, Erblasser *m*.

موصل: ال~ [al'mausil] Mossul *n* (*Stadt*).

+ [mu'wɒssil] *El*. Leiter *m*.

موصوف [mau'su:f] beschrieben, charakterisiert; verordnet.

موصول [mau'su:l] verbunden; *Gr*. relativ.

موصى [mu:sɒn] *u*. ~ به Vermächtnis *n*; ~ له Erbe *m*.

موضع [mauđiʕ], *pl*. مواضع [ma'wɒ:điʕ] Platz *m*, Ort *m*, Stelle *f*; Lage *f*; Gegenstand *m* (*z. B. der Bewunderung*); ~ى lokal.

موضه [mo:đɒ] Mode *f.*

موضوع [mauˈđu:ˁ], *pl.* مواضيع [mawɒ:ˈdi:ˁ] *u.* [-a:t] Objekt *n*; Thema *n*, Gegenstand *m*; ~ى objektiv; ~ية Objektivität *f.*

موطد [muˈwɒttɒd] fest, solid.

موطن [mautin], *pl.* مواطن [maˈwɒ:tin] Heimat *f*, Vaterland *n*; Wohnsitz *m.*

موظف [muˈwɒzzɒf], *pl.* [-u:n] Beamte(r) *m*; Funktionär *m.*

موعد [mauˁid], *pl.* مواعد [maˈwa:ˁid] Versprechen *n*, Zusage *f*; Verabredung *f*; Termin *m*, Zeitpunkt *m.*

موعز: ~ به [mu:ˁaz bihi] empfohlen, angeregt, inspiriert.

موعظة [mauˁizɒ], *pl.* مواعظ [maˈwa:ˁiz] Ermahnung *f*, Predigt *f.*

موعود [mauˈˁu:d] versprochen; festgesetzt (*Zeit*).

موفد [muˈwaffad] Delegierte(r) *m.*

موفر [muˈwaffir] sparsam, ökonomisch.

موفق [muˈwaffaq] erfolgreich.

موفور [mauˈfu:r] reichlich; begütert.

موقت [mauqit], *pl.* مواقت [maˈwa:qit] Zeitpunkt *m*; Verabredung *f.*

+ [muˈwaqqat] zeitlich begrenzt; vorläufig, provisorisch.

موقد [mauqid] Feuerstelle *f*, Herd *m.*

موقر [muˈwaqqar] würdig, respektiert.

موقع [mauqiˁ], *pl.* مواقع [maˈwa:qiˁ] Ort *m*, Platz *m*, Stelle *f*; Standort *m*, Stellung *f*; Schauplatz *m e-s Vorfalls.*

+ [muˈwaqqiˁ] unterschreibend; ~ال أدناه [ˀadˈna:hu] der Unterzeichnete, der unten Gefertigte.

موقف [mauqif], *pl.* مواقف [maˈwa:qif] Halteplatz *m*, Station *f*; Aufenthalt *m*; Stellung *f*, Lage *f*, Situation *f*; Haltung *f*, Stellungnahme *f*, Standpunkt *m.*

موقن [mu:qin] überzeugt (von ب), gewiß (*e-r Sache* ب); *s.* يقن.

موقوف [mauˈqu:f] gestoppt, stillgelegt; suspendiert; festgenommen, verhaftet; Häftling *m*; gewidmet, zur Stiftung (*Waqf*) gemacht; reserviert, unveräußerlich.

موكب [maukib], *pl.* مواكب [maˈwa:kib] Umzug *m*, Prozession *f.*

موكد [muˈwakkad] *u.* مؤكد [muˈˀakkad] sicher, gewiß, bestimmt.

موكل [mu'wakkal] beauftragt (mit ب), bevollmächtigt.

+ [mu'wakkil] Auftraggeber *m*, Mandant *m*.

(مول) مال [ma:l (ja'mu:l)] reich sein; II [mawwal] finanzieren, *s.* مال.

مولاة [mau'la:t] Herrin *f*.

مولد [maulid], *pl.* موالد [ma'wa:lid] Geburtsort *m*; Geburtstag *m*; Geburtsfest *n*.

+ [mu'wallad] erzeugt; gemischter Herkunft; nachklassisch (*Dichter*); Mischling *m*; *pl.* [-a:t] Erzeugnis *n*.

+ [mu'wallid] Erzeuger *m*; *El.* Generator *m*; ة~ Hebamme *f*.

مولع [mu:laʕ] begeistert (für ب), verliebt (in *A* ب).

مؤلف [mu'ʔallaf], *pl.* [-a:t] Schrift *f*, (*literarisches*) Werk *n*.

+ [mu'ʔallif] Verfasser *m*, Autor *m*.

مؤلم [muʔlim] schmerzhaft, schmerzlich.

مولود [mau'lu:d] geboren, erzeugt; Geburtstag *m*; *pl*, مواليد [mawa:'li:d] Kind *n*, Sohn *m*.

مولى [maulan], *pl.* موال [ma'wa:lin] Herr *m*, Schutzherr *m*, Patron *m*; Freund *m*, Genosse *m*; Klient *m*.

مومأ: اليه ~ال [al'mu:maʔ ʔi'laihi] der betreffende, der oben erwähnte.

مؤمن [muʔmin] gläubig; المؤمنون die Gläubigen *pl*.

(مون) مان [ma:n (ja'mu:n)] *u.* II [mawwan] versorgen, verproviantieren; V [ta'mawwan] sich verproviantieren.

مؤنث [mu'ʔannaθ] *Gr.* weiblich, feminin.

مؤنس [muʔnis] freundlich, angenehm, heiter; *a. npr. m*.

مونة [mu:na] Proviant *m*, Vorräte *m/pl*.

(موه) ماه [ma:h (ja'mu:h)] 1. wasserreich sein; 2. mischen; II [mawwah] verdünnen, verfälschen; überziehen, plattieren; *Mil.* tarnen; IV [ʔa'ma:h] befeuchten, Wasser hinzufügen.

موهبة [mauhiba], *pl.* مواهب [ma'wa:hib] Begabung *f*, Talent *n*.

مؤهلات [muʔahhi'la:t] *pl.* Fähigkeiten *f/pl.*, Qualifikationen *f/pl*.

موهوب [mau'hu:b] geschenkt; begabt, talentiert.

موهوم [mau'hu:m] eingebildet, imaginär, phantastisch.

مؤونة [ma'ʔu:na] Proviant *m*,

Verpflegung *f*; Ausrüstung *f*; Vorrat *m*.

مؤيد [muˈʔajjid] unterstützend.

مئات *s.* مائة.

ميار [maˈjja:r] Lieferant *m*.

ميال [maˈjja:l] geneigt (zu الى), eingenommen (für الى).

مياه *s.* ماء.

مياومة [muˈja:wama] Tageslohn *m*; ~ عامل Tagelöhner *m*.

ميت [majjit], *pl.* موتى [mauta:] *u.* أموات [ʔamˈwa:t] tot; Tote(r) *m*.

ميتة [maita] Leiche *f*; Aas *n*.
+ [mi:ta] Todesart *f*.

ميثاق [mi:ˈθa:q], *pl.* مواثيق [mawa:ˈθi:q] Vertrag *m*, Pakt *m*, Abkommen *n*; ~ الأمم المتحدة Charta *f* der Vereinten Nationen.

ميداء [mi:ˈda:ʔ] Maß *n*, Menge *f*; Länge *f*; [mi:ˈda:ʔa] *Präp.* vor, gegenüber.

ميدان [maiˈda:n *u.* mi:ˈda:n], *pl.* ميادين [maja:ˈdi:n] Platz *m*; Rennbahn *f*; Kampfplatz *m*, Schlachtfeld *n*; ~ الحرب Kriegsschauplatz *m*.

ميراث [mi:ˈra:θ], *pl.* مواريث [mawa:ˈri:θ] Erbe *n*, Hinterlassenschaft *f*.

ميرة [mi:ra] Proviant *m*, Verpflegung *f*.

ميرى [mi:ri:] staatlich, fiskalisch.

ماز (ميز) [ma:z (jaˈmi:z)] trennen, scheiden; II [majjaz] unterscheiden; auszeichnen, vorziehen (*j-n* ه *j-m* عن); privilegieren; IV [ʔaˈma:z] vorziehen; V [taˈmajjaz] unterschieden werden; sich auszeichnen; VI [taˈma:jaz] sich unterscheiden; VIII [imˈta:z] sich auszeichnen, charakterisiert sein (durch ب); übertreffen (*j-n* على *u.* عن).
+ [maiz] Auszeichnung *f*, Begünstigung *f*.

ميزاب [mi:ˈza:b], *pl.* ميازيب [maja:ˈzi:b] Abfluß *m*, Wasserrinne *f*.

ميزان [mi:ˈza:n], *pl.* موازين [mawa:ˈzi:n] Waage *f*; Maß *n*; ~ الحرارة Thermometer *n*; Versmaß *n*; Regel *f*; ~ية Bilanz *f*; Budget *n*.

مئزر [miʔzar], *pl.* مآزر [maˈʔa:zir] Schurz *m*; Schleier *m*; Mantel *m*.

ميزة [mi:za] Kennzeichen *n*; Charakteristikum *n*; Vorzug *m*.

ميسر [muˈjassar] erleichtert; erfolgreich; wohlhabend.

ميسرة [maisara] 1. linke Seite *f*; 2. Bequemlichkeit *f*, Wohlstand *m*.

ميسور [maiˈsu:r] leicht möglich; glücklich, wohlhabend.

(ميع) ماع [ma:ʕ (jaˈmi:ʕ)] (zer-) fließen, schmelzen; II [majjaʕ] *u.* IV [ʔaˈma:ʕ] flüssig machen, schmelzen.

ميعاد [mi:ˈʕa:d], *pl.* مواعيد [mawa:ˈʕi:d] Verabredung *f*; Termin *m*; Sprechstunde *f*, Besuchszeit *f*, Abfahrtszeit *f*.

ميقات [mi:ˈqa:t], *pl.* مواقيت [mawa:ˈqi:t] Zeitpunkt *m*, Termin *m*.

(ميل) مال [ma:l (jaˈmi:l)] sich neigen; schräg-, schiefstehen; geneigt sein (*j-m* الى); Sympathie haben (für الى); sich abwenden (von عن); abgeneigt sein (*e-r Sache* عن), feindlich gesinnt sein (*j-m* على); II [majjal] *u.* IV [ʔaˈma:l] neigen, beugen; geneigt machen (*e-r Sache* الى); abwenden (von عن); V [taˈmajjal] *u.* VI [taˈma:jal] schwanken; sich neigen; X [istaˈma:l] sich geneigt machen, gewinnen (*j-n* ه).

+ [mail], *pl.* ميول [muˈju:l] Neigung *f*, Schrägheit *f*; Zuneigung *f* (zu الى), Sympathie *f* (für الى); Tendenz *f*; Abweichung *f* (von عن).

+ [mi:l], *pl.* أميال [ʔamˈja:l] Meile *f*.

ميلاد [mi:ˈla:d], *pl.* مواليد [mawa:ˈli:d] Geburt *f*, Geburtszeit *f*; عيد الـ~ Weihnachten *n*; ~ى auf Christi Geburt bezüglich (*s.* م).

ميلان [majaˈla:n] Neigung *f*.

ميمنة [maimana] rechte Seite *f*; rechter Flügel *m*; Glück *n*.

ميمون [maiˈmu:n] 1. glücklich, gesegnet; 2. Affe *m*.

مين [main], *pl.* ميون [muˈju:n] Lüge *f*, Trug *m*.

+ [mi:n] *Äg. pop.* wer?

مينا [mi:na:] *u.* ميناء [mi:ˈna:ʔ] Email *n*, Schmelz *m*, Glasur *f*; Zifferblatt *n*.

ميناء [mi:ˈna:ʔ], *pl.* موان [maˈwa:nin] Hafen *m*, Ankerplatz *m*.

ميوعة [muˈju:ʕa] flüssige Form *f*.

مئون *s.* مائة.

مئوى [miʔawi:] hundertteilig, zentesimal; درجة مئوية Grad *m* nach Celsius; نسبة مئوية Prozentsatz *m*.

ن

ن (نون) [nu:n] *fünfundzwanzigster Buchstabe*; *Zahlwert 50.*

نا [na:] 1. *Possessivsuffix*: unser; 2. *Objektsuffix*: uns.

ناء [na:ʔin], *constr.* نائى [na:ʔi:] fern, abgelegen.

ناب [na:b], *pl.* أنياب [ʔanˈja:b] Eckzahn *m*, Stoßzahn *m*; *s. a.* نوب.

نابت [na:bit] keimend; wachsend; ة~ Generation *f*.

نابض [na:biđ] pulsierend; Triebfeder *f e-r Uhr*.

نابغ [na:biɣ] hervorragend; ة~ hervorragender Mann *m*, Genie *n*.

نابه [na:bih] edel, vornehm; angesehen, berühmt.

ناتج [na:tidʒ] sich ergebend; Ergebnis *n*.

ناتئ [na:tiʔ], *pl.* نواتئ [naˈwa:tiʔ] vorspringend, geschwollen; Wölbung *f*.

ناثر [na:θir] Prosaiker *m*.

ناجح [na:dʒiħ] erfolgreich.

ناجذ [na:dʒið], *pl.* نواجذ [naˈwa:dʒið] Backenzahn *m*.

ناجز [na:dʒiz] vollendet; vollkommen (*Bezahlung*).

ناح [na:ħin], *constr.* ناحى [na:ħi:], *pl.* نحاة [nuˈħa:t] Philologe *m*, Grammatiker *m*.

ناحية [na:ħija], *pl.* نواح [naˈwa:ħin] Seite *f*, Richtung *f*; Gegend *f*, Gebiet *n*, Bereich *m*; Bezirk *m*, Distrikt *m*; Gesichtspunkt *m*; من ~ hinsichtlich; seitens.

ناخب [na:xib] Wähler *m*.

ناد [na:din], *constr.* نادى [na:di:], *pl.* نواد [naˈwa:din] *u.* أندية [ʔandija] Klub *m*, Verein *m*.

نادبة [na:diba] Klageweib *n*.

نادر [na:dir] selten, ungewöhnlich; kostbar; ة~, *pl.* نوادر [naˈwa:dir] Seltenheit *f*, Phänomen *n*; Anekdote *f*, Witz *m*.

نار [na:r] *f*, *pl.* نيران [ni:ˈra:n] Feuer *n* (*a. Mil.*); Brand *m*.

نارجيل [na:rˈdʒi:l] *coll.*, ة~ Kokosnuß *f*; ةـ~ Wasserpfeife *f*.

نارنج [na:randʒ] *u.* ىـ~ Pomeranze *f*, bittere Orange *f*.

نارى [na:ri:] Feuer-, feurig.

نازح [na:ziħ] weit entfernt; Auswanderer *m*; Latrinenreiniger *m*.

نازعة [na:ziʕa], *pl.* نوازع [na'wa:ziʕ] Tendenz *f*, Neigung *f*.

نازل [na:zil] ansässig, wohnhaft; ةـ~, *pl.* نوازل [na'wa:zil] Ereignis *n*, Unglück *n*, Schicksalsschlag *m*.

ناس [na:s] *pl.* Leute *pl.* (*s.* انسان).

ناسخ [na:six] 1. aufhebend, abrogierend; 2. Abschreiber *m*.

ناسف [na:sif] *u.* ةـ~ Sprengstoff *m*, Dynamit *n*.

ناسك [na:sik], *pl.* نساك [nu'ssa:k] Einsiedler *m*, Asket *m*.

ناسوت [na:'su:t] menschliche Natur *f*.

ناسور [na:'su:r] *pl.* نواسير [nawa:'si:r] Geschwür *n*, Fistel *f*.

ناشر [na:ʃir] Verleger *m*.

ناشز [na:ʃiz] vorspringend, erhaben; widerspenstig.

ناشط [na:ʃiṭ] munter; tätig, aktiv, rührig; energisch.

ناشف [na:ʃif] trocken; hart.

ناشئ [na:ʃiʔ] entstehend; heranwachsend; Jugendliche(r) *m*.

ناصح [nɒ:siħ], *pl.* نصاح [nu'ssɒ:ħ] Ratgeber *m*.

ناصر [nɒ:sɨr], *pl.* أنصار [ʔan'sɒ:r] Helfer *m* (*a. Beiname Gottes*); Parteigänger *m*.

ناصع [nɒ:siʕ] rein, klar; deutlich.

ناصف [nɒ:sif], *pl.* نصاف [nu'ssɒ:f] Diener *m*.

ناصية [nɒ:sija], *pl.* نواص [na'wɒ:sin] Stirnlocke *f*, Schopf *m*.

ناضج [nɒ:đidʒ] reif.

ناضر [nɒ:đɨr] frisch, blühend, glänzend.

ناط *s.* نوط.

ناطحة [nɒ:ṭiħa]: السحاب ~ Wolkenkratzer *m*.

ناطر [nɒ:ṭɨr], *pl.* نطار [nu'ṭṭɒ:r] Wächter *m*, (*Flur-*)Hüter *m*.

ناطق [nɒ:ṭɨq] sprechend; beredt; شريط ~ Tonfilm *m*; بلسان ~ وزارة الخارجية ein Sprecher des Außenministeriums.

ناطور [nɒ:'ṭu:r] = ناطر.

ناظر [nɒ:zɨr], *pl.* نظار [nu'zzɒ:r] Beobachter *m*; Aufseher *m*; (*Schul-*)Direktor *m*; (*Stations-*)Vorsteher *m*; ةـ~ Leiterin *f*, Vorsteherin *f*, Direktorin *f*.

ناظم [nɒ:zɨm] Ordner *m*, Regler *m*; Reimschmied *m*.

ناعور [na:'ʕu:r] *u.* ةـ~, *pl.* نواعير

[nawa:ˈʕi:r] *Syr.* Schöpfrad *n.*

ناعل [na:ʕil] beschuht; beschlagen (*Pferd*).

ناعم [na:ʕim] weich, glatt, fein (*Mehl*).

ناف [na:f], *pl.* [-a:t] Joch *n*; *s.a.* نوف.

نافذ [na:fið] durchgehend; *Jur.* wirksam, rechtsgültig; ة~, *pl.* نوافذ [naˈwa:fið] Fenster *n.*

نافر [na:fir] scheu, fliehend; vorspringend, reliefartig.

نافع [na:fiʕ] nützlich, vorteilhaft; heilsam.

نافق [na:fiq] gängig (*Ware*), absetzbar.

نافلة [na:fila] freiwilliges Werk *n*; überzählige Sache *f*; Draufgabe *f.*

نافورة [na:ˈfu:ra], *pl.* نوافير [nawa:ˈfi:r] Springbrunnen *m*, Fontäne *f.*

ناقد [na:qid], *pl.* نقاد [nuˈqqa:d] Kritiker *m.*

ناقص [nɒ:qis] abnehmend; unvollkommen, mangelhaft, defektiv.

ناقل [na:qil] tragend; Überbringer *m*; Abschreiber *m*; Übersetzer *m*; ة~ Transportschiff *n*; ة~ البترول Tanker *m.*

ناقم [na:qim] Rächer *m.*

ناقة [na:qa], *pl.* نوق [nu:q] *u.* نياق [niˈja:q] Kamelkuh *f.*

ناقوس [na:ˈqu:s], *pl.* نواقيس [nawa:ˈqi:s] (Kirchen-)Glocke *f*; Gong *m.*

ناكث [na:kiθ] treulos, wortbrüchig.

ناكر [na:kir] leugnend; abweisend.

نال *s.* نول *u.* نيل.

نام *s.* نوم.

نامة [na:mma] Bewegung *f*, Leben *n.*

نأمة [naʔma] Geräusch *n*, Lärm *m.*

ناموس [na:ˈmu:s], *pl.* نواميس [nawa:ˈmi:s] 1. Gesetz *n*, Norm *f*, Regel *f*; Ehre *f*; Gewissen *n*; 2. Moskito *m*, Stechmücke *f.*

ناه [na:hin], *constr.* ناهى [na:hi:] verbietend.

ناهج [na:hidʒ] (*offener*) Weg *m.*

ناهد [na:hid] jugendlich, blühend; voll (*Busen*).

ناهض [nɒ:hiđ] aufstehend; sich belebend; tatkräftig, aktiv.

ناهية [na:hija], *pl.* نواه [naˈwa:hin] Verbot *n.*

ناو [na:win], *constr.* ناوى [na:wi:] beabsichtigend.

ناولون [na:wuˈlu:n] = نولون.

ناووس [na:ˈwu:s] Sarkophag *m.*

ناى [na:j], *pl.* [-a:t] Flöte *f.*

نأى [naʔa: (janʔa:)] fern sein; IV [ʔanʔa:] entfernen.

+ [naʔj] 1. Ferne *f*, Entfernung *f*; 2. *pl.* آناء [ʔa:ˈna:ʔ] Graben *m*.

نائب [na:ʔib] 1. *pl.* نواب [nuˈwwa:b] Stellvertreter *m*; Abgeordnete(r) *m*, Deputierte(r) *m*, Delegierte(r) *m*; Vize-; ~ عام Staatsanwalt *m*; ~ الرئيس Vizepräsident *m*; *s.a.* مجلس; 2. Anteil *m*, Portion *f*, Zuteilung *f*.

نائم [na:ʔim], *pl.* نيام [niˈja:m] schlafend; Schläfer *m* (*s.* نوم).

نبأ [nabaʔa (janbaʔu)] hoch, erhöht sein; sich abwenden (von عن); II [nabbaʔa] *u.* IV [ʔanbaʔa] benachrichtigen, unterrichten (*j-n* ه von ب); mitteilen, verkünden (*j-m* ه *etw.* ب); V [taˈnabbaʔa] prophezeien, vorhersagen; sich für *e-n* Propheten ausgeben; X [isˈtanbaʔa] sich erkundigen.

+ [nabaʔ], *pl.* أنباء [ʔanˈba:ʔ] Nachricht *f*, Kunde *f*, Meldung *f*.

نبات [naˈba:t], *pl.* [-a:t] Pflanze *f*, Gewächs *n*; علم الـ~ Botanik *f*; ~ى pflanzlich, Pflanzen-; botanisch; vegetarisch.

نباح [nuˈba:ħ] Gebell *n*, Bellen *n*.

نبال [naˈbba:l] Bogenschütze *m*.

نباهة [naˈba:ha] 1. Wachsamkeit *f*; 2. Berühmtheit *f*, Ruhm *m*, Adel *m*.

نبت [nabat (jambut)] wachsen, keimen; II [nabbat] *u.* IV [ʔambat] pflanzen, säen; keimen lassen; X [isˈtambat] anbauen, züchten.

+ [nabt] Wachsen *n*, Keimen *n*; Pflanzenwuchs *m*, Vegetation *f*; ~ة Pflanze *f*; Keim *m*.

نبح [nabaħ (jambaħ)] bellen.

نبذ [nabað (jambið)] wegwerfen, fortschleudern; verstoßen, zurückweisen; *Vertrag* brechen; II [nabbað] = I; *Wein* keltern; III [na:bað] sich widersetzen (*j-m* ه).

+ [nabð] Verwerfung *f*; Verzicht *m*.

نبذة [nubða], *pl.* نبذ [nubað] Teil *m*, Abschnitt *m*, kleines Stück *n*; (*Zeitungs-*)Artikel *m*, Skizze *f*.

نبر [nabar (jambir)] *Stimme* (er-) heben; betonen; schreien.

+ [nabr] Hervorhebung *f*, Nachdruck *m*; ~ة, *pl.* نبرات [nabaˈra:t] Betonung *f*; Ton *m*, Klang *m der Stimme*.

نبراس [nibˈra:s] Leuchte *f*, Laterne *f*.

نبه [nabih (jambah)] 1. achtgeben (auf *A* ل), beachten (*etw.* ل); erwachen; 2. berühmt sein; II [nabbah] aufmerksam machen, hinweisen (*j-n* ه auf *A* الى *u.* على); warnen, wecken; V [ta'nabbah] wach werden; bemerken (*etw.* الى), gewahr werden (*e-r Sache* الى); VIII [in'tabah] aufwachen; aufmerksam werden (auf *A* الى); aufmerken (auf *A* الى), bemerken.

+ [nabih] 1. einsichtig, intelligent; 2. vornehm; berühmt.

+ [nubh] Aufmerksamkeit *f*, Wachsamkeit *f*; Scharfsinn *m*.

نبا (نبو) [naba: (jambu:)] verfehlen, abprallen (von عن); widerstreben.

نبوت [na'bbu:t], *pl.* نبابيت [naba:'bi:t] *Äg.* Stock *m*, Knüttel *m*.

نبوغ [nu'bu:γ] Hervortreten *n*; Begabung *f*, Genie *n*.

نبوة [nu'bu:wa] Prophetentum *n*.

نبوى [nabawi:] prophetisch, Propheten-.

نبى [na'bi:j], *pl.* أنبياء [ʔanbi'ja:ʔ] *u.* [-u:n] Prophet *m*.

نبيذ [na'bi:ð] 1. weggeworfen; verstoßen; 2. Wein *m*.

نبيل [na'bi:l], *pl.* نبلاء [nuba'la:ʔ]

نبس [nabas (jambis)] *u.* II [nabbas] aussprechen, äußern.

نبش [nabaʃ (jambuʃ)] ausgraben; aufdecken; II [nabbaʃ] suchen, stöbern, wühlen.

نبض [nabɒđ (jambiđ)] pulsieren, schlagen.

+ [nabđ] Pulsieren *n*, Pulsschlag *m*, Pulsation *f*; ~ة (ein) Pulsschlag *m*; Pulsion *f*.

نبط [nabɒŧ (jambuŧ)] herausströmen, hervorsprudeln; IV [ʔambɒŧ] *Quelle* finden, erschließen; X [is'tambɒŧ] erschließen, entdecken, herausfinden; herleiten.

+ [nabɒŧ] 1. Tiefe *f*, Grund *m*; 2. ~ال die Nabatäer (*Volk*).

نبع [nabaʕ (jambaʕ)] quellen; *Fluß*: entspringen; herausfließen; IV [ʔambaʕ] herausfließen lassen.

نبغ [nabaγ (jambuγ)] hervorragen; erscheinen; genial sein; *s.a.* بغى VII.

نبكة [nabka] Hügel *m*.

نبل [nabal (jambul)] Pfeile schießen; – [nabul (jambul)] edel, vornehm, nobel sein.

+ [nabl] *coll.*, *pl.* نبال [ni'ba:l] *u.* أنبال [ʔam'ba:l] Pfeil *m*.

+ [nubl] Adel *m*, Vornehmheit *f*.

نبلاء *s.* نبيل.

edel, ad(e)lig, vornehm; erhaben; großmütig.

نبيه [na'bi:h] intelligent, scharfsinnig; edel; berühmt.

نتأ [nataʔa (jantaʔu)] vorspringen, hervortreten; anschwellen.

نتأة [natʔa] Hügel *m*.

نتاج [ni'ta:dʒ] Erzeugung *f*; Gebären *n* (*von Tieren*); Jungtiere *n/pl*.

نتانة [na'ta:na] Fäulnis *f*, Verwesung *f*, Gestank *m*.

نتج [natadʒ (jantidʒ)] 1. gebären, werfen; 2. sich ergeben, hervorgehen, resultieren; IV [ʔantadʒ] hervorbringen, erzeugen, produzieren, herstellen; X [is'tantadʒ] erschließen, folgern, ableiten (aus عن).

نتش [nataʃ (jantiʃ)] ausreißen, auszupfen.

نتف [nataf (jantif)] *Haare* ausreißen, auszupfen; *Federn* rupfen.

نتفة [nutfa] Büschel *n*; Auszug *m*, Exzerpt *n*.

نتن [natan (jantin)] stinken, verfaulen: II [nattan] zersetzen.

+ [natn] = نتانة.

نتوء [nu'tu:ʔ] Schwellung *f*, Ausbuchtung *f*, Vorsprung *m*.

نتيجة [na'ti:dʒa], *pl.* نتائج [na'ta:ʔidʒ] Ergebnis *n*, Resultat *n*; Folge *f*, Wirkung *f*; Ertrag *m*, Produkt *n*; Leistung *f*; Taschenkalender *m*.

نثر [naθar (janθur)] *u.* II [naθθar] zerstreuen, verstreuen; VI [ta'na:θar] *u.* VIII [in'taθar] zerstreut werden, sich zerstreuen; *Blätter*: abfallen.

+ [naθr] Zerstreuung *f*; Prosa *f*, ungebundene Rede *f*; ~ى prosaisch; Prosa-; divers, geringfügig.

نجا [nadʒan] Rettung *f*, Befreiung *f*; *s.a.* نجو.

نجابة [na'dʒa:ba] Vornehmheit *f*, Adel *m*.

نجاح [na'dʒa:ħ] Erfolg *m*.

نجاد [na'ddʒa:d] Polsterer *m*, Tapezierer *m*.

+ [ni'dʒa:d] Schwertgehänge *n*; ~ة Polsterergewerbe *n*.

نجار [na'ddʒa:r] Tischler *m*, Zimmermann *m*; ة + [ni'dʒa:ra] Tischlerei *f*.

نجاسة [na'dʒa:sa] Unreinheit *f*, Verunreinigung *f*.

نجاشى [na'dʒa:ʃi:] Negus *m* (*Kaiser von Abessinien*).

نجاة [na'dʒa:t] Flucht *f*, Entkommen *n*; Rettung *f*, Heil *n*.

نجب [nadʒub (jandʒub)] edel, vornehm, hervorragend sein; IV [ʔandʒab] zeugen, gebären;

erzeugen; VIII [inˈtadʒab] *u.* X [isˈtandʒab] auswählen.

+ [nadʒb] *u.* ة~ [nudʒaba] edel, vornehm.

نجح [nadʒaħ (jandʒaħ)] gelingen, gedeihen; erfolgreich sein; bestehen (*Prüfung* في); II [naddʒaħ] *u.* IV [ʔandʒaħ] Erfolg geben, gelingen lassen.

نجد [nadʒad (jandʒud)] helfen, beistehen (*j-m* ه); II [naddʒad] polstern, tapezieren; möblieren; *Wolle* kämmen; X [isˈtandʒad] um Hilfe bitten, um Hilfe rufen.

+ [nadʒd], *pl.* نجاد [niˈdʒa:d] Hochland *n*; *Geo.* Nedschd *m*.

نجدة [nadʒda] Hilfe *f*, Unterstützung *f*; Entsatz *m*; ال~! Hilfe!

نجر [nadʒar (jandʒur)] *Holz* behauen, hobeln.

نجز [nadʒaz (jandʒuz)] durchführen, vollenden; – [nadʒiz (jandʒaz)] durchgeführt, vollendet werden; II [naddʒaz] ausführen, durchführen; III [na:dʒaz] kämpfen; IV [ʔandʒaz] ausführen, durchführen; *Arbeit* verrichten; *Versprechen* erfüllen; X [isˈtandʒaz] sich um die Erfüllung bemühen.

+ [nadʒz] Durchführung *f*, Vollendung *f*, Erfüllung *f*.

نجس [nadʒis (jandʒas) *u.* nadʒus (jandʒus)] unrein, unsauber, schmutzig sein; II [naddʒas] *u.* IV [ʔandʒas] verunreinigen, beschmutzen; V [taˈnaddʒas] unrein, befleckt sein.

+ [nadʒas] Unreinheit *f*, Schmutz *m*.

+ [nadʒis] unrein, unsauber, schmutzig.

نجع [nadʒaʕ (jandʒaʕ)] nützlich, zuträglich, bekömmlich sein; VIII [inˈtadʒaʕ] *Ort* aufsuchen, Zuflucht nehmen (zu ه), *e-n* Weideplatz suchen.

+ [nadʒʕ], *pl.* نجوع [nuˈdʒu:ʕ] Dörfchen *n*, Weiler *m*.

نجعة [nudʒʕa] Nahrungssuche *f*.

نجف [nadʒaf], *pl.* نجاف [niˈdʒa:f] Hügel *m*, Düne *f*; Damm *m*; ال~ Nedschef (*Stadt im Ir.*).

ة~ Lüster *m*, Kronleuchter *m*.

نجل [nadʒal (jandʒul)] *e-n Sohn* zeugen.

+ [nadʒl], *pl.* أنجال [ʔanˈdʒa:l] Nachkomme *m*, Sprößling *m*.

نجم [nadʒam (jandʒum)] erscheinen, *Stern*: aufgehen; folgen, resultieren; II [naddʒam] 1. Astrologie betreiben; 2. in Raten zahlen; V [taˈnaddʒam] aus den Sternen wahrsagen.

+ [nadʒm], *pl.* نجوم [nu'dʒu:m] 1. Stern *m*, Gestirn *n*, Himmelskörper *m*; 2. Rate *f*, Teilzahlung *f*; ة~ Stern *m*; (*Film-*)Star *m*; ى~ sternförmig, Stern-, astral.

(نجو) نجا [nadʒa: (jandʒu:)] sich retten (vor من), entrinnen, entkommen, gerettet werden; II [naddʒa:] *u.* IV [ʔandʒa:] retten, in Sicherheit bringen; III [na:dʒa:] Geheimnis anvertrauen; zuflüstern; X [is'tandʒa:] sich retten, entkommen.

نجوة [nadʒwa] 1. Rettung *f*; 2. Bodenerhebung *f*.

نجوى [nadʒwa:] geheime Mitteilung *f*, vertrauliches Gespräch *n*.

نجيب [na'dʒi:b], *pl.* نجب [nudʒub] *u.* نجباء [nudʒa'ba:ʔ] edel, vornehm, vortrefflich.

نجيس [na'dʒi:s] unrein; unheilbar (*Krankheit*).

نجيع [na'dʒi:ʕ] nützlich, bekömmlich.

نحا *s.* نحو.

نحات [na'ħħa:t] Bildhauer *m*, Steinmetz *m*.

نحاس [na'ħħa:s] Kupferschmied *m*.

+ [nu'ħa:s] Kupfer *n*; ~ أصفر Messing *n*.

نحافة [na'ħa:fa] Schlankheit *f*, Magerkeit *f*.

نحال [na'ħħa:l] Imker *m*, Bienenzüchter *m*; ة + [ni'ħa:la] Imkerei *f*.

نحب [naħab (janħab)] *u.* VIII [in'taħab] weinen, schluchzen.

+ [naħb] Weinen *n*, Klage *f*; Frist *f*; Tod *m*.

نحت [naħat (janħut)] behauen, schnitzen, meißeln, abhobeln.

+ [naħt] Bildhauerei *f*.

نحر [naħar (janħur)] die Kehle durchschneiden; schlachten, töten; VI [ta'na:ħar] streiten; einander zerfleischen; VIII [in'taħar] Selbstmord begehen.

+ [naħr] 1. Tötung *f*, Schlachtung *f*; 2. *pl.* نحور [nu'ħu:r] Kehle *f*, oberer Teil der Brust.

نحس [naħus (janħus)] unheilvoll, von schlimmer Vorbedeutung sein; II [naħħas] verkupfern.

+ [naħs], *pl.* نحوس [nu'ħu:s] Unheil *n*, Unglück *n*.

+ [naħis] unheilvoll, unglückbringend.

نحف [naħuf (janħuf)] dünn, schlank, mager sein *od.* werden; IV [ʔanħaf] mager machen.

نحل [naħal (janħal)] *e.* Geschenk machen; zuschreiben (*j-m* ه *etw.* ه); – [naħal (janħul)] abmagern, abnehmen; mager sein; II [naħħal] *u.* IV [ʔanħal] schwächen, abzehren; VIII [inˈtaħal] annehmen; sich zulegen, sich zuschreiben, für sich in Anspruch nehmen, sich anmaßen.

\+ [naħl] *coll.*, ة~ Biene *f.*

نحلة [niħla], *pl.* نحل [niħal] Glaubensrichtung *f*, Sekte *f.*

نحن [naħnu] wir.

نحا (نحو) [naħa: (janħu:)] sich wenden, die Richtung einschlagen (nach ه); folgen (*j-m* نحوه), nachahmen (*j-n* نحوه); II [naħħa:] entfernen, beiseite schieben; III [na:ħa:] nahe sein (*j-m* ه); IV [ʔanħa:] sich zuwenden (*e-r Sache* على); abwenden (von عن); V [taˈnaħħa:] zur Seite gehen, sich entfernen; sich abwenden (von عن), verzichten (auf *A* عن); VIII [inˈtaħa:] sich wenden (zu ه); sich stützen (auf *A* ل).

نحو [naħw], *pl.* أنحاء [ʔanˈħa:ʔ] Richtung *f*, Seite *f*, Gegend *f*; Weg *m*, Methode *f*, Art und Weise *f*; Syntax *f*, Grammatik *f*; [naħwa] *Präp.* in Richtung auf (*A*), gegen, zu ... hin; *Adv.* etwa, ungefähr, wie z. B.

نحول [nuˈħu:l] Schlankheit *f*, Magerkeit *f*, Auszehrung *f.*

نحوى [naħwi:] grammatisch, grammatikalisch; Grammatiker *m*; schriftsprachlich.

نحيب [naˈħi:b] Weinen *n*, Klage *f.*

نحيف [naˈħi:f] *u.* نحيل [naˈħi:l] dünn, schlank, mager, abgezehrt.

نخاسة [niˈxa:sa] Viehhandel *m*; Sklavenhandel *m.*

نخاع [nuˈxa:ʕ] Mark *n*; Hirn *n*; ة~ Schleim *m*, Auswurf *m.*

نخالة [nuˈxa:la] Kleie *f*, Abfall *m.*

نخامة [nuˈxa:ma] Schleim *m*, Auswurf *m.*

نخب [naxab (janxub)] *u.* VIII [inˈtaxab] wählen (*a. Pol.*), auswählen.

\+ [naxb] Wahl *f*, Auswahl *f*; Trunk *m auf j-s Wohl.*

نخبة [nuxba] Ausgewählte(s) *n*, Auslese *f.*

نخر [naxar (janxur)] 1. schnarchen, schnauben; 2. benagen, zerfressen, zerstören; – [naxir (janxar)] zerfallen, faulen.

\+ [naxr] 1. Schnarchen *n*; 2. Fäulnis *f*, Karies *f.*

\+ [naxir] faulend; zernagt, zerfressen.

نخس [naxas (janxas)] stechen, stacheln; *Tier* antreiben.

نخشوش [nax'ʃu:ʃ] Kiemen *f/pl. des Fisches.*

نخل [naxal (janxul)] *u.* VIII [in'taxal] sieben, durchsieben.

+ [naxl] *coll.*, ~ة Dattelpalme *f.*

نخوة [naxwa] Hochmut *m*, Stolz *m*, Ehrgefühl *n.*

نخير [na'xi:r] Schnarchen *n*; Grunzen *n.*

نخيل [na'xi:l] *coll.* Dattelpalmen *f/pl.*

ند [nadda (ja'niddu)] entfliehen, entschlüpfen; II [naddad] kritisieren, entblößen.

+ [nidd], *pl.* أنداد [ʔan'da:d] gleich, ebenbürtig; Gleiche(r) *m.*

نداء [ni'da:ʔ], *pl.* [-a:t] Ruf *m*; Aufruf *m*, Appell *m*, Proklamation *f*; حرف ال~ *Gr.* Interjektion *f*; *s.a.* ندو.

نداف [na'dda:f] Baumwollkrempler *m.*

ندامة [na'da:ma] Reue *f.*

ندب [nadab (jandub)] 1. *e-n* Toten beklagen, beweinen; 2. abordnen, delegieren; – [nadib (jandab)] *Wunde*: verheilen, vernarben; VIII [in'tadab] beauftragen, abordnen, abkommandieren.

+ [nadb] 1. Weinen *n*, Totenklage *f*; 2. Abordnung *f.*

+ [nadab], *pl.* ندوب [nu'du:b] Narbe *f.*

ندبة [nadba] Narbe *f.*

+ [nudba] Totenklage *f.*

ندح [nadaħ (jandaħ)] erweitern, ausweiten.

ندحة [nadħa *u.* nudħa] freier Raum *m*; Ausweg *m*; Alternative *f.*

ندر [nadar (jandur)] selten, ungewöhnlich sein; V [ta'naddar] scherzen, Witze machen.

+ [nadr] selten; ~ة Seltenheit *f.*

ندف [nadaf (jandif)] *Baumwolle* reinigen, krempeln.

ندفة [nudfa], *pl.* ندف [nudaf] Flocke *f.*

ندم [nadim (jandam)] *u.* V [ta'naddam] bereuen; VI [ta'na:dam] miteinander zechen.

+ [nadam] Reue *f.*

ندمان [nad'ma:n], *pl.* ندامى [na'da:ma:] reuig, reuevoll.

ندا (ندو) [nada: (jandu:)] 1. rufen, einladen, einberufen; 2. zusammenkommen, sich versammeln; III [na:da:] rufen, ausrufen; verkünden, proklamieren; VI [ta'na:da:] *u.* VIII [in'tada:] sich versammeln, zusammenkommen; *s.a.* ندى.

ندوة [nadwa] Versammlung *f*; Versammlungsort *m*, Klub *m*.

\+ [nuˈdu:wa] Feuchtigkeit *f*.

ندى [nadija (janda:)] feucht, von Tau benetzt sein; II [nadda:] *u.* IV [ˀanda:] befeuchten, benetzen; V [taˈnadda:] feucht, betaut werden; freigebig sein; *s.a.* ندو.

\+ [nadan], *pl.* أنداء [ˀanˈda:ˀ] Tau *m*, Feuchtigkeit *f*.

\+ [naˈdi:j] feucht; ~ الكف freigebig.

نديد [naˈdi:d], *pl.* نداء [nudaˈda:ˀ] ebenbürtig; Rivale *m*.

نديم [naˈdi:m], *pl.* ندماء [nudaˈma:ˀ] Zechgenosse *m*, Vertraute(r) *m*.

نذالة [naˈða:la] Gemeinheit *f*, Verworfenheit *f*.

نذر [naðar (janður)] weihen, geloben; – [naðir (janðar)] gewarnt sein; IV [ˀanðar] warnen (*j-n* ه vor ب), ankündigen (*etw.* ب).

\+ [naðr], *pl.* نذور [nuˈðu:r] Gelübde *n*; Weihgeschenk *n*.

نذل [naðul (janðul)] niedrig, gemein, verworfen sein.

\+ [naðl], *pl.* أنذال [ˀanˈða:l] gemein, niedrig.

نذير [naˈði:r] 1. gelobt, geweiht; 2. Warner *m*; Warnung *f*.

نذيل [naˈði:l], *pl.* نذلاء [nuðaˈla:ˀ] gemein, niedrig.

نرد [nard] Würfelspiel *n*, Tricktrack *n*.

نرنج [narandʒ] = نارنج.

نرويج [nurˈwe:dʒ] Norwegen *n*.

نز [nazza (jaˈnizzu)] durchsickern; *Saite*: schwingen.

\+ [nazz] 1. Sickerwasser *n*; 2. flink, beweglich.

نزاع [niˈza:ʕ] Kampf *m*, Streit *m*.

نزال [niˈza:l] Kampf *m*, Treffen *n*; ~ة Siedlung *f*, Kolonie *f*.

نزاهة [naˈza:ha] Lauterkeit *f*; Redlichkeit *f*; Unparteilichkeit *f*.

نزح [nazaħ (janzaħ)] 1. sich entfernen, wegziehen, abziehen, auswandern, abmarschieren; 2. *u.* IV [ˀanzaħ] entleeren, ausschöpfen; VIII [inˈtazaħ] ausziehen, auswandern.

\+ [nazħ] Entleerung *f*, Trokkenlegung *f*, Reinigung *f*.

\+ [nazaħ] Schmutzwasser *n*.

نزر [nazr] wenig, unbedeutend; Kleinigkeit *f*.

نزع [nazaʕ (janziʕ)] 1. herausziehen, ausreißen; wegnehmen, entfernen, entreißen; *Kleid* ausziehen, ablegen; absetzen; 2. neigen, Tendenz haben (zu الى); sich begeben, ziehen (nach الى); meiden (*etw.* عن), abstehen (von عن); III [na:zaʕ] kämpfen, streiten (mit ه); bestreiten (*etw.* في); VI [taˈna:zaʕ] miteinander streiten; VIII [inˈtazaʕ] ausreißen, entreißen, wegnehmen.

+ [nazʕ] Entfernung *f*, Absetzung *f*; Wegnahme *f*; Agonie *f*; السلاح ~ Abrüstung *f*; Entwaffnung *f*; ة~, *pl.* [naza-ˈʕa:t] Neigung *f*, Tendenz *f*.

نزف [nazaf (janzif)] ausschöpfen, entleeren; *Blut* abzapfen.

+ [nazf] Entleerung *f*, Ausschöpfung *f*; Blutverlust *m*.

نزق [nazaq (janziq)] eilen; leichtsinnig, jähzornig sein; II [nazzaq] antreiben.

+ [nazaq] Hast *f*, Voreiligkeit *f*.

+ [naziq] hastig, voreilig, leichtsinnig.

نزل [nazal (janzil)] absteigen, heruntersteigen; niedergehen, sinken, fallen; lagern, einkehren, wohnen; überfallen (*j-n* على); aufgeben (*etw.* عن), verzichten (auf *A* عن); – [nazil (janzal)] sich erkälten; II [nazzal] herabsteigen lassen; niederlassen, herunterlassen, senken; abladen; herabsenden; herabsetzen, vermindern; abziehen, subtrahieren (von من); III [na:zal] kämpfen (mit ه); IV [ʔanzal] herabbringen, niederlassen, herunterholen; abladen; aussteigen lassen; herabsenden; wohnen lassen; senken, herabsetzen; zufügen (*j-m* ب *etw.* ه); V [taˈnazzal] *u.* VI [taˈna:zal] sich herablassen (zu الى); verzichten (auf *A* عن), abstehen (von عن); VI aufgeben, abtreten (*etw.* عن).

+ [nazl], *pl.* نزول [nuˈzu:l] Quartier *n*; ة~ 1. Abstieg *m*; Einkehr *f*; 2. Erkältung *f*, Schnupfen *m*.

نزه [nazuh (janzuh)] fern, frei sein (von عن), sich fernhalten; II [nazzah] rein halten (*etw.* عن); für anständig halten; zerstreuen, unterhalten; V [taˈnazzah] spazierengehen, sich unterhalten; sich fernhalten (von عن).

+ [nazah] Lauterkeit *f*, Rechtschaffenheit *f*.

+ [nazih] rein, unbescholten, anständig, redlich.

نزهة [nuzha], *pl.* نزه [nuzah] Spaziergang *m*, Ausflug *m*.

نزوح [nuˈzu:ħ] Auswanderung *f*.

نزول [nuˈzu:l] Abstieg *m*, Landung *f*; Sinken *n*, Fallen *n*.

نزوة [nazwa], *pl.* [naza'wa:t] Sprung *m*; Ausbruch *m*, Anfall *m*.

نزيح [na'zi:ħ] weit entfernt.

نزيز [na'zi:z] lebhaft, unbeständig; leidenschaftlich.

نزيع [na'zi:ʕ], *pl.* نزاع [nu'zza:ʕ] Fremde(r) *m*.

نزيف [na'zi:f] Blutung *f*, Bluterguß *m*.

نزيل [na'zi:l], *pl.* نزلاء [nuza'la:ʔ] Gast *m*, Mieter *m*, Bewohner *m*.

نسأ [nasaʔa (jansaʔu)] *u.* IV [ʔansaʔa] aufschieben; stunden.

نساء [na'sa:ʔ] Langlebigkeit *f*.
+ [na'ssa:ʔ] vergeßlich.
+ [ni'sa:ʔ] *pl.* Frauen *f/pl.* (*s.* نسوة).

نساج [na'ssa:dʒ] Weber *m*; ة+ [ni'sa:dʒa] Weberei *f*.

نساخ [na'ssa:x], *pl.* ة~ Abschreiber *m*, Kopist *m*.

نسافة [na'ssa:fa] Torpedoboot *n*.

نسائى [ni'sa:ʔi:] weiblich, Frauen-; ة~ Frauenbewegung *f*.

نسب [nasab (jansub)] beziehen (auf *A* الى), zurückführen; beilegen, zuschreiben (*j-m* الى); III [na:sab] gleichen, entsprechen, ähnlich sein (*e-r Sache* ه); übereinstimmen (mit ه), passen (zu ه); verwandt sein; VI [ta'na:sab] zusammenpassen, übereinstimmen, einander ähnlich sein; miteinander verwandt sein; VIII [in'tasab] gehören (zu الى), sich anschließen (an *A* الى); verwandt sein (mit الى); X [is'tansab] passend finden.
+ [nasab], *pl.* أنساب [ʔan'sa:b] Abstammung *f*, Herkunft *f*, Verwandtschaft *f*.

نسبة [nisba], *pl.* نسب [nisab] Verbindung *f*; Verwandtschaft *f*, Beziehung *f*; Verhältnis *n*, Proportion *f*; Prozentsatz *m* (*s.* مئوى); بالنسبة الى im Verhältnis zu, in betreff, hinsichtlich.

نسبى [nisbi:] verhältnismäßig, relativ, proportional; ~ وزن spezifisches Gewicht *n*; ا~ [nis'bi:jan] *Adv.* verhältnismäßig; ة~ Relativität *f*.

نسج [nasadʒ (jansudʒ)] weben; stricken.
+ [nasdʒ] Weben *n*; Gewebe *n*.

نسخ [nasax (jansax)] abschaffen, aufheben, tilgen; *Vertrag* kündigen; abschreiben, kopieren; III [na:sax] ersetzen; verdrängen; VI [ta'na:sax] aufeinander folgen; *Seele*: wandern; VIII [in'tasax] abschaffen; abschreiben; X [is'tansax] abschreiben; abschreiben lassen.

+ [nasx] Abschaffung *f*; Abschrift *f*.

نسخة [nusxa], *pl.* نسخ [nusax] Abschrift *f*, Kopie *f*; Exemplar *n e-s Buches*.

نسر [nasr], *pl.* نسور [nu'su:r] Adler *m*, Geier *m*.

نسف [nasaf (jansif)] zerstreuen, zerstäuben; sprengen; *Schiff* torpedieren; IV [ʔansaf] zerstreuen; VIII [in'tasaf] zerstören, vernichten.

+ [nasf] Sprengung *f*, Zerstörung *f*.

نسق [nasaq (jansuq)] *u.* II [nassaq] anordnen, aufreihen; arrangieren; V [ta'nassaq] wohlgeordnet sein; VI [ta'na:saq] aufeinander abgestimmt, symmetrisch sein, harmonieren.

+ [nasq] Aneinanderreihung *f*.

+ [nasaq] Anordnung *f*, Reihenfolge *f*; System *n*; Symmetrie *f*.

نسك [nask *u.* nusuk] Frömmigkeit *f*; Askese *f*.

نسل [nasal (jansul)] 1. *Kinder* zeugen; 2. auszupfen; *Haare*: ausfallen; II [nassal] zerfasern; IV [ʔansal] zeugen; VI [ta'na:sal] sich fortpflanzen, sich vermehren.

+ [nasl], *pl.* أنسال [ʔan'sa:l] Nachkommenschaft *f*.

نسم [nasam (jansim)] wehen; II [nassam] beginnen (*etw.* فى); V [ta'nassam] atmen; duften.

+ [nasam], *pl.* أنسام [ʔan'sa:m] Atem *m*, Hauch *m*; ~ة, *pl.* [nasa'ma:t] Atem *m*, Hauch *m*; Person *f*, Seele *f* (*als Zählwort*).

نسوان [nis'wa:n] *pl.* Frauen *f/pl.*

نسولة [na'su:la] Zuchttier *n*.

نسوة [niswa] *pl.* Frauen *f/pl.*, Weiber *n/pl.*

نسوى [niswi:] weiblich, Frauen-.

نسى [nasija (jansa:)] vergessen; IV [ʔansa:] vergessen lassen; VI [ta'na:sa:] sich stellen, als ob man vergessen habe; zu vergessen trachten; ignorieren.

+ [nasj] Vergessen *n*.

+ [na'si:j] *u.* نسيان [nas'ja:n] vergeßlich.

نسيان [nis'ja:n] Vergessen *n*, Vergessenheit *f*.

نسيب [na'si:b], *pl.* أنسباء [ʔansi'ba:ʔ] (*angeheirateter*) Verwandte(r) *m*.

نسيج [na'si:dʒ], *pl.* أنسجة [ʔansidʒa] Gewebe *n* (*a. des Körpers*); Stoff *m*.

نسيق [na'si:q] geordnet, regelmäßig.

نسيم [na'si:m] Lufthauch *m*, Brise *f*; شم الـ~ [ʃamm] *ägyptischer Volksfeiertag am koptischen Ostermontag.*

نش [naʃʃa (ja'niʃʃu)] 1. aufsaugen; zischen; 2. *Fliegen* vertreiben.

نشء [naʃʔ] Jugend *f*; Nachwuchs *m*.

نشا [naʃan] *u.* نشاء [ni'ʃa:ʔ] Stärke *f*, Stärkemehl *n*.

نشأ [naʃaʔa (janʃaʔu)] entstehen, sich bilden, sich entwickeln; hervorgehen, resultieren; wachsen, aufwachsen; sich erheben; II [naʃʃaʔa] aufziehen, erziehen; IV [ʔanʃaʔa] schaffen, erzeugen, hervorbringen, ins Leben rufen, herstellen; gründen, erbauen, errichten; *Buch* verfassen; X [is'tanʃaʔa] erforschen, erkunden.

نشاب [na'ʃʃa:b] Bogenschütze *m*.

نشادر [nu'ʃa:dir] Ammoniak *n*.

نشار [na'ʃʃa:r] Säger *m*; ة+ [nu'ʃa:ra] Sägemehl *n*.

نشاط [na'ʃɒ:ŧ] Lebhaftigkeit *f*, Tätigkeit *f*, Eifer *m*, Energie *f*, Aktivität *f*; Vitalität *f*.

نشاف [na'ʃʃa:f] Löschpapier *n*; ة~ Löschblatt *n*; Handtuch *n*.

نشال [na'ʃʃa:l] Taschendieb *m*.

نشان *s.* نيشان.

نشأة [naʃʔa] Entstehung *f*, Wachstum *n*; Jugend *f*.

نشب [naʃib (janʃab)] 1. hängen, haften, sich verwickeln; 2. *Krieg*: ausbrechen; II [naʃʃab] *u.* IV [ʔanʃab] hineinstecken, anheften.

+ [naʃab] Eigentum *n*, Besitz *m*.

نشد [naʃad (janʃud)] suchen, verfolgen; beschwören; III [na:ʃad] beschwören, anflehen; IV [ʔanʃad] singen, vortragen, rezitieren.

نشر [naʃar (janʃur)] 1. ausbreiten, entfalten; verbreiten, propagieren; veröffentlichen, bekanntmachen; 2. sägen; 3. *Tote* aufwecken; II [naʃʃar] ausbreiten; IV [ʔanʃar] *Tote* auferwecken; VIII [in'taʃar] zerstreut werden; sich ausbreiten, sich entfalten; sich verbreiten.

+ [naʃr] Ausbreitung *f*, Entfaltung *f*; Verbreitung *f*, Veröffentlichung *f*; Auferstehung *f*; ة~, *pl.* [naʃa'ra:t] Verlautbarung *f*, Bericht *m*; Verordnung *f*; Veröffentlichung *f*,

Publikation *f*; Flugblatt *n*, Zeitschrift *f*; الاخبار ~ *Radio*: Nachrichtensendung *f*.

نشز [naʃaz (janʃuz)] sich erheben; widerspenstig sein.

نشط [naʃiṭ (janʃɒṭ)] lebhaft, eifrig, tätig, aktiv, energisch sein; II [naʃʃɒṭ] *u.* IV [ʔanʃɒṭ] 1. anregen, aufmuntern, aktivieren; 2. verknoten; V [taˈnaʃʃɒṭ] = I.

+ [naʃiṭ] lebhaft, munter, rührig, tätig, aktiv, energisch.

نشع [naʃaʕ (janʃaʕ)] 1. ausreißen; 2. *Wasser*: durchsickern.

نشف [naʃaf (janʃuf)] aufsaugen, absorbieren; - [naʃif (janʃaf)] trocknen, austrocknen; II [naʃʃaf] trocknen (*etw.* ه), abtrocknen; V [taˈnaʃʃaf] trocken werden; sich abtrocknen.

+ [naʃaf] Trockenheit *f*.

نشق [naʃiq (janʃaq)] *u.* V [taˈnaʃʃaq] *u.* X [isˈtanʃaq] riechen, schnuppern, schnüffeln.

نشل [naʃal (janʃul)] herausziehen, wegnehmen, wegreißen; retten; VIII [inˈtaʃal] herausziehen; auflesen; bergen, retten.

نشن II [naʃʃan] 1. zielen, *Geschütz* richten; 2. etikettieren.

نشوء [nuˈʃu:ʔ] Entstehung *f*, Wachstum *n*; Entwicklung *f*, Evolution *f*.

نشوان [naʃˈwa:n], *f* نشوى [naʃwa:], *pl.* نشاوى [naˈʃa:wa:] berauscht.

نشوب [nuˈʃu:b] Ausbruch *m e-s Krieges*.

نشور [nuˈʃu:r] Auferstehung *f*.

نشوز [nuˈʃu:z] Widerspenstigkeit *f*, Feindseligkeit *f*; Antipathie *f*; Mißklang *m*.

نشوق [nuˈʃu:q] Schnupftabak *m*.

نشوة [naʃwa] Duft *m*; Rausch *m*, Ekstase *f*.

نشوى [naʃawi:] stärkehaltig, Stärke-.

نشى [naʃija (janʃa:)] trunken, berauscht werden; II [naʃʃa:] *Wäsche* stärken; VIII [inˈtaʃa:] = I.

نشيد [naˈʃi:d], *pl.* أنشاد [ʔanˈʃa:d] *u.* أناشيد [ʔana:ˈʃi:d] Lied *n*, Hymne *f*; وطنى ~ Nationalhymne *f*.

نشيط [naˈʃi:ṭ], *pl.* نشاط [niˈʃɒ:ṭ] = نشط [naʃiṭ].

نص [nɒssɒ (jaˈnussu)] lauten, besagen; bezeichnen, definieren, bestimmen; abfassen; anordnen; II [nɒssɒs] darlegen; anführen, zitieren.

+ [nɒss], *pl.* نصوص [nuˈsu:s] Text *m*, Wortlaut *m*; *s.a.* نصف.

نصاب [nɒ'ssɒ:b] Betrüger *m*, Schwindler *m*.

+ [ni'sɒ:b], *pl.* نصب [nusub] Prinzip *n*, Grundlage *f*; Ursprung *m*; Mindestzahl *f*, Quorum *n*; Griff *m*, Heft *n*.

نصارى *s.* نصرانى.

نصب [nɒsɒb (jansub)] aufstellen, aufrichten; *Zelt* aufschlagen; bereiten; *in e. Amt* einsetzen, ernennen; *Gr.* in den Akkusativ setzen; II [nɒssɒb] aufrichten, emporheben; einsetzen; III [nɒ:sɒb] feindselig sein (zu ه), bekämpfen; IV [ʔansɒb] 1. zuteilen; 2. ermüden; VIII [in'tasɒb] sich aufrichten, sich erheben, aufstehen; aufrecht stehen; aufgerichtet, eingesetzt werden.

+ [nɒsb] Aufstellung *f*, Errichtung *f*; Einsetzung *f*; *Gr.* Akkusativ *m*.

+ [nɒsɒb] 1. Anstrengung *f*, Mühe *f*; 2. gehißte Flagge *f*.

+ [nusb], *pl.* أنصاب [ʔan'sɒ:b] Denkmal *n*, Statue *f*; Idol *n*.

نصبة [nɒsba] 1. Pflanze *f*; 2. Schwindel *m*.

+ [nusba] Pfahl *m*, Pfosten *m*, Säule *f*.

نصت [nɒsɒt (jansit)] *u.* IV [ʔansɒt] schweigen; zuhören (*j-m* ل *u.* الى); lauschen, horchen.

نصح [nɒsɒħ (jansɒħ)] raten (*j-m* ل *u.* ه), zureden, ermahnen; es gut meinen (mit ل); III [nɒ:sɒħ] guten Rat geben (*j-m* ه); VI [ta'nɒ:sɒħ] einander beraten, einander wohlmeinend sein; VIII [in'tasɒħ] *e-n* Rat befolgen, annehmen; X [is'tansɒħ] um Rat fragen.

+ [nɒsħ] Beratung *f*, (*guter*) Rat *m*.

نصر [nɒsɒr (jansur)] helfen, beistehen (*j-m* ه gegen على); befreien, retten; II [nɒssɒr] christianisieren; taufen; III [nɒ:sɒr] beistehen; verteidigen, schützen; V [ta'nɒssɒr] 1. eintreten (für ل); 2. Christ werden; VI [ta'nɒ:sɒr] einander beistehen; VIII [in'tasɒr] 1. siegen, triumphieren (über *A* على); 2. unterstützen (*j-n* ل); eintreten (für ل); X [is'tansɒr] um Hilfe bitten.

+ [nɒsr] Sieg *m*, Triumph *m*.

نصرانى [nɒs'ra:ni:], *pl.* نصارى [na'sɒ:ra:] Christ *m*; ~ة Christentum *n*.

نصرة [nusra] Hilfe *f*, Beistand *m*.

نصع [nɒsɒʕ (jansɒʕ)] rein, lauter, deutlich, offenbar sein; IV [ʔansɒʕ] anerkennen (*etw.* ب).

نصف [nɒsɒf (jansuf)] die Mitte

erreichen; II [nɒssɒf] halbieren, in zwei Hälften teilen; III [nɒ:sɒf] teilen (mit *j-m* ه), zur Hälfte beteiligt sein (an *D* ه); IV [ʔansɒf] gerecht sein; gerecht behandeln; VIII [inˈtasɒf] die Mitte erreichen, in der Mitte stehen; zur Hälfte vorbei sein; Gerechtigkeit fordern (von من), sein Recht verlangen; X [isˈtansɒf] Gerechtigkeit suchen.

+ [nɒsɒf] Gerechtigkeit *f*.

+ [nisf] 1. mittel, mittelmäßig; 2. (*pop.* نص [nuss]) *pl.* أنصاف [ʔanˈsɒ:f] Hälfte *f*, Mitte *f*; Halb-; ى~ Halb-.

نصل [nɒsɒl (jansul)] verschwinden; *Farbe*: ausgehen; *Haare*: ausfallen; V [taˈnɒssɒl] loskommen (von من), sich entledigen (*e-r Sache* من); ablehnen (*Verantwortung* من).

+ [nɒsl], *pl.* نصال [niˈsɒ:l] Klinge *f*; Pfeil-, Speerspitze *f*.

نصة [nussɒ], *pl.* نصص [nusɒs] Stirnlocke *f*.

نصوح [nɒˈsu:ħ] treu, aufrichtig.

نصيب [nɒˈsi:b], *pl.* نصب [nusub] Anteil *m*, Los *n*, Schicksal *n*, Chance *f*; ~ يا [ja:nɒˈsi:b] Lotterie *f*.

نصيح [nɒˈsi:ħ] aufrichtig; ة~, *pl.* نصائح [nɒˈsɒ:ʔiħ] Rat *m*, Ratschlag *m*.

نصير [nɒˈsi:r], *pl.* نصراء [nusɒˈra:ʔ] Helfer *m*, Anhänger *m*, Verteidiger *m*.

نصيع [nɒˈsi:ʕ] rein, lauter, klar, deutlich.

نض [nɒđđɒ (jaˈniđđu)] rinnen, tröpfeln; II [nɒđđɒđ] schütteln.

+ [nɒđđ] Bargeld *n*, klingende Münze *f*; ا~ [nɒđđɒn] in bar.

نضار [nuˈđɒ:r] Gold *n*.

نضارة [nɒˈđɒ:ra] Frische *f*, Jugendlichkeit *f*; Blüte *f der Jugend*.

نضال [niˈđɒ:l] Kampf *m*; Gefecht *n*.

نضب [nɒđɒb (janđub)] versikkern, versiegen; schwinden.

نضج [nɒđidʒ (janđɒdʒ)] reifen, reif werden; gar gekocht werden; IV [ʔanđɒdʒ] reifen lassen; gar kochen.

نضح [nɒđɒħ (janđiħ)] befeuchten, benetzen; bespritzen, besprengen.

نضد [nɒđɒđ (janđid)] *u.* II [nɒđđɒd] aufschichten, übereinanderlegen; ordnen.

+ [nɒđɒd], *pl.* أنضاد [ʔanˈđɒ:d] (Bett-)Gestell *n*.

نضر [nɒđur (janđur)] frisch,

glänzend, blühend sein; II [nɒđđɒr] auffrischen; blühend machen.

+ [nɒđir] blühend, frisch.

نضرة [nɒđra] = نضارة.

نضل [nɒđɒl (janđul)] übertreffen, besiegen; III [nɒ:đɒl] kämpfen (mit ه; für من أجل); verteidigen (*etw.* عن).

نضا (نضو) [nɒđɒ: (janđu:)] *Kleid* ausziehen; IV [ʔandɒ:] erschöpfen; abnutzen; VIII [in'tađɒ:] herausziehen.

نضوج [nu'đu:dʒ] Reife *f.*

نضيدة [nɒ'đi:da], *pl.* نضائد [nɒ'đɒ:ʔid] Polster *n*, Matratze *f.*

نط [nɒttɒ (ja'nuttu)] hüpfen, springen.

نطاق [ni'tɒ:q], *pl.* نطق [nutuq] Gürtel *m*; Grenze *f*, Einfassung *f*; Bereich *m*, Zone *f*; Umkreis *m*; واسع الـ~ umfangreich.

نطح [nɒtɒħ (jantɒħ)] stoßen, rammen; VI [ta'nɒ:tɒħ] *u.* VIII [in'tatɒħ] einander stoßen.

نطر [nɒtɒr (jántur)] bewachen.

نطس [nɒtis] erfahren, geschickt (*bes. Arzt*).

نطف [nɒtɒf (jantuf)] tropfen, rieseln.

نطفة [nutfa] Tropfen *m*; Samenflüssigkeit *f.*

نطق [nɒtɒq (jantuq)] sprechen; aussprechen, artikulieren; II [nɒttɒq] 1. umgürten; 2. zum Sprechen bringen; IV [ʔantɒq] zum Sprechen bringen; V [ta'nɒttɒq] sich umgürten; X [is'tantɒq] befragen, verhören; sich erbrechen.

+ [nutq] Sprache *f*, Aussprache *f.*

نطة [nɒttɒ] Sprung *m.*

نظار [nɒ'zzɒ:r] scharfsichtig; *s.a.* ناظر.

نظارة [nɒ'zzɒ:ra], *pl.* [-a:t] Brille *f*; Fernglas *n*, Feldstecher *m.*

+ [ni'zɒ:ra] Aufsicht *f*, Inspektion *f*; Leitung *f.*

نظافة [nɒ'zɒ:fa] Reinheit *f*, Reinlichkeit *f*, Sauberkeit *f.*

نظام [ni'zɒ:m], *pl.* نظم [nuzum] *u.* أنظمة [ʔanzima] *u.* [-a:t] Ordnung *f*, System *n*, Organisation *f*; Regelmäßigkeit *f*; Aufbau *m*; Regel *f*, Satzung *f*, Statut *n*; Disziplin *f*; ~ى ordentlich, regulär, planmäßig, systematisch.

نظر [nɒzɒr (janzur)] blicken, schauen; ansehen, anblicken, betrachten (*etw.* الى *u.* ه); erwägen, untersuchen (*etw.* فى), sich befassen (mit فى *bes. Rechtssache*), *Fall* bearbeiten; III [nɒ:zɒr] vergleichen;

streiten, disputieren (mit ه); IV [ˀanzɒr] Aufschub gewähren (*j-m* ه); V [taˈnɒzzɒr] betrachten; erwarten; VI [taˈnɒːzɒr] miteinander disputieren; VIII [inˈtazɒr] warten (auf *A* ه), erwarten (*j-n* ه); abwarten; X [isˈtanzɒr] warten; um Aufschub bitten.

+ [nɒzɒr], *pl.* أنظار [ˀanˈzɒːr] Blick *m*; Sehen *n*; Einsichtnahme *f*, Betrachtung *f*, Beobachtung *f*; Aufmerksamkeit *f*, Rücksicht *f*, Sorge *f*; Erwägung *f*, Überlegung *f*; Prüfung *f*, Bearbeitung *f*; Theorie *f*, Spekulation *f*; ~ا الى [nɒzɒran ˀilaː] im Hinblick auf, mit Rücksicht auf, angesichts; أهل ال~ Theoretiker *m/pl*; طويل ال~ weitsichtig; قصير ال~ kurzsichtig; اعادة ال~ Revision *f* (*s.* عود IV).

+ [nizr] ähnlich, gleich.

نظرة [nɒzra], *pl.* [nɒzɒˈraːt] Blick *m*; Betrachtung *f*.

نظرى [nɒzɒriː] visuell; optisch; theoretisch; ~ة Theorie *f*; Lehrsatz *m*.

نظف [nɒzuf (janzuf)] rein, sauber sein; II [nɒzzɒf] reinigen, säubern, putzen; V [taˈnɒzzɒf] sich reinigen.

نظم [nɒzɒm (janzim)] *u.* II [nɒzzɒm] ordnen, anordnen, aufreihen, einreihen; einrichten, einstellen, regeln, regulieren; *Instrument* stimmen; organisieren, veranstalten; *Dichter*: dichten; V [taˈnɒzzɒm] geordnet, organisiert werden; VIII [inˈtazɒm] geordnet, organisiert sein; sich einordnen, sich anschließen; eintreten (in *e-e Schule* في), beitreten (*e-r Körperschaft* في).

+ [nɒzm] Ordnung *f*, Einrichtung *f*, Organisation *f*; gebundene Rede *f*, Poesie *f*; *s.a.* نظام.

نظير [nɒˈziːr], *pl.* نظراء [nuzɒˈraːˀ] gleich, ähnlich, entsprechend; Gegenstück *n*; Gegenleistung *f*; ~ السمت *Astronomie*: Nadir *m*; ~ة, *pl.* نظائر [nɒˈzɒːˀir] *f zum vorigen*; Kopie *f*, Doppel *n*; *Physik*: Isotop *n*.

نظيف [nɒˈziːf], *pl.* نظاف [niˈzɒːf] rein, sauber; reinlich.

نعاس [nuˈʕaːs] Schläfrigkeit *f*; Schlummer *m*.

نعام [naˈʕaːm] *coll.*, ~ة, *pl.* نعائم [naˈʕaːˀim] Strauß *m* (*Vogel*).

نعت [naʕat (janʕat)] beschreiben, kennzeichnen.

+ [naʕt] Beschreibung *f*; Qualifikativ *n*; *Gr.* Attribut *n*.

نعجة [naʕdʒa], *pl.* [naʕaˈdʒa:t] *u.* نعاج [niˈʕa:dʒ] (*weibliches*) Schaf *n*, Mutterschaf *n*.

نعر [naʕar (janʕar)] grunzen, brüllen, schnauben; *Blut*: fließen.

نعس [naʕas (janʕas)] schläfrig sein, schlummern; II [naʕʕas] *u.* IV [ʔanʕas] schläfrig machen; VI [taˈna:ʕas] sich schläfrig stellen, dösen.

نعسة [naʕsa] Schlummer *m*.

نعش [naʕaʃ (janʕaʃ)] heben; beleben, erfrischen; VIII [inˈtaʕaʃ] sich erholen, erfrischt werden.

+ [naʕʃ], *pl.* نعوش [nuˈʕu:ʃ] Totenbahre *f*.

نعق [naʕaq (janʕaq)] kreischen; *Rabe*: krächzen; *Schaf*: blöken.

نعل [naʕal (janʕal)] *u.* II [naʕʕal] *u.* IV [ʔanʕal] mit Schuhen versehen; *Pferd* beschlagen; VIII [inˈtaʕal] Schuhe *od.* Sandalen tragen.

+ [naʕl], *pl.* نعال [niˈʕa:l] Sandale *f*, Sohle *f*; Hufeisen *n*.

نعم [naʕim (janʕam)] in Wohlstand, bequem, sorgenfrei leben; genießen (*etw.* ب); – [naʕum (janʕum)] zart, weich, glatt sein; II [naʕʕam] glätten, erweichen, pulverisieren; IV [ʔanʕam] gnädig sein (*j-m* على), gewähren (*j-m* على *etw.* ب); angenehm machen; V [taˈnaʕʕam] angenehm leben.

+ [naʕam] 1. ja!, gewiß!; 2. *pl.* أنعام [ʔanˈʕa:m] Vieh *n*.

+ [niʕma] wie vortrefflich ist . . .!

نعمان [nuʕˈma:n] Blut *n*; *a. npr. m*.

نعمة [naʕma] Wohlleben *n*, Komfort *m*.

+ [niʕma], *pl.* نعم [niʕam] Gnade *f*, Wohltat *f*, Güte *f*.

نعناع [naʕˈna:ʕ] *u.* نعنع [naʕnaʕ] Pfefferminze *f*.

نعومة [nuˈʕu:ma] Weichheit *f*; Glätte *f*; Feinheit *f*.

نعوة [naʕwa] = نعية.

نعى [naʕa: (janʕa:)] den Tod (*j-s* ه) verkünden *od.* anzeigen.

+ [naˈʕi:j] Todesbote *m*; Tadel *m*, Vorwurf *m*.

نعير [naˈʕi:r] Lärm *m*, Geschrei *n*, Gebrüll *n*.

نعيم [naˈʕi:m] Wohlleben *n*, Glückseligkeit *f*; Paradies *n*.

نعية [naʕja] Todesbotschaft *f*, Todesanzeige *f*.

نغز [naɣaz (janɣaz)] stechen; kitzeln.

نغش [naγaʃ (janγaʃ)] beweglich sein; III [na:γaʃ] flirten.

نغص II [naγγɒs] *u.* IV [ˀanγɒs] stören, beunruhigen; *das Leben* vergällen.

نغصة [nuγsɒ] Unannehmlichkeit *f*, Belästigung *f*.

نغل [naγl] uneheliches Kind *n*.

نغم [naγam (janγum)] *u.* II [naγγam] *u.* V [taˈnaγγam] (*vor sich hin*) singen; trällern; VI [taˈna:γam] im Chor singen.

+ [naγm], *pl.* أنغام [ˀanˈγa:m] Melodie *f*, Weise *f*; ~ة [naγma *u.* naγama], *pl.* [-a:t] Ton *m*, Klang *m*; Melodie *f*.

نغى (نغو) نغا [naγa: (janγu:)] *u.* [naγa: (janγi:)] sprechen; III [na:γa:] zureden (*j-m* ه), schmeicheln.

نف [naffa (jaˈnuffu)] schnupfen; sich schneuzen.

نفاء [naˈfa:ˀ] Abfall *m*, Ausschuß *m*; *s.* نفو.

نفاثة [naˈffa:θa] *u.* ~ طائرة Düsenflugzeug *n*.

+ [nuˈfa:θa] Speichel *m*, Spucke *f*.

نفاثى [naˈffa:θi:] Düsen-; ~ تسيير Düsenantrieb *m*.

نفاخ [naˈffa:x] 1. aufgeblasen; 2. blähend.

+ [nuˈffa:x] Schwellung *f*; ~ة Blase *f*.

نفاد [naˈfa:d] Verbrauch *m*, Schwund *m*.

نفاذ [naˈfa:ð] Durchdringung *f*; Ausführung *f*; Exekution *f*.

+ [naˈffa:ð] durchdringend, wirksam.

نفاس [niˈfa:s] Entbindung *f*, Niederkunft *f*; حمى ال~ Kindbettfieber *n*.

نفاسة [naˈfa:sa] Kostbarkeit *f*.

نفاض [naˈfɒ:đ] Fieberschauer *m*.

نفاع [naˈffa:ˁ] nützlich.

نفاق [naˈfa:q] Absatz *m der Ware*.

+ [niˈfa:q] Heuchelei *f*; *s.a.* نفقة.

نفاة [naˈfa:t] *u.* نفاوة [naˈfa:wa] *u.* نفاية [naˈfa:ja] = نفاء.

نفث [nafaθ (janfiθ)] speien, ausspucken; ausspritzen; ausblasen.

نفثة [nafθa], *pl.* [nafaˈθa:t] Speichel *m*, Auswurf *m*.

نفج [nafadʒ (janfadʒ)] aufspringen; aufblähen; prahlen.

نفح [nafaħ (janfaħ)] *Duft*: sich verbreiten; duften; wehen; gewähren, schenken.

نفحة [nafħa] Hauch *m*; Duft *m*; Geschenk *n*.

نفخ [nafax (janfux)] blasen, hauchen; aufblasen, aufpumpen;

einhauchen; *Kerze* ausblasen; VIII [inˈtafax] sich aufblasen, sich aufblähen, anschwellen.

+ [nafx] Blasen *n*, Aufblasen *n*; ـة~ Hauch *m*, Windstoß *m*.

نفد [nafid (janfad)] verbraucht, erschöpft sein; ausgehen; *Buch*: vergriffen sein; IV [ʔanfad] *u.* X [isˈtanfad] verbrauchen, erschöpfen, verzehren.

نفدة [nafda] Buchung *f*, Eintragung *f*.

نفذ [nafað (janfuð)] durchbohren, durchdringen; hindurchgehen (durch ه); eindringen (in *A* الى); *Öffnung*: hinausgehen (auf *A* الى); wirksam sein; ausgeführt werden; II [naffað] *u.* IV [ʔanfað] durchstechen; ausführen, durchführen, vollstrecken; *Beschluß* durchsetzen; *Nachricht* übermitteln; V [taˈnaffað] durchgeführt werden.

+ [nafað], *pl.* أنفاذ [ʔanˈfa:ð] Öffnung *f*, Loch *n*, Ausweg *m*.

نفر [nafar (janfir)] 1. scheu werden, zurückschrecken (vor من), Abneigung *od.* Abscheu haben; meiden (*etw.* من); davonlaufen, fliehen; 2. anschwellen, hervortreten; spritzen; II [naffar] abschrecken, verscheuchen, verjagen; III [na:far] meiden (*etw.* ه), aus dem Wege gehen (*j-m* ه); VI [taˈna:far] einander meiden, einander abstoßen.

+ [nafar], *pl.* أنفار [ʔanˈfa:r] 1. Person *f*, Individuum *n*, Mann *m* (*als Zählwort*); *Mil.* (*gemeiner*) Soldat *m*; 2. Gruppe *f*, Schar *f*, Trupp *m*.

نفرة [nafra] Abneigung *f*, Antipathie *f*.

نفس [nafis (janfas)] 1. zurückhalten; neiden (*j-m* على *etw.* ه), mißgönnen; 2. im Kindbett liegen; – [nafus (janfus)] kostbar, wertvoll sein; II [naffas] trösten, aufheitern; *Kummer* vertreiben; Luft machen (*e-m Gefühl* عن), abreagieren (*etw.* عن); *Ballon*: Luft auslassen; III [na:fas] wetteifern (mit ه in *D* في), rivalisieren; kämpfen (um على), streben (nach على); V [taˈnaffas] atmen, Atem schöpfen; verschnaufen; ~ الصعداء aufatmen, aufseufzen; VI [taˈna:fas] miteinander wetteifern (um على).

نفس [nafs] *f*, *pl.* نفوس [nuˈfu:s] *u.* أنفس [ʔanfus] Seele *f*, Geist *m*;

Person *f*, Individuum *n*; Wesen *n*; Selbst *n*; Wunsch *m*, Neigung *f*; علم الـ~ Psychologie *f*; ~ الشيء das Ding selbst, dasselbe Ding; في ~ الوقت zur selben Zeit; نفسه [nafsuhu] *u.* بنفسه [bi-nafsihi] er selbst; من نفسه von selbst; الثقة بالنفس Selbstvertrauen *n*.

+ [nafas], *pl.* أنفاس [ʔanˈfa:s] Atem *m*, Atemzug *m*, Hauch *m*; Zug *m beim Rauchen*; Stil *m e-s Schriftstellers*.

نفساء [nafˈsa:ʔ], *pl.* نوافس [naˈwa:fis] Wöchnerin *f*.

نفسانى [nafˈsa:ni:] seelisch, psychisch.

نفسة [nufsa] Aufschub *m*, Pause *f*.

نفسى [nafsi:] seelisch, psychisch; ~ة Seelenleben *n*; Mentalität *f*.

نفش [nafaʃ (janfuʃ)] anschwellen; *Haare, Gefieder* sträuben; II [naffaʃ] *Wolle* kämmen; V [taˈnaffaʃ] *u.* VIII [inˈtafaʃ] sich aufblähen; die Haare sträuben.

+ [nafaʃ] Wolle *f*.

نفض [nafɒđ (janfuđ)] schütteln, abschütteln, ausschütteln; *Tuch* ausstauben, *Zigarette* abstreifen; II [naffɒđ] stark schütteln, ausschütteln; IV [ʔanfɒđ] ganz aufbrauchen, verausgaben; verarmen; VIII [inˈtafɒđ] sich schütteln; beben; geschüttelt, aufgerüttelt werden.

نفط [nafiŧ (janfɒŧ)] sieden, wallen; Blasen bekommen.

+ [nafŧ] Erdöl *n*, Petroleum *n*; ~ة Blase *f*.

نفع [nafaʕ (janfaʕ)] nützlich, brauchbar, vorteilhaft sein; nützen; helfen; II [naffaʕ] nutzbar machen; VIII [intafaʕ] ausnutzen (*etw.* ب *u.* من), Nutzen ziehen (aus ب *u.* من); sich bedienen (*e-r Sache* ب).

+ [nafʕ] Nutzen *m*, Vorteil *m*, Gewinn *m*; Wohlfahrt *f*; ~ى eigennützig; Utilitarist *m*.

نفق [nafaq (janfuq)] verbraucht werden, zu Ende gehen; *Tier*: verenden; *Ware*: Absatz haben; II [naffaq] *Ware* absetzen, verkaufen; III [na:faq] heucheln, sich verstellen; IV [ʔanfaq] verbrauchen; verschwenden; *Geld* ausgeben; *Zeit* verbringen; X [isˈtanfaq] verbrauchen, ausgeben.

+ [nafaq], *pl.* أنفاق [ʔanˈfa:q] unterirdischer Gang *m*, Tunnel *m*; ~ة, *pl.* [-a:t] *u.* نفاق

[niˈfa:q] Ausgabe *f*, (*Geld-*) Auslage *f*; Kosten *pl.*, Spesen *pl*; Lebensunterhalt *m*.

نفل [nafal] 1. Geschenk *n*; 2. Beute *f*; 3. Klee *m*.

نفا (نفو) [nafa: (janfu:)] = نفى.

نفوذ [nuˈfu:ð] Wirksamkeit *f*; Einfluß *m*, Autorität *f*.

نفور [naˈfu:r] scheu, schreckhaft, furchtsam.

+ [nuˈfu:r] Scheuwerden *n*, Flucht *f*; Abneigung *f*, Widerwille *m*, Antipathie *f*.

نفوع [naˈfu:ʕ] nützlich, brauchbar.

نفى [nafa: (janfi:)] vertreiben, verstoßen, verbannen, ausweisen; verweigern, ablehnen; leugnen, ableugnen, dementieren; verneinen, negieren; III [na:fa:] widersprechen (*e-r Sache* ه), unvereinbar sein (mit ه); VI [taˈna:fa:] miteinander unvereinbar sein; VIII [inˈtafa:] verbannt werden; geleugnet, widerlegt werden; aufhören.

+ [nafj] Ausweisung *f*, Verbannung *f*; Ablehnung *f*; Verleugnung *f*; Verbot *n*; Verneinung *f*, Negation *f*.

+ [naˈfi:j] verbannt; abgelehnt; verleugnet.

نفير [naˈfi:r] 1. Schar *f*, (*Truppen-*)Aufgebot *n*; 2. Signalhorn *n*.

نفيس [naˈfi:s] kostbar, wertvoll; ~ة, *pl.* نفائس [naˈfa:ʔis] Kostbarkeit *f*; *a. npr. f.*

نفيضة [naˈfi:đɒ], *pl.* نفائض [naˈfɒ:ʔiđ] Spähtrupp *m*.

نق [naqqa (jaˈniqqu)] *Frosch*: quaken; *Huhn*: gackern.

نقاء [naˈqa:ʔ] Reinheit *f*.

نقاب [niˈqa:b], *pl.* نقب [nuqub] Schleier *m*; Hülle *f*; ~ة, *pl.* [-a:t] Genossenschaft *f*, Gewerkschaft *f*, Syndikat *n*; Innung *f*; Gilde *f*; ~ى gewerkschaftlich, genossenschaftlich; ~ية Syndikalismus *m*.

نقاد [naˈqqa:d] Kritiker *m*; *s.a.* ناقد.

نقار [naˈqqa:r] Schnitzer *m*, Graveur *m*; ~ة Doppelpauke *f*.

نقاش [naˈqqa:ʃ] Maler *m*, Schnitzer *m*, Bildhauer *m*.

+ [niˈqa:ʃ] Diskussion *f*, Disput *m*; ~ة Malerei *f*.

نقاعة [nuˈqa:ʕa] Aufguß *m*.

نقال [naˈqqa:l] transportabel; ~ة Tragbahre *f*; Transportschiff *n*.

نقاهة [naˈqa:ha] Genesung *f*, Erholung *f*; دار الـ~ Erholungsheim *n*.

نقاوة [naˈqa:wa] *u.* نقاية [nuˈqa:ja] Auslese *f*, Beste(s) *n*.

نقب [naqab (janqub)] durchbohren, durchlöchern; aushöhlen; graben, aufgraben; nachforschen (nach عن); untersuchen; durchreisen; II [naqqab] bohren, graben, Ausgrabungen machen; prüfen, untersuchen (*etw.* عن); V [taˈnaqqab] untersuchen (*etw.* عن); *u.* VIII [inˈtaqab] sich verschleiern.

+ [naqb], *pl.* أنقاب [ʔanˈqa:b] *u.* نقاب [niˈqa:b] Grabung *f*, Bohrung *f*, Aushöhlung *f*; Loch *n*; Bresche *f*.

نقح [naqaħ (janqaħ)] stutzen, beschneiden; II [naqqaħ] durchsehen, verbessern, korrigieren.

نقد [naqad (janqud)] 1. picken, hacken; kritisieren; 2. in bar bezahlen; VIII [inˈtaqad] kritisieren, bemängeln.

+ [naqd] 1. Kritik *f*; 2. *pl.* نقود [nuˈqu:d] (bares) Geld *n*; Münzen *f/pl*; ~ا [naqdan] *Adv.* in bar; ~ى geldlich, Geld-; bar; ~ية Bargeld *n*.

نقذ [naqað (janquð)] *u.* IV [ʔanqað] retten, erretten; befreien.

نقر [naqar (janqur)] klopfen, schlagen; hacken; *Vogel*: pikken; graben, aushöhlen; gravieren; schnitzen; – [naqir (janqar)] sich ärgern; III [na:qar] streiten, zanken (mit ه).

+ [naqr] Eingrabung *f*, Aushöhlung *f*.

+ [naqir] ärgerlich, beleidigt.

نقرس [niqris] Gicht *f*, Podagra *n*.

نقرة [nuqra], *pl.* نقر [nuqar] Grube *f*, Vertiefung *f*; Höhlung *f*; Loch *n*.

نقش [naqaʃ (janquʃ)] *u.* II [naqqaʃ] ausmeißeln, gravieren; bemalen; III [na:qaʃ] besprechen, diskutieren (mit *j-m* ه *etw.* ه); VI [taˈna:qaʃ] miteinander diskutieren; VIII [inˈtaqaʃ] *Dorn* herausziehen; eingraviert werden.

+ [naqʃ], *pl.* نقوش [nuˈqu:ʃ] Zeichnung *f*, Muster *n*; Gravierung *f*; Relief *n*, Skulptur *f*.

نقص [naqɒs (janqus)] abnehmen, sich vermindern; weniger sein (als عن); unvollständig, mangelhaft, fehlerhaft sein; II [naqqɒs] *u.* IV [ʔanqɒs] vermindern, verringern; herabsetzen; VI [taˈna:qɒs] langsam abnehmen, sich allmählich verringern; VIII [inˈtaqɒs] 1. abnehmen, sich verringern; 2. vermindern, beeinträchtigen; X [is'tanqɒs] mangelhaft, fehlerhaft finden.

+ [naqs] *u.* نقصان [nuq'sɒ:n] Abnahme *f*, Verminderung *f*; Mangel *m*, Verlust *m*; Knappheit *f* (an *D* في); Mangelhaftigkeit *f*; Defekt *m*, Fehler *m*.

نقض [naqɒđ (janquđ)] zerstören, niederreißen; zerreißen; *Vertrag* brechen, lösen; *Regel* übertreten, verletzen; widerlegen; aufheben, widerrufen, annullieren; III [na:qɒđ] unvereinbar sein, in Widerspruch stehen (mit ه); V [ta'naqqɒđ] zerstört, aufgelöst werden; zusammenbrechen; VI [ta'na:qɒđ] einander widersprechen; VIII [in'taqɒđ] einstürzen; sich auflehnen, rebellieren.

+ [naqđ] Zerstörung *f*; Bruch *m*; Verstoß *m*; Widerlegung *f*; Widerspruch *m*, Veto *n*; Aufhebung *f*; *s.a.* أنقاض.

نقط [naqɒt (janqut)] tropfen; punktieren, mit Punkten versehen; II [naqqɒt] punktieren, betupfen; tropfen, betropfen.

نقطة [nuqtɒ], *pl.* نقط [nuqɒt] *u.* نقاط [ni'qɒ:t] Punkt *m*; Tropfen *m*; Fleckchen *n*, Tüpfelchen *n*; Ort *m*, Stellung *f*, Stützpunkt *m*; (*Polizei*-)Posten *m*, Wache *f*.

نقع [naqaʕ (janqaʕ)] einweichen, aufgießen; auflösen; *Durst* löschen; *Wasser*: stagnieren.

+ [naqʕ] Aufguß *m*; stehendes Wasser *n*, Sumpf *m*.

نقل [naqal (janqul)] befördern, transportieren, fortbewegen; versetzen, verlegen; umziehen; überbringen, übertragen; überliefern; abschreiben; übersetzen; anführen, zitieren; II [naqqal] mehrmals fortbewegen, verschieben; III [na:qal] reichen (*j-m* ه), austauschen (mit *j-m* ه); V [ta'naqqal] sich fortbewegen, umherziehen, den Ort wechseln; transportiert, befördert werden; VI [ta'na:qal] überliefern, *Nachricht* verbreiten; VIII [in'taqal] den Ort wechseln, übersiedeln; versetzt, transferiert werden; übertragen, verpflanzt, übermittelt werden; übergehen (auf *A* الى); sich begeben (zu, nach الى), abreisen.

+ [naql] Tragen *n*, Beförderung *f*, Transport *m*; Umzug *m*; Übertragung *f*; Abschrift *f*; Übersetzung *f*; Versetzung *f e-s Beamten*; ~ سيارة Lastkraftwagen *m*.

نقلة [nuqla] 1. Wanderung *f*, Ortswechsel *m*; 2. Tratsch *m*, Klatsch *m*.

نقلى [naqli:] Transport-; traditionell; ~ات [naqli:ˈja:t] *pl.* Transporte *m/pl*; Transportwesen *n*.

نقم [naqam (janqim)] hassen (*j-n* على); sich rächen (an *D* من); VIII [inˈtaqam] sich rächen, Rache nehmen (an *D* من für ل).

نقمة [naqma *u.* niqma], *pl.* نقم [niqam] Rache *f*; Groll *m*.

نقه [naqih [janqah)] *u.* VIII [inˈtaqah] sich erholen, genesen.

+ [naqah] *u.* ~ة [naqha] Genesung *f*, Erholung *f*.

+ [naqih] rekonvaleszent, genesend.

نقود *s.* نقد.

نقى [naqija (janqa:)] rein sein; II [naqqa:] reinigen; aussondern, aussortieren, aussuchen; IV [ʔanqa:] reinigen; VIII [inˈtaqa:] auswählen, auslesen.

+ [naˈqi:j] rein, lauter, klar, unbefleckt.

نقيب [naˈqi:b], *pl.* نقباء [nuqaˈba:ʔ] Oberhaupt *n*, Vorsteher *m*; Älteste(r) *m*; Obmann *m*, Syndikus *m*, Präsident *m*; ~ الاشراف Adelsmarschall *m*; ~ة, *pl.* نقائب [naˈqa:ʔib] Seele *f*; Verstand *m*.

نقيصة [naˈqi:sɒ], *pl.* نقائص [naˈqa:ʔis] Fehler *m*, Defekt *m*, Mangel *m*.

نقيض [naˈqi:đ] widersprechend; *u.* ~ة Gegensatz *m*, Gegenteil *n*.

نقيق [naˈqi:q] Gequake *n*, Gegacker *n*.

نكات [naˈkka:t] witzig, pikant.

نكاح [niˈka:ħ] Heirat *f*, Ehe *f*.

نكال [naˈka:l] Warnung *f*, exemplarische Bestrafung *f*.

نكاية [niˈka:ja] Ärger *m*, Kränkung *f*, Schädigung *f*.

نكب [nakab (jankub)] heimsuchen, unglücklich machen; abweichen (von عن); II [nakkab] abwenden, ablenken; V [taˈnakkab] ausweichen (*e-r Sache* عن); vermeiden.

+ [nakb], *pl.* نكوب [nuˈku:b] *u.* ~ة, *pl.* ~ات [nakaˈba:t] Unglück *n*, Unheil *n*; Katastrophe *f*.

نكت [nakat (jankut)] *die Erde aufscharren*; II [nakkat] Witze machen; sich lustig machen (über *A* على).

نكتة [nukta], *pl.* نكت [nukat] Witz *m*, Pointe *f*; Anekdote *f*.

نكث [nakaθ (jankuθ)] *Wort* brechen, *Vertrag* verletzen; VIII [inˈtakaθ] gebrochen, verletzt werden.

+ [nakθ] Bruch *m*, Verletzung *f e-s Vertrages*.

نكح [nakaħ (jankaħ)] heiraten, die Ehe eingehen (mit ها).

نكد [nakid (jankad)] *Leben*: hart, unglücklich sein; II [nakkad] das Leben verbittern, schwermachen (*j-m* ه).

+ [nakad] Widerwärtigkeit *f*, Unglück *n*.

نكر [nakir (jankar)] nicht wissen; nicht (er-, aner-)kennen; ignorieren; (ver)leugnen; II [nakkar] unkenntlich machen; maskieren; IV [ʔankar] verleugnen, nicht anerkennen; bestreiten; verwerfen, mißbilligen; V [taˈnakkar] sich verleugnen; sich verkleiden; VI [taˈnaːkar] sich unwissend stellen; X [isˈtankar] mißbilligen, verwerfen.

+ [nakir] unbekannt.

+ [nukr] *u.* نكران [nukˈraːn] Leugnen *n*, Verneinung *f*.

نكرة [nakira] *Gr.* indeterminiertes Nomen *n*.

نكس [nakas (jankus)] *u.* II [nakkas] umdrehen, wenden; senken, herunterlassen; VIII [inˈtakas] umgekehrt, umgeworfen werden; *Kranker*: *e-n* Rückfall erleiden.

+ [nuks] *u.* نكسة [naksa] Rückfall *m e-r Krankheit*.

نكش [nakaʃ (jankiʃ)] aufwühlen, durchstöbern; ausräumen, reinigen.

نكص [nakas (jankis)] sich zurückziehen (von عن), zurückweichen.

نكف [nakaf (jankuf)] zurückhalten; verschmähen (*etw.* عن); III [naːkaf] ärgern, plagen; X [isˈtankaf] hochmütig sein; verachten.

نكفة [nakafa] Ohrspeicheldrüse *f*; Mumps *m*.

نكل [nakal (jankul)] zurückschrecken (vor عن), ablassen (von عن); II [nakkal] ein Exempel statuieren, exemplarisch bestrafen; IV [ʔankal] zurückweisen, zurücktreiben.

+ [nikl], *pl.* أنكال [ʔanˈkaːl] Fessel *f*, Kette *f*.

نكهة [nakha] Duft *m*; Atem *m*.

نكول [nuˈkuːl] Verweigerung *f* (*e-r Sache* عن).

نكى [nakaː (jankiː)] *u.* IV [ʔanka:] ärgern, quälen, schädigen.

نكير [na'ki:r] verwerflich, widerlich; Leugnung *f*, Verneinung *f*.

نم [namma (ja'nummu)] verraten, enthüllen; verleumden (*j-n* على).

+ [namm] Verleumdung *f*; Verleumder *m*.

نماء [na'ma:ʔ] Wachstum *n*, Zunahme *f*; *s.* نمو *u.* نمى.

نمارة [na'mma:ra] Nummernstempel *m*.

نمر II [nammar] numerieren; V [ta'nammar] zornig werden.

+ [nimr *u.* namir], *pl.* أنمار [ʔan'ma:r] *u.* نمور [nu'mu:r] Tiger *m*; Leopard *m*.

نمرة [numra] 1. Fleck *m*; 2. *u.* [nimra], *pl.* نمر [numar *u.* nimar] Nummer *f*, Zahl *f*.

نمس [namas (janmis)] geheimhalten; *e.* Geheimnis anvertrauen.

+ [nims], *pl.* نموس [nu'mu:s] Marder *m*, Wiesel *n*.

نمسا: الـ~ [a'nnimsa:] Österreich *n*; نمساوى [nim'sa:wi:] *u.* نمسوى [namsawi:] österreichisch; Österreicher *m*.

نمش [namaʃ] *coll.* Sommersprossen *f/pl.*

نمط [nampt], *pl.* أنماط [ʔan'mp:t] Art *f*, Form *f*, Gattung *f*; Art und Weise *f*; ~ى formell, förmlich; Standard-.

نمق II [nammaq] verschönern, schmücken; *Text* aufsetzen, elegant abfassen.

نمل [namil (janmal)] *Gliedmaßen*: kribbeln, eingeschlafen sein.

+ [naml] *coll.*, ~ة Ameise *f*; ~ى Ameisen-; ~ية Küchenschrank *m*.

نما (نمو) [nama: (janmu:)] wachsen, zunehmen; *s.a.* نمى.

نمو [nu'mu:w] Wachstum *n*, Zuwachs *m*, Zunahme *f*.

نموذج [nu'mu:ðadʒ], *pl.* نماذج [na'ma:ðidʒ] Muster *n*, Probe *f*; Modell *n*, Vorlage *f*; Beispiel *n*, Vorbild *n*; ~ى vorbildlich, musterhaft, mustergültig; Muster-.

نمى [nama: (janmi:)] wachsen, zunehmen, sich vermehren; gedeihen, sich entwickeln; erreichen (*j-n* الى), zugeschrieben werden (*j-m* الى); II [namma:] *u.* IV [ʔanma:] wachsen lassen; vermehren; züchten; VIII [in'tama:] abstammen (von الى), verwandt sein (mit الى); angehören (*e-r Organisation* الى).

نهاء [niˈhaːʔ] (äußerste) Grenze *f*, Limit *n*; *s.* نهو.

نهاب [naˈhhaːb] Plünderer *m*.

نهار [naˈhaːr], *pl.* أنهر [ʔanhur] *u.* نهر [nuhur] (*der helle*) Tag *m* (*Gegs.* ليل); ~ا [naˈhaː-ran] *Adv.* bei Tag; ~ى Tages-.

نهاية [niˈhaːja], *pl.* [-aːt] Ende *n*, Schluß *m*; Grenze *f*; Extrem *n*; الـ~ الصغرى Minimum *n*; الـ~ العظمى Maximum *n*.

نهائى [niˈhaːʔiː] letzt, End-; äußerst; endgültig, definitiv; ~ا[nihaːˈʔiːjan] *Adv.* zuletzt; endgültig.

نهب [nahab (janhab)] rauben, plündern.

\+ [nahb] Raub *m*, Plünderung *f*; Beute *f*.

نهج [nahadʒ (janhadʒ)] *Weg* einschlagen, verfolgen; verfahren, sich verhalten; II [nah-hadʒ] atemlos machen; IV [ʔanhadʒ] 1. klar machen; 2. ermüden; VIII [inˈtahadʒ] *Weg* einschlagen; agieren, handeln.

\+ [nahdʒ], *pl.* نهوج [nuˈhuːdʒ] Weg *m*; Methode *f*; Art und Weise *f*.

نهد [nahad (janhad)] *Brust*: schwellen; V [taˈnahhad] seufzen.

\+ [nahd], *pl.* نهود [nuˈhuːd] Busen *m*; Wölbung *f*.

نهر [nahar (janhar)] 1. fließen, strömen; 2. schelten, verjagen; VIII [inˈtahar] schelten.

\+ [nahr], *pl.* أنهر [ʔanhur] *u.* أنهار [ʔanˈhaːr] Fluß *m*, Strom *m*; ~ى Fluß-.

نهز [nahaz (janhaz)] stoßen, treiben; III [naːhaz] sich nähern (*e-r Sache* ه); erreichen; VIII [inˈtahaz] *Gelegenheit* ergreifen, ausnutzen.

نهزة [nuhza] Gelegenheit *f*.

نهش [nahaʃ (janhaʃ)] beißen, schnappen.

نهض [nahɒđ (janhɒđ)] sich erheben, aufstehen; aufsteigen; aufheben (*etw.* ب), betreiben, ausführen, fördern; sich empören (gegen على); III [naː-hɒđ] sich widersetzen (*j-m* ه), opponieren; streiten (mit ه); IV [ʔanhɒđ] aufrichten, erheben; erwecken, erregen; VI [taˈnaːhɒđ] *u.* VIII [in-ˈtahɒđ] sich aufrichten, aufstehen; X [isˈtanhɒđ] erwekken, erregen, aufreizen.

نهضة [nahđɒ] Erhebung *f*, Aufschwung *m*, Aufstieg *m*; (*nationales*) Erwachen *n*, Renaissance *f*.

نهق [nahiq (janhaq)] *Esel*: schreien.

نهك [nahak (janhak)] abnutzen, verbrauchen, erschöpfen, zermürben; IV [ʔanhak] = I; streng bestrafen; VIII [in'tahak] aufreiben, erschöpfen; *Gesetz* übertreten; verletzen, entweihen, schänden; vergewaltigen; mißhandeln.
+ [nahk] Erschöpfung *f*, Zermürbung *f*; Mißbrauch *m*; Verletzung *f*; Schändung *f*; ~ة Erschöpfung *f*, Auszehrung *f*.

نهل [nahil (janhal)] trinken.

نهم [nahim (janham)] gierig, unersättlich sein; Heißhunger haben.

نها (نهو) [naha: (janhu:)] = نهى.

نهوض [nu'hu:đ] Erhebung *f*, Aufschwung *m*; Wiederbelebung *f*.

نهى [naha: (janha:)] verbieten, untersagen (*j-m* ه *etw.* عن); abhalten (von عن), hindern (an *D* عن); IV [ʔanha:] gelangen lassen, übermitteln; beenden, abschließen; VI [ta'na:ha:] zu Ende gehen, aufhören; erreichen (*etw.* الى); VIII [in'taha:] enden (mit ب), zu Ende sein; abgeschlossen, vollendet sein; schließlich gelangen (zu الى); fertig werden (mit من), beenden (*etw.* من).
+ [nahj] Verbot *n*.
+ [nuhan] Klugheit *f*, Verstand *m*.

نهير [na'hi:r] reichlich, viel.
+ [nu'hair] Flüßchen *n*, Bach *m*.

ناء (نوء) [na:ʔa (ja'nu:ʔu)] 1. niederfallen, zusammenbrechen (unter *D* ب); 2. bedrücken, schwer belasten (*j-n* ب); III [na:waʔa] widerstehen, sich widersetzen (*j-m* ه); IV [ʔanwaʔa] beschweren, niederdrücken.

نوء [nauʔ], *pl.* أنواء [ʔan'wa:ʔ] Unwetter *n*, Sturm *m*; الانواء الجوية Wetterlage *f*; Wetterkunde *f*, Meteorologie *f*.

نواب *s.* نائب.

نواقى *s.* نوق.

نواح [na'wwa:ħ] Trauernde(r) *m*.
+ [nu'wa:ħ] Trauer *f*, Beweinung *f*, Klage *f*.

نوار [nu'wwa:r] *coll.*, ~ة, *pl.* نواوير [nawa:'wi:r] Blüte *f*, Blume *f*.

نوال [na'wa:l] Geschenk *n*, Gabe *f*; Empfangene(s) *n*, Errungenschaft *f*.

نواة [na'wa:t], *pl.* نويات [nawa'ja:t] (*s.* نوى) Kern *m* (*a. des Atoms*); Zentrum *n*.

نوايا *s.* نية.

ناب (نوب) [na:b (ja'nu:b)] *j-s* Stelle einnehmen; vertreten (*j-n* عن), ersetzen; *Unglück*: treffen (*j-n* ه), zustoßen (*j-m* ه); immer wieder besuchen (*j-n* الى), zurückkehren; II [nawwab] zum Vertreter machen, bevollmächtigen; III [na:wab] abwechseln (mit ه); IV [ʔa'na:b] beauftragen, abordnen (als Vertreter für عن); VI [ta'na:wab] einander ablösen, miteinander abwechseln; VIII [in'ta:b] *Krankheit*: befallen, wiederkehren.

نوبتجى [naubatʃi:], *pl.* ~ة Diensthabende(r) *m*, Wachhabende(r) *m*; vom Dienst.

نوبة [nauba, *pop.* no:ba], *pl.* نوب [nuwab] Wechsel *m*, Ablösung *f*; Zyklus *m*; Anfall *m e-r Krankheit*; Mal *n*; Turnus *m*, Reihe *f* (*an die man kommt*); Wache *f*.

+ [nu:ba] 1. *pl.* [nuwab] Unglück *n*, Schicksalsschlag *m*; 2. ال~ Nubien *n*.

نوت [nu:t] (*Musik*-)Noten *f/pl.*

نوتى [nu:ti:], *pl.* نواتى [na'wa:ti:] *u.* نوتية [nu:'ti:ja] Matrose *m*, Seemann *m*; *pl.* Besatzung *f*, Mannschaft *f*.

ناح (نوح) [na:ħ (ja'nu:ħ] weinen, klagen, jammern; III [na:waħ] gegenüberliegen (*j-m* ه); V [ta'nawwaħ] schwingen, pendeln.

نوح [nauħ] Weinen *n*, Wehklage *f*.

+ [nu:ħ] Noah *npr. m*; سفينة ~ Arche *f* Noahs.

نوخ II [nawwax] 1. Rast machen; 2. akklimatisieren; IV [ʔa'na:x] *Kamel* niederknien lassen.

نور II [nawwar] leuchten, beleuchten, erleuchten; Licht machen; blühen, Blüten tragen; IV [ʔa'na:r] beleuchten, erleuchten; V [ta'nawwar] beleuchtet, erleuchtet werden; X [ista'na:r] Aufklärung suchen *od.* erhalten.

+ [naur] *coll.*, ~ة, *pl.* أنوار [ʔan'wa:r] Blüte *f*.

+ [nawar] *coll.* Zigeuner *m/pl.*

+ [nu:r], *pl.* أنوار [ʔan'wa:r] Licht *n*; Glanz *m*; Lampe *f*, Scheinwerfer *m*.

نورانى [nu:'ra:ni:] leuchtend.

نورج [nauradʒ] Dreschschlitten *m*.

نورة [nu:ra] Kalk *m*.

نوروز [nau'ru:z] (*persisches*) Neujahr *n*.

نورى [nu:ri:] Licht-; *a. npr. m.*

(نوس) ناس [na:s (ja'nu:s)] schwingen, schaukeln.

(نوش) III ناوش [na:waʃ] scharmützeln, sich in Gefechte verwickeln (mit ه).

نوشة [nauʃa] Typhus *m.*

(نوص) ناص [nɒ:s (ja'nu:s)] vermeiden (*etw.* عن), ausweichen (*e-r Sache* عن).

(نوط) ناط [nɒ:ṭ (ja'nu:ṭ)] *u.* II [nawwɒṭ] *u.* IV [ʔa'nɒ:ṭ] anhängen (an *A* ب); anvertrauen (*j-m* ب); beauftragen (*j-n* ب mit ه).

نوط [nauṭ], *pl.* أنواط [ʔan'wɒ:ṭ] Anhängsel *n*; Auszeichnung *f*, Medaille *f.*

نوع II [nawwaʕ] abändern, variieren, modifizieren; einteilen, klassifizieren; V [ta'nawwaʕ] verschiedenartig sein, variieren.

\+ [nauʕ], *pl.* أنواع [ʔan'wa:ʕ] Art *f*, Gattung *f*, Spezies *f*; Sorte *f*; Kategorie *f*; Qualität *f*; نوعا ما [nauʕan ma:] einigermaßen; ~ى arteigen, spezifisch; وزن نوعى spezifisches Gewicht *n*; ~ية Qualität *f*; Art und Weise *f.*

(نوف) ناف [na:f (ja'nu:f)] übertreffen, übersteigen (*etw.* على *u.* عن); darüber hinausgehen; IV [ʔa'na:f] mehr sein (als على), hinausgehen (über *A* على); *s.a.* نيف.

نوف [nauf], *pl.* أنواف [ʔan'wa:f] Überschuß *m*, Plus *n.*

نوفمبر [nu:'fambar] November *m.*

نوق *s.* ناقة.

(نول) نال [na:l (ja'nu:l)] (*s.a.* نيل) geben, schenken, gewähren (*j-m* ه *etw.* ب); III [na:wal] übergeben, reichen, aushändigen (*j-m* ه); VI [ta'na:wal] langen (nach ه); erreichen, empfangen; *Nahrung* zu sich nehmen; *Sinn* erfassen; *Thema* behandeln.

نول [naul] 1. Gabe *f*; 2. Frachtgeld *n*; 3. Webstuhl *m.*

نولون [nau'lu:n] Fracht *f*, Transportspesen *pl.*

(نوم) نام [na:m (ja'na:m)] schlafen; einschlafen; sich beruhigen, still sein; II [nawwam] *u.* IV [ʔa'na:m] einschläfern; betäuben; hypnotisieren; VI [ta'na:wam] sich schlafend stellen; vertrauen (auf *A* الى); X [ista'na:m] sich beruhigen; sich zufriedengeben (mit الى); vertrauen, sich verlassen (auf *A* الى).

نوم [naum] Schlaf *m*, Schlummer *m*; ~ة Schläfchen *n*; ~ى Schlaf-.

نون II [nawwan] *Gr. e.* Wort mit

der N-Endung (Nunation) versehen.

+ [nu:n] 1. großer Fisch *m*, Walfisch *m*; 2. *Name des Buchstabens* ن; ~ة Grübchen *n am Kinn.*

نونو [nu:nu:] Baby *n*, Kleinkind *n*.

نوه II [nawwah] loben, preisen; hervorheben; hinweisen (auf *A* ب), anspielen (auf *A* ب).

نووى [nawawi:] Kern-.

نوى [nawa: (janwi:)] 1. beabsichtigen, vorhaben; 2. sich entfernen, entfernt sein (von عن); III [na:wa:] feindlich gesinnt sein (gegen ه), sich verfeinden (mit ه); VIII [in'tawa:] beabsichtigen.

+ [nawan] Entfernung *f*; Ziel *n*, Bestimmungsort *m*.

نى [ni:j] *u.* نىء [ni:ʔ] roh, ungekocht; unreif.

نيابة [ni'ja:ba] Vertretung *f*, Stellvertretung *f*; Delegation *f*; Staatsanwaltschaft *f*; ~ عن [ni'ja:batan ʕan] an Stelle von; المدير بالـ~ der stellvertretende *od.* amtsführende Direktor.

نيابى [ni'ja:bi:] stellvertretend; parlamentarisch.

نيافة [ni'ja:fa] Eminenz *f* (*Titel des Bischofs*).

ناقة *s.* نياق.

نيتروجين [ni:tru:'dʒi:n] *Chemie*: Stickstoff *m*.

نير [najjir] erleuchtet, hell; leuchtend, glänzend.

+ [ni:r], *pl.* أنيار [ʔan'ja:r] *u.* نيران [ni:'ra:n] Joch *n*; ~ة Zahnfleisch *n*.

نيران *s.* نار *u.* نير.

نيزك [naizak], *pl.* نيازك [na'ja:zik] Sternschnuppe *f*, Meteor *m*; kurze Lanze *f*.

نيسان [ni:'sa:n] *Syr.*, *Ir.* April *m*.

نيشان [ni:'ʃa:n], pl. نياشين [naja:'ʃi:n] 1. Marke *f*, Ziel *n*, Zielscheibe *f*; 2. Orden *m*, Auszeichnung *f*.

نيط [naiṭ], *pl.* نياط [ni'ja:ṭ] Aorta *f*, Herzschlagader *f*.

نيف II [najjaf] hinausgehen (über *A* على), mehr sein (als على); *s.a.* نوف.

+ [najjif] Überschuß *m*, Plus *n*; ~ و عشرون *u.* عشرون و ~ einige zwanzig, über zwanzig.

نيق [najjiq] elegant, fein; wählerisch.

نال (نيل) [na:l (ja'na:l)] erreichen, erlangen; erwerben, besorgen; betreffen; einwirken (auf *A* من); zufügen (*j-m* من); IV [ʔa'na:l] erreichen lassen (*j-n* ه *etw.* ه), verschaffen (*j-m* ه

etw. ه); *s.a.* نول.

نيل [nail Erlangung *f*, Erwerbung *f*.

+ [ni:l] 1. Indigo *m*; 2. ~ال der Nil (*Fluß*); ~ى indigofarben, tiefblau; Nil-.

نية [ni:ja], *pl.* [-a:t] *u.* نوايا [naˈwa:ja:] Absicht *f*, Vorsatz *m*, Intention *f*; Bestreben *n*; Neigung *f*; حسن ال~ [husn] gute Absicht; سوء ال~ böse Absicht.

ه

ه (هاء) [ha:ʔ] *sechsundzwanzigster Buchstabe*; *Zahlwert 5*; ﻫ *Abk. für* هجرية der Hidschra (*nach Jahreszahlen der muslimischen Zeitrechnung*).

ه [hu] (*nach* [i] : [hi]) 1. *Possessivsuffix*: sein; 2. *Objektsuffix*: ihn.

ها [ha:] 1. *Possessivsuffix*: ihr; 2. *Objektsuffix*: sie (3. *Pers. Sing. f*); 3. da!, siehe da!

هاب *s.* هيب.

هابط [ha:biƫ] fallend, sinkend, niedergehend.

هات [ha:t(i)], *f* هاتى [ha:ti:], *pl.* هاتوا [ha:tu:] gib her!; bring!

هاتان *s.* هذا.

هاتف [ha:tif] (*unsichtbarer*) Rufer *m*; innere Stimme *f*; *Syr.* Telephon *n*; ~ى telephonisch.

هاج [ha:dʒin], *constr.* هاجى [ha:dʒi:] Spötter *m*; *s.a.* هيج.

هاجرة [ha:dʒira] Mittagshitze *f*.

هاجس [ha:dʒis], *pl.* هواجس [ha'wa:dʒis] Einfall *m*, Idee *f*; Sorge *f*.

هاد [ha:din], *constr.* هادى [ha:di:] führend; Führer *m*; *a. Beiname Gottes.*

هادم [ha:dim] vernichtend; Zerstörer *m*.

هادئ [ha:diʔ] ruhig, still.

هارب [ha:rib] fliehend; Flüchtling *m*; *Mil.* Deserteur *m*.

هارون [ha:'ru:n] Aaron *npr. m*;

هازل [ha:zil] scherzend; Spaßvogel *m*.

هاشم [ha:ʃim] Haschim *npr. m*; ~ى haschimitisch (*Dynastie*).

هاف [ha:fin], *constr.* هافى [ha:fi:] ausgehungert.

هافت [ha:fit] unbegründet, falsch (*Meinung*).

هاك [ha:ka], *pl.* هاكم [ha:kum] da nimm!, da hast du!

هال [ha:l] 1. Luftspiegelung *f*; 2. Kardamom *m, n*; *s.a.* هول, هيل.

هالك [ha:lik], *pl.* هلكى [halka:] *u.* هلك [hullak] zugrunde gehend; sterblich, vergänglich.

هالة [ha:la] Hof *m um den Mond*; Aureole *f*, Nimbus *m*, Heiligenschein *m*.

هام [ha:mm] wichtig, ernst; interessant; *s.a.* هيم.

هامد [ha:mid] still, leblos, erstarrt.

هامش [ha:miʃ], *pl.* هوامش [ha'wa:miʃ] Rand *m der Buchseite*; على الـ~ am Rande vermerkt.

هامل [ha:mil] umherstreifend; Vagabund *m*.

هامة [ha:ma] Scheitel *m*; Spitze *f*.

+ [ha:mma], *pl.* هوام [ha'wa:mm] schädliches Insekt *n od.* Reptil *n*; Ungeziefer *n*.

هان *s.* هون.

هأنذا [ha:ʔanaða:] hier bin ich!

هانئ [ha:niʔ] froh, glücklich.

هاهنا [ha:huna:] an diesem Ort, hier.

هاو [ha:win], *constr.* هاوى [ha:wi:] 1. fallend; 2. Liebhaber *m*, Amateur *m*.

هاون [ha:wun] *u.* هاوون [ha:'wu:n], *pl.* هواوين [hawa:'wi:n] Mörser *m*; مدفع الـ~ *Mil.* Granatwerfer *m*.

هاوية [ha:wija] Abgrund *m*, Tiefe *f*.

هائج [ha:ʔidʒ] bewegt, erregt, aufgeregt (*s.* هيج).

هائل [ha:ʔil] furchtbar, schrecklich; gewaltig, ungeheuer, enorm; erstaunlich (*s.* هول).

هائم [ha:ʔim] verwirrt; liebestoll (*s.* هيم).

هب [hab] (*imp. von* وهب) nimm an, daß; gesetzt den Fall, daß.

+ [habba (ja'hubbu)] *Wind*: wehen, blasen; *Sturm*: toben; *Feuer*: ausbrechen; sich erheben, aufstehen; sich in Bewegung setzen; sich anschicken, sich aufmachen; beginnen; II [habbab] 1. zerreißen; 2. mit Ruß schwärzen; IV [ʔa'habba] erwecken; V [ta'habbab] zerrissen, zerfetzt sein.

هباء [ha'ba:ʔ], *pl.* أهباء [ʔah'ba:ʔ] feiner Staub *m*; ~ة Stäubchen *n*; Sonnenstäubchen *n*; *s.a.* هبو.

هباب [ha'ba:b] feiner Staub *m*.

+ [hi'ba:b] Ruß *m*.

هبت [habat (jahbit)] niederschlagen, niederwerfen.

هبر [habar (jahbur)] *Fleisch* zerschneiden; zerfleischen.

+ [habr] (schieres) Fleisch *n*; ~ة Stück *n* Fleisch.

هبش [habaʃ (jahbiʃ)] packen, zusammenraffen.

هبط [habɒt (jahbit)] herunterkommen, niedersinken, herabsteigen, sich senken; *Flugzeug*: landen; zu Boden fallen; einstürzen; *Wind*: sich legen, nachlassen; IV [ˀahbɒt] hinablassen, hinabwerfen; herunterholen; senken.

+ [habt] Senkung *f*, Verminderung *f*, Ermäßigung *f*; ~ة Fall *m*; Abfall *m*, Abstieg *m*; Bodensenkung *f*.

هبل [habal (jahbul)] dumm machen; VIII [ihˈtabal] *Gelegenheit* wahrnehmen, benutzen.

+ [habal] Dummheit *f*, Schwachsinn *m*; *s.a.* أهبل.

هبة [habba] Windstoß *m*.

+ [hiba], *pl.* [-a:t] Gabe *f*, Geschenk *n*; *s.* وهب.

هبهاب [habˈha:b] 1. flink; 2. Luftspiegelung *f*, Fata Morgana *f*.

هبا (هبو) [haba: (jahbu:)] *Staub*: aufwirbeln; davonlaufen.

هبوب [huˈbu:b] Wehen *n des Windes*.

هبوط [huˈbu:t] Sinken *n*, Abstieg *m*; Abnahme *f*, Ermäßigung *f*; Landung *f e-s Flugzeuges*.

هبوة [habwa], *pl.* [habaˈwa:t] Staubwirbel *m*.

هبيت [haˈbi:t] niedergeschlagen; zaghaft; schwachsinnig.

هبيط [haˈbi:t] abgemagert, ausgemergelt.

هتاف [huˈta:f], *pl.* [-a:t] Ruf *m*; Beifall *m*, Hochruf *m*.

هتامة [huˈta:ma] abgebrochenes Stück *n*, Bruch *m*.

هتر [hatar (jahtir)] zerreißen; III [ha:tar] beschimpfen; X [isˈtahtar] unbedacht, leichtsinnig sein; leichtnehmen, verachten (*etw.* ب), verhöhnen (*j-n* ب).

+ [hutr] Schwachsinn *m*.

هتف [hataf (jahtif)] laut rufen; jauchzen, jubeln; ~ بحياته [bi-ħaˈja:tihi] *j-n* hochleben lassen.

هتك [hatak (jahtik)] *Schleier* zerreißen; aufdecken, enthüllen; schänden; II [hattak] zerfetzen; V [taˈhattak] zerrissen werden; entehrt, geschändet werden.

+ [hatk] Zerreißung *f*; Bloßstellung *f*, Entehrung *f*.

هتيكة [haˈti:ka] Schande *f*, Skandal *m*.

هج [haddʒa (jaˈhuddʒu)] 1. fliehen; 2. zerstören; 3. lodern.

هجاء [hiˈdʒa:ˀ] 1. Verspottung *f*; Schmähgedicht *n*; 2. Alphabet *n*, Buchstabierung *f*; *s.* هجو.

هجان [haˈddʒa:n], *pl.* ~ة Kamelreiter *m*.

هجائی [hiˈdʒa:ʔi:] 1. alphabetisch; 2. satirisch.

هجر [hadʒar (jahdʒur)] auswandern, emigrieren; verlassen, zurücklassen, aufgeben; II [haddʒar] aussiedeln, umsiedeln; III [ha:dʒar] fortziehen, auswandern (aus ه).

+ [hadʒr] 1. Trennung *f*, Verlassen *n*; 2. Mittagshitze *f*.

هجرة [hidʒra] Auswanderung *f*, Emigration *f*; Hidschra *f* (*Auszug des Propheten Mohammed aus Mekka nach Medina; Beginn der muslimischen Zeitrechnung*).

هجری [hidʒri:] auf die Hidschra bezüglich, der Hidschra (*Jahr*).

هجس [hadʒs] Einfall *m*, Gedanke *m*.

هجع [hadʒaʕ (jahdʒaʕ)] schlafen; ruhig sein; IV [ʔahdʒaʕ] beruhigen; *Hunger* stillen.

هجم [hadʒam (jahdʒum)] überfallen, angreifen (*j-n* على); sich stürzen (auf *A* على), eindringen (in *A* على); II [haddʒam] anstiften; angreifen lassen; III [ha:dʒam] angreifen (*j-n* ه); V [taˈhaddʒam] herfallen (über *A* على); VI [taˈha:dʒam] einander angreifen; VII [inˈhadʒam] einstürzen; herabfließen.

هجمة [hadʒma] Angriff *m*, Überfall *m*, Attacke *f*.

هجن [hadʒun (jahdʒun)] fehlerhaft, von gemischter Herkunft sein; II [haddʒan] *Biologie*: kreuzen.

هجنة [hudʒna] Fehler *m*, Defekt *m*.

هجا (هجو) [hadʒa: (jahdʒu:)] verspotten, schmähen; II [hadˈdʒa:] *u.* V [taˈhaddʒa:] buchstabieren; transkribieren.

هجو [hadʒw] Verspottung *f*, Schmähung *f*, Ironie *f*, Satire *f*.

هجوع [huˈdʒu:ʕ] Schlummer *m*; Beruhigung *f*.

هجوم [huˈdʒu:m] Angriff *m*, Überfall *m*; *Fußball*: Sturm *m*; معاكس ~ Gegenangriff *m*.

هجوى [hadʒwi:] satirisch.

هجير [haˈdʒi:r] *u.* ة~ Mittagshitze *f*.

هجين [haˈdʒi:n], *pl.* هجن [hudʒun] 1. Reitkamel *n*; 2. unedel; Halbblut *n*, Mischling *m*.

هد [hadda (jaˈhuddu)] zerstören, niederreißen, ruinieren; untergraben; II [haddad] *u.* V [taˈhaddad] drohen, bedrohen (mit ب); VII [inˈhadda] zusammenbrechen, einstürzen.

+ [hadd] Zerstörung *f*, Niederreißen *n*.

هدأ [hadaʔa (jahdaʔu)] still, ruhig sein *od.* werden; sich beruhigen; *Wind*: sich legen, nachlassen; II [haddaʔa] *u.* IV [ʔahdaʔa] beruhigen; mäßigen, besänftigen.

هداب [hu'dda:b] Borte *f*; Fransen *f/pl.*

هداد [ha'da:d] Langsamkeit *f*, Gemächlichkeit *f*.

هدار [ha'dda:r] brausend, tosend; ة~ Wasserfall *m*.

هداف [ha'dda:f] Scharfschütze *m*.

هدام [ha'dda:m] zerstörend, destruktiv.

هدانة [hi'da:na] Waffenstillstand [*m*.

هدايا *s.* هدية.

هداية [hi'da:ja] Leitung *f*, Führung *f*.

هدب [hudb], *pl.* أهداب [ʔah'da:b] Augenwimpern *f/pl.*; Fransen *f/pl.*

هدر [hadar (jahdir)] 1. *Donner*: rollen; rauschen, brausen; 2. umsonst ausgeben, nutzlos aufwenden; verschwenden; IV [ʔahdar] vernachlässigen; ungültig machen.

+ [hadr] unnötiger Verlust *m*; ا~ [hadran] *Adv.* nutzlos, vergeblich.

هدف [hadaf (jahduf)] *u.* IV [ʔahdaf] sich nähern (*e-r Sache* الى), zugehen (auf *A* الى), anstreben (*etw.* الى); X [is'tahdaf] 1. abzielen (auf *A* ه); 2. ausgesetzt sein (*e-r Gefahr* ل), als Zielscheibe dienen (für ل).

+ [hadaf], *pl.* أهداف [ʔah'da:f] Ziel *n*, Zweck *m*, Absicht *f*; ***Fußball***: Tor *n*.

هدل [hadil (jahdal)] *u.* V [ta'haddal] herabhängen, baumeln.

هدم [hadam (jahdim)] *u.* II [haddam] zerstören, niederreißen, abtragen, sprengen; V [ta'haddam] *u.* VII [in'hadam] zerstört, niedergerissen werden; einstürzen.

+ [hadm] Zerstörung *f*, Vernichtung *f*.

+ [hidm], *pl.* أهدام [ʔah'da:m] *u.* هدوم [hu'du:m] altes Kleidungsstück *n*; Lumpen *m*; هدوم *pop.* Kleidung *f*, Kleider *n/pl.*

هدن [hadan (jahdin)] ruhig sein; sich beruhigen; III [ha:dan] *e-n* Waffenstillstand schließen (mit ه).

هدنة [hudna] Ruhe *f*, Stille *f*; Pause *f*; Waffenstillstand *m*.

هدة [hadda] Krach *m*, Krachen *n* *des Einsturzes*.

هدهد [hudhud] Wiedehopf *m* (*Vogel*).

هدوء [huˈduːʔ] Ruhe *f*, Stille *f*.

هدوم *s.* هدم.

هدى [hadaː (jahdiː)] führen, leiten; den rechten Weg weisen (*j-m* ه zu الى); IV [ʔahdaː] zuführen (*j-m* ل); schenken (*j-m* ه), *Buch* zueignen, widmen; V [taˈhaddaː] richtig geleitet sein; gelangen (zu الى); VI [taˈhaːdaː] Geschenke austauschen; hin und her schwanken; VIII [ihˈtadaː] richtig geleitet werden; den Weg finden (nach الى), auffinden (*etw.* الى); sich richten (nach ب), dem Beispiel (*j-s* ب) folgen; X [isˈtahdaː] den rechten Weg suchen.

+ [hadj] Anleitung *f*; Weg *m*, Richtung *f*.

+ [hudan] richtige Führung *f*, rechter Weg *m*.

هدير [haˈdiːr] Rauschen *n*, Tosen *n*, Brüllen *n*.

هدية [hadja] Weg *m*, Art und Weise *f*.

+ [haˈdiːja], *pl.* هدايا [haˈdaːjaː] Geschenk *n*, Gabe *f*.

هذا [haːðaː], *f* هذه [haːðihi]; *Dual*: هذان [haːˈðaːni], *f* هاتان [haːˈtaːni], *pl.* هؤلاء [haːʔuˈlaːʔi] dieser, diese, dieses; dies.

هذاء [huˈðaːʔ] Gefasel *n*, Unsinn *m*.

هذب [haðab (jahðib)] stutzen, beschneiden, säubern; II [haððab] verbessern, korrigieren, berichtigen; erziehen, bilden; V [taˈhaððab] verbessert, erzogen werden.

هذر [haðar (jahður)] schwätzen; II [haððar] scherzen.

+ [haðr] Geschwätz *n*.

+ [haðir] geschwätzig.

هذلولى [huðˈluːliː] : خط ~ *Math.* Hyperbel *f*.

هذه *s.* هذا.

هذيان [haðaˈjaːn] Unsinn *m*, Faselei *f*, irres Gerede *n*.

هر [harra (jaˈhirru)] knurren; winseln.

+ [hirr] Kater *m*; Katze *f*.

هرأ [haraʔa (jahraʔu)] abnutzen, zerreißen; zerkochen; *Haut* reizen; *Frost*: beißen.

هراء [huˈraːʔ] Gerede *n*, Geschwätz *n*.

هراش [hiˈraːʃ] Streit *m*, Zank *m*.

هراوة [hiˈraːwa], *pl.* هراوى [haˈraːwaː] Stock *m*, Knüppel *m*, Prügel *m*.

هرب [harab (jahrub)] fliehen, flüchten (vor من), entrinnen (*e-r Gefahr* من); durchgehen, desertieren; II [harrab] zur Flucht verhelfen (*j-m* ه); schmuggeln; V [taˈharrab] entweichen (*e-r Sache* من), sich drücken (vor من).

\+ [harab] Flucht *f*, Entkommen *n*; *Mil.* Dersertion *f*.

هربان [harˈbaːn] flüchtig; Flüchtling *m*, Deserteur *m*.

هرج [haradʒ (jahridʒ)] wirr sein; II [harradʒ] scherzen.

\+ [hardʒ] Verwirrung *f*; Aufregung *f*.

هرس [haras (jahrus)] zerstoßen, zerquetschen.

هرش [haraʃ (jahruʃ)] kratzen; II [harraʃ] Zwietracht säen (zwischen بين); III [haːraʃ] aufreizen; streiten (mit ه).

\+ [harʃ] Kratzen *n*; Abnutzung *f*, Verschleiß *m*.

هرع [haraˁ (jahraˁ)] *u.* IV [ʔahraˁ] eilen (zu, nach الى).

\+ [haraˁ] Eile *f*.

هرق [haraq (jahraq)] *u.* IV [ʔahraq] vergießen, ausschütten.

هرم [harim (jahram)] altersschwach werden; II [harram] zerstückeln, zerhacken.

\+ [haram] 1. Altersschwäche *f*; 2. *pl.* أهرام [ʔahˈraːm] Pyramide *f*; ناقص ~ Pyramidenstumpf *m*.

\+ [harim] altersschwach, senil.

هرمان [hurˈmaːn] Verstand *m*.

هرمى [harami:] pyramidenförmig, pyramidal.

هرة [hirra] Katze *f*.

هروب [huˈruːb] Flucht *f*.

هرول [harwal (juˈharwil)] eilen, schnell gehen.

هرى [hurj], *pl.* أهراء [ʔahˈraːʔ] Kornspeicher *m*.

هرير [haˈriːr] Knurren *n*, Gewinsel *n*.

هريسة [haˈriːsa] Gericht *n* aus Grütze und Fleisch.

هز [hazza (jaˈhuzzu)] schütteln, schaukeln, hin und her bewegen; erzittern lassen; *mit dem Schwanz* wedeln; *die Nerven* reizen; II [hazzaz] schütteln; V [taˈhazzaz] *u.* VIII [ihˈtazza] schwingen, vibrieren, sich schütteln; zittern; bewegt, gerührt werden.

هزء [hazʔ] Spott *m*, Hohn *m*.

هزأ [hazaʔa (jahzaʔu)] *u.* V [taˈhazzaʔa] *u.* X [isˈtahzaʔa] verlachen, verspotten (*j-n* ب *u.* من), sich lustig machen (über *A* من).

هزار [haˈzaːr] Nachtigall *f*.

\+ [hiˈzaːr] Spaß *m*, unernste Rede *f*.

هزاز [haˈzza:z] schaukelnd, zitternd; Schaukel-.

هزال [haˈzza:l] Spaßmacher *m*.

\+ [huˈza:l] Magerkeit *f*.

هزل [hazal (jahzil)] 1. scherzen; 2. mager sein; abnehmen; II [hazzal] ausmergeln; III [ha:zal] scherzen (mit ه).

\+ [hazl] Scherz *m*, Spaß *m*; ~ى scherzhaft, komisch, humoristisch; ~ية Komödie *f*, Lustspiel *n*.

هزم [hazam (jahzim)] besiegen, in die Flucht schlagen; VII [inˈhazam] besiegt, in die Flucht geschlagen werden.

\+ [hazm] Besiegung *f*, Niederlage *f*.

هزة [hazza] Erschütterung *f*, Zittern *n*, Beben *n*; Schwingung *f*; Stoß *m*.

\+ [hizza] Munterkeit *f*, Lebhaftigkeit *f*.

هزوء [huˈzu:ʔ] Verspottung *f*.

هزيز [haˈzi:z] Rauschen *n*; (*Donner-*)Rollen *n*.

هزيل [haˈzi:l] mager, ausgemergelt.

هزيمة [haˈzi:ma], *pl.* هزائم [haˈza:ʔim] Niederlage *f*.

هس [hassa (jaˈhissu)] flüstern.

\+ [hass] *u.* هسيس [haˈsi:s] Geflüster *n*.

هش [haʃʃa (jaˈhiʃʃu)] 1. fröhlich, freundlich sein; 2. *Brot*: knusprig sein.

\+ [haʃʃ] 1. knusprig, frisch, zart; 2. fröhlich, heiter.

هشاش [haˈʃa:ʃ] bröckelig, spröde; ~ة Heiterkeit *f*.

هشك II [haʃʃak] *e. Kind* verzärteln, hätscheln.

هشم [haʃam (jahʃim)] *u.* II [haʃʃam] zerschmettern, zertrümmern; V [taˈhaʃʃam] zerschmettert, zerstört werden.

هشيم [haˈʃi:m] schwach; zerbrechlich; dürre Halme *m/pl*.

هصر [hɒsɒr (jahsir)] knicken, abbrechen; VII [inˈhɒsɒr] abgebrochen werden.

هضبة [hɒđba], *pl.* هضاب [hiˈđɒ:b] Anhöhe *f*, Hügel *m*.

هضم [hɒđɒm (jahđim)] verdauen; vertragen; unterdrücken; VII [inˈhɒđɒm] verdaut werden; VIII [ihˈtađɒm] Unrecht tun.

\+ [hɒđm] Verdauung *f*; Geduld *f*; سوء ال~ Verdauungsstörung *f*; سهل ال~ leichtverdaulich; ~ى Verdauungs-.

هضوم [haˈđu:m] verdaulich, verdauungsfördernd.

هضيمة [haˈđi:ma] Beeinträchtigung *f*; Unrecht *n*.

هطل [hɒtɒl (jahtil)] *Regen*: strömen, gießen.

هطول [huˈtu:l] *Meteorologie*: Niederschlagstätigkeit *f*, Niederschläge *m/pl*.

هف [haffa (jaˈhiffu)] *Wind*: wehen, sausen; rasch vorbeigehen; blinken.

+ [hiff] leicht; unbeständig, leichtsinnig.

هفاف [haˈffa:f] glänzend, blinkend; durchscheinend; flüchtig.

هفت [hafat (jahfit)] zusammenstürzen; unsinnig sein; VI [taˈha:fat] übereinanderstürzen, zusammenbrechen.

هفا (هفو) [hafa: (jahfu:)] ausgleiten, irren, *e-n* Fehltritt machen.

هفوة [hafwa], *pl.* [hafaˈwa:t] Fehltritt *m*, Fehler *m*, Vergehen *n*.

هكذا [ha:kaða:] so, auf diese Weise.

هكم V [taˈhakkam] spotten, sich lustig machen (über *A* على).

هل [hal] *Fragepartikel*; *in indirekter Frage*: ob; *in Doppelfrage*: هل – أم ob – oder.

هل [halla (jaˈhillu)] *Mond*: sich zeigen, erscheinen; II [hallal] jubeln, jauchzen; *die Formel* لا اله الا الله aussprechen; IV [ˀaˈhalla] = I; V [taˈhallal] strahlen (*a. vor Freude*); frohlocken; X [istaˈhalla] beginnen.

هلا [halla: (hal + la:)] ob nicht; ist nicht . . .?

هلاك [haˈla:k] Untergang *m*, Verderben *n*, Ruin *m*.

هلال [hiˈla:l], *pl.* أهلة [ˀaˈhilla] Neumond *m*, Halbmond *m*; Mondsichel *f*; ~ى halbmondförmig; Mond-.

هلام [huˈla:m] Gallerte *f*, Gelee *n*, Gelatine *f*; ~ى gallertig.

هلب [halib] behaart.

+ [hilb], *pl.* أهلاب [ˀahˈla:b] Anker *m*; Haken *m*.

+ [hulb] *coll.*, ~ة Borste *f*, Haar *n*.

هلس [hals] Abmagerung *f*, Auszehrung *f*, Schwindsucht *f*.

هلع [haliˁ (jahlaˁ)] unruhig, ungeduldig sein.

+ [halaˁ] Unruhe *f*, Ungeduld *f*; Bestürzung *f*, Schrekken *m*.

هلك [halak (jahlik)] zugrunde gehen, umkommen, sterben; vernichtet werden; II [hallak] *u.* IV [ˀahlak] vernichten, zugrunde richten; VI [taˈha:lak] sein Äußerstes tun, sich abschinden, verzweifelt kämpfen (für على); sich begeistern (für على); zusammenbrechen; VIII [ihˈtalak] sich in Gefahr begeben; X [isˈtahlak] verbrauchen, aufbrauchen, verschleißen, verzehren, konsumieren; amortisieren.

هلكة [halaka] Verderben *n*, Untergang *m*.

هلم [haˈlumma] los!, wohlan!; و ~ جرا [dʒarran] und so weiter.

هلهل [halhal] dünn, fein, durchscheinend (*Gewebe*).

هليلج [haˈliːladʒ] Ellipse *f*.

هم [hum] 1. *Personalpronomen*: sie *pl.*; 2. *Possessivsuffix* (*nach* [i] : [him]): ihr *pl.*; 3. *Objektsuffix*: sie *m/pl.*

هم [hamma (jaˈhummu)] beunruhigen, bekümmern, beschäftigen; betreffen, angehen (*j-n* ه), interessieren; wichtig sein (für ه); sich sorgen (um ب); beabsichtigen (*etw.* ب), sich anschicken (zu ب); IV [ʔaˈhamma] bekümmern, beschäftigen; wichtig sein (für ه), interessieren; VIII [ihˈtamma] sich sorgen, sich kümmern (um ب); beachten (*etw.* ب), sich interessieren (für ب); beabsichtigen (*etw.* ب).

\+ [hamm], *pl.* هموم [huˈmuːm] Sorge *f*, Interesse *n*, Besorgnis *f*; Absicht *f*; Bedeutung *f*.

\+ [himm] altersschwach.

هما [humaː] 1. *Personalpronomen*: sie beide; 2. *Possessivsuffix* (*nach* [i]: [himaː]): ihrer beider; 3. *Objektsuffix*: sie beide.

همام [haˈmmaːm] besorgt, eifrig, unermüdlich, energisch.

\+ [huˈmaːm] würdig, hochsinnig, heldenhaft.

همج [hamadʒ] 1. Hunger *m*; 2. Gesindel *n*; Barbaren *m/pl.*; ~ى wild, barbarisch; ~ية Roheit *f*, Barbarei *f*.

همد [hamad (jahmud)] sich legen, nachlassen, sich beruhigen, abklingen, erlöschen, ersterben; II [hammad] *u.* IV [ʔahmad] beruhigen, mildern; löschen.

همر [hamar (jahmur)] ausgießen, verschütten; VII [inˈhamar] ausgegossen, verschüttet werden; fließen.

همرة [hamra] 1. Regenschauer *m*; 2. Brummen *n*.

همز [hamaz (jahmiz)] stechen; anstacheln; *dem Pferd* die Sporen geben.

\+ [hamz] Anspornen *n*, Stoßen *n*; *Phonetik*: Kehlkopfverschluß *m*; ~ة Hamza *n*

(*Zeichen für den Kehlkopfverschlußlaut*).

همس [hamas (jahmis)] flüstern, murmeln; VI [taˈhaːmas] miteinander flüstern.

+ [hams] *u.* ~ة Flüstern *n*, Geflüster *n*.

همك [hamak (jahmuk)] drängen, antreiben; VII [inˈhamak] sich ganz hingeben (*e-r Sache* في), aufgehen (in *D* في).

همل [hamal (jahmul)] *Tränen* vergießen; IV [ʔahmal] nicht beachten, vernachlässigen; übersehen, vergessen; nicht gebrauchen; VI [taˈhaːmal] nachlässig sein.

همة [himma], *pl.* همم [himam] Bestreben *n*, Eifer *m*, Entschlossenheit *f*; Bestrebung *f*, Ambition *f*.

همهم [hamham (juˈhamhim)] murmeln, knurren, brummen.

همود [huˈmuːd] Beruhigung *f*, Erlöschen *n*, Erstarrung *f*.

هن [hunna] 1. *Personalpronomen*: sie *f/pl.*; 2. *Possessivsuffix*: ihr *f/pl.*; 3. *Objektsuffix*: sie *f/pl.*

هنا [hunaː] hier; الى ~ hierher; من ~ von hier.

هنأ [hanaʔa (jahnaʔu)] nützlich, bekömmlich sein; *s.a.* هنى; II [hannaʔa] beglückwünschen (*j-n* ه zu ب); glücklich machen; V [taˈhannaʔa] sich erfreuen (*e-r Sache* ب), genießen.

هناء [haˈnaːʔ] *u.* ~ة Glück *n*, Wohlbefinden *n*, Zufriedenheit *f*.

+ [hiˈnaːʔ] Teer *m*.

هناك [huˈnaːk(a)] *u.* هنالك [huˈnaːlik(a)] dort; es gibt; الى ~ dorthin; من ~ von dort, dorther.

هند: الـ~ [al-hind] Indien *n*; die Inder *m/pl.*

هندازة [hinˈdaːza] Elle *f* (*Maß*).

هندام [hinˈdaːm] schöne Gestalt *f*; Ebenmaß *n*, Symmetrie *f*; (*schöne*) Kleidung *f*, Putz *m*.

هندسة [handasa] Geometrie *f*; Technik *f*, Baukunst *f*, Architektur *f*; تحليلية ~ analytische Geometrie *f*; السطوح ~ Planimetrie *f*; فراغية ~ Stereometrie *f*; معمارية ~ Architektur *f*; كهربائية ~ Elektrotechnik *f*.

هندسى [handasiː] technisch; geometrisch; ***Mil.*** Pionier-.

هندم [handam (juˈhandim)] ordnen, ordentlich machen.

هندى [hindiː] indisch; *pl.* هنود [huˈnuːd] Inder *m*.

هنة [hana], *pl.* هنوات [hanaˈwaːt]

Kleinigkeit *f*, Unbedeutende(s) *n*.

هنو [hinw] Zeit *f*.

هنود *s.* هندى ; الهنود الحمر die Indianer *m/pl*.

هنئ [haniʔa (jahnaʔu)] glücklich sein; genießen (*etw.* ب), sich freuen (an *D* ب); *s. a.* هنأ.

هنىء [haˈniːʔ] gesund, heilsam, bekömmlich; هنيئا [haˈniːʔan] wohl bekomm's!

هنيهة [huˈnaiha] kleine Weile *f*, Weilchen *n*.

هو [huwa] er; es; *stellvertretend für*: Gott *m*; ~ ~ er ist der nämliche, genau der gleiche.

هواء [haˈwaːʔ], *pl.* أهواء [ʔahˈwaːʔ] *u.* أهوية [ʔahwija] Luft *f*; Atmosphäre *f*; Wind *m*; Wetter *n*; Klima *n*; *s.* طلق.

\+ [haˈwwaːʔ] Liebhaber *m*, Amateur *m*.

هوادة [haˈwaːda] Entgegenkommen *n*, Milde *f*, Nachsicht *f*.

هوان [haˈwaːn] Verächtlichkeit *f*, Erniedrigung *f*.

هواية [haˈwaːja] Liebhaberei *f*, Steckenpferd *n*, Leidenschaft *f*.

\+ [haˈwwaːja] Fächer *m*, Ventilator *m*.

هوائى [haˈwaːʔiː] luftig; atmosphärisch, Luft-; Antenne *f*.

هود: ~ال [al-huːd] die Juden *m/pl*.

\+ II [hawwad] jüdisch machen; III [haːwad] nachsichtig, rücksichtsvoll sein.

هار (هور) [haːr (jaˈhuːr)] 1. einstürzen; 2. zerstören, niederreißen; II [hawwar] gefährden; zerstören; V [taˈhawwar] *u.* VII [inˈhawar] zerfallen, einstürzen; zerstört werden.

هور [haur, hoːr], *pl.* أهوار [ʔahˈwaːr] Sumpfsee *m*; ~ة Gefahr *f*.

هوس [hawis (jahwas)] verwirrt, ratlos sein; II [hawwas] verwirren, verrückt machen; in *e-n* Kampfruf ausbrechen; V [taˈhawwas] *u.* VII [inˈhawas] den Kopf verlieren, verrückt werden.

\+ [hawas] Schwärmerei *f*, Verblendung *f*, Narrheit *f*; ~ وطنى Chauvinismus *m*.

هوسة [hausa, hoːsa] Kampfruf *m*, Kriegsgesang *m*.

هاش (هوش) [haːʃ (jaˈhuːʃ)] *u.* هوش [hawiʃ (jahwaʃ)] erregt, aufgeregt sein; II [hawwaʃ] aufregen, aufreizen, aufhetzen.

هوشة [hauʃa] Aufregung *f*, Lärm *m*, Tumult *m*.

هال (هول) [haːl (jaˈhuːl)] erschrekken, Furcht einjagen (*j-m* ه); II [hawwal] erschrecken, bedrohen; als schrecklich darstellen.

هول [haul], *pl.* أهوال [ʔahˈwa:l] Schrecken *m*, Entsetzen *n*; أبو الهول [ʔabu:lhaul/ho:l] *Äg.* Sphinx *f*.

هان (هون) [ha:n (jaˈhu:n)] leicht, unbedeutend, verächtlich sein; II [hawwan] leicht machen, erleichtern (*j-m* على *etw.* ه); IV [ʔaˈha:n] verachten; beleidigen; VI [taˈha:wan] vernachlässigen, geringschätzen (*etw.* ب); X [istaˈha:n] verachten, geringschätzen (*etw.* ب).

هون [haun] Leichtigkeit *f*, Bequemlichkeit *f*, Ruhe *f*.

+ [hu:n] Erniedrigung *f*, Schande *f*.

هوة [hu:wa], *pl.* هوى [huwan] Abgrund *m*, Kluft *f*; Grube *f*.

هوى [hawa: (jahwi:)] fallen, stürzen, sinken; *Wind*: wehen; – [hawija (jahwa:)] lieben, gern haben; II [hawwa:] lüften, ventilieren; fächeln; III [ha:wa:] schmeicheln (*j-m* ه); IV [ʔahwa:] fallen, sich stürzen; *Hand* ausstrecken; V [taˈhawwa:] gelüftet werden; X [isˈtahwa:] bezaubern, verlocken, verführen.

+ [hawan], *pl.* أهواء [ʔahˈwa:ʔ] *u.* هوايا [haˈwa:ja:] Liebe *f*, Passion *f*, Leidenschaft *f*; Zuneigung *f*, Begierde *f*.

+ [haˈwi:j] leidenschaftlich; launig.

هويس [haˈwi:s] 1. Gedanke *m*, Idee *f*; 2. Schleuse *f*.

هوية [huˈwi:ja] Identität *f*, Nämlichkeit *f*; Wesen *n*.

هى [hija] sie *f/Singular*.

هيا [hajja:] auf!, los!

هاء (هيأ) [ha:ʔa (jaˈha:ʔu)] 1. *e-e* (schöne) Gestalt haben; 2. wünschen (*etw.* الى); II [hajjaʔa] vorbereiten, herrichten; bereitmachen; rüsten; III [ha:jaʔa] übereinkommen, übereinstimmen (mit ه); V [taˈhajjaʔa] sich vorbereiten, sich rüsten; vorbereitet, bereit sein; VI [taˈha:jaʔa] sich einander anpassen.

هياب [haˈjja:b] furchtsam, schüchtern.

هياج [hiˈja:dʒ] Aufregung *f*, Erregung *f*, Unruhe *f*; Wüten *n*.

هيام [huˈja:m] leidenschaftliche Liebe *f*.

هاب (هيب) [ha:b (jaˈha:b)] fürchten, scheuen; ehren, respektieren; II [hajjab] furchtbar machen; einschüchtern, bedrohen (*j-n* على); IV [ʔaˈha:b] ermuntern, antreiben (*j-n* ب); V [taˈhajjab] *u.* VIII [ihˈta:b] = I.

هيبة [haiba] Furcht *f*, Scheu *f*; Achtung *f*, Respekt *m*; Würde *f*.

هيت [haita] komm her!

هاج (هيج) [ha:dʒ (jaˈhi:dʒ)] bewegt, erregt, aufgeregt sein; II [hajjadʒ] *u.* IV [ʔaˈha:dʒ] erregen, aufregen, beunruhigen; aufreizen, entfachen, entzünden; V [taˈhajjadʒ] *u.* VIII [ihˈta:dʒ] unruhig, erregt, aufgeregt sein.

هيج [haidʒ] *u.* هيجان [hajaˈdʒa:n] Unruhe *f*, Aufregung *f*, Erregung *f*; Wut *f*.

هيدروجين [haidru:ˈdʒi:n] *Chemie*: Wasserstoff *m*; ~ى Wasserstoff-.

هير II [hajjar] zerstören, niederreißen.

+ [hajjir] unbesonnen, unbeherrscht.

هيشة [haiʃa] *u.* هيصة [haisɒ] Aufregung *f*; Lärm *m*, Tumult *m*.

هيضة [haiđɒ] Rückfall *m e-r Krankheit*; Cholera *f*; Brechdurchfall *m*.

هيط [haiŧ] Lärm *m*, Geschrei *n*.

هيكل [haikal], *pl.* هياكل [haˈja:kil] Tempel *m*, Altar *m*; Skelett *n*, Gerippe *n*; Gerüst *n*; *Auto*: Fahrgestell *n*.

هال (هيل) [ha:l (jaˈhi:l)] *u.* II [hajjal] *u.* IV [ʔaˈha:l] schütten, streuen; VII [inˈha:l] geschüttet werden, sich ergießen.

هيل [hail] *u.* هيلان [hajaˈla:n] Sandhaufen *m*.

هام (هيم) [ha:m (jaˈhi:m)] 1. umherstreifen; 2. dürsten; sich verlieben, verliebt sein; II [hajjam] verwirren; betören, bezaubern; hinreißen.

هيمان [haiˈma:n], *f* هيمى [haima:] heftig verliebt; durstig.

هيمنة [haimana] Überwachung *f*, Kontrolle *f*; Oberhoheit *f*.

هين [hajjin] leicht; geringfügig, unbedeutend.

هينة [hi:na] Leichtigkeit *f*, Bequemlichkeit *f*.

هيهات [haiˈha:t] aber ach!, weit gefehlt!

هيوب [haˈju:b] furchtsam; ehrerbietig, respektvoll.

هيولى [haˈju:la:] *Philosophie*: Urstoff *m*, Urmaterie *f*; Stoff *m*.

+ [haˈju:li:] stofflich, materiell.

هيء [hajjiʔ *u.* haˈji:ʔ] stattlich, ansehnlich.

هيئة [haiʔa], *pl.* هيآت [haiˈʔa:t]

Form *f*, Gestalt *f*, Erscheinung *f*; Figur *f*, Physiognomie *f*, Haltung *f*; Körperschaft *f*, Organisation *f*; Ausschuß *m*, Kommission *f*, Komitee *n*; Personal *n*, Kader *m*; علم الـ~ Astronomie *f*; ~ التحكيم Jury *f*, Schlichtungsausschuß *m*; التعليم ~ *od.* التدريس ~ Lehrkörper *m*; ~ دبلوماسية *od.* سياسية ~ diplomatisches Korps *n*.

و

و (واو) [wa:w] *siebenundzwanzigster Buchstabe; Zahlwert 6.*

و [wa] 1. *Konj.* und; während; 2. *Schwurpartikel (mit G)*: والله [wa'ɫɫɒ:hi] bei Gott!

وا [wa:] *bei Ausrufen des Jammers zusammen mit Endung* [-a:h]: واأسفاه [wa:ˀasa'fa:h] o Kummer!; واخسرتاه [wa:xasra'ta:h] welch Verlust!

وابل [wa:bil] heftiger Regen *m*; ~ من الرصاص Kugelregen *m*.

وابور [wa:'bu:r], *pl.* [-a:t] *pop.* Dampfmaschine *f*; Dampfer *m*; Lokomotive *f*; *Äg.* Petroleumkocher *m*.

واثق [wa:θiq] vertrauend (auf *A* ب); sicher, gewiß (*e-r Sache* من).

واجب [wa:dʒib] notwendig, erforderlich, verbindlich, obligatorisch; *pl.* [-a:t] Pflicht *f*, Verpflichtung *f*; Notwendigkeit *f*; Aufgabe *f* (*a. Schul-*); من الـ~ es ist notwendig; عليه ~ es ist seine Pflicht, er muß.

واجد [wa:dʒid] 1. Finder *m*; 2. erregt (über *A* على), verliebt (in *A* ب).

واجس [wa:dʒis] Vorahnung *f*, beunruhigender Gedanke *m*.

واجهة [wa:dʒiha] Vorderseite *f*, Front *f*, Fassade *f*.

واحد [wa:ħid] eine(r); eins (*beim Zählen*); irgendeiner; *pl.* وحدان [wuħ'da:n] einzeln; واحدا واحدا einer nach dem anderen; كل ~ jeder einzelne.

واحة [wa:ħa], *pl.* [-a:t] Oase *f*.

واد [wa:din], *constr.* وادى [wa:di:], *pl.* وديان [wid'ja:n] *u.* أودية [ˀaudija] Tal *n*, Wasserlauf *m*, Flußbett *n*.

وادع [wa:diˁ] 1. Deponent *m*; 2. sanft, mild.

وارث [wa:riθ], *pl.* ورثة [waraθa] *u.* وراث [wu'rra:θ] Erbe *m*.

وارد [wa:rid] einlangend, ankommend, eintreffend; *pl.* [-a:t] Einfuhr *f*, Import *m*; Einkünfte *pl*.

وارش [wa:riʃ] Eindringling *m*; ungebetener Gast *m*.

وارق [wa:riq] belaubt, grünend (*Baum*).

وازع [wa:ziʕ] Hemmnis *n*, Hindernis *n*; moralischer Zwang *m*.

واسطة [wa:sitɒ], *pl.* وسائط [wa'sa:ʔit] Vermittlung *f*; Mittel *n*; Behelf *m*; بواسطة mittels, durch.

واسع [wa'siʕ] weit, geräumig, ausgedehnt.

واش [wa:ʃin], *constr.* واشى [wa:ʃi:], *pl.* وشاة [wu'ʃa:t] Verleumder *m*; Denunziant *m*.

واضح [wɒ:điħ] klar, deutlich, sichtbar, offenbar.

واضع [wɒ:điʕ] Urheber *m*, Schöpfer *m*, Verfasser *m*; gebärend (*Frau*).

واط [wɒ:t] *El.* Watt *n*.

واطئ [wɒ:tiʔ] niedrig; leise (*Stimme*).

واع [wa:ʕin], *constr.* واعى [wa:ʕi:] aufmerksam, vorsichtig; bewußt.

واعظ [wa:ʕiz], *pl.* وعاظ [wu'ʕʕa:z] Prediger *m*.

واعية [wa:ʕija] Bewußtsein *n*.

واف [wa:fin], *constr.* وافى [wa:fi:] voll, vollständig, reichlich; treu.

وافد [wa:fid], *pl.* أوفاد [ʔau'fa:d] 1. Ankömmling *m*, Delegierte(r) *m*; 2. epidemisch; ة~ Epidemie *f*.

وافر [wa:fir] reichlich, im Überfluß vorhanden; zahlreich.

واق [wa:qin], *constr.* واقى [wa:qi:] schützend; vorbeugend.

واقع [wa:qiʕ] fallend, sich ereignend; tatsächlich, wirklich, real; Ereignis *n*; Tatsache *f*, Wirklichkeit *f*; ~ غير unwirklich, unwahr; ~ فى ال tatsächlich, in der Tat, in Wirklichkeit; ا~ [wa:qiʕan] *Adv.* tatsächlich; ة~; *pl.* وقائع [wa'qa:ʔiʕ] Ereignis *n*, Vorfall *m*, Tatsache *f*; Unfall *m*; Schlacht *f*; ى~ [wa:qiʕi:] tatsächlich, wirklich, real; positiv; Realist *m*; realistisch.

واقف [wa:qif] stehend, aufrecht.

واقية [wa:qija] Schutzmittel *n*, Vorbeugungsmittel *n*.

وال [wa:lin], *constr.* والى [wa:li:], *pl.* ولاة [wu'la:t] Gouverneur *m*, Herrscher *m*; والى الأمر maßgebliche Persönlichkeit *f*.

وأل [waʔal (يئل jaʔil)] Zuflucht nehmen (zu الى).

والا [wa-ʔilla:] andernfalls, sonst.

والد [wa:lid] Erzeuger *m*, Vater *m*; الوالدان die Eltern *pl.*; ة~ Mutter *f*.

واله [wa:lih] verwirrt, kopflos.

(وأم) III وائم [wa:ʔam] in Eintracht leben, übereinstimmen, harmonieren (mit ه); VI توائم [taˈwa:ʔam] miteinander übereinstimmen.

وان [wa:nin], *constr.* وانى [wa:ni:] matt, schwach.

وإن [wa-ʔin] wenn auch, obgleich.

واه [wa:hin], *constr.* واهى [wa:hi:], *pl.* وهاة [wuˈha:t] schwach, unbedeutend; brüchig, zerbrechlich.

واهب [wa:hib] Geber *m*, Spender *m*.

واهمة [waˈhima] Einbildung *f*, Phantasie *f*.

واهن [wa:hin] schwach, kraftlos, entnervt.

وبأ [wabaʔ] *u.* وباء [waˈba:ʔ], *pl.* أوباء [ʔauˈba:ʔ] *u.* أوبئة [ʔaubiʔa] Seuche *f*, Epidemie *f*; Pest *f*.

وبال [waˈba:l] ungesundes Klima *n*; Übel *n*, Unheil *n*.

وبائى [waˈba:ʔi:] epidemisch; ansteckend.

وبخ II [wabbax] tadeln, rügen, schelten.

وبر [wabar], *pl.* أوبار [ʔauˈba:r] Wolle *f*, Haar *n*, Kamelhaar *n*.

+ [wabir] haarig, behaart.

وبق [wabaq (يبق jabiq)] zugrunde gehen.

وبل [wabal (يبل jabil)] heftig regnen.

+ [wabl] Regenguß *m*.

وبئ [wabiʔa (jaubaʔu)] verseucht, verpestet sein.

وبىء [waˈbi:ʔ] infiziert; verseucht, verpestet.

وبيل [waˈbi:l] ungesund (*Klima*); schädlich, verderblich.

وتد II [wattad] *Pflock* einschlagen; festmachen, sichern.

+ [watad], *pl.* أوتاد [ʔauˈta:d] (*Zelt-*)Pflock *m*, Pfahl *m*.

وتر [watar (يتر jatir)] mit *e-r* Saite bespannen; II [wattar] spannen, straffen; V [taˈwattar] sich anspannen; gespannt sein; VI [taˈwa:tar] aufeinanderfolgen.

+ [watar], *pl.* أوتار [ʔauˈta:r] Sehne *f* (*a. des Bogens u. Math.*); Saite *f*; *Math.* Hypotenuse *f*.

+ [watr *u.* witr] *u.* ~ى ungerade (*Zahl*).

وتيرة [waˈti:ra] Art und Weise *f*, Verfahren *n*.

وتين [waˈti:n] Aorta *f*.

وثء [waθʔ] Quetschung *f*, Verrenkung *f*.

وثاب [waˈθθa:b] feurig, unternehmend, enthusiastisch.

وثاق [wa'θa:q *u.* wi'θa:q], *pl.* وثق [wuθuq] Fessel *f*, Band *n*.

وثائق *s.* وثيقة.

وثب [waθab (يثب jaθib)] springen, aufspringen; setzen (über *A* فوق); V [ta'waθθab] sich stürzen (auf *A* على); VI [ta'wa:θab] hüpfen; aufeinander stürzen.

+ [waθb] Springen *n*, Sprung *m*; ~ة Sprung *m*, Satz *m*; Erhebung *f*, Angriff *m*.

وثر [waθir] weich.

وثق [waθiq (يثق jaθiq)] vertrauen, sich verlassen (auf *A* ب); – [waθuq (jauθuq)] fest, sicher sein; II [waθθaq] stärken, befestigen, konsolidieren; bescheinigen; III [wa:θaq] *e-n* Vertrag schließen (mit ه); IV [ʔauθaq] binden; V [ta'waθθaq] fest, solid sein; sich konsolidieren; X [is'tauθaq] sich vergewissern (*e-r Sache* من).

وثن [waθan], *pl.* أوثان [ʔau'θa:n] Götze *m*, Idol *n*; ~ى heidnisch; Heide *m*, Götzendiener *m*; ~ية Heidentum *n*.

وثوب [wu'θu:b] Springen *n*.

وثير [wa'θi:r] weich.

وثيق [wa'θi:q], *pl.* وثاق [wi'θa:q] fest, solide, sicher.

وثيقة [wa'θi:qa], *pl.* وثائق [wa'θa:ʔiq] Urkunde *f*, Dokument *n*.

وجاهة [wa'dʒa:ha] Ansehen *n*, Würde *f*, Vornehmheit *f*.

وجاهى [wi'dʒa:hi:] *Jur.* kontradiktorisch.

وجب [wadʒab (يجب jadʒib)] 1. nötig, notwendig sein; Pflicht sein (für على); يجب عليه er muß; كما يجب wie es sein muß; 2. *Herz*: pochen; II [waddʒab] zur Pflicht machen (*j-m* على); IV [ʔaudʒab] zur Pflicht machen, auferlegen (*j-m* على), notwendig machen; positiv erledigen (für *j-n* ل); zusprechen (*j-m* ل *etw.* ه); X [is'taudʒab] erfordern; für notwendig ansehen; verdienen.

وجبة [wadʒba], *pl.* [wadʒa'ba:t] Mahlzeit *f*.

وجد [wadʒad (يجد jadʒid)] 1. finden, antreffen; erlangen; *Passiv*: [wudʒid (يوجد ju:dʒad)] vorhanden sein, sich befinden, existieren; [ju:dʒad] es gibt; 2. empfinden, fühlen; lieben; leiden; 3. zürnen, grollen (*j-m* على); IV [ʔaudʒad] schaffen, ins Leben rufen; erfinden, entdecken; verschaffen; zwingen (*j-n* ه zu على); V [ta'waddʒad] sich grämen (um ل); verliebt sein (in *A* ب).

+ [wadʒd] Leidenschaft *f*, Affekt *m*, Ekstase *f*; Zorn *m*; *u.* [widʒd] Reichtum *m*.

وجدان [widʒˈda:n] Gemüt *n*, Seelenleben *n*, Gefühlsleben *n*; Gewissen *n*; ~ى seelisch, sentimental, emotional.

وجر [wadʒr], *pl.* أوجار [ʔauˈdʒa:r] Höhle *f*, Grotte *f*.

وجز [wadʒaz (يجز jadʒiz)] knapp, lakonisch sein; IV [ʔaudʒaz] knapp, lakonisch ausdrücken; kurz fassen.

+ [wadʒz] knapp, kurz und bündig, lakonisch.

وجس [wadʒas (يجس jadʒis)] besorgt sein, Befürchtungen haben; IV [ʔaudʒas] ahnen; *Furcht* empfinden.

وجع [wadʒiʕ (jaudʒaʕ)] Schmerz empfinden; – [wadʒaʕ (jaudʒaʕ) *u.* IV [ʔaudʒaʕ] schmerzen, weh tun (*j-m* ه); V [taˈwaddʒaʕ] Schmerz leiden, wehklagen; bemitleiden (*j-n* ل).

+ [wadʒaʕ], *pl.* أوجاع [ʔauˈdʒa:ʕ] Schmerz *m*; Leiden *n*.

وجف [wadʒaf (يجف jadʒif)] bewegt, erregt sein; *Herz*: klopfen.

وجل [wadʒal], *pl.* أوجال [ʔauˈdʒa:l] Furcht *f*, Angst *f*.

وجم [wadʒam (يجم jadʒim)] schweigen; sprachlos sein.

وجنة [wadʒna], *pl.* [wadʒaˈna:t] Wange *f*, Backe *f*.

وجه [wadʒuh (jaudʒuh)] angesehen sein; II [waddʒah] richten, lenken, leiten, zuwenden, dirigieren; ehren, auszeichnen; III [wa:dʒah] gegenüberliegen, gegenübertreten; entgegentreten, begegnen (*j-m* ه); persönlich sprechen, eine Unterredung haben (mit ه); ins Auge schauen (*j-m* ه *od. e-r Gefahr* ه); IV [ʔaudʒah] auszeichnen, ehren; V [taˈwaddʒah] sich wenden (an *j-n* الى), zugehen (auf *A* الى), sich begeben (nach, zu الى); VI [taˈwa:dʒah] einander gegenüberstehen; VIII اتجه [iˈttadʒah] sich wenden (nach الى), sich richten; gerichtet sein.

+ [wadʒh], *pl.* وجوه [wuˈdʒu:h] *u.* أوجه [ʔaudʒuh] Gesicht *n*, Antlitz *n*; Oberfläche *f*; Vorderseite *f*, Außenseite *f*; Avers *m der Münze*; Zifferblatt *n der Uhr*; Seite *f*; Richtung *f*; Aspekt *m*, Art *f*, Weise *f*; Weg *m*, Methode *f*;

Ziel *n*; Gesichtspunkt *m*; Sinn *m*; Ehre *f*; الوجوه Notabeln *pl.*, hochstehende Persönlichkeiten *f/pl.*; على هذا الـ~ auf diese Weise; بـ~ خاص im besonderen; بـ~ عام im allgemeinen; بـ~ الاجمال insgesamt; بـ~ التقريب annäherungsweise, annähernd; من كل ~ in jeder Hinsicht; الـ~ البحرى Unterägypten *n*; الـ~ القبلى [qibli:] Oberägypten *n*.

وجهة [widʒha] Richtung *f*; Hinsicht *f*; ~ نظر Standpunkt *m*, Gesichtspunkt *m*.

وجوب [wuˈdʒu:b] Notwendigkeit *f*, Unerläßlichkeit *f*, Pflicht *f*.

وجود [wuˈdʒu:d] Dasein *n*, Vorhandensein *n*, Existenz *f*; ~ى existenziell; Existenzialist *m*; ~ية Existenzialismus *m*.

وجوم [wuˈdʒu:m] Schweigen *n*, Sprachlosigkeit *f*; Besorgnis *f*.

وجيز [waˈdʒi:z] knapp, kurz und bündig.

وجيع [waˈdʒi:ʕ] schmerzhaft, schmerzlich.

وجيه [waˈdʒi:h], *pl.* وجهاء [wudʒaˈha:ʔ] angesehen; Vornehme(r) *m*; ~ة vornehme Dame *f*.

وحد [waħad (يحد jaħid)] *u.* [waħud (jaħud)] einzig, allein sein; II [waħħad] vereinen, vereinigen, verbinden, zusammenfügen; Monotheist sein; V [taˈwaħħad] allein, einsam sein; allein dastehen (mit ب); allein tun; vereinigt, vereinheitlicht werden; VIII اتحد [iˈttaħad] geeint, vereint sein; sich vereinigen; einig sein, übereinstimmen (in *e-r Meinung* في).

+ [waħda] (*nur mit Personalsuffixen*) allein; وحده [waħdahu] er allein; وحدك [waħdaka] du allein.

وحدانى [waħˈda:ni:] einzig, allein, einzeln; alleinstehend; ~ة Einzigartigkeit *f*; Einheit *f Gottes*.

وحدة [waħda] Alleinsein *n*; *pl.* [-a:t] Einheit *f* (*a. Mil.*).

(وحش) IV أوحش [ʔauħaʃ] *Gegend*: wüst, öde sein; einsam machen; V [taˈwaħħaʃ] wild, barbarisch sein; verwildern; X [isˈtauħaʃ] sich einsam fühlen; entfremdet sein; Abneigung, Widerwillen fühlen (gegen من).

+ [waħʃ] wüst, öde, wild; *pl.* وحوش [wuˈħu:ʃ] wildes Tier *n*; Ungeheuer *n*; ~ى wild, barbarisch, unzivilisiert; roh, brutal, grausam; ~ية Wildheit *f*; Barbarei *f*; Roheit *f*, Brutalität *f*.

وحل [waħl], *pl.* وحول [wuˈħu:l] *u.* أوحال [ʔauˈħa:l] Schlamm *m*, Kot *m*, Morast *m*.

+ [waħil] schlammig, kotig.

وحم [waħim (jauħam)] Appetit haben (auf *A* ه), verlangen (nach ه).

وحى [waħa: (يحي jaħi:)] *u.* IV [ʔauħa:] eingeben, inspirieren, offenbaren (*j-m* الى *etw.* ب); X [isˈtauħa:] Inspiration suchen, Rat holen (bei ه).

+ [waħj] Eingebung *f*, Inspiration *f*, Offenbarung *f*.

وحيد [waˈħi:d] einzig, allein, einzeln, einsam, alleinig.

وخامة [waˈxa:ma] Ungesundheit *f*, Schädlichkeit *f*.

وخز [waxaz (يخز jaxiz)] stechen; quälen, ärgern.

+ [waxz] Stechen *n*, Stiche *m/pl.*; الضمير ~ Gewissensbisse *m/pl.*; ة~ Stich *m*.

وخم [waxum (jauxum)] ungesund, schädlich, unverdaulich sein; – [waxim (jauxam)] *u.* VIII اتخم [iˈttaxam] *e-e* Magenverstimmung haben.

وخى [waxa: (يخى jaxi:)] *u.* II [waxxa:] beabsichtigen, anstreben; III [wa:xa:] sich verbrüdern (mit ه; *s.* أخو); V [taˈwaxxa:] *Ziel* verfolgen; anstreben, bezwecken, beabsichtigen; bedacht sein (auf *A* ه).

+ [waxj *u.* waxan] Absicht *f*, Vorhaben *n*.

وخيم [waˈxi:m] ungesund, schädlich; verhängnisvoll.

ود [wadda (jaˈwaddu)] lieben, gerne haben; wünschen, mögen; III [wa:dda] Freundschaft schließen (mit ه); V [taˈwaddad] Liebe *od.* Freundschaft zeigen (*j-m* الى).

+ [wudd *u.* widd] Liebe *f*, Freundschaft *f*; Wunsch *m*, Begehren *n*.

وداد [wiˈda:d] Liebe *f*, Freundschaft *f*; *a. npr. f.*

وداع [waˈda:ʕ] Abschied *m*; ال~ lebe wohl!; ة~ Milde *f*, Sanftmut *f*.

ودج [wadadʒ] Halsader *f*.

ودع [wadaʕ (يدع jadaʕ)] niederlegen, hinterlegen, deponieren; lassen; *imp.* دع [daʕ]; II [waddaʕ] Abschied nehmen (von ه), verabschieden; IV [ʔaudaʕ] niederlegen, einlegen; deponieren; anvertrauen (*j-m* ه *etw.* ه); X [isˈtaudaʕ] aufbewahren, speichern; in Verwahrung geben (*j-m* ه), deponieren.

+ [wadʕ] Hinterlegung *f*, Deponierung *f*.

+ [wadaʕ] *coll.*, ة~ Muschel *f*.

ودك [wadak] Fett *n*.

ودود [waˈdu:d] freundlich, zugetan, gewogen.

ودى [wada: (يدى jadi:)] das Blutgeld zahlen; II [wadda:] (*s.* أدى) schicken, geleiten; geben, bezahlen; IV [ʔauda:] 1. zugrunde gehen; 2. vernichten, verderben.

+ [wuddi:] freundschaftlich.

وديان *s.* واد.

وديع [waˈdi:ʕ] sanftmütig, mild, bescheiden; *a. npr. m*; ة~, *pl.* ودائع [waˈda:ʔiʕ] hinterlegte Sache *f*, Depositum *n*.

وراء [waˈra:ʔa] *Präp.* hinter, jenseits; ما ~ الاردن Transjordanien *n*; ما ~ البحار Übersee *f*; ما ~ الطبيعة Metaphysik *f*.

وراثة [wiˈra:θa] Vererbung *f*, Erblichkeit *f*.

وراثى [wiˈra:θi:] erblich, Erb-.

وراق [waˈrra:q] Papierhändler *m*: Buchhändler *m*.

ورب [warab (يرب jarib)] schief stellen; *Tür* anlehnen; II [warrab] zweideutig sprechen; anspielen (auf *A* عن); III [wa:rab] schief stellen; hintergehen, betrügen.

+ [warb] Schrägheit *f*, Neigung *f*.

ورث [wariθ (يرث jariθ)] erben (*etw.* ه), beerben (*j-n* ه); II [warraθ] zum Erben einsetzen (*j-n* ه); vererben (*j-m* ه *etw.* ه); IV [ʔauraθ] vererben; zufügen; hervorrufen; VI [taˈwa:raθ] ererben.

+ [wirθ] Erbe *n*, Erbschaft *f*; ورثة *s.* وارث.

ورد [warad (يرد jarid)] ankommen, eintreffen; *Brief*: eingehen, einlaufen; vorkommen, erwähnt, genannt werden (in *e-m Buch* فى); II [warrad] 1. gelangen lassen; *Ware* einführen, liefern; 2. blühen; rot färben; IV [ʔaurad] einführen, bringen; hinschaffen; anführen, erwähnen, zitieren; V [taˈwarrad] sich rot färben, *Wange*: glühen; VI [taˈwa:rad] nacheinander ankommen; *Nachrichten*: einlaufen, eintreffen; X [isˈtaurad] importieren, einführen; beziehen (von من).

+ [ward] *coll.*, ة~, *pl.* ورود [wuˈru:d] Rose *f*, Blüte *f*.

+ [wird], *pl.* أوراد [ʔauˈra:d] Wasserstelle *f*, Tränke *f*.

وردى [wardi:] rosa, rosig; ة~ Rosenkranz *m*.

ورش [wariʃ] lebhaft, unruhig.

ورشة [warʃa] Werkstatt *f*.

ورط II [warrɒt] *u.* IV [ʔaurɒt] geraten lassen (in *e-e Unannehmlichkeit* في), verwickeln, verstricken; V [taˈwarrɒt] geraten, sich verwickeln, sich verstricken.

ورطة [wartɒ] schwierige Lage *f*, Verlegenheit *f*, Klemme *f*.

ورع [wariʕ (يرع jaraʕ)] schwach sein; fromm sein; V [taˈwarraʕ] sich enthalten (*e-r Sache* عن).

\+ [waraʕ] Frömmigkeit *f*, Scheu *f*.

ورف [waraf (يرف jarif)] *Schatten*: lang werden; *Pflanze*: grün, dicht werden.

ورق [waraq (يرق jariq)] *u.* II [warraq] *u.* IV [ʔauraq] sich belauben, Blätter bekommen.

\+ [waraq], *pl.* أوراق [ʔaura:q] Blatt *n*; Laub *n e-s Baumes*; Papier *n*; dünnes Blech *n*; ~ اللعب Spielkarten *f/pl.*; ~ مقوى [muˈqawwan] Karton *m*; أوراق مالية Wertpapiere *n/pl.*; ~ة Blatt *n*; Blatt *n* Papier, Zettel *m*, Bogen *m*; Karte *f*.

ورك [wirk] *f*, *pl.* أوراك [ʔauˈra:k] Hüfte *f*.

ورل [waral] Waran *m* (*große Wüstenechse*).

ورم [warim (يرم jarim)] anschwellen, geschwollen sein; II [warram] *e-e* Schwellung hervorrufen, aufblähen; V [taˈwarram] = I.

\+ [waram], *pl.* أورام [ʔauˈra:m] Geschwulst *f*, Schwellung *f*.

ورنيش [warˈni:ʃ] Firnis *m*, Lack *m*; Schuhkrem *f*.

ورود [wuˈru:d] Ankunft *f*; Eingang *m*; Vorkommen *n*.

ورى [wara: (يرى jari:)] *Feuerzeug*: zünden; II [warra:] Feuer schlagen; anspielen (auf *A* عن); verheimlichen; III [wa:ra:] verbergen, verheimlichen; verhehlen; vorgeben (*etw.* ب); V [taˈwarra:] *u.* VI [taˈwa:ra:] sich verstekken (vor عن).

\+ الورى [al-wara:] die Menschen *m/pl.*, die Sterblichen *pl.*

وريد [waˈri:d], *pl.* أوردة [ʔaurida] Vene *f*, Ader *f*.

وز [wazz] *s.* اوز.

وزارة [wiˈza:ra], *pl.* [-a:t] Ministerium *n*.

وزارى [wiˈza:ri:] ministeriell.

وزان [wiˈza:na] *Präp.* entsprechend; gegenüber.

وزر [wazar (يزر jazir)] *Last* auf sich nehmen, tragen; *Sünde* begehen; III [wa:zar] helfen, unterstützen (*s.* آزر); V [ta'wazzar] Minister werden; X [is'tauzar] zum Minister machen *od.* ernennen.

+ [wizr], *pl.* أوزار [ˀauza:r] Last *f*, Bürde *f*; Verantwortung *f*; Sünde *f*; ة~ Schurz *m*, Lendentuch *n*.

وزرا *s.* وزير.

وزع [wazaˁ (يزع jazaˁ)] zurückhalten, im Zaume halten; II [wazzaˁ] verteilen (*etw.* ه auf *A* على), aufteilen; V [ta'wazzaˁ] verteilt werden; sich aufteilen.

وزن [wazan (يزن jazin)] wiegen, abwägen; ausgleichen, ausbalancieren; III [wa:zan] aufwiegen; das Gleichgewicht halten (*e-r Sache* ه); vergleichen (*etw.* بين mit و); VI [ta'wa:zan] im Gleichgewicht sein, sich die Waage halten.

+ [wazn], *pl.* أوزان [ˀau'za:n] Gewicht *n*; Metrum *n*, Versmaß *n*; *Gr.* Form *f*; انعدام الـ~ Schwerelosigkeit *f*; ة~ Gewicht *n*; ى~ Gewichts-.

(وزى) III وازى [wa:za:] gegenüberstehen, entsprechen (*e-r Sache* ه); gleichlaufend, parallel sein (mit ه); VI [ta'wa:za:] miteinander parallel laufen.

وزير [wa'zi:r], *pl.* وزراء [wuza'ra:ˀ] Minister *m*; *Schach*: Königin *f*; ~ بلا وزارة Minister *m* ohne Geschäftsbereich; *s.* مفوض.

وزين [wa'zi:n] gewichtig; ausgewogen; gesund (*Urteil*).

وساخة [wa'sa:xa] Schmutz *m*, Schmutzigkeit *f*.

وسادة [wi'sa:da], *pl.* وسائد [wa'sa:ˀid] Kissen *n*, Polster *n*.

وساطة [wi'sa:ṭɒ] Vermittlung *f*; Fürsprache *f*.

وسام [wi'sa:m], *pl.* أوسمة [ˀausima] Orden *m*, Auszeichnung *f*.

وسامة [wa'sa:ma] Schönheit *f*, Anmut *f*, Lieblichkeit *f*.

وسائل *s.* وسيلة.

وسخ [wasix (jausax)] schmutzig sein; II [wassax] *u.* IV [ˀausax] beschmutzen, verunreinigen; V [ta'wassax] *u.* VIII اتسخ [i'ttasax] schmutzig werden.

+ [wasax], *pl.* أوساخ [ˀau'sa:x] Schmutz *m*.

+ [wasix] schmutzig, unrein, unsauber.

وسد II [wassad] sorgfältig legen, betten.

وسط [wasaṭ (يسط jasiṭ)] in der Mitte sein; II [wassaṭ] in die Mitte stellen; V [ta'wassaṭ] in der Mitte sein, *e-e* mittlere

Stellung einnehmen; vermitteln (zwischen بين).

+ [wasat], *pl.* أوساط [ʔausa:t] Mitte *f*, Zentrum *n*; Mittel *n*, Medium *n*; Durchschnitt *m*; Mittelmäßigkeit *f*; Umwelt *f*, Milieu *n*; *pl.* Kreise *m/pl. der Gesellschaft*; zentral; gemäßigt; durchschnittlich, mittelmäßig; [wastɒ] *Präp.* inmitten.

وسطانى [wasˈtɒ:ni:] mittlere(r), in der Mitte befindlich; mittelmäßig.

وسطى [wasati:] Umwelts-, Milieu-; *s.a.* أوسط.

وسع [wasiʕ (يسع jasaʕ)] weit, geräumig sein; fassen, umfassen, enthalten, aufnehmen; Raum bieten, groß genug sein, genügen (für ه); können, vermögen; möglich sein; II [wassaʕ] erweitern, ausdehnen, verbreitern; Platz machen (für ل); IV [ʔausaʕ] erweitern; in starkem Maße tun; reich sein; V [taˈwassaʕ] sich ausbreiten, sich ausdehnen; ausgedehnt, erweitert werden; es sich bequem machen (in *D* فى); sich ausbreiten (über *e. Thema* فى); VIII اتسع [iˈttasaʕ] erweitert werden; sich ausdehnen, sich erweitern, sich erstrecken; Platz haben, weit genug sein, ausreichen (für ل); vermögen (*etw.* ه).

+ [wasaʕ] Weite *f*, weiter Raum *m*.

+ [wusʕ] Fassungsvermögen *n*, Kapazität *f*, Leistungsfähigkeit *f*; Macht *f*, Kraft *f*; فى وسعه es ist in seiner Macht; ~ة Weite *f*, Ausdehnung *f*, Umfang *m*; Fülle *f*.

وسق [wasaq (يسق jasiq)] *u.* IV [ʔausaq] beladen, befrachten; VIII اتسق [iˈttasaq] *Mond*: voll werden; wohlgeordnet sein; harmonieren.

+ [wasq] Beladung *f*; Ladung *f*, Fracht *f*.

(وسل) V توسل [taˈwassal] Zugang suchen (zu الى); anflehen, inständig bitten (*j-n* الى); sich bedienen (*e-r Sache* ب), als Mittel benutzen (*etw.* ب).

وسم [wasam (يسم jasim)] kennzeichnen, stempeln, brandmarken; II [wassam] *e-n* Orden verleihen (*j-m* ه); V [taˈwassam] betrachten, prüfen, sorgfältig untersuchen; gekennzeichnet sein (durch ب); VIII اتسم [iˈttasam] gekennzeichnet, gebrandmarkt sein; sich auszeichnen (durch ب).

+ [wasm], *pl.* وسوم [wuˈsuːm] Brandmal *n*; Kennzeichen *n*, Marke *f*.

وسن [wasan] Schlummer *m*.

وسوس [waswas (juˈwaswis)] flüstern; einflüstern; V [taˈwaswas] unruhig sein; Zweifel, Verdacht haben.

وسيط [waˈsiːṭ], *pl.* وسطاء [wusaˈṭɒːʔ] Vermittler *m*, Mittelsmann *m*, Agent *m*; ة~, *pl.* وسائط [waˈsaːʔiṭ] Mittel *n*.

وسيع [waˈsiːʕ], *pl.* وساع [wiˈsaːʕ] weit, geräumig, ausgedehnt.

وسيلة [waˈsiːla], *pl.* وسائل [waˈsaːʔil] Mittel *n*, Hilfsmittel *n*; Maßnahme *f*; وسائل النقل Transportmittel *n/pl.*

وسيم [waˈsiːm], *pl.* وسام [wiˈsaːm] hübsch, anmutig.

وشاح [wiˈʃaːħ], *pl.* أوشحة [ʔauʃiħa] Schärpe *f*, Schal *m*; ة~ Degen *m*.

وشاية [wiˈʃaːja] Verleumdung *f*.

وشح II [waʃʃaħ] schmücken, verzieren; V [taˈwaʃʃaħ] sich bekleiden (mit ب); sich zulegen, sich beilegen (*etw.* ب).

وشع II [waʃʃaʕ] aufwickeln, aufhaspeln.

وشق [waʃaq] Luchs *m*.

وشك [waʃuk (jauʃuk)] schnell sein; IV [ʔauʃak] nahe daran sein, im Begriff sein (*etw. zu tun* على).

+ [waʃk] Eile *f*, Schnelligkeit *f*; على ~ أن im Begriff zu; هو على وشك الاكمال er ist nahe daran, fertig zu werden.

وشم [waʃm] Tätowierung *f*.

وشنة [wiʃna] *Äg.* Weichsel *f*.

وشى [waʃaː (يشى jaʃiː) 1. schmükken, verzieren; 2. verleumden, verraten (*j-n* ب); II [waʃʃaː] besticken.

وشيجة [waˈʃiːdʒa], *pl.* وشائج [waˈʃaːʔidʒ] enges Band *n*.

وشيع [waˈʃiːʕ] Hecke *f*; ة~, *pl.* وشائع [waˈʃaːʔiʕ] Spule *f*.

وشيك [waˈʃiːk] baldig, nahe bevorstehend.

وصال [wiˈsɒːl] Vereinigung *f von Liebenden*.

وصاة [waˈsɒːt] Empfehlung *f*, Anweisung *f*, Anordnung *f*.

وصايا *s.* وصية.

وصاية [waˈsɒːja] = وصاة.

+ [wiˈsɒːja] Vormundschaft *f*; Treuhänderschaft *f*.

وصب [wɒsɒb], *pl.* أوصاب [ʔauˈsɒːb] Krankheit *f*.

وصد [wɒsɒd (يصد jɒsid)] fest sein; IV [ʔausɒd] *Tür* schließen.

وصف [wɒsɒf (يصف jɒsif)] beschreiben, schildern; bezeichnen, qualifizieren; *Arznei* verschreiben; VIII اتصف [iˈttasɒf] charakterisiert sein, sich auszeichnen (durch ب), besitzen (*Eigenschaft* ب); X [isˈtausɒf] *Arzt* konsultieren.

+ [wɒsf], *pl.* أوصاف [ʔauˈsɒːf] Beschreibung *f*, Schilderung *f*; Eigenschaft *f*, Merkmal *n*, Charakteristik *f*; ة~ ärztliche Verordnung *f*, Rezept *n*; ى~ beschreibend.

وصل [wɒsɒl (يصل jɒsil)] verbinden, vereinigen, verknüpfen (mit ب); Verbindung herstellen; erreichen (*etw.* ه *od.* الى), gelangen (zu الى); ankommen, eintreffen; bringen (*j-m* ه *etw.* ب), schenken, verleihen; II [wɒssɒl] verbinden, vereinigen (mit ب); gelangen lassen, führen, leiten, befördern, überbringen; anschließen, einschalten; begleiten; III [wɒːsɒl] zusammenhängen (mit ه); fortsetzen (*etw.* ه); fortfahren (mit ه); in engen Beziehungen stehen (mit ه); IV [ʔausɒl] = II; V [taˈwɒssɒl] erreichen (*etw.* الى), gelangen (zu الى); VI (taˈwɒːsɒl] aufeinander folgen; VIII اتصل [iˈttɒsɒl] verbunden sein, in Verbindung sein (mit ب); Fühlung nehmen, im Zusammenhang stehen; angeschlossen sein, angrenzen, sich anschließen (an *A* ب); fortgesetzt werden, fortdauern.

+ [wɒsl] Verbindung *f*, Zusammenhang *m*, Bindung *f*, Beziehung *f*; Anschluß *m*; Empfangsschein *m*, Quittung *f*.

+ [wusl], *pl.* أوصال [ʔauˈsɒːl] Glied *n*; Gelenk *n*.

وصلة [wɒsla] *Gr. Zeichen zur Bezeichnung des nicht ausgesprochenen Alif.*

+ [wusla], *pl.* وصل [wusɒl] *u.* [-aːt] Verbindung *f*; Befestigung *f*, Anschluß *m*; *Techn.* Anschlußstück *n*, Verbindungsstück *n*, Zwischenstück *n*; Scharnier *n*; Bindeglied *n*; Bindestrich *m*; Lappen *m*, Stoffetzen *m*.

وصم [wɒsm] Schande *f*; ة~ Schandfleck *m*, Makel *m*, Fehler *m*.

وصول [wuˈsuːl] Ankunft *f*, Eintreffen *n*; Erlangung *f* (*e-r Sache* الى), Erhalt *m*; ى~ Emporkömmling *m*.

وصى II [wɒssɒː] *u.* IV [ʔausɒː] empfehlen, anraten (*j-m* ه *etw.* ب); beauftragen (*j-n* ه mit ب); anvertrauen (*j-m* ه

etw. ب); bestellen, in Auftrag geben (bei *j-m* ه *etw.* ب); testamentarisch verfügen, letztwillig anordnen.

+ [wa'siːj], *pl.* أوصياء [ʔausiˈjaːʔ] Vormund *m*; Testamentsvollstrecker *m*; Beauftragte(r) *m*; Verwalter *m*; ~ العرش Regent *m*, Thronverweser *m*.

وصيف [wɒ'siːf], *pl.* وصفاء [wusɒ'faːʔ] Diener *m*, Page *m*; ~ة *pl.* وصائف [wa'sɒːʔif] Dienerin *f*, Kammerzofe *f*.

وصيل [wɒ'siːl] unzertrennlich (*Freund*); Vertraute(r) *m*.

وصية [wɒ'siːja], *pl.* وصايا [wa'sɒːjaː] Empfehlung *f*, Auftrag *m*; Vermächtnis *n*, Testament *n*.

وضاءة [wɒ'đɒːʔa] Sauberkeit *f*, Reinlichkeit *f*; *s.* وضو.

وضاعة [wɒ'đɒːʕa] Niedrigkeit *f*; Demut *f*, Bescheidenheit *f*.

وضب II [wɒđđɒb] ordnen, anordnen, herrichten; aufbereiten.

وضح [wɒđɒħ (يضح jɒđiħ)] klar, deutlich, offenbar sein; erscheinen; II [wɒđđɒħ] *u.* IV [ʔauđɒħ] klar, sichtbar machen; erklären, verdeutlichen; bezeichnen; V [ta'wɒđđɒħ] klar, deutlich werden; gezeigt, aufgeklärt werden; zum Vorschein kommen; VIII اتضح [i'ttɒđɒħ] aufgeklärt werden, sich erklären (durch ب), sich ergeben (aus من); klar, deutlich werden; X [is'tauđɒħ] um Aufklärung bitten; untersuchen.

+ [wɒđħ], *pl.* أوضاح [ʔau'đɒːħ] Licht *n*, Helligkeit *f*.

وضع [wɒđɒʕ (يضع jađaʕ)] setzen, stellen, legen; hinstellen, hinlegen; aufstellen; niederlegen; schaffen, erzeugen; gebären; verfassen; erfinden; – [wɒđuʕ (jauđuʕ)] niedrig, gering sein; IV [ʔauđɒʕ] eilen; VI [ta'wɒːđɒʕ] bescheiden sein; sich demütigen; übereinkommen (über *A* على); VIII ايضع [i'ttɒđɒʕ] sich demütigen.

+ [wɒđʕ], *pl.* أوضاع [ʔau'đɒːʕ] Niederlegung *f*, Setzung *f*, Aufstellung *f*; Anbringung *f*; Schaffung *f*, Anfertigung *f*; Abfassung *f e-s Buches*; Prägung *f e-s Wortes*; Geburt *f*; Haltung *f*, Stellung *f*, Lage *f*, Situation *f*; *pl.* Verhältnisse *n/pl.*, Umstände *m/pl.*, Zustände *m/pl.*; ~ة Lage *f*, Stellung *f*, Position *f*; ~ى auf die Lage bezüglich;

Positions-; positiv; قيمة وضعية *Math.* Stellenwert *m*; ~ية Situation *f.*

وضؤ [wɒđuʔa (jauđuʔu)] rein sein; V [ta'wɒđđɒʔa] die rituelle Waschung vornehmen.

وضوء [wu'đu:ʔ] rituelle Waschung *f vor dem Gebet.*

وضوح [wu'đu:ħ] Klarheit *f*, Deutlichkeit *f*; Sichtbarkeit *f.*

وضيء [wɒ'đi:ʔ], *pl.* وضاء [wi'đɒ:ʔ] rein, sauber.

وضيع [wɒ'đi:ʕ], *pl.* وضعاء [wuđɒ'ʕa:ʔ] niedrig, tiefstehend, minderwertig, gemein; ~ة, *pl.* وضائع [wɒ'đɒ:ʔiʕ] Depositum *n*; Last *f*; Steuer *f*; Preisnachlaß *m*; Verlust *m.*

وطء [wɒtʔ] *u.* وطاء [wa'tɒ:ʔ] Niederung *f*, Senkung *f*; *s.* وطیء.

وطأة [wɒtʔa] Druck *m*; Gewalt *f*, Heftigkeit *f.*

وطد [wɒtɒd (يطد jatid)] *u.* II [wɒttɒd] festmachen, befestigen; stärken; stabilisieren; *Weg* bahnen, ebnen; V [ta'wɒttɒd] fest, stabil werden.

وطر [wɒtɒr], *pl.* أوطار [ʔau'tɒ:r] Ziel *n*; Wunsch *m.*

وطن [wɒtɒn (يطن jɒtin)] wohnen (in *D* ب); II [wɒttɒn] als Wohnort wählen; gewöhnen (*j-n* ه an *A* ب); IV [ʔautɒn] sich ansiedeln (in *D* ه); V [ta'wɒttɒn] sich niederlassen, ansässig werden (an *e-m Ort* ب); X [is'tautɒn] als Heimat wählen (*Ort* ه), sich niederlassen (in *D* ه).

+ [wɒtɒn], *pl.* أوطان [ʔau'tɒ:n] Heimat *f*, Vaterland *n*; ~ قومي Nationalheimstätte *f der Juden*; ~ى heimatlich, vaterländisch, national; patriotisch; Patriot *m*; ~ية Patriotismus *m*, Nationalgefühl *n.*

وطواط [wɒt'wɒ:t] Fledermaus *f.*

وطئ [wɒtiʔa (يطأ jɒtɒʔu)] treten (auf *A* ه), betreten (*etw.* ه), niedertreten; *Pferd* besteigen; II [wɒttɒʔa] herabsetzen; niederdrücken; ebnen, glätten; vorbereiten; verständlich machen; III [wɒ:tɒʔa] übereinstimmen (mit ه); VI [ta'wɒ:tɒʔa] miteinander übereinstimmen, zusammenwirken.

وطیء [wɒ'ti:ʔ] niedrig, tief, flach.

وطيد [wɒ'ti:d] fest, stabil, solid.

وطيس [wɒ'ti:s] Glut *f*, Esse *f*; Hitze *f des Kampfes.*

وظب [wɒzɒb (يظب jɒzib)] ständig, regelmäßig tun (*etw.* ه); III [wɒ:zɒb] fleißig sein; sich eifrig widmen (*e-r Sache* على); beharren (auf *D* على).

وظف II [wɒzzɒf] ein Amt übertragen (*j-m* ه), anstellen (*j-n* ه); anweisen, zuweisen (*j-m* على *etw.* ه); *Geld* investieren; V [taˈwɒzzɒf] *e-n* Posten bekleiden, *e.* Amt erhalten, Beamter werden.

وظيفة [wɒˈzi:fa], *pl.* وظائف [wɒˈzɒ:ʔif] Stellung *f*, Posten *m*, Amt *n*; Dienst *m*; Aufgabe *f*, Funktion *f*.

وظيفى [wɒˈzi:fi:] funktionell.

وعاء [wiˈʕa:ʔ], *pl.* أوعية [ʔauʕija] Gefäß *n*, Behälter *m*; Blutgefäß *n*.

وعب [waʕab (يعب jaʕib)] das Ganze nehmen; IV [ʔauʕab] einfüllen, hineinstecken; X [isˈtauʕab] umfassen, in sich aufnehmen; begreifen, verstehen.

وعد [waʕad (يعد jaʕid)] versprechen, sein Wort geben (*j-m* ه *etw.* ه *od.* ب); III [wa:ʕad] sich verabreden (mit ه); IV [ʔauʕad] = I; V [taˈwaʕʕad] drohen; bedrohen (*j-n* ه); VI [taˈwa:ʕad] einander versprechen, miteinander verabreden.

\+ [waʕd], *pl.* وعود [wuˈʕu:d] Versprechen *n*, Zusage *f*.

وعر [waʕr], *pl.* وعور [wuˈʕu:r] unwegsames Gelände *n*; zerklüftet; steinig (*Weg*), schwierig; unwegsam.

(وعز) IV أوعز [ʔauʕaz] anregen, inspirieren (*j-n* الى zu ب); andeuten, zu verstehen geben (*j-m* الى *etw.* ب); *e-n* Wink geben.

وعظ [waʕɒz (يعظ jaʕiz)] ermahnen (*j-n* ه); predigen; VIII اتعظ [iˈttaʕɒz] *e-e* Lehre ziehen (aus ب), sich ermahnen *od.* warnen lassen.

\+ [waʕz] Ermahnung *f*, Warnung *f*; Predigt *f*.

وعك [waʕak (يعك jaʕik)] schwül sein; V [taˈwaʕʕak] unwohl, unpäßlich sein.

\+ [waʕik] unwohl, unpäßlich.

وعكة [waʕka] Unwohlsein *n*, Unpäßlichkeit *f*.

وعل [waʕl], *pl.* وعول [wuˈʕu:l] Bergziege *f*, Steinbock *m*.

وعورة [wuˈʕu:ra] Unwegsamkeit *f*, Schwierigkeit *f des Geländes*.

وعى [waʕa: (يعى jaʕi:)] umfassen, enthalten; kennen, im Gedächtnis behalten; achten, achtgeben; bewußt sein (*e-r Sache* ه); II [waʕʕa:] warnen (*j-n* ه vor من); IV [ʔauʕa:] in e-n Behälter tun; V [ta'waʕ-ʕa:] auf der Hut sein (vor من).

\+ [waʕj] Aufmerksamkeit *f*, Bewußtsein *n*, Wachzustand *m*.

وعيد [wa'ʕi:d] Drohungen *f/pl*.

وغر [waγar (يغر jaγir)] zornig, wutentbrannt sein; IV [ʔau-γar] bis zum Zorn reizen, in Wut bringen; V [ta'waγγar] = I.

وغل [waγal (يغل jaγil)] *u*. IV [ʔauγal] *u*. V [ta'waγγal] tief eindringen (in *A* فى).

\+ [waγl] Eindringling *m*, Schmarotzer *m*, Parasit *m*.

وفاء [wa'fa:ʔ] Erfüllung *f e-s Versprechens*; Einhaltung *f*; Bezahlung *f e-r Schuld*; Ausgleich *m*; Gewissenhaftigkeit *f*; Loyalität *f*, Treue *f*.

وفادة [wi'fa:da] Ankunft *f*.

وفاق [wi'fa:q] Übereinstimmung *f*, Harmonie *f*; Zustimmung *f*.

وفاة [wa'fa:t], *pl*. وفيات [wafa'ja:t] Tod *m*, Hinscheiden *n*; Todesfall *m*.

وفد [wafad (يفد jafid)] aufsuchen (*j-n* على), ankommen (bei الى); II [waffad] *u*. IV [ʔaufad] senden, abordnen (*j-n* ه zu الى); VI [ta'wa:fad] zusammenkommen, zusammenströmen (bei على).

\+ [wafd], *pl*. وفود [wu'fu:d] Abordnung *f*, Delegation *f*, Deputation *f*; *Äg. Pol*. Wafd-Partei *f*.

وفر [wafar (يفر jafir)] reichlich, zahlreich sein; II [waffar] vermehren, aufhäufen; sparen; haushalten, schonend umgehen (mit ه); IV [ʔaufar] vermehren; V [ta'waffar] reichlich *od*. in Fülle vorhanden sein; ausreichen, genügen; *Bedingungen*: erfüllt werden; sich anhäufen; sich völlig hingeben (*e-r Sache* على); VI [ta'wa:far] sich vermehren; reichlich vorhanden sein.

\+ [wafr] Überfluß *m*, Fülle *f*; Ersparung *f*; Überschuß *m*; *Ir*. Schnee *m*; ة~ Fülle *f*, Überfluß *m*.

وفز [wafz] Eile *f*, Bereitschaft *f*.

وفضة [wafđɒ], *pl*. وفاض [wi'fɒ:đ] Tasche *f*, Reisesack *m*.

وفق [wafiq (يفق jafiq)] passen, entsprechen; II [waffaq] anpassen, in Einklang bringen; versöhnen (*j-n* mit *j-m* بين); *Gott*: Erfolg verleihen (*j-m* ه), gelingen lassen (*j-m* ه *etw*. الى); *Passiv*: [wuffiq] Erfolg haben, erfolgreich sein; III [wa:faq] passen, zusagen, entsprechen (*j-m* ه); übereinstimmen, im Einklang stehen (mit ه); *Kleid*: passen, stehen (*j-m* ه); zustimmen (*e-r Sache* على), einverstanden sein (mit على); genehmigen, gutheißen, bestätigen (*etw.* على); V [taˈwaffaq] erfolgreich, glücklich sein; VIII اتفق [iˈttafaq] übereinstimmen, in Einklang stehen (mit مع); sich einigen (mit *j-m* مع über *A* على), verabreden, vereinbaren (*etw.* على); geschehen, vorkommen, sich ereignen, passieren.

+ [wafq] Übereinstimmung *f*, Einklang *m*; Genüge *f*; [wafqa] *u.* وفقا ل [wafqan li] gemäß, in Übereinstimmung mit, auf Grund von.

وفود [wuˈfu:d] Ankunft *f*, Eintreffen *n*; *s.a.* وفد.

وفى [wafa: (يفى jafi:)] vollkommen, vollständig sein; *Bedingung* erfüllen; *Wort* halten; *Bedürfnis* befriedigen; *Schuld* bezahlen; *Kosten* decken; II [waffa:] vollmachen; ausbezahlen; *Thema* erschöpfen; III [wa:fa:] kommen (zu ه), erreichen (*j-n* ه); bringen (*j-m* ه *etw.* ب), versorgen (*j-n* ه mit ب); IV [ʔaufa:] erfüllen, vollenden; überschreiten (*etw.* على), hinausgehen (über *A* على); V [taˈwaffa:] vollständig erhalten (*etw.* ه); *Gott*: zu sich nehmen; *Passiv*: [tuˈwuffija] sterben; X [isˈtaufa:] erfüllen, vollständig machen; durchführen; erschöpfen.

+ [waˈfi:j], *pl.* أوفياء [ʔaufiˈja:ʔ] vollständig, vollkommen; haltend (*Wort* ب), treu, vertrauenswürdig.

وفيات *s.* وفاة.

وفير [waˈfi:r] reichlich vorhanden.

وقاء [waˈqa:ʔ] Schutz *m*, Verhütung *f*.

وقاحة [waˈqa:ħa] Frechheit *f*, Unverschämtheit *f*, Ungezogenheit *f*.

وقار [waˈqa:r] Würde *f*, Ernst *m*, Gesetztheit *f*.

وقاية [wiˈqa:ja] Schutz *m*; Abwehr *f*; Vorbeugung *f*, *Med.* Prophylaxe *f*.

وقائى [wiˈqa:ʔi:] vorbeugend, präventiv; Schutz-.

وقب [waqb], *pl.* أوقاب [ʔauˈqa:b] Höhlung *f*; Augenhöhle *f*.

وقت II [waqqat] *Zeit* festlegen, bestimmen; zeitlich beschränken.

+ [waqt], *pl.* أوقات [ʔauˈqa:t] Zeit *f*, Zeitpunkt *m*; فى وقته zur rechten Zeit; [waqta] *Präp.* während, zur Zeit.

وقتى [waqti:] zeitlich; vorläufig, zeitweilig.

وقتئذ [waqta'ʔiðin] zu jener Zeit, damals.

وقح [waqaħ (يقح jaqiħ)] *u.* V [ta'waqqaħ] frech, unverschämt sein.

+ [waqiħ] frech, unverschämt.

وقد [waqad (يقد jaqid)] brennen, sich entzünden; II [waqqad] *u.* IV [ʔauqad] anzünden; V [ta'waqqad] angezündet werden, sich entzünden; VIII اتقد [i'ttaqad] = I; entbrennen (vor *Zorn* ه).

+ [waqd] Brennen *n*, Brand *m*; Brennmaterial *n*; ة~ Feuer *n*, Glut *f*.

وقر [waqar (يقر jaqir)] *Knochen* brechen; – [waqur (jauqur)] würdig, gesetzt, stabil sein; II [waqqar] achten, ehren, respektieren; IV [ʔauqar] belasten; überladen.

+ [waqr] 1. Höhlung *f*; 2. Taubheit *f*.

+ [wiqr], *pl.* أوقار [ʔau'qa:r] Last *f*, Bürde *f*.

وقع [waqaʕ (يقع jaqaʕ)] fallen, stürzen; vorfallen, geschehen, sich ereignen, stattfinden; zustoßen (*j-m* ل); geraten (in *A* في); stoßen (auf *A* على); bestehen (aus في); sich beziehen (auf *A* ب); *Ort*: liegen, gelegen sein; II [waqqaʕ] fallen lassen, niederwerfen; geschehen lassen, vollziehen, ausführen; unterschreiben, unterzeichnen; registrieren; Strafe verhängen (über *A* على); *Musikinstrument* spielen; III [wa:qaʕ] kämpfen (mit ه); beiwohnen (*e-r Frau* ها); IV [ʔauqaʕ] fallen lassen; stürzen; geraten lassen (in *A* في); auferlegen (*j-m* على), zufügen (*j-m* ب); angreifen, überfallen (*j-n* ب); V [ta'waqqaʕ] *u.* X [is'tauqaʕ] erwarten; befürchten.

+ [waqʕ] Fallen *n*, Geschehen *n*; Fall *m*, Schlag *m*, Tritt *m*; ة~, *pl.* [waqa'ʕa:t] Fall *m*, Vorfall *m*, Geschehnis *n*; Schlacht *f*, Treffen *n*.

وقف [waqaf (يقف jaqif)] stehenbleiben, anhalten, halten, stehen; *e-e* Pause machen, zögern; sich hinstellen; unterstützen (*j-n* مع); aufhalten, hindern (*j-n* ه an *D* عن); sich beschäftigen (mit على), sich interessieren (für على); kennen, verstehen (*etw.* على); mitteilen (*j-m* ه *etw.* على), bekannt machen (*j-n* ه mit على); weihen, widmen (*etw.* ه *e-m Zweck* على); *Isl.* stiften, als fromme Stiftung vermachen; II [waqqaf] anhalten, aufhalten, zum Stehen bringen; aufstellen; verhaften, gefangensetzen; *Isl.* *e-e* fromme Stiftung errichten; IV [ʔauqaf] hinstellen; aufhalten, zum Stehen bringen, stoppen; einstellen, unterbrechen, verzögern; verhaften, festnehmen; bekannt machen (*j-n* ه mit على), belehren (*j-n* ه über *A* على); bestimmen, widmen; *Beamten* suspendieren (von عن); V [taˈwaqqaf] stehenbleiben; innehalten (in *D* عن), *e-e* Pause machen; Abstand nehmen (von عن); aufhören (zu عن); abhängen (von على), beruhen (auf *D* على), bestehen (in *D* على); X [isˈtauqaf] anhalten, aufhalten, zum Stehen bringen.

+ [waqf] Stehenbleiben *n*, Halten *n*, Stoppen *n*; Stillstand *m*; Unterbrechung *f*, Einstellung *f*; Suspendierung *f*; *pl.* أوقاف [ʔauˈqa:f] *Isl.* Waqf *m*, fromme Stiftung *f*; ~ة Halt *m*, Pause *f*, Station *f*; Stehen *n*; Verhalten *n*; Vorabend *m e-s Festes*; ~ى Stiftungs-, Waqf-; ~ية Stiftungsurkunde *f*.

وقة [wuqqa *u.* wiqqa] = أقة.

وقود [waˈqu:d] Brennstoff *m*.

+ [wuˈqu:d] Brennen *n*.

وقور [waˈqu:r] ernst, gesetzt, würdevoll.

وقوع [wuˈqu:ʕ] Fallen *n*, Geschehen *n*; Eintritt *m e-s Ereignisses*.

وقوف [wuˈqu:f] Stehen *n*, Halten *n*; Stillstand *m*; Beschäftigung *f* (mit على), Kenntnis *f* (*e-r Sache* على); *a. pl.* zu واقف.

وقى [waqa: (يقى jaqi:)] beschützen, behüten, bewahren (*etw.* ه vor ه); vorbeugen (*e-r Gefahr* ه); V [taˈwaqqa:] *u.* VIII اتقى [iˈttaqa:] sich hüten (vor ه), sich sichern (gegen ه); VIII Gott fürchten.

+ [waqj] Schutz *m*, Sicherung *f*.

+ [waˈqi:j] geschützt; schützend, Beschützer *m*.

وقيعة [waˈqi:ʕa], *pl.* وقائع [waˈqa:ʔiʕ] Ereignis *n*, Vorfall *m*; Schlacht *f*; *pl.* Tatsachen *f/pl.*, Vorgänge *m/pl.*; Verhandlungen *f/pl.*

(وكأ) V [taˈwakkaʔa] *u.* VIII اتكأ [iˈttakaʔa] sich aufstützen, sich lehnen (auf *A* على).

وكالة [waˈka:la] Vertretung *f*,

Agentur *f*; Vollmacht *f*; بالوكالة in Vertretung.

وكب [wakab (يكب jakib)] langsam gehen; III [wa:kab] geleiten, das Geleit geben (*j-m* ه).

وكد [wakad (يكد jakid)] stehenbleiben; beabsichtigen, sich als Ziel setzen; II [wakkad] bekräftigen, bestätigen; *s.* أكد.

+ [wakd] Absicht *f*, Ziel *n*, Wunsch *m*.

وكر [wakr], *pl.* أوكار [ʔauˈka:r] Sitz *m e-s Vogels*; Nest *n*.

وكس [waks] Sinken *n des Wertes*; Verminderung *f*; Verlust *m*.

وكل [wakal (يكل jakil)] anvertrauen (*etw.* ه *j-m* الى), betrauen, beauftragen (*j-n* الى mit ه); II [wakkal] bevollmächtigen, mit der Vertretung beauftragen (*j-n* ه); III [wa:kal] Vertrauen schenken (*j-m* ه); V [taˈwakkal] sich verlassen, vertrauen (auf *A* على); beauftragt werden; verantwortlich sein (für ب); VI [taˈwa:kal] einander vertrauen; VIII اتكل [iˈttakal] sich verlassen, vertrauen (auf *A* على).

وكن [wakan (يكن jakin)] brüten, ausbrüten.

+ [wakn], *pl.* وكون [wuˈku:n] Vogelnest *n*, Horst *m*.

وكيد [waˈki:d] fest, sicher, gewiß, positiv.

وكيل [waˈki:l], *pl.* وكلاء [wukaˈla:ʔ] Bevollmächtigte(r) *m*, Stellvertreter *m*; Vertreter *m*, Agent *m*; Rechtsvertreter *m*; Geschäftsführer *m*; المدير ~ Vizedirektor *m*; الوزارة ~ Unterstaatssekretär *m*.

ولاء [waˈla:ʔ] Freundschaft *f*, Ergebenheit *f*, Treue *f*, Loyalität *f*.

+ [wiˈla:ʔ] Reihenfolge *f*, Aufeinanderfolge *f*.

ولادة [wiˈla:da] Geburt *f*, Entbindung *f*.

ولاعة [waˈlla:ʕa] Feuerzeug *n*.

ولاة *s.* وال.

ولاية [waˈla:ja] Vormundschaft *f*; rechtliche Gewalt *f*.

+ [wiˈla:ja] Souveränität *f*, Regierung *f*; Autorität *f*; Heiligkeit *f*; *pl.* [-a:t] Provinz *f*, Staat *m*; الولايات المتحدة [al-muˈttaħida] die Vereinigten Staaten.

ولج [waladʒ (يلج jalidʒ)] eindringen, eintreten; IV [ʔauladʒ] einführen, einschieben, einfügen.

ولد [walad (يلد jalid)] gebären; erzeugen, produzieren; II

[wallad] Geburtshilfe leisten; erzeugen, produzieren; *El.* generieren; verursachen; V [ta'wallad] geboren werden; erzeugt, produziert werden; entstehen, resultieren; abstammen (von من); VI [ta'wa:lad] sich fortpflanzen; X [is'taulad] *Bakterien* züchten; erzeugen.

+ [walad], *pl.* أولاد [ʔau'la:d] Kind *n*, Sohn *m*; Knabe *m*.

+ [wuld] Söhne *m/pl.*, Nachkommen *m/pl.*

ولدان *s.* وليد.

ولس [walas (يلس jalis)] betrügen, täuschen; III [wa:las] heucheln.

ولط [wɒłt] *El.* Volt *n*.

ولع [waliʕ (jaulaʕ)] sich entzünden, brennen; glühen; leidenschaftlich verliebt sein (in *A* ب), begeistert sein (für ب); II [wallaʕ] *u.* IV [ʔaulaʕ] entzünden; verliebt, begeistert machen; V [ta'wallaʕ] = I.

+ [walaʕ] Leidenschaft *f*, Begeisterung *f*.

ولغ [walaɣ (يلغ jalaɣ)] lecken.

(ولم) IV [ʔaulam] *e.* Gastmahl geben.

وله [walah (يله jalih)] den Kopf verlieren; II [wallah] *u.* IV [ʔaulah] verrückt, kopflos machen.

+ [walah] Verwirrung *f*, Kopflosigkeit *f*.

ولهان [wal'ha:n] kopflos, verwirrt.

ولو [wa-lau] selbst wenn.

ولوع [wu'lu:ʕ] Begierde *f*, Leidenschaft *f*.

ولولة [walwala] Wehgeschrei *n*.

ولى [walija (يلى jali:)] 1. nahe sein, folgen (*j-m* ه); (*j-s* ه) Freund sein; كما يلى wie folgt; فيما يلى im folgenden; 2. verwalten, regieren; herrschen (über *A* ه *u.* على); II [walla:] 1. zuwenden (*j-m* ه *etw.* ه); sich abwenden (von عن); fliehen, enteilen; 2. zum Verwalter *od.* Gouverneur ernennen; beauftragen, betrauen (*j-n* ه mit ه); III [wa:la:] Freund *od.* Helfer sein, beistehen (*j-m* ه); fortwährend tun, fortsetzen (*etw.* ه); IV [ʔaula:] zuwenden, nahebringen (*j-m* ه *etw.* ه); *e-n* Gefallen erweisen (*j-m* ه); anvertrauen (*j-m* ه *etw.* ه); V [ta'walla:] *Amt* innehaben, bekleiden; übernehmen, in Besitz nehmen; betraut sein (mit ه); besorgen; الحكم ~ die Macht übernehmen; VI [ta'wa:la:] ununterbrochen aufeinanderfolgen; X [is'taula:] in Besitz nehmen (*etw.* على),

sich bemächtigen (*e-r Sache* على); besetzen; überwältigen.
+ [waˈliːj], *pl.* أولياء [ʔauliˈjaːʔ] nahe, nahestehend; Freund *m*; Helfer *m*; Verwandte(r) *m*; Patron *m*, Schutzherr *m*; Vormund *m*; Besitzer *m*, Herr *m*; الأمر ~ Sachwalter *m*; Verantwortliche(r) *m*; العهد ~ Thronfolger *m*.

وليد [waˈliːd], *pl.* ولدان [wilˈdaːn] neugeboren; Kind *n*, Sohn *m*; Knabe *m*; *a. npr. m*; ة~, *pl.* ولائد [waˈlaːʔid] Mädchen *n*; Produkt *n*, Resultat *n*.

وليمة [waˈliːma], *pl.* ولائم [waˈlaːʔim] Gastmahl *n*.

(ومأ) IV [ʔaumaʔa] *e-n* Wink geben; hinweisen (auf *A* الى).

ومد [wamid] schwül, heiß.

ومض [wamɒđ (يمض jamiđ)] *u.* IV [ʔaumɒđ] blitzen; IV blinzeln.

وناء [waˈnaːʔ] Schwäche *f*, Schlaffheit *f*, Mattigkeit *f*.

ونى [wanaː (ينى janiː)] schwach, matt, kraftlos werden; II [wannaː] zögern; lässig sein.

وهاب [waˈhhaːb] Schenkende(r) *m* (*Beiname Gottes*); ى~ wahhabitisch; Wahhabit *m* (*Anhänger e-r Sekte in Saudi-Arabien*).

وهاج [waˈhhaːdʒ] glühend, funkelnd, lodernd.

وهب [wahab (يهب jahab)] geben, schenken, gewähren (*j-m* ه *etw.* ه); *imp.* هب [hab] gesetzt den Fall, daß; angenommen, daß; X [isˈtauhab] als Geschenk erbitten.

وهبة [wahba] Geschenk *n*, Trinkgeld *n*.

وهج [wahadʒ (يهج jahidʒ) *u.* V [taˈwahhadʒ] glühen, funkeln.
+ [wahadʒ] Feuer *n*, Glut *f*.

وهد II [wahhad] ebnen, flach machen.

وهدة [wahda], *pl.* وهاد [wiˈhaːd] Bodensenkung *f*, Niederung *f*.

وهرة [wahra] Schrecken *m*, Bestürzung *f*.

وهران [wahˈraːn] Oran (*Stadt in Algerien*).

وهل [wahil (jauhal)] erschreckt sein, erschrecken; II [wahhal] erschrecken (*j-n* ه), einschüchtern.

وهلة [wahla] (*erster*) Anblick *m*, Moment *m*; Schreck *m*.

وهم [waham (يهم jahim)] meinen, wähnen, sich vorstellen, sich einbilden; II [wahham] *u.* IV [ʔauham] glauben machen, weismachen (*j-m* ه daß أن); V [taˈwahham] sich einbilden, vermuten; VIII اتهم [iˈttaham] mißtrauen (*j-m* ه); verdächtigen, beschuldigen, anklagen (*j-n* ه *e-r Sache* ب). + [wahm], *pl.* أوهام [ʔauˈha:m] Vorstellung *f*, Vermutung *f*; Einbildung *f*, Phantasie *f*; Illusion *f*, Wahn *m*, Irrtum *m*; Zweifel *m*; ~ى gedacht, scheinbar, eingebildet, imaginär; hypothetisch; Wahn-; ~ية Wahnvorstellung *f*.

وهن [wahan (يهن jahin)] schwach, unfähig sein (zu في); II [wahhan] *u.* IV [ʔauhan] schwächen; entmutigen, entnerven. + [wahn] Schwäche *f*, Kraftlosigkeit *f*.

وهى [waha: (يهى jahi:)] schwach, hinfällig, gebrechlich sein.

وهين [waˈhi:n] Aufseher *m*, Vorarbeiter *m*.

وئام [wiˈʔa:m] Eintracht *f*, Harmonie *f*; Übereinstimmung *f*.

ويح [waiħa] wehe!

ويل [wail] *u.* ~ة Unheil *n*, Weh *n*; ~ له wehe ihm!

وئيد [waˈʔi:d] langsam, bedächtig.

ى

ى (ياء) [ja:ʔ] *achtundzwanzigster Buchstabe; Zahlwert 10.*

ى [-i:] *Possessivsuffix*: mein.

يا [ja:] *Vokativpartikel und Interjektion*: o; ach; يا سلام ach du meine Güte!

يابان: الـ~ [al-ja:ˈba:n] Japan *n*; ~ى japanisch; Japaner *m.*

يابس [ja:bis] trocken, dürr, hart; اليابسة das Festland.

ياردة [ja:rda] Yard *n (englisches Längenmaß).*

يأس [jaʔs] Verzweiflung *f* (*s.* يئس).

ياسين [ja:ˈsi:n] Jasin *npr. m.*

يافطة [ja:fiṭɒ] Schild *n*, Verkehrstafel *f*, Aufschrift *f.*

يافع [ja:fiʕ] Jugendliche(r) *m*, Halbwüchsige(r) *m.*

ياقة [ja:qa], *pl.* [-a:t] Kragen *m.*

ياقوت [ja:ˈqu:t], *pl.* يواقيت [jawa:ˈqi:t] Saphir *m*; أحمر ~ Rubin *m.*

ياميش [ja:ˈmi:ʃ] getrocknete Früchte *f/pl.*

يانسون [ja:niˈsu:n] Anis *m.*

يانصيب [ja: naˈsi:b] Lotterie *f.*

يانع [ja:niʕ] reif.

ياور [ja:wir], *pl.* ياورية [ja:wiˈri:ja] Adjutant *m.*

ياى [ja:j], *pl.* [-a:t] Sprungfeder *f.*

يائس [ja:ʔis] verzweifelt, hoffnungslos.

يبس [jabis (jaibas)] austrocknen, hart werden; II [jabbas] *u.* IV [ʔaibas] trocknen, ausdörren.

+ [jabs *u.* jabas] Trockenheit *f.*

يبوسة [juˈbu:sa] Trockenheit *f*, Dürre *f.*

يتم [jatam (jaitim)] verwaisen; II [jattam] *u.* IV [ʔaitam] zur Waise machen, der Eltern berauben.

+ [jutm] Verwaistheit *f*, Elternlosigkeit *f.*

يتيم [jaˈti:m], *pl.* أيتام [ʔaiˈta:m] *u.* يتامى [jaˈta:ma:] Waise *f*, Waisenkind *n*; einzigartig.

يحي [jaħja:] Johannes *npr. m.*

يخضور [jaxˈđuːr] Chlorophyll *n*.

يد [jad] *f*, *pl*. أيد [ʔaidin] *u*. أياد [ʔaˈjaːdin] Hand *f*; Vorderfuß *m*; Griff *m*, Henkel *m*, Stiel *m*; بين يدى [baina jadai] vor, in Gegenwart von; على ~ unter der Anleitung von, mit Hilfe von; له ~ فى er ist beteiligt an (*D*); ~ ساعة Armbanduhr *f*; ~ شغل Handarbeit *f*.

يدوى [jadawiː] Hand-.

يربوع [jarˈbuːʕ], *pl*. يرابيع [jaraːˈbiːʕ] Wüstenspringmaus *f*.

يرقان [jaraˈqaːn] Gelbsucht *f*.

يرى *s*. رأى.

يسار [jaˈsaːr] 1. Wohlstand *m*, Überfluß *m*, Bequemlichkeit *f*; 2. linke Seite *f*; عن الـ~ *u*. ~ا [jaˈsaːran] *Adv*. links; ~ى *Pol*. linksgerichtet.

يسر [jasir (jaisar)] leicht sein; II [jassar] leichtmachen, erleichtern; *Weg* ebnen; II [jaːsar] milde, nachsichtig sein (zu ه); IV [ʔaisar] wohlhabend, reich sein *od*. werden; gedeihen, Glück haben; V [taˈjassar] *u*. X [isˈtaisar] leicht, erleichtert werden; gelingen; gedeihen; möglich sein.

+ [jusr] Leichtigkeit *f*, Bequemlichkeit *f*; Wohlstand *m*, Reichtum *m*.

يسرة [jasra] linke Seite *f*.

يسرى *s*. أيسر.

يسوع [jaˈsuːʕ] Jesus *m*; ~ى Jesuit *m*; jesuitisch.

يسير [jaˈsiːr] leicht; gering, unbedeutend; من الـ~ es ist leicht.

يشم [jaʃm] Jade *f*.

يعقوب [jaʕˈquːb] Jakob *npr*. *m*.

يفطة [jaftɒ] = يافطة.

يفع [jafaʕ (jaifaʕ)] *u*. IV [ʔaifaʕ] *u*. V [taˈjaffaʕ] heranwachsen, das Jünglingsalter erreichen.

+ [jafʕ] Jünglingsalter *n*, Pubertät *f*.

+ [jafaʕ] 1. Jugendliche(r) *m*; 2. Hügel *m*.

يقظ [jaqiẓ (jaiqɒẓ)] wachen, wach sein; II [jaqqɒẓ] *u*. IV [ʔaiqɒẓ] aufwecken; erregen; V [taˈjaqqɒẓ] wachsam sein; X [isˈtaiqɒẓ] aufwachen, erwachen.

+ [jaqiẓ], *pl*. أيقاظ [ʔaiqɒːẓ] wach, wachsam; vorsichtig.

يقظان [jaqˈẓɒːn], *f* يقظى [jaqẓɒː], *pl*. يقاظى [jaˈqɒːẓɒː] = [jaqiẓ].

يقظة [jaqẓɒ] Wachen *n*, Munterkeit *f*, Schlaflosigkeit *f*; Wachsamkeit *f*.

يقن [jaqin (jaiqan)] sicher, gewiß sein; überzeugt sein (von ه *u*. ب); IV [ʔaiqan] *u*. V [taˈjaqqan] *u*. X [isˈtaiqan] sicher wissen (*etw*. ب), sich vergewissern (*e-r Sache* ه *u.* ب).

+ [jaqan] Gewißheit *f.*

يقين [ja'qi:n] Überzeugung *f*, sicheres Wissen *n*; Gewißheit *f*; ~ا [ja'qi:nan] *Adv.* sicher, gewiß; ~ى absolut feststehend; ~يات Axiome *n/pl.*

يكون: ~الـ [al-ja'ku:n] Summe *f*, Fazit *n*; *s.* كون.

يم [jamm], *pl.* يموم [ju'mu:m] Meer *n.*

يمام [ja'ma:m] *coll.*, ~ة (*wilde*) Taube *f.*

يمم II [jammam] sich begeben, sich hinwenden (zu ه); wenden, hinlenken; V [ta'jammam] anstreben, beabsichtigen; *Isl.* die rituelle Waschung mit Sand vornehmen.

يمن [jamun (jaimun)] glücklich sein; II [jamman] nach rechts gehen; V [ta'jamman] *e.* gutes Vorzeichen erblicken (in *D* ب).

+ [jaman] rechte Seite *f*; ~الـ Jemen *m* (*Land*).

+ [jumn] Glück *n*, Wohlergehen *n.*

يمنى [jamani:] jemenitisch, aus dem Jemen; *s.a.* أيمن.

يمين [ja'mi:n], *pl.* أيمان [ʔai'ma:n] 1. rechte Seite *f*, rechte Hand *f*; 2. Schwur *m*, Eid *m*; ~ا [ja'mi:nan] (nach) rechts; يمينا و شمالا rechts und links.

يناير [ja'na:jir] *Äg.* Januar *m.*

ينبوع [jam'bu:ʕ], *pl.* ينابيع [jana:'bi:ʕ] Quelle *f.*

ينع [janaʕ (jainaʕ)] *u.* IV [ʔainaʕ] reifen, reif werden.

ينيع [ja'ni:ʕ] reif.

يهود: ~الـ [al-ja'hu:d] die Juden *m/pl.*; ~ى jüdisch; Jude *m.*

يود [ju:d] Jod *n*; ~ صبغة Jodtinktur *f.*

يوزباشى [ju:z'ba:ʃi:], *pl.* ~ة *Mil.* Hauptmann *m*, Rittmeister *m.*

يوسف [ju:suf] Josef *npr. m*; ~ أفندى *u.* ~ى *coll.* Mandarine *f.*

يوليو [ju:lju:] *Äg.* Juli *m.*

يوم [jaum, jo:m], *pl.* أيام [ʔa'jja:m] Tag *m*; *pl.* Zeiten *f/pl.*; اليوم [al-jaum(a)] heute; يوما [jauman] *u.* يوما ما eines Tages; أياما [ʔa'jja:man] *Adv.* einige Tage; أسود ~ Unglückstag *m*; الدين ~ der Tag des Jüngsten Gerichts.

(يوم) III [ja:wam] im Tagelohn beschäftigen.

يومى [jaumi:] täglich, tageweise; Tages-; ~ا [jau'mi:jan] *Adv.* täglich.

يومئذ [jauma'ʔiðin] an jenem Tag, damals.

يومية [jauˈmi:ja] Tagelohn *m*; Tagesration *f*; Tagebuch *n*.

يونان: الـ~ [al-ju:ˈna:n] die Griechen *m/pl.*; Griechenland *n*; ~ى griechisch; Grieche *m*; ~ية griechische Sprache *f*; Griechentum *n*.

يونيو [ju:nju:] *Äg.* Juni *m*.

يئس [jaʔis (jaiʔas)] verzeifeln (an *D* من); IV [ʔaiʔas] verzweifeln lassen (*j-n* ه), die Hoffnung nehmen (*j-m* ه); X [isˈtaiʔas] = I.

Einige Sonderfälle der Rechtschreibung und der Aussprache

Das Wort für einen Gott ist إله [ʔiˈla:h], welches mit dem Artikel zu الله [aˈɫɫɒ:h] verschmilzt. Dies ist das einzige Wort der Schriftsprache, in dem das *l* velarisiert ist. Das lange **a** ist nicht bezeichnet. Daneben existiert aber auch das nicht kontrahierte الإله, insbesondere im Namen عبد الإله [ʕabdulʔiˈla:h], welcher zu unterscheiden ist vom häufigeren عبد الله [ʕabduˈɫɫɒ:h], umgangssprachlich [ʕabˈdɒɫɫɒ].

Die Präposition ل [li] verschmilzt mit الله zu لله: الحمد لله [alħamdu liˈlla:h] (keine Velarisation nach **i**!) Preis sei Gott! Gott sei Dank!

Die Präposition ب [bi] verschmilzt mit اسم [ism] zu بسم: بسم الله [bismiˈlla:h] im Namen Gottes.

Neben إله und seinen Kombinationen haben noch die folgenden wichtigen Wörter ein langes **a**, das in der arabischen Schrift nicht wiedergegeben ist: هذا [ha:ða:], ذلك [ða:lika], لكن [la:kin].

Im Gegensatz dazu wird أنا [ʔana] „ich" mit kurzem **a** ausgesprochen.

Die Tage der Woche

يوم الأحد	[jaumu lʔaħad(i)]	Sonntag
يوم الاثنين	[jaumu liθˈnain(i)]	Montag
يوم الثلاثاء	[jaumu θθala:ˈθa:ʔ(i)]	Dienstag
يوم الأربعاء	[jaumu lʔarbaˈʕa:ʔ(i)]	Mittwoch
يوم الخميس	[jaumu lxaˈmi:s(i)]	Donnerstag
يوم الجمعة	[jaumu ldʒumʕa(ti)]	Freitag
يوم السبت	[jaumu ssabt(i)]	Samstag

Das Wort يوم kann auch weggelassen werden.

Die Monate des islamischen Mondjahres

Die islamische Zeitrechnung beginnt mit 622 n. Chr. Da das Mondjahr kürzer ist, entsprechen 33 Mondjahre 32 Sonnenjahren. Um schnell die ungefähre Entsprechung eines Jahres der Hidschra festzustellen, ziehe man pro Jahrhundert 3 ab und schlage 622 dazu, z. B. für 1260 d. H. erhält man: (1260–38) + 622 = 1844.

I.	المحرم	[alınu'ħarram]
II.	صفر	[sɒfɒr]
III.	ربيع الأول	[ra'bi:ʕu lʔawwal]
IV.	ربيع الثانى	[ra'bi:ʕu θθa:ni:]
V.	جمادى الأولى	[dʒu'ma:da: lʔu:la:]
VI.	جمادى الآخرة	[dʒu'ma:da: lʔa:xira]
VII.	رجب	[radʒab]
VIII.	شعبان	[ʃaʕ'ba:n]
IX.	رمضان	[rama'đɒ:n] (der Fastenmonat)
X.	شوال	[ʃa'wwa:l]
XI.	ذو القعدة	[ðu: lqaʕda]
XII.	ذو الحجة	[ðu: lħiddʒa] (Monat der Pilgerfahrt)

Die Monate des christlichen Jahres

Links stehen die in Ägypten, rechts die in Syrien und im Irak gebräuchlichen Namen:

I.	يناير	[ja'na:jir],	كانون الثانى	[ka:'nu:nu θθa:ni:]
II.	فبراير	[feb'ra:jir],	شباط	[ʃu'bɒ:ŧ]
III.	مارس	[ma:ris],	أذار	[ʔa'ða:r]
IV.	أبريل	[ʔab'ri:l],	نيسان	[ni:'sa:n]
V.	مايو	[ma:ju:],	أيار	[ʔa'jja:r]
VI.	يونيو	[ju:niju:],	حزيران	[ħazi:'ra:n]
VII.	يوليو	[ju:liju:],	تموز	[ta'mmu:z]
VIII.	أغسطس	[ʔa'ɣustus],	آب	[ʔa:b]
IX.	سبتمبر	[sib'tambar],	أيلول	[ʔai'lu:l]
X.	أكتوبر	[ʔuk'tu:bar],	تشرين الاول	[tiʃ'ri:nu lʔawwal]
XI.	نوفمبر	[nu:'fambar],	تشرين الثانى	[tiʃ'ri:nu θθa:ni:]
XII.	دسمبر	[di'sambar],	كانون الأول	[ka:'nu:nu lʔawwal]

Kurzer Überblick über die arabische Grammatik

1. **Wurzel und Form.** In der arabischen Sprache muß jedes Wort als eine Kombination zwischen einer bedeutungstragenden, meist dreikonsonantigen Wurzel und einer Form, die das so entstehende Wort sowohl einer Bedeutungskategorie zuordnet als auch seine grammatische Funktion definiert, betrachtet werden. So assoziiert z. B. die Wurzel KTB mit der Idee des Schreibens, aber erst wenn diese drei Konsonanten ihre Plätze innerhalb einer solchen Form eingenommen haben, werden sie zu einem verwendbaren Wort, z. B.

KaTaBa – *er schrieb*; KuTiBa – *er wurde geschrieben*; Ka:TiB – *einer, der schreibt, der Schreibende*, also auch *Schreiber* und *Autor*; maKTu:B – *etwas, das geschrieben ist, das Geschriebene*, also auch *Brief*; maKTaB – *ein Ort, wo geschrieben wird*, also *Schreibtisch, Büro*.

Andererseits werden diese Formen jeder anderen Wurzel, die anstelle von KTB eingesetzt würde, die Bedeutungen der aktiven und passiven Vergangenheit, des aktiven und passiven Partizips, des „Ortes wo" usw. geben. Fast der ganze Wortschatz läßt sich auf solche Kategorieformen aufteilen, die mehr oder weniger spezifisch sein können. Es ist daher von größter Wichtigkeit, daß sich der Lernende dieser Formen bewußt wird und ein Gefühl für sie entwickelt, wodurch er in den Stand gesetzt wird, den Sinn noch nicht gelernter Wörter zu erschließen oder zu erahnen.

2. Das Nomen

2.1 **Substantive** und **Adjektive** werden grundsätzlich gleich behandelt und in Apposition vollständig miteinander koordiniert.

Indeterminiert:	kita:bun kabi:run	*ein großes Buch*;
	madi:natun kabi:ratun	*eine große Stadt*.
Determiniert:	alkita:bu lkabi:ru	*das große Buch*;
	almadi:natu lkabi:ratu	*die große Stadt*.

2.2 **Der Artikel** [al] ist für alle Geschlechter und Zahlen gleich. Sein **a** weicht dem Endvokal eines vorangehenden Wortes. Sein **l** wird an Dentale und Sibilanten (Laute wie d, t, s, z, n) assimiliert. Bei seinem Antritt fällt das **n** der indeterminierten Endung weg. Dasselbe geschieht vor einem anderen Nomen im Genitiv; das erste

Nomen darf dann keinen Artikel annehmen (sogenannter Status constructus):

kita:bu waladin *das Buch eines Knaben*;
kita:bu lwaladi *das Buch des Knaben.*

2.3 Das arabische Nomen kennt **drei Fälle:** Nominativ, Genitiv und Akkusativ, deren Charakteristiken die Vokale **u**, **i** und **a** sind (s. jedoch 2.8).

maskulin		feminin	
indeterminiert	determiniert	indeterminiert	determiniert
walad**un**	(al)walad**u**	madi:nat**un**	(al)madi:nat**u**
walad**in**	(al)walad**i**	madi:nat**in**	(al)madi:nat**i**
walad**an**	(al)walad**a**	madi:nat**an**	(al)madi:nat**a**

Diese Flexionsendungen einschließlich des femininen **t** fallen (mit einer Ausnahme) in der Aussprache weg, falls in der Rede nichts weiter folgt (Satzende, Atempause). Sie werden in der arabischen Schrift auch nicht geschrieben. Die einzige Ausnahme bildet der indeterminierte Akkusativ der maskulinen Wörter. Er wird durch ein Alif bezeichnet (ولدا) und wird auch in der Pause gesprochen (klassisch: [walada:], modern: [waladan]). Die Endung [**-an**] fungiert ebenfalls als Adverbialsuffix. Zur Darstellung der Femininendung s. Erläuterungen 2.7. Bei Antritt von Possessivsuffixen verwandelt sich die Femininendung in ein normales ت.

Bei Nomina, die von Wurzeln mit **w** und **j** als drittem Radikal gebildet sind, ist zu beachten, daß die zu erwartenden Lautfolgen [-awun/in/an], [-ajun/in/an] zu [-an] verkürzt werden, s. [marman] in 2.8. Bei Determination ist die Endung [-a:]. In der arabischen Schrift enden diese Nomina in allen Fällen mit ا (wenn letzter Radikal **w**) und ى (wenn letzter Radikal **j**).

Desgleichen verkürzen sich [-ujun/in], [-iwun/in], [-ijun/in] zu [-in] (nicht jedoch [-ijan]). Bei Abfall des [-n] durch Determination ist die Endung [-i:]. In der arabischen Schrift ist das [-i:] bezeichnet, das [-in] jedoch nicht. Daher wird im Wörterbuch die determinierte Form mit dem Hinweis *constr.* zusätzlich angeführt, z. B. رام [ra:min], *constr.* رامي [ra:mi:] *Schütze* (*pl.* رماة [ru'ma:t]).

2.4 Das Arabische hat eine **Zweizahl (Dual),** für die es nur ein Bildungselement gibt [-a:ni] (*G* und *A* fallen zusammen in [-aini]). Die Endungen verändern sich bei Antritt eines Artikels nicht, verlieren aber vor einem Genitiv das [-ni].

N	(al)walada:**ni**	*constr.*	walada:	*f*	(al)madi:nata:**ni**
G, A	(al)walad**aini**	*constr.*	walad**ai**	*f*	(al)madi:nat**aini**

2.5 **Der Plural.** Eine beschränkte Anzahl maskuliner Substantive, hauptsachlich Personenbezeichnungen, die der Form nach Partizipien sind, bildet den Plural mit Hilfe der Endung [-u:na] (*G* und *A* [-i:na]), die an Stelle der Fallendung des Singulars tritt (sogenannter äußerer oder gesunder Plural).

muʕallimun *Lehrer*, *pl.* *N* muʕallim**u:na**
G, A muʕallim**i:na**.

Wie beim Dual bleibt diese Endung bei Antritt eines Artikels unverändert, verliert jedoch vor einem Genitiv das [-na].

2.6 Das feminine Gegenstück dieses äußeren Plurals ist die Endung [-a:tun] (*G* und *A* [-a:tin]), welche an Stelle der Femininendung des Singulars tritt. Sowohl bei Antritt eines Artikels als auch vor einem Genitiv fällt das [-n] weg.

sajjidatun, *pl.* sajjida:tun – (as)sajjida:tu
G, A sajjida:tin – (as)sajjida:ti.

Dieser Plural findet auch auf viele Abstrakta und Verbalnomina Anwendung, auch wenn sie im Singular maskulin sind:

iktiʃa:fun – *pl.* iktiʃa:fa:tun.

2.7 Die Mehrheit der Substantive bildet jedoch sogenannte innere oder **gebrochene Plurale,** die nicht vom Singular abgeleitet werden können, sondern von der Wurzel neu zu bildende Formen sind; z. B. [kita:bun] – [kutubun]; [waladun] – [ʔaula:dun]; [qasrun] – [qusu:run]; [baħrun] – [biħa:run]. Ihrer geringen Berechenbarkeit zufolge werden sie hier nicht weiter aufgezählt, sondern sind dem Wörterbuch zu entnehmen. Nur bei folgenden Singularformen ist der dazugehörige Plural mit Sicherheit (1,2) oder fast mit Sicherheit (3,4) vorauszusagen:

1. [maktabun] – [maka:tibu], sowie alle vierradikaligen Substantive ohne langen Vokal.
2. [maktu:bun] – [maka:ti:bu], sowie alle vierradikaligen Substantive mit langem Vokal in letzter Silbe.
3. Die aktive Partizipialform [ka:tibun], wenn sie keine Person bezeichnet: [ʕa:milun] *Faktor* – [ʕawa:milu]; [fa:ʔidatun] *Nutzen* – [fawa:ʔidu].
4. [qabi:latun] *Volksstamm* – [qaba:ʔilu].

Ferner ist es nützlich zu wissen, daß die Pluralformen كتباء [kutaba:ʔu] und أكتباء [ʔaktiba:ʔu] dem Singular كتيب [kati:bun] und die Plurale كتاب [kutta:bun] und كتبة [katabatun] dem Singular كاتب [ka:tibun] zugeordnet sind, wenn es sich um Personen handelt.

Zur Endung [-u] der obigen Pluralformen s. 2.8.

Gebrochene Plurale, die keine Personen bezeichnen, werden mit dem femininen Singular der Adjektive koordiniert. Einige häufige Adjektive haben gebrochene Plurale, z. B.:

qusu:run fa:xiratun *prächtige Schlösser*, aber
ʔaula:dun kiba:run *große Knaben*.

2.8 **Diptosie.** Gewisse Nominalformen haben, wenn sie nicht determiniert sind, abweichende Flexionsendungen, denen das [-n] fehlt und bei denen Genitiv und Akkusativ zusammenfallen. Man nennt sie Diptota. Sobald jedoch ein solches Nomen determiniert wird, flektiert es regelmäßig. Beispiele:

N	ʔaħmaru	ħamra:ʔu	ʔakbaru	maka:tibu
G, A	ʔaħmara	ħamra:ʔa	ʔakbara	maka:tiba

Diptotisch sind vor allem manche Eigennamen, die Adjektive für Farben und Gebrechen, der Elativ (s. 2.9) und die vierradikaligen Plurale (s. 2.7).

Obwohl die vierradikaligen Plurale diptotisch sind, haben solche, die von Wurzeln mit **j** als drittem Radikal abgeleitet sind, die Endung [-in], die im Status constructus zu [-i:] wird, z. B. مرمى [marman], *constr.* [marma:], *pl.* مرام [mara:min], *constr.* مرامى [mara:mi:].

2.9 **Komparation.** Von jedem zum Vergleich tauglichen Adjektiv kann die Form [ʔaktabu] (genannt Elativ) gebildet werden: [kabi:run] *groß* – [ʔakbaru]. Dieser Elativ dient indeterminiert zum Ausdruck des Komparativs ([ʔakbaru min] – *größer als*), determiniert zum Ausdruck des Superlativs ([alʔakbaru] – *der größte*). Als Superlativ hat er eine eigene Femininform: الكبرى [alkubra:] *die größte*.

3. Das Pronomen

3.1 Personalpronomina

	Singular	Dual	Plural
1. *Pers.*	ʔana	–	naħnu
2. *P. m*	ʔanta, *f* ʔanti	ʔantuma:	*m* ʔantum, *f* ʔantunna
3. *P. m*	huwa, *f* hija	huma:	*m* hum, *f* hunna

3.2 Possessivsuffixe

	Singular	Dual	Plural
1. *Pers.*	-i: (-ja)	–	-na:
2. *P. m*	-ka, *f* -ki	-kuma:	*m* -kum, *f* -kunna
3. *P. m*	-hu, *f* -ha:	-huma:	*m* -hum, *f* -hunna

Nach langen Vokalen und dem Diphthong [ai] lautet das Suffix der 1. P. sg. [-ja]. Dieselben Suffixe mit Ausnahme des Suffixes der 1. P. sg., welches dann [-ni:] lautet, dienen als Objektsuffixe beim Zeitwort.

3.3 Demonstrativpronomina

	„dieser"	„jener"
sg. m	ha:ða:	ða:lika
sg. f	ha:ðihi	tilka
du. m, N	ha:ða:ni	ða:nika
du. m, G u. A	ha:ðaini	ðainika
du. f, N	ha:ta:ni	ta:nika
du. f, G u. A	ha:taini	tainika
pl. m u. f	ha:ʔula:ʔi	ʔula:ʔika

3.4 Relativpronomina

	maskulin	*feminin*
sg.	allaði:	allati:
du. N	allaða:ni	allata:ni
du. G u. A	allaðaini	allataini
pl.	allaði:na	alla:ti: *od.* allawa:ti:

4. Das Zahlwort

4.1 Kardinalzahlen

	maskulin	*feminin*	
1	wa:ħidun	wa:ħidatun	١
2	iθna:ni	iθnata:ni	٢
3	θala:θatun	θala:θun	٣
4	ʔarbaʕatun	ʔarbaʕun	٤
5	xamsatun	xamsun	٥
6	sittatun	sittun	٦
7	sabʕatun	sabʕun	٧
8	θama:nijatun	θama:nin	٨
9	tisʕatun	tisʕun	٩
10	ʕaʃaratun	ʕaʃrun	١٠
11	ʔaħada ʕaʃara	ʔiħda: ʕaʃarata	١١
12	iθna: ʕaʃara	iθnata: ʕaʃarata	١٢
13	θala:θata ʕaʃara	θala:θa ʕaʃarata	١٣
14	ʔarbaʕata ʕaʃara	ʔarbaʕa ʕaʃarata	١٤
19	tisʕata ʕaʃara	tisʕa ʕaʃarata	١٩
20	ʕiʃru:na	ʕiʃru:na	٢٠
21	ʔaħadun wa ʕiʃru:na	ʔiħda: wa ʕiʃru:na	٢١
22	iθna:ni wa ʕiʃru:na	iθnata:ni wa ʕiʃru:na	٢٢
23	θala:θatun wa ʕiʃru:na	θala:θun wa ʕiʃru:na	٢٣

30	θala:θu:na	500	xamsumiʔatin
40	ʔarbaʕu:na	600	sittumiʔatin
50	xamsu:na	700	sabʕumiʔatin
60	sittu:na	800	θama:ni:miʔatin
70	sabʕu:na	900	tisʕumiʔatin
80	θama:nu:na	1000	ʔalfun
90	tisʕu:na	2000	ʔalfa:ni
100	miʔatun	3000	θala:θatu ʔa:la:fin
200	miʔata:ni	11000	ʔaħada ʕaʃara ʔalfan
300	θala:θumiʔatin	100.000	miʔatu ʔalfin
400	ʔarbaʕumiʔatin	1.000.000	malju:n

Es ist ein bekanntes Paradox, daß die Zahlwörter von 3 bis 19 in umgekehrter Weise mit dem Geschlecht der gezählten Objekte übereinstimmen. Nach den Zahlwörtern von 3 bis 10 steht der

Genitiv des Plurals, von 11 bis 99 der Akkusativ des Singulars, und darüber der Genitiv des Singulars. Das zweite Zahlwort für „ein" [ʔaħadun], *f* [ʔiħda:] wird als Pronomen gebraucht: [ʔaħaduhum] *einer von ihnen.*

4.2 Ordinalzahlen

	maskulin	*feminin*
1.	alʔauwalu	alʔu:la:
2.	aθθa:ni:	aθθa:nijatu
3.	aθθa:liθu	aθθa:liθatu
4.	arra:biʕu	arra:biʕatu
5.	alxa:misu	alxa:misatu
6.	assa:disu	assa:disatu
7.	assa:biʕu	assa:biʕatu
8.	aθθa:minu	aθθa:minatu
9.	atta:siʕu	atta:siʕatu
10.	alʕa:ʃiru	alʕa:ʃiratu
11.	alħa:dija ʕaʃara	alħa:dijata ʕaʃara
12.	aθθa:nija ʕaʃara	aθθa:nijata ʕaʃara
13.	aθθa:liθa ʕaʃara	aθθa:liθata ʕaʃara
20.	alʕiʃru:na	alʕiʃru:na
21.	alħa:di: wa lʕiʃru:na	alħa:dijatu wa lʕiʃru:na
25.	alxa:misu wa lʕiʃru:na	alxa:misatu wa lʕiʃru:na
100.	almiʔatu	almiʔatu

4.3 Bruchzahlen

1/2	nisfun	1/3	θulθun	1/4	rubʕun
1/5	xumsun	1/6	sudsun	1/7	subʕun
1/8	θumnun	1/9	tusʕun	1/10	ʕuʃrun

4.4 Vielfaches

muθallaθun *dreifach*; *Dreieck*
murabbaʕun *vierfach*; *Viereck, Quadrat*
musaddasun *sechsfach*; *Sechseck*; *Revolver*

5. Das Zeitwort

(Bemerkungen zu den Paradigmen)

5.1 Das arabische Zeitwort unterscheidet zwei Zeitformen, die sich prinzipiell in der Konjugation unterscheiden und gewöhnlich **Perfekt** und **Imperfekt** genannt werden. Die Konjugation des ersteren operiert mit Suffixen, die des letzteren mit Präfixen und einigen zusätzlichen Suffixen: [kataba], [katabat] usw. *er, sie schrieb*; [jaktubu], [taktubu] usw. *er, sie schreibt.* Als absolute Tempora fungieren sie also als Vergangenheit und Gegenwart, können jedoch in Relation zu einem bereits fixierten Zeitpunkt anders übersetzt werden, insbesondere das Imperfekt als Vergangenheit. Das Imperfekt kann auch zum Ausdruck der **Zukunft** verwendet werden, doch wird ihm dann meist die Silbe [sa-] präfigiert oder die Partikel [saufa] vorangesetzt.

Der mittlere Vokal im Aktiv des Perfekts und Imperfekts der Grundform ist lexikalisch gegeben und vom Paradigma unabhängig. Es gibt also individuelle Unterschiede wie [kasara] – [jaksiru], [samiˁa] – [jasmaˁu], [kabura] – [jakburu]. Im Passiv hingegen sind alle Vokale durch das Paradigma gegeben und daher für alle Zeitwörter gleich.

5.2 Vom Imperfekt leiten sich die eigentlich zeitlosen Modi ab, der **Subjunktiv**, eine von subordinierenden Konjunktionen abhängige Verbalform, und der **Jussiv**, der kohortative und konditionale Funktionen hat, aber auch mit der Negation [lam] eine verneinte Vergangenheit ausdrückt. Der **Imperativ** wird auch vom Imperfekt abgeleitet, wobei die Präfixe weggelassen und die Endungen gekürzt werden.

5.3 Die sogenannten **erweiterten Stämme** sind nichts anderes als ein System der Wortbildung, durch das, ähnlich den Vorsilben des deutschen Zeitwortes, die beschränkte Zahl der Grundverben erheblich vermehrt werden kann. Jedem Stamm entspricht eine (oft mehrdeutige) semantische Kategorie (Kausativ, Reflexiv usw.), die die Wurzelbedeutung modifiziert. Jedes so entstehende Zeitwort wird zu einer unabhängigen Einheit im Vokabular der Sprache, bleibt aber grammatikalisch vollkommen durch das Paradigma bestimmt, so daß sich die Angabe des Imperfekts im Wörterbuch erübrigt. Die Numerierung der Stämme ist rein konventionell.

5.4 Jeder Stamm hat seine aktive und passive **Partizipialform.** Viele Partizipien sind als Nomina selbständige Einheiten im Vokabular der Sprache geworden und werden als solche im Wörterbuch alphabetisch angeführt. Das Gleiche gilt von den **Verbalnomina** (auch Infinitive genannt), für die der Grundform mehrere, den gebrochenen Pluralen ähnliche Formen zur Verfügung stehen.

5.5 In den folgenden **Paradigmen** wird als Musterwurzel für alle Formen des starken dreikonsonantigen Zeitworts die Wurzel **KTB** verwendet, selbst wenn solche Formen von dieser Wurzel sinnlos sind.

Es ist ferner zu beachten, daß alle auf langes [-u:] auslautenden Verbalformen in der arabischen Schrift auf ein stummes Alif ausgehen: كتبوا [katabu:].

Die Reihenfolge der Personen von der dritten zur ersten ist traditionell in der arabischen Grammatik und hat ihren guten Grund, da die einfachste Form die der dritten Person ist.

Fette Buchstaben dienen lediglich zur Hervorhebung der unterscheidenden Merkmale.

Das Aktiv des einfachen Verbs

	Perfekt	*Imperfekt*	*Subjunktiv*	*Jussiv*	*Imperativ*
sg.					
3. *m*	katab**a**	**ja**ktub**u**	**ja**ktub**a**	**ja**ktub	
3. *f*	katab**at**	**ta**ktub**u**	**ta**ktub**a**	**ta**ktub	
2. *m*	katab**ta**	**ta**ktub**u**	**ta**ktub**a**	**ta**ktub	**u**ktub
2. *f*	katab**ti**	**ta**ktub**i:na**	**ta**ktub**i:**	**ta**ktub**i:**	**u**ktub**i:**
1.	katab**tu**	**ʔa**ktub**u**	**ʔa**ktub**a**	**ʔa**ktub	
du.					
3. *m*	katab**a:**	**ja**ktub**a:ni**	**ja**ktub**a:**	**ja**ktub**a:**	
3. *f*	katab**ata:**	**ta**ktub**a:ni**	**ta**ktub**a:**	**ta**ktub**a:**	
2.	katab**tuma:**	**ta**ktub**a:ni**	**ta**ktub**a:**	**ta**ktub**a:**	**u**ktub**a:**
pl.					
3. *m*	katab**u:**	**ja**ktub**u:na**	**ja**ktub**u:**	**ja**ktub**u:**	
3. *f*	katab**na**	**ja**ktub**na**	**ja**ktub**na**	**ja**ktub**na**	
2. *m*	katab**tum**	**ta**ktub**u:na**	**ta**ktub**u:**	**ta**ktub**u:**	**u**ktub**u:**
2. *f*	katab**tunna**	**ta**ktub**na**	**ta**ktub**na**	**ta**ktub**na**	**u**ktub**na**
1.	katab**na:**	**na**ktub**u**	**na**ktub**a**	**na**ktub	

Anmerkung: Ist der Imperfektvokal ein **a** oder **i**, so lautet der Imperativ mit **i** an: **irkab, ilmis.**

Das Passiv des einfachen Verbs

	Perfekt	*Imperfekt*	*Subjunktiv*	*Jussiv*
sg.				
3. *m*	**kutiba**	**juktabu**	**juktaba**	**juktab**
3. *f*	**kutibat**	**tuktabu**	**tuktaba**	**tuktab**
2. *m*	**kutibta**	**tuktabu**	**tuktaba**	**tuktab**
2. *f*	**kutibti**	**tuktabi:na**	**tuktabi:**	**tuktabi:**
1.	**kutibtu**	**ʔuktabu**	**ʔuktaba**	**ʔuktab**
	usw.	*usw.*	*usw.*	*usw.*

Aktives Partizip: **ka:tibun**. *Passives Partizip*: **maktu:bun**.

Die erweiterten Stämme

	Perfekt	*Imperfekt*	*Imperativ*	*Partizip*	*Verbalnomen*
II.					
Aktiv	**kattaba**	**jukattibu**	**kattib**	**mukattib**	**takti:b**
Passiv	**kuttiba**	**jukattabu**	–	**mukattab**	–
III.					
Aktiv	**ka:taba**	**juka:tibu**	**ka:tib**	**muka:tib**	**kita:b** *od.* **muka:taba**
Passiv	**ku:tiba**	**juka:tabu**	–	**muka:tab**	–
IV.					
Aktiv	**ʔaktaba**	**juktibu**	**ʔaktib**	**muktib**	**ʔikta:b**
Passiv	**ʔuktiba**	**juktabu**	–	**muktab**	–
V.					
Aktiv	**takattaba**	**jatakattabu**	**takattab**	**mutakattib**	**takattub**
Passiv	**tukuttiba**	**jutakattabu**	–	**mutakattab**	–
VI.					
Aktiv	**taka:taba**	**jataka:tabu**	**taka:tab**	**mutaka:tib**	**taka:tub**
Passiv	**tuku:tiba**	**jutaka:tabu**	–	**mutaka:tab**	–
VII.					
Aktiv	**inkataba**	**jankatibu**	**inkatib**	**munkatib**	**inkita:b**
Passiv	**unkutiba**	**junkatabu**	–	**munkatab**	–
VIII.					
Aktiv	**iktataba**	**jaktatibu**	**iktatib**	**muktatib**	**iktita:b**
Passiv	**uktutiba**	**juktatabu**	–	**muktatab**	–
IX.					
Aktiv	**iktabba**	**jaktabbu**	**iktabib**	**muktabb**	**iktiba:b**
X.					
Aktiv	**istaktaba**	**jastaktibu**	**istaktib**	**mustaktib**	**istikta:b**
Passiv	**ustuktiba**	**justaktabu**	–	**mustaktab**	–

Anmerkung: Es genügt die Anführung der 3. Pers. m/sg., da jede dieser Formen völlig analog zur Grundform konjugiert wird.

Die Partizipien und die Verbalnomina sind in der Tabelle ohne die Flexionsendung [-un] angeführt.

Verben mit identischem zweiten und dritten Radikal

	Perfekt		*Imperfekt*		*Jussiv*
	Aktiv	*Passiv*	*Aktiv*	*Passiv*	*Aktiv*
sg.					
3. *m*	radda	rudda	jaruddu	juraddu	jardud
3. *f*	raddat	ruddat	taruddu	turaddu	tardud
2. *m*	radadta	rudidta	taruddu	turaddu	tardud
2. *f*	radadti	rudidti	taruddi:na	turaddi:na	taruddi:
1.	radadtu	rudidtu	?aruddu	?uraddu	?ardud
du.					
3. *m*	radda:	rudda:	jarudda:ni	juradda:ni	jarudda:
3. *f*	raddata:	ruddata:	tarudda:ni	turadda:ni	tarudda:
2.	radadtuma:	rudidtuma:	tarudda:ni	turadda:ni	tarudda:
pl.					
3. *m*	raddu:	ruddu:	jaruddu:na	juraddu:na	jaruddu:
3. *f*	radadna	rudidna	jardudna	jurdadna	jardudna
2. *m*	radadtum	rudidtum	taruddu:na	turaddu:na	taruddu:
2. *f*	radadtunna	rudidtunna	tardudna	turdadna	tardudna
1.	radadna:	rudidna:	naruddu	nuraddu	nardud

Imperativ

	maskulin	*feminin*
sg.	rudda *od.* urdud	ruddi: *od.* urdudi:
du.	rudda: *od.* urduda:	rudda: *od.* urduda:
pl.	ruddu: *od.* urdudu:	urdudna

Aktives Partizip: ra:ddun. *Passives Partizip*: mardu:dun.

Anmerkung: Der Jussiv kann auch [jarudda] lauten und ist dann identisch mit dem Subjunktiv.

Die erweiterten Stämme

	Perfekt	*Imperfekt*	*Imperativ*	*Partizip*	*Verbalnomen*
II	raddada	juraddidu	raddid	muraddid	tardi:d
III	ra:dda	jura:ddu	ra:did	mura:dd	rida:d
Passiv	ru:dida	jura:ddu	–	mura:dd	–
IV	ʔaradda ʔaraddat ʔardadta *usw.*	juriddu turiddu turiddu *usw.*	ʔardid *od.* ʔaridda	muridd	ʔirda:d
V	ta- raddada	jata- raddadu	taraddad	muta- raddid	ta- raddud
VI	tara:dda	jatara:ddu	tara:dad	mutara:did	tara:dud
VII	inradda	janraddu	inradid	munradd	inrida:d
VIII	irtadda	jartaddu	irtadid *od.* irtadda	murtadd	irtida:d
X	istaradda	jastariddu	istardid *od.* istaridda	mustaridd	istirda:d

Verben mit w als erstem Radikal

	Perfekt	*Imperfekt*	*Imperativ*	*Partizip*	*Verbalnomen*
I	walada	j**a**lidu	lid	wa:lid	
Passiv	wulida	j**u**:ladu	–	m**au**lu:d	
IV	ʔ**au**rada	j**u**:ridu	ʔ**au**rid	m**u**:rid	ʔ**i**:ra:d
Passiv	ʔ**u**:rida	j**u**:radu	–	m**u**:rad	–
VIII	i**tt**afaqa	ja**tt**afiqu	i**tt**afiq	mu**tt**afiq	i**tt**ifa:q
Passiv	u**tt**ufiqa	ju**tt**afaqu	–	mu**tt**afaq	–

Alle anderen Stämme regelmäßig.

Verben mit j als erstem Radikal

	Perfekt	*Imperfekt*	*Imperativ*	*Partizip*	*Verbalnomen*
I	jaqina	j**ai**qanu	i:qan	ja:qin	(jaqan)
IV	ʔ**ai**qana	j**u**:qinu	ʔ**ai**qin	m**u**:qin	ʔi:qa:n

Verben mit w als mittlerem Radikal

Aktiv

mit **u** im Perfekt | mit **i** im Perfekt

	Perfekt	*Imperfekt*	*Jussiv*	*Perfekt*	*Imperfekt*	*Jussiv*
sg.						
3. *m*	qa:la	jaqu:lu	jaqul	xa:fa	jaxa:fu	jaxaf
3. *f*	qa:lat	taqu:lu	taqul	xa:fat	taxa:fu	taxaf
2. *m*	qulta	taqu:lu	taqul	xifta	taxa:fu	taxaf
2. *f*	qulti	taqu:li:na	taqu:li:	xifti	taxa:fi:na	taxa:fi:
1.	qultu	ʔaqu:lu	ʔaqul	xiftu	ʔaxa:fu	ʔaxaf
du.						
3. *m*	qa:la:	jaqu:la:ni	jaqu:la:	xa:fa:	jaxa:fa:ni	jaxa:fa:
3. *f*	qa:lata:	taqu:la:ni	taqu:la:	xa:fata:	taxa:fa:ni	taxa:fa:
2.	qultuma:	taqu:la:ni	taqu:la:	xiftuma:	taxa:fa:ni	taxa:fa:
pl.						
3. *m*	qa:lu:	jaqu:lu:na	jaqu:lu:	xa:fu:	jaxa:fu:na	jaxa:fu:
3. *f*	qulna	jaqulna	jaqulna	xifna	jaxafna	jaxafna
2. *m*	qultum	taqu:lu:na	taqu:lu:	xiftum	taxa:fu:na	taxa:fu:
2. *f*	qultunna	taqulna	taqulna	xiftunna	taxafna	taxafna
1.	qulna:	naqu:lu	naqul	xifna:	naxa:fu	naxaf

Passiv

3. *m*	*Perfekt*: qi:da	*Imperfekt*: juqa:du	*Jussiv*: juqad
2. *m*	*Perfekt*: qidta	*Imperfekt*: tuqa:du	*Jussiv*: tuqad

Imperativ

qul, qu:li:, qu:la:, qu:lu:, qulna.

Aktives Partizip: qa:ʔilun. *Passives Partizip*: maqu:lun.

Die erweiterten Stämme

	Perfekt	*Imperfekt*	*Jussiv*	*Imperativ*	*Partizip*
IV	ʔaqa:ma	juqi:mu	juqim	ʔaqim	muqi:m
2. *f/pl.*	ʔaqamtunna	juqimna	juqimna	ʔaqimna	–
Passiv	ʔuqi:ma	juqa:mu	juqam	–	muqa:m
VII	inqa:da	janqa:du	janqad	inqad	munqa:d
VIII	ixta:ra	jaxta:ru	jaxtar	ixtar	muxta:r
Passiv	uxti:ra	juxta:ru	juxtar	–	muxta:r
X	istaqa:ma	jastaqi:mu	jastaqim	istaqim	mustaqi:m
Passiv	ustuqi:ma	justaqa:mu	justaqam	–	mustaqa:m

In den übrigen Stämmen behält das **w** konsonantische Qualität.

Die Verbalnomina zu den erweiterten Stämmen

II. taqwi:mun	*V*. tanawwuʕun	*VIII*. ixtija:run
III. muqa:wamatun	*VI*. tana:wulun	*IX*. iswida:dun
IV. ʔiqa:matun	*VII*. inqija:dun	*X*. istiqa:matun

Verben mit j als mittlerem Radikal

	Perfekt	*Imperfekt*	*Jussiv*	*Imperativ*
sg.				
3. *m*	sa:ra	jasi:ru	jasir	
3. *f*	sa:rat	tasi:ru	tasir	
2. *m*	sirta	tasi:ru	tasir	sir
2. *f*	sirti	tasi:ri:na	tasi:ri:	si:ri:
1.	sirtu	ʔasi:ru	ʔasir	
du.				
3. *m*	sa:ra:	jasi:ra:ni	jasi:ra:	
3. *f*	sa:rata:	tasi:ra:ni	tasi:ra:	
2.	sirtuma:	tasi:ra:ni	tasi:ra:	si:ra:
pl.				
3. *m*	sa:ru:	jasi:ru:na	jasi:ru:	
3. *f*	sirna	jasirna	jasirna	
2. *m*	sirtum	tasi:ru:na	tasi:ru:	si:ru:
2. *f*	sirtunna	tasirna	tasirna	sirna
1.	sirna:	nasi:ru	nasir	

Aktives Partizip: sa:ʔirun. *Passives Partizip*: masi:run.
Anmerkung: Das Passiv mit Ausnahme des passiven Partizips ist genau wie bei den **w**-Verben.

Die erweiterten Stämme sind analog zu denen der **w**-Verben zu bilden, nur daß sinngemäß für jedes konsonantische **w** ein konsonantisches **j** zu setzen ist.

Verben mit w als drittem Radikal

	Perfekt	*Imperfekt*	*Subjunktiv*	*Jussiv*	*Imperativ*
sg.					
3. *m*	nada:	jandu:	janduwa	jandu	
3. *f*	nadat	tandu:	tanduwa	tandu	
2. *m*	nadauta	tandu:	tanduwa	tandu	undu
2. *f*	nadauti	tandi:na	tandi:	tandi:	undi:
1.	nadautu	ʔandu:	ʔanduwa	ʔandu	
du.					
3. *m*	nadawa:	janduwa:ni	janduwa:	janduwa:	
3. *f*	nadata:	tanduwa:ni	tanduwa:	tanduwa:	
2.	nadautuma:	tanduwa:ni	tanduwa:	tanduwa:	unduwa:
pl.					
3. *m*	nadau	jandu:na	jandu:	jandu:	
3. *f*	nadauna	jandu:na	jandu:na	jandu:na	
2. *m*	nadautum	tandu:na	tandu:	tandu:	undu:
2. *f*	nadautunna	tandu:na	tandu:na	tandu:na	undu:na
1.	nadauna:	nandu:	nanduwa	nandu	

Anmerkung: Zum Unterschied von den Verben mit **j** wird [nada:] in der arabischen Schrift mit Alif geschrieben: ندا. Der Plural [nadau] hat in der arabischen Schrift ein stummes Alif: ندوا.
Aktives Partizip: na:din, *constr*. na:di:, *f* na:dijatun.
Passives Partizip: mandu:wun.

Verben mit j als drittem Radikal

Mit a im Perfekt

	Perfekt	*Imperfekt*	*Subjunktiv*	*Jussiv*	*Imperativ*
sg.					
3. *m*	rama:	jarmi:	jarmija	jarmi	
3. *f*	ramat	tarmi:	tarmija	tarmi	
2. *m*	ramaita	tarmi:	tarmija	tarmi	irmi
2. *f*	ramaiti	tarmi:na	tarmi:	tarmi:	irmi:
1.	ramaitu	ʔarmi:	ʔarmija	ʔarmi	
du.					
3. *m*	ramaja:	jarmija:ni	jarmija:	jarmija:	
3. *f*	ramata:	tarmija:ni	tarmija:	tarmija:	
2.	ramaituma:	tarmija:ni	tarmija:	tarmija:	irmija:
pl.					
3. *m*	ramau	jarmu:na	jarmu:	jarmu:	
3. *f*	ramaina	jarmi:na	jarmi:na	jarmi:na	
2. *m*	ramaitum	tarmu:na	tarmu:	tarmu:	irmu:
2. *f*	ramaitunna	tarmi:na	tarmi:na	tarmi:na	irmi:na
1.	ramaina:	narmi:	narmija	narmi	

Aktives Partizip: ra:min, *constr*. ra:mi:, *f* ra:mijatun.
Passives Partizip: marmi:jun.

Mit i im Perfekt

	Perfekt	*Imperfekt*	*Subjunktiv*	*Jussiv*	*Imperativ*
sg.					
3. *m*	laqija	jalqa:	jalqa:	jalqa	
3. *f*	laqijat	talqa:	talqa:	talqa	
2. *m*	laqi:ta	talqa:	talqa:	talqa	ilqa
2. *f*	laqi:ti	talqaina	talqai	talqai	ilqai
1.	laqi:tu	ʔalqa:	ʔalqa:	ʔalqa	
du.					
3. *m*	laqija:	jalqaja:ni	jalqaja:	jalqaja:	
3. *f*	laqijata:	talqaja:ni	talqaja:	talqaja:	
2. *m*	laqi:tuma:	talqaja:ni	talqaja:	talqaja:	ilqaja:

	Perfekt	Imperfekt	Subjunktiv	Jussiv	Imperativ
pl.					
3. *m*	laqu:	jalq**au**na	jalq**au**	jalq**au**	
3. *f*	laqi:na	jalq**ai**na	jalq**ai**na	jalq**ai**na	
2. *m*	laqi:tum	talq**au**na	talq**au**	talq**au**	ilq**au**
2. *f*	laqi:tunna	talq**ai**na	talq**ai**na	talq**ai**na	ilq**ai**na
1.	laqi:na:	nalq**a:**	nalq**a:**	nalq**a**	

Aktives Partizip: la:qin, *constr.* la:qi:, *f* la:qijatun.
Passives Partizip: malqi:jun.

Passiv für alle Verben mit w und j

	Perfekt	Imperfekt	Subjunktiv	Jussiv
sg.				
3. *m*	nudija	jund**a:**	jund**a:**	jund**a**
3. *f*	nudijat	tund**a:**	tund**a:**	tund**a**
2. *m*	nudi:ta	tund**a:**	tund**a:**	tund**a**
2. *f*	nudi:ti	tundaina	tund**ai**	tund**ai**
1.	nudi:tu	ʔund**a:**	ʔund**a:**	ʔund**a**
pl.				
3. *m*	nudu:	jundauna	jundau	jundau
3. *f*	nudi:na	jundaina	jundaina	jundaina
2. *m*	nudi:tum	tundauna	tundau	tundau
2. *f*	nudi:tunna	tundaina	tundaina	tundaina
1.	nudi:na:	nunda:	nunda:	nunda

Erweiterte Stämme aller Verben mit w und j als drittem Radikal

	Perfekt	*Imperfekt*	*Jussiv*	*Imperativ*	*Partizip*
II.	laqqa:	julaqqi:	julaqqi	laqqi	mulaqqin
Passiv	luqqija	julaqqa:	julaqqa	–	mulaqqan
III.	la:qa:	jula:qi:	jula:qi	la:qi	mula:qin
Passiv	lu:qija	jula:qa:	jula:qa	–	mula:qan
IV.	ʔalqa:	julqi:	julqi	ʔalqi	mulqin
Passiv	ʔulqija	julqa:	julqa	–	mulqan
V.	talaqqa:	jatalaqqa:	jatalaqqa	talaqqa	mutalaqqin
Passiv	tuluqqija	jutalaqqa:	jutalaqqa	–	mutalaqqan
VI.	tala:qa:	jatala:qa:	jatala:qa	tala:qa	mutala:qin
Passiv	tulu:qija	jutala:qa:	jutala:qa	–	mutala:qan
VII.	inlaqa:	janlaqi:	janlaqi	inlaqi	munlaqin
Passiv	unluqija	junlaqa:	junlaqa	–	munlaqan
VIII.	iltaqa:	jaltaqi:	jaltaqi	iltaqi	multaqin
Passiv	ultuqija	jultaqa:	jultaqa	–	multaqan
X.	istalqa:	jastalqi:	jastalqi	istalqi	mustalqin
Passiv	ustulqija	justalqa:	justalqa	–	mustalqan

Bei den Partizipien sind folgende Veränderung zu beachten:
Aktiv: ملقٍ [mulaqqin], *constr.* ملقّي [mulaqqi:], *f* ملقّية [mulaqqijatun].
Passiv: ملقًّى [mulaqqan], *constr.* [mulaqqa:], *f* ملقّاة [mulaqqa:tun].

Die Verbalnomina

II.	talqijatun	*IV.*	ʔilqa:ʔun	*VII.*	inliqa:ʔun
III.	mula:qa:tun, liqa:ʔun	*V.*	talaqqin	*VIII.*	iltiqa:ʔun
		VI.	tala:qin	*X.*	istilqa:ʔun

Anmerkung: Bei den erweiterten Stämmen wird das [-a:] aller Verben in der arabischen Schrift durch ى wiedergegeben.

LANGENSCHEIDTS
TASCHENWÖRTERBÜCHER

لانجنشايت
قواميس للجيب

لانجنشايت

قاموس الجيب

للغتين العربية والالمانية

الجزء الثانى

المانى — عربى

تأليف

الدكتور كامل شكرى

والدكتور رودلف هومباردروتس

لانجنشايت

برلين · ميونخ · ڤيينا · زيوريخ · نيو يورك

LANGENSCHEIDTS TASCHENWÖRTERBUCH

DER ARABISCHEN UND DEUTSCHEN SPRACHE

Zweiter Teil

Deutsch-Arabisch

Von

Dr. Kamil Schukry

und

Dr. Rudolf Humberdrotz

LANGENSCHEIDT

BERLIN · MÜNCHEN · WIEN · ZÜRICH · NEW YORK

Der Verlag dankt Herrn Professor Dr. Georg Krotkoff für die Durchsicht und die Ergänzungen des Manuskripts.

INHALTSVERZEICHNIS فهرست

Auflage: 16. 15. 14. 13. | *Letzte Zahlen*
Jahr: 1993 92 91 | *maßgeblich*

Druck: Graph. Betriebe Langenscheidt, Berchtesgaden/Obb.
Printed in Germany · ISBN 3-468-10065-5

VORWORT

Seitdem die arabischen Staaten von Marokko bis zum Irak ihre Freiheit und Unabhängigkeit zurückgewonnen haben, ist das Interesse der Deutschen für die arabische Sprache und das der Araber für die deutsche Sprache gewaltig angestiegen. Dies beweisen die vielen deutsch-arabischen Wörterbücher, die in den letzten Jahren teils in Deutschland, teils in Ägypten, im Libanon und Irak erschienen sind. Zwischen diesen Neuerscheinungen und dem letzten größeren deutsch-arabischen Wörterbuch von Harder liegt ein Zeitraum von sechzig Jahren, in denen das Arabische an den deutschen Universitäten nur als wissenschaftliche Sprache gepflegt und gelehrt wurde. Je mehr aber die arabische Sprache mit dem Erwachen des arabischen Nationalbewußtseins in ihrem Sprachraum, der über neun Millionen Quadratkilometer umfaßt, an Geltung gewinnt, desto größer und breiter wird auch der Interessenkreis derer, die sich in den deutschen Ländern mit der arabischen Sprache befassen. Die vielen arabischen Studenten und Wissenschaftler in den deutschen Ländern, die deutschen Wissenschaftler, Techniker und besonders auch Touristen in den arabischen Ländern, sie alle können ein handliches Wörterbuch der beiden Sprachen nicht entbehren. Diesem Bedürfnis will das deutsch-arabische Taschenwörterbuch, das nach der bekannten Methode des Verlages Langenscheidt verfaßt wurde, entgegenkommen.

In diesem Wörterbuch wurde die arabische Schriftsprache, wie sie in den arabischen Ländern vom Irak bis Marokko in Presse, Rundfunk und größtenteils auch in der Literatur verwendet wird, berücksichtigt. Nur in seltenen Fällen wurde auf die lokalen Unterschiede in der Terminologie der Titel, Ämter, Monatsnamen usf. hingewiesen.

Es ist selbstverständlich, daß der beschränkte Umfang eines Taschenwörterbuches auch nur eine beschränkte Wortauswahl aus der Fülle des Wortschatzes einer Sprache bringen kann. Diese Wortauswahl wird die am häufigsten vorkommenden Wörter des täglichen Lebens erfassen, wobei die Beurteilung, welche Wörter als häufig vorkommend zu betrachten sind, nicht einheitlich und übereinstimmend sein kann. Der Kaufmann wird Wörter, die in seinem Berufsleben tagtäglich vorkommen, im Wörterbuch nicht finden, der Wissenschaftler alltägliche Termini seines Faches vermissen. Die Kritik hat hier ein weites Betätigungsfeld, ohne daß sie imstande sein wird, eine Norm aufzustellen. Bei der Wiedergabe des Vorstellungsinhaltes eines Wortes hat der Bearbeiter eines Wörterbuches zwei wichtige Erscheinungen des sprachlichen Ausdruckes zu beachten, nämlich die allgemeine Bedeutung eines Wortes und die gelegentliche. Der Benutzer eines Taschenwörterbuches wird in diesem gewöhnlich nur die allgemeine Bedeutung eines Wortes finden, die gelegentliche nur dann, wenn sie irgendwie von Wichtigkeit ist. Nach diesem Gesichtspunkt wurden die arabischen Äquivalente der deutschen Wörter geordnet, notfalls wurde die engere Bedeutung des Wortes durch einen kurzen Hinweis erläutert.

Da dieses Wörterbuch sowohl von Deutschen als auch Arabern benutzt wird, wurde ihm ein arabischer Anhang beigefügt, der es dem arabischen Benutzer ermöglicht, alle im Wörterverzeichnis vorkommenden Substantive, Adjektive und Verben mit Hilfe der grammatischen Hinweise hinter den Stichwörtern zu flektieren.

Den deutschen Stichwörtern sind außerdem, soweit nötig, Ausspracheangaben hinzugefügt worden. Die gesonderte Zusammenstellung der wichtigsten Regeln der deutschen Aussprache nach dem System der Association Phonétique Internationale sowie die oben erwähnten Regeln der deutschen Grammatik stammen

von dem Verlagslektor der Langenscheidt-Redaktion, Dr. HEINZ F. WENDT.
Die arabischen Wörter wurden durchweg mit den Vokalzeichen versehen, um das Lesen der Wörter zu erleichtern.

Die Verfasser

مقدمة

من وقت ان استردت البلاد العربية من مراكش الى العراق حريتها واستقلالها ازداد اهتمام الالمان باللغة العربية والعرب باللغة الالمانية والدليل على ذلك القواميس الالمانية العربية الكثيرة التى ظهرت فى السنين الاخيرة فى المانيا ومصر ولبنان والعراق ومن بين هذه القواميس المعجم الالمانى الكبير تأليف هاردار الذى مضى على ظهوره ستون عاما وفى هذه الفترة درست اللغة العربية فى الجامعات الالمانية كلغة علمية فقط

وكلما اخذ الوعى القومى وثقافة اللغات فى الانتشار فى العالم العربى الذى تبلغ مساحته تسعة ملايين من الكيلومترات المربعة كلما ازداد اهتمام الالمان باللغة العربية فقد كثرت الطلبة والعلماء العرب فى الدول الالمانية كما كثر رجال الفن والسواح الالمان فى البلاد العربية فاصبحوا بعد ذلك لا يستغنون عن قاموس للجيب للعرتين وهذا القاموس الذى الف على طريقة دار نشر لنجنشايت يلبى هذه الرغبة وقد لوحظ فى هذا القاموس ال استعم اللغة العربية الفصحى المنتشرة فى البلاد العربية من مراكش الى العراق فى الصحافة والراديو وادب اللغة ايضا وفى حالات نادرة قد يشار الى الاختلاف فى بعض الاصطلاحات الفنية كالالقاب ولمصالح واسماء الاشهر وغير ذلك

ولا يغيب عن الذهن ان دائرة اى قاموس للجيب ضيقة لا تستوعب جميع كلمات اية لغة ولكن تحتوى على جميع الكلمات التى تستعمل فى الحياة اليومية فالحكم عليه لا يمكن ان يكون على وتيرة واحدة فالتاجر الذى يحتاج الى كلمات فى عمله اليومى قد لا يجدها فى القاموس والعالم

الذى يحتاج الى اصطلاحات علمية مختلفة قد لا يجدها ايضا والنقد هنا له ميدان واسع الا انه سيكون على غير اساس

والقائمون بشأن اى قاموس يجب ان يلاحظوا اولا: المعنى العام وثانيا: المعنى القاص لكل كلمة والباحث فى قاموس الجيب لا يجد عادة الا المعنى العام واذا لزم الامر يستدل على اقرب معنى الكلمة باشارة قصيرة

ان فى القاموس ملحقا عربيا للباحث العابى يسهل عليه ادراك ما فى القاموس من الاسماء والصفات والافعال وبمساعدة الاشارات النحوية التى توضع بعد الكلمات المرتبة ترتيبا ابجديا ييسر له تصريفها واما الكلمات الالمانية المرتبة ترتيبا هجائيا فقد اضيف اليها ما قد يساعد على تفسير النطق بها اذا لزم الامر وقد وضعت اهم قواعد النطق حسب طريقة الجمعية الدولية لعلم الاصوات وكذلك قواعد الاجرومية الالمانية ويرجع الفضل فى ذلك الى الدكتور هاينز ف ثينت مراجع مخطوطات اللغات الشرقية فى دار النشر للنجنشايت

وقد شكلت الكلمات العربية لتسهيل قرأئها

المؤلفان

IM WÖRTERBUCH VERWENDETE ABKÜRZUNGEN

المختصرات المستعملة فى القاموس

Die Tilde (~, bei veränderter Schreibung ≗) ersetzt entweder den ganzen Titelkopf oder den vor dem Strich (|) stehenden Teil davon, z. B. beton|en . . . ≗ung = Betonung; Brief. . . ~träger = Briefträger.

ان علامة تساوى (~ وفى تغيير الكتابة ≗) تنوب اما عن اصل الكلمة باكمله او عن الجزء الواقع منها قبل العلامة (|) فمثلا

beton|en . . . ≗ung = Betonung; Brief. . . ~träger = Briefträger.

A	Akkusativ	حالة النصب
adj.	Adjektiv	صفة
adv.	Adverb	ظرف
äg.	ägyptisch	مصرى
Agr.	Agrikultur	زراعة
allg.	allgemein	عام
Anat.	Anatomie	تشريح
arab.	arabisch	عربى
Arch.	Architektur	معمار
Bgb.	Bergbau	مناجم
biolog.	Biologie	علم الحياة
Bot.	Botanik	علم النباتات
Chem.	Chemie	كيمياء
cj.	Konjunktion	حرف عطف
e-e	eine	واحدة
Elektr.	Elektrizität	كهرباء
Esb.	Eisenbahn	سكة حديد
etc.	usw.	الخ
etw.	etwas	شى ما
f	Femininum	مؤنث
F	familiär	مألوف
fig.	figürlich	مجازى
Flgw.	Flugwesen	طيران
Geom.	Geometrie	هندسة
Gr.	Grammatik	نحو
Hdl.	Handel	تجارة
Imp.	Imperativ	صيغة الامر
Impf.	Imperfekt	ماض بسيط

irak.	irakisch	عراقى
j-m	jemandem	لشخص
j-n	jemanden	شخصاً
j-s	jemandes	شخص
jur.	Jurisprudenz	الحقوق
k-e	keine	لا
Konj.	Konjunktiv	الفعل المنصوب
L	Liste der starken oder unregelmäßigen Verben	كشف الافعال القوية او الشاذة
m	Maskulinum	مذكر
Mal.	Malerei	رسم
Mar.	Marine	بحرية
Math.	Mathematik	رياضيات
Med.	Medizin	طب
Meteor.	Meteorologie	علم الاجواء
Mil.	Militär	عسكرية
Mot.	Motor	محرك
mst	meist	اكثر
Mus.	Musik	موسيقا
mütterl.	mütterlicherseits	من جهة الام
n	Neutrum	جماد
od.	oder	او
Part. Perf.	Partizip Perfekt	اسم المفعول
pers. pron.	Personalpronomen	ضمير شخصى
Phys.	Physik	علم الطبيعة
pl.	Plural	جمع
Pol.	Politik	سياسة

präp., prp.	Präposition	حرف جر
Präs.	Präsens	مضارع
pron.	Pronomen	ضمير
Psych.	Psychologie	علم النفس
rel. pron.	Relativpronomen	اسم الموصول
Relig.	Religion	دين
sn	sein (Hilfsverb)	فعل مساعد كان
syr.	syrisch	سورى
Tech., Techn.	Technik	فن – هندسة
Telef.	Telefon	تليفون
thea.	Theater	مسرح
Typ.	Typographie	فن الطباعة
u.	und	و
usw.	und so weiter	الخ
väterl.	väterlicherseits	من جهة الاب
v/i.	intransitives Verb	فعل لازم
v/r.	reflexives Verb	فعل متعد على نفسه
v/t.	transitives Verb	فعل متعد
Zo.	Zoologie	علم الحيوان

(0) Kann von einem Stichwort kein Plural gebildet werden, so steht unabhängig von seinem Geschlecht allein oder neben der Form des Genitivs eine Null (0).
Adjektive, die weder Komparativ noch Superlativ bilden, werden mit (0) gekennzeichnet.

ERLÄUTERUNG DER LAUTZEICHEN

ايضاح النطق

Laut-wert	Buch-stabe	Beispiel	Aussprache	etwa wie in
[ɑː]	a	Wagen	['vɑːgən]	نام آ فى كتاب
	aa	Saal	[zɑːl]	
	ah	wahr	[vɑːʁ]	
[a]	a	Mann	[man]	أنْ
[aˑ]	a	radieren	[ʀaˑ'diːʀən]	فَتح
[aɪ]	ai	Mai	[maɪ]	شَىْء
	ay	Bayern	['baɪən]	
	ei	klein	[klaɪn]	
	ey	Meyer	['maɪə]	
[aʊ]	au	Haus	[haʊs]	مَوْت
[b]	b	Brot	[bʀoːt]	بيت
[ç]	ch	ich	[ɪç]	لايوجد فى العربية
	-ig	wenig	['veːnɪç]	
[d]	d	Dank	[daŋk]	دجل
[eː]	e	Weg	[veːk]	ايه (عربى مصرى دارج)
	ee	Meer	[meːʁ]	
	eh	mehr	[meːʁ]	
[eˑ]	e	Telefon	[teˑleˑ'foːn]	تليفون

[ɛ]	ä	Männer	['mɛnɐ]	كَتب
	e	weg	[vɛk]	
[ɛˑ]	ä	Ägypten	[ɛˑ'gʏptən]	بل
[ɛː]	ä	Käse	['kɛːzə]	بارد
	äh	wählen	['vɛːlən]	
[ə]	e	bitte	['bɪtə]	فأل
[f]	f	Fall	[fal]	فزع
	ph	Phonetik	[foˑ'neːtɪk]	
	v	Vater	['fɑːtɐ]	
[g]	g	Garten	['gaʁtən]	جمبرى
[h]	h	hinein	[hɪ'naɪn]	هنا
[iː]	i	wir	[viːʁ]	قيل
	ie	hier	[hiːʁ]	
	ieh	Vieh	[fiː]	
	ih	ihn	[iːn]	
[iˑ]	i	Minute	[miˑ'nuːtə]	مِصْرى
[ɪ]	i	in	[ɪn]	إِن
[ĭ]	i	Ferien	['feːʀĭən]	فِرِية
[j]	j	Jahr	[jɑːʁ]	يمين
[k]	c	Café	[ka'feː]	كَمَال
	ch	Chronik	['kʀoːnɪk]	
	ck	Brücke	['bʀʏkə]	
	g	Tag	[tɑːk]	
	k	Karte	['kaʁtə]	
[ks]	chs	sechs	[zɛks]	اِكْسبريس
	x	Axt	[akst]	
[kv]	qu	Quelle	['kvɛlə]	أقْوَى
[l]	l	Land	[lant]	لكن

[m]	m	Mann	[man]	مسك
[n]	n	nein	[naɪn]	نام
[ŋ]	ng	lang	[laŋ]	اِنْجْلِيزى
[ŋk]	nk	Bank	[baŋk]	بنك
[oː]	o	Tor	[toːʁ]	شونة
	oh	Ohr	[oːʁ]	
	oo	Boot	[boːt]	
[o·]	o	monoton	[mo·no·'toːn]	قُل
[ŏ]	o	Memoiren	[me'mŏaːʀən]	
[ɔ]	o	Post	[pɔst]	بوستة
[ɔʏ]	äu	läuten	['lɔʏtən]	بوى (انجليزى)
	eu	heute	['hɔʏtə]	
[øː]	ö	schön	[ʃøːn]	اسانسور (فرنسى)
	oe	Goethe	['gøːtə]	
	öh	Höhle	['høːlə]	
[ø·]	ö	Ökonomie	[ø·ko·no·'miː]	
[œ]	ö	öffnen	['œfnən]	
[p]	b	halb	[halp]	پورت سعيد
	p	Post	[pɔst]	
[pf]	pf	Pferd	[pfeːʁt]	لايوجد فى العربية
[ʀ]	r	lehren	['leːʀən]	رجل أو غ
	rh	Rhythmus	['ʀʏtmʊs]	
[ʁ]	r	*vor Konsonanten und im Auslaut*		لايوجد فى العربية
		für	[fʏːʁ]	
		stark	[ʃtaʁk]	
[ɚ]	r	*stark vokalisiert, in der unbetonten Endsilbe -er*		لايوجد فى العربية

		Lehrer	[ˈleːʀɐ]	
[s]	s	Haus	[haʊs]	اساس
	-ss-	Wasser	[ˈvasɐ]	
	ß	heißen	[ˈhaɪsən]	
[sp]	sp	Knospe	[ˈknɔspə]	اِسْبَتالية (عربى مصرى دارج)
[st]	st	Star	[staːʁ]	اسطبل
[ʃ]	ch	Chef	[ʃɛf]	شرف
	sch	schön	[ʃøːn]	
[ʃp]	sp	sprechen	[ˈʃpʀɛçən]	(شْپْ) لا يوجد بالعربية
[ʃt]	st	stehen	[ˈʃteːən]	(شْتْ) لا يوجد بالعربية
[t]	d	Bad	[baːt]	تبع
	dt	Stadt	[ʃtat]	
	t	Tag	[taːk]	
	th	Theater	[teˑˈaːtɐ]	
[ts]	c	Celsius	[ˈtsɛlzĭʊs]	تْسْ لا يوجد بالعربية
	tz	sitzen	[ˈzɪtsən]	
	z	Zahl	[tsaːl]	
[tsĭ]	ti	Nation	[naˈtsĭoːn]	
[tʃ]	ch	Chile	[ˈtʃiːleˑ]	چ تركى
	tsch	deutsch	[dɔʏtʃ]	
[uː]	u	Hut	[huːt]	فُول
	uh	Uhr	[uːʁ]	
[uˑ]	u	Musik	[muˑˈziːk]	أُم
[ʊ]	u	Mutter	[ˈmʊtɐ]	
[v]	v	Vase	[ˈvaːzə]	ثينا
	w	Welt	[vɛlt]	
[x]	ch	lachen	[ˈlaxen]	خَرج

[y:]	ü	Tür	[ty:ʁ]	
	üh	führen	['fy:ʀən]	
	y	Lyrik	['ly:ʀɪk]	
[y·]	ü	amüsieren	[amy·'zi:ʀən]	u فرنسى
	y	Physik	[fy·'zi:k]	لا يوجد فى العربية
[ʏ]	ü	Glück	[ɡlʏk]	
	y	Rhythmus	['ʀʏtmʊs]	
[z]	s	See	[ze:]	زَيْت
[ʒ]	j	Jalousie	[ʒa·lu·'zi:]	جبل (سورى)

A

Aal *m (-¢s; -e) Zo.* حَنَش البَحْر، عَنْكَلِيس

Aas *n (-es; Äser)* رِمَّة، جِيفَة

ab *prp.* مِن *adv.* بَعِيداً

auf und ~ ذَهَاباً وَإِيَاباً

~ und zu أَحْيَاناً

weit~ بَعِيداً

von nun ~ مِن الآن فَصَاعِداً

ab-änder|n *(-re)* غَيَّر

~ung *f* تَغْيِير

ab-arbeiten *(-e-) v/t.* اِشْتَغَل لِيُسَدِّد دَيْناً

v/r. أَجْهَد نَفْسَه

Ab-art *f* نَوْع، فَرْع

Abbau *m (-¢s; -ten) Bgb.* اِسْتِغْلَال مَنَاجِم

(Preise) تَخْفِيض الأَسْعَار

(Beamte) عَزْل (عَن وَظِيفَة)

~en *Bgb.* اِسْتَغَلّ مَنَاجِم

(Preise) خَفَّض

(Personal) عَزَل (عَن وَظِيفَة) (i)

abbestell|en (—) أَلْغَى طَلَباً

(Zeitung) قَطَع (a) اِشْتِرَاكاً

~ung *f* اِلْغَاء طَلَب، قَطْع اِشْتِرَاك

abbiegen *(L) v/t.* ثَنَى (i)

v/i. (L; sn) حَادَ، تَفَرَّع (i)

abbild|en *(-e-)* صَوَّر

~ung *f* تَصْوِير

Abbitte *f* اِعْتِذَار

~n *(L)* اِعْتَذَر

abblenden *(-e-)* حَجَبَ (u) اَلنُور

abbrechen *(L) v/t. (Zelte)* هَدَّ (i)

v/i. (L; sn) هَدَمَ، (i) قَطَعَ (a)

abbrennen *(L) v/t.* أَحْرَقَ

(L; sn) اِحْتَرَقَ

abbringen *(L)* صَرَفَ عَنْ، (i) أَبْعَدَ عَنْ

Abbruch *m (-ẹs; ⸗e)* هَدْم

fig. قَطْع

~ tun أَضَرَّ

abbürsten *(-e-)* فَرَّشَ

Abc [aːbeːˈtseː] *n (uv.)* أَلِف بَاء

Abdachung *f* اِنْحِدَار

abdämm|en سَدَّ (u)

≈ung *f* سَدّ

abdank|en اِسْتَقَال

≈ung *f* اِسْتِقَالَة

abdecken كَشَفَ (i)

Tisch: رَفَعَ اَلْمَائِدَة (a)

abdichten *(-e-)* أَحْكَمَ

abdrehen *v/t.* لَوَى (i)

Gas, Licht: أَطْفَأَ

v/i. (sn) غَيَّرَ (طَرِيق)

abdrosseln *(-le)*

Techn. كَتَمَ (i) (نَفَس المَكِنَات)

Abdruck *m*

1. *(-ẹs; -e)* نُسْخَة، طَبْعَة

2. *(-es; ⸗e)* بَصْمَة، أَثَر

≈en طَبَعَ (a)

abdrücken أَطْلَقَ (النَّار)

Abend *m (-s; -e)* مَسَاء

heute ≈ اَللَّيْلَة

gestern ≈ اللَّيْلَة اَلبَارِحَة

morgen ≈ مَسَاء اَلغَد

des ~s مَسَاءً

zu ~ essen تَعَشَّى

Abend|blatt *n (-es; ⸗er)* جَرِيدَة مَسَائِيَّة

~brot *n (-ẹs; O)* عَشَاء

≈s مَسَاءً

~zeit *f* وَقْت اَللَّيْل

Abenteuer *n* مُغَامَرَة

aber لَكِن

Aberglaube *m (-ns; O)* اِعْتِقَاد بِالبَاطِل

abfahren *(L; sn)* قَامَ، (u) سَافَرَ

Abfahrt *f* قِيَام، سَفَر

~s-bahnsteig *m (-ės; -e)* رَصِيف قِيَام

~s-signal *n (-s; -e)* إِشَارَة قِيَام

Abfall *m (-es; ⸗e)* سُقُوط، اِنْسِلَاخ، رِدَّة، مُهْمَلَات، قُمَامَة

⸗en *(L; sn)* سَقَطَ، (u) اِنْسَلَخ، ارْتَدّ (عَن دِينِه)

abfällig *fig.* حَاطّ، بِاخْتِقَار

abfärben فَرّ لَوْنه، بَقّع

abfass|en *(-ßt) Werk:* اَلّف

⸗ung *f* تَأْلِيف

abfertig|en أَرْسَل، خَلّص، قَوّمَ (اَلقِطَار)

⸗ung *f* اِرْسَال، تَقْوِيم، تَخْلِيص

abfeuern *(-re)* أَطْلَق النَار

abfind|en *(L)* أَرْضَى

⸗ung *f* اِرْضَاء، تَعْوِيض

abflauen *(sn)* هَبَط (اَلرِيح)

abfliegen *(L; sn)* قَام (الطائِرة)

abfließen *(L; sn)* سَالَ، (i) جَرَى (i)

Abflug *m (-es; ⸗e)* قِيَام (الطائِرة)

Abfluß *m (-sses; ⸗sse)* جَرَيَان، بَالُوعَة (ماء)

abfordern *(-re)* طَلَبَ (u)

Abfuhr *f* نَقْل، رَفْض

abführ|en نَقَل (u) *Geld:* سَلّم (اَلمَال)

⸗en *n (-s; O)* إِسْهَال (اَلبَطْن)

⸗mittel *n* دَوَاء مُسْهِل

Abgabe *f* تَسْلِيم، ضَرِيبَة، رَسْم

⸗n-frei خَالِص الرُسُوم

⸗n-pflichtig مُسْتَحَقّ عَلَيْه رَسْم اَوْ ضَرِيبَة

Abgang *m (-ės; ⸗e)* رَوَاج، اِنْصِرَاف، سَفَر، عَجْز (مَال)

Abgase *n/pl.* غَازَات عَادِمَة

abge-arbeitet مُتْعَب

abgeben *(L) v/t.* سَلَّم

v/r. اِنْشَغَل

abgedroschen مُبْتَذَل

abgefeimt خَبِيث، شِرِّير

abgehen *(L; sn)* قَام، اِنْصَرَف

نَقَص (u)

Zug: سَافَر

Hdl. رَاج

hierven geht ab ... نَاقِص

abgelebt مُهَدَّم القُوَة

abgelegen بَعِيد

abgeneigt غَيْر مَيَّال

abgenutzt بَالٍ

Abge-ordnet|e(r) *m* مَنْدُوب، نَائِب

~en-haus *n (-es; ⸗er)* مَجْلِس النُّوَّاب

abgerissen مُمَزَّق، مَقْطُوع

Abgesandte(r) *m* رَسُول، مَبْعُوث

abgeschieden مُعْتَزِل

abgeschmackt *fig.* سَخِيف

abgesehen: ~ von فَضْلاً عَن

abgespannt *fig.* مُنْهَك، تَعْبَان

abgestanden بَائِت

abgestumpft قَلِيل الاكْتِرَاث، بَلِيد، كَلِيل

abgewöhnen (—) *v/t.* أَبْطَل العَادَة

v/r. اَبْطَل عَادَتَهُ

Abglanz *m (-es; O)* اِنْعِكَاس

Abgott *m (-ẹs; ⸗er)* صَنَم

abgrenz|en *(-t)* حَدَّد

≈ung *f* تَحْدِيد

Abgrund *m (-es; ⸗e)* هَاوِيَة، هُوَة

abhalten *(L)* مَنَع (a)، أَقَام

Sitzung: عَقَد جَلْسَة (i)

≈ *n* إِقَامَة، مَنْع

abhandeln *(-le) Preise:* سَاوَم

(erörtern) بَاحَث

ab'handen: ~ kommen ضَاع مِن

Abhandlung *f* مُبَاحَثَة، رِسَالَة (i)

Abhang *m (-ẹs; ⸗e)* مُنْحَدِر

abhäng|en *v/t.* فَصَلَ (i) *v/i.* *(L)* ~**en von** اِعْتَمَدَ عَلَى، تَعَلَّق ب، تَوَقَّف عَلَى
~**ig von** مُعْتَمِد عَلَى، مُتَوَقِّف عَلَى
~**igkeit** *f* اِعْتِماد عَلَى، تَوَقُّف عَلَى

abhärt|en *(-e-) v/r.* تَخَشَّن
~**ung** *f* تَخَشُّن، تَعَوُّد

abheben *(L)* *Geld:* سَحَبَ النَّقْد (a)
Karten: قَطَعَ وَرَق (a) اَللِعْب

abhelfen *(L)* تَدَارَك

abhetzen *(-t)* *v/r.* أَجْهَدَ نَفْسه

Abhilfe *f (O)* تَدَارُك

abhobeln *(-le)* سَحَجَ (a) (اَلخَشَب)

abholen ذَهَبَ لِاحْضَار (a)
~ *n* ذَهَاب لِاحْضَار
~ **lassen** أَرْسَلَ لإحْضَار

abhorchen *Med.* فَحَصَ (a) بِالسَّمْع

abhören *(Telefon, Radio)* أَنصَتَ

ab-irren ضَلَّ (i)

abkaufen اشْتَرى مِن إنْسَان

abkehren: sich ~ von أَعْرَض عَن

Abklärung *f* تَصْفِيَة (الماء)

Abklatsch *m (-es; -e) fig.* تَقْلِيد

Abkomme *m (-n)* نَسْل

abkommen *(L; sn)* عَدَلَ (i) عَن، خَرَج (u)، ضَلّ (u)
~ *n* اِتِّفَاق

Abkömmling *m (-s; -e)* نَسْل

abkühlen بَرَّد

Abkunft *f (O)* أَصْل، نَسَب

abkürz|en *(-t)* اِخْتَصَر
~**ung** *f* اِخْتِصَار

abladen *(L)* أَنْزَل (اَلحِمْل)

ablassen *(L)* سَيَّب
Wasser: صَرَّف (اَلمَاء)
Preise: خَفَّض اَلسِعر
Zug: قَوَّم اَلقِطَار
~ **von** رَجَع عَن (i)

Ablauf *m* *(-ës; ⸗e)* مُضِيّ، اِنْتِهَاء، مَجْرَى
(Wechsel etc.) اِسْتِحْقَاق
(Sport) بَدْء
nach ~ von بَعْدَ مُضِيّ
⁓en جَرَى (i) *(L; sn)*
Zeit, Vertrag: مَضَى (i)
Wechsel: اِسْتَحَقّ
v/t. Sport: بَدَأَ (a)
ableben مَات (u)
⁓ *n* مَوْت، وَفَاة
ablegen وَضَع (a)
Kleid: خَلَع (اَلثِيَاب) (a)
Eid: حَلَف (يَمِيناً) (i)
Prüfung: اِجْتَاز (اِمْتِحَاناً)
Briefe usw: حَفِظ فى المِلَفّ
ablehn|en رَفَض (u)
⁓ung *f* رَفْض
ableiten *(-e-)* حَوَّل، اِشْتَقّ
ablenken von صَرَف (i) عَن
ableugnen *(-e-)* أَنْكَر
abliefer|n *(-re)* سَلَّم
⁓ung *f* تَسْلِيم

ablös|en *(-t)* *v/t.* حَلّ، (i) قَشَّر
Technik: فَكّ (u)
Militär: غَيَّر (الحِرَاسَة)
v/r. تَقَشَّر
⁓ung *f* تَقَشُّر، حَلّ، فَكّ، تَغْيِير
abmach|en فَكّ (u)
fig. سَوَّى، اِتَّفَق
⁓ung *f* اِتِّفَاق، تَسْوِيَة
abmagern *(-re)* نَحُف، (a) نَحَل (a)
Abmarsch *m* *(-es; ⸗e)* سَيْر، قِيَام
abmelden *(-e-)* *(polizeilich)* أَبْلَغ اَلبُولِيس بِالمُغَادَرَة
abmessen *(L)* قَاس (i)
abmontieren (—) فَكّ (u)
abmühen *v/r.* أَتْعَب نَفْسه
Abnahme *f* *(O)* شِرَاء، اِنْخِفَاض، قِصَر، نُقْصَان
abnehm|en *(L)* *v/t.* خَلَع، (a) اِشْتَرَى

v/i. نَقَصَ (u)، قَصُرَ (u)، اِنْخَفَضَ

~er *m* مُشْتَرٍ، زَبُون

Abneigung *f* عَدَم مَيْل (الى)، كَرَاهِيَّة، نُفُور (من *gegen*)

ab'norm شَاذّ

abnötigen أَجْبَرَ عَلَى، غَصَبَ (i)

abnutz|en *(-t) v/t. u. v/r.* أَبْلَى بِالإِسْتِعْمَال (a)

~ung *f* بَلَاء

Abon|ne'ment *n (-s; -s)* اِشْتِرَاك

~ne'ments-karte *f* تَذْكَرَة اِشْتِرَاك

~'nent *m (-en)* مُشْتَرِك

~'nieren *(—) (auf* فى*)* اِشْتَرَكَ

ab-ord|nen *(-e-)* نَدَبَ (i)، أَنَابَ

~nung *f* اِنْتِدَاب، وَفْد

A'bort *m (-es; -e)* مِرْحَاض

abplagen *v/r.* أَتْعَبَ نَفْسَه

abprallen *(sn)* اِرْتَدَّ

abputzen *(-t)* نَظَّفَ

abraten *(L)* نَصَحَ (a) بِالعُدُول عَن

abrech|nen *(-e-)* خَصَمَ (i)، صَفَّى الحِسَاب، تَحَاسَبَ

~nung *f* مُحَاسَبَة، تَصْفِيَة الحِسَاب

Abrede *f* اِتِّفَاق، تَسْوِيَة

in ~ stellen أَنْكَرَ

Abreibung *f* حَكّ، دَعْك

Abreis|e *f* سَفَر، قِيَام

~en *(-t; sn)* قَامَ (u)، سَافَرَ

abreißen *(L) v/t.* قَطَعَ، مَزَّقَ

Gebäude: هَدَمَ (i)

abricht|en *(-e-)* دَرَّبَ، مَرَّنَ، رَوَّضَ (الكِلَاب)

~er *m* مُدَرِّب، مُمَرِّن، مُرَوِّض

~ung *f* تَدْرِيب، تَمْرِين، تَرْوِيض

abriegeln *(-le)* تَرْبَسَ، أَقْفَلَ بِالمِزْلَاج

Abriß *m (-sses; -sse)* مُخْتَصَر

Abruf: auf ~ بِالطَّلَب

abrüst|en *(-e-)* نَزَعَ (a) اَلسِّلَاح

≈ung *f* نَزْع اَلسِّلَاح

abrutschen تَزَحْلَقَ، اِنْزَلَقَ

absagen رَفَضَ، أَلْغَى (i)

absägen نَشَرَ بِالْمِنْشَار (u)

fig. عَزَلَ (عَن وَظِيفَة) (i)

Absatz *m (-e̸s; ¨e) Hdl.* رَوَاج

Schrift: فَصْل

(Schuh≈) كَعْب نِعَال

(Treppen≈) دَوَرَان سُلَّم

¨e *pl.:* in ~n فِي فَتَرَات، مُتَقَطِّعًا

≈fähig رَائِج

~gebiet *n (-es; -e)* سُوق

abschaff|en أَلْغَى

≈ung *f* اِلْغَاء

abschälen (i) قَشَرَ (i)

abschalten *(-e-)* أَقْفَلَ (الكَهْرَبَاء)

abschätz|en *(-t)* ثَمَّنَ، قَدَّرَ

≈ung *f* تَثْمِين، تَقْدِير

Abscheu *m (-e̸s; O)* اِشْمِئْزَاز

abscheuern *(-re)* نَظَّفَ، حَكَّ (u)

ab'scheulich مَقِيت

abschicken أَرْسَلَ

abschieben *(L)* أَبْعَدَ، نَفَى (i) مِن اَلْبِلَاد

Abschied *m (-s; -e)* وَدَاع، عَزْل مِن وَظِيفَة

~ nehmen اِسْتَوْدَعَ

~s-besuch *m (-es; -e)* زِيَارَة وَدَاع

abschießen *(L)* أَطْلَقَ اَلنَّار

Flgw. أَسْقَطَ بِالنَّار

abschinden *(-e-) v/t.* سَلَخَ (u)

v/r. أَتْعَبَ نَفْسَه

abschlag|en *(L)* قَطَعَ (a)

Bitte: رَفَضَ (u)

¨ige Antwort رَفْض

≈s-zahlung *f* دَفْع بِالأَقْسَاط

abschleifen *(L)* سَنَّ (u)

fig. هَذَّبَ

abschließen *(L)* أَنْهَى، أَقْفَلَ، عَقَدَ (i)

Abschluß *m* *(-sses; ⸗sse)* نِهَايَة، عَقْد

abschmieren شَحَّم (اَلْمَكِنَات)

abschnallen حَلَّ اَلِابْزِيم (u)

Abschnitt *m* *(-ęs; -e)* فَصْل قِسْم، بَنْد

abschöpfen قَشَط (i) (اَلزُّبْدَة)

abschrauben فَكّ (u) (اللَوْلَب)

abschrecken خَوَّف

~d مُخِيف، فَظِيع

abschreib|en *(L)* نَسَخ (a)

(absagen) كَتَب رَفْضًا (u)

Hdl. اَنْزَل مِن الحِسَاب

⸗en *n Hdl.* نَسْخ

⸗er *m* نَسَّاخ، مُنْتَحِل

⸗ung *f* إِنْزَال مِن اَلحِسَاب

Abschrift *f* نُسْخَة

abschüssig مُنْحَدِر

abschweif|en *(sn)* *(von* عَن*)* حَاد عَن، (i) شَطّ عَن (u)

⸗ung *f* شَطَط

abschwören جَحَد (a)

absegeln *(-le; sn)* أَبْحَر

absehen *(L)* صَرَف عَن (i) اَلنَظَر

~ **auf etw.** وَضَع نُصْب (a) عَيْنَيْه

abseits بَعِيدًا

absend|en *(-e- oder L)* أَرْسَل

⸗er *m* مُرْسِل

⸗ung *f* إِرْسَال

absetz|en *(-t)* عَزَل (i)، رَوَّج، أَنْزَل

⸗ung *f* عَزْل

Absicht *f* نِيَّة، قَصْد، اِصْرار

⸗lich قَصْدًا، عَمْدًا

absitzen *(L)* نَزَل مِن (i)

Strafzeit: قَضَى مُدَة (i) اَلعُقُوبة

abso'lut مُطْلَق

ab'sonder|lich غَرِيب

⸗lichkeit *f* غَرَابة

'~n *(-re)* فَصَل (i)

'⸗ung *f* فَصْل

abspann|en *Pferde:* حَلَّ (i) اَلخَيْل

~ung *f Med.* اِجْهَاد

absperr|en أَقْفَل

Straße: سَدَّ طَرِيق (i)

Gas usw.: أَقْفَل (اَلغَاز الخ)

~hahn *m (-es; ⸚e)* مِحْبَس

absprechen *(L)* أَنْكَر عَلَى

abspringen *(L; sn)* قَفَز (i) (مِن فَوْق)

abspülen غَسَل (i)

abstamm|en (von اِلَى) اِنْتَسَب

~ung *f* نَسَب، أَصْل

Abstand *m (-ęs; ⸚e)* مَسَافَة

~s-geld *n (-es; -er)* مَبْلَغ مُقَابِل التَنَحِّى

abstatten *(-e-) Besuch:* أَدَّى زِيَارَة (i)

Dank: أَدَّى شُكْرًا

abstauben نَفَض اَلتُرَاب (u)

abstech|en *(L) v/t.* ذَبَح (a)

v/i. von اِخْتَلَف عَن

~er *m* جَوْلَة

abstehen *(L)* (von عَن) تَنَحَّى، رَجَع *(a)*

absteigen *(L; sn)* von نَزَل مِن (i)

im Hotel: نَزَل(فِى فُنْدُق)

abstellen حَطّ (u)

Gas usw.: أَقْفَل

fig. أَبْطَل

abstempeln *(-le)* بَصَم، (i) خَتَم (i)

Abstieg *m (-ęs; -e)* نُزُول

abstimm|en *v/i.* (über عَلَى) اِقْتَرَع

v/t. Bücher: رَاجَع

Musik: ضَبَط اَلنَغَمَات (i)

~ung *f* ضَبْط ؛مُرَاجَعَة، اِقْتِرَاع

Abstiˈnenz *f* اِمْتِنَاع عَن اَلخَمْر

abstoßen *(L)* صَدّ (u)، دَفَع(a)

~d مُقْرِف

abˈstrakt مَعْنَوِى

abstreifen *v/t.* سَلَخ (u) مَسَح

v/r. اِنْسَلَخ

abstuf|en *v/t.* دَرَّج
v/r. تَدَرَّج
~ung *f* تَدْرِيج
abstumpfen أَكَلَّ، بَلَّدَ
abstürzen *(-t; sn)* سَقَطَ
Abt *m (-es; ⸗e)* رَئِيس دَيْر
Ab'teil *n (-ɇs; -e)* دِيوَان، مَقْصُورَة
'~en قَسَم (i)
~ung *f* قِسْم، قِسْمَة
abtragen *(L)* رَفَع (a)
(مَائِدَة)، (i) هَدَم، أَبْلَى
abtreiben *(L) Leibesfrucht:* أَجْهَض
abtrenn|en فَصَل (i)
~ung *f* فَصْل
abtret|en *(L)v/t. (j-m etw.* تَنَازَل (عن ل
v/i. (sn) اِنْصَرَف
~ung *f* تَنَازُل (عن)
(jur. قَضَاء*)*
abtrocknen *(-e-)* نَشَّف، جَفَّف
abtrünnig مُرْتَدّ
~e(r) *m* مُرْتَدّ
~keit *f* رِدَّة
ab-urteilen حَكَم (u) قَضَى (i)
abwägen وَزَن (i)
abwarten *(-e-)* اِنْتَظَر
~ *n* اِنْتِظَار
abwärts نَازِلًا، إِلَى الأَسْفَل
abwaschen *(L)* غَسَل (i)
abwechs|eln *(-le)* تَنَاوَب
~elnd مُتَنَاوِب، بِالتَّنَاوُب
~lung *f* تَنَاوُب، تَغَيُّر
Abweg *m (-es; -e)* ضَلَال، خَطَأ
Abwehr *f* مَنْع، دِفَاع (a)
~en مَنَع، دَافَع
abweich|en *(L) v/i. (sn)* اِنْحَرَف ,(i) حاد، اِخْتَلَف
~ung *f* اِنْحِرَاف، حَيْدَة، اِخْتِلَاف
abweis|en *(L)* رَفَض (u)
~ung *f* رَفْض
abwerfen *(L)* رَمَى (i)
Gewinn: أَنْتَج كَسْبًا

Karten: تَخَلَّص مِن وَرَق اللَعب

abwerten *(-e-)* خَفَّض القِيمَة

abwesen|d غائِب

~heit *f* غِياب

abwischen مَسَح (a)

abzahl|en دَفَع، دَفَع عَلَى (a) أَقْسَاط

~ung *f* دَفْع عَلَى أَقْسَاط

abzapfen بَزَل (u) (دَم) فَصَد

Abzehrung *f Med.* سُلّ

Abzeich|en *n* شَارَة، عَلامَة

~nen *(-e-)* رَسَم (u)

abziehen *(L) v/t.* خَصَم، (i) طَرَح (a)

Druck: طَبَع (a)

Bilder: نَسَخ (صُوَرًا) (u)

Rasiermesser: سَنّ المُوسَى (i)

Schlüssel: نَزَع (u) المِفْتَاح

v/i. (sn) اِنْصَرَف، اِنْسَحَب

Abzug *m (-¢s; ⸚e)* خَصْم، اِنْصِرَاف، اِنْسِحَاب

nach ~ der Kosten بَعْد خَصْم المَصَارِيف

abzweigen تَفَرَّع

A'chat *m (-es; -e)* عَقِيق يَمَانِي

Achse *f* مِحْوَر

per ~ بِالعَرَبَة

~l *f (-; -n)* إِبْط

Acht [axt] *f (O) (Zahl)* ثَمَانِيَة

heute in ~ Tagen بَعْد ثَمَانِيَة أَيَّام مِن اليَوْم

~ *f (Bann)* حِرْمَان

sich in ~ nehmen حَذِر (a) مِن، اِحْتَرَس مِن

~bar مُحْتَرَم

~e(r, -s) ثَامِن

~el *n* ثُمْن

~en *(-e-)* اِحْتَرَم

ächten *(-e-)* حَرَم مِن (i) الحُقُوق الأَهْلِيَّة، (i) نَبَذ

acht|geben *(L)* (auf الى) اِلْتَفَت، اِنْتَبَه

~los خَالِي البَال

~losigkeit *f* عَدَم اِلْتِفَات، عَدَم اِنْتِبَاه

~sam مُنْتَبِه، مُلْتَفِت

Achtung *f* اِحْتِرَام، اِلْتِفَات، اِنْتِبَاه

~svoll مَع كَثِير اَلِاحْتِرَام

acht|zehn ثَمَانِيَة عَشَر

~zehnte(r, -s) ثَامِن عَشَر

~zig ثَمَانُون

~ziger *m* بَالِغ الثَّمَانِين

~zigste(r, -s) الثَّمَانُون

ächzen *(-t)* أَنَّ، تَوَجَّع (i)

Acker *m (-s; ¨)* حَقْل

~bau *m (-ɇs; O)* زِرَاعَة

~land *n (-ɇs; ¨er)* أَرْض زِرَاعِيَّة

~n *(-re)* حَرَث (i)

ad'dieren (—) جَمَع (a)

Adel *m (-s; O)* شَرَف، نَبَالَة

Ader *f (-; -n)* عِرْق، شِرْيَان

~laß *m (-sses; -sse)* فَصْد

Adjektiv *n (-s; -e) Gr.* صِفَة

Adler *m Zo.* نِسْر

adlig شَرِيف، نَبِيل

adop'tieren (—) تَبَنَّى

~ion [-p'tsĭo:n] *f* تَبَنٍّ

Adres'sat *m (-en)* مُرْسَل إِلَيْه

A'dreßbuch *n* [-u:-] *(-es; ¨er)* دَلِيل عَنَاوِين

Adress|e [-'dʀɛsə] *f* عُنْوَان

per ~ (c/o) بِطَرَف

~ieren [-'si:-] (—) عَنْوَن

Ad'verb *n (-s; -ien) Gr.* ظَرْف

Advo'kat *m (-en)* مُحَامٍ

~ur [-'tu:ʁ] *f* مُحَامَاة

Affe *m (-n)* قِرْد

Af'fekt *m (-s; -e)* اِنْفِعَال، عَاطِفَة

~ieren [-'ti:ʀən] (—) تَكَلَّف، تَصَنَّع

After *m* شَرَج، اِسْت

A'gent *m (-en)* وَكِيل

~ur [-'tu:ʁ] *f* وِكَالَة

Agio ['ɑ:ʒo:] *n (-s; -s)* سَمْسَرَة، صَرْفِيَّة

A'grarier *m* زِرَاعِي

Ä'gypten *n (-s; O)* مِصْر

Ahn *m (-en)* جَدّ
ähneln *(-le)* شَابَه
ahnen أَحَسّ، شَعَر (u)
ähnlich مُشَابِه
≈keit *f* شَبَه
Ahnung *f* إِحْسَاس، شُعُور
≈s-los دُون شُعُور
Ähre *f* سُنْبُلَة
Akade'mie *f* مَعْهَد
A'kazie *f Bot.* طَلْح
akklimati'sieren (—) أَقْلَم
Ak'kord *m (-ẹs; -e)* اِتِّفَاق، تَسْوِيَة
≈ieren (—) [-'di:ʀən] سَوَّى
Akkredi'tiv *n (-s; -e)* خِطَاب اِعْتِمَاد، (مَالِى وسِيَاسِى)
Akkumu'lator *m (-en)* *Elektr.* بَطَّارِيّة الِادِّخَار
Akt *m (-s; -e)* فَصْل (رِوَايَة تَمْثِيلِيّة)، فِعْل *Mal.* رَسْم إِنْسَان عَار
~en *pl.* مُسْتَنَدَات
~en-tasche *f* مَحْفَظَة أَوْرَاق
Aktie *f* سَهْم مَالِى
~n-gesellschaft *f* شِرْكَة مُسَاهَمَة
~n-inhaber *m* حَامِل سَهْم مَالِى
Aktion [ak'tsĭo:n] *f* عَمَل، فِعْل
(gegen etw.) حَمْلَة
Aktiv *n (-s; -a) Gr.* صِيغَة المَبْنِىّ لِلْمَعْلُوم
≈ [ak'ti:f] فَعَّال، عَامِل، فى العَمَل
~a *pl. Hdl.* مَوْجُودَات (التَّاجِر)، أُصُول
aktu'ell حَالِىّ
a'kut *Med.* حَادّ
Ak'zept *n (-s; -e)* قَبُول (مُصَارَفة)
~ant [-'tant] *m (-en)* قَابِل
≈ieren [-'ti:ʀən] (—) قَبِل (a)

A'larm *m (-s; -e)* اِنْذَار

~ieren [-'miːʀən] (—) اَنْذَر بِالخَطَر

A'laun *m (-s; O)* شَبَّة

albern اَحْمَق، سَخِيف

Algebra *f (O)* عِلْم الجَبْر

Alkohol *m (-s; O)* كُحُول، خَمْر

~frei [-'hoːlfʀaɪ] خَالٍ مِن كُحُول

all كُلّ، جَمِيع

vor ~em قَبْل كُلّ شَيْء

~es in ~em عَلَى بَعْضِهَا

Al'lee *f* طَرِيق ذُو اَشْجَار، مَمْشَى

al'lein مُفْرَد، وَحِيد

adv. فَقَط

Al'lein|sein *n (-s; O)* وِحْدَة

~verkauf *m (-ẹs; ⸗e)* اِحْتِكَار

allen'falls عِنْد الضَّرُورَة، اِذَا لَزِم الحَال

aller|'dings حَقِيقَة

~letzt الاَخِير

~neuest- ['aləʁ-] الاَحْدَث

allge'mein عُمُومِي

Alli'anz *f* تَحَالُف

Alli'ierte|(r) *m* حَلِيف

~ Truppen *pl.* جُيُوش مُتَحَالِفَة

all|'jährlich سَنَوِيًّا

~'mählich تَدْرِيجِيًّا

~seitig فِي كُلّ النَوَاحِي

~'täglich يَوْمِيًّا

fig. مُبْتَذَل، عَادِي

~zuviel أَكْثَر مِن اللازِم

Almosen *n* اِحْسَان، صَدَقَة

Alpdrücken *n* كَابُوس

Alpha'bet *n* اَلِفْبَاء

als لَمَّا، كَ، مِثْل، مِن

(nach Komparativ فِى التفضيل*)*

~'bald بَعْد قَلِيل

~'dann ثُمَّ

also اِذَن، هَكَذَا

alt *(⸗er; ⸗est-)* بَائِت، قَدِيم، عَجُوز، كَبِير السِنّ

Alter *n* عُمْر، شَيْخُوخَة

er ist in meinem ~ هُوَ مِن عُمْرِى

älter *(Komparativ von* **alt)** اَكْبَرُ سِنًّا

altern *(-re; sn)* كَبُرَ (u) شَاخَ (i)

Alters|rente *f* مَعَاش شَيْخُوخَة

⁓schwach *(O)* هَرِم

Altertum *n (-s; ⁼er)* العُصُور القَدِيمَة

altertümlich عَتِيق

altmodisch مِن الطِرَاز القَدِيم

Ama'teur [-ˈtøːʁ] *m (-s; -e)* هَاوٍ

Amboß *m (-sses; -sse)* سِنْدَان

Ameise *f* نَمْلَة

~n-haufen *m* بَيْت نَمْل

A'merika *n* اَمِرِيكا

Amme *f* مُرْضِعَة

Ammoni'ak *n (-s; O)* نَشَادِر

Amne'stie *f* عَفْو عَامّ

amorti'sieren (—) اِسْتَهْلَك (دَيْنًا)

Ampel *f (-; -n)* قَنْدِيل

Amsel *f (-; -n) Zo.* شُحْرُور (طَائِر)

Amt *n (-¢s; ⁼er)* مَصْلَحَة، مَكْتَب، وَظِيفَة

Auswärtiges ~ وِزَارَة الخَارِجِيَّة

⁓lich رَسْمِي

~s-gericht *n (-¢s; -e)* مَحْكَمَة جُزْئِيَّة

amü'sant مُسَلّ

an بِ، الَى، عَلَى، عِنْد، فِى

~ seiner Stelle فِى مَحَلِّه

es ist ~ mir ... zu tun عَلَىَّ اَن اَفْعَل

ich bin ~ der Reihe عَلَىَّ الدَّوْر

ana'log مُمَاثِل، مُنَاسِب، قِيَاسِىّ

Ana'lys|e *f* تَحْلِيل

⁓ieren [-ˈziːʀən] (—) حَلَّل

Ananas *f (-; -)* اَنَانَاس

Anar'chie *f* فَوْضَى
Ana'tom *m (-en)* مُشَرِّح
~ie [-'mi:] *f (O)* عِلْم اَلتَّشْرِيح
anbahnen مَهَّدَ
anbauen زَرَع (a)
an'bei مُرْفَق بِه، طَيَّهُ، مُلْحَقًا
anberaumen (—) عَيَّن، حَدَّد (مَوْعِدًا)
anbeten *(-e-)* عَبَد (u)
Anbetracht: in ~ نَظَرًا اِلَى
Anbetung *f* عِبَادَة
anbieten *(L)* قَدَّمَ(i)، عَرَض (i)
v/r. تَقَدَّم
anbinden *(L)* رَبَط (i)
Anblick *m (-ẟs; -e)* مَنْظَر
anblicken نَظَر اِلَى (u)
anbrechen *(L)* طَلَع (a) (النَّهَار)، بَدَأَ (a) (الْيَوْم)
anbrennen *(L) v/t.* أَحْرَق
Licht, Zigarre: وَلَّع
v/i. (sn) اِحْتَرَق
anbringen *(L) (an)* رَكَّب، ثَبَّت

Waren: صَرَّف (بِضَاعة)
Beschwerde: قَدَّم شَكْوَى
Tochter: زَوَّج (بِنْتًا)
Anbruch *m (-ẟs; ¨e)* طُلُوع (النَّهَار)، بَدْء (الْيَوْم)
Andacht *f* تَعَبُّد
andächtig مُتَعَبِّد
Andenken *n* تِذْكَار، ذِكْرَى
ander|- غَيْر، آخَر، ثَانٍ
~erseits مِن جِهَة أُخْرَى
ändern *(-re)* غَيَّر
v/r. تَغَيَّر
andernfalls وَ اِلاَّ
anders بِخِلاَف
~denkend مُخَالِف رَأْيًا
andert'halb وَاحِد وَنِصْف
Änderung *f* تَغْيِير
andeut|en *(-e-)* لَمَّح
≈ung *f* تَلْمِيح
Andrang *m (-ẟs; O)* زِحَام
Med. اِحْتِقَان
andrehen *Gas usw.:* فَتَح (a) (الغاز الخ)

an-eignen *v/r.* *(-e-)* اِسْتَوْلَى عَلَى، اِسْتَأْثَر ب

an-ein-ander بِجِوَار بَعْضِهِم

An-erbieten *n* عَرْض، اِقْتِرَاح

an-erkenn|en *(L;-)* اِعْتَرَف، أَقَرّ

Wechsel: (كَمْبِيَالَة) قَبِل (a)

~ung *f* اِقْرَار، اِعْتِرَاف، قَبُول

anfahr|en تَحَرَّك

Hafen: (عَلَى) رَسَا (u)

~en an اِصْطَدَم ب

fig. حَمَل عَلَى اِنْسَان (i)

~t *f* طَرِيق

Anfall *m* *(-ɇs; ⁼e)* *Med.* هُجُوم، إصَابَة، نَوْبَة

~en *(L)* هَجَم، أَصَاب (u)

Arbeit: *(sn)* قَام (u) اَلعَمَل

anfällig für (لِلمَرَض) مُعَرَّض

Anfang *m* *(-ɇs; ⁼e)* بَدْء

~en *(L)* بَدَأ (a)

Anfäng|er *m* مُبْتَدِئ

~lich اِبْتِدَائِى

anfassen *(-ßt)* مَسَك (i)، قَبَض عَلَى (i)

anfechten *(L)* جَادَل فى، نَازَع فى، عَارَض

anfertigen صَنَع (a)، عَمِل (a)

anfeuchten *(-e-)* بَلّ (i)

anfeuer|n *(-re)* اَوْقَد النَّار

fig. حَثّ (u)

~ung *f* *fig.* حَثّ

anflehen um تَضَرَّع اِلَى، تَوَسَّل اِلَى

anfliegen *(L; sn)* *Flgw.* (عَلَى مَطَار) رَسَا (u)

Anflug *m* *(-ɇs; ⁼e)* رَسْو اَلطَّيَّارَات، أَثَر

anford|ern *(-re)* طَلَب (u)، طَالَب

~erung *f* طَلَب، مُطَالَبَة

Anfrag|e *f* اِسْتِعْلَام، اِسْتِجْوَاب

~en اِسْتَجْوَب

(nach) اِسْتَعْلَم عَن

anfressen *(L)* قَرَض (i)

Techn. أَكَل (u)

anfügen (an) اَضَاف، اَلْحَق، وَصَّل
anführ|en قَاد (u)
Worte: ذَكَر، اِقْتَبَس (u)
(täuschen) خَدَع (a) غَرَّ (u)
≈er *m* قَائِد
Angabe *f* عُرْبُون، بَيَان، بَلَاغ
angeb|en *(L) v/i.* فَشَر (u)
بَيَّن، بَلَّغ
v/t. *(j-n* به) وَشَى (i)
≈er *m* وَاشٍ، فَشَّار
≈e'rei *f* وِشَايَة، فَشْر
~lich مَزْعُوم
angeboren خِلْقِي، وِرَاثِي
Angebot *n (-ęs; -e)* عَطَاء
Hdl. عَرْض (i)
angedeihen lassen *(L)*
مَنَح (a)
angeheitert ثَمِل
angehen *(L) v/t.* *(j-n)*
اِلْتَمَس
v/i. *(sn)* صَحّ (i) اِبْتَدَا، أَخَصّ
es geht an هَذَا يَصِحّ
das geht dich (nichts) an
هَذَا (لا) يَهُمُّكَ او (لَيْس) مِن شَأْنِك
angehörig خَاص به، تَابِع لَه
s-e ≈en *pl.* اَهْلُه، ذَوُوه
Angeklagte(r) *m* مُتَّهَم، مُدَّعَى عَلَيْه
Angel [-ŋ-] *f (-; -n)* صِنَّارَة
(Tür≈) مِفْصَلَة البَاب
angelegen: sich ~ sein lassen اِهْتَمّ (بِامْر)
≈heit *f* اَمْر، شَأْن
angel|n [-ŋ-] *(-le)* صَاد (i)
السَّمَك بِالصِّنَّارَة
≈rute *f* بُوصَة صَيْد السَّمَك
≈schnur *f (-; ⸚e)* خَيْط الصِّنَّارَة
angemessen مُنَاسِب، مُوَافِق
angenehm لَطِيف
angesehen مُحْتَرَم، مُعْتَبَر
Angesicht *n (-ęs; -e)* وَجْه
Angestellte(r) *m* مُسْتَخْدَم
angetrunken سَكْرَان

angewöhnen (—) (etw. عَلى) عَوَّد
v/r. تَعَوَّد (على)
Angewohnheit *f* عَادَة
angreif|en *(L)* مَسَك (i)، هَجَم (i)
Kapital: قَبَض (i) (المال)
~er *m* مُهَاجِم
angrenzend *(an* ه) مُجَاوِر
Angriff *m (-es; -e)* هُجُوم
Angst [-ŋ-] *f (-; ⸗e)* خَوْف، قَلَق
ängst|igen [-ŋ-] *v/t.* اَفْزَع، اَقْلَق
v/r. فَزِع (a)، قَلِق (a)
~lich [-ŋ-] قَلِق، خَوَّاف
Angstschweiß [-ŋ-] *m* *(-es; O)* عَرَق بَارِد
anhaften *(-e-)* لَازَم
anhaken عَلَّق، ثَبَّت بخُطَّاف
Anhalt *m (-; O)* وُقُوف، سَنَد
~en *(L) v/t.* اَوْقَف
v/i. وَقَف (i)، دَام (u)، اِسْتَمَرّ
v/r. اِسْتَنَد على
~end مُسْتَمِرّ
Anhang *m (-s; ⸗e)* اَنْصَار، مُلْحَق
~en *(L)* لَصَق (i)، تَبِع (a)، لَازَم
anhäng|en *(L)* اَلْحَق
~er *m* *Auto:* مَقْطُورَة
Person: مُنَاصِر
Schmuck: دَلَّايَة
~lich وَدُود، مُتَعَلِّق
~lichkeit *f* مَوَدَّة، تَعَلُّق
anhäuf|en كَوَّم
~ung *f* تَكْوِيم
anheben *(L)* بَدَأ (a)
anheften *(-e-)* ثَبَّت فى، رَبَط فى (i)
Anhöhe *f* تَلّ
anhören اَصْغَى اِلى
A'nis *m (-; O)* اَنِيسُون
Anker [-ŋ-] *m* هِلْب
Anklage *f* شَكْوَى، اِتِّهَام
~n شَكَا (u)، اِتَّهَم
Anklang *m (-es; ⸗e): ~* finden نَال اِسْتِحْسَانًا
ankleiden *(-e-)* اَلْبَس

v/t. لَبِسَ (a)
anklingeln *(-le)* اِتَّصَلَ بِالتِلِفُون
anklopfen طَرَقَ (u)، خَبَطَ (i)
anknüpfen رَبَطَ (a)
Verbindungen ~ عَقَدَ (i) عَلاقات
Ankömmling *m (-s; -e)* وَاصِل
ankündig|en آخْبَرَ، آعْلَنَ
~ung *f* اِخْبَار، اِعْلَان
Ankunft *f (-; ⸚e)* وُصُول
ankurbeln *(-le) Motor:* دَوَّر المَانِيفِيلا
fig. أنْعَش
Anlage *f* اِسْتِعْداد، مَشْرُوع، مُنْتَزَه
(Kapital~) تَشْغِيل (المَال)
anlangen *v/t.* خَصّ (u)
v/i. (sn) وَصَلَ (i)
Anlaß *m (-sses; ⸚sse)* فُرْصَة، سَبَب
anlass|en *(L)* خَلّى(المَلَابِس)
Motor: دَوَّر السَيَّارَة
sich gut ~ يُرْجَى منه ~
~er *m* مَارْش السَيّارات
Anlauf *m (-ẹs; ⸚e) (Sport)* جَرْى (لِلْقَفْز)
~en *v/i. (L; sn)*: ~ gegen اِصْطَدَم ب
(Glas) وَرِمَ، تَكَدَّر (a) (الزُجَاج)
v/t. Hafen: رَسَا فِي (u)
anlegen *v/t.* وَضَعَ (على) (a)
Geld: وَظَّف المَال
Kleider: لَبِس (a)
Gärten usw.: أنْشَا الجَنَائِن
v/i. (am Ufer ~) رَسَا (u) (عَلى الشَطّ)
Anlegestelle *f* مَرْسَى
anlehnen *v/r.* اِرْتَكَن عَلى
v/t. Tür: وَارَب
Anleihe *f* قَرْض
anleit|en *(-e-)* هَدَى (i) أرْشَد،
~ung *f* اِرْشَاد، هِدَايَة
anmachen (an فى) ثَبّت
Feuer: آشْعَل النَار

Salat: (سَلَطَة) جَهَّز
anmalen دَهَن (i)
anmaß|en *v/r.* *(-ßt)* اِدَّعَى، اِغْتَصَب
~end مُتَعَجْرِف، مُدَّعٍ
∼ung *f* عَجْرَفَة، اِدِّعَاء
anmeld|en *(-e-)* أَبْلَغ البُولِيس بِالحُضُور
∼e-schein *m* *(-¢s; -e)* اِسْتِمَارة تَبْلِيغ
∼ung *f* تَبْلِيغ
anmerk|en لاَحَظ، كَتَب مُلاحَظة
∼ung *f* مُلاحَظَة
anmessen *(L)* قاسَ عَلى (i)
Anmut *f* *(O)* ظَرْف
∼ig ظَرِيف، أَنِيق
annähen خَاط (i)
annäher|n *(-re)* *v/r.* اِقْتَرَب
~nd تَقْرِيباً، تَقْرِيبِيّ
∼ung *f* اِقْتِراب
Annahme *f* قَبُول
(Hypothese) فَرْض
Kind: تَبَنٍّ
annehm|bar مَقْبُول
~en *(L)* *v/i.* تَبَنَّى، فَرَض (a) قَبِل (i)
v/r. (einer Sache) اِعْتَنَى؛ اِهْتَمّ
∼lichkeit *f* رَفَاهِيَة
A'node *f* *Elektr.* القُطْب المُوجَب
an-ord|nen *(-e-)* أَمَر، دَبَّر (u)
∼nung *f* تَدْبِير؛ أَمْر
anpass|en *(-ßt)* *v/t.* وَفَّق، كَيَّف
v/r. تطابَق، طَابَق
∼ung *f* مُطَابَقَة، تَكْيِيف
Anprall *m* *(-¢s; O)* تَصَادُم، تَلاحُم، تَلاطُم
anpreis|en *(L)* مَدَح (a) (تِجَارة)
∼ung *f* (تجارة) مَدْح
anraten *(L)* نَصَح ب (a)
anrechnen *(-e-)* قَيَّد على حِساب، (u) حَسَب على
Anrecht *n* *(-¢s; -e)*(auf فى)
حَقّ

Anred|e *f* مُخَاطَبَة
~en *(-e-)* خَاطَبَ
anreg|en (u) حَثَّ، اِقْتَرَحَ
~ung *f* حَثّ، اِقْتِرَاح
anrichten *(-e-)* جَهَّزَ، حَضَّرَ،
Unheil: أَحْدَثَ (ضَرَرًا)
Anruf *m (-es; -e)* نِدَاء، اِسْتِدْعَاء
Telefon: طَلَب (u)
~en *(L)* نَادَى، اِسْتَدْعَى
Telefon: تَلْفَنَ، (u) طَلَبَ
anrühren (i) لَمَسَ، (a) مَسَّ
Ansag|e *f* إِذَاعَة (راديو)، إِعْلَان، إِيذَان
~en أَذَاعَ، أَعْلَنَ، آذَنَ
Spiel: بَدَأَ الْمُنَادَاة فِي لَعِب الوَرَق
~er *m* مُعْلِن، مُذِيع، بَادِئ فِي لَعِب الوَرَق
ansässig مُقِيم
anschaff|en *v/t.* أَمَرَ (u)
v/r. اِشْتَرَى لِنَفْسِهِ
~ungskosten *pl.* مَصَارِيف الشِّرَاء

anschau|en *(j-n* إِلَى*)* نَظَرَ (u)
~lich وَاضِح
~ung *f* مُشَاهَدَة، تَصَوُّر، رَأْي
Anschein *m (-e̸s; O)* ظَاهِر، مَظْهَر
~end ظَاهِر، يَظْهَر أَنّ
Anschlag *m (-e̸s; ¨e)* إِعْلَان مُعَلَّق، ضَرْبَة، تَثْمِين تَقْرِيبِي
(auf) مُحَاوَلَة اِعْتِدَاء (عَلَى)
~brett *n (-e̸s; -er)* لَوْحَة إِعْلَانَات
~en *(L) v/t.* عَلَّقَ إِعْلَانًا
v/i. (zielen) auf صَوَّبَ عَلَى
~säule *f* عَمُود إِعْلَانَات
~zettel *m* وَرَقَة إِعْلَانَات
anschließen *(L) v/t.* أَضَافَ، أَلْحَقَ، وَصَّلَ
v/r. اِتَّصَلَ، اِنْضَمَّ
Anschluß *m (-sses; ¨sse)* إِلْحَاق، مُوَاصَلَة
Esb. مُوَاصَلَة (سِكَّة حَدِيد)

Gas usw.: (غَاز) اِيصَال
~dose *f* عُلْبَة وَصْل
~zug *m (-ẹs; ⸗e)* قِطَار مُوَاصَلة
anschmieren غَشّ(i)، خَدَع(a) لَوَّث، وَسَّخ
anschnallen رَبَط بِإِبْزِيم (i)
anschneiden *(L) Brot:* اَخَذ فِي قَطْع (u)
Thema: بَدَأ حَدِيثًا عن مَوْضُوع (a)
anschrauben ثَبَّت بِقَلَاوُوظ
ansehen *(L)* تَفَرَّج، نَظَر، شَاهَد (u)
für اَخَذ عَلَى اَنَّه (u)
⸗ *n (-s; O)* شُهْرَة
ansehnlich عَظِيم
anseilen رَبَط بِحَبْل (u)
ansetzen *(-t)* وَضَع فِي، (a) حَدَّد (مِيعَادًا)
⸗ *n* تَحْدِيد
Ansicht *f* رَأْى، وُجهَة نَظَر، مَنظَر
Hdl. zur ~ لِلْفُرْجَة

~s-(post)karte *f* تَذْكَرَة بَرِيد مُصَوَّرَة
ansied|eln *(-le) v/t.* اَسْكَن، *v/r.* اِسْتَعْمَر، اِسْتَوْطَن
⸗ler *m* مُسْتَعْمِر مُسْتَوْطِن
anspann|en شَدّ (i)، مَدّ (u)
Pferd: رَبَط الخَيْل (u)
fig. بَذَل (الجُهْد) (u)
⸗ung *f* مَجْهُود
anspiel|en *(auf* اِلى) لَمَّح
⸗ung *f fig.* تَلْمِيح
Ansporn *m (-s; O)* حَثّ
⸗en حَثّ (u)
Ansprache *f* خِطَابَة
~ halten اَلْقَى خِطَابَة
ansprechen *(L)* اَعْجَب سَرّ، خَاطَب (u)
~d سَارّ، مُعْجِب
Anspruch *m (-ẹs; ⸗e)* (auf فِى) اِدِّعَاء، حَق
Ansprüche machen طَالَب بِالكَثِير
⸗s-los قَنُوع

~s-voll كَثِير الطَّلَبات

Anstalt *f* مُؤَسَّسَة

~en treffen (لِ) اِسْتَعَدَّ

Anstand *m (-s; O)* صُعُوبَة، تَرَبُّص (صَيْد)، لِيَاقَة، حِشْمَة

~ nehmen (an) اِسْتَاء مِن

anständig مُحْتَشِم، مُدَقِّق لَائِق

Preis: مُنَاسِب (سِعْر)

~keit *f* لِيَاقَة

anstandslos بِلَا صُعُوبَة

anstarren بَحْلَقَ فِي

an'statt بَدَلاً مِن

ansteck|en *v/t.* شَبَّكَ (u)

Ring: لَبِسَ (خَاتَمًا) (a)

Med. أَعْدَى

~end مُعْدٍ

~ung *f* عَدْوَى

anstehen *(L) (ausstehen)*

auf Wild: تَرَبَّص *(Schlange stehen)* وَقَفَ فِي الصَّفّ (n)

j-m (passen) نَاسَبَ

~ lassen سَوَّف، أَخَّر

ansteigen *(L; sn)* اِرْتَفَعَ، صَعِدَ (a)

anstell|en *v/t. (j-n* شَخْصًا*)* اِسْتَخْدَمَ

Versuche: عَمِلَ تَجْرِبَة (a)

v/r. وَقَفَ فِي الصَّفّ (i)

~ig مَاهِر

~ung *f* اِسْتِخْدَام

anstift|en *(-e-) etw.:* سَبَّبَ

j-n: حَرَّضَ

~ung *f* تَحْرِيض

~er *m* مُحَرِّض

Anstoß *m (-es; ⸗e)* صَدْمَة

Fußball: أَوَّل رَفْسَة لِلكُرَة

~ nehmen (an) اِسْتَاء من

~ geben سَبَّبَ

Stein des ~es حَجَر عَثْرَة

~en *(L)* صَدَمَ (i)، خَبَطَ (i)

anstößig مُسِيء، مَعِيب

anstreichen *(L)* بَيَّضَ، دَهَنَ (i)

anstreng|en أَتْعَبَ، أَجْهَدَ

eine Klage gegen j-n ~en رَفَعَ دَعْوَى عَلى (a)

v/r. اَجْهَدَ نَفْسَهُ
~end مُتْعِب، مُجْهِد
~ung *f* اِجْهَاد
Anstrich *m (-es; -e)* بَيَاض، *fig.* مَظْهَر، دِهَان
Ansturm *m (-es; ⸗e) (auf eine Bank usw.)* زِحَام، هُجُوم على
anstürmen *(gegen)* هَجَم (u) (على)
ansuchen اِلْتَمَس
Anteil *m (-s; -e)* نَصِيب، حِصَّة
~ haben اِشْتَرَك فى
~ nehmen an etw. اِهْتَمّ بِ
~schein *m (-s; -e)* سَهْم
An'tenne *f Radio:* سِلْك هَوَائِى
an'tik قَدِيم
Antipa'thie *f* ثِقَل دَم
Anti'quar *m (-s; -e)* بَائِع كُتُب قَدِيمَة
Antiqui'tätenhändler *m* بَائِع آثَار قَدِيمَة

Antlitz *n (-es; -e)* وَجْه
Antrag *m (-es; ⸗e)* عَرْض، اِقْتِرَاح
~en *(L)* عَرَض، اِقْتَرَح (i)
antreffen *(L)* صَادَف، قَابَل
antreiben *(L) v/t.* دَفَع (a) *fig.* حَثّ
antreten *(L) v/t. fig. Reise:* بَدَأ (سَفَرًا) (a) *Stelle:* تَقَلّد (وَظِيفَة)
Antrieb *m (-es; -e)* مُحَرِّك، دَافِع، بَاعِث
Antritt *m (-s; O)* بَدْء تَقَلُّد (وَظَائِف)
antun *(L):* j-m Böses ~ اَسَاء
v/r. (etw.) أَسَاء، إِلى نَفْسِه، اِنْتَحَر
Antwort *f* (auf على) جَوَاب
~en *(-e-)* اَجَاب
anvertrauen *(–):* j-m etw. ~ اِئْتَمَن شَخْصًا على
anwachsen *(anhaften) (L)* تَأَصّل، اِلْتَحَم

Flüsse: اِرتَفَع (النَّهر)
fig. اِزْدَاد
Anwalt *m (-s; ⸚e)* مُحَامٍ
Anwärter *m (auf* ل*)* مُرَشَّح
anweis|en *(L)* أمر، (u) عَيَّن
حَوَّل (نُقُوداً)، أرْشَد
≈ung *f* تَعْيِين؛ إرْشَاد
Hdl. حَوَالَة بَرِيد، شِيك
anwend|en *(-e- od. L)* اِسْتَعْمَل، طَبَّق
≈ung *f* اِسْتِعْمَال، تَطْبِيق
anwesen|d حَاضِر
≈heit *f* حُضُور
anwidern *(-re)* قَرَّف
Anzahl *f* عَدَد، كَمِّيَّة
~ung *f* عَرْبُون
anzapfen (i) بَزَل (سَائِلاً)
Anzeichen *n* إشَارَة، عَلامَة، عَرَض (مَرَض)
anzeichnen *(-e-)* أشَّر، دَوَّن
Anzeig|e *f* إعْلَان، بَلَاغ
≈en أعْلَن، بَلَّغ
j-n: وَشَى بِ (i)

anzieh|en *(L)* جَذَب، (i) جَرّ (u)
Zügel: شَدّ (اللِجَام) (i)
Schraube: ثَبَّت (قَلاوُوظ)
Kleid: لَبِس (ثِيَاباً) (a)
v/i. (sn) Preise: اِرْتَفَعَت (أسْعَار)
~end جَذَّاب، فَاتِن
≈ung *f (O)* جَذْب
≈ungs-kraft *f (-; ⸚e)* جَاذِبِيَّة
Anzug *m (-ȼs; ⸚e) (Kleidung)* بَدْلَة، كِسْوَة
(Heer) اِقْتِرَاب (جَيْش)
(Herren≈) بَدْلَة رِجَال
anzüglich لَاذِع
anzünden *(-e-)* أوْقَد، وَلَّع
Apfel *m (-s; ⸚)* تُفَّاح
~'sine *f* بُرْتُقَال
Apo'theke *f* صَيْدَلِيَّة
~r *m* صَيْدَلِي
Appa'rat *m (-ȼs; -e)* آلة، عُدَّة، جِهَاز
Appella'tion *f* اِسْتِئْنَاف (قَضَاء)

Appe'tit *m (-s; O)* شَهِيَّة
~lich شَهِيّ، مُشَوِّق
Apri'kose *f* مِشْمِش
A'pril *m syr.* نِيسَان
äg. أَبْرِيل
Aqua'rell *n (-s; -e)* رَسْم، بِالألْوَان المَائِيَّة
Ä'quator *m (-s; O)* خَطّ الاِسْتِوَاء
Arab|er *m* عَرَبِي
~isch [a'ˈRaːbɪʃ] عَرَبِيّ
Arbeit *f* شُغْل، عَمَل
~en *(-e-)* اِشْتَغَل، عَمِل (a)
~er *m* عَامِل
~sam شَغَّال، مُجْتَهِد
~s-fähig صَالِح لِلْعَمَل
~s-lohn *m (-ęs; ⸗e)* أُجْرَة
~s-los بَطَّال، عَاطِل
~s-losen-unterstützung *f* مُرَتَّب بِطَالَة
~s-losigkeit *f* بِطَالَة، عَطَالَة
~s-unfähig غَيْر صَالِح العَمَل
Archäo'loge *m (-n)* عَالِم آثَار قَدِيمَة
Archi'tekt *m (-en)* مُهَنْدِس مِعْمَارِي
Ar'chiv *n (-ęs; -e)* مَحْفُوظَات
arg *(⸗er; ⸗st-)* رَدِيء
Ärger *m* غَضَب، كَدَر
~lich مُكَدِّر، مُغْضِب
(auf, über) غَضْبَان من
~n *(-re)* كَدَّرَ، أَغْضَب
v/r. (über) تَكَدَّر، غَضِب (a) (من)
Arg|list *f (O)* مَكْر
~los سَاذِج
~wohn *m (-s; O)* شُبْهَة
~wöhnen اِشْتَبَه فِي
~wöhnisch مُشْتَبِه فِي
Arie *f* أُغْنِيَة (فى الأوبرا)
Aristokra'tie *f* أَرِسْتُوقْرَاطِيَّة
Arith'metik *f* عِلْم الحِسَاب
arm *(⸗er; ⸗st-)* فَقِير، مِسْكِين

Arm *m (-s; -e)* ذِرَاع
Ar'mee *f* جَيْش
Ärmel *m* كُمّ
armselig مِسْكِين
Armut *f (O)* فَقْر
aro'matisch عِطْرِى، عَاطِر
Ar'rest *m (-s; -e)* حَبْس
Art *f* طَرْز، طَرِيقَة، نَوْع، صَنْف
Ar'terie *f* شِرْيَان
artig ظَرِيف، مُؤَدَّب
Ar'tikel *m* بِضَاعَة، مَادَّة، مَقَالَة، اَدَاة
Arti'schocke *f* خَرْشُوف
Arz'nei *f* دَوَاء
Arzt *m (-es; ⸚e)* طَبِيب
As *n (-ses; -se)* آس (وَرَق اللَعِب)
Asche *f* رَمَاد
~n-becher *m* مِنْفَضَة سَجَائِر
~r-mittwoch *m (-s; O)* اَرْبِعَاء الرَمَاد
As'ket *m (-en)*, **≈isch** زَاهِد
Assis'tent *m (-en)* مُسَاعِد
Ast *m (-es; ⸚e)* غُصْن، فَرْع
Astrono'mie *f* عِلْم الفَلَك
A'syl *n (-s; -e)* مَلْجَأ
fig. مَلَاذ
Ate'lier *n (-s; -s)* اِسْتُودْيُو، مَشْغَل، مَرْسَم
Atem *m (-s; O)* نَفَس
~ holen تَنَفَّس
~not *f (-; O)* ضِيق النَفَس
Äther *m* اَثِير
≈isch [ɛˈteːʀɪʃ] اَثِيرِى
Ath'let *m (-en)* رِيَاضِى
Atlas *m (-; -se od. -lanten)* اَطْلَس جُغْرَافِى
atmen *(-e-)* تَنَفَّس
Atmos'phäre *f* جَوّ
Atmung *f* تَنَفُّس
A'tom *n (-s; -e)* ذَرَّة
~wissenschaft *f* عِلْم الذَرَّات
~zertrümmerung *f* تَفْتِيت الذَرَّة

Attentat *n (-s; -e)* اِعْتِدَاء عَلَى

Attentäter *m* مُعْتَدٍ عَلَى

At'test *n (-ɇs; -e)* شَهَادَة

ätz|en *(-t)* (حَامِض) أَكَلَ (u)

Med. كَوَى (i)

～ung *f* أَكْل، كَيّ

auch أَيْضاً، كَذَلِك

Audienz [-ˈdĭɛnts] *f* مُقَابَلَة

auf *prp.* ب، إِلَى، نَحْو، عَلَى، فَوْق

～! قُمْ، اِصْحَ

～ daß *cj.* حَتَّى، لِكَيْ، كَيْ

aufarbeiten *(-e-)* خَلَّص العَمَل

aufatmen *(-e-)* تَنَفَّس، اِسْتَرَاح

Aufbau *m (-ɇs; -e od. -ten)* بِنَاء، اِنْشَاء، تَرْكيب

～en بَنَى، أَنْشَأَ (i)

aufbäumen شَبَّ (u) (الفَرَس)

v/r. fig. تَمَرَّد

aufbessern *(-re) Gehalt:* زَاد (المُرَتَّب) (i)

aufbewahren (—) حَفِظ، (a) اِحْتَفَظ

aufbieten *(L) Kräfte:* بَذَل الجُهْد (u)

Brautpaar: أَعْلَن عن (زَوَاج)

aufbläh|en نَفَخ (u)

～ung *f* نَفْخ

aufbleiben *(L)* سَهِر (a)

aufblenden *(-e-)* فَتَح (a) النُور

aufblühen اِزْدَهَر، أَفْلَح

aufbrauchen اِسْتَنْفَد، خَلَّص

aufbraus|en *(-t)* فَار (u)

fig. غَضِب (a)

～end سَرِيع الغَضَب

aufbrechen *(L) v/t.* حَطَّم، كَسَّر

v/i. (sn) اِنْكَسَر

(nach) سَار نَحْو (i)

aufbringen *(L) j-n* أَغْضَب

Mode: أَخْرَج (مُودَة)
Geld: أَحْضَر
Schiff: صَادَر (سَفِينَة)
Aufbruch *m (-¢s; ⁼e)* سَيْر، قِيَام
aufdecken كَشَف (i)
aufdrehen فَتَح، (a) فَكّ (u)
aufdringlich لَحُوح
Aufdruck *m (-¢s; -e)* بَصْمَة
aufein'ander بَعْد بَعْضِهِم، فَوْق بَعْضِهِم
~folgend مُتَعَاقِب، بِالتَعَاقُب
Aufenthalt *m (-¢s; -e)* إِقَامَة
Esb. وُقُوف
auferlegen (—) (j-m etw.) (i) فَرَض أَمْرًا عَلَى آخَر
auffahr|en *(L; sn)* صَعَد، (a) فَزّ (i)
Schiff: اِرْتَطَمَت السَّفِينَة
~t *f Bgb.* صُعُود, *eines Hauses:* مَدْخَل السَّيَّارَات

auffall|en *(L; sn) v/i.* (auf) سَقَط على (u)
fig. أَلْفَت النَظَر
~end مُلْفِت للنَظَر
auffangen *(L)* تَلَقَّى
auffass|en *(-ßt) fig.* أَدْرَك، فَهِم (a)
~ung *f* اِدْرَاك
auffinden *(L)* وَجَد (i)
aufford|ern *(-re)* دَعَا، (u) طَلَب من (u)
~erung *f* دَعْوَة
jur. اِسْتِدْعَاء
aufführ|en *Bau:* بَنَى، (i) شَيَّد
Schauspiel: مَثَّل
Zeugen: قَدَّم (شُهُودًا)
v/r. سَلَك (u)
~ung *f* بِنَاء، تَشْيِيد، تَمْثِيل، سُلُوك
Aufgabe *f* عَمَل، وَاجِب، تَرْك
Brief: تَسْلِيم
Gepäck: تَسْجِيل (طُرُود)

Aufgang *m (-ɇs; ⁼e)* مَطْلَع
Stern: شُرُوق
aufgeben *(L)* تَرَك (u)
Amt: اِسْتَقَال
Brief: سَلَّم
Gepäck: سَجَّل
Telegramm: أَرْسَل
Post: أَبْرَد، سَلَّم إِلَى البَرِيد
Rätsel usw.: أَعْطَى
Aufgebot *n (-ɇs; -e)* إِعْلَان عَامّ
(Ehe∼) اِعْلَان (زَوَاج)
aufgebracht *(über)* غَضْبَان مِن
aufgehen *(L; sn)* طَلَع (a)، أَشْرَق، اِنْفَكّ، اِنْفَتَح، اِنْحَلّ
mir geht ein Licht auf تَنَوَّرْتُ
aufgeklärt مُطَّلِع، مُسْتَنِير
aufgelegt (zu) لَه مِزَاج إِلَى
Aufgeld *n (-ɇs; -er)* عُمُولَة
aufgeweckt نَبِيه، يَقِظ

aufgießen *(L) (auf)* صَبّ عَلَى (u)
Tee: نَقَع (a)
Aufguß *m (-sses; ⁼sse)* نُقَاعَة
aufhaben *(L) Hut:* لَبِس قُبَّعَة (a)
aufhalten *(L) v/t. (stoppen)* أَوْقَف؛ *j-n od. etw. (zum Bleiben)* أَخَّر، أَبْقَى
v/r. أَقَام، مَكَث (u)
(über) شَكَا مِن (u)
aufhängen *(L)* شَنَق (u)، عَلَّق
aufhäufen كَوَّم
aufheben *(L)* حَفِظ (a)
v/r. رَفَع (a)
Verträge: أَلْغَى (اِتِّفَاقًا)
v/r. تَعَادَل
Aufhebung *f* رَفْع، إِلْغَاء
aufheitern *(-re)* أَبْهَج، شَرَح صَدْرَهُ (a)
v/r. (Wetter) صَفَا(الجَوّ) (u)
aufhelfen *(L)* عَاوَن عَلَى القِيَام

aufhellen آبَان، أَضَاء
v/r. *(Wetter)* صَفَا (u)
aufhetz|en *(-t)* *j-n* آغْرَى
~ung *f* إِغْرَاء
aufhören بَطَلَ، اِنْقَطَعَ، كَفَّ عن (u) زَالَ، تَوَقَّف (u)
aufklären آبَان، آوْضَح
j-n آنَار
Aufklärung *f* بَيَان، إِيضَاح، تَنْوِير
aufkleben آصَق (i)
aufknöpfen فَكَّ الأَزْرَار (u)
aufkommen *(L; sn)* قَام(u)
طَلَع (a) ، ظَهَر (a)
für تَحَمَّل، تَكَفَّل
~ *n* اِسْتِعَادة صِحَّة، قِيَام مِن مَرَض
Auflage *f* *(Steuer)* ضَرِيبَة
Buch: طَبْعَة
auflass|en *(L)* أَبْقَى مَفْتُوحاً، تَرَك (u)
~ung *f* تَرْك
Auflauf *m* *(-es; ⸗e)* تَجَمْهُر، زِحَام

~en *(L; sn)* اِرْتَفَع، تَوَرَّم
Geld: تَجَمَّع
Schiff: (السَّفِينَة) جَنَحَت
auflegen وَضَع (a) ، طَبَع (a)
auflehn|en *v/r.* *fig.* (gegen) عَصَى، قَاوَم (a)
~ung *f* عِصْيَان، مُقَاوَمة
auflesen *(L)* اِلْتَقَط، جَمَع (a)
auflös|bar قَابِل للتَحْلِيل
~en *(-t)* حَلَّ (i) ، ذَوَّب
Versammlung: (اِجْتِمَاعاً) فَضَّ (u)
Ehe, Vertrag: فَسَخ (a)
~ung *f* فَضّ، فَسْخ، حَلّ
aufmachen *v/t.* حَلَّ (i) ، فَتَح (a) *v/r.* قَام (u)
aufmerksam (auf إِلى) مُنْتَبِه
j-n ~ machen نَبَّه
~keit *f* اِنْتِبَاه
Aufnahme *f* اِسْتِقْبَال
اِقْتِرَاض
(Photo) تَصْوِير، اِلْتِقَاط صُوَر

(Schallplatte) تَسْجِيل
(Protokoll) تَحْرِير (مَحْضَر)
aufnehmen *(L)* أَخَذ، (u)
قَبِل (a)
Gäste: اِسْتَقْبَل
Geld: اِقْتَرَض
(fotografieren) صَوَّر
Schallplatte: سَجَّل
(أُسْطُوَانَة)
aufopfern *(-re)* ضَحَّى
aufpass|en *(-ßt)* (auf)
اِحْتَرَس مِن، اِلْتَفَت
اِلَى، اِنْتَبَه إلى
≈er *m* رَقِيب
aufpumpen نَفَخ (u)
(بِالْمِنْفَاخ)
aufräumen رَتَّب، نَظَّم
aufrecht مُسْتَقِيم، مُنْتَصِب
~erhalten تَمَسَّك ب، أَيَّد
≈erhaltung *f* تأييد، تَمَسُّك
aufreg|en أَثَار، هَيَّج
≈ung *f* تَهَيُّج
aufreiben *(L)* أَنْهَك
~d مُنْهِك
aufreihen نَظَّم، صَفَّف
aufreißen *(L)* فَتَح (a)
بِقُوَّة، (i) مَزَع
aufricht|en *(-e-)* قَوَّم،
نَصَب (u)
fig. (trösten) عَزَّى, وَاسَى
~ig صَادِق، مُخْلِص
aufriegeln *(-le)* رَفَع (a)
المِزْلَاج
Aufruf *m* *(-¢s; -e)* دَعْوَة،
نِدَاء
≈en *(L)* دَعَا، نَادَى (u)
Aufruhr *m* *(-s; -e)* تَمَرُّد،
عِصْيَان
aufrühr|en أَثَار، هَيَّج
≈er *m* ، مُتَمَرِّد، عَاصٍ
ثَائِر
aufsagen *v/i.* أَنْشَد، أَلْقَى
v/t. Dienst: اِعْتَزَل الخِدْمَة
aufsässig عَاصٍ ، مُتَمَرِّد
Aufsatz *m* *(-¢s; ⸗e)* *Zeitung:* مَقَالَة
Schule: اِنْشَاء
Tafel: حِلْيَة المَوَائِد

aufschieben *(L) fig.* أجّل
Aufschlag *m (-ẹs;⸗e) (Preis)* زِيادَة، إضافَة
Rock: حاشِيَة الثَّوْب
⁓en *(L) v/t. Zelt:* نَصَب (u) (خَيْمَة)
Buch: فَتَح (a)
Preise: أضافَ للسِعْر
Aufschläger *m* بادِئ اللَعِب (تِنِيس)
Aufschluß *m (-sses; ⸗sse)* *fig.* إيضاح، بَيان
aufschnallen حَلّ إبْزِيم، (i) رَبَط بِإبْزِيم (u)
aufschneiden *(L)* قَطَّع، *fig.* قَصّ، بالَغ، فاخَر (u)
Aufschnitt *m (-ẹs; O)* شَرِيحَة لَحْم بارِد
aufschreiben *(L)* كَتَب (u)
Aufschrift *f* عُنْوان، كِتابَة
Aufschub *m (-s; O)* تأْجِيل
aufschwellen *(L; sn)* تَوَرَّم
Aufschwung *m (-ẹs; ⸗e)* تَقَدُّم، نَجاح، نَهْضَة

aufseh|en *(L)* رَفَع النَظَر (a) عن
⁓en *n (O)* اِهْتِمام
⁓er *m* مُراقِب، مُفَتِّش، ناظِر
aufsein *(L)* قام مِن النَوْم، (u) صَحَى (a)
aufsetzen *(-t)* وَضَع (a)
Hut: لَبِس (قُبَّعَة) (a)
Schrift: ألَّف
Aufsicht *f* تَفْتِيش، مُراقَبَة
aufsitzen *(L)* رَكِب (a)
aufspringen *(L; sn)* قَفَز (i) الى، (i) فَزّ
Tür: اِنْفَتَح
Haut: تَشَقَّق (الجِلْد)
aufstacheln *(-le)* حَثّ (u)
aufstechen *(L)* غَزّ، (i) شَكّ (u)
aufstehen *(L; sn)* قام، (u)
(gegen) تَمَرَّد عَلى
aufsteigen *(L; sn)* صَعَد، (a) طَلَع (a)
Flgw. اِرْتَفَع
aufstellen نَصَب، (u) وَضَع (a)

Rechnung: (a)وَضَع (حِسَابًا)
Regel: (a) وَضَع (قَاعِدَة)
Kandidat: رَشَّح
Aufstieg *m (-¢s; -e)* صُعُود، طُلُوع، مَطْلَع
fig. اِرْتِفَاع
aufstoßen *(L) v/t.* (a) دَفَع
v/i. تَجَشَّأ
aufstreichen *(L) Butter:* (u) دَهَن (زُبْدَة)
aufstreuen *Sand:* (u) ذَرّ (الرَمْل)
aufstützen *(-t) v/t.* (i) سَنَد
v/r. اِستَنَد
aufsuchen (a) بَحَث عَن
j-n (u) زَار
auftauchen *(sn)* (u) طَفَا، ظَهَر (a)
Auftrag *m (-es; ⸚e)* تَكْلِيف، أَمْر
jur. تَوْكِيل
Hdl. تَوْصِيَة
∼en *(L)* (u) أَمَر (u)، كَلَّف
Speise: قَدَّم (أَكْلاً)

dick ∼ بَالَغ
auftreiben *(L)* (u) نَفَخ
Geld: (u) حَصَل عَلى
Staub: أَثَار الغُبَار
auftreten *(L; sn)* (u) خَطَا، ظَهَر (a) بَدَا (u)
∼ *n* سُلُوك، ظُهُور
Auftritt *m (-¢s; -e)* مَشْهَد،
(Streit) مُشَاجَرَة
(Theater) مَشْهَد فى رِوَايَة
aufwachen *(sn)* اِسْتَيْقَظ
aufwachsen *(L; sn)* (u)كَبُر، نَشَأ (a)
Aufwand *m (-¢s; ⸚e)* مَصْرُوف، كُلْفَة
aufwarten *(-e-)* (i) خَدَم، قَدَّم
aufwärts نَحْو العُلَى، صَاعِداً
auf|wecken أَيْقَظ
∼weichen لَيَّن، أَلَان
∼wenden *(-e-)* (i) صَرَف
Mühe: (u) بَذَل (الجُهْد)
∼werfen *(L) Frage:* أَلْقَى سُؤَالاً

Graben: حَفَر (u)
~wickeln *(-le)* لَفّ (i)
~wiegeln *(-le)* هَيَّج، أَثَار
~wiegen *(L)* وَازَن
fig. عَادَل
~winden *(L)* لَفّ (u)
aufzähl|en عَدَّد
~ung *f* تَعْدِيد
aufzehr|en اِستَهْلَك
~ung *f* اِسْتِهْلَاك
aufzeich|nen *(-e-)* رَسَم (i)
~nungen *f/pl.* **machen** دَوَّن، سَجَّل
aufziehen *(L)* *v/t.* سَحَب (a)
Anker, Flagge: رَفَع (a)
Kind: رَبَّى
Uhr: مَلَأ (a)
v/i. *(sn)* *(Gewitter)* اِقْتَرَبَتْ العَاصِفَة
Aufzug *m* *(-ѕ; ⸚e)* اِحْتِفَال
Techn. مِصْعَد
(Anzug) زِيّ
aufzwingen أَجْبَرَ عَلَى
Aug|apfel *m* *(-s; ⸚)* حَدَقَة العَيْن
~e *n* *(-s; -n)* عَيْن
im ~ behalten أَبْقَى (u) فِي الذَّاكِرَة
aus den ~n verlieren اِخْتَفَى عَن النَّظَر
~en-arzt *m* *(-es; ⸚e)* طَبِيب عُيُون
~en-blick *m* *(-ѕs; -e)* لَحْظَة
~en-blicklich حَالاً، فِي لَمْح البَصَر
~en-braue *f* حَاجِب العَيْن
~en-entzündung *f* رَمَد، اِلْتِهَاب العَيْن
~en-klinik *f* قِسم الرَّمَد
~en-licht *n* *(-ѕs; O)* بَصَر
~en-lid *n* *(-ѕs; -er)* جَفْن
~en-maß *n* *(-es; O)* تَقْدِير نَظَرِي
~en-merk *n* *(-s; O)* اِنْتِبَاه
~en-nerv *m* *(-s; -en)* عَصَب بَصَرِي

~**en-schein** *m (-s; O)* مَظْهَر، مُعَايَنَة

≈**en-scheinlich** ظَاهِر

~**en-wimper** *f (-; -n)* رِمْش، هُدْب

~**en-zeuge** *m (-n)* شَاهِد رُؤْيَة

Au'gust *m syr.* آب
äg. اَغُسْطُس

Auktion [aʊk'tsĭoːn] *f* مَزَاد

aus *prp.* مِن، خَارِج
adv. اِنْتَهَى، خَلَاص

aus-arbeit|en *(-e-)* اَتْقَن، أَنْجَز

≈**ung** *f* اِنْجَاز، اِتْقَان

aus-arten *(-e-; sn)* حَاد (u) عَن، فَسَد (a) (شَخْص)

Ausbau *m (-ȼs; -e)* اِتْمَام البِنَاء

≈**en** اَتَمّ البِنَاء

ausbess|ern *(-re)* اَصْلَح

≈**erung** *f* اِصْلَاح

Ausbeut|e *f (O)* مَكْسَب، مَنْفَعَة، اسْتِغْلَال

≈**en** *(-e-)* اِسْتَغَلّ

~**ung** *f* اِسْتِغْلَال

ausbild|en *(-e-)* عَلّم، مَرّن

≈**ung** *f* تَعْلِيم, تَمْرِين

ausbitten *(L) v/r.* اِلْتَمَس

ausbleiben *(L; sn)* تَغَيّب

≈ *n* تَغَيُّب

Ausblick *m (-ȼs; -e)* مَنْظَر

ausbrechen *(L) v/t.* كَسَر (a)
v/i. (sn) فَرّ (i)، هَرَب (a)، نَشَبَ (a)، شَبّ (i) (نَار)

ausbreit|en *(-e-) v/t.* فَرَش (u)، مَدّ (u)، نَشَر (u)
v/r. اِمْتَدّ، اِنْتَشَر

≈**ung** *f* اِمْتِدَاد، اِنْتِشَار

Ausbruch *m (-ȼs; ⸗e) (Eruption)* اِنْفِجَار
Krieg: نُشُوب
Krankheit: ظُهُور (مَرَض)

ausbürsten *(-e-)* فَرّش،

Ausdauer *f (O)* مُثَابَرَة

≈**n** *(-re)* ثَابَر

≈**nd** مُثَابِر

ausdehn|en *v/t.* مَدّ (u)

v/r. اِمْتَدَّ

~ung *f* اِمْتِدَاد

aus|denken *(L)* تَصَوَّر

~dörren جَفَّف

~drehen أَقْفَل

Ausdruck *m (-ℯs; ⸚e)*
اِصْطِلَاح، تَعْبِير

ausdrück|en عَصَر (i)

fig. عَبَّر

~lich وَاضِح، صَرِيح

ausdrucks|los غَيْر مُعَبِّر

~voll صَرِيح، مُعَبِّر

ausein'ander مُتَبَاعِد

ausein'ander|gehen *(L; sn)*
اِفْتَرَق

~nehmen *(L)* حَلّ (i)،
فَكّ (u)

ausein'andersetz|en *(-t)*
فَسَّر

~ung *f* جِدَال، نِزَاع

aus-erlesen *(L;)* اِخْتَار،

adj. مُخْتَار

Ausfahrt *f* مَخْرَج، خُرُوج
(لِلسَّيَّارَات)

Ausfall *m (-ℯs; ⸚e)* سُقُوط،
تَعَطُّل، هَجْمَة

~en *(L)* تَعَطَّل

(schlecht) خَاب (i)

(gut) نَجَح (a)

~end تَهَجُّمِي

ausfertig|en *Dokument:*
حَرَّر (مُسْتَنَدًا)

~ung *f* تَحْرِير،

aus|fliegen *(L; sn)* طَار (i)

~fließen *(L; sn)* سَال (i)

Ausflucht *f (-; ⸚e)* تَهَرُّب

Ausflug *m (-ℯs; ⸚e)* رِحْلَة

Ausfluß *m (-sses; ⸚sse)*
مَصَبّ، سَيَلَان *(Med.)*

aus|forschen تَحَرَّى،
اِسْتَقْصَى

~fragen اِسْتَجْوَب،
سَأَل (a)

Ausfuhr *f* تَصْدِير

ausführ|bar *Plan:* مُمْكِن
تَنْفِيذ

~en عَمِل (a)، أَنْجَز،
نَفَّذ

(exportieren) صَدَّر
~lich مُفَصَّل
≈ung *f* تَنْفِيذ، إِنْجَاز، تَوْضِيح
ausfüllen مَلَأَ (a)
Aus|gabe *f Post:* تَسْلِيم
(Buch) طَبْعَة
Geld: مَصْرُوف
Papiergeld: إصْدَار (سَنَدَات مَالِيَّة)
~gang *m (-ẹs; ⸚e)* خُرُوج، مَخْرَج
ausgeben *(L) Geld:* صَرَف (i)
Aktien: اَصْدَر (سَنَدَات)
Post: سَلَّم
ausgebombt مَضْرُوب بِالقَنَابِل
ausgehen *(L)* خَرَج (u)
ihm ging das Geld aus نَفَدَت نُقُوده
(Farbe) بَهِت اللَوْن (a)
(Haar) سَقَط (الشَعْر)
(Licht) اِنْطَفَأ (النُور)
ausge|lassen لَعُوب
~nommen سِوَى، اِلَّا، عَدَا، مَا عَدَا
~sucht [-u:] مُخْتَار
~zeichnet فَاخِر، مُمْتَاز
ausgiebig وَافِر
Ausgleich *m (-s; O)* مُصَالَحة، مُقَاصَّة
(Spiel) تَعَادُل
≈en *(L)* صَالَح، سَوَّى
Hdl. قَاصّ، وَازَن
Streit: سَوَّى (النِزَاع)
ausgleiten *(L; sn)* اِنْزَلَق
Ausgrabungen *f/pl. äg.* تَنْقِيبَات *ir.* حَفْرِيَّات
Ausguß *m (-sses; ⸚sse)* بَالُوعَة
aus|halten *(L) v/t.* تَحَمَّل، صَبَر عَلَى (i)
fig. دَام، اِسْتَمَرّ (u)
~händigen سَلَّم
~hauchen اَخْرَج النَفَس، زَفَر (i)
~heben *(L)* أَخْرَج، حَفَر (i)، رَفَع مِن (a)

Truppen: فَرَزَ اِلتَجْنِيد (i)

Aushilfe *f* مُعَاوَنَة

aus|höhlen جَوَّف

~holen تَحَرَّى

(gegen) رَفَعَ اليَدَ عَلَى (a)

~horchen جَسَّ (u)

~hungern *(-re)* جَوَّع

~husten *(-e-)* تَنَخَّم

~kennen *(L) v/r.* عَرَفَ (a)

~kleiden *(-e-)* خَلَعَ (a) الثِّيَاب

ausklopf|en (التُّرَاب) نَفَضَ (u)

∼er *m* مِنْفَضَة سَجَاجِيد

auskommen *(L; sn)* (mit ب)

فَرَّ، اِكْتَفَى (i)

~ mit j-m اِنْسَجَمَ مع

∼ *n (O)* كِفَايَة

auskundschaften *(-e-)*

تَجَسَّس

Auskunft *f (-; ∸e)* اِسْتِعْلَام

~ei [aʊskʊnf'taɪ] *f*

مَكْتَب اِسْتِعْلَامات

aus|lachen سَخَرَ مِن، (u)

ضَحِكَ عَلَى (a)

~laden *(L)* أَنْزَلَ

الحِمْل

Auslage *f* مَصْرُوف، شُبَّاك

الدَّكَاكِين

Ausland *n (-ęs; O)* الخَارِج،

خَارِج البِلَاد

Ausländ|er *m* أَجْنَبِي

∼isch أَجْنَبِي

auslass|en *(L)*

allg. تَرَكَ، أَطْلَقَ (u)

Wort: حَذَفَ (i)

Zorn: صَبَّ (u)

Wasser: أَفْرَغ

v/r. über بَيَّنَ فِكْرَةً فِي

∼ung *f* تَرْك، حَذْف

aus|laufen *(L; sn)*

تَسَرَّب

Mar. (السَفِينَة) أَبْحَرَت

~leeren أَخْلَى، أَفْرَغ

ausleg|en دَفَعَ (النَقْد)، (a)

عَرَضَ، فَسَّر (i)

∼ung *f* تَفْسِير

ausleihen *(L)* أَعَار، أَقْرَض

نُقُودًا

Auslese *f (O)* اِخْتِيَار
fig. خِيَرَة
auslief|ern *(-re)* سَلَّمَ
~erung *f* تَسْلِيم، تَوْزِيع
auslöschen *v/t.* أَطْفَأَ
Schrift: مَحَا (u) ، طَمَسَ (i)
v/i. اِنْطَفَأَ
auslös|en *(-t)* اِفْتَدَى،
فَكَّ (u)
~ung *f* اِفْتِدَاء، فَكّ
ausmachen *(verabreden)*
اِتَّفَقَ على *Feuer:* أَطْفَأَ
es macht nichts aus
لاَيَفْرُق
Ausmaß *n (-es; -e)* مَقَاس،
حَجْم
ausmerzen *(-t)* اِسْتَأْصَلَ
Ausnahm|e *f* اِسْتِثْنَاء
~s-weise بِصِفَة اِسْتِثْنَائِيَّة
ausnehmen *(L)* اِسْتَثْنَى
~d عَظِيم، جِدًّا
ausnütz|en *(-t)* اِسْتَغَلَّ،
اِسْتَفَاد
~ung *f* اِسْتِفَادة، اِسْتِغْلال

aus|packen حَلَّ، أَفْرَغَ (i)
حَقِيبَة
~pressen *(-ßt)* عَصَرَ (i)
Auspuff *m (-ɇs; -e)* تَفْرِيغ
العَادِم
~gas *n (-es; -e)* غَاز عَادِم
~klappe *f* صِمَام تَفْرِيغ
العَادِم
~rohr *n (-es; -e)* أُنْبُوب
العَادِم
aus|radieren (—) مَحَا (u)
~rangieren (—) [-ʀaŋʒiː-]
أَبْعَدَ عن
ausrechnen *(-e-)* حَسَبَ (i)
Ausred|e *f* تَعَلُّل، تَعِلَّة
~en *(-e-)* *v/i.* j-m etw.
أَغْرَى بالعُدُول عن *(zu Ende sprechen)* خَتَمَ (u)
الحَدِيث
v/r. *(Ausflüchte machen)*
تَعَلَّلَ
aus|reichen كَفَى (i)
~reißen *(L)* *v/t.* اِقْتَلَعَ،
اِنْتَزَعَ

Haar: اِقْتَلَع الشَّعْر (i)
v/i. (sn) هَرَب (a)
~renken فَسَخ (a)، مَلَخ (a)
~richten *(-e-)* عَدَّل
Botschaft: بَلَّغ
er hat nichts ausgerichtet لَم يُفْلِح
ausrott|en *(-e-)* أَبَاد
~ung *f* إِبَادَة
Ausruf *m (-¢s; -e)* نِدَاء
~en *(L) v/i.* نَادَى *v/t.* بَايَع
~ung *f* مُبَايَعَة
ausruhen اِسْتَرَاح
ausrüsten *(-e-)* جَهَّز
Aussaat *f* بَذْر
aussäen بَذَر (a)
Aussag|e *f* شَهَادَة، تَقْرِير
~en شَهِد (a)، قَرَّر
Aussatz *m (-es; 0) Med.* بَرَص
aus|saugen اِمْتَصّ
fig. اِسْتَغَلّ
~schalten *(-e-)* أَقْفَل
ausscheid|en *(L)* اِسْتَبْعَد
Med. أَفْرَز
~ung *f* اِسْتِبْعَاد، إِفْرَاز
~ungs-kampf *m (-es; ⸚e)* مُسَابَقَة نِهَائِيَّة
aus|schiffen أَنْزَل عَلى البَرّ
~schimpfen ذَمّ (u)، شَتَم (i)
Ausschlag *m (-¢s; ⸚e) Med.* طَفْح
Waage: رُجْحَان
~ geben جَزَم، رَجَّح (i)
~gebend قَاطِع، جَازِم
~en *(L) v/t.* رَفَض (u)
v/i. Pferd: رَفَس (u)
Waage: تَرَجَّح
ausschließ|en *(L)* طَرَد (u)
Sport: اِسْتَبْعَد
~lich دُون، مَا عَدَا
~ung *f* اِسْتِبْعَاد، طَرْد
Ausschnitt *m (-¢s; -e)* تَقْوِيرَة *Kleid:* قَطْع، جُزْء
ausschreib|en *(L)* أَعْلَن عَن وَظِيفَة
~ung *f* مُنَاقَصَة
Ausschuß *m (-sses; ⸚sse)* نُفَايَة، لَجْنَة

ausschütten *(-e-)* سَكَبَ (u)
Hdl. وَزَّعَ الأَرْبَاح

ausschweif|en أَطَالَ، شَطَّ (u)

~end *fig.* فَاسِق

~ung *f* إِطَالَة، فِسْق

ausschwitzen *(-t)* رَشَحَ (a)، عَرَقَ (a)

aussehen *v/i.* ظَهَرَ (a)، بَدَا (u)
es sieht schlimm mit ihm aus يَبْدُو أَنَّ حَالَتَهُ سَيِّئَة

~ *n* مَظْهَر

außen فِي الخَارِج

Außen|handel *m* تِجَارَة خَارِجِيَّة

~ministerium *n (-s; -ien)* وِزَارَة الخَارِجِيَّة

~stände *pl.* دُيُون مَطْلُوبة

außer بِدُون، سِوَى، عَدَا
~ daß إِلَّا أَنَّ
~ wenn إِلَّا إِذَا

~dem فَوْقَ ذَلِك

äußere|(r, s) *adj.* خَارِجِي، ظَاهِرِي

~ *n (-n; O)* مَظْهَر خَارِجِي

außer|gewöhnlich خَارِق لِلعَادَة، غَيْر إِعْتِيَادِي

~halb خَارِج

äußerlich خَارِجِي
fig. سَطْحِي

~keit *f* ظَاهِر
fig. سَطْحِيَّة

äußern *(-re)* قَال (u)، عَبَّر، لَفَظ (i)

außer-ordentlich خَارِق لِلعَادَة، جِدًّا

äußerst أَقْصَى
fig. لِأَقْصَى دَرَجَة

außer'stande غَيْر جَدِير، غَيْر قَادِر

Äußerung *f* تَعْبِير، لَفْظ

aussetzen *(-t) v/t. Kind:* أَهْمَل، عَرَّض، تَرَك (u)
Belohnung: عَيَّن
Arbeit: أَوْقَف
Zahlung: أَوْقَف

v/i. اِنْقَطَعَ، تَعَطَّلَ، تَوَقَّفَ
sich einer Gefahr ~ تَعَرَّضَ لِلخَطَر
Aussicht *f* أَمَل، مَنْظَر
~s-los بِدُون أَمَل
~s-turm *m (-es; ⸚e)* مَرْصَد
aussöhn|en صَالَحَ، وَفَّقَ بَيْنَ
~ung *f* تَوْفِيق، مُصَالَحَة
aus|spannen *v/t.* حَلَّ، (i) فَكَّ (u)
v/i. fig. اِرْتَاحَ
~sperren مَنَعَ مِن دُخُول (a)
~sperrung *f* إِغْلَاق
~spielen *Karte:* بَدَأَ (a) اللَعِب
ausspionieren (—) جَسَّ (u)
Aus|sprache *f* لَفْظ، نُطْق، مُفَاوَضَة
~sprechen *(L)* نَطَقَ (u)، تَلَفَّظ
aussprengen *Gerüchte:* أَذَاعَ
Ausspruch *m (-es; ⸚e)* حِكْمَة، قَوْل
ausspülen غَسَلَ (i)
ausstaffieren (—) جَهَّزَ
Ausstand *m (-es; ⸚e)* اِضْرَاب
ausständig بَاقٍ، نَاقِص، مَطْلُوب
ausstatt|en *(-e-)* جَهَّزَ
Braut: جَهَّزَ العَرُوس
~ung *f* جِهَاز
aus|stehen *(L)* بَقِيَ (a)، تَحَمَّلَ
~steigen *(L; sn)* نَزَلَ مِن (i)
ausstell|en عَرَضَ (i)
Dokument: أَصْدَرَ
~er *m* عَارِض
~ung *f* مَعْرَض
aussterben *(L; sn)* اِنْقَرَضَ
Aussteuer *f (-; -n)* جِهَاز العَرُوس
aus|stopfen حَشَا (u)
~stoßen *(L)* طَرَدَ (u)، دَفَعَ (a)، أَخْرَجَ
ausstrahl|en أَشَعَّ
~ung *f* اِشْعَاع

aus|streuen *Blumen etc.:* نَشَر (u)
Gerüchte: أَذَاع، أَشَاع
بَثّ (u)
~strömen *v/i. (sn)* اِنْبَعَث،
فَاح، اِنْبَثَق (u)
~suchen اِخْتَار
Austausch *m (-es; O)*
تَبَادُل، مُبَادَلَة
2en بَادَل، تَبَادَل
austeil|en وَزَّع
2ung تَوْزِيع
austragen *(L)* وَزَّع (i)
Spiel: قام ب (u)
Kampf: قَام ب (u)
austreiben *(L)* طَرَد (u)
austreten *(L; sn)* بَرَز، (u)
خَرَج، (i) فَاض (u)
Austritt *m* خُرُوج
Fluß (Überschwemmung):
فَيَضَان
austrocknen *(-e-) v/t.* جَفَّف
v/i. (sn) جَفّ (i)
ausüb|en اِسْتَعْمَل
Beruf: مَارَس
~ende Gewalt سُلْطَة تَنْفِيذِيّة
2ung *f* اِسْتِعْمَال، مُمَارَسَة
Ausverkauf *m (-ęs; ⸗e)*
بَيْع تَصْفِيَة
Auswahl *f* اِخْتِيَار
Hdl. تَشْكِيلَة بَضَائِع
auswählen اِخْتَار
auswand|ern *(-re)* هَاجَر
2erung *f* هِجْرَة
auswärt|ig أَجْنَبِيّ، خَارِجِيّ
~s فِي الخَارِج
auswaschen *(L)* غَسَل (i)
Ausweg *m (-ęs; -e) fig.*
مَخْرَج، مَفَرّ
ausweich|en *(L; sn)* حَاد، (i)
تَجَنَّب، تَنَحَّى
fig. تَهَرَّب
~end تَهَرُّبِيّ، تَهَرُّبًا
Ausweis *m (-ęs; -e)*
(Bank2) بَيَان
(Personal2) بِطَاقَة شَخْصِيّة
بِطَاقَة إِثْبَات الشَخْصِيّة

≈en *(L)* نَفَى (i) طَرَدَ، (u)
أَخْرَجَ مِن البِلاد
v/r. أَثْبَتَ شَخْصِيَّتَه
~ung *f* طَرْد، نَفْي مِن البِلاد
auswendig ظَاهِري، خَارِجي
fig. غَيْباً، عَن ظَهْر القَلْب
aus|werfen *(L)* أَلْقَى
Med. تَنَخَّم
~wickeln *(-le)* فَكّ (u)
~wischen مَسَح (a) مَحَا، (u)
Aus|wuchs *m (-es; ⸗e)*
بُرُوز
~wurf *m (-s; ⸗e) Med.*
نُخَامَة
aus|zahlen دَفَع (نُقُودًا) (a)
~zählen عَدّ (u)، حَصَر (i)
auszehr|en هَزَّل
≈ung *f* سُلّ
auszeich|nen *(-e-) v/t.* مَيَّز
v/r. اِمْتَاز
≈nung *f* اِمْتِيَاز
ausziehen *(L) v/t.* اِسْتَخْرَج
Kleid: خَلَع (a)
v/r. خَلَع ثِيَابه (a)
v/i. (sn) Wohnung: اِنْتَقَل
مِن مَسْكَن، (u) هَجَر
Auszug *m (-ɇs; ⸗e)* اِنْتِقَال
(Buch≈) مُلَخَّص
(Konto≈) مُسْتَخْرَج
حِسَاب جَارٍ
(Ausmarsch) خُرُوج
au'thentisch رَسْمِي، صَحِيح
Auto *n (-s; -s)* سَيَّارة
~ fahren *(L; sn)* سَاق (u)
~bus *m (-ses; -se)* أُوتُوبِيس
~droschke *f* سَيَّارَة أُجْرَة
~fahrer *m* سَوَّاق سَيَّارَة
~garage *f* جَرَاج
Auto'mat *m (-en)* مَكِينَة
آلِيَّة
Autor *m (-en)* مُؤَلِّف
≈i'sieren (—) صَرَّح
~i'tät *f* سُلْطَة، حُجَّة
A'vis *n (-; -e)* إِشَارة، تَنْبِيه
≈ieren (—) [aˑviˑ'ziːʀən]
أَشَار، نَبَّه
Axi'om *n (-s; -e)* بَدِيهِيَّة
Axt *f (-; ⸗e)* بَلْطَة، فَأْس

B

Bach *(-es; ¨e)* مَجْرَى مَاء، جَدْوَل

Backe *f* جَدّ

backen *(L)* (i) خَبَزَ، (i) قَلَى

Backenzahn *m (-s; ¨e)* ضِرْس

Bäcker *m* خَبَّاز

~ei [-ˈʀaɪ] *f* مَخْبَز

Back|fisch *m (-es; -e)* سَمَك مَقْلِي

fig. بِنْت مُرَاهِقَة

~huhn *n (-s; ¨er)* دَجَاجَة مُحَمَّرَة

~obst *n (-es; O)* فَوَاكِه جَافَّة

~stein *m (-e̸s; -e)* طُوب

~werk *n (-e̸s; O)* فَطَائِر

Bad *n (-es; ¨er)* حمام

~e-anstalt *f* حَمَّام عُمُومِي

~e-anzug *m (-e̸s; ¨e)* بَذْلَة اِسْتِحْمَام

~e-hose *f* لِبَاس اسْتِحْمَام

~e-kappe *f* طَاقِية اسْتِحْمَام

~e-kur *f* عِلَاج بالحَمَّامات

~e-mantel *m (-s; ¨)* بُرْنُس اِسْتِحْمَام

≈en *(-e-)* اِسْتَحَمّ

~e-ort *m (-es; -e)* حَمَّام

~e-wanne *f* حَوْض اِسْتِحْمَام

~e-zimmer *n* حَمَّام

Bagger *m*, **~maschine** *f* جَرَّافَة، كَرَّاكَة

≈n *(-re)* طَهَّر

Bahn *f* سِكّة، سِكّة الحَدِيد
mit der ~ بالسِكّة الحَدِيدِيّة
zur ~ bringen رَافَق لِلْمَحَطَّة
~en: einen Weg ~ مَهّد، شَقّ طَرِيقاً
~hof *m* (-*¢s*; ⸗*e*) مَحَطّة سِكّة الحَدِيد
~körper *m* آسَاس سِكّة الحَدِيد
~schranken *pl.* حَاجِز، مِزْلَقَان
~steig *m* (-*s*; -*e*) رَصِيف
~steigkarte *f* تَذْكِرة رَصِيف
~strecke *f* خَطّ سِكّة الحَدِيد
~übergang *m* (-*¢s*; ⸗*e*) مِعْبَر سِكّة الحَدِيد
~wärter *m* خَفَر مِزْلَقَان
Bahre *f* نَقّالة
Bai *f* خَلِيج
Baisse *f Hdl.* هُبُوط الاَسْعَار
Bak'terie *f* مِكْرُوب، جُرْثُومَة
bald بَعْد قَلِيل، قَرِيباً
~ig سَرِيع، عَاجِل
Baldrian *m* (-*s*; *O*) حَشِيشَة الهِرّ (نَبَات)
Balken *m* عَارِضَة خَشَب
Balkon [bal'kɔŋ] *m* (-*s*; -*s*) شُرْفَة
Ball *m* (-*¢s*; ⸗*e*) حَفْلَة رَاقِصَة، كُرَة
Ballen *m* (*Pack*) بَالَة *Anat.* كُلْوَة اليَد
Ballon [ba'lɔŋ] *m* (-*s*; -*s*) بَالُون، مُنْطَاد
Ball|saal *m* (-*¢s*; *Ballsäle*) رَقْص صَالَة
~spiel *n* (-*¢s*; -*e*) لِعْب كُرَة
Balsam *m* (-*s*; -*e*) بَلْسَم
Bambus *m* (-; -*se*) خَيْزُرَان
Ba'nane *f* مُوز
Band[1] *n* (-*¢s*; -*e od.* ⸗*er*) رَابِطَة *fig.* رِبَاط، شَرِيط
Band[2] *m* (-*es*; ⸗*e*) مُجَلّد
Bande *f* عَصَابَة
bändigen رَوّض *fig.* اَخْضَع
Bandwurm *m* (-*¢s*; ⸗*er*) الدُودَة الوَحِيدَة

bang(e): ~ machen خَوَّف
mir ist ~ vor اَخْشَى مِنْ
Bank *f (-; ⸗e)* مَقْعَد
Hdl. (-; -en) بَنْك، مَصْرِف
~anweisung *f* شِيك
⸗(e)rott *adj.* مُفْلِس
~(e)rott *m (-s; -s)* اِفْلَاس
~geschäft *n (-ɇs; -e)* مُعَامَلَة مَالِيَّة
~halter *m* مُدِير بَنْك قِمَار
~ier [baŋ'kĭe:] *m (-s; -s)* صَاحِب مَصْرِف
~konto *n (-s; -konten)* حِسَاب جَارٍ
~note *f* وَرَقَة نَقْدِيَّة
Bann *m (-ɇs; -e)* حِرْم كَنَائِسِي
fig. طَرْد، نَفْي
in j-s ~e sein مَأْخُوذ ب
⸗en نَفَى (i) ، طَرَد (u)
Geister: عَزَم
bar[1] عَارٍ، مُجَرَّد
gegen ~ نَقْدًا
Bar[2] *f (-; -s)* بَار، خَمَّارَة

Bär *m (-en)* دُبّ
Ba'racke *f* ثُكْنَة
~n-lager *n* مَحَلّ ثُكَنَات، مُعَسْكَر
bar|fuß حَافٍ
⸗geld *n (-ɇs; O)* نَقْد
~geldlos بِدُون نَقْد
~häuptig مَكْشُوف الرَأْس
barm'herzig رَحِيم
⸗keit *f* رَحْمَة
Barriere [ba'ʀĭe:ʀə] *f* حَاجِز
barsch خَشِن
Barschaft *f* نُقُود حَاضِرَة
Bart *m (-es; ⸗e)* لِحْيَة
Barzahlung *f* دَفْع نَقْدًا
Basis *f (-; Basen)* اَسَاس، قَاعِدَة
Bast *m (-es; -e)* لِيف
Batte'rie *f* مَرْكَم، بَطَّارِيَّة
Bau *m (-ɇs; -ten od. -e)* بِنَاء، مَبْنًى
~art *f* طَرَاز اَلْبِنَاء
Bauch *m (-es; ⸗e)* بَطْن

~fell *n (-ẹs; -e)* بِرِيتُون، صِفَاق

~fell-entzündung *f* اِلْتِهَاب بِرِيتُونِى

~redner *m* مُتَكَلِّم مِن بَطْنِه

bauen بَنَى (i) *Agr.* زَرَع (a)

Bauer[1] *m (-n)* فَلَّاح، بَيْدَق عَسْكَرِى (الشَّطْرَنْج)

Bauer[2] *m od. n (-s; -)* قَفَص (للطُّيُور)

Baukunst *f (O)* فَنّ المِعْمَار

Baum *m (-ẹs; ⸗e)* شَجَرَة

Baumeister *m* بَنَّاء

bäumen *v/r.* شَبَّ الفَرَس (i)

Baumwolle *f (O)* قُطْن

Bausch: in ~ und Bogen بِالجُمْلَة

⁓ig مُنْتَفِخ

be'absichtigen (—) قَصَد (i)، نَوَى (i)

be'acht|en *(-e-; -)* اِلْتَفَت اِلَى، لَاحَظ

~enswert جَدِير بِالمُلَاحَظة

⁓ung *f* اِلْتِفَات، مُلَاحَظة

Be'amte(r) *m* مُوَظَّف

be'an|spruchen (—) اِدَّعَى بِالحَقّ، طَالَب

~standen *(-e-; —)* اِنْتَقَد

~tragen (—) اِقْتَرَح، طَلَب (u)

be'antwort|en *(-e-; -)* آجَاب

⁓ung *f* اِجَابَة

be'auf|sichtigen (—) رَاقَب، لَاحَظ

~tragen (—) *j-n (mit* ب*)* كَلَّفَه

be'bauen (—) *Agr.* زَرَع (a) فَلَح (a)

beben اِرْتَجَف، تَزَلْزَل

Becher *m* قَدَح، كَأْس

Becken *n* حَوْض

Be'dacht: mit ~ بِالقَصْد

⁓ auf مُنْتَبِه الى

be'danken *v/r.* (—) *(bei, für* تَشَكَّر *(*ل

Be'darf *m (-s; O) Hdl.* حَاجَة، لُزُوم

be'dauer|lich مُؤْسِف
~n *(-re; -)* آسِف، (a) رَثَى ل (i)
~ns-wert مُسْتَحِقّ الشَفَقَة
be'deck|en (—) غَطَّى
~t غَائِم
be'denk|en *(L; -)* فَكَّر، (u) نَظَر (فِي أَمْر)، اِعْتَبَر
≈en *n* تَشَكُّك، شَكّ
~lich مُتَشَكِّك، خَطِير
be'deut|en *(-e-; -)* عَنَى، (i) أَشَار ل
~end عَظِيم، مُهِمّ
≈ung *f* أَهَمِّيَّة، مَعْنَى
~ungslos بِدُون أَهَمِّيَّة
~ungsvoll بَلِيغ، مُهِمّ
be'dien|en (—) خَدَم (i)
v/r. تَنَاوَل
≈te(r) *m* خَادِم
≈ung *f* خِدْمَة
be'ding|en (—) اِشْتَرَط
≈ung *f* شَرْط
~ungslos دُونَ شَرْط

be'dräng|en (—) ضَيَّق
≈nis *f (-; -se)* ضِيق
be'droh|en (—) هَدَّد
~lich تَهْدِيدِى
≈ung *f* تَهْدِيد
Bedu'ine *m (-n)* بَدَوِى
be'dürf|en *(L; -)* اِحْتَاج اِلَى، اِعْتَاز
≈nis *n (-ses; -se)* حَاجَة
sein ∼ verrichten قَضَى (i) حَاجَة
≈nis-anstalt *f* مِرْحَاض عَام
~tig مُحْتَاج، مُعْوَز
be'ehren (—) شَرَّف، كَرَّم
be'eilen (—) *v/r.* اِسْتَعْجَل
be'ein|flussen *(-ßt; -) j-n:* أَثَّر عَلَى
~trächtigen (—) ضَرّ (u)
≈trächtigung *f* ضَرَر
be'endig|en (—) أَنْهَى
≈ung *f* إِنْهَاء
be'engen (—) حَصَر، (u) ضَيَّق
be'erben (—) *j-n:* وَرِث (i)

be'erdig|en (—) دَفَنَ (i)
~ung *f* دَفْن
Beere *f* ثَمْرَة صَغِيرَة
Beet *n (-es; -e)* حَوْض (زَرْع)
be'fähig|en (—) أَهَّلَ
~ung *f* أَهْلِيَّة
be'fahrbar صَالِح لِلمُرُور
Wasser: صَالِح لِلمِلَاحَة
be'fallen *(L; -)* أَلَمَّ، أَصَابَ
be'fangen *adj.* مُرْتَبِك
be'fassen *(-ßt; -) v/r.* اِشْتَغَلَ
(mit ب *)*
Be'fehl *m (-s; -e)* أَمْر
~(ig)en (—) أَمَرَ (u)
be'festigen (—) ثَبَّتَ، حَصَّنَ
be'feuchten *(-e-; -)* بَلَّ (u)
be'finden *(L; -)* وَجَدَ، (i) قَدَّرَ
v/r. وُجِدَ (يُوجَد)
~ *n* حَالَة، صِحَّة
be'folg|en (—) اِتَّبَعَ
~ung *f* اِتِّبَاع
be'förd|ern *(-re; -)* نَقَلَ (i)
fig. رَقَّى
~erung *f* نَقْل، تَرْقِيَة
~erungsmittel *n* وَسِيلَة نَقْل
be'frachten *(-e-; -)* شَحَنَ، (i) وَسَقَ (i)
be'fragen (—) اِسْتَفْهَمَ، سَأَلَ (a)
be'frei|en (—) حَرَّرَ، خَلَّصَ
~ung *f* تَحْرِير
be'fremden *(-e-; -)* أَدْهَشَ
~ *n* دَهْشَة، اِسْتِغْرَاب
be'friedig|en (—) أَرْضَى
~end مُرْضٍ
~ung *f* إِرْضَاء
be'frucht|en *(-e-; -)* لَقَّحَ
~ung *f* تَلْقِيح
Be'fug|nis *f (-; -se)* حَقّ، تَصْرِيح
~t مُصَرَّح ب
be'fühlen (—) لَمَسَ (i)
be'fürcht|en *(-e-; -)* خَشِيَ (a)
~ung *f* خِشْيَة
be'fürwort|en *(-e-; -)* وَصَّى
~ung *f* تَوْصِيَة

be'gab|t ذُو اِسْتِعْدَاد، ذُو مَوْهِبَة
~ung *f* اِسْتِعْدَاد، مَوْهِبَة
be'geben *(L; -) Wechsel:* أَعْطَى (كُمْبِيَالَة)
v/r. حَدَثَ، تَوَجَّهَ (u)
~heit *f* حَادِث
be'gegn|en *(-e-; -)*، صَادَفَ، قَابَلَ
~ung *f* مُقَابَلَة
be'gehen *(L; -) Fehler:* اِرْتَكَبَ (خَطَأً)
Fest: أَقَامَ (ب) (حَفْلَة)، اِحْتَفَلَ
be'gehr|en (—)، رَغِبَ فِي (a) طَلَبَ (u)
~t *Hdl.* مَطْلُوب
be'geist|ern *(-re; —)*، أَثَّرَ فِي، حَمَّسَ
v/r. تَأَثَّرَ (ب)، تَحَمَّسَ
~ert مُتَأَثِّر (ب)، مُتَحَمِّس
~erung *f* تَأَثُّر، حَمَاس
Be'gier|de *f* شَوْق، رَغْبَة
~ig رَاغِب فِي، مُشْتَاق

be'gießen *(L; —)* بَلَّ (u) سَقَى (i)
Be'ginn *m (-ǿs; O)* بَدْء
~en *(L; —)* بَدَأَ (a)
be'glaubig|en (—) صَدَّقَ
~ung *f* تَصْدِيق
be'gleit|en *(-e-; —)*، صَاحَبَ، رَافَقَ
~er *m* رَفِيق
~ung *f* صُحْبَة، مُرَافَقَة
be'glückwünschen (—) هَنَّأَ بِ
be'gnadig|en (—) عَفَا عن (u)
~ung *f* عَفْو
be'gnügen (—) *v/r.*، اِكْتَفَى بِ، قَنِعَ (ب) (a)
be'graben *(L; —)* دَفَنَ (i)
Be'gräbnis *n (-ses; -se)* دَفْن
be'greif|en *(L; —)*، أَدْرَكَ، فَهِمَ (a)
~lich مُدْرَك، مَفْهُوم
be'grenzen *(-t; —)* حَدَّدَ
Be'griff *m (-ǿs; -e)* مَدْلُول

im ~ sein على وَشْك، اَوْشَك اَنْ

be'gründ|en *(-e-; —)* اَسَّس، عَلَّل

~ung *f* تَأْسِيس، تَعْلِيل

be'grüß|en *(-t; —)* حَيَّى، سَلَّم

~ung *f* تَسلِيم، تَحِيَّة

be'günstig|en (—) فَضَّل

~ung *f* تَفْضِيل، حُظْوَة

be'gütert ثَرِىّ

be'hag|en (—) نَاسَب

~en *n* رَاحَة

~lich مُرِيح

~lichkeit *f* رَاحَة

be'halten *(L; —)* اِسْتَبْقَى، حَفِظ (a) اِحْتَفَظ

für sich ~ اِحْتَفَظ لِنَفْسِه، كَتَم (u)

Be'hält|er *m*, **~nis** *n* *(-ses; -se)* وِعَاء، إِنَاء، خَزَّان

be'hand|eln *(-le; —)* عَامَل

(Arzt) عَالَج

~lung *f* مُعَالَجَة، مُعَامَلَة

be'harr|en (—) **auf** تَمَسَّك بِ، أَلَحّ فى

~lich ثَابِت، مُتَمَسِّك

~lichkeit *f* ثَبَات، إِلْحَاح، تَمَسُّك

be'hauen (—) قَطَع (a) (حَجَرًا)، نَحَت (a)

be'haupt|en *(-e-; —)* اِدَّعَى، زَعَم (u)

~ung *f* زَعْم

Be'hausung *f* مَسْكَن

Be'helf *m* *(-es; -e)* وَسِيلَة

~en *(L; -) v/r.* اِسْتَعَان ب

be'hellig|en (-) ضَايَق، أَزْعَج

~ung *f* مُضَايَقَة، اِزْعَاج

be'hende رَشِيق

be'herbergen (—) آوَى، أَبَات

be'herrsch|en (—) سَاد، (u) سَيْطَر على

(Sprache) تَبَحَّر

~er *m* حَاكِم، سُلْطَان، أَمِير

be'herz|igen (—) حَفِظ (a) فِى الْقَلْب

~t شُجَاع

be'hilflich: ~ sein عَاوَن

be'hinder|n *(-re; —)* مَنَع (a)

~t: körperlich ~ عَاجِز،

Be'hörde *f* سُلْطَة، دَائِرَة، حُكُومَة

be'hufs لِأَجْل

be'hüten *(-e-; —)* حَرَس (u)، حَفِظ (a)

be'hutsam مُحْتَرِس

∼keit *f* اِحْتِرَاس

bei *(nahe)* ب، لَدَى، فِي، عِنْد، مَع، قُرْب

Schwur: ~ Gott! وَاللهِ

Beiblatt *n (-ęs; ⸗er)* مُلْحَق

beibringen *(L)* قَدَّم (أَدِلَّة)

Gründe: قَدَّم *Wunde:* أَحْدَث

j-m etw. ~ عَلَّم

Beichte *f* اِعْتِرَاف

∼n *(-e-)* اِعْتَرَف (بالخطأ)

beide الِاثْنَان، كِلَاهُمَا

Beifall *m (-ęs; O)* تَصْفِيق الِاسْتِحْسَان

beifällig مُسْتَحْسَن

beifolgend طَيَّة، مُرْفَق

beifüg|en أَضَاف، أَلْحَق ب

∼ung *f* إِضَافَة، إِلْحَاق

Beigabe *f* إِضَافَة، ضَمّ

Beihilfe *f* مُعَاوَنَة

Beil *n (-ęs; -e)* بَلْطَة، فَأْس

Beilage *f Buch, Zeitung:* مُرَافِقَات، مُلْحَقَات

Essen: مُلْحَقَات الأَكْل

beiläufig حَوَالَى

beilegen أَضَاف، أَلْحَق

Streit: سَوَّى

Beileid *n (-ęs; O)* تَعْزِيَة

beiliegend مُرْفَق، طَيَّه

beimessen *(L) (D)* نَسَب إِلَى (i)

Bein *n (-es; -e)* سَاق، عَظْم

sich auf die ~e machen اِنْصَرَف

bei'nahe تَقْرِيبًا

Beiname *(-n)* لَقَب

beipflichten *(-e-)* وَافَق

be'irren: sich [nicht] ~ lassen تَحَيَّر فِي [ثَبَت عَلَى (u)]

bei'sammen مَعًا

Bei'sammensein *n (-s; O)* اِجْتِمَاع

bei'seite عَلَى جَانِب

beisetzen *(-t)* دَفَن (i)

Beisitzer *m* مُسَاعِد قَاضٍ، مُعَاوِن

Beispiel *n (-s; -e)* قُدْوَة، مَثَل

zum ~ مَثَلاً

~los لَامَثَل لَه

beißen *(L) v/t.* عَضّ (u)

v/i. (فِلْفِل) حَرَّق

~d لَاذِع، حِرِّيف

Beistand *m (-¢s; O)* مُسَاعَدَة

(Hochzeit) شَاهِد

beistehen *(L) (j-m* ه*)* سَاعَد

Beisteuer *f* حِصَّة

~n *(-re)* ‹*(zu* على*)* عَاوَن

(zu فى*)* ‹دَفَع حِصَّة (a)

سَاهَم

beistimm|en وَافَق

~ung *f* مُوَافَقَة

Beitrag *m (-¢s; ⸗e) (Geld)* حِصَّة

(Mitglieds~) ‹قِيمَة اِشْتِرَاك عُضْوِيَة

~en *(L)* ‹*(zu* على*)* سَاعَد سَاهَم فِي

beitreten *(L; sn)* ‹دَخَل (u) اِلْتَحَق

Beitritt *m (-s; O)* ‹دُخُول فِي اِلْتِحَاق بِ

Beiwagen *m* عَرَبَة مُلْحَقَة

beiwohnen حَضَر (u)

Beize *f* مَادَّة كَاوِيَة

bei'zeiten مُبَكِّرًا

beizen *(-t)* كَوَى (i)

be'jahen *(—)* وَافَق

be'jahrt مُسِنّ

Be'jahung *f* رَدّ بِالإِيجَاب (u)

be'jammern *(-re; —)* رَثَى (i)

~s-würdig جَدِير بِالرِّثَاء

be'kämpfen *(—)* قَاتَل

Meinung: عَارَض

Krankheit: قَاوَم

be'kannt مَعْرُوف

~e(r) *m* مَعْرِفَة، أَحَد المَعَارِف

~**lich** كَمَا هُو مَعْرُوف
≈**machung** *f* اِعْلَان
(durch Anschlag) اِعْلَان عَامّ
≈**schaft** *f* تَعَارُف
be'kehr|en (—) *v/t.* هَدَى (i)
v/r. اِهْتَدَى
≈**te(r)** *m* مُهْتَدٍ
≈**ung** *f* اِهْتِدَاء
be'kenn|en *(L; -)* اِعْتَرَفَ بِ،
Farbe ~ كَانَ صَرِيحًا فِي قَوْلِهِ
≈**er** *m* مُعْتَرِف (بِالدِين)
≈**tnis** *n (-ses; -se)* اِعْتِرَاف، عَقِيدَة
be'klag|en (—) رَثَى لِ، (i) شَكَا (u)
v/r. *(über* مِن*)* اِشْتَكَى
~**ens-wert** يُرْثَى لَه
≈**te(r)** *m* المُدَّعِي عَلَيْه
be'klatschen (—) صَفَّق
اِسْتِحْسَانًا
be'kleid|en *(-e-; —)* اَلْبَس
v/r. لَبِس (a)
≈**ung** *f* مَلَابِس

be'kommen *(L; —)* أَخَذ، (u)
اِسْتَلَم، (u)حَصَل على
(e-n Zug) (قِطارًا) لَحِق (a);
v/i. *(j-m* ه*)* أَفَاد
be'kömmlich مُنَاسِب، مُفِيد
be'köstig|en (—) اَطْعَم
≈**ung** *f* إِطْعَام
be'kräftig|en (—) أَيَّد
≈**ung** *f* تَأْيِيد
be'kränzen *(-t; —)* كَلَّل
be'kritteln *(-le; —)* اِنْتَقَد
be'kümmer|n *(-re; —)*
هَمّ، أَحْزَن (u)
v/r. *(um* ب*)* اِهْتَمّ
≈**nis** *f (—; -se)* حُزْن، هَمّ
be'laden *(L; —)* شَحَن، (a)
حَمَّل، (i) وَسَق
Be'lag *m (-¢s; ⸚e od. O)* طِلَاء
Zunge: بيَاض اللِسَان
Be'lager|er *m* مُحَاصِر
≈**n** *(-re; —)* حَاصَر
~**ung** *f* حِصَار
Be'lang *m (-es; -e)* اَهَمِّيَّة
pl. مُهِمَّات

≈en (—) قَاضَى
≈los عَدِيم الاَهَمِّيَّة
≈reich مُهِمّ
~ung *f* مُقَاضَاة
be'lasten (*-e-; —*) حَمَّل
Hdl. قَيَّد عَلَى الحِسَاب
jur. اِتَّهَم
be'lästig|en (—) ضَايَق، أَزْعَج
≈ung *f* مُضَايَقَة
Be'lastung *f* حِمْل، دَيْن
be'leb|en (—) اَنْعَش، أَحْيَى
~t مُنْتَعِش
Straße: مُزْدَحِم
≈ungs-mittel *n* دَوَاء مُنْعِش
be'leg|en (—) *Brot:* آدَم (i)
Platz: حَجَز (i)
≈schaft *f* عُمَّال
~t *Zunge:* مَطْلُو
~tes Brot سَنْدِوتْش، مَأْدُوم
be'lehr|en (—) عَلَّم
≈ung *f* تَعْلِيم
be'leibt بَدِين
be'leidig|en (—) آهَان
~end مُهِين
≈ung *f* اِهَانَة
be'leucht|en (*-e-; —*) أَضَاء، أَنَارَ
≈ung *f* *Straße:* اِضَاءَة
≈ungs-körper *m* جَهَاز اِضَاءَة
be'licht|en (*-e-; —*) *Foto:* عَرَّض لِلضَّوْء
≈ung *f* تَعْرِيض للضَوْء
be'lieben (—) *v/i.* آرَاد
≈ *n:* nach Ihrem ~ حَسَب رَغْبَتِك
be'liebig آىّ
≈e(r) *m* آىّ مَنْ كَان
be'liebt مَحْبُوب
≈heit *f* مَحَبَّة الى
bellen نَبَح (a)
be'loben (—) مَدَح (a)
be'lohn|en (—) كَافَأَ
≈ung *f* مُكَافَأَة
be'lügen (*L; —*) كَذَب (i) (*j-n* ه *u.* على)
be'lust|igen (—) سَلَّى
≈igung *f* تَسْلِيَة

be'mächtigen (—) *v/r.* اِسْتَوْلَى عَلَى
Be'mannung *f Mar.* رِجَال المَرْكِب،
be'merk|bar مَلْحُوظ
~**en** (—) لَاحَظ
~**ens-wert** جَدِير بالمُلاحَظة
≗**ung** *f* مُلَاحَظة
be'messen *(L; —)* حَدَّد، قَاس (i)
be'mitleiden *(-e-; —)* اَشْفَق عَلَى
~**s-wert** جَدِير بِالشَّفَقَة
be'mittelt مُتَيَسِّر، غَنِيّ
be'müh|en اَتْعَب
v/r. جَدّ، اِجْتَهَد (i)
≗**ung** *f* اِجْتِهَاد
be'nachbart مُجَاوِر
be'nachrichtig|en (—) اَخْبَر
≗**ung** *f* اِخْبَار
be'nachteilig|en (—) ضَرّ (u)
≗**ung** *f* ضَرَر
Be'nehmen *n (-s; O)* سُلُوك
≗ *v/r.* سَلَك (u)
be'neiden *(-e-; —)* حَسَد (u)
~**s-wert** يُحْسَد عَلَى
be'nennen *(L; —)* أَسْمَى، سَمَّى
be'nommen دَائِخ
≗**heit** *f* دَوْخَة
be'nötigen (—) اِحْتَاج اِلَى، عَاز (u)
be'nutz|en *(-t-; —)* اِسْتَعْمَل
Gelegenheit: (فُرْصَةً) اِنْتَهَز
≗**ung** *f* اِسْتِعْمَال
Ben'zin *n (-s; O)* بَنْزِين
be'obacht|en *(-e-; —)* رَاقَب
≗**er** *m* مُرَاقِب
≗**ung** *f* مُرَاقَبة
be'quem مُرِيح، وَثِير
≗**lichkeit** *f* رَاحة
be'raten *(L; —) v/t.* نَصَح (a)
v/r. تَشَاوَر
be'rauben (—) حَرَم مِن، (i) اِغْتَصَب
be'rech|nen *(-e-; —)* حَسَب (i)
≗**nung** *f* حِسَاب

~tigen (—) أَجَازَ، (i) أَذِنَ، (—) صَرَّحَ

≈tigung *f* إِجَازَة، إِذْن، تَصْرِيح

Be'redsamkeit *f* بَلَاغَة، فَصَاحَة

be'redt بَلِيغ، فَصِيح

Be'reich *m od. n (-ės; -e)* مَجَال، مَدًى

be'reifen (—) *Rad:* رَكَّبَ إِطَارًا (للعَجَلَة)

be'reinigen (—) سَوَّى

be'reisen *(-t; —)* تَجَوَّلَ فى (سِيَاحَة)

be'reit جَاهِز، مُسْتَعِدّ

~en *(-e-; —)* أَعَدَّ، جَهَّزَ

~s مِن قَبْل

≈schaft *f* اِسْتِعْدَاد

~willig خَدُوم

be'reuen (—) نَدِمَ (a)

Berg *m (-es; -e)* جَبَل

mir stehen die Haare zu ~e قَبَّ شَعْرِى (مِن رُعْب)

über alle ~e بَعِيد

wir sind noch nicht über den ~ لَايَزَال أَمَامَنَا صِعَاب

≈'ab نَازِلًا

≈'an, ≈'auf صَاعِدًا، طَالِعًا

~arbeiter *m* عَامِل مَنْجَم

~bau *m (-s; O)* تَشْغِيل مَنَاجِم، تَعْدِين

≈en *(L)* نَجَّى

≈ig جَبَلِى

~mann *m (-es; -leute)* عَامِل مَنْجَم

~steiger *m* مُتَسَلِّق جِبَال

~ung *f* نَجَاة

~werk *n (-s; -e)* مَنْجَم

Be'richt *m (-ės; -e)* تَقْرِير، خَبَر

Hdl. laut ~ حَسَبَ البَيَان

≈en *(-e-; —)* قَرَّرَ، أَخْبَرَ

~erstatter *m* مُرَاسِل، مُخْبِر (جَرَائِد)

berichtig|en (—) صَحَّحَ

≈ung *f* تَصْحِيح

Bernstein *m (-s; -e, mst O)* كَهْرَمان

bersten *(L)* اِنْفَجَر

be'rüchtigt مُشَهَّر، سَيِّء السُمْعَة

be'rücksichtig|en (—) رَاعَى، فَكَّر فى

~ung *f* مُرَاعَاة

Be'ruf *m (-ẹs; -e)* مِهْنَة، وَظِيفَة

~en *(L; —)* اِسْتَدْعَى، *(Gericht)* اِسْتَأْنَف

v/r. *(auf* ب*)* اِحْتَجّ

~s-mäßig مِهَنِى، مُحْتَرِف

~ung *f* اِسْتِدْعاء، اِسْتِئْنَاف

be'ruhen (—) *(auf)* تَوَقَّف عَلَى (i)، رَجَع الى

be'ruhig|en (—) هَدَّأَ، طَمْأَن

v/r. اِطْمَأَن، (a) هَدَأ

~ung *f* إطْمِئْنَان، تَهْدِئَة

be'rühmt مَشْهُور

~heit *f* شُهْرَة

be'rühr|en (—) لَمَس (a)

~ung *f* لَمْس

be'sagen (—) عَنَى (i)

be'sänftig|en هَدَّأَ

~ung *f* تَهْدِئَة

Be'satz *m (-es; ⸗e)* حَاشِيَة، حَافَّة (الثوب)

~ung *f Mar.* حَامِيَة، نَوَاتِى السَفِينَة

~ungs-macht *f (—; ⸗e)* قُوَّة مُحْتَلَّة

be'schädig|en (—) أَضَرَّ، أَتْلَف

~ung *f* ضَرَر، تَلَف

be'schaffen (—) *v/t.* وَرَّد، أَحْضَر

adj. مُكَوَّن

~heit *f* طَبِيعَة، كَيْفِيَّة

be'schäftig|en (—) شَغَّل، اِسْتَخْدَم

~ung *f* اِشْتِغَال، اِسْتِخْدَام

be'schäm|en (—) أَخْجَل

~t خَجْلَان

~ung *f* خَجَل

be'schau|en (—) كَشَف (i)

≈en *n (Prüfen)* تفتيش، كشف

~lich تأملي

Be'scheid *m (-es; -e)* جواب

jur. قرار محكمة

≈en *adj.* متواضع

~enheit *f (O)* تواضع

be'scheinig|en (—) أثبت بشهادة، قرر، شهد (a)

≈ung *f* شهادة، إثبات

be'schenken (—) أهدى

be'schimpf|en (—) سب (u)، شتم (i)

≈ung *f* سب، شتيمة

be'schirm|en (—) حمى (i)

≈en *n* حماية

≈er *m* حام

Be'schlag *m (-es; ⸚e)* زينة او تركيبة معدنية

~nahme *f* مصادرة

be'schleunig|en (—) عجل، شهل

≈ung *f* تعجيل، تشهيل

be'schließen *(L; —)* عزم (i) *(etw.* على*)*

Be'schluß *m (-sses; ⸚sse)* عزم، قرار

be'schmieren (—) لوث

be'schmutzen *(-t; —)* وسخ

be'schneid|en *(L; —)*، قص (u)، قطع (a)، ختن (i)

≈ung *f Ritual:* ختان

be'schönig|en (—) لطف

≈ung *f* تلطيف

be'schränk|en (—) حدد، ضيق

~t محدود، ضيق، ضيق العقل

≈theit *f* ضيق، ضيق العقل

≈ung *f* ضيق، تحديد

be'schreib|en *(L; -)* وصف (i)

≈ung *f* وصف

be'schuldig|en (—) اتهم

≈ung *f* اتهام

be'schützen *(-t; —)* حمى (i)

Be'schwerde *f* شكوى

be'schwer|en (—) أثقل

v/r. شَكَا (u) *(über* مِن) (*bei* الى) اِشْتَكَى
~lich مُتْعِب
be'schwichtigen (—) هَدَّأ
be'schwör|en *(L; —)* (u)نَشَدَ، اِلْتَمَسَ، اِسْتَحْلَف
≈ung *f* اِلْتِماس *(dringendes Ersuchen)* مُنَاشَدَة *(Zauber)* رُقْيَة،
be'seitig|en (—) آزال، (i) نَقَل
≈ung *f* اِزَالَة، نَقْل
Besen *m* مِكْنَسَة
be'setz|en *(-t; —)* حَشَّى، اِحْتَلّ
~t مَحْجُوز، مَشْغُول
≈ung *f Mil.* اِحْتِلَال
be'sichtig|en (—) عايَن، فَتَّش، شاهَد
≈ung *f* مُعَايَنَة، تَفْتِيش
be'sied|eln *(-le; —)* أَعْمَر
≈lung *f* إعْمَار
be'siegen (—) غَلَب (i)
be'sinn|en *(L; —) v/r.* تَذَكَّر، تَبَصَّر
≈ung *f (Bewußtsein)* وَعْى، *(Überlegung)* تَبَصُّر
~ungslos غَيْر وَاعٍ
≈ungslosigkeit *f* عَدَم الوَعْى
Be'sitz *m (-es; O)* حِيازَة، مُلْك
≈en *(L; —)* حَاز (u) مَلَك (i)
~er *m* حَائِز، مَالِك
be'soffen سَكْرَان
be'sohlen (—) رَكَّب نَعْلًا للأَحْذِيَة
be'solden *(-e-; —)* رَقَّب آجْرًا
be'sonder- خُصُوصًا، خَاصَّة، خَاصّ
be'sonnen مَوْزُون، رَزِين
be'sorg|en (—) اِسْتَحْضَر
≈nis *f (—; -se)* اِهْتِمَام، قَلَق (um على)
besorg|t قَلِق، مَهْمُوم
≈ung *f* اِسْتِحْضَار
~en machen ذَهَب (a) لِشِرَاء حاجَة

be'sprech|en *(L; —)* تَدَاوَلَ، نَاقَشَ
≈ung *f* مُدَاوَلَة، مُنَاقَشَة
be'spritzen *(-t)* رَشَّ (u)
besser أَحْسَن
besser|n *(-re) v/t.* حَسَّنَ *v/r.* تَحَسَّنَ
≈ung *f* تَحْسِين، تَحَسُّن
best|-: der (die, das) ≈e الأَحْسَن
j-n zum ~en haben هَزَأَ ب (a)
Be'stand *m* *(-ɇs; ⸚e)* المَخْزُون، بَقَاء
be'ständig ثَابِت، مُسْتَمِر
≈keit *f* إِسْتِمْرَار، ثَبَات
Be'stands-aufnahme *f* جَرْد المَخْزُون او المَوْجُودَات
Be'standteil *m* *(-ɇs; -e)* جُزْء، عُنْصُر
be'stärken (—) أَيَّدَ
be'stätig|en (—) أَقَرَّ، أَثْبَتَ
≈ung *f* إِقْرَار، إِثْبَات
be'statt|en *(-e-; —)* دَفَنَ (i)
≈ung *f* دَفْن
be'stech|en *(L; —)* رَشَا (u)
≈ung *f* رِشْوَة
Be'steck *n* *(-ɇs; -e)* أَدَوَات سُفْرَة
be'stehen *(L; —) v/t. Prüfung:* نَجَحَ فى الإمْتِحَان (a) *v/i.* وُجِدَ
~ auf etw. إِسْتَمَرَّ، تَمَسَّكَ، أَلَحَّ فى
~ aus إِحْتَوَى على، تَكَوَّنَ من
be'stehlen *(L; —)* سَرَقَ (i)
be'steigen *(L; —)* طَلَعَ، (a) صَعَدَ (a)
be'stell|en (—) طَلَبَ، (u) وَصَّى
Briefe: سَلَّمَ
Feld: زَرَعَ (a)
≈ung *f* طَلَب، تَوْصِيَة، تَسْلِيم
be'steuern *(-re; —)* فَرَضَ (i) ضَرِيبَة
Bestie ['bɛstĭə] *f* وَحْش

be'stimm|en (—) عَيَّن، حَدَّد

~t آكِيد، مُعَيَّن

~er Artikel آداة التَعْرِيف

≈theit *f* تَأْكِيد

≈ung *f* *(Festsetzung)* تَحْدِيد، *(Ernennung)* تَعْيِين، *(Schicksal)* مُقَدَّر

be'straf|en (—) عَاقَب

≈ung *f* عُقُوبَة، قِصَاص

be'strahl|en (—) آشَعّ

≈ung *f* اِشْعَاع

Med. عِلَاج بِالَاشِعَّة

be'streb|en (—) *v/r.* سَعَى (a)، اِجْتَهَد

≈ung *f* جَهْد، اِجْتِهَار، مَسْعَى

be'streiten *(L; —)* عَارَض

Kosten: تَحَمَّل (مَصَارِيف)

be'stürmen (—) هَجَم (i)

mit Bitten ~ اِنْهَال بِالرَّجَاء

be'stürz|t مَذْهُول، مُنْدَهِش

≈ung *f* ذُهُول، دَهْشَة

Be'such [-u:-] *m* *(-es; -e)* تَرَدُّد على، زِيَارَة

≈en (—) زَارَ، تَرَدَّد على (u)

~er *m* زَائِر، مُتَرَدِّد

be'tagt مُسِنّ

be'tätigen (—) أَدَار، شَغَّل

be'täub|en (—) خَدَّر

≈ung *f* تَخْدِير

be'teilig|en (—) *v/r.* سَاهَم فى، آشْتَرَك فِى

≈ung *f* مُسَاهَمَة، اِشْتِرَاك

beten *(-e-)* صَلَّى

be'ton|en (—) *(versichern)* شَدَّد، أَكَّد

≈ung *f* شَدَّة، نَبْرَة

Be'tracht: in ~ ziehen اِعْتَبَر

≈en *(-e-; —)* تَأَمَّل، شَاهَد، نَظَر (u)

be'trächtlich عَظِيم، مُهِمّ

Be'trachtung *f* تَأَمُّل، مُشَاهَدَة

Be'trag *m* *(-es; ⸗e)* مَبْلَغ

≈en *(L; —)* *v/i.* بَلَغ (u)

v/r. سَلَك (u)

~en *n* *(-s; O)* سُلُوك

be'trauern *(-re; —)* رَثا، (u) حَزِن على (u)

Be'treff: in ~ بخصوص، مِن جِهَة

~en *(L; —)* خَصّ (u)

Betrieb *m (-ẹs; -e)* شُغْل، مَصْنَع

in ~ شَغَّال

~s-wirtschaft *f* إدَارَة أعْمَال

be'troffen مُتَحَيِّر

be'trüb|en (—) اَحْزَن

~nis *f (—; -se)* حُزْن

~t حَزِين

Be'trug *m (-es; O od. Be-trüge'reien)* خِدَاع، غِشّ

be'trüg|en *(L; —)* خَدَع، (a) غَشّ (i)

~er *m* خَدَّاع

be'trunken سَكْران

Bett *n (-es; -en)* فِرَاش، سَرِير

Bettdecke *f* غِطَاء، لِحَاف

Bette'l|ei *f* شِحَاذَة، تَسَوُّل

~n *(-le)* شَحَذ، تَسَوَّل (a)

bettlägerig مُلَازِم لِلْفِرَاش، طَرِيح الفِرَاش

Bettler *m* مُتَسَوِّل، شَحَّاذ

Bettstelle *f* سَرِير

Bettuch [-tu:x] *n (-ẹs; ⸚er)* مُلَاءَة سَرِير

Bett|vorleger *m* سَجَّادَة

~wäsche *f (O)* شَرَاشِف، بَيَاضَات

beugen ثَنَى، اَحْنَى (i) رَكَع (a)

Beule *f* دُمَّل، وَرَم

be'unruhig|en (—) *v/t.* اَقْلَق *v/r.* قَلِق (a)

~ung *f* اِقْلَاق

be'urkunden *(-e-; —)* وَثَّق

be'urlauben (—) أَجَاز بِالغِيَاب

be'urteilen (—) رَأَى، قَدَّر (a)

Beute *f* غَنِيمَة

Beutel *m* كِيس

be'völker|n *(-re; —)* عَمَّر

~t مَأْهُول، آهِل

≈ung *f* سُكّان، آهالٍ

be'vollmächt|igen (—) وَكَّلَ، فَوَّض

≈igte(r) *m* وَكِيل مُفَوَّض

≈igung *f* تَوْكِيل، تَفْوِيض

be'vor قَبْل أن، قَبْلَمَا

~stehen *(L)* أَوْشَكَ آنْ يَحْدُث

~zugen (—) فَضَّل

be'wachen (—) حَرَسَ (u)

be'waffnen *(-e-; —)* سَلَّح

be'wahren (—) حَفِظ (a)

be'währ|en (—) *v/r.* أَبْلَى (حَسَنًا)

≈ung *f (O)* بَلَاء *(Erfahrung)* اِخْتِبَار، تَجْرِبَة

≈ungs-frist *f* مُدَّة اِخْتِبَار *Beruf:* تَجْرِبَة *Justiz:* مُرَاقَبَة

be'wältigen (—) تَغَلَّب عَلى

be'wandert خَبِير

be'wäss|ern *(-re;—)* رَوَى (i)، سَقَى (i)

≈erung *f* رَيّ

be'weg|en (—) *v/t.* حَرَّك *v/r.* تَحَرَّك

~lich مُتَحَرِّك

≈grund *m (-es; ≈e)* دَاعٍ، بَاعِث

~t مُتَأَثِّر

≈ung *f* حَرَكَة *fig.* عَاطِفَة

be'weinen (—) بَكَى (i) عَلى

Be'weis *m (-es; -e)* دَلِيل، بُرْهَان

≈en *(L; —)* بَرْهَن، دَلَّ عَلى (u)

be'werb|en *(L; —) v/r.* *(bei j-m um* تَقَدَّم (إلَى ب) طَلَب (وَظِيفَةً) (u)

≈er *m* مُتَقَدِّم، طَالِب

≈ung *f* طَلَب

be'willig|en (—) سَمَح (a)

≈ung *f* سَمَاح

be'willkomm|nen (—) رَحَّب

≈nung *f (O)* تَرْحِيب

be'wirken (—) أَثَّر، أَحْدَث

be'wirt|en *(-e-; —)* آكْرَم، ضَيَّف

~schaften *(-e-; —)* أحَصّ، اَدَار

≈schaftung *f* اِحْصَاص، إدَارَة، اِسْتِغْلال

≈ung *f (O)* اِكْرَام

be'wohn|bar صَالِح للسُكْنَى

~en (—) سَكَن (u)

≈er *m* سَاكِن

be'wölken (—) *v/r.* غَام (i)

be'wunder|n *(-re; —)* اُعْجِبَ ب

~ns-wert جَدِير بِالإعْجَاب

≈ung *f (O)* اِعْجَاب

be'wußt دَارٍ، عَارِف، مَقْصُود

~los مَغْشِيّ عَلَيْه

≈sein *n (-s; O)* وَعْى

be'zahl|en (—) دَفَع (a) (ثَمَنًا)

≈ung *f* دَفْع

be'zaubern *(-re; —)* سَحَر، (i) فَتَن (i)

be'zeichnen *(-e-; —)* اَشَّر عَلى، (i) وَصَف

~d مُمَيِّز

be'zeug|en (—) اَثْبَت

jur. شَهِد (a)

≈ung *f* شَهَادَة

be'zieh|en *(L; —) v/t. Waren:* أحْضَر، (i) جَلَب

Wohnung: اِسْتَلَم

Lohn: قَبَض (i)

v/r. (auf اِلَى) نَسَب (u)

≈ung *f* نِسْبَة

~ungsweise أو

Be'zirk *m (-s; -e)* قَضَاء، حَىّ، قِسْم، دَائِرَة

Be'zug [-tsu:k] *m (-ęs; ⸗e)* غِطاء، غِلَاف

von Waren: جَلْب البَضَائِع

Zeitung: اِشْتِرَاك

in ≈ auf بِالنِسْبَة اِلى

~ nehmen auf نَسَب (u) الِى

be'zwecken (—) قَصَد، (u) هَدَف الِى (i)

be'zweifeln *(-le; —)* شَكَّ (u) في، اِرْتَاب في

be'zwingen *(L; —)* تَغَلَّبَ عَلَى

Bibel *f (—; -n)* الكِتَاب المُقَدَّس

Biber *m Zo.* قُنْدُس

Biblio'thek *f* مَكْتَبَة

~ar [-te·'kaːʁ] *m (-s; -e)* أَمِين مَكْتَبَة

bieg|en *(L)* ثَنَى (i)

~sam قَابِل لِلتَّثَنِّي

~ung *f* اِنْحِنَاء، مُنْحَنًى، دَوَرَان

Biene *f* نَحْلَة

Bier *n (-s; -e)* بِيرَة

~brauerei *f* مَعْمَل بِيرَة

bieten *(L)* عَرَضَ على (i)

Bi'lanz *f* مِيزَانِيَّة

Bild *n (-es; -er)* صُورَة

~en *(-e-) v/t.* شَكَّلَ، كَوَّنَ

Geist: ثَقَّفَ

v/r. تَثَقَّفَ

~end تَثْقِيفِي

~er-galerie *f* مَتْحَف صُوَر

~funk *m (-s; O)* نَقْل صُوَر بِاللَّاسِلْكِي

~hauer *m* مَثَّال، نَحَّات

~lich مَجَازِي

~nis *n (-ses; -se)* صُورَة اِنْسَان

~ung *f (O)* ثَقَافَة، تَشْكِيل، تَكْوِيف

Billard ['bɪljaʁt] *n (-s; -s)* (لعب) بَايَار، بِلْيَارْدُو

Billett [bɪ'lʲɛt] *n (-s; -s)* تَذْكِرَة، بِطَاقَة

~ausgabe *f* مَحَلّ صَرْف تَذَاكِر

billig رَخِيص

billig|en اِسْتَحْسَنَ

~ung *f* اِسْتِحْسَان

Bind|e *f* رِبَاط

(Leib~e) حِزَام

~e-gewebe *n Anat.* نَسِيج اِلْتِحَام

~e-haut *f (O)* مُلْتَحِمَة العَيْن

~e-mittel *n* لِزَاق، مَادَّة الْتِحَام
≈en *(L)* رَبَطَ (i)
~faden *m* *(-s; ⸚)* خَيْط، دُوبَارة
~ung *f* رَبْط *fig.* اِرْتِبَاط
binnen فِي ظَرْف
≈handel *m* تِجَارَة دَاخِلِيَّة
≈verkehr *m* حَرَكَة المُرُور الدَاخِلِيَّة
Binse *f* أَسَل
Biogra'phie *f* سِيرَة، تَرْجَمَة شَخْص
Biolo'gie *f* عِلْم الأَحْيَاء
Birne *f* زُجَاجَة مِصْبَاح كَهْرَبَا، كُمَّثْرَى
bis لِغَايَة، حَتَّى، إلَى
~ (daß) *cj.* إلَى أنْ
Bischof *m* *(-s; ⸚e)* أُسْقُف
bischöflich أُسْقُفِي
bis'her إلَى هُنَا، لِلْآن
Biß *m* *(-sses; -sse)* عَضَّة، لَسْعَة
≈chen: ein ~ قَلِيلاً
Biss|en *m* لُقْمَة
≈ig عَضَّاض
bis'weilen أحْيَانًا
Bitte *f* رَجَاء، طَلَب
مِن فَضْلَك !≈
(Dank abwehrend) عَفْوًا
(beim Anbieten etc.) تَفَضَّل
≈n *(L)* طَلَب (u)، رَجَا (u)
um etw. ~ سَأَلَ عَن (a)
bitter *(-tr-)* مُرّ *fig.* شَدِيد حَادّ
≈keit *f* مَرَارَة *fig.* حِدَّة شِدَّة
bläh|en نَفَخ (u)، وَرَّم، *v/r.* اِنْتَفَخ، وَرِم (يَرَم)
~end نَافِخ البَطْن
≈ung *f* رِيح، غاز البَطْن
bla'mieren *(—)* كَسَف (i) *v/r.* اِنْكَسَف
blank مُضِيء، لاَمِع
Blanko *n* *(-s; -s)* *Hdl.* عَلَى بَيَاض

~unterschrift *f* تَوْقِيع عَلَى بَيَاض

Bläschen ['blɛːsçən] *n* *Med.* بَثْرَة

Blas|e *f* فُقَّاعَة

(Harn~e) مَثَانَة

~e-balg *m (-s; ⁼e)* مِنْفَاخ

~en *(L)* نَفَخ (u)، هَبّ (u)

~instrument *n (-s; -e)* آلَة هَوَائِيَّة

blaß *(-sser; -ssest)* شَاحِب

Blässe *f* شُحُوب

Blatt *n (-ęs; ⁼er)* صَحِيفَة، وَرَقَة

kein ~ vor den Mund nehmen تَكَلَّم بِصَرَاحَة

Blattern *pl.* جُدَرِى

blättern *(-re)* تَصَفَّح

blau أَزْرَق

bläulich مُزْرَق، مَائِل لِلزُرْقَة

Blech *n (-ęs; -e)* لَوْح مَعْدِن، صَفِيح

Blei *n (-ęs; O)* رُصَاص

bleiben *(L; sn)* بَقِىَ (a)، مَكَث (u)

bei etw. ~ اِسْتَمَرَّ عَلَى

bleich شَاحِب

~sucht *f (O)* فَقْر الدَم

Bleistift *m (-ęs; -e)* قَلَم رُصَاص

Blend|e *f* حَاجِب النُور

~en *(-e-)* بَهَر، عَمَّى (a)

~laterne *f* مِصْبَاح ذو حِجَاب

Blick *m (-ęs; -e)* نَظَر، نَظْرَة

auf den ersten ~ مِن أَوَّل نَظْرَة

~en نَظَر (u)

sich ~ lassen ظَهَر (a)

blind *(O)* أَعْمَى

~darm *m (-ęs; ⁼e)* المِعَى الأَعْوَر

~darm-entzündung *f* اِلْتِهَاب الأَعْوَر

~darm-fortsatz *m (-es; ⁼e)* الزَائِدة الدُودِيَّة

≈heit *f* عَمًى

blink|en لَمَع (a) ، تَلَأْلَأَ

≈licht *n* *(-ẹs; -er)* نُور مُتَقَطِّع

blinzeln *(-le)* رَمَش (i)

Blitz *m* *(-es; -e)* بَرْق

~ableiter *m* وَاقٍ مِن الصَوَاعِق، شارِ

≈en *(-t)* بَرَق (u)، أبْرَق

es blitzte بَرَقَتْ السَماء

~licht *n* *(-es; -er)* *Foto:* نُور بَرّاق

~schlag *m* *(-es; ¨e)* صَاعِقَة

Block *m* *(¨e; -s)* كُتْلَة

≈ieren [blɔ'kiːʀən] (—) سَدّ (u)

Mil. حَاصَر

blöd|e أبْلَه، أحْمَق، سَخِيف

≈sinn *m* *(-ẹs; O)* حُمْق، بَلَه، سَخَافَة

~sinnig أبْلَه، سَخِيف

blond أشْقَر

bloß مُجَرَّد، عارٍ

adv. فَقَط

Blöße *f* ضُعْف، عَوْرَة

bloß|legen كَشَف (i)، عَرَّى

~stellen *v/t.* أخْجَل، كَسَف (i)، خَزَى (i)

v/r. تَعَرَّض لِلافْتِقَاد

blühen اِزْدَهَر

~d مُزْدَهِر

Blume *f* زَهْرَة

~n-kohl *m* *(-s; O)* قَرْنَبِيط

~n-strauß *m* *(-es; ¨e)* بَاقَة زُهُور

Bluse *f* بلُوزَة

Blut *n* *(-es; O)* دَم

~andrang *m* *(-ẹs; O)* اِحْتِقَان دَم

≈arm فَقِير دَم

~armut *f* فَقْر دَم

~blase *f* فُقَّاعَة دَم

~druck *m* *(-ẹs; O)* ضَغْط دَم

Blüte *f* زَهْرَة

Blut|egel *m* عَلَقَة

≈en *(-e-)* سَال دَمُه (i)، دَمِي (a)

~erguß *m* *(-sses; ⸚sse)* نَزِيف، اِنْسِكَاب دَمَوِى دَاخِلِى

blut|gierig سَفَّاك

~ig دَمَوِى، مُلَطَّخ بالدَم

~leer عَدِيم الدَم

~stillend مُوقِف للنَزِيف

⸗sturz *m* *(-es; ⸚e)* نَزِيف دَمَوِى

⸗vergiftung *f* تَسَمُّم دَمَوِى

Bö *f* هَبَّة، رِيح

Bock *m* *(-es; ⸚e)* تَيْس

⸗beinig *fig.* عَنِيد

Boden *m* *(-s; ⸚)* أَرْض، أَرْضِيَّة، قَاع، قَعْر

~satz *m* *(-es; O)* رَاسِب

Bogen *m* قَوْس

(Krümmung) مُنْحَنًى

Arch.: طَاق

Papier: فَرْخ وَرَق

⸗förmig مُقَوَّس

~gang *m* *(-es; ⸚e)* رِوَاق

Bohle *f* لَوْح خَشَب

Bohne *f* فُول، فَاصُولِيَا

grüne ~ فَاصُولِيَا خَضْرَاء

weiße ~ فَاصُولِيَا بَيْضَاء

bohr|en ثَقَب (u)

⸗er *m* مِثْقَب

Boje *f* عَلَامة بَحْرِيَّة شَمَنْدُورَة،

Bolzen *m* مِزْلَاج، تِرْبَاس

Bombe *f* قُنْبُلَة

~n-flugzeug *n* *(-¢s; -e)* قَاذِفَة القَنَابِل

~n-schaden *m* *(-s; ⸚)* ضَرَر قَنَابِل

Bonbon [bɔŋˈbɔŋ] *m* *(-s; -s)* مُلَبَّس (حلو)

Boot *n* *(-es; -e)* مَرْكَب، زَوْرَق

~s-mann *m* *(-es; ⸚er, auch -s-leute)* مَرَاكِبِى

Bord *n* *(-s; -e)* لَوْح

Mar. حَافَّة سُفُن

an ~ عَلَى مَتْن

~flugzeug *n* *(-¢s; -e)* طَيَّارَة تَحْمِلُها سَفِينَة

~funker *m* عَامِل تَلِغْرَاف لَاسِلْكِى فى سَفِينَة او طَيَّارَة

borgen *(von)* اِقْتَرَض، اِسْتَعَار من
j-m أَقْرَضَ على
borniert ضَيِّق الفِكْر
Borsalbe [ˈboːʁzalbə] *f* مَرْهَم بُوريك
Börse *f* كِيس *Hdl.* بُورْصَة
~n-kurs *m (-es; -e)* سِعْر بُورْصَة
~n-makler *m* سِمْسَار بُورْصَة
Borste *f* شَعْر خَشِن
Borte *f* حَاشِيَة
Böschung *f* مُنْحَدَر، اِنْحِدَار
böse غَضْبَان، شَرِّير، سَيِّء
≈wicht *m (-s; -e)* اِنسَان شِرِّير
bos|haft خَبِيث
≈heit *f* خُبْث
böswillig شِرِّير
Boˈtanik *f (O)* عِلْم النَبَات
Bote *m (-n)* سَاعٍ، رَسُول
Botschaft *f (Nachricht)* خَبَر
Diplomatie: سِفَارَة
~er *m* سَفِير
Böttcher *m* صَانِع البَرَامِيل
Bottich *m (-s; -e)* خَابِيَة
Bouillon [bulˈjɔŋ] *f (-; -s)* شُورْبَة لَحْم
box|en *(-t)* لَاكَمَ
≈er *m* مُلَاكِم
≈handschuh *m (-s; -e)* قُفَّاز مُلَاكَمَة
≈kampf *m (-es; ⸗e)* مُلَاكَمَة
brach [-aː-] *(O)* بُور، بَائِر
Brand *m (-es; ⸗e)* حَرِيق
Med. غَنْغَرِينَا
Bot. يَرَقَان النَبَات
~blase *f* فُقَّاعَة
~bombe *f* قُنْبُلَة مُحْرِقَة
~stifter *m* مُشْعِل الحَرِيق
~stiftung *f* اِشْعَال الحَرِيق
~ung *f* تَكَسُّر الأَمْوَاج
Branntwein *m (-s; O)* كُونْيَاك
~brennerei *f* مَعْمَل خُمُور

brat|en *(L)* (i)شَوَى، (i) قَلَى، حَمَّر

≈en *m* لَحْم مَشْوِى

≈en-fett *n (-¢s; -e)* شَحْم المَشْوِيَّات

≈en-soße *f* مَرَق مُحَمَّرَات

≈fisch *m (-es; -e)* سَمَك مَقْلِى

≈kartoffeln *f/pl.* بَطَاطِس مُحَمَّر

≈pfanne *f* مِقْلَاة

Brauch *m (-¢s; ⸗e)* عَادَة

≈bar مُفِيد، نَافِع

≈en اِحْتَاج اِلَى

Braue *f* حَاجِب العَيْن

Braue'rei *f* مَعْمَل بِيرَة

braun بُنِّى، اَسْمَر

Bräune *f (O) Med.* ذَبْحَة

bräunen *v/t.* (a) لَفَح، سَمَّر *v/r.* اِسْمَرّ

Brause *f* مِنْضَح، دُوش

~bad *n (-¢s; ⸗er)* حَمَّام الدُوش

≈n *(-t)* (i) حَفّ، (i) عَجّ

Braut *f (—; ⸗e)* خَطِيبَة، عَرُوس

~gabe *f (-; -n)* مَهْر

Bräutigam *m (-s; -e)* خَطِيب، عَرِيس

Braut|kranz *m (-es; ⸗e)* اِكْلِيل العَرُوس

~paar *n (-es; -e)* خَطِيبَان

brav صَالِح، مُؤَدَّب

Brech|eisen *n* عَتَلَة

≈en *(L) v/t.* (i) كَسَر *v/i. (sn)* (i) قَاء *(sich übergeben)* اِنْكَسَر،

~ung *f* اِنْكِسَار، كَسْر

Brei *m (-¢s; -e)* عَصِيدَة،

breit *(-er; -est)* عَرِيض، وَاسِع

≈e *f* عَرْض

≈en-grad *m (-¢s; -e)* خَطّ العَرْض

Bremse *f Tech.* كَبَّاحَة، فَرْمَلَة

Zo. ذُبَابَة الخَيْل، نُعَرَة

≈n *(-t)* (a) كَبَح، فَرْمَل

brenn|bar قَابِل الِاحْتِرَاق
≈eisen *n* مِكْوَاة الشَّعْر
~en *(L) v/i. (sn)* اِلْتَهَبَ، اِحْتَرَق
v/t. كَوَى (i)
Insektenstich: لَسَع (a)
Haar: جَعَّد
≈holz *n (-es; O)* حَطَب
≈punkt *m (-es; -e)* بُؤْرَة العَدَسَة
Verkehr: مَرْكَز المُرُور
≈weite *f* بُعْد بُؤْرِى
Brett *n (-es; -er)* لَوْح خَشَب، رَفّ
Brezel *f (—; -n)* شُرَيْك
Brief *m (-es; -e)* خِطَاب، رِسَالَة، مَكْتُوب
~aufschrift *f* عُنْوَان
~kasten صُنْدُوق الخِطَابَات
≈lich مُكَاتَبَةً، مرَاسَلَةً
~marke *f* طَابِع بَرِيد
~ordner *m* مِلَفّ
~papier *n (-s; -e)* وَرَق خِطَابَات
~porto *n (-s; -s)* أُجْرَة بَرِيد
~tasche *f* مِحْفَظَة
~träger *m* سَاعِى بَرِيد
~umschlag *m (-ȩs; ⸚e)* مَظْرُوف
~waage *f* مِيزَان خِطَابَات
~wechsel *m* مُكَاتَبَة، مُرَاسَلَة
Brille *f* نَظَّارَة
bringen *(L)* اَحْضَر
zustande ~ قَدَر على (i) (الإِنْجَاز)
Brise *f* نَسِيم
bröck(e)lig سَهْل التَفَتُّت، هَشّ
Brocken *m* كِسْرَة
brodeln *(-le)* غَلَى (u)
Bronze ['bʀɔŋsə] *f* بُرُنْز، صُفْر
Brosche *f* مِشَكّ
Brot *n (-es; -e)* عَيْش، خُبْز
~korb *m (-ȩs; ⸚e)* سَلَّة خُبْز
≈los *(O)* بِدُون رِزْق
~rinde *f* وَجْه الرَّغِيف، قِشْر خُبْز

~**schnitte** *f* شُقَّة خُبْز

Bruch *m* *(-ẹs; ⸚e)* كَسْر، فِتَاق، اِنْقِطَاع

~**band** *n* *(-ẹs; ⸚er)* حِزَام فِتَاق

brüchig سَهْل الكَسْر، هَشّ

Bruchstück *n* *(-ẹs; -e)* جُزْء، كِسْرَة

Brücke *f* جِسْر، قَنْطَرَة، كُوبْرِى

Bruder *m* *(-s; ⸚)* اَخ

brüderlich اَخَوِى

Bruderschaft *f* اَخَوِيَّة

Brühe *f* مَرَق، شُرْبَة

brüllen زأر (u)، جَأر (a) صَخَب (u)، صَاح (i)

brummen زَنّ (i)، زَمْجَر، طَنّ (i)

Brunft *f* *(—; ⸚e)* *s.* Brunst

Brunnen *m* بِئْر

~**kur** *f* عِلَاج بِالمِيَاه المَعْدِنِيَّة

Brunst *f* *(—; ⸚e)* وَدَقان، ضَبَع

brünstig وَادِق

Brust *f* *(—; ⸚e)* صَدْر، ثَدْى

~**kasten** *m* قَفَص الصَدْر

~**schwimmen** *n* العَوْم عَلى الصَدْر

~**warze** *f* حَلَمَة الثَدْى

Brut *f* *(O)* فَقْس، نَسْل، فِرَاخ

brüten *(-e-)* رَخَم (u)

fig. اَمْعَن الفِكْر فى (über)

Bube *m* *(-n)* وَلَد، صَبِى

Buch [-uː-] *n* *(-es; ⸚er)* كِتَاب

~**druckerei** *f* مَطْبَعَة

Buche *f* *Bot.* شَجَر زَان

buchen سَجَّل، حَجَز (i)

Bücher|brett *n* *(-ẹs; -er)* رَفّ الكُتُب

~**ei** [-ˈʀaɪ] *f* مَكْتَبَة

~**schrank** *m* *(-ẹs; ⸚e)* دُولَاب الكُتُب

Buch|haltung [ˈbuːx-] *f* مَسْك الدَفَاتِر

~**handlung** *f* مَكْتَبَة

Buchsbaum [ˈbʊksbaʊm] *m* *(-ẹs; ⸚e)* شَجَرَة بَقْس

Büchse [ˈbʏksə] *f (Gewehr)* عُلْبَة، بُنْدُقِيَّة
~n-öffner *m* فَتَّاحَة عُلَب
Buch|stabe [uː] *m (-n)* حَرْف
≈staˈbieren (—) هَجَّى
≈stäblich حَرْفِي
Bucht *f* خَلِيج
Buckel *m* حَدَبَة
bück|en *v/r.* اِنْحَنَى، (i) مَال
≈ling *m (-s; -e)* اِنْحِنَاء، *(Fisch)* رِنْجَة
Bude *f* كُشْك، دُكَّان صَغِير
Büfett [by·ˈfeː] *n (-s; -s)* بُوفِيه
Büffel *m* جَامُوس
Bug *m (-s; -e)* مُقَدَّمَة المَرْكَب
Bügel|eisen *n* مِكْوَاة
≈n *(-le)* كَوَى (i)
Bühne *f* مِنَصَّة، مَسْرَح
~n-stück *n (-¢s; -e)* رِوَايَة تَمْثِيلِيَّة
Bulle *m (-n)* ثَوْر
Bummel *m* فُسْحَة، نُزْهَة
~ei [-ˈlaɪ] *f* تَسَكُّع
≈n *(-le)* تَفَسَّح، تَنَزَّه
~zug *m (-¢s; ⸚e)* قِطَار عَادِي
Bund *m (-es; ⸚e)* وَحْدَة، اِتِّحَاد، رَابِطَة
Bündel *n* حِزْمَة، رَبْطَة
Bundes|genosse *m (-n)* حَلِيف
~staat *m (-es; -en)* دَوْلَة اِتِّحَادِيَّة
bünd|ig مُوجَز، مُخْتَصَر
≈nis *n (-ses; -se)* حِلْف، مُعَاهَدَة
bunt *(-er; -est-)* مُبَرْقَش
Bürde *f* حِمْل، عِبْء
Burg *f* قَصْر، قَلْعَة، حِصْن
Bürge *m (-n)* ضَامِن، كَفِيل
≈n ضَمَن (a)
Bürger|(in *f*) *m* مُوَاطِن
~krieg *m (-es; -e)* حَرْب أَهْلِيَّة

≈lich أهْلِى
~meister *m* مُخْتَار، عُمْدَة بَلَد
Bürgschaft *f* ضَمَانَة، كَفَالَة
Bü'ro *n* *(-s; -s)* مَكْتَب
Bursche *m* *(-n)* غُلَام
Bürste *f* فُرْشَة
Busch *m* *(-es; ⸗e)* أجَمَة، دَغَل
Büschel *n* خُصْلَة
Busen *n* ثَدْى، خَلِيج
Buße *f* كَفَّارَة
büß|en *(-t)* تَاب، كَفَّر عَن ذَنْبِه (u)
≈er(in *f)* *m* مُكَفِّر
Bußtag *m* *(-es; -e)* يَوْم التَوْبَة
Büste *f* تِمْثَال نِصْفِى
~n-halter *m* حَمَالَة الصَدْر
Butter *f* *(O)* زُبْدَة
~brot *n* *(-es; ⸗e)* خُبْز بالزُبْدَة
~dose *f* عُلْبَة زُبْدَة
≈n *(-re)* مَخَض (اللَبَن) (u)

C

(Siehe auch unter K)

Chaos [ˈkaːɔs] *n (—; O)* هَرْج، عَدَم نِظام

Charakter [ka·ˈʀaktɐ] *m* خُلُق، أَخْلَاق

~los لاخُلُق له

~isieren [ka·ʀakte·ʀi·ˈziːʀən] *(—)* وَصَف، مَيَّز (i)

~istisch [-ˈʀɪstɪʃ] نَوْعِي، مُمَيِّز

~zug *m (-es; ⸚e)* عَلَامَة مُمَيِّزة

Chauffeur [ʃoˈføːʁ] *m (-s; -e)* سائِق

Chaussee [ʃoˈseː] *f* طَرِيق

Chef [ʃɛf] *m (-s; -s)* رَئِيس، مُدِير

Chem|ie [çe·ˈmiː] *f (O)* كِيمِيَاء

~ikalien [çe·mi·ˈkaːlĭən] *pl.* مَوَادّ كِيمَاوِيّة

~iker [ˈçeːmɪkɐ] *m* كِيمَاوِي

Chiffre [ˈʃɪfɐ] *f (—; -n)* شِفْرَة، رَمْز

~telegramm [-te·le·gʀam] *n (-s; -e)* تِلِغْرَاف شِفْرِي

Chirurg [çi·ˈʀʊʁk] *m (-en)* جَرَّاح

~ie [çi·ʀʊʁˈgiː] *f (O)* جِرَاحَة

Chlor [klo·ʁ] *n (-s; O)* كُلُور

Choler|a ['ko:ləʀa:] *f* *(O)* كُوليرا

~isch [ko·'le:ʀɪʃ] حَادّ الطَبْع

Chor [ko:ʁ] *m* *(-¢s; ⸚e)* فِرْقَة غَنَائِيَّة

Christ [k-] *m* *(-en)* مَسِيحِي، نَصْرَانِي

~entum *n* *(-s; O)* مَسِيحِيَّة

~fest *n* *(-¢s; O)* عِيد مِيلاد المَسِيح

~in *f* مَسِيحِيَّة

~lich مَسِيحِي

chromatisch [kʀo·'ma:tɪʃ] مُلَوَّن، لَوْنِي

chronisch ['kʀo:nɪʃ] مُزْمِن

Creme [kʀe:m] *f* *(—; -s)* كَرِيمَة

D

da *adv.* هُنا
cj. لِأنّ
~'**bei** فَوْق ذَلِك، بِالقُرْب
da'bei|bleiben *(L; sn)* تَمَسَّك
~**sein** *(L)* حَضَر (u)
dableiben *(L; sn)* مَكَث، (u) بَقِيَ (a)
Dach *n (-es; ⸚er)* سَطْح
fig. مَأْوًى، مَلاذ
~**decker** *m* مُسَقِّف
~**rinne** *f* مِزْرَاب
dadurch بِذَلِك، بِهَذِهِ الطَّرِيقَة
da'für مُقَابِل هَذَا، لِأَجْل ذَلِك، لِذَلِك
da'gegen ضِدّ ذَلِك
cj. بِالعَكْس

ich habe nichts ~ لَيْس عِنْدِي مَانِع
daher *Richtung:* مِن هُنَاك
Ursache: لِذَلِك، لِأَجْل ذَلِك
dahin إِلَى هُنَاك
da'hinter خَلْفَ ذَلِك
damals حِينَئِذٍ، فِي ذَلِك الوَقْت
Dame *f* سَيِّدَة
(Spiel) لِعْبَة الدَّامَا
~**brett** *n (-s; -er)* رُقْعَة الدَّامَا
damit *adv.* مَعَ هَذَا
da'mit *cj.* لِكَيْ، لِ
~ **nicht** لِئَلَّا
dämlich *P* عَبِيط، أَبْلَه
Damm *m (-es; ⸚e)* سَدّ، جِسْر

dämmer|ig عَاتِم
~licht *n (-ȼs; O)* غَسَق، عَتْمَة
~n *(-re)* لَاحَ الفَجْر، (u) عَتِم (i)
Dampf *m (-es; ⸗e)* بُخَار
~bad *n (-es; ⸗er)* حَمَّام بُخَار
~boot *n (-es; -e)* بَاخِرَة، مَرْكَب بُخَارِيَّة
dämpfen خَفَّف، (u) كَتَم، أخْمَد، سَبَّك او (u) كَمَر الاَكْل
Dampf|er *m* بَاخِرَة
~er-linie *f* خَطّ مِلَاحَة
~heizung *f* تَدْفِئَة بِالبُخَار
~maschine *f* آلَة بُخَارِيَّة
~schiff *n (-ȼs; -e)* سَفِينَة بُخَارِيَّة
Dämpfung *f* تَخْفِيف، كَتْم، اِخْمَاد، تَسْبِيك
Dampfwalze *f* وَابُور زَلَط، مَلَّاسَة الأَرْض
danach بَعْد ذَلِك
da'neben بِجَانِب ذَلِك، بِجِوَارِه، بِالْقُرْب مِنْهُ
Dank *m (-es; O)* شُكْر
~bar مُعْتَرِف بِالْجَمِيل، شَاكِر
~barkeit *f* اِعْتِرَاف بِالْجَمِيل، مَمْنُونِيَّة، شُكْر
~en شَكَر (u)
dann اِذَنْ، ثُمَّ
daran فِيه، عَلَيْه
darauf وَعَلَيْه، وعَلَى ذَلِك
~hin بَعْد ذَلِك
darbiet|en *(L)* قَدَّم، (i) عَرَض
~ung *f (thea.)* عَرْض مَسْرَحِي
dar|bringen *(L)* قَدَّم، أحْضَر
~legen شَرَح (a)
~legung *f* شَرْح
~leh(e)n *n (-s; —)* اِعَارَة، قَرْض
Darm *m (-ȼs; ⸗e)* مَعْى، مَصِير
Dar'niederliegen *n* (des Handels) بَوَار (سُوق)
dar|reichen نَاوَل، قَدَّم

~stellen مَثَّلَ

≈stellung *f* تَمْثِيل

da'rüber فَوْقَ ذَلِكَ

darum لِذَلِكَ

da'runter تَحْتَ ذَلِكَ، بَيْنَ ذَلِكَ

das هَذَا، ال (أداة التعريف الجَمَاد المُفْرَد)

dasein[1] *(L; sn)* حَضَرَ، وُجِدَ (u)

Dasein[2] *n (-s; O)* حُضُور، وُجُود

daß أَنْ، أَنَّ

~ nicht أَلَّا

da'tieren (—) أَرَّخَ

Dattel *f (—; -n)* تَمْر، بَلَح

Datum *n (—, -s; -ten, -ta)* تَارِيخ

Dauer *f (O)* دَوَام، مُدَّة

≈haft مَتِين، دَائِم

~haftigkeit *f* مَتَانَة

~karte *f* تَذْكَرَة اشْتِرَاك دَائِمَة

≈n *(-re)* دَامَ (u)

~welle *f* تَمَوُّج الشَّعْر الدَّائِم

Daumen *m* إِبْهَام

~abdruck *m (-s; ⸚e)* بَصْمَة الإِبْهَام

Daune *f* زَغَب طَيْر

da'von مِنْ ذَلِكَ

~laufen *(L; sn)* هَرَبَ (a)، فَرَّ (i)

da'vor قَبْلَ ذَلِكَ، أَمَامَ ذَلِكَ

da'zu فَوق ذَلِكَ، إِلَى ذَلِكَ

~gehören (—) تَعَلَّقَ بِذَلِكَ، خَصَّ ذَلِكَ (u)

da'zwischen بَيْنَ ذَلِكَ

≈kunft *f (—; O)* تَوَسُّط، تَدَاخُل

Debatt|e [de·'batə] *f* جَدَل

≈ieren [de·ba'ti:Rən] (—) جَادَلَ

Debet ['de:be·t] *n (-s; -s)* *Hdl.* دَيْن (فى الحِسَابَات)

Debüt [de·'by:] *n (-s; -s)* بَدْء، ظُهُور

dechiffrieren [de·ʃɪ'fRi:-

ʀən] (—) حَلّ رُمُوزًا (i) او شِفْرَةً

Deck *n (-s; -s) Mar.* ظَهْر سَفِينَة

Decke *f* سَقْف، غِطَاء، لِحَاف، بَطَّانِيَّة

Deckel *m* طَبَق، غِطَاء

deck|en غَطَّى

Tisch: فَرَش (u)

~ung *f* حِمَايَة

defekt [de·ˈfɛkt] مَعِيب، نَاقِص

~ *m (-s; -e)* نَقْص، عَيْب

defensiv [de·fɛnˈzi:f] دِفَاعِي

defin|ieren [de·fi·ˈni:ʀən] (—) حَدَّد، عَرَّف

~ition [-niˈtsĭo:n] *f* تَحْدِيد، تَعْرِيف

~itiv [-ni·ˈti:f] نِهَائِي

Defizit [ˈde:fi·tsɪt] *n (-s; -s)* خَسَارَة، نَقْص

Degen *m* سَيْف

dehn|bar قَابِل للتَّمَدُّد

fig. مُبْهَم

~en مَدّ، (i) مَطَل (u)

~ung *f* مَطْل، اِمْتِدَاد

Deich *m (-es; -e)* سَدّ (المَاء)

Deichsel [ˈdaɪksəl] *f (-; -n)* عَرِيش (عَرَبَات)

dein ك (ضمير ملك للمخاطب)

deklamieren [de·klaˈmi:ʀən] (—) تَلَا (u)، اَنْشَد

Dekoration [de:ko·ʀa·ˈtsĭo:n] *f* زِينَة، زَخْرَفَة

Dekret [de·ˈkʀe:t] *n (-s; -e)* قَرَار، مَرْسُوم

delikat [de·li·ˈka:t] رَقِيق، لَذِيذ الطَعْم

~esse [-ka·ˈtɛsə] *f* لَذِيذ المَأْكُولَات

Delphin [dɛlˈfi:n] *m (-s; -e)* دَرْفِيل

Delta *n (-s; -s)* دَلْتَا

dem|gemäß بِمُوجِب ذَلِك

~ˈnächst بَعْدَ قَلِيل

Demokrat [de·mo·ˈkra:t] *m (-en)* دِيمُقْرَاطِي

~**ie** [-kʀa·ˈtiː] *f* دِيمُقْرَاطِيَّة

demolier|en [de·mo·ˈliːʀən] (—) هَدَم (i)

~**ung** *f* هَدْم

Demont|age [de·mɔnˈtaːʒə] *f* تَفْكِيك

~**ieren** [de·mɔnˈtiːʀən] فَكَّ (u)، فَكَّكَ

Demut *f* *(O)* تَوَاضُع، خُضُوع

demütig خَاضِع

~**en** اَخْضَعَ، أَذَلَّ

denk|bar يُمْكِن تَصَوُّرُه، مَعْقُول

~**en** *(L)* ظَنَّ (u)، فَكَّرَ *v/r.* تَصَوَّرَ

~**mal** *n* *(-s; ⸗er, -e)* نُصْب تَذْكَارِي

~**schrift** *f* مُذَكِّرَة

~**spruch** *m* *(-¢s; ⸗e)* حِكْمَة

~**würdig** جَدِير بِالذِّكْرَى

~**zettel** *m* دَرْس

denn لِأَنَّ

dennoch وَمَع ذَلِك

De|pesch|e *f* بَرْقِيَّة

~**ieren** [-pɛˈʃiːʀən] (—) أَبْرَق

depo|nieren (—) اَوْدَعَ

der ال (اَدَاة التَعْرِيف المُفْرَد المُذَكَّر)

derb غَلِيظ، خَشِن

der|gleichen كَهَذَا، مِثْل هَذَا

derjenige, (der) الَّذِى

der|selbe نَفْسُه، ذَاتُه

des|gleichen *adv.* بِالمِثْل، كَذَلِك

deshalb لِذَلِك

desinfizieren [dɛsɪnfi·ˈtsiː-ʀən] (—) عَقَّم

Des|pot *m* *(-en)* ظَالِم

desto: je (mehr) ~ كُلَّمَا — كُلَّمَا

deswegen لِذَلِك

detaillieren [de·ta·ˈjiːʀən] (—) فَصَّل

Detektiv [de·tɛkˈtiːf] *m* *(-s; -e)* بُولِيس سِرِّى، مُخْبِر

deut|en *(-e-) v/i.* آشار (إلى)
fig. دَلّ على (u)
v/t. شَرَح، فَسّر (a)
~lich واضِح
deutsch ألْماني
⁓land *n (-s; O)* ألْمانيا
Deutung *f* شَرْح، تَفْسير
De'vise *f Hdl.* عُمْلَة أجْنَبِيَّة
De'zember *m* syr.: كَانُون الأوّل
ägypt.: دِيسَمْبَر
Diagnose [di·a·'gno:zə] *f* تَشْخيص مَرَض
Dialekt [di·a'lɛkt] *m (-s; -e)* لَهْجَة
Dialog [di·a·'lo:k] *m (-s; -e)* مُحاوَرَة، حِوار
Diamant [di·a·'mant] *m (-en)* مَاس
Diät [di·'ɛ:t] *f* حِمْيَة
dicht *(-er; -est-)* كَثيف، مُحْكَم
⁓e *f (O)* كَثافة
~en *(-e-)* كَثّف، أحْكَم
(i) نَظم الشِعْر
Dicht|er *m* شاعِر
~kunst *f (O)* قَرْض الشّعْر
~ung *f (Poesie)* شِعْر
Techn. جِلْبَة
dick سَميك، سَمين، بَدين، غَليظ
⁓darm *m (-ęs; ⸚e)* المِعَى الغَليظة
⁓e *f* سُمْك، بَدانَة، غِلَظ
⁓icht *n (-ęs; -e)* دَغَل، أجَمَة
⁓kopf *m (-ęs; ⸚e)* عَنيد
~leibig سَمين
die ال (أداة تَعْرِيف المُفْرَد المُؤنّث والجَمْع)
rel. pron. ~, welche: الّتي
Dieb *m (-es; -e)* لِصّ، سَارِق
~e'rei *f* سَرِقَة
⁓isch مَيّال لِلسَرِقَة
~stahl *m (-s; ⸚e)* سَرِقَة
Diele *f* أرْضِيّة، قاعَة
dien|en نَفَع (a) خَدَم (i) صَلُح ل (u)
⁓er *m* خَادِم

~erin *f (—; -nen)* خَادِمَة
~erschaft *f (O)* خَدَم
~lich نَافِع
Dienst *m (-es; -e)* خِدْمَة، وَظِيفَة، شُغْل
im ~ فِى الخِدْمَة، فِى الشُّغْل
Dienstag *m (-ǝs; -e)* يَوْم الثُّلَاثَاء
dienst|bar خَدُوم
~bote *m (-n)* خَادِم
~herr *m (-n; -en)* مَخْدُوم
~mädchen *n* خَادِمَة
~mann *m (-es; ⸗er, auch Dienstleute)* سَاعٍ
~stunden *f/pl.* سَاعَات العَمَل
~willig خَدُوم
dieser هَذَا diese *pl.* هَؤُلَاء
Dietrich *m (-s; -e)* مِفْتَاح مُزَوَّر، طَفَّاشَة
Dik't|**at** *n (-s; -e)* إِمْلَاء
~ator *m (-s; -en)* حَاكِم مُطْلَق، دِكْتَاتُور
~atur [-'tu:ʁ] *f* حُكْم مُطْلَق
~ieren [-'ti:ʀən] (—) أَمْلَى
Dilet'tant *m (-en)* هَاوٍ، غَاوٍ
Ding *n (-ǝs; -e, a. -er)* شَىْء، أَمْر
guter ~e sein اِبْتَهَج
Diphthe'rie *f (O)* دِفْتِرِيَا
Diplo'mat *m (-en)* دِبْلُومَاسِى، سِيَاسِى
~ie [-ma·'ti:] *f (O)* دِيبْلُومَاسِيَّة، سِيَاسَة
di'rekt مُبَاشِر، مُبَاشَرَةً، رَأْسًا
~er Wagen *Esb.* عَرَبَة طَوَّالِيَّة
Direk|tion [-'tsĭo:n] *f* إِدَارَة
~tor [-'ʀɛktoʁ] *m (-s; -en)* نَاظِر، مُدِير
Dirig|ent [di·ʀi·'gɛnt] *m (-en) Musik:* قَائِد فِرْقَة مُوسِيقِيَّة
~ieren (—) قَادَ، أَدَار (u)
Dis'kont *m (ǝs; -e) Hdl.* خَصْم
~ieren [-'ti:ʀən] (—) خَصَم (i)
dis'kret كَتُوم

dispu'tieren (—) جَادَل، نَاقَش
Dis'tanz *f* مَسَافَة
Distel *f (—; -n) Bot.* حَسَك
Disziplin [dɪstsi·ˈpliːn] *f* تَأْدِيب، نِظَام
divi'dieren (—) *Math.* قَسَم (i)
Division [di·vi·ˈzĭoːn] *f* *Math.* قِسْمَة *mil.* فِرْقَة
doch لَكِن، إِلَّا أَنّ
~! بَلَى
nicht ~! كَلَّا
Docht *m (-ęs; -e)* فَتِيلَة، ذُبَالَة
Dock *n (-s; -s)* حَوْض السُّفُن
Doktor *m (-s; -en)* دُكْتُور
Dokument [do·ku·ˈmɛnt] *n* *(-s; -e)* وَثِيقَة، مُسْتَنَد
Dolch *m (-es; -e)* خَنْجَر
~stoß *m (-es; ⸗e)* طَعْنَة خَنْجَر
Dolmetscher *m* تَرْجُمَان
Dom *m (-es; -e)* كَنِيسَة أُسْقُفِيَّة، كَاتِدْرَائِيَّة
Domäne [do·ˈmɛːnə] *f* أَمْلَاك أَمِيرِيَّة
Donner *m* رَعْد
Donnerstag *m (-ęs; -e)* يَوْم الخَمِيس
Doppel|decker *m* طَائِرَة ذَات سَطْحَين
~fenster *n* شُبَّاك مُزْدَوِج
~spiel *n (-s; O) fig.* لِعْبَة مُزْدَوِجَة
~stecker *m Elektr.* فِيشَة مُزْدَوِجَة (كَهْرَبَاء)
~t مُزْدَوِج، مُضَاعَف
Dorf *n (-es; ⸗er)* قَرْيَة
Dorn *m (-ęs; -e)* شَوْك
~ig شَائِك
dort هُنَاك
Dose *f* حُقَّة، عُلْبَة
~n-öffner *m* مِفْتَاح العُلَب
Dosis *f (—; Dosen)* مِقْدَار، جُرْعَة
Dotter *m* صَفَار البَيْض
Draht *m (-es; ⸗e)* سِلْك

≈en *(-e-)* أَبْرَق (بالتِلِغْرَاف)
≈los لاَ سِلْكِي
~nachricht *f* خَبَر تِلِغْرَافِي
~seil *n* *(-ǿs; -e)* حَبْل مَعْدِنِي
Drama *n (-s; -men)* مَسْرَحِيَّة
fig. فَاجِعَة
≈tisch [dʀaˑˈmaːtɪʃ] مَسْرَحِي، تَمْثِيلي
drängen زَاحَم
Drangsal *f (—; -e)* شِدَّة، ضِيق
draußen فِي الخَارِج
drechs|eln *(-le)* خَرَط (u)
≈ler *m* خَرَّاط
Dreck *m (-s; O)* وَحْل، قَذَر، وَسَخ
≈ig مُوَحَّل، وَسِخ
dreh|en دَوَّر، أَدَار
Film: صَوَّر
≈scheibe *f* صِينِيَّة السِكَّة الحَدِيدِيَّة
drei ثَلاَثَة
≈eck *n (-ǿs; -e)* مُثَلَّث
≈einigkeit *f (O)* ثَالُوث
~fach, ~fältig ثَلاَثَة أَمْثَال
~mal ثَلاَث مَرَّات
~ßig ثَلاَثُون
~ßigst- الثَلاَثُون
dreist جَسُور، جَرِيء
dreizehn ثَلاَثَة عَشَر
~t- ثَالِث عَشَر
dresch|en *(L)* دَرَس (i) (حُبُوبًا)
≈er *m* دَرَّاس
Drill *m (-s; O)* تَدْرِيب عَسْكَرِي
dringen *v/i. (L; sn)* اِقْتَحَم
~ **auf** ~ أَلَحّ علي
~d مُسْتَعْجَل
drinnen دَاخِل، فِي الدَاخِل
dritt|- ثَالِث
≈el *n* ثُلْث
~ens ثَالِثًا
Drog|e *f* عَقَّار
~e'rie *f* مَحَلّ بَيْع عَقَاقِير
~ist [-oˑˈgɪst] *m* عَطَّار

drohen هَدَّد

dröhnen قَصَف، دَوَّى (i)

Drohung *f* تَهْدِيد

drollig مُضْحِك، مُهَرِّج

Droschke *f* تاكْسِي، عَرَبَة اَو سَيَّارَة أُجْرَة

~n-chauffeur [-ʃɔ'fø:ʀ] *m* *(-s; -e)* سَائِق تاكْسِي

~n-kutscher *m* عَرْبَجِي أُجْرَة

drosseln *(-le)* كَتَم (u)

drüben فِي تِلْكَ النَّاحِيَة

Druck *m (-¢s; -e)* ضَغْط، طَبْع

~en طَبَع (u)

drück|en ضَغَط (u)

v/r. تَهَرَّب من العَمَل (a)

~er *m* صُقَّاطَة بَاب

Druck|er *m* طَبَّاع

~e'rei *f* مَطْبَعَة

~knopf *m (-es; ⸚e)* زِرّ كَبْسُول، زِرّ كَهْرَبَاء

~messer *m* مِقْيَاس ضَغْط

~pumpe *f* طُلُمْبَة كَابِسَة

~sache *f* مَطْبُوعَات

Drüse *f* غُدَّة

du أَنْتَ، أَنْتِ

ducken *v/r.* خَضَع، اِنْحَنَى (a)

Dudelsack *m (-es; ⸚e)* زَمَّارَة القِرْبَة

Du'ell *n (-¢s; -e)* مُبَارَزَة

Duft *m (-¢s; ⸚e)* عِطْر، رِيحَة

~ig عَاطِر

duld|en *(-e-)* عَانَى، تَسَاهَل فِي، تَسَامَح

~sam مُتَسَاهِل، مُتَسَامِح

~samkeit *f* تَسَامُح، تَسَاهُل

dumm *(⸚er; ⸚st-)* أَبْلَه، غَبِي

~heit *f* بَلَه، غَبَاوَة، حُمْق

dumpf أَجْوَف (لِلأَصْوَات)

Düne *f* كَثِيب

Dünger *m* سَمَاد، سِبَاخ

dunkel *(-kl-)* مُظْلِم

Farbe: غَامِق

Sinn: مُبْهَم

Dünkel *m* غُرُور

~haft مَغْرُور

Dunkel|heit *f* ظَلَام

~kammer *f (—; -n)* حُجْرَة مُظْلِمَة

≈n *(-le)* أَظْلَمَ

dünken ظَهَرَ (a)

es dünkt mich
يَظْهَرُ لِي

dünn نَحِيف، رَفِيع

Dunst *m (-es; ⸚e)* بُخَار، ضَبَاب

dünsten *(-e-)* كَمَّرَ او سَبَّكَ (u) (مَأْكُولَات)

dunstig ذُو ضَبَاب

Dupli'kat *n (-s; -e)* صُورَة، نُسْخَة

durch خِلَال، عَبْرَ، فِي، بِوَاسِطَة

~'aus مُطْلَقاً، تَمَاماً

~'aus nicht لا أَبَداً

Durchblick *m (-ɇs; -e)* نَظْرَة مِن خِلَال

≈en اِسْتَشَفَّ، اِسْتَبَانَ

~ lassen أَفْهَمَ،

durch|bohren ثَقَبَ (u)

~braten *(L)* حَمَّرَ جَيِّداً

durchgebraten مُحَمَّر تَمَاماً

~brechen *(L)* ر

~brennen *(L)* ن، اِحْتَرَقَ *v/i.*

elektr. Sicherung:

durch'denken *(L;*
تَمَعَّنَ فِي

durchdringen[1] *(L)*

durch'dringen[2] *(L;*
شَمِلَ (a)

durchei'nander لط، رَأْساً عَلَى عَقِب

durchfahren[1] *(L) v/*
مَرَّ دُونَ تَوَقُّف (u

durch'fahren[2] *(L; –*
قَطَعَ، اِجْتَازَ (a)

Durchfahrt *f* مَمَرّ، ر

Durchfall *m (-ɇs; ⸚e)* ،
Med. فَشَل، اِسْهَال

≈en *(L)* خَابَ (i)، سقط

Durchfuhr *f* مُرُور
Hdl. تَرَانْسِيت

durchführ|bar ن اِنْجَازه

~en أَجْرَى
fig. آدَّى، أَنْجَزَ، نَفَّذَ

rchgang *m (-¢s; ⸚e)* مَمَر

rchgängig عَامّ، بِدُون اِسْتِثْنَا

ırchgangs|handel *m (O)* تِجَارَة تِرَانْسِيت

-verkehr *m (O)* حَرَكَة المُرُور

-zoll *m (-¢s; ⸚e)* جَمَارِك تِرَانْسِيت

ırchgehen *(L; sn)* اِجْتَاز

urchgekocht مَطْهِيّ

urchgreifen *(L)* اِتَّخَذ التَّدَابِير اللَّازِمَة

urchhalten *(L)* صَبَر (i)، اِسْتَمَرّ

urchhauen قَطَع (a)، ضَرَب (i) (عَلْقَة)

durch'kreuzen *(-t; —)* اِجْتَاز، عَرْقَل

durchlassen *(L)* صَرَح (a)، اَنْفَذ (مَاء)، سَمَح (a) بِالمُرُور

durch'leuchten *(-e-; —)* كَشَف (i) أو صَوَّر *(röntgen)* بِأَشِعَّة

durch'löchern *(-re; —)* ثَقَب (u)

durch'lüften *(-e-; —)* هَوَّى

Durchmarsch *m (-es; ⸚e)* اِخْتِرَاق، اِجْتِيَاز

Durchmesser *m* قُطْر

durchrechnen *(-e-)* حَسَب (i)

Durchreise *f* سَفَر، اِجْتِيَاز

durchreißen *(L)* مَزَّق، *v/i* تَمَزَّق

durch'schauen *(—)* كَشَف (i)، اِسْتَشَفّ

durchscheinen *(L)* شَفّ (i)

Durchschlag *m (-es; ⸚e)* صُورَة كَرْبُون

⁓end تَامّ، عَظِيم

Durchschnitt *m (-¢s; -e)* مُتَوَسِّط، مُعَدَّل

⁓lich بِمُعَدَّل

durchsehen *(L)* رَأَى مِن (a) بَيْن، اِطَّلَع

durchseihen صَفَّى، رَشَّح
durchsetzen *(-t) fig.* نَفَّذَ
Durchsicht *f* تَصَفُّح، مُطَالَعَة
~ig شَفَّاف
durchsieben نَخَلَ، غَرْبَل (u)
Durchstich *m (-es; -e)* قَطْع، ثَقْب
durch'stöbern *(-re; —)* فَتَّش، نَبَش (i)
durchstreichen *(L)* شَطَب (u)
durchsuchen فَتَّش
durch'trieben مَاكِر
durch'wachen (—) سَهِر (a)
durch'weben شَبَّك
durch'wühlen (—) نَبَش (i)، فَتَّش
durchzählen عَدَّ (u)
Durchzug *m (-es; ⸗e)* مَرّ، تَيَار هَوَاء
dürfen *(L)* جَاز له، سُمِح له (u)
dürftig مُعْوِز، فَقِير
~keit *f* فَقْر، عَوَز
dürr نَاشِف، جَافّ
~e *f* جَدْب، جَفَاف
Durst *m (-es; O)* عَطَش
dürsten *(-e-)* عَطِش (a)
fig. تَعَطَّش (nach إلى)
durstig عَطْشَان، مُتَعَطِّش
Dusch|e [-u:-] *f* دُوش
~en أخَذ دُوشاً (u)
Düse *f* مَنْفَث،
~n-flugzeug *n (-es; -e)* طَائِرَة نَفَّاثَة
Dutzend *n (-s; -e)* دَسْتَة
~weise بِالدَسْتَة
Dyna'mit *n (-s; O)* دِينَامِيت
Dyna'stie *f* دَوْلَة، أُسْرَة
D-Zug *m (-es; ⸗e)* قِطَار سَرِيع

E

Ebbe *f* جَزْر
eben *adj.* سَهْل، مُسْتَوٍ
adv. تَوًّا، حَالاً
≈e *f* سَهْل
~falls كَذَلِكَ، أيضاً
Ebenholz *n (-es; O)* آبَنُوس
ebenso كَذَلِكَ
~viel بِهَذَا القَدْر
Eber *m* ذَكَر الخِنْزِير
ebnen *(-e-)* مَهَّد، سَوَّى، نَعَّم
Echo *n (-s; -s)* صَدًى
echt صَحِيح، صَافٍ، حَقِيقِي
Eck|e *f* زَاوِيَة، رُكْن
≈ig ذُو زَوَايَا
edel *(-dl-)* نَبِيل، كَرِيم، ثَمِين
≈mut *m (-e̸s; O)* كَرَم، خُلُق
≈stein *m (-e̸s; -e)* حَجَر كَرِيم، جَوْهَر
Ef'fekt *m (-s; -e)* تَأْثِير
~en *pl.* أَمْتِعَة، مُمْتَلَكَات
Hdl. سَنَدَات مَالِيَّة
e'gal سِيّ، سَوَاء
Egge *f* مِسْلَفَة الأَرْض
≈n سَلَفَ (u)
Ego'is|mus *m* أَنَانِيَّة
≈tisch أَنَانِي
ehe[1] *cj.* قَبْل، قَبْلَ أَنْ
Ehe[2] *f* زَوَاج
~bruch *m (-e̸s; ¨e)* زِنَاء
~frau *f* زَوْجَة
~gatte *m (-n)* زَوْج
~gattin *f* زَوْجَة
~leute *pl.* زَوْجَان

≈lich خَاصّ بالزَوَاج، شَرْعى
~losigkeit *f* عُزُوبَة
ehe|malig سَابِق
~mals سَابِقاً
Ehe|mann *m (-ẹs; ⸗er)* زَوْج
~paar *n (-ẹs; -e)* زَوْجَان
eher من قَبْل
ehern حَدِيدِى، من حَدِيد
Ehescheidung *f* طَلَاق
ehr|bar مُحْتَشِم، شَرِيف
≈barkeit *f* شَرَف، حِشْمَة
≈e *f (O)* شَرَف
~en شَرَّف، كَرَّم، احْتَرَم
ehren|haft شَرِيف
≈mann *m (-ẹs; ⸗er)* رَجُل شَرِيف
~rührig خَادِش للشَرَف
≈wort *n (-ẹs; -e)* كَلِمَة شَرَف
Ehr|gefühl *n* عِزَّة، شُعُور بالشَرَف
~geiz *m (-es; O)* طُمُوح
≈geizig طَامِح، طَمُوح
ehrlich صَرِيح، أَمِين
≈keit *f (O)* صَرَاحَة أَمَانَة
ehrlos عَدِيم الشَرَف
≈igkeit *f* عَدَم الشَرَف
Ei *n (-ẹs; -er)* بَيْضَة
Eiche *f* بَلُّوط
~l *f* ثَمَر البَلُّوط
eichen[1] *v/t.* عَايَر
eichen[2] *adj.* مِن خَشَب البَلُّوط
Eichhörnchen *n Zo.* سِنْجَاب
Eichmaß *n (-es; -e)* مِعْيَار
Eid *m (-es; -e)* قَسَم، يَمِين
~bruch *m (-ẹs; ⸗e)* حِنْث
Eidechse *f Zo.* ضَبّ
Eidotter *n* صَفَار البَيْض
Eier|becher *m* كَأْس بَيض
~kuchen *m* عُجَّة بَيْض
~stock *m (-ẹs; ⸗e)* مِبْيَض
Eifer *m* جُهْد، غَيْرَة، هِمَّة
≈n *(-re)* غَار (a)
~sucht *f (—; ⸗e)* غَيْرَة
≈süchtig غَيُور

eifrig هَمَّام، مُجْتَهِد

Eigelb *n (-s; -e)* صَفَار البَيْض

eigen خَاصّ، مَمْلُوك

≈art *f* عَادَة، خَاصَّة

~artig غَرِيب

≈heit *f* صِفَة مُمَيِّزَة

~mächtig مُسْتَبِدّ

≈name *m (-n)* اِسم عَلَم

~nützig أَنَانِي

≈schaft *f* خَاصَّة، صِفَة

≈sinn *m (-¢s; O)* عِنَاد

~sinnig عَنِيد

~tlich حَقِيقِي

≈tum *n (-s; ⸚er)* مُلْك

~tümlich خَاصّ، غَرِيب

eignen *(-e-) v/r.* صَلَحَ (u) (für لِ)

Eiland *n (-es; -e)* جَزِيرَة

Eil|bote *m (-n)* رَسُول مُسْتَعْجِل

~brief *m (-¢s; -e)* خِطَاب مُسْتَعْجَل

Eil|e *f* عَجَلَة، سُرْعَة

≈en اِسْتَعْجَل

~gut *n (-¢s; ⸚er)* بَضَائِع مُسْتَعْجَلَة

≈ig مُسْتَعْجَل

~zug *m (-s; ⸚e)* قِطَار سَرِيع

Eimer *m* دَلْو، سَطْل، جَرْدَل

ein *num.* وَاحِد

art. أَدَاة نَكِرَة

ei'nander بَعْضُهُم بَعْضاً

Einbahnstraße *f* طَرِيق ذُو اِتِّجَاه وَاحِد

Einband *m (-s; ⸚e)* غِلَاف (كُتُب)

einbegriffen مَشْمُول، مَحْسُوب

einberuf|en *(L; –)* اِسْتَدْعَى

≈ung *f* اِسْتِدْعَاء

einbild|en *(-e-) v/r.* تَخَيَّل (etw. ه)

≈ung *f* غُرُور، خَيَال

einbinden *(L)* جَلَّد (كُتُباً) رَبَط (u)

Einblick *m (-¢s; -e)* اِطِّلَاع

Einbrecher *m* لِصّ، سَاطٍ

Einbruch *m* *(-ȩs; ⸚e)* سَطْو

einbürgern *(-re)* مَنَح (a) جِنْسِيَّة

einbüßen *(-t)* فَقَد، (i) خَسَر (a)

Eindecker *m* طَائِرَة بسَطْح وَاحِد

eindring|en *(L; sn)* نَفَذ (u)

fig. تَوَغَّل

~lich مُؤَثِّر

Eindruck *m* *(-ȩs; ⸚e)* تَأْثِير، اِنْطِبَاع

⁓s-voll ذُو تَأْثِير

einen *v/t.* وَحَّد

v/r. اِتَّحَد

ein-engen ضَيَّق، حَدَّد

einerlei سِيَّان، سَوَاء

es ist mir ~ سِيَّان عِنْدِي

einfach سَاذِج، بَسِيط، مُفْرَد

Hdl. ~e Buchführung مَسْك دَفَاتِر مُفْرَدَة

⁓heit *f* سَذَاجَة، بَسَاطَة

einfädeln *(-le)* سَلَك (u) (الخَيْط)

Einfahrt *f* دُخُول، مَدْخَل

Einfall *m* *(-ȩs; ⸚e)* غَزْو

fig. فِكْرَة

⁓en *(L; sn)* غَزَا، (u) سَقَط (u)

j-m ~ خَطَر فى بَالِه، (u) طَرَأَ عَلَيْه الفِكْر

einfältig أَبْلَه

einfarbig ذُو لَوْن وَاحِد، سَاذِج اللَّوْن

einfassen *(-ßt)* حَشَّى (ثِيَابًا)، رَصَّع (أَحْجَار كَرِيمَة)

einfetten *(-e-)* دَهَن، شَمَّم (i)

einfinden *(L)* *v/r.* حَضَر (u)

einfließen *(L; sn)* اِنْصَبَّ فِى

einflößen *(-ßt)* جَرَّع

fig. أَوْحَى

Einfluß *m* *(-sses; ⸚sse)* مَصَبّ

fig. تَأْثِير

einflüstern *(-re)* *fig.* وَسْوَس، لَقَّن

einförmig مُتَمَاثِل
عَلَى وَتِيرَة وَاحِدَة
~keit *f* تَنَسُّق، تَمَاثُل
einfried|en *(-e-)*, **~igen**
سَيَّج، سَوَّر، حَوَّط
~ung *f* حَظِيرَة،
سِيَاج
Einfuhr *f* اِسْتِيرَاد، وَارِدَات
Eingabe *f* طَلَب
Eingang *m (-ѐs; ⸗e)* مَدْخَل،
دُخُول
eingeben *(L)* أَعْطَى
fig. أَوْحَى، أَلْهَم
eingebildet خَيَالِي
(auf ب) مَغْرُور
Eingeborene(r) *m* مِن أَهْل
البَلَد، بَلَدِي
eingedenk مُتَذَكِّر
~ sein تَذَكَّر
eingehen *(L; sn)* نَفَق (u)
(حَيْوَانَات)،
دَخَل (u)، وَصَل (i)
Eingemachte(s) *n* مَأْكُولَات
مَحْفُوظَة

eingenommen (für ل)
مُتَغَرِّض
eingeschrieben مُسَجَّل،
(خِطَاب)
Eingeständnis *n (-ses; -se)*
اِعْتِرَاف
eingestehen *(L)* اِعْتَرَف ب
Eingeweide *n mst pl.* أَمْعَاء،
مَصَارِين
eingießen *(L)* صَبّ (u)،
سَكَب (u)
eingreifen *(L)* تَدَاخَل
~ *n* تَدَاخُل
Eingriff *m (-ѐs; -e)* تَدَاخُل،
Med. عَمَلِيَّة جِرَاحِيَّة
einhalten *(L)* *v/t.* حَافَظ
على، مَنَع (a)
v/i. وَقَف (i)
einhändig|en نَاوَل، سَلَّم
~ung *f* مُنَاوَلَة، تَسْلِيم
einheften *(-e-)* خَاط فِي، (i)
شَبَك (i)
einheimisch مَحَلِّي، بَلَدِي،
أَهْلِي

Einheit *f* وَحْدَة
~lich مُوَحَّد، مُتَّحِد
einheizen *(-t)* دَفَّأ، أَوْقَدَ
einholen *v/t.* لَحِق (a)، جَلَب (i)
v/i. تَسَوَّق
einhüllen لَفّ (i)
einig مُتَّفِق، مُتَّحِد
einige بَعْض
einig|en *v/t.* وَفَّق، وَحَّد
v/r. اِتَّفَق
~ermaßen بِدَرَجَة مَا، نَوْعًا مَا
~keit *f* اِتِّحَاد
~ung *f* اِتِّفَاق
Einkauf *m* *(-¢s; ⸗e)* شِرَاء
~en اِشْتَرَى
~s-preis *m* *(-es; -e)* ثَمَن المُشْتَرَى
einkehren *(sn)* حَلّ ب (u/i)، نَزَل فِي (i)
einkerben حَزّ (i)
einklammern *(-re)* وَضَع (a) بَيْنَ قَوْسَيْن
Einklang *m* *(-¢s; O)* اِنْسِجَام
einkleiden *(-e-)* كَسَا (u)، أَلْبَس
einkochen سَلَق (u)
Einkommen *n* دَخْل، إِيرَاد
~steuer *f* *(—; -n)* ضَرِيبَة الدَخْل
einkreisen *(-t)* طَوَّق
einlad|en *(L)* *v/t.* دَعَا (u)، عَزَم (i)، شَحَن (i)
~ung *f* دَعْوَة، عُزُومَة
Einlage *f* مُحْتَوًى
Hdl. إِيدَاع المَال، تَشْغِيل
(Zahn~) حَشْو أَسْنَان
einlassen *(L)* أَدْخَل فِي
Einlaßkarte *f* تَذْكَرَة دُخُول
einlaufen *(L)* دَخَل (u)، وَصَل (i)، اِنْكَمَش (نَسِيج)
einlegen وَضَع (a)
Geld: أَوْدَع نُقُودًا
Einlegesohle *f* فَرْشَة نِعَال
einleit|en *(-e-)* جَهَّز، قَدَّم

~ung *f* تَحْضِير (قَضَايا)، تَوْصِيل، مُقَدِّمَة

einleuchten *(-e-)* اتَّضَح

~d وَاضِح، بَيِّن

einlös|en *(-t)* فَكّ (رَهْناً)، (u) خَلَّص، وَفَّى (دَيْناً)

~ung *f* فَكّ، تَخْلِيص، وَفَاء

einmachen لَفّ (i)

Früchte: حَفِظ فَوَاكِه (a)

einmal مَرَّة، ذَاتَ يَوْم، يَوْماً مِن الأيَّام

auf ~ فَجْأة، دُفْعَة وَاحِدَة

nicht ~ حَتَّى لا

Einmal'eins *n (—; O)* جَدْوَل ضَرْب بَسِيط

Einmarsch *m (-es; ⸗e)* دُخُول (جَيْش)

einmauern *(-re)* أحَاط بِجِدَار

einmisch|en *v/r.* تَدَخَّل، تَدَاخَل

~ung *f* تَدَاخُل

einmütig بالإجْمَاع، إجْمَاعِي

~keit *f (O)* إجْمَاع الآرَاء

Einnahme *f* فَتْح، اِسْتِيلاء

Hdl. إيرَاد، دَخْل

einnehmen *(L)* فَتَح، (a) اِسْتَوْلَى عَلَى

Geld: حَصَّل

Ein-öde *f* خَلاء

ein-ölen زَيَّت

einpacken حَزَم (البَضَائِع)، (i) لَفّ (i)

einpökeln *(-le)* مَلَّح، خَلَّل

einquartieren (—) أحَلّ، أسْكَنَ

einrahmen بَرْوَز، (a) وَضَع فِي إطَار

einräumen *fig.* مَنَح (حَقّاً) (a)

einrechnen *(-e-)* تَضَمَّن أو شَمِل فِي الحِسَاب (a)

einreden *(-e-)* أقْنَع (j-m etw. ب o)

einreihen نَظَّم، (i) صَفّ

einreißen *(L) v/t.* هَدَم، (i) مَزَّق

v/i. (sn) تَهَدَّم، تَمَزَّق

fig. اِنْتَشَر

einricht|en *(-e-)* نَظَّم، رَتَّب
Wohnung: أثَّث
~ung *f* تَأْثِيث، تَرْتِيب
einrosten *(-e-)* صَدِئَ (a)
fig. فَتَرت (العَلاقَات) (u)
einrücken *v/i.* *(sn)* تَجَنَّد
v/t. أدْرَج
Eins *f* وَاحِد
einsalzen *(-t; a. L)* مَلَّح
einsam وَحِيد
~keit *f* عُزْلَة، اِنْفِرَاد، وِحْدَة
einsammeln *(-le)* حَصَّل، جَمَع (a)
einsaugen تَشَرَّب، اِمْتَصّ
einschalten *(-e-)* أدْرَج
Elektr. فَتَح (التَّيَّار الكَهْرَبائِي) (a)
einschieben *(L)* أدْخَل، وَضَع فِي، أدْرَج (a)
einschiff|en *v/t. u. v/r.* رَكِب (سَفِينَةً) (a)
~ung *f* رُكُوب
einschlafen *(L; sn)* نَام (a)
einschläfern *(-re)* نَوَّم
~d مُنَوِّم، مُمِلّ
einschlagen *(L)* *v/t.* دَقّ (u)، حَطَّم، كَسَّر، لَفّ (i)
Weg: اِتَّجَه الى
v/i. *(sn)* *Blitz:* نَزَلَت الصَاعِقَةُ (i)
einschleichen *v/r.* تَسَلَّل، دَخَل خِفْيَةً (u)
einschleppen جَرّ (u)
Krankheiten: جَلَب الأمْرَاض (i)
einschließ|en *(L)* أقْفَل
حَاصَر (جَيْشاً) عَلَى، أحَاط، حَبَس (i)
fig. اِحْتَوَى، شَمَل (u)
~lich شَامِل، شَامِلاً بِمَا فِيهِ
einschmeicheln *(-le)* *v/r.* تَمَلَّق (bei لِ)
einschmieren دَهَن (i)
einschmuggeln *(-le)* هَرَّب
einschnappen اِنْقَفَل، اِنْشَبَك

Einschnitt *m (-ǿs; -e)* حَزّ
fig. فَصْل
einschränk|en حَدَّد، حَصَر (u)
~ung *f* تَحْدِيد، حَصْر
Einschreibebrief *m (-ǿs; -e)* خِطَاب مُسَجَّل
einschüchtern *(-re)* أَرْهَب
einsehen *(L)* اِعْتَرَف (بِخَطَأ)، أَدْرَك، اِطَّلَع عَلَى
einseifen صَبَّن
einseitig ذُو جَانِب وَاحِد
fig. ضَيِّق
einsend|en *(L)* أَرْسَل
~er *m* مُرْسِل
einsetz|en *(-t) v/t.* أَدْرَج، وَظَّف، نَصَّب، وَلَّى
Geld: قَامَر
v/i. (beginnen) بَدَأ (a)
~ung *f* اِدْرَاج، تَوْظِيف، تَوْلِيَة
Einsicht *f* فِطْنَة، اِطِّلَاع
~svoll فَطِن
einspannen رَكَّب
Pferd ~ عَلَّق الحُصَان فِي العَرَبَة
einsperren حَبَس (i)
einspritzen *(-t)* حَقَن (i)
Einspruch *m (-es; ⸗e)* اِحْتِجَاج، اِعْتِرَاض
einst ذَاتَ مَرَّة، مَرَّة
einstecken أَغْمَد، وَضَع فِي (a)
einstehen *(L) fig.* (für etw. ب) ضَمِن (a)، كَفَل (u)
einsteigen *(L)* رَكِب فِي (a)، صَعِد (a)
einstell|en وَضَع فِي (a)
Zahlung: أَوْقَف الدَّفْع
Gerät: ضَبَط (u)
Arbeit: عَطَّل
~ung *f* تَعْطِيل، اِيقَاف، ضَبْط
einstimmig اِجْمَاعِي، بِالاِجْمَاع
~keit *f* اِجْمَاع
Einsturz *m (-es; ⸗e)* تَهَدُّم، سُقُوط

einstweil|en فِي آثْنَاء ذَلِك
~ig مُوَقَّت
einteil|en قَسَّم، صَنَّف
≈ung *f* قِسْمَة، تَصْنِيف
eintönig مُمِلّ، عَلَى وَتِيرَة وَاحِدَة
Eintracht *f (O)* اِتِّحَاد
eintragen *(L) (schriftlich)* قَيَّد، سَجَّل، اَرْبَح
einträglich مُرْبِح
Eintragung *f* قَيْد، تَسْجِيل
eintreffen *(L)* حَدَث (u)، وَصَل (i)
eintreiben *(L) Schulden:* جَبَى، حَصَّل (i)
eintreten *(L)* اِنْضَمّ اِلَى، اِلْتَحَق، (u) دَخَل فِي، حَدَث (u)
Eintritt *m (-ẹs; O)* اِنْضِمَام، اِلْتِحَاق، دُخُول
~sgeld *n (-es; -er)* اُجْرَة دُخُول
~skarte *f* بِطَاقَة او تَذْكَرَة دُخُول

eintrocknen *(-e-)* يَبِس، (a) جَفّ (i)
ein-üben دَرَّب، مَرَّن
einverleiben *(—)* اَلْحَق، ضَمّ، ضَمَّن (u)
Einverständnis *n (-ses; -se)* مُوَافَقَة
Einwand *m (-es; ⸚e)* اِعْتِرَاض
Einwander|er *m* مُهَاجِر
≈n *(-re)* هَاجَر
~ung *f* مُهَاجَرَة
einwärts اِلَى الدَّاخِل
einwend|en *(L; a. -e-)* اِعْتَرَض
≈ung *f* اِعْتِرَاض
einwillig|en وَافَق (in etw. على)
≈ung *f* مُوَافَقَة
Einwohner *m* سَاكِن
~melde-amt *n (-ẹs; ⸚er)* مَكْتَب تَسْجِيل السُّكَّان
Einwurf *m (-ẹs; ⸚e)* اِعْتِرَاض
Einzahl *f* مُفْرَد

einzahl|en دَفَع (a)
~ung *f* دَفْع
einzäunen سَيَّج
Einzelheit *f* تَفْصِيل
einzeln عَلَى اِنْفِرَاد، مُفْرَد
einzieh|en *(L) v/t.* صَادَر، *Mil.* سَحَب، جَنَّد (a)
v/i. *(sn)* اِنْتَقَل اِلَى مَسْكَن
~ung *f* مُصَادَرَة، سَحْب
einzig وَحِيد
Einzug *m (-¢s; ⁼e)* دُخُول، اِنْتِقَال الى مَسْكَن
Eis *n (-es; O)* ثَلْج، جَلِيد
(Frucht~) دُنْدُرْمَة، جِيلَاتِي، قَرِيس
~brecher *m* سَفِينَة تَحْطِيم الجَلِيد
Eisen *n* حَدِيد
Eisenbahn *f* سِكَّة حَدِيدِيَّة
mit der ~ بِالْسِكَّة الحَدِيدِيَّة
~fahrt *f* سَفَر بِالْسِكَّة الحَدِيدِيَّة
~unglück *n (-¢s; O)* حَادِث سِكَّة حَدِيد
~wagen *m* عَرَبَة سِكَّة حَدِيد
eisern حَدِيدِي، من حَدِيد
fig. جَامِد
eisig صَاقِع، جلِيدِي
eis|kalt *(O)* شَدِيد البُرُودَة
~lauf *m (-¢s; ⁼e)* اِنْزِلَاق عَلى جَلِيد
~scholle *f* كُتْلَة جَلِيد
~schrank *m (-¢s; ⁼e)* ثَلَّاجَة
eitel *(-tl-)* مَغْرُور، فَانٍ، باطِل
~keit *f* غُرُور، فَنَاء
Eiter *m* قَيْح
~beule *f* خُرَاج
~n *(-re)* تَقَيَّح
Eiweiß *n (-es; -e)* زُلَال البَيْض
Ekel *m* عَيْف، قَرَف، اِشْمِئْزَاز
~haft مُقْرِف، مُنَفِّر
~n *(-le) v/r.* عَاف (i, a)، قَرِف، اِشْمَأَزّ (a)

Ekstase [-'st-] *f* وَجْد، اِنْخِطَاف

e'last|isch مَرِن

~izi'tät *f* مُرُونَة

Ele'fant *m (-en)* فِيل

ele'gan|t أَنِيق، رَشِيق

~z *f* أَنَاقَة، رَشَاقَة

Ele'gie *f* مَرْثِيَة

e'lektr|isch كَهْرَبَائِي

~i'sieren (—) كَهْرَب

~izi'tät *f (O)* كَهْرَبَاء

E'lektro|motor *m (-s; -en)* مُحَرِّك كَهْرَبَائِي

~technik *f (O)* هَنْدَسَة كَهْرَبَائِيَّة

Ele'ment *n (-s; -e)* عُنْصُر

elemen'tar طَبِيعِي، اِبْتِدَائِي

Elend *n (-s; O)* بُؤْس

elend *adj.* بَائِس

elf أَحَد عَشَر

Elfenbein *n (-s; O)* عَاج، سِنّ الفِيل

~ern عَاجِي، من سِنّ فِيل

elfter الحَادِي عَشَر

Elle *f Maß:* ذِرَاع، هِنْدَازَة *Anat.* عَظْم الزَنْد

Ell(en)bogen *m (-s; ⸚)* كُوع، مِرْفَق

Eltern *pl.* أَبَوَان

E'mail *n (-s; O)* مِينَا

Embryo *m* جَنِين

Em'pfang *m (-ȩs; ⸚e)* اِسْتِقْبَال، اِسْتِلَام

~en *(L)* اِسْتَقْبَل، اِسْتَلَم

Em'pfäng|er *m* مُسْتَلِم، مُرْسَل اِلَيْه

~lich قَابِل، ذُو اِسْتِعْدَاد

~lichkeit *f* قَابِلِيَّة، اِسْتِعْدَاد

~nis *f (—; -se)* حَبَل

Em'pfangsgerät *n (-ȩs; -e)* *(Radio)* آلَة اِسْتِقْبَال

em'pfehl|en *(L)* بَلَّغ السَلَام، سَلَّم على، وَصَّى ب

~enswert جَدِير بالتَوْصِيَة

~ung *f* سَلَام، تَوْصِيَة

em'pfind|en *(L)* شَعَر، (u) أَحَسّ

~lich حَسَّاس، سَرِيع التَّأَثُّر
∼lichkeit *f (O)* حَسَّاسِيَّة
∼ung *f* إِحْسَاس، شُعُور
~ungslos عَدِيم الإِحْسَاس
em'por إِلَى الأَعْلَى، إِلَى فَوْق
em'pör|en أَثَار
v/r. عَصَى (i)، ثَار (u)
~end شَائِن، مُثِير
∼ung *f* تَمَرُّد، ثَوْرَة، عِصْيَان،
emsig نَشِط، مُجْتَهِد
End|e *n (-s; -n)* طَرَف، نِهَايَة
∼en *(-e-)*, **∼igen** *v/i.* اِنْتَهَى
v/t. أَنْهَى
∼lich *adj.* نِهَائِي، فَانٍ
adv. فِي النِّهَايَة، أَخِيرًا
∼los لَا نِهَايَة لَه
~station *f Esb.* مَحَطَّة نِهَائِيَّة
~ung *f* نِهَايَة، آخِر
Ener'gie *f* طَاقَة، نَشَاط
e'nergisch نَشِط
eng ضَيِّق
engagieren [aŋga·'ʒiːʀən] اِسْتَخْدَم (—)
Enge *f* ضِيق
fig. مَأْزِق
in die ~ treiben أَوْقَع فِي مَأْزِق
Engel *m* مَلَك، مَلَاك
England *n* إِنْكِلْتِرَا
Engländer(in *f***)** *m* إِنْكِلِيزِي (—يَّة)
englisch إِنْكِلِيزِي
Enkel *m* حَفِيد
~in *f* حَفِيدَة
e'norm عَظِيم، جَسِيم
ent-'art|en *(-e-; —)* فَسَد، اِنْحَطّ (i,u)
∼ung *f* فَسَاد، اِنْحِطَاط
ent'behr|en (—) عَدِم (a)، اِفْتَقَر
~lich يُمْكِن الاِسْتِغْنَاء عَنْه
∼ung *f* عَدَم، اِفْتِقَار
ent'bind|en *(L; —)* وَلَد (i)، أَحَلّ مِن تَعَهُّد، خَلَّص مِن
∼ung *f* وِلَادَة، إِحْلَال

ent'blöß|en *(-t; —)* كَشَفَ (i) عَرَّى
~t مَكْشُوف، عَارٍ
ent'deck|en (—) وَجَدَ (i) اِكْتَشَفَ
~ung *f* اِكْتِشَاف
Ente *f* بَطَّة
ent-'ehr|en (—) فَضَحَ (a) شَانَ (i) هَتَكَ (i) خَدَشَ الشَرَفَ (i)
~ung *f* فَضِيحَة، هَتْكِ عِرْض، شَيْن
ent-'eign|en *(-e-; —)* نَزَعَ (i) المِلْكِيَّة
~ung *f* نَزْع المِلْكِيَّة
ent-'erben (—) حَرَمَ مِن (i) مِيرَاث
Enterich *m (-s; -e)* ذَكَر بَطّ
ent'fallen *(L; sn)* سَقَطَ (u) *fig.* غَابَ عَن الذَّاكِرَة (i) *(ausfallen)* بَطَلَ (u)
ent'falten *(-e-; —)* بَسَطَ (u)
ent'fern|en (—) *v/t.* أَبْعَدَ *Zahn:* خَلَعَ سِنًّا (a) *v/r.* اِبْتَعَدَ، اِنْصَرَفَ
~ung *f* بُعْد، مَسَافَة
Ent'fettungskur *f* عِلَاج إِزَالة السِّمْنَة
ent'flammen (—) أَشْعَلَ، أَلْهَبَ
ent'fliehen *(L; sn)* فَرَّ (i) أَدْبَرَ، هَرَبَ (u)
ent'führ|en (—) خَطَفَ (i)
~ung *f* خَطْف
ent'gegen *adv. präp.* ضِدّ
~gehen *(L; sn)* لَاقَى ذَهَبَ لِلِقَاء (a)
~gesetzt مُضَادّ *fig.* مُعَارِض، مُخَالِف
~kommen *(L; sn)* لَاقَى، تَسَاهَلَ *fig.* جَاءَ لِلِقَاء (i)
~kommen *n (-s; O)* تَسَاهُل، تَكَرُّم
~kommend مُتَسَاهِل
~setzen *(-t)* عَارَضَ
~treten *(L; sn)* خَالَفَ، اِعْتَرَضَ
ent'gegnen *(-e-; —)* أَجَابَ

ent'gehen *(L; —; sn)* فَاتَ (u)
dem Tode ~ نَجَا (u) من المَوْت
Ent'gelt *n (¢s; O)* مُقَابِل، جَزَاء
ent'gleisen *(-t; —; sn) Esb.* خَرَجَ *(u)* عن قُضْبَان
Ent'haarungsmittel *n* دَوَاء لإزَالَة الشَّعْر
ent'halt|en *(L; —)* اِشْتَمَلَ عَلَى، تَضَمَّنَ، اِحْتَوَى
v/r. عَفَّ (i)، اِمْتَنَعَ عن
~sam عَفِيف، مُتَعَفِّف
≈samkeit *f* عِفَّة
≈ung *f* اِمْتِنَاع
ent'hüllen (—) كَشَفَ (i)،
fig. رَفَعَ (a) السِتَار
ent'keimen (—) عَقَّم
ent'kleiden *(-e-; —)* خَلَعَ (a) الثِيَاب، عَرَّى، شَلَّح
ent'kommen *(L; —; sn)* نَجَا (u) من، فَرَّ (i)
Ent'kommen *n* نَجَاة
ent'kräft|en *(-e-; —)* أَبْطَلَ، نَحَكَ (a)
≈ung *f* إِبْطَال، إِنْهَاك
ent'laden *(L; —)* فَرَّغ (الحَمْل او السِلَاح)
ent'lang على طُول
ent'lass|en *(L; —)* طَرَدَ (u)، رَفَتَ (i)
≈ung *f* طَرْد، رَفْت
ent'last|en *(-e-; —)* خَفَّفَ، رَفَعَ (a) العِبء
jur. نَفَى (u, i) عن
≈ung *f* تَخْفِيف، نَفْي
≈ungs-zeuge *m (-n)* شَاهِد النَفْي
ent'laufen *(L; —)* فَرَّ (i)
ent'ledigen (—) *v/r.* تَخَلَّص من
ent'leeren (—) فَرَّغ
ent'legen بَعِيد
ent'locken (—) اِسْتَخْرَجَ بِطَرِيق الحِيلَة
ent'lohnen (—) دَفَعَ (a) الأُجْرَة

ent'rätseln *(-le; —)* حَلَّ (u) (الرُّمُوز)

ent'reißen *(L; —)* اِنْتَزَعَ

ent'richten *(-e-; —)* دَفَعَ (a) (الرَّسْم)

ent'rinnen *(L; sn)* نَجَا (u) مِنْ، هَرَبَ (u)

ent'rüsten *(-e-; —)* *v/r.* سَخِطَ (a)، غَضِبَ (a) مِن

ent'sag|en (—) زَهَدَ فِي، (a) تَنَازَلَ عَن

~ung *f* زُهْد، تَنَازُل

ent'schädig|en (—) عَوَّضَ

~ung *f* تَعْوِيض

ent'scheid|en *(L; —)* *v/t.* قَطَعَ بِأَمْرٍ، (a) جَزَمَ، (i) بَتَّ، (i, u) فَصَلَ (i) فِي

v/r. عَزَمَ عَلَى (i)

~ung *f* جَزْم، بَتّ، فَصْل

ent'schieden جَازِم، بَاتّ، مُقَرَّر

~heit *f* عَزْم، تَصْمِيم

ent'schlafen *(L; —; sn)* مَاتَ، تُوُفِّيَ (u)

ent'schließen *(L; —)* *v/r.* صَمَّمَ عَلَى، (i) عَزَمَ عَلَى، حَزَمَ (u)

ent'schlossen حَازِم

~heit *f* عَزْم، حَزْم

ent'schlüpfen *(—; sn)* فَرَّ (i)، تَسَلَّلَ

Ent'schluß *m* *(-sses; ⸚sse)* قَرَار، عَزْم، تَصْمِيم

ent'schuldbar مَعْذُور

ent'schuldig|en (—) *v/t.* عَذَرَ (i)، سَامَحَ

v/r. اِعْتَذَرَ، اِسْتَسْمَحَ

~ung *f* اِعْتِذَار، اِسْتِسْمَاح

ent'seelt مَيِّت

ent'setzen *(-t; —)* *Festung:* خَلَّصَ مِن حِصَار

des Amtes ~ عَزَلَ مِنْ (i) وَظِيفَة

v/r. فَزِعَ (a)، رَعَبَ (a)

Ent'setz|en *n* فَزَع، رُعْب

~lich مُرْعِب

~ung *f* عَزْل

ent'sinnen *(L; —)* *v/r.* تَذَكَّرَ

ent'sprech|en *(L; —)* نَاسَبَ، وَفَى بِالغَرَض (i)
~end طِبْقَ، مُنَاسِب
ent'springen *(L; —; sn)* هَرَب من (u)
Fluß: نَبَع من (u)
ent'steh|en *(L; —; sn)* نَشَأ من، تَوَلَّد عن (a)
~ung *f* نَشْأة
ent'stell|en (—) شَوَّه
~t مُشَوَّه
ent'täusch|en (—) خَيَّب (الأَمَل)
~ung *f* خَيْبَة
ent'völkern *(-re; —)* اَخْلَى من السُكَّان
ent'wässern *(-re; —)* صَرَّف المَاء
entweder: ~ ... oder يَا . . . . يَا، اِمَّا . . . . اِمَّا
ent'weichen *(L; —; sn)* اِنْصَرَف، فَرَّ (i) خَرَج (u)
ent'wenden *(-e-; —)* سَرَق (i)، اِخْتَلَس
ent'werfen *(L; —)* سَوَّد (مَكْتوبًا)، خَطَّط (رَسْمًا)
ent'werten *(-e-; —)* أَزَال القِيمَة
ent'wick|eln *(-le; —)* *v/t.* طَوَّر
Photo: حَمَّض
v/r. تَطَوَّر
~lung *f* تَطَوُّر، تَحْمِيض
ent'wirren (—) حَلّ (u)، فَكّ (u)
ent'wöhnen (—) *Kind:* فَطَم (i)
ent'würdigen (—) شَانَ (i)
Ent'wurf *m* *(-ęs; ¨e)* مَشْرُوع، تَخْطِيط، مُسْوَدَّة
ent'wurzeln *(-le; —)* اِقْتَلَع، اِسْتَأْصَل
ent'ziehen *(L; —)* حَرَم (i) مِن
ent'ziffern *(-re; —)* حَلّ (u) (الرُمُوز)

ent'zück|en (—) فَتَنَ، (u) جَذَب (i)
~end فَاتِن، جَذّاب
ent'zünd|en *(-e-; —)* أَشْعَل، أَلْهَب،
⁓ung *f Med.* اِلْتِهَاب
ent'zwei مَكْسُور
~en (—) *v/r.* اِفْتَرَق
Epide'mie *f* وَبَاء
epi'demisch وَبَائِي
Epile'psie *f* صَرَع
er هُوَ
~ selbst هُوَ نَفْسُه
er-'achten *(-e-; —)* رَأَى (a)، ظَنّ (u)، حَسَب (i)
er'barmen (—) *v/r.* رَحِم (a)، حَنّ (i)
Er'barmen *n* رَحْمَة، حَنَان
er'bärmlich بَائِس، حَقِير
er'barmungswürdig جَدِير بِالرَحْمَة
er'bau|en (—) بَنَى (i) *fig.* هَذّب، رَقّى
~lich مُهَذّب، رَاقٍ
Erbe[1] *m (-n)* وَارِث
Erbe[2] *n (-s; O)* مِيرَاث
er'beben (—) تَزَلْزَل، اِرْتَجَف
erben وَرِث (i)
er'bieten *(L; —) v/r.* اِسْتَعَدّ ل
Erbin *f* وَارِثَة
er'bitten *(L; —)* اِلْتَمَس
er'bittern *(-re; —; sn)* أَغَاظ
erb-lich وِرَاثِي
er'blicken (—) رَأَى (a)، لَمَح (a)
er'blinden *(-e-; —)* عَمِيَ (a)
er'bötig مُسْتَعِدّ ل
er'brechen *(L; —) v/t.* حَطّم *v/r.* قَاء (i)
Erbschaft *f* مِيرَاث
Erbse *f* بِسِلّة
Erd|beben *n* زِلْزَال
~beere *f* فَرَاوْلَة
~boden *m (-s; O)* أَرْضِيّة، أَرْض
Erde *f* تُرَاب، أَرْض

erden *(-e-) Elektr.* وَصَّل بالأَرْض

er'denk|en *(L; —)* تَصَوَّر

~lich مُمْكِن تَصَوُّرُهُ

Erdgeschoß *n (-sses; -sse)* دَوْر أَرْضِي

er'dichten *(-e-; —)* اِخْتَلَق

Erd|karte *f* خَرِيطَة الكُرَة الأَرْضِيَّة

~kunde *f (—; O)* عِلْم الجُغْرَافِيَا

~leitung *f Elektr.* تَوْصِيل بِالأَرض

~öl *n (-¢s; -e)* نَفْط، بِتْرُول

er'dreisten *(-e-; —) v/r.* تَجَاسَر عَلَى

er'drosseln *(-le; —)* خَنَق (u)

er'drücken *(—)* قَتَل (u)

fig. ضَغْطًا، أَثْقَل

Erd|rutsch *m (-es; -e)* اِنْهِيَار التُرَاب

~stoß *m (-es; ⸗e)* صَدْمَة زَلَازِل

~teil *m (-¢s; -e)* قَارَّة

er'dulden *(-e-; —)* قَاسَى، عَانَى، تَحَمَّل

er'eig|nen *(-e-; —) v/r.* حَصَل (u)، حَدَث (u)

≗nis *n (-ses; -se)* وَاقِعَة، حَادِث، حَدَث

er'fahr|en *(L; —) v/t.* عَلِم(a)

ich habe ~en بَلَغَنِي

adj. خَبِير، ذُو خِبْرَة

≗ung *f* خِبْرَة

durch ≗ung بِالتَّجْرِبَة

er'fassen *(-ßt; —)* مَسَك، (i)

fig. أَدْرَك

er'find|en *(L; —)* اِخْتَرَع

≗er *m* مُخْتَرِع

≗ung *f* اِخْتِرَاع

er'flehen *(—)* اِلْتَمَس، تَضَرَّع، تَوَسَّل

Er'folg *m (-¢s; -e)* تَوْفِيق، نَجَاح

~ haben نَجَح (a)

≗los بِدُون نَتِيجَة، بِغَيْر نَجَاح

≗reich مُوَفَّق، نَاجِح

er'ford|erlich لَازِم، ضَرُورِى
~ern *(-re; —)* اِسْتَلْزَم
≈ernis *n (-ses; -se)* ضَرُورَة، حَاجَة
er'forsch|en (—) تَحَرَّى، بَحَث (a)
≈ung *f* تَحَرٍّ، بَحْث
er'freu|en (—) *v/t.* سَرّ (u)، أَفْرَح
v/r. اِنْسَرّ، فَرِح (a)
~lich مُفْرِح، سَارّ
~t مَسْرُور، فَرْحَان
er'frieren *(L; —)* مَات (u) بَرْدًا
er'frisch|en (—) أَنْعَش، رَطَّب
≈ung *f* اِنْعَاش، تَرْطِيب
er'füll|en (—) أَنْجَز، أَدَّى (الْوَاجِب الخ)، وَفَّى، مَلأَ (a)
≈ung *f* اِنْجَاز، أَدَاء، وَفَاء، مَلْء
er'gänz|en *(-t; —)* كَمَّل
≈ung *f* تَكْمِلَة
er'geb|en *(L; —)* *v/t.* أَنْتَج
v/r. نَتَج (i)، اِسْتَسْلَم
adj. مُسْتَسْلِم، مُخْلِص
≈enheit *f (—; O)* اِسْتِسْلَام، إِخْلَاص
≈nis *n* *(-ses; -se)* عَاقِبَة، نَتِيجَة
~nislos بِدُون نَتِيجَة
er'giebig مُثْمِر، مُنْتِج، خَصِب
er'gießen *(L; —)* *v/r.* اِنْكَبّ، اِنْصَبّ، اِنْسَكَب
er'götz|en *(-t; —)* *v/t.* سَرّ (u)، بَسَط (u)
v/r. اِنْسَرّ، اِنْبَسَط
~lich سَارّ
er'greif|en *(L; —)* اِتَّخَذ، اِسْتَوْلَى عَلَى، قَبَض عَلَى (i)
≈ung *f* اِسْتِيلَاء، قَبْض
Er'griffenheit *f* تَأَثُّر نَفْسَانِى
er'gründen *(-e-; —)* سَبَر (الْغَوْر)، تَبَحَّر، تَعَمَّق (u, i)
Er'guß *m (-sses; ⸚sse)* صَبّ، اِنْسِكَاب

er'haben مُرْتَفِع
fig. سَامٍ، رَفِيع، جَلِيل
er'halt|en *(L; —)* ، اِسْتَلَم
(u) حَصَل عَلى، (a) حَفِظ، (u) صَان
~ung *f* حِفْظ، صِيَانَة
er'hängen *(—)* *v/r.* (u) شَنَق نَفْسَه
er'härten *(-e-; —)* ، آثْبَت، آيّد، جَمّد
er'haschen *(—)* (i) مَسَك، (i) قَبَض عَلى
er'heb|en *(L; —)* ، عَظّم، (a) رَفَع
v/r. قَام (u) gegen ثَار على (u)
~end *fig.* مُعَظّم، رَافِع
~lich مُهِمّ، عَظِيم
~ung *f* مُرْتَفَع
fig. تَعْظِيم، رَفْع
er'heitern *(-re; —)* ، أفْرَح، آبْهَج
er'hellen *(—)* *v/t.* آضَاء، نَوّر
er'hitz|en *(-t; —)* *v/t.* سَخّن
v/r. (a) دَفِيء، (u) سَخُن
~ung *f* سُخُونَة
er'höh|en *(—)* رَفَع (a)، زَاد (i)
~ung *f* اِرْتِفَاع، اِزْدِيَاد
er'hol|en *(—)* *v/r.* ، اِسْتَجَمّ، (a) نَقِه
~ung *f* اِسْتِجْمَام، نَقْهَة
~ungsheim *n (-ęs; -e)* دَار النَقَاهَة
er'hören *(—)* اِسْتَجَاب (الرَجَاء)
er-'inner|n *(-re; —)* *v/t.* ذَكّر
v/r. تَذَكّر
~ung *f* ، تَذْكَار، تَذَكُّر، ذِكْرَى
er'kalten *(-e-; —)* *v/i.* (u) بَرَد
fig. (u) فَتَر
er'kält|en *(-e-; —)* *v/r.* أُصِيبَ بالبَرْد
~ung *f* بَرْد
er'kenn|en *(L; —)* عَرَف (i)
jur. schuldig ~en أَدَان
~tlich ، مُعْتَرِف بِالجَمِيل، شَاكِر

~tlichkeit *f* شُكْرَان، اِعْتِرَاف بِالجَمِيل

~tnis *f (—; -se)* عِرْفَان، مَعْرِفَة

er'klär|bar قَابِل لِلإِيضَاح

~en (—) فَسَّر، آبَان، اوْضَح

~ung *f* تَفْسِير، بَيَان، إِيضَاح

er'klingen *(L; —)* رَنّ (i)

er'kranken (—) مَرِض (a)

er'kühnen (—) *v/r.* تَجَاسَر عَلَى، جَرُؤ (u)

er'kundig|en (—) *v/r.* اِسْتَطْلَع، اِسْتَعْلَم

~ung *f* اِسْتِطْلَاع، اِسْتِعْلَام

er'langen (—) نَال (a)، حَصَل عَلَى (u)

Er'laß *m (-sses; -sse)* قَرَار، مَنْشُور

Strafe: عَفْو

er'lassen *(L; —)* قَرَّر، عَفَا عَن (u)

er'laub|en (—) صَرَّح ب، سَمَح ب (a)

~nis *f (—; -se)* سَمَاح، اِجَازَة، اِذْن

er'läuter|n *(-re; —)* آوْضَح

~ung *f* اِيضَاح

er'leb|en (—) بَلَغ، جَرَّب (u)

~nis *n (-ses; -se)* مُغَامَرَة، حَادِث

er'ledig|en (—) آنْجَز، شَهَّل، خَلَّص

~ung *f* اِنْجَاز، تَشْهِيل

er'legen (—) اِصْطَاد، قَتَل (u)، دَفَع (a)

er'leichter|n *(-re; —)* خَفَّف، سَهَّل

~ung *f* تَخْفِيف، تَسْهِيل

er'leiden *(L; —)* گابَد، عَانَى

er'leucht|en *(-e-; —)* آضَاء، آنَار

~ung *f* اِضَاءَة، اِنَارَة

er'liegen *(L; —)* نَاء (u)، هَلَك (a)، مَات (u) من

er'logen غَيْر صَحِيح، مَكْذُوب

Er'lös *m (-es; -e)* دَخْل البَيْع

er'löschen *(L; —; sn)* خَمَد، اِنْطَفَأ (u)
Frist: اِنْتَهَى
er'lös|en *(-t; —)* أَنْقَذ، نَجَّى
~er *m* مُنْقِذ، مُنَجٍّ
~ung *f* اِنْقَاذ، نَجَاة
er'mächtig|en (—) فَوَّض
~ung *f* تَفْوِيض
er'mahn|en (—) نَصَح (a)
~ung *f* نَصِيحَة
er'mangel|n *(-le; —)* عَدِم (i)، نَقَص (u)
~ung *f*: in **~ung** عِنْدَ عَدَم
er'mäßig|en (—) خَفَّض
~ung *f* تَخْفِيض
er'matt|en *(-e-; —; sn)* تَعِب (a)، أَتْعَب
~ung *f* تَعَب
er'messen *v/t.* *(L; —)* حَكَم (u)، تَصَوَّر
Er'messen *n* *(-s; O)* حُكْم
er'mitteln *(-le; —)* كَشَف (i)، حَقَّق، عَثَر على (u)
er'möglichen (—) يَسَّر، مَكَّن، أَمْكَن
er'morden *(-e-; —)* فَتَك (i)، قَتَل، اِغْتَال (u)
er'müd|en *(-e-; —)* *v/t.* أَتْعَب
v/i. *(sn)* تَعِب (a)
~ung *f* تَعَب
er'munter|n *(-re; —)* نَشَّط
~ung *f* تَنْشِيط
er'mutig|en (—) شَجَّع
~ung *f* تَشْجِيع
er'nähr|en (—) أَطْعَمَ، غَذَّى
~ung *f* اِطْعَام، تَغْذِيَة
er'nenn|en *(L; —)* عَيَّن فى وَظِيفَة
~ung *f* تَعْيِين
er'neuer|n *(-re; —)* جَدَّد
~ung *f* تَجْدِيد
er'niedrigen *fig.* (—) أَذَلّ
Ernst *m* *(-es; O)* جِدّ، رَزَانَة
ernst *adj.* جِدِّى، رَزِين
Ernte *f* حِصَاد
~n *(-e-)* حَصَد (i, u)

Er-'ober|er *m* غَازٍ، فَاتِح
∻n *(-re; —)* فَتَح (a) ،غَزَا (u) (بِلَادًا)
~ung *f* غَزْو، فَتْح
er-'öffn|en *(-e-; —)* اِفْتَتَح
∻ung *f* اِفْتِتَاح
er-'örter|n *(-re; —)* بَاحَث، نَاقَش
∻ung *f* مُبَاحَثَة، مُنَاقَشَة
e'rotisch عِشْقِي
er'pressen *(-ßt; —)* أَخَذ (u) بِطَرِيق التَّهْدِيد
er'proben (—) اِخْتَبَر، جَرَّب
er'quick|en (—) آنْعَش
∻ung *f* اِنْعَاش
er'raten *(L; —)* خَمَّن
er'reg|bar سَرِيع التَّهَيُّج
~en (—) هَيَّج
∻ung *f* تَهْيِيج
er'reich|bar مُمْكِن الْوُصُول الَيْه، سَهْل المَنَال
~en (—) بَلَغ، (i) وَصَل (u)
Zug usw.: لَحِق، آدْرَك (a) (الْقِطَار)
er'rett|en *(-e-; —)*،نَجَّى اَنْقَذ
∻ung *f* اِنْقَاذ، نجَاة
er'richten *(-e-; —)*، آسَّس آقَام، شَيَّد، آنْشَأ
er'ringen *(L; —)*، نَال (a) كَسَب (i)
er'röten *(-e-; —)* وَجْهًا اِحْمَرّ
Er'rungenschaft *f* ،كَسْب نَتِيجَة
Er'satz *m* *(-es; O)* ،بَدَل عِوَض، تَعْوِيض
~reifen *m* اِطَار اِحْتِيَاطِي
~teil *n* *(-es; -e)* قِطْعَة غِيَار
er'säufen (—) آغْرَق
er'schaff|en *(L; —)* خَلَق (u)
∻ung *f* خَلْق
er'schein|en *(L; —; sn)* ظَهَر (a)، بَدَا (u)، حَضَر (u)
∻ung *f* ظَاهِرَة، ظُهُور
er'schießen *(L; —)* قَتَل (u) رَمْيًا بِالرَّصَاص
er'schlaffen *(—; sn)*، خَمَل (u) تَرَاخَى

er'schlagen *(L; —)* قَتَل (u) ضَرْبًا

er'schöpf|en (—) أَضْنَى

Mittel: نَفِدَ (a)

~ung *f* ضَنًى

er'schrecken *(—) v/t.* أَفْزَعَ، أَخَاف

v/i. (L; -; sn) فَزِعَ (a) ، رَعَبَ (a)

er'schütter|n *(-re; —)* رَجَّ (u) هَزَّ (u)، زَعْزَعَ

~ung *f* اِرْتِجَاج

er'schwinglich مُحْتَمَل

er'setzen *(-t; —)* عَوَّض، اِسْتَبْدَل

er'sichtlich وَاضِح، بَيِّن

er'sinnen *(L; —)* اِخْتَرَع

er'spar|en (—) اِدَّخَر ، وَفَّر

~nis *f (—; -se)* تَوْفِير، اِدِّخَار

erst أَوَّل

er kommt ~ um 10 Uhr لَايَحْضُر اِلَّا فِي السَّاعَة العَاشِرة

er'starr|en *(—; sn)* جَمَدَ (u)، تَخَشَّب

~ung *f* تَخَشُّب

er'statt|en *(-e-; —)* رَدَّ (u)، قَدَّم

~ung *f* رَدّ، تَقْدِيم

er'staunen (—) *v/i.* دَهَش (a) من

Er'staun|en *n (O)* دَهْشَة، اِنْدِهَاش

~lich مُدْهِش

~t مُنْدَهِش

er'stechen *(L; —)* قَتَل (u) ، طَعَن (u, a) طَعْنًا

er'steig|en *(L; —)* صَعِد (a)

~ung *f* صُعُود

erstens اَوَّلًا

er'stick|en (—) *v/i.* اِخْتَنَق

~ung *f* اِخْتِنَاق

erstklassig مِن الطِّرَاز الأَوَّل، مِن الدَّرَجَة الأُولَى

er'streben (—) هَدَف (i) الى، سَعَى (a) ، قَصَد (u)

er'strecken (—) *v/r.* اِمْتَدَّ

er'suchen (—) اِلْتَمَسَ، طَلَبَ (u)

er'tappen (—) بَاغَتَ، فَاجَأَ

Er'trag *m* (-es; ⸗e) ثَمَرَة، مَحْصُول، دَخْل، مُنْتَج

⸗en (*L*; —) تَحَمَّلَ، كَابَدَ، أَطَاقَ

er'träglich مُحْتَمَل، مُطَاق

er'tränken (—) أَغْرَقَ

er'trinken (*L*; —; *sn*) غَرِقَ (a)

Er'tüchtigung *f*: körperliche ~ تَمْرِين بَدَنِي

er'übrigen (—) وَفَّرَ

er'wachen (—; *sn*) اِسْتَيْقَظَ

er'wachsen (*L*; —) *v/i.* نَشَأَ (a)

adj. بَالِغ

er'wäg|en (*L*; —) تَأَمَّلَ

⸗ung *f* تَأَمُّل

er'wähn|en (—) ذَكَرَ (u)

~t مَذْكُور

⸗ung *f* ذِكْر

er'wärmen سَخَّنَ، دَفَّأَ

er'wart|en (-e-; —) تَرَقَّبَ، اِنْتَظَرَ

⸗ung *f* تَرَقُّب، اِنْتِظَار

er'weichen (—) أَلَانَ

er'weisen (*L*; —) *v/t.* أَظْهَرَ

Gutes: أَحْسَنَ

Ehre: بَجَّلَ

er'weiter|n (-re; —) *v/t.* وَسَّعَ، مَدَّ (u)

v/r. اِتَّسَعَ

⸗ung *f* اِتِّسَاع، تَوْسِيع، مَدّ

er'werb|en (*L*; —) كَسَبَ

~slos (*O*) عَاطِل

⸗slosigkeit *f* بِطَالَة

~stätig مُشْتَغِل

⸗ung *f* كَسْب

er'wider|n (-re; —) أَجَابَ، رَدَّ (u)

⸗ung *f* إِجَابَة، رَدّ

er'wischen (—) قَبَضَ عَلَى (i)، ضَبَطَ (i, u)، مَسَكَ (i, u)

er'würgen (—) خَنَقَ (u)

Erz *n* (-es; -e) مَعْدِن خَام، تِبْر

er'zähl|en (—) حَكَى (i)
رَوَى (i) قَصَّ (u)
~er *m* رَاوٍ، قِصَصِي
~ung *f* رِوَايَة، قِصَّة، حِكَايَة
er'zeug|en (—) أَنْتَجَ،
وَلَدَ (i) صَنَعَ (a)
~er *m* مُنْتِج، صَانِع، وَالِد
~nis *n (-ses; -se)* مُنْتَج
Boden~nis: مَحْصُول
~ung *f* إِنْتَاج
er'zieh|en *(L; —)* أَدَّب، رَبَّى
~er *m* مُرَبٍّ، مُؤَدِّب
~ung *f* تَأْدِيب، تَرْبِيَة
er'zielen (—) نَالَ (a)
حَصَلَ على (u)
er'zürnen (—) أَغْضَبَ
er'zwingen *(L; —)* غَصَبَ (i)
أَلْزَمَ (a) قَهَرَ،
es إِنَّه، هُوَ (بِمَاد)
Esel *m* حِمَار
eßbar صَالِح لِلأَكْل
essen *(L)* أَكَلَ (u)
Essen *n* طَعَام، أَكْل
Essig *m (-s; O)* خَلّ

Eß|löffel *m* مِلْعَقَة
~lust *f (O)* شَهِيَّة
~waren *f/pl.* مَأْكُولَات
~zimmer *n* غُرْفَة الأَكْل
eta'blieren (—) *v/t.* شَيَّدَ،
أَقَام
v/r. اِسْتَقَرَّ
Etat [e·'ta:] *m (-s; -s)*
مِيزَانِيَّة دَوْلَة
~s-jahr *n (-ℯs; -e)* سَنَة
مَالِيَّة
Ethik *f* عِلْم الأَخْلَاق
Eti'kett *n* بِطَاقَة
Eti'kette *f* أَدَب السُّلُوك
etliche *pl.* بِضْع
Etui [e·'tvi:] *n (-s; -s)*
عُلْبَة، جِرَاب
etwa تَقْرِيبًا
etwas *pron.* شَيْء مَا
adv. شَيْء مِن، نَوْعًا مَا
euch إِيَّاكُم، إِلَيْكُم
euer كُمْ (ضَمِير تَمَلُّك
لِلْجَمْع المُخَاطَب)
Eule *f* بُومَة

Eu'ro|pa *n* أُورُوبَا
~'päer *m* أُورُوبِي
∼'päisch أُورُوبِي
Euter *n* ضَرْع
Evangelium [e·van'ge:-lium] *n (-s; -ien)* اِنْجِيل
ewig أَبَدِيّ ، أَزَلِيّ ، خَالِد
∼keit *f* أَبَد، أَزَل، خُلْد
seit einer ∼keit مُنْذُ الأَزَل
E'xamen *n (-s; — u. -mina)* اِمْتِحَان
Exem'plar *n (-ęs; -e)* نُسْخَة
exer'zieren (—) تَدَرَّب، تَمَرَّن
Exi'st|enz *f* وُجُود، حَيَاة
∼ieren (—) وُجِد
e'xotisch غَرِيب
expe'dieren (—) أَرْسَل، رَحَّل
experimen'tieren (—) جَرَّب
explo'dieren (—) اِنْفَجَر
Explo'sion *f* اِنْفِجَار
Ex'port *m (-ęs; -e)* صَادِر، تَصْدِير
~eur [ɛkspɔʀ'tø:ʀ] *m (-s; -e)* مُصَدِّر
∼ieren [-'ti:ʀən] (—) صَدَّر
Extrablatt *n (-ęs; ⸚er)* عَدَد جَرِيدَة خَاصّ
extra'hieren (—) خَلَع (a) (سِنًّا)، اِسْتَخْلَص
Ex'trakt *m (-ęs; -e)* خُلَاصَة
~ion [ɛks-tʀak'ts o:n] *f* خَلْع، اِسْتِخْلَاص
Extra-zug *m (-es; ⸚e) Esb.* قِطَار خَاصّ
Ex'trem *n (-ęs; -e)* مُنْتَهَى
ex'zentrisch لَامَرْكَزِيّ، غَرِيب الأَطْوَار
Ex'zerpt *n (-ęs; -e)* مُلَخَّص
Ex'zeß *m (-sses; -sse)* إِفْرَاط

F

Fabel *f (—; -n)* قِصَّة، خُرَافَة

≈haft *fig.* بَدِيع، فَاخِر

Fa'brik *f* مَعْمَل، مَصْنَع

~ant [-i·kant] *m (-en)* صَانِع، صَاحِب مَصْنَع

~at [-i·'ka:t] *n (-ȩs; -e)* مَصْنُوع

~zeichen *n* عَلَامَة تِجَارِيَّة

fabri'zieren (—) صَنَع (a)

Fach *n (-ȩs; ⸚er)* رَفّ *fig.* تَخَصُّص، مَادَّة

~ausdruck *m* اِصْطِلَاح فَنِّي

fächeln *(-le)* هَوَّى

Fächer *m* مِرْوَحَة

Fachmann *m (-ȩs; -leute)* إخْصَائِي، خَبِير

Fackel *f (—; -n)* مَشْعَل

fade تَفِه، بَارِد (لِلأشْخاص) لَا طَعْم لَه

Faden *m (-s; ⸚)* خَيْط

≈scheinig بَالٍ

fähig (zu) قَادِر على، كُفْء ل

≈keit *f* كَفَاءَة، أَهْلِيَّة، قُدْرَة

fahl أَصْهَب، شَاحِب

Fahne *f* رَايَة، عَلَم

fahrbar صَالِح لِلْمُرُور أَوْ لِلسَّيْر

Fährboot *n (-ȩs; -e) s.* Fähre

Fahrdamm *m (-ȩs; ⸚e)* طَرِيق مَرْكَبَات

Fähre *f* مَعْبَر، مَعْدِيَة

fahr|en *(L; sn)* سَارَ (i) رَكِبَ (a)، سَافَر
⁓er *m* سَوّاق، سَائِق
⁓gast *m (-ęs; ⁓e)* مُسَافِر، رَاكِب
⁓geld *n (-ęs; -er)* أُجْرَة الرُكُوب
⁓gestell *n (-ęs; -e)* هَيْكَل السَيَّارَة
⁓karte *f* تَذْكِرَة الرُكُوب
⁓lässigkeit *f* اِهْمَال
⁓plan *m (-ęs; ⁓e)* جَدْوَل مَوَاعِيد السَفَر
~planmäßig مُطَابِق للجَدْوَل
⁓preis *m (-es; -e)* أُجْرَة رُكُوب
⁓rad *n (-ęs; ⁓er)* دَرَّاجَة
⁓stuhl *m (-ęs; ⁓e)* مِصْعَد
⁓t *f* سَيْر، رُكُوب، سَفَر
⁓zeit *f* مُدَّة السَّفَر
⁓zeug *n (-ęs; -e)* وَسِيلَة النَّقْل، مَرْكَبَة
Faktor *m (-s; -'oren)* عَامِل
Fak'tur(a) *f* فَاتُورَة
Fakul'tät *f* كُلِّيَّة
fakulta'tiv اِخْتِيَارِيّ
Falke *m (-n)* بَاز، صَقْر
Fall *m (-ęs; ⁓e)* حَال، حَادِث، سُقُوط
Gr. حَالَة الإسْم
jur. قَضِيَّة
Med. اِصَابَة
auf jeden ~, auf alle Fälle عَلَى كُلّ حَال
auf keinen ~ لَا ... بِأَيّ حَال، قَطْ، أَبَدًا
in diesem ~(e) فِي هَذِهِ الحَالَة
Falle *f* فَخّ، مِصْيَدَة
fallen *(L; sn)* سَقَط (u) وَقَع (a)
~ lassen أَسْقَط، أَوْقَع
fällen قَطَع (a)
Urteil: قَضَى ب (i)
fällig مُسْتَحَقّ الدَّفْع
⁓keit *f* اِسْتِحْقَاق
falls اِنْ، اِذَا، فِي حَالَة
Fallschirm *m (-ęs; -e)* مِظَلَّة هُبُوط

falsch *Mensch:* ذُو وَجْهَيْن، كَاذِب
Geld: زَائِف *Zähne:* صِنَاعِى
Rechnung: خَاطِئ
fälschen قَلَّد، زَيَّف، زَوَّر
Falschheit *f* زُور، كِذْب
fälschlich خَطَأً
Falschspieler *m* غَشَّاش فى اللِعْب
Fälschung *f* تَزْوِير، تَزْيِيف
Falt|e *f* جَعْدَة، ثَنْيَة، طَيَّة
≈en *(-e-)* طَوَى (i)، جَعَّد، ثَنَى (i)
Hände: شَبَك يَدَيْه (i)
Fa'milie *f* عَائِلَة
Fana'tismus *m (—; 0)* تَعَصُّب
Fang *m (-¢s; ⁼e)* مَسْك، قَبْض
fangen *(L)* صَادَ (i)، مَسَك (u, i)
Feuer: اِشْتَعَل
Farb|band *n (-¢s; ⁼er)* شَرِيط آلَة كَاتِبَة
~e *f* لَوْن
färb|en صَبَغ، لَوَّن (u)
≈e'rei *f* مَصْبَغَة
Farb|film *m (-¢s; -e)* فِلْم مُلَوَّن
≈ig مُلَوَّن
Färbung *f* لَوْن، تَلْوِين
Farn *m (-¢s; -e)* خِنْشَار
Fa'san *m (-s; -e, -en)* دُرَّاج
Fasching *m (-s; -e)* مَرْفَع، كَرْنَفَال
Fase'lei *f* هَذَيَان
Faser *f (—; -n)* لِيف
≈ig لِيفِى
Faß *n (-sses; ⁼sser)* بَرمِيل
fassen *(-ßt)* أَدْرَك، مَسَك (u, i)، قَبَض عَلَى (i)، أَحَاطَ ب
faßlich سَهْل الإِدْرَاك، مَفْهُوم
Fassung *f* اِطْمِئْنَان، تَرْصِيعَة
~sgabe *f* مَلَكَة الإِدْرَاك
≈slos مُرْتَبِك
fast تَقْرِيبًا

er wäre ~ gestorben كَادَ يَمُوت

fasten *(-e-)* صَام (u)

~zeit *f* وَقْت الصِّيَام

Fata Mor'gana *f (— —; — -nen u. — -s)* سَرَاب

fa'tal نَحْس، خَطِر

fauchen (القِطّ) نَفَث (u, i)

faul كَسْلَان، مُتَعَفِّن، فَاسِد

~enzen *(-t)* تَكَاسَل

~heit *f* كَسَل

Fäulnis *f (—; -se)* تَعَفُّن، فَسَاد

Faust *f (—; ⸚e)* جَمْع اليَد، قَبْضَة اليَد

~kampf *m (-es; ⸚e)* مُلَاكَمَة

~kämpfer *m* مُلَاكِم

~schlag *m (-ẹs; ⸚e)* ضَرْب بِقَبْضَة اليَد

Februar *m (-s od. —; -e) syr.* شُبَاط

äg. فَبْرَايِر

fechten *(L) (mit j-m ه)* سَايَف، ثَاقَف

Feder *f (—; -n)* رِيشَة، قَلَم حِبْر

Techn. يَاى، زَنْبَرَك، سُوسْتَة

~halter *m* قَلَم حِبْر

~kraft *f (O)* مُرُونَة

~n *(-re) Techn.* مَرَن (u)

Fee *f* جِنِّيَّة

fegen كَنَس (i)

Fehde *f* شِجَار، شِقَاق، نِزَاع

fehl|en أَخْطَأ، نَقَص (u) غَاب (i)

er fehlt هُوَ غَائِب

was fehlt Ihnen? مَا لَكَ؟

~er *m* نَقْص، غَلْطَة، خَطَأ

~erfrei بِغَيْر خَطَأ، لَا عَيْب فِيه

~erhaft مَعِيب، غَلَط، نَاقِص

Feier *f (—; -n)* عِيد، اِحْتِفَال

~lich مَهِيب، اِحْتِفَالِيّ

~n *(-re)* اِحْتَفَل

~tag *m (-ẹs; -e)* يَوْم عِيد

feig(e) جَبَان

Feige *f* تِين

Feigheit *f (O)* جُبْن

feil لِلبَيْع
fig. قَابِل لِلرِّشْوَة

Feil|e *f* مِبْرَد
~en بَرَد بالمِبْرَد (u)
~schen سَاوَم

fein ظَرِيف، دَقِيق، رَقِيق

Feind *m* *(-es; -e)* عَدُوّ
~lich عَدَائِي
~schaft *f* عَدَاوَة

feinfühlend رَقِيق الاِحْسَاس

Feinheit *f* ظُرْف، رِقَّة، دِقَّة

Feld *n* *(-es; -er)* حَقْل
Mil., Sport: مَيْدَان
~flasche *f* زَمْزَمِيَّة
~herr *m* *(-n; -en)* قَائِد جُيُوش
~messer *m* مَسَّاح
~stecher *m* مِنْظَار
~stuhl *m* *(-es; ⸗e)* كُرْسِيّ مُنْطَوٍ
~weg *m* *(-es; -e)* سِكَّة زِرَاعِيَّة

Fell *n* *(-es; -e)* فَرْو، جِلْد حَيَوَان

Fels *m* *(-en)*, **~en** *m* صَخْرَة
~ig صَخْرِي

Fenchel *m* *(-s; O)* شَمَر (نَبَات)

Fenster *n* نَافِذَة، شُبَّاك
~rahmen *m* اِطَار
~riegel *m* مِحْبَس شُبَّاك
~scheibe *f* زُجَاج الشُّبَّاك

Ferien *pl.* عُطْلَة

Ferkel *n* خِنُّوص

fern بَعِيد
~e *f* بُعْد
~er عِلَاوَة على، ثُمّ
~gespräch *n* *(-es; -e)* مُحَادَثَة تِلِفُونِيَّة خَارِجِيَّة
~glas *n* *(-es; ⸗er)* مِنْظَار
~lenkung *f* قِيَادَة آلِيَّة
~sehen *n* تِلِيفِزْيُون
~sicht *f* مَنْظَر بَعِيد

Fernsprech|amt *n* *(-es; ⸗er)* مَكْتَب تِلِفُونَات
~er *m* *s.* Telephon
~stelle *f* مَحَطَّة تِلِفُون
~zelle *f* *s.* Telephonzelle

Ferse *f* كَعْب

fertig جَاهِز، مُنْتَهٍ، مُسْتَعِدّ، حَاضِر

~keit *f* مَهَارَة

Fessel *f (—; -n)* قَيْد، صِفَاد

~n *(-le)* قَيَّد، صَفَد (i)

fest ثَابِت، مَتِين

Fest *n (-es; -e)* حَفْلَة، عِيد

~igkeit *f* ثَبَات، مَتَانَة

~land *n (-ės; ⸚er)* قَارَّة، بَرّ

~lich اِحْتِفَالِيّ

~lichkeit *f* اِحْتِفَال

~machen ثَبَّت

~mahl *n (-ės; -e)* وَلِيمَة

~nahme *f* ضَبْط، قَبْض

~nehmen *(L)* ضَبَط (u)، قَبَض على (i)

~setzen *(-t)* عَيَّن

~stehend ثَابِت، مُحَقَّق

~stellen أَثْبَت، حَقَّق

~tag *m (-ės; -e)* يَوْم عِيد

~ung *f* قَلْعَة، حِصْن

~zug *m (-ės; ⸚e)* مَوْكِب

fett دَسِم، سَمِين

fig. خَصْب

Fett *n (-ės; -e)* سَمْن، دِهْن، شَحْم

~ig دِهْنِيّ

Fetzen *m* قُصَاصَة، هَلْهُولَة، خِرْقَة

feucht رَطْب

~igkeit *f* رُطُوبَة

~igkeitsmesser *m* مِقْيَاس رُطُوبَة

Feuer *n* نَار

fig. حُمُوّ، حَمَاس

~bestattung *f* اِحْرَاق جُثَث

~fest لَايَحْتَرِق

~gefährlich سَهْل الِالْتِهَاب

~leiter *f (—; -n)* سُلَّم حَرَائِق

~melder *m* آلَة اِنْذَار الحَرِيق

~n *(-re)* أطْلَق النَار، أوْقَد

~sbrunst *f (—; ⸗e)* حَـرِيق
~sgefahr *f* خَطَـر حَرَائِق
~spritze *f* مِضَخّة الحَرِيق
~versicherung *f* تَأْمِين ضِدّ الحَـرِيق
~wehr *f* فِرْقَة المَطَافِيء
~wehrmann *m (-ȼs; ⸗er, -leute)* رَجُل المَطَافِيء
~werk *n (-ȼs; -e)* صَارُوخ
~zange *f* مَاسِك النَّار
~zeug *n (-ȼs; -e)* وَلّاعَة
feurig حَارّ
Fichte *f* صَنَوْبَر
fi'del مَرِح
Fieber *n* حُمّى
~anfall *m (-ȼs; ⸗e)* إصَابَة بالحُمّى
~frost *m s.* Schüttelfrost
Fi'gur *f* شَكْل، صُورَة، قِطْعَة شَطَرَنْج
Fik'tion *f* فَرْض
Filet [fi·'le:] *n (-s; -s)* فِلِتُّو لَحْم
Film *m (-s; -e)* شَرِيط، فِلْم
~atelier [-a·təlje:] *n (-s; -s)* اِسْتُودْيُو سِينِمَا
⸗en صَوّر آفْلَامًا
Filter *m, Techn. n* مُرَشِّح
⸗n *(-re)* رَشَح (a)
Filz *m (-es; -e)* لِبْد
⸗ig لِبْدِيّ
finan'zieren (—) مَوَّل
Fi'nanzministerium *n (-s; -ien)* وِزَارَة المَالِيّة
find|en *(L)* لَقِيَ (a)، وَجَد (i)
⸗ling *m (-s; -e)* لَقِيط
Finger *m* اِصْبَع
~-abdruck *m (-ȼs; ⸗e)* بَصْمَة اِصْبَع
Fink *m (-en)* شَرْشُور (طَائِر)
finster *(-re)* مُظْلِم
⸗nis *f (—; -se)* ظَلَام
Finte *f* حِيلَة، تَصَنُّع
Firma *f (—; -men)* شَرِكَة تِجَارِيّة
Firmung *f* سِرّ التَّثْبِيت
Firnis *m (-ses; -se)* وَرْنِيش

Fisch *m* *(-es; -e)* سَمَك
≈en صَادَ السَّمَك (i)
~er *m* صَيَّاد سَمَك
~e'rei *f* صَيْد السَّمَك
~rogen *m* *(-s; -)* بَطَارِخ السَّمَك
Fistel *f* *(—; -n)* *Med.* نَاسُور
(Stimme) رِقَّة الصَّوْت
fix ثَابِت، مُحَدَّد
~ieren [fiˈksiːrən] (—) ثَبَّت، حَدَّد
j-n حَمْلَق فِي
≈ierung [-ˈksiː-] *f* تَثْبِيت، تَحْدِيد
flach مُسَطَّح، مُسْتَوٍ
Fläche *f* سَطْح، مِسَاحَة
Flachs [-ks] *m* *(-es; -e)* كِتَّان
flackern *(-re)* تَذَبْذَب
Flagge *f* رَايَة، عَلَم
Flak-artillerie *f* مِدْفَعِيَّة مُضَادَّة لِلطَّائِرَات
Flamme *f* لَهَب
~nwerfer *m* قَاذِف لَهَب

Fla'nell *m* *(-s; -e)* فَانِلَّا
~anzug *m* *(-es; ⸚e)* بَدْلَة مِن الفَانِلَّا
Flasche *f* زُجَاجَة
flau فَاتِر
Hdl. رَاكِد، كَاسِد
Flaum *m* *(-ẹs; O)* زَغَب
flechten *(L)* جَدَل (i)، ضَفَر (i)
Fleck *m* *(-en)* بُقْعَة
~(en)wasser *n* سَائِل إِزَالَة البُقَع
~fieber *n* حُمَّى بُقَعِيَّة
Fledermaus *f* *(—; ⸚e)* خُفَّاش، وَطْوَاط
Flegel *m* مِدَقّ، مِضْرَب
fig. إِنْسَان خَشِن
flehen تَوَسَّل، اِلْتَمَس
Fleisch *n* *(-es; O)* لَحْم
~brühe *f* مَرَق لَحْم
~er *m* جَزَّار، قَصَّاب
~-extrakt *m* *(-es; -e)* خُلَاصَة لَحْم
~konserve *f* عُلْبَة لَحْم مَحْفُوظ

~pastete *f* فَطِير لَحْم
~scheibe *f* شَرِيحَة لَحْم
Fleiß *m (-es; O)* اِجْتِهَاد
~ig مُجْتَهِد
flick|en رَقَّع
~e'rei *f* تَرْقِيع
Flieder *m* لَيْلَك
Flieg|e *f* ذُبَابَة
~en *(L; sn)* طَار (i)
~en *n (-s; O)* طَيَرَان
~er *m* طَيَّار
~er-abwehr *f (—; O)* دِفَاع ضِدّ الطَّائِرَات
~er-alarm *m (-ęs; -e)* اِنْذَار الغَارَات الجَوِّيَّة
~er-bombe *f* قُنْبُلَة جَوِّيَّة
fliehen *(L) v/i.* فَرّ (i)، هَرَب (u)
v/t. (sn) تَجَنَّب
Fliese *f* بَلَاطَة
Fließ|band *n (-es; ⸗er)* سَيْر جِلْد مُتَحَرِّك
~en *(L; sn)* جَرَى (i)، سَال (i)
~end جَارٍ، سَائِل
adv. (~ sprechen) بِطَلَاقَة
flimmern *(-re)* تَلَأْلَأَ
flink سَرِيع، نَشِط
Flinte *f* بُنْدُقِيَّة
Flitter *m* بَهْرَجَان
~wochen *f/pl.* شَهْر العَسَل
Flocke *f* نُدْفَة
Floh *m (-ęs; ⸗e)* بُرْغُوث
~stich *m (-ęs; -e)* قَرْصَة بُرْغُوث
Flor *m (-s; -e)* اِزْدِهَار، كُرَيْشَة
Floß *n (-es; ⸗e)* رَمَث، طَوْف
Flosse *f* زِعْنِفَة سَمَك
flößen *(-t)* (الخَشَب) عَوَّم
Flöte *f* نَاى، مِصْفَار
Flotte *f* اُسْطُول
~n-stützpunkt *m (-ęs; -e)* قَاعِدَة بَحْرِيَّة
Fluch *m* [uː] *(-es; ⸗e)* لَعْن
~en لَعَن (a)
Flucht *f* هَرَب، فِرَار
flücht|en *(-e-; sn)* هَرَب (u)، فَرّ (i)

~ig سَرِيع، مُهْمِل، هَارِب
Chemie: قَابِل لِلتَّطَايُر
⁓ling *m* لَاجِئ، هَارِب
Flug [u:] *m (-es; ⁼e)* طَيَرَان
~boot *n (-ęs; -e)* طَائِرَة مَائِيَّة
Flügel *m* جَنَاح
Fluggast *m (-ęs; ⁼e)* مُسَافِر بِالطَّائِرَة
flügge قَادِر على الطَيَرَان
Flug|hafen *m (-s; ⁼)* مَطَار
~linie *f* خَط جَوِّيّ
~platz *m (-es; ⁼e)* مَطَار
~post *f (—; O)* بَرِيد جَوِّيّ
~zeug *n (-ęs; -e)* طَائِرَة، طَيَّارَة
~zeugträger *m* حَامِلَة طَائِرَات
Flunder *f (—; -n)* سَمَك مُوسَى
Flur[1] *f* حَقْل
Flur[2] *m (-ęs; -e)* دِهْلِيز
Fluß *m (-sses; ⁼sse)* نَهْر
flüssig سَائِل

flüstern *(-re)* هَمَس (i)
Flut [u:] *f* مَدّ البَحْر، فَيَضَان
Fohlen *n* مُهْر
Folg|e *f* نَتِيجَة، عَاقِبَة، تَعَاقُب
⁓en *(sn)* أَطَاع، خَلَف (u)، تَبِع (a)، تَلَا (u)، عَقَب (u)
⁓ern اِسْتَخْلَص، اِسْتَنْتَج
~erung *f* اِسْتِنْتَاج، اِسْتِخْلَاص
⁓lich اِذَنْ، لِذَلِك
⁓sam مُطِيع، مُمْتَثِل
~samkeit *f* طَاعَة، اِمْتِثَال
Folter *f (—; -n)* تَنْكِيل، عَذَاب، آلَة تَعْذِيب
Fonds [foŋ] *m (—; —) Hdl.* أَوْرَاق مَالِيَّة
fig. رَأْس مَال
Förderband *n (-ęs; ⁼er)* سَيْر جِلْد مُتَحَرِّك
fordern *(-re)* طَلَب (u)
zu viel ~ أَبْهَظ الطَلَب
fördern *(-re)* اِسْتَخْرَج
fig. شَجَّع، رَوَّج

Forderung *f* طَلَب

Förderung *f* اِسْتِخْرَاج، تَرْوِيج، تَرْقِيَة

Fo'relle *f* سَمَك الاِيرِيوَان

Form *f* هَيْئَة، صِيغَة، طَرْز، قَالِب، شَكْل

~ali'tät *f* تَكْلِيف، شَكْلِيَّة

~at [-'maːt] *n* (-s; -e) حَجْم، شَكْل

~el *f* (—; -n) قَاعِدَة، صِيغَة

förmlich شَكْلِي

fig. بِتَكْلِيف

~keit *f* تَكْلِيف، شَكْلِيَّة

Formu'lar *n* (-s; -e) اِسْتِمَارَة

forsch|en بَحَث، تَحَرَّى (a)

~ung *f* بَحْث، تَحَرّ

Forst *m* (-es; -e[n]) غَابَة

Förster *m* خَفِير غَابَات وَمَصَائِد

fort اِبْعِدْ، اِنْصَرِفْ، غَائِب (لِلدَّلَالَة عَلَى الاِنْصِرَاف وَالغِيَاب)

~dauern (-re) دَام (u)

~kommen *n* (-s; O) نَجَاح

~pflanzen (-t) *v/r.* اِنْتَشَر، تَنَاسَل

~schaffen نَقَل، أَزَاح (u)

~schritt *m* (-ęs; -e) تَقَدُّم

~setzen (-t) اِسْتَمَرَّ، وَاصَل

~setzung *f* اِسْتِمْرَار، بَقِيَّة

~während مُسْتَمِرّ، دَائِم، عَلى الدَّوَام، بِاسْتِمْرَار

Fracht *f* شَحْن، وَسْق

~brief *m* (-ęs; -e) وَثِيقَة شَحْن

~frei خَالِص اُجْرَة الشَّحْن

Frag|e *f* مَسْئَلَة، اِسْتِفْهَام، سُؤَال

~en (nach عن) اِسْتَفْهَم، سَأَل (a)

~lich مَشْكُوك فِيه

~los لَا شَكّ فِيه

franko خَالِص اُجْرَة البَرِيد

Frankreich *n* فَرَنْسَا

Franse *f* هُدْب

Fran'z|ose *m* (-n) فَرَنْسِيّ

~ösin *f* فَرَنْسِيَّة
≈ösisch فَرَنْسِيّ
Frau *f* زَوْجَة، سَيِّدَة، مَرْأَة
~en-arzt *m (-ɇs; ⸚e)* طَبِيب خَاصّ بِأَمْرَاض النِسَاء
Fräulein *n* آنِسَة
frech وَقِح
≈heit *f* وَقَاحَة
frei حُرّ، خَالٍ، فَاضٍ
im Freien فِي الخَلَاء، فِي الهَوَاء الطَلْق
≈denker *m* زِنْدِيق
≈er *m* خَاطِب
≈frau *f* بَارُونَة، شَرِيفَة
~gebig كَرِيم، سَخِيّ
≈gepäck *n (-s; O)* حَقَائِب بِدُون أُجْرَة
~halten *(L)* أَخْلَى
≈handel *m (-s; O)* تِجَارَة حُرَّة
≈heit *f* حُرِّيَّة
≈heits-strafe *f* عُقُوبَة الحَبْس
≈herr *m (-n; -en)* بَارُون، شَرِيف النَسَب
≈karte *f* تَذْكَرَة مَجَّانِيَّة
≈lassung *f* إِخْلَاء، عِتْق
~lich أَكِيدًا او بِالتَأْكِيد، طَبْعًا
≈marke *f* طَابِع بَرِيد
≈mut *m (-s; O)* صَرَاحَة
~sinnig حُرّ الرَأْي
~sprechen *(L)* بَرَّأ، حَكَم بِالبَرَاءَة (u)
≈staat *m (-ɇs; -en)* جُمْهُورِيَّة
~stehen *(L)* أُبِيح ل
~stehend مُبَاح
≈tag *m (-s; -e)* يَوْم الجُمْعَة
~willig مُتَطَوِّع، اِخْتِيَارِيّ
adv. طَوْعًا
fremd اَجْنَبِيّ، غَرِيب
~-artig غَرِيب
≈e *f (—; O)* بِلَاد اَجْنَبِيَّة
≈en-buch [u:] *n (-ɇs; ⸚er)* دَفْتَر الزُوَّار
≈en-führer *m* دَلِيل سُوَّاح
≈en-verkehr *m (-s; O)* سِيَاحَة

≈en-zimmer *n* حُجْرَة ضُيُوف، حُجْرَة لِلإيجار
≈e(r) *m* أَجْنَبِيّ، غَرِيب
~ländisch آجْنَبِيّ
~sprachlich آجْنَبِيّ اللُّغَة
fressen *(L)* آكل (u)، نَهِم (a) (حَيَوان)
Fressen *n* أكْل (الحيوانات)، عَلَف
Freud|e *f* فَرَح، سُرُور
~en-mädchen *n* عَاهِرَة
~en-tag *m (-ęs; -e)* يَوْم الفَرَح
≈ig فَرْحَان، مَسْرُور
freuen *v/r.* فَرِح (a) es freut mich يَسُرُّنِي
Freund|(in *f***)** *m (-ęs; -e)* صَاحِب، صَدِيق
≈lich لَطِيف، ظَرِيف
~lichkeit *f* لُطْف، ظَرَافَة
~schaft *f* صَدَاقَة
≈schaftlich وُدِّيّ
Frevel *m* اِثْم، سُوء، شَرّ
≈haft سَيِّئ، شِرِّير، آثِم

Frieden *m (-s; —)* صُلْح، سِلْم
Friedens|(ab)schluß *m (-sses; ⸗sse)* عَقْد صُلْح
~verhandlungen *f/pl.* مُفَاوَضَات الصُلْح
~vertrag *m (-ęs; ⸗e)* عَقْد آو مُعَاهَدَة الصُلْح
fried|fertig مُسَالِم
≈hof *m (-ęs; ⸗e)* جَبَّانَة، مَقْبَرَة
frieren *(L)* بَرِد (a)
mich friert اَنَا بَرْدَان
Fries *m (-es; -e)* اِفْرِيز
frisch حَدِيث، بَارِد، طَرِيّ، طَازِج
~ gestrichen ! اَلْبَيَاض طَرِيّ
≈e *f (—; O)* حَدَاثَة، طَرَاوَة
Friseur [fʀi·ˈzøːʁ] *m (-s; -e)* حَلَّاق
Friseuse [fʀi·ˈzøːzə] *f* حَلَّاقَة
fri'sier|en (—) حَلَق (i) (الشَعْر)، مَشَط (u, i)

≈-salon [-za·lɔŋ] *m (-s; -s)* صَالُون حِلَاقَة
Frist *f* مِيعَاد، مُهْلَة، أَجَل، مُدَّة
Fri'sur *f* تَرْتِيب الشَّعْر
froh فَرْحَان، سَعِيد
~'locken (—) هَيَّص، تَهَلَّل، طَرِب (a)
fromm *(≈er; ≈st-)* مُتَدَيِّن، صَالِح، تَقِيّ
Fron [-oː-] *f* سُخْرَة
frönen اِنْهَمَك فِي
Front *f* جَبْهَة
Frosch *m (-es; ≈e)* ضُفْدَع
Frost *m (-ȩs; ≈e)* صَقِيع
~beule *f* قَشَف البَرْد
frösteln *(-le)* صَقَع (a)، اِقْشَعَرّ بَرْدًا
frostig صَاقِع *fig.* بَارِد
frot'tieren (—) حَكّ (u)، دَعَك (a)
Frucht *f (—; ≈e)* ثَمَرَة، فَاكِهَة
≈bar مُثْمِر، خَصِيب
≈los لافَائِدَة منه، غَيْر مُثْمِر، عَقِيم
früh مُبَكِّر
≈e *f (—; O)* صَبَاح بَاكِر
~er مِن قَبْل، سَابِقًا
Früh|jahr *n (-ȩs; O)*, **~ling** *m (-s; -e)* رَبِيع
≈reif بَالِغ أَوْ نَاضِج قَبْل الأَوَان
~stück *n (-ȩs; -e)* فُطُور
≈zeitig مُبَكِّر
Fuchs *m (-es; ≈e)* ثَعْلَب
~bau *m (-ȩs; -e)* جُحْر ثَعْلَب
≈rot *(O)* أَحْمَر ثَعْلَبِيّ
Fuge *f* وَصْلَة، تَعْشِيق
füg|en وَصَل (i) *v/r.* أَطَاع
≈ung *f* حَظّ، مُقَدَّر، تَوْفِيق اللّه
fühl|bar مَلْمُوس، مَحْسُوس
~en شَعَر (u)، أَحَسّ، لَمَس (u, i)
≈ung *f* اِتِّصَال، لَمْس
Fuhre *f* حُمُولَة عَرَبَة

führ|en قَاد، أَرْشَد (u) سَاق (u)
⁓er *m* زَعِيم، قَائِد، مُرْشِد
Mot. سَوَّاق
Flgw. قَائِد طَائِرَة
⁓er-schein *m (-ɇs; -e)* رُخْصَة سِوَاقَة
⁓ung *f* سُلُوك، زَعَامَة، تَوْجِيه، قِيَادَة، إِرْشَاد
füllen حَشَا (الأَسْنَان)، (u) مَلأَ (a)
Füllen *n* مُهْر
Füll|feder *f (—; -n)* قَلَم حِبْر (ذُو خَزَّان)
⁓ung *f* حَشْو (الأَسنان)، مَلْء
Fund *m (-es; -e)* عُثُور، لُقْيَة
Funda'ment *n (-ɇs; -e)* أَسَاس
Fund|büro ['funtby·ʀo:] *n (-s; -s)* مَكْتَب أَشْيَاء مَفْقُودَة
⁓grube *f* كَنْز
fünf خَمْسَة
⁓te(r) خَامِس
⁓zehn خَمْسَة عَشَر
⁓zehnte(r) الخَامِس عَشَر
⁓zig خَمْسُون
⁓zigste(r) الخَمْسُون
Funk *m (-s; O)* رَادْيُو، لَاسِلْكِي
⁓-apparat *m (-ɇs; -e)* آلَة لَاسِلْكِيّ
⁓e *m (-n)* شَرَارَة
⁓eln *(-le)* تَلَأْلَأَ
⁓en أَرْسَل بِاللَّاسِلْكِيّ
⁓er *m* عَامِل لَاسِلْكِيّ
Funk|spruch *m (-ɇs; ⸚e)* بَرْقِيَّة لَاسِلْكِيَّة
⁓station *f* مَحَطَّة لَاسِلْكِيَّة
⁓technik *f* هَنْدَسَة لَاسِلْكِيَّة
Funktionär [fʊŋktsĭo·'nɛ:ʀ] *m (-s; -e)* مُوَظَّف
Funk|turm *m (-ɇs; ⸚e)* بُرْج لَاسِلْكِيّ
⁓wagen *m* سَيَّارَة مُجَهَّزَة بِاللَّاسِلْكِيّ
für لِ، لِأَجْل، بَدَلًا مِن

Fürbitte *f* شَفَاعَة
Furche *f* شَقّ، اُخْدُود
Furcht *f (—; O)* خَوْف، خَشْيَة
≈bar مُخِيف، مُرْعِب
fürchten *(-e-) v/t.* خَشِيَ (a)
v/r. خَاف (a) (vor من)
furcht|los جَسُور، غَيْر خَوّاف
~sam خَوّاف
≈samkeit *f* مَخَافَة
Fürsorg|e *f (O)* رِعَايَة، عِنَايَة
~er(in *f***)** *m* مُوَظّف شُئُون اِجْتِمَاعِيّة (مُوَظّفَة)
Fürst *m (-en)* آمِير
~in *f* آمِيرَة
≈lich آمِيرِيّ
fig. عَظِيم، فَاخِر
Furt *f* مَخَاضَة
Fu'runkel *m* خُرَاج، دُمّل
Fuß *m (-es; ≈e)* رِجْل، قَدَم، قَاعِدَة
Berg: سَفْح
~ball *m (-ȩs; ≈e)* كُرَة قَدَم
~ballspieler *m* لَاعِب كُرَة قَدَم
~boden *m (-s; — oder ≈)* آرْضِيّة
≈en *(auf) (-ßt)* اِسْتَنَد اِلَى، اِعْتَمَد عَلَى
~gänger *m* رَاجِل، مَاش
~gicht *f* نِقْرِس الأَقْدَام
~knöchel *m* كَعْب، رُسْغ
~pfad *m (-ȩs; -e)*, دَرْب، مِدَقّ
~weg [-e:-] *m (-ȩs; -e)* مَمْشَى
Futter *n* بِطَانَة (ثِيَاب)، عَلَف
fütter|n *(-re)* عَلَف، بَطّن (i) الثِيَاب
≈ung *f* تَبْطِين، عَلْف
Futur(um) [fu·'tu:ʀ(um)] *n (-s; -e bzw. -s; Futura)* مُسْتَقْبَل (نَحْو)

G

Gabe *f* هَدِيَّة، عَطِيَّة
(Anlage) مَوْهِبَة
Gabel *f (—; -n)* شَوْكَة
~frühstück *n (-¢s; -e)* أَكْلَة الضُحَى
~ung *f* تَفَرُّع
gähnen تَثَاءب
ga'lant ظَرِيف، مُؤَدَّب
Galante'rie *f* ظَرْف، تَأَدُّب
Gale'rie *f* مَمَرّ مَسْقُوف
(Gemälde~) مَعْرِض صُوَر
Galgen *m* مَشْنَقَة
Gall-apfel *m (-s; ¨)* عَفْص
Galle *f* مَرَارَة، صَفْرَاء
~n-stein *m (-¢s; -e)* حَصَاة صَفْرَاوِيَّة

Gallert(e *f*) *n (-¢s; -e bzw. -; -n)* هُلَام
gallig صَفْرَاوِيّ
Ga'lopp *m (-s; -e)* رَبْع (الخَيْل)
galop'pieren (—) رَبَع (a) (الفَرَس)
Gang *m (-¢s; ¨e)* حَرَكَة، سَيْر، دِهْلِيز، مَمَرّ
Sport: شَوْط
Auto: فِيتِيس
~bar مُتَدَاوَل، رَائِج
Gans *f (—; ¨e)* وِزّ
Gänsebraten *m* وِزّ مُحَمَّر
ganz كُلّ، سَلِيم، كَامِل
adv. تَمَامًا
~e(s) *n* المَجْمُوع، الكُلّ

gänzlich بالكلية، تماماً، تامّ، كلّي

ganztägig اليوم كلّه

gar *Speise:* مُسْتَوٍ

~ nicht لا .. أبداً، لامطلقاً

Garage [ga·'ʀa:ʒə] *f* جَرَاج

Garan'tie *f* كفالة، ضمان

≈ren ضَمِنَ (a)

Garde'robe *f* ملابس، مستودع ثياب

~nmarke *f* بطاقة ايداع الثياب

Gar'dine *f* ستارة

gären تخمّر

Garn [-a:-] *n* (-ɇs; -e) خيط

ins ~ gehen وقع في الشرك (a)

gar'nieren (—) *Speisen:* زيّن المأكولات

Garni'tur *f* طقم

garstig مَعِيف، قذر، قبيح

Garten *m* (-s; ¨) بستان، حديقة

~bau *m* (-s; *O*) فلاحة بساتين

~zaun *m* (-s; ¨e) سور حديقة، سياج

Gärtner *m* جنائنيّ، بستانيّ

~ei [-'ʀaɪ] *f* فلاحة بساتين

Gärung *f* تخمّر

Gas *n* (-es; -e) غاز

~brenner *m* وابور غاز

≈förmig غازيّ

~herd *m* (-ɇs; -e) موقد غاز

~maske *f* كمامة غاز

Gasse *f* حارة، زقاق

Gast *m* (-es; ¨e) نزيل، زائر، ضيف

≈frei مضياف

~freundschaft *f* ضيافة

~geber *m* مُضيف

~haus *n* (-es; ¨er) فندق، مطعم

~spiel *n* (-ɇs; -e) تمثيل فرقة زائرة

~stube *f* حجرة عامّة

~wirt *m* (-ɇs; -e) صاحب مطعم او فندق

Gas|werk *n (-ǿs; -e)* مَعْمَل تَوْلِيد الغَاز
~zähler *m* عَدَّاد غَاز
Gatte *m (-n)* زَوْج
Gatter *n* سُور، حَاجِز
Gattin *f* زَوْجَة
Gattung *f* صَنْف، نَوْع
Gau *m (-ǿs; -e)* نَاحِيَة، اِقْلِيم
Gaukler *m* حَاوٍ، مُشَعْبِذ
Gaul *m (-ǿs; ⸚e)* فَرَس
Gaumen *m* حَنَك
Gauner *m* مُحْتَال، نَصَّاب
Gaze *f* شَاش، شَفّ
Ge'ächtete(r) *m* مَنْبُوذ
Ge'bäck *n (-ǿs; -e)* فَطَائِر
Ge'bärde *f* إِيمَاءَة، حَرَكَة يَد
ge'bären *(L; —)* وَلَد (i)، آنْجَب
Ge'bäude *n* عِمَارَة، بِنَاء
Ge'bell *n (-ǿs; O)* نُبَاح
geben *(L)* مَنَح (a)، آعْطَى
es gibt يُوجَد
Geber *m* مُعْطٍ
Ge'bet *n (-ǿs; -e)* صَلَاة
~s-nische *f (in d. Moschee)* مِحْرَاب
~s-ruf *m (-s; -e)* آذَان
~s-rufer *m* مُؤَذِّن
~s-teppich *m (-s; -e)* سَجَّادَة صَلَاة
Ge'biet *n (-ǿs; -e)* دَائِرَة، اِقْلِيم
≗en *(L; —)* آمَر (u)
~er *m* سَيِّد
Ge'bilde *n* كِيَان، شَكْل
≗t مُهَذَّب
Ge'birg|e *n* سِلْسِلَة جِبَال
≗ig جَبَلِيّ
Ge'biß *n (-sses; -sse)* طَقْم آسْنَان، شَكِيمَة فَرَس
Ge'bläse *n* كُور حَدَّاد
Ge'blöke *n* ثُغَاء الغَنَم
ge'boren مَوْلُود
ge'borgen آمِن، مَأْمُون
Ge'bot *n (-ǿs; -e)* آمْر، وَصِيَّة
Ge'brauch *m (-ǿs; ⸚e)* اِسْتِعْمَال
≗en (—) اِسْتَعْمَل

ge'bräuchlich مُسْتَعْمَل

Ge'brauchs-anweisung *f* طَرِيقَة الِاسْتِعْمَال

Ge'brech|en *n* عَجْز، عَاهَة، عَيْب

～lich عَاجِز، ضَعِيف

Ge'brüll *n (-s; O)* خُوَار، زَئِير

Ge'bühr *f* أُجْرَة، رَسْم

～en (—) اِسْتَحَقَّ

v/r. لَاق (i)

es gebührt mir أَسْتَحِقُّ

Ge'burt [-u:-] *f* مِيلَاد

ge'bürtig (aus فى) مَوْلُود

Ge'burts|helfer *m* مُوَلِّد

~helferin *f* مُوَلِّدَة

~-ort *m (-ęs; -e)* مَحَلّ مِيلَاد

~schein *m (-ęs; -e)* شَهَادَة مِيلَاد

~tag *m (-ęs; -e)* يَوْم مِيلَاد

Ge'büsch *n (-es; -e)* أَجَمَة

Ge'dächtnis *n (-ses; -se)* ذَاكِرَة، حَافِظَة، تِذْكَار

~feier *f (—; -n)* حَفْلَة تِذْكَارِيَّة

Ge'danke *m (-n)* فِكْر، رَأْى

～nlos بِغَيْرِ تَفْكِير

～nvoll مُفَكِّر

Ge'deck *n (-s; -e)* طَقْم السُّفْرَة

ge'deihen *v/i. (L; —; sn)* تَوَفَّق، أَفْلَح، نَجَح (a)

Ge'deihen *n* تَوْفِيق، فَلَاح، نَجَاح

ge'denken *(L; —)* تَذَكَّر

Ge'denken *n* ذِكْرَى

Ge'dicht *n (-ęs; -e)* قَصِيدَة، شِعْر

ge'diegen حَقِيقِيّ، صَافٍ، مَتِين

Ge'dränge *n* اِزْدِحَام

ge'drängt مُخْتَصَر، ضَيِّق، مُزْدَحِم

ge'drungen رَبْعَةُ القَامَة

Ge'duld *f (—; O)* صَبْر، جَلَد

～en *(-e-; —) v/r.* صَبَر (i)

～ig صَبُور

~s-spiel *n (-s; -e)* لِعْبَة صَبْر

ge'ehrt مُكَرَّم، مُحْتَرَم

ge'eignet صَالِح لِ، مُوَافِق، مُنَاسِب

Ge'fahr *f* خَطَر

ge'fährlich خَطِر

ge'fahrlos لَا خَطَر فِيه، مَأْمُون

Ge'fährte *m (-n)* زَمِيل، رَفِيق

ge'fahrvoll خَطِر

ge'fallen *v/i. (L; —)* أُعْجِب ب، أَعْجَب

Ge'fallen *m* إِعْجَاب، فَضْل، مَعْرُوف، جَمِيل

ge'fällig ذُو فَضْل، خَدُوم، مَقْبُول

≈keit *f* مَعْرُوف، فَضْل

~st من فَضْلِك

ge'fangen أَسِير، مَحْبُوس

≈e(r) *m* مَحْبُوس، أَسِير

≈nahme *f* أَسْر، قَبْض

≈schaft *f (O)* آسْر، حَبْس

Ge'fängnis *n (-ses; -se)* سِجْن

Ge'fäß *n (-es; -e)* إِنَاء، وِعَاء

ge'faßt هَادِئ

adv. بِاطْمِئْنَان

(auf) مُسْتَعِدّ ل

Ge'fecht *n (-ẹs; -e)* مَعْرَكَة

Ge'fieder *n* رِيش

Ge'flecht *n (-ẹs; -e)* نَسْج، حِيَاكَة، ضَفِيرَة

ge'fleckt آبْقَع

ge'flissentlich قَصْدِيّ، عَمْدِيّ

adv. قَصْدًا، عَمْدًا

Ge'flügel *n* طُيُور

Ge'flüster *n* هَمْس

Ge'folge *n* حَشَم، حَاشِيَة، أَتْبَاع

ge'fräßig نَهِم، شَرِه، آكُول

≈keit *f* نَهَم، شَرَه

ge'frier|en *(L; sn) v/i.* تَجَمَّد

≈punkt *m (-ẹs; -e)* نُقْطَة التَجَمُّد

Ge'frorene(s) *n* جِيلَاتِي، دُنْدُرْمَة

Ge'fühl *n (-s; -e)* إِحْسَاس، شُعُور

≈los غَيْر حَسَّاس
≈voll حَسَّاس
gegen تَقْرِيبًا، فِى مُقَابِل، ضِدّ، نَحْو
Gegend *f* نَاحِيَة
Gegen|druck *m (-ẹs; ⸚e)* رَدّ الفِعْل
~gewicht *n (-ẹs; -e)* مُوَازَنَة
~gift *n (-ẹs; -e)* تِرْيَاق
~leistung *f* مُقَابِل المِثْل، رَدّ
~liebe *f (O)* حُبّ مُتَبَادِل
~mittel *n* مُضَادَّات، دَوَاء
~rede *f* اِعْتِرَاض، رَدّ
~satz *m (-es; ⸚e)* تَضَادّ، تَنَاقُض
≈sätzlich مُضَادّ
≈seitig مُتَبَادَل
~seitigkeit *f* تَبَادُل
~spionage [-ʃpi·o·nɑːʒə] *f (O)* تَجَسُّس مُضَادّ
~stand *m (-ẹs; ⸚e)* شَىْء، مَوْضُوع
~teil *n (-ẹs; -e)* عَكْس
gegen'über فِى مُوَاجَهَة، مُقَابِل
≈stellung *f* مُقَارَنَة
jur. مُوَاجَهَة
Gegen|wart *f (O)* حُضُور
≈wärtig حَاضِر
~wert *m (-ẹs; -e)* قِيمَة المِثْل
~zug *m (-ẹs; ⸚e) fig.* حَرَكَة مُضَادَّة
Esb. قِطَار مُقَابِل
ge'gliedert مُفَصَّل
Gegner *m* خَصْم
Ge'halt[1] *m (Inhalt)* سَعَة، *(Fein≈)* عِيَار
Ge'halt[2] *n* مُرَتَّب، رَاتِب
ge'hässig حَقُود
≈keit *f* حِقْد
Ge'häuse *n* بَيْت، عُلْبَة
ge'heim خَفِىّ، سِرِّىّ
≈dienst *m (-ẹs; -e)* خِدْمَة سِرِّيَّة
≈nis *n (-ses; -se)* خَفِيَّة، سِرّ
~nisvoll خَفِىّ

gehen *(L; sn)* مَشِيَ (i)، سَارَ (i)، ذَهَبَ (a)
Uhr: مَشِيَ (i)
Waren: رَاجَ (u)
wie geht es Ihnen? كَيْف حَالُكَ؟
Ge'heul *n (-ẹs; O)* عِوَاء
Ge'hilfe *m (-n)* مُعَاوِن، مُسَاعِد
Ge'hirn *n (-ẹs; -e)* مُخّ، دِمَاغ
~-erschütterung *f* اِرْتِجَاج المُخّ
~-erweichung *f* لُيُونَة المُخّ
Ge'höft *n (-ẹs; O)* ضَيْعَة، عِزْبَة
Ge'hölz *n (-es; -e)* غَابَة
Ge'hör *n (-ẹs; O)* سَمْع
ge'horchen (—) اِمْتَثَلَ، اِنْقَادَ لِ، أَطَاعَ
ge'hören *v/i.* (—) عَادَ (u)، خَصَّ (u)
wem gehört das? لِمَنْ هَذَا؟
v/r. لَاقَ (i)
ge'hörig لَائِق، خَاصّ، مُتَعَلِّق بِ
adv. بِشِدَّة، تَمَامًا، جِدًّا
ge'horsam *adj.* مُمْتَثِل، مُطِيع
Ge'horsam *m (-s; O)* اِمْتِثَال، طَاعَة
Geier *m* عُقَاب، نَسْر
Geige *f* كَمَان
~r *m* عَازِف كَمَان
Geisel *m (-s; -n)* رَهِينَة
Geiß *f* عَنْزَة
~bock *m (-ẹs; ⸗e)* تَيْس
Geißel *f (—; -n)* مِقْرَعَة
⸗n *(-le)* جَلَدَ (i)
Geist *m (-ẹs; -er)* عَقْل، شَبَح، خَاطِر، رُوح
geistes|abwesend شَارِد الفِكْر
⸗gabe *f* قَرِيحَة، مَلَكَة، بَدِيهَة
⸗gegenwart *f (O)* حُضُور البَدِيهَة

~krank مُخْتَلّ العَقْل، مَعْتُوه

~schwach *(O)* ضَعِيف العَقْل

geistig رُوحِيّ، رُوحَانِيّ

geistlich كَهَنُوتِيّ، رُوحَانِيّ

≈e(r) *m* كَاهِن

≈keit *f* كَهَنُوت

geist|los غَبِيّ، لَا رُوح فِيه

~reich ذَكِيّ

Geiz *m (-es; —)* بُخْل

~hals *m (-es; ⸚e)* بَخِيل

≈ig بَخِيل

Ge'klapper *n* قَعْقَعَة

Ge'lächter *n* قَهْقَهَة

Ge'lage *n* وَلِيمَة

Ge'länder *n* دَرَابْزِين

ge'langen (–) (u) بَلَغ، (i) وَصَل

Ge'laß *n (-sses; -sse)* مَحَلّ

ge'lassen مُطْمَئِنّ، هَادِئ

ge'läufig مَأْلُوف، جَارٍ

sprechen: بِطَلَاقَة

das ist mir ~ هذا مَأْلُوف عِنْدِي

≈keit *f* طَلَاقَة لِسَان

ge'launt: gut ~ حَسَن المِزَاج

schlecht ~ سَيِّئ المِزَاج

Ge'läut *n (-ęs; -e)* رَنِين النَاقُوس

gelb *(O)* أَصْفَر

Gelb *n (-ęs; O)* صَفَار

gelb|lich مَائِل لِلصَفَار

≈sucht *f* يَرَقَان

Geld *n (-es; -er)* عُمْلَة، فُلُوس، نُقُود

(Bar≈) نَقْدِيَّة, نَقْد

(Klein≈) صَغِير النَقْد

äg. فَكَّة

~-ausgabe *f* صَرْف، مَصْرُوف

~börse *f* كِيس النُقُود

~makler *m* سِمْسَار النُقُود

~mittel *n/pl.* أَمْوَال

~schrank *m (-ęs; ⸚e)* خِزَانَة النُقُود

~strafe *f* غَرَامَة

~stück *n (-es; -e)* قِطْعَة النُقُود

~tasche *f* كِيس النُقُود

~wechsler *m* صَرّاف

~wert *m (-ȼs; -e)* قِيمَة نَقْدِيّة

ge'legen مُنَاسِب، وَاقِع فِي أو عَلَى

≈heit *f* فُرْصَة

~tlich عِنْدَ الفُرْصَة، عَرَضًا، عَرَضِي

ge'lehr|ig سَهْل التَّعْلِيم

≈samkeit *f* تَبَحُّر فِي العِلْم

~t عَلِيم، عَالِم

≈te(r) *m* عَالِم، عَلَّامَة

Ge'leise *n Esb.* خَطّ قُضْبَان سِكّة حَدِيد

Ge'leit *n (-ȼs; -e)* مُرَافَقَة

~zug *m (-ȼs; ⸗e) Mar.* قَافِلَة مَرَاكِب حِمَايَة

Ge'lenk *n (-ȼs; -e)* مَفْصِل

~rheumatismus *m*، رُومَاتِزْم، دَاء المَفَاصِل

≈ig لَيِّن المَفَاصِل

ge'lernt *Arbeiter:* مَاهِر (عَامِل)

ge'linde خَفِيف (عُقُوبَة الخ)

ge'lingen *(L; —; sn)* نَجَح (a)

Ge'lingen *n* نَجَاح

gellen دَوَى (i)

ge'loben (—) نَذَر, (u, i) وَعَد (i)

gelt|en *(L) (gültig sein)* سَرَى مَفْعُولُه (i)

(für) عُدّ

≈ung *f* سَرَيَان، اِعْتِبَار

Ge'lübde *n (-s; O)* نَذْر

Gemach [gəˈmaːx] *n (-ȼs; ⸗er)* حُجْرَة

ge'mächlich [-ɛː-] مُتَأَنٍّ، مُتَّئِد

≈keit *f* تَأَنٍّ

Ge'mahl *m (-ȼs; -e)* زَوْج، قَرِين

~in *f* زَوْجَة، عَقِيلَة، قَرِينَة

Ge'mälde *n* صُورَة

~galerie *f* مَعْرِض الصُّوَر

ge'mäß *adv.* مُطَابِق

präp. حَسَب، طِبْق

ge'mäßigt مُعْتَدِل

ge'mein وَضِيع، مُبْتَذَل، عَامّ، عَادِىّ

Ge'meinde *f* مِلَّة، بَلَدِيَّة، طَائِفَة

Ge'meinheit *f* وَضَاعَة، حَقَارَة

ge'mein|nützig لِلْمَنْفَعَة العَامَّة

~sam مُشْتَرَك، مَعًا

~schaft *f* شُيُوع، طَائِفَة

~wohl *n* رَخَاء عَامّ، مَنْفَعَة عَامَّة

Ge'menge *n* خَلِيط

ge'messen مَقِيس

fig. مُتَّزِن، دَقِيق

Ge'metzel *n* مَذْبَحَة

Ge'misch *n (-es; -e)* خَلِيط

Ge'murmel *n* دَمْدَمَة، خَرِير

Ge'müse *n (-s; O)* خُضْرَاوَات

~händler *m* خُضَرِىّ

Ge'müt *n (-ȩs; -er)* ضَمِير، خَاطِر

~lich مُرِيح

Ge'müts|art *f* خُلُق, طَبْع

~krank *(O)* سَوْدَاوِىّ

~zustand *m (-ȩs; ¨e)* حَالَة نَفْسِيَّة

ge'nau دَقِيق، مَضْبُوط

~igkeit *f* دِقَّة

ge'nehm مَقْبُول، مُنَاسِب

ge'nehmig|en (—) رَخَّص، صَرَّح، (a) سَمَح

~ung *f* تَرْخِيص، تَصْرِيح

ge'neigt مَيَّال إِلَى، مَائِل

~heit *f* مَيْل

Gene'ral *m (-ȩs; ¨e)* جِنَرَال، قَائِد

~direktor *m (-s; -en)* مُدِير عَامّ

~streik *m (-ȩs; -s)* إِضْرَاب عَامّ

~versammlung *f* جَمْعِيَّة عُمُومِيَّة

~vollmacht *f* تَوْكِيل عَامّ

Genera'tion *f* جِيل

ge'nes|en *(L; —; sn)* عُوفِيَ، شُفِيَ

~ung *f* عَافِيَة، شِفَاء

genial [ge:'nĭa:l] عَبْقَرِيّ

Ge'nick *n (-ⱥs; -e)* قَفًا

Genie [ʒə'ni:] *n (-s; -s)* عَبْقَرِيّ، عَبْقَرِيَّة

genieren [ʒə'ni:ʀən] (—) اِسْتَحَى *v/r.* ضَايَق

~ Sie sich nicht! لَا تَعْمَل تَكْلِيفًا، بِدُون تَكْلِيف

ge'nieß|bar صَالِح لِلْأَكْل أو الشُرْب

~en *(L; —)* تَذَوَّق، تَهَنَّأ، تَمَتَّع ب

Genitiv *m (-s; -e)* المُضَاف إِلَيْه (نَحْو)

Ge'noss|e *m (-n)* رَفِيق، زَمِيل

~enschaft *f* شَرِكَة، جَمْعِيَّة

~in *f* رَفِيقَة، زَمِيلَة

ge'nötigt مُضْطَرّ

ge'nug وَافٍ، كَافٍ

~! كِفَايَة

Ge'nüg|e *f* كِفَايَة

~en (—) كَفَى (i)

~end كَافٍ

~sam قَنُوع

~samkeit *f* قَنَاعَة

Ge'nugtu-ung *f* إِرْضَاء

Ge'nuß *m (-sses; ⸚sse)* لَذَّة، مُتْعَة

~reich مُمْتِع

Geo|gra'phie *f (O)* جُغْرَافْيَا

~lo'gie *f (O)* عِلْم طَبَقَات الأَرْض

~me'trie *f (O)* هَنْدَسَة

Ge'päck *n (-ⱥs; O)* حَقَائِب، شُنَط

äg. عَفْش

~-annahme *f* مَكْتَب إِسْتِلَام الشُّنَط

~-aufbewahrung *f* مُسْتَوْدَع الشُنَط

~-aufgabe *f* مَكْتَب إِرْسَال الشُنَط

~schein *m (-ⱥs; -e)* وَصْل إِيدَاع الشُّنَط

~träger *m* شَيَّال، حَمَّال

geˈrade *adj.* مُسْتَقِيم، مُبَاشِر
adv. تَوًّا
Geˈrade *f* خَطّ مُسْتَقِيم
geˈrade(n)wegs مُبَاشَرَةً
geradeˈzu عَلَى طُول
Geˈradheit *f (O)* اِسْتِقَامَة
Geˈrät *n (-ȼs; -e)* جِهَاز، آلَة، أَدَاة
geˈraten *(L; —; sn)* نَجَح (a)، وَقَع فِي (a)
Irateˈwohl: aufs ~ خَبْط عَشْوَاء
geˈräumig رَحْب، فَسِيح
Geˈräusch *n (-es; -e)* صَوْت، صَخَب
⁓los بِلَا صَوْت
⁓voll صَاخِب، صَائِت
Gerber *m* دَبَّاغ
geˈrecht مُنْصِف، عَادِل
⁓igkeit *f* اِنْصَاف، عَدْل
Geˈrede *n* اِشَاعَة، كَلَام
leeres ~ كَلَام فَارِغ
Geˈreiztheit *f* تَهَيُّج، حِدَّة

Geˈricht *n (-ȼs; -e) (Speise)* طَبَق الأَكْل
jur. مَحْكَمَة
⁓lich قَضَائِيّ
~sbarkeit *f (O)* قَضَاء
~sgebühren *f/pl.* مَصَارِيف قَضَائِيَّة
~shof *m (-ȼs; ⸗e)* مَحْكَمَة
~stag *m (-ȼs; -e)* يَوْم المُحَاكَمَة
~svollzieher *m* مُحْضِر (مَحْكَمَة)
geˈring تَافِه، وَاهٍ، قَلِيل
⁓schätzung *f (O)* اِسْتِخْفَاف، اِزْدِرَاء، اِحْتِقَار
~st- الأَقَلّ
nicht im ~sten لا أَبَداً، قَطْ
geˈrinnen *(L; —; sn)* تَجَمَّد، تَخَثَّر
Geˈrippe *n* هَيْكَل
gern *(lieber; liebst-)* بِكُلّ سُرُور، بِكُلّ مَمْنُونِيَّة
ich esse ~ أُحِبّ آكُل

Ge'röll *n (-ɇs; -e)* حَصَى، أَحْجَار

Gerste *f* شَعِير

Gerte *f* عَصًا، غُصْن

Ge'ruch *m (-ɇs; ⸚e)* رِيحَة، رَائِحَة، شَمّ

≈los لَا رَائِحَةَ لَهُ

~s-sinn *m (-ɇs; O)* حَاسَّة الشَّمّ

Ge'rücht *n (-ɇs; -e)* إِشَاعَة

ge'ruhen *(—)* تَكَرَّم، تَفَضَّل

Ge'rüst *n (-ɇs; -e)* مِنَصَّة، سَقَالَة البِنَاء

ge'samt كُلِّيّ، كَامِل، جَمِيع

≈betrag *m (-es; ⸚e)* المَجْمُوع الكُلِّيّ

Ge'sandt|e(r) *m* سَفِير

~schaft *f* سِفَارَة

Ge'sang *m (-ɇs; ⸚e)* أُغْنِيَة، غِنَاء

Ge'säß *n (-es; -e)* إِسْت، دُبُر

Ge'schäft *n (-ɇs; -e)* دُكَّان، مَحَلّ تِجَارِيّ، شُغْل

≈ig شَغَّال

≈lich خَاصّ بالأَعْمَال

~sführer *m* مُدِير أَعْمَال

~s-schluß *m (-sses; ⸚sse)* وَقْت إِغْلَاق المَحَلَّات

~sviertel *n* حَيّ تِجَارِيّ

~szeit *f* سَاعَات العَمَل

ge'schehen *(L; —; sn)* حَدَث (u)، حَصَل (u)

ge'scheit ذَكِيّ، نَبِيه، عَاقِل

Ge'schenk *n (-ɇs; -e)* هَدِيَّة

Ge'schicht|e *f* تَارِيخ، حِكَايَة، قِصَّة

≈lich تَارِيخِيّ

Ge'schick *n (-ɇs; -e)* حَظّ، مُقَدَّر

~lichkeit *f* مَهَارَة

≈t مَاهِر

Ge'schirr *n (-ɇs; -e)* آوَانٍ، إِنَاء، وِعَاء

(Pferde≈) طَقْم فَرَس

Ge'schlecht *n (-ɇs; -er)* جِنْس، جِيل، سُلَالَة

≈lich جِنْسِيّ

~skrankheit *f* مَرَض زُهْرِيّ

~s-teile *pl.* أَعْضَاء تَنَاسُل

Ge'schmack *m* (-*¢s*; ⸚*e*, *F* ⸚*er*) طَعْم

fig. ذَوْق

⁓los لَا طَعْم لَه، لَا ذَوْق لَه

⁓voll سَلِيم الذَّوْق

Ge'schmeide *n* جَوْهَرَة

ge'schmeidig لَيِّن، مَرِن

Ge'schöpf *n* مَخْلُوق، كَائِن

Ge'schoß *n* (-*sses*; -*sse*) مَقْذُوف نَارِيّ

(*Stockwerk*) طَابِق بِنَاء

Ge'schrei *n* (-*s*; *O*) صِيَاح، صُرَاخ

Ge'schütz *n* (-*es*; -*e*) مِدْفَع

Ge'schwader *n Mar.* فَصِيلَة أُسْطُول

Ge'schwätz *n* (-*¢s*; *O*) ثَرْثَرَة

ge'schweige: ~ denn وَلَا

ge'schwind سَرِيع

⁓igkeit *f* سُرْعَة

⁓igkeitsmesser *m* عَدَّاد سُرْعَة

Ge'schwister *pl.* إِخْوَة وَأَخَوَات

Ge'schworene(r) *m* مُحَلَّف

Ge'schwulst *f* (—; ⸚*e*) وَرَم

Ge'schwür *n* (-*s*; -*e*) قُرْحَة

ge'sellig أَنِيس، حُلْو المُعَاشَرَة

⁓keit *f* إِينَاس، مُعَاشَرَة

Ge'sellschaft *f* صُحْبَة، جَمْعِيَّة

Hdl. شَرِكَة

~er *m* رَفِيق، زَمِيل

Hdl. شَرِيك

~s-anzug *m* (-*¢s*; ⸚*e*) بَدْلَة السَّهْرَة

~sreise *f* سِيَاحَة مُشْتَرَكَة

Ge'setz *n* (-*es*; -*e*) شَرِيعَة، قَانُون

⁓lich شَرْعِيّ، قَانُونِيّ

ge'setzt وَقُور، رَزِين

Ge'sicht *n* (-*¢s*; -*e*, -*er*) بَصَر، وَجْه

~s-ausdruck *m* (-*¢s*; ⸚*e*) سِيمَا

~s-kreis *m* (-*es*; -*e*) أُفُق

~s-punkt *m (-ɇs; -e)* وُجْهَة نَظَر

~s-sinn *m (-ɇs; O)* بَصَر

~s-zug *m (-ɇs; ⸚e)* مَلَامِح الوَجْه

Ge'sims *n (-es; -e)* حَافَّة، إِفْرِيز

Ge'sinde *n (-s; O)* خَدَم

Ge'sindel *n (-s; O)* رَعَاع

Ge'sinnung *f* نِيَّة

ge'sitt|et مُتَمَدِّن

≈ung *f* تَمَدُّن

ge'spannt مَمْدُود، مَشْدُود

Beziehungen: مُتَوَتِّر

Ge'spenst *n (-ɇs; -er)* طَيْف، شَبَح

Ge'spinst *n (-es; -e)* غَزْل

Ge'spräch *n (-ɇs; -e)* مُحَادَثَة

≈ig كَثِير الكَلَام

Ge'stalt *f* قَوَام، هَيْئَة، صُورَة، شَكْل

≈en شَكَّل

ge'ständig: ~ sein اِعْتَرَف ب

Ge'ständnis *n (-ses; -se)* اِعْتِرَاف

Ge'stank *m (-ɇs; F ⸚er)* نَتَانَة

ge'statten *(-e-; —)* سَمَح (a)

ge'stehen *(L; —)* أَقَرّ ب، اِعْتَرَف ب

Ge'stein *n (-ɇs; -e)* أَحْجَار, صَخْر

Ge'stell *n (-ɇs; -e)* رَفّ، هَيْكَل، شَمَّاعَة، حَمَّالَة

gestern أَمْس، البَارِحَة

~ abend عَشِيَّة أَمْس

Ge'stirn *n (-ɇs; -e)* نَجْم

≈t ذُو نُجُوم

ge'streift مُقَلَّم، مُخَطَّط

Ge'strüpp *n (-ɇs; -e)* أَجَمَة

Ge'such *n (-ɇs; -e)* طَلَب، عَرِيضَة

ge'sund *(⸚er; ⸚est-)* سَلِيم، صَحِيح

~en *(-e-; —; sn)* صَحّ (i) بَدَنُه، شُفِي

≈heit *f* صِحَّة

≈heits-pflege *f* عِنَايَة بِالصِحَّة

Ge'täfel *n* تَلْوِيح بِالخَشَب

Ge'töse *n* ضَجَّة، جَلَبَة

Ge'tränk *n (-¢s; -e)* مَشْرُوب

ge'trauen (—) *v/r.* تَجَاسَر، جَرُؤَ عَلَى (u)

Ge'treide *n* حُبُوب، غِلَال

Ge'triebe *n* اِزْدِحَام، حَرَكَة *Techn.* تُرُوس

~-kasten *m (-s; ⸚)* صَنْدُوق التُرُوس

ge'trost وَاثِق

Ge'vatter *m (-s od. -n; -n)* شَبِين

Ge'wächs *n (-es; -e)* نَبَات

ge'wagt خَطِر

Ge'währ *f (O)* ضَمَانَة

~en آجَاب الطَلَب، مَنَح (a)، سَمَح (a)

Ge'wahrsam *n (-s; -e)* حَبْس اِحْتِيَاطِيّ

Ge'währsmann *m (-es; -leute)* حُجَّة، مَصْدَر (آخْبَار)

Ge'walt *f* سُلْطَة، قُوَّة

~ig قَوِيّ، عَظِيم

~tätig شَدِيد، ظَالِم

Ge'wand *n (-¢s; ⸚er)* ثَوْب

ge'wandt حَاذِق، مَاهِر

~heit *f* مَهَارَة

ge'wärtig: ~ sein اِنْتَظَر، تَوَقَّع

Ge'wäsch *n (-¢s; O)* ثَرْثَرَة

Ge'wässer *n* مِيَاه

Ge'webe *n* نَسِيج

Ge'wehr *n (-¢s; -e)* بُنْدُقِيَّة

Ge'weih *n (-¢s; -e)* قُرُون آيَائِل

Ge'werb|e *n (-s; —)* حِرْفَة، صَنْعَة، مِهْنَة

~e-treibend ذُو مِهْنَة، صَاحِب صَنْعة

~smäßig مِهَنِيّ، حِرَفِيّ

Ge'werkschaft *f* نِقَابَة عُمَّال

Ge'wicht *n (-¢s; -e)* وَزْن

Ge'wimmel *n* حَشْد، اِزْدِحَام

Ge'winde *n* حَلَزُونَة اللَوْلَب

Ge'winn *m (-¢s; -e)* رِبْح، كَسْب

~-anteil *m (-ǿs; -e)* حِصّة فِى الربْح
≈bringend مُرْبِح
≈en *(L; —)* رَبِح (a)، كَسَب (i)
~sucht *f (O)* جَشَع
≈süchtig جَشِع
ge'wiß أَكِيدًا، يَقِينًا، مُؤكّد، مُحَقّق
Ge'wissen *n* ذِمّة، ضَمِير
≈haft ذُو ذِمّة
≈los عَدِيمِ الذِمّة، لَا ذِمّة لَه
~sbiß *m (-sses; -sse)* وَخْزَة الضَمِير
~szweifel *m* وَسْوَاس، تَشَكّك
Ge'wißheit *f* يَقِين، حَقِيقَة
Ge'witter *n* زَوْبَعَة، عَاصِفَة
ge'wöhnen (—) عَوّد
v/r. تَعَوّد
Ge'wohnheit *f* اِعْتِيَاد، عَادَة
ge'wöhnlich اِعْتِيَادِىّ، عَادِىّ
adv. عَادَةً
ge'wohnt مُعْتَاد
Ge'wölbe *n* قَبْو
Ge'wölk *n (-ǿs; O)* سَحَاب، غُيُوم
Ge'würz *n (-es; -e)* بَهَار، تَابِل
~nelke *f* قُرُنْفُل
~waren *f/pl.* عِطَارَة، تَوَابِل
Ge'zänk *n (-ǿs; O)* نِزَاع، شِجَار
ge'ziemen *v/r.* لَاق، نَاسَب (i)
~d لَائِق
ge'ziert مُتَدَلّل، مُتَكَلّف، مُصْطَنَع
ge'zwungen مُضْطَرّ، مُجْبَر، مَجْبُور
Gicht *f* نِقْرِس
Giebel *m* جَمَلُون
Gier *f* جَشَع، طَمَع
≈ig جَشِع، طَمّاع
gieß|en *(L)* صَبّ (u)، سَكَب (u)
Metall: سَبَك (u)
≈e'rei *f* مَسْبَك
Gift *n (-ǿs; -e)* سَمّ

~ig سَامّ
Gipfel *m* ذُرْوَة، قِمّة
Gips *m (-es; -e)* جص، جِبْس
girieren [ʒiˑˈriːrən] (—) ظَهّر حَوّالَة
Giro [ˈʒiːroˑ] *n (-s; -s)* *Hdl.* تَظْهِير
~bank *f (—; -en)* بَنْك تَحْوِيل
~konto *n (-s; -konten)* حِسَاب التّصْفِيَة
Gischt *f* زَبَد
Gi'tarre *f* قِيثَارَة
Gitter *n* شَبَكَة
Glanz *m (-es; -e)* لَمَعَان، لَمْع
glänzen *(-t)* لَمَع (a)
~d لَامِع
fig. مُمْتَاز
Glanz|leder *n* جِلْد لَمّاع
~los غَيْر لَمّاع
~punkt *m (-ęs; -e)* أَوْج
Glas *n (-es; ⸚er)* كُوب، زُجَاج
~er *m* قَمَرَاتِيّ، زَجّاج
gläsern زُجَاجِي
gla'sieren (—) قَزّز، صَقَل (u)
Gla'sur *f* مِينَا، طِلَاء
glatt أَمْلَس، نَاعِم، مَصْقُول، مُسْتَوٍ
glätten *(-e-)* صَقَل، نَعّم (u)
Glatze *f* صَلَعَة
Glaub|e *m (-ns; O)* عَقِيدَة إِيمَان، اِعْتِقَاد
~en ظَنّ، صَدّق، آمَن، (u) اِعْتَقَد
~enskrieg *m (-ęs; -e)* جِهَاد
~haft مَوْثُوق به، مُصَدّق
~haftigkeit *f* صِدْق
gläubig مُؤْمِن
~e(r) *m* مُؤْمِن
Hdl. دَائِن
glaublich مُحْتَمَل
gleich *adj.* مَثِيل، مُسَاوٍ، عِدْل
adv. سَوَاء، حَالًا، بالْمِثْل، سِيّان، فَوْرًا

≈berechtigung *f* مُسَاوَاة
~en *(L)* مَاثَل، شَابَه، عَادَل، سَاوَى
~falls بالمِثْل، كَذَلِك
≈gewicht *n (-ẹs; -e)* تَوَازُن
~gültig غَيْر مُكْتَرِث، غَيْر مُهْتَمّ
≈gültigkeit *f* عَدَم الِاكْتِرَاث، عَدَم اِهْتِمَام
≈heit *f* تَمَاثُل، مُسَاوَاة
~laufend مُوَازٍ
~machen سَاوَى
≈maß *n (-es; -e)* تَعَادُل، تَنَاسُب
~mäßig مُتَسَاوٍ، مُتَنَاسِب
≈nis *n (-ses; -se)* مَجَاز
≈strom *m (-s; O)* تَيَّار مُسْتَمِرّ
≈ung *f Math.* مُعَادَلَة
~'wohl اِلَّا اَنّ، مَعَ ذَلِك
~zeitig فى نَفْس الوَقْت، مُعَاصِر
Gleit|bahn *f* مَزْلَق
≈en *(L; sn)* اِنْزَلَق

Gletscher *m* طَبَقَات جَلِيد جَبَلِيَّة
Glied *n (-ẹs; -er)* عُضْو
(Ketten≈) حَلَقَة
~erlähmung *f* شَلَل الأَعْضَاء
≈ern *(-re)* رَتَّب، فَصَّل
~erung *f* تَرْتِيب
~maßen *pl.* أَطْرَاف الجِسْم
glimmen *(L)* وَمَض (i)
glimpflich: ~ davonkommen خَرَج بِجِلْدِه (u)
glitzern *(-re)* لَمَع، تَلَأْلَأَ (a)
Glock|e *f* جَرَس، نَاقُوس
~enschlag *m (-ẹs; ⸚e)* ضَرْب جَرَس
~enturm *m (-ẹs; ⸚e)* بُرْج جَرَس
Glorie [ˈgloːʀĭə] *f* عِزَّة، مَجْد، فَخْر
Glück *n (-ẹs; O)* هَنَاء، تَوْفِيق، حَظّ، سَعَادَة
≈en نَجَح (a)
≈lich هَانِئ، مَحْظُوظ، سَعِيد، مُوَفَّق

~sritter *m* مُغَامِر

~s-spiel *n* (*-ęs; -e*) قِمَار، مَيْسِر

~wunsch *m* (*-ęs; ⸚e*) تَهْنِئَة

Glück wünschen (*ich wünsche Glück usw.*) هَنَّأَ

Glüh|birne *f* مِصْبَاح كَهْرَبَائِيّ

≗en تَوَهَّج

~hitze *f* (*O*) حَرّ شَدِيد

~würmchen *n* سِرَاج اللَّيْل (حَشَرَة)

Glut *f* لَظًى، وَهَج

fig. حَمَاس

Gnade *f* شَفَقَة، رَحْمَة، فَضْل

~n-gesuch *n* (*-ęs; -e*) طَلَب الرَحْمَة

gnädig شَفُوق، رَحِيم، فَاضِل، كَرِيم

Gold *n* (*-es; O*) ذَهَب

~borte *f* شَرِيط ذَهَب

≗en ذَهَبِيّ

~fisch *m* (*-ęs; -e*) سَمَك الحَجَر

~gräber *m* بَاحِث عن الذَهَب

~münze *f* مَسْكُوك ذَهَبِيّ

~schmied *m* (*-ęs; -e*) صَائِغ

~schnitt *m* (*-ęs; -e*) حَافَّة مُذَهَّبَة

~stück *n* (*-ęs; -e*) s. Goldmünze

~waage *f* مِيزَان دَقِيق

Golf[1] *m* (*-ęs; -e*) *Geogr.* خَلِيج

Golf[2] *n* (*Sport*) جُولْف

gönn|en فَرِح ل (a)

v/r. مَا ضَنّ على نَفْسِه

≗er *m* نَصِير، حَامٍ

Gosse *f* بَالُوعَة

Gott *m* (*-es; ⸚er*) اَللّٰه

~es-dienst *m* (*-es; -e*) عِبَادَة

~es-haus *n* (*-es; ⸚er*) بَيْت اللّٰه

~es-lästerung *f* سَبّ الدِين، تَجْدِيف اللّٰه

~es-leugner *m* كَافِر

~es-urteil *n (-¢s; -e)* قَضَاء اللّٰه

~heit *f* أُلُوهِيَّة

Gött|in *f* إِلَاهَة

≈lich إِلَاهِيّ

gottlos كَافِر

≈igkeit *f* كُفْر

gottvoll عَظِيم، بَدِيع

Götze *m (-n)* وَثَن، صَنَم

Gouvernante [gu·vɛʀ'nan-tə] *f* مُرَبِّيَة أَطْفَال

Gouverneur [gu·veʀ'nø:ʀ] *m (-s; -e)* مُحَافِظ، وَالٍ *irak.* مُتَصَرِّف

Grab [-a:-] *n (-es; ⸚er)* قَبْر

≈en *(L)* حَفَر (i)

~en *m (-s; ⸚)* حُفْرَة، خَنْدَق، أُخْدُود

~hügel *m* قَبْر

~mal *n (-¢s; -e, ⸚er)* ضَرِيح

~rede *f* تأْبِين

~schrift *f* كِتَابَة القُبُور

~stätte *f* مَدْفَن، مَقْبَرَة

~stein *m (-¢s; -e)* شَاهِد، حَجَر القُبُور

Grad *m (-es; -e)* دَرَجَة، مَرْتَبَة

≈ieren [gʀa·'di:ʀən] (—) دَرَّج

≈weise تَدْرِيجًا

Graf *m (-en)* كُونْت (لقب)

Gräfin *f* كُنْتِيسَة

Gram *m (-¢s; O)* حُزْن، غَمّ

grämen *v/r.* حَزِن، اِغْتَمّ (a)

Gramm *n (-¢s; -e, —)* غِرَام، جِرَام (وَزْن)

Gram'matik *f* أَجْرُومِيَّة، نَحْو

Grammo'phon *n (-¢s; -e)* جَرَامُوفُون

~platte *f* أُسْطُوَانَة جَرَامُوفُون

Gra'nat|e *f* قُنْبُلَة

~-apfel *m (-s; ⸚)* رُمَّان

~stein *m (-¢s; -e)* عَقِيق

Gra'nit *m (-¢s; O)* حَجَر الصَّوَّان، غَرَانِيت

Gra'phit *m (-ɇs; -e)* رَصَاص أَسْوَد، غَرَافِيت

Gras *n (-es; ⸗er)* عُشْب، حَشِيس آخْضَر

⁓en *(-t)* رَعَى (a)

gräßlich فَظِيع

Grat *m (-ɇs; -e)* حَدّ، حَافَّة

Gräte *f* شَوْك السَّمَك، حَسَك

gratu'lieren (—) هَنَّأَ

grau سِنْجَابِىّ، رَمَادِىّ

Haar: شَائِب، آشْيَب

grauen *(Morgen)* طَلَع (u) النَّهَار، (u) بَلَج

Grauen *n* رُعْب

(Morgen⁓) فَجْر

graulich رَمَادِىّ

Graupen *f/pl.* بُرْغُل

grausam قَاسٍ

⁓keit *f* قَسْوَة

grausig هَائِل، فَظِيع

Gra'v|eur *m (-s; -e)* حَفَّار

⁓ieren (—) حَفَر (i) (فى مَعْدِن)

graziös [gʀa·'tsi̯øːs] لَطِيف، ظَرِيف

greif|bar مَلْمُوس

fig. وَاضِح

Hdl. فِى مُتَنَاوَل اليَد

⁓en *(L)* قَبَض، (i) لَمَس (i)، مَسَك (i)

Greis *m (-es; -e)* شَيْخ، عَجُوز

⁓in *f* شَيْخَة، عَجُوزَة

⁓enhaft شَائِخ

Grenz|e *f* حَدّ، حُدُود

⁓enlos لَاحَدَّ لَه

⁓zoll *m (-ɇs; ⸗e)* جُمْرُك

Greuel *m* فَظَاعَة

greulich فَظِيع

Grieche *m (-n)* يُونَانِىّ

⁓nland *n* اليُونَان

Grieß *m (-es; O)* سَمِيد، حَصًى

Griff *m (-ɇs; -e)* مِقْبَض، قَبْض، مَسْك

Grille *f* صِرْصَار

fig. هَوًى

≈nhaft هَوَائِيّ

Gri'masse *f* عُبُوس، كِشْرَة

Grimm *m (-ęs; O)* غَيْظ، حَنَق

~en *n* مَغْص

≈ig حَانِق

grinsen *(-t)* ضَحِك، (a) اِسْتِهْزَأ

Grippe *f* نَزْلَة وَافِدَة، آنْفِلُوَنْزَا

grob [-o:-] *(≃er; ≃st-)* خَشِن، شَرِس

≈heit *f* خُشُونَة

≈ian ['-bĭɑ:n] *m (-ęs; -e)* جِلْف، فَظّ

Groll *m (-ęs; O)* غِلّ، حِقْد

Gros [gʀo:] *n (-; -)* أَغْلَبِيَّة، قَرُوصَة

groß *(≃er; ≃t-)* جَسِيم، كَبِير، طَوِيل القَامَة

fig. عَظِيم

Größe *f* طُول القَامَة، كُبْر، حَجْم

fig. عِظَم

Groß|-eltern *pl.* جُدُود

~handel *m* تِجَارَة الجُمْلَة

≈herzig عَالِي الهِمَّة، كَرِيم الخُلُق

~-industrie *f* صِنَاعَة ثَقِيلَة

Gros'sist *m (-en)* تَاجِر الجُمْلَة

groß|jährig بَالِغ

≈macht *f (—; ≃e)* قُوَّة كُبْرَى

~mütig كَرِيم النَفْس

≈mutter *f (—; ≃)* جَدَّة

≈stadt *f (—; ≃e)* مَدِينَة كَبِيرَة

~städtisch [-ɛ:-] مَدَنِيّ

≈tat *f* مَأْثَرَة، مَفْخَرَة

~tun *(L)* فَشَر (u)

≈vater *m* جَدّ

~zügig وَاسِع الفِكْر

Grotte *f* مَغَارَة، كَهْف

Grübchen *n* نُقْرَة

Grube *f* مَنْجَم، حُفْرَة

grübeln *(-le)* أَمْعَن الفِكْر

Gruben-arbeiter *m* عَامِل مَنَاجِم

Gruft *f (—; ¨e)* سَرَب دَفْن، قَبْر

grün اَخْضَر

Grund *m (-¢s; ¨e)* اَرْض، آسَاس، قَعْر

(Ursache) سَبَب، بَاعِث

~besitz *m (-es; -e)* مِلْك عِقَارِىّ

gründen *(-e-)* اَسَّس، اَنْشَأَ

Grund|fläche *f Geom.* قَاعِدَة

≈legend آسَاسِىّ

gründlich مَتِين

adv. بِتَعَمُّق

Grund|satz *m (-es; ¨e)* مَبْدَأ

~schule *f* مَدْرَسَة اِبْتِدَائِيَّة

~stoff *m (-¢s; -e)* عُنْصُر

~stück *n (-¢s; -e)* قِطْعَة اَرْض

Gründung *f* تَأْسِيس، اِنْشَاء

grünen اِخْضَرّ

fig. اِزْدَهَر

Grünzeug *n (-¢s; O)* خُضَار

Gruppe *f* جَمَاعَة، زُمْرَة، فَرِيق، رَهْط

grusel|ig مُخِيف

≈n *n* اِرْتِعَاب

Gruß *m (-es; ¨e)* سَلَام، تَحِيَّة

grüßen *(-ßt)* سَلَّم على، حَيَّى

Grütze *f* بُرْغُل

fig. عَقْل

gültig صَحِيح، سَارى المَفْعُول، صَالِح ل

≈keit *f* سَرَيَان المَفْعُول، صِحَّة

Gummi *n (m)* صَمْغ، مَطَّاط

(Radier≈) مِمْحَاة

~band *n (-es; ¨er)* شَرِيط مَطَّاط

~mantel *m (-s; ¨)* مِمْطَر

Gunst *f (—; O)* حَظْوَة، فَضْل، مَعْرُوف

günst|ig مُوَاتٍ، مُنَاسِب

≈ling *m (-s; -e)* حَظِىّ، نَدِيم

Gurgel *f (—; -n)* حَلْق

♀n *(-le)* تَغَرْغَر

Gurke *f* خِيَار

Gürtel *m* حِزَام

Guß *m (-sses; ⸗sse)* صَبّ

Techn. سَبْك

~-eisen *n* حَدِيد مَسْبُوك

~stahl *m (-ẹs; -e)* صُلْب مَسْبُوك

gut *(besser; best-) adj.* جَيِّد، طَيِّب

adv. جَيِّدًا

Gut *n (-ẹs; ⸗er)* مِلْك، ضَيْعَة، بِضَاعَة، مَال

Gut|-achten *n* رَأْى، فَتْوَى

♀-artig طَيِّب القَلْب، وَدِيع

Med. غَيْر مُضِرّ

~dünken *n* مِزَاج، رَأْى

Güte *f* طِيبَة، لُطْف، جُودَة

Güter *n/pl.* أَمْوَال،

Esb. بَضَائِع

Güter|gemeinschaft *f* شُيُوع فى المِلْك

~wagen *m*, **~waggon** [-va·ˈgɔŋ] *m (-s; -s)* عَرَبَة البَضَائِع

~zug [-uː-] *m (-ẹs; ⸗e)* قِطَار البَضَائِع

Gut|haben *n* مَالَه عَلَى الغَيْر

♀heißen *(L)* اِسْتَحْسَن

güt|ig لَطِيف، شَفُوق، طَيِّب

~lich بِصِفَة وُدِّيَّة، وُدِّى

gut|mütig طَيِّب القَلْب

♀schein *m (-ẹs; -e)* سَنَد بَسِيط

♀schrift *f* قَيْد لِحِسَاب

~willig اِخْتِيَارِىّ

♀willigkeit *f* اِخْتِيَار

Gym'nasium *n (-s; Gymnasien)* مَدْرَسَة ثَانَوِيَّة

Gym'nastik *f* رِيَاضَة بَدَنِيَّة

H

Haar *n (-¢s; -e)* شَعْر
es ist kein gutes ∼ an j-m
إِنْسَان سَافِل
die ∼e stehen j-m zu Berge
قَبّ الشَّعْر (u)
∼**färbemittel** *n* صَبْغَة شَعْر
≗**ig** شَعْرِيّ، أَشْعَر
∼**nadel** *f* دَبُوس شَعْر
≗**sträubend** فَظِيع
∼**wickel** *m* وَرَق تَجْعِيد الشَّعْر
Hab|e *f (O)* مِلْك، مُمْتَلَكَات
≗**en** *(L)* مَلَك (i)
ich habe عِنْدِي
∼**en** *n Hdl.* دَائِن (حِسَابَات)
∼**e-nichts** *m (— u. -es; -e)* إِنْسَان بُور
∼**gier** *f (O)* جَشَع، طَمَع
Habicht *m (-s; -e)* صَقْر
Hacke *f* فَأْس، بَلْطَة
hacken فَرَم، قَطَّع (i)
Hader *m (Zank)* نِزَاع
Hafen *m (-s; ⸚)* مِينَاء
(Gefäß) إِنَاء
∼**stadt** *f* مَدِينَة بَحْرِيَّة
Hafer *m (-s; O)* قُرْطُمَان، شُوفَان
Haff *n (¢s; -e, -s)* خَلِيج
Haft *f (O)* حَبْس
≗**bar** مَسْئُول
≗**en** *(-e-) (bürgen)* كَفَل (u)، ضَمِن (a)
(kleben) أَلْصَق

~pflicht *f* اِلْتِزَام بِمَسْئُولِيَّة،

~ung *f* مَسْئُولِيَّة، ضَمَان *f*

mit beschränkter ~ung بِمَسْئُولِيَّة مَحْدُودَة

Hagel *m* بَرَد

fig. وَابِل

≈n نَزَل البَرَد (i)

hager هَزِيل، نَحِيف

Hahn *m (-es; ≈e)* دِيك

(Wasser≈) حَنَفِيَّة

~rei *m (-es; -e)* مُقَرَّن، مُعَرَّص

Hai(fisch) *m (-es; -e)* سَمَك القِرْش

Hain *m (-es; -e)* غَيْضَة، غَابَة صَغِيرَة

Haken *m* مِشْبَك، خُطَّاف

(Angel≈) صِنَّارَة

halb *adj. (O)* نِصْف، نِصْفِيّ

adv. مُنَاصَفَة، نِصْفِيًّا

~ieren [-ˈbiːʀən] (—) نَصَّف

≈-insel *f (—; -n)* شِبْه جَزِيرَة

≈kugel *f (—; -n)* نِصْف كُرَة

≈messer *m* نِصْف قُطْر الدَائِرَة

≈schuh *m (-es; -e)* حِذَاء مَكْشُوف

≈zeit *f Sport:* شَوْط، نِصْف الزَمَن

Hälfte *f* شَطْر، نِصْف

Hall *m (-es; -e)* صَدًى، رَنِين

Halle *f* قَاعَة، بَهْو

hallen رَنّ (i)، تَصَدَّى

hallo! هَالُو، يَا هَذَا

Halm *m (-es; -e)* عُود، سَاق النَبَات

Hals *m (-es; ≈e)* عُنُق، زَوْر، رَقَبَة

~band *n (-es; ≈er)* عِقْد، طَوْق

~binde *f* رِبَاط رَقَبَة

~-entzündung *f* اِلْتِهَاب الزَوْر

~kragen *m* يَاقَة

~schmerzen *m/pl.* آلَام الزَوْر

≈starrig عَنِيد

~tuch *n (-es; ⸚er)* كُوفِيَّة

Halt *m* تَوَقُّف، عِمَاد، سَنَد

≈! قِفْ

≈bar دَائِم، مَتِين

≈en *(L) v/t.* مَسَكَ (i)

Rede: أَلْقَى *Wort:* وَفَى (i)

~en für ظَنَّ (u)

v/i. وَقَفَ (i)، تَوَقَّفَ

v/r. دَامَ (u)، اِسْتَمَرَّ

~e-signal *n (-s; -e)* إِشَارَة لِلوُقُوف

~e-stelle *f* مَوْقِف، مَحَطَّة

≈machen *(ich mache halt usw.)* وَقَفَ (i)، تَوَقَّفَ

~ung *f* قَوَام وَقْفَة، هَيْئَة

Hammel *m* خَرُوف

~braten *m* لَحْم ضَانِيّ مُحَمَّر

~keule *f* كَوَارِع ضَانِيّ

~rippchen *n* ضِلْع ضَانِيّ

Hammer *m (-s; ⸚)* شَاكُوش، مِطْرَقَة

Hand *f (—; ⸚e)* يَد

~-arbeit *f* شُغْل يَد

~ball *m (-es; ⸚e)* كُرَة اليَد

~breit(e) *f (—; —)* شِبْر

Handel *m (-s; —; ⸚)* تِجَارَة

≈n *(-le)* تَاجَر، عَمِل (a)

Handels|gesellschaft *f* شَرِكَة تِجَارِيَّة

~kammer *f (—; -n)* غُرْفَة تِجَارِيَّة

~platz *m (-es; ⸚e)* مَرْكَز تِجَارِيّ

~schiff *n (-ęs; -e)* بَاخِرَة تِجَارِيَّة

~vertrag *m (-ęs; ⸚e)* مُعَاهَدَة تِجَارِيَّة

hand|fest قَوِيّ

≈gelenk *n (-ęs; -e)* مِعْصَم، رُسْغ

≈gepäck *n (-ęs; O)* عَفْش اليَد، شُنَط يَدَوِيَّة

≈griff *m (-ęs; -e)* قَبْضَة اليَد

≈habung *f* إِدَارَة، مُمَارَسَة

≈koffer *m* حَقِيبَة، شَنْطَة
Händler *m* تَاجِر
Handlung *f* فِعْل، عَمَل
Hdl. مَحَلّ، دُكَّان
~s-reisende(r) *m* وَكِيل سَفَرِيّ
Hand|schlag *m* *(-¢s; O)* صَفْقَة،
~schrift *f* خَطّ اليَد، مَخْطُوط
~schuh *m* *(-¢s; -e)* قُفَّاز
~tasche *f* حَقِيبَة اليَد
~tuch *n* *(-¢s; ⸚er)* مِنْشَفَة، فُوطَة
~wagen *m* عَرَبَة اليَد
~werk *n* *(-¢s; -e)* صَنْعَة، حِرْفَة
~werkszeug *n* *(-¢s; -e)* أَدَوَات
~wurzel *f* *(—; -n)* رُسْغ
Hanf *m* *(-¢s; O)* قِنَّب
Hang *m* *(-¢s; ⸚e)* انْحِدَار
(Neigung zu) مَيْل إِلَى
hängen *v/i.* *(L)* تَعَلَّق
v/t. عَلَّق
~ bleiben اِشْتَبَك
han'tier|en (—) مَارَس، اِسْتَعْمَل
≈ung *f* مُمَارَسَة، اِسْتِعْمَال
Harem *m* *(-s; -s)* حَرِيم
Harfe *f* قِيثَار
Harke *f* مِشْط بُسْتَانِيّ
harmlos غَيْر مُضِرّ
Harmo'nie *f* اِنْسِجَام
Harn *m* *(-s; O)* بَوْل
~blase *f* مَثَانَة
≈en تَبَوَّل
Harnisch *m* *(-¢s; -e)* دِرْع
Harn|röhre *f* مَجْرَى البَوْل
~säure *f* *(O)* حَمْض بَوْلِيّ
~zwang *m* *(-¢s; O)* عُسْر البَوْل
Har'pune *f* خُطَّاف صَيْد الحِيتَان
hart *(⸚er; ⸚est-)* صُلْب، جَامِد
fig. شَدِيد
Härte *f* صَلَابَة، جُمُود
fig. شِدَّة

Hart|geld *n (-es; O)* نَقْد مَسْكُوك

~gummi *m (-s; -s)* مَطّاط جَامِد

~herzig قَاسِي القَلْب

~leibigkeit *f* اِمْسَاك البَطْن

~näckig عَنِيد

~näckigkeit *f* عِنَاد

Harz *n (-es; -e)* صَمْغ، رَاتِينَج

Hase *m (-n)* أَرْنَب

Haselnuß *f (—; ⸗sse)* بُنْدُق

Haspel *f (—; -n)* بَكَرَة الخَيْط

Haß *m (-sses; O)* كَرَاهَة، بُغْض

hassen *(-ßt)* كَرِه، أَبْغَض (a)

häßlich قَبِيح، بَشِع، شَنِيع كَرِيه

Hast *f (O)* عَجَل

~en *(-e-)* تَعَجَّل، أَسْرَع

~ig عَجِيل، عَجِل

Haube *f* طَاقِيَّة *(Motor~)* كَبُّوت

Hauch *m (-es; O)* نَفَس

~en نَفَخ، تَنَفَّس (u)

hauen *(L)* ضَرَب، (i) قَطَع (a)

Haufen *m* حَشْد، جُمْهُور، كُومَة، رَكْم

häuf|en رَكَم (u)، كَوَّم

~ig مُتَكَرِّر، كَثِير الوُقُوع *adv.* غَالِبًا

~igkeit *f* كَثْرَة الوُقُوع

~ung *f* تَكْوِيم

Haupt *n (-es; ⸗er)* رَئِيس، رَأْس

~bahnhof *m (-es; ⸗e)* مَحَطَّة رَئِيسِيَّة

~buch [-bu:x] *n (-es; ⸗er) Hdl.* دَفْتَر الأُسْتَاذ

~-eingang *m (-es; ⸗e)* مَدْخَل رَئِيسِيّ

~fach *n (-es; ⸗er)* قِسْم التَخَصُّص

~linie [-li:nĭe] *f* خَطّ رَئِيسِيّ

~punkt *m (-ɇs; -e)* نُقْطَة رَئِيسِيَّة

~sache *f* آمْر رَئِيسِيّ، الشَيْء المُهِمّ

~sächlich خُصُوصًا، رَئِيسِيّ

~stadt *f (—; ⸚e)* عَاصِمَة

~städtisch [-ʃtɛːtɪʃ] عَاصِمِيّ

~wort *n Gr.* اِسْم

Haus *n (-es; ⸚er)* دَار، بَيْت، مَنْزِل

Hdl. مَحَلّ

~-arrest *m (-s; O)* اِعْتِقَال في البَيْت

~-arzt *m (-es; ⸚e)* طَبِيب العَائِلَة

~bedarf *m (-ɇs; O)* لَوَازِم البَيْت

~besitzer *m* صَاحِب البَيْت

~brandkohle *f* فَحْم الوَقُود

~en *(-t)* سَكَن (u)، أقَام

~flur *m (-s; -e)* دِهْلِيز

~gerät *n (-ɇs; -e)* أدَوات مَنْزِلِيَّة

~halt *m (-ɇs; -e)* تَدْبِير مَنْزِلى

~hälterin *f* مُدِيرَة أو مُدَبِّرَة البَيْت

~hälterisch اِقْتِصَادِيّ

Hau'sierer *m* عِنْقَاش، بَيَّاع سَرِيح

häuslich مُحِبّ لِحَيَاة البَيْت، بَيْتِيّ

~keit *f* مَيْل لِلْحَيَاة البَيْتِيَّة

Haus|miete *f* اُجْرَة البَيْت

~schlüssel *m* مِفْتَاح البَيْت

~schuh *m (-ɇs; -e)* خُفّ، شِبْشِب

~tier *n (-ɇs; -e)* حَيَوان مَنْزِلِيّ

~tor *n (-ɇs; -e)* بَوَّابَة

~wirt *m (-ɇs; -e)* صَاحِب البَيْت

~wirtin *f* صَاحِبَة البَيْت

~zins *m (-es; -e)* اُجْرَة البَيْت

Haut *f (-; ⸚e)* جِلْد، بَشَرَة

~-arzt *m (-es; ⸚e)* طَبِيب أَمْرَاض جِلْدِيَّة
~-ausschlag *m (-¢s; ⸚e)* طَفْح جِلْدِيّ
~farbe *f* لَوْن البَشَرَة
Hava'rie *f* عُطْل، تَلَف (فى سفينة)
Heb|-amme *f* دَايَة، قَابِلَة
~el *m* عَتَلَة، رَافِعَة
≈en *(L)* رَفَع (a)
Hecht *m (-es; -e)* سَمَك الكَرَاكِى
Heck *n (-s; -s) Mar.* كَوْثَل، مُؤَخَّر السَّفِينَة
Hecke *f* وَشِيع، حَاجِز عُشْبِىّ
Hedschra *f* الهِجْرَة
Heer *n (-es; -e)* جَيْش، حَشْد
Hefe *f* خَمِيرَة
Heft *n (-¢s; -e) (Schreib≈)* كُرَّاسَة، دَفْتَر
≈en *(-e-)* سَرَّج، (i) شَبَك
≈ig شَدِيد، قَوِىّ
~pflaster *n* لَزْقَة طِبِّيَّة

Hehl: kein ~ daraus machen كَان صَرِيحًا
Heide[1] *m (-n)* وَثَنِىّ
Heide[2] *f* بَرِّيَّة
~kraut *n (-¢s; O)* خَلَنْج، اِرِيقِىّ
~land *n (-¢s; O)* بَرِّيَّة
Heidentum *n (-¢s; O)* وَثَنِيَّة
heikel *(-kl-)* شَائِك
heil *adj.* مُعَافىً، سَلِيم
mit ~er Haut davonkommen خَرَج بِجِلْدِه (u)
Heil *n (-s; O)* سَلَامَة، نَجَاة
Heiland *m (-s; O)* مُنَجٍّ
Heil|bad *n (-es; ⸚er)* حَمَّام الاِسْتِشْفَاء
≈bar قَابِل للشِفَاء
≈en *v/i. (sn)* اِنْدَمَل
v/t. شَفَى (i)
≈ig مُقَدَّس
~ige(r) *m* قِدِّيس، وَلِىّ
≈igen قَدَّس
~igtum *n (-¢s; ⸚er)* مَقْدَس
~igung *f* تَقْدِيس

~kraft *f* *(—; ¨e)* قُوَّة العِلَاج

≈los *fig.* شَدِيد، خَبِيث

~mittel *n* دَوَاء

~quelle *f* عَيْن المِيَاه الطِبِّيَّة

~ung *f* شِفَاء، عِلَاج

heim *adv.* اِلَى البَيْت

Heim *n (-¢s; -e)* بَيْت، وَطَن

Heimat [ˈhaɪmat] *f* وَطَن مَسْقَط الرَّأس

≈lich وَطَنِيّ

≈los لَا وَطَن لَه

~vertriebene(r) *m* مُشَرَّد، طَرِيد

Heimchen *n* صِرْصَار

heim|isch بَلَدِيّ

~lich سِرِّيّ

≈lichkeit *f* سِرِّيَّة

≈suchung *f* بَلَاء

~tückisch لَئِيم

~wärts نَحْو البَيْت أَوْ الوَطَن

≈weg *m (-¢s; -e)* طَرِيق العَوْدَة

≈weh *n (-s; O)* حَنِين الوَطَن

Heirat *f* زَوَاج

≈en *(-e-)* تَزَوَّج

heiser مَبْحُوح، اَبَحّ

heiß سَاخِن، حَارّ

heißen *(L)* *v/t.* أَمَر (u)، دَعَا (u)، سَمَّى

v/i. سُمِّيَ

das heißt (d. h.) يَعْنِي

wie heißen Sie? مَا اِسْمُكَ

heiter *(-tr-)* مَرِح، صَافٍ، صَحْو

heiz|en *(-t)* دَفَّأ

≈er *m* وَقَّاد

≈kissen *n* مِخَدَّة التَدْفِئَة

≈material [-mate·ʀĭɑːl] *n* *(-s; -ien)* وَقُود

≈rohr *n (-¢s; -e)* اُنْبُوبَة التَدْفِئَة

≈ung *f* تَدْفِئَة

Held *m (-en)* بَطَل

~entum *n* *(-s; O)* بُطُولَة

helf|en *(L)* سَاعَد، عَاوَن، اَمَدّ
Med. اَفَاد
~er *m* مُسَاعِد، مُعِين
hell *Farbe:* فَاتِح
Ton: رَنَّان
Bier: بَيْضَاء
Zimmer: نَيِّرَة
Helm *m (-ȼs; -e)* خَوْذَة
Hemd *n (-ȼs; -en)* قَمِيص
~hose *f* قَمِيص بِسِرْوَال
hemm|en (a) مَنَع، أَوْقَف، فَرْمَل
~schuh *m (-ȼs; O)* عَائِق
~ung *f Psych.* عُقْدَة نَفْسِيَّة
Waffe: عَائِق
~ungslos دُون عَائِق
Hengst *m (-es; -e)* فَحْل
Henkel *m* (يَد (أَدَوَات
henken (u) شَنَق
Henker *m* جَلَّاد
Henne *f* فَرْخَة، دَجَاجَة
her إِلَى هُنَا
he'rab إِلَى تَحْت
~drücken *Hdl.* خَفَّض
~lassung *f* تَفَضُّل، تَنَازُل
~setzen *(-t)* حَقَّر، وَطَّى، خَفَّض
~steigen *(L; sn)* نَزَل (i)
he'ran إِلَى هُنَا
~nahen اِقْتَرَب
~wachsen *(L; sn)* كَبُر، (u) نَمَا (u)
he'rauf نَحْو الأَعْلَى، إِلَى فَوْق
he'raus إِلَى الخَارِج
~forderer *m* مُتَحَدٍّ
~fordern *(-re)* تَحَدَّى
~forderung *f* تَحَدٍّ
~geben *(L) Geld:* رَدّ (u)
Bücher usw.: نَشَر (u)
~geber *m* نَاشِر
~nehmen *(L)* أَخْرَج
sich etw. ~nehmen تَجَاسَر
~putzen *(-t) v/t.* زَيَّن، زَوَّق
v/r. تَزَيَّن
~ziehen *(L) v/t.* خَلَع (a)، اَخْرَج، نَزَع (a)

herb حَامِض
her'bei اِلَى هُنَا
~schaffen *(-te)* اَحْضَر
Herberge ['hɛʁbɛʁgə] *f* مَأْوَى، مِضْيَفَة، فُنْدُق
Herbst *m (-es; -e)* خَرِيف
~lich خَرِيفِيّ
Herd *m (-es; -e)* مَوْقِد
Herde ['he:ʁ-] *f* قَطِيع
herein [hɛ'ʀaɪn] اُدْخُلْ! اِلَى الدَّاخِل
~legen *fig.* خَدَع (a)
Her|gang *m (-ẽs; ⸗e)* حُدُوث
~kommen *n* مَصْدَر، عَادَة
~leitung *f* اِشْتِقَاق
Herold ['he:ʀɔlt] *m (-s; -e)* مُنَادٍ
Heros *m (—; -'oen)* بَطَل
Herr *m (-n; -en)* صَاحِب، مَالِك، سَيِّد
her|reichen نَاوَل
~richten *(-e-)* رَتَّب، حَضَّر، اَعَدّ
Herr|in *f* سَيِّدَة، صَاحِبَة
~isch مُتَعَاظِم
~lich فَاخِر، مَاجِد
~lichkeit *f* فَخْر، مَجْد
~schaft *f* حُكْم، سِيَادَة
~schen سَاد (u)، حَكَم (u)
~scher *m* حَاكِم، سَائِد
~sch-sucht *f (O)* شَهْوَة الحُكْم
her|rühren صَدَر، (u) نَشَأ من (a)
~sagen تَلَا، اَنْشَد (u)
~stammen نَشَأ مِن
~stellen اَنْتَج، صَنَع (a)
~stellung *f* صُنْع، اِنْتَاج
he'rüber عَابِراً اِلَى هُنَا
he'rum حَوْل
~drehen قَلَب، دَوَّر (i)
~gehen جَال (u)
~treiben *v/r.* جَال (u)
he'runter اِلى الأَسْفَل
~machen وَبَّخ، عَنَّف
her'vor اِلى الخَارِج
~bringen اَنْتَج، اَخْرَج
~ragen بَرَز (u)

~ragend بَارِز، مُدْهِش

~stechend بَارِز، مُلْفِت لِلنَظَر

Herz *n (-ens; -en)* قَلْب، فُؤاد

≈en لَاطَف

~ensgüte *f (O)* طِيبَة القَلْب

≈-ergreifend مُؤَثِّر

~gegend *f (O)* قِسْم القَلْب

~grube *f (O)* الحُفْرَة المِعَدِيّة

≈haft شُجَاع

≈lich قَلْبِيّ، قَلْبِيًّا

≈los قَاسِي القَلْب

~losigkeit *f* قَسْوَة القَلْب

Herzog *m (-s; ⁼e)* دُوق

Herzschlag *m (-ℯs; ⁼e) Med.* سَكْتَة قَلْبِيّة، دَقّة القَلْب

Hetz|e *f (O)* تَحْرِيض

~blatt *n (-ℯs; ⁼er)* جَرِيدَة تَحْرِيض

≈en *(-t) fig.* حَرّش، حَرّض على

Heu *n (-ℯs; O)* حَشِيش مُجَفّف

Heuch|e'lei *f* نِفَاق، رِيَاء

≈eln *(-le)* نَافَق، رَاءى

~ler *m* مُنَافِق

heuern *(-re)* اِسْتَأْجَر، اِسْتَخْدَم

heulen عَوَى (i)، صَاح (i)

Heuschrecke *f* جَرَادَة

heut|e اليَوْم

~ig حَدِيث، مُعَاصِر، حَالِيّ

~zutage فِي هَذِه الأَيّام

Hexe *f* سَاحِرَة

≈n *(-st)* سَحَر (a)

Hidschra *f s.* Hedschra

Hieb *m (-es; -e)* خَبْطَة، ضَرْبَة

hier هُنَا

hierauf ثُمّ، عَلَى هَذَا، بَعْد هَذَا

hierbei مُرَافِقًا لِهَذَا، مَع هَذَا

hierdurch بِوَاسِطَة هَذَا

hierfür لِهَذَا

hiergegen ضِدّ هَذَا

hierin فِي هَذَا
hiermit مَع هَذَا
hiernach بَعْد هَذَا
Hiersein *n (-s; O)* حُضُور
hierüber عَن هَذَا
hierunter بَيْن أَوْ تَحْت هَذَا
hierzu اِلَى هَذَا
Hilf|e *f* عَوْن، مُسَاعَدَة
~e-ruf *m (-¢s; -e)* اِسْتِغَاثَة
~los عَاجِز
~reich مِعْوَان
~s-arbeiter *m* عَامِل مُسَاعِد
~sbedürftigkeit *f* عَوَز، حَاجَة، فَاقَة
~smittel *n* وَسِيلَة
~squelle *f* مَوْرِد
Himbeere *f* فَرَامْبُوَاز، تُوت شَوْكِيّ
Himm|el *m* سَمَاء
~el-fahrts-tag *m (-s; -e)* يَوْم صُعُود المَسِيح لِلسَمَاء
~elsgegend *f* نَطَاق
~elskörper *m* جِرْم فَلَكِي
~elsrichtung *f* جِهَة
~elsstrich *m (-¢s; -e)* نَطَاق
~lisch سَمَاوِيّ
hin اِلَى هُنَاك
es ist ~ هُوَ خَسْرَان
hi'nab اِلَى تَحْت
~steigen *(L; sn)* نَزَل (i)
hin-arbeiten *(-e-):* ~ auf عَمِل عَلَى، (i) هَدَف (a) اِلَى
hi'nauf صَاعِداً، اِلَى الأَعْلَى
hi'naus اِلَى الخَارِج
~gehen *(L; sn)* خَرَج (u)
das Fenster geht zur Straße hinaus النَّافِذَة تُطِلّ عَلَى الشَّارِع
~schieben *(L)* أَجَّل، سَوَّف
~werfen *(L)*، طَوَّح، رَمَى (i) طَرَد (u)
Hinblick *m (-¢s; O)* نَظْرَة
im ~ auf نَظَراً اِلَى
hinder|lich مَانِع، مُعَرْقِل، عَائِق

~n *(-re)* مَنَع، أَعَاق، (a) ~
عَرْقَل
≈nis *n (-ses; -se)* حَجْز،
مَنْع، إِعَاقَة
≈nisrennen *n* سِبَاق
حَوَاجِز
hin'durch فِي مُدَّة، خِلَال
hi'nein إِلَى الدَاخِل
hinfahr|en *(L; sn)* سَافَر
إِلَى هُنَاك
≈t *f* ذَهَاب
Hin- und Rückfahrt *Esb.*
سَفَر ذَهَاباً وَ إِيَاباً
hinfällig بَاطِل، فَانٍ
≈keit *f* بُطْل، فَنَاء
hin'fort مُسْتَقْبَلاً
Hingebung *f (O)* إِخْلَاص،
إِنْهِمَاك
hin|gehen *(L; sn)* ذَهَب (a)
إِلَى هُنَاك
~halten *(L)* سَوَّف
hinken عَرَج (u)
~d أَعْرَج
hinlänglich كَافٍ

hinlegen *v/t.* وَضَع (a)
v/r. رَقَد (u)
hinraffen (مَوْت) خَطَف (a)
hinreichen *v/t.* نَاوَل
v/i. كَفَى (i)
hinricht|en *(-e-)* نَفَّذ حُكْم
الإِعْدَام
≈ung *f* إِعْدَام
Hinsicht *f* نَظْرَة إِعْتِبَار
≈lich نَظَراً إِلَى
hinstellen وَضَع (a)
hint-'an|setzen *(-t)*, ~stellen
صَرَف النَظَر عَن، (i)
أَهْمَل
hinter خَلْفَ
Hinterbein *n (-ǿs; -e)* رِجْل
خَلْفِيَّة
Hinter'bliebene(r) *m* خَلَف
hinter'geh|en *(L; —)*
خَدَع (a)
≈ung *f* خِدَاع
Hinter|grund *m (-ǿs; ⸚e)*
خَلْفِيَّة الصورَة
~halt *m (-s; -e)* كَمِين

~hof *m (-ẹs; ⸚e)* حُوش خَلْفِي
~'lassenschaft *f* مُخَلَّفَات
hinter'leg|en (—) اَوْدَع
≈ung *f* اِيدَاع
Hinterlist *f (O)* مَكْر، حِيلَة
≈ig مَكَّار
Hinterrad *n (-ẹs; ⸚er)* عَجَلَة خَلْفِيَّة
hinter'treiben *(L; —)* اَحْبَط، عَرْقَل
Hinter|treppe *f* سُلَّم خَلْفِي
~tür *f* بَاب خَلْفِي
hinter'zieh|en *(L; —)* اِخْتَلَس
≈ung *f* اِخْتِلَاس
hi'nüber عَابِراً اِلَى هُنَاك
hi'nunter اِلَى الأَسْفَل
Hinweis *m (-es; -e)* اِشَارَة، تَلْمِيح
≈en *(L)* لَمَّح، أَشَار (auf إِلَى)
hinziehen *(L) v/t.* جَذَب (i) *v/i. (sn)* اِمْتَدّ *v/r.* اِمْتَدّ
hin'zu اِلَى ذَلِك
hin'zufügen أَضَاف
Hirn *n (-s; -e)* مُخّ، دِمَاغ
~gespinst *n (-es; -e)* خَيَال
~schale *f* قِحْف
~schlag *m (-ẹs; ⸚e)* سَكْتَة مُخِيَّة
Hirsch *m (-es; -e)* اَيِّل
~kuh *f (—; ⸚e)* اُنْثَى الأَيِّل
~leder *n* جِلْد الأَيِّل
Hirt *m (-en)* رَاعٍ، غَنَّام
~in *f* رَاعِيَة
hissen *(-ßt)* رَفَع (العَلَم) (a)
Historie [hɪ'sto:ʀĭə] *f* تَارِيخ
historisch [hɪ'sto:ʀɪʃ] تَارِيخِي
Hitz|e *f (O)* حَرَارَة
~e-welle *f* مَوْجَة الحَرَارَة
≈ig حَامٍ
~schlag *m (-es; ⸚e)* ضَرْبَة الحَرَارَة
Hobel *m* مِسْحَج، فَارَة

~n (-le) سَحَجَ (a)

hoch *(höher; höchst-)* سامٍ، عَالٍ، مُرْتَفِع

~-achtung *f* اِحْتِرَام

~-achtungsvoll مَعَ كَثِير الاِحْتِرَام

~-ebene *f* سَهْل مُرْتَفِع

~fein *(O)* فَاخِر

~herzigkeit *f* كَرَم النَفْس

~mut *m (-ẹs; O)* كِبْرِيَاء، عَجْرَفَة

~mütig مُتَكَبِّر

~saison [-zɛ·zɔŋ] *f (—; -s)* عِزّ المَوْسِم

~schätzen اِحْتَرَم

~schule *f* مَدْرَسَة عَالِيَة

~sommer *m* عِزّ الصَيْف

~spannung *f Elektr.* جَهْد عَالٍ

höchst- الأَعْلَى *adv.* لِلْغَايَة، كَثِيراً، جِدًّا

Hochstapler [-ɑː-] *m* فَشَّار

höchstens عَلَى الأَكْثَر، عَلَى أَحْسَن حَال

Höchst|geschwindigkeit *f* الحَدّ الأَقْصَى لِلسُرْعَة

~leistung *f Fabrik:* أَقْصَى إِنْتَاج، *Sport:* أَقْصَى جُهْد أَوْ نَشَاط

Hochwohlgeboren جَنَاب، حَضْرَة

Hochzeit ['hɔxtsaɪt] *f* زِفَاف

~s-reise *f* رِحْلَة العُرْس

hocken قَعَد القُرْفُصَاء (u)

Höcker *m* سَنَام الجَمَل، حَدَبَة

Hode *f* خُصْيَة

Hof *m (-es; ¨e)* بَلَاط المَلِك؛ حَاشِيَة المَلِك، حُوش، صَحْن البَيْت

Hof|fart *f (O)* كِبْرِيَاء

~färtig مُتَكَبِّر

hoffen أَمَل (a) تَعَشَّم،

Hoffnung *f* أَمَل

~slos لَا أَمَل فِيه

~svoll كَثِير الأَمَل، مُؤَمِّل، آمِل

höflich مُؤَدَّب، لَطِيف
~keit *f* تَأَدُّب
Höhe *f* عُلُوّ، اِرْتِفَاع
Hoheit *f* سُمُوّ، رِفْعَة
~srecht *n (-es; -e)* حَقّ السُّلْطَة
Höhen|kur-ort *m (-es; -e)* مَصَحَّة جَبَلِيَّة
~rekord *m (-s; -e) Flgw.* الرَّقْم القِيَاسِيّ فِي الاِرْتِفَاع
hohl أَجْوَف
Höhle *f* كَهْف، مَغَارَة
~n جَوَّف
Hohn *m (-es; O)* سُخْرِيَّة، اِسْتِهْزَاء
höhnisch سَاخِر
holen ذَهَب (a) لإِحْضَار، أَحْضَر
Hölle *f* جَهَنَّم
höllisch جَهَنَّمِيّ
holperig وَعِر
Holz *n (-es; ⸚er)* خَشَب
(Brenn~) حَطَب
hölzern خَشَبِيّ
Holz|fäller *m* خَشَّاب
~handel *m* تِجَارَة خَشَب
~ig خَشَبِيّ
~kohle *f* فَحْم خَشَب
~schnitt *m (-es; -e)* صُورَة مَنْقُوشَة فِي الخَشَب
~schuh *m (-es; -e)* قُبْقَاب
Homosexuali'tät *f* لِوَاط
Honig *m (-s; O)* عَسَل
~wabe *f* قُرْص عسل
Honorar [hoˑnoˑˈʀɑːʀ] *n (-s; -e)* أَتْعَاب
honorieren [hoˑnoˑˈʀiː-] (—) دَفَع الأَتْعَاب
Wechsel: قَبِل (a) تَحْوِيل كِمْبِيَالَة
hörbar مَسْمُوع.
horchen أَنْصَت، اِسْتَمَع، أَصْغَى
Horde *f* عَصَبَة، جَمَاعَة
hör|en سَمِع (a)
~er *m* سَمَّاعَة؛ سَامِع، مُسْتَمِع
Hori'zont *m (-s; -e)* أُفُق

Horn *n (-s; ⸗er)* قَرْن، بُوق
~haut *f (O)* قَرنِيّة العَيْن
Hor'nisse *f* زُنْبُور
Hör|rohr *n (-ęs; -e)* سَمّاعَة اُذُنِيّة
~saal *m (-ęs; -säle)* قَاعَة المُحَاضَرَات
~weite *f (O)* مَدَى السَمْع
Hose *f* بَنْطَلُون، سِرْوَال
~n-träger *m* حَمّالَة بَنْطَلُون
Ho'tel *n (-s; -s)* فُنْدُق
Hotelier [ho·tɛ'lie:] *m (-s; -s)* صَاحِب فُنْدُق
hübsch لَطِيف، ظَرِيف
Hubschrauber *m* هِيلِيكُوبْتَر
Huf *m (-ęs; -e)* حَافِر
~beschlag *m (-ęs; ⸗e)* تَرْكِيب حِدْوَات خَيْل، اِنعَال
~-eisen *n* حِدْوَة
~schmied *m (-ęs; -e)* بَيْطَار
Hüfte *f* وَرْك

Hügel *m* تَلّ
≈ig كَثِير التِلَال،
Huhn *n (-s; ⸗er)* دَجَاجَة
Hühner|auge *n (-s; -n)* عَيْن السَمَكَة، كَالُو
~hof *m (-es; ⸗e)* حُوش الدَجَاج
~leiter *f (—; -n)* سُلَّم دَجَاج
Huld *f (O)* مِنّة، فَضْل
~igung *f* مُبَايَعَة
Hülle *f* حِجَاب، غِطَاء، غِلَاف
Hülse *f* قَرْن، قِشْر، خَرْطُوش
~n-frucht *f (—; ⸗e)* نَبَاتَات قَرْنِيّة
human [hu·'ma:n] اِنْسَانِيّ
≈ität [hu·ma·ni·'tɛ:t] *f (O)* اِنْسَانِيّة
Hummel *f (—; -n)* دَبُّور
Humor [hu:'mo:ʀ] *m (-s; O)* مِزَاح، فُكَاهَة
humpeln *(-le)* عَرِج (a)، قَزَل (i)
Hund *m (-es; -e)* كَلْب
auf den ~ kommen اِفْتَقَر

hundert مِئَة، مِائَة

~'jahrfeier *f (—; -n)* ذِكْرَى مِئَوِيَّة

~ste(r) المِائَة

Hündin *f* كَلْبَة

hündisch كَلْبِيّ *fig.* ذَلِيل

Hundstage *m/pl.* أيَّام الحَرّ الشَدِيد

Hüne *m (-n)* عِمْلَاق

Hunger *m (O)* جُوع

~lohn *m (-es; ⸚e)* أَجْر لايَسُدّ الرَمَق

~n *(-re)* جَاعَ (u)

hungrig جَائِع، جُوعَان

Hupe *f* نَفِير

Mot. آلَة التَنْبِيه

~n اِسْتَعْمَل آلَة التَنْبِيه

hüpfen وَثَبَ، (i) نَطّ، (u) قَفَز (i)

Hürde *f* حَاجِز

~n-rennen *n* سِبَاق الحَوَاجِز

huschen تَسَلَّل

husten *v/i.* كَحّ، (u) سَعَل (a)

Husten *m (O)* كُحَّة، سُعَال

Hut[1] *m (-es; ⸚e) (Kopfbedeckung)* قُبَّعَة، بُرْنَيْطَة

Hut[2] *f (O)* حِمَايَة، حَذَر

hüten *(-e-)* حَرَس، (u) حَفِظ، (a) صَان، (u) رَعَى (a)

v/r. (vor) اِحْتَرَس من

Hut|krempe *f* حَافَّة القُبَّعَة

~macher *m* صَانِع قُبَّعَات

Hütte *f* كُوخ، خُصّ، عِشَّة

Techn. مَعْمَل، مَسْبَك

hy'draulisch يَشْتَغِل بِقُوَّة المِيَاه، مَائِيّ

Hygiene [hy·'gi̯e:nə] *f (O)* عِلْم الصِحَّة

Hyp'nose *f* تَنْوِيم مَغْنَطِيسِيّ

hyp'notisch خَاصّ بالتَنْوِيم المَغْنَطِيسِيّ

Hypo'chonder *m* سَوْدَاوِيّ

Hypo'thek *f* رَهْن عِقَارِيّ

Hypo'these *f* فَرْض،

hypo'thetisch فَرْضِيّ

Gr. شَرْطِيّ

hy'sterisch هِسْتِيرِيّ

I

ich *pers. pron.* أَنَا

Ich *n (-s; O)* ذَات، نَفْس

Ide'al *n (-s; -e)* مِثَال، قُدْوَة، أُنْمُوذَج

I'dee *f* فِكْرَة، رَأْى

i'dent|isch مُتَمَاثِل

~i'tät *f (O)* شَخْصِيَّة

~i'täts-ausweis *m (-es; -e)* بِطَاقَة شَخْصِيَّة

Idiot [iˑ'dĭoːt] *m (-en)* أَبْلَه

I'dol *n (-s; -e)* وَثَن، صَنَم

Igel *m* قُنْفُذ

Igno'r|anz *f (O)* جَهْل

~ieren تَجَاهَل

ihm لَهُ

ihn إِيَّاهُ

ihnen لَهُمْ

Ihnen لَكُمْ

ihr لَهَا

Ihr أَنْتُمْ

illegal غَيْر قَانُونِىّ

illegi'tim غَيْر شَرْعِىّ

Illusion [ɪluˑ'zĭoːn] *f* وَهْم، خَيَال

illu'sorisch وَهْمِى، عَبَثًا

illu'strieren (—) صَوَّر

Imam *m (-s; -s, -e)* إِمَام

Imbiß *m (-sses; -sse)* وَجْبَة خَفِيفَة

Imker *m* مُرَبِّى نَحْل

Immatrikula'tion *f* قَيْد فى جَامِعَة

immer دَائِمًا

~fort عَلَى الدَّوَام

~'hin معذلك
~'zu دائمًا
immun [ɪ'mu:n] مُحَصَّن، مَنِيع
~i'tät *f (O)* حَصَانَة، مَنَاعَة
Imperativ *m (-s; -e)* صِيغَة الأَمْر (نَحْو)
Imperfekt *n* صِيغَة المُضَارِع (نَحْو)
impf|en طَعَّم، لَقَّح
~ung *f* تَطْعِيم، تَلْقِيح
impo'nieren أَثَّر
Im'port *m (-s; -e)* اِسْتِيرَاد، وَارِد
~eur [ɪmpɔʀ'tø:ʀ] *m (-s; -e)* مُسْتَوْرِد
~ieren[-'ti:-](—) اِسْتَوْرَد
impo'sant مُؤَثِّر، عَظِيم
Impotenz *f* عُنَّة
Im'puls *m (-es; -e)* دَافِع
im'stande: ~ sein اِسْتَطَاع، قَدَر (u, i)
in ب، فى بَحْر، فى، الى
inbegriffen مَشْمُول، مَحْسُوب
in'dem بِأَنْ
in'dessen فى أَثْنَاء ذَلِك
Indien *n* الهِنْد
indiskret ['ɪndɪskʀe:t] مِذْيَاع، غَيْر كَتُوم
individuell [ɪndi·vi·du·'ɛl] فَرْدِيّ، شَخْصِيّ
Individuum[ɪndi·'vi:du·ʊm] *n (-s; Individuen)* فَرْد، شَخْص
Industriali'sierung *f* تَصْنِيع
Indu'strie *f (-; -n)* صِنَاعَة
Infektion [ɪnfɛk'tsĭo:n] *f* عَدْوَى
infi'zieren *(—)* أَعْدَى
in'folge بِنَاء عَلَى
~'dessen بِنَاء عَلَى ذَلِك
Information [-'tsĭo:n] *f* اِسْتِعْلَام، اِسْتِخْبَار
Ingenieur [ɪnʒə'nĭø:ʁ] *m (-s; -e)* مُهَنْدِس
Inhaber *m* مَالِك، صَاحِب
Inhalt *m (-ɇs; O)* مُحْتَوَيَات *(Brief)* مَضْمُون

~s-angabe *f* بَيَان الْمُحْتَوَيَات

~s-verzeichnis *n (-ses; -se)* فِهْرِسْت

Initiative [ɪni·tsĭa·ˈtiːvə] *f* خَطْوَة أُولَى، فِكْرَة

die ~ ergreifen خَطَا (u) الْخَطْوَة الأُولَى

auf ~ . . . بناء عَلَى فِكْرَة

Inland *n (-s; O)* دَاخِل الْبِلَاد

inliegend مُرْفَق، طَيّه

inne|haben *(L)* مَلَك (i)

~halten *v/i. (L)* تَوَقَّف، وَقَف (i)

innen فِي الدَّاخِل

≗minister *m* وَزِير الدَّاخِلِيَّة

≗ministerium *n (-s; -ministerien)* وِزَارَة الدَّاخِلِيَّة

inner دَاخِلِي

Innere(s) *n* دَاخِل، دَاخِلِيَّة

inner|halb *präp.* فِي بَحْر، دَاخِل

adv. فِي الدَّاخِل

~lich بَاطِنِي، دَاخِلِي

innig صَمِيم، قَلْبِي

Innung *f* اِتِّحَاد أَصْحَاب الْحِرَف

Insasse *m (-n)* رَاكِب، سَاكِن

insbe'sondere بِصُورَة خَاصَّة

Inschrift *f* نَقْش، كِتَابَة

In'sekt *n (-~~e~~s; -en)* حَشَرَة

Insel *f (-; -n)* جَزِيرَة

Inser|at [-e·ˈʀɑːt] *n (-s; -e)* اِعْلَان فِي جَرِيدَة

≗ieren [-e·ˈʀiːʀən] *(—)* أَدْرَج، أَعْلَن

inso'fern اِن، بِحَيْث

Install|ateur [ɪnsta·la·ˈtøːʁ] *m (-s; -e)* مُرَكِّب أَدَوَات غَاز أَوْكَهْرَبَاء

≗ieren [-a·ˈliːʀən] *(—)* رَكَّب أَدَوَات غَاز أَوْكَهْرَبَاء

in'stand| halten *(L; ich halte instand usw.)* حَافَظ عَلَى، صَان (u)

~ setzen *(-t; ich setze instand usw.)* أَصْلَح

In'stinkt *m (-ǿs; -e)* غَرِيزَة

Insti'tut *n (-s; -e)* مُؤَسَّسَة، مَعْهَد

instru'ieren *(—)* بَلَّغ، اَخْبَر، عَلَّم

Instru'ment *n (-s; -e)* آلَة

Intel'lekt *m (-ǿs; O)* عَقْل، ذِهْن

interess|ant [ɪntəʀɛ'sant] مُهِمّ، مُثِير لِلاِهْتِمَام

~e [-'ʀɛsə] *n (-s; -n)* مَصْلَحَة، اِهْتِمَام

~ent [-'sɛnt] *m (-en)* مُهْتَمّ

~ieren [-'si:ʀən] *(—) v/t.* اَهَمّ

v/r. اِهْتَمّ بِ

Inter'nat *n (-s; -e)* مَدْرَسَة دَاخِلِيَّة

internatio'nal عَالَمِي، دَوْلى

inter'nieren *(—)* اِعْتَقَل

interve'nieren *(—)* تَوَسَّط، تَدَاخَل

Intervention [-vɛn'tsĭo:n] *f* تَوَسُّط، تَدَاخُل

Interview *n (-s; -s)* مُحَادَثَة صِحَافِيَّة

in'tim اَلِيف

In'trige *f* دَسِيسَة، مُؤَامَرَة

Inva'lide *m (-n)* عَاجِز *(Kriegs~)* مُشَوَّه

~n-versicherung *f* تَأْمِين ضِدّ العَجْز عَن العَمَل

Inven'tar *n (-s; -e)* اَثَاث، مَجْرُودَات

Inven'tur *f* جَرْد

inves'tieren *(—)* شَغَّل أَمْوَالًا

inwendig دَاخِلِي

I'rak *m (-s)* العِرَاق

irden فَخَّارِى

irdisch اَرْضِى، دُنْيَاوى

irgend اَىّ

~'einer اَىّ وَاحِد

Iron|ie [i·ʀo·'ni:] *f* تَهَكُّم

~isch [-'ʀo:nɪʃ] تَهَكُّمِى

irr مَجْنُون

~e-gehen *(L; sn)* ضَلَّ (i)

~e-machen رَبَكَ (u)

~en *v/i.* خَطِئَ (a)، ضَلَّ (i) *v/r.* اَخْطَأَ

≈en-haus *n (-es; ⸗er)* مُسْتَشْفَى اَمْرَاض عَقْلِيَّة

~ig خَاطِئٌ، غَلْطَان

≈sinn *m (-s; O)* جُنُون

≈tum *m (-s; ⸗er)* غَلْطَة، خَطَأ

~tümlich خَاطِئٌ

Ischias ['i·ʃias] *f (O)* عِرْق النَّسَا

Islam *m* اِسْلَام

Isolator [i·zo·'la:toʁ] *m (-s; -en)* عَازِل كَهْرَبَائِى

iso'lier|en *(—)* عَزَلَ (i)

≈ung *f* عَزْل

Israel ['i:sʀa·ɛl] *n* اِسْرَائِيل

Israelit [i·sʀa·e·'li:t] *m (-en)* اِسْرَائِيلِى

Italien [i·'ta:lĭən] *n* اِيطَالِيَا

~er [-ta·'lĭe:nə] *m* اِيطَالِى

J

ja نَعَم
Jacht *f* يَخْت
Jacke *f* جَاكِتّة، سُتْرَة
Jagd [-aː-] *f* صَيْد
~flinte *f* بُنْدُقِيّة صَيْد
~flugzeug *n (-ẹs; -e)* طَائِرَة مُطَارِدَة
~geschwader *n* سِرْب طَائِرَات مُطَارِدَة
~hund *m (-es; -e)* كَلْب صَيْد
~schein *m (-ẹs; -e)* رُخْصَة صَيْد
jagen طَارَد، صَاد (i)
Jäger *m* صَيَّاد
jäh فُجَائِي
Jahr *n (-es; -e)* عَام، سَنَة
~es-tag *m (-es; -e)* ذِكْرَى سَنَوِيّة
~es-zeit *f* فَصْل سَنَة، مَوْسِم
~'hundert *n (-s; -e)* قَرْن
jährlich سَنَوِي، سَنَوِيًّا
Jahr|markt *m (-ẹs; ⸚e)* سُوق
~'tausend *n (-s; -e)* أَلْف سَنَة
~'zehnt *n (-s; -e)* عَشْر سِنِين
Jähzorn *m (-s; 0)* غَضَب فُجَائِي، غَضَب سَرِيع
Jammer *m (-s; 0)* مَسْكَنَة، بُؤْس
jämmerlich مِسْكِين، بَائِس
jammern *(-re)* نَاح (u)

Januar ['ja·nua·ʀ] *m (-s; -e)*
syr. كَانُون الثَانِى
äg. يَنَايِر
Japan *n* اليَابَان
~er [ja·'pa:nə] *m* يَابَانى
Jas'min *m (-s; -e)* يَاسِمِين
jäten *(-e)* اِسْتَأْصَل
Jazz *m (—; O)* مُوسِيقَى الجَازّ
je فى وَقْت مَا
jede(r) كُلّ وَاحِد
jedenfalls عَلَى كُلّ حَال
je'doch لَكِن
je'her: von ~ مِنْ زَمَان، مِن أزَل
jemals فِى اَىّ وَقْت
jemand اَحَد، شَخْص مَا
Jemen *m* اليَمَن
jene(r) تِلْكَ، ذَلِك
jenseitig مُقَابِل، مُوَاجِه
Jenseits *n (—; O)* الآخِرَة
jetzig حَالِى
Hdl. جَارٍ
jetzt اَلْآن، فى الوَقْت الحَاضِر

Jod *n (-s; O)* يُود
Joghurt *m od. n (-s; O)* لَبَن زَبَادِى
Jor'danien *n* الاُرْدُنّ
Journalist [ʒʊʀna·'lɪst] *m* *(-en)* صَحَافِى
Jubel *m* تَهْلِيل، فَرَح
~fest *n (-es; -e)* حَفْلَة تِذْكَارِيّة
~n *(-le)* هَلَّل فَرَحًا
jucken (u) اَكَل (جِلْد)
Jude *m (-n)* يَهُودِى
~n-tum *n (-s; O)* اليَهُودِيّة
~n-verfolgung *f* اِضْطِهَاد اليَهُود
Jüdin *f* يَهُودِيّة
jüdisch يَهُودِى
Jugend *f (O)* شَبَاب
(junge Leute) الشُبَّان
~fürsorge *f (O)* رِعَايَة شَبَاب
~gericht *n (-es; -e)* مَحْكَمَة الأَحْدَاث

~lich شَابّ، شَبَابِى
~liche(r) *m* شَابّ
Juli *m (-s; -s) syr.* تَمُّوز
äg. يُولْيُو
jung *(⁼er; ⁼st-)* صَغِير السِنّ، شَابّ
Junge *m (-n)* صَغِير الحَيَوَانَات، صَبِىّ، وَلَد
Jünger *m* حَوَارِى
Jung|frau *f* عَذْرَاء، بِكْر
~fräulichkeit *f* بَكَارَة
~geselle *m (-n)* أَعْزَب
Jüngling *m (-s; -e)* شَاب

jüngst *adv.* أَخِيراً
~er Tag يَوْم الدِين
Juni *m (-s; -s) syr.* حَزِيرَان
äg. يُونْيُو
Ju'rist *m (-en)* طَالِب حُقُوق، رَجُل قَانُونِي
~isch قَانُونِى
Jus'tiz *f (0)* عَدْلِيَّة
~minister *m* وَزِير العَدْل
~minis'terium *n* وِزَارَة العَدْل، وِزَارَة العَدْلِيَّة
Ju'wel *n (-s; -en)* جَوْهَرَة
Juwe'lier *m (-s; -e)* جَوَاهِرِى
Jux *m (-es; -e) F* مِزَاح

K

Kaaba *f* الكَعْبَة

Kabel *n* سِلْك غَلِيظ

≈n *(-le)* اَرْسَل بَرْقِيَّة

Ka'bine *f* گَابين، كُشْك

Käfer *m* جُعَل، جُعْرَان

Kaffee [ka'fe:] *m (-s; -s)* بُنّ، قَهْوَة

'~bohne *f* حَبّ البُنّ

Käfig *m (-s; -e)* قَفَص

kahl اَصْلَع

fig. عَارٍ، مُجَرَّد

Kahn *m (-ȩs; ⸗e)* فَلُوكَة، زَوْرَق

Kai *m (-s; -s)* رَصِيف بَحْر

Kaiser *m* اِمْبَرَاطُور، قَيْصَر

~in *f* اِمْبَرَاطُورَة، قَيْصَرَة

~tum *n (-s; O)* اِمْبَرَاطُورِيَّة، قَيْصَرِيَّة

Ka'jüte *f* قَمَرَة (فى سَفِينَة)

Kakao [ka·'kaʊ] *m (-s; -s)* گَاگَاو

Kalb *n (-ȩs; ⸗er)* عِجْل

≈en وَلَدَت (البَقَرَة)

~fleisch *n (-es; O)* لَحْم عِجْل

~leder *n* جِلْد عِجْل

~s-keule *f* گَوَارِع عَجَّالِى

Ka'lender *m* نَتِيجَة، تَقْوِيم سَنَة

Ka'lif *m (-en)* خَلِيفَة

Kali'fat *n (-ȩs; -e)* خِلَافَة

Kalk *m (-s; O)* جِير

Kalorie [ka·lo·'ʀi:] *f* وَحْدَة الحَرَارَة

kalt *(=er; =est-)* بارِد

Kälte *f* بَرْد

Ka'mel *n* *(-s; -e)* نَاقَة، جَمَل

Kamera *f* *(—; -s)* آلَة التَصوِير

Kame'rad *m* *(-en)* زَمِيل

~schaft *f* زَمَالَة

Ka'mille *f* بَابُونَج

Ka'min *m* *(-s; -e)* مَدْخَنَة، مَوْقِد

Kamm *m* *(-ɇs; =e)* مُشْط

kämmen مَشَط (i)

Kammer *f* *(—; -n)* حُجْرَة صَغِيرَة

Kampf *m* *(-es; =e)* كِفَاح، قِتَال

kämpfen كَافَح، قَاتَل

Kampfer *m* كَافُور

Kämpfer *m* مُقَاتِل

Kampf|flugzeug *n* *(-ɇs; -e)* طَائِرَة قِتَال

~platz *m* *(-es; =e)* مَيْدَان قِتَال

~richter *m* *(-s; —)* حَكَم

≈unfähig غَيْر صَالِح لِلْقِتَال

Ka'nal *m* *(-ɇs; =e)* قَنَاة، مَجْرَى

≈i'sieren *(—)* حَفَر (i) قَنَوَات أَوْ مَجَارٍ

Ka'narienvogel *m* *(-s; =)* عُصْفُور كَنَارِي

Kandi'dat *m* *(-en)* مُرَشَّح، مُتَقَدِّم لِلاِمْتِحَان

Ka'ninchen *n* أَرْنَب

Kanne *f* إِبْرِيق، صَفِيحَة

Ka'none *f* مِدْفَع

Kante *f* حَرْف، حَافَّة

Kanzel *f* *(—; -n)* مِنْبَر، مِنَصَّة *Flgw.* بُرْج

Kanz|'lei *f* مَكْتَب

~ler *m* رَئِيس الوُزَرَاء

~'list *m* *(-en)* كَاتِب

Kap *n* *(-s; -s)* رَأْس البَرّ

Ka'pelle *f* زَاوِيَة الصَلَاة، مُصَلًّى، فِرْقَة مُوسِيقِيَّة

Ka'pellmeister *m* رَئِيس فِرْقَة مُوسِيقِيَّة

kapern *(-re)* سَلَبَ (u) (بِطَرِيق القَرْصَنَة)

Kapi'tal *n (-s; -ien)* رَأْس المَال

~-anlage *f* تَشْغِيل رُؤُوس الأَمْوَال

~flucht *f* تَهْرِيب رُؤُوس الأَمْوَال

Kapi'tän *m (-s; -e)* رَئِيس، قُبْطَان

Ka'pitel *n* بَاب، فَصْل (كِتَاب)،

(Koran~) سُورَة

Kappe *f* طَاقِيَّة، قَلَنْسُوَة

Kapsel *f (—; -n)* ظَرْف، عُلْبَة

ka'putt *(O)* خَسْرَان، مُكْسُور

Ka'puze *f* طَرْطُور

Kara'wane *f* قَافِلَة

Kar'freitag *m (-s; -e)* الجُمْعَة الحَزِينَة

kärglich قَلِيل، شَحِيح

ka'riert ذُو مُرَبَّعَات

Karika'tur *f* صُورَة مُضْحِكَة

Karo *n (-s; -s)* مُرَبَّع

(Karten) دِينَارِي

Karosse'rie *f* جِسْم السَيَّارَة

Ka'rotte *f* جَزَر

Karre *f* عَرَبَة اليَد

Karriere [ka·'ʀĭe:ʀə] *f* نَجَاح

Karte *f* بِطَاقَة، تَذْكَرَة، وَرَقَة

Kar'tei *f* فِهْرِست وَرَقِي

Kar'tell *n (-s; -e)* اِتِّحَاد صِنَاعِي

Kar'toffel *f (—; -n)* بَطَاطِس

~brei *m (-s; O)* بَطَاطِس مَهْرُوسَة

~käfer *m* سُوس بَطَاطِس

Karton [kaʁ'tɔŋ] *m (-s; -s)* وَرَق مُقَوًّى، كَرْتُون

Käse *m* جُبْن، جُبْنَة

Ka'serne *f* ثُكْنَة

Ka'sino *n (-s; -s)* گازينُو
Kasse *f* خِزَانَة
~n-arzt *m (-es; ⸚e)* طَبِيب الضَمَان الطِبِّى
Kas'sette *f* عُلْبَة
Kas'sier(er) *m,* **~in** *f* أَمِين الخِزَانَة، صَرَّاف
Kastanie [ka·'sta:nǐə] *f* أَبُو فَرْوَة
Kasten *m* دُولَاب
Katalog [ka·ta·'lo:k] *m (-s; -e)* فِهْرِسْت، قَائِمَة، كَتَالُوج
Kater *m* قِطّ، هِرّ
Ka'theder *m* كُرْسِى المُعَلِّم
Kathe'drale *f* كَنِيسَة أُسْقُفِيَّة
Katho'lik *m (-en)* كَاثُولِيكِى
Kat'tun *m (-s; -e)* بَفْتَة، نَسِيج قُطْنِى
Katze *f* قِطَّة
kauen مَضَغ (u)
Kauf *m (-es; ⸚e)* شِرَاء
≈en اِشْتَرَى
Käufer *m* مُشْتَرٍ
Kauf|haus *n (-es; ⸚er)* مَحَلّ تِجَارِى كَبِير
~laden *m (-s; ⸚)* دُكَّان
käuflich لِلْبَيْع
Kaufmann *m (-ȼs; -leute)* تَاجِر
Kaugummi *m (-s; -s)* لُبَان مَضَّاغ، لَادِن
kaum مَا كَاد، بِصُعُوبَة
Kautabak *m (-s; -s)* دُخَّان مَضْغ
Kaution [kaʊ'tsǐo:n] *f* ضَمَانَة
keck جَسُور، جَرِئ
Kegel *m* مَخْرُوط
≈förmig مَخْرُوطِى الشَكْل
Kehl|e *f* حَلْق
~kopf *m (-es; ⸚e)* حَنْجَرَة
~kopfspiegel *m* مِنْظَار زَوْر
kehr|en كَنَس (i)
≈icht *m (-s; O)* كُنَاسَة، زِبَالَة

≈ichtkasten *m (-s; ≈)* صُنْدُوق كُنَاسَة
≈seite *f* ظَهْر الأَشْيَاء
Keil *m (-ɇs; -e)* إِسْفِين
Keim *m (-ɇs; -e)* أَصْل، نَبْت، بَذْرَة، جُرْثُومَة
≈en نَبَت (u)
≈frei مُعَقَّم
~träger *m* حَامِل جَرَاثِيم
kein لَا، لَا أَحَد
~er لَا أَحَد
~es'wegs لَا مُطْلَقًا
Kelch *m (-ɇs; -e)* كَأْس، قَدَح
Bot. كِمّ
Kelle *f* مَالَج البَنَّاء، مِغْرَفَة
Keller *m* بَدْرُوم، سِرْدَاب
Kellner *m*, **~in** *f* جَرْسُون، خَادِم فِي مَطْعَم
kennen *(L)* عَرَف (i)
~lernen تَعَارَف ب
Kenner *m* خَبِير، عَارِف
Kenntnis *f (—; -se)* مَعْرِفَة، دِرَايَة

Kennzeichen *n* عَلَامَة، سِيمَة
kentern *(-re; sn) Mar.* اِنْقَلَب
Kerbe *f* حَزّ
Kerker *m* سِجْن
Kerl *m (-ɇs; -e)* شَخْص (بِاحْتِقَار)، جَذَع
Kern *m (-ɇs; -e)* لُبّ، نَوَاة
~frucht *f (—; ≈e)* ثَمَرَة ذَات نَوَاة
~gehäuse *n* قَلْب ثَمَر
≈ig مَتِين
Kerze *f* شَمْعَة
Kessel *m* قَزَان، غَلَّايَة، قِدْر
Kette *f* سِلْسِلَة
~n-glied *n (-ɇs; -er)* حَلَقَة، سِلْسِلَة
Ketzer *m* مُلْحِد
~ei [ketsəˈʀaɪ] *f* اِلْحَاد
keuch|en نَهَج (i)
≈husten *m* سُعَال دِيكِي
Keule *f* نَبُّوت، هِرَاوَة
keusch عَفِيف
≈heit *f* عِفَّة

Kiefer[1] *m* فَكّ

Kiefer[2] *f* (—; -n) *Bot.* صَنَوْبَر

Kiel *m* (-s; -e) قَعْر السَّفِينَة

Kieme *f* نَخْشُوشَة سَمَك

Kies *m* (-es; *O*) حَصَى

Kiesel *m* حَصَاة

Kilo|gramm *n* كِيلُوجِرَام

~meter *m* كِيلُومِتْر

Kind *n* (-ḙs; -er) طِفْل

Kinder|frau *f* مُرَبِّيَة أَطْفَال

~lähmung *f* شَلَل أَطْفَال

~'leicht (*O*) فِي غَايَة السُّهُولَة

~mädchen *n* مُرَبِّيَة أَطْفَال

~spiel *n* (-s; -e) *fig.* غَايَة السُّهُولَة

~stube *f* *fig.* تَرْبِيَة

~wagen *m* عَرَبَة أَطْفَال

Kind|heit *f* طُفُولَة

~isch صِبْيَانِي، سَخِيف

~lich طِفْلِي

Kinn *n* (-ḙs; -e) ذَقَن

~backen *m* عَظْم الفَكّ

Kino *n* (-s; -s) سِينِمَا

~vorstellung *f* عَرْض سِينِمَائِي

kippen قَلَب (i)، شَقْلَب

Kirch|e *f* كَنِيسَة

~en-schiff *n* (-ḙs; -e) بَهْو الكَنِيسَة

~hof *m* (-ḙs; ⸚e) مَقْبَرَة

~lich كَنَائِسِي

Kirsche *f* كَرَز

Kissen *n* مِخَدَّة

~bezug *m* (-ḙs; ⸚e) كِيس مِخَدَّة

Kiste *f* صُنْدُوق

Kitt *m* (-s; *O*) لِزَاق، مَعْجُون قَمَرَانِي

Kittel *m* جُبَّة، عَبَاءَة

kitz|eln (-le) دَغْدَغ

~lig حَسَّاس

klaffen اِنْفَتَح، اِنْشَقّ

kläffen نَبَح (a) (كَلْب صَغِير)

klag|bar قَابِل لِلتَّقَاضِي

~e *f* أَنِين، شَكْوَى *jur.* قَضِيَّة، دَعْوَى

~en *v/i.* شَكَا (u)، أَنَّ (i)
v/t. *jur.* رَفَعَ الدَعْوَى (a) عَلَى قَاضٍ،
Kläg|er *m* مُدَّعٍ، مُشْتَكٍ
⁓lich ضَئِيل، مِسْكِين
Klammer *f* *(—; -n)* قَوْس، مِشْبَك، مِقْبَض
in ~n بَيْنَ قَوْسَيْن
Klang *m* *(-ęs; ⁼e)* صَوْت، رَنِين
Klapp|e *f* مِحْبَس
Anat. صِمَام
⁓ern *(-re)* صَرَّ (i)، لَقْلَقَ،
~sitz *m* *(-es; -e)* مَقْعَد مُنْطَوٍ
~stuhl *m* *(-ęs; ⁼e)* كُرْسِي مُنْطَوٍ
Klaps *m* *(-es; -e)* خَبْطَة، صَفْقَة
klar صَحْو، وَاضِح
Mar. جَاهِز
klären رَوَّق، صَفَّى
Klar|heit *f* وُضُوح، صَحْو، صَفَاء
⁓legen, **⁓stellen** أَبَان، أَوْضَح
~stellung *f* بَيَان، إِيضَاح
Klasse *f* طَبَقَة، نَوْع، دَرَجَة، فَصْل، صَفّ
~n-kampf *m* *(-ęs; ⁼e)* حَرْب الطَبَقَات
~n-zimmer *n* حُجْرَة دِرَاسَة
klassisch كَلَاسِيكِي
Klatsch *m* *(-es; O)* ثَرْثَرَة
~maul *n* *(-s; ⁼er)* ثِرْثَار
Klaue *f* مِخْلَب
Klausel *f* *(—; -n)* شَرْط (فِي عَقْد)
Klaviatur [kla·vĭa·ˈtuːʁ] *f* مَلَامِس، دَسَاتِين
Klavier [kla·ˈviːʁ] *n* *(-s; -e)* بِيَان، بِيَانُو
~stimmer *m* عَامِل تَسْوِيَة أَوْتَار البِيَانُو
kleb|en *v/t.* لَصَق، غَرَّى (a)
v/i. اِلْتَصَق
⁓e-pflaster *n* لَزْقَة طِبِّيَّة
klecksen *(-t)* لَوَّث، وَسَّخ

Klee *m (-s; -arten)* حَنْدَقُوق، بَرْسِيم
Kleid *n (-ęs; -er)* بَذْلَة، فُسْتَان، ثَوْب
≈en *(-e-)* اَلْبَس
~er-bügel *m* شَمَّاعَة اَوْ عَلَّاقَة ثِيَاب
~er-schrank *m (-ęs; ≈e)* دُولَاب ثِيَاب
~ung *f* مَلَابِس
Kleie *f* نُخَالَة
klein صَغِير، قَصِير القَامَة
≈geld *n (-ęs; O)* صَغِير النَقْد، فَكَّة
≈handel *m* تِجَارَة بِالقَطَّاعِي
≈heit *f* صِغَر، قِصَر
≈igkeit *f* اَمْر زَهِيد
~lich ضَيِّق الفِكْر
≈-od *n (-s; -odien)* جَوْهَرَة
Kleister *m* غِرَاء
Klemme *f Techn.* مِشْبَك *fig.* ضِيق، حَيْرَة
≈n *v/t.* زَنَق (u) *v/r.* اِنْزَنَق
Klempner *m* سَمْكَرِى
Klerus *m (—; O)* رِجَال الكَهَنُوت
klettern *(-re; sn)* تَسَلَّق
Klima *n (-s; -s, -ta)* مَنَاخ، جَوّ
klimmen *(L; sn)* تَسَلَّق
Klinge *f* نَصْل
Klingel *f (—; -n)* جَرَس
≈n *(-le)* دَقّ الجَرَس (u)
klingen *(L)* رَنّ (i)
Klinik *f* قِسْم مُسْتَشْفَى
Klinke *f* سُقَّاطَة البَاب
Klippe *f* صَخْر بَحْرِى
Klistier [-'st-] *n (-s; -e)* حُقْنَة شَرَجِيَّة
klobig غَلِيظ
klopfen دَقّ (u)، خَبَط (a) طَرَق (u)
Klo'sett *n (-s; -e, -s)* بَيْت رَاحَة، مِرْحَاض
~papier *n (-s; O)* وَرَق مَرَاحِيض

Kloster [-o:-] *n* دَيْر

Klotz *m (-es; ⸚e, F ⸚er)* قِطْعَة غَلِيظَة، قُرْمَة

Klub *m (-s; -s)* نَادٍ

Kluft *f (—; ⸚e)* هُوَّة، شَقّ، ثُغْرَة

klug [-u:-] *(⸚er; ⸚st-)* عَاقِل، فَطِين، ذَكِيّ

≈heit *f (O)* فِطْنَة، ذَكَاء

Klumpen *m* كُتْلَة

knabbern *(-re)* قَرَض (u)

Knabe *m (-n)* صَبِيّ، وَلَد

knacken فَرْقَع، كَسَر (i)

Knall *m (-ȩs; -e)* فَرْقَعَة

≈en فَرْقَع

knapp مُقْتَضَب، ضَيِّق

Knarre *f* خَشْخِيشَة

Knauser *m* مُقَتِّر، بَخِيل

≈n *(-re)* قَتَّر، بَخِل (a)

Knecht *m (-ȩs; -e)* عَبْد، خَادِم

~schaft *f* اِسْتِعْبَاد، عُبُودَة

kneif|en *(L)* قَرَص (u)

≈zange *f* كُلَّابَة

Kneipe *f* خَمَّارَة

kneten *(-e-)* عَجَن (i)

Knick *m (-ȩs; -e)* كَسْر

≈en كَسَر (i)

~s *m (-es; -e)* اِنْحِنَاء اِحْتِرَام

Knie *n (-s; —)* رُكْبَة

~hose *f* سِرْوَال قَصِير

≈n رَكَع (a)

~scheibe *f* رَضْفَة

Kniff *m (-ȩs; -e)* قَرْص *fig.* مَكِيدَة

knipsen *(-t) Foto:* أَخَذ (u) صُورَة

Knirps *m (-es; -e)* قِزْم

knirschen صَرّ (i)

knistern *(-re)* طَقّ (i)

Knoblauch ['kno:plaʊx] *m (-s; O)* ثُوم

Knöchel *m* عُقْلَة، بُرْجُمَة *(Fuß≈)* رُسْغ، كَعْب

Knochen *m* عَظْم

Knolle *f* بَصَلَة

Knopf *m (-es; ⸚e)* زِرّ

~loch *n (-ẹs; ⸚er)* عُرْوَة

Knorpel *m (-s; —)* غُضْرُوف

Knospe *f* بُرْعُم، بُرْعُوم

Knoten *m* عُقْدَة

fig. مُشْكِل

~punkt *m (-ẹs; -e) Esb.* تَقَاطُع

knüpfen عَقَد (i)

Knüppel *m* نَبُّوت

knurren *Hund:* زَام (u)

Magen: كَرْكَر

knusperig مُقَرْمَش

Knute *f* مِقْرَعَة، مِجْلَدَة

Koch *m (-ẹs; ⸚e)* طَبَّاخ

≈en *v/i.* غَلَى (i)

v/t. طَبَخ (u)، سَلَق (u)

Köcher *m* كِنَانَة

Köchin *f* طَبَّاخَة

Köder *m* إِغْرَاء، طُعْم

Koffer *m* شَنْطَة، عَيْبَة، حَقِيبَة

Kohl *m (-s; O)* كُرُنْب

Kohle *f* فَحْم

~n-becken *n* مَنْقَد، مَنْقَل

~n-bergwerk *n (-ẹs; -e)* مَنْجَم فَحْم

~n-säure *f* حَامِض كَرْبُون

~n-stoff *m (-s; O) Chem.* كَرْبُون

Köhler *m* فَحَّام

Koje *f* مِخْدَع (فى الْمَرْكَب)

ko'kett مُتَدَلِّل

Kokosnuß *f (-; ⸚sse)* جَوْز هِنْدِى

Koks [-oː-] *m (-es; O)* فَحْم كُوك

Kolben *m* كَبَّاس

Kolik *f* مَغْص

Kol'lege *m (-n)* زَمِيل

kollern *(-re)* تَدَحْرَج

kolli'dieren *(-)* اِصْطَدَم

Kolonialwaren [ko·lo·'nĭaːl-waːʀen] *f/pl.* مَوَاد بِقَالَة

Kolo'nie *f* مُسْتَعْمَرَة، جَالِيَة

Ko'lonne *f* رَصْط، طَابُور

Ko|loß *m (-sses; -sse)* عِمْلَاق

≈lossal [ko·lo·'saːl] *(O)* ضَخْم، عَظِيم

Ko'lumne *f* (فى جَرِيدَة) عَمُود

kombi'nieren *(—)* جَمَعَ (a) بَيْن، وَفَّق

Ko'met *m (-en)* نَجْم ذُو ذَنَب

Komfort [-'foːʁ] *m (-s; O)* رَفَاهَة

komisch غَرِيب، مُضْحِك

Komitee [ko·mi·'teː] *n (-s; -s)* لَجْنَة

Kommand|ant [kɔman-'dant] *m (-en)*

~eur [kɔman'døːʁ] *m (-s; -e)* قَائِد، قُومَنْدَان

kommen *(L; sn)* جَاء، (i) أَتَى (i)

kommen'tieren *(—)* شَرَح، فَسَّر (a)

Kommis'sar *m (-s; -e)* مَنْدُوب

Kommis'sion *f* لَجْنَة، تَكْلِيف

Kommissionär [kɔmɪsio·-'nɛːʁ] *m (-s; -e)* وَكِيل تِجَارِى

Kommu'nion *f* تَنَاوُل القُرْبَان

Kommu'nismus *m (—; O)* شُيُوعِيَّة

Kommu'nist *m (-en)* شُيُوعِى

~isch شُيُوعِى

Komödie [ko·'møːdĭe] *f* رِوَايَة هَزْلِيَّة، مَهْزَلَة

Kompa'nie *f* شَرِكَة، *Mil.* فِرْقَة، سَرِيَّة

Komparativ *m (-s; -e)* *Gr.* اِسْم التَفْضِيل

Kompaß *m (-sses; -sse)* بُوصْلَة

Kompe'tenz *f* اِخْتِصَاص

kompli'ziert مُعَقَّد، صَعْب

Kom'plott *n (-s; -e)* مُؤَامَرَة، دَسِيسَة

Kompo'nist *m (-en)* مُلَحِّن

Kom'pott *n (-s; -e)* فَوَاكِه مَطْبُوخَة

Kom'presse *f* ضِمَادَة، مُكَمَّدَة

Kon'ditor *m (-s; -en)* حَلْوَانِي

~ei [-'RAI] *f* مَحَلّ حَلَوِيَّات

Kondo'lenz *f* تَعْزِيَة

kondo'lieren *(—)* عَزَّى

Kon'fekt *n (-s; O)* حَلْوَاء

Konfektion [-'tsĭo:n] *f* مَلَابِس جَاهِزَة

Konfe'renz *f* مُؤْتَمَر، اِجْتِمَاع

Konfession [kɔnfɛ'sĭo:n] *f* عَقِيدَة، مَذْهَب دِينِي

konfir'mieren *(—)* ثَبَّت،

Konfiska'tion *f* مُصَادَرَة

Konfi'türe *f* حَلَوِيَّات

Kon'flikt *m (-ʠs; -e)* خِلَاف، مُشَاجَرَة

kon'form *(O)* مُطَابِق

konfus [kɔn'fu:s] *(O)* مُرْتَبِك، مُضْطَرِب

Kon'greß *m (-sses; -sse)* مُؤْتَمَر

König *m (-s; -e)*, **~in** *f* مَلِك (مَلِكَة)

≈lich مَلَكِي

~reich *n (-ʠs; -e)* مَمْلَكَة

~tum *n (-s; ⁼er)* مَلَكِيَّة

Konjugation [kɔnju·ga·'tsĭo:n] *f Gr.* تَصْرِيف اَفْعَال

Konjunktion [kɔnjʊŋk'tsĭo:n] *f Gr.* حَرْف عَطْف

Konjunktur [kɔnjuŋk'tu:ʁ] *f* رَوَاج

Konkubi'nat *n (-ʠs; -e)* تَسَرٍّ

Konkur'r|ent *m (-en)* مُنَافِس

~enz *f* مُنَافَسَة

≈ieren *(—)* بَارَى، نَافَس

Konkurs [kɔn'kʊʁs] *m (-es; -e)* اِفْلَاس

können *(L) Sprache:* عَرَف(i) قَدَر، اِسْتَطَاع، تَمَكَّن (i)

Konnossement [ko·nɔsə'mɛnt] *n (-s; -e)* وَثِيقَة او بُولِيسَة الشَّحْن

konse'quent *(O)* مُتَمَسِّك، ثَابِت، مُتَابِع

Konse'quenz *f* مُتَابَعَة، نَتِيجَة

konservativ مُحَافِظ

Kon'serv|en *f/pl.* مَأْكُولَات مَحْفُوظَة، مُعَلَّبَات

~ieren [kɔnzɛʁ'viːʀən] *(—)* حَفِظ (a)

Konso'nant *m (-en)* حَرْف سَاكِن

Konstitu'tion *f* دَسْتُور
körperliche: بُنْيَة

konstru'ieren *(—)* بَنَى (i)، رَكَّب، صَمَّم

Konsul *m (-s; -n)* قُنْصُل

~at [kɔnzu·'laːt] *n (-s; -e)* قُنْصُلِيَّة

konsul'tieren *(—)* اِسْتَشَار

Konsum [kɔn'zuːm] *m (-s; -e)* اِسْتِهْلَاك

~ent [-'mɛnt] *m (-en)* مُسْتَهْلِك

Kontinent *m (-ɇs; -e)* قَارَّة

Konto *n (-s; -ten, -ti)* حِسَاب (بَنْك)

~korrent [-kɔ'ʀɛnt] *n (-ɇs; -e)* حِسَاب جَارٍ

Kon'tor *n (-s; -e)* مَكْتَب تِجَارِي

~ist [-'ʀɪst] *m (-en)* كَاتِب حِسَابَات

Kon'trakt *m (-ɇs; -e)* عَقْد، عَهْد

Kon'trolle *f* مُرَاجَعَة، مُرَاقَبَة، تَفْتِيش

Kontrolleur [kɔntʀɔ'løːʁ] *m (-s; -e)* مُرَاجِع، مُرَاقِب، مُفَتِّش

Kon'trollmarke *f* عَلَامَة مُرَاقَبَة

Konven'tion *f* اِتِّفَاق

~ell [-tsĭo·'nɛl] *(O)* اِتِّفَاقِي، اِعْتِيَادِي

konzen'trieren *(—) v/t.* رَكَّز
v/r. تَرَكَّز

kon'zentrisch مَرْكَزِي

Kon'zern *m (-s; -e)* اِتِّحَاد تِجَارِى

Kon'zert *n (-ɇs; -e)* حَفْلَة مُوسِيقِيَّة

~saal *m (-ɇs; -säle)* قَاعَة حَفَلَات مُوسِيقِيَّة

konzessio'nieren *(—)* رَخَّص

Kopf *m (-es; ⸗e)* رَأْس

~hörer *m* سَمَّاعَة رَأْسِيَّة

~kissen *n* مِخَدَّة رَأْس

~schmerz *m (-es; -en)* صُدَاع، وَجَع رَأْس

Kopie [ko·'pi:] *f* نُسْخَة، صُورَة

Ko'ran *m (-s; -e)* القُرْآن

Korb *m (-es; ⸗e)* سَلَّة

Kork *m (-en)* فِلّ، فَلِّين

~(en)zieher *m* بَرِّيمَة

Korn *n (-ɇs; ⸗er, O)* حُبُوب، غِلَال

~boden *m (-s; ⸗)* مَخْزَن غِلَال

körnig مُحَبَّب، حُبَيْبِى

Körper *m* جِسْم، جِرْم، بَدَن

~beschaffenheit *f* بُنْيَة

~fülle *f (O)* بَدَانَة، سِمَن

~größe *f* قَوَام، قَامَة

~kraft *f (—; ⸗e)* قُوَّة جِسْمَانِيَّة

≈lich بَدَنِى

Korpo'ral *m (-s; -e, ⸗e) Mil.* اُونْبَاشِى

Korrek'tur *f* تَصْحِيح

Korrespon'd|ent *m (-en)* مُكَاتِب، مُرَاسِل

≈ieren *(—)* كَاتَب، رَاسَل

korri'gieren *(—)* صَحَّح

Kor'sett *n (-s; -s)* كُرْسِيه، صَدْرِيَّة، مِشَدّ

kos|en *(-t) v/t.* لَاطَف، دَلَّل *v/i.* تَدَلَّل

≈e-name *m (-n)* اِسْم تَدْلِيل

Kost *f* اَكْل، طَعَام، قُوت

≈bar نَفِيس، ثَمِين، غَالٍ

~en *pl.* تَكَالِيف، مَصَارِيف

≈en *(-e-) v/t.* ذَاق (u) *v/i.* سَاوَى

das Buch kostet الكِتَاب يُسَاوِى

~en-anschlag *m* (-*ẹs*; ⸚*e*) تَقْدِير الثَّمَن

⁓en-frei *(O)*, ⁓en-los *(O)* مَجَّانًا

~geld *n* (-*s*; -*er*) مَصَارِيف الأَكْل

köstlich لَذِيذ، لَطِيف

Kot *m* (-*ẹs*; *O*) رَوْث، بِرَاز، وَحْل

~flügel *m Mot.* رَفْرَف

Kotelett [kɔtˈlɛt] *n* (-*s*; -*s*) كُسْتَلِيتَة

krabbeln (-*le*; *sn*) دَبّ (i)، زَحَف (a)

Krach *m* (-*ẹs*; *O*) اِنْهِيَار، ضَجَّة، فَرْقَعَة

krächzen [ˈkrɛçtsen] (-*t*) نَعَب (a)

Kraft *f* (—; ⸚*e*) قُدْرَة، قُوَّة

~fahrer *m* سَائِق سَيَّارَة

kräftig قَوِىّ

~en قَوَّى

Kraft|rad *n* (-*ẹs*; ⸚*er*) مُوتُوسِيكْل

⁓voll قَوِىّ، شَدِيد

~wagen *m* سَيَّارَة

~werk *n* (-*ẹs*; -*e*) مَحَطَّة تَوْلِيد الكَهْرَبَاء

Kragen *m* قَبَّة، يَاقَة

Krähe *f* غُرَاب

Kralle *f* مِخْلَب

Kram *m* (-*ẹs*; *O*) كَرَاكِيب، سَقْط المَتَاع

Krampf *m* (-*es*; ⸚*e*) تَشَنُّج

~-ader *f* (—; -*n*) وَرِيد مُتَمَدِّد

⁓haft مُتَشَنِّج

Kran *m* (-*ẹs*; ⸚*e*) رَافِعَة، وِنْش

krank مَرِيض

~en مَرِض ب (a)

kränken كَدَّر

Kranken|haus *n* (-*es*; ⸚*er*) مُسْتَشْفَى

~kasse *f* تَأْمِين صِحِّى

~**kost** *f (—; O)* حِمْيَة
~**pflege** *f (O)* تَمْرِيض
~**schwester** *f (—; -n)* مُمَرِّضَة
~**wagen** *m* عَرَبَة نَقْل المَرْضَى
krankhaft مَرَضِي
Krankheit *f* مَرَض
~**s-erscheinung** *f* عَرَض المَرَض
kränklich سَقِيم
Kränkung *f* إِسَاءة، كَدَر
Kranz *m (-es; ⸚e)* اِكْلِيل
Krater *m* فُوهَة بُرْكَان
Krätze *f (O)* جَرَب
kratzen *(-t)* حَكّ (u)، خَدَش (i) هَرَش (u)
kraus مُجَعَّد
Kraut *n (-ẹs; ⸚er)* عُشْب، كُرُنْب
Kra'wall *m (-s; -e)* صَخَب، ضَجَّة
Kra'watte *f* كَرَافَاتَة
Krea'tur *f* مَخْلُوق
Krebs [kʀe:ps] *m (-es; -e)* *a. Med.* سَرَطَان
Kre'dit *m (-s; -e)* قَرْض، اِعْتِمَاد
~**brief** *m (-es; -e)* أَمْر دَفْع نَقْد، خِطَاب اِعْتِمَاد
≈fähig مَلِيء
Kreide *f* طَبَاشِير
Kreis *m (-es; -e)* دَائِرَة، اِقْلِيم
~**bahn** *f* مَسَار مُسْتَدِير
~**bogen** *m* قَوْس الدَّائِرَة
kreischen زَعَق (a)
Kreisel *m* نَحْلَة لَعِب
Kreis|lauf *m (-ẹs; ⸚e)* دَوْرَة
~**linie** [-li:nĭə] *f* مُحِيط دَائِرَة
~**säge** *f* مِنْشَار دَائِر
Kreuz *n (-es; -e)* صَلِيب، صُلْب الإِنْسَان
≈en *(-t) v/t.* قَطَع، تَرَبَّع (a) *v/r.* تَقَاطَع
Bot., Zo. هَجَّن

~er *m* سَفِينَة مُدَرَّعَة

~igung *f* صَلْب

~schmerz *m (-es; -en)* لُمْبَاجُو

~ung *f* تَقَاطُع، تَهْجِين، خَلِيط

~worträtsel [ˈkʀɔʏtsvɔʁt-ʀɛːtsəl] *n* لُغْز اَلْفَاظ

~zug [-uː-] *m (-ęs; ⸚e)* حَرْب صَلِيبِيَّة

kriechen *(L)* زَحَف (a)، دَبّ (i)

Krieg *m (-es; -e)* حَرْب

im ~sfall فِى حَالَة حَرْب

≗en اِسْتَلَم، (u) حَصَل عَلَى

~er *m* مُحَارِب

~führung *f* قِيَادَة الحَرْب

Kriegs|anleihe [ˈkʀiːks-an-laɪə] *f* قَرْض حَرْبِى

~beschädigte(r) *m* مُشَوَّه الحَرْب

~erklärung *f* اعْلَان الحَرْب

~flotte *f* اُسْطُول حَرْبِى

~gebiet *n (-ęs; -e)* مِنْطَقَة الحَرْب

~gefangene(r) *m* أَسِير

~gewinnler *m* غَنِىّ الحَرْب

~hafen *m (-s; ⸚)* مِينَاء حَرْبِى

~list *f* حِيلَة حَرْبِيَّة

~schauplatz *m (-es; ⸚e)* مَيْدَان الحَرْب

~schiff *n (-ęs; -e)* سَفِينَة حَرْبِيَّة

~schuld *f* دَيْن حَرْبِى

~zug [-uː-] *m (-es; ⸚e)* غَزْو، حَمْلَة حَرْبِيَّة

Krimiˈnalbeamte(r) *m (-n)* بُولِيس سِرِّى

Krimiˈnalroman *m (-ęs; -e)* رِوَايَة بُولِيسِيَّة

Krippe *f* مَلْجَأ اَطْفَال، مِعْلَف

Krise *f* اَزْمَة

Krisˈtall *n* بَلُّور

Kriˈtik *f* نَقْد

kritisch خَطِر، مُنْتَقِد

kritiˈsieren *(—)* اِنْتَقَد، نَقَد (i)

kritzeln *(-le)* خَرْبَش
Kroko'dil *n* تِمْسَاح
Krone *f* تَاج
krönen تَوَّج
Kronleuchter *m* نَجَفَة
Krönung *f* تَتْوِيج
Kropf *m* *(-es; ⸚e)* حَوْصَلَة طُيُور
Med. وَرَم الغُدَّة الدَرَقِيَّة
Kröte *f* ضِفْدِع كَبِير
Krücke *f* عُكَّازَة
Krug *m* *(-es; ⸚e)* إِبْرِيق
Krume *f* فُتَات
krumm *(-er, ⸚er; -st-, ⸚st-)* مُنْحَنٍ، مُقَوَّس، أَعْوَج
krümmen *v/t.* عَوَّج، قَوَّس
v/r. حَنَى (i)
Krümmung *f* اِنْحِنَاء
Krüppel *m* مُكَسَّح
Kruste *f* قِشْرَة
Kübel *m* سَطْل، جَرْدَل
Ku'bikmeter *m* مِتْر مُكَعَّب
Küche *f* مَطْبَخ
Kuchen *m* جَاتُو، فَطِيرَة، كَعْك
Küchen|herd *m* *(-ẹs; -e)* وَابُور طَبِيخ، مَوْقِد
~schrank *m* *(-ẹs; ⸚e)* دُولَاب مَطْبَخ
Kugel *f* *(—; -n)* كُرَة
(Gewehr≈) رَصَاصَة
≈förmig كُرَوِى
~gelenk *n* *(-ẹs; -e)* *Techn.* مِفْصَلَة كُرَوِيَّة
~lager *n* *Techn.* حَامِل البِلْيَة
≈n *(-le)* تَدَحْرَج
~stoßen *n* رَمْى كُرَة حَدِيدِيَّة
Kuh *f* *(—; ⸚e)* بَقَرَة
kühl بَارِد، رَطِب
≈e *f* بُرُودَة
~en بَرَّد
≈er *m* *Mot.* برّاد سَيَّارَات، رَادِيَاتِير
≈haus *n* *(-es; ⸚er)* مَخَازِن تَبْرِيد مَأْكُولَات
≈schrank *m* *(-ẹs; ⸚e)* ثَلَّاجَة، مَثْلَجَة

≈ung *f* تَبْرِيد، بَرْد
kühn شُجَاع، جَسُور
≈heit *f* شَجَاعَة، جَسَارَة
ku'lant خَدُوم
Kult *m (-¢s; -e)* عِبَادَة
Kul'tur *f (O)* حَضَارَة
~film *m (-¢s; -e)* فِلْم ثَقَافِي
Kümmel *m* كَمُّون
Kummer *m* غَمّ، حُزْن
kümmer|lich بَائِس
~n *(-re) v/r.* اِهْتَمّ ب
Kunde[1] *m (-n)* زَبُون
Kunde[2] *f* خَبَر
Kundgebung *f* مُظَاهَرَة
kundig خَبِير، عَلِيم
kündigen أَنْذَر بِتَرْك
Kundschaft *f* زَبَائِن، خَبَر
künftig مُسْتَقْبَل
adv. مُسْتَقْبَلًا
Kunst *f (—; ≈e)* مَهَارَة، فَنّ
~-ausstellung *f* مَعْرَض فَنِّي
≈fertig مَاهِر
~geschichte *f* تَارِيخ الفُنُون
~gewerbe *n* فَنّ تَطْبِيقِي
~griff *m (-¢s; -e)* حِيلَة
Künst|ler *m* فَنَّان
≈lerisch فَنِّي
≈lich اِصْطِنَاعِي، صُنْعِي
Kunst|sachverständige(r) *m* خَبِير فَنِّي
~seide *f* حَرِير صِنَاعِي
~stoff *m (-¢s; -e)* مَادَّة صِنَاعِيَّة
~stopfer *m* رَفَّاء
~stück *n* شَعْوَذَة
≈verständig عَلِيم فَنِّي
≈voll فَنِّي
~werk *n (-es; -e)* طُرْفَة، شُغْل فَنِّي
Kupfer *n (-s; O)* نُحَاس
Kuppe *f* قِمَّة
Kuppel *f (—; -n)* قُبَّة
Kuppe'lei *f* تَعْرِيص
Kur *f* عِلَاج
Ku'rator *m* قَيِّم
Kurbel *f (—; -n)* مَنِيفِلَّا، يَد تَدْوِير

~n *(-le)* دَوَّر

Kürbis *m (—; -se)* قَرْع (نَبَات)

Ku'rier *m (-s; -e)* سَاعٍ، رَسُول

ku'rieren *(—)* عَالَج

Kur-ort *m (-es; -e)* مُسْتَنْجَع

Kurs *m (-es; -e)* سِعْر الصَرْف

Mar. خَطّ سَيْر السَفِينَة

~bericht *m (-es; -e)* كَشْف أَسْعَار البُورْصَة

~buch *n (-es; =er)* جَدْوَل سِكَك الحَدِيد

Kürschner *m* تَاجِر فَرْو

kur'sieren *(—)* تَدَاوَل

Kursus *m (—; Kurse)* مُقَرَّر دُرُوس

Kurve *f* مُنْحَنىً، مُنْعَطَف، اِنْحِنَاء

kurz *(=er; =est-)* مُوجَز، مُخْتَصَر، قَصِير *adv.* بِاخْتِصَار

Kürz|e *f* إِيجَاز، اِخْتِصَار، قِصَر

~en *(-t)* أَوْجَز، اِخْتَصَر، قَصَّر

~lich مِنْ قَلِيل، حَدِيثًا

Kurz|schluß *m (-sses; =sse)* *Elektr.* تَمَاسّ كَهْرَبَاء

~schrift *f* اِخْتِزَال

~sichtig قَصِير النَظَر

~weilig مُسَلٍّ

~welle *f* مَوْجَة قَصِيرَة

Kuß *m (-sses; =sse)* قُبْلَة

küssen *(-ßt)* قَبَّل

Küste *f* سَاحِل، شَطّ بَحْر

~n-fahrt *f* مِلَاحَة شَوَاطِىء

Kutsche *f* عَرَبَة رُكُوب

Kutscher *m* عَرَبَجِي، عَرَبَاتِي

Kutte *f* جَلَّابِيَّة، ثَوْب الرُهْبَان

Kuvert [ku'vɛːʀ] *n (-s; -s)* مَظْرُوف، غِلَاف

Kuwait *n* اَلْكُوَيْت

L

Labora'torium *n (-s; -torien)* مَعْمَل كِيمَاوِى، مُخْتَبَر

lächeln *(-le)* اِبْتَسَم

lachen *v/i.* ضَحِك (a)

Lachen *n* ضَحِك

lächerlich مُضْحِك

Lack *m (-¢s; -e)* وَرْنِيش، لَك، طِلَاء

~ieren [la·ˈki:-] (—) دَهَن بالوَرْنِيش (u)

laden *(L) v/t. jur.* دَعَا (u) شَحَن، (a) *Gewehr:* عَمَّر حَمَّل

Laden *m* دُكَّان

(Fenster~) ضَلْفَة شُبَّاك

~preis *m (-es; -e)* ثَمَن البَيْع

~schild *n (-¢s; -er)* لَافِتَة، يَافْطَة

~tisch *m (-¢s; -e)* خِوَان دُكَّان

Ladung *f* شَحْن، شَحْنَة

des Gewehres: تَعْمِير

Elektr. شَحْنَة

Lage *f* وَضْع، *Ort:* مَوْقِع

Zustand: حَالَة

Lager *n (Bett)* مَرْقَد

(Waren~)، مَخْزَن

Mil. مُعَسْكَر

(Zelt~) مُخَيَّم

~n *v/i.* رَقَد، خَيَّم (u)، عَسْكَر

v/t. خَزَن (i)

v/r. رَقَد، خَيَّم (u)

lahm أَعْرَج

lähm|en أَشَلَّ

~ung *f* شَلَل

Laib *m (-es; -e)* رَغِيف

Laie *m (-n) (Nicht-priester)* عَالَمِي

(Nichtfachmann) جَاهِل

Laken *n* مِلَاءَة سَرِير، شَرْشَف

La'melle *f* صَفِيحَة رَفِيعَة

Lamm *n (-s; ⸚er)* خَرُوف، حَمَل

Lampe *f* لَمْبَة، مِصْبَاح

Land *n (-¢s; ⸚er)* أَرْض، قُطْر، بِلَاد

(Gegensatz zur Stadt) (O) رِيف

(Gegensatz zum Wasser) (-¢s; -e) بَرّ

~en *(-e-)* حَطَّ (u)، رَسَا (u) هَبَط (i)

~e-platz *m (-es; ⸚e)* مَرْسَى

~gut *n* ضَيْعَة

~karte *f* خَرِيطَة جُغْرَافِيَّة

~läufig اِعْتِيَادِي، جَارٍ، مُتَدَاوِل

ländlich رِيفِي

Land|mann *m (-¢s; -leute)* فَلَّاح

~schaft *f* رِيف

Lands|mann *m (-¢s; -leute)* اِبْن البَلَد

~männin *f* بِنْت البَلَد

Land|straße *f* طَرِيق عَامّ

~streicher *m* مُتَشَرِّد

~tag *m (-¢s; -e)* حُكُومَة اِقْلِيمِيَّة

Landung *f* رَسْو، هُبُوط

~sbrücke *f* قَنْطَرَة رَسْو

Landwirt *m (-¢s; -e)* مُزَارِع

~schaft *f* زِرَاعَة

lang *(⸚er; ⸚st-)* طَوِيل

lange *adv.* طَوِيلًا، مُدَّةً طَوِيلَةً

Länge *f* طُول

Geogr. خَطّ طُول

~nmaß *n (-es; -e)* قِيَاس طُولِي

Lange'weile *f (O)* مَلَل

länglich مُسْتَطِيل

Langmut *f* حِلْم
längs عَلَى جَانِب، عَلَى طُول
langsam مَهْلًا، بِبُطْء، بَطِيء، مُتَّئِد
längst مِنْ زَمَن طَوِيل
~ens عَلَى الأَكْثَر
Langweile *f* s. **Langeweile**
langweil|en *v/t.* أَمَلَّ
v/r. مَلَّ (a)
~ig مُمِلّ
Langwelle *f* *Funk:* مَوْجَة طَوِيلَة
Lanze *f* رُمْح
Lap'palie *f* تُرَّهَة، شَيْء بَسِيط
Lappen *m* خِرْقَة
läppisch بَلِيد
Lärm *m (-s; O)* ضَجَّة، جَلَبَة، صَخَب، ضَوْضَاء
Larve *f* *(Insekt)* يَرَقَة
(Maske) قِنَاع
lassen *(L)* سَمَح، (a)
تَرَك، خَلَّى (u)
laß mich in Ruhe! خَلِّينِي فِي حَالِي
Last *f* حِمْل *fig.* عِبْء
~-auto *n (-s; -s)* سَيَّارَة نَقْل
≈en *(-e-)* ضَغَط، أَثْقَل (a) عَلَى
Laster *n* رَذِيلَة، عَيْب
≈haft فَاسِق
lästern *(-re)* سَبّ الدِّين (u)
lästig مُزْعِج، ثَقِيل، مُتْعِب
Last|kahn *m (-ȼs; ⸚e)* مَاعُونَة
~kraftwagen *m* لُورِي، سَيَّارَة نَقْل
~träger *m* حَمَّال
La'tein *n* لَاتِينِي
la'tent خَفِيّ
La'terne *f* فَانُوس، مِصْبَاح
~n-pfahl *m (-ȼs; ⸚e)* عَمُود مِصْبَاح
Latte *f* عَارِضَة خَشَب
Latz *m (-es; ⸚e)* فُوطَة صَدْر
für Kinder: مَرْيَلَة
lau فَاتِر، دَفِيء
Laub *n (-es; O)* وَرَق شَجَر

Laube *f* عَرِيش

Lauch *m (-s; O)* كُرَّاث

lauern *(-re)* تَرَبَّص، كَمِن (a)

Lauf *m (-ęs; ⸗e)* سَير

Wasser: جَرْى، مَجْرَى

(Gewehr⁓) مَاسُورَة

~bahn *f* مِضْمَار *fig.* السِلْك المِهْنِىّ أَوْ الوَظِيفِىّ

~bursche *m (-n)* سَاعٍ

laufen *(L; sn)* جَرَى (i)، رَكَض (u)

~d جَارٍ

~den Monats فِى الشَهْر الجَارِى

~lassen خَلَّى سَبِيلَه، أَطْلَق

Läufer *m* جَرَّاء، عَدَّاء

(Teppich) بِسَاط طَوِيل

Schach: فِيل شَطْرَنْج

Fußball: نِصْف ظَهِير

Lauge *f* مَاء قِلْوِى، بُوغَادَة، قِلَى

Laune *f* مِزَاج، كَيْف، هَوَى النَفْس

⁓nhaft مُتَقَلِّب، اَهْوَائِى

launig مَرِح

Laus *f (—; ⸗e)* قَمْلَة

lauschen اَنْصَت، اِسْتَرَق السَمْع

laut *adj.* عَالٍ

adv. بِصَوْت عَالٍ

Laut *m (-ęs; -e)* صَوْت

Laute *f Mus.* عُود

läuten *(-e-)* دَقّ (u)، رَنّ (i) الجَرَس

lauter مُجَرَّد، مُخْلِص، صَافٍ، خَالِص

läutern *(-re)* رَوَّق، كَرَّر، صَفَّى

laut|los صَامِت، بِدُون صَوْت

⁓sprecher *m* مِجْهَار، مُكَبِّر الصَوْت

La'wine *f* اِنْهِيَار ثُلُوج

fig. وَابِل

Laza'rett *n (-s; -e)* مُسْتَشْفَى عَسْكَرِى

leben *v/i.* عَاش (i)، حَيِى (a)

er lebe hoch! لِيَعِش

Leben *n* حَيَاة

lebend ['le:bənt] حَىّ
~ig [le'bɛndɪç] نَشِيط، مُنْتَعِش، حَىّ
Lebens|-alter *n* عُمْر
~beschreibung *f* تَرْجَمَة حَيَاة إِنْسَان
~gefahr *f* خَطَر الْمَوْت
≈gefährlich خَطِر عَلَى الْحَيَاة
~gefährte *m* رَفِيق، خِدْن
~kraft *f* (—; ⸗e) حَيَوِيَّة
~lauf *m* (-ɇs; ⸗e) سِيرَة
~mittel *n/pl.* مَوَاد غِذَائِيَّة، مَؤُونَة، قُوت
~raum *m* (-es; O) مَجَال حَيَوِى
~-unterhalt *m* (-ɇs; O) مَعَاش، رِزْق
~unterhalt verdienen (i) كَسَبَ رِزْقَهُ، (i) كَسَبَ الْقُوت
~versicherung *f* تَأْمِين عَلَى الْحَيَاة
~wandel *m* سَيْر
≈wichtig حَيَوِى
~zeichen *n* عَلَامَة حَيَاة
Leber *f* (—; -*n*) كَبِد
Lebe'wohl *n* (-*s*; O) وَدَاع
~ ! مَعَ السَّلَامَة
leb|haft نَشِيط، مُنْتَعِش
~los لَاحَيَاة فِيهِ
Leck *n* (-ɇs; -e) خُرْم فِي سَفِينَة
lecken *v/t.* (a) لَعِق (a) لَحِس،
Leder *n* جِلْد
ledern *adj.* مِنْ جِلْد، جِلْدِى
ledig أَعْزَب، خَالٍ
~lich ['-dɪklɪç] لَاغَيْر، فَقَط
leer فَارِغ، خَالٍ، فَاضٍ
≈e *f* (O) فَرَاغ، خَلَاء، فَضَاء
~en *v/t.* أَخْلَى، فَرَّغ، فَضَّى
le'gal شَرْعِى
legen *v/t.* (a) وَضَع، (u) حَطّ
v/r. (u) رَقَد *Wind:* (u) هَدَأ (u) سَكَن
Le'gende *f* أُحْدُوثَة، أُسْطُورَة
Le'gierung *f* خَلِيط مَعَادِن

legi'tim *(O)* شَرْعِى

Legitima'tions-papier *n (-s; -e)* وَرَقَة تَحْقِيق شَخْصِيَّة

legiti'mieren (—) اَثْبَت الشَخْصِيَّة

Kind: أقَرّ شَرْعِيًّا

Lehen *n* اِقْطَاع

Lehm *m (O; -s)* طِين

Lehne *f* مِسْنَد

Stuhl: ظَهْر كُرْسِى

≈n *v/r. (gegen)* سَنَد الى (u)

Lehnstuhl *m (-ϵs; ⸚e)* كُرْسِى ذُو ذِرَاعَيْن

Lehr|anstalt *f* مَدْرَسَة، مَعْهَد

~e *f* تَعْلِيم، نَظَرِيَّة، مَذْهَب

≈en دَرّس، عَلّم

~er(in *f) m* مُدَرِّس، مُعَلِّم، مُدَرِّسَة، مُعَلِّمَة

~film *m (-ϵs; -e)* فِلْم ثَقَافِى

~gang *m (-ϵs; ⸚e)* مُقَرَّر دُرُوس

~geld *n (ϵs; -er)* اُجْرَة تَلْمَذَة

~herr *m (-n; -en)* مُعَلِّم صَنَائِع

~junge *m (-n)* تِلْمِيذ اَوْ صَبِىّ فى حِرْفَة

≈reich مُفِيد

~stuhl *m (-ϵs; ⸚e)* كُرْسِى اُسْتَاذِيَّة

~zeit *f* مُدَّة تَلْمَذَة صِنَاعِيَّة

Leib *m (-ϵs; -er)* بَطْن، بَدَن

~binde *f* حِزَام بَطْن

~chen *n* فَانِلَّة، صَدْرِيَّة

~es-frucht *f (O)* جَنِين

~es-übung *f* رِيَاضَة بَدَنِيَّة

≈lich بَدَنِى،

Kinder: مِنْ الصُلْب

~schmerzen *m/pl.* مَغَص

~wache *f* حَرَس شَخْصِى

~wäsche *f (O)* مَلَابِس دَاخِلِيَّة

Leich|e *f* جُثَّة

~en-begängnis *n (-ses; -se)* جِنَازَة

~en-verbrennung *f* إحراق الجثث
~en-wagen *m* عربة الموتى
~nam *m (-s; -e)* جثة
leicht خفيف، سهل
≈-athletik [-atle:tɪk] *f* رياضة خفيفة *(O)*
~fertig طائش
~gläubig سريع التصديق
≈sinn *m (-s; O)* طيش
~sinnig طائش
leid: es tut mir ~ إني آسف، إني متأسف
Leid *n (-ẹs; O)* حزن، أسف
leiden *(L)* تحمل، عانى، كابد
Leiden *n* ألم، عناء، مكابدة *Med.* مرض
leidend مريض، معان، مكابد
Leidenschaft *f* غرام، شهوة، هوى
≈lich غرامي، ذو حدة
≈s-los هادئ، بدون هوى
leider لسوء الحظ، مع الأسف، للأسف
leid|lich مقبول
≈tragende(r) *m* حزين، مصاب
Leier *f (—; -n)* كنارة
Leih|bücherei *f* مكتبة إعارة
≈en *(L)* أعار، أسلف
~haus *n (-es; ⸗er)* مرهن
Leim *m (-ẹs; -e)* غراء
≈en غرى، لزق
Lein *m (-ẹs; -e)* كتان
Leine *f* حبل
Leinen *n* نسيج الكتان
≈ كتاني
Lein|-öl *n (-s; O)* زيت حار
~wand *f (—; O)* شاشة سينما، نسيج كتان
leise بخفة، خفيف، بصوت واطئ
Leiste *f* حاشية، حافة *Med.* أربية
leisten *(-e-)* أنتج، فعل (a) *Eid:* أدى

Leisten *m* قَالِب نِعَال

Leistung *f* اِنْتَاج، فِعْل، أَدَاء

~s-fähigkeit *f* قُوَّة اِنْتَاج

Leit|-artikel *m* مَقَالَة اِفْتِتَاحِيَّة

≈en *(-e-)* وَجَّه، أَرْشَد، أَوْصَل، قَاد (u)

Leiter[1] *m* مُرْشِد، مُدِير، قَائِد

Elektr. مُوَصِّل

Leiter[2] *f (—; -n)* سُلَّم

Leitung *f* اِدَارَة، قِيَادَة

Elektr. تَوْصِيل

Telefon: خَطّ

~s-draht *m (-ęs; ⸚e)* سِلْك تَوْصِيل

Lek'tion *f* دَرْس

Lektor *m (-s; -en)* مُدَرِّس

Lende *f* صُلْب اِنْسَان

lenk|bar سَهْل القِيَادَة

~en وَجَّه، (u) قَاد

Auto: سَاق (u)

≈er *m* سَوَّاق

≈rad *n (-ęs; ⸚er)* عَجَلَة القِيَادَة

≈stange *f* يَد أَوْ مِقْوَد دَرَّاجَة

Lenz *m (-es; -e)* رَبِيع

Lerche *f* قُنْبُر

lernen دَرَس، (u) تَعَلَّم

les|bar مَقْرُوء

≈e *f (O)* حَصَاد، جَمْع

~en *(L)* قَرَأ (a)

(sammeln) جَمَع (a)

≈er *m* قَارِئ

letzte, **~r,** **~s** نِهَائِي، اَخِير

leuchten *(-e-)* ضَاء (i)، نَوَّر

Leuchter *m* شَمْعَدَان

Leuchtturm *m (-ęs; ⸚e)* مَنَارَة

leugnen *(-e-)* نَفَى (i)، أَنْكَر، كَذَّب

Leute *pl.* قَوْم، نَاس

leutselig بَشُوش

Lexikon [-kɔn] *n (-s; Lexika)* مُعْجَم، قَامُوس

Licht *n (-ęs; -er)* نُور، ضَوْء

(Kerze) شَمْعَة
~bild *n (-s; -er)* صُورَة شَمْسِيَّة
≈-empfindlich حَسَّاس للضَوْء
≈er'loh *(O)* مُلْتَهِب
~schacht *m (-ȩs; ⸚e)* مَنْوَر
~spiel-theater *n* دار سِينِمَا
~strahl *m (-ȩs; -en)* شُعَاعَة ضَوْء
Lid *n (-ȩs; -er)* جَفْن
lieb عَزِيز، حَبِيب
Liebe *f (O)* عِشْق، وِدّ، حُبّ
lieben وَدّ، اَحَبّ (a)
erotisch: عَشِق (a)
~s-würdig لَطِيف
lieber *adv.* اَحَبّ، اَفْضَل، اَحْسَن
Liebes|dienst *m (-es; -e)* فَضْل، مَعْرُوف
~paar *n (-ȩs; -e)* عَشِيقَان
liebevoll بِوِدّ
Liebhaber *m* عَاشِق
liebkosen *(-t)* لَاطَف، دَلّل

Liebling *m (-s; -e)* حَظِيّ، نَدِيم، حَبِيب
Liebreiz *m (-es; O)* فِتْنَة، ظَرْف
Lied *n (-ȩs; -er)* اُغْنِيَّة
liederlich اِبَاحِي
Liefe'rant *m (-en)* مُتَعَهِّد، مُوَرِّد
liefern *(-re)* وَرَّد، سلّم
liegen *(L)* رَقَد (u)
Ort: وَقَع فِي (a)
Liegestuhl *m (-ȩs; ⸚e)* كُرْسِي مَدَّاد
Likör [li·ˈkøːʁ] *m (-s; -e)* لِيكُور، خَمْر العَرَق
lila *(O)* زَنْزَلَخْتِي اللَوْن
Lilie [ˈliːlĭə] *f Bot.* زَنْبَق
Limo'nade *f* شَرَاب اللَيْمُون، لِيمُونَادَة
Linde *f Bot.* زَيْزَفُون
lindern *(-re)* خَفّف، لَطّف، سَكّن
Linderungsmittel *n* دَوَاء مُسَكّن

Lineal [li·ne·ˈɑːl] *n (-s; -e)* مِسْطَرَة

Linie [ˈliːnĭə] *f* خَطّ، سَطْر، صَفّ

~ntreu: ~ntreu sein أَخْلَص لِحِزْبِه

link|e, ~er, ~es *(O)* شِمَالِي أَيْسَر

~isch غَشِيم، أَخْرَق

~s عَلَى الشِمَال، عَلَى اليَسَار

Linse *f Bot.* عَدْس

Optik: عَدَسَة

Lippe *f* شَفَة

List *f* حِيلَة، مَكْر

Liste *f* قَائِمَة، كَشْف، فِهْرِسْت

listig مَكَّار

Liter *n (m)* لِتْر

lite'rarisch أَدَبِي

Lite'rat *m (-en)* أَدِيب

Litera'tur *f* أَدَب اللُغَة

Li'zenz *f* رُخْصَة

Lob [loːp] *n (-es; -e)* حَمْد، مَدْح

~en [-bən] حَمِد (a)، مَدَح (a)

löblich [ˈ-øːp-] حَمِيد

Loch *n (-es; ⸗er)* خُرْم، ثُقْب

~en خَرَم (u)، ثَقَب (u)

Locke *f* خُصْلَة شَعْر

locken *v/t.* اِجْتَذَب، أَغْرَى

Haar: جَعَّد

locker *(-ckr-)* سَائِب، رَخْو

fig. إِبَاحِي

lodern *(-re)* اِشْتَعَل، اِلْتَهَب

Löffel *m* مِلْعَقَة

Loge [ˈloːʒə] *f* مَقْصُورَة، لُوج

Logik [ˈloːgɪk] *f (O)* مَنْطِق

logisch مَنْطِقِي

Lohn *m (-ęs; ⸗e)* أَجْر، أُجْرَة

~en *v/r.* اِسْتَحَقّ

~end مُسْتَحِقّ (التَعَب)

~steuer *f (—; -n)* ضَرِيبَة الأَجْر

Lokomo'tive *f* قَاطِرَة سِكَّة الحَدِيد

Lorbeer *m* *(-s; -en)* الغَار (شَجَر)

Los [-oː-] *n* *(-es; -e)* *Lotterie:* تَذْكَرَة يَانَصِيب *(Schicksal)* حَظّ

los! هَيَّا

was ist los? مَاذَا جَرَى

lösbar *(O)* قَابِل لِلْحَلّ أَوْ لِلذَوَبَان

Löschblatt *n* *(-es; ⸗er)* وَرَق نَشَّاف

löschen أَطْفَأَ

Durst: شَفَى الغَلِيل، (i) نَقَع (a)

Mar. فَرَّغ مَشْحُونَات السُفُن

lose سَائِب، مَفْكُوك

fig. إِبَاحِي

Lösegeld *n* فِدَاء

losen *(-t)* سَحَب اليَانَصِيب (a)

lösen *(-t)* فَكّ (u)، حَلّ (u)

Fahrkarte: أَخَذ تَذْكَرَة السَفَر (u)

v/r. تَخَلَّص من

los|haken حَلّ المَشْبُوك (u)

~kaufen فَدَى (i)

~knüpfen فَكّ المَعْقُود (u)

~kommen *(sn; L)* تَخَلَّص

~lassen *(L)* حَلّ (u)، أَطْلَق

~machen فَكّ (u)

~sagen *v/r.* اِنْفَصَل (von عَنْ)

~schnallen حَلّ الإِبْزِيم (u)

~schrauben حَلّ (u) القَلَاوُوظ

~sprechen بَرَّأ

Losung *f* شِعَار، كَلِمَة سِرّ

Lösung *f* ذَوَبَان، حَلّ

Chem. مَحْلُول

Lot *n* مِرْجَاس

löten *(-e-)* لَحَم (مَعْدِنًا) (i)

lotrecht [ˈloːt-ʀɛçt] *(O)* عَمُودِي

Lotse [-oː-] *m* *(-n)* مُرْشِد سُفُن

⸗n *(-t)* أَرْشَد (سَفِينَةً)

Löwe *m* *(-n)* أَسَد

Löwin *f* لَبْوَة

Luchs [-ks] *m* *(-es; -e)* وَشَق

Lücke *f* نَقْص، فَرَاغ، ثُغْرَة

~nhaft نَاقِص

Luft *f (—; ⸚e)* هَوَاء، جَوّ

~ballon ['-balɔŋ] *m (-s; -e, -s)* مِنْطَاد

~blase *f* فُقَّاعَة هَوَائِيَّة

~dicht *(O)* لَا يَنْفُذ مِنْهُ هَوَاء

~druckbremse *f* فَرْمَلَة ذَات ضَغْط هَوَائِى

lüften *(-e-)* هَوَّى

Luft|fahrt *f (O)* مِلَاحَة جَوِّيَّة، طَيَرَان

~heizung *f* تَدْفِئَة بِالهَوَاء السَاخِن

~ig هَوَائِى

~kissen *n* مِخَدَّة هَوَائِيَّة

~klappe *f* صِمَام هَوَائِى

~linie ['-li:nĭə] *f* خَطّ جَوِّىّ

~post *f (O)* بَرِيد جَوِّىّ

~reifen *m* اَطَار عَجَلَات مَنْفُوخ

~röhre *f* قَصَبَة الرِئَة

~schutzkeller *m* مَخْبَأ

~stützpunkt *m (-es; -e)* قَاعِدَة جَوِّيَّة

~verkehrsgesellschaft *f* شَرِكَة طَيَرَان

~waffe *f (O)* سِلَاح طَيَرَان

~zug *m (-ẹs; O)* تَيَّار هَوَاء

Lüge *f* كَذِب

lügen *(L)* كَذَب (i)

Lügner(in *f) m* كَذَّاب

Luke *f* طَاقَة، كُوَّة، مَنْوَر

Lump *m (-en)* صُعْلُوك

Lunge *f* رِئَة

~n-entzündung *f* اِلْتِهَاب رِئَوِى

~n-krank *(O)* مَسْلُول، مَصْدُور

~n-schwindsucht *f (O)* سُلّ رِئَوِى

Lupe *f* عَدَسَة مُكَبِّرَة

Lu'pine *f Bot.* تُرْمُس

Lust *f (—; ⸚e)* شَهْوَة، لَذَّة، رَغْبَة، كَيْف

~ haben zu اِشْتَهَى

lüstern رَاغِب ، مُتَشَوِّق، مُشْتَهٍ

lustig مَرِح

~keit *f* مَرَح

Lustspiel ['-stʃp-] *n (-s; -e)* رِوَايَة هَزْلِيَّة

lutschen مَصّ (u) (لِلأَطْفَال)

luxuriös [lʊksʊ'ʀi̯ø:s] رَافِه، فَاخِر، فَخْم

Luxus *m (–; O)* رَفَاهَة، نَعِيم

lyrisch وِجْدَانِي

Lyzeum [ly·'tse:ʊm] *n (-s; Lyzeen)* مَدْرَسَة بَنَات ثَانَوِيَّة

M

machen (a) فَعَلَ، (a) صَنَعَ، (a) عَمِلَ
es macht nichts لَا بَأْس
Macht *f (—; ⸚e)* قُدْرَة، سُلْطَة، قُوَّة
mächtig ضَخْم، قَادِر على، قَوِى
Mädchen *n* فَتَاة، بِنْت
Made *f* دُود، سُوس
Maga'zin *n (-s; -e)* مَخْزَن (*Zeischrift*) مَجَلَّة
Magen *m (-s; ⸚)* مَعِدَة
~beschwerden *f/pl.* عُسْر هَضْم
~geschwür *n (-s; -e)* قَرْحَة المَعِدَة
⁀leidend مَمْعُود

mager نَحِيف
Ma'gie *f* سِحْر
Magi'strat *m (-s; -e)* إدَارَة بَلَدِيَّة
Mag'net *m (-s; -e)* مَغْنَطِيس
⁀isch مَغْنَطِيسِى
~nadel *f (—; -n)* إبْرَة مَغْنَطِيسِيَّة
mähen حَشَّ (u)
Mahl *n (-ẹs; -e)* وَلِيمَة، طَعَام، وَجْبَة
mahlen *v/t.* طَحَن (a)
Mähne *f Pferd:* عُرْف
Löwe: لِبْدَة
mahnen نَبَّه، ذَكَّر
Mahnung *f* تَنْبِيه، تَذْكِير
Mai *m syr.* أَيَار

äg. مَايُو
Mais *m (—; O)* ذُرَة
Maje'stät *f* جَلَالَة
Majori'tät *f* أَغْلَبِيَّة
Makel *m* عَيْب، وَصْمَة، شِيَة
Makler *m* سِمْسَار
Mal *n (-es; -e)* دَفْعَة،
(Zeichen) عَلَامَة
(Brandmal) وَسْم
ᐁ **einmal** مَرَّة وَاحِدَة ᐁ مَرَّة
Math. 2×2=4 فى اِثْنَان فِى اِثْنَيْن يُسَاوِى أَرْبَعَة
malen صَوَّر، رَسَم (i)
Maler *m* دَهَّان، رَسَّام، مُصَوِّر
~ei [-'RAI] *f* رَسْم، تَصْوِير
Malz *n (-es; -e)* شَعِير مُنْبَت
man أَحَد، الْمَرْء
~che, ~cher, ~ches بَعْض
manchmal أَحْيَانًا
Mandel *f (—; -n)* لَوْز
Anat. لَوْزَة
Mangel[1] *m (-s; ⸚)* عَدَم، حَاجَة، نَقْص
Mangel[2] *f (—; -n)* جَنْدَرَة
ᐁhaft نَاقِص، مَعِيب
ᐁn *(-le)* نَقَص (u)
Wäsche: كَوَى، جَنْدَر
ᐁs لِعَدَم وُجُود
Ma'nier *f* طَرِيقَة، أُسْلُوب
Mani'küre *f* تَقْلِيم الأَظَافِر
Mann *m (-es; ⸚er)* رَجُل
Ehe: زَوْج
ᐁbar بَالِغ
mannigfach مُتَعَدِّد، مُخْتَلِف
männlich ذَكَر، مُذَكَّر
Mannschaft *f* رِجَال
Mar. رِجَال السَّفِينَة
Sport: فَرِيق
~s-führer *m* رَئِيس فَرِيق
Man'sarde *f* حُجْرَة تَحْت السَّطْح
Man'schette *f* سِوَار الأَكْمَام
Mantel *m (-s; ⸚)* بَلْطُو، مِعْطَف
manu'ell يَدَوِى
Manu'skript *n* مَخْطُوط
Mappe *f* مِحْفَظَة الأَوْرَاق

Märchen [ˈmɛːʁçən] *n* اُسْطُورَة، خُرَافَة

Ma'rine *f (—; O)* بَحْرِيَّة

~-flugzeug *n (-es; -e)* طَائِرَة مَائِيَّة

~wesen *n* شُئُون بَحْرِيَّة

mari'nieren (—) مَلَّح، خَلَّل

Mark¹ *n (-s; O)* مُخّ العَظْم

Mark² *f (O) (Währung)* مَرْك (عُمْلَة اَلْمَانِيَّة)

Mark³ *f (Grenz~)* حَدّ اَرَاضٍ

Marke *f* مَارْكَة، عَلَامَة، *Post:* طَابِع

mar'kieren (—) اَشَّر، عَلَّم

Markt *m (-es; ⸗e)* سُوق

~bude *f* كُشْك

~halle *f* سُوق مَسْقُوف

Marme'lade *f* مُرَبَّى

Marmor *m (-s; -e)* رُخَام، مَرْمَر

Ma'rokko *n* مَرَّاكِش

Ma'rone *f* قَسْتَنَا، اَبُو فَرْوَة

Mars *m (Planet)* المِرّيخ

Marsch *m (-es; ⸗e)* مَشْى، سَيْر

Marter *f (—; -n)* كَرْب، عَذَاب

Märtyrer *m* شَهِيد

März *m (-es; -e) syr.* آذَار *äg.* مَارِس

Masche *f* عَيْن شَبَكَة، عُقْدَة

Ma'schine *f* مَاكِينَة، مَكِنَة

~n-arbeit *f* شُغْل مَكِنَات

~n-bau *m* هَنْدَسَة المَكِنَات

~n-gewehr *n (-es; -e)* مَدْفَع رَشَّاش

~nmäßig مِيكَانِيكِي

~npistole *f* غَدَّارَة رَشَّاشَة

~n-schreiber(in *f***)** *m* كَاتِب عَلَى الآلَة

~n-schrift *f* كِتَابَة عَلَى المَكِنَة

Masern *f/pl.* مَرَض حَصْبَة

Maske *f* قِنَاع

Maß *n (-es; -e)* نِسْبَة، مِقْيَاس، قَدْر

~-arbeit *f* شُغْل بالمَقَاس

Massage [ma·ˈsɑːʒə] *f* تَدْلِيك
Masse *f* كُتْلَة، مَادَّة مَعْجُونَة
Menschen: جُمْهُور
~nartikel *m* صَنْف بِالجُمْلَة
≈nhaft بِكَثْرَة، بِجُمْلَة
~nproduktion *f* إِنْتَاج بِالجُمْلَة
massieren [ma·ˈsiːʀən] (—) دَلَّك
massig غَلِيظ، جَسِيم
mäßig مُعْتَدِل
~en خَفَّف
≈ung *f* اِعْتِدَال
massiv [ma·ˈsiːf] كَثِيف، أَصَمّ
maß|los غَيْر مُعْتَدِل
≈regel *f* (—; -*n*) تَدْبِير
~regeln أَدَّب
≈schneider *m* خَيَّاط بِالمَقَاس
≈stab *m* (-*ęs*; ⸗*e*) مِقْيَاس
~voll مُعْتَدِل
Mast[1] *f* عَلْف، تَسْمِين
Mast[2] *m* (-*es*; -*en*) عَمُود، صَارِ
~darm *m* (-*ęs*; ⸗*e*) مُسْتَقِيم
mästen (-*e*-) عَلَف (i)، سَمَّن
Material [ma·te·ˈʀĭɑːl] *n* (-*s*; -*ien*) مَوَادّ
~ismus [-ʀĭa·ˈlɪsmʊs] *m* (—; *O*) المَادِّيَّة
~ist [-ʀĭa·ˈlɪst] *m* (-*en*) مَادِّي
Materie [ma·ˈteːʀĭə] *f* مَادَّة
≈ll [ma·te·ˈʀĭɛl] مَادِّي
Mathema'tik *f* (*O*) رِيَاضِيَّات
~er [ma·te·ˈmɑːti·kə] *m* عَالِم رِيَاضِيَّات، رِيَاضِي
Ma'tratze *f* مَرْتَبَة نَوْم
Ma'trose *m* (-*n*) مَلَّاح، بَحَّار
matt تَعِب، *Farbe:* گَابِ
Schach: مَاتَ الشَّاه
Matte *f* حَصِيرَة
Mattigkeit *f* وَهَن، ضَعْف
Mauer *f* (—; -*n*) سُور، جِدَار
Maul *n* (-*ęs*; ⸗*er*) بُوز، فَم
~beere *f* تُوت
~korb *m* (-*ęs*; ⸗*e*) كِمَامَة
~tier *n* (-*ęs*; -*e*) بَغْل

~wurf *m (-s; ⸚e)* خُلْد
Maurer *m* بَنَّاء
Maus *f (—; ⸚e)* فَأْر
Mauso'le-um *n* ضَرِيح
Maximum *n* الحَدّ الأَقْصَى، النِهَايَة العُظْمَى
Me'chanik *f (O)* عِلْم المِيكَانِيكَا
~er *m* مِيكَانِيكِي
Medi'zin *f* طِبّ
(Arznei) دَوَاء
⁀isch طِبِّي
Meer *n (-es; -e)* بَحْر
~busen *m* خَلِيج
~enge [ˈmeːʁ-ɛŋə] *f* مَضِيق، بُوغَاز
~fahrt *f* رِحْلَة بَحْرِيَّة
~rettich *m (-s; -e)* فِجْل أَبْيَض
Mehl *n (-es; -e)* طَحِين، دَقِيق
~brei *m (-es; -e)* عَصِيدَة
⁀ig دَقِيقِي، نَشَوِي
mehr أَكْثَر
ich habe nichts ~ لَمْ يَبْقَ عِنْدِي شَيْء
mehrere بَعْض، عِدَّة
Mehr|gewicht *n (-ȼs; -e)* وَزْن زَائِد
~heit *f* أَغْلَبِيَّة، أَكْثَرِيَّة
⁀malig مُتَكَرِّر، مُكَرَّر
~zahl *f* أَغْلَبِيَّة
Gr. جَمْع
meiden *(L)* تَجَنَّب
Meile *f* مِيل
mein ى (ضمير ملكى للمتكلم المفرد)
Meineid [ˈmaɪn-aɪt] *m (-ȼs; -e)* حِنْث، يَمِين كَاذِب
meinen عَنَى (i)، قَصَد (u) ظَنّ (u)
meinetwegen سِيَّان عِنْدِي، بِسَبَبِي، لِأَجْلِي
meinig: die ~en أَهْلِي
Meinung *f* رَأْي
~s-austausch *m (-ȼs; O)* تَبَادُل الآرَاء

~s-verschiedenheit *f* اِخْتِلَاف، خِلَاف
Meißel *m* اِزْمِيل
meist, ~ens فِى الغَالِب
Meister *m* اُسْتَاذ، مُعَلِّم، رَئِيس العُمَّال
≈n *(-re)* تَغَلَّب عَلَى
~schaft *f* بُطُولَة
Meistgebot *n (-ẹs; -e)* أَكْبَر عَطَاء
Melancholie [me·laŋko·ˈliː] *f (O)* مَلَاخُولِيَا، سَوْدَاء
Melde|amt *n (-ẹs; ⸚er)* مَكْتَب تَسْجِيل أَشْخَاص
≈n *(-e-) v/t.* بَلَّغ
v/r. قَيَّد اِسْمَهُ، أَخْبَر بِالحُضُور
~stelle *f* مَحَطَّة تَبْلِيغَات
~zettel *m* اِسْتِمَارَة تَبْلِيغ البُولِيس
Meldung *f* تَبْلِيغ، تَقْرِير
melken *(L u. -te)* حَلَب (i)
Melo'die *f* لَحْن، نَغْمَة
melodisch [-ˈloː-] مُطْرِب

Mem'brane *f* غِشَاء، حِجَاب
Menge *f* زِحَام، كَثْرَة، كَمِّيَّة
mengen خَلَط (i)
Mensch *m (-en)* اِنْسَان
kein ~ لَا اَحَد
Menschen|alter *n* جِيل، عُمْر اِنْسَان
~liebe *f (O)* حُبّ النَاس
~recht *n (-s; -e)* حُقُوق الإِنْسَان
≈scheu *adj.* نَفُور مِنْ النَاس
~scheu *f (O)* نُفُور مِنْ النَاس
~verstand *m (-ẹs; O)* عَقْل
Mensch|heit *f (O)* بَشَر، نَاسُوت
≈lich اِنْسَانِى
~lichkeit *f (O)* اِنْسَانِيَّة
Meri'dian *m* خَطّ مُنْتَصِف النَهَار
merken *v/t.* شَعَر، اَدْرَك (u)
v/r. حَفِظ (a)
Merk|mal *n (-s; -e)* سِيمَة، عَلَامَة

≈würdig غَرِيب
meßbar مُمْكِن مَقَاسُهُ، قَابِل لِلْمَقَاس
Messe *f Kirche:* قُدَّاس *Hdl.* مَوْسِم، سُوق عَامَّة
messen *(L)* قَاس (i) كَالَ (i)
Messer *n* سِكِّين
~klinge *f* نَصْل السِّكِّين
~schneide *f* حَدّ السِّكِّين
Messing *n (-s; O)* نُحَاس أَصْفَر
Me'tall *n (-ℯs; -e)* مَعْدِن
≈isch مَعْدِنِي
~-industrie *f* صِنَاعَة مَعَادِن
Me'tapher *f* مَجَاز
Metaphy'sik *f* فَلْسَفَة مَا وَرَاء الطَّبِيعَة
Mete'or *m (-s; -e)* شِهَاب
~ologie [-lo·'gi:] *f (O)* عِلْم الأَرْصَاد الجَوِّيَّة
Meter *(n) m* مِتْر
Me'thode *f* أُسْلُوب، طَرِيقَة
Metrik *f* عِلْم العَرُوض
Metro'pole *f* عَاصِمَة
Metzger *m* جَزَّار، قَصَّاب
Meute'rei *f* عِصْيَان، تَمَرُّد
mich إِيَّايَ
Mieder *n* مِشَدّ
Miene *f* مَلَامِح وَجْه
Miete *f* أُجْرَة (مَحَلّ)
≈n *(-e-)* اِسْتَأْجَر
~r *m* مُسْتَأْجِر
Mi'gräne *f* صُدَاع
Mikroskop [-ɔ'sko:p] *n (-s; -e)* مِكْرُوسْكُوب، مِجْهَر
Milbe *f* سُوسَة، عُثَّة
Milch *f (O)* لَبَن، حَلِيب
mild خَفِيف، لَطِيف
~ern *(-re)* خَفَّف، لَطَّف
≈erung *f* تَخْفِيف، تَلْطِيف
~tätig مُحْسِن
≈tätigkeit *f (O)* إِحْسَان
Militär [mi·li·'tɛ:ʁ] *n (-s; -O)* عَسْكَرِي
~regierung *f* حُكُومَة عَسْكَرِيَّة
Mi'liz *f* جَيْش مُرَابِط

Milliarde [mɪˈlĭaˑʀdə] *f* مِلْيَار
Million [mɪˈlĭoːn] *f* مَلْيُون
Milz *f* طِحَال
Mina'rett *n* مِئْذَنَة
minder اَصْغَر، اَقَلّ
~ gut اَقَلّ جُودَةً
≈heit *f* أَقَلِّيَّة
~jährig قَاصِر (غَيْر بَالِغ)
≈jährigkeit *f* (*O*) قُصُور، سِنّ القُصُور
~n (*-re*) قَلَّل، خَفَّض
≈ung *f* تَقْلِيل، تَخْفِيض
~wertig قَلِيل القِيمَة
mindest الاَقَلّ، الاَصْغَر
~ens عَلَى الاَقَلّ
≈maß *n* (*-es; -e*) الحَدّ الاَدْنَى
Mine *f* (*Bergwerk*) مَنْجَم
Mil. لُغْم *Bleistift:* رُصَاص
Mine'ral *n* (*-s; -e, -ien*) مَعْدِن
~o'gie *f* (*O*) عِلْم المَعَادِن
~wasser *n* (*-s; ⸗*) مَاء مَعْدِنِي
Minia'tur *f* صُورَة مُصَغَّرَة
Minimum *n* الحَدّ الأَدْنَى، النِّهَايَة الصُّغْرَى
Mi'nister *m* وَزِير
~ium [miˑnɪsˈteːʀĭʊm] *n* (*-s; -rien*) وِزَارَة
Minori'tät *f* اَقَلِّيَّة
Mi'nute *f* دَقِيقَة
misch|en خَلَط (i)
Karten: فَنَّط الوَرَق
≈ung *f* تَفْنِيط، خَلْط
miß|'achten (*-e-; —*) اِزْدَرَى، اِسْتَخَفّ
≈achtung *f* (*O*) اِزْدِرَاء، اِسْتِخْفَاف
≈bildung *f* تَشَوُّه، دَمَامَة
~'billigen (*—*) اِسْتَقْبَح
≈brauch *m* (*-s; O*) سُوء اِسْتِعْمَال
~'brauchen (*—*) اَسَاء الاِسْتِعْمَال
≈deutung *f* سُوء تَفْسِير
≈-erfolg *m* (*-ęs; -e*) حُبُوط، خَيْبَة، فَشَل

≈-ernte *f* سُوء المَحْصُول

≈fallen *n* اِسْتِيَاء

~'fallen *(L; —)* سَاء (u)

≈geschick *n (-s; -e)* نَحْس، سُوء الحَظّ

~'gönnen (—) غَار مِنْ، (i) حَسَد (i)

≈griff *m (-s; -e)* غَلْطَة

≈gunst *f (O)* حَسَد

≈'handlung *f* سُوء مُعَامَلَة

≈helligkeit *f (O)* شِقَاق، عَدَم اِتِّفَاق

Missionar [mɪsĭo·ˈnɑːʁ] *m (-s; -e)* مُبَشِّر دِينِي

Mißklang *m (-ẹs; ⸗e)* تَنَافُر، نُشُوز

mißlich حَرِج، عَسِير

miß'lingen *(L; —)* خَاب، (i) فَشِل، (a) حَبَط (i)

miß|mutig سَاخِط، ضَجِر

≈stimmung *f* ضِيق، ضَجَر

≈ton [-oː-] *m (-ẹs; ⸗e)* نُشُوز

≈trauen *n (O)* تَخْوِين

~'trauen (—) خَوَّن

~trauisch مُسْتَرِيب

≈verständnis *n (-ses; -se)* سُوء التَفَاهُم

~verstehen اَسَاء الفَهْم

Mist *m (-s; O)* زِبَالَة، قُمَامَة، سِبَاخ، رَوْث

mit بِ، بِوَاسِطَة، مَعَ

Mit|arbeiter *m* زَمِيل فِى الشُغْل

~bürger *m* مُوَاطِن

mitei'nander مَعاً

mitempfinden *(L; —)* شَارَك فى الشُعُور

Mit|gefühl *n (-es; O)* عَطْف، مُشَارَكَة فِى الشُعُور

~gift *f* جِهَاز (العَرُوس)

Mitglied *n (-ẹs; -er)* عُضْو

~schaft *f* عُضْوِيَّة

~s-beitrag *m (-ẹs; ⸗e)* قِيمَة اِشْتِرَاك عُضْوِيَّة

Mit-inhaber *m* شَرِيك

Mitleid *n (-s; O)* حَنَان، شَفَقَة، عَطْف

≈ig حَنُون، شَفُوق، عَطُوف

Mitmensch *m (-en)* إِنْسَان آخَر، الغَيْر

Mitschuld *f (O)* اِشْتِرَاك فِي ذَنْب

~ige(r) *m* شَرِيك فِي جَرِيمَة

Mit|schüler *m* زَمِيل التَلْمَذَة

~spieler *m* زَمِيل اللَعِب

Mittag *m (-ẹs; -e)* ظُهْر

≈s ظُهْرًا

~-essen *n* غَدَاء

~s-ruhe *f (O)* رَاحَة الظُهْر، قَيْلُولَة

~s-zeit *f (O)* وَقْت الظُهْر

Mitte *f* مَرْكَز، مُنْتَصَف، وَسَط

mitteil|en أَخْبَر، اَعْلَم

≈ung *f* اِخْبَار، اِعْلَام

Mittel *n (Hilfs≈)* سَبِيل، وَسِيلَة

(Behelf) وَاسِطَة

(Arznei) دَوَاء

(Durchschnitt) مُعَدَّل

mittel *adj.* مُتَوَسِّط

Mittelalter *n* قُرُون وُسْطَى

≈lich خَاص بِالقُرُون الوُسْطَى

mittel|bar بِالوَاسِطَة، غَيْر مُبَاشِر

~los فَقِير، مُعْوَز

≈mäßigkeit *f* اِعْتِدَال

≈meer *n* البَحْر الأَبْيَض المُتَوَسِّط

≈punkt *m (-es; -e)* مَرْكَز

~s بِوَاسِطَة

≈schule *f* مَدْرَسَة ثَانَوِيَّة

≈s-person [-peʁzoːn] *f* وَسِيط

Mittel|stand *m (-es; O)* طَبَقَة مُتَوَسِّطَة

~stürmer *m* قَلْب الهُجُوم

~weg *m (-es; O)* طَرِيق مُتَوَسِّط

mitten: ~ in, in~ بَيْن، فِي وَسَط

Mitternacht *f (—)* مُنْتَصَف لَيْل

≈s فِي مُنْتَصَف اللَيْل

Mittler *m* وَسِيط

mittler'weile فِي أَثْنَاء ذَلِك

Mittwoch *m (-s; O)* يَوْم الأَرْبعَاء

mitwirk|en تَعَاوَن

²ung *f* تَعَاوُن

Mitwisser *m* شَرِيك (فِى مَعْرِفَة)

Möbel *n/pl.* أَثَاث

~wagen *m* عَرَبَة نَقْل الأَثَاث

Mobil|iar [mo·bi·ˈlĭaːʁ] *n (-s; -e)* أَثَاث

~ien [mo·ˈbiːlĭən] *pl.* مَنْقُولَات

mobili'sieren جَنَّد

mö'blieren (—) فَرَش (i)، أَثَّث

Mode *f* مُودَة، طِرَاز

Mo'dell *n (-s; -e)* مِثَال، قُدْوَة، نُمُوذَج

Moden|schau *f* مَعْرِض أَزْيَاء

~zeitung *f* جَرِيدَة أَزْيَاء

Moder *m* عَطَانَة، عُفُونَة

²ig مُتَعَفِّن، عَطِن

modern[1] *(-re) v/i.* تَعَفَّن، عَطِن (a)

mo'dern[2] *adj.* عَصْرِى، حَدِيث الطَرْز

Mo'distin *f* صَانِعَة قُبَّعَات النِسَاء

mög|en *(L)* أَحَبّ، أَرَاد، رَغِب (a)

~lich مُمْكِن، جَائِز

²lichkeit *f* جَوَاز، إِمْكَان

~lichst بِقَدْر الإِمْكَان

Mohamme'daner *m* مُسْلِم

Mohn *m (-¢s; -e)* أَبُو النُوم، خَشْخَاش

Mohr *m (-en)* زَنْجِى، أَسْوَد الوَجْه

~rübe *f* جَزَر

Mole *f* مَرْطَم

Mole'kül *n (-s; -e)* جُزَىْء

Molk|en *f/pl.* لَبَن رَائِب

~e'rei *f* مَعْمَل أَلْبَان

Mo'ment *m (-s; -e)* لَحْظَة

²an [mo·mɛnˈtaːn] فِى الوَقْت الحَاضِر

~-aufnahme *f* صُورَة خَاطِفَة

Monar'chie *f* مَمْلَكَة، حُكُومَة مَلَكِيَّة

Monat *m (-s; -e)* شَهْر

\~lich شَهْرِي، شَهْرِيًا

~s-karte *f* تَذْكَرَة اِشْتِرَاك شَهْرِيَّة

Mönch *m (-es; -e)* رَاهِب

~tum *n (-s; O)* رَهْبَنَة

Mond [-oː-] *m (-ȩs; -e)* قَمَر

~finsternis *f (—; -se)* خُسُوف

~schein *m (-ȩs; O)* ضَوْء القَمَر

~sichel *f* هِلَال

\~süchtig سَائِر فِي النَّوْم

Mono'pol *n (-s; -e)* اِحْتِكَار

\~i'sieren (—) اِحْتَكَر

mono'ton عَلَى وَتِيرَة وَاحِدَة *fig.* مُمِلّ

Montag [-oː-] *m (-ȩs; -e)* يَوْم الإِثْنَيْن

Montage [mɔn'taːʒə] *f* تَرْكِيب

Mon'tanhochschule *f* كُلِّيَّة المَنَاجِم

mon'tieren (—) رَكَّب (مَكِنَات)

Moor *n (-ȩs; -e)* مُسْتَنْقَع

~bad *n (-ȩs; ⸚er)* حَمَّام طِين

\~ig وَحِل، طِينِي

Mo'ral *f (O)* أَخْلَاق، عِلْم الأَخْلَاق *einer Geschichte:* مَغْزَى

\~isch خُلُقِي

Mo'rast *m (-ȩs; -e)* مَوْحِل، مُسْتَنْقَع

Mord *m (-ȩs; -e)* قَتْل، اِغْتِيَال

\~en *(-e-)* قَتَل، اِغْتَال (u)

Mörder *m* قَاتِل

Morgen *m Tageszeit:* صَبَاح

morgen *adv.* بُكْرَة، غَدًا

Morgen|dämmerung *f* فَجْر

~röte *f* فَجْر

Morphium ['mɔʁfiʊm] *n (-s; O)* مُرْفِين

morsch رَمِيم، مُتَعَفِّن

Mörser *m* هَاوُن

Mörtel *m* مِلَاط

Mosa'ik *n* فُسَيْفِسَا

Moschee [mo'ʃe:] *f* جَامِع، مَسْجِد

Mos'kito *m (-s; -s)* بَعُوض، نَامُوس

Mostrich *m (-s; -e)* خَرْدَل

Mo'tiv *n* دَافِع، بَاعِث

Motor *m (-s; Mo'toren)* مُحَرِّك

~boot *n (-es; -e)* مَرْكِب ذَات مُحَرِّك

~rad *n (-es; ⸚er)* مُتُوسِكْل

Motte *f* عُثَّة

Möwe *f* نَوْرَز

Mücke *f* بَعُوض، نَامُوس

müde مُتْعَب، تَعْبَان

Müdigkeit *f (O)* تَعَب

Mühe *f* جَهْد، تَعَب

Mühle *f* طَاحُون

mühsam مُتْعِب

Müll *m (-es; O)* زِبَالَة، قِمَامَة

~-eimer *m* سَطْل زِبَالَة

Müller *m* طَحَّان

Multipli|ka'tion *f* ضَرْب (حِسَاب)

~'zieren (—) ضَرَب فِي (i)

Mumie ['mu:mĭe] *f* مُومِيَاء

Mund *m (-es; ⸚er, -e)* فَم

~-art *f* لَهْجَة

Mündel *m, f, n* قَاصِر تَحْت وِصَايَة

münden *(-e-) Fluss:* اِنْصَبّ

mündig بَالِغ

~keit *f (O)* بُلُوغ

mündlich شَفَوِيّ

Mündung *f Rohr:* فُوهَة *(Fluss~)* مَصَبّ

Mund|vorrat *m (-s; ⸚e)* زَاد، قُوت، مَؤُونَة

~wasser *n (-s; ⸚)* مَاء الغَرْغَرَة

Munition [mu·ni·'tsĭo:n] *f* ذَخِيرَة

munter *(-tr-)* فَـرِح، مُنْتَعِش
~keit *f (O)* فَرَح، اِنْتِعَاش
Münze *f* مَسْكُوكَة
mürbe هَش، لَيِّن
murmeln *(-le)* تَمَرْمَر
mürrisch شَرِس، عَبُوس
Mus [-u:-] *n (-es; -e)* عَصِيدَة
Muschel *f (—; -n)* سَمَّاعَة تِلِيفُون، صَدَف
Mu'sik *f* مُوسِيقَا
~alisch [mu·zi·'kɑ:lɪʃ] مُوسِيقِي
~er ['mu:-] *m* مُوسِيقَار
Mus'katnuß *f (—; ⸗sse)* جَوْزَة الطِّيب
Muskel *m (-s; -n)* عَضَلَة
Muße [-u:-] *f (O)* وَقْت الفَرَاغ
müssen *(L)* وَجَب (i)
ich muß يَجِبُ عَلَيَّ
müßig [-y:-] عَاطِل، كَسُول
Muster *n* عَيِّنَة، نُمُوذَج
~n *(-re)* *Mil.* فَرَز (a)
~ung *f* فَرْز
Mut *m (-es; O)* شَجَاعَة
~ig شُجَاع
~los جَبَان
~maßen *(-t)* خَمَّن
~maßlich تَخْمِينِي
Mutter[1] *f (—; ⸗)* أُمّ
Mutter[2] *f (—; -n)* *(Schrauben~)* صَمُولَة
Mutterleib *m (-es; O)* رَحِم
mütterlich أُمِّي
Mutter|schaft *f (O)* أُمُومَة
~sprache *f* لُغَة أَصْلِيَّة
Mutwill|e *m (O)* شَقَاوَة، عَبَث
~ig وَقِح، شَقِي
Mütze *f* طَاقِيَّة
Myrte *f* آس
myst|eriös [mʏste·'ʀɪø:s] سِرِّي، غَامِض
~ik *f* تَصَوُّف
Mytholo'gie *f* أَسَاطِير الأَوَّلِين
Mythus *m (—; Mythen)* أُسْطُورَة

N

Nabe *f* قَبّ (العَجَلَة)
Nabel *m* سُرَّة
nach [-aː-] *präp.* حَسَبَ، خَلْف، بَعْد، إلى نَحْو
~ und ~ تَدْرِيجِيًّا
nach-ahm|en قَلَّد
~ung *f* تَقْلِيد
Nachbar [ˈnaxbaːʁ] *m (-n)* جَار
~schaft *f* جِوَار
nach'dem *cj.* بَعْد مَا، بَعْدَ أَنْ
je ~ حَسَبَمَا
nachdenk|en *(L)* تَرَوَّى فِي، فَكَّر، تَأَمَّل
~lich فِكِير، مُفَكِّر
Nach|druck *m (-ęs; -e)*
Typ. إعَادَة الطَّبْع
fig. شِدَّة، تَأْكِيد، تَفْخِيم
~drücklich بِالتَّأْكِيد، مُفَخَّم
nach-eifer|n *(-re)* اِقْتَدَى
~ung *f* اِقْتِدَاء
nach-ei'nander وَاحِد بَعْد الآخَر
Nachfolge *f (O)* خِلَافَة
~r *m* خَلَف، خَلِيفَة
nachforsch|en تَحَرَّى، بَحَث (a)
~ung *f* تَحَرٍّ، بَحْث
Nachfrage *f* اِسْتِعْلَام
Hdl. طَلَب
~n اِسْتَعْلَم
nach|fühlen شَعَر مِثْل غَيْرِه (u)

~geben *(L)* لَانَ (i) (u) *fig.* تَرَاخَى

~gehen *(L; sn)* تَبِعَ (a) *Uhr:* تَأَخَّرَتِ السَاعَةُ

nachgiebig *fig.* مُتَرَاخٍ

nachgrübeln *(-le)* تَمَعَّنَ

nachhaltig مُسْتَمِرٌّ، بَاقٍ

nach'her, '~ فِيمَا بَعْدُ

Nachhilfe *f* مُعَاوَنَةٌ

~stunde *f* حِصَّةُ مُرَاجَعَةِ دُرُوس

Nachkomme *m (-n)* سَلِيل، نَسْل

≈n *(L; sn)* اَعْقَبَ، خَلَفَ (u) *e-m Befehl:* اَطَاعَ

~nschaft *f (O)* نَسْل،خَلَف

Nachlaß *m (-sses; ⸚sse)* تَخْفِيض، *Preis:* مُخَلَّفَات

nachlassen *(L) v/i. Wind, Schmerz:* خَفَّ (i) *im Eifer:* تَرَاخَى *v/t. Preis:* خَفَّضَ *Erbschaft:* خَلَّفَ

nachlässig غَافِل، مُهْمِل

nachlesen *(L)* اِطَّلَعَ عَلَى

nachmachen قَلَّدَ

Nach|mittag *m (-ȩs; -e)* بَعْدَ الظُهْر، عَصْر

~nahme *f* الدَفْع عِنْدَ الاِسْتِلَام

~porto *n (-s; -porti)* غَرَامَة بَرِيد

nachprüf|en رَاجَعَ

≈ung *f* مُرَاجَعَة، اِعَادَة النَظَر

Nachrede *f* اُحْدُوثَة

Nachricht *f* خَبَر

~en-dienst *m (-es; -e)* وِكَالَة اَنْبَاء، مُخَابَرَات

Nachruf *m (-ȩs; -e)* رِثَاء

nach|schicken اَرْسَلَ خَلْفَه

~schlagen *(L) Buch:* رَاجَعَ

Nach|schlüssel *m* مِفْتَاح مُزَيَّف

~schrift *f* حَاشِيَة فِى مَكْتُوب

nach|sehen *(L)* اِطَّلَعَ عَلَى *fig.* تَسَامَحَ

~setzen *(-t)* تَتَبَّع
Nachsicht *f (O)* تَسَامُح، تَسَاهُل
²ig مُتَسَامِح، مُتَسَاهِل
nachsinnen *(L)* تَمَعَّن، تَأَمَّل
nächst- [nɛːçst-] *adj.* der, die, das ~e الأَقْرَب
präp. بِالقُرْب مِنْ
nachstell|en *v/i.* تَعَقَّب
v/t. Uhr: ضَبَط (i, u)
²ung *f* تَعَقُّب
Nächstenliebe *f (O)* حُبّ الغَيْر
nächstens عَن قَرِيب، بَعْد قَلِيل
Nächster *m* أَخ، الغَيْر، الثَانِي
nach|streben اِقْتَدَى
~suchen قَدَّم طَلَبًا
Nacht *f (—; ⸚e)* لَيْلَة، لَيْل
Nachteil [ˈnɑːxtaɪl] *m (-s; -e)* مَضَرَّة
²ig مُضِرّ
Nacht|-essen *n* عَشَاء
~geschirr *n (-s; -e)* قَصْرِيَّة
~hemd *n (-ɇs; -en)* قَمِيص النَوْم
Nachtigall *f* بُلْبُل
Nachtisch [ˈnɑːxtɪʃ] *m (-ɇs; O)* حِلْو أَوْ فَوَاكِه
nächtlich [ˈnɛçtlɪç] لَيْلِي
Nachtrag [ˈnɑːxtʀɑːk] *m (-s; ⸚e)* اِضَافَة، مُلْحَق، ذَيْل
²en *(L)* أَلْحَق، أَضَاف، ذَيَّل
fig. j-m etw. ~en آخَذ عَلَى
Nacht-tisch *m (-es; -e)* كُومُودِينُو
Nachweis *m (-es; -e)* بَيَان، دَلِيل، اِثْبَات
²bar يُمْكِن التَدْلِيل عَلَيْه
²en *(L)* دَلّ عَلَى، أَثْبَت
Nach|welt *f (O)* الأَجْيَال المُقْبِلَة
~wort *n (-es; -e)* كَلِمَة خِتَامِيَّة

~**wuchs** *m (-es; O) fig.* الجيل المُقْبِل، ذُرِّيَّة

nachzahlen دَفَع فَرْقاً (a) أو رَسْماً إضافِيًّا

Nacken *m* قَفًا

nackt *(O)* مُجَرَّد، عارٍ

Nadel *f (—; -n)* إبْرَة *(Steck~)* دَبُّوس

~**stich** *m (-ęs; -e)* نَغْزَة، غُرْزَة

Nagel *m (-s; ⸚)* مِسْمار *(Finger~)* ظِفْر

nagen قَرَض (u)

Nähe *f* قُرْب

nahe مُجاوِر، قَرِيب

~**gehen** *(L; sn)* أحْزَن، غَمّ (u)

~**kommen** *(L; sn)* اِقْتَرَب، شابَه

nähen خاط (i)

nähern *v/r.* اِقْتَرَب مِن

Näh|garn *n (-s; -e)* خَيْط خِياطَة

~**maschine** *f* مَكِنَة خِياطَة

~**nadel** *f (—; -n)* إبْرَة خِياطَة

nähren غَذَّى

nahr|haft مُغَذٍّ

~**ung** *f (O)* غِذاء

Nährwert [ˈnɛːʁveːʁt] *m (-ęs; -e)* قِيمَة غِذائِيَّة

Naht *f (—; ⸚e)* دَرْز، خِياطَة

Nahverkehr *m (-s; O)* حَرَكَة مَحَلِّيَّة

Nähzeug *n (-ęs; O)* أدَوات خِياطَة

naiv [naˑˈiːf] ساذِج

Name *m (-n)* اِسْم

Namens|vetter *m (-s; -n)* سَمِيّ

~**zug** *m (-ęs; ⸚e)* اِمْضاء

nämlich [ˈnɛːmlɪç] أيْ، يَعْنِي، ذات

Napf *m (-es; ⸚e)* صَحْفَة، طاسَة

Narbe *f* نَدْبَة، أثَر جَرْح

Nar'kose *f* تَخْدِير

nar'kotisch مُخَدِّر

Narr *m* *(-en)* اَحمَق، مَجْنُون

~heit *f* جُنُون

Nase *f* اَنْف

naß *(¨sser; ¨ssest-)* رَطْب، مَبْلُول

Nässe *f* *(O)* رُطُوبَة، بَلَل

Nation [nɑːˈtsĭoːn] *f* اُمَّة

≈al [-tsĭo·ˈnɑːl] وَطَنِيّ

~ali'sierung *f* تَأْمِيم

~a'lismus *m* قَوْمِيَّة، وَطَنِيَّة

Natter *f* *(—; -n)* حَيَّة

Na'tur *f* خُلْق، مِزَاج، طَبِيعَة

~alisa'tion *f* تَجْنِيس

~gesetz *n* سُنَّة الطَبِيعَة

na'türlich *adj.* طَبِيعِي، بَسِيط *adv.* طَبْعًا

Na'turwissenschaft *f* عِلْم الطَبِيعِيَّات

Nebel *m* ضَبَاب

≈haft *fig.* غَامِض، مُبْهَم

neben بِجَانِب، بِجَوار

~'an بِالجَوار

~'bei اِلَى جَانِب

≈buhler *m* مُنَافِس

≈fach *n* *(-s; ¨er)* مَادَّة اِضَافِيَّة (دِرَاسَة)

≈fluß *m* *(-sses; ¨sse)* رَافِد

≈linie [-liːnĭə] *f* خَطّ فَرْعِي

≈produkt *n* *(-s; -e)* مَحْصُول اِضَافِي

~sächlich ثَانَوِي، غَيْر مُهِمّ

≈satz *m* *(-es; ¨e)* *Gr.* جُمْلَة فَرْعِيَّة

≈straße *f* طَرِيق فَرْعِي، زُقَاق

≈zimmer *n* حُجْرَة مُجَاوِرَة

neblig [ˈneːblɪç] مُضَبِّب

necken عَاكَس

Neffe *m* *(-n)* اِبْن أَخ أَوْ أُخْت

Nega'tion *f* سَلْب، نَفْي

negativ [ˈneːga·tiːf] سَلْبِي

Negativ *n* *(-s; -e)* *Foto:* عَفْرِيتَة أَوْ سَالِب الصُورَة

Neger *m* زَنْجِي، اَسْوَد

ne'gieren نَفَى (i)

nehmen *(L)* أَخَذ، (u) اِستَلَم، تَنَاوَل

Neid *m (-es; O)* حَسَد

≈en *(-e-)* حَسَد (i)

~er *m* حَاسِد

Neig|e *f (O)* ثُمَالَة، نِهَايَة

≈en اَحْنَى، اَمَال

v/r. حَنَى (i)

~ung *f* اِنْحِنَاء، *fig.* مَيْل

nein لَا، كَلَّا

Nelke *f* قُرُنْفُل

nennen *(L)* سَمَّى

Nerv *m (-s; -en)* عَصَب

nerven|krank *(O)* مَرِيض بِاَعْصَابِه

≈schmerz *m (-es; -en)* وَجَع اَعْصَاب

≈schock *m* صَدْمَة عَصَبِيَّة

~schwach *(O)* ضَعِيف الأَعْصَاب

~stärkend مُقَوّ لِلأَعْصَاب

ner'vös عَصَبِى، مُتَهَيِّج الأَعْصَاب

Nervosi'tät *f (O)* عَصَبِيَّة، نَرْفَزَة، تَهَيُّج الأَعْصَاب

Nest *n (-es; -er)* عُشّ

nett لَطِيف، ظَرِيف، نَظِيف

netto صَافٍ (وَزْن)

Netz *n (-es; -e)* شَبَكَة

netzen *(-t)* بَلّ، رَطَّب (i)

Netzhaut *f (—; ⸚e)* شَبَكِيَّة العَيْن

neu جَدِيد، حَدِيث

≈gier(de) *f (O)* فُضُول

~gierig فُضُولِى

≈heit *f* شَىْء جَدِيد، جِدَّة

≈igkeit *f* خَبَر

≈jahr *n (-es; O)* رَأْس السَّنَة

~lich حَدِيثًا

≈ling *m (-s; -e)* مُسْتَجِدّ، مُبْتَدِئ

neun تِسْعَة

~zehn تِسْعَة عَشَر

~zig تِسْعُون

neu'tral مُحَايِد

≈i'tät *f (O)* حِيَاد

Neutrum *n* (*-s; Neutra*) جَمَاد (لاَ مُذَكَّر وَلاَ مُؤَنَّث)

Neuzeit *f* (*O*) العَصْر الحَدِيث

nicht لاَ

~ wahr? أَلَيْسَ كَذَلِك

Nichte *f* بِنْت أَخ أَوْ أُخْت

nichtig بَاطِل، لاَغٍ

Nichtraucher *m* مَنْ لاَ يُدَخِّن

für ~ مَمْنُوع التَدْخِين

nichts لاَشَيْء

~desto'weniger مَعَ ذَلِك

~nutzig مَنْ لاَ فَائِدَة مِنْهُ

~sagend لاَ مَعْنَى لَه

≈tuer *m* بَطَّال

~würdig دَنِيّ، وَضِيع

Nichtwissen *n* (*-s; O*) جَهْل

nicken طَأْطَأ الرَأْس

nie لاَ أَبَدًا، قَطُّ

nieder *adv.* إلَى الأَسْفَل

≈gang *m* (*-¢s; O*) اِنْحِطَاط

~gehen (*L; sn*) *Flgw.* هَبَط (i)

≈kunft *f* (*—; ⸚e*) وِلاَدَة

≈lage *f* *Mil.* هَزِيمَة، *Hdl.* مَخْزَن

(*Filiale*) فَرْع، مُؤَسَّسَة

≈lande *pl.* هُولَنْدَا

≈lassung *f* مُؤَسَّسَة

~reißen هَدَم (i)

≈schlag *m* (*-es; ⸚e*) رُسُوب، رَاسِب

~schlagen (*L*) أَسْقَط ضَرْبًا

Augen: أَطْرَق

~stechen (*L*) طَعَن (a)

~steigen (*L; sn*) نَزَل (i)

~strecken أَسْقَط

~trächtig وَضِيع، سَافِل

niedlich مَلِيح، ظَرِيف

niedrig سُفْلِي، وَاطِئ، *fig.* سَاقِط، وَضِيع

nie|mals لاَ أَبَدًا

~mand لاَ أَحَد

Niere *f* كُلْيَة

niesen (*-t*) عَطَس (a)

Niete *f* بُرْشَامَة

nimmer|mehr لاَ أَبَدًا

~satt *(O)* مَنْ لا يَشْبَع، آكّال

nippen شَرِب قَلِيلًا (a)

nirgends لَيْسَ فِي أَيْ مَكَان

nisten *(-e-)* عَشَّش

Ni'veau *n* سَطْح

noch مَا زَال

er arbeitet ~ مَا زَال يَشْتَغِل

~ nicht لَا . . . حَتَّى الآن، لَا . . . بَعْد

~malig مُكَرَّر

~mals مِنْ جَدِيد، مَرَّة أُخْرَى

Nomen *n* اِسْم

Nominativ *m* حَالَة الرَّفْع

Nonne *f* رَاهِبَة

Norden *m (O)* شِمَال

nördlich شِمَالِي

Nordpol ['nɔʁtpoːl] *m (-s; O)* القُطْب الشِمَالِي

Norm *f* مِعْيَار، قَاعِدَة، قِيَاس

~al [nɔʁ'maːl] اِعْتِيَادِي، قِيَاسِي

~en ضَبَط، عَايَر (u)

Not *f (—; ⸗e)* خَطَر، ضِيق، ضَرُورَة، حَاجَة

No'tar *m (-s; -e)* مُوَثِّق عُقُود

Not|-ausgang *m (-es; ⸗e)* مَخْرَج خَطَر

~bremse *f* فَرْمَلَة خَطَر

~durft *f* حَاجَة

~ verrichten قَضَى الحَاجَة (i)

~dürftig مُوَقَّت، مِعْوَز

Note *f Pol.* مُذَكِّرَة

Bank: بَنْكْنُوت، وَرَقَة نَقْد

Musik: نُوتَة مُوسِيقَا

Notfall: im ~ عِنْد الضَرُورَة

no'tieren (—) دَوَّن، سَجَّل

nötig ضَرُورِي

nötig|en أَجْبَر

~enfalls عِنْد اللُزُوم

~ung *f* إِجْبَار

No'tiz *f* مُذَكِّرَة، مَلْحُوظَة

Not|landung *f Flgw.* هُبُوط اِضْطِرَارِيّ

~leidend مُحْتَاج

no'torisch مَعْرُوف، مَشْهُور
Not|stand *m (-ǿs; ⸗e)* حَالَة الطَوَارِئ
~standsgebiet *n (-ǿs; -e)* دَائِرَة الكَارِثَة
~wehr *f (O)* دِفَاع عَنْ النَفْس
⸗wendig ضَرُورِى
~zucht *f* هَتْك عِرْض
No'velle *f* رِوَايَة
No'vember *m syr.* تِشْرِين الثَانِى
äg. نُوفَمْبَر
nüchtern عَلَى الرِيق، صَاحٍ
Nudeln *f/pl.* شَعْرِيَّة، مَعْكَرُونَة
Null *f* صِفْر
nume'rieren (—) رَقَّم
Nummer *f (—; -n)* رَقْم نِمْرَة،
nun [-u:-] الآن
~mehr مِن الآن
nur [-u:-] لَكِن، فَقَط
Nuß *f (—; ⸗sse)* جَوْز
~knacker *m* كَسَّارَة
~schale *f* قِشْر الجَوْز
Nüster *f (—; -n)* مِنْخَر
nutz|bar مُفِيد، نَافِع
⸗en *m* فَائِدَة، مَنْفَعَة
~en *(-t)*, **nützen** *(-t)* أفَاد نَفَع (a)
v/i. (nützlich sn) نَفَع (a)
v/t. (ausnutzen) اِسْتَفَاد، اِنْتَفَع من
nützlich نَافِع
⸗keit *f* مَنْفَعَة
nutz|los غَيْر نَافِع
⸗nießer(in *f***)** *m* صَاحِب حَقّ اِنْتِفَاع
⸗nießung *f (O)* حَقّ اِنْتِفَاع
⸗ung *f* اِسْتِغْلَال، اِنْتِفَاع

O

Oase [oˑˈɑːzə] *f* وَاحَة
ob *cj.* فِيمَا اِذَا، اِذَا، اِنْ
Obacht [ˈoːb-axt] *f (O)* اِنْتِبَاه، اِلْتِفَات
Obdach [ˈɔpdax] *n (-s; O)* مَأْوَى
⁓los لَامَأْوَى لَه
oben فَوْق، فِي الاَعْلَى
⁓erwähnt مَذْكُور اَعْلَاه
ober|- فَوْقَانِي
das ⁓e القِمَّة
Ober *m* جَرْسُون، غُلَام، خَادِم مَطْعَم
Ober|bett *n (-ęs; -en)* لِحَاف
⁓fläche *f* سَطْح
⁓flächlich سَطْحِي
⁓halb عَلَى، فَوْق
⁓haupt *n (-ęs; ⁓er)* رَئِيس
⁓herrschaft *f* سِيَادَة
⁓irdisch فَوْق الاَرْض
⁓kellner *m s.* **Ober** رَئِيس خَدَم المَطْعَم
⁓kiefer *m* الفَكّ الاَعْلَى
⁓leder *n* وَجْه الحِذَاء
⁓licht *n (-ęs; -er)* مِنْوَر
⁓lippe *f* الشَفَة العُلْيَا
⁓rock *m (-es; ⁓e)* مِعْطَف، بَلْطُو
⁓schenkel *m* فَخِذ
oberst- الاَعْلَى
Oberst *m (-s; -en) Mil.* عَقِيد، مِيرآلاَى
ob'gleich مَعَ أَن، وَلَوْ
Obhut *f (O)* رِعَايَة، عِنَايَة

obig مُشَار اِلَيْه، مَذْكُور اَعْلَاه

Ob'jekt *n* مَوْضُوع *fig.* عُرْضَة

obliegen وَجَب (i)

es obliegt mir وَاجِب عَلَيَّ

Obliegenheit *f* وَاجِب

obliga'torisch اِلْزَامِي، اِجْبَارِي

Obmann *m (-es; ⸗er)* رَئِيس

Obrigkeit *f* اُولُو الأَمْر، سُلْطَة عُلْيَا

Observa'torium *n* مَرْصَد

obsiegen غَلَب، اِنْتَصَر (i)

Obst [o:-] *n (-es; O)* فَوَاكِه

~-ernte *f* جَمْع الفَوَاكِه

~garten *m (-s; ⸗)* بُسْتَان فَوَاكِه

~händler *m* فَاكِهَانِي

~kern *m (-es; -e)* نَوَاة فَاكِهَة

~züchter *m* زَارِع فَوَاكِه

ob'szön خَاِن، فَاحِش

Ochse ['ɔksə] *m (-n)* ثَوْر

~n-fleisch *n (-es; O)* لَحْم بَقَرِي

öde *adj.* خَالٍ، قَفْر، مَهْجُور

Öde *f (O)* صَحْرَاء، قَفْرَة

oder اَوْ

Ofen *m (-s; ⸗)* مِدْفَأَة، كَانُون

(Back~) فُرْن

~röhre *f* اُنْبُوبَة مِدْخَنَة

offen مَفْتُوح

fig. صَرِيح

~bar وَاضِح، ظَاهِر

~'barung *f* وَحْي

~'barungs-eid *m (-es; -e)* يَمِين حَاسِمَة

~heit *f (O)* صَرَاحَة

offen'siv هُجُومِي

~e *f* هُجُوم

öffentlich عَلَنِي، عَامّ، رَسْمِي

~keit *f (O)* جُمْهُور، عَلَانِيَّة

Offerte [ɔ'fɛʁtə] *f* عَرْض

offiziell [ɔfi·'tsĭɛl] رَسْمِي

Offi'zier *m (-s; -e)* ضَابِط

öff|nen *(-e-) v/t.* فَتَح (a)
v/r. اِنْفَتَح
~nung *f* فُتْحَة، فَتْح
oft *(=er; =est-)* غَالِبًا، كَثِيرًا مَا
ohne بلَا، بدُون، مِنْ غَيْر
Ohnmacht *f* اِغْمَاء، غَشَيَان
in ~ fallen غُشِيَ عَلَيْه
ohnmächtig مُغْمًى عَلَيْه
Ohr *n (-s; -en)* أُذُن
Öhr *n (-s; -e)* سَمّ الإبْرَة
Ohren|arzt *m (-es; =e)* طَبِيب آذَان
~leiden *n* مَرَض الأُذُن
~sausen *n (-s; O)* طَنِين أُذُن
~schmalz *n (-es; O)* صِمْلَاخ
~zeuge *m (-n)* شَاهِد سَمَاع
Ohr|feige *f* صَفْعَة
~gehänge *n* حَلَق
~läppchen *n* شَحْمَة الأُذُن
Öko'nom *m (-en)* مُزَارِع
~ie [-'mi:] *f (O)* اِقْتِصَاد
~isch اِقْتِصَادِى

Ok'tober *m syr.* تِشْرِين الأَوّل
äg. أُكْتُوبَر
Oku'lar *n (-s; -e)* عَدَسَة
oku'lieren (—) طَعَّم (شَجَرًا)
Okzident *m* مَغْرِب، غَرْب
Öl *n (-¢s; -e)* زَيْت
~baum *m (-¢s; =e)* زَيْتُون
~en زَيَّت
~gemälde [-gəmɛ:ldə] *n* صُورَة زَيْتِيَّة
~ig زَيْتِى
olympisch [o·'lʏmpɪʃ]: ~e Spiele اَلْعَاب أُولِمْبِيَّة
Omnibus *m (-ses; -se)* أُتُوبِيس، أُمْنِيبُوس
ondu'lieren (—) مَوَّج (الشَّعْر)
Onkel ['ɔŋkəl] *m väterl.:* عَمّ
mütterl.: خَال
Oper *f (—; -n)* أُوبَرَا
Operateur [o·pəʀa·'tø:ʁ] *m (-s; -e)* جَرَّاح، عَامِل

Operation [ɔpəʀa·ˈtsĭo:n] *f* عَمَلِيَّة جِراحِيَّة

Opernglas *n* *(-es; ⸗er)* مِنْظَار

Opfer *n* ضَحِيَّة

⸗n *(-re)* ضَحَّى

Opium [ˈo:pĭʊm] *n* *(-s; O)* اَفْيُون

oppo'nieren (—) عَارَض

oppor'tun مُوَافِق

Opposition [ɔpo·zi·ˈtsĭo:n] *f* مُعَارَضَة

Optiker *m* صَانِع أوْ بَائِع أدَوات النَظَر

Opti|'mismus *m* *(—; O)* تَفَاؤُل

~'mist *m* *(-en)* مُتَفَائِل

O'rakel *n* تَكَهُّن

Orange [o·ˈʀaŋʒə] *f* بُرْتُقَال

Orchester [ɔʁˈkɛstɐ] *n* فِرْقَة مُوسِيقِيَّة

Orden *m* وِسَام، نِيشَان

(Mönchs⸗) رُهْبَانِيَّة

ordentlich مُنْتَظِم، نِظَامِي

ordi'när عَادِي، مُبْتَذَل، وَضِيع

Ordina'tion *f*, **~szimmer** *n* حُجْرَة عِيَادة

ord|nen *(-e-)* رَتَّب، نَظَّم

⸗nung *f* *(O)* تَرْتِيب، نِظَام

Organ [ɔʁˈga:n] *n* *(-s; -e)*

(Stimme) صَوْت

Körper: عُضْو

~isation [ɔʁga·ni·za·ˈtsĭø:n] *f* تَرْتِيب، تَنْظِيم

⸗i'sieren (—) رَتَّب، نَظَّم

~ismus [-ˈnɪs-] *m* لَائِن، بِنْيَة

Orgel *f* *(—; -n)* اُرْغُن

Orient [ˈo·ʀĭɛnt] *m* *(-s;O)* شَرْق

Vorderer ~ الشَرْق الاَدْنَى

⸗alisch [-ˈta:lɪʃ] شَرْقِي

~a'listik *f* عِلْم اللُغَات الشَرْقِيَّة

⸗ieren [-ˈti:-] (—) *v/t.* اَعْلَم

v/r. اِتَّجَهَ، اِهْتَدَى إِلَى، اِسْتَعْلَمَ

~ierung [-ˈtiː-] *f* اِهْتِدَاء (الى الطَّرِيق)، اِتِّجَاه

origiˈnal أَصْلِي

Origi|naliˈtät *f* *(O)* أَصْلِيَّة

~nell [-ˈnɛl] غَرِيب

Orˈkan *m* *(-s; -e)* اِعْصَار، زَوْبَعَة

Ornaˈment *n* زِينَة

Ort *m* *(-es; -e)* مَحَلّ، مَكَان، مَوْضِع

orthoˈdox أُرْثُوذُكْسِي

Orthograˈphie *f* ضَبْط كِتَابَة الكَلِمَات، هِجَاء

örtlich مَحَلِّي، مَوْضِعِي

Ortschaft *f* مَحَلَّة، قَرْيَة

Öse *f* ثُقْب، عُرْوَة

Osten *m* شَرْق

Ostern [ˈoː-] *n* *(—; —)* عِيد الفِصْح

Österreich [ˈøːst(ə)ʀaɪç] *n* *(-s; O)* النِمْسَا

~isch نِمْسَاوِي

~er *m* نِمْسَاوِي

östlich شَرْقِي، شَرْقًا

Otter[1] *f* *(Schlange)* *(—; -n)* أَفْعَى، ثُعْبَان

Otter[2] *m* *(Fisch~)* *(-s; -n)* كَلْب المَاء

Ouvertüre [uˑvɛʁˈtyːʀə] *f* مُقَدِّمَة مُوسِيقِيَّة

oˈval بَيْضِوِي

oxydieren [ɔksyˑˈdiːʀən] (–) *v/i.* تَأَكْسَدَ *(sn)* صَدِئَ (a) *v/t.* أَكْسَدَ، صَدَّأَ

Ozean [ˈoːtseˑɑːn] *m* *(-s; -e)* الأُوقْيَانُوس، البَحْر المُحِيط

~isch [-ˈɑːnɪʃ] بَحْرِي

P

Paar *n (-es; -e)* اِثْنَان، زَوْجَان، زَوْج

paar: ein ~ بِضْع

Pacht *f* اِسْتِئْجَار لِلِاسْتِغْلَال

≈en *(-e-)* اِسْتَأْجَر (أَرْضًا)

Pächter *m* مُسْتَأْجِر

Päckchen *n* رُزْمَة، طَرْد صَغِير

pack|en *Paket:* حَزَم (i) مَسَك، (i) قَبَض عَلَى (i)

≈papier *n (-s; -e)* وَرَق قَوِيّ (لِلرُّزَم)

Päda'gogik *f (O)* عِلْم التَّرْبِيَة

Pa'ket *n (-s; -e)* طَرْد، رُزْمَة، صُرَّة

~-ausgabe *f* تَسْلِيم طُرُود أَو رُزَم

~karte *f* تَذْكَرَة الطُرُود

Pakt *m (-¢s; -e)* مِيثَاق

Pa'last *m (-¢s; ⸗e)* سَرَاي، قَصْر

Palä'stina *n* فِلَسْطِين

Palme *f* نَخْلَة

Panik *f* فَزَع

Panne *f* عُطْل، خَلَل

e-e ~ haben تَعَطَّلَت المَكِينَات

Pan'toffel *m (-s; -n)* شِبْشِب، خُفّ

Panzer *m* دِرْع، *Mil.* دَبَّابَة

~-abwehrgeschütz *n (-es; -e)* مَدْفَع مُضَادّ لِلدَّبَّابَات

≈**n** دَرَّع

Papa'gei *m (-s; -en)* بَبَّغَاء

Pa'pier *n (-s; -e)* وَرَق

~bogen *m* فَرْخ وَرَق

~geld *n (-ẹs; O)* عُمْلَة وَرَقِيَّة

~e *n/pl. (Personal≈e)* مُسْتَنَدَات

~händler *m* بَيَّاع وَرَق

~waren *f/pl.* مَصْنُوعَات وَرَق

Pappe *f* كَرْتُون، وَرَق مُقَوَّى

Pappel *f (—; -n)* شَجَر حَوَر

Paprika *m (-s; -s)* شَطَّة، فِلْفِل اَحْمَر

Papst *m (-es; ⸚e)* بَابَا

~tum *n (-es; O)* بَابَوِيَّة

Pa'rade *f* اِسْتِعْرَاض

Para'dies *n (-es; -e)* جَنَّة

Para'digma *n* مَثَل، نُمُوذَج

para'dox غَرِيب، مُخَالِف لِلْوَعْي العَامّ

Para'graph *m (-en)* مَادَّة، بَنْد

paral'lel مُتَوَازِ

Para'sit *m (-en)* طُفَيْلِي

Par'füm *n (-s; -s)* عِطْر

Park *m (-s; -s)* حَدِيقَة، مُنْتَزَه

≈**en** اَوْقَف (سَيَّارَة)

~platz *m (-es; ⸚e)* مَحَلّ لِوُقُوف السَيَّارَات

Parla'ment *n (-s; -e)* بَرْلَمَان

Pa'role *f Mil.* كَلِمَة سِرّ

Par'tei *f* حِزْب *jur.* طَرَف

~gänger *m* مُشَايِع

≈**isch**, ≈**lich** مُتَحَيِّز

≈**los** مُحَايِد

~losigkeit *f (O)* حِيَاد

~programm *n (-s; -e)* بَرْنَامَج حِزْب

~zugehörigkeit *f* اِنْتِسَاب اِلَى حِزْب

Parterre [paʁ'tɛʁ] *n (-s; -s)* دَوْر اَرْضِي

Par'tie *f Spiel:* شَوْط *(Ausflug)* رِحْلَة *Hdl.* مَجْمُوعَة

Parti'san *m* *(-en)* جُنْدِيّ غَيْر نِظَامِيّ، نَصِير

Parti'zip *n* *aktiv:* اِسْم فَاعِل *passiv:* اِسْم مَفْعُول

Par'zell|e *f* قُطْعَة أَرْض

ₒieren [paʁtsɛ'li:ʀən] (—) قَسَّم (الأَرْض)

Paß *m* *(-sses; ⸗sse)* مَمَرّ جَبَلِي *(Reiseₒ)* جَوَاز سَفَر

Passagier [pa·sa·'ʒi:ʁ] *m* *(-s; -e)* رَاكِب، مُسَافِر

~gut *n* *(-s; O)* شُنَط مُسَافِرِين

Passant [pa·'sant] *m* *(-en)* مَارّ

passen *(-ßt)* وَافَق، نَاسَب

~d مُوَافِق، مُنَاسِب

pas'sieren (—) *(geschehen)* حَدَث (u) حَصَل، (u) *(vorübergehen)* مَرّ (u)

Pas'sion *f* مَيْل

~ Christi آلاَم المَسِيح

passiv سَلْبِي، غَيْر نَشِط

~er Widerstand مُقَاوَمَة سَلْبِيَّة

ₒ(um) *n* *(-s; Passive)* *Gr.* صِيغَة المَبْنِي لِلْمَجْهُول

Pate *m* *(-n)* شَبِين

Pa'tent *n* *(-s; -e)* بَرَاءَة، رُخْصَة، اِمْتِيَاز

Patho|lo'gie *f* *(O)* عِلْم أَسْبَاب الأَمْرَاض

ₒ'logisch مَرَضِي

Patient [pa·'tsĭɛnt] *m* *(-en)* مَرِيض

Patriarch [pa·tʀi·'aʁç] *m* *(-en)* بَطْرِيق

Patriot [pa·tʀi·'o:t] *m* *(-en)* وَطَنِي

~ismus [-'tɪsmʊs] *m* *(—; O)* حُبّ الوَطَن

Pa'trone *f* خَرْطُوش

Pauke *f* طَبْلَة

Pau'schal|e *f*, **~summe** *f* مَبْلَغ اِجْمَالِي

Pause *f* اِسْتِرَاحَة، *Musik:* وَقْفَة
Pech *n* (*-ȩs; O*) زِفْت *fig.* نَحْس
~fackel *f* (*—; -n*) شُعْلَة
Pe'dant *m* (*-en*) مُدَقِّق
~e'rie *f* (*O*) تَدْقِيق
ˌisch مُدَقِّق
Pein *f* (*O*) عَذَاب
ˌigen عَذَّب
ˌlich مُضَايِق، مُؤْلِم
Peitsche *f* سَوْط، كُرْبَاج
ˌn جَلَد (i)
pekuniär [peˑkuˑˈnĭɛːʁ] نَقْدِي
Pelz *m* (*-es; -e*) فَرْو
Pendel *n* (سَاعَة) رَقَّاص
ˌn (*-le*) تَذَبْذَب
Pension [paŋˈzĭoːn] *f* بَنْسِيُون، مَعَاش تَقَاعُد
Perfekt *n* الزَمَن المَاضِي
Perga'ment *n* رَقّ
Periode [peˑˈʀĭoːdə] *f* فِتْرَة، دَوْرَة زَمَنِيَّة *Med.* حَيْض
Periphe'rie *f* ‹*Kreis:* مُحِيط *Stadt:* ضَاحِيَة
Perl|e *f* لُؤْلُؤ
~'mutter *f* (*O*) صَدَف، عِرْق اللُؤْلُؤ
persisch فَارِسِي
Per'son *f* شَخْص
Personal [-zoˑˈnɑːl] *n* (*-s; O*) مُسْتَخْدَمُون
~ausweis *m* (*-es; -e*) تَذْكَرَة تَحْقِيق شَخْصِيَّة
~pronomen *n* ضَمِير شَخْصِي
Per'sonen-zug *m* (*-es; ⸚e*) قِطَار رُكَّاب
per'sönlich شَخْصِي
ˌkeit *f* شَخْصِيَّة
Pe'rücke *f* شَعْر مُسْتَعَار
per'vers شَاذّ الطَبْع
Pessi'mis|mus *m* (*—; O*) تَشَاؤُم
~t *m* (*-en*) مُتَشَائِم
ˌtisch مُتَشَائِم

Pest *f (O)* طَاعُون

Peter'silie *f (O)* بَقْدُونِس

Pfad *m (-es; -e)* دَرْب، مِدَقّ

~finder *m* كَشَّاف

Pfahl *m (-es; ⸗e)* وَتَد، خَازُوق، عَمُود

Pfand *n (-es; ⸗er)* رَهْن

pfänden *(-e-)* حَجَز على (u, i)

Pfand|haus *n (-es; ⸗er)* مَرْهَن

~leiher *m* مُرْتَهِن

~schein *m (-es; -e)* رَهْنِيَّة

Pfändung *f* حَجْز قَضَائِي

Pfann|e *f* مِقْلَاة

~kuchen *m* عُجَّة

Pfarrer *m* خُورِى، قِسِّيس

Pfau *m (-es; -e)* طَاوُوس

Pfeffer *m* فِلْفِل

~'minze *f* نَعْنَاع

Pfeife *f* صُفَّارَة، زُمَّارَة

(Wasser⸗): شِيشَة

(Tabaks⸗) بِيبَة

Pfeil *m (-es; -e)* سَهْم

Pfeiler *m* عَمُود

Pfennig *m (-s; -e)* فِينِيج (نُقُود اَلْمَانِيَّة)

Pferd [-e:-] *n (-es; -e)* خَيْل، حِصَان

~e-knecht *m (-s; -e)* سَائِس

~e-rennen *n* سِبَاق الخَيْل

~e-stärke *f* قُوَّة حِصَان

~e-zucht *f* تَرْبِيَة الخَيْل

Pfiff *m (-es; -e)* صَفِير

⸗ig مَاكِر

Pfingst|en *n (—; —)*, **~fest** *n (-es; -e)* عِيد العَنْصَرَة

Pfirsich *m (-s; -e)* خَوْخ

Pflanze *f* نَبَات

⸗n *(-t)* زَرَع (a)، غَرَس (i)

Pflaster *n (Wund⸗)* لَزْقَة طِبِّيَّة

(Straßen⸗) رَصْف، بَلَا

Pflaume *f* بَرْقُوق

Pflege *f (O)* تَمْرِيض، عِنَايَة

⸗n مَرَّض، اِعْتَنَى بِ

etw. zu tun **⸗n** اِعْتَاد آنْ (يفعل)

~r(in *f*) *m* مُمَرِّض (مُمَرِّضَة)

Pflicht *f* وَاجِب

~mäßig مطَابِق لِلْوَاجِب

~vergessen مُهْمِل لِوَاجِبَاتِه

Pflock *m* (-es; ⸚e) وَتَد

pflücken قَطَف (i)، جَنَى (i)، جَمَع (a)

Pflug *m* (-es; ⸚e) مِحْرَاث

pflügen حَرَث (u)

Pflugschar *f* سِلَاح المِحْرَاث

Pforte *f* بَاب

Pförtner *m* بَوَّاب

Pfosten *m* عَمُود خَشَب

Pfote *f* كَفّ الحَيَوَان

Pfropfen *m* سِدَاد

pfropfen *v/t.* طَعَّم (الشَّجَر)

Pfuhl *m* (-s; -e) مُسْتَنْقَع

Pfund *n* (-es; -e) *Gewicht:* رَطْل *Geld:* دِينَار، جِنِيه،

Pfütze *f* بِرْكَة، بَقِيَّة مَاء المَطَر

Phäno'men *n* ظَاهِرَة

Phanta'sie *f* خَيَال

~ren (—) تَخَيَّل

Med. هَذَى (i)

phan'tastisch وَهْمِي، عَظِيم

Philan'throp *m* مُحِبّ للبَشَر

Philo|lo'gie *f* (*O*) عِلْم اللُّغَات

~'soph *m* (-*en*) فَيْلَسُوف

~so'phie *f* (*O*) فَلْسَفَة

Phlegma *n* (-*s*; *O*) بَلْغَم

Phosphor *m* (-*s*; -*e*) فُسْفُور

Photo|'graph *m* (-*en*) مُصَوِّر

~gra'phie *f* تَصْوِير

~gra'phieren (—) صَوَّر

~ko'pie *f* تَصْوِير مَكْتُوبَات

Phrase *f* عِبَارَة

Physik [fy·'zi:k] *f* (*O*) عِلْم الطَبِيعَة

~alisch [-zi·'ka:-] طَبِيعِي، خَاصّ بِعِلْم الطَبِيعَة

Physiogno'mie *f* سِيمَا الوَجْه

physisch بَدَنِي

Picke *f* مِعْوَل

Pickel *m* حَبّ الجِلْد، بَثْرَة

picken نَقَر (u)
Pietät [pi·ə'tɛ:t] *f* هَيْبَة
pi'kant حِرّيف
Pike *f* حَرْبَة، رُمْح
Pilger *m* حاجّ
~fahrt *f* حَجّ
Pille *f* حَبّة طِبّيّة
Pi'lot *m (-en)* مُرْشِد سُفُن، قائِد طائِرَة
Pilz *m (-es; -e)* فِطر
Pinsel *m* فُرْشَة رَسّام
Pi'rat *m (-en)* قُرْصان
Pi'stole *f* مُسَدّس، غَدّارَة
Plage *f* عَذاب، تَعَب
Plagiat [pla·'gĭa:t] *n (-s; -e)* اِنْتِحال
Pla'kat *n (-ȩs; -e)* اِعْلان مُعَلّق
Plan *m (-ȩs; ⸚e)* تَصْمِيم، خَرِيطَة، رَسْم، مَشْرُوع
~en صَمّم
Pla'net *m (-en)* كَوْكَب سَيّار
pla'nieren (—) مَهّد، سَوّى
Planke *f* لَوْح خَشَب
plan|los دُون تَدْبِير
~mäßig بِتَدْبِير
~wirtschaft *f* اِقْتِصاد تَخْطِيطِيّ
Plastik *f* بِلاسْتِيك، نَقْش، فَنّ التَمْثِيل
platt مُسَطّح، مُسْتَوٍ
Platte *f* لَوْح، طَبَق *(Grammophon~)* اُسْطُوانَة
Plätt|-eisen *n* مِكْواة
~en *(-e-)* كَوَى (الثِياب) (i)
Plattenspieler *m* جِرامُوفُون
Platz *m (-es; ⸚e)* مَيْدان، مَكان، مَحَلّ
platzen *(-t)* اِنْفَجَر
Plaude'r|ei *f* مُحادَثَة
'~n *(-re)* تَحَدّث
Plombe *f* خِتْم رُصاص *(Zahn~)* حَشْو (السِنّ)
plötzlich فُجْأَةً، فُجائِيّ
plump غَلِيظ، خَشِن، فَظّ
Plunder *m (-s; O)* هَلاهِيل، قَشِيش

plündern *(-re)* نَهَبَ (a)

Plüsch [-y:-] *m (-s; -s)* قَطِيفَة

Pneu'matik *m (-s; -s)* إِطَار هَوَائِى

Pöbel *m (-s; O)* رَعَاع النَّاس

≈haft سَافِل

pochen خَبَط (a)

Herz: خَفَق (a)

Pocken *f/pl.* جُدَرِى

≈narbig مُجْدُور

Poesie [po·'e·zi:] *f (O)* شِعْر

Poet [po·'e:t] *m (-en)* شَاعِر

≈isch شِعْرِى

Po'kal *m (-s; -e)* كَأْس، قَدَح، كُوب

pökeln *(-le)* مَلَّح، خَلَّل

Pol *m (-s; -e)* قُطْب

po'lieren (—) صَقَل (u)، لَمَّع

Poli'tik *f (O)* سِيَاسَة

po'litisch سِيَاسِى

Poli'zei *f (O)* بُولِيس، شُرْطَة

~knüppel *m* عَصَا بُولِيس

~revier *n (-s; -e)* قِسْم بُولِيس

~streife *f* دَوْرِيَّة

~stunde *f (O)* سَاعَة إِقْفَال المَحَلَّات العَامَّة

~wache *f* نُقْطَة البُولِيس

Poli'zist *m (-en)* رَجُل بُولِيس، شُرْطِى

Polster ['pɔlstə] *n* مِخَدَّة، وِسَادَة

~möbel *n/pl.* آثَاث مُنَجَّد

≈n *(-re)* نَجَّد

~stuhl *m (-ęs; ⸗e)* كُرْسِى مُنَجَّد

poltern *(-re)* ضَجَّ (i)، صَخِب (a)

Polythe'ismus *m* الشِرْك بِالله

popu'lär شَعْبِى

Populari'tät *f (O)* شَعْبِيَّة، شُهْرَة

Poren *f/pl.* مَسَامّ

porno'graphisch دَاعِر

po'rös ذُو مَسَامّ

Portemonnaie [pɔʁt(ə)mɔ'neː, -mɔ'nɛː] *n (-s; -s)* كِيس نُقُود

Portier [pɔʁ'tieː] *m (-s; -s)* بَوَّاب

Portion [pɔʁ'tsioːn] *f* حِصَّة، طَبَق أَكْل

Porto *n (-s; Porti)* أُجْرَة بَرِيد

~frei خَالِص أُجْرَة بَرِيد

~pflichtig مُسْتَحَقّ عَلَيه أُجْرَة بَرِيد

Por'trät *n* صُورَة شَخْصِيَّة

Porzel'lan *n (-s; -e)* خَزَف، صِينِي

Posaune [po·'zaʊnə] *f* صُور

positiv إِيجَابِي

Posse *f* دُعَابَة، نُكْتَة، رِوَايَة تَمْثِيلِيَّة مُضْحِكَة

Possessivpronomen *n* ضَمِير مِلْكِيَّة

Post *f (O)* بَرِيد

~-amt *n (-ȩs; ⸚er)* مَكْتَب بَرِيد

~-anweisung *f* حَوَالَة بَرِيد

~bote *m (-n)* سَاعِي بَرِيد

~dampfer *m* بَاخِرَة بَرِيد

Posten *m* وَظِيفَة

Mil. دَيْدَبَان

Post|karte *f* تَذْكَرَة بَرِيد

~lagernd يَبْقَى بِشُبَّاك البَرِيد

~nachnahme *f* دَفْع عِنْد الاِسْتِلَام

~paket *n (-s; -e)* طَرْد بَرِيد

~scheck-amt *n (-ȩs; ⸚er)* مَكْتَب حَوَالَات

~schließfach *n (-ȩs; ⸚er)* صَنْدُوق بَرِيد خَاصّ

~stempel ['pɔstʃtɛmpəl] *m* خَتْم بَرِيد

~zug ['pɔsttsuːk] *m (-ȩs; ⸚e)* قِطَار بَرِيد

Pottasche ['pɔt-aʃə] *f (O)* بُوتَاس

Pracht *f (O)* أُبَّهَة، فَخَامَة

prächtig فَاخِر، فَخْم

Prädi'kat *n (-s; -e)* خَبَر

prägen ضَرَب (i) ، سَكَّ (u) (النُّقُود)

prahl|en فَشَر ، تَفَاخَر (u)

~er *m* فَشَّار ، مُتَفَاخِر

praktisch سَهْل الِاسْتِعْمَال ، عَمَلِي ، تَطْبِيقِي

prall *(-er; -st-)* مَلْآن

~en صَادَم

Prämie ['pʀɛːmĭə] *f* *Leistung:* مُكَافَأة ، جَائِزَة *Versicherung:* قِسْط تَأْمِين

Präposi'tion *f* حَرْف جَرّ

Präsens *n (—; O)* الزَّمَن الحَاضِر ، صِيغَة المُضَارِع

Präsi'dent *m (-en)* رَئِيس

prassen بَذَّر

Praxis *f (—; Praxen)* تَمْرِين *Med.* عِيَادَة

prä'zis دَقِيق

predig|en وَعَظ ، (i) خَطَب (u)

~er *m* وَاعِظ ، خَطِيب

~t *f* وَعْظ ، خُطْبَة

Preis *m (-es; -e)* *(Lob)* مَدْح ، سِعْر ، ثَمَن *Waren:* حَمْد *(Siegesꝏ)* جَائِزَة

~-ausschreiben *n* مُبَارَاة ، مُسَابَقَة

preisen *(L)* مَدَح (a) ، حَمَد (a)

preisgeben *(L)* تَرَك (u) ، تَنَازَل ، اسْلَم

Preis|liste *f* قَائِمَة الأَسْعَار

~regelung *f* تَحْدِيد أسْعَار

~richter *m* حَكَم مُبَارَيَات

~träger *m* كَاسِب جَائِز

~-überwachung *f* مُرَاقَبَة أَسْعَار

ꝏwert رَخِيص

prellen *fig.* غَدَر (u) ، غَشّ (i)

Presse *f* *Zeitung:* صَحَافَة *(Druck)* مَطْبَعَة *(Maschine)* مَكْبَس ، عَصَّارَة

ꝏn *(-ßt)* كَبَس (i) ، عَصَر (u) ضَغَط (a)

prickeln *(-le)* نَمِل (الجِلْد) (a)

Priester *m* قِسِّيس

Prinz *m (-en)* أمِير

Prin'zip *n (-s; -ien)* مَبْدَأ

~iell [pʀɪntsi·'pĭɛl] *(O)* مَبْدَئِى، مَبْدَئِياً

Prise *f* غَنِيمَة بَحْرِيَّة

Prisma *n (-s; Prismen)* مَنْشُور

pri'vat *(O)* خُصُوصِى، خَاصّ

Privi'leg(ium) *n (-s; -ien)* مِيزَة، اِمْتِيَاز

pro'bat مُجَرَّب

Probe *f* اِخْتِبَار، تَجْرِبَة

(Waren~) نُمُوذَج، عَيِّنَة

pro'bieren (—) اِخْتَبَر، جَرَّب

Pro'blem *n (-s; -e)* مَسْأَلَة

Pro'dukt *n (-s; -e)* مَحْصُول، مُنْتَج

Math. حَاصِل ضَرْب

~iv [-dʊk'ti:f] مُنْتِج

Produ'zent *m (-en)* مُنْتِج (صَاحِب مَعْمَل)

Profana'tion *f* تَدْنِيس

Pro'fessor *m (-s; -en)* اُسْتَاذ

Profession [-s'sĭ-] *f* مِهْنَة، حِرْفَة

professio'nell مِهَنِى

Pro'fil *n (-s; -e)* مَنْظَر جَانِبِى

Pro'fit *m* نَفْع، رِبْح

Pro'gnose *f* تَكَهُّن

Med. تَشْخِيص

Pro'gramm *n (-s; -e)* بِرْنَامَج

Projek'tions-apparat *m* فَانُوس سِحْرِى

Proku'rist *m (-en)* وَكِيل

prolon'gieren (—) مَدّ (u)

Promotion [pʀo·mo·'tsĭo:n] *f (O)* حَفْلَة تَخَرُّج مِنْ جَامِعَة

promo'vieren (—) مُنِح دَرَجَة عِلْمِيَّة

Pro'nomen *n (-s; Pronomina)* ضَمِير

Propa'ganda *f* دِعَايَة

Pro'phet *m (-en)* نَبِىّ

prophe'zei|en (—) تَنَبَّأ

~ung *f* تَنَبُّؤ

Prosa *f* نَثْر

Pro'spekt *m* بَيَان، بَرْنَامَج

Prostituierte [pʀo·sti·tu'iːʁtə] *f* عَاهِرَة

Prostitu'tion *f* دَعَارَة، عُهْر

Protek'tion *f* حِمَايَة

Pro'test *m (-ɇs; -e)* اِحْتِجَاج
Hdl. بْرُوتِسْتُو

~ant [-tɛ'stant] *m (-en)* بْرُوتِسْتَنْتِي

≗ieren [-tɛ'stiːʀən] (—) اِحْتَجّ

Proto'koll *n (-s; -e)* مَحْضَر

Protz *m (-es; -en)* مُتَفَاخِر، مُتَعَاظِم

≗en *(-t)* تَعَاظَم

Provi'ant *m (-s; O)* مَؤُونَة، قُوت

Pro'vinz *f* إِقْلِيم، وِلَايَة

Provis|ion [pʀo·vi·'zĭoːn] *f* سَمْسَرَة، عُمُولَة

≗orisch [-vi·'zoːʀɪʃ] *(O)* مُوَقَّت

provo'zieren (—) حَرَّض، اِسْتَفَزّ

Pro'zent *n (-s; -e)* فِي المِئَة
fünf ~ خَمْسَة بِالمِئَة

~satz *m (-es; ⸗e)* نِسْبَة مِئَوِيَّة

Pro'ze|ß *m (-sses; -sse)* تَطَوُّر
jur. قَضِيَّة، دَعْوَى

≗ssieren [-tsɛ'siːʀen] (—) قَاضَى

Prozes'sion *f* مَوْكِب

prüde خَجُول

prüf|en اِمْتَحَن، اِخْتَبَر

≗stein *m (-s; -e)* مِحَكّ

≗ung *f* اِمْتِحَان، اِخْتِبَار

Prügel *m* نَبُّوت
(Züchtigung) m/pl. عَلْقَة، ضَرْب

≗n *(-le)* ضَرَب (i)

Prunk *m (-ɇs; O)* فَخَامَة، أُبَّهَة

psych|isch نَفْسَانِي

≗olo'gie *f (O)* عِلْم النَفْس

≗o-analyse *f (O)* تَحْلِيل النَفْس

Puber'tät *f* سِنّ المُرَاهَقَة

Publikum *n (-s; O)* حَاضِرُون، جُمْهُور

Puder *m* بُودْرَة، مَسْحُوق

~quaste *f* بَدَّارَة

puffen خَبَط (a)، ضَرَب (i)

Puffer *m Esb.* طَاسَة التَصَادُم

Puls *m (-es; -e)* نَبْض

~-ader *f (—; -n)* شِرْيَان

~schlag *m (-es; ⸚e)* نَبْضَة

Pult *n (-es; -e)* قِمَطْر، مَكْتَب، تَخْتَة

Pulver *n* مَسْحُوق

(Schieß~) بَارُود

~i'sieren (—) سَحَق (a)

Pumpe *f* طُلُمْبَة، مِضَخَّة

~n اِسْتَخْرَج بِطُلُمْبَة

Punkt *m (-es; -e)* نُقْطَة

fig. مَوْضُوع

~ *adv.* تَمَامًا، بِالضَبْط

~ieren [pʊŋk'tiː-] (—) نَقَّط

Med. بَزَل (i)

pünktlich مُحَافِظ للمَوَاعِيد، بِالضَبْط، دَقِيق، مَضْبُوط

~keit *f* دِقَّة

Pu'pille *f* حَدَقَة

Puppe *f* دُمْيَة، عَرُوسَة أَطْفَال

Zo. شَرْنَقَة

Purpur *m (-s; O)* أُرْجُوَان

Purzelbaum *m (-ęs; ⸚e)* شَقْلَبَة

Pute *f* فَرْخَة رُومِي

Putsch *m (-es; -e)* ثَوْرَة، تَمَرُّد

Putz *m (-es; O) (Schmuck)* حِلْيَة، زِينَة

(Mauer~) بَيَاض

~en *(-t)* نَظَّف، زَيَّن

Schuhe: مَسَح (a)

~zeug *n (-s; O)* أَدَوَات التَنْظِيف

Py'jama *m (-s; -s)* بِيجَامَا

Pyra'mide *f* هَرَم

Q

Quacksalber *m* طَبِيب دَجَّال

Qua'drat *n* *(-s; -e)* مُرَبَّع

~isch مُرَبَّع

~wurzel *f (—; -n)* جِذْر تَرْبِيعِي

quaken (ضِفْدِع) نَقَّ (a)

Qual *f* أَلَم، عَذَاب

quälen عَذَّب

Qualifika'tion *f* أَهْلِيَّة

qualifi'zieren (—) أَهَّل

Quali'tät *f* صِفَة، كَيْفِيَّة
gute: جَوْدَة

Qualm *m (-s; O)* دُخَان

Quanti'tät *f* مِقْدَار، كَمِّيَّة

Quantum *n (-s; Quanten)* مِقْدَار

Quaran'täne [ka·-] *f* حَجْر صِحِّي

Quar'tier *n* *(-s; -e)* مَسْكَن

Quecksilber *n* *(-s; O)* زِئْبَق

Quelle *f* بِئْر، عَيْن، مَنْبَع

~n نَبَع (a)

quer عَرْضِي

~kopf *m (-es; ⸗e)* عَنِيد

~schnitt *m (-es; -e)* قَطْع عَرْضِي

quetsch|en عَصَر (i) هَرَس (u)
Haut: رَضّ (u)

≈ung *f* هَرْس *Med.* رَضّ

quitt خَالِص، صَافٍ فِي الحِسَاب

Quitte *f* سَفَرْجَل

quit'tieren (—) *Rechnung:* حَرَّر مُخَالَصَة

Dienst: تَرَك (u)

Quittung *f* إِيصَال، مُخَالَصَة

Quote *f* حِصَّة، نَصِيب

Quotient [kvoːˈtsĭɛnt] *m* (-en) *Math.* حَاصِل القِسْمَة

R

Ra'batt *m (-s; -e)* خَصْم

Rab'biner *m* حَاخَام

Rabe *m (-n)* غُرَاب

Rache *f (O)* اِنْتِقَام، ثَأر

Rachen *m* زَوْر، حَلْق

rächen *v/r.* ثَأر، اِنْتَقَم (a)

Rad *n (-ǿs; ⸗er)* عَجَلَة

(Fahr⁓) دَرَّاجَة

Ra'dau *m (-s; O)* ضَجَّة، صَخَب

radfahren *(L; sn; ich fahre Rad usw.)* رَكِب دَرَّاجَة (a)

Radfahrer *m* رَاكِب دَرَّاجَة

ra'dier|en (—) مَحَا، (u) كَشَط (i)

⁓gummi *m (-s; -s)* مِمْحَاة

Radieschen [ʀa·'di:s-çən] *n* فِجْل أحْمَر

Radio *n (-s; O)* لَاسِلْكِي، رَادْيُو

~apparat *m (-ǿs; -e)* جِهَاز رَادْيُو

Rad|kranz *m (-es; ⸗e)* دَائِرَة العَجَلَة

~nabe *f* قَبّ العَجَلَة

~reifen *m* اِطَار

~rennen *n* سِبَاق دَرَّاجَات

~sport *m (-s; O)* رِيَاضَة دَرَّاجَات

raffi'niert مُكَرَّر، نَقِيّ

fig. مَاكِر

Ragout [ʀa·'gu:] *n (-s; -s)* يَخْنِي

Rahm *m (-s; O)* قِشْطَة

Rahmen *m* بِرْوَاز، إِطَار

rahmen بَرْوَز

Ra'kete *f* صَارُوخ

~n-flugzeug *n (-ẹs; -e)* طَائِرَة صَوَارِيخ

Rama'dan *m (islamischer Fastenmonat)* رَمَضَان

Rand *m (-es; ⸗er)* حَافَّة، حَاشِيَة، حَرْف *(Buch*≈*)* هَامِش

Rang *m (-es; ⸗e)* طَبَقَة، مَرْتَبَة

Ränke *m/pl.* دَسَائِس

ranzig زَنِخ

Rappe *m (-n)* فَرَس أَدْهَم

rar نَادِر

≈i'tät *f* تُحْفَة، نُدْرَة

rasch سَرِيع

rasen *(-t)* اِحْتَدَّ، أَسْرَع

Rasen *m* مَرْج، خُضْرَة، رَوْضَة

rasend مُحْتَدّ

Ra'sier|apparat *m (-es; -e)* آلَة حِلَاقَة

≈en *(—)* حَلَق ذَقَنَه (i)

~klinge *f* شَفْرَة

~messer *n* مُوسَى

~pinsel *m* فُرْشَة ذَقَن

~zeug *n (-s; O)* أَدَوَات حِلَاقَة

Rasse *f* جِنْس، عُنْصُر

rasseln *(-le)* خَشْخَش

Rassenhaß *m* حِقْد العُنْصُرِيَّة

Rast *f (O)* اِسْتِرَاحَة، رَاحَة

≈en *(-e-)* اِسْتَرَاح

≈los قَلِق

~tag *m (-es; -e)* يَوْم رَاحَة

Rat[1] *m (-es; O)* شُورَى، نَصِيحَة *(Versammlung)* مَجْلِس

um ~ fragen اِسْتَشَار

Rat[2] *m (-es; ⸗e) (Titel)* مُسْتَشَار

Rate *f* قِسْط

raten *(L)* نَصَح (a) *(mutmaßen)* خَمَّن

Ratenzahlung *f* دَفْع بِالتَّقْسِيط

Ratgeber *m* نَاصِح، مُسْتَشَار

Rathaus *n (-es; ¨er)* مَجْلِس بَلَدِي

ratifi'zieren (—) اَبْرَم

rationier|en [ʀa·tsĭo·'ni:-ʀən] (—) اَحَصّ، حَدَّد التَّمْوِين

~ung *f* اِحْصَاص، تَحْدِيد التَّمْوِين

ratlos حَائِر

Rätsel ['ʀɛ:tsəl] *n* حَزُّورَة، لُغْز

Ratte *f* جُرَذ، فَأْر

Raub *m (-ɇs; O)* نَهْب، سَلْب

~en سَلَب (u) ، نَهَب (a)

Räuber *m* نَهَّاب، لِصّ، قَاطِع طُرُق

~bande *f* عِصَابَة لُصُوص

~isch نَاهِب، نَهْبِي

Raub|mord *m (-es; -e)* سَرِقَة مَصْحُوبَة بِقَتْل

~tier *n (-ɇs; -e)* حَيَوَان مُفْتَرِس

~-überfall *m (-ɇs; ¨e)* سَطْو

Rauch *m (-ɇs; O)* دُخَان

~en شَرِب التَّبْغ، دَخَّن (a)

~er *m* مُدَخِّن

~ig دَاخِن

~tabak *m (-s; -e)* تَبْغ

Räude *f* جَرَب

Rauf|bold *m (-s; -e)* عَرْبِيد، مُحِب لِلتَّعَارُك

~en تَعَارَك

rauh خَشِن

Wetter: شَدِيد، قَاسٍ

Stimme: اَبَحّ

Raum *m (-es; ¨e)* حُمُولَة سُفُن، حُجْرَة، مَكَان، فَرَاغ

räumen *Straße:* نَظَّف

Wohnung: اَخْلَى

Hdl. صَفَّى

Raum-inhalt *m (-ɇs; O)* حَجْم

Räumung *f (O)* اِخْلَاء

Hdl. تَصْفِيَة بَضَائِع

~sverkauf *m (-s; ⸗e)* بَيْع تَصْفِيَة

Raupe *f* يُسْرُوع

Rausch *m (-ßs; ⸗e)* سُكْر

⸗en *Wasser:* خَرّ (u)

Wind: هَبّ (u)

Baum: حَفّ (i)

~gift *n (-ßs; -e)* مُخَدِّر

räuspern *(-re) v/r.* تَنَخَّم

rea'gieren (—) اِنْفَعَل

Chem. تَفَاعَل

Reaktion [ʀe·ak'tsĭo:n] *f* رَدّ الفِعْل

Chem. تَفَاعُل

reali'sieren (—) حَقَّق

Reali'tät *f* حَقِيقَة، وَاقِع

~en *pl.* عَقَارَات

Rebe *f* كَرْم، عِنَب

Re'bell *m (-en)* عَاصٍ

Rebhuhn *n (-ßs; ⸗er)* حَجَل (طَائِر)

Rechen *m* مِشْط البُسْتَانِي

Rechen|maschine *f* آلَة حَاسِبَة

~schaft *f (O) fig.* حِسَاب

~schieber *m* مِسْطَرَة حِسَاب

rech|nen *(-e-)* حَسَب (u)

⸗nung *f* حِسَاب

recht *Seite:* يَمِين

(richtig) صَوَاب، مَضْبُوط

Recht *n (-s; -e)* صَوَاب، حَقّ

Rechte *f* يَد يُمْنَى

Pol. حِزْب اليَمِين

Recht|eck *n (-s; -e)* مُسْتَطِيل

⸗fertigen بَرَّر

~fertigung *f* تَبْرِير

⸗haberisch مُكَابِر

⸗lich قَانُونِي، شَرْعِي

⸗mäßig شَرْعِي، قَانُونِي

rechts *adv.* يَمِيناً

Rechts-anwalt *m (-ßs; ⸗e)* مُحَامٍ

rechtschaffen مُسْتَقِيم الخُلُق، بَارّ

⸗heit *f (O)* اِسْتِقَامَة الخُلُق، بِرّ

Rechtschreibung *f* ضَبْط كِتَابَة الكَلِمَات، هِجَاء
Rechts|fall *m* *(-ǿs; ⸚e)* قَضِيَّة
~gelehrte(r) *m* عَالِم قَانُونِي
≈gültig قَانُونِي
Rechtsprechung *f* القَضَاء
Rechts|spruch *m* *(-ǿs; ⸚e)* حُكْم المَحَاكِم
≈widrig مُخَالِف للقَانُون
~wissenschaft *f* عِلْم الحُقُوق
recht|winklig قَائِم الزَاوِيَة
~zeitig فِي وَقْتِهِ
recken مَدّ (i)
Redak|'teur *m* *(-s; -e)* مُحَرِّر
~'tion *f* تَحْرِير مَجَلَّة
Rede *f* قَوْل، كَلَام، حَدِيث، خُطْبَة
~freiheit *f* *(O)* حُرِّيَّة الخِطَابَة
~kunst *f* *(O)* بَلَاغَة
reden *(-e-)* قَال (u)، تَحَدَّث، تَكَلَّم
Redens-art *f* طَرِيقَة كَلَام، عِبَارَة
redlich طَاهِر الذِمَّة، شَرِيف النَفْس
Redner *m* خَطِيب
redselig ثِرْثَار
Reede *f* *Mar.* مَرْسَى السُفُن
~r *m* صَاحِب سَفِينَة
reell [ʀeː'ɛl] أَمِين *Preis:* مُنَاسِب
refe'rieren (—) قَرَّر
reflek'tieren (—) عَكَس (i)
Re'form *f* إِصْلَاح
Re'gal *n* *(-s; -e)* رَفّ
rege نَشِط
Regel *f* *(—; -n)* قَاعِدَة، نِظَام
≈mäßig مُنْتَظِم
adv. بِانْتِظَام
≈n *(-le)* نَظَّم، رَتَّب
regen *v/r.* تَحَرَّك
Regen *m* *(-s; O)* مَطَر
~bogen *m* قَوْس قُزَح
~mantel *m* *(-s; ⸚)* مِمْطَر

~schirm *m (-¢s; -e)* شَمْسِيَّة، مِظَلَّة

Regie [ʀe·'ʒiː] *f (O)* اِخْرَاج (مَسْرَح)، اِحْتِكَار حُكُومِي

re'gier|en (—) حَكَم (u) (بِلَادًا)

~ung *f* حُكُومَة

Re'gist|er *n* سِجِلّ

~rieren [-gɪ'stʀiːʀən] (—) قَيَّد، سَجَّل

regnen *(-e-)* اَمْطَر

regsam [-eː-] نَشِط

regu'lieren (—) نَظَّم، ضَبَط (u)

Regu'lierung *f* تَنْظِيم

Regung *f* تَأَثُّر

reiben *(L)* حَكَّ، دَلَّك (u)

Reibung *f* حَكّ، اِحْتِكَاك

~sfläche *f* سَطْح الاِحْتِكَاك

~slos دُون اِحْتِكَاك

reich غَنِيّ، ثَرِيّ

Reich *n (-¢s; -e)* مَمْلَكَة، دَوْلَة

reichen *v/t.* نَاوَل

v/i. اِمْتَدّ (i)

(genügen) كَفَى (i)

es reicht mir يَكْفِينِي

reich|lich وَافِر، غَزِير

~tum *m (-s; ⸗er)* غِنًى، ثَرْوَة

~weite *f* مَدًى

reif بَالِغ، نَاضِج

Reif *m (-¢s; O)* صَقِيع

Reife *f (O)* بُلُوغ، نُضُوج

reifen نَضِج (a)

Reifen *m* اِطَار عَجَلَات، طَوْق

Reihe *f* دَوْر، صَفّ

~nfolge *f (O)* تَعَاقُب، تَتَابُع

Reim *m (-¢s; -e)* قَافِيَة الشِعْر

rein نَقِيّ، صَافٍ، نَظِيف

~igen نَظَّف، طَهَّر

~lichkeit *f* نَظَافَة

Reis[1] *m (-es; O)* رُزّ، اَرُزّ

Reis[2] *n (-es; -er)* غُصْن

Reise *f* سَفَر، سِيَاحَة
~büro *n (-s; -s)* مَكْتَب سِيَاحَة
~decke *f* بَطَّانِيَّة سَفَر
~genehmigung *f* تَصْرِيح السَفَر
~gepäck *n (-s; O)* شُنَط سَفَر، عَفْش
~gesellschaft *f* جَمَاعَة مُسَافِرِين
~koffer *m* شَنْطَة سَفَر
~n *(-t; sn)* سَاحَ، سَافَر (i)
~nde(r) *m* مُسَافِر
~paß *m (-sses; ⸚sse)* جَوَاز سَفَر
~prospekt *m (-ȩs; -e)* بَرْنَامِج رِحْلَات
~schreibmaschine *f* آلَة كَاتِبَة مَنْقُولَة
reiß|en *(L) v/t.* نَزَع، (a) مَزَّق، (u) جَرَّ
v/i. (sn) تَمَزَّق
~brett *n (-s; -er)* لَوْحَة رَسْم
~nagel *m (-s; ⸚)* دَبُّوس رَسْم
reit|en *(L; sn) v/i.* رَكِب (a) (دَابَّة)
~er *m* خَيَّال
~knecht *m (-ȩs; -e)* سَائِس
~pferd *n (-es; -e)* حِصَان رُكُوب
Reiz *m (-es; -e) biolog.* جَاذِبِيَّة، فِتْنَة، اِنْفِعَال
~bar حَسَّاس، سَرِيع التَهَيُّج
~en *(-t)* فَتَن، أَثَار، (i) هَيَّج
~end لَطِيف، فَاتِن، مُغْرِ
~los غَيْر جَذَّاب
Reklamation [ʀe·kla·ma·-'tsĭo:n] *f* شَكْوَى، مُطَالَبَة
Re'klame *f (O)* إِعْلَان، دِعَايَة
reklamieren [-kla·'mi:-ʀən] *(—)* طَالَب
Rekonvales'zent *m* نَاقِه
Re'kord *m (-s; -e)* رَقْم قِيَاسِي

Rektor *m (-s; -en)* مُدِير أوْ رَئِيس جَامِعَة

rela'tiv نِسْبِي

≈satz *m Gr.* جُمْلَة مَوْصُولَة

Reli'g|ion *f* دِين

≈iös [-li·'gĭø:s] دِينِي، مُتَدَيِّن

Renn|bahn *f* حَلْبَة سِبَاق

~boot *n (-es; -e)* مَرْكِب سِبَاق

≈en *(L; sn)* جَرَى (i)، سَابَق

~en *n* سِبَاق، جَرْي

~platz *m (-es; ⸗e)* مَيْدَان سِبَاق

reno'vier|en (—) جَدَّد

≈ung *f* تَجْدِيد

ren'tabel مُرْبِح

Rente *f* مَعَاش، دَخْل، إِيرَاد

Repar|a'tur *f* تَصْلِيح

≈ieren [-'ʀi:-] (—) صَلَّح

Repressalie [ʀe·pʀɛ'sa:lĭə] *f* قِصَاص

Reproduk'tion *f* طَبْع

Rep'til *n (-s; -e od. -ien)* حَيَوَان زَاحِف

Repu'blik *f* جُمْهُورِيَّة

~aner [-'ka:-] *m* جُمْهُورِي

≈anisch [-'ka:-] جُمْهُورِي

Re'serve *f (Lebensmittel)* مُدَّخَر

Mil. رَدِيف اِحْتِيَاطِي

~rad *n (-ęs; ⸗er)* عَجَلَة اِحْتِيَاطِيَّة

reser'vier|en (—) حَجَز (i)

~t مَحْجُوز

Resi'denz *f* مَقَرّ

Resig|nation [ʀe·zɪgna·'tsĭo:n] *f (O)* اِسْتِقَالَة، تَنَازُل

≈'nieren (—) أَذْعَن، تَنَازَل عن

≈'niert مُذْعِن، مُتَنَازِل

Re'spekt *m (-s; O)* اِحْتِرَام

≈los دُون اِحْتِرَام

≈voll مُحْتَرِم

Rest *m (-ęs; -e)* فَضْلَة، بَاقٍ، بَقِيَّة

Restaurant [rɛsto·'rɑŋ] *n* *(-s; -s)* مَطْعَم

Resul'tat *n* *(-s; -e)* عَاقِبَة، نَتِيجَة

retten *(-e-)* أنْقَذ، نَجَّى

Rettich *m (-s; -e)* فِجْل

Rettung *f* إنْقَاذ

~s-boot *n* *(-ęs; -e)* مَرْكِب إنْقَاذ

~s-gurt *m* *(-ęs; -e)* حِزَام إنْقَاذ

~s-leiter *f* *(—; -n)* سُلَّم حَرَائِق

retuschieren [re·tu·'ʃi:rən] *(—)* نَقَّح (صُورَة فُوتُوغْرَافِيَّة)

Reu|e *f* *(O)* نَدَم

~en: es reut mich إنِّي نَادِم

~evoll, ~ig نَادِم

Revanche [re·'vaŋʃə] *f (O)* أخْذ الثَّأر

~partie *f* شَوْط أخْذ الثَّأر (ألْعَاب)

Revers [re·'vɛ:ʁ] *m* *(- [-s]; - [-s])* حَاشِيَة (الثَّوْب)، بَيَان، سَنَد

Re'vier *n* *(-s; -e)* مِنْطَقَة، نَاحِيَة

Re'volver *m* مُسَدَّس

Revue [re·'vy:] *f* اِسْتِعْرَاض

Rezension [re·tsɛn'zĭo:n] *f* اِنْتِقَاد (أدَبِي)

Re'zept *n* *(-s; -e)* وَصْفَة *Med.* وَصْفَة طِبِّيَّة

rezi'prok مُتَبَادِل

Rha'barber *m (-s; O)* رَاوَنْد

Rhe'torik *f* عِلْم البَلَاغَة

rheu'mat|isch رُومَاتِزْمِي

~ismus [-ma·'tɪsmus] *m* *(—; O)* رُومَاتِزْم

Rhythmus ['rʏtmus] *m* *(—; Rhythmen)* إيقَاع

richten *(-e-) v/t.* an وَجَّه الى *etwas:* أعَدّ، صَلَّح، رَتَّب *jur.* حَكَم (u) *v/r. nach:* تَبع وَفْق (a) اِتَّجَه نَحْو

Richter *m* حَاكِم، قَاضٍ

richtig صَوَاب، صَحِيح

adv. تَمَاماً

Richt|linien *f/pl. fig.* تَعْلِيمَات

~maß *n (-es; -e)* مِعْيَار، مِقْيَاس

~schnur [-u:-] *f (O)* خَيْط البَنَّاء

fig. اِرْشَاد

~ung *f* جِهَة، اِتِّجَاه

riechen *(L) v/i.* فَاح (u)

v/t. شَمّ، اِسْتَنْشَق (i)

Riegel *m* مِزْلَاج، تِرْبَاس

~n *(-le)* تَرْبَس

Riemen *m* سَيْر جِلْد

Riese *m (-n)* جَبَّار، عِمْلَاق

rieseln *(-le)* سَال (i)، سَاح (i)

Rind *n (-ǝs; -er)* بَقَر

Rinde *f* قِشْر (خُبْز أوْ شَجَر)

Rindfleisch *n (-ǝs; O)* لَحْم بَقَرِي

Ring *m (-ǝs; -e)* حَلَقَة، خَاتَم

ring|en *(L)* كَافَح، صَارَع

~er *m* مُصَارِع

ringförmig حَلَقِي الشَّكْل

Ringkampf *m (-s; ⸚e)* مُصَارَعَة

rings|um حَوْل

~herum مِنْ كُلّ جِهَة

Rinne *f* قَنَاة

(Dach~) مِزْرَاب

rinnen *(L; sn)* سَال (i)

Rippe *f* ضِلْع

~n-fell *n (-s; O) Anat.* الغِشَاء البَلُورِي

~n-fell-entzündung *f* اِلْتِهَاب الغِشَاء البَلُورِي

Risiko *n (-s; Risiken)* مُجَازَفَة، مُخَاطَرَة

Riß *m (-sses; -sse)* خَدْش، مَزْق، شَقّ

Ritt *m (-ǝs; -e)* رُكُوب خَيْل

~er *m* فَارِس نَبِيل

Ritze *f* شَقّ

ritzen *(-t)* خَدَش (i)

Rivali'tät *f* مُنَافَسَة

Rizinus-öl *n (-s; O)* زَيْت خِرْوَع

Robbe *f* عِجْل البَحْر

Robe *f* فُسْتَان، ثَوْب

Rock *m (-¢s; ⸗e) (Frauen~)* جُونِلّة

(Männer~) سِتْرَة رِجَال

Rodel *f* زَحَّافَة اِنْزِلَاق

Rogen *m* بَطَارِخ

Roggen *m (-s; O)* حِنْطَة سَوْدَاء، جَاوَدَار

roh نِيء، خَام

fig. خَشِن الطَبْع

~heit *f* خُشُونَة، وَحْشِيَّة

Rohr *n (-es; -e)* أُنْبُوبَة، مَاسُورَة

(Pflanze) قَصَب

(Schilf) غَابَة

Röhre *f* أُنْبُوبَة، مَاسُورَة

(Radio~) صِمَام

Rohr|post *f (O)* بَرِيد بِالْهَوَاء المَضْغُوط

~stock *m (-¢s; ⸗e)* عَصًا خَيْزُرَان

Rolle *f* لَفَّة، بَكَرَة

Theater: دَوْر

e-e ~ spielen لَعِب (a) دَوْرًا

es spielt k-e ~ لَا يَهُمّ

rollen دَحْرَج

Roll|feld *n (-es; -er)* مَرْسَى الطَائِرَات

~film *m (-es; -e)* فِلْم مَلْفُوف

~schuh *m (-s; -e)* نَعْل اِنْزِلَاق

~treppe *f* سُلَّم مُتَحَرِّك

Ro'man *m (-s; -e)* رِوَايَة

röntgen ['ʀœntçən] كَشَف (i) بِالْأَشِعَّة

~bild *n (-es; -er)* صُورَة أَشِعَّة اِكْس

~strahlen *m/pl.* أَشِعَّة اِكْس

rosa *(O)* وَرْدِي اللَوْن

Rose *f Bot.* وَرْدَة

Med. مَرَض الحُمْرَة

Rosenkranz *m (muslimischer)* سُبْحَة

Ro'sine *f* زَبِيب

Roß [-ɔ-] *n* (*-sses; -sse, ⸗sser*) حِصَان

Rösselsprung *m* (*-s; O*) قَفْز الفَرَس (شَطْرَنْج)

Rost *m* (*-ȩs; -e*) (*Feuer⁓*) شُبَّاك النَار

(*Brat⁓*) شَوَّايَة

(*Pflanzen- u. Metall⁓*) (*O*) صَدَأ

Röstbrot *n* (*-ȩs; -e*) خُبْز مُلَدَّن

rosten (*-e-*) صَدِئ (a)

rösten (*-e-*) شَوَى (i)

Brot: لَدَّن

rostig صَدِئ

rot (*O*) أَحْمَر

Rotation [ʀo·ta·'tsi̯o:n] *f* (*O*) دَوَرَان

röten (*-e-*) *v/r.* اِحْمَرَّ

ro'tieren (—) دَار (u)

Rübe *f* سَلْجَم، لِفْت

Ru'bin *m* (*-s; -e*) يَاقُوت أَحْمَر

Ru'brik *f* عَمُود (فِي قَائِمَة)

ruch|bar [-u:-] شَائِع، مَعْلُوم

~**los** خَبِيث

Ruck *m* (*-ȩs; -e*) رَجْفَة

Rückblick *m* (*-s; -e*) نَظْرَة إِلَى المَاضِي

rücken زَحْزَح، حَرَّك

Rücken *m* ظَهْر

~**mark** *n* (*-s; O*) نُخَاع

Rück|-erstattung *f* رَدّ

~**fahrt** *f* إِيَاب، عَوْدَة

~**fall** *m* (*-s; ⸗e*) *jur. u. Med.* عَوْد

~**gabe** *f* (*O*) اِسْتِرْدَاد، إِعَادَة

~**gang** *m* اِنْحِطَاط

⁓**gängig machen** أَبْطَل

~**grat** *n* (*-s; -e*) العَمُود الشَوْكِي

~**halt** *m* (*-s; O*) عِمَاد، سَنَد

~**kehr** *f* (*O*) عَوْدَة، رُجُوع

Rucksack *m* (*-s; ⸗e*) حَقِيبَة ظَهْرِيَّة

Rück|schritt *m (-s; O) fig.* تَأَخُّر، رَجْعِيَّة

~seite *f* ظَهْر الأَشْيَاء

~sicht *f* اِعْتِبَار، اِلْتِفَات

~sicht nehmen اِعْتَبَر

≈sichtslos غَيْر مُبَالٍ

≈sichtsvoll مُلْتَفِت

~stand *m (-ɇs; ⸚e)* بَاقٍ، رَوَاسِب، مُتَأَخِّرَات

≈ständig مُتَأَخِّر

~stoß *m (-es; ⸚e) Mil.* رَفْسَة أَوْ رُجُوع المِدْفَع

~tritt *m (-s; -e)* اِسْتِقَالَة

≈wärts نَحْو الخَلْف

~weg *m (-es; -e)* طَرِيق العَوْدَة

~wirkung *f (O)* رَدّ الفِعْل

~zug *m (-es; ⸚e)* اِنْسِحَاب

Rudel *n* قَطِيع

Ruder *n* مِجْدَاف

≈n *(-re)* جَدَّف

Ruf *m (-es; -e)* نِدَاء

fig. صِيت، شُهْرَة

≈en *(L)* اِسْتَدْعَى، نَادَى

صَرَخ عَلَى (u)

~nummer *f (—; -n)* رَقْم تِلِيفُون

rügen لَام، عَاتَب (u)

Ruh|e *f (O)* سُكُون، رَاحَة

~e-bett *n (-ɇs; -en)* فِرَاش وَثِير

~e-gehalt *n (-es; ⸚er)* مَعَاش

≈en اِسْتَرَاح

≈ig سَاكِن، هَادِئ

Ruhm *m (-ɇs; O)* مَجْد، فَخْر، شُهْرَة

rühm|en مَجَّد

v/r. تَمَجَّد

~lich مَاجِد

Ruhr *f (O)* اِسْهَال شَدِيد، دُوسِنْطَارْيَا

Rühr|-ei *n (-ɇs; -er)* بَيْض مَقْلِي مَخْلُوط

≈en خَلَط (i)، حَرَّك

fig. أَثَّر

v/r. تَحَرَّك

≈end مُؤَثِّر

~ig فَعَّال، نَشِط
~ung *f (O)* تَأَثُّر
Ruin [ʀu·ˈiːn] *m (-s; O)* فَنَاء، خَرَاب، هَلَاك
~e *f* حُطَام، خَرَابَة
~ieren [ʀu·i·ˈniːʀən] (—) أَفْنَى، خَرَّب
Rummel *m* ضَجَّة، صَخَب
Rumpf *m (-ẹs; ⸚e)* قَصْعَة المَرْكِب، جِسْم
rund مُسْتَدِير
~e *f* جَوْلَة، دَوْرَة
~flug *m (-ẹs; ⸚e)* جَوْلَة جَوِّيَّة
~funk *m (-s; O)* إِذَاعَة لَاسِلْكِيَّة
~funksprecher *m* مُذِيع رَادْيُو
~funk-übertragung *f* إِذَاعَة
~reise *f* جَوْلَة سِيَاحِيَّة
~schau *f (O)* مَنْظَر
~schreiben *n* خِطَاب دَوري، رِسَالَة دَوْرِيَّة، مَنْشُور
~weg [ʀʊntˈvɛk] دُون تَكْلِيف، بِصَرَاحَة
Runzel *f (—; -n)* تَجَعُّد، غَضْن
~n *(-le)* قَطَّب (الجَبِين)
rupfen نَتَف (i)
Ruß [-uː-] *m (-es; O)* سُخَام، هِبَاب
Russe *m (-n)* رُوسِي
Rüssel *m* خُرْطُوم (الفيل)
rußig مُهَبَّب
russisch رُوسِي
Rußland *n (-s; O)* رُوسِيَا
rüsten *(-e-)* سَلَّح، جَهَّز، أَعَدَّ
rüstig ضَلِيع، قَوِي
~keit *f (O)* عَافِيَة
Rüstung *f* تَسْلِيح، دِرْع
Rute *f* عَصًا، عُود
rutschen زَلِق (a)، تَزَحْلَق
rütteln *(-le)* هَزَّ (i)، رَجَّ (u)

S

Saal *m (-ẹs; Säle)* بَهْو، قَاعَة، صَالَة

Saat *f* زَرْع

~korn *n (-s; ⸗er)* حُبُوب لِلزَرْع

Säbel *m* سَيْف

sabo'tieren (—) عَطَّل

Sach|e *f* شَيْء، أَمْر

⸗gemäß مُنَاسِب، وَافٍ بِالغَرَض

~kenner *m* خَبِير

⸗lich مَوْضُوعِي،

sächlich *(O)* جَمَاد

Sach|lichkeit *f (O)* مَوْضُوعِيّة،

~register *n* فِهْرِسْت

~schaden *m (-s; ⸗)* ضَرَر مَادِي

~verhalt *m (-s; -e)* حَالَة وَقَائِع

~verständige(r) *m* خَبِير

Sack *m (-ẹs; ⸗e)* كِيس، زَكِيبَة

~gasse *f* حَارَة مَسْدُودَة *fig.* مَأْزِق

säen بَذَر (u)، زَرَع (a)

Safran *m (-s; O)* زَعْفَرَان

Saft *m (-ẹs; ⸗e)* صَلْصَة، عَصِير

Sage *f* أُسْطُورَة

Säge *f* مِنْشَار

sagen قَال (u)

sägen نَشَر بِالمِنْشَار (u)

Sahne *f* قِشْطَة

Saison [zɛ:'zɔŋ] *f (—; -s)* مَوْسِم، فَصْل السَّنَة

Saite *f* وَتَر

Sakko *n (-s; -s)* جاكِتّة

Sa'lat *m (-ẹs; -e)* سَلَطَة، خَسّ

Salbe *f* مَرْهَم

salben دَهَن بالمَرْهَم (u)

Saldo *m (-s; Salden)* رَصيد مِيزانِيّة

Sa'line *f* مَلّاحَة، مَصْنَع مِلْح

Salmiakgeist ['zalmĭak-gaɪst] *m (-s; O)* نَشادِر

Salon [za·'lɔŋ] *m (-s; -s)* صالُون

Sal'peter *m (-s; O)* مِلْح بارُود

Salz *n (-es; -e)* مِلْح

≈ig مالِح

Same *m (-n) (Sperma)* مَنِيّ

Pflanze: بِذْرَة

samm|eln *(-le)* لَمّ، حَصَّل (i) جَمَع (a)

≈ler *m* جامِع، جَمّاع

≈lung *f* مَجْمُوعَة، جَمْع

Samstag *m (-s; -e)* يَوْم السَّبْت

Samt *m (-ẹs; O)* قَطيفَة

sämtlich جَميعاً

Sand *m (-es; O)* رَمْل

San'dale *f* صَنْدَل، نَعْل

sandig رَمْلِي

sanft ناعِم، لَطيف، وَديع، خَفيف

Sänfte *f* مِحَفّة، هَوْدَج

sanftmütig حَليم

Sang *m (-ẹs; ⸚e)* أُغْنِيّة

Sänger *m* مُغَنٍّ

~in *f* مُغَنِّيَة

sani'tär صِحّي

Sar'dine *f* سَرْدِين

Sarg *m (-ẹs; ⸚e)* تابُوت

Sar'kasmus *m (—; O)* سُخْرِيّة، تَهَكُّم

Sa'tir|e *f* هَجْو

≈isch هَجْوِي

satt شَبْعان

ich bin ~ شَبِعْتُ

Farbe: دَاكِن
Sattel *m* رَحْل، سَرْج
sättigen أَرْضَى، أَشْبَع
Sattler *m* سُرُوجِى، سَرَّاج،
~ei [-'RAI] *f* سُرُوجِيَّة
Satz *m (-es; ⸗e) Sprache:* جُمْلَة *Boden:* رَاسِب
Werkzeuge: طَقْم
Satzung *f* لَائِحَة أَسَاسِيَّة
⁓smäßig مُطَابِق لِلَائِحَة الأَسَاسِيَّة
Sau *f (—; ⸗e, -en)* خِنْزِيرَة
sauber نَظِيف
säuber|n *(-re)* نَظَّف
⁓ungs-aktion [-aktsĭo:n] *f* تَطْهِير، تَصْفِيَة
Saubohne *f* فُول
sauer *(saurer; -st-)* حَامِض
fig. شَدِيد، مُؤْلِم
säuer|lich مُزّ
~n *(-re)* حَمَّض
Teig: خَمَّر العَجِين
Sauerstoff *m* أُكْسِيجِين
Säufer *m* سِكِّير
saugen اِمْتَصّ
Kind: رَضِع (a)
säug|en أَرْضَع
⁓etier *n* ذَات الثَّدْى
⁓ling *m (-s; -e)* رَضِيع
Säule *f* عَمُود
~n-gang *m (-ȼs; ⸗e)* رِوَاق
Saum *m (-ȼs; ⸗e)* حَافَّة أَوْ حَاشِيَة (ثَوْب)
säumen *v/t.* حَشَّى
v/i. مَاطَل، أَبْطَأ
säumig مُمَاطِل، بَطِيء
Säure *f* حُمُوضَة، حَامِض
sausen *(-t)* دَوَّى
Schabe *f* عُثَّة
schaben كَحَت، (a) سَحَل (a)
schäbig رَثّ، مُهَلْهَل
fig. بَخِيل
Schach *n (-s; 0)* شَطْرَنْج
~ (dem König) ! كِش مَلِك
~brett *n (-s; -er)* رُقْعَة شَطْرَنْج
~feld *n (-ȼs; -er)* خَانَة
~figur *f* قِطْعَة شَطْرَنْج

'**~'matt** *(O)* الشَاه مَات

Schacht *m (-s; ⸚e)* حُفْرَة عَمِيقَة، مَنْجَم

Schachtel *f (—; -n)* عُلْبَة، صَنْدُوق

Schachzug *m (-ȩs; ⸚e)* تَحْرِيك قِطَع شَطْرَنج

schade: wie ~ ! يَا خَسَارَة

Schädel *m* جُمْجُمَة

schaden *(-e-)* ضَرّ (u)، اَضَرّ

Schaden *m (-s; ⸚)* تَلَف، ضَرَر

schäd|igen اَضَرّ، اَتْلَف

~lich مُضِرّ

Schaf *n (-es; -e)* شَاة

~bock *m (-ȩs; ⸚e)* كَبْش

~e *pl.* غَنَم

Schäfer *m* غَنَّام

schaffen *(L, auch -te)* خَلَق (u)، عَمِل (a)

Schaf-fleisch *n s.* Hammelfleisch

Schaffner *m äg.* كُمْسَارِى *irak.* جَابِى

Schaft *m (-ȩs; ⸚e)* عَمُود، عُود

Scha'kal *m (-s; -e)* اِبْن آوَى

schal بَائِت

Schal *m (-s; -s)* كُوفِيَّة، شَال

Schale *f* قِشْرَة، صَحْفَة، فِنْجَان *(Waag~)* كَفَّة مِيزَان

schälen قَشَّر

Schall *m (-ȩs; -e)* رَنِين، صَوْت

~en *(L,* auch *-te)* رَنّ (i)، صَات (u)

~platte *f* اُسْطُوَانَة

Schalt|brett *n (-ȩs; -er) Elektr.* لَوْحَة تَحْوِيل الكَهْرَبَاء

~en *(-e-)* حَوَّل

~er *m* شُبَّاك (تَذَاكِر اَوْ بَرِيد) *Elektr.* مِفْتَاح كَهْرَبَائِى

~jahr *n (-es; -e)* سَنَة كَبِيسَة

Scham *f (O)* حَيَاء، خَجَل

schämen *v/r.* خَجِل مِن (a)، اِسْتَحَى مِن

scham|haft مُسْتَحٍ، خَجْلَان
~los قَلِيل الحَيَاء
⁓losigkeit *f* قِلَّة الحَيَاء
~rot *(O)* مُحْمَرّ خَجَلًا
⁓röte *f (O)* اِحْمِرَار الخَجَل
Schande *f (O)* فَضِيحَة، عَيْب، عَار
schänden *(-e-)* هَتَك (i) العِرْض، (a) فَضَح، (i) شَان
Schandfleck *m (-s; -e)* عَيْب، وَصْمَة
schändlich فَاضِح، شَائِن
Schar *f* جَمَاعَة، عُصْبَة
(Pflug⁓) سِلَاح المِحْرَاث
⁓en *v/r.* اِجْتَمَع
scharf *(⸗er; ⸗st-)* قَارِص، شَدِيد، قَاطِع، حَادّ
⁓blick *m (-s; O) fig.* فِطْنَة
Schärfe *f* حِدَّة
⁓n (a) سَنّ، (u) شَحَذ
Scharf|richter *m* جَلَّاد
⁓sichtig حَادّ النَظَر
fig. ثَاقِب النَظَر، فَطِين
~sinn *m (-s; O)* فِطْنَة، ذَكَاء

Scharlach *m (-s; O)* الحُمَّى القِرْمِزِيَّة
⁓(rot) *(O)* قِرْمِزِي اللَوْن
Schar'nier *n (-s; -e)* مِفْصَلَة
scharren (u) نَبَش، (a) كَحَت
Scharte *f* ثَلْم، اِنْفِلَاج، حَزّ
Schatt|en *m* ظِلّ
~en-riß *m (-sses; -sse)* خَيَال (رَسْم)
~en-seite *f* جِهَة الظِلّ
⁓ig مُظِلّ
Schatz *m (-es; ⸗e)* كَنْز
fig. حَبِيب القَلْب
schätzen *(-t) Pers. u. Sache:* ثَمَّن، قَدَّر
Schatz|kammer *f (—; -n)* خِزَانَة
~meister *m* أَمِين الخِزَانَة، خَازِن
Schau *f* مَنْظَر، مَعْرِض، عَرْض
~bühne *f* مَسْرَح
Schauder *m* رُعْب، رَعْدَة
⁓haft مُرْعِب
schauen (u) نَظَر

Schauer *m* هُطُول، زَخَّة مَطَر

Schaufel *f* (—; -n) مِجْرَفَة
~n (-le) جَرَف (u)

Schaufenster *n* فِتْرِينَة، شُبَّاك دُكَّان

Schaukel *f* (—; -n) أُرْجُوحَة

Schaum *m* (-⊄s; ⸗e) رَغْوَة، زَبَد

Schauplatz *m* (-es; ⸗e) مَحَلّ الحَوَادِث

schaurig مُرْعِب

Schauspiel *n* (-s; -e) رِوَايَة تَمْثِيلِيَّة
~er *m* مُمَثِّل
~erin *f* مُمَثِّلَة

Schaustellung *f* مَعْرِض، عَرْض

Scheck *m* (-s; -s) شِيك
~buch [-u:-] *n* (-es; ⸗er) دَفْتَر شِيكَات

Scheibe *f* قُرْص *Glas:* لَوْح زُجَاج

Scheide *f* غِمْد

scheiden (L) *v/t.* فَصَل، (i) فَرَّق
v/i. اِبْتَعَد، غَادَر
v/r. طَلَّق

Scheidung *f* طَلَاق، تَفْرِيق
~sklage *f* دَعْوَى طَلَاق

Schein *m* (-⊄s; -e) تَذْكَرَة، وَرَقَة، ضَوْء، ظَاهِر
~bar ظَاهِرِىّ
~en (L) (a) ظَهَر، أَضَاء
~heilig مُنَافِق
~werfer *m* كَشَّاف كَهْرَبَائِىّ

Scheitel *m* مِفْرَق شَعْر، قِمَّة، رَأْس

Scheiterhaufen *m* كَوْمَة حَطَب

scheitern (-re) *Schiff:* تَحَطَّم
fig. (i) خَاب، (a) فَشَل

schelten (L) (u) شَتَم

Schema *n* (-s; Schemata) نَمُوذَج

Schemel *m* كُرْسِىّ صَغِير

Schenke *f* خَمَّارَة

Schenkel *m* فَخِذ

schenk|en وَهَبَ، أَهْدَى (i)

≈ung *f* إِهْدَاء

Scherbe *f* شَقْفَة

Schere *f* مِقَصّ

scheren *(L, a. -te)* جَزّ (u)، قَصّ (u)

Scherz *m (-es; -e)* دُعَابَة، مُزَاح

≈en دَاعَبَ، مَزَحَ (a)

scheu نَافِر، خَجُول، خَائِف

Pferd: جَافِل

~en جَفَلَ (a)، خَافَ (a)، نَفَرَ (u)

Scheuer *f (—; -n)* ظُلَّة، شُونَة

Scheuer|frau *f* خَادِمَة لِلتَّنْظِيف

≈n *(-re)* حَكّ (u)، نَظَّفَ

Scheune *f* ظُلَّة، شُونَة، مَخْزَن

Scheusal *n (-s; -e)* وَحْش

scheußlich قَبِيح، فَظِيع، شَنِيع

Schi *m (-s; -er)* خَشَبَة لِلِانْزِلَاق عَلَى الثَّلْج

Schicht(e) *f* طَبَقَة

schicken بَعَثَ، أَرْسَلَ (a)

schicklich مُنَاسِب، لَائِق

≈keit *f* مُنَاسَبَة، لِيَاقَة

Schicksal *n (-s; -e)* نَصِيب، مُقَدَّر، قِسْمَة

schieb|en *(L)* حَرَّكَ، زَحْزَحَ

≈er *m* مِزْلَاج

fig. مُضَارِب

Schieds|gericht *n (-s; -e)* هَيْئَة تَحْكِيم

~richter *m* حَكَم

~spruch *m (-s; ⸚e)* تَحْكِيم

schief مُنْحَدِر، مُنْحَرِف، أَعْوَج

schielen اِحْوَلّ

~d أَحْوَل

Schien|bein *n (-s; -e)* عَظْم الشِّظْيَة

~e *f Med.* جَبِيرَة (عظام)

Eisenbahn: قَضِيب (سِكَّة حَدِيد)

schieß|en *(L) v/t.* اَطْلَق (النار)
Fußball: ein Tor ~en اَصَاب هَدَف الكُرَة
v/i. (sn) اِنْدَفَع
~scheibe *f* هَدَف

Schiff *n (-es; -e)* سَفِينَة
(Kirchen~) بَهْو الكَنِيسَة

Schiff|ahrt *f (O)* مِلَاحَة
~bar *(O)* صَالِح لِلْمِلَاحَة
~bruch *m (-ẹs; ¨e)* تَحَطُّم اَوْ غَرَق سَفِينَة
~er *m* مَلَّاح
~s-brücke *f* جِسْر عَائِم
~s-kapitän *m (-s; -e)* قُبْطَان سَفِينَة
~s-ladung *f* شُحْنَة سَفِينَة
~s-mannschaft *f* رِجَال سَفِينَة
~s-raum *m (-es; ¨e)* حُمُولَة سَفِينَة
~s-werft *f* مَصْنَع سُفُن

Schi'iten *m/pl.* الشِيعَة

Schi|lauf *m (-s; O)* اِنْزِلَاق عَلَى الثَلْج
~läufer *m* مُنْزَلِق عَلَى الثَلْج

Schild[1] *m (-ẹs; -e)* تُرْس

Schild[2] *n (-ẹs; -er) (Laden~)* لَافِتَة دُكَّان
(Tür~) لَوْحَة عَلَى بَاب

schildern *(-re)* وَصَف (i)

Schildkröte *f* سُلَحْفَاة

Schilf *n (-es; O)* بُوص، حَلْفَة

Schimmel *m (Pferd)* فَرَس اَبْيَض
(Pilz) (O) عَطَن

Schimmer *m* ضِيَاء، لَمْع

Schimpf *m (-es; O)* اِهَانَة
~en شَتَم (i)
~lich شَائِن

schinden *(L)* سَلَخ (u)
fig. اَرْهَق

Schinken *m* لَحْم فَخِذ خِنْزِير مُمَلَّح

Schirm *m (-ẹs; -e)* شَمْسِيَّة، مِظَلَّة

fig. حِمَايَة

≈en حَمَى (i)

Schlacht *f* وَقْعَة حَرْبِيَّة، مَعْرَكَة

≈en *(-e-)* ذَبَح (a)

Schlächter *m* جَزَّار

Schlacht|feld *n (-ǝs; -er)* مِيدَان القِتَال

~haus *n (-es; ⸚er)* مَذْبَح

Schlaf *m (-es; O)* نَوْم

~-abteil *n (-s; -e)* مَقْصُورَة نَوْم

~-anzug *m (-es; ⸚e)* بَذْلَة نَوْم، بيجَامَا

Schläfchen *n* نَعْسَة

Schläfe *f* صَدْغ

schlafen *(L)* نَام (a)

schlaff سَائِب، مُرْتَخٍ

Schlaf|gemach *n (-ǝs; ⸚er)* حُجْرَة نَوْم

~losigkeit *f* أَرَق

~mittel *n* دَوَاء مُنَوِّم

schläfrig [-ɛ:-] نَعْسَان

≈keit *f (O)* نُعَاس

Schlafwagen *m* عَرَبَة نَوْم

Schlag *m (-ǝs; ⸚e)* دَقَّة، خَبْطَة، ضَرْبَة

~-ader *f (—; -n)* شِرْيَان

~-anfall *m (-ǝs; ⸚e) Med.* سَكْتَة

~baum *m (-ǝs; ⸚e)* حَاجِز

≈en *(L)* ضَرَب (i)، دَقّ (u)

≈end: ≈ender Beweis قَاطِع

Schlager *m* أَمْر نَاجِح، أُغْنِيَّة نَاجِحَة

Schläger *m* مَضْرَب، ضَارِب

Schlag|sahne ['ʃla:kza:nə] *f (O)* قِشْطَة مَضْرُوبَة

~wort *n (-ǝs; -e)* كَلِمَة بِالتَّرْتِيب الاَبْجَدِي

Schlamm *m (-ǝs; O)* طِين، وَحْل

Schlange *f* حَيَّة، ثُعْبَان

~ stehen وَقَف فِي صَفّ (i)

schlank نَحِيف القَوَام، أَهْيَف

schlau مَاكِر

Schlauch *m (-es; ⸚e)* خُرْطُوم

(Wasserbehälter) زِقّ، قِرْبَة

Schläue *f (O)* مَكْر
schlecht قَبِيح، خَبِيث، رَدِىء، سَيِّئ
schlecken لَحَس (a)
schleichen *(L; sn)* تَسَلَّل، اِنْدَسّ
~d مُتَسَلِّل، بَطِىء الحَرَكَة
Schleier *m* طَرْحَة، حِجَاب
Schleife *f* أُنْشُوطَة، شَرِيط، دَوَرَان
schleifen *(L) (nachziehen)* جَرّ (u) *(schärfen)* سَنّ (i)
Schleim *m (-ɇs; O)* بَلْغَم، مُخَاط
schlemmen أَفْرَط فِى الأَكْل
Schleppe *f* ذَيْل الثَّوْب
schleppen سَحَب، (u) جَرّ (a)
schleudern *(-re)* رَمَى، (i) قَذَف (i)
Schleuse *f* هَوِيس (u)
schlicht بَسِيط
schlichten *(-e-)* رَتَّب
Streit: سَوَّى

schließ|en *(L)* خَتَم، أَنْهَى، (i) أَقْفَل، أَغْلَق
Vertrag: عَقَد (i)
≈fach *n (-s; ⸚er)* صُنْدُوق بَرِيد خَاصّ
~lich أَخِيرًا، فِى النِّهَايَة
Schliff *m (-ɇs; -e)* صَقْل
(Ausbildung) تَهْذِيب
schlimm خَبِيث، رَدِىء، سَيِّئ
Schlinge *f* أُنْشُوطَة، لَفَّة، عُرْوَة
≈n *(L) v/t.* لَفّ (i)
v/r. اِلْتَفّ
Schlips *m (-es; -e)* كَرَافَات، رُبَاط رَقَبَة
Schlitten *m* مِزْلَقَة
Schlitz *m (-es; -e)* شَقّ
Schloß *n (-sses; ⸚sser)* قِفْل، قَصْر
Schlosser *m* كَوَالِينِى
Schlot *m (-es; -e)* مَدْخَنَة
Schlucht *f* مَضِيق، هُوَّة، هَاوِيَة
schluchzen *(-t)* شَهَق (a)

Schluck *m (-es; -e)* جُرْعَة
schlucken (a) جَرَع، اِبْتَلَع
Schlummer *m (O)* نَعْسَة
Schlund *m (-es; -e)* حَلْق، بَلْعُوم
schlüpf|en اِنْسَلّ
~rig زَلِق
fig. فَاحِش
Schluß *m (-sses; ≃sse)* خَاتِمَة، نِهَايَة
Schlüssel *m* مِفْتَاح
~bart *m (-ȼs; ≃e)* سِنّ مِفْتَاح
~bein *n (-s; -e)* عَظْم التَرْقُوَة
~-industrie *f* صِنَاعَة أَسَاسِيَّة
~loch *n (-s; ≃er)* فَتْحَة القِفْل
Schluß|folgerung *f* اِسْتِدْلَال، نَتِيجَة
~licht *n (-ȼs; -er)* نُور خَلْفِي
Schmach [-ɑː-] *f (O)* عَار
schmachten *(-e-)* تَشَوَّق (nach إِلى)
schmächtig نَحِيف
schmackhaft لَذِيذ الطَعْم
schmal *(≃er; -st-)* ضَيِّق
schmälern *(-re)* قَلَّل، صَغَّر
Schmalz *n (-es; O)* شَحْم (حَيَوَان)
≃ig شَحِيم
schma'rotz|en *(-t; —)* تَطَفَّل
≃er *m* طُفَيْلِي
Schmaus *m (-es; ≃e)* وَلِيمَة
schmecken *v/t.* اِسْتَطْعَم
v/i. dieses Essen schmeckt gut هٰذَا الأَكْل طَعْمُه جَيِّد
Schmeich|e'lei *f* تَمَلُّق
≃eln ['ʃmaɪçəln] *(-le)* تَمَلَّق
Schmelz *m (-es; -e)* مِينَا
≃bar قَابِل لِلسَبْك
≃en *v/t. (-t)* سَبَك، (i, u) أَذَاب
v/i. (L) ذَاب (u)
~hütte *f* مَسْبَك مَعَادِن
~-ofen *m (-s; ≃)* فُرْن السَبْك

Schmerz *m (-es; -en)* وَجَع، اَلَم
~ verursachen آلَم، اَوْجَع
~en *(-t)* وَجِع، آلَم (a)
fig. (betrüben) اَحْزَن
~lindernd مُسَكِّن لِلْآلَم
~los بِدُون وَجَع
~voll مُؤْلِم، مُوجِع
Schmetterling *m (-s; -e)* فَرَاشَة
Schmied *m (-es; -e)* حَدَّاد
~e *f* مَعْمَل حَدَّاد
~en *(-e-)* طَرَق (الحَدِيد)، (u) اِشْتَغَل الحَدِيد
schmiegsam لَيِّن
Schmier|e *f* شَحْم
~en شَحَّم
~ig قَذِر
fig. بَخِيل
~mittel *n* شَحْم
~öl *n (-s; -e)* زَيْت المَكِينَات
Schminke *f* دِهَان، دِهَان اَحْمَر
~n دَهَن (الوَجْه) (i)
Schmirgel *m* صَنْفَرَة
schmollen بَوَّز
Schmuck *m (-es; O)* حِلْيَة، زِينَة
schmücken حَلَّى، زَيَّن
schmuck|los بَسِيط، بِدُون زِينَة
~sachen *f/pl.* حُلًى
Schmuggel *m* تَهْرِيب
~n *(-le)* هَرَّب
schmunzeln *(-le)* اِبْتَسَم
Schmutz *m (-es; O)* قَذَر، وَسَخ
~ig قَذِر، وَسِخ
fig. بَخِيل، فَاحِش
Schnabel *m (-s; ⸚)* مِنْقَار
Schnalle *f* إِبْزِيم
schnappen خَطَف، تَلَقَّف (a)
Schnaps *m (-es; ⸚e)* عَرَق (مَشْرُوب)
schnarchen شَخَر (i)
schnattern *(-re)* تَقّ (i) (الوِزّ)

schnauben *(-te, a. L)* نَفَخ (u)
Pferd: شَخَر (a)
Schnauze *f* بُوز
Schnecke *f* حَلَزُون
Schnee *m (-s; O)* ثَلْج
Schneid *m (-s; O)* حَمَاس
Schneide *f* حَدّ (سِلَاح)
~n *(L)* قَصّ (u)، قَطَع (a)
~nd *Kälte:* قَارِص *sonst:* حَادّ، قَاطِع
Schneider *m* خَيَّاط
~in *f* خَيَّاطَة
schneidern *(-re)* خَاط (i)
Schneidezahn *m (-ęs; ⸚e)* سِنّ قَاطِعَة
schnei|en نَزَل الثَّلْج، (i)
es ~t اِثْلَجَت الدُّنْيَا
schnell سَرِيع
~en قَفَز (i)
Schnellfeuergeschütz *n (-es; -e)* مَدْفَع سَرِيع الطَّلْقَات
Schnelligkeit *f* سُرْعَة
~srekord *m (-s; -e)* رَقْم قِيَاسِي فِي السُّرْعَة
Schnell|kraft *f (O)* مُرُونَة
~verfahren *n jur.* قَضَاء مُسْتَعْجَل
~zug *m (-es; ⸚e)* قِطَار سَرِيع
schneuzen *v/r.* مَخَط (a, u)
Schnitt *m (-es; -e)* قَطْع
Schnitte *f* قِطْعَة، شَرِيحَة
Schnitter *m* حَصَّاد
schnitzen *(-t)* نَحَت (u) (خَشَبًا)
Schnitzer *m* نَحَّات
fig. فَلْتَة، غَلْطَة
schnüffeln *(-le)* تَشَمَّم
fig. تَجَسَّس
Schnupfen *m* زُكَام
Schnuppe *f* شِهَاب، نَيْزَك
Schnur *f (—; ⸚e)* قِيطَان، دُوبَارَة، خَيْط
schnüren رَبَط (u)
schnurren *Katze:* قَرْقَر
Schnürriemen *m* رِبَاط نِعَال
Schokolade *f* شُكُولَاتَة
Scholle *f* سَمَك مُوسَى
(Erd~) كُتْلَة تُرَاب

schon قَدْ، مِنْ قَبْل
schön جَمِيل
schonen حَافَظ عَلَى
~d مُحَافِظ على، بِتَحَفُّظ
Schönheit *f* جَمَال
Schonung *f* تَحَفُّظ، مُحَافَظَة
schöpfen غَرَف (i)
Schöpfer *m* خَالِق
Schöpfung *f* خَلْق
Schornstein *m (-s; -e)* مَدْخَنَة
~feger *m* مُنَظِّف مَدَاخِن
Schoß [-o:-] *m (-es; ⸚e)* رَحِم، حِجْر
~kind *n (-ẹs; -er)* طِفْل مُعَزَّز
Schote *f* سِنْف
schräg مُنْحَنٍ ، مُنْحَرِف
Schramme *f* أَثَر جَرْح
Schrank *m (-es; ⸚e)* دُولَاب
Schranke *f* حَاجِز
Schraube *f* قَلَاوُوظ، بُرْغِي
~nmutter *f (—; -n)* صَمُولَة
~nschlüssel *m* مِفْتَاح إِنْجلِيزِى
~nzieher *m* مِفَكّ
Schraubstock *m (-ẹs; ⸚e)* مَنْجَلَة
Schreck *m (-s; -en)* فَزَع
Schrei *m (-ẹs; -e)* صِرَاخ
schreiben *(L)* كَتَب (u)
Schreiber *m* كَاتِب
Schreib|feder *f (—; -n)* قَلَم حِبْر
~heft *n (-ẹs; -e)* كُرَّاسَة
~mappe *f* مِحْفَظَة أَوْرَاق
~maschine *f* آلَة كَاتِبَة
~tisch *m* مَكْتَب
~waren *f/pl.* لَوَازِم الكِتَابَة
schreien *(L)* صَرَخ (u)
Schreiner *m* نَجَّار
schreiten *(L; sn)* سَار، (i) خَطَا (u)
Schrift *f* كِتَابَة، كِتَاب
die Heilige ~ الكِتَاب المُقَدَّس
~führer *m* كَاتِب

~leiter *m* مُحَرِّر جَرَائِد
~sprache *f* لُغَة فُصْحَى
~steller *m* مُؤَلِّف
~wechsel *m* مُكَاتَبَة
Schritt *m (-ęs; -e)* خُطْوَة
schroff وَعِر، شَدِيد الِانْحِدَار
fig. خَشِن
Schrot *m u. n (-ęs; -e)*
خُرْدُق، خُرْدَة
schrumpfen تَقَلَّص، اِنْكَمَش
Schub|fach *n (-ęs; ⸗er)*
جَارُور، دُرْج
~karren *m* عَرَبَة يَد
schüchtern مُسْتَحٍ، نَافِر
Schuft *m (-es; -e)* وَغْد
Schuh *m (-ęs; -e)* حِذَاء
~löffel *m* لَبِّيسَة أَحْذِيَة
~macher *m* جِزَمَاتِي،
سَكَّاف
~putzer *m* مَسَّاح أَحْذِيَة،
بُويَجِي
~wichse *f* صُبْغَة أَوْ وَرْنِيش
أَحْذِيَة
Schul-arbeit *f* عَمَل مَدْرَسِي
Schuld *f* ذَنْب، جُرْم
Geld: دَيْن
schuldig مَدِين، مُذْنِب
⸗keit *f (O)* وَاجِب
Schuld|ner *m* مَدِين
~schein *m (-ęs; -e)* سَنَد
دَيْن
Schule *f* مَدْرَسَة
Schüler *m* تِلْمِيذ
Schul|ferien *pl.* عُطْلَة
مَدْرَسِيَّة
~jahr *n* سَنَة مَدْرَسِيَّة
~lehrer *m* مُدَرِّس
~mappe *f* حَقِيبَة تَلَامِيذ
~pflicht *f* تَعْلِيم إِجْبَارِي
~stunde *f* حِصَّة، دَرْس
Schulter *f (—; -n)* كَتِف
Schund *m* حُثَالَة
Schuppe *f* قِشْر سَمَك
Schuppen *m* ظُلَّة، حَظِيرَة
schüren أَجَّج (النَّار)
Schurke *m (-n)* خَبِيث
Schuß *m (-sses; ⸗sse)* طَلْقَة
نَارِيَّة

Schüssel *f (—; -n)* صَحْن
Schußwaffe *f* سِلَاح نَارِى
Schuster [-u:-] *m* حَذَّاء
Schutt *m (-ẽs; O)* اَنْقَاض،رَدْم
schütteln *(-le)* هَزَّ (u)، رَجَّ (u)
schütten *(-e-)* صَبَّ (u)، سَكَبَ (u)
Schutz *m (-es; O)* حِمَايَة
Schutzbrille *f* نَظَّارَة وَاقِيَة
Schütze *m (-n)* رَامٍ
schützen *(-t)* حَمَى (i)
Schutz|-engel *m* مَلَك حَارِس
~geleit *n (-ẽs; -e)* حِرَاسَة الحِمَايَة
~mann *m (-ẽs; -leute)* شُرْطِى، بُولِيس
~marke *f* عَلَامَة تِجَارِيَّة
~mittel *n* وَسِيلَة وِقَايَة
~impfung *f* تَلْقِيح وَاقٍ
~wache *f* حَرَس
~zoll *m (-ẽs; ⸚e)* جُمْرُك لِحِمَايَة المَصْنُوعَات المَحَلِّيَّة

schwach *(⸚er; ⸚st-)* ضَعِيف
Schwäche *f* ضَعْف
Schwach|sinn *m* سَخَافَة
~sinnig *(O)* سَخِيف، ضَعِيف العَقْل
~strom *m (-s; O) Elektr.* تَيَّار وَاطِىء الجَهْد
Schwager *m* اَخُو الزَوْج اَوْ الزَوْجَة
Schwägerin *f* اُخْت الزَوْج اَوْ الزَوْجَة
Schwalbe *f* سُنُونُو (طَائِر)
Schwamm *m (-ẽs; ⸚e)* اِسْفَنْج
schwanger *(O)* حَامِل، حُبْلَى
Schwangerschaft *f* حَمْل، حَبَل
schwanken تَمَايَل، تَرَنَّح *fig.* تَرَدَّد
Schwanz *m (-es; ⸚e)* ذَيْل
Schwarte *f* قِشْرَة جِلْدِيَّة *(Buch)* كِتَاب تَافِه
schwarz *(⸚er; ⸚est-)* اَسْوَد

Schwarz|arbeit *f (O)* عَمَل بِدُون رُخْصَة
~brot *n (-es; -e)* خُبْز أَسْمَر
~fahrt *f* رُكُوب بِدُون تَذْكِرَة
~handel *m* تِجَارَة السُّوق السَّوْدَاء
~händler *m* تَاجِر السُّوق السَّوْدَاء
~hörer *m Radio:* مُسْتَمِع بدُون رُخْصَة
~seher *m* مُتَشَائِم
schwatzen *(-t)* ثَرْثَر
Schwätzer *m* ثِرْثَار
schweben حَام، تَعَلَّق فِى (u) الجَوّ (i)
Schwefel *m* كِبْرِيت
Schweif *m (-ęs; -e)* ذَيْل
schweifen طَاف (u)
schweigen *(L)* سَكَت، (u) صَمَت (u)
Schweigen *n* سُكُوت
schweigsam سَكُوت
Schwein *n (-ęs; -e)* خِنْزِير
~e'rei *f* فُحْش
Schweiß *m (-es; O)* عَرَق
schweißen *(-ßt)* لَحَم (u)
Schwelle *f* عَتَبَة *Esb.* فَلَنْكَة
schwellen *(L; sn)* فَاض، (i) اِنْتَفَخ، (i) وَرِم
schwenken لَوَّح، (u) هَزّ
schwer صَعْب، ثَقِيل
≈e *f* ثِقَل
~hörig ثَقِيل السَّمْع
≈kraft *f (O)* جَاذِبِيَّة الأَرْض
≈mut *f (O)* كَأْب، سَوْدَاء
~mütig سَوْدَاوِى، كَئِيب
≈punkt *m (-s; -e)* مَرْكَز الثِقَل
Schwert *n (-es; -er)* سَيْف
Schwester *f (—; -n)* أُخْت *(Kranken≈)* مُمَرِّضَة
Schwieger|eltern *pl.* أَبَوَا زَوْج أَو زَوْجَة
~mutter *f (—; ⸚)* حَمَاة
~sohn *m (-es; ⸚e)* خَتَن، زَوْج الِابْنَة

~tochter *f (—; ⸗)* كَنَّة، زَوْجَة الإبْن

~vater *m (-s; ⸗)* حَم

Schwiele *f* كَنَب

schwielig كَنِب

schwierig صَعْب

⁓keit *f* صُعُوبَة

Schwimm|bad *n (-ǿs; ⸗er)* حَمَّام سِبَاحَة

⁓en *(L; sn)* سَبَح (a)، عَام (u)

~gürtel *m* حِزَام عَوْم

~hose *f* لِبَاس الِاسْتِحْمَام

~weste *f* مِدْرَعَة النَّجَاة

Schwindel *m Med.* دَوْخَة *(Betrug)* غِشّ

⁓n *(-le) fig.* خَدَع (a)، اِحْتَال *Med.* دَاخ (u)

schwinden *(L; sn)* مَضَى (i) اِخْتَفَى، ضَؤُل (u)

Schwindler *m* غَشَّاش، نَصَّاب

schwindlig دَائِخ

Schwind|sucht *f (O)* سُلّ

⁓süchtig *(O)* مَسْلُول

schwing|en *(L; sn) v/i. Pendel:* تَرَجَّح *v/t.* هَزّ (u)، لَوَّح

⁓ung *f* هَزَّة

schwitzen *(-t)* عَرِق (a)

schwören *(L)* حَلَف (i) (يَمِينًا)

schwül خَانِق (للجَوّ)، وَمِد

Schwund *m (-es; O)* اِخْتِفَاء، زَوَال، نَقْص

Schwung *m (-ǿs; ⸗e) fig.* اِنْدِفَاع، حَمَاس

~kraft *f (O)* قُوَّة الِانْدِفَاع

Schwur *m (-ǿs; ⸗e)* يَمِين

~gericht *n (-ǿs; -e)* مَحْكَمَة المُحَلَّفِين

sech|s سِتَّة

~ste سَادِس

~zehn سِتَّة عَشَر

~zig سِتُّون

See[1] *m (-s; -n)* بُحَيْرَة

See[2] *f* بَحْر

~bad *n (-es; ⸗er)* حَمَّام بَحْرِي

~fahrer *m* بَحَّار
~hafen *m (-s; ⸚)* مِينَاء بَحْرِيَّة
~hund *m (-es; -e)* كَلْب البَحْر
≈krank *(O)* مُصَاب بِدُوَار البَحْر
Seele *f* نَفْس
~nwanderung *f* تَنَاسُخ
See|macht *f (—; ⸚e)* دَوْلَة أوْ قُوَّة بَحْرِيَّة
~mann *m (-~~e~~s; -leute)* بَحَّار
~meile *f* مِيل بَحْرِى
~not *f* خَطَر
~räuber *m* قُرْصَان
~reise *f* سِيَاحَة بَحْرِيَّة
Segel *n* قِلْع، شِرَاع
~boot *n (-es; -e)* مَرْكِب شِرَاعِى
~flugzeug *n (-s; -e)* طَائِرَة شِرَاعِيَّة
segeln *(-le)* أبْحَر، أقْلَع
Segel|sport *m (-s; O)* رِيَاضَة شِرَاعِيَّة
~tuch *n (-s; O)* نَسِيج قُلُوع
Segen *m* بَرَكَة
segnen *(-e-)* بَارَك
sehen *(L)* رَأى (a)، بَصُر (u)، شَاف (u)
~swert جَدِير بالنَظَر
≈swürdigkeit *f* عَجِيبَة، تُحْفَة
Seher *m* كَاهِن، نَبِىّ
Sehne *f* وَتَر، طُنُب
sehn|en *v/r.* (nach) تَشَوَّق، اِشْتَاق اِلَى
≈sucht *f (—; ⸚e)* اِشْتِيَاق، تَشَوُّق
sehr جِدًّا، كَثِيرًا
Seh|rohr *n (-s; -e)* مِنْظَار الغَوَّاصَة
~vermögen *n* قُوَّة النَظَر
~weite *f* مَدَى النَظَر
seicht سَطْحِى، ضَحْل
Seide *f* حَرِير
~npapier *n (-s; -e)* وَرَق رَفِيع
~nraupe *f* دُودَة القَزّ

Seife *f* صَابُون
Seifen|blase *f* فُقَّاعَة صَابُون
~schaum *m (-s; O)* رَغْوَة صَابُون
seihen صَفَّى
Seiher *m* مِصْفَاة
Seil *n (-ẹs; -e)* حَبْل
~schwebebahn *f* مِرْقَاة جَبَلِيَّة
Sein *n (-s; O)* كَيْنُونَة، كَوْن، وُجُود
sein[1] *(L)* كَانَ (u)
sein[2] *pron.* ضَمِير مِلْكِيَّة الغَائِب المُفْرَد المُذَكَّر
seinige مَتَاعُه
seit مِنْ، مُنْذ
Seite *f* جِهَة، جَانِب
Buch: صَفْحَة
Seiten|ansicht *f* صُوَرة جَانِبِيَّة، مَنْظَر جَانِبِي
~sprung *m (-s; ⸗e)* خِيَانَة زَوْجِيَّة
seitwärts جَانِبًا، نَحْو الجَانِب

Sekt *m (-s; -e)* الشَمْبَانْيَا
Sekte *f* الطَائِفَة الدِينِيَّة، شِيعَة
Sek'tion *f* فَصْل *Med.* تَشْرِيح
Se'kunde *f* ثَانِيَة
selber: ich ~ أَنَا بِنَفْسِي
selbst *pron.* ذَات، نَفْس
ich ~ أَنَا بِذَاتِي، أَنَا بِنَفْسِي
adv. حَتَّى
~ wenn وَلَوْ
selb-ständig قَائِم بِذَاتِه، مُسْتَقِلّ
Selbst|beherrschung *f* ضَبْط النَفْس
~bestimmung *f* تَقْرِير المَصِير
≈bewußt وَاثِق بِنَفْسِه
~-erkenntnis *f (—; -se)* مَعْرِفَة الذَات
~losigkeit *f* إِيثَار
~mord *m (-es; -e)* إِنْتِحَار
~mörder *m* مُنْتَحِر
≈redend وَاضِح مِنْ نَفْسِه
~sucht *f (O)* حُبّ الذَات، أَنَانِيَّة

~tätig آلِى، أُوتُومَاتِيكِى
~verleugnung *f (O)* إِنْكَار الذَات
~verständlich وَاضِح مِنْ نَفْسِهِ، مَفْهُوم
~vertrauen *n (-s; O)* ثِقَة بِالنَفْس
~verwaltung *f* حُكْم ذَاتِى
selig مَرْحُوم، سَعِيد، مُبَارَك
Seligkeit *f* السَعَادَة الأَبَدِيَّة
Sellerie *m (-s; O)* كَرَفْس
selten نَادِر
~heit *f* نُدْرَة، نَادِرَة
seltsam عَجِيب، غَرِيب
~keit *f* غَرَابَة
Se'mester *n* نِصْف سَنَة دِرَاسِيَّة
Semmel *f (—; -n)* رَغِيف صَغِير
senden *(L)* أَرْسَل، بَعَث (a)
Telef., Radio: (-e-) أَذَاع
Send|er *m* مَحَطَّة إِذَاعَة
~ung *f* إِرْسَال، إِذَاعَة
Senf *m (-es; O)* خَرْدَل
sengen أَحْرَق قَلِيلاً، شَيَّط
senken *v/t.* خَفَّض، أَنْزَل
v/r. هَبَط (i)
senkrecht قَائِم، عَمُودِى
Sense *f* مِحَشّ، مِنْجَل
Sensibili'tät *f* رِقَّة الشُعُور
Sen'tenz *f* حُكْم، حِكْمَة
Sep'tember *m syr.* أَيْلُول
äg. سِبْتِمْبَر
Serie *f* صَفّ، مَجْمُوعَة
Ser'vice *n (-s; —)* مَجْمُوعَة أَدَوَات السُفْرَة
Ser'vierbrett *n (-es; -er)* صِينِيَّة
ser'vieren (—) قَدَّم الأَكْل، خَدَم عَلَى سُفْرَة
Ser'viette *f* فُوطَة السُفْرَة
Sessel *m* كُرْسِى
setzen *v/t.* حَطّ (u)، وَضَع (a)
Schrift: صَفّ (u)
bei Wetten: رَاهَن
v/r. جَلَس (i)
Setzer *m* صَفَّاف الحُرُوف
Seuche *f* وَبَاء

seufzen *(-t)* تَأَوَّه، تَنَهَّد

sexu'ell تَنَاسُلِي

sich *(Reflexivpronomen)* نَفْسَه

Sichel *f (—; -n)* مِحْصَد *(Mond~)* هِلَال

sicher *(-chr-)* مُحَقَّق، مُؤَكَّد، مَأْمُون

Sicherheit *f* يَقِين، تَأْكِيد، أَمْن

~srat *m (-es; O)* مَجْلِس الأَمْن

sichern *(-re)* أَمَّن

Sicherung *f* تَأْمِين *Elektr.* مِصْهَر، كُبْس

Sicht *f* نَظَر، رُؤْيَة

~bar وَاضِح، مَرْئِي

~en *(-e-) (sortieren)* نَقَّى *Mar.* رَأَى (a)

sie هُنَّ، هُمْ، هِيَ

Sie حَضْرَتك، أَنْتُم أَوْ أَنْتَ (لِلاحْتِرَام)

Sieb *n (-es; -e)* غُرْبَال، مُنْخَل

sieben[1] *v/t.* غَرْبَل، نَخَل (u)

sieben[2] سَبْعَة

~fach سَبْعَة أَضْعَاف

~te سَابِع

siebzehn سَبْعَة عَشَر

siebzig سَبْعُون

siech مَرِيض، سَقِيم

Siechtum *n (-s; O)* سُقْم

siedeln *(-le)* اِسْتَعْمَر، اِسْتَقَرّ

sieden *(-e-)* غَلَى (i)

Siedepunkt *m (-s; -e)* نُقْطَة الغَلَيَان

Siedlung *f* مُسْتَعْمَرَة

Sieg *m (-es; -e)* نَصْر، غَلَبَة

Siegel *n* خَتْم

sieg|en اِنْتَصَر، تَغَلَّب

~er *m* غَالِب *Sport:* فَائِز

~reich مُنْتَصِر، غَالِب

Silbe *f* مَقْطَع الكَلِمَات

Silber *n* فِضَّة

Sims *m (n) (-es; -e)* إِفْرِيز

simu'lieren تَمَارَض، تَصَنَّع

singen *(L)* غَنَّى

Singular *m* مُفْرَد
sinken *(L)* هَبَطَ، اِنْخَفَضَ (i)
غَرِقَ (a)
Sinn *m (-es; -e)* مَعْنًى بَال،
خَاطِر، حَاسَّة
die 5 ~e الحَوَاسّ الخَمْس
~bild *n (-ęs; -er)* رَمْز
~en *(L)* تَأَمَّلَ، فَكَّرَ
~end مُتَأَمِّل، مُفَكِّر
Sinnes|art *f (O)* خُلُق، طَبْع
~täuschung *f* سَرَاب، خَيَال
sinnlich شَهْوَانِي
Sinnspruch *m (-ęs; ⸗e)*
حِكْمَة
Sintflut *f (O)* طُوفَان
Sippschaft *f* قَرَابَة
Sirup *m (-s; O)* شَرَاب حُلْو
Sitt|e *f* عَادَة
~en *pl.* آدَاب، عَادَات
~enlos *(O)* سَيِّئ الخُلُق،
لاَخُلُق لَه
~lich حَسَن الخُلُق، اَخْلاَقِي
~lichkeit *f* اَخْلاَقِيَّة، حُسْن
الخُلُق
~lichkeitsverbrechen *n*
جُرْم اَخْلاَقِي
~sam مُحْتَشِم
~samkeit *f* حِشْمَة
Sitz *m (-es; -e) (Bank)* مَقْعَد
(Wohn~) مَقَرّ
sitz|en *(L)* جَلَسَ *(i)*
fig. نَاسَبَ
~ung *f* جَلْسَة
Skala *f (—; Skalen)* دَرَجَات
Mus. سُلَّم
Skan'dal *m (-s; -e)* فَضِيحَة
skanda'lös فَاضِح
Ske'lett *n (-s; -e)* هَيْكَل
Skeptiker *m* مُتَشَكِّك
Skizze *f* رَسْم تَخْطِيطِي،
مُسَوَّدَة
Sklave *m (-n)* عَبْد
Skonto *m u. n (-s; Skonti)*
Hdl. خَصْم
Skrupel *m* شَكّ، وَخْز
الضَمِير
so كَذَلِك، هَكَذَا
cj. اِذَا، اِذَن

~bald (als) عِنْدَ مَا، حَالَمَا
Socke *f* جَوْرَب قَصِير
~nhalter *m* رِبَاط جَوَارِب
Soda *n (-s; O)* صُودَا
so'dann ثُمَّ، حِينَئِذٍ، إِذَن
Sodbrennen *n* حَرَقَان المَعِدَة
so'eben قَبْل لَحْظَة
so'fort فَوْرًا، فِي الحَال
so'gar حَتَّى (لِلتَّأْكِيد)
sogenannt: der ~e
المُسَمَّى أَوْ المَدْعُو
zynisch: المَقُول عَنْه
Sohle *f* أَسْفَل القَدَم، نَعْل أَحْذِيَة
Sohn *m (-es; ⸚e)* وَلَد، إِبْن
so'lange مَا دَام
solch مِثْل ذَلِك
Sold *m (-es; -e)* أَجْر الجُنْدِي
Sol'dat *m (-en)* عَسْكَرِي، جُنْدِي
so'lid مَتِين
Solidari'tät *f (O)* تَضَامُن
Soll *n (-s; O)* مَدِين (حِسَابَات)
sollen وَجَب عَلَيْه، (i) إِنْبَغَى لَه
Sommer *m* صَيْف
~sprossen *pl.* كَلَف، نَمَش
sonder خَاصّ، بِدُون
~bar غَرِيب
sondern[1] *cj.* بَل
sondern[2] *(-re) v/t.* فَصَل (i)
Sonder|recht *n (-s; -e)* إِمْتِيَاز
~zug *m (-es; ⸚e)* قِطَار خَاصّ
Sonnabend *m (-s; -e)* يَوْم السَبْت
Sonne *f* شَمْس
sonnen *(v/r.)* تَشَمَّس
Sonnen|aufgang *m (-s; ⸚e)* شُرُوق الشَمْس
~brille *f* نَظَّارَة شَمْسِيَّة
~finsternis *f (—; -se)* كُسُوف الشَمْس
~schirm *m (-s; -e)* شَمْسِيَّة، مِظَلَّة
~stich *m (-s; -e)* ضَرْبَة الشَمْس

~strahl *m (-s; -en)* شُعَاعَة الشَّمْس

~untergang *m (-s; ⸚e)* غُرُوب الشَّمْس

~wende *f* اِنْقِلَاب الشَّمْس

Sonntag *m (-s; -e)* يَوْم الأَحَد

sonst بِطَرِيقَة أُخْرَى، وَإِلَّا

Sorg|e *f* هَمّ، اِنْشِغَال بَال، غَمّ

≗en (für ب) اِعْتَنَى

v/r. قَلِق، اِغْتَمّ (a)

~falt *f (O)* عِنَايَة

≗fältig مُعْتَنٍ

≗los≗ مُهْمِل، دُون عِنَايَة

Sorte *f* صِنْف، نَوْع

Sorti'ment *n (-s; -e)* تَشْكِيلَة، مَجْمُوعَة

soweit كَمَا، بِقَدْر مَا

Sowjet *m (-s; -s)* السُّفْيِيت

sowohl: ~ . . . als auch وَ . . . وَ

~ dieser als auch jener هَذَا كَمِثْل ذَاك

so'zial اِشْتِرَاكِي، اِجْتِمَاعِي

≗ismus [-ˈlɪs-] *m (—; O)* اِشْتِرَاكِيَّة

≗ist [-ˈlɪst] *m (-en)* اِشْتِرَاكِي

Sozius *m (—; -se, auch Sozii)* شَرِيك

späh|en تَجَسَّس، اِسْتَطْلَع

≗trupp *m (-s; -s)* فِرْقَة اِسْتِطْلَاع

Spalt *m (-ęs; -e)* صَدْع، شَقّ

Spalte *f (Zeitungs≗)* عَمُود

spalten شَقّ (u)

Spaltung *f* اِنْقِسَام، اِنْشِقَاق، شَقّ

Span *m (-s; ⸚e)* شَظِيَّة، نُجَارَة

Spange *f* مِشْبَك

Span|ien *n* اِسْبَانِيَا

≗isch, **~ier** *m* اِسْبَانِي

Spanne *f* مُدَّة، شِبْر

spannen شَدّ (i)، مَدّ (u)

~d مُثِير، مُهِمّ

Spann|feder *f (—; -n)* زَنْبَلِك

~kraft *f (—; ≃e)* مُرُونَة

~ung *f* تَوَتُّر

Elektr. جَهْد

sparen وَفَّر، اِقْتَصَد

spärlich قَلِيل، زَهِيد

sparsam مُقْتَصِد

Spaß *m (-es; ≃e)* مِزَاح، دُعَابَة

≗en مَزَح (a)

spät مُتَأَخِّر

wie ~ ist es? السَاعَة كَمْ ؟

~er فِيمَا بَعْد

~estens عَلَى الأَكْثَر

spa'zieren (—) تَنَزَّه، تَفَسَّح، تَمَشَّى

Speck *m (-s; O)* شَحْم الخِنْزِير

Spedit|eur [ʃpe·di·ˈtø·ʁ] *m (-s; -e)* وَكِيل نَقْلِيَّات

~ion [-ˈtsĭo:n] *f* نَقْلِيَّات

Speer *m (-s; -e)* رُمْح

Speiche *f* بَرْمَق العَجَلَة

Anat. عَظْم الكُعْبُرَة

Speichel *m* بُصَاق، لُعَاب

Speicher *m* شُونَة، مَخْزَن

speien *(L)* بَصَق (u)

Speise *f* آكْل، طَعَام

~haus *n* مَطْعَم

~kammer *f (—; -n)* كَرَار

~karte *f* كَشْف مَأْكُولَات قَائِمَة الطَعَام

speisen *(-t)* آكَل، تَنَاوَل (u) الطَعَام

Speise|röhre *f* بُلْعُوم

~saal *m (-es; -säle)* صَالَة آكْل

~wagen *m Esb.* عَرَبَة الأَكْل

Spekul|ant [ʃpe·ku·ˈlant] *m (-en)* مُضَارِب

~ation [-la·ˈtsĭo:n] *f* مُضَارَبَة

≗ieren [-ˈli:-] (—) ضَارَب

Spende *f* تَبَرُّع

Sperling *m (-s; -e)* عُصْفُور

Sperr|e *f* سَدّ

≗en سَدّ، أَقْفَل (u)

~konto *n (-s; -konten)* حِسَاب مَوْقُوف

Spesen *pl.* مَصَارِيف

Spe'zial-arzt *m (-es; ⸗e)* طَبِيب اِخْصَائِى

spe'ziell خَاصّ

Sphäre *f* مَجَال، دَائِرَة

Spiegel *m* مِرْآة

~bild *n (-s; -er)* صُورَة مُنْعَكِسَة

⁓n *(-le)* عَكَسَ (i)

v/r. اِنْعَكَسَ

~ung *f* اِنْعِكَاس

Spiel *n (-s; -e)* لَعِب

Theater: تَمْثِيل

Musik: عَزْف

(Glücks⁓) قِمَار

~-art *f* نَوْع

~dose *f* عُلْبَة المُوسِيقَا

⁓en قَامَرَ، (i) عَزَفَ، مَثَّلَ، لَعِب (a)

~e'rei *f* أُلْعُوبَة *fig.* شَىْء سَهْل

~feld *n (-es; -er)* مَلْعَب

~karte *f* وَرَق لَعِب

~plan *m (-s; ⸗e)* جَدْوَل التَمْثِيل

~sachen *f/pl.* لِعْبَة

~uhr *f* سَاعَة ذَات مُوسِيقَا

~zeug *n (-s; -e)* لِعْبَة

Spieß *m (-es; -e)* سِيخ، حَرْبَة

Spi'nat *m (-s; O)* سَبَانَخ

Spinn|e *f* عَنْكَبُوت

⁓en *(L)* غَزَلَ (i)

~(en)gewebe *n (-s; —)* نَسِيج عَنْكَبُوت

Spi'on *m (-s; -e)* جَاسُوس

~age [ʃpi·o·'nɑːʒə] *f* تَجَسُّس

~ageabwehr [-'nɑːʒə-] *f* *(O)* تَجَسُّس مُضَادّ

Spi'rale *f* خَطّ حَلَزُونِى

Spiritu'osen *pl.* مَشْرُوبَات رُوحِيَّة

Spiritus *m (—; O)* اِسْبِرْتُو

spitz مُسَنَّن، مُدَبَّب

fig. حَادّ

⁓bube *m (-n)* شَقِىّ

~bübisch شَقِىّ

⁓e *f* طَرَف، سِنَان، سِنّ

Berg: قِمَّة

Spitzel *m* مُخْبِر بُولِيس
spitzen *(-t)* سَنّ، دَبَّب (i)
spitzfindig مَكَّار
Splitter *m* شَظِيَّة
Sporn *m (-¢s; Sporen)* مِهْمَاز
spornen هَمَز (u, i)
Sport *m (-es; -e)* رِيَاضَة
~platz *m (-es; ⸗e)* مَلْعَب
Spott *m (-es; O)* هَجْو، اِسْتِهْزَاء
~billig *(O)* رَخِيص جِدًّا
~en *(-e-)* اِسْتَهْزَأ
spöttisch مُسْتَهْزِئ، سَاخِر
Spottname *m (-n)* كُنْيَة سَاخِرَة
Sprach|e *f* [-aː-] كَلَام، لُغَة
~fehler *m Gr.* لَحْن
Med. زَلَّة لِسَان
~lehre *f* عِلْم النَحْو
~los دُونَ كَلَام
~rohr *n (-s; -e)* بُوق كَلَام
sprech|en *(L)* تَكَلَّم
~er *m* مُتَحَدِّث، مُتَكَلِّم

~film *m (-s; -e)* فِلْم نَاطِق
~stunde *f* وَقْت العِيَادَة
~zimmer *n* حُجْرَة العِيَادَة
spreizen *(-t)* فَرْشَح
Sprengbombe *f* قُنْبُلَة مُنْفَجِرَة
sprengen نَسَف (i)
Spreu *f (O)* عُصَافَة
Sprichwort *n (-¢s; ⸗er)* مَثَل، حِكْمَة
sprießen *(L; sn)* نَبَت (u)
Springbrunnen *m* فَسْقِيَّة، نَفُورَة
springen *(L; sn)* قَفَز (i)، نَطّ (u)
Springer *m* قَفَّاز
Schach: فَرَس شَطْرَنْج
Spritze *f* مِضَخَّة *Med.* حُقْنَة
~n *(-t)* ضَخّ (u)، رَشّ (u)
Med. حَقَن (i, u)
spröde هَشّ *fig.* نَافِر، أَبِيّ
Sproß *m (-sses; -sse)* سَلِيل، نَبْتَة

Sprosse *f* دَرَجَة سُلَّم خَشَبِى

Spruch *m (-es; ⸚e)* حُكْم، حِكْمَة، قَوْل

Sprudel *m* فَوَّارَة

⁓n *(-le)* فَار، بَقْبَق (u)

sprühen تَطَايَر، رَشَّ (u)

Sprung *m (-es; ⸚e)* قَفْز

Glas: شَقَّة

~brett *n (-ęs; -er)* مِنَط، لَوْحَة قَفْز

Spucke *f* لُعَاب، بُصَاق

⁓n بَصَق (u)

Spuck-napf *m (-es; ⸚e)* مِبْصَقَة

Spuk *m (-s; -e)* شَبَح

⁓en ظَهَرَت الأَشْبَاح

Spule *f* بَكَرَة، مِلَفّ

spülen غَسَل (i)

Spur *f* أَثَر، جُرَّة

spüren أَحَسَّ، شَعَر (u)

sputen *(-e-) v/r.* أَسْرَع، إِسْتَعْجَل

Staat *m (-es; -en)* دَوْلَة

Staats|angehörigkeit *f* جِنْسِيَّة، تَبَعِيَّة

~-anwalt *m* مُدَّعٍ عُمُومِىّ

~bürger *m* مُوَاطِن

~haushalt *m* مِيزَانِيَّة الدَّوْلَة

~klugheit *f (O)* سِيَاسَة الدَّوْلَة

~mann *m (-es; ⸚er)* سِيَاسِى

~-papiere *pl.* سَنَدَات دَيْن الدَّوْلَة

~-umwälzung *f* اِنْقِلَاب

~verfassung *f* دُسْتُور الدَّوْلَة

Stab *m (-es; ⸚e)* عَصًا

Mil. أَرْكَان حَرْب

sta'bil ثَابِت

~i'sieren (—) ثَبَّت

⁓i'sierung *f* تَثْبِيت

Stachel *m* حَسَك، مِنْخَس، شَوْك

~draht *m (-ęs; O)* سِلْك شَائِك

Stadion *n (-s; Stadien)* إِسْتَاد، مَلْعَب عَامّ

Stadium *n (-s; Stadien)* مَرْحَلَة، حَالَة

Stadt *f (—; ⸚e)* بَلَد، مَدِينَة

städtisch بَلَدِي

Stadtteil *m (-s; -e)* حَيّ

Staffel *f (—; -n)* سِرْب (طَائِرَات) *Treppe:* دَرَجَة

Stahl *m (-s; O)* صُلْب، فُولَاذ

stähl|en صَلَّب *fig.* قَوَّى

~ern فُولَاذِي

Stall *m (-es; ⸚e)* زَرِيبَة، اِسْطَبْل

Stamm *m (-es; ⸚e)* جِذْع، أَصْل *(Volk)* قَبِيلَة

~baum *m (-es; ⸚e)* شَجَرَة نَسَب

stammeln *(-le)* لَكِن، (a) تَلَجْلَج

stammen اِنْتَسَب إِلَى

stämmig رَبْعَة القَوَام، قَوِيّ

stampfen خَبَط بِرِجْلِه، (i) دَاس (u)

Stand *m (-es; ⸚e)* حَالَة اِجْتِمَاعِيَّة، طَبَقَة *(Wasser⸗)* مُسْتَوَى *(Zustand)* حَال

~bild *n* تِمْثَال

Standes|-amt *n (-es; ⸚er)* مَكْتَب الأَحْوَال الشَّخْصِيَّة

~-person *f* وَجِيه

standhaft صَبُور

⸗igkeit *f* صَبْر، ثَبَات

ständig مُسْتَمِرّ، دَائِم

Stand-ort *m* مَوْضِع

Standpunkt *m (-es; -e)* وِجْهَة نَظَر

Standrecht *n* حُكْم عُرْفِي

Stange *f* قَضِيب، عَمُود

Stapel *m* كَدْس، رَكَم، كَوْم

Star *m (-s; -e) Zo.* زُرْزُور (طَائِر)

(-s; O) Med. مَاء أَوْغَشَاوَة العُيُون

(-s;-s) (Film⸗) نَجْم سِينَمَا

stark *(⸚er; ⸚st-) adj.* قَوِيّ، شَدِيد

adv. كَثِيرًا، جِدًّا

Stärke *f (Kraft)* قُوَّة

(Mehl) نَشَاء

Starkstrom *m (-s; O)* تَيَّار عَالِي الجَهْد

Stärkungsmittel *n* دَوَاء مُقَوٍّ

starr مُتَصَلِّب، صُلْب

Blick: شَاخِص

~en (auf (فِي بَحْلَق

≈kopf *m* عَنِيد

≈krampf *m* كُزَاز، تِيتَانُوس

Start *m (-s; -s)* بَدْء

Flgw. قِيَام

≈en *(-e-)* بَدَأَ (a) قَام، (u)

~er *m* مَارْش السَّيَّارات

Statik *f* إِسْتَاتِيكِيَّة، عِلْم تَوَازُن القُوَى

Sta'tion *f* مَحَطَّة

Sta'tistik *f* إِحْصَاء

Sta'tiv *n (-s; -e)* رَكِيزَة الآلات، عِمَاد

statt *präp.* بَدَلاً مِنْ

Stätte *f* مَحَلّ: مَكَان

statt|finden *(L; er, sie, es findet statt)* حَدَث، (u) حَصَل (u)

~haft جَائِز، مَسْمُوح

≈halter *m* مُحَافِظ، وَالٍ

~lich عَظِيم، فَخْم

Statue *f* تِمْثَال

Sta'tur *f* حَجْم، قَوَام

Sta'tut *n (-s; -en)* نِظَام، دَسْتُور

Staub *m (-es; O)* تُرَاب

~sauger *m* مِكْنَسَة كَهْرَبَائِيَّة

~tuch [-u:-] *n (-ẹs; ⸗er)* خِرْقَة تَنْفِيض

Staude *f* شُجَيْرَة، عُشْب

staunen *v/i.* تَعَجَّب، اِنْدَهَش

Staunen *n* اِندِهَاش، تَعَجُّب

Stauwerk *n (-s; -e)* خَزَّان، سَدّ

stechen *(L)* شَكّ، (u) لَسَع، (a) وَخَز، (i) طَعَن (a)

Steckbrief *m* أَمْر بِالقَبْض

Steckdose *f* بِرِيزَة كَهْرَبَاء

stecken *(L; auch -te)* (u) شَبَك، أَدْخَل، (u) دَسّ، (a) وَضَع

Steckenpferd *n (-s; -e) fig.* هَوَايَة

Stecknadel *f (—; -n)* دَبُّوس

Steg *m (-es; -e)* جِسْر صَغِير

stehen *(L)* وَقَف (i)

~bleiben تَوَقَّف

~lassen تَرَك (u)

~d وَاقِف، رَاكِد

stehlen *(L)* سَرَق (i)

steif جَامِد، مُتَصَلِّب

Steig *m (-es; -e)* دَرْب

~bügel *m* رِكَاب

~en *(L; sn)* (a) صَعِد، اِرْتَفَع

steiger|n *(-re)* (i) زَاد، (a) رَفَع

~ung *f Preise:* اِرْتِفَاع الأَسْعَار

Steigung *f* صُعُود، طُلُوع

steil مُنْحَدِر

Stein *m (-¢s; -e)* حَجَر، نَوَاة فَوَاكِه

(Edel~) حَجَر كَرِيم

~bruch *m (-s; ⸚e)* مَحْجَر

~druck *m* طَبْع حَجَرِى

~ig كَثِير الأَحْجَار، حَجَرِى

~kohle *f* فَحْم حَجَرِى

~metz *m (-en)* حَجَّار

~pflaster *n* بَلَاط

Stelldichein [ˈʃtɛldɪçˑaɪn] *n (-s; O)* مِيعَاد و مَكَان اللِقَاء

Stelle *f Beruf:* وَظِيفَة مَوْضِع، مَوْقِف، مَكَان

stellen *v/t.* حَطّ (u)، وَضَع (a)

Uhr: ضَبَط السَاعَة (u)

v/r. تَصَنَّع

Stellung *f (Haltung)* وَضْع *(Rang)* وَظِيفَة، مَكَانَة

Stellvertreter *m* مَنْدُوب، وَكِيل، نَائِب

Stelze *f* طُوَالَة، عَكَّازَة

Stempel *m* خَتْم، طَابِع، دَمْغَة
~gebühr *f* ضَرِيبَة دَمْغَة
~n *(-le)* دَمَغ (u) خَتَم، (i)
Stengel *m* عُود، سَاق النَبَات
Steno|gra'phie *f* اِخْتِزَال
~gra'phieren (—) كَتَب بالِاخْتِزَال
~ty'pistin *f* كَاتِبَة اِخْتِزَال وَعَلَى الآلَة الكَاتِبَة
Steppdecke *f* لِحَاف
sterb|en *(L; sn)* تُوُفِّيَ، مَات (a)
~lich فَانٍ
sterili'sieren (—) عَقَّم
Stern *m (-ẹs; -e)* نَجْم
~bild *n (-ẹs; -er)* بُرْج السَمَاء
~förmig نَجْمِي الشَكْل
~kunde *f (O)* عِلْم الفَلَك
~warte *f* مَرْصَد فَلَكِي
stetig مُسْتَمِرّ
~keit *f* اِسْتِمْرَار
stets [-eː-] دَائِمًا
Steuer[1] *n* عَجَلَة القِيَادَة *Mar.* دَفَّة
Steuer[2] *f (—; -n)* ضَرِيبَة
~amt *n* مَصْلَحَة الضَرَائِب
~frei *(O)* لَاضَرِيبَة عَلَيْه
Steuer|mann *m (-ẹs; -leute)* قَائِد الدَفَّة، دُومَانْجِي
~n *(-re)* قَاد (u) ، أَدَار
~rad *n (-es; ⸗er)* عَجَلَة قِيَادَة
~ruder *n Mar.* دَفَّة، دُومَان
Stich *m (-es; -e)* شَكَّة، طَعْنَة *Typ.* حَفْر *(Nadel~)* غُرْزَة *fig.* لَسْعَة
Stiche'lei *f* سُخْرِيَّة
sticheln *(-le)* سَخَر مِنْ (a)
Stichwort *n (-s; ⸗er)* كَلِمَة بِالتَرْتِيب الأَبْجَدِي
stick|en طَرَّز
~er(in *f*) *m* مُطَرِّز
~e'rei *f* تَطْرِيز
stickig فَاسِد، خَانِق
Stickstoff *m (-s; O)* نِيتْرُوجِين

Stiefbruder *m* (*-s;* ⸚) أخ غَيْر شَقِيق

Stiefel *m* حِذَاء طَوِيل

Stief|mutter *f* (*—;* ⸚) رَابَّة (زَوْجَة الأَب)

~vater *m* (*-s;* ⸚) رَابّ (زَوْج الأُمّ)

Stiel *m* (*-s; -e*) يَد، قَبْضَة

Bot. سَاق النَبَات

Stier *m* (*-s; -e*) ثَوْر

stieren *v/i.* (a) شَخَص، بَحْلَق

Stift[1] *m* (*-es; -e*) قَلَم، مِسْمَار رَفِيع

Stift[2] *n* (*-s; -e*) دَيْر

≈en (*-e-*) أَوْقَف، شَيَّد، أَسَّس

~er *m* مُؤَسِّس، مُشَيِّد

~ung *f* تَأْسِيس

fromme ~ung: وَقْف

Stil *m* (*-s; -e*) طِرَاز، أُسْلُوب

≈gerecht مُطَابِق لِلْطِرَاز

still سَاكِن، هَادِىء

Hdl. رَاكِد

stillen *Blut:* أَوْقَف

Durst: (a) نَقَع

Kind: أَرْضَع (*säugen*)

still|halten (*L*) تَوَقَّف

≈schweigen *n* (*O*) سُكُوت

~schweigend سَاكِت

≈stand *m* (*-s; O*) تَوَقُّف

~stehen (*L*) (u) رَكَد، (i) وَقَف

Stimm|band *n* (*-ẹs; ⸚er*) وَتَر صَوْتِي

~e *f* صَوْت

≈en *v/i.* (i) صَحّ

es stimmt صَحِيح

v/t. Wahl: أَعْطَى صَوْتَه، صَوَّت

Instrument: (i) ضَبَط، دَوْزَن

~gabel *f* (*—; -n*) شَوْكَة الدَوْزَنَة

~recht *n* (*-s; O*) حَقّ اِنْتِخَاب

Stimmung *f* مِزَاج، حَالَة نَفْسِيَّة

≈s-voll بَهِيج، شَارِح لِلْصَدْر

stinken *(L)* دَفِر، انْتَن (a)
Sti'pendium *n (-s; Stipendien)* اِعَانَة تَعْلِيم
Stirn *f* جَبْهَة، جَبِين
~runzeln *f/pl.* قُطُوب الجَبْهَة
Stock *m (-ǿs; ⸗e)* عَصَا
(~werk) دَوْر، طَابِق
stock|en رَكَد، تَوَقَّف، (u)
خَثَر (u)
⸗ung *f* رُكُود، اِنْقِطَاع، تَوَقُّف
Med. اِحْتِقَان
⸗zahn *m (-s; ⸗e)* ضِرْس
Stoff *m (-es; -e) (Gewebe)* نَسِيج *(Materie)* مَادَّة
stöhnen اَنَّ (i)
Stollen *m* مَمَرّ المَنَاجِم، دِهْلِيز
stolpern *(-re; sn)* كَبَا، (u) تَعَثَّر، (i) عَثَر
stolz فَخُور، مُتَكَبِّر
⸗ *m (-es; O)* فَخْر، كِبْرِيَاء
stopfen سَدّ (u) حَشَا، (u)
Socken: رَفَأ (a)
Stoppel *f (—; -n)* سِدَاد
~n *pl.* جُذَامَة
stoppen اَوْقَف
Stöpsel *m* فِلّة، سِدَاد
Storch *m (-es; ⸗e)* (اَبُو) لَقْلَق
stören اَزْعَج، ضَايَق
Radio: شَوَّش
⸗fried *m (-s; -e)* مُشَاغِب، وَغْل
störrig عَنِيد *Pferd:* جَمُوح
Störung *f* مُضَايَقَة، تَشْوِيش، اِزْعَاج، خَلَل
Phys. اِضْطِرَاب
Stoß *m (-es; ⸗e) (Schub)* صَدْمَة، دَفْعَة *(Anprall):*
(Masse) كَوْم
Stößel *m* مِدَقّ
stoßen *(L) v/i. (sn)* اِصْطَدَم، (i) صَدَم، (a) دَفَع
(gegen, an بِ)
(auf) صَادَف
Stoßzahn *m (-ǿs; ⸗e)* نَاب

Stotterer *m* اَلْكَن
stottern *(-re)* لَكِن، تَعَثَّر (a)
stracks حَالًا، مُبَاشَرَةً
straf|bar مُسْتَوْجِب العِقَاب
≈e *f* عِقَاب *(Geld∼e)* جَزَاء نَقْدِيّ
∼en عَاقَب
≈-erlaß *m* عَفْو عَن العُقُوبَة
∼fällig عُرْضَة لِلْعِقَاب
≈gefangene(r) *m*, **Sträfling** *m (-s; -e)* مَحْكُوم مَسْجُون عَلَيْه
≈gesetz *n* قَانُون عُقُوبَات
≈losigkeit *f (O)* عَدَم العِقَاب
≈porto *n (-s; -porti)* غَرَامَة بَرِيد
Strahl *m (-s; -en)* شُعَاع، شُعَاعَة
≈en اَشَعّ
∼en-brechung *f (O)* تَكَسُّر الأَشِعَّة
≈end مُشِعّ، لَمَّاع
Strähne *f* شِلَّة (الصُوف الخ)
Strand *m (-es; ⸚e)* سَاحِل، شَطّ البَحْر
≈en *(-e-; sn)* جَنَحَت، (a) شَحَطَت (السَفِينَة) (u)
Strang *m (-es; ⸚e)* حَبْل
Stra'paze *f* تَعَب
Straße *f* طَرِيق، شَارِع
∼n-bahn *f* تِرَام
∼n-kehrer *m* كَنَّاس طُرُق
∼n-räuber *m* قَاطِع الطُرُق
∼n-verkehr *m* حَرَكَة مُرُور الطُرُق
sträuben *v/r.* مَانَع فى *Haar:* قَبّ (u)
Strauch *m (-es; ⸚er)* اَجَمَة، شُجَيْرَة
straucheln *(-le; sn)* كَبَا، (u) تَعَثَّر
Strauß[1] *m (-es; ⸚e) (Blumen≈)* بَاقَة، صُحْبَة
Strauß[2] *m (-es; -e) Zo.* نَعَامَة
streben قَصَد الى (i) سَعَى، (a)
strebsam طَمُوح
≈keit *f (O)* طُمُوح

streck|bar قَابِل للتَمَدُّد

≈e *f* مَسَافَة

Esb. خَطّ سِكَّة حَدِيد

~en مَدّ (u)

Streich *m (-ẹs; -e)* خَبْطَة، ضَرْبَة

fig. حِيلَة

streicheln *(-le)* طَبْطَب، لَاطَف (بِيَدِه)

streichen *(L) v/t. (malen)* دَهَن (i)

Butter usw.: نَشَر (u)

Rasiermesser: سَنّ (u)

(durchstreichen) مَحَا، (u) شَطَب (u)

Flagge, Segel: أَنْزَل

Streich|holz *n (-es; ⸗er)* عُود كِبْرِيت *äg.* شَحَّاطَة *syr.*

~riemen *m* مِسَنّ جِلْدِى (للمُوسَى)

Streif|band *n (-ẹs; ⸗er)* لِفَافَة وَرَق

~e *f* دَوْرِيَّة البُولِيس

Streifen *m* شَرِيط، خَطّ

Streif|schuß *m (-sses; ⸗sse)* جُرْح سَطْحِى

~zug *m (-ẹs; ⸗e)* جَوْلَة

Streik *m (-s; -s)* اِضْرَاب

in den ~ treten اَضْرَب عَنْ العَمَل

~brecher *m* مُمْتَنِع عَنْ الاِضْرَاب

≈en اَضْرَب

~ende(r) *m* مُضْرِب

Streit *m (-ẹs; O)* نِزَاع، شِجَار، خِصَام، جَدَل

≈en *(L)* نَازَع، خَاصَم

≈ig مُتَنَازَع فِيه

~igkeit *f* نِزَاع، خِلَاف

≈lustig مُشَاغِب، مُحِبّ للنِزَاع

~schrift *f* رِسَالَة جَدَلِيَّة

streng شَدِيد، مُتَزَمِّت، صَارِم

~gläubig حَنْبَلِى

streuen بَذَر (u)، نَشَر (u)

Strich *m (-ẹs; -e)* خَطّ، شَرْطَة

(Gegend) نَاحِيَة

Strick *m (-ẹs; -e)* حَبْل

≈en حَبَك (i)
~leiter *f* (—; -*n*) سُلَّم حِبَال
~zeug *n* (-*s*; *O*) أَدَوَات الحَبْك
Striegel *m* مِحَسَّة
Strieme *f* حَبَار، حَبَط
Stroh *n* (-*¢s*; *O*) تِبْن، قَشّ
Strolch *m* (-*es*; -*e*) مُتَشَرِّد
Strom *m* (-*¢s*; ⸗*e*) سَيْل، نَهْر، مَجْرَى
Elektr. تَيَّار
strömen سَال (i)، جَرَى (i)
Strom|schnelle *f* شَلَّال
~spannung *f* جَهْد
~stärke *f* (*O*) قُوَّة التَيَّار الكَهْرَبَائِي
Strömung *f* جَرَيَان مِيَاه
Strudel *m* دُوَّامَة
Strumpf *m* (-*¢s*; ⸗*e*) جَوْرَب
~band *n* (-*es*; ⸗*er*) رِبَاط جَوَارِب
~halter *m* حَمَّالَة جَوَارِب
struppig مَنْكُوش، أَشْعَث
Stube *f* حُجْرَة
~nhocker *m* مُلَازِم لِبَيْتِه
~nmädchen *n* خَادِمَة
Stück *n* (-*¢s*; -*e*) قِطْعَة
Stu'dent *m* (-*en*) طَالِب جَامِعِي
~in *f* طَالِبَة
Studie *f* مَشْرُوع، تَخْطِيط
stu'dier|en (—) دَرَس (u)
≈zimmer *n* حُجْرَة دِرَاسَة
Studium *n* (-*s*; *Studien*) طَلَب (عِلْم)، دِرَاسَة
Stufe *f* دَرَجَة
Stuhl *m* (-*es*; ⸗*e*) كُرْسِي
~gang *m* (-*¢s*; *O*) تَبَرُّز
stumm أَخْرَس، أَبْكَم
fig. سَاكِت
Stummel *m* عُقْب (سَجَائِر)
Stummheit *f* (*O*) خَرَس، بَكَم
Stümper *m* مُكَلْفِت
stumpf كَلِيل، ثَالِم
Stumpf *m* (-*es*; ⸗*e*) جِذْع شَجَر
stumpfsinnig بَلِيد، غَبِي

Stunde *f* حِصّة دَرْس، سَاعَة
stunden *(-e-)* أَجَّل
Sturm *m (-¢s; ¨e)* عَاصِفَة
stürmen (u) هَجَم على (u)
Wind: عَصَف (i)
Stürmer *m Fußball:* مُهَاجِم
Sturmglocke *f* جَرَس إِنْذَار بِالخَطَر
stürmisch بِانْدِفَاع، عَاصِف
Sturmwind *m (-¢s; -e)* عَاصِفَة، رِيح شَدِيدَة
Sturz *m (-es; ¨e)* عَثْرَة، سُقُوط
~bach *m (-es; ¨e)* تَيَّار مَائِي شَدِيد
stürzen *(-t) v/i. (sn)* سَقَط، اِنْدَفَع (u)
v/t أَسْقَط
Sturzflug *m (-es; ¨e)* اِنْقِضَاض
Stute *f* فَرَسَة
Stütze *f* سَنَد *(auch fig.)* عِمَاد
stutzen *(-t)* قَصّ (u)
fig. فَزّ (i)
stützen *(-t)* دَعَم (a) عَمَد (i) أَسْنَد
v/r. اِرْتَكَز، اِعْتَمَد على
Stutzer *m* غَنْدُور، مُهَنْدَم
stutzig مُتَرَدِّد، مُتَشَكِّك، مُنْدَهِش
Stützpunkt *m (-es; -e)* نُقْطَة اِرْتِكَاز، قَاعِدَة
Subjekt *n* مُبْتَدَأ، فَاعِل
Substantiv *n* اِسْم
Sub'stanz *f* مَادَّة
sub'til دَقِيق
subtra'hieren (—) طَرَح (a)
Subtrak'tion *f* طَرْح
Suche *f (O)* بَحْث
~n بَحَث عَن (a) تَفَقَّد
Sucht *f (—; ¨e)* تَشَوُّق، مَرَض، اِدْمَان
Süd|en *m (-s; O)* جَنُوب
~lich جَنُوبِي
~-östlich جَنُوبِي شَرْقِي

~pol *m (-s; O)* القُطْب الجَنُوبِى
~wärts نَحْو الجَنُوب
~'westlich جَنُوبِى غَرْبِى
sühn|en كَفَّر عَنْ
~e-opfer *n* ضَحِيّة التَكْفِير
sum'marisch اِجْمَالِى
Summe *f* جُمْلَة، مَجْمُوع
summen زَنّ (i)، أَزّ (i)
sum'mieren (—) جَمَع (a)
Sumpf *m (-es; ⸚e)* مُسْتَنْقَع
~fieber *n* حُمّى المَلَارْيَا
~ig وَحِل
Sünd|e *f* خَطِيئَة، مَعْصِيَة، اِثْم
~er *m* آثِم، خَاطِئ
~haft خَاطِئ، آثِم
~igen آثِم، اِرْتَكَب (a) مَعْصِيَة
Sun'niten *m/pl.* أَهْل السُنّة
Superlativ *m (-s; -e)* اِسْم التَفْضِيل
Suppe *f* حَسَاء، شُورْبَة

süß عَذْب، حُلْو
~igkeit *f* حَلَاوَة
~wasser *n* مِيَاه عَذْبَة
Sym'bol *n (-s; -e)* رَمْز
~isch رَمْزِى
Symme'tr|ie *f* تَنَاسُب
~isch [-ˈmeː-] مُتَنَاسِب الشَكْل
Sympa'th|ie *f* مَيْل اِلَى، عَطْف
~isch [-ˈpaː-] لَطِيف، خَفِيف الرُّوح
~i'sieren (—) اِنْعَطَف
Syna'goge *f* كَنِيسَة يَهُودِيّة، مَعْبَد يَهُودِى
Syndi'kat *n (-s; -e)* نِقَابَة
syno'nym مُتَرَادِف
Syphilis *f (O)* مَرَض الزُهْرِى
System [zʏˈsteːm] *n (-s; -e)* نِظَام، طَرِيقَة
~atisch [-ˈmaːtɪʃ] نِظَامِى
Szene [ˈstseːnə] *f* مَسْرَح
~'rie *f* مَنْظَر

T

Tabak *m (-s; -e)* تَبْغ، دُخَان

~s-beutel *m* كِيس دُخَان

~s-dose *f* عُلْبَة دُخَان

Ta'belle *f* جَدْوَل

Ta'blett *n (-s; -s)* صِينِيَّة

Ta'blette *f* قُرْص (دَوَاء)

Tacho'meter *m* مِقْيَاس السُّرْعَة

Tadel *m* لَوْم

≈n *(-le)* لَامَ (u)

Tafel *f (—; -n)*

(Schul≈) سَبُّورَة

(Schreib≈) لَوْحَة

(Tisch) قُرْص، سُفْرَة

Tag *m (-es; -e)* يَوْم

(Gegensatz zur Nacht) نَهَار

~e-buch [-uː-] *n (-e̸s; ¨er)* مُفَكِّرَة يَوْمِيَّة، دَفْتَر يَوْمِيَّات

~e-dieb *m* كَسُول

~e-lohn *m (-e̸s; ¨e)* أُجْرَة يَوْمِيَّة

~e-löhner *m* أَجِير

≈en *(dämmern)* بَزَغَ (u) النَّهَار

Kongress: اِنْعَقَدَ

~es-licht *n (-s; 0)* ضَوْء النَّهَار

täglich [-ɛː-] يَوْمِيّ، يَوْمِيًّا

Takt *m (-es; -e) Mus.* إِيقَاع

fig. أَدَب

≈voll مُؤَدَّب

Tal *n (-s; ⸗er)* وَادٍ

Ta'lent *n (-s; -e)* قَرِيحَة، مَوْهِبَة، عَبْقَرِيَّة

⸗iert [-'tiːʁt] ذُو قَرِيحَة

Talg *m (-es; O)* شَحْم

Tank *m (-s; -s) (Behälter)* خَزَّان

(Panzer) دَبَّابَة

⸗en مَلَأَ بِالْبَنْزِين (a)

~stelle *f* مَحَطَّة بَنْزِين

Tanne *f* شَجَرَة صُنُوبَر

Tante *f väterlicherseits:* عَمَّة

mütterlicherseits: خَالَة

Tanz *m (-es; ⸗e)* رَقْص

⸗en *(-t)* رَقَص (u)

Tänzer *m* رَاقِص

~in *f* رَاقِصَة

Ta'pete *f* وَرَق الجِدَار

tape'zier|en (—) نَجَّد

⸗er *m* مُنَجِّد

tapfer *(-pfr-)* بَاسِل، شُجَاع

täppisch غَبِيّ

Ta'rif *m (-s; -e)* تَعْرِيفَة

Tasche *f* حَقِيبَة، كِيس، مِحْفَظَة، جَيْب

~n-dieb *m (-es; -e)* نَشَّال

~n-lampe *f* مِصْبَاح جَيْب

~n-messer *n* مِطْوَاة

~n-spieler *m* حَاوٍ

~n-tuch [uː] *n (-ẹs; ⸗er)* مِنْدِيل

~n-uhr *f* سَاعَة جَيْب

Tasse *f* كُوب، فِنْجَان

Taste *f* مِفْتَاح او مَلْمَس (آلات)

tasten *(-e-)* مَسّ، (a) لَمَس (i)

Tastsinn *m* حَاسَّة اللَمْس

Tat *f* فِعْل، عَمَل

in der ~ فِعْلاً

tätig نَاشِط

⸗keit *f* نَشَاط، عَمَل

Tatkraft *f (O)* هِمَّة، نَشَاط، فَاعِلِيَّة

tätlich عَنِيف

~ werden اِسْتَعْمَل العُنْف

⸗keit *f* عُنْف

Tat|sache *f* حَقِيقَة، وَاقِع
~sächlich وَاقِعِى، فِى الوَاقِع
Tatze *f* كَفّ (الحَيَوَان)
Tau[1] *n (-es; -e)* حَبْل
Tau[2] *m (-es; O)* نَدًى
taub أَصَمّ، أَطْرَش
Taube *f* حَمَام
Taub|heit *f (O)* صَمَم، طَرَش
~stumm *(O)* أَطْرَش وأَخْرَس
tauch|en *v/i. (sn)* غَاص (u)، غَطَس (a)
~er *m* غَطَّاس، غَوَّاص
tauen ذَاب (u) (للثلْج)
Tauf|e *f* تَعْمِيد
~en عَمَّد
~name *m (-n)* الإِسْم الأَوَّل، إِسْم المَوْلِد
~zeuge *m (-n)* شَبِين
taug|en صَلَح ل (u)
~lich نَافِع، مُفِيد، مُنَاسِب، صَالِح
taumel|ig مُتَرَنِّح، دَائِخ

~n *(-le; sn)* تَرَنَّح
Tausch *m (-es; O)* مُبَادَلَة
~en بَادَل
täuschen *v/t.* خَدَع (a)، غَشّ (u)
v/r. إِنْخَدَع، غلَط (a)
Tauschhandel *m* تِجَارَة المُبَادَلَة، مُقَايَضَة
tausend أَلْف
Tausendundeine Nacht أَلْف لَيْلَة وَلَيْلَة
Tauwerk *n (-s; O)* حِبَال مَرَاكِب
Tauwetter *n* وَقْت ذَوَبَان الثَلْج
Tax|a'meter *m* عَدَّاد سَيَّارَات أُجْرَة
~e *f (Abgabe)* ضَرِيبَة، رَسْم
~i *n (-s; -s)* تَكْسِى، سَيَّارَة أُجْرَة
~'ieren *(—)* سَعَّر، قَدَّر، ثَمَّن
Tech|nik *f (O)* فَنّ، هَنْدَسَة

~niker *m* مُهَنْدِس

≈nisch: ~nische Hochschule *f* كُلِّيَّة الهَنْدَسَة

Tee *m (-s; -s)* شَاى

Teer *m (-s; -e)* قَطْرَان

Teich *m (-es; -e)* بِرْكَة

Teig *m (-es; -e)* عَجِين

Teil *m (-s; -e)* حِصَّة، نَصِيب، قِسْم، جُزْء

≈bar قَابِل لِلْقِسْمَة

≈en (i) قَسَم، فَرَّق وَرَق اللَعِب

≈haben *(L)* شَارَك فِى

~haber *m* شَرِيك

~nahme *f* اِشْتِرَاك

fig. شَفَقَة

≈nahmslos غَيْر مُكْتَرِث، غَيْر مُهْتَمّ

≈nehmen *(L)* اِشْتَرَك فِى

~nehmer *m* مُسَاهِم، مُشْتَرِك

teils: ~ ... ~ جُزْئِيًّا

Teil|strecke *f* مِنْطَقَة

~ung *f* قِسْمَة، تَوْزِيع

≈weise جُزْئِى

~zahlung *f* تَقْسِيط الدَفْع

Tele'gramm *n (-s; -e)* بَرْقِيَّة

~stil *m* اُسْلُوب مُخْتَصَر

Tele'graph *m (-en)* تِلِغْرَاف

drahtloser ~ تِلِغْرَاف لَاسِلْكِى

~en-amt *n (-s; ⸚er)* مَكْتَب تِلِغْرَاف

≈ieren [-a·'fi:-] (—) اَبْرَق، رَاسَل بِالْتِلِغْرَاف

Tele'phon *n (-s; -e)* تِلِفُون

s. a. Fernsprech. . .

~anschluß *m (-sses; ⸚sse)* مُوَاصَلَة تِلِفُونِيَّة

~buch [-u:-] *(-es; ⸚er)* دَفْتَر تِلِفُون

≈ieren [-o·'ni:-] (—) تَلْفَن، تَكَلَّم بِالتِلِفُون

~zelle *f:* öffentliche ~zelle كُشْك تِلِفُون

Teller *m* صَحْن، طَبَق

Tempel *m* مَعْبَد

Tempera'ment *n* *(-s; -e)* طَبيعَة، مِزَاج

Tempera'tur *f* دَرَجَة الحَرَارَة

Tempo *n* سُرْعَة

Tempus *n Gr.* زَمَن الأَفْعَال

Ten'denz *f* اِتِّجَاه، مَيْل الى

Tenne *f* جُرْن

Tennis *n (—; —)* تِنِيس

~platz *m (-es; ⸚e)* مَلْعَب تِنِيس

Teppich *m (-s; -e)* سَجَّادَة

Ter'min *m (-es; -e)* أَجَل، مُهْلَة، مَوْعِد

Terpen'tin *n (-s; -e)* تِرْبَنْتِين

Ter'rasse *f* شُرْفَة، سَطْح

Ter'rine *f* سُلْطَانِيَّة

Terror *m (-s; O)* اِرْهَاب

Testa'ment *n (-s; -e)* وَصِيَّة *(Bibel)* Das Alte ~ العَهْد القَدِيم Das Neue ~ العَهْد الجَدِيد

Tes'tator *m* مُوَصٍّ

teuer *(teurer; -st-)* غَالٍ (ثَمَن) *fig.* عَزِيز

Teufel *m* شَيْطَان

Text *m (-es; -e)* نَصّ

⁀lich نَصًّا، نَصِّي

The'ater *n* دَار التَمْثِيل، مَسْرَح

~stück *n (-es; -e)* مَسْرَحِيَّة، رِوَايَة تَمْثِيلِيَّة

Thema *n (-s; -ta oder Themen)* مَوْضُوع، رِسَالَة

Theolo'gie *f (O)* عِلْم الفِقْه، عِلْم اللاهُوت

theo'r|etisch نَظَرِي

⁀ie *f* نَظَرِيَّة

Thermo'meter *n* مِيزَان حَرَارَة

Thermosflasche *f* تِرْمُوس، زَمْزَمِيَّة

Thron *m (-es; -e)* عَرْش

~folger *m* وَلِيّ عَهْد

ticken دَقَّت السَاعَة (u)

tief عَمِيق

⁀druck *m (-s; O) Typ.* طَبْع حَفْرِي

Meteor. ضَغْط الهَوَاء الوَاطِيء

~e *f* عُمْق

~flug *m (-es; ¨e)* طَيَرَان مُنْخَفِض

~gang *m (-es; O)* غَاطِس سَفِينَة

~greifend عَمِيق

~sinnig مُفَكِّر، مُتَعَمِّق

Tiegel *m* بَوْتَقَة

Tier *n (-es; -e)* حَيَوَان

~-arzt *m (-es; ¨e)* طَبِيب بَيْطَرِى

~garten *m (-s; ¨)* حَدِيقَة الحَيَوَانَات

~heilkunde *f* الطِبّ البَيْطَرِى

Tiger *m* نِمْر

tilgen مَحَا، أَلْغَى (u)

Schuld: خَلَّص، اسْتَهْلَك

(auslöschen) مَحَا (u)

Tilgung *f* اِسْتِهْلَاك، مَحْو

Tinte *f* حِبْر

~nfaß *n (-sses; ¨sser)* مِحْبَرَة

Tisch *m (-es; -e)* مِنْضَدَة، مَائِدَة

(Ess~) سُفْرَة

~ler *m* نَجّار

~tennis *n (—; —)* بِنْج بُنْج

~tuch [-uː-] *n (-es; ¨er)* مِفْرَش

Titel *m (Buch~)* عُنْوَان

(Ehren~) لَقَب

tob|en صَخِب، اِحْتَدّ (a)

~sucht *f (O)* جُنُون حَادّ

Tochter *f (—; ¨)* بِنْت، اِبْنَة

Tod *m (-es; -e)* وَفَاة، مَوْت

~es-angst *f (—; ¨e)* خَوْف شَدِيد

~es-anzeige *f* نَعْيَة، اِعْلَان وَفَاة

~es-kampf *m (—; O)* نِزَاع (قَبْل المَوْت)، اِحْتِضَار

~es-strafe *f* عُقُوبَة اِعْدَام

tödlich مُمِيت

todmüde *(O)* فِي شِدَّة التَّعَب

Toilette [toa·'lɛtə] *f* مِرْحَاض، زِينَة، مَلَابِس

toll مَسْعُور، مُحْتَدّ، مَجْنُون
fig. رَائِع

~en هَيَّص، جُنّ فَرِحاً

⁓haus *n* *(-es; ⁓er)* مُسْتَشْفَى الأَمْرَاض العَقْلِيَّة

⁓wut *f* *(O)* كَلَب (مَرَض)

To'mate *f* طَمَاطِم

Ton[1] *m (-es; -e) (Erde)* طِين

Ton[2] *m (-es; ⁓e) (Musik)* نَغَمَة، صَوْت

tönen صَات (u)، رَنّ (i)

Tonfilm *m (-s; -e)* فِلْم نَاطِق

Tonne *f (Behälter)* بَرْمِيل
(Gewicht) طُنّ

Topf *m (-es; ⁓e)* قِدْر

Tor[1] *n (-s; -e)* بَاب
Sport: مَرْمَى

Tor[2] *m (-en)* غَبِيّ، اَبْلَه

~heit *f* بَلَه، غَبَاوَة

Torhüter *m* بَوَّاب
Sport: حَارِس مَرْمَى

töricht اَبْلَه، مَجْنُون

Torte *f* تُورْتَة، كَعْك

tot *(O)* مَيِّت

töten *(-e-)* قَتَل (u)
Nerv: اَمَات

tot|geboren مَوْلُود مَيِّتاً

⁓schlag *m (-s; O)* قَتْل بِدُون عَمْد

Tour [tuːʁ] *f* رِحْلَة، جَوْلَة، دَوْرَة

Trab *m (-es; O)* خَبَب الخَيْل

⁓en خَبّ (u)

Tracht *f* زِيّ

trachten *(-e-)* (nach etw.
سَعَى (إِلَى (a)
جَدّ فِي (i)

Trächtigkeit *f (O)* حَبَل (حَيَوَانَات)

Tradi'tion *f* نَقْل

tragbar مُحْتَمَل، مَحْمُول

träge كَسْلَان

tragen *(L)* حَمَل (i)

Kleider: لَبِس (a)

Träger *m* حَمَّال، شَيَّال

Techn. حَمَّالَة

Trägheit *f (O)* خُمُول، كَسَل

Phys. قُوَّة الِاسْتِمْرَار

trag|isch مُؤْسِف، فَاجِع

~ödie [tʀa·ˈgøːdĭə] *f* مَأْسَاة، رِوَايَة مُحْزِنَة، فَاجِعَة

trainieren [tʀɛːˈniːʀən] (—) مَرَّن

Tra'jekt *n (-s; -e) (Schiff)* مَعْدِيَّة

Traktor *m* جَرَّار

Tran *m (-es; O)* زَيْت السَّمَك

Träne *f* دَمْع، دَمْعَة

Trank *m (-es; O)* مَشْرُوب

Transfor'mator *m (-s; -en)*

Elektr. مُحَوِّل كَهْرَبَائِي

Transpira'tion *f* عَرَق

transpor'tieren (—) حَمَل (i)، نَقَل (u)

tras'sieren (—) *Hdl.* سَحَب الكَمْبِيَالَات (a)

Tratte *f* كَمْبِيَالَة (a)

Traube *f* عُنْقُود عِنَب، عِنَبَة

~n-lese *f* جَمْع العِنَب

~n-zucker *m* سُكَّر العِنَب

trauen *v/i.* صَدَّق

v/t. عَقَد الزَّوَاج (i)

v/r. اِجْتَرَأ

Trauer *f (O)* حُزْن، حِدَاد

~fall *m (-es; ⸚e)* وَفَاة

~marsch *m (-es; ⸚e)* نَشِيد الحِدَاد

Traufe *f* مِيزْرَاب

traulich أَلِيف

Traum *m (-es; ⸚e)* حُلْم

~bild *n (-es; -er)* رُؤْيَا

träumen حَلَم (u)

traurig حَزِين

Trauung *f* عَقْد زَوَاج

treffen *(L) (zustoßen)* أَصَاب

j-n صَادَف، قَابَل

Treffen *n* مُقَابَلَة

treffend سَدِيد، مُنَاسِب
trefflich فَاخِر، جَيِّد
treiben *(L) v/t.* حَثَّ (u) سَاق، (u) دَفَع (a)
v/i. (sn) نَبَت الزَّرْع، (u) طَفَا (u)
trennen *v/t.* فَصَل، فَرَّق (i)
v/r. اِنْفَصَل، تَفَرَّق
Trennung *f* اِنْفِصَال، تَفَرُّق
Treppe *f* سُلَّم
~n-absatz *m (-es; ¨e)* بَسْطَة سُلَّم
~n-geländer *n* دَرَابِزِين
~n-läufer *m* بِسَاط سُلَّم
treten *(L) v/t.* دَاس (u)
v/i. (sn) خَطَا (u)
treu وَفِيّ، مُخْلِص، أَمِين
~händer *m* قَيِّم، وَكِيل ثِقَة
Tri'büne *f* مِنْبَر، مِنَصَّة
Tri'but *m* جِزْيَة
Trichter *m* قُمْع
Trieb *m (-es; -e)* غَرِيزَة، دَافِع
Bot. نَبْت
~kraft *f (—; ¨e)* قُوَّة دَافِعَة، بَاعِث
trillern *(-re)* زَغْرَد
Trini'tät *f* ثَالُوث
trinken *(L)* شَرِب (a)
Trink|geld *n (-es; -er)* بَقْشِيش
~halle *f* مَحَلّ شُرْب
Tritt *m (-es; -e)* رَفْسَة،
~brett *n (-es; -er)* سُلَّم مَرْكَبَات
Tri'umph *m (-s; -e)* فَوْز، نَصْر، ظَفَر
~ieren [-'fiː-] (—) فَاز عَلَى: اِنْتَصَر (u)
trocken جَاف، نَاشِف
~batterie *f* بَطَّارِيَّة جَافَّة
~dock *n (-s; -s)* حُوض جَافّ
trocknen *(-e-) v/t.* جَفَّف، نَشَّف
v/i. (sn) جَفّ (i) نَشِف (a)
Trödel *m* أَشْيَاء قَدِيمَة
~n *(-le)* تَسَكَّع، تَوَانَى
Trödler *m* بَيَّاع أَشْيَاء قَدِيمَة

Trog [-o:-] *m (-es; ⸗e)* قَصْعَة *(Futter⸗)* مِذْوَد

Trommel *f (—; -n)* طَبْلَة

Trom'pete *f* نَفِير، بُوق

Tropen *pl.* المَنَاطِق الحَارَّة

Tropfen *m* قَطْرَة

⸗ قَطَر (u)

Trost [-o:-] *m (-es; O)* تَعْزِيَة، مُوَاسَاة

trösten *(-e-) v/t.* عَزَّى، وَاسَى

v/r. تَعَزَّى

trotz *präp.* رَغْم، بِالرَّغْم

Trotz *m (-es; O)* عِنَاد، تَحَدٍّ

⸗**en** *(-t)* عَنَد، تَحَدَّى (i)

⸗**ig** عَنِيد، مُتَحَدٍّ

trüb|(e) عَكِر

~**en** عَكَّر

⸗**sal** *f* حُزْن، كَرْب، آسَى

⸗**sinn** *m (-s; O)* حُزْن، سَوْدَاء

Trug [-u:-] *m (-es; O)* خِدَاع

trügen خَدَع (a)

trügerisch خَدَّاع

Trugschluß *m (-sses; ⸗sse)* اِسْتِدْلَال كَاذِب

Truhe *f* صُنْدُوق

Trümmer *pl.* أَنْقَاض، حُطَام

Trumpf *m (-es; ⸗e)* آتُو، وَرَقَة رَابِحَة

⸗**en** قَطَع بِوَرَقَة (a) الآتُو

Trunk *m (-es; ⸗e)* شَرْبَة

~**enheit** *f (O)* سُكْر

Trupp *m (-s; -s)* زُمْرَة، جَمَاعَة، عُصْبَة

Truppe *f Mil.* فِرْقَة جَيْش

Truthahn *m (-es; ⸗e)* دِيك رُومِي

Tuberku'lose *f* سُلّ، تَدَرُّن رِئَوِي

Tuch [-u:-] *n (-es; ⸗er)* جُوخ، قُمَاش

tüchtig مَاهِر، قَدِير، كُفْء

⸗**keit** *f (O)* مَهَارَة، قُدْرَة، كَفَاءَة

Tücke *f* مَكْر، خُبْث
tückisch خَبِيث
Tugend *f* فَضِيلَة
~haft فَاضِل
Tüll *m (-s; O)* نَسِيج التُلّ
Tulpe *f* سَوْسَن مُعَمَّم
Tümpel *m* بِرْكَة
Tu'mult *m (-s; -e)* غَاغَة، ضَجَّة، صَخَب
tun *(L)* عَمِل (a)، فَعَل (a)
~ *n (-s; O)* عَمَل، فِعْل
Tünche *f* بَيَاض جِدْرَان
Tunke *f* صَلْصَة
tunken غَطَّس
tunlich مُنَاسِب
~st الأَنْسَب
Tunnel *m* نَفَق
Tür *f* بَاب
~-angel *f (—; -n)* مُفَصَّلَة البَاب
Tür'kei *f* تُرْكِيَا
Türklinke *f* مَقْبَض أَوْ أُكْرَة بَاب
Turm *m (-es; ⸗e)* بُرْج
Schach: طَابِيَة، رُخّ
türmen كَوَّم
turn|en *v/i.* مَارَس الجُنْبَاز
~en *n* جُنْبَاز، رِيَاضَة
~er *m* جُنْبَازِي، رِيَاضِيّ
Tusche *f* حِبْر صِينِي
tuscheln *(-le)* هَمَس (i)
Tüte *f* كِيس وَرَق
tuten *(-e-)* زَمَّر (سَيَّارَة)
Typhus *m (—; O)* حُمَّى التَيْفُوس
typisch طَرْزِي، مِثَالِي
Typus *m (—; Typen)* مِثَال، طَرْز
Ty'rann *m (-en)* ظَالِم
~ei [-ˈnaɪ] *f* ظُلْم
~isch ظَالِم
~i'sieren (—) ظَلَم (i)

U

übel *(-bl-)* رَدِیء، سَیِّئ
Übel *n* سُوء، شَرّ
mir ist ≈ أَنَا مُتَوَعِّك
~keit *f (O)* قَرَف، وَعْكَة
≈nehmen *(L)* اِسْتَاء من، (a) زَعَل مِنْ، آخَذ على
~tat *f* فِعْل شَرّ
~wollen *n* حِقْد
≈wollen *v/i.* *(L)* تَمَنَّى الشَرّ، (i) حَقَد عَلَى
üben *v/t.* دَرَّب، مَرَّن
v/r. تَدَرَّب، تَمَرَّن
über عَنْ، عَبْر، فَوْق
~ und ~ تَمَامًا
~'all فِي كُلّ مَكَان
über'anstrengen *(—)* بَالَغ فِي الإِجْهَاد

über'arbeiten *(-e-; —)* *v/t.* صَحَّح، نَقَّح
v/r. بَالَغ فِي اِجْهَاد
über'aus جِدًّا، لِلْغَايَة
überbelichten *(-e-; —)* *Foto:* عَرَّض لِلْضَوْء أَكْثَر مِنْ اللاَزِم
über'bieten *(L; —)* زَايَد، (i) زَاد العَطَاء
Überbleibsel *n* بَاقٍ، بَقِيَّة
Überblick *m* *(-s; -e)* مَنْظَر، نَظْرَة عَامَّة، مُخْتَصَر
über'brin|gen *(L; —)* سَلَّم
≈ger *m* مُبَلِّغ
über'dauern *(-re; —)* (i) عَاش، (u) فَاق دَوَامًا

über'dies زِيَادَةً عَلَى ذَلِك، فَوْق ذَلِك

Überdruß *m (-sses; O)* مَلَل، سَأْم، قَرَف

überdrüssig سَئِم

überei'nander فَوْق بَعْضِهَا، بَعْض فَوْق بَعْض

Über'ein|kommen *n* اِتِّفَاق

~stimmen (—) اِتَّفَق، طَابَق

~stimmung *f* مُطَابَقَة

überfahr|en *v/i.* *(sn)* *(L)* اِجْتَاز، (u) عَبَر

v/t. [-ˈfaː-] (—) دَاس (u)

~t *f* عُبُور، اِجْتِيَاز

Überfall *m* *(-s; ⸚e)* هُجُوم، سَطْو، غَارَة

~en [-ˈfa-] *(L; —)* هَاجَم

~kommando *n* *(-s; -s)* بُولِيس النَجْدَة

überfließen (i) فَاض (i)

über'flügeln *(-le; —)* *fig.* سَبَق (i)، فَاق (u)

Über|fluß *m (-sses; O)* وَفْرَة، فَيْض

~flüssig غَيْر نَافِع، غَيْر ضَرُورِى

über'fluten *(-e-; —)* فَاض (i)

über'führ|en (—) نَقَل (i)

jur. أَثْبَت عَلَى

~ung *f* نَقْل، إِثْبَات

Übergabe *f* تَسْلِيم

Übergang *m* *(-s; ⸚e)* مُرُور

Esb. قَنْطَرَة سِكَّة حَدِيد

über'geben *(L; —)* *v/t.* سَلَّم

v/r. قَاء (i)

über'gehen *(L; —)* ضَرَب (i) صَفْحًا عَنْ، أَغْفَل

Übergewicht *n* *(-s; -e)* زِيَادَة الوَزْن

Übergriff *m* *(-s; -e)* جَوْر

überˈhandnehmen أَخَذ فى (u) الِازْدِيَاد

über'häufen (—) غَمَر ب (u)

über'haupt مُطْلَقًا، عُمُومًا

über'heb|en *(L; —) v/r.* تَعَاظَم

~lich مُتَعَاظِم

&lichkeit *f* تَعَاظُم

über'holen (—) *Motor:* صَلَّح (*vorbeifahren*) سَبَق (i)، فَات (u)،

über'hören (—) لَمْ يَسْمَع، تَجَاهَل، تَغَافَل

über'lassen *(L; —)* تَخَلَّى، تَنَازَل عَنْ، (u) تَرَك لِ

über|laufen *(L; sn) Milch:* طَفَح (a)، فَاض (i) (*desertieren*) فَرّ (i) (لِلْعَدُوّ)

&läufer *m* هَارِب، فَارّ (جيش)

Über'lebende(r) *m* بَاقٍ فِي الحَيَاة

über'legen¹ (—) تَأَمَّل فِي، فَكَّر فِي، تَدَبَّر

über'legen² *adj.* فَائِق عن

&heit *f* تَفَوُّق

Über'legung *f* تَأَمُّل، تَفَكُّر

Über'lieferung *f* نَقْل، تَقَالِيد

über|'listen *(-e-; —)* اِحْتَال عَلَى

~'mannen (—) غَلَب على (i)

Übermaß *n (-es; -e)* اِفْرَاط

übermorgen بَعْد غَد

Über|mut *m (-s; O)* تَجَاسُر

&mütig مُتَجَاسِر

über'nachten *(-e-; —)* بَات (i)، قَضَى اللَيْل (i)

Über|nahme *f* تَسَلُّم، أَخْذ، تَعَهُّد

&natürlich فَوْق الطَبِيعَة

&'nehmen *(L; —)* أَخَذ، تَعَهَّد، تَسَلَّم (u)

über'ragen (—) فَاق (u)

über'raschen (—) فَاجَأ

Über'raschung *f* مُفَاجَأة

über'reden *(-e-; —)* أَقْنَع

über'reich|en (—) قَدَّم، نَاوَل

&ung *f* تَقْدِيم، مُنَاوَلَة

Überrest *m (-es; -e)* فَضْلَة، بَاقٍ

Überrock *m (-s; ⸗e)* بَلْطُو، مِعْطَف

über'schätzen *(-t; —)* بَالَغ فى التَقْدِير

über'schlagen *(L; —) v/t.* قَدَّر

v/r. اِنْقَلَب

über'schreiten *(L; —)* جَاوَز

عَبَر (u) الحَدّ،

Überschrift *f* عُنْوَان (مَقَالَة)

Überschuß *m (-sses; ⸗sse)* فَائِض، زِيَادَة

über'schütten *(-e-; —)* غَمَر (u)، صَبّ (u) على

über'schwemm|en *(—)* فَاض (i) على

⁓ung *f* فَيَضَان

überschwenglich مُفْرِط

übersee-isch فِيمَا وَرَاء البِحَار

über'sehen *(L; —)* اَغْفَل، تَغَاضَى عَنْ

über'senden *(L; —)* اَرْسَل

übersetz|en *(-t) v/i. (sn)* عَبَر (u)، اِجْتَاز

v/t. [-ˈzɛtsən] (—) تَرْجَم

⁓ung [-ˈzɛtsʊŋ] *f* تَرْجَمَة

Übersicht *f* مُلَخَّص، نَظْرَة عَامَّة

⁓lich وَاضِح

über'siedeln *(-le; —)* اِنْتَقَل مِنْ مَسْكَن اِلَى آخَر

über'springen *(L; —)* (i) سَبَق، (i) قَفَز على

über'steigen *(L; —)* تَخَطَّى، عَبَر (n)

fig. (u) سَمَا عن، (i) زَاد على

über'stimmen *(—)* فَاز (u) بأغْلَبِيَّة الاَصْوَات

überströmen (i) فَاض، (a) طَفَح

Überstunde *f* سَاعَة عَمَل اِضَافِيَّة

über'trag|bar مَنْقُول

Med. مُعْدٍ

⁓en *(L; —)* (u) نَقَل، نَقْل مِلْكِيَّة

Med. اَعْدَى

⁓ung *f* اِذَاعَة، نَقْل، عَدْوَى

über'treffen *(L; —)* فَاق (u)

über'treib|en *(L; —)* بَالَغ فِي

⁓ung *f* مُبَالَغَة

über|treten *(L; sn) v/i.* اِرْتَدَّ
v/t. [-ˈtʀeːtən] (—) *Gesetz:* خَالَفَ

≈ˈtretung *f* مُخَالَفَة

überˈtrieben مُبَالِغ فِيه

überˈvorteilen (—) غَشّ (i)

überˈwältigen (—) قَهَرَ، (a) غَلَبَ على (i)

überˈweis|en *(L; —)* أَرْسَلَ
Geld: حَوَّلَ

≈ung *f* تَحْوِيل

überˈwerfen *(L; —) v/r.* تَخَاصَمَ (mit j-m مع)

überˈwiegen *(L; —)* زَادَ (i) على، (u) رَجَحَ على

überˈwinden *(L; —)* تَغَلَّبَ عَلَى

überˈwintern *(-re; —)* شَتَّى

Überwurf *m (-s; ⸚e)* غِطَاء، مِلْحَف

Über|zahl *f (O)* أَكْثَرِيَّة

≈zählig زَائِد عَنْ العَدَد

überˈzeug|en (—) أَقْنَعَ

≈ung *f* اِقْنَاع

überzieh|en *(L) Mantel:* لَبِسَ (a)
Bankkonto: [-ˈtsiːən] (—) سَحَبَ أَكْثَر (a)

≈er *m* مِعْطَف

überˈzuckern *(-re; —)* ذَرَّ السُّكَّر (u)

Überzug *m (-s; ⸚e)* كِيس مِخَدَّة، غِطَاء

üblich عَادِيّ

übrig بَاقٍ

~bleiben *(L)* بَقِيَ (a)

~lassen *(L)* أَبْقَى

Übung *f* تَدْرِيب، تَمْرِين

Ufer *n (Fluss≈)* شَطّ، ضِفَّة
(Meeres≈) سَاحِل

Uhr *f* سَاعَة (الآلَة)

~feder *f (—; -n)* زُمْبَلَك سَاعَة

~macher *m* سَاعَاتِي

~zeiger *m* عَقْرَب السَّاعَة

Ulk *m (-s; O)* مِزَاح

Ulme *f* شَجَر الدَرْدَار
Ulti'matum *n* إِنْذَار نِهَائِى
Ultimo *m Hdl.* آخَر الشَهْر
um فِى، حَوْل
~ zu لِكَىْ
~ 3 Uhr فِى السَاعَة ٣
um-ändern *(-re)* غَيَّر
um-arbeiten *(-e-)* غَيَّر
um'-armen (—) عَانَق
umbiegen *(L)* أَحْنَى، ثَنَى (i)
umbilden *(-e-)* أَعَاد تَكْوِين أَوْ عَدَّل (الوِزَارَة)
umbringen *(L)* قَتَل (u)
umdreh|en قَلَب، دَوَّر (i)
≈ung [-ˈdʀeː-] *f* دَوْرَة
umfallen *(L; sn)* سَقَط (u)
Umfang *m (-s; ⸚e)* مُحِيط، حَجْم
≈reich وَاسِع، كَبِير
um'fassen *(-ßt; —)* شَمَل، أَحَاط، اِحْتَوَى (a)
~d شَامِل
umformen *Elektr.* حَوَّل

الكَهْرَبَاء
Umfrage *f* اِسْتِفْتَاء عَامّ
Um|gang *m (-s; O)* مُخَالَطَة، مُعَاشَرَة
≈gänglich أَنِيس، حُلْو المُعَاشَرَة
~gangssprache *f* لُغَة دَارِجَة
um'geb|en *(L; —)* أَحَاط
≈ung *f* جِوَار، ضَاحِيَة
umgehen *(L; sn)* جَال، (u) دَار حَوْل (u)
mit j-m ~ عَامَلَه
v/t. [ʊmˈgeːən] (—) تَجَنَّب
umgekehrt مَقْلُوب
(im Gegenteil) بِالْعَكْس
um'grenzen *(-t; —)* حَدَّد
Umhang *m (-s; ⸚e)* حَرْمَلَة، إِزَار
umhauen *(L)* أَوْقَع
um'her فِيمَا حَوْل
~gehen *(L; sn) v/i.* تَجَوَّل
um'hüllen (—) سَتَر، (u) لَفّ، دَثَّر (i)
Umkehr *f (O)* رُجُوع، عَوْدَة

~en *(sn)* (a) رَجَع، (u) عَاد، (i) قَلَب

umkommen *(L; sn)* (u) مَات، (i) هَلَك، (a) فَنِيَ

Umlauf *m (-s; O)* دَوْرَة، تَدَاوُل (النَقْد)

~en *(L; sn)* (u) دَار، تَدَاوَل

umrech|nen *(-e-)* حَوَّل(نَقْد)

~nungskurs *m (-es; -e)* سِعْر العُمْلَة الأَجْنَبِيَّة

umreißen *(L)* (i) هَدَم

um'reißen *(L; —)* لَخَّص

umrennen *(L)* (i) صَدَم

um'ringen *(—)* أَحَاط

Umriß *m (-sses; -sse)* تَلْخِيص،

umrühren قَلَّب

Umsatz *m (-es; ⸗e) Hdl.* دَوْرَة المَال و البِضَاعَة، رَوَاج

umschalten *(-e-) Elektr.* غَيَّر التَوْصِيل

Umschlag *m (-es; ⸗e)* *(Brief~)* مَظْرُوف *Med.* لَبْخَة

~en *(L) v/i.* تَغَيَّر (ريح) *v/t.* (i) لفّ

um'schreib|en *(L; —)* (u) نَقَل، أَعَاد الكِتَابَة، (i) وَصَف بِكَلِمَات أُخْرَى

~ung *f* وَصْف بِكَلِمَات أُخْرَى

Umschwung *m* تَغَيُّر، تحَوُّل

Umsicht *f (O)* اِحْتِيَاط، حِذْر

~ig حَاذِر

um'sonst عَبَثًا، سُدًى، مِنْ غَيْر فَائِدَة، مَجَّانًا

umspannen *Elektr.* حَوَّل الكَهْرَبَاء

Umstand *m (-es; ⸗e)* حَال *Gr.* ظَرْف

ohne Umstände بِدُون تَكْلِيف

umständlich مُفَصَّل

~keit *f* تَفْصِيل

umsteigen *(L)* غَيَّر مَرْكَبَة أَوْ قِطَارًا

umstellen *v/t.* غَيَّر الوَضْع

v/r. تَكَيَّف
umstimmen غَيَّر الرَأْى
umstoßen *(L)* أوْقَع *fig.* غَيَّر
Umsturz *m (-es; ⸗e)* اِنقِلَاب
Umtausch *m (-s; O)* تَبْدِيل
⸗en بَدَّل
Umtriebe *m/pl.* دَسَائِس
umwälz|en *(-t)* قَلَب (i)
⸗ung *f* ثَوْرَة، اِنْقِلَاب
umwandel|bar قَابِل لِلْتَحْوِيل
~n *(-le)* حَوَّل، بَدَّل
⸗ung *f* تَحْوِيل، تَغْيِير
umwechseln *(-le)* بَدَّل، صَرَف (i)
Umweg *m (-s; -e)* طَرِيق غَيْر مُبَاشِر، دَوْرَة
Umwelt *f (O)* مُحِيط الإنْسَان، وَسَط
umwerfen *(L)* أوْقَع، قَلَب (i)، ألْقَى
Umwertung *f* تَغَيُّر القِيَم الْمَعْنَوِيَّة
um'wölken *(—) v/r.* غَام (i)
um'zäunen *(—)* سَيَّج
umziehen *(L) v/t. Kleid:* بَدَّل
v/i. (sn) اِنْتَقَل مِنْ مَسْكَن اِلَى آخَر
v/r. غَيَّر ثِيَابَه
um'zingeln *(-le; —)* أحَاط
Umzug *m (-es; ⸗e)* اِنْتِقَال، مَوْكِب
un-abhängig مُسْتَقِلّ
⸗keit *f* اِسْتِقْلَال
un-absichtlich غَيْر مَقْصُود
un-achtsam غَيْر مُنْتَبِه، مُهْمِل
un-ähnlich غَيْر شَبِيه
un-angefochten بِدُون اِعْتِرَاض
un-angenehm كَرِيه
un-annehmbar لَا يُمْكِن قَبُوله، غَيْر مَقْبُول
Un-annehmlichkeit *f* اِزْعَاج
un-anständig فَاحِش
un-appetitlich قَذِر، غَيْر شَهِيّ

Un-art *f* شَقَاوَة
un-artig شَقِيّ
un-aufhaltsam لَا يُمْكِن إِيقَافُه، لَا مَرَدّ لَه،
un-aufhörlich غَيْر مُنْقَطِع، دُون اِنْقِطَاع، دَائِم
un-aufmerksam غَيْر مُنْتَبِه، غَيْر مُلْتَفِت
un-aufrichtig غَيْر صَدُوق
un-aus|bleiblich لَا بُدّ مِنه
~führbar غَيْر مُمْكِن تَنْفِيذه
~sprechlich لَا يُوصَف، صَعْب النُطْق
~stehlich لَا يُحْتَمَل، مُقْرِف
unbarmherzig قَاسِي القَلْب، غَيْر رَحِيم
unbe|absichtigt دُون قَصْد، غَيْر مَقْصُود
~achtet غَيْر مَلْحُوظ
~anstandet لَم يُعْتَرَض عَلَيه، دُونَ اِعْتِرَاض
~deutend تَافِه، قَلِيل الأَهَمِّيَّة
~dingt دُون شَرْط، مُطْلَق
~fangen غَيْر مُتَحَيِّز
~friedigend غَيْر مُرْضٍ
~friedigt غَيْر رَاضٍ
~fugt غَيْر مُصَرَّح لَه
~greiflich لَا يُدْرِكُهُ العَقْل
Unbehagen *n* (-s; 0) تَوَعُّك
unbe|hindert بِدُون مَانِع
~holfen غَشِيم، لَخْمَة
~kannt مَجْهُول
~kümmert غَيْر مُهْتَمّ، مُهْمِل
~liebt مَكْرُوه، غَيْر مَحْبُوب
~mittelt مُعْوِز، مُعْدِم
~quem غَيْر مُرِيح، مُتْعِب
~rechtigt غَيْر مُصَرَّح له
~rührt بِكْر، لَم تُمَسّ
~schadet مَع مُرَاعَاة
~schädigt سَلِيم، لَم يَمْسَسْه ضُرّ
~schränkt غَيْر مُقَيَّد، مُطْلَق

~schreiblich لَا يُمْكِن وَصْفُه

~sonnen بِدُون تَفْكِير، طَائِش

~ständig مُتَقَلِّب، غَيْر ثَابت

~stätigt غَيْر مُؤَيَّد

~stechlich لَا يَرْتَشِي

~stellbar لَا يُمْكِن تَسْلِيمُه (خِطَابَات)

unbestimmt غَيْر مُعَيَّن

unbe|streitbar بِلاَ جِدَال

~stritten لَمْ يُتَنَازَع فِيه

unbe|trächtlich غَيْر مُهِم، تَافِه

~wacht غَيْر مَحْرُوس

~waffnet غَيْر مُسَلَّح

~weglich ثَابِت، لَا يَتَحَرَّك

~wußt دُون وَعْى

unbrauchbar لَا فَائِدَة مِنْه، لَا يُمْكِن اِسْتِعْمَالُه

und (وَاو اَلْعَطْف)

Addition: 2 + 3 = 5 زَائِد اِثْنَان زَائِد ثَلَاثَة يُسَاوِى خَمْسَة

Undank *m (—; O)* كُنُود، نُكْرَان جَمِيل

~bar كَنُود، مُنْكِر لِلْجَمِيل

un-denkbar لَا يُمْكِن تَخَيُّله

undeutlich مُبْهَم، غَيْر وَاضِح

undicht غَيْر كَثِيف

Unding *n (-ȩs; -e)* سَخَافَة

unduldsam غَيْر مُتَسَامِح

undurch|dringlich لَا يُمْكِن اِجْتِيَازُه

~lässig لَا يَنْفُذ سَائِل فِيه

~sichtig عَاتِم، غَيْر شَفَّاف

un-eben غَيْر مُسْتَوِ

un-echt غَيْر حَقِيقِى، مُزَوَّر، كَاذِب، صِنَاعِى

un-ehelich غَيْر شَرْعِى (طِفْل)

Un-ehr|e *f (O)* عَدَم الشَّرَف، عَار

~lich غَيْر وَفِىّ، غَيْر أَمِين

un-eigennützig غَيْر نَفْعِى، غَيْر مُغْرِض

un-einig مُتَنَافِر

≈keit *f* *(O)* تَنَافُر، شِقَاق

un-eins: ~ sein اِخْتَلَف

un-empfindlich غَيْر حَسَّاس

un-'endlich لَانِهَايَةَ لَه

~entbehrlich لَا يُسْتَغْنَى عَنْه

un-ent|geltlich مَجَّانِي، مَجَّانًا

~schieden مُتَعَادِل

~schlossen حَائِر، مُتَرَدِّد

≈schlossenheit *f* حَيْرَة، تَرَدُّد

un-er|'bittlich لَا يَلِين، قَاسٍ

~fahren بِدُون خِبْرَة، غَيْر مُجَرَّب

~forscht غَيْر مُسْتَكْشَف

~füllbar لَا يُمْكِن تَحْقِيقُه

~giebig غَيْر مُثْمِر، غَيْر مُنْتِج

~heblich تَافِه، وَاهٍ

~hört لَم يُسْمَع مِثْلُه، بَاهِظ

~läßlich ضَرُورِي، لَا بُدَّ مِنْهُ

~laubt مُحَرَّم، مَمْنُوع، غَيْر مَسْمُوح

~meßlich عَظِيم، لَا يُقَاس

~müdlich لَا يَتْعَب، لَا يَكِلّ

un-erreich|bar لَا يُمْكِن الوُصُول اِلَيْه

~t لَا يُبَارَى

un-erschüttert ثَابِت الجَأْش

un-er|setzlich لَا تُمْكِن تَعْوِيضُهُ

~träglich لَا يُتَحَمَّل

~wartet غَفْلَةً، فَجْأَةً، غَيْر مُنْتَظَر

unfähig عَاجِز، غَيْر كُفْء، قَاصِر

≈keit *f* قُصُور، عَجز

Unfall *m (-es; ⸚e)* حَادِث

un'faßbar لَا يُسْتَدْرَك

un'fehlbar مَعْصُوم مِن الخَطَأ

unfein غَيْر مُؤَدَّب، غَيْر مُهَذَّب

unförmlich شَنِيع

unfrankiert لَمْ تُخَلَّص رُسُومُه (بَرِيد)

unfreiwillig غَيْر اِخْتِيَارِى، مَجْبُور

unfreundlich غَيْر وَدُود، بِغَيْر وِدّ

Unfriede *m (-ns; O)* شِقَاق، خِلَاف

unfruchtbar غَيْر مُثْمِر، جَدْب، *Frauen:* عَاقِر

Unfug *m (-s; O)* عَبَث

Ungarn *n (-s; O)* هُنْغَارِيَا، (بِلَاد) المَجَر

un-geachtet مَعَ اَنَّ، رَغْم، بِغَيْر اِلْتِفَات اِلَى

un-gebildet غَيْر مُثَقَّف

un-gebräuchlich غَيْر اِعْتِيَادِى، غَيْر مَأْلُوف

un-gebührlich غَيْر لَائِق

~keit *f* عَدَم لِيَاقَة

Un-geduld *f* جَزَع، عَدَم صَبْر

~ig قَلِيل الصَبْر

un-gefähr[1] تَقْرِيبِى

ungefähr[2] *adv.* تَقْرِيبًا، حَوَالَى

~lich غَيْر خَطِير، غَيْر مُؤْذٍ

un-gefällig قَلِيل المَعْرُوف

un-geheuer عَظِيم، مُخِيف

un-gehörig غَيْر لَائِق

un-gehorsam عَاصٍ، غَيْر مُطِيع

un-gekünstelt بَسِيط، غَيْر مُتَصَنِّع

un-gelegen غَيْر مُنَاسِب

~heit *f* اِزْعَاج

un-gelernt *Arbeiter:* غَيْر مُتَمَرِّن

un-genannt غَيْر مَذْكُور (اِسْم)

un-genau غَيْر مَضْبُوط

un-genügend نَاقِص، غَيْر كَافٍ، *Schulnote:* غَيْر مَقْبُول

un-gerade *Zahl:* فَرْدِى

un-gerecht ظَالِم، غَيْر عَادِل

~igkeit *f* ظُلْم

un-gern عَلَى كُرْه

un-gesäumt فِى الحَال، فَوْرًا
Un-geschicklichkeit *f* غُشُومَة
un-geschickt غَشِيم
un-geschliffen *fig.* خَشِن
un-gesellig لَا يُعَاشَر
un-gesetzlich غَيْر قَانُونِى
un-gestüm عَاصِف، شَدِيد
un-gesund غَيْر صِحِّى
un-getrübt صَافٍ، صَحْو
Un-getüm *n (-es; -e)* وَحْش
un-gewiß غَيْر مُؤَكَّد، غَيْر مُحَقَّق
Un-geziefer *n* هَوَام، حَشَرَات
un-gezogen شَقِىّ (الأَطْفَال)، غَيْر مُؤَدَّب
un-gezwungen طَبِيعِى، بِلَا تَكْلِيف
Un-glaube *m (-ns; O)* كُفْر، عَدَم اِيمَان
un-glaublich لَا يُصَدَّق
un-glaubwürdig غَيْر جَدِير بِالتَصْدِيق
un-gleich غَيْر مُتَشَابِه، غَيْر مُتَسَاوٍ
Un-glück *n (-ȼs; -e)* مُصِيبَة، نَحْس
~lich تَعِس، مَنْحُوس
~sfall *m (-es; ⸗e)* حَادِث
Un-gnade *f (O)* عَدَم حَظْوَة
un-gültig بَاطِل، غَيْر سَارٍ، لَاغٍ
un-günstig غَيْر مُنَاسِب، غَيْر مُوَاتٍ
unhandlich غَلِيظ، صَعْب الاِسْتِعْمَال
Unheil *n (-s; O)* مُصِيبَة، بَلِيَّة، شرّ
~bar لَا يُشْفَى
unheimlich مُخِيف
unhöflich غَيْر مُؤَدَّب، خَشِن
unhörbar لَا يُسْمَع
unhygienisch غَيْر صِحِّى
Uni'form *f* بَدْلَة رَسْمِيَّة
U'nion *f* اِتِّحَاد

Univers|i'tät *f* جَامِعَة

~um [-ˈvɛʁzʊm] *n (-s; O)* عَالَم

Unkenntnis *f (—; -se)* جَهْل

unkeusch فَاجِر، غَيْر عَفُوف

unklar مُبْهَم، غَيْر وَاضِح

Unkosten *pl.* تَكَالِيف، مَصَارِيف

unkundig جَاهِل بِأَمْر

unlängst مِنْ قَلِيل، حَدِيثًا

unlauter غَيْر شَرِيف

~er Wettbewerb مُنَافَسَة غَيْر شَرِيفَة

unleserlich لَا يُقْرَأ

Unlust *f (O)* عَدَم المَيْل أَوْ الرَّغْبَة

Unmenge *f* كَثْرَة

Unmensch *m (-en)* إِنْسَان وَحْشِي

unmittelbar مُبَاشَرَةً، بِغَيْر وَاسِطَة

unmodern عَتِيق، غَيْر حَدِيث الطَّرْز

unmöglich مُسْتَحِيل، غَيْر مُمْكِن

unmoralisch لَا أَخْلَاق لَه، فَاسِق

unmündig قَاصِر عَنْ البُلُوغ

Unmut *m (-es; O)* زَعَل

unnatürlich غَيْر طَبِيعِي

unnötig غَيْر ضَرُورِي

unnütz غَيْر نَافِع، غَيْر مُفِيد

Un-ordnung *f* خَلَل، عَدَم نِظَام، اِضْطِرَاب

unpartei-isch غَيْر مُتَحَيِّز، مُحَايِد

Unparteilichkeit *f* حِيَاد، عَدَم تَحَيُّز

unpäßlich مُتَوَعِّك

Unrat *m (-es; O)* زِبَالَة، قِمَامَة

unrecht *(O)* غَلْطَان

≈ *n (-s; O)* ظُلْم

unrechtmäßig غَيْر قَانُونِي

unredlich قَلِيل الذِمَّة

unregelmäßig غَيْر مُنْتَظِم، شَاذّ

unreif غَيْر نَاضِج
unrein قَذِر، نَجِس، غَيْر صَافٍ
unrettbar لَا أَمَل فِي نَجَاتِه
Unruhe *f* اِنْزِعَاج، عَدَم رَاحَة، قَلَق
unruhig مُنْزَعِج، قَلِق، مُضْطَرِب
uns لَنَا، إِيَّانَا
unsachlich خَارِج عَنْ المَوْضُوع
unschädlich غَيْر مُضِرّ
unscheinbar تَافِه
unschicklich غَيْر لَائِق
unschlüssig مُتَرَدِّد
Unschuld *f (O)* سَذَاجَة، بَرَاءَة
~ig بَرِيء
unselbständig لَا يَعْتَمِد عَلَى نَفْسِه
~keit *f* عَدَم الِاعْتِمَاد عَلَى النَفْس
unselig نَحِس
unser (ضَمِير مُلْكِي) ـنا
~thalben, ~twegen لِأَجْلِنَا
unsicher غَيْر أَمِين، غَيْر مُؤَكَّد
unsichtbar لَا تَرَاه العَيْن، غَيْر مَرْئِي
Unsinn *m (-s; O)* كَلَام فَارِغ، لَغْو، بَاطِل
Unsitte *f* عَادَة قَبِيحَة
unsozial غَيْر اِجْتِمَاعِي
unstatthaft غَيْر مَسْمُوح، مَمْنُوع
unsterblich خَالِد
~keit *f* خُلْد
unstet مُزَعْزَع، غَيْر ثَابِت
Unstimmigkeit *f* اِخْتِلَاف
unstreitig لَا خِلَاف فِيه، لَا نِزَاع فِيه
unsympathisch ثَقِيل الظِلّ أَو الدَم
untauglich غَيْر صَالِح، غَيْر مُنَاسِب
unteilbar غَيْر قَابِل لِلْقِسْمَة
unten فِي الأَسْفَل، تَحت

unter[1] *prp.* فِي اَثْنَاء، بَيْن، تَحْت

unter[2] *adj.* سُفْلِي، تَحْتِي، اَسْفَل

Unterarm *m (-s; -e)* سَاعِد

unterbelichten *(-e-; —)* *Foto:* عَرَّض للضَوْء مُدَّة نَاقِصَة

unter'bieten *(L; —)* نَقَّص الثَمَن اَوْ العَطَاء

unter'bleiben *(L; —)* تَعَطَّل

unter'brechen *(L; —)* اَوْقَف، قَاطَع، (a) قَطَع

Unter'brechung *f* اِنْقِطَاع

unterbringen *(L)* وَضَع (a) فِي، اَدْخَل فِي، اَنْزَل فِي

unter'dessen فِي اَثْنَاء ذَلِك

unter'drücken *(—)* ظَلَم (i) *Zorn:* كَظَم (i)

unterei'nander بَيْنَهم، بَعْض تَحْت بَعْض

Unter'führung *f* طَرِيق تَحْتَانِيّ

Untergang *m (-es; ⸚e)* غُرُوب، غَرَق، اِنْهِيَار

untergehen *(L; sn) Sonne:* غَرُب (u); *Schiff:* غَرَق (a); هَلَك (a) ، اِنْهَار، *fig.* بَاد (i)

untergeordnet مَرْؤُوس

Untergrundbahn *f* سِكّة حَدِيد تَحْت الأَرْض

unterhalb مِن تَحْت، فِي الأَسْفَل

Unterhalt *m (-s; -e)* مَعَاش، نَفَقَة

unter'halten *(L; —)* قَات (u) اَنْفَق عَلَى، سَلَّى
sich ~ تَسَلَّى
~**d** مُسَلٍّ

unter'handeln *(-le; —)* فَاوَض

unterirdisch تَحْت الأَرْض

unter'jochen *(—)* اَخْضَع

Unterkiefer *m* الفَكّ الأَسْفَل

Unterkleid *n (-es; -er)* لِبَاس تَحْتَانِي

unterkommen *(L)* وَجَد (i) بَيْتاً اَوعَمَلاً ، (i) أَوَى اِلَى مَأْوَى، مَلَاذ *n* **≈**

Unterkunft *f (—; ≈e)* مَسْكَن، مَبِيت

Unterlage *f* مَرْجَع، قَاعِدَة

unter'lass|en *(L; —)* (u) تَرَك، اَهْمَل

≈ung *f* تَرْك، اِهْمَال

unterlegen[1] *(—) v/i.* وَضَع (a) تَحْت

unter'legen[2] *adj.* مَغْلُوب

Unterleib *m (-es; -er)* بَطْن

unter'liegen *(L; —)* اِنْغَلَب

Unterlippe *f* شَفَة سُفْلَى

Untermieter *m* مُسْتَأْجِر مِن البَاطِن

unter'nehm|en *(L; —)* تَعَهَّد، (u) قَام ب، قَاوَل

≈en *n* مُؤَسَّسَة، مُقَاوَلَة، قِيَام ب

~end شُجَاع، نَشِط

≈er *m* مُتَعَهِّد، مُقَاوِل

≈ung *f* مَشْرُوع، قِيَام ب

unter-ordnen *(-e-)* اِتَّبَع *v/r.* اَطَاع

Unterpfand *n (-es; ≈er)* رَهْن

unter'red|en *v/r.* تَحَادَث

≈ung *f* مُحَادَثَة

Unterricht *m (-es; 0)* تَعْلِيم

≈en [-ˈʀɪçtən] *(-e-; —)* عَلَّم

unter'sagen *(—)* حَرَّم، مَنَع (a)

Untersatz *m (-es; ≈e)* طَبَق (الفَنَاجِين الخ)، قَاعِدَة

unter'scheid|en *(L; —) v/t.* مَيَّز، فَرَّق بَيْن *v/r.* اِخْتَلَف، تَمَيَّز

≈ung *f* فَرْق، تَمْيِيز

Unterschenkel *m* سَاق

unterschieben *(L; —)* (i) نَسَب زُوراً اِلَى، اِسْتَبْدَل (طِفْلاً)

Unterschied *m (-es; -e)* فَرْق

≈lich مُخْتَلِف

≈slos بِدُون تَمْييز

unter'schlag|en *(L; —)* اِخْتَلَس

≈ung *f* اِخْتِلَاس

unter'schreiben *(L; —)* وَقَّع، اَمْضَى

Unterschrift *f* تَوْقِيع، اِمْضَاء

Unterseeboot *n* *(-es; -e)* غَوَّاصَة

unter'setzt رَبعَة القَوَام

untersinken غَاص، (u) غَرَق (a)

unterst(-) الأَسْفَل

Unterstand *m* *(-es; ⸗e)* خَنْدَق، مَلْجَأ

unter'stehen *(L; —)* *v/i.* وَقَف تَحت، اِحْتَمَى

j-m ~ كَان مَرْؤُوسًا لِآخَر، كَان تَحْت اَمْره

v/r. تَجَرَّأ، تَجَاسَر

unter'stellen *(—)* *v/r.* اِحْتَمَى، اِلْتَجَأ

unter'stütz|en *(-t; —)* عَاوَن، سَاعَد

≈ung *f* مُسَاعَدَة، مُعَاوَنَة

unter'such|en *(—)* *Med.* كَشَف، (a) فَحَص، فَتَّش، (i) تَحَرَّى

≈ung *f* كَشْف، فَحْص، تَفْتِيش

≈ungsrichter *m* قَاضِي تَحْقِيق

Untertan *m* *(-s; -en)* رَعِيَّة الدَوْلَة

Untertasse *f* طَبَق فِنْجَان

untertauchen غَطَس، (a) غَاص (u)

unter'wegs فِي الطَرِيق

unter'weisen *(L; —)* عَلَّم

Unterwelt *f* *(O)* المُجْرِمُون، الدُنْيَا السُفْلَى

unter'werfen *(L; —)* *v/t.* اَذَلّ، اَخْضَع

v/r. خَضَع (a)، ذَلّ (i)

unter'würfig خَاضِع، ذَلِيل

≈keit *f* مَذَلَّه

unter'zeichn|en *(-e-; —)* أَمْضَى

~ung *f* إِمْضَاء
Untiefe *f* ضَحْل
Untreue *f* خِيَانَة
untröstlich [-ø:-] لَايُعَزَّى
untrüglich [-y:-] مُحَقَّق، لَاشَكَّ فِيه
Untugend *f* عَادَة قَبِيحَة
un-über'trefflich لَايُمْكِن التَفَوُّق أَوْ التَغَلُّب عَلَيْه
un-um'gänglich لَا بُدَّ منه، لَامَفَرَّ مِنه
un-um'schränkt مُطْلَق
un-um'wunden صَرِيح، وَاضِح
un-unter'brochen مُسْتَمِرّ، بِدُون اِنْقِطَاع، بِاسْتِمْرَار
unver'antwortlich غَيْر مَسْئُول
~keit *f* عَدَم مَسْئُولِيَّة
unver'äußerlich لَايُبَاع
unver'blümt بِبَسَاطَة، غَيْر مُزَوَّق، صَرِيح
unver'bürgt لَمْ يُؤَيَّد (لِلْاَخْبَار)
unver'daulich لَايُهْضَم
unver'einbar مُنَاقِض، غَيْر مُوَافِق
unver'fälscht نَقِيّ، غَيْر مَغْشُوش
unver'fänglich غَيْر خَدَّاع
unverfroren غَيْر مُتَحَفِّظ، جَرِيء
unver'gänglich خَالِد، لَايَفْنَى
unvergleichlich لَامَثِيل لَه
unver'hältnismäßig غَيْر مُنَاسِب
unver'kennbar وَاضِح
unver'kürzt غَيْر مُخْتَصَر
unvermindert لَايَتَنَاقَص
unvermittelt مُفَاجِيء
Unvermögen *n (-s; O)* عَجْز
~d عَاجِز
unvernünftig غَيْر عَاقِل، غَيْر مَعْقُول
unverschämt وَقِح، قَلِيل الحَيَاء، *Preis:* بَاهِظ
~heit *f* وَقَاحَة
unver'söhnlich لَايُصَالَح، غَيْر مُسَالِم

unversorgt لاعَائِل لَه

Unverstand *m (-es; O)* سَخَافَة، عَدَم العَقْل

unverträglich مُشَاغِب، شَكِس

unverwandt ثَابِت (لِلنَظَر)

unver'wüstlich قَوِيّ، لَايَبْلَى

unverzagt ثَابِت الجَنَان، لَايَخَاف، شُجَاع

unver'züglich فِي الحَال، فَوْرًا

unvorsichtig غَيْر مُحْتَرِس

Unwahrheit *f* كِذْب

unwahrscheinlich غَيْر مُحْتَمَل

~keit *f* عَدَم احْتِمَال

un'weigerlich أكِيد

unweit قَرِيب، غَيْر بَعِيد

unwesentlich غَيْر مُهِمّ، تَافِه

Unwetter *n* عَاصِفَة، زَوْبَعَة

unwider'leglich لَايُفَنَّد، قَاطِع (بُرْهَان)

unwider'ruflich لَايُمْكِن الرُجُوع فِيه

unwillig حَانِق، سَاخِط

unwieder'bringlich لَايُمْكِن إِعَادَتُه

unwillkürlich *(automatisch)* غَيْر اخْتِيَارِي، آلِي (حَرَكَة)

unwirksam غَيْر مُؤَثِّر، غَيْر فَعَّال

~keit *f* عَدَم تَأْثِير

unwirtschaftlich غَيْر اقْتِصَادِي

unwissend جَاهِل

Unwissenheit *f* جَهْل

unwohl مُتَوَعِّك، مَوْعُوك

Frau: حَائِض

~sein *n (-s; O)* حَيْض، تَوَعُّك

un'zählbar لَايُعَدّ

Unzeit *f* وَقْت غَيْر مُنَاسِب

unzerbrechlich لَايَنْكَسِر

unziemend غَيْر لَائِق

Unzucht *f* فُحْش

unzüchtig فَاحِش

unzufrieden غَيْر رَاضٍ، سَاخِط

⁓heit *f* عَدَم رِضَى

unzulänglich غَيْر كَافٍ

⁓keit *f* عَدَم كِفَايَة

unzulässig غَيْر مَسْمُوح

unzurechnungsfähig غَيْر مَسْئُول عَنْ أَفْعَالِهِ

⁓keit *f* عَدَم مَسْئُولِيَّة عَنْ الأَفْعَال

unzureichend غَيْر كَافٍ

unzuständig غَيْر مُخْتَصّ

unzuträglich غَيْر صِحِّي، مُضِرّ

⁓keit *f* مَضَرَّة

unzutreffend خَاطِئ

unzuverlässig لَا يُعْتَمَد عَلَيه، لَا يُوثَق بِه

unzweckmäßig غَيْر مُنَاسِب

unzweideutig غَيْر مُلْتَبِس، غَيْر مُبْهَم، وَاضِح

üppig تَرِف، وَافِر

⁓keit *f* تَرَف، وُفْرَة

ur|-alt *(O)* هَرِم، عَتِيق

⁓-aufführung *f* عَرْض أَوَّل (سِينِمَا وَ تَمْثِيل)

⁓bild *n (-es; -er)* أَصْل

⁓großmutter *f (—; ⸗)* أُمّ الجَدَّة

⁓großvater *m (-s; ⸗)* أَبُو الجَدّ

⁓heber *m* مُؤَلِّف، فَاعِل أَصْلِي

⁓heberrecht *n (-es; -e)* حُقُوق المُؤَلِّف

U'rin *m (-s; -e)* بَوْل

Ur|kunde *f* مُسْتَنَد، وَثِيقَة

~laub *m (-s; -e)* إِجَازَة

Ur|sache *f* بَاعِث، سَبَب

~schrift *f* نَصّ أَصْلِي

~sprung *m (-s; ⸗e)* مَصْدَر، مَنْبَع

~stoff *m (-es; -e)* عُنْصُر

Urteil *n (-s; -e)* حُكْم، رَأْي

⁓en قَضَى (i)، حَكَم (a) رَأَى (u)

Ur|wald *m (-es; ⸗er)* غَابَة بِكْر

~zeit *f* عُصُور أُولَى

Uten'silien *pl.* أَدَوَات

Uto'pie *f* تَخَيُّل المُسْتَحِيل

V

Vaga'bund *m* *(-en)* مُتَشَرِّد
~ieren [-'di:-] (--) تَشَرَّد
Va'luta *f* *(—; Valuten)* نُقُود، عُمْلَة
Vanille [va·'nɪljə] *f* فَانِلْيَا
vari'ieren (—) اِخْتَلَف، تَبَايَن، تَنَوَّع
Vase *f* زُهْرِيَّة
Vater *m* *(-s; ⸚)* أَب
~land *n* *(-es; ⸚er)* وَطَن
~ländisch وَطَنِي
~landsliebe *f* وَطَنِيَّة، حُبّ الوَطَن
väterlich أَبَوِي
Vaterschaft *f* أُبُوَّة
Vege'tarier *m* نَبَاتِي
Veilchen *n* بَنَفْسَج

Vene *f* عِرْق، وَرِيد
Ven'til *n* *(-s; -e)* صِمَام
~a'tion *f* تَهْوِيَة
Venus *f* *Planet:* الزُهَرَة
ver-'abfolg|en *(—)* نَاوَل، سَلَّم
~ung *f* مُنَاوَلَة
ver-'abred|en *(-e-; —)* اِتَّفَق
~ung *f* اِتِّفَاق، مَوْعِد
ver-'absäumen (—) قَصَّر عَنْ، أَهْمَل، اَغْفَل
ver-'abscheuen *(—)* اِسْتَقْبَح، مَقَت (u)
ver-'abschied|en *(-e-; —)* *vom Amt:* عَزَل (i)
v/r. وَدَّع (voneinander)

≈ung *f* تَوْدِيع، عَزْل
ver-'achten *(-e-; —)* اِحْتَقَر
ver-'ächtlich مُحْتَقَر
Ver-'achtung *f* اِحْتِقَار
ver-allge'meinern *(-re; —)* عَمَّم
ver-'altet بَاطِل الطَرْز، قَدِيم
ver-'änderlich مُتَقَلِّب، مُتَغَيِّر
ver-'ändern *(-re; —)* غَيَّر *v/r.* تَغَيَّر
ver-'anlass|en *(-ßt; —)* أَوْجَب، سَبَّب
≈ung *f* سَبَب
ver-'anstalt|en *(-e-; —)* أَقَام ب
≈ung *f* قِيَام، حَفْلَة
ver-'antwort|en *(-e-; —)* *v/t.* ضَمِن (a) *v/r.* بَرَّر فِعْلَه
~lich ضَامِن، مَسْؤُول
≈ung *f* für مَسْؤُولِيَّة عن
ver-'argen آخَذ على
ver-'äußern *(-re; —)* بَاع (i) نَقَل (مِلْكِيَّة) (u)

Ver'band *m (-es; ≈e)* اِتِّحَاد، *Mil.* رَابِطَة *Med.* ضِمَادَة
ver'bannen *(—)* نَفَى مِن (i) البِلَاد
verbarrika'dieren *(—)* وَضَع مَتَارِيس فِى الطُرُق (a)
ver'bauen *(—)* مَلَأ بالأَبْنِيَة، (a) سَدّ بِالبِنَاء
ver'bergen *(L; —)* كَتَم، (u) سَتَر، أَخْفَى (u)
ver'besser|n *(-re; —)* صَحَّح، أَصْلَح
≈ung *f* تَصْحِيح، إِصْلَاح
ver'beug|en *(—)* *v/r.* اِنْحَنَى
≈ung *f* اِنْحِنَاء
ver'bieten *(L; —)* حَرَّم، مَنَع (a)
ver'binden *(L; —)* أَوْصَل، وَصَّل، (i) وَصَل، (u) رَبَط *Med.* ضَمَّد
ver'bindlich اِلْزَامِى
~sten Dank شُكْرًا جَزِيلًا
≈keit *f* اِلْتِزَام، وَاجِب

Ver'bindung *f* تَوْصِيل، وَصْل، رَبْط، اِتِّحَاد
Chem. مُرَكَّب
~sbahn *f* خَطّ مُوَاصَلَة
ver'bitten *(L; —) v/r.* حَرَّم، مَنَع (a)
ver'bitter|n *(-re; —)* مَرَّر
~ung *f* كَرْب
ver'blassen *(-ßt; —)* بَهِت (a)
Ver'bleib *m (-s; O)* بَقَاء
~en *(L; —)* بَقِيَ، أَقَام (a)
ver'blendet مَغْرُور
ver'blüff|en *(—)* بَلَف، (i) أَدْهَش، حَيَّر
~ung *f* دَهْشَة، حَيْرَة
ver'blühen *(—)* ذَبُل (u)
ver'bluten *(—)* مَات مِن (u) نَزِيف
ver'borgen *(—)* مُضْمَر، مُسْتَتِر، خَفِيّ
Ver'bot *n (-es; -e)* مَنْع، تَحْرِيم
Ver'brauch *m (-s; O)* اِسْتِنْفَاد، اِسْتِهْلَاك
ver'brauch|en *(—)* اِسْتَنْفَد، اِسْتَهْلَك
~er *m* مُسْتَهْلِك
ver'brech|en *(L; —)* جَنَى، (i) أَجْرَم، اِرْتَكَب
~en *n* جَرِيمَة، جِنَايَة
~er *m* جَانٍ، مُجْرِم
~erisch اِجْرَامِيّ، مُجْرِم
ver'breit|en *(-e-; —)* نَشَر، أَذَاع (u)
~ung *f* نَشْر
ver'breitern *(-re; —)* عَرَّض، وَسَّع
ver'brennen *(L; -)* اِحْتَرَق، أَحْرَق
Ver'brennung *f* إِحْرَاق، حَرْق
~shalle *f* فُرْن اِحْرَاق المَوْتَى
ver'bringen *(L; —)* أَمْضَى، قَضَى (الوَقْت) (i)
ver'buchen *(—)* سَجَّل
Verbum *n (-s; Verben)* فِعْل
ver'bünden *(-e-; —) v/r.* تَحَالَف

Ver'bündete(r) *m* حَلِيف
ver'bürgen *(—) v/r.* ضَمِن(a)
Ver'dacht *m (-s; O)* رِيبَة، شُبْهَة
ver'dächtig مُشْتَبَه فِيه، مُرِيب
~en *(—)* اِرْتَاب فِي، اِشْتَبَه فِي
ver'dammen *(—)* لَعَن (a)
ver'dampfen *(—)* تَبَخَّر
ver'danken *(—)* دَان (i) بالشُكْر ل
ver'dau|en *(—)* هَضَم (i)
~ung *f* هَضْم
Ver'deck *n (-es; -e)* *Mar.* جِسْر سَفِينَة
~en *(—)* غَطَّى، (u) سَتَر
Ver'derb *m* فَسَاد، خَرَاب، عَطَب
ver'derben *(L; —) v/i.* تَعَفَّن، *(a)* تَلِف، *(i)* فَسَد *v/t.* أَفْسَد، أَتْلَف، خَرَّب
~ *n (-s; —)* عَطَب، دَمَار، هَلَاك
ver'derblich سَرِيع التَلَف أو التَعَفُّن، مُهْلِك
ver'dicht|en *(-e-; —)* كَثَّف
~ung *f* تَكْثِيف
ver'dienen *(—)* اِسْتَحَقّ
Geld: كَسَب (i)
Ver'dienst[1] *m* مَكْسَب
Ver'dienst[2] *n* اِسْتِحْقَاق
ver'dient *Person:* ذُو فَضْل
ver'dolmetschen *(—)* تَرْجَم
ver'doppel|n *(-le; —)* ضَاعَف، شَدَّد
~ung *f* مُضَاعَفَة
Gr. تَشْدِيد
Ver'doppelungszeichen *n* *arab. Gr.* شَدَّة
ver'dorben مَتْلُوف، فَاسِد
ver'dorren *(—)* جَفّ (i)
ver'dreh|en *(—)* لَوَى، (i) قَلَب الأُمُور (i)
~t مُلْتَوٍ، مَلْوِىّ
~ung *f* لَىّ، قَلْب الأُمُور
ver'drieß|en *(L; —)* ضَايَق

~lich مُتَضَايِق

Ver'druß *m* زَعَل، سُخْط

ver'dunkeln *(-le; —)* عَتَّم، أَظْلَم

ver'dünnen خَفَّف (مَحْلُولاً)

ver'dunsten *(-e-; —)* تَبَخَّر

ver'dursten *(-e-; —)* مَات (u) عَطَشاً

ver'dutzt مُنْدَهِش

ver-'ehren *(—)* كَرَّم، بَجَّل، اِحْتَرَم، *Gott:* عَبَد (u)

Ver-'ehrer *m* مُعْجَب، عَابِد

Ver-'ehrung *f* عِبَادَة، تَبْجِيل، تَكْرِيم

ver-'eidig|en *(—)* حَلَّف

~t مُحَلَّف

Ver-'ein *m* نَادٍ، جَمْعِيَّة، اِتِّحَاد

ver-'einbar مُوَافِق

~en *(—)* اِتَّفَق عَلَى

~keit *f* تَنَاسُب

~ung *f* اِتِّفَاق

ver-'einfach|en *(—)* بَسَّط

~ung *f* تَبْسِيط

ver-'ein(ig)en *(—)* جَمَع، (a) وَحَّد *v/r.* اِتَّحَد

ver-'einsamen *(—)* اِنْفَرَد

ver-'eitel|n *(-le; —)* أَحْبَط

~ung *f* إِحْبَاط

ver-'enden مَات (u) (حَيَوَان)

ver-'enge(r)n *(—)* ضَيَّق

ver-'erb|en *(—)* تَرَك، (u) خَلَّف، وَرَّث *v/r.* وُرِث (مَرَض)

~ung *f* وِرَاثَة

ver'fahren *(L; —) mit etw.* عَامَل *v/r.* ضَلّ (i)

~ *n* طَرِيقَة، مُعَامَلَة، أُسْلُوب *jur.* إِجْرَاءَات

Ver'fall *m (-s; O)* خَرَاب، تَهَدُّم *e-s Rechtes:* سُقُوط حَقّ

ver'fallen *(L; —)* تَهَدَّم *Pfand:* خُسِر *Recht:* سَقَط بِمُضِيّ المُدَّة (u) *adj.* خَرِب، مُتَهَدِّم *fig.* مُدْمِن

ver'fälschen *(—)* زَوَّر، زَيَّف
Nahrungsmittel: غَشّ (i)
ver'fänglich *Frage:* مُحْرِج
ver'färben *(—)* ***v/r.*** بَهِت، (a) تَغَيَّر لَوْنُه
ver'fass|en *(-ßt; —)* ألَّف (كِتَاباً)
~er *m* مُؤَلِّف
Ver'fassung *f Pol.* دُسْتُور
(Zustand) حَالَة
~smäßig دُسْتُورِى
ver'faulen *(—)* تَعَفَّن
ver'fech|ten *(L; —)* دَافَع عَنْ (رَأْى)
~ter *m* مُدَافِع
ver'fehlen *v/t.* أَخْطَأ
ver'feinden *v/r.* عَادَى
ver'feiner|n *(-re; —)* هَذَّب، كَرَّر
~ung *f* تَهْذِيب، تَكْرِير
ver'fertigen صَنَع (a)
ver'fließen *(L; —) Zeit:* مَضَى (i)
ver'flossen مَاضٍ
ver'fluchen *(—)* لَعَن (a)
ver'folg|en *(—)* تَعَقَّب
~er *m* مُتَعَقِّب
~ung *f* تَعَقُّب
ver'frachten *(-e-; —)* شَحَن (بِضَاعَة) (a)
ver'fügbar يُمْكِن الحُصُول عَلَيه، تَحْتَ اليَد
ver'füg|en *(—)* أَمَر (u)
~en über تَصَرَّف فِى
v/r. اِتَّجَه
~ung *f* أَمْر إدَارِى، تَصَرُّف
ver'führ|en *(—)* أغْرَى
~ung *f* إغْرَاء
ver'gällen *(—)* مَرَّر (العَيْش)
ver'gangen مَاضٍ
~heit *f* الزَمَن المَاضِى
ver'gänglich فَانٍ
~keit *f* فَنَاء
Ver'gaser *m* كَرْبُورَاتِير سَيَّارَات
ver'geb|en *(L; —)* غَفَر، (i) سَامَح

~lich سُدًى، عَبَثاً، بِدُون فَائِدَة
≈ung f غُفْرَان، عَفْو
ver'gehen (L;—) Zeit: فَات (u) مَضَى (i)
v/r. اِرْتَكَب جُنْحَة، خَالَف
(verirren) تَاه (i)
≈ n jur. جُنْحَة
ver'gelt|en (L; —) عَوَّض، جَازَى
≈ung f مُجَازَاة، تَعْوِيض
ver'gessen (L; —) نَسِيَ (a)
≈heit f نِسْيَان
ver'geßlich كَثِير النِسْيَان، نَسَّاء
≈keit f كَثْرَة نِسْيَان، غَفْلَة
ver'geud|en (-e-; —) بَذَّر، أَسْرَف
≈ung f إِسْرَاف
verge'waltig|en (—) إِسْتَعْمَل القُوَّة، اِغْتَصَب، هَتَك العِرْض (i)
≈ung f هَتْك العِرْض، اِغْتِصَاب

verge'wissern (—) v/r. تَأَكَّد من
ver'gießen (L; —) صَبّ (u)، سَكَب (u)
ver'gift|en (-e-; —) سَمّ (u)
≈ung f تَسَمُّم
Ver'gleich m (-es; -e) مُقَارَنَة، مُضَاهَاة
jur. تَسْوِيَة
(Versöhnung) مُصَالَحَة
≈bar مَحَلّ لِلْمُضَاهَاة
≈en (L; —) قَارَن، ضَاهَى، سَوَّى،
(v/r.) صَالَح
ver'gnügen (—) v/t. سَلَّى (a)، رَفَّه
v/r. رَفَّه عَنْ نَفْسِه، تَسَلَّى،
≈ n تَسْلِيَة، تَرْفِية
Ver'gnügung f تَسْلِيَة
~s-park m حَدِيقَة مَلاهٍ
~sreisende(r) m سَائِح
ver'gold|en (-e-; —) ذَهَّب
≈ung f تَذْهِيب

ver'graben *(L; —)* طَمَر، (u) دَفَن، (i) خَفَى فِى الأَرْض (i)

ver'griffen *Buch:* نَافِد

ver'größer|n *(-re; —)* كَبَّر

~ung *f* تَكْبِير

~ungsglas *n* *(-es; ⸗er)* عَدَسَة مُكَبِّرَة

ver'güten *(-e-; —)* عَوَّض، رَدّ (u)

ver'haft|en *(-e; —)* حَبَس(i)، قَبَض عَلَى (i)

~ung *f* قَبْض

ver'halten *(L; —)* مَنَع (a)

v/r. سَلَك (u) تَصَرَّف

~ *n* سُلُوك

Ver'hältnis *n* *(-ses; -se)* عَلَاقَة، نِسْبَة

~mäßig نِسْبِى

~se *pl.* ظُرُوف، أَحْوَال

ver'hand|eln *(-le; —)* فَاوَض

jur. حَاكَم

~lung *f* مُفَاوَضَة

jur. مُحَاكَمَة

Ver'hängnis *n (-ses; -se)* قَدَر

~voll نَحِس

ver'härten *(-e-; —)* جَمَّد، صَلَّب

ver'haßt مَكْرُوه، بَغِيض

ver'heimlich|en *(—)* أَخْفَى، كَتَم (u)

~ung *f* إِخْفَاء، كَتْم

ver'heiraten *(-e-; —)* *v/t.* زَوَّج

v/r. تَزَوَّج

ver'herrlichen *(—)* عَظَّم، مَجَّد

ver'hind|ern *(-re; —)* مَنَع(a)

~erung *f* مَنْع

ver'höhn|en *(—)* سَخَر (a) مِن

~ung *f* سُخْرِيَّة

Ver'hör *n (-s; -e)* إِسْتِجْوَاب

ver'hungern *(-re; —)* مَات جُوعًا (u)

ver-'irren *(—)* *v/r.* ضَلّ (i)

ver'jagen *(—)* طَرَد (u)

ver'jüng|en *(—)* صَبَّى

~ung *f* تَصْبِيَة

~ungskur *f* عِلَاج إِعَادَة الشَّبَاب

Ver'kauf *m* (*-s; ⸚e*) بَيْع

~en (*—*) بَاعَ (i)

Ver'käuf|er *m* بَيَّاع

~lich لِلْبَيْع

Ver'kehr *m* (*-s; O*) مُوَاصَلَة

(*Geschlechts~*) اِخْتِلَاط (أَجْنَاس)

(*Waren~*) تَدَاوُل

(*Straßen~*) مُرُور، حَرَكَة مُرُور

~en (mit) اِخْتَلَط ب

(in, bei اِخْتَلَف (اِلَى

~s-ampel *f* (*—; -n*) أَنْوَار المُرُور

~sministerium *n* (*-s; -ministerien*) وِزَارَة المُوَاصَلَات

~smittel *n* وَسِيلَة النَقْل

~sschutzmann *m* (*-es; -leute*) عَسْكَرِى مُرُور

~swesen *n* شُئُون المُوَاصَلَات

ver'kehrt مَقْلُوب

ver'kennen (*L; —*) *Person:* أَخْطَأَ فِي مَعْرِفَة

ver'ketten (*-e-; —*) *fig.* اِشْتَبَك

ver'klagen (*—*) اِدَّعَى عَلَى

ver'kleid|en (*-e-; —*) نَكَّر

Techn. بَطَّن

~ung *f* تَبْطِين، تَنْكِير

ver'klein|ern (*-re; —*) صَغَّر، خَفَّض

~erung *f* تَصْغِير، تَخْفِيض

ver'kommen *adj.* فَاسِد الخُلُق

~heit *f* فَسَاد الخُلُق

ver'körper|n (*-re; —*) مَثَّل

~ung *f* تَمْثِيل

ver'krüppelt كَسِيح

ver'kümmer|n (*-re; —*) ذَوَى (i)، عَجَز (a) ضَمَر (u)

~t ضَامِر

ver'lachen (*—*) سَخَر مِنْ (a)

ver'laden (*L; —*) شَحَن (i)

Ver'lag *m* *(-es; -e)* دَار نَشْر
~sbuchhandlung *f* دَار نَشْر الكُتُب
~srecht *n* *(-es; -e)* حُقُوق الطَبْع
ver'langen *(—)* طَلَب (u)
(nach تَشَوَّق (إِلَى
~ *n* رَغْبَة، طَلَب
ver'längern *(-re; —)* أَطَال، مَدَّد (u)
ver'lassen *(L; —)* تَرَك، غَادَر
v/r. auf اِعْتَمَد عَلَى، اِتَّكَل
Ver'lauf *m* *(-s; O)* مَرّ
im ~ e-s Monats فِي مُدَّة شَهْر
ver'laufen *(L; —)* *v/r.* ضَلّ (i)
ver'lautbaren نَشَر (u)
Ver'lautbarung *f* نَشْرَة
ver'leben *(—)* قَضَى (i) (الزَمَن)
ver'legen[1] *(—)* حَوَّل
Buch: نَشَر (كِتَابًا) (u)
(versetzen) نَقَل (u)
Sache: وَضَع حَاجَة فِي غَيْر مَوْضِعِهَا (a)
ver'leg|en[2] *adj.* حَيْرَان، مُرْتَبِك
~enheit *f* حَيْرَة، اِرْتِبَاك
Ver'leger *m* نَاشِر كُتُب
Ver'legung *f* تَحْوِيل، نَقْل
ver'leihen *(L; —)* مَنَح، (a)
Geld: أَعَار
ver'leit|en *(-e-; —)* أَغْرَى
~ung *f* إِغْرَاء
ver'lesen *(L; —)* تَلَا، (u) قَرَأ (a)
ver'letz|en *(-t; —)* جَرَح (a)
fig. أَهَان
~end مُهِين، جَارِح
~ung *f* إِهَانَة، جُرْح
ver'leugnen *(-e-; —)* أَنْكَر
ver'leumden *(-e-; —)* اِغْتَاب
ver'liebt عَاشِق، مُغْرَم
~heit *f* عِشْق، غَرَام

ver'lieren *(L; —)* فَقَدَ (i)
ver'lob|en *(—)* خَطَبَ (u) (اِمْرَأَة)
~te *f* خَطِيبَة
~te(r) *m* خَطِيب
~ung *f* خُطْبَة زَوَاج
ver'locken *(—)* اَغْرَى
ver'logen *adj., adv.* كَذَّاب
~heit *f* مَيْل اِلَى الكِذْب
ver'lorengehen *(L; sn)* ضَاعَ (i) من
ver'löschen *(L; —)* اِنْطَفَأ
Ver'lust *m (-es; -e)* خَسَارَة
~bringend مُخَسِّر
Ver'mächtnis *n (-ses; -se)* وَصِيَّة
ver'mehren *(—)* زَاد (i)
ver'meid|en *(L; —)* تَجَنَّبَ
~ung *f* تَجَنُّب
ver'meintlich مَزْعُوم، وَهْمِي
ver'mengen *(—)* خَلَطَ (i)
Ver'merk *m (-s; -e)* تَأْشِير
ver'messen *(L; —) v/t.* قَاس (i)، مَسَحَ (a) (الأَرَاضِي)
v/r. جَرُؤَ (u)
adj. جَرِيء
ver'mieten *(-e-; —)* اَجَّرَ
ver'missen اِفْتَقَدَ
ver'mißt *Mil.* مَفْقُود
ver'mitt|eln *(-le; —)* تَوَسَّطَ
~ler *m* مُتَوَسِّط، دَلَّال
~lung *f* تَوَسُّط، وِسَاطَة
Ver'mögen *n* ثَرْوَة، قُدْرَة
~d ثَرِيّ
ver'mut|en *(-e-; —)* ظَنَّ (u)، خَمَّنَ
~lich تَخْمِينِي، مُحْتَمَل
~ung *f* ظَنّ، تَخْمِين
ver'nachlässig|en *(—)* أَهْمَلَ
~ung *f* اِهْمَال
ver'narben *(—)* اِنْدَمَلَ
ver'nehmen *(L; —)* عَلِمَ (a)، سَمِعَ (a) *jur.* اِسْتَجْوَبَ
ver'neig|en *(—) v/r.* اِنْحَنَى (اِحْتِرَاماً)
~ung *f* اِنْحِنَاء
ver'nein|en *(—)* اَنْكَرَ

~end مُنْكِر

˜ung *f* إِنْكَار

ver'nichten *(-e-; —)* أَعْدَم، أَبَاد

Ver'nunft *f (O)* رُشْد، عَقْل

ver'nünftig رَشِيد، عَاقِل

ver'öffentlich|en *(—)* أَشْهَر، نَشَر (u)

˜ung *f* إِشْهَار

ver'ord|nen *(-e; —)* أَمَر (u) *Med.* وَصَف (الدَّوَاء) (i)

˜nung *f* وَصْفَة، أَمْر (إدَارِى)

ver'packen *(—)* حَزَم، (i) رَبَط (u)

ver'pfänden *(-e-; —)* رَهَن (a)

ver'pflanzen *(-t; —)* نَقَل الزَّرْع

Ver'pflegung *f* قُوت، مَؤُونَة

ver'pflicht|en *(-e-; —)* أَجْبَر *v/r.* تَعَهَّد

˜ung *f* تَعَهُّد

verprovian'tieren *(—) v/r.* زَوَّد، مَوَّن

Ver'rat *m (-s; O)* خِيَانَة

˜en *(L; —)* خَان (u)

Ver'räter *m* خَائِن

˜isch خَؤُون

ver'rechnen *(-e-; —)* حَسَب (u)، *v/r.* أَخْطَأ فى الحِسَاب

ver'reisen *(-t; —)* سَافَر

ver'renk|en *(—)* خَلَع (a) (العِظَام)

˜ung *f* خَلْع العِظَام

ver'richt|en *(-e-; —)* أَنْجَز

˜ung *f* إِنْجَاز

ver'riegeln *(-le; —)* تَرْبَس، أَقْفَل بِالمِزْلَاج

ver'ring|ern *(-re; —)* قَلَّل، خَفَّض

˜erung *f* تَقْلِيل

ver'rosten *(-e-; —)* صَدِئ (a)

ver'rückt مَجْنُون

˜e(r) *m* مَجْنُون

˜heit *f* جُنُون

ver'rufen *adj.* سَيِّئُ السُّمْعَةِ

Vers *m (-es; -e)* بَيْت الشِّعْر

ver'sagen *(—)* رَفَضَ، (u)
Motor: خَابَ، تَعَطَّلَ (i)
∼ *n (O)* تَعَطُّل

ver'samm|eln *(-le; —)*
جَمَعَ (a)
∼lung *f* اِجْتِمَاع

Ver'sand *m (-es; O)* اِرْسَال

ver'säum|en *(—)* فَوَّتَ،
فَاتَهُ اَنْ (u)
er ∼te den Zug
فَاتَهُ القِطَار
∼nis *n (-ses; -se)* اِهْمَال

ver'schaffen *(—)* اِسْتَحْضَرَ

ver'schämt خَجْلَان

ver'schärfen *(—) v/r.* اِشْتَدَّ

ver'scheiden *(L; —; sn)*
مَاتَ (u)

ver'schicken *(—)* بَعَثَ (a)
Sträfling: اَبْعَدَ

ver'schieb|en *(L; —)* حَرَّكَ
fig. اَجَّلَ
∼ung *f* تَأْجِيل، تَحْرِيك

ver'schieden مُخْتَلِف
∼heit *f* تَعَدُّد، اِخْتِلَاف

ver'schlafen *(L; —) v/i.*
فَوَّتَ بِالنَّوْم
adj. وَسِن

ver'schlagen *adj.* مَاكِر

ver'schlechter|n *(-re; —)*
اَفْسَدَ
∼ung *f* فَسَاد

ver'schleiern *(-re; —)* قَنَّعَ

ver'schleudern *(-re; —)*
بَدَّدَ، بَذَّرَ

ver'schlimmern *(-re; —)*
سَوَّأَ
v/r. سَاءَ (u)

ver'schlingen *(L; —)*
بَلَعَ (a)

ver'schlossen مُقْفَل
fig. مُتَحَفِّظ

ver'schlucken *(—)* اِزْدَرَدَ

Ver'schluß *m (-sses; ∻sse)*
اِغْلَاق، سِدَاد، قِفْل

ver'schmitzt مَاكِر

ver'schollen غَائِب، مَفْقُود

ver'schonen *(—)* أَبْقَى على

ver'schönern *(-re; —)* حَسَّن، جَمَّل

ver'schreib|en *(L; —) Arznei:* وَصَف (الدَّوَاء) (i) *v/r.* أَخْطَأَ فِي الكِتَابَة

≈ung *f* وَصْفَة الدَّوَاء

Ver'schulden *n* ذَنْب

ver'schütten *(-e-; —)* رَدَم، (i) *Wasser:* سَكَب (u)

ver'schweigen *(L; —)* (vor كَتَم (عَنْ (u)

ver'schwend|en *(-e-; —)* بَذَّر

≈er *m* مُبَذِّر

≈ung *f* تَبْذِير

ver'schwiegen كَتُوم

≈heit *f* تَكَتُّم

ver'schwinden *(L; —)* اِخْتَفَى

≈ *n* اِخْتِفَاء

ver'schwommen مُبْهَم، مَهْزُوز *Bild:* مُشَوَّش

ver'schwör|en *(L; —) v/r.* تَآمَر

≈er *m* مُتَآمِر

≈ung *f* تَآمُر، مُؤَامَرَة

ver'sehen *(L; —)*: mit etwas ~ زَوَّد (بِشَيْء)

≈ *n* خَطَأ، غَلْطَة

ver'send|en *(L; —)* أَرْسَل

≈ung *f* إِرْسَال

ver'sengen *(—)* شَعَط (a)

ver'senk|en *(—)* أَغْرَق

≈ung *f* غَرْق

ver'setz|en *(-t; —)* رَهَن، (a) نَقَل (مِنْ وَظِيفَة) (i)

≈ung *f* نَقْل

ver'sicher|n *(-re; —)* أَكَّد، أَمَّن

≈ung *f* تَأْكِيد، تَأْمِين

ver'siegel|n *(-le; —)* خَتَم (i)

≈ung *f* خَتْم

ver'sinken *(L; —)* غَرِق (a)

ver'söhnen *(—)* أَصْلَح بَيْن

v/r. تَصَالَح، صَالَح

ver'söhnlich مُسَالِم، مُحِبّ لِلصُّلْح
Ver'söhnung *f* صُلْح
ver'sorg|en *(—)* كَفَل (u)، مَوَّن، جَهَّز
~ung *f* تَمْوِين، تَجْهِيز
ver'spät|en *v/r.* تَأَخَّر
~et مُتَأَخِّر
~ung *f* تَأَخُّر
Zug: ~ung haben تَأَخَّر
ver'sperren *(—)* سَدّ (i)، قَفَل (i)
ver'spielen خَسِر فِي اللَّعِب (a)
ver'spotten *(-e-; —)* اِسْتَهْزَأ، سَخَر (a) مِن
ver'sprechen *(L; —)* وَعَد (i)
v/r. أَخْطَأ فِي الكَلَام
~ *n* وَعْد
ver'sprengen *(—)* شَتَّت، فَرَّق
ver'spritzen *(-t; —)* رَشّ (u)
ver'staatlich|en *(—)* أَمَّم
~ung *f* تَأْمِيم

Ver'stand *m (-es; 0)* فَهْم، عَقْل
gesunder Menschen~ عَقْل سَلِيم
~esmäßig عَقْلِي
~esschärfe *f* ذَكَاء
ver'ständig ذَكِيّ
~en *(—)* أَخْبَر
sich ~en mit تَفَاهَم على
ver'ständlich مَفْهُوم
Ver'ständnis *n (-ses; -se)* إِدْرَاك، فَهْم
ver'stärk|en *(—)* قَوَّى
Radio: عَلَّى
~er *m Radio:* صِمَام التَعْلِيَة
Ver'steck *n (-es; -e)* مَخْبَأ
~en *(—)* خَبَّأ، أَخْفَى
v/r. اِخْتَفَى
ver'stehen *(L; —)* فَهِم (a)
ver'steigern بَاع بِالمَزَاد (i)
ver'stellen *(—)* غَيَّر الوَضْع
v/r. تَظَاهَر
ver'stimmt *fig.* زَعْلَان
ver'stockt عَنِيد، صَلْب

~heit *f* عِنَاد

ver'stohlen خُلْسَةً، خَفِيّ

ver'stopf|en *(—)* سَدّ (u)

~ung *f* *Med.* سَدّ، اِمْسَاك

ver'storben مُتَوَفّى، مَرْحُوم

Ver'stoß *m (-es; ⸗e)* مُخَالَفَة، خَطَأ

~en *(L; —)* gegen etw. خَالَف (u) طَرَد j-n،

ver'stümmeln *(-le; —)* شَوّه، كَسّح

Ver'such *m (-es; -e)* تَجْرِبَة، مُحَاوَلَة

ver'such|en *(—)* حَاوَل، جَرّب

~ung *f* تَجْرِبَة

ver'süßen *(-ßt; —)* حَلّى

ver'tauschen *(—)* بَادَل

ver'teidig|en *(—)* دَافَع عَنْ

~er *m* مُدَافِع *Sport:* ظَهِير *jur.* مُحَامٍ

~ung *f* مُدَافَعَة *jur.* مُحَامَاة

ver'teil|en *(—)* وَزّع

~ung *f* تَوْزِيع

ver'tiefen *(—)* عَمّق

ver'tilg|en *(—)* أَبَاد

~ung *f* اِبَادَة

Ver'trag *m (-es; ⸗e)* مُعَاهَدَة، عَقْد

ver'tragen *v/r.* سَالَم

ver'träglich مُتَسَاهِل، مُسَالِم

Ver'trags|bruch *m (-s; ⸗e)* مُخَالَفَة العَقْد

~mäßig مُطَابِق لِلْعَقْد

ver'trauen *(—)* وَثِق (i)

~ *n* ثِقَة

ver'traulich سِرّي

ver'traut مَأْلُوف

~e(r) *m* اِلْف، وَثِيق

~heit *f* مَعْرِفَة، اُلْفَة

ver'treib|en *(L; —)* طَرَد (u) *Waren:* صَرّف

~ung *f* طَرْد

ver'tret|en *(L; —)*: j-n ~en مَثّل، (u) نَاب عَن

~er *m* نَائِب، وَكِيل

~ung *f* وِكَالَة، نِيَابَة

in **~ung** بِالنِّيَابَة

Ver'trieb *m* تَصْرِيف (بَضَائِع)

Ver'triebene(r) *m* طَرِيد

ver'trösten *(-e-; —)* سَوَّف

ver'tun *(L; —)* أَسْرَف، بَعْثَر

ver-'übeln *(-le; —):* j-m etw. ~ آخَذَ عَلَيه (u)

ver-'üben اِرْتَكَب

ver-'unglücken *(—)* أُصِيب، وَقَع فِي حَادِث (a)

ver-'unreinigen *(—)* وَسَّخ *v/r.* تَوَسَّخ

ver-'unstalten *(-e-; —)* شَوَّه

ver-'untreuen اِخْتَلَس

ver-'ursachen *(—)* سَبَّب

ver-'urteil|en *(—)* أَدَان، حَكَم عَلَى (u)

~ung *f* إِدَانَة، حُكْم

ver'vielfältigen *(—)* كَثَّر *Typ.* طَبَع (a)

ver'voll|kommnen *(-e-; —)* أَتْقَن، أَكْمَل

~kommnung *f* إِتْقَان، إِكْمَال

~ständigen *(—)* أَتَمّ، كَمَّل

~ständigung *f* إِتْمَام، تَتْمِيم، تَكْمِلَة

ver'wahren *(—)* حَفِظ (a)

ver'walten *(-e-; —)* أَدَار

Ver'walter *m* مُدِير

Ver'waltung *f* إِدَارَة

ver'wandeln *(-le; —)* مَسَخ، غَيَّر، حَوَّل (a)

ver'wandt قَرِيب

~e(r) *m* قَرِيب

~schaft *f* قَرَابَة، أَقْرِبَاء

ver'wechseln *(-le; —)* أَخْطَأَ فِي، خَلَط بَيْن (i)

ver'wegen جَسُور، جَرِيء

ver'weichlicht مُخَنَّث

ver'weiger|n *(-re; —)* رَفَض (u)

~ung *f* رَفْض

Ver'weis *m (-es; -e)* تَأْنِيب، تَوْبِيخ

ver'welken ذَبُل (u)
ver'wenden *(-e-; —)* اِسْتَعْمَل، اِسْتَخْدَم
v/r. ~ für اِهْتَمّ ب
ver'werfen *(L; —) jur.* رَفَض (الدَعْوَى) (u)
ver'werflich مُسْتَقْبَح
Ver'wertung *f* اِنْتِفَاع، اِسْتِفَادَة
Ver'wesung *f* تَعَفُّن
ver'wickel|n *(-le; —)* رَبَك (u)
~t مُرْتَبِك، مُعَقَّد
Ver'wicklung *f* اِرْتِبَاك
ver'wirklich|en *(—)* حَقَّق
~ung *f* تَحْقِيق
ver'wirren *(—)* حَيَّر، رَبَك (u)
Ver'wirrung *f* حَيْرَة، اِرْتِبَاك
ver'wöhn|en *(—)* دَلَّع، دَلَّل
~ung *f* دَلَال
ver'worfen خَبِيث
~heit *f* خُبْث
ver'worren مُبْهَم، مُرْتَبِك
ver'wunden جَرَح (a)
ver'wundern *(-re; —)* أَدْهَش
Ver'wundung *f* جَرْح
ver'wünsch|en *(—)* لَعَن (a)
~ung *f* لَعْن
ver'wüsten *(-e-; —)* خَرَّب
Ver'wüstung *f* تَخْرِيب
ver'zagen *(—)* يَئِس (a)
ver'zehr|en *(—)* اِسْتَهْلَك
~ung *f* اِسْتِهْلَاك
Ver'zeichnis *n (-ses; -se)* فِهْرِسْت، جَدْوَل
ver'zeih|en *(L; —)* صَفَح (a)، عَفَا (u)
~lich مَصْفُوح
~ung *f* صَفْح، عَفْو
ver'zerr|en *(—)* عَوَّج، لَوَى (i)
~ung *f* عِوَج
ver'zetteln *(-le; —)* شَتَّت، بَعْثَر
Ver'zicht *m (-es; -e)* تَنَازُل
~en *(-e-; —)* تَنَازَل

ver'ziehen *(L; —)* دَلَّع
ver'zieren *(—)* زَيَّن
ver'zinsen اِسْتَحَقّ فَوَائِد
ver'zinslich *Kapital:* مُسْتَحَقّ عَلَيْه فَوَائِد
ver'zöger|n *(-re; —)* أَجَّل
~ung *f* تَأْجِيل
ver'zollen *(—)* دَفَع رُسُوم (a) الجُمْرُك
Ver'zug *m (-es; O)* تَأْخِير
ver'zweifel|n *(-le; —)* يَئِس (a)، قَنِط (a)
~t يَائِس
Ver'zweiflung *f* يَأْس، قُنُوط
ver'zweig|en *(—)*
sich ~en تَفَرَّع، تَشَعَّب
~ung *f* تَشَعُّب
Veto *n (-s; -s)* حَقّ الفِيتُو، نَقْض
ein ~ einlegen gegen اِسْتَعْمَل حَقّ الفِيتُو فِي
Vetter *m* اِبْن العَمّ
vi'brieren *(—)* تَذَبْذَب
Vieh *n (-es; O)* بَهِيمَة، مَوَاشٍ
~isch بَهِيمِي
~seuche *f* طَاعُون بَقَرِي
~weide *f* مَرْعَى المَوَاشِي
~züchter *m* مُرَبِّي المَوَاشِي
viel *(mehr; meist-)* كَثِير
~deutig مُبْهَم
~fach مُضَعَّف
~leicht [fi·ˈlaɪ-] رُبَّمَا
~mals عِدَّة مَرَّات
~sagend ذُو مَعْنًى
~weibe'rei *f* تَعَدُّد الزَّوْجَات
vier أَرْبَعَة
~-eck *n (-s; -e)* مُرَبَّع
~fach أَرْبَعَة أَضْعَاف
~schrötig رَبْعَة القَامَة
~te(r) رَابِع
~tel *n* رُبْع
~zehn أَرْبَعَة عَشَر
~zig أَرْبَعُون
vio'lett *(O)* بَنَفْسَجِي اللَّوْن
Vio'line *f* كَمَان
Virtu'os|e *m (-n)* فَنَّان مُوسِيقِي
~i'tät *f* فَنّ، مَهَارَة

Vi'site *f* زِيَارَة
~nkarte *f* بِطَاقَة زِيَارَة
visi'tieren *(—)* فَتَّش، فَحَص (a)
Visum *n (-s; Visen)* تَأْشِيرَة
Vita'min *n (-s; -e)* فِيتَامِين
Vogel *m (-s; ⸚)* طَائِر، طَيْر
~scheuche *f* نَاطُور، نُطَّار
Vo'kal *m* حَرْف مُتَحَرِّك
Volant [vo:'laŋ] *m (-s; -s)* عَجَلَة القِيَادَة
Volk *n (-es; ⸚er)* شَعْب
Völker-bund *m (-es; O)* جَمْعِيَّة الأُمَم
völkisch شَعْبِى
Volks|abstimmung *f* اِسْتِفْتَاء الشَعْب
~-entscheid *m (-s; -e)* قَرَار الشَعْب
~herrschaft *f (O)* دِيمُوقْرَاطِيَّة
~hochschule *f* مَدْرَسَة شَعْبِيَّة عَالِيَة
~schule *f* مَدْرَسَة اِبْتِدَائِيَّة
~stamm *m (-ęs; ⸚e)* قَبِيلَة
~wirtschaft *f (O)* اِقْتِصَاد سِيَاسِى
~zählung *f* تَعْدَاد السُكَّان
voll كَامِل، مَلْآن
~'enden *(—)* أَنْهَى، أَتَمّ
~'führen *(—)* أَنْجَز
völlig تَمَامًا
voll|jährig بَالِغ
~'kommen مُتْقَن، كَامِل
≈'kommenheit *f* كَمَال، اِتْقَان
~machen مَلَأَ (a)
≈macht *f* تَفْوِيض، تَوْكِيل
≈mond *m* بَدْر
~ständig تَامّ
~'streckbar قَابِل لِلتَنْفِيذ
~'strecken *(—)* نَفَّذ
≈'strecker *m* مُنَفِّذ
~zählig كَامِل العَدَد
~'ziehen *(L; —)* أَنْجَز، نَفَّذ
≈'ziehung *f* تَنْفِيذ، اِنْجَاز

Vo'lumen *n* سَعَة
von عَنْ، مِنْ
vor قَبْل، اَمَام
vo'ran عَلَى رَأْس، فِي الأَمَام
Vor-arbeit *f* عَمَل تَحْضِيرِى
vo'raus مُقَدَّماً
~gehen تَقَدَّم عَلَى او عَن
≈sagung *f* تَكَهُّن، تَنَبُّؤ
≈setzung *f* فَرْض، شَرْط
~sichtlich مُحْتَمَل
Vorbedeutung *f* فَأْل
Vorbehalt *m (-s; -e)* اِحْتِفَاظ، تَحَفُّظ، شَرْط
vor'bei اِنْتَهَى
~ sein فَات (u)
~gehen مَرّ عَلَى
vorbereit|en *(-e-; —)* حَضَّر، اَعَدّ
v/r. اِسْتَعَدّ
≈ung *f* auf تَحْضِير ل، اِسْتِعْدَاد
Vorbeter *m* اِمَام (صَلَاة)
vorbeug|en اِتَّقَى، تَدَارَك (i)
≈ung *f* وِقَايَة
Vorbild *n (-es; -er)* قُدْوَة، نُمُوذَج
vor'dem سَابِقاً
Vorderbein *n (-ɇs; -e)* رِجْل اَمَامِيَّة
vorderst(-) فِي المُقَدِّمَة
vordringen *(L)* تَقَدَّم
Vordruck *m (-ɇs; -e)* اِسْتِمَارَة
vor-eilig مُنْدَفِع، مُتَعَجِّل
vor-erwähnt مَذْكُور سَابِقاً او اَعْلَاهُ
Vorfahren *pl.* اَجْدَاد
Vorfall *m (-ɇs; ⸚e)* حَادِث
≈en حَدَث (u)
Vorführung *f* تَقْدِيم، عَرْض
Vorgang *m (-s; ⸚e)* عَمَلِيَّة
Vorgänger *m* سَلَف
vorgeben *(L)* اِدَّعَى ب
≈ *n* اِدِّعَاء
vorgefaßt *Meinung:* مُصَمَّم عَلَيْه
vorgehen *(L)* حَدَث، تَقَدَّم (u)
vor j-m gehen سَبَق (i)

Vorgesetzte(r) *m* رَئِيس
vorgestern اَوَّل البَارِحَة، اَمْس الأَوَّل
vorgreifen *(L)* سَبَق (i) فِى أَمْر
vorhaben *(L)* قَصَد (u)
~ *n* قَصْد
Vorhalle *f* دَهْلِيز
vor'handen مَوْجُود، حَاضِر
Vorhang *m (-ȼs; ⁼e)* سِتَارَة، سِتَار
vorher سَابِقًا، مِنْ قَبْل
~gehen [-ˈheːʁ-] سَبَق (i)
~gehend [-ˈheːʁ-] سَابِق
vorherrschen غَلَب، (i) سَاد (u)
~d غَالِب
vor'her|sagen تَنَبَّأ، تَكَهَّن
~sehen *(L)* رَأَى (a) (مِن قَبْل)
vorig- سَابِق
Vorkämpfer *m* مُكَافِح
Vorkaufsrecht *n (-s; O) jur.* شُفْعَة
Vorkenntnisse *pl.* مَعْلُومَات سَابِقَة
vorkommen *(L)* حَدَث، (u) وُجِد
Vorkommnis *n (-ses; -se)* حُدُوث
vorlad|en *(L)* دَعَا (u)
~ung *f* اِسْتِدْعَاء
Vorlage *f* مَشْرُوع (قَانُون)، نُمُوذَج
vorlassen *(L)* صَرَّح بِالدُّخُول اَوْ التَقَدُّم
vorläufig مُوَقَّت
Vorleben *n* سَوَابِق
vorletzt- مَا قَبْل الأَخِير
Vorliebe *f* مَيْل، أَفْضَلِيَّة
vor'liebnehmen *(L)*: mit etw. ~ قَنِع ب (a)
vorliegend حَاضِر
vormalig سَابِق
Vormarsch *m (-ȼs; ⁼e)* تَقَدُّم (الجَيْش)
Vormittag *m (-es; -e)* ضُحًى، قَبْل الظُّهْر

Vormund *m (-ęs; -e)* وَصِيّ
~schaft *f* وِصَايَة
vorn فِى الأَمَام، فِى المُقَدِّمَة
Vorname *m (-n)* إِسْم (الاِسْم الأَوَّل لِلشَّخْص)
vornehm رَاقٍ، نَبِيل
vornehmen *(L)*: sich etw. ~ عَزَم عَلَى (i)
Vornehm|heit *f* نَبَالَة
≗lich بِخَاصَّةٍ، خَاصَّةً
Vor-ort *m (-es; -e)* ضَاحِيَة
Vorrang *m (-ęs; O)* أَسْبَقِيَّة، أَوَّلِيَّة
Vorrat *m (-es; ⸚e)* مَخْزُونَات، مُدَّخَر
Vorrecht *n (-s; -e)* إِمْتِيَاز
Vorrede *f* مُقَدِّمَة
Vorrichtung *f* عُدَّة، جِهَاز
vorrücken *v/i.* تَقَدَّم
v/t. قَدَّم
Vorsatz *m (-es; ⸚e)* عَمْد، قَصْد
vorsätzlich عَمْدًا، مُتَعَمَّد
Vorschlag *m (-ęs; ⸚e)* إِقْتِرَاح، عَرْض
vorschreiben *(L)* أَمَر (u)
vorschreiten *(L)* تَقَدَّم
Vorschrift *f* أَمْر، لَائِحَة، تَعْلِيمَات
Vorschuß *m (-sses; ⸚sse)* سُلْفَة
vorschütz|en *(-t)* إِدَّعَى
≗ung *f* إِدِّعَاء
vorseh|en *(L) v/r.* إِحْتَرَس
≗ung *f* عِنَايَة رَبَّانِيَّة
Vorsicht *f* إِحْتِرَاس، حَذَر
~! إِحْتَرِس
≗ig بِحِرْص، مُحْتَرِس، حَذِر
Vorsitz *m (-es; -e)* رِئَاسَة
~ende(r) *m* رَئِيس (جَلْسَة)
Vorsorge *f* رِعَايَة
≗n رَعَى (a)
vorsprechen *(L)*: bei j-m ~ قَابَل، وَاجَه
Vorsprung *m (-ęs; ⸚e)* أَسْبَقِيَّة، *Gebäude:* بُرُوز
Vorstadt *f (—; ⸚e)* ضَاحِيَة

Vorstand *m (-ǿs; ⸗e)* رَئِيس، نَاظِر

Vorsteher *m* رَئِيس، نَاظِر

vorstellen قَدَّم

j-n j-m ~ قَدَّم (شَخْصًا لِآخَر)

sich etw. ~ تَصَوَّر

Vorstellung *f* تَصَوُّر

Theater: عَرْض مَسْرَحِي

Vorstoß *m (-es; ⸗e)* هُجُوم

vortäuschen اِدَّعَى، تَصَنَّع

Vorteil *m (-ǿs; -e)* مَنْفَعَة

⸗haft نَافِع

Vortrag *m (-ǿs; ⸗e)* تِلَاوَة، مُحَاضَرَة

⸗en *(L)* (i) نَقَل الحِسَاب، أَلْقَى، (u) تَلَا

vor'trefflich عَظِيم، فَاخِر

vortreten *(L)* تَقَدَّم

vo'rüber مَاضٍ

~gehen (i) مَضَى ، (u) مَرّ ب

~gehend مَاضٍ، مُوَقَّت

Vor-urteil *n (-ǿs; -e)* وَهْم

Vorverkauf *m (-s; O)* بَيْع مُقَدَّم

Vorwand *m (-s; ⸗e)* تَحَجُّج، تَعلُّل، عِلَّة، حُجَّة

vorwärts اِلَى الأَمَام

vorwerfen *(L) fig.* عَيَّر

Vorwitz *m (-es; O)* وَقَاحَة، فُضُول

⸗ig وَقِح، فُضُولِي

Vorwort *n (-es; -e)* مُقَدِّمَة

Vorwurf *m (-ǿs; ⸗e)* تَأْنِيب، تَعْيِير

Vorzeichen *n* فَأْل

vorzeigen (i) عَرَض، أَرَى

vorziehen *(L) fig.* آثَر، فَضَّل

Vorzimmer *n* مَدْخَل

Vorzug *m (-ǿs; ⸗e)* مِيزَة، اِمْتِيَاز، فَضْل

vor'züglich فَاخِر

adv. بِخَاصَّة

⸗keit *f* فَخَارَة، فَضِيلَة

vul'gär عَامِّي، دَارِج، مُبْتَذَل

Vul'kan *m (-ǿs; -e)* بُرْكَان

⸗isch بُرْكَانِي

W

Waage *f* مِيزَان
2-recht أُفْقِى
Waagschale *f* كَفَّة المِيزَان
Wabe *f* قُرْص عَسَل
wach صَاحٍ ، مُتَيَقِّظ
2e *f* حَرَس
~en يَقِظ (a) ، حَرَس (u)
Wachs *n (-es; O)* شَمْع
wachsam [-xz-] حَارِس
wachsen *(L)* كَبُر (u)
Pflanze: نَبَت (u) ، نَمَا (u)
wächsern شَمْعِى
Wachstuch *n (-ɇs; ⸗er)* مُشَمَّع
Wachstum *n (-s; O)* نُمُوّ
Wächter *m* حَارِس
wach(t)habend فِى العَمَل (نُوبَتْجِى)
wack(e)lig مُخَلْخَل ، مُزَعْزَع ، مُتَرَنِّح
wacker *(-kr-)* شُجَاع ، شَهْم
Wade *f* سَمَانَة الرِجْل
Waffe *f* سِلَاح
Waffen|gattung *f* سِلَاح الجَيْش
~schein *m (-ɇs; -e)* رُخْصَة حَمْل السِلَاح
~stillstand *m (-s; O)* هُدْنَة
wägbar قَابِل لِلْوَزْن
wagen جَرُؤ ، جَازَف (u)
Wagen *m* عَرَبَة
(Kraft2) سَيَّارَة
wägen وَزَن (i)

Wagenheber *m* كُرَيْك، رَفْم السَّيَّارَات

Wahl *f* اِنْتِخَاب .*Pol*، اِخْتِيَار

wählbar قَابِل لِلاِنْتِخَاب

≈keit *f* اَهْلِيَّة لِلاِنْتِخَاب

wähl|en اِنْتَخَب، اِخْتَار

≈er *m* نَاخِب

Wahl|ergebnis *n (-ses; -se)* نَتِيجَة الاِنْتِخَابَات

~kampf *m (-ẹs; ⸗e)* حَمْلَة اِنْتِخَابِيَّة

~-urne *f* صَنْدُوق الاِنْتِخَاب

~zelle *f* خَلْوَة النَّاخِبِين

Wahn *m (-ẹs; O)* وَهْم، خَيَال

~sinn *m (-ẹs; O)* جُنُون

~witz *m (-es; O)* جُنُون

wahr صَحِيح، حَقِيقِي

~en حَافَظ

währen دَام (u)

~d *prp.* اَثْنَاء *cj.* بَيْنَمَا

Wahr'haftigkeit *f* صِدْق

Wahrheit *f* حَقِيقَة

~sliebe *f* صِدْق

≈sliebend صَدُوق

wahrnehm|bar يُمْكِن اِدْرَاكُهُ، مَحْسُوس، مُلاحَظ

~en لاحَظ، أَحَسّ، أَدْرَك

Gelegenheit: اِنْتَهَز

≈ung *f* اِحْسَاس، اِدْرَاك، مُلاحَظَة

wahr|sagen تَنَبَّأ، نَجَّم

~'scheinlich مُحْتَمَل

Währung *f* عُمْلَة

Waise *f* يَتِيم

Wal *m (-ẹs; -e)* حُوت

Wald *m (-ẹs; ⸗er)* غَابَة

Wall *m (-ẹs; ⸗e)* سُور، سَدّ

Wall|fahrer *m* حَاجّ

~fahrt *f* حَجّ

Wallung *f* غَلَيَان، ثَوْرَة نَفْس

Walnuß *f* جُوز

Walze *f* مِرْدَس

≈n رَدَس (i)

wälzen *(-t)* تَدَحْرَج

Walzer *m* رَقْصَة الفَالْس

Wand *f (—; ⸗e)* جِدَار، حَائِط

Wandel *m* سُلُوك، تَغَيُّر
~bar مُقَلْقَل
Wander|er *m* سَائِح (مَاشٍ)
~n *(-re)* (u) سَاح (مَاشِياً)، تَجَوَّل
~schaft *f* سِيَاحَة، تَجَوُّل
Wange *f* وَجْنَة، خَدّ
wanken تَرَنَّح
wann مَتَى
seit ~ مُنْذ اَىّ وَقْت
Wanne *f* حَوْض اِسْتِحْمَام
Wanze *f* بَقّ
Ware *f* سِلْعَة، بِضَاعَة
Waren|bestand *m (-ęs; ¨e)* مَخْزُون البِضَاعَة
~haus *n (-es; ¨er)* مَتْجَر
~probe *f* عَيِّنَة، نُمُوذَج
~rechnung *f* فَاتُورَة
~zeichen *n* عَلامَة تِجَارِيَّة
warm *(¨er; ¨st-)* دَافِئ
Wärme *f* حَرَارَة، دِفْء
wärmen سَخَّن، دَفَّأ
Warm'wasserheizung *f* تَدْفِئَة بِمَاء سَاخِن
warn|en اَنْذَر
~ung *f* اِنْذَار
Warnungs|signal *n (-ęs; -e)* اِشَارَة اِنْذَار بِالْخَطَر
~tafel *f (—; -n)* لَوْحَة اِنْذَار بِالْخَطَر
warten *(-e-)* اِنْتَظَر
Wärter *m* حَارِس، مُمَرِّض
Wartesaal *m (-es; -säle)* قَاعَة اِنْتِظَار
Wartung *f* تَمْرِيض
wa'rum لِمَاذَا
Warze *f* ثُؤْلُول
(Brust~) حَلَمَة الثَدْى
was مَا، مَاذَا
Wasch|anstalt *f* مَغْسَل
~becken *n* حَوْض غَسِيل
Wäsche *f* غَسِيل، بَيَّاضَات
wasch|echt ثَابِت اللَوْن
~en *(L)* (i) غَسَل
~lappen *m* مِمْسَحَة الوَجْه
~maschine *f* مَكِينَة غَسَّالَة
Wasser *n* مَاء
~behälter *m* خَزَّان مَاء

≈dicht لَا يَنْفُذ فِيهِ المَاء
~eimer *m* دِلْو، سَطْل، جَرْدَل
~fall *m* شَلَّال
~flugzeug *m* *(-ės; -e)* طَائِرَة مَائِيَّة
~hahn *m* *(-ės; ⸗e)* حَنَفِيَّة
~kessel *m* غَلَّايَة
~leitung *f* خَطّ أَنَابِيب مِيَاه
~melone *f* بَطِّيخ
wassern *(-re) Flgw.* رَسَا (u) عَلَى المَاء (طَائِرَة)
wässern *(-re)* رَوَى، (i) سَقَى (i)
Wasser|rinne *f* مِيزَاب
~stoff *m* *(-s; O) Chem.* هِيدْرُوجِين
~strahl *m* *(-s; -en)* نَافُورَة مَاء
~sucht *f (O)* دَاء الاِسْتِسْقَاء
~waage *f* مِيزَان المَاء
~welle *f* تَمْوِيج مَائِي
waten خَاض (u)
Watte *f* قُطْن طِبِّي

weben نَسَج (u, i)
Weber *m* نَسَّاج
~schiffchen *n* مَكُّوك النَسَّاج
Web|stuhl *m* مِنْسَج
~waren *f/pl.* مَنْسُوجَات
Wechsel *m Geld:* صَرْف *Hdl.* كِمْبِيَالَة
~fieber *n* حُمَّى مُتَقَطِّعَة
~frist *f* مِيعَاد الكِمْبِيَالَة
~geber *m* صَاحِب كِمْبِيَالَة
~geld *n* صَغِير النَقْد
~jahre *n/pl.* سِنّ اليَأْس
~kurs *m* سِعْر النَقْد
≈n *(-le)* غَيَّر *Geld:* صَرَف
~seitigkeit *f* تَبَادُل
~strom *m* تَيَّار مُتَنَاوِب
≈weise بِالتَنَاوُب
wecken صَحَّى، أَيْقَظ
Wecker *m* مُنَبِّه (سَاعَة)
wedeln *(-le)* بَصْبَص بِذَيْله
weder: ~ … **noch** لَا … وَلَا
Weg [-e:-] *m* سَبِيل، سِكَّة، طَرِيق
weg! [vɛk] رُح، اِمْشِ، اِذْهَبْ

weg|bleiben *(L; sn)* تَغَيَّبَ
~bringen *(L)* اَزَالَ، نَقَلَ
Wege-lagerer *m* قَاطِعُ طُرُق
wegen لأجل، بِسَبَب
Weg|fall *m* إِلْغَاء
~fallen *(L; sn)* أُلْغِيَ
~gehen *(L; sn)* اِنْصَرَفَ
~nahme *f* اَخْذ، سَلْب
~nehmen *(L)* اَخَذَ، سَلَبَ
~reisen سَافَرَ، غَادَرَ
~schaffen اَزَالَ، نَقَلَ
~sehen *(L)* اَبْعَدَ النَّظَرَ
~sein *(L)* غَابَ
~treten اِبْتَعَدَ *(L; sn)*
~tun *(L)* اَبْعَدَ
Wegweiser *m* مَعْلَم طُرُق
weg|werfen *(L)* رَمَى (i)
~werfend مُزْدَرٍ، بِازْدِرَاء
~wischen مَسَحَ (a)
~ziehen *(L)* جَرَّ (u)
weh مُوجِع، مُؤْلِم
weh dir! وَيْلٌ لَكَ
~ tun اَوْجَعَ، آلَمَ
Weh *n* وَجَع، أَلَم
Wehen[1] *n* *Wind:* هُبُوب الرِيح
Wehen[2] *f/pl.* آلَام الطَلْق
wehen هَبَّ (الرِيح) (u)
weh|klagen أَنَّ (i)، نَاحَ (u)
~mut *f* كَآبَة، حُزْن
~mütig مُكْتَئِب، حَزِين
Wehr[1] *n (-es; -e)* سَدالمِيَاه
Wehr[2] *f* سِلَاح، دِفَاع
~en *v/r.* دَافَعَ عَن نَفْسِهِ
~fähig صَالِح لِحَمْل السِلَاح
~los غَيْر قَادِر عَلَى الدِفَاع، أَعْزَل
~pflicht *f* خِدْمَة عَسْكَرِيَّة اِجْبَارِيَّة
Weib *n (-es; -er)* اِمْرَأَة، أُنْثَى
weiblich مُؤَنَّث
weich نَاعِم، ضَعِيف، لَيِّن
Weiche[1] *f Anat.* خَصْر، جَانِب
Weiche[2] *f Esb.* مِفْتَاح أو مِحْوَلَة سِكَّة حَدِيد

~nsteller *m* مِفْتَاحْجِى اوَ مِحْوَلْجِى سِكَّة حَدِيد
weichlich مُخَنَّث
Weide *f* *Bot.* مَرْعًى، شَجَرَة الصِفْصَاف
weigern *v/r.* اِمْتَنَع
Weigerung *f* اِمْتِنَاع
Weihe *f* نَذْر، رَسَامَة دِينِيَّة
weihen نَذَر (u, i)، رَسَم (u)
Weiher *m* بِرْكة سَمَك
Weihnachten *f/pl.* عِيد مِيلَاد المَسِيح
Weihnachtsbaum *m* شَجَرَة عِيد مِيلَاد المَسِيح
Weih¦rauch *m (¢s; O)* بُخُور
~wasser *n* مَاء مُقَدَّس
weil بِمَا أَنَّ، لِأَنَّ
Weile *f* بُرْهَة، فِتْرَة
Weiler *m* ضَيْعَة، عِزْبَة
Wein *m* نَبِيذ، خَمْر
~beere *f* عِنَب
~berg *m* مَزْرَعَة عِنَب
~blatt *n* وَرَق عِنَب

weinen بَكَى (i)
weinerlich مَيَّال لِلْبُكَاء، كَثِير البُكَاء
Wein¦kelter *m* عَصَّارَة عِنَب
~lese *f* جَمْع العِنَب
~stein *m* دَرْدِى نَبِيذ
~stock *m* كَرْم
~traube *f* عُنْقُود عِنَب
weise رَشِيد، حَكِيم
Weise *f* مِنْهَاج، طَرِيقَة *Mus.* لَحْن
weisen اَرْشَد
von sich ~ رَفَض (i, u)
Weisheit *f* رَشَاد، حِكْمَة
weiß اَبْيَض
~en بَيَّض الجِدْرَان
≈glut *f* وَهَج
~lich اَبْيَض نَوْعًا
≈waren *f/pl.* بَيَّاضَات
Weisung *f* تَوْجِيه، اِرْشَاد
weit بَعِيد، فَسِيح، وَاسِع
Weite *f* بُعْد، سِعَة
weiter[1] اَبْعَد، اَوْسَع
und so ~ إِلَى آخِرِه

weiter² *adv.* اِسْتَمَرَّ فِي
~schreiben اِسْتَمَرَّ فِي لِكِتَابَةِ، تَابَعَ الكِتَابَة
Weitere(s) *n* بَاقِي التَفْصِيلَات، بَاقٍ
Weiterungen *f/pl.* عَوَاقِب
weit|herzig وَاسِع الصَدْر
~läufig مُفَصَّل، مُطَوَّل
~schweifigkeit *f* اِطَالَة
~sichtig طَوِيل النَظَر
Weizen *m* قَمْح
welch- *Frage:* اَىّ (لِلسُؤَال)
bezüglich: اَلَّذِى
welk ذَابِل
Welle *f* مَوْجَة *Techn.* دُنْجُل
Wellen|brecher *m* مِلْطَم اَمْوَاج
~länge *f* طُول الأَمْوَاج
wellig مُتَمَوِّج، مَائِج
Welt *f* دُنْيَا، عَالَم
~-all *n (-s; O)* العَالَم
~bürger *m* مُوَاطِن عَالَمِى
~frieden *m (-s; O)* سَلْم عَالَمِى
~gericht *n (-¢s; O)* يَوْم الدِين، يَوْم الحِسَاب
~krieg *m (-¢s; -e)* الحَرْب العَالَمِيَّة
~kugel *f (—; -n)* كُرَة اَرْضِيَّة
weltlich دُنْيَاوِى
Welt|meer *n (-¢s; -e)* مُحِيط
~meister *m* بَطَل عَالَمِى
~meisterschaft *f* بُطُولَة عَالَمِيَّة
~raum *m (-¢s; O)* فَضَاء
~rekord *m (-es; -e)* رَقْم قِيَاسِى عَالَمِى
~teil *m (-es; -e)* قَارَّة
Wendekreis *m* مَدَار
Wendeltreppe *f* سُلَّم حَلَزُونِى
wenden *(L; -e-)* قَلَب (i)
v/r. اِلْتَفَت، تَوَجَّه
Wendepunkt *m (-¢s; -e)* نُقْطَة التَحَوُّل
Wendung *f* قَلْب، دَوَرَان
wenig قَلِيل
~er أَقَلّ

Subtraktion: نَاقِص
3 — 2 = 1 ثَلاثَة نَاقِص اِثْنَان يُسَاوى وَاحِد
~stens عَلَى الأَقَلّ
wenn اِذا، لَمّا، اِنْ، لَوْ
~'gleich وَلَوْ
wer [-e:-] أَلَّذِى، مَنْ
werb|en *(L)* دَعَا لِ (u)
Mil. جَنَّد
~ung *f* دِعَايَة، *Mil.* تَجْنِيد
Braut: طَلَب
werden [-e:-] *(L)* نَشَأ، (a) صَار، اَصْبَح (i)
~ *n (O)* صَيْرُورَة، مَصِير
werfen *(L)* رَمَى (i)
Werft *f* مَصْنَع سُفُن
Werk *n (-ěs; -e)* مُؤَلَّف، عُدَّة، مَصْنَع، شُغْل، عَمَل
Werk|führer *m* رَئِيس عُمَّال
~tag *m (-ěs; -e)* يَوْم عَمَل
~tätig شَغَّال
~zeug *n (-ěs; -e)* اَدَاة عَمَل، آلَة
wert [-e:-] عَزِيز، جَدِير، قَيِّم
~ sein سَاوَى
~ *m (-ěs; -e)* قِيمَة
Wert|bestimmung *f* تَقْدِير القِيمَة
~papiere *n/pl.* اَوْرَاق مَالِيَّة
~sachen *pl.* اَشْيَاء ثَمِينَة
~schätzung *f* اِحْتِرَام
~voll ثَمِين
Wesen *n* شُؤُون، شَأن، حَقِيقَة، جَوْهَر، طَبْع، وُجُود
wesentlich جَوْهَرِى، اَسَاسِى، مُهِمّ
wes'halb لِمَاذَا
Wespe *f* دَبُّور
Weste *f* صَدْرِيَّة
West|en *m (-s; O)* غَرْب
~lich غَرْبِى
Wett|bewerb *m (-ěs; -e)* مُسَابَقَة، مُبَارَاة
~büro *n (-s; -s)* مَكْتَب مُرَاهَنَات
Wette *f* مُرَاهَنَة
Wett-|eifer *m (O)* غَيْرَة

≈eifern تَسَابَق، سَابَق

wetten *(-e-)*: um etw. ~ رَاهَن عَلَى شَيْء

Wetter *n* جَوّ، طَقْس، عَاصِفَة

~bericht *m (-ęs; -e)* نَشْرَة جَوِّيَّة

~kunde *f* عِلْم الأَرْصَاد الجَوِّيَّة

Wetter|warte *f* مَرْصَد جَوِّى

≈wendisch مُتَقَلِّب

Wett|fahrt *f* سِبَاق (سَيَّارَات)

~flug *m (-ęs; ⸗e)* سِبَاق جَوِّى

~kampf *m (-ęs; ⸗e)* مُسَابَقَة

~kämpfer *m* مُسَابِق

~lauf *m (-ęs; ⸗e)* سِبَاق رَكْض

~läufer *m* مُسَابِق الرَكْض

~streit *m (-s; O)* مُنَافَسَة

Wichse *f* وَرْنِيش، شَمْع تَلْمِيع

wichtig مُهِمّ

wickeln *(-le)* لَفّ (i)

wider *präp.* بِعَكْس، ضِدّ

~'fahren *(L; —; sn)* حَدَث (u)

≈hall *m (-ęs; -e)* صَدًى

~'legen *(—)* رَدّ على (u)، فَنَّد

~lich مُنَفِّر، مُقْرِف

~natürlich مُخَالِف لِلْطَبِيعَة

~'raten *(L; —)* صَرَف (i) عَنْ

~rechtlich مُخَالِف لِلْقَانُون

≈rede *f* مُعَارَضَة

≈ruf *m (-s; O)* اِلْغَاء

≈sacher *m* عَدُوّ، خَصْم

≈schein *m (-ęs; -e)* اِنْعِكَاس

~'setzen *(—)* v/r. عَارَض

~'setzlich مُعَارِض

~spenstig عَنِيد

~spiegeln *(-le)* عَكَس (i)

~'sprechen *(L; —)* عَارَض

~'sprechend مُتَعَارِض

≈spruch *m (-ęs; ⸗e)* مُعَارَضَة، خِلَاف

≈stand *m (-ęs; ⸗e)* مُقَاوَمَة

~wärtig مَعِيف
~wille *m (-ns; O)* كَرَاهَة
~willig كَارِه
wid|men *(-e-)* اَهْدَى (كِتَابًا)
~mung *f* إِهْدَاء
widrig مُضَادّ
wie كَمَا، مِثْل، كَيْف
wieder مِنْ جَدِيد، ثَانِيًّا
~'aufleben عَاد لِلْحَيَاة
~'auf-leben *n (O)* عَوْد لِلْحَيَاة
~bekommen *(L; —)* اِسْتَرَدّ
~erstatten *(—)* رَدّ، (u) آعَاد
~erstattung *f* رَدّ، إِعَادَة
~gabe *f* تَمْثِيل، رَدّ
~'gutmachung *f* تَعْوِيض
~'herstellen آعَاد
~'herstellung *f* إِعَادَة، اِسْتِرْدَاد الصِحَّة
~'holen *(—)* كَرَّرَ، آعَاد
~'holung *f* إِعَادَة، تَكْرِير
~käuer *m* حَيَوَان مُجْتَرّ
~kehr *f (O)* عَوْدَة، رُجُوع
~kehren عَاد، (u) رَجَع (i)
~sehen *n (O)* لِقَاء
auf **~sehen!** اِلَى اللِقَاء
~um مِنْ جَدِيد
Wiege *f* مَهْد
wiegen[1] *(L)* وَزَن (i)
wiegen[2] هَزّ، رَجّ (i)
wiehern *(-re)* صَهَل (a)
Wiese *f* مَرْج
Wiesel *n Zo.* اِبْن عِرْس
wie'wohl مَعَ آنّ
wild بَرِّي، مُفْتَرِس، مُتَوَحِّش
Wild *n (-es; O)* صِيدَة
~bret *n (-s; O)* لَحْم حَيَوَانَات صَيْد
Wildnis *f (—; -se)* قَفْرَة، قَفْر
Wille *m (-ns; -n)* مَشِيئَة، إِرَادَة
~nsfreiheit *f* اِخْتِيَار
will'fahren *(L; —)* سَايَر
willig مُطَاوِع
~keit *f* مُطَاوَعَة

Will|'kommen *n* تَرْحِيب
~kommen مَرْحَبًا
~kürlich كَيْفِي، اِخْتِيَارِي
Wimper *f* رِمْش
Wind *m* (-*ęs*; -*e*) رِيح
Med. فُسَاء، رِيح
Winde *f Techn.* مِرْفَعَة
Windel *f* (—; -*n*) قِمَاط
winden *(L)* عَصَر (i)
(الغَسِيل)، (i) لَفّ
v/r. تَلَوَّى
windig كَثِير الرِيَاح
Wind|mühle *f* طَاحُونَة هَوَاء
~schutzscheibe *f* زُجَاج
مَنْع الهَوَاء (فِي السَيَّارَة)
~still هَادِئ
~stille *f* هُدُوء
Windung *f* دَوَرَان، لَفَّة
Wink *m* (-*es*; -*e*) تَلْمِيح،
غَمْز، اِشَارَة
Winkel *m* زَاوِيَة
rechter ~ زَاوِيَة قَائِمَة
winken غَمَز، اَشَار (i)
winseln (-*le*) اَنّ (i)

Winter *m* شِتَاء
~lich شِتَوِي
~schlaf *m* (-*ęs*; *O*) نَوْم
الشِتَاء (عِنْد بَعْض
الحَيَوَانَات)
~sport *m* (-*ęs*; *O*) رِيَاضَة
شِتَوِيَّة
Winzer *m* كَرَّام
winzig صَغِير، دَقِيق
Wipfel *m* قِمَّة الشَجَر
wir نَحْنُ
Wirbel *m* فِقْرَة ظَهْر، دَوَّامَة
~säule *f* عَمُود فِقْرِي
~sturm *m* (-*ęs*; -*e*) اِعْصَار
wirken فَعَل، اَثَّر (a)
wirklich حَقِيقِي، وَاقِعِي
~keit *f* حَقِيقَة، وَاقِع
wirksam مُؤَثِّر، فَعَّال، نَافِذ
~keit *f* فَاعِلِيَّة
Wirkung *f* تَأْثِير، نُفُوذ
~skreis *m* (-*es*; -*e*) دَائِرَة
نَشَاط
~slos غَيْر نَاجِع، بِدُون
تَأْثِير

wirr مُضْطَرِب، مُرْتَبِك، مُشْتَبِك

Wirr|en *pl.* اِضْطِرَابَات

~nis *f (—; -se)* اِرْتِبَاك، اِشْتِبَاك

Wirt *m (-ęs; -e)* صَاحِب مَحَلّ عُمُومِي

~in *f* صَاحِبَة مَحَلّ عُمُومِي

⁓lich مِضْيَاف

Wirtschaft *f* تَدْبِير مَنْزِلِي، اِقْتِصَاد

⁓lich اِقْتِصَادِي

~lichkeit *f* اِقْتِصَاد

~s-politik *f (O)* سِيَاسَة اِقْتِصَادِيَّة

Wirtshaus *n (-es; ⁼er)* مَحَلّ عُمُومِي

wischen مَسَح (a)

wispern *(-re)* هَمَس (i)

wissen *(L)* عَلِم (a)، عَرَف (i)

⁓ *n (O)* مَعْرِفَة، عِلْم

Wissenschaft *f* عِلْم

⁓lich عِلْمِي

wissentlich وَاعٍ، بِمَعْرِفَة

wittern *(-re)* تَشَمَّم

Witterung *f* شَمّ الحَيَوَان، جَوّ، طَقْس

Witwe *f* أَرْمَلَة

~r *m* أَرْمَل

Witz *m (-es; -e)* مُلْحَة، نُكْتَة، دُعَابَة

~blatt *n (-ęs; ⁼er)* جَرِيدَة هَزْلِيَّة أَوْ مُضْحِكَة

~bold *m* نُكَتِي

⁓eln *(-le)* هَزَل (i)، مَزَح (a)

⁓ig هَزْلِيّ

wo أَيْنَ، حَيْثُ

Woche *f* أُسْبُوع

Wochen|bett *n (-ęs; -en)* نِفَاس

~ende *n (-s; -n)* آخِر أُسْبُوع

~schau *f* أَخْبَار الأُسْبُوع (سِينَمَا)

~tag *m (-ęs; -e)* أَحَد أَيَّام الأُسْبُوع

wöchentlich أُسْبُوعِيًّا، أُسْبُوعِي

Wöchnerin *f* نَفْسَاء

wo'fern إِذَا، إِنْ

Woge *f* مَوْجَة

wogen تَمَوَّجَ

wo'her مِنْ أَيْنَ

wo'hin إِلَى أَيْنَ

wohl نَعَم، جَيِّدًا

~ bekomm's! هَنِيئًا لَكَ

≈ *n (O)* خَيْر

zum ≈ ! فِي صِحَّتَك

~-'an هَيَّا

≈-ergeh(e)n *n (O)* خَيْر، رَفَاهِيَّة

≈fahrt *f (O)* يُسْر

~feil رَخِيص

≈gefallen *n (O)* سُرُور، إِعْجَاب

~gefällig سَارّ، مُعْجِب

~gemut مَرِح

≈geruch *m (-ẹs; ≈e)* عِطْر، رَائِحَة

~habend مُوسِر، ثَرِي

wohlig مُرِيح

wohl|klingend مُنْسَجِم

~riechend عَاطِر

≈stand *m (-ẹs; O)* يُسْر، رَفَاهِيَّة

≈tat *f* حَسَنَة

≈täter *m* مُحْسِن

≈tätigkeit *f* إِحْسَان

~tu-end مُرِيح

~tun أَحْسَنَ

≈wollen *n (O)* تَعَطُّف

~wollend عَطُوف

wohnen سَكَنَ (u)

wohnhaft سَاكِن، مُقِيم

Wohnhaus *n (-es; ≈er)* مَسْكَن، بَيْت

wohnlich مُرِيح

Wohnung *f* شَقَّة، مَسْكَن

~snot *f (O)* أَزْمَة السَّكَن

wölben قَبَا (u)

Wolf *m (-es; ≈e)* ذِئْب

Med. قَرْحَة اِحْتِكَاك

Wolke *f* سَحَابَة، غَيْمَة

Wolken|bruch *m (-ẹs; ≈e)* زَخَّة، مَطْرَة شَدِيدَة

~kratzer *m* نَاطِحَة السَّحَاب

wolkig غَائِم
Wolle *f* صُوف
wollen *(L)* رَغِب (a) أَرَاد،
≈ *n (O)* إِرَادَة
wollig صُوفِى
Wollust *f (—; ⸗e)* شَهْوَة
wollüstig شَهْوَانِى
Wollwaren *f/pl.* بَضَائِع صُوفِيَّة
Wonne *f* لَذَّة
wonnig لَذِيذ
wo'ran فِى أَىّ شَىْء، عَلَى أَىّ شَىْء
~ denken Sie? فِى أَىّ شَىْء تُفَكِّر
wo'raus مِن أَىّ شَىْء
Wort *n (-es; ⸗er, -e)* وَعْد، عِبَارَة، كَلِمَة، لَفْظ
~bruch *m (-ȼs; ⸗e)* إِخْلَاف الوَعْد
Wörterbuch *n (-ȼs; ⸗er)* مُعْجَم، قَامُوس
Wort|führer *m* مُتَكَلِّم
~gefecht *n (-ȼs; -e)* جَدَل
≈getreu حَرْفِىّ
≈karg سَكُوت
~laut *m (-ȼs; O)* نَصّ
wörtlich حَرْفِيًّا، حَرْفِى
Wort|spiel *n (-ȼs; -e)* تَوْرِيَة
~wechsel *m (O)* جَدَل
wo'zu لِأَىّ غَرَض
Wucher *m* رِبَا
~er *m* مُرَابٍ
≈n *(-re)* رَابَى *Med.* نَمَا (u)
~ung *f Med.* نَامِيَة
Wuchs [-u:-] *m (-es; ⸗e)* قَامَة، نُمُوّ
Wucht *f* ثِقَل، قُوَّة
wühlen نَبَش (u)
Wulst *f (—; ⸗e)* وَرَم، بُرُوز
wund مَجْرُوح
≈-arzt *m (-es; ⸗e)* جَرَّاح
Wunde *f* جُرْح
Wunder *n* مُعْجِزَة، عَجِيبَة *Relig.* كَرَامَة
≈bar *fig.* مُدْهِش، عَظِيم
wunderlich غَرِيب

wundern *(-re) v/r.* (über مِنْ) تَعَجَّب

Wunsch *m (-es; ⸚e)* أَرَب، أُمْنِيَّة، رَغْبَة

wünschen رَغِب، (a) تَمَنَّى

~swert مَرْغُوب فِيه

Würde *f* وَقَار، رُتْبَة

≈voll وَقُور

würdig وَقُور، جَدِير

~en اِعْتَبَر، قَدَّر

≈ung *f* اِعْتِبَار، تَقْدِير

Wurf *m (-es; ⸗e)* اِلْقَاء، رَمْي

Würfel *m* مُكَعَّب *Spiel:* نَرْد

~becher *m* حُقَّة نَرْد

≈ig مُكَعَّب

~zucker *m* سُكَّر مُرَبَّع

würgen خَنَق (u)

Wurm *m (-es; ⸚er)* دُودَة

wurmen ضَايَق

Wurmfortsatz *m (-es; ⸚e)* *Anat.* زَائِدَة دُودِيَّة

Wurst *f (—; ⸚e)* سُوسِيس

Würze *f* تَابِل

Wurzel *f (—; -n)* أَصْل، جِذْر

wurzeln *(-le)* تَأَصَّل

~d مُتَأَصِّل

würzen *(-t)* تَبَّل

wüst [-y:-] مُقْفِر

Wüste *f* صَحْرَاء

Wüstling [-y:-] *m (-s; -e)* فَاسِق

Wut *f (O)* حِدَّة الغَضَب، غَيْظ

wüten *(-e-)* اِحْتَدّ

~d مُحْتَدّ على

Z

Zack|e *f* سِنّ

~ig مُسَنَّن

zag|en خَافَ، تَرَدَّدَ (a)

~haft خَائِف، مُتَرَدِّد

zäh(e) صَامِد، مُتَمَاسِك

Zahl *f* عَدَد

zählbar قَابِل لِلْعَدّ، يُمْكِن أَنْ يُحْصَى

zahlen دَفَع (النَّقْد) (a)

zählen عَدّ (u)، أَحْصَى

zahl|los لَا يُعَدّ

~reich عَدِيد

~ung *f* دَفْع

Zählung *f* تَعْدَاد

Zahl|ungs-aufschub *m (-es; ¨e)* تَأْخِير الدَّفْع

~ungs-unfähig مُفْلِس

zahm مُرَوَّض، دَاجِن

zähm|en رَاضَ (u)، دَجَّن

~ung *f* رَوْض

Zahn *m (-es; ¨e)* سِنّ

~arzt *m (-es; ¨e)* طَبِيب أَسْنَان

~bürste *f* فُرْشَة أَسْنَان

zahnen أَسَنّ، طَلَعَت أَسْنَانُه (طِفْل)

Zahn|fäule *f (0)* تَسَوُّس أَسْنَان

~fleisch *n (-es; 0)* لِثَة

~füllung *f* حَشْو أَسْنَان

~pasta *f (—; -ten)* مَعْجُون أَسْنَان

~schmerz *m (-es; -en)* وَجَع الأَسْنَان

~stein *m (-ęs; O)* حَجَر أَسْنَان

~stocher *m* كُوردَان

Zange *f* كَمَّاشَة، مِلْقَط، كُلَّابَة

Zank *m (-ęs; O)* نِزَاع

Zapfen *m* سِدَاد، *(Tannen~)* جَوْز صَنَوْبَر

zapfen بَزَل (u)

zart رَقِيق، نَعِيم، لَيِّن

zärtlich حَنُون

Zauber *m* سِحْر

~er *m* سَاحِر

zaubern *(-re)* سَحَر (a)

zaudern *(-re)* تَرَدَّد فى

~ *n (O)* تَرَدُّد

Zaum *m (-s; ¨e)* زِمَام، لِجَام

Zaun *m (-ęs; ¨e)* سِيَاج، سُور

Zeche *f* ثَمن الأَكْل و الشُرْب

Zeder *f* أَرز (شَجَرَة)

Zehe *f* إِصْبَع القَدَم

zehn عَشَرَة

~te(r) عَاشِر

Zeichen *n* إِشَارَة، عَلَامَة

zeichnen *(-e-)* رَسَم (u)

Zeige|finger *m* سَبَّابَة

~n دَلّ عَلَى، أَشَار، أَرَى (u)

~r *m* مُشِير، عَقْرَب (السَاعَة)

Zeile *f* سَطْر

Zeit *f* وَقْت، زَمَن

~alter *n* عَصْر

~angabe *f* إِشَارَة الوَقْت

~gemäß عَصْرِى، مُنَاسِب

~genosse *m (-n)* مُعَاصِر

~ig مُبَكِّر

~punkt *m (-ęs; -e)* مِيعَاد

~raum *m (-ęs; ¨e)* فَتْرَة

~rechnung *f* تَارِيخ

~schrift *f* مَجَلَّة

~umstände *pl.* ظُرُوف الحَال

Zeitung *f* جَرِيدَة

~skiosk *m (-ęs; -e)* كُشْك جَرَائِد

~sverkäufer *m* بَائِع جَرَائِد

~swesen *n (-s; O)* صَحَافَة

Zeit|verschwendung *f* تَضْيِيع أو اضَاعَة الوَقْت

~vertreib *m (-ȼs; -e)* تَسْلِيَة
⁓weilig اَحْيَانًا
Zelle *f* خَلْوَة *Anat.* خَلِيَّة
Zelt *n (-ȼs; -e)* خِيمَة
~lager *n* مَخْيَم
~leinwand *f (O)* نَسِيج الخِيَم
Ze'nit *m* سَمْت
Zen'sur *f* رِقَابَة
Schule: دَرَجَة، تَقْدِير
Zentner *m* وَزْن ٥٠ كِيلُوغْرَام
zen'tral مَرْكَزِى
Zen'tralheizung *f* تَدْفِئَة مَرْكَزِيَّة (بِالْمَاء السَّاخِن)
Zentrum *n (-s; Zentren)* مَرْكَز
Zepter *n* صَوْلَجَان
zer'brechen *(L; —)* حَطَّم، كَسَر (i)
zer'brechlich قَابِل لِلْكَسْر
⁓keit *f* سُهُولَة الكَسْر
Zeremo'nie *f* اِحْتِفَال، طَقْس دِينِى
zeremo'niell بِتَكَلُّف، مُتَكَلِّف
zer'fallen *(L; —; sn)* تَخَرَّب، اِنْهَار، تَهَدَّم
zer'gehen *(L; —; sn)* ذَاب (u)
zer'gliedern *(-re; —)* *Anat.* شَرَّح *fig.* حَلَّل
zer'lumpt مُهَلْهَل
Zerrbild *n (-ȼs; -er)* صُورَة مُشَوَّهَة
zer'reißbar قَابِل لِلتَّمَزُّق
zer'reißen *(L; —)* مَزَّق
zerren جَرّ (u)، شَدّ (i)
zer'rütt|en *(-e-; —)* اَفْسَد
⁓ung *f* فَسَاد
zer'schmettern *(-re; —)* هَشَّم، حَطَّم
zer'springen *(L; —; sn)* اِنْفَجَر
Glas: اِنْكَسَر
zer'stäuben *(—)* رَشّ (u)
zer'stör|en *(—)* دَمَّر
⁓ung *f* تَدْمِير
zer'streu|en *(—)* بَعْثَر، شَتَّت، نَشَّر

v/r. تَسَلَّى، تَفَرَّق

~t *Licht:* مُنْتَشِر، مُشَتَّت

fig. شَارِد الفِكْر

≈ung *f* تَسْلِيَة

Zer'würfnis *n (-ses; -se)* خِلَاف، شِقَاق

Zes'sion *f* تَحْوِيل

Zettel *m* بِطَاقَة، تَذْكِرَة، مُذَكِّرَة، وَرَقَة

Zeug *n (-ęs; O)* شَيْء، أَدَاة، نَسِيج

Zeuge *m (-n)* شَاهِد

≈n شَهِد (a)

Kinder: تَنَاسَل

~n-aussage *f jur.* شَهَادَة

Zeugnis *n (-ses; -se)* شَهَادَة

Zeugung *f* تَنَاسُل

Ziege *f* مِعْزَى، مِعْزَة

Ziegel *m* طُوب

ziehen *(L)* سَحَب (a)، جَرّ (u)

Zahn: نَزَع (i)

v/i. مَشَى، اِنْتَقَل (i)

es zieht يُوجَد تَيَّار هَوَاء

Ziehung *f* سَحْب

Ziel *n (-ęs; -e)* غَرَض، قَصْد، هَدَف

≈en صَوَّب، اِسْتَهْدَف

~punkt *m (-ęs; -e)* هَدَف

~scheibe *f* هَدَف الرَّمْى

fig. عُرْضَة

ziemen لَاق، نَاسَب (i)

ziemlich بِدَرَجَة كَافِيَة

Zier *f (O)* زِينَة، حِلْيَة

zieren زَيَّن، حَلَّى

v/r. تَدَلَّل

Ziere'rei *f* تَدَلُّل

zierlich ظَرِيف

Ziffer *f (—; -n)* رَقْم

~blatt *n (-ęs; ⸚er)* وَجْه سَاعَة

Ziga'rette *f* سِجَارَة

Zi'garre *f* سِيجَار

Zi'geuner(in *f)* *m* غَجَرِى

Zimmer *n* حُجْرَة، غُرْفَة

~mann *m (-es; Zimmerleute)* نَجَّار

Zim(me)t *m (-es; -e)* قِرْفَة

Zinke *f* سِنَان

Zinn *n* (-*ẹs*; *O*) صَفِيح، قَصْدِير

Zins *m* (-*es*; -*en*) إِيجَار، فَائِدَة، رِبْح

~eszins *m* (-*es*; -*en*) رِبْح مُرَكَّب

~fuß *m* (-*es*; ⁼*e*) سِعْر الفَائِدَة

Zio'nismus *m* (—; *O*) صَهْيُونِيَّة

Zipfel *m* طَرْف

Zirkel *m* بِرْكَار، بَرْجَل

zirku'lieren (—) دَار (u)، تَدَاوَل

Zirkus *m* سِيرْك

zischen هَسَّ (i)

Zi'tat *n* (-*ẹs*; -*e*) حِكْمَة، اِقْتِبَاس

zi'tieren (—) اِقْتَبَس، *jur.* دَعَا (u)

Zi'trone *f* لَيْمُون

~npresse *f* عَصَّارَة لَيْمُون

~nsaft *m* (-*ẹs*; ⁼*e*) عَصِير لَيْمُون

zittern (-*re*) اِرْتَعَش، اِرْتَعَد

Zivilisa'tion *f* تَمَدُّن

zivili'sieren (—) مَدَّن

zögern (-*re*) تَرَدَّد

Zoll[1] *m Maß:* قِيرَاط

Zoll[2] *m* (-*es*; ⁼*e*) جُمْرُك

~-abfertigung *f* تَخْلِيص الجُمْرُك

~-amt *n* (-*es*; ⁼*er*) مَصْلَحَة جَمَارِك

~beamte(r) *m* مُوَظَّف جَمَارِك

~-erklärung *f* بَيَان الجَمَارِك

~frei لَاجَمَارِك عَلَيه

~pflichtig مُسْتَحَقّ عَلَيه جَمَارِك

~tarif *m* (-*ẹs*; -*e*) تَعْرِيفَة الجَمَارِك

Zone *f* مِنْطَقَة

Zoolo'gie [tso·o·-] *f* (*O*) عِلْم الحَيَوَان

Zopf *m* (-*es*; ⁼*e*) ضَفِيرَة شَعْر

Zorn *m (-es; O)* غَضَب
≈ig غَضْبَان
zu مَع، بِ، فِى، اِلَى
adv. حَرْف يُفِيد الإِغْلَاق اَوْ الزِيَادَة
Zubehör *n (-s; O)* مُلْحَقَات، لَوَازِم
zubereiten *(-e-; —)* اَعَدّ، جَهَّز
Zucht *f* تَرْبِيَة، تَأْدِيب، نِظَام
züchten *(-e-) Tiere:* رَبَّى
Zucht|haus *n (-es; ⸗er)* لِيمَان، سِجْن
~häusler *m* مُجْرِم، مَسْجُون
züchtigen اَدَّب، جَلَد (i)
Zucker *m* سُكَّر
~bäcker *m* حَلْوَانِى
~krankheit *f (O)* مَرَض السُكَّر
~melone *f* شَمَّام
≈n سَكَّر
~rohr *n* قَصَب السُكَّر
Zuckung *f* تَشَنُّج
zudrehen اَقْفَل (حَنَفِيَّة الخ)
zudrücken أَقْفَل،
Augen: غَضّ النَظَر عَنْ (u)
zu-erkennen *(L; —)* حَكَم لَهُ بِهِ (u)، مَنَح (a)
zu'erst [-eː-] اَوَّلاً
Zufall *m (-ęs; ⸗e)* صُدْفَة
zufällig عَارِض
adv. صُدْفَةً
Zuflucht *f (O)* مَلْجَأ
Zufluß *m (-sses; ⸗sse)* اِنْصِبَاب، رَافِد
zu'folge بِنَاءً عَلَى، حَسَب
zu'frieden رَاضٍ، مَسْرُور، مَبْسُوط
≈heit *f* رِضَى، اِنْبِسَاط، سُرُور
~stellen اَرْضَى
~stellend مُرْضٍ
zufügen اَضَاف
Böses: اَحْدَث، أَسَاء
zuführen اَتَى بشَيْء (i)
Waren: وَرَّد

Zug *m (-¢s; ⸚e)* سَيْر، سَحْب، جَرّ
(Prozession) مَوْكِب
(Atem⁀) نَفَس
(Schluck) جُرْعَة
(Eisenbahn⁀) قِطَار سِكَّة حَدِيد
(Charakter⁀) مُمَيِّزَة
(Luft⁀) s. Luftzug تَيَّار هَوَاء
(Schach⁀) s. Schachzug
(der Vögel) مُهَاجَرَة الطُّيُور
Zugabe *f* اِلْحَاق، اِضَافَة
Zugang *m (-¢s; ⸚e)* مَدْخَل
zugänglich لَيِّن العَرِيكَة، يُمْكِنْ الوُصُول اِلَيْه
zugeben *(L)* سَلَّمَ، اِعْتَرَف
zu'gegen حَاضِر
Zügel *m* لِجَام، عِنَان
⁀los فَاسِق
zügeln *(-le)* أَلْجَم
Zugeständnis *n (-ses; -se)* تَسْلِيم
zugestehen *(L; —)* سَلَّمَ، اِعْتَرَف
Zugführer *m* رَئِيس قِطَار
zugig ذُو تَيَّار هَوَاء
Zugkraft *f (O)* جَاذِبِيَّة
zu'gleich مَعًا، فِي ذَات الوَقْت
zugreifen *(L)* اَمْسَكَ، (i) قَبَض عَلَى، (u) اَخَذ
zu'grunde: ~ gehen وَقَع فِي الخَرَاب، (i) هَلَك (a)
~ richten اَهْلَكَ، خَرَّب، دَمَّر،
zu'gunsten لِمَصْلَحَة
zuhören اَصْغَى
Zuhörer *m* سَامِع، مُسْتَمِع
~schaft *f* المُسْتَمِعُون
Zukunft *f (—; O)* مُسْتَقْبَل
zukünftig مُسْتَقْبَل
Zulage *f* عِلَاوَة
zulangen اَخَذ، تَنَاوَل (u)
zulänglich كَافٍ
⁀keit *f* كِفَايَة
zulassen *(L)* سَمَح (a)
j-n ~ اَدْخَلَه

zulässig مُبَاح، مَسْمُوح

Zulassung *f* سَمَاح

Zulauf *m* *(-ȩs; O)* زِحَام

zulaufen *(L; sn)* جَرَى (i) نَحْو

zulegen اَضَاف

zu'letzt اَخِيراً

zu'liebe: j-m ~ لِأَجْل خَاطِر

zumachen اَقْفَل

zu'mal بِخَاصّة

zu'meist غَالِبًا

zumuten *(-e-)*: j-m etw. ~ ظَنّهُ قَادِرًا على (u)

zu'nächst بِجَوَار

adv. اَوّلاً

Zunahme *f* زِيَادَة

Zuname *m (-n)* اِسْم العَائِلَة، لَقَب

zünden *(-e-)* وَلّع، أَشْعَل

Zünd|holz *n* *(-es; ⸗er)* شَحّاطَة، عُود كِبْرِيت

~kerze *f* شَمْعَة مُحَرِّك سَيّارَات

~stoff *m* *(-ȩs; -e)* مَادّة وَقُود

zunehmen *(L)* اِزْدَاد

zuneig|en عَطَف، (i) مَال اِلَى (i)

⁓ung *f* مَيْل، عَطْف

Zunft *f* *(—; ⸗e)* طَائِفَة مِهْنِيّة

Zunge *f* لِسَان

zupfen نَتَف (i)، جَرّ (u)

zurechn|en *(-e-)* اَضَاف لِلْحِسَاب

j-m ~en نَسَب اِلَى (u)

~ungsfähig صَاحِي العَقْل، مَسْئُول عَن اَفْعَالِه

⁓ungsfähigkeit *f* صَحْو العَقْل، المَسْئُولِيّة عَن الأَفْعَال

zu'recht فِى الوَقْت المُنَاسِب

sich ~finden وَجَد (i) الطَرِيق، (i) عَرَف المَكَان

~weisen لَام (u)

zureden حَثّ، (i) حَمَل (u) عَلَى

zureichen نَاوَل
~d كَافٍ
zuricht|en *(-e-)* اَعَدَّ، جَهَّز
~ung *f* اِعْدَاد، تَجْهِيز
zürnen غَضِب (a)
zu'rück اِلَى الخَلْف
~ sein رَجَع (i)، تَأَخَّر
~begeben *(L;—) v/r.* رَجَع (i)
~bekommen *(L; —)* اِسْتَرَدّ
~bleiben *(L)* تَأَخَّر، تَخَلَّف
~geben *(L)* رَدّ (u)
~gezogen مُعْتَزِل
~gezogenheit *f* اِعْتِزَال
~haltend مُتَحَفِّظ
~kehren رَجَع (i)، عَاد (u)
~lassen *(L)* تَرَك (u)
~legen قَطَع (مَسَافَة)، وَفَّر
~nahme *f* اِسْتِرْدَاد
~nehmen *(L)* اِسْتَرَدّ، سَحَب (a)
~schlagen *(L)* *Feind:* صَدّ العَدُو (u)
Decke: رَفَع الغِطَاء (a)
Mantel: فَتَح المِعْطَف (a)
~schrecken خَاف مِنْ، (a) اِرْتَعَد
~setzen *(-t)* اَهْمَل
~setzung *f* اِهْمَال
~spiegeln *(-le)* عَكَس (i)
~stehen *(L; sn)* تَأَخَّر
~stellen اَعَاد، اَخَّر (i)
~stoßen *(L)* صَدّ (u)
~strahlen عَكَس (i)
~treten *(L)* اِسْتَقَال
~weichen *(L)* اِنْسَحَب، اِرْتَخَى
Mil. تَقَهْقَر
~weisen *(L)* رَفَض (u)
~zahlen رَدّ (دَيْنًا) (u)
~ziehen *(L)* سَحَب (a)
v/r. اِنْسَحَب
~ziehung *f* اِنْسِحَاب
Zuruf *m (-ℯs; -e)* نِدَاء
zurufen *(L)* نَادَى
Zusage *f* وَعْد، مُوَافَقَة
zu'sammen جَمِيعًا، مَعًا
~arbeit *f* تَعَاوُن

~arbeiten *(-e-)* تَعَاوَن

~brechen *(L)* وَقَع، (a) اِنْهَار، تَهَدَّم

≈bruch *m (-ęs; ⸚e)* وُقُوع، اِنْهِيَار، تَهَدُّم

~drücken ضَغَط، (a) كَبَس (i)

~fahren *(L; sn)* تَصَادَم، اِرْتَعَد

~fassen *(-ßt)* شَمِل، (a) لَخَّص

≈fluß *m (-sses; ⸚sse)* مُلْتَقَى مِيَاه، اِتِّصَال

~gehörig مُرْتَبِط

~gesetzt مُرَكَّب

~halten *(L)* اِتَّحَد، تَمَاسَك

≈hang *m (-es; ⸚e)* عِلَاقَة

~hängen *(L)* تَعَلَّق ب اِرْتَبَط،

~hanglos غَيْر مُرْتَبِط

≈klang *m (-ęs; ⸚e)* اِنْسِجَام

≈kunft *f (—; ⸚e)* تَقَابُل، اِجْتِمَاع

~legen *Brief, Wäsche:* طَوَى (i)

~nehmen *(L)* جَمَع (a) *v/r.* جَهَد (a)

~rechnen *(-e)* أَجْمَل الحِسَاب

~rücken *v/t.* قَرَّب *v/i.* تَقَارَب

~setzen *(-t)* رَكَّب، كَوَّن

≈setzung *f* تَرْكِيب

~stellen جَمَع، رَكَّب (a)

~stimmen اِنْسَجَم، اِتَّفَق

≈stoß *m (-es; ⸚e)* تَصَادُم

~strömen اِنْصَبّ

~stürzen *(-t)* اِنْهَار

~treffen *(L; sn)* تَقَابَل، تَصَادَف

~ziehen *(L)* جَمَع، قَلَّص (a) *v/r.* تَقَبَّض، اِنْكَمَش، تَقَلَّص

≈ziehung *f* تَقَلُّص

Zusatz *m (-es; ⸚e)* حَاشِيَة، مُلْحَق، إضَافَة

zuschau|en نَظَر، تَفَرَّج (u) عَلَى

≈er *m* مُتَفَرِّج

Zuschlag *m (-¢s; ⸚e)* اِضَافَة، زِيَادَة

zuschlagen *(L) Tür:* صَفَق البَاب (i)

zuschneiden *(L) Kleid:* فَصَّل

Zuschnitt *m (-¢s; -e)* تَفْصِيل (ثَوْب)

Zuschrift *f* رِسَالَة

Zuschuß *m (-sses; ⸚sse)* اِضَافَة، عِلَاوَة

zusetzen *(-t)* أَضَاف
Geld, Zeit: ضَيَّع
j-m ~ ضَايَق، آلَحَّ عَلَى

zusicher|n *(-re)* آكَّد
~ung *f* تَأْكِيد، وَعْد

zuspitzen *(-t) v/r.* اِشْتَدّ

Zustand *m (-¢s; ⸚e)* حَال، حَالَة

zu'stande: ~ bringen اِسْتَطَاع
~ kommen حَصَل (u)، نَتَج (i)

zuständig مُخْتَصّ
~keit *f* اِخْتِصَاص

zu'statten: ~ kommen نَفَع (a)

zustehen *(L)* حَقّ ل (i)

zustell|en سَلَّم
~ung *f* تَسْلِيم

zustimm|en وَافَق على
~ung *f* مُوَافَقَة

zustopfen سَدّ (u)

zutragen *(L)* اِغْتَاب
v/r. حَدَث (u)

Zuträger *m* مُغْتَاب

zuträglich نَافِع
~keit *f* نَفْع

zutrauen: j-m etw. ~ ظَنَّهُ يَفْعَل، ظَنَّهُ قَادِرًا على
~ *n (O)* ثِقَة

zutraulich أَلِيف، مُؤْنِس
~keit *f* أُلْفَة، اِينَاس

zutreffen *(L)* صَحّ (i)
~d صَحِيح

Zutritt *m (-¢s; -e)* دُخُول

zuverlässig آمِين
~keit *f* آمَانَة

Zuversicht *f (O)* اِتِّكَال

≈lich مُتَّكِل
zu'vorkommen|d لَطِيف، ظَرِيف
≈heit *f* ظُرْف، لُطْف
Zuwachs *m (-es; O)* تَكَاثُر، اِزْدِيَاد
zu'weilen اَحْيَانًا
zuweisen *(L)* عَيَّن ل
zu'wider ضِدّ
~handeln خَالَف
≈handlung *f* مُخَالَفَة
zuzählen اَضَاف (فِى التَعْدَاد)، ضَمّ (u)
zuziehen *Arzt:* اِسْتَشَار *Vorhang:* شَدّ (i)
Zwang *m (-ɇs; selten: ⸗e)* اِكْرَاه، اِجْبَار
zwängen اَدْخَل (بِصُعُوبَة)
zwanglos دُون تَكْلِيف، غَيْر مُقَيَّد، غَيْر مُجْبَر
Zwangs|arbeit *f* اَشْغَال شَاقَّة
~jacke *f* قَمِيص المَجَانِين
~versteigerung *f* بَيْع اِجْبَارِى بِالْمَزَاد
~vollstreckung *f* تَنْفِيذ اِجْبَارِى
≈weise غَصْبًا، كَرْهًا، جَبْرًا
zwanzig عِشْرُون
~ste(r) العِشْرُون
zwar نَعَم، فِى الحَقِيقَة
Zweck *m (-ɇs; -e)* غَرَض، هَدَف، قَصْد
≈dienlich وَافٍ بِالْغَرَض
≈mäßig مُنَاسِب، مُفِيد
zwecks لِأَجْل، لِغَرَض
zweckwidrig غَيْر مُنَاسِب
zwei اِثْنَان
~deutig مُبْهَم
~er'lei مِن نَوْعَيْن
Zweifel *m* شَكّ
≈haft مَشْكُوك فِيه
≈los بِلَاشَكّ، لَاشَكّ فِيه
zweifeln *(-le)* اِرْتَاب، شَكّ (u)
Zweig *m (-ɇs; -e)* فَرْع
~bahn *f Esb.* خَطّ فَرْعِى
~geschäft *n (-ɇs; -e)* فَرْع تِجَارِى

zwei-gleisig *Esb.* ذُو قَضِيبَيْن

Zwei|kampf *m* *(-ẹs; ⸚e)* مُبَارَزَة

⸗mal مَرَّتَيْن

⸗seitig بِوَجْهَيْن

zweit: zu ~ اِثْنَاهُمَا

~e(r) ثَانٍ

Zwerchfell *n (-s; -e)* حِجَاب، حَاجِز

Zwerg *m* *(-es; -e)* قِزْم

Zwickel *m* (مِنْ قُمَاش) اِسْفِين

Zwieback *m (-s; -e)* بَسْكُوت، خُبْز مُجَفَّف

Zwiebel *f* *(—; -n)* بَصَل

Zwie|gespräch *n* *(-ẹs; -e)* مُحَاوَرَة

~-licht *n* *(-ẹs; O)* شَفَق

~spalt *m* *(-s; -e)* شِقَاق، اِخْتِلَاف

(innerer ~spalt) تَشَكُّك

~tracht *f* *(O)* عَدَاوَة، شِقَاق

Zwilling *m* *(-s; -e)* تَوْأَم

~sbruder *m* *(-s; ⸚)* تَوْأَم

~sschwester *f (-; -n)* تَوْأَمَة

zwingen *(L)* أَجْبَر، أَكْرَه

~d إِجْبَارِي، قَاهِر

zwinkern *(-re)* رَمَش، (i) غَمَز (i)

Zwirn *m* *(-s; -e)* دُوبَارَة

~sfaden *m* *(-s; ⸚)* خَيْط

zwischen بَيْن

Zwischen|fall *m* *(-ẹs; ⸚e)* حَادِث

~landung *f* رَسْو، تَوَقُّف

~raum *m* *(-ẹs; ⸚e)* فَرَاغ، خَلَل

~ruf *m* *(-ẹs; -e)* صُرَاخ أَثْنَاء الحَدِيث

Zwist *m* *(-s; -e)* شِجَار، شِقَاق

Zwitter *m* خُنْثَى

zwölf اِثْنَا عَشَر

~te(r) ثَانِي عَشَر

Zy'linder *m* أُسْطُوَانَة

Zy'nismus *m* *(-ses; O)* تَهَكُّم

Zy'presse *f* شَجَرَة السَّرْو

ANHANG

ملحق

قواعد تصريف الأسماء الالمانية

لا تلاحظ الأمثلة الآتية لتصريف الأسماء الألمانية التصريف التاريخى لها (كالتصريف القوى و الضعيف و المختلط) ولكنها تعطى صورة فقط لأشكال التصريف الحالية ويؤدى ذلك إلى تبسيط كبير، ويمكن بذلك تصريف عدد كبير من الأسماء الألمانية تصريفاً صحيحاً بدون الإشارة إلى الأشكال باتباع القواعد الآتية:

قواعد عامة

١) تنتهى حالة الجر فى الجمع دائماً بحرف *(-n)* ولكن إذا انتهى الاسم بحرف *(-n)* فلا تضاف *(-n)* ثانية إليه فمثلا *(den Gärten)* الجمع فى حالة الجر لـ *(der Garten)*. ولا تضاف *(-n)* إلى الجمع الذى ينتهى بحرف *(-s)*. والمفرد الذى تتغير حركته عند ما يحول إلى الجمع يضاف فوق حرف الحركة *(a، au، o، u)* نقطتين (¨) فيصبح *(ä، äu، ö، ü)*.

الاسم المؤنث

٢) الأسماء المؤنثة تبقى فى المفرد دائماً بدون تغيير فاذا انتهت بـ *(-en)* أو بـ *(-n)* بعد *(-e)* فى الجمع أو إذا انتهت بـ *(-in)* مع *(-nen)* فى الجمع فلا يُشار اليها فى القاموس.

أمثلة :

die **Frau**	die Frau**en**	die Maschin**e**	die Maschin**en**
der ,,	der ,,	der ,,	der ,,
der ,,	den ,,	der ,,	den ,,
die ,,	die ,,	die ,,	die ,,

die Lehrerin	die Lehrerin**nen**
der ,,	der ,,
der ,,	den ,,
die ,,	die ,,

وكل صيغ الجمع الشاذة سيشار إليها فى القاموس :

(*-n*) **'Leber** *f* (-; *-n*) : die Leber, (der Leber), die Leber**n**

(¨) **'Tochter** *f* (-; ¨) : die Tochter, (der Tochter), die T**ö**chter

(¨*e*) **Hand** *f* (-; ¨*e*) : die Hand, (der Hand), die H**ä**nd**e**.

الاسم المذكر

٣) تضاف *(-en)* أو *(-n)* إلى الأسماء المذكرة على النحو الآتى :

der Student	die Student**en**	der Bote	die Bot**en**
des Student**en**	der ,,	des Bote**n**	der ,,
dem ,,	den ,,	dem ,,	den ,,
den ,,	die ,,	den ,,	die ,,

الاسم المذكر والجماد

٤) الأسماء المذكرة وأسماء الجماد التى تُصرف طبقاً للمثال الآتى يرد ذكرها بدون اشارة إليها فى القاموس:

der Lehrer	die Lehrer
des Lehrer**s**	der Lehrer
dem Lehrer	den Lehrer**n**
den Lehrer	die Lehrer

das Fenster die Fenster
des Fensters der Fenster
dem Fenster den Fenster**n**
das Fenster die Fenster

٥) كل ما يشذ عن هذا المثال يشار إليه بعد الكلمة بين قوسين، فتُكتب حالة المضاف إليه أولاً (قبل الفصلة المَنْقُوطَة) ثم تليها صيغة الجمع (بعدها). وهـذا يعنى:

-ęs : ان المضاف إليه يتكون باضافة *(-s)* أو *(-es)* :

Mann *m* (*-ęs*; *⁼er*) der Mann, des Mannes أو des Manns; die Männer.

Kind *n* (*-ęs*; *-er*) das Kind, des Kindes أو des Kinds; die Kinder.

و يفضّل أن تُصرّف الأسماء ذات المقطع الواحد باضافة *(-es)* و خصوصاً إذا انتهت بـ *(-ld، -lg، -nd)* :

أمثلة :

der Wald, des Waldes
das (der) Balg, des Balges
das Rind, des Rindes.

وإذا ارتبطت صيغة المضاف إليه بقاعدة ثابتة أو باستعمال لغوى خاص فتستعمل الإشارات الاتية بعد الكلمة:

-s : **'Billard** *n* (*-s*; *-s*) : das Billard, des Billards; die Billards

-es : **Gast** *m* (*-es*; *⁼e*) : der Gast, des Gastes; die Gäste

-ens : **Herz** *n* (*-ens*; *-en*): das Herz, des Herzens; die Herzen

-sses : **Ge'biß** *n* (*-sses*; *-sse*): das Gebiß, des Gebisses; die Gebisse

٦) الاسم المذكر والجماد الذى يصوغ المضاف إليه فى المفرد باضافة *(-s)* أو *(-es)* و الجمع باضافة *(-e)*، *(-er)* أو *(-en)* فيمكن أن يضاف إليه فى حالة الجر حرف *(-e)*، و يُستعمل الحرف *(-e)* هذا فقط لتحسين النطق و إلا فيُحذف باستثناء بعض العبارات المتعارف عليها حيث يوجد حرف *(-e)* دائماً مثل *(am Tage)*.

٧ توضع شرطة *(–)* بعد الكلمات التى تبقى بدون تغيير عند تحويلها إلى حالة المضاف إليه بدلاً من الإشارات المذكورة أعلاه، على سبيل المثال:

'Kursus *m* (-; Kurse): der Kursus, des Kursus; die Kurse.
Pro'nomen *n* (-*s*; - أو *Pronomina*): das Pronomen, des Pronomens; die Pronomen, أو Pronomina.

٨) و الكلمات التى لا يمكن صيغتها فى الجمع يُكتب بعدها صفر بين قوسين *(0)*.

'Güte *f* (*0*): die Güte, der Güte; لا جمع لها
Mut *m* (-*ẹs*; *0*): der Mut, des Mutes أو Muts; لا جمع لها
Muß *n* (-; *0*): das Muß, des Muß; لا جمع لها

قواعد تصريف النعت

تقع الصفة قبل الاسم فى ثلاثة أشكال:

١) النعت بأداة التعريف أو بكلمة تنتهى كنهاية أداة التعريف:

der	groß[e]	Mann	die	jung[e]	Frau
des	**~en**	~es	der	**~en**	~
dem	**~en**	~e	der	**~en**	~
den	**~en**	~	die	~[e]	~
die	**~en**	~̈er	die	**~en**	**~en**
der	**~en**	~̈er	der	**~en**	**~en**
den	**~en**	~̈ern	den	**~en**	**~en**
die	**~en**	~̈er	die	**~en**	**~en**

das	klein[e]	Kind
des	**~en**	~es
dem	**~en**	~
das	~[e]	~
die	**~en**	~er
der	**~en**	~er
den	**~en**	~ern
die	**~en**	~er

وكذلك فى المفرد والجمع بعد *dieser*، *jener*، *welcher*، *mancher*، *solcher* وفى الجمع بعد *alle*، *keine*، *meine*، *deine*، *seine*، *ihre*، *unsere*، *euere*، *ihre*، *irgendwelche*، *sämtliche*.

٢) النعت بأداة التنكير أو بكلمة تنتهى كنهاية أداة التعريف:

ein	groß[er]	Mann	eine	jung[e]	Frau
eines	**~en**	~es	einer	**~en**	~
einem	**~en**	~	einer	**~en**	~
einen	**~en**	~	eine	~[e]	~

ein	klein[es]	Kind
eines	**~en**	~es
einem	**~en**	~
ein	**~es**	~

ولا جمع له

وكذلك بعد *kein*، *mein*، *dein*، *sein*، *ihr*، *unser*، *euer*، *ihr*، *folgend*.

٣) النعت بدون أداة التعريف او التنكير:

		قارن			قارن
alt**er**	Wein	(*der*)	lang**e**	Zeit	(*die*)
~[en]	~es		**~er**	~	(*der*)
~em	~	(*dem*)	**~er**	~	(*der*)
~en	~	(*den*)	**~e**	~	(*die*)
~e	~e		böse	~en	(*die*)
~er	~e		**~er**	~en	(*der*)
~en	~en		**~en**	~en	(*den*)
~e	~e		**~e**	~en	(*die*)

		قارن
frisch**es**	Brot	(*das*)
~en	~es	
~em	~	(*dem*)
~es	~	(*das*)
~e	~e	(*die*)
~er	~e	(*der*)
~en	~en	(*den*)
~e	~e	(*die*)

وكذلك فى المفرد والجمع بعد *solch*، *manch*، *welch*، التى لا تُصرّف وفى الجمع بعد *andere*، *einige*، *etliche*، *mehrere*، *verschiedene*، *viele*، *wenige*، *folgende*. وفى حالة المضاف إليه للجمع تأتى فى بعض الأحيان بعد الكلمات السابقة الذكر أيضاً *(-en)* بدلاً من *(-er)* فى نهاية النعت.

٤) تُستعمل كثير من الصفات كأسماء وتُصرّف مثل الصفات تماماً ويشار إليها بحرف *(-r)* فى القاموس:

Reisende(**r**) *m/f* (= der, die Reisende, eine Reisende, ein Reisender)

der Reisende، *die Reisende*: النهاية مثل (١)،
ein Reisender، *eine Reisende*: النهاية فى المفرد كما فى (٢) و فى الجمع كما فى (٣).

ولا تُذكر فى القاموس الصفات المستخدمة كأسماء مثل *das Gute*، *ein Gutes*، ولأنها معنويات فلا جمع لها. و فى المفرد تكون النهايات كالآتى: *ein Gutes* كما فى (٢) و *das Gute* مثل (١).

صيغة التفضيل للصفات

schneller ،*schnell*	*schnell***st**	قبل الاسم الذى ينتهى بنهاية صفة،
	*am schnell***sten**	كظرف.

١) صيغة التفضيل بتغيير حركة الصفة:

groß (*er*; *ßt*-) (= größer; größt . . ., am größten)
hart (*er*; *est*-) (= härter; härtest..., am härtesten)
klug (*er*; *st*-) (= klüger; klügst . . ., am klügsten).

صيغة التنضيل الشاذة فتوجد فى القاموس بين قوسين بعد الصفة:

gut (*besser*; *best*-)
viel (*mehr*; *meist*-)

فى الصفات ألتى تنتهى بـ (**-el**، **-en**، **-er**) تُحذف الـ(**e**) إذا أُضيف إلى آخر الصفة مقطع بـ (*-e*) فمثلًا:

.im dunk**len** Zimmer ،dunk**ler**: **dunkel**

وفى القاموس يشاربين قوسين إلى الصفات ألتى تُحذف منها الـ (*-e*) فمثلًا: **dunkel** (*-kl-*)

و الصفات ألتى ليس لها صيغة التنضيل إطلاقاً فيشار إليها فى القاموس بالعلامة (*O*) فمثلًا: **lauwarm** (*O*)

الضمائر

١) الضمائر الشخصية

المفرد

متكلم	مخاطب	غائب: مذكر	غائب: مؤنث	غائب: جماد	غائب: (es) غير شخصي وعام
الرفع					
ich	du, Sie	er	sie	es	es
المضاف اليه					
meiner († mein)	deiner († dein) Ihrer	seiner († sein)	ihrer	seiner († sein)	dessen, es
الجر					
mir	dir, Ihnen	ihm	ihr	ihm	–
النصب					
mich	dich, Sie	ihn	sie	es	es

الجمع

متكلم	مخاطب	غائب
الرفع		
wir	ihr; Sie	sie
المضاف اليه		
unser	euer; Ihrer	ihrer
الجر		
uns	euch; Ihnen	ihnen
النصب		
uns	euch; Sie	sie

ملاحظة: فى اللغة العامية تُستعمل بدلًا من *er*، *sie* فى بعض الأحيان *der*، *die*.

٢) أداة التعريف وأسماء الاشارة

المفرد

المرفوع	de*r*	diese*r*	jene*r*	solche*r*
المضاف اليه	de*s*	diese*s*	jene*s*	solche*s*
المجرور	de*m*	diese*m*	jene*m*	solche*m*
المنصوب	de*n*	diese*n*	jene*n*	solche*n*

الجمع

المرفوع	die	diese	jene	solche
المضاف اليه	de*r*	diese*r*	jene*r*	solche*r*
المجرور	de*n*	diese*n*	jene*n*	solche*n*
المنصوب	die	diese	jene	solche

وتُستعمل أداة التعريف كاسم الإشارة وتُنطق بتشديد و تقع فى معظم الأحيان فى أول الجملة الموصولة

و أشكال المضاف إليه تكون فى شكل مشدد النطق:

مذكر	مؤنث	جماد	جمع
dessen	derer	(dessen)	derer، deren

وحالة الجر اللجمع: denen

فتُستعمل **deren** للدلالة على أشخاص أو أشياء سبق ذكرها، مثال:

Ich erinnere mich **derer**, die an der Konferenz teilnahmen, noch gut; es waren **deren** sieben. Sagen Sie es allen **denen**, die nicht dabei waren.

و تُصرّف **dieser**، **jener**، **solcher** كأداة التعريف

و الجمع المرفوع و المنصوب لـ *dieser*، *jener*، *solcher* كالآتى:

المفرد: **dieses** أو **dies**

jenes

solches

الجمع: diese ‹jene ‹solche الخ

٣) أداة التنكير وضمائر الملكية

المفرد	مذكر	مؤنث	جماد
مرفوع	ein	ein*e*	ein
مضاف اليه	ein*es*	ein*er*	ein*es*
مجرور	ein*em*	ein*er*	ein*em*
منصوب	ein*en*	ein*e*	ein

مطابقاً: **mein** ‹**dein** ‹**sein** ‹**unser** ‹**euer** ‹**ihr** و النفى لـ *ein*: **kein.** و تُحذف الـ *(-e)* فى *unser* ‹*euer* فى بعض الأحيان إذا كان لها نهاية: uns(e)res ‹uns(e)rem الخ.

ونهايات الجمع للاسم بأنواعه:

-e قارن: *(die)*
-er *(der)*
-en *(den)*
-e *(die)*

إذا استعملت ضمائر الملكية واسم العدد **der eine** مع أداة التعريف كأسماء **der Reisende** ‹**die Reisende** فتُصرّف كالآتى:

der Deine,	die Deine,	die Deine**n**
der **eine**	die **eine**	die **einen**

و بدون أداة التعريف تكون النهايات كأداة التعريف:

مذكر: المفرد المرفوع	einer،	meiner،	deiner	}	الخ
المنصوب	einen،	meinen،	deinen	}	
الجمع	— ،	meine،	deine		الخ

و أشكال المضاف إليه لا تُستعمل.

٤) الأسماء الموصولة

der Mann,	der ...		die Frau,	die ...		das Kind,	das ...	
,,	,, ,	dessen	,,	,, ,	deren	,,	,, ,	dessen
,,	,, ,	dem	,,	,, ,	der	,,	,, ,	dem
,,	,, ,	den	,,	,, ,	die	,,	,, ,	das

die Männer, Frauen, Kinder, die
, deren
, denen
, die

و بدلاً من *der* يوجد ايضاً فى المرفوع و المجرور و المنصوب **welcher**، **welche**، **welches** .

٥) الضمير المنعكس

منصوب			مجرور			
ich	freue	**mich**	ich	kaufe	**mir**	(etw. *A*)
du	freust	**dich**	du	kaufst	**dir**	,,
Sie	freuen	**sich**	Sie	kaufen	**sich**	,,
er	freut	**sich**	er	kauft	**sich**	,,
sie	freut	**sich**	sie	kauft	**sich**	,,
es	freut	**sich**	es	kauft	**sich**	,,
wir	freuen	**uns**	wir	kaufen	**uns**	,,
ihr	freut	**euch**	ihr	kauft	**euch**	,,
Sie	freuen	**sich**	Sie	kaufen	**sich**	,,
sie	freuen	**sich**	sie	kaufen	**sich**	,,

٦) أسماء الاستفهام

كصفة:				كاسم:	
جمع	جماد	مؤنث	مذكر	أشياء	أشخاص
welche?	welches?	welche?	welcher?	was?	wer?
				wessen?	wessen?
النهايات تطابق نهايات أداة التعريف				—	wem?
				was?	wen?

٧) الضمائر المنكرة

jemand
-es
-(em)
-(en)

niemand
-es
-(em)
-(en)

etwas **nichts**

بدون نهايات التصريف

كاسم وكصفة:

jedes **jede** **jeder**

بنهايات أداة التعريف

و يستعمل المضاف إليه كاسم نادرًا و كصفة يكون غالبًا كالآتى: *jed***en**.

قواعد تصريف الأفعال الألمانية

١) جميع الأفعال تنتهى فى المصدر ب‍**(-en)** او**(-n)** فمثلًا *sag***en**، *handel***n**.

٢) الأفعال التى لايوجد *(L)* خلفها فى القاموس هى أفعال قياسية أو كما يقال فى النحو الألمانى [أفعال ضعيفة]، و تُصرّف كالآتى:

الفعل المرفوع وفعل الشرط

	معلوم	مجهول	
مصدر	loben	gelobt werden	
المضارع	ich lobe	ich werde	gelobt
	du lob**st**	du wirst	
	er, sie, es lob**t**	er, sie, es wird	
	wir lob**en**	wir werden	
	ihr lob**t**	ihr werdet	
	sie, Sie lob**en**	sie, Sie werden	
الماضى البسيط	ich lob**te**	ich wurde	gelobt
	du lobtest	du wurdest	
	er, sie, es lobte	er, sie, es wurde	
	wir lobten	wir wurden	
	ihr lobtet	ihr wurdet	
	sie, Sie lobten	sie, Sie wurden	

مصدر الماضى	gelobt haben		gelobt worden sein	
الماضى المركب	ich habe	gelobt	ich bin	gelobt worden
	du hast		du bist	
	er, sie, es hat		er, sie, es ist	
	wir haben		wir sind	
	ihr habt		ihr seid	
	sie, Sie haben		sie, Sie sind	

وبجانب المجهول الذى يفيد تطور حالة توجد فى المضارع والماضى البسيط صيغة المجهول التى تفيد تمام وقوع عمل أو حركة

ich bin	vergessen	ich war	vergessen
du bist		du warst	
er, sie, es ist		er, sie, es war	
wir sind		wir waren	
ihr seid		ihr wart	
sie, Sie sind		sie, Sie waren	

قارن: *Die Tür wird geschlossen* (عمل فى طريقه إلى التمام)

Die Tür ist geschlossen (عمل تام)

و يجب الاشارة أن الفعل *geschlossen* فى الحالة الأخيرة لم يعد له قوة الفعل و لكن أصبح مثل الصفة.

المضى البعيد	ich hatte gelobt du hattest gelobt	ich war gelobt worden du warst gelobt worden
	الخ	الخ
المستقبل الاول	ich werde loben du wirst loben	ich werde gelobt werden du wirst gelobt werden
	الخ	الخ
المستقبل الثانى	ich werde gelobt haben	ich werde gelobt worden sein
	du wirst gelobt haben	du wirst gelobt worden sein
	الخ	الخ
فعل الشرط الاول	ich würde loben	ich würde gelobt werden
	الخ	الخ
فعل الشرط الثانى	ich würde gelobt haben	ich würde gelobt worden sein
	الخ	الخ
الامر للمفرد	lobe! loben Sie!	sei (werde) gelobt! seien Sie gelobt!
الامر للجمع	lobt! lobet! loben Sie!	seid (werdet) gelobt! seien Sie gelobt!
اسم الفاعل	**lobend**	
اسم المفعول	**gelobt**	

الفعل المنصوب (Konjunktiv)

٣) الفعل المنصوب ينتهى دائماً فى غائب المفرد بـ **(-e)**، أما نهايات المتكلم و المجاطب فهى نفس نهايات الفعل المرفوع، و فى مخاطب المفرد و الجمع يضاف فى المضارع المنصوب قبل **(-st)** و **(-t)** حرف **(-e-)**،

والماضى المنصوب يكون فى المبنى للمعلوم كما فى المرفوع وأشكال المنصوب للأفعال المساعدة [haben] و [sein] و [werden] أنظر تحت *(L)* صفحة ٤٣٠.

	معلوم	مجهول	
الفعل المنصوب المضارع	ich lobe	ich werde	gelobt
	du lobest	du werdest	
	er, sie, es lobe	er, sie, es werde	
	wir loben	wir werden	
	ihr lobet	ihr werdet	
	sie, Sie loben	sie, Sie werden	

الفعل المنصوب الماضى	انظر المرفوع الخ	ich würde gelobt الخ
الفعل المنصوب الماضى المركب	ich habe gelobt الخ	ich sei gelobt worden الخ
الفعل المنصوب الماضى البعيد	ich hätte gelobt الخ	ich wäre gelobt worden الخ
الفعل المنصوب المستقبل الاول	ich werde loben du werdest loben الخ	ich werde gelobt werden du werdest gelobt werden الخ
الفعل المنصوب المستقبل الثانى	ich werde gelobt haben الخ	ich werde gelobt worden sein الخ

٤) الأفعال ألتى يوجد خلفها *(-e-)* و *(-t)* و *(-ßt)* و *(-le)* و *(-re)* و *(—)* تختلف فى بعض الحالات عن مثال فعل [**loben**]:

(-e-) **'reden** *(-e-)*

المضارع:	ich rede	الماضى:	ich redete
	du redest		du redetest
	er, sie, es redet		er, sie, es redete
	wir reden		الخ
	ihr redet		
	sie, Sie reden	اسم المفعول:	geredet

'reisen (*-t*) **(-t)**

		ich reise	المضارع:
		du rei**st** (reisest)	
		er, sie, es rei**st**	
		wir reisen	
		ihr rei**st**	
		sie, Sie reisen	

'fassen (*-ßt*) **(-ßt)**

ich fa**ßte**	الماضى:	ich fasse	المضارع:
الخ		du fa**ßt** (fassest)	
		er, sie, es fa**ßt**	
		wir fassen	
		ihr fa**ßt**	
gefa**ßt**	اسم المفعول،	sie, Sie fassen	

'handeln (*-le*) **(-le)**

ich handelte	الماضى:	ich hand(e)**le**	المضارع:
الخ		du handelst	
		er, sie, es handelt	
handle! han-delt!	الامر:	wir handeln	
		ihr handelt	
gehandelt	اسم المفعول:	sie, Sie handeln	

'wandern (*-re*) **(-re)**

ich wanderte	الماضى:	ich wand(e)**re**	المضارع:
الخ		du wanderst	
		er, sie, es wandert	
gewandert	اسم المفعول:	wir wandern	
wand**re**!	الامر:	ihr wandert	
wandert!		sie, Sie wandern	

stu'dieren (*—*) **(—)**

اسم المفعول: stu'dieren يبنى بدون أن يضاف إليه مقطع **(ge-)**
فى الماضى المركب: ich habe studiert

durch'brechen (*L; —*)

الماضى المركب: ich habe durch'brochen

ولكن **'durchbrechen** فى الماضى المركب:

ich habe 'durchgebrochen

miß'brauchen *(—)*

ich habe miß'braucht: الماضى المركب

الأفعال الشاذة

٥ أ) الأفعال الشاذة (أو القوية) لها نفس نهايات الأفعال القياسية، باستثناء ثلاث أشكال قارن ب)، وت).

ب) وليس لهذه الأفعال نهاية فى حالة الماضى و ذلك فى حالتى المتكلم و الغائب المفرد: ich lobte و لكن ich gab

er, sie, es lobte ولكن er, sie, es gab

ت) و اسم المفعول ينتهى بـ (-en) ، والحرف الصوتى (Vokal) للمقطع الأصلى يتغير فى غالب الأحيان **ich habe getrunken**، المصدر: trinken

ث) و الأفعال الشاذة لاتتكون بـ *(-t-)* في الماضى و لكن عن طريق تغيير الحرف الصوتى الأصلى

ج) وكثيرًا ما يتغير الحرف الصوتى الأصلى فى حالتى المخاطب و الغائب فى المضارع:

ich fahre	wir fahren
du fährst	ihr fahrt
er, sie, es fährt	sie, Sie fahren

ح) و الفعل الماضى المنصوب يتكون غالباً باضافة نقطتين (¨) فوق حرف الماضى المرفوع:

ich fuhr : الماضى المرفوع
ich führe : الماضى المنصوب

خ) وبعض الأفعال تكون الماضى واسم المفعول عن طريق تغيير الحرف الصوتى الأصلى وذلك باضافة *(-t)* التى تخص الأفعال الضعيفة، وهذا التصريف يُعرف بالتصريف المختلط :

brennen — gebrannt

د) للأشكال المختلفة أنظر جدول *(L)* فى صفحة ٤٣٠

نموذج

¹fahren: *v/t.* (فعل متعد) و *v/i.* (فعل لازم)

	المعلوم	المجهول
المضارع	ich fahre	ich werde gefahren
	du fährst	du wirst gefahren
	er, sie, es fährt	الخ
	wir fahren	
	ihr fahrt	
	sie, Sie fahren	
الماضى	ich fuhr	ich wurde gefahren
	du fuhrst	du wurdest gefahren
	er, sie, es fuhr	الخ
	wir fuhren	
	ihr fuhrt	
	sie, Sie fuhren	
الماضى المركب *(v/t.)*	ich habe gefahren	ich bin gefahren worden الخ
(v/i.)	ich bin gefahren	لخ
الماضى البعيد *(v/t.)*	ich hatte gefahren	ich war gefahren worden
(v/i.)	ich war gefahren	الخ
المستقبل الاول	ich werde fahren	ich werde gefahren werden الخ
المستقبل الثانى *(v/t.)*	ich werde gefahren haben	ich werde gefahren worden sein الخ
(v/i.)	ich werde gefahren sein	الخ
الشرطى الاول	ich würde fahren	ich würde gefahren werden

الشرطى الثانى ich würde gefahren haben ich würde gefahren worden sein
(v/t.)
(v/i.) ich würde gefahren sein
الخ

الامر للمفرد fahr(e)! fahren Sie! (*
الامر للجمع fahrt! fahren Sie!
اسم الفاعل fahrend
اسم المفعول gefahren
المضارع المنصوب ich fahre (loben) مثل (قارن ٣
du fahrest
الخ

الماضى المنصوب ich führe قارن ٥) ح)
du führest
er, sie, es führe
wir führen
ihr führet
sie, Sie führen

وجميع الأشكال الباقية (المعلوم والمجهول) تتكون طبقاً لمثال (loben)

٦) (sn) الأفعال ألتى يتكون ماضيها المركب وماضيها البعيد فى مبنى المعلوم ب (sein) بدلا من (haben) يشار بعدها بين قوسين ب (sn):
ich **bin** gegangen = 'ge**hen** ،قارن ٥) مثال (fahren)

٧) الأفعال المركبة يتم شطرها إذا كان تشديد النطق فى المقطع الأول، وتشديد النطق فى كل الأفعال يُعلّم بعلامة (') قبل المقطع المطلوب تشديد نطقه:

'abfahren (*L*; *sn*) ich fahre ab
ich fuhr ab
ich bin **abgefahren**
ich war abgefahren
الخ

'radfahren (*L*; *sn*) ich fahre Rad
ich fuhr Rad
ich bin **radgefahren**
الخ

*) الامر للمجهول يتكون فقط فى عدة أفعال قليلة فمثلاً:
sei (werde) gepriesen! Seien Sie gepriesen!
seid (werdet) gepriesen! Seien Sie gepriesen!

'durchbrechen (*L*) ich breche durch
v/t. ich habe (etwas *A*) 'durchgebrochen
v/i. ich bin 'durchgebrochen

ولكن

durch'brechen (*L*; -):
ich durch'breche
(—) (قارن ٤ ich habe durch'brochen

وعلى مثال durch'brechen تتكون كل الأفعال ألتى لا يُشدّد نطق مقطعها الأول (-be)، (-emp)، (-ent)، (-er)، (-ge)، (-ver)، (-zer) المقطع (-miß) لاينفصل إطلاقاً من الفعل فى المضارع والماضى، أما فى اسم المفعول فتقع (-ge-) بين (-miß) والفعل وهذا فى حالة ما إذا شُدّد نطق (-miß) وليس للفعل بمقطع آخر:

'mißbilden (-*e*-) ich mißbilde
ich habe 'mißgebildet
'mißverstehen (*L*; -) ich 'mißverstehe
ich habe 'mißverstanden

وإذا تكون المقطع الأول من عدة أجزاء فيُشطر المقطع كله فى حالة ما إذا وقع الجزء المشدد نطقه قبل الفعل مباشرةً فمثلًا:

hin'zufügen ich füge hin'zu
ich habe hin'zugefügt

ولكن

'anerkennen ich erkenne 'an
ich habe 'anerkannt

والمقطع المركب : (-be) أو (-ver) لا ينفصل عن الفعل:

be'antragen ich be'antrage
ich habe be'antragt
ver'unglücken ich ver'unglücke
ich bin ver'unglückt

ZAHLWÖRTER

أسماء الاعداد

Grundzahlen

الاعداد الاعتياد ية

0	٠	صفر
1	١	واحد
2	٢	اثنان
3	٣	ثلاثة
4	٤	اربعة
5	٥	خمسة
6	٦	ستة
7	٧	سبعة
8	٨	ثمانية
9	٩	تسعة
10	١٠	عشرة
11	١١	احد عشر
12	١٢	اثنا عشر
13	١٣	ثلاثة عشر
14	١٤	اربعة عشر
15	١٥	خمسة عشر
16	١٦	ستة عشر
17	١٧	سبعة عشر
18	١٨	ثمانية عشر

19	١٩	تسعة عشر
20	٢٠	عشرون
21	٢١	واحد وعشرون
30	٣٠	ثلاثون
40	٤٠	اربعون
50	٥٠	خمسون
60	٦٠	ستون
70	٧٠	سبعون
80	٨٠	ثمانون
90	٩٠	تسعون
100	١٠٠	مئة
200	٢٠٠	مئتان
300	٣٠٠	ثلاثمئة
400	٤٠٠	اربعمئة
500	٥٠٠	خمسمئة
600	٦٥٠	ستمئة
700	٧٠٠	سبعمئة
800	٨٠٠	ثمانمئة
900	٩٠٠	تسعمئة
1000	١٠٠٠	الف
2000	٢٠٠٠	الفان
3000	٣٠٠٠	ثلاثة الاف
4000	٤٠٠٠	اربعة الاف
10000	١٠٠٠٠	عشرة الاف
1000000	١٠٠٠٠٠٠	مليون

Ordnungszahlen

الاعداد الترتيبية

1.	١	اول
2.	٢	ثان
3.	٣	ثالث
4.	٤	رابع
5.	٥	خامس
6.	٦	سادس
7.	٧	سابع
8.	٨	ثامن
9.	٩	تاسع
10.	١٠	عاشر
11.	١١	حادى عشر
12.	١٢	ثانى عشر
13.	١٣	ثالث عشر
14.	١٤	رابع عشر
15.	١٥	خامس عشر
16.	١٦	سادس عشر
17.	١٧	سابع عشر
18.	١٨	ثامن عشر
19.	١٩	تاسع عشر
20.	٢٠	العشرون
21.	٢١	الحادى العشرون
30.	٣٠	الثلا ثون
40.	٤٠	الاربعون
50.	٥٠	الخمسون
60.	٦٠	الستون

70.	٧٠	السبعون
80.	٨٠	الثمانون
90.	٩٠	التسعون
100.	١٠٠	المئة
200.	٢٠٠	المئتان
362.	٣٦٢	الثلا ثمئة اثنان وستون
1000.	١٠٠٠	الالف

Bruchzahlen

الاعداد الكسرية

1/2 ١/٢ نِصْف — 1/4 ١/٤ رُبْع

1/3 ١/٣ ثُلْث — 1/5 ١/٥ خُمْس

0,4 ٠،٤ اربعة من عشرة

2,5 ٢،٥ اثنان ونصف

Sonstiges

einfach	مُفْرَد
zweifach	مُتَنَّى
dreifach	مُثَلَّث
vierfach	مُرَبَّع
einmal	مرة
zweimal	مرتين
dreimal	ثلاث مرات
viermal	اربع مرات
fünfmal	خمس مرات

Addition جمع

2 + 3 = 5 ٥ = ٣ + ٢

اثنان زائد ثلاثة يساوى خمسة

Subtraktion طرح

3 − 2 = 1 ١ = ٢ − ٣

ثلاثة ناقص اثنين يساوى واحد

Multiplikation ضرب

3 × 4 = 12 ١٢ = ٤ × ٣

ثلاثةفى اربعة يساوى اثنا عشر

Division قسمة

12 : 4 = 3 ٣ = ١٢/٤

اثنا عشر على ار بعة يساوى ثلاثة

كشف الافعال القوية او الشاذة

backen *Präs.* backe, bäckst, bäckt; *Impf.* backte (buk); *Konj.* backte (büke); *Imp.* back(e); *Part. Perf.* gebacken.

befehlen *Präs.* befehle, befiehlst, befiehlt; *Impf.* befahl; *Konj.* beföhle (befähle); *Imp.* befiehl; *Part. Perf.* befohlen.

beginnen *Präs.* beginne, beginnst, beginnt; *Impf.* begann; *Konj.* begönne (begänne); *Imp.* beginn(e); *Part. Perf.* begonnen.

beißen *Präs.* beiße, beißt, beißt; *Impf.* biß, bissest; *Konj.* bisse; *Imp.* beiß(e); *Part. Perf.* gebissen.

bergen *Präs.* berge, birgst, birgt; *Impf.* barg; *Konj.* bärge; *Imp.* birg; *Part. Perf.* geborgen.

bersten *Präs.* berste, birst, birst; *Impf.* barst; *Konj.* bärste; *Imp.* birst; *Part. Perf.* geborsten.

bewegen* *Präs.* bewege, bewegst, bewegt; *Impf.* bewog; *Konj.* bewöge; *Imp.* beweg(e); *Part. Perf.* bewogen.

biegen *Präs.* biege, biegst, biegt; *Impf.* bog; *Konj.* böge; *Imp.* bieg(e); *Part. Perf.* gebogen.

bieten *Präs.* biete, bietest, bietet; *Impf.* bot; *Konj.* böte; *Imp.* biet(e); *Part. Perf.* geboten.

binden *Präs.* binde, bindest, bindet; *Impf.* band; *Konj.* bände; *Imp.* bind(e); *Part. Perf.* gebunden.

bitten *Präs.* bitte, bittest, bittet; *Impf.* bat; *Konj.* bäte; *Imp.* bitte (bitt); *Part. Perf.* gebeten.

blasen *Präs.* blase, bläst, bläst; *Impf.* blies; *Konj.* bliese; *Imp.* blas(e); *Part. Perf.* geblasen.

الافعال التى امامها العلامة (*) يمكن فى بعض الحالات تصريفها تصريفا ضعيفا

bleiben *Präs.* bleibe, bleibst, bleibt; *Impf.* blieb; *Konj.* bliebe; *Imp.* bleib(e); *Part. Perf.* geblieben.
bleichen* *v/i. Präs.* bleiche, bleichst, bleicht; *Impf.* blich; *Konj.* bliche; *Imp.* bleich(e); *Part. Perf.* geblichen.
braten *Präs.* brate, brätst, brät; *Impf.* briet, briet(e)st; *Konj.* briete; *Imp.* brat(e); *Part. Perf.* gebraten.
brechen *Präs.* breche, brichst, bricht; *Impf.* brach; *Konj.* bräche; *Imp.* brich; *Part. Perf.* gebrochen.
brennen *Präs.* brenne, brennst, brennt; *Impf.* brannte; *Konj.* brennte; *Imp.* brenn(e); *Part. Perf.* gebrannt.
bringen *Präs.* bringe, bringst, bringt; *Impf.* brachte; *Konj.* brächte; *Imp.* bring(e); *Part. Perf.* gebracht.
denken *Präs.* denke, denkst, denkt; *Impf.* dachte; *Konj.* dächte; *Imp.* denk(e); *Part. Perf.* gedacht.
dingen* *Präs.* dinge, dingst, dingt; *Impf.* dang; *Konj.* dänge; *Imp.* ding(e); *Part. Perf.* gedungen.
dreschen *Präs.* dresche, drischst, drischt; *Impf.* drosch; *Konj.* drösche; *Imp.* drisch; *Part. Perf.* gedroschen.
dringen *Präs.* dringe, dringst, dringt; *Impf.* drang; *Konj.* dränge; *Imp.* dring(e); *Part. Perf.* gedrungen.
dünken* *Präs.* mir (mich) dünkt (deucht); *Impf.* mir (mich) deuchte; *Part. Perf.* gedeucht.
dürfen *Präs.* darf, darfst, darf; *Impf.* durfte; *Konj.* dürfte; *Imp.* —; *Part. Perf.* gedurft.
empfangen *Präs.* empfange, empfängst, empfängt; *Impf.* empfing; *Konj.* empfinge; *Imp.* empfang(e); *Part. Perf.* empfangen.
empfehlen *Präs.* empfehle, empfiehlst, empfiehlt; *Impf.* empfahl; *Konj.* empföhle (empfähle); *Imp.* empfiehl; *Part. Perf.* empfohlen.
empfinden *Präs.* empfinde, empfindest, empfindet; *Impf.* empfand; *Konj.* empfände; *Imp.* empfind(e); *Part. Perf.* empfunden.
erlöschen *Präs.* erlösche, erlischst, erlischt; *Impf.* erlosch, erloschest; *Konj.* erlösche; *Imp.* erlisch; *Part. Perf.* erloschen.
erschallen *Präs.* es erschallt; *Impf.* erscholl (erschallte); *Konj.* erschölle; *Imp.* erschalle; *Part. Perf.* erschollen (erschallt).

erschrecken *v/i. Präs.* erschrecke, erschrickst, erschrickt; *Impf.* erschrak; *Konj.* erschräke; *Imp.* erschrick; *Part. Perf.* erschrocken.
essen *Präs.* esse, ißt, ißt; *Impf.* aß, aßest; *Konj.* äße; *Imp.* iß; *Part. Perf.* gegessen.
fahren *Präs.* fahre, fährst, fährt; *Impf.* fuhr; *Konj.* führe; *Imp.* fahr(e); *Part. Perf.* gefahren.
fallen *Präs.* falle, fällst, fällt; *Impf.* fiel; *Konj.* fiele; *Imp.* fall(e); *Part. Perf.* gefallen.
fangen *Präs.* fange, fängst, fängt; *Impf.* fing; *Konj.* finge; *Imp.* fang(e); *Part. Perf.* gefangen.
fechten *Präs.* fechte, fichtst, ficht; *Impf.* focht, focht(e)st; *Konj.* föchte; *Imp.* ficht; *Part. Perf.* gefochten.
finden *Präs.* finde, findest, findet; *Impf.* fand, fand(e)st; *Konj.* fände; *Imp.* find(e); *Part. Perf.* gefunden.
flechten *Präs.* flechte, flichtst, flicht; *Imp.* flocht, flochtest; *Konj.* flöchte; *Imp.* flicht; *Part. Perf.* geflochten.
fliegen *Präs.* fliege, fliegst, fliegt; *Impf.* flog; *Konj.* flöge; *Imp.* flieg(e); *Part. Perf.* geflogen.
fliehen *Präs.* fliehe, fliehst, flieht; *Impf.* floh; *Konj.* flöhe; *Imp.* flieh(e); *Part. Perf.* geflohen.
fließen *Präs.* fließe, fließt, fließt; *Imp.* floß; *Konj.* flösse; *Imp.* fließ(e); *Part. Perf.* geflossen.
fressen *Präs.* fresse, frißt, frißt; *Impf.* fraß, fraßest; *Konj.* fräße; *Imp.* friß; *Part. Perf.* gefressen.
frieren *Präs.* friere, frierst, friert; *Impf.* fror; *Konj.* fröre; *Imp.* frier(e); *Part. Perf.* gefroren.
gären* *Präs.* gäre, gärst, gärt; *Impf.* gor (gärte); *Konj.* göre (gärte); *Imp.* gäre; *Part. Perf.* gegoren.
gebären *Präs.* gebäre, gebärst (gebierst), gebärt (gebiert); *Impf.* gebar; *Konj.* gebäre; *Imp.* gebier; *Part. Perf.* geboren.
geben *Präs.* gebe, gibst, gibt; *Impf.* gab; *Konj.* gäbe; *Imp.* gib; *Part. Perf.* gegeben.
gedeihen *Präs.* gedeihe, gedeihst, gedeiht; *Impf.* gedieh; *Konj.* gediehe; *Imp.* gedeih(e); *Part. Perf.* gediehen.
gehen *Präs.* gehe, gehst, geht; *Impf.* ging; *Konj.* ginge; *Imp.* geh(e); *Part. Perf.* gegangen.
gelingen *Präs.* es gelingt; *Impf.* es gelang; *Konj.* es gelänge; *Imp.* geling(e); *Part. Perf.* gelungen.

gelten *Präs.* gelte, giltst, gilt; *Impf.* galt, galt(e)st; *Konj.* gölte (gälte); *Imp.* —; *Part. Perf.* gegolten.
genesen *Präs.* genese, gene(se)st, genest; *Impf.* genas, gena(se)st; *Konj.* genäse; *Imp.* genese; *Part. Perf.* genesen.
genießen *Präs.* genieße, genießt, genießt; *Impf.* genoß, genossest; *Konj.* genösse; *Imp.* genieß(e); *Part. Perf.* genossen.
geschehen *Präs.* es geschieht; *Impf.* es geschah; *Konj.* es geschähe; *Imp.* —; *Part. Perf.* geschehen.
gewinnen *Präs.* gewinne, gewinnst, gewinnt; *Impf.* gewann; *Konj.* gewönne (gewänne); *Imp.* gewinn(e); *Part. Perf.* gewonnen.
gießen *Präs.* gieße, gießt, gießt; *Impf.* goß, gossest; *Konj.* gösse; *Imp.* gieß(e); *Part. Perf.* gegossen.
gleichen *Präs.* gleiche, gleichst, gleicht; *Impf.* glich; *Konj.* gliche; *Imp.* gleich(e); *Part. Perf.* geglichen.
gleiten* *Präs.* gleite, gleitest, gleitet; *Impf.* glitt; *Konj.* glitte; *Imp.* gleit(e); *Part. Perf.* geglitten.
glimmen* *Präs.* glimme, glimmst, glimmt; *Impf.* glomm; *Konj.* glömme; *Imp.* —; *Part. Perf.* geglommen.
graben *Präs.* grabe, gräbst, gräbt; *Impf.* grub; *Konj.* grübe; *Imp.* grab(e); *Part. Perf.* gegraben.
greifen *Präs.* greife, greifst, greift; *Impf.* griff; *Konj.* griffe; *Imp.* greif(e); *Part. Perf.* gegriffen.
haben *Präs.* habe, hast, hat; *Impf.* hatte; *Konj.* hätte; *Imp.* hab(e); *Part. Perf.* gehabt.
halten *Präs.* halte, hältst, hält; *Impf.* hielt; *Konj.* hielte; *Imp.* halt(e); *Part. Perf.* gehalten.
hängen *v/i. Präs.* hänge, hängst, hängt; *Impf.* hing; *Konj.* hinge; *Imp.* häng(e); *Part. Perf.* gehangen.
hauen *Präs.* haue, haust, haut; *Impf.* hieb (haute); *Konj.* hiebe; *Imp.* hau; *Part. Perf.* gehauen.
heben *Präs.* hebe, hebst, hebt; *Impf.* hob; *Konj.* höbe; *Imp.* heb(e); *Part. Perf.* gehoben.
heißen *Präs.* heiße, heißt, heißt; *Impf.* hieß, hießest; *Konj.* hieße; *Imp.* heiß(e); *Part. Perf.* geheißen.
helfen *Präs.* helfe, hilfst, hilft; *Impf.* half; *Konj.* hülfe (hälfe); *Imp.* hilf; *Part. Perf.* geholfen.
kennen *Präs.* kenne, kennst, kennt; *Impf.* kannte; *Konj.* kennte; *Imp.* kenne; *Part. Perf.* gekannt.

klimmen* *Präs.* klimme, klimmst, klimmt; *Impf.* klomm; *Konj.* klömme; *Imp.* klimm(e); *Part. Perf.* geklommen.

klingen *Präs.* klinge, klingst, klingt; *Impf.* klang; *Konj.* klänge; *Imp.* kling(e); *Part. Perf.* geklungen.

kneifen *Präs.* kneife, kneifst, kneift; *Impf.* kniff; *Konj.* kniffe; *Imp.* kneif(e); *Part. Perf.* gekniffen.

kommen *Präs.* komme, kommst, kommt; *Impf.* kam; *Konj.* käme; *Imp.* komm(e); *Part. Perf.* gekommen.

können *Präs.* kann, kannst, kann; *Impf.* konnte; *Konj.* könnte; *Imp.* —; *Part. Perf.* gekonnt.

kriechen *Präs.* krieche, kriechst, kriecht; *Impf.* kroch; *Konj.* kröche; *Imp.* kriech(e); *Part. Perf.* gekrochen.

laden *Präs.* lade, lädst (ladest), lädt (ladet); *Impf.* lud; *Konj.* lüde; *Imp.* lad(e); *Part. Perf.* geladen.

lassen *Präs.* lasse, läßt, läßt; *Impf.* ließ, ließest; *Konj.* ließe; *Imp.* laß; *Part. Perf.* gelassen.

laufen *Präs.* laufe, läufst, läuft; *Impf.* lief, lief(e)st; *Konj.* liefe; *Imp.* lauf(e); *Part. Perf.* gelaufen.

leiden *Präs.* leide, leidest, leidet; *Impf.* litt, litt(e)st; *Konj.* litte; *Imp.* leid(e); *Part. Perf.* gelitten.

leihen *Präs.* leihe, leihst, leiht; *Impf.* lieh, lieh(e)st; *Konj.* liehe; *Imp.* leih(e); *Part. Perf.* geliehen.

lesen *Präs.* lese, liest, liest; *Impf.* las, lasest; *Konj.* läse; *Imp.* lies; *Part. Perf.* gelesen.

liegen *Präs.* liege, liegst, liegt; *Impf.* lag; *Konj.* läge; *Imp.* lieg(e); *Part. Perf.* gelegen.

lügen *Präs.* lüge, lügst, lügt; *Impf.* log; *Konj.* löge; *Imp.* lüg(e); *Part. Perf.* gelogen.

mahlen *Präs.* mahle, mahlst, mahlt; *Impf.* mahlte; *Konj.* mahlte; *Imp.* mahl(e); *Part. Perf.* gemahlen.

meiden *Präs.* meide, meidest, meidet; *Impf.* mied, mied(e)st; *Konj.* miede; *Imp.* meid(e); *Part. Perf.* gemieden.

melken* *Präs.* melke, melkst (milkst), melkt (milkt); *Impf.* melkte (molk); *Konj.* melkte (mölke); *Imp.* melk(e) (milk); *Part. Perf.* gemolken.

messen *Präs.* messe, mißt, mißt; *Impf.* maß, maßest; *Konj.* mäße; *Imp.* miß; *Part. Perf.* gemessen.

mißlingen *Präs.* es mißlingt; *Impf.* es mißlang; *Konj.* es mißlänge; *Imp.* —; *Part. Perf.* mißlungen.

mögen *Präs.* mag, magst, mag; *Impf.* mochte; *Konj.* möchte; *Imp.* —; *Part. Perf.* gemocht.
müssen *Präs.* muß, mußt, muß; *Impf.* mußte; *Konj.* müßte; *Imp.* —; *Part. Perf.* gemußt.
nehmen *Präs.* nehme, nimmst, nimmt; *Impf.* nahm; *Konj.* nähme; *Imp.* nimm; *Part. Perf.* genommen.
nennen *Präs.* nenne, nennst, nennt; *Impf.* nannte; *Konj.* nennte; *Imp.* nenn(e); *Part. Perf.* genannt.
pfeifen *Präs.* pfeife, pfeifst, pfeift; *Impf.* pfiff; *Konj.* pfiffe; *Imp.* pfeif(e); *Part. Perf.* gepfiffen.
pflegen* *Präs.* pflege, pflegst, pflegt; *Impf.* pflog; *Konj.* pflöge; *Imp.* pfleg(e); *Part. Perf.* gepflogen.
preisen *Präs.* preise, preist, preist; *Impf.* pries, priest; *Konj.* priese; *Imp.* preis(e); *Part. Perf.* gepriesen.
quellen *Präs.* quelle, quillst, quillt; *Impf.* quoll; *Konj.* quölle; *Imp.* quill; *Part. Perf.* gequollen.
raten *Präs.* rate, rätst, rät; *Impf.* riet, riet(e)st; *Konj.* riete; *Imp.* rat(e); *Part. Perf.* geraten.
reiben *Präs.* reibe, reibst, reibt; *Impf.* rieb; *Konj.* riebe; *Imp.* reib(e); *Part. Perf.* gerieben.
reißen *Präs.* reiße, reißt, reißt; *Impf.* riß, rissest; *Konj.* risse; *Imp.* reiß(e); *Part. Perf.* gerissen.
reiten *Präs.* reite, reitest, reitet; *Impf.* ritt, rittest; *Konj.* ritte; *Imp.* reit(e); *Part. Perf.* geritten.
rennen *Präs.* renne, rennst, rennt; *Impf.* rannte; *Konj.* rennte; *Imp.* renn(e); *Part. Perf.* gerannt.
riechen *Präs.* rieche, riechst, riecht; *Impf.* roch; *Konj.* röche; *Imp.* riech(e); *Part. Perf.* gerochen.
ringen *Präs.* ringe, ringst, ringt; *Impf.* rang; *Konj.* ränge; *Imp.* ring(e); *Part. Perf.* gerungen.
rinnen *Präs.* rinne, rinnst, rinnt; *Impf.* rann; *Konj.* ränne; *Imp.* rinn(e); *Part. Perf.* geronnen.
rufen *Präs.* rufe, rufst, ruft; *Impf.* rief; *Konj.* riefe; *Imp.* ruf(e); *Part. Perf.* gerufen.
saufen *Präs.* saufe, säufst, säuft; *Impf.* soff; *Konj.* söffe; *Imp.* sauf(e); *Part. Perf.* gesoffen.
saugen* *Präs.* sauge, saugst, saugt; *Impf.* sog; *Konj.* söge; *Imp.* saug(e); *Part. Perf.* gesogen.
schaffen *Präs.* schaffe, schaffst, schafft; *Impf.* schuf; *Konj.* schüfe; *Imp.* schaff(e); *Part. Perf.* geschaffen.

scheiden *Präs.* scheide, scheidest, scheidet; *Impf.* schied; *Konj.* schiede; *Imp.* scheide; *Part. Perf.* geschieden.
scheinen *Präs.* scheine, scheinst, scheint; *Impf.* schien; *Konj.* schiene; *Imp.* schein(e); *Part. Perf.* geschienen.
scheißen *Präs.* scheiße, scheißt, scheißt; *Impf.* schiß; *Konj.* schisse; *Imp.* scheiß(e); *Part. Perf.* geschissen.
schelten *Präs.* schelte, schiltst, schilt; *Impf.* schalt; *Konj.* schölte; *Imp.* schilt; *Part. Perf.* gescholten.
scheren* *Präs.* schere, scherst, schert; *Impf.* schor; *Konj.* schöre; *Imp.* scher(e); *Part. Perf.* geschoren.
schieben *Präs.* schiebe, schiebst, schiebt; *Impf.* schob; *Konj.* schöbe; *Imp.* schieb(e); *Part. Perf.* geschoben.
schießen *Präs.* schieße, schießt, schießt; *Impf.* schoß, schossest; *Konj.* schösse; *Imp.* schieß(e); *Part. Perf.* geschossen.
schinden *Präs.* schinde, schindest, schindet; *Impf.* schund; *Konj.* schünde; *Imp.* schinde; *Part. Perf.* geschunden.
schlafen *Präs.* schlafe, schläfst, schläft; *Impf.* schlief; *Konj.* schliefe; *Imp.* schlaf(e); *Part. Perf.* geschlafen.
schlagen *Präs.* schlage, schlägst, schlägt; *Impf.* schlug; *Konj.* schlüge; *Imp.* schlag(e); *Part. Perf.* geschlagen.
schleichen *Präs.* schleiche, schleichst, schleicht; *Impf.* schlich; *Konj.* schliche; *Imp.* schleich(e); *Part. Perf.* geschlichen.
schleifen *Präs.* schleife, schleifst, schleift; *Imp.* schliff; *Konj.* schliffe; *Imp.* schleif(e); *Part. Perf.* geschliffen.
schleißen* *Präs.* schleiße, schleißt (schleißest), schleißt; *Impf.* schliß; *Konj.* schlisse; *Imp.* schleiß(e); *Part. Perf.* geschlissen.
schließen *Präs.* schließe, schließt, schließt; *Impf.* schloß; *Konj.* schlösse; *Imp.* schließ(e); *Part. Perf.* geschlossen.
schlingen *Präs.* schlinge, schlingst, schlingt; *Impf.* schlang; *Konj.* schlänge; *Imp.* schling(e); *Part. Perf.* geschlungen.
schmeißen *Präs.* schmeiße, schmeißt, schmeißt; *Impf.* schmiß, schmissest; *Konj.* schmisse; *Imp.* schmeiß(e); *Part. Perf.* geschmissen.

schmelzen *v/i. Präs.* schmelze, schmilzt, schmilzt; *Impf.* schmolz; *Konj.* schmölze; *Imp.* schmilz; *Part. Perf.* geschmolzen.
schnauben* *Präs.* schnaube, schnaubst, schnaubt; *Impf.* schnob; *Konj.* schnöbe; *Imp.* schnaub(e); *Part. Perf.* geschnoben.
schneiden *Präs.* schneide, schneidest, schneidet; *Impf.* schnitt, schnitt(e)st; *Konj.* schnitte; *Imp.* schneid(e); *Part. Perf.* geschnitten.
schreiben *Präs.* schreibe, schreibst, schreibt; *Impf.* schrieb; *Konj.* schriebe; *Imp.* schreib(e); *Part. Perf.* geschrieben.
schreien *Präs.* schreie, schreist, schreit; *Impf.* schrie; *Konj.* schriee; *Imp.* schrei(e); *Part. Perf.* geschrieen.
schreiten *Präs.* schreite, schreitest, schreitet; *Impf.* schritt; *Konj.* schritte; *Imp.* schreite; *Part. Perf.* geschritten.
schweigen *Präs.* schweige, schweigst, schweigt; *Impf.* schwieg; *Konj.* schwiege; *Imp.* schweig(e); *Part. Perf.* geschwiegen.
schwellen *Präs.* schwelle, schwillst, schwillt; *Impf.* schwoll; *Konj.* schwölle; *Imp.* schwill; *Part. Perf.* geschwollen.
schwimmen *Präs.* schwimme, schwimmst, schwimmt; *Impf.* schwamm; *Konj.* schwömme (schwämme); *Imp.* schwimm(e); *Part. Perf.* geschwommen.
schwinden *Präs.* schwinde, schwindest, schwindet; *Impf.* schwand, schwandest; *Konj.* schwände; *Imp.* schwind(e); *Part. Perf.* geschwunden.
schwingen *Präs.* schwinge, schwingst, schwingt; *Impf.* schwang; *Konj.* schwänge; *Imp.* schwing(e); *Part. Perf.* geschwungen.
schwören *Präs.* schwöre, schwörst, schwört; *Impf.* schwor (schwur); *Konj.* schwüre; *Imp.* schwör(e); *Part. Perf.* geschworen.
sehen *Präs.* sehe, siehst, sieht; *Impf.* sah; *Konj.* sähe; *Imp.* sieh(e); *Part. Perf.* gesehen.
sein *Präs.* bin, bist, ist, sind, seid, sind; *Impf.* war; *Konj. Präs.* sei, seist, sei, seien, seiet, seien; *Konj. Impf.* wäre; *Imp.* sei, seid; *Part. Perf.* gewesen.
senden* *Präs.* sende, sendest, sendet; *Impf.* sandte; *Konj.* sendete; *Imp.* send(e); *Part. Perf.* gesandt.

sieden* *Präs.* siede, siedest, siedet; *Impf.* sott, sottest; *Konj.* siedete (sötte); *Imp.* sied(e); *Part. Perf.* gesotten

singen *Präs.* singe, singst, singt; *Impf.* sang; *Konj.* sänge; *Imp.* sing(e); *Part. Perf.* gesungen.

sinken *Präs.* sinke, sinkst, sinkt; *Impf.* sank; *Konj.* sänke; *Imp.* sink(e); *Part. Perf.* gesunken.

sinnen *Präs.* sinne, sinnst, sinnt; *Impf.* sann; *Konj.* sänne; *Imp.* sinn(e); *Part. Perf.* gesonnen.

sitzen *Präs.* sitze, sitzt, sitzt; *Impf.* saß, saßest; *Konj.* säße; *Imp.* sitz(e); *Part. Perf.* gesessen.

sollen *Präs.* soll, sollst, soll; *Impf.* sollte; *Konj.* sollte; *Imp.* —; *Part. Perf.* gesollt.

spalten *Präs.* spalte, spaltest, spaltet; *Impf.* spaltete; *Konj.* spaltete; *Imp.* spalt(e); *Part. Perf.* gespaltet (gespalten).

speien *Präs.* speie, speist, speit; *Impf.* spie; *Konj.* spiee; *Imp.* spei(e); *Part. Perf.* gespieen.

spinnen *Präs.* spinne, spinnst, spinnt; *Impf.* spann; *Konj.* spönne (spänne); *Imp.* spinn(e); *Part. Perf.* gesponnen.

sprechen *Präs.* spreche, sprichst, spricht; *Impf.* sprach; *Konj.* spräche; *Imp.* sprich; *Part. Perf.* gesprochen.

sprießen *Präs.* sprieße, sprieß(es)t, sprießt; *Impf.* sproß, sprossest; *Konj.* sprösse; *Imp.* sprieß(e); *Part. Perf.* gesprossen.

springen *Präs.* springe, springst, springt; *Impf.* sprang; *Konj.* spränge; *Imp.* spring(e); *Part. Perf.* gesprungen.

stechen *Präs.* steche, stichst, sticht; *Impf.* stach; *Konj.* stäche; *Imp.* stich; *Part. Perf.* gestochen.

stecken* *v/i.* *Präs.* stecke, steckst, steckt; *Impf.* stak; *Konj.* stäke; *Imp.* —; *Part Perf.* gesteckt.

stehen *Präs.* stehe, stehst, steht; *Impf.* stand, stand(e)st; *Konj.* stände (stünde); *Imp.* steh(e); *Part. Perf.* gestanden.

stehlen *Präs.* stehle, stiehlst, stiehlt; *Impf.* stahl; *Konj.* stähle; *Imp.* stiehl; *Part. Perf.* gestohlen.

steigen *Präs.* steige, steigst, steigt; *Impf.* stieg; *Konj.* stiege; *Imp.* steig(e); *Part. Perf.* gestiegen.

sterben *Präs.* sterbe, stirbst, stirbt; *Impf.* starb; *Konj.* stürbe; *Imp.* stirb; *Part. Perf.* gestorben.

stieben* *Präs.* stiebe, stiebst, stiebt; *Impf.* stob; *Konj.* stöbe; *Imp.* —; *Part. Perf.* gestoben.

stinken *Präs.* stinke, stinkst, stinkt; *Impf.* stank; *Konj.* stänke; *Imp.* stink(e); *Part. Perf.* gestunken.

stoßen *Präs.* stoße, stößt, stößt; *Impf.* stieß, stießest; *Konj.* stieße; *Imp.* stoß(e); *Part. Perf.* gestoßen.

streichen *Präs.* streiche, streichst, streicht; *Impf.* strich; *Konj.* striche; *Imp.* streich(e); *Part. Perf.* gestrichen.

streiten *Präs.* streite, streitest, streitet; *Impf.* stritt, stritt(e)st; *Konj.* stritte; *Imp.* streit(e); *Part. Perf.* gestritten.

tragen *Präs.* trage, trägst, trägt; *Impf.* trug; *Konj.* trüge; *Imp.* trag(e); *Part. Perf.* getragen.

treffen *Präs.* treffe, triffst, trifft; *Impf.* traf; *Konj.* träfe; *Imp.* triff; *Part. Perf.* getroffen.

treiben *Präs.* treibe, treibst, treibt; *Impf.* trieb; *Konj.* triebe; *Imp.* treib(e); *Part. Perf.* getrieben.

treten *Präs.* trete, trittst, tritt; *Impf.* trat; *Konj.* träte; *Imp.* tritt; *Part. Perf.* getreten.

triefen* *Präs.* triefe, triefst, trieft; *Impf.* troff; *Konj.* tröffe; *Imp.* —; *Part. Perf.* getrieft.

trinken *Präs.* trinke, trinkst, trinkt; *Impf.* trank; *Konj.* tränke; *Imp.* trink(e); *Part. Perf.* getrunken.

trügen *Präs.* trüge, trügst, trügt; *Impf.* trog; *Konj.* tröge; *Imp.* trüg(e); *Part. Perf.* getrogen.

tun *Präs.* tue, tust, tut; *Impf.* tat; *Konj.* täte; *Imp.* tu(e); *Part. Perf.* getan.

verderben *Präs.* verderbe, verdirbst, verdirbt; *Impf.* verdarb; *Konj.* verdürbe; *Imp.* verdirb; *Part. Perf.* verdorben.

verdrießen *Präs.* verdrieße, verdrießt, verdrießt; *Impf.* verdroß, verdrossest; *Konj.* verdrösse; *Imp.* verdrieß(e); *Part. Perf.* verdrossen.

vergessen *Präs.* vergesse, vergißt, vergißt; *Impf.* vergaß, vergaßest; *Konj.* vergäße; *Imp.* vergiß; *Part. Perf.* vergessen.

verlieren *Präs.* verliere, verlierst, verliert; *Impf.* verlor; *Konj.* verlöre; *Imp.* verlier(e); *Part. Perf.* verloren.

verlöschen *Präs.* verlösche, verlöschst, verlöscht; *Impf.* verlosch, verloschest; *Konj.* verlösche; *Imp.* verlisch; *Part. Perf.* verloschen.

wachsen *Präs.* wachse, wächst, wächst; *Impf.* wuchs, wuchsest; *Konj.* wüchse; *Imp.* wachs(e); *Part. Perf.* gewachsen.

waschen *Präs.* wasche, wäschst, wäscht; *Impf.* wusch, wuschest; *Konj.* wüsche; *Imp.* wasch(e); *Part. Perf.* gewaschen.

weben* *Präs.* webe, webst, webt; *Impf.* wob; *Konj.* wöbe; *Imp.* web(e); *Part. Perf.* gewoben.

weichen *Präs.* weiche, weichst, weicht; *Impf.* wich; *Konj.* wiche; *Imp.* weich(e); *Part. Perf.* gewichen.

weisen *Präs.* weise, weist, weist; *Impf.* wies, wiesest; *Konj.* wiese; *Imp.* weis(e); *Part. Perf.* gewiesen.

wenden* *Präs.* wende, wendest, wendet; *Impf.* wandte; *Konj.* wendete; *Imp.* wende; *Part. Perf.* gewandt.

werben *Präs.* werbe, wirbst, wirbt; *Impf.* warb; *Konj.* würbe; *Imp.* wirb; *Part. Perf.* geworben.

werden *Präs.* werde, wirst, wird; *Impf.* wurde (ward); *Konj.* würde; *Imp.* werde; *Part. Perf.* geworden (worden).

werfen *Präs.* werfe, wirfst, wirft; *Impf.* warf; *Konj.* würfe; *Imp.* wirf; *Part. Perf.* geworfen.

wiegen *Präs.* wiege, wiegst, wiegt; *Impf.* wog; *Konj.* wöge; *Imp.* wieg(e); *Part. Perf.* gewogen.

winden *Präs.* winde, windest, windet; *Impf.* wand, wandest; *Konj.* wände; *Imp.* winde; *Part. Perf.* gewunden.

wissen *Präs.* weiß, weißt, weiß; *Impf.* wußte; *Konj.* wüßte; *Imp.* wisse; *Part. Perf.* gewußt.

wollen *Präs.* will, willst, will; *Impf.* wollte; *Konj.* wollte; *Imp.* wolle; *Part. Perf.* gewollt.

wringen *Präs.* wringe, wringst, wringt; *Impf.* wrang; *Konj.* wränge; *Part. Perf.* gewrungen.

zeihen *Präs.* zeihe, zeihst, zeiht; *Impf.* zieh; *Konj.* ziehe; *Imp.* zeih(e); *Part. Perf.* geziehen.

ziehen *Präs.* ziehe, ziehst, zieht; *Impf.* zog; *Konj.* zöge; *Imp.* zieh(e): *Part. Perf.* gezogen.

zurückschrecken* *Präs.* schrecke, schrickst, schrickt zurück; *Impf.* schrak zurück; *Konj.* schräke zurück; *Imp.* schrick zurück; *Part. Perf.* zurückgeschrocken.

zwingen *Präs.* zwinge, zwingst, zwingt; *Impf.* zwang; *Konj.* zwänge; *Imp.* zwing(e); *Part. Perf.* gezwungen.